FamRZ-Buch 8

GIESEKING

Die

FamRZ-Bücher

werden herausgegeben von

VERLAG ERNST UND WERNER GIESEKING, BIELEFELD

Vermögensauseinandersetzung der Ehegatten außerhalb des Güterrechts

von

Reinhardt Wever
Vizepräsident des OLG Bremen a. D.

7., völlig neu bearbeitete Auflage

2018
VERLAG ERNST UND WERNER GIESEKING, BIELEFELD

MIX
Papier aus verantwortungsvollen Quellen
FSC® C083411

Bibliografische Information der Deutschen Nationalbibliothek

Die Deutsche Nationalbibliothek verzeichnet diese Publikation in der Deutschen Nationalbibliografie; detaillierte bibliografische Daten sind im Internet über http://dnb.d-nb.de abrufbar.

Lektorat: Dr. iur. Jobst Conring

Satz: SATZstudio Josef Pieper, Bedburg-Hau
Druck: CPI books GmbH, Leck – Germany

ISBN 978-3-7694-1189-8

Vorwort

Die Vermögensauseinandersetzung der Ehegatten außerhalb des Güterrechts, heute gern als „Nebengüterrecht" bezeichnet[1], umfasst zwei Bereiche. Zum einen geht es um das Auseinanderdividieren der im Laufe der Ehe eingegangenen schuld- und sachenrechtlichen Verbindungen. Hier sind Themen betroffen wie die Auseinandersetzung des Miteigentums, vor allem des Familienheims, der Ausgleich gemeinsamer Schulden, der Streit um Wertpapiere und Guthaben auf Bankkonten, der Streit um Steuererstattungen und Steuerschulden, Schadensersatzansprüche der Ehegatten untereinander, Regress für geleisteten Kindesunterhalt (Familienrechtlicher Ausgleichsanspruch). Zum anderen geht es um Möglichkeiten, eine – auch unter Berücksichtigung des güterrechtlichen Ergebnisses – unbefriedigende Vermögensbilanz am Ende der Ehe zu korrigieren, die auf größere Vermögenszuwendungen oder auf jahrelange, nicht vergütete Mitarbeit im Geschäft des Ehepartners oder beim Aufbau von dessen Immobilienvermögen zurückzuführen ist. Hier können die Rechtsfiguren der ehebezogenen Zuwendung, der Ehegatteninnengesellschaft oder des Kooperationsvertrages Bedeutung gewinnen. Das vorliegende Buch stellt beide Bereiche ausführlich dar, auch soweit das Verhältnis zwischen Ehegatten und Schwiegereltern betroffen ist.

Seit der Verfahrensreform aus dem Jahre 2009 liegt die Zuständigkeit für die genannten Themenbereiche bei den Familiengerichten. Sie, die Familiensenate der Oberlandesgerichte und der XII. Zivilsenat des BGH haben die dazu ergangene Rechtsprechung unter kritischer Begleitung der Literatur weiterentwickelt.

Diese Entwicklung in den letzten Jahren zeichnet die nun vorliegende 7. Auflage des Buches nach. Die Neuauflage ist zugleich zum Anlass für eine grundlegende Überarbeitung genommen worden. Die Kapitelreihenfolge ist verändert, einzelne Themengebiete sind zu eigenständigen Kapiteln aufgewertet worden. Vieles ist neu gegliedert. Zahlreiche neue Fallbeispiele sollen zum besseren Verständnis beitragen. Und auch jetzt wieder geht manches auf Anregungen zurück, die ich in Fortbildungsveranstaltungen für Anwälte und Richter erhalten habe.

---

1 Zur unterschiedlichen Verwendung dieses Begriffs Rn. 7 u. 14 f.

Mein besonderer Dank gilt Dirk Hoffmann, Richter am Oberlandesgericht in Bremen. Er hat die Arbeit an dieser Auflage gedanklich begleitet und die Bearbeitung der Kapitel 8 und 9 (Schadensersatzansprüche und Familienrechtlicher Ausgleichsanspruch) übernommen.

Nicht unerwähnt bleiben soll schließlich die exzellente Kooperation mit dem Lektor des Verlages, Dr. Jobst Conring. Auch ihm gilt mein Dank.

Bremen, im Januar 2018 *Reinhardt Wever*

Inhaltsübersicht

Inhaltsverzeichnis

Literaturverzeichnis

(weitere themenbezogene Literatur zu Beginn der Kapitel)

Arens/Daumke/Spieker, Steuerfragen zum Ehe- und Scheidungsrecht, 4. Aufl., 2016

Bamberger/Roth, BGB, 3. Aufl., 2012
Baumbach/Lauterbach/Albers/Hartmann, ZPO, 75. Aufl., 2017
Baumgärtel/Laumen/Prütting, Handbuch der Beweislast, BGB, 3. Aufl., 2007–2011
Beck'sches Formularbuch Familienrecht (Hrsg. Bergschneider), 4. Aufl., 2013
(zit.: Bergschneider/Bearbeiter, Formularbuch)
Bergschneider, Familienvermögensrecht, 3. Aufl., 2016
(zit.: Bergschneider/Bearbeiter, FamVermR)
Bergschneider, Verträge in Familiensachen, 5. Aufl., 2014
Bork/Jacoby/Schwab, FamFG, 2. Aufl., 2013
Braeuer, Der Zugewinnausgleich, 2. Aufl., 2015
Bub/Treier, Handbuch der Geschäfts- und Wohnraummiete, 4. Aufl., 2014
Büte, Zugewinnausgleich bei Ehescheidung, 5. Aufl., 2017

Cirullies, Vollstreckung in Familiensachen, 2. Aufl., 2017

Dassler/Schiffhauer/Hintzen/Engels/Rellermeyer, Gesetz über die Zwangsversteigerung und die Zwangsverwaltung, 15. Aufl., 2016
(zit.: Dassler/Schiffhauer/Bearbeiter)
Diederichsen, Vermögensauseinandersetzung bei der Ehescheidung, 6. Aufl., 1997

Eder, Das familienrechtliche Mandat – Familienvermögensrecht, 2016
Engels, Steuerrecht für die familienrechtliche Praxis, 3. Aufl., 2017
Erbarth, Das familienrechtliche Mandat – Ehewohnung, Haushaltssachen, Gewaltschutz, 2014
Erman, BGB, 15. Aufl., 2017
Eschenbruch/Schürmann/Menne, Der Unterhaltsprozess, 6. Aufl., 2013
(zit.: Unterhaltsprozess/Bearbeiter)

Gerhardt/v. Heintschel-Heinegg/Klein, Handbuch des Fachanwalts Familienrecht, 10. Aufl., 2015
(zit.: FA-FamR/Bearbeiter)
Gernhuber/Coester-Waltjen, Familienrecht, 6. Aufl., 2010
Giers, Einstweiliger Rechtsschutz in der familienrechtlichen Praxis, 2. Aufl. 2018
Göppinger/Börger, Vereinbarungen anlässlich der Ehescheidung, 10. Aufl., 2013
Göppinger/Wax, Unterhaltsrecht, 9. Aufl., 2008
Götz/Brudermüller, Die gemeinsame Wohnung, 2008
Götz/Schnitzler (Hrsg.), 40 Jahre Familienrechtsreform, 2017
Grziwotz, Nichteheliche Lebensgemeinschaft, 5. Aufl., 2014

Hausmann, Nichteheliche Lebensgemeinschaften und Vermögensausgleich, 1989
Henrich, Internationales Scheidungsrecht, 4. Aufl., 2017
Herr, Nebengüterrecht – Ausgleichsansprüche bei Gütertrennung und gestörtem Zugewinnausgleich, 2013
Hintzen, Handbuch der Immobiliarvollstreckung, 3. Aufl., 1999
Hoppenz, Familiensachen, 9. Aufl., 2009

Jansen, FGG, 3. Aufl., 2006
Johannsen/Henrich, Familienrecht, 6. Aufl., 2015
JurisPK-BGB, Bd. 4 und 6, 8. Aufl., 2017
(zit.: jurisPK-BGB/Bearbeiter)

Kaiser/Schnitzler/Friederici/Schilling, BGB, Familienrecht, Band 4, 3. Aufl., 2014 (zit.: NK-BGB/Bearbeiter)
Keidel, FamFG, 19. Aufl., 2017
Klein, Handbuch Familienvermögensrecht: Vorsorgende Gestaltung und Auseinandersetzung, 2. Aufl., 2015
Kogel, Strategien beim Zugewinnausgleich, 5. Aufl., 2016
Kogel, Strategien bei der Teilungsversteigerung des Familienheims, 3. Aufl., 2016 (zit.: Kogel, Teilungsversteigerung)

Leszczenski, Rückforderung schwiegerelterlicher Zuwendungen, 2016
Lieb, Die Ehegattenmitarbeit im Spannungsfeld zwischen Rechtsgeschäft, Bereicherungsausgleich und gesetzlichem Güterstand, 1970

Münch, Ehebezogene Rechtsgeschäfte, 4. Aufl., 2015
Münch, Die Scheidungsimmobilie, 2. Aufl., 2013
(zit.: Münch, Scheidungsimmobilie)

Münchener Kommentar zum BGB, 7. Aufl., 2015–2017
(zit.: MünchKomm/Bearbeiter)
Münchener Kommentar zur ZPO, 5. Aufl., 2016–2017
(zit.: MünchKommZPO/Bearbeiter)
Münchener Vertragshandbuch, Bd. 6 (Hrsg. Langenfeld), 6. Aufl., 2010

Niepmann/Schwamb, Die Rechtsprechung zur Höhe des Unterhalts, 13. Aufl., 2016

Palandt, BGB, 76. Aufl., 2017
Prütting/Helms, FamFG, 3. Aufl., 2014
Prütting/Gehrlein, ZPO, 9. Aufl., 2017
Prütting/Wegen/Weinreich, BGB, 12. Aufl., 2017
(zit.: PWW/Bearbeiter)

Rahm/Künkel, Handbuch Familien- und Familienverfahrensrecht, Stand 2017
RGRK, BGB, 12. Aufl., 1974-1997

Schnitzler, Münchener AnwaltsHandbuch Familienrecht, 4. Aufl., 2014
(zit.: MAH/Bearbeiter)
Scholz/Kleffmann/Doering-Striening, Praxishandbuch Familienrecht, Stand 2017
Schulte-Bunert/Weinreich, FamFG, 5. Aufl., 2016
Schulz/Hauß, Vermögensauseinandersetzung bei Trennung und Scheidung, 6. Aufl., 2015
Schwab, Handbuch des Scheidungsrechts, 7. Aufl., 2013
Schwab/Hahne, Familienrecht im Brennpunkt, 2004
Soergel, BGB, 13. Aufl.
Staub, Großkommentar zum HGB,
3. Aufl., Bd. III/3, Bankvertragsrecht (2. Bearb.), 1981
4. Aufl., Bankvertragsrecht, Erster Teil, 2005 (Stand der Bearbeitung: 1988)
Staudinger, Kommentar zum BGB mit Einführungsgesetz und Nebengesetzen,
(zit.: Staudinger/Bearbeiter, Bearbeitungsjahr)
Stöber, Zwangsversteigerungsgesetz, 21. Aufl., 2016

Weinreich/Klein, Fachanwaltskommentar Familienrecht, 5. Aufl., 2013
(zit.: FAKomm-FamR/Bearbeiter)
Wendl/Dose, Das Unterhaltsrecht in der familienrichterlichen Praxis, 9. Aufl., 2015
(zit.: Wendl/Bearbeiter)

Zöller, ZPO, 31. Aufl., 2016

Abkürzungsverzeichnis

a.A.	anderer Ansicht
a.a.O.	am angegebenen Ort
a.E.	am Ende
a.F.	alter Fassung
abl.	ablehnend
AcP	Archiv für die civilistische Praxis
AG	Amtsgericht
AGBG	Gesetz zur Regelung des Rechts der allgemeinen Geschäftsbedingungen
AK	Arbeitskreis
AktG	Aktiengesetz
Alt.	Alternative
AnfG	Gesetz betreffend die Rechtshandlungen eines Schuldners außerhalb des Konkursverfahrens
Anh.	Anhang
Anm.	Anmerkung
AnwBl	Anwaltsblatt
AO	Abgabenordnung
Art.	Artikel
Aufl.	Auflage
Az.	Aktenzeichen
BayObLG	Bayerisches Oberstes Landesgericht
BB	Betriebsberater
Bd.	Band
Bearb.	Bearbeitung
Beschl.	Beschluss
Bespr.	Besprechung
betr.	betreffend
BezG	Bezirksgericht
BFH	Bundesfinanzhof
BGBl.	Bundesgesetzblatt
BGB	Bürgerliches Gesetzbuch
BGH	Bundesgerichtshof
BGHZ	Entscheidungen des BGH in Zivilsachen

BKGG	Bundeskindergeldgesetz
BKR	Zeitschrift für Bank- und Kapitalmarktrecht
BRAGO	Bundesgebührenordnung für Rechtsanwälte
BRAK-Mitt.	Mitteilungen der Bundesrechtsanwaltskammer
BSG	Bundessozialgericht
BT-Drucks.	Bundestags-Drucksache
BVerfG	Bundesverfassungsgericht
BVerfGE	Entscheidungen des Bundesverfassungsgerichts
bzw.	beziehungsweise
d.h.	das heißt
DAVorm	Der Amtsvormund
DB	Der Betrieb
DepotG	Depotgesetz
ders.	derselbe
DFGT	Deutscher Familiengerichtstag
dies.	dieselbe
DNotZ	Deutsche Notar-Zeitschrift
DRiZ	Deutsche Richterzeitung
DStR	Deutsches Steuerrecht
EBV	Eigentümer-Besitzer-Verhältnis
EGBGB	Einführungsgesetz zum BGB
EheG	Ehegesetz
EheRG	Gesetz zur Reform des Ehe- und Familienrechts
Einl.	Einleitung
ErgBd.	Ergänzungsband
EStG	Einkommensteuergesetz
EuGüVO	Europäische Güterrechtsverordnung
evtl.	eventuell
EzFamR aktuell	Entscheidungssammlung zum Familienrecht aktuell
f.	folgende
FamFG	Gesetz über das Verfahren in Familiensachen und in den Angelegenheiten der freiwilligen Gerichtsbarkeit
FamFR	Familienrecht und Familienverfahrensrecht
FamRB	Der Familienrechtsberater
FamRBint	FamRB international
FamRZ	Zeitschrift für das gesamte Familienrecht
FamS	Familiensenat

ff.	fortfolgende
FF	Forum Familien- und Erbrecht
FGB	Familiengesetzbuch der DDR
FGG	Gesetz über die Angelegenheiten der freiwilligen Gerichtsbarkeit
Fn.	Fußnote
FPR	Familie, Partnerschaft, Recht
FS	Festschrift
FuR	Familie und Recht
GbR	Gesellschaft bürgerlichen Rechts
gem.	gemäß
GewSchG	Gesetz zum zivilrechtlichen Schutz vor Gewalttaten und Nachstellungen (Gewaltschutzgesetz)
GG	Grundgesetz
ggf.	gegebenenfalls
GmbH	Gesellschaft mit beschränkter Haftung
GVG	Gerichtsverfassungsgesetz
h.M.	herrschende Meinung
HausrVO	Verordnung über die Behandlung der Ehewohnung und des Hausrats
HGB	Handelsgesetzbuch
HinterlO	Hinterlegungsordnung
Hrsg.	Herausgeber
Hs.	Halbsatz
HUntProt	Haager Protokoll über das auf Unterhaltspflichten anzuwendende Recht
i.d.R.	in der Regel
i.E.	im Einzelnen
i.H.d.	in Höhe des
InsO	Insolvenzordnung
IPRax	Praxis des Internationalen Privat- und Verfahrensrechts
i.S.	im Sinne
i.Ü.	im Übrigen
i.V.m.	in Verbindung mit
i.W.	im Wesentlichen
i.Zw.	im Zweifel

JAmt	Das Jugendamt
jM	juris - Die Monatszeitschrift
JR	Juristische Rundschau
Jura	Jura: Juristische Ausbildung
jurisPK	juris Praxiskommentar BGB
JuS	Juristische Schulung
JZ	Juristenzeitung
Kap.	Kapitel
KindUG	Kindesunterhaltsgesetz
KG	Kammergericht
KO	Konkursordnung
KraftStG	Kraftfahrzeugsteuergesetz
krit.	kritisch
lfd.	laufend
LG	Landgericht
LM	Lindenmaier/Möhring
LS	Leitsatz
m.	mit
MDR	Monatsschrift für Deutsches Recht
m.w.N.	mit weiteren Nachweisen
MHG	Gesetz zur Regelung der Miethöhe
MittBayNot	Mitteilungen des Bayerischen Notarvereins
NdsRpfl	Niedersächsische Rechtspflege
n.F.	neuer Fassung
NJW	Neue Juristische Wochenschrift
NJW-RR	NJW-Rechtsprechungs-Report Zivilrecht
Nr.	Nummer
NZFam	Neue Zeitschrift für Familienrecht
OLG	Oberlandesgericht
Red.	Redaktion
rd.	rund
Rn.	Randnummer
Rpfleger	Der Deutsche Rechtspfleger
RPflG	Rechtspflegergesetz
Rspr.	Rechtsprechung
RsprN	Rechtsprechungsnachweise
RVG	Rechtsanwaltsvergütungsgesetz

S.	Satz, Seite
SchlHA	Schleswig-Holsteinische Anzeigen
sog.	sogenannte
StAZ	Das Standesamt
StGB	Strafgesetzbuch
str.	streitig
türkZGB	Türkisches Zivilgesetzbuch
u.	und
u.a.	unter anderem
u.Ä.	und Ähnliches
UÄndG	Unterhaltsänderungsgesetz
u.U.	unter Umständen
unstr.	unstreitig
Urteilsanm.	Urteilsanmerkung
v.	von, vom, vor
VersAusglG	Versorgungsausgleichsgesetz
VFGüterstandsG	Gesetz über den ehelichen Güterstand von Vertriebenen und Flüchtlingen
vgl.	vergleiche
VKH	Verfahrenskostenhilfe
VO	Verordnung
Voraufl.	Vorauflage
VZ	Veranlagungszeitraum
WEG	Wohnungseigentumsgesetz
WM	Wertpapiermitteilungen – Zeitschrift für Wirtschafts- und Bankrecht
WuM	Wohnungswirtschaft und Mietrecht
z.B.	zum Beispiel
ZEuP	Zeitschrift für Europäisches Privatrecht
ZEV	Zeitschrift für Erbrecht und Vermögensnachfolge
ZFE	Zeitschrift für Familien- und Erbrecht
ZfPW	Zeitschrift für die gesamte Privatrechtswissenschaft
ZGB/DDR	Zivilgesetzbuch der DDR
zit.	zitiert
ZNotP	Zeitschrift für die Notarpraxis
ZPO	Zivilprozessordnung

ZS	Zivilsenat
z.T.	zum Teil
zust.	zustimmend
zutr.	zutreffend
ZVG	Gesetz über die Zwangsversteigerung und die Zwangsverwaltung

1. Kapitel: Allgemeine Fragen und Zuständigkeit

A. Einleitung

In wohl keiner Ehe beschränken sich die Verbindungen zwischen den Partnern auf den persönlichen Bereich. Mehr oder weniger zwangsläufig ergeben sich auch in vermögensrechtlicher Hinsicht nicht nur Berührungen, sondern auch Gemeinsamkeiten. Verschiebungen von Vermögenswerten, Vermischungen des beiderseitigen Vermögens und gemeinsame Wertschöpfungen in größerem oder kleinerem Umfang sind nahezu unvermeidbar. Die Verbundenheit der Ehegatten im Vermögensbereich ist offensichtlich, wenn die Ehe – in der heutigen Zeit eine Ausnahme – im Wahlgüterstand der Gütergemeinschaft geführt wird und damit fortlaufend gemeinschaftliches Vermögen entsteht (§ 1416 BGB). Aber auch dann, wenn die Ehegatten rechtlich getrennte Vermögensmassen behalten, wie es nicht nur bei Gütertrennung, sondern auch im gesetzlichen Güterstand (vgl. § 1363 II BGB) und in dem zum 1.5.2013 neu geschaffenen Güterstand der Wahl-Zugewinngemeinschaft[1] der Fall ist, kommt es zu Gemeinsamkeiten und zum Austausch im Vermögensbereich. Man denke nur an die gemeinsamen Anschaffungen für den Hausstand oder für die Freizeitgestaltung, an die gemeinsame Anmietung einer Wohnung oder gar die Anschaffung eines Familienheims, an gegenseitige Geschenke oder an die Abwicklung der finanziellen Angelegenheiten über ein Konto, sei es ein Gemeinschaftskonto oder ein Konto eines Ehegatten mit Vollmacht für den anderen. Schließlich führt auch die Aufnahme gemeinsamer Kredite zu einer Verbindung im Vermögensbereich. 1

So ergibt sich beim Scheitern einer jeden Ehe die Notwendigkeit, die entstandenen **Vermögensverflechtungen wieder aufzulösen**, eine je nach Ausmaß der Verbundenheit der Ehegatten im Vermögensbereich mehr oder weniger schwierige Aufgabe. Das Familienrecht stellt zur Erfüllung dieser Aufgabe in wichtigen Bereichen materiellrechtliche Vorschriften und für den Streitfall Auflösungsinstrumentarien zur Verfügung. Für die Verteilung der Haushaltssgegenstände (früher genannt Hausrat) und für die künftige Nutzung der Ehewohnung stehen mit §§ 1361a, 1361b, 1568a, 1568b BGB Bestimmungen bereit, die eine ab- 2

1 Vgl. dazu Rn. 950.

schließende Auseinandersetzung in diesem Teilbereich ermöglichen. Sie gelten für alle Güterstände. Darüber hinaus ist der Vermögensausgleich die vorrangige Aufgabe des Güterrechts. In den meisten Fällen sind zur vollständigen Vermögensauseinandersetzung aber noch weitere Regelungen erforderlich.

B. Güterrecht und Bedarf nach weiterem Ausgleich

3 Haben die Ehegatten nach einer ehevertraglichen Vereinbarung im Güterstand der **Gütergemeinschaft** gelebt (§§ 1415 ff. BGB), werden das Vermögen des Mannes und das der Frau – abgesehen vom Vorbehalts- und Sondergut (§§ 1417, 1418 BGB) – von vornherein zu einem gemeinschaftlichen Vermögen, dem Gesamtgut, verbunden (§ 1416 BGB). Dessen Auseinandersetzung wird durch §§ 1471 ff. BGB umfassend geregelt. Für einen zusätzlichen Ausgleich und für die Klärung schuldrechtlicher Beziehungen der Ehegatten untereinander besteht – außer in Einzelfällen hinsichtlich des Vorbehaltsgutes – kein Bedarf. Ähnlich liegen die Dinge bei Eheleuten, die in der ehemaligen DDR geheiratet haben und bei Beendigung der Ehe – ausnahmsweise – noch im **DDR-Güterstand der Eigentums- und Vermögensgemeinschaft** gelebt haben[2]. Anders dagegen verhält es sich bei den anderen Güterständen des BGB, denen der Gütertrennung, der Zugewinngemeinschaft und der Wahl-Zugewinngemeinschaft, bei denen es an einer von vornherein vorhandenen rechtlichen Verbindung beider Vermögen fehlt.

4 Ist **Gütertrennung** vereinbart (§ 1414 BGB), findet bei Beendigung der Ehe kein güterrechtlicher Vermögensausgleich statt. Hier liegt es nahe, dass die trotz getrennter Vermögensmassen eingetretenen gegenseitigen Vermögensverflechtungen der Ehegatten, wenn es schon keinen Gesamtausgleich gibt, einen Ausgleich in einzelnen Vermögensbereichen erfordern können. So kann unter besonderen Umständen ein Ausgleichsanspruch in Bezug auf einzelne Vermögensobjekte in Betracht kommen, wenn andernfalls eine Vermögenssituation entstünde, die einen der Ehegatten in unerträglicher Weise benachteiligen würde, wie es im Einzelfall bei während der Ehe erfolgten größeren Zuwendungen oder bei umfangreicher Mitarbeit eines Ehegatten im Geschäftsbetrieb des anderen der Fall sein kann. Regelmäßig ergibt sich die Notwendigkeit eines gesonderten Ausgleichs aber auch daraus, dass die Ehegatten „normale" schuldrechtliche Beziehungen miteinander eingegangen sind. Denn auch Ehegatten können Rechtsgeschäfte miteinander abschließen, etwa Auftrags- oder Gesellschaftsverhältnisse eingehen oder Darlehensverträge schließen. Auch aus gemeinschaftlichem Eigentum an dem Familienheim oder

2 Vgl. dazu Rn. 310 f.

aus der Mitberechtigung an einem gemeinsamen Sparkonto kann sich das Erfordernis einer Auseinandersetzung ergeben. Das Gleiche gilt, wenn die Ehegatten gemeinsame Verbindlichkeiten Dritten gegenüber eingegangen sind, für die ein Ehegatte allein aufgekommen ist (§ 426 BGB). Schließlich können auch Ehegatten aus mancherlei Gründen einander schadensersatzpflichtig werden.

Im **gesetzlichen Güterstand** (§§ 1363 ff. BGB) findet zwar bei Beendigung der Ehe ein finanzieller Ausgleich unter den auch hier getrennten Vermögensmassen statt[3], wenn das Vermögen des einen Ehegatten während der Ehe einen größeren Zuwachs erfahren hat als das des anderen (§ 1378 I BGB)[4]. Gleichwohl sind auch im gesetzlichen Güterstand regelmäßig weitere Ausgleichsansprüche von Bedeutung. So ist mit der Durchführung des Zugewinnausgleichs das Miteigentum am Familienheim noch nicht auseinandergesetzt und auch die übrigen vorgenannten „normalen" schuldrechtlichen Verknüpfungen sind noch nicht aufgelöst. Eine korrekte Berechnung des Zugewinnausgleichs setzt aber auch voraus, dass eventuelle schuldrechtliche Beziehungen der Ehegatten untereinander geklärt sind, dass etwa geklärt ist, welchem Ehegatten die Forderungen an in der Ehe geführten Bankkonten zustehen, und dass geklärt ist, welcher Ehegatte für welche Verbindlichkeiten, die gemeinsam eingegangen worden sind, im Innenverhältnis aufkommen muss. Im Einzelfall kann es auch sein, dass sich nach Durchführung des Zugewinnausgleichs eine Vermögenssituation ergibt, die untragbar erscheint, sodass noch ein Bedarf für einen zusätzlichen Ausgleich besteht, wenn dies auch seltene Fälle sind. All dies gilt auch, wenn die Eheleute in dem zum 1.5.2013 neu geschaffenen Güterstand der **Wahl-Zugewinngemeinschaft** gelebt haben[5]. 5

Dass in vielen in Gütertrennung oder Zugewinngemeinschaft geführten Ehen neben dem Güterrecht und neben der Verteilung der Haushaltsgegenstände sowie der Wohnungszuweisung bzw. -überlassung ein gesonderter Ausgleich in Betracht kommt, beruht somit darauf, dass in diesen Güterständen die Vermögen beider Ehegatten rechtlich voneinander getrennt gehalten werden, sich aber während der Ehe Vermögensverflechtungen ergeben, die güterrechtlich bei Gütertrennung überhaupt nicht, im gesetzlichen Güterstand (wie auch in der Wahl-Zugewinngemeinschaft) nur hinsichtlich eines Vermögenssaldos – und das in Einzelfällen unzureichend – ausgeglichen werden. 6

---

3 Der gesetzliche Güterstand der Zugewinngemeinschaft bedeutet in der Sache nichts anderes als Gütertrennung mit späterem schuldrechtlichen Zugewinnausgleich (BGH, FamRZ 1989, 835, 837 = NJW 1989, 1920.

4 Zu den Vorzügen und Schwächen des Modells des Zugewinnausgleichs, *Götz/Schnitzler/Wever*, S. 187 ff.

5 Vgl. dazu Rn. 950.

C. Anwendungsbereich des weiteren Vermögensausgleichs

7 Der Bereich der Vermögensauseinandersetzung, die außerhalb der güterrechtlichen Regelungen, der Verteilung der Haushaltsgegenstände und der Wohnungszuweisung bzw. -überlassung stattfindet, kann längst als Rechtsgebiet eigener Art bezeichnet werden[6], heute vielfach (unscharf) **„Nebengüterrecht"** genannt[7]. Es handelt sich um ein Gebiet, das zunehmend an Bedeutung gewonnen hat, und das angesichts gestiegener Scheidungsraten und vielfach guter Vermögensverhältnisse der jüngeren Generation – ebenso wie das Güterrecht – vermutlich weiter an Bedeutung gewinnen wird, zumal die Zuweisung der Zuständigkeit für dieses Rechtsgebiet an die Familiengerichte über § 266 FamFG (sonstige Familiensachen) im Jahre 2009[8] das Problembewusstsein für die Thematik geschärft hat[9]. *Schwab*[10] hat schon 1995 zu Recht von einer neben dem Güterrecht herlaufenden, zunehmend breiter werdenden „zweiten Spur" des Vermögensausgleichs gesprochen.

8 Welche Bereiche umfasst dieses relativ junge und noch in der Entwicklung begriffene Rechtsgebiet? Es geht insbesondere um die Regelung folgender **Bereiche der Vermögensauseinandersetzung:**

- die Auseinandersetzung im Hinblick auf Sachen, die im Miteigentum der Ehegatten stehen, soweit nicht die speziellen gesetzlichen Regelungen für die Verteilung der Haushaltsgegenstände und für die Wohnungszuweisung bzw. -überlassung zum Zuge kommen: hier steht im Mittelpunkt meist das gemeinsame Familienheim, und es geht um Fragen, die mit dessen nunmehr alleiniger Nutzung durch einen Ehegatten zusammenhängen (Nutzungsentgelt, Lastentragung), sowie um die Auflösung des Miteigentums;
- die Frage, wer im Verhältnis der Ehegatten zueinander für gemeinsame Schulden einstehen muss;
- die Auseinandersetzung in Bezug auf Bankguthaben und Wertpapiere;
- den Ausgleich von Steuerguthaben oder Steuerschulden und Mitwirkungspflichten im steuerlichen Bereich (Mitwirkung bei der steuerlichen Zusammenveranlagung, Zustimmung zum begrenzten Realsplitting);
- Schadensersatzansprüche der Ehegatten gegeneinander;

---

6 So *Blaese*, BRAK-Mitt. 1997, 118.

7 Zu dieser Bezeichnung *Herr*, NJW 2012, 1847. Kritisch *Falkner*, DNotZ 2013, 586, 587 („schillernder Begriff").

8 Dazu Rn. 29 ff.

9 So zu Recht *Herr*, FamRB 2012, 257, 262.

10 Brühler Schriften zum Familienrecht, 11. DFGT, S. 50.

- Ausgleichsansprüche für anstelle des Unterhaltspflichtigen gezahlten Kindesunterhalt und Ausgleichsansprüche wegen des Kindergeldes (familienrechtlicher Ausgleichsanspruch);
- Ansprüche aus besonderen Rechtsverhältnissen wie Darlehen, übernommener Vermögensverwaltung oder Treuhandverhältnissen;
- Ausgleichsansprüche, die sich aufgrund von Vermögenszuwendungen des einen an den anderen Ehegatten (Schenkungen, ehebezogene Zuwendungen) ergeben können;
- Ansprüche gesellschaftsrechtlicher oder sonstiger Art, die sich insbesondere aus der Mitarbeit eines Ehegatten im Geschäftsbetrieb oder im sonstigen Tätigkeitsbereich des anderen, beim Aufbau eines Immobilienvermögens oder beim Bau eines Hauses ergeben können.

D. Heranziehung von Schuld- und Sachenrecht

Während für die güterrechtliche Auseinandersetzung, die Verteilung der Haushaltsgegenstände und die Wohnungszuweisung bzw. -überlassung gesetzliche Regelungen vorliegen, die den Weg zu einem sachgerechten Ausgleich weisen und dem im Familienrecht tätigen Praktiker vertraut sind, steht dieser bei den übrigen Fragen der Vermögensauseinandersetzung vor dem Problem, dass es an spezialgesetzlichen Regelungen des Familienrechts fehlt. Ausdrückliche vertragliche Absprachen, die vielfach Klarheit bringen würden, sind selten. Lösungen müssen vorwiegend mit Hilfe des Schuld- und Sachenrechts gefunden werden. **9**

Soweit es um Rechtsverhältnisse unter den Ehegatten geht, wie sie auch unter Nichtverheirateten bestehen können – etwa um Miteigentum oder andere Gemeinschaftsverhältnisse, um Gesamtschulden, um Treuhandverhältnisse, um echte Schenkungen, um Haftung aus unerlaubter Handlung –, kann unmittelbar auf die Bestimmungen des Schuld- und Sachenrechts zurückgegriffen werden. Allerdings spielen häufig Besonderheiten eine Rolle, die sich aus der über die schuldrechtliche Beziehung hinaus bestehenden besonderen Verbundenheit der Partner als Ehegatten ergeben. Insoweit wird gern von einer **„familienrechtlichen Überlagerung"** gesprochen, die immer zu beachten ist. **10**

Teilweise erscheint der Zugang zu schuld- und sachenrechtlichen Vorschriften aber auch – zumindest auf den ersten Blick – versperrt, weil die Ehegatten in einer Weise vermögensrechtlich miteinander umgegangen sind, die sich in keinen der gesetzlich geregelten Vertrags- und Verhaltenstypen einordnen lässt[11]. Hier führt der Weg zu schuld- und sachenrecht- **11**

11 Zur Einordnung von Ehegattenverträgen als schuld- oder familienrechtliche Verträge vgl. *Haas*, FamRZ 2002, 205, 209 ff.

lichen Lösungen über **besondere Rechtsfiguren,** die die Rechtsprechung entwickelt hat. Sie haben in erster Linie die Aufgabe, Unzulänglichkeiten des Güterrechts auszugleichen und über die Anwendung von Vertragsrecht Lösungen des Einzelfalls zu ermöglichen, die dem Gerechtigkeitsempfinden entsprechen. Es sind dies die Rechtsfiguren der Ehegatteninnengesellschaft, der ehebezogenen Zuwendung und des familienrechtlichen Vertrages eigener Art (der sowohl ehebezogenen Zuwendungen als auch der Ehegattenmitarbeit zugrunde liegen kann und in letzterem Fall häufig „Kooperationsvertrag“ genannt wird)[12]. Während bei der Ehegatteninnengesellschaft eine Auseinandersetzung nach den Regeln der §§ 732 ff. BGB erfolgt, wird beim familienrechtlichen Vertrag eigener Art der Ausgleich durch die Annahme eines Wegfalls der Geschäftsgrundlage beim Scheitern der Ehe ermöglicht.

E. Verhältnis zum Güterrecht

12 Haben die Ehegatten ihre Vermögensbeziehungen in einer Weise gestaltet, dass grundsätzlich an einen gesonderten Ausgleichsanspruch zu denken ist, liegt also einer der oben angesprochenen Lebenssachverhalte vor (Gesamtschuld, gemeinsame Bankkonten, besondere Zuwendung, Ehegattenmitarbeit etc.), so stellt sich regelmäßig die Frage nach dem Verhältnis eines eventuellen gesonderten Anspruchs zum Güterrecht. Wird ein solcher Anspruch möglicherweise durch die Regelungen des Güterrechts vollständig verdrängt? Ist er ggf. vor- oder nachrangig?

13 Bei der Gütergemeinschaft ergeben sich diese Fragen grundsätzlich nicht, weil ein gesonderter Ausgleich, von Einzelfällen hinsichtlich des Vorbehaltsgutes abgesehen, aus den schon genannten Gründen ausscheidet[13]: Die Vermögensauseinandersetzung wird durch §§ 1471 ff. BGB umfassend geregelt. Der Bedarf nach der Auflösung von Miteigentum, nach dem Ausgleich gemeinsamer Schulden oder von Guthaben auf Konten etc. entsteht nicht. Bei Ehen, die – wie in den weitaus meisten Fällen – im gesetzlichen Güterstand, im Güterstand der Gütertrennung oder im Güterstand der Wahl-Zugewinngemeinschaft, also mit getrennten Vermögen, geführt werden, gilt Folgendes:

14 Ein Teil der hier in Rede stehenden besonderen Ausgleichsansprüche ist sozusagen **auf den Fall der Gütertrennung zugeschnitten**, nämlich auf den Fall, dass kein güterrechtlicher Ausgleich möglich ist, obwohl das Gerechtigkeitsempfinden dringend nach einem Ausgleich verlangt. Die-

12 Zu diesen Rechtsfiguren und ihrer Funktion auch *Wever*, FS Hahne, 2012, S. 191, 192 ff.

13 Die Ausführungen in diesem Buch sind daher in erster Linie für die Güterstände der Gütertrennung, der Zugewinngemeinschaft und der Wahl-Zugewinngemeinschaft von Bedeutung. Soweit im Einzelfall das Vorbehaltsgut bei Gütergemeinschaft betroffen ist, gelten sie entsprechend.

ser Teil der Ansprüche wird heute oft als Nebengüterrecht im engeren Sinne bezeichnet[14]. Es geht dabei um die Ausgleichsansprüche, auf die erst mit Hilfe der – im Wege richterlicher Rechtsfortbildung zur Vermeidung krass ungerechter Ergebnisse geschaffenen – oben genannten Rechtsfiguren zurückgegriffen werden kann. Betroffen sind also Ausgleichsansprüche bei ehebezogenen Zuwendungen oder bei Ehegattenmitarbeit (Innengesellschaft, Kooperationsvertrag). Sie können zwar auch bei gesetzlichem Güterstand – und im Güterstand der Wahl-Zugewinngemeinschaft – zur Anwendung kommen, ihre praktische Bedeutung ist dort aber gering. Denn da bei gesetzlichem Güterstand (ebenso wie bei der Wahl-Zugewinngemeinschaft) mit dem Zugewinnausgleich ein gesetzlich geregeltes Ausgleichssystem zur Verfügung steht, das in aller Regel für einen angemessenen Vermögensausgleich sorgt, wird der Zugewinnausgleich – jedenfalls soweit es mögliche Ausgleichsansprüche wegen ehebezogener Zuwendungen und aufgrund eines Kooperationsvertrages betrifft – als vorrangig erachtet[15]. Nur wenn die Anwendung der Bestimmungen über den Zugewinnausgleich aus ganz besonderen Gründen einmal zu einem schlechthin untragbaren Ergebnis führt, wird hier im Einzelfall eine Korrektur über das Schuldrecht zugelassen. Soweit es die Ehegatteninnengesellschaft betrifft, liegen die Voraussetzungen für das Vorliegen dieser Rechtsfigur bei gesetzlichem Güterstand regelmäßig nicht vor[16]. Aber auch bei Gütertrennung wird von der Möglichkeit einer Korrektur der Vermögensbilanz am Ende der Ehe unter Heranziehung der genannten Rechtsfiguren von der Rechtsprechung zu Recht nur zurückhaltend Gebrauch gemacht. Denn immerhin haben die Ehegatten ja mit der Wahl des Güterstandes der Gütertrennung zum Ausdruck gebracht, dass sie grundsätzlich keinen späteren Ausgleich wünschen.

Die übrigen hier behandelten Ausgleichsansprüche, heute auch als Nebengüterrecht im weiteren Sinne bezeichnet[17], können – wie schon erwähnt[18] – **gleichermaßen bei Gütertrennung wie im gesetzlichen Güterstand** und bei vereinbarter Wahl-Zugewinngemeinschaft bestehen. In diesen Güterständen kann Miteigentum auseinanderzusetzen oder können Verfügungen über Bankkonten auszugleichen sein. In diesen Güterständen können die Ehegatten Gesamtschulden eingehen, die beim Scheitern der Ehe auszugleichen sind. Und in diesen Güterständen können die Ehegatten Verträge miteinander abschließen, deren Abwicklung am Ende der Ehe aussteht. Im Falle des gesetzlichen Güterstandes und bei vereinbarter Wahl-Zugewinngemeinschaft ist allerdings zu beachten, dass nicht **15**

14 Vgl. *Herr*, FamRB 2012, 257, 258.
15 Vgl. Rn. 950 u. 1201.
16 Vgl. Rn. 1137 u. 1183.
17 Vgl. *Herr*, FamRB 2012, 257, 258.
18 Rn. 4 f.

nur Forderungen und Verpflichtungen gegenüber Dritten, sondern auch Forderungen und Verpflichtungen der Ehegatten untereinander im beiderseitigen Endvermögen zu berücksichtigen sind. Dies führt häufig dazu, dass es wirtschaftlich im Ergebnis keine Rolle spielt, ob schuldrechtliche Ausgleichsansprüche untereinander bestehen oder nicht, so dass sich ein Streit darüber vielfach nicht lohnt[19]. Die **güterrechtlichen Auswirkungen schuldrechtlicher Ansprüche** sind daher immer zu bedenken. Die Frage, in welchem Güterstand die Ehe geführt worden ist, und bei Auslandsberührung die Vorfrage, welches Güterrecht anwendbar ist[20], sind vorab zu klären.

F. Aufbau und Inhalt des Buches

16 Der Aufbau des vorliegenden Buches orientiert sich nicht an Anspruchsgrundlagen, sondern an den unterschiedlichen Lebenssachverhalten, die in der Vermögensauseinandersetzung außerhalb des Güterrechts eine Rolle spielen können. Eine Ausnahme bildet das Kapitel über Schadensersatzansprüche, das aber seinerseits wieder nach Lebenssachverhalten untergliedert ist. Zu Beginn eines jeden Kapitels finden sich Literaturhinweise zu dem jeweils besprochenen Fragenkreis; im Übrigen wird auf das allgemeine Literaturverzeichnis hingewiesen. Am Ende verschiedener Kapitel finden sich **Checklisten**, die die Fallbearbeitung erleichtern und sicherstellen sollen, dass kein relevanter Gesichtspunkt übersehen wird.

17 Das Buch enthält eine umfassende Darstellung aller vorstehend angerissenen Fragenkreise der Vermögensauseinandersetzung der Ehegatten, die weder dem Güterrecht noch der Verteilung der Haushaltsgegenstände oder der Wohnungszuweisung bzw. -überlassung zuzuordnen sind. Im Kapitel über die Auseinandersetzung bei Miteigentum werden aber auch spezielle Fragen aus dem Bereich der Verteilung der Haushaltsgegenstände und der Wohnungszuweisung bzw. -überlassung angesprochen.

18 Ansprüche auf Rückgewähr von Unterhalt werden insoweit behandelt, als es um Schadensersatzansprüche und um den familienrechtlichen Ausgleichsanspruch (Unterhaltsleistungen für das Kind anstelle des anderen Ehegatten) geht[21]. Über die Rechtsbeziehungen der Ehegatten untereinander hinausgehend werden im 13. Kapitel auch Ausgleichsansprüche für Zuwendungen und Arbeitsleistungen **zwischen Ehegatten und Schwie-**

19 Vgl. dazu näher Rn. 469 ff.

20 Hier wird leicht übersehen, dass Art. 15 EGBGB die güterrechtlichen Wirkungen der Ehe grds. dem bei der Eheschließung maßgeblichen Recht unterstellt, das sich aus Art. 14 EGBGB ergibt.

21 Wegen weitergehender Fragen, auch zur Rückforderung von Prozess- bzw. Verfahrenskostenvorschüssen, sei auf die unterhaltsrechtliche Literatur verwiesen. Vgl. Literaturhinweise bei Rn. 738 Fn. 146, Rn. 884.

gereltern erörtert, die die Praxis zunehmend beschäftigen. Im 14. Kapitel wird die Vermögensauseinandersetzung bei **eingetragenen Lebenspartnerschaften** behandelt. Nicht erörtert werden die Ansprüche, die sich als Folge der Auflösung von **Verlöbnissen** insbesondere aus §§ 1298 ff. BGB (Schadensersatz bei Rücktritt[22], Anspruch auf Rückgabe von Geschenken), aber auch aus unerlaubter Handlung (Heiratsschwindel) ergeben können[23]. Ebenfalls nicht behandelt, wenn auch verschiedentlich vergleichend erwähnt, werden Ansprüche aus der Auflösung **nichtehelicher Lebensgemeinschaften**[24].

Die **Reihenfolge der Kapitel** orientiert sich (ab der vorliegenden 19
7. Auflage) an der Funktion der behandelten Ansprüche: In den Kapiteln 2 bis 10 geht es um Ansprüche zur Auflösung der schuld- und sachenrechtlichen Verbindungen, die die Ehegatten miteinander eingegangen sind. Bei den Kapiteln 11 und 12 steht im Mittelpunkt die Frage, ob und inwieweit – durch Heranziehung der Rechtsfiguren der ehebezogenen Zuwendung, der Ehegatteninnengesellschaft und des familienrechtlichen Kooperationsvertrages – Ungerechtigkeiten in der beiderseitigen Vermögensbilanz ausgeglichen werden können, die auf güterrechtlichem Wege nicht haben beseitigt werden können.

G. Gesetzesreformen

I. Reformen vom 1.1.2002

Von den am 1.1.2002 in Kraft getretenen Reformgesetzen berühren 20
zum einen das Gesetz zur Verbesserung des zivilgerichtlichen Schutzes bei Gewalttaten und Nachstellungen sowie zur Erleichterung der Überlassung der Ehewohnung bei Trennung, zum anderen das Gesetz zur Modernisierung des Schuldrechts die hier behandelten Themenbereiche in verschiedenen Punkten. Das neue Recht hat teilweise zu einer **Änderung der Rechtslage** geführt hat. Das betrifft aus dem Bereich der Schuldrechtsreform etwa Fragen der Verjährung.

In vielen Punkten haben die Neuregelungen, auch soweit sie die hier 21
behandelten Themenbereiche berühren, an der Rechtslage aber nichts geändert. Das gilt einmal in den Fällen, in denen schon bestehende Regelungen nur in andere Gesetzesbestimmungen übertragen worden sind,

---

22 Dazu zuletzt OLG Oldenburg, FamRZ 2016, 2102, m. Anm. *Löhnig*: Rücktritt vom Verlöbnis wegen Verschweigens einer bestehenden Ehe.

23 Dazu *Erbarth*, FPR 2011, 89; *Herzog*, FuR 2017, 364.

24 Vgl. dazu *Weinreich*, FF 2011, 271; *ders.*, FuR 2011, 492; *Schulz*, FPR 2010, 373; *Burger*, FamRB 2010, 214; MünchKomm/*Wellenhofer*, Anh. zu § 1302, mit umfangreichen Literaturhinweisen; *Palandt/Brudermüller*, Einl. v. § 1297 Rn. 9 ff.; *Bergschneider/Burger*, Rn. 7.1 ff.

zum Teil mit nicht substantiellen Änderungen des Wortlauts. Dass sich in der Sache nichts geändert hat, gilt aber auch in den Fällen, in denen die Schuldrechtsreform außergesetzliche Rechtsfiguren ohne inhaltliche Veränderung in Gesetzesform gefasst hat. So sind die von der Rechtsprechung entwickelten, früher aus § 242 BGB hergeleiteten Grundsätze zum Wegfall der Geschäftsgrundlage, die bei der Vermögensauseinandersetzung außerhalb des Güterrechts eine wichtige Rolle spielen, nun in § 313 BGB gesetzlich geregelt worden. Eine für die hier behandelten Fälle bedeutsame sachliche Änderung hinsichtlich der Voraussetzungen oder der Rechtsfolgen ist damit nicht verbunden[25]. Entsprechendes gilt für die früher bedeutsame Rechtsfigur der positiven Vertragsverletzung, die etwa bei missbräuchlichen Kontoverfügungen eine Rolle spielt. Deren Anwendungsfälle werden nun von der Anspruchsnorm des § 280 I BGB erfasst[26]. In den genannten Fällen hat sich somit **nur die Anspruchsgrundlage geändert,** ohne dass dies Auswirkung auf die Ergebnisse hätte.

22 Zur Bezeichnung der korrekten Anspruchsgrundlage ist in Altfällen aus dem Bereich der Schuldrechtsreform die **Übergangsbestimmung** des Art. 229 § 5 EGBGB zu beachten. Soweit es, wie insbesondere bei der Rückabwicklung ehebezogener Zuwendungen, um Ansprüche aufgrund Wegfalls der Geschäftsgrundlage geht, ist altes Recht weiterhin maßgebend, wenn das schuldrechtliche Geschäft (etwa der familienrechtliche Vertrag sui generis, der einer ehebezogenen Zuwendung zugrunde liegt[27]) vor dem 1.1.2002 geschlossen worden ist (Art. 229 § 5 S. 1 EGBGB). Mit anderen Worten: Nur für die Rückabwicklung seit dem 1.1.2002 erfolgter Zuwendungen ist § 313 BGB Anspruchsgrundlage[28]. Soweit es um Ansprüche aus einer Pflichtverletzung, die früher als positive Vertragsverletzung bezeichnet wurde, wegen Missbrauchs einer Kontovollmacht geht, kommt dagegen Art. 229 § 5 S. 2 EGBGB zur Anwendung, denn das der Vollmachterteilung zugrunde liegende Kausalverhältnis[29] ist ein Dauerschuldverhältnis. Hier wird daher altes Recht nur noch dann anzuwenden sein, wenn das Kausalverhältnis vor dem 1.1.2002 eingegangen worden und die Pflichtverletzung vor dem 1.1.2003 erfolgt ist.

---

25 Vgl. Rn. 962; BT-Drucks. 14/6040 S. 175 f.

26 Vgl. BT-Drucks. 14/6040 S. 135 f.

27 Vgl. Rn. 908.

28 Dabei wird unterstellt, dass Zuwendung und Abschluss des ihr zugrunde liegenden familienrechtlichen Vertrages – wie in den weitaus meisten Fällen – zeitgleich erfolgen. Fallen sie auseinander, ist maßgebend der Abschluss des schuldrechtlichen Vertrages.

29 Vgl. Rn. 545, 549.

II. Reformen vom 1.9.2009

23 Das am 1.9.2009 in Kraft getretene Gesetz zur Änderung des Zugewinnausgleichs- und Vormundschaftsrechts berührt den hier behandelten Themenkreis vor allem mit seiner Neugestaltung der materiellrechtlichen Vorschriften zur Behandlung der Ehewohnung und der Haushaltsgegenstände für die Zeit nach der Scheidung (§§ 1568a, 1568b BGB)[30]. Mittelbare Auswirkungen hat auch die Neugestaltung des Zugewinnausgleichs durch dieses Gesetz[31]. Vor allem aber ist für die Vermögensauseinandersetzung der Ehegatten außerhalb des Güterrechts das ebenfalls am 1.9.2009 in Kraft getretene Gesetz über das Verfahren in Familiensachen und in den Angelegenheiten der freiwilligen Gerichtsbarkeit (FamFG), das das sog. Große Familiengericht eingeführt hat, von weitreichender Bedeutung; dazu nachfolgend Rn. 27 ff.

III. Reform vom 1.10.2017

24 Dieses Buch ist in der Annahme geschrieben worden, eine Ehe werde zwischen Mann und Frau geschlossen. Entsprechend ist auch die verwendete Begriffsbezeichnung: von „Ehefrau" und „Ehemann" ist immer wieder die Rede. Die Zeit ist vorangegangen. Das am 1.10.2017 in Kraft getretene Gesetz zur Einführung des Rechts auf Eheschließung für Personen gleichen Geschlechts (Eheöffnungsgesetz)[32] ermöglicht nun auch gleichgeschlechtlichen Partnern die Eingehung einer Ehe (vielfach ungenau als **„Ehe für alle"** bezeichnet), vgl. § 1353 I S. 1 BGB n.F.[33]. Alle Ausführungen in diesem Buch gelten selbstverständlich auch für Ehen gleichgeschlechtlicher Partner. Die Begriffsbezeichnung „Ehefrau" für den einen und „Ehemann" für den anderen Partner wird gleichwohl beibehalten, denn die Verwendung geschlechtsneutraler Bezeichnungen („der eine Ehegatte", „der andere Ehegatte") erschiene weniger anschaulich[34].

IV. Änderungen zum 29.1.2019

25 Die Regelungen der **Ehegüterrechtsverordnung** der EU (EuGüVO)[35] erlangen ab dem 29.1.2019 Geltung[36]. Für Ehen, die nach diesem Zeit-

30 Vgl. dazu insbesondere Rn. 92, 98, 138 ff.

31 BGBl. 2009 I S. 1696; vgl. dazu *Kogel*, FF 2017, 3, 5 ff.; *Brudermüller*, FamRZ 2009, 1185; *Weinreich*, FuR 2009, 497; *Götz/Schnitzler/Wever*, S. 187, 190 ff.

32 BGBl I 2017, S. 2787.

33 Zur Umwandlung eingetragener Lebenspartnerschaften in eine Ehe Rn. 1338.

34 Vgl. zu den Begriffsbezeichnungen auch *Schwab*, FamRZ 2017, 1284, 1285.

35 VO (EU) 2016/1103 des Rates v. 24.6.2016 zur Durchführung einer Verstärkten Zusammenarbeit im Bereich der Zuständigkeit, des anzuwendenden Rechts und der Anerkennung und Vollstreckung von Entscheidungen in Fragen des ehelichen Güterstands.

36 Für eingetragene Lebenspartner kommt die EuPartVO (VO [EU] 2016/1104 des Rates v. 24.6.2016 zur Durchführung einer verstärkten Zusammenarbeit im Bereich der Zu-

punkt geschlossen werden (Art. 69 III EuGüVO), können sich dadurch Änderungen insbesondere hinsichtlich der kollisionsrechtlichen Anknüpfung bei Auslandsbezug ergeben (güterrechtliche Qualifizierung, mit der Folge der regelmäßigen Anknüpfung an das Recht des ersten gemeinsamen gewöhnlichen Aufenthalts der Ehegatten nach der Heirat)[37]. Dies betrifft etwa den Anspruch auf Zahlung einer Morgengabe[38], wohl aber auch Ausgleichsansprüche aus einer Ehegatteninnengesellschaft[39] und solche wegen des Wegfalls der Geschäftsgrundlage einer ehebezogenen Zuwendung[40] oder eines familienrechtlichen Kooperationsvertrages[41]. Denn diese von der Rechtsprechung entwickelten Rechtsinstitute, die eine Ergänzung der güterrechtlichen Regelungen darstellen, werden als von der EuGüVO aufgrund ihres wohl weiten Verständnisses des Begriffs des Güterstands erfasst angesehen[42].

26 In ersten Stellungnahmen wird der Standpunkt vertreten, für die vorgenannten Rechtsfiguren gelte – und zwar unabhängig von einem Auslandsbezug der jeweiligen Ehe – auch das Schriftformerfordernis des Art. 25 I EuGüVO[43]. Dieser Standpunkt überzeugt nicht[44]. Träfe er zu, könnten bei nach dem 29.1.2019 geschlossenen Ehen die genannten Rechtsfiguren, die in erster Linie der Korrektur grober Ungerechtigkeiten im vermögensrechtlichen Bereich zu dienen bestimmt sind, nicht mehr zur Anwendung kommen, basieren sie doch regelmäßig auf mündlichem bzw. konkludentem Vertragsschluss. Dies wäre ein angesichts der Schutzfunktion der genannten Rechtsfiguren kaum erträgliches Ergebnis. Es würde zudem zu einer Ungleichbehandlung von Ehegatten und Partnern einer nichtehelichen Lebensgemeinschaft zum Nachteil ersterer führen, denn auch für nichteheliche Lebensgemeinschaften werden die genannten Rechtsfiguren herangezogen. Man wird daher den Begriff der „Vereinbarung über den ehelichen Güterstand“ in Art. 25 I EuGüVO eng auszule-

---

ständigkeit, des anzuwendenden Rechts und der Anerkennung und Vollstreckung von Entscheidungen in Fragen güterrechtlicher Wirkungen eingetragener Partnerschaften) zur Anwendung, die entsprechende Regelungen enthält. Einen Überblick zu beiden Verordnungen gibt *Dutta*, FamRZ 2016, 1973.

37 Näher *Henrich*, FS Brudermüller, 2014, S. 311; *ders.*, ZfRV 2016, 171.

38 Vgl. Rn. 873.

39 Vgl. Rn. 1188.

40 Vgl. Rn. 1048.

41 Vgl. Rn. 1217.

42 *Heiderhoff*, IPRax 2017, 231, 232; *Dutta*, FamRZ 2016, 1975; *Mayer*, IPRax 2016, 353; *Köhler*, in: *Dutta/Weber*, Die Europäischen Güterrechtsverordnungen, 2017, S. 147 Rn. 7. Anders wohl *Bonomi*, in: *Dutta/Weber*, Die Europäischen Güterrechtsverordnungen, 2017, S. 123 Rn. 34 f., 89.

43 *Süß*, in: *Dutta/Weber*, Die Europäischen Güterrechtsverordnungen, 2017, S. 85 Rn. 42 u. 44 (für die Ehegatteninnengesellschaft).

44 Zweifelnd wohl auch *Weber*, in: *Dutta/Weber*, Die Europäischen Güterrechtsverordnungen, 2017, S. 1 Rn. 8.

gen und den Anwendungsbereich der Vorschrift auf Eheverträge im ursprünglichen Sinne zu beschränken haben.

H. Gerichtliche Zuständigkeit

I. Rechtszustand bis 31.8.2009

Ein großes Erschwernis für die streitige Abwicklung der Vermögensauseinandersetzung bedeutete die früher **uneinheitliche gerichtliche Zuständigkeit**. Nach der gesetzlichen Regelung, wie sie bis zum 31.8.2009 galt, gab es keine generelle Zuständigkeit der Familiengerichte zur Erledigung aller vermögensrechtlichen Ansprüche unter den Ehegatten nach gescheiterter Ehe. Ansprüche aus dem ehelichen Güterrecht und die Regelung der Rechtsverhältnisse an Hausrat und Ehewohnung waren Familiensachen und fielen in die Zuständigkeit der Familiengerichte (§ 23b I S. 2 Nr. 8, 9 GVG a.F.). Die übrigen Ansprüche, die in der Vermögensauseinandersetzung der Ehegatten eine Rolle spielen, konnten dagegen ganz überwiegend den im Katalog des § 23b I S. 2 GVG a.F. abschließend aufgeführten Familiensachen nicht zugeordnet werden. Sie haben ihre Grundlage in schuld- oder sachenrechtlichen Bestimmungen und fielen nach der Vorgabe des Gesetzgebers damit in die Zuständigkeit der Zivilprozessgerichte, also je nach Streitwert erstinstanzlich in die Zuständigkeit der Amtsgerichte – Abteilung für Zivilsachen – oder der Zivilkammern bei den Landgerichten. Die Zuständigkeitsfrage verkomplizierte sich weiter dadurch, dass auch schuldrechtliche Ansprüche teilweise wieder den Familiengerichten zugeordnet wurden, nämlich dann, wenn sie einen Sachzusammenhang mit einer Familiensache i.S. von § 23b I S. 2 GVG a.F. aufwiesen. Zur zivilprozessrechtlichen bzw. familienrechtlichen Zuständigkeit der einzelnen Materien nach dem bis zum 31.8.2009 geltenden Recht vgl. 4. Aufl. Rn. 17 f. **27**

Diese Zuständigkeitszersplitterung war aus verschiedenen Gründen misslich. Es bestand oft Unsicherheit in der Frage nach dem zuständigen Gericht, was in zahllosen gerichtlichen Zuständigkeitskontroversen zum Ausdruck kam. Bei parallel vor den Familiengerichten und den Zivilprozessgerichten anhängigen Verfahren (etwa um den Zugewinnausgleich und um den Ausgleich einer Gesamtschuld) wurde oft Streitstoff doppelt behandelt und es bestand die Gefahr divergierender Entscheidungen. Fehlende Kenntnisse der entscheidenden Zivilprozessgerichte im – viele Prozesse um schuldrechtliche Ansprüche überlagernden – Familienrecht hatten problematische Ergebnisse zur Folge. Verfahrensübergreifende Gesamtlösungen waren schwer zu bewerkstelligen[45]. Schon lange wurde daher in **28**

---

45 Zu den Nachteilen der bisherigen Zuständigkeitsregelung im Einzelnen 4. Aufl. Rn. 981 ff.

der Literatur nahezu einhellig die Einführung eines Großen Familiengerichts gefordert, das für alle vermögensrechtlichen Streitigkeiten unter Ehegatten zuständig ist[46].

II. Rechtszustand seit 1.9.2009[47]

1. Allgemeines

29 Dieser Forderung ist der Gesetzgeber nachgekommen. Das am 1.9.2009 in Kraft getretene FamFG hat den Katalog der Familiensachen u.a. um sog. **sonstige Familiensachen** erweitert (§§ 111 Nr. 10, 266 FamFG)[48]. Für sie ist gem. §§ 23a I Nr. 1, 23b I GVG eine **familiengerichtliche Zuständigkeit** gegeben. Zu den sonstigen Familiensachen i.S. des § 266 FamFG gehören insbesondere die vermögensrechtlichen Streitigkeiten der Ehegatten, die bisher in die Zuständigkeit der Zivilprozessgerichte fielen – von Ausnahmen abgesehen. Im Ergebnis sind damit nun die weitaus meisten Streitigkeiten zwischen Ehegatten nach Trennung und Scheidung vor den Familiengerichten geltend zu machen.

30 Ein Verfahren ist eine sonstige Familiensache i.S. des § 266 I FamFG[49], wenn **zwei Voraussetzungen** erfüllt sind: Das Verfahren muss sich einer der in Hs. 1 dieser Bestimmung aufgelisteten Fallgruppen Nr. 1 bis 5 zuordnen lassen und es darf nicht zu den Materien gehören, die nach Hs. 2 der Bestimmung („sofern nicht …") ausgeschlossen sind. Hinsichtlich der aufgelisteten Fallgruppen differenziert die Vorschrift zwischen Ansprüchen, die aus einem familienrechtlichen Rechtsverhältnis wie der Ehe, dem Eltern-Kind-Verhältnis oder dem Umgangsrecht herrühren (Nr. 2, 4 und 5), und solchen zwischen Partnern (Verlobten, Ehegatten) im Zusammenhang mit der Beendigung der Partnerschaft, wobei Ansprüche zwischen einem Ehegatten und dem Elternteil eines Ehegatten einbezogen werden (§ 266 I Nr. 1 und 3 FamFG). Erfasst werden dabei vermögensrechtliche wie nichtvermögensrechtliche Streitigkeiten[50].

---

46 Vgl. etwa *Peschel-Gutzeit,* NJW 2002, 2737, 2742 f.; *Hahne,* FamRZ 2002, 921, 922 f.; *Wever,* FamRZ 2001, 268; *Bosch,* FamRZ 1980, 1, 9 ff.; *Klauser,* MDR 1980, 809. Weitere Nw. 4. Aufl. Rn. 981 Fn. 6.

47 Zur Entwicklung der Familiengerichtsbarkeit und der Situation des „Großen Familiengerichts": *Schnitzler,* FamRZ 2013, 424; *Wever,* FF 2012, 427; *Löhnig,* FPR 2011, 65.

48 Zu den weiteren nunmehr zu den Familiensachen zählenden Materien vgl. *Wever,* FF 2008, 399 f.

49 Zu den sonstigen Familiensachen zählen darüber hinaus gem. § 266 II FamFG auch Verfahren über Anträge nach § 1357 II S. 1 BGB. Sie sind, anders als diejenigen des § 266 I FamFG, keine Familienstreitsachen i.S. des § 112 FamFG, und haben in der Praxis keine nennenswerte Bedeutung.

50 Zu letzteren zählen insbesondere Streitigkeiten wegen Beleidigungen zwischen Ehegatten, Verfahren wegen Herausgabe von privatem Bildmaterial oder Tagebüchern; vgl. BT-Drucks. 16/6308, S. 587.

Die in diesem Buch behandelten vermögensrechtlichen Ansprüche, die weder dem Güterrecht noch den §§ 1361a, 1361b, 1568a, 1568b BGB (Ehewohnungs- und Haushaltssachen) zugeordnet werden können, werden zu einem geringen Teil von den Fallgruppen Nr. 2 und 5, ganz überwiegend aber von der Fallgruppe Nr. 3 des § 266 I FamFG erfasst[51]. 31

2. Fallgruppe § 266 I Nr. 3 FamFG

Der Bestimmung des § 266 I Nr. 3 FamFG („Ansprüche zwischen miteinander verheirateten oder ehemals miteinander verheirateten Personen oder zwischen einer solchen und einem Elternteil im Zusammenhang mit Trennung oder Scheidung oder Aufhebung der Ehe") sind grundsätzlich insbesondere folgende Fallgestaltungen zuzuordnen[52]: 32

Eigentum, Besitz 33

- Streit um ein auf § 745 II BGB oder auf §§ 987 I, 990 I, 100 BGB gestütztes Entgelt für die alleinige Nutzung des gemeinsamen Familienheims[53]
- Streit um einen Gesamtgläubigerausgleich betreffend den Nießbrauch an einer gemeinsamen Immobilie[54]
- Streit um Besitzschutzansprüche[55] sowie um Mitbenutzungsansprüche aus Gemeinschaftsrecht[56]
- Streit um die Berechtigung, Erhaltungsmaßnahmen an der gemeinsamen Immobilie vorzunehmen (§ 744 II BGB)[57]
- Streit um den Anspruch auf Auflösung von Miteigentum durch Teilung in Natur oder durch Pfandverkauf[58]
- Streit um die Verteilung des Erlöses aus dem Verkauf[59] oder aus der Versteigerung eines gemeinsamen Grundstückes[60]

---

51 Zu den einzelnen Fallgruppen *Bömelburg*, FF 2014, 232; *Burger*, FamRZ 2009, 1017; *Wever*, FF 2008, 399, 400 ff.

52 Vgl. auch die umfassende Auflistung bei *Bömelburg*, FF 2014, 232, 237 ff., sowie *Herr*, FuR 2015, 210.

53 OLG Hamm, NZFam 2014, 223 = FF 2014, 326; OLG Frankfurt, FamRZ 2013, 1681; OLG Zweibrücken, FamRZ 2012, 1410. Vgl. Rn. 128, 165 ff., 340.

54 OLG Celle, FamRZ 2014, 66 = FamRB 2013, 250 *(Heinemann)*.

55 Vgl. Rn. 95 f. *Götz/Brudermüller*, FamRZ 2009, 1261, 1267. Anders AG Berlin-Tempelhof-Kreuzberg, NJW 2010, 2445.

56 OLG Nürnberg, FamRZ 2013, 1506 = FamRB 2013, 145 *(Heinemann)*. Vgl. Rn. 121.

57 LG Stralsund, FamRZ 2011, 1673 (Begehren auf Unterlassung von Sanierungsmaßnahmen). Vgl. Rn. 224.

58 Vgl. Rn. 112, 116. *Prütting/Helms/Heiter*, § 266 Rn. 54.

59 OLG Jena, NJW 2012, 1235, 1236 = FamRZ 2012, 1056 [LS].

60 OLG Bremen, FamRZ 2015, 2077; OLG Frankfurt, FamRZ 2010, 1581, 1582 = NJW 2010, 3173. Vgl. Rn. 228, 242.

- Streit um die Mitwirkung an der (Teil-)Löschung einer auf dem Familiengrundstück lastenden Grundschuld[61]
- Streit über die Zulässigkeit einer Teilungsversteigerung (Drittwiderspruchsantrag)[62], sofern die Einwendung gegenüber dem Aufhebungsanspruch nicht auf § 1353 BGB beruht und auch nicht den übrigen Familiensachen i.S. von § 111 FamFG zuzuordnen ist (so bei Berufung auf § 749 II oder § 242 BGB)[63]; für die Teilungsversteigerung selbst sind die Vollstreckungsgerichte zuständig[64]
- Streit um die Pflicht zur Herausgabe aus Eigentum (§ 985 BGB)[65] und von Hochzeitsgeschenken (Heiratsschmuck)[66]

34 **Miete**

- Streit um mietrechtliche Ansprüche[67] (auch aus gewerblichen Mietverträgen[68]), zumal gelegentlich unklar ist, ob Ansprüche aus einem (ggf. stillschweigend geschlossenen) Mietvertrag oder aus einem bloßen Nutzungsverhältnis herzuleiten sind; allerdings ist gerade bei mietrechtlichen Ansprüchen auf den erforderlichen Zusammenhang mit Trennung oder Scheidung zu achten[69] (vgl. Rn. 41 ff.); nach zutreffender Auffassung fehlt es daran, wenn es um Ansprüche aus anlässlich der Scheidung gem. § 1568a V BGB zustande gekommenen Mietverträgen geht, da die Ansprüche hier nicht Teil, sondern Folge der Vermögensauseinandersetzung sind[70]

---

61 OLG Schleswig, Beschl. v. 20.4.2016, 15 UF 84/15, juris. Vgl. Rn. 263.

62 Vgl. BGH, FamRZ 2017, 1602, Rn. 21 = NJW 2017, 2768.

63 Vgl. Rn. 48, 57, 290.

64 Vgl. Rn. 228. *Prütting/Helms/Heiter*, § 266 Rn. 23.

65 OLG Frankfurt, NJW 2015, 2346 (Pkw). Vgl. auch Rn. 326.

66 Vgl. Rn. 868.

67 BGH, FamRZ 2013, 281 = NJW 2013, 616 = FamRB 2013, 78 *(Heinemann)*, m. Anm. *Bömelburg*, FF 2013, 158; *Prütting/Helms/Heiter*, § 266 Rn. 54; *Heinemann*, MDR 2009, 1026, 1027 f.; *Büte*, FPR 2010, 537, 539. Vgl. dazu auch Rn. 40 (Mietverträge mit Schwiegereltern).

68 BGH, FamRZ 2013, 281 = NJW 2013, 616; LG Konstanz, FamRZ 2013, 1157; **a.A.** OLG Düsseldorf, FamRZ 2012, 475 = FamRB 2012, 81 (*Heinemann*, krit.) – Vorinstanz.

69 Vgl. dazu BGH, FamRZ 2013, 281 = NJW 2013, 616, der im entschiedenen Fall einen inhaltlichen Zusammenhang u.a. daraus herleitet, dass die von der Frau an den Mann zum Betrieb eines Ingenieurbüros vermietete Einliegerwohnung sich im Familienheim befand, der Mietvertrag während der Ehe geschlossen worden war, die Geltendmachung der Miete mit der Trennung zusammenfiel und die Mietzinsforderungen z.T. im noch laufenden Zugewinnausgleichsverfahren zu berücksichtigen waren.

70 *Burger*, in: *Bork/Jacoby/Schwab*, § 266 Rn. 7; *Götz/Brudermüller*, NJW 2010, 5, 10. Näher *Wever*, FF 2012, 427, 433.

- Streit um einen Anspruch auf Zustimmung zur Kündigung eines gemeinsamen Mietvertrages[71] oder auf Mitwirkung an einer Mitteilung gem. § 1568a III S. 1 Nr. 1 BGB[72]

Verbindlichkeiten 35

- Streit um Ansprüche aus Gesamtschuldnerausgleich einschließlich des Anspruchs auf Freistellung von der Mithaftung[73]
- Streit um Ansprüche auf Mitwirkung an einem Darlehensvertrag (Anschlussfinanzierung)[74]

Zuwendungen, Ehegattendarlehen 36

- Streit betreffend die Rückgewähr widerrufener Schenkungen[75] und ehebezogener Zuwendungen[76]
- Streit betreffend die Rückforderung gewährter Darlehen[77]

Gesellschaft, Kooperation 37

- Streit über Ansprüche, die auf die Beendigung einer Ehegatteninnengesellschaft[78] oder auf die entfallene Geschäftsgrundlage eines Kooperationsvertrages[79] gestützt werden
- Streit um sonstige Ansprüche aus Gesellschaftsrecht[80], soweit nicht eine Ausnahme nach § 266 I Hs. 2 FamFG gegeben ist

---

71 Vgl. Rn. 423 ff.

72 OLG Frankfurt, NZFam 2017, 1067 *(Schneider)*; *Götz/Brudermüller*, FamRZ 2009, 1261, 1267; *Johannsen/Henrich/Götz*, § 200 FamFG Rn. 23; **a.A.** *Bork/Jacoby/Schwab/Schwab*, § 200 Rn. 33. Vgl. Rn. 427. Wird der Anspruch auf § 1353 I S. 2 BGB gestützt, greift § 266 I Nr. 2 FamFG, vgl. Rn. 48.

73 OLG Hamm, NZFam 2014, 223 = FF 2014, 326 (Hauslasten); OLG Celle, FamRZ 2014, 1728 [LS]: familiengerichtliche Zuständigkeit auch für die Feststellung der deliktischen Begründetheit eines solchen Anspruchs; OLG Braunschweig, FamRZ 2012, 1816; OLG Jena, NJW 2012, 1235, 1236 = FamRZ 2012, 1056 [LS]; OLG Hamm, FamRZ 2011, 1421 [LS]; LG Osnabrück, FamRZ 2011, 1090. Vgl. Rn. 510.

74 Vgl. Rn. 77.

75 Vgl. Rn. 927.

76 BGH, FamRZ 2015, 2153, Rn. 23 = NJW 2016, 503; OLG Dresden, NZFam 2014, 90 *(Beger-Oelschlegel)*; OLG Nürnberg, FamRZ 2012, 896 (auch einstweiliges Rechtsschutzverfahren zur Sicherung eines Rückgewähranspruchs). Vgl. Rn. 1059.

77 OLG Naumburg, FamRZ 2016, 1099 = FamRB 2016, 106 *(Heinemann)* = NZFam 2016, 518 *(Elden)* (vor der Heirat gewährtes, bei Trennung gekündigtes zinsloses Darlehen); OLG Dresden, FamRZ 2016, 1949 (vor Heirat gewährtes Darlehen); OLG München, FamRZ 2015, 277, m. krit. Anm. *Junghanns* S. 1129 = FamRB 2014, 413 *(Heinemann)* (während der Ehe gewährtes zinsloses Darlehen). Anders OLG Frankfurt, Beschl. v. 18.1.2011, 14 W 118/10, juris, bei Darlehenskündigung wegen Zahlungsverzugs; vgl. dazu Rn. 43, Fn. 107 u. 108.

78 BGH, FamRZ 2015, 2153, Rn. 23 = NJW 2016, 503; wohl LG Paderborn, FamRZ 2015, 2190. Vgl. Rn. 1191.

79 OLG Hamm, Beschl. v. 11.1.2016, 4 UF 141/15, juris Rn. 34 f. Vgl. Rn. 1216.

80 OLG Stuttgart, FamRZ 2011, 1420 (bei Gründung einer GbR nach der Trennung, aber zum Zwecke der Vermögensentflechtung); FamRZ 1985, 83; LG Aachen, Beschl.

38 **Konten, Wertpapiere, Forderungen**

- Streit um Wertpapiere, Guthaben auf Gemeinschaftskonten oder unberechtigte Kontoverfügungen[81]
- Streit um Zustimmung zu Kontoverfügung (Und-Konto)[82]
- Streit um die Beteiligung am Guthaben auf Einzelkonten[83] oder an Lebensversicherungen[84]
- Streit um die Forderung einer Morgengabe[85]

39 **Sonstiges**

- Streit um die Aufteilung von Steuererstattungen[86]
- Schadensersatzansprüche unter den Ehegatten, soweit sie auf eine schuldrechtliche Anspruchsgrundlage gestützt werden[87], auch wenn es um Haushaltsgegenstände geht[88]
- Streit um eine Verpflichtung, der Übertragung des Schadenfreiheitsrabatts zuzustimmen[89]
- Streit um Ansprüche aus Auftragsrecht, etwa aufgrund von Treuhandverhältnissen[90] oder von Vermögensverwaltung[91]
- Streit um die Pflicht zur Herausgabe von Krankenversicherungsunterlagen des Kindes[92]

---

v. 17.10.2014, 11 O 320/14, juris (Auseinandersetzung einer bei Trennung beendeten ärztlichen Berufsausübungsgemeinschaft); vgl. auch *Burger*, FamRZ 2009, 1017, 1020.

81 OLG Dresden, FamRZ 2016, 1949; OLG München, FamRZ 2012, 1643. Vgl. Rn. 527.

82 OLG Nürnberg, FamRZ 2010, 1837.

83 Rn. 527.

84 KG, FamRZ 2013, 68. Rn. 853 f.

85 OLG Frankfurt, FamRZ 2017, 357; *Finger*, FuR 2017, 182, 183; *Pabst*, NZFam 2015, 681. Vgl. Rn. 878.

86 Vgl. Rn. 606.

87 OLG Frankfurt, FamRZ 2014, 1481 (Schmerzensgeld wegen häuslicher Gewalt vor der Trennung); OLG Celle, FamRZ 2014, 66 = FamRB 2013, 250 *(Heinemann)* (bei Pflichtverletzung der Ehefrau als Betreuerin des Mannes); OLG Oldenburg, FamRZ 2013, 1042 (Verschweigen eines Anrechts im Versorgungsausgleich); AG Holzminden FamRZ 2010, 1758. Vgl. Rn. 685.

88 OLG Stuttgart, FamRZ 2016, 1087 (eigenmächtiger Verkauf des Pkw). Vgl. auch Rn. 693. *Prütting/Helms/Heiter*, § 266 Rn. 54.

89 Vgl. Rn. 862. Soweit der Anspruch auf § 1353 BGB gestützt wird, kommt die Zuordnung zu § 266 I Nr. 2 FamFG in Betracht; so auch AG Olpe, FamRZ 2010, 919; dazu Rn. 48.

90 Vgl. Rn. 838.

91 Vgl. Rn. 823.

92 Vgl. dazu OLG Frankfurt, FuR 2009, 635 = FamRB 2009, 176 *(Giers)*: Streit zwischen Eltern um die Herausgabe eines Bonusheftes für die zahnärztliche Versorgung des Kindes ist vermögensrechtliche Streitigkeit mit früherer Zuständigkeit der Zivilprozessgerichte. Demgegenüber OLG Nürnberg, FamRZ 2016, 563 = NZFam 2016, 90 *(Opitz)* = FamRB 2016, 58 *(Heinemann)*, zum Anspruch des Kindes auf Herausgabe von Impfausweis und

- Streit um Ansprüche aus einer das Vermögen der Ehegatten betreffenden Vereinbarung, wenn es um eine sonstige vermögensrechtliche Regelung geht (Abgrenzung zu unten Rn. 57)[93]

Schwiegereltern, Eltern 40

- Streit um Ansprüche des Schwiegerkindes gegen die Schwiegereltern wegen Investitionen des Schwiegerkindes in die Immobilie der Schwiegereltern[94]
- Streit um Ansprüche der Schwiegereltern gegen das Schwiegerkind betreffend die Rückgewähr einer dem Schwiegerkind gemachten Vermögenszuwendung[95], die Rückzahlung eines ihm gewährten Darlehens[96] oder wegen von den Schwiegereltern erbrachter Arbeitsleistungen[97]
- Streit um rückständige Mieten[98] oder um den Räumungsanspruch der Schwiegereltern gegen das Schwiegerkind nach Kündigung der diesem (ggf. mit seinem Ehegatten) vermieteten Wohnung als Folge des Scheiterns der Ehe[99]; wie bei entsprechenden Streitigkeiten zwischen Ehegatten[100] ist auch hier – zur Abgrenzung zu der durch § 23 Nr. 2a GVG begründeten ausschließlichen Zuständigkeit der allgemeinen Zivilabteilung des Amtsgerichts für Wohnraummietsachen – auf den erforderlichen Zusammenhang mit Trennung oder Scheidung besonders zu achten, der aber schon angesichts der im Zweifel mangelnden Neutralität der Schwiegereltern vielfach gegeben sein wird[101]

Untersuchungsheft: sonstige Familiensache gem. § 266 I Nr. 4 FamFG; zu dieser Entscheidung u. zur Anspruchsgrundlage für Herausgabeverlangen betr. die zum persönlichen Gebrauch des Kindes bestimmten Sachen *Götz*, FamRZ 2016, 519.

93 *Prütting/Helms/Heiter*, § 266 Rn. 54 a.E. Zur Rechtslage nach bis 31.8.2009 geltendem Recht, insbesondere bei Zusammentreffen von güterrechtlichen und sonstigen vermögensrechtlichen Regelungen in einem Vertrag, Voraufl. Rn. 971.

94 Vgl. Rn. 1248.

95 Vgl. Rn. 1321.

96 LG Saarbrücken, FamRZ 2013, 1415 (bei Darlehenskündigung wegen trennungsbedingter Verschlechterung der Finanzlage des Schwiegerkindes); ebenso LG Karlsruhe, FamRZ 2016, 324 [LS] = NZFam 2016, 333 *(Härtl)*. Anders OLG Frankfurt, FamRZ 2011, 1421, bei Kündigung wegen Zahlungsverzugs; vgl. dazu Fn. 108.

97 Vgl. Rn. 1333.

98 BGH, FamRZ 2017, 1599, m. Anm. *Giers* = NJW 2017, 2619, m. Anm. *Erbarth* = FamRB 2017, 336 *(Heinemann)*.

99 AG Ludwigslust FamRZ 2013, 2005.

100 Vgl. dazu Rn. 34.

101 Vgl. dazu BGH, FamRZ 2017, 1599 = NJW 2017, 2619, der im entschiedenen Fall einen inhaltlichen Zusammenhang insbesondere daraus herleitet, dass der trennungsbedingte Auszug des Schwiegersohns Ursache für die geltend gemachten Mietforderungen war, diese bei der Regelung des Trennungsunterhalts eine Rolle gespielt hatten und die Geltendmachung der Mietforderungen einem den beim Schwiegersohn lebenden Enkel betreffenden Umgangsstreit zwischen den Beteiligten nachfolgte.

– entsprechende Streitigkeiten zwischen einem Ehegatten und den eigenen Eltern[102].

41 Voraussetzung ist nach § 266 I Nr. 3 FamFG allerdings, dass der geltend gemachte Anspruch **„im Zusammenhang mit Trennung oder Scheidung** oder Aufhebung der Ehe“ steht.

42 Unstreitig ist danach ein **inhaltlicher Zusammenhang**, d.h. ein Sachzusammenhang, erforderlich, der dann gegeben ist, wenn das Verfahren vor allem der Entflechtung der vermögensrechtlichen Beziehungen als Folge von Trennung bzw. Scheidung dient. Dabei ist im Hinblick auf die gewünschte möglichst umfassende Zuständigkeit des Familiengerichts eine großzügige Beurteilung geboten. § 266 I FamFG ist anwendbar, wenn der Rechtsstreit durch die familienrechtlichen Verhältnisse nicht unwesentlich mitgeprägt ist. Auszuscheiden sind Fälle, in denen der familienrechtliche Bezug völlig untergeordnet ist. Ein inhaltlicher Zusammenhang ist vor allem bei naheliegenden und häufig vorkommenden Folgen oder Begleiterscheinungen der Beendigung der Ehe gegeben. Der inhaltliche Zusammenhang kann rechtlicher oder wirtschaftlicher Art sein; Trennung, Scheidung oder Aufhebung der Ehe müssen jedenfalls in tatsächlicher oder rechtlicher Hinsicht für die geltend gemachte Rechtsfolge ursächlich sein[103]. Bei dem Anspruch kann es sich auch um einen solchen handeln, der seine Grundlage in einer vorehelichen Vermögensverschiebung hat[104]. Ein Sachzusammenhang in diesem Sinne ist bei den vorstehend aufgeführten Fallgestaltungen meist problemlos gegeben; maßgebend sind aber die Umstände des Einzelfalls[105], die ggf. – auch unter Berücksichtigung des Vorbringens des Antragsgegners (vgl. Rn. 61) – zu prüfen sind.

43 Einen inhaltlichen Zusammenhang haben die Gerichte etwa in folgenden Fällen **verneint:**

– Verlangen der Räumung einer Wohnung, an der erst nach der Trennung Mitbesitz eingeräumt worden war[106]

102 Vgl. etwa Rn. 1241. Bei solchen Streitigkeiten geht es nicht um Ansprüche, die i.S.d. § 266 I Nr. 4 FamFG aus dem Eltern-Kind-Verhältnis herrühren; vgl. *Wever,* FF 2008, 399, 402. So auch *Burger,* FamRZ 2009, 1017, 1020. Bei ihnen ist besonders auf das Bestehen des erforderlichen Zusammenhangs mit Trennung oder Scheidung zu achten, vgl. Rn. 41 ff.

103 Zu allem: BGH, FamRZ 2013, 281, 282 = NJW 2013, 616; FamRZ 2015, 2153, 2154 = NJW 2016, 503; FamRZ 2017, 1599 = NJW 2017, 2619.

104 OLG Naumburg, FamRZ 2016, 1099; OLG Dresden, NZFam 2014, 90 *(Berger-Oelschlegel);* LG Halle, FamRZ 2013, 1687; *Burger,* in: *Bork/Jacoby/Schwab,* § 266 Rn. 6.

105 Vgl. dazu BGH, FamRZ 2013, 281, 282 f. = NJW 2013, 616, dazu schon Fn. 69.

106 OLG Frankfurt, FamRZ 2015, 1898, 1899.

- Rückforderung eines wegen Zahlungsverzugs nach Trennung gekündigten Darlehens für das Geschäft des Ehegatten[107]
- Rückforderung eines wegen Zahlungsverzugs gekündigten Darlehens der Schwiegereltern, auch wenn es zur Ausgestaltung der ehelichen Lebensgemeinschaft bestimmt war[108]
- Forderung von Ersatz für Schäden, die während der Ausübung eines Wohnungsrechts gem. § 1093 BGB in 20 Jahren nach Scheidung an der vom Ehemann bewohnten, der Ehefrau gehörenden Immobilie verursacht worden sein sollen[109].

Streitig ist, ob darüber hinaus auch ein **zeitlicher Zusammenhang** 44
mit Trennung oder Scheidung zu verlangen ist[110]. Dies wird zum Teil unter Berufung auf die Begründung des Regierungsentwurfs zu § 266 FamFG angenommen[111], in der es heißt, der Begriff des Zusammenhangs habe „sowohl eine inhaltliche wie eine zeitliche Komponente"[112]. An einem zeitlichen Zusammenhang soll es fehlen, „wenn seit der Beendigung der Verbindung und dem Abschluss der wirtschaftlichen Auseinandersetzung ein längerer Zeitraum verstrichen ist"[113].

Mit der weit überwiegenden obergerichtlichen Rechtsprechung[114] und 45
der h.M. in der Literatur[115] ist das Erfordernis eines zeitlichen Zusammen-

107 OLG Frankfurt, Beschl. v. 18.1.2011, 14 W 118/10, juris. Vgl. dazu auch Fn. 108.

108 OLG Frankfurt, FamRZ 2011, 1421; mit Recht krit. *Fest*, NJW 2011, 2611, 2615. Vgl. dazu auch *Prütting/Helms/Heiter*, § 266 Rn. 54: kein inhaltlicher Zusammenhang bei Fälligkeit des Rückzahlungsanspruchs unabhängig von Trennung und Scheidung.

109 OLG Koblenz, FamRZ 2016, 322 = FamRB 2016, 269 *(Heinemann)* = NZFam 2016, 429 *(Weinreich)*.

110 Dazu eingehend *Wever*, FF 2012, 427, 431 ff.

111 OLG Düsseldorf (10. ZS), FamRZ 2012, 475 (ohne auf die Problematik einzugehen); AG Holzminden, FamRZ 2010, 1758; *Prütting/Helms/Heiter*, § 266 Rn. 47 ff.; *Meyer-Seitz/Kröger/Heiter*, FamRZ 2005, 1430, 1437; *Thomas/Putzo/Hüßtege*, ZPO, 38. Aufl., 2017, § 266 FamFG Rn. 5; wohl auch *Burger*, FamRZ 2009, 1017, 1019, *Heiß*, FamFR 2010, 292, und *Hilbig*, FPR 2011, 68, 70, die das zeitliche und das inhaltliche Element als sich gegenseitig beeinflussende Faktoren versteht.

112 BT-Drucks. 16/6308, S. 262.

113 So etwa *Meyer-Seitz/Kröger/Heiter*, FamRZ 2005, 1430, 1437.

114 KG, FamRZ 2013, 68; OLG Zweibrücken, FamRZ 2012, 1410 (Nutzungsvergütung einige Jahre nach Scheidung); OLG Braunschweig, FamRZ 2012, 1816; OLG Stuttgart, FamRZ 2011, 1420; OLG Hamm (2. FamS), FamRZ 2011, 1421 [LS]; OLG Hamm (4. FamS), FamRZ 2011, 392; OLG Frankfurt, FamRZ 2010, 1581 = NJW 2010, 3173 (Streit 6 Jahre nach Scheidung um die Verteilung des Übererlöses aus der 2 Jahre zuvor eingeleiteten Teilungsversteigerung); LG Osnabrück, FamRZ 2011, 1090.

115 *Weinreich*, NZFam 2016, 429; *Erbarth*, FPR 2011, 89, 95; *Roßmann*, FuR 2011, 498, 499; *Kemper*, FamRB 2009, 53, 56; *Büte*, FPR 2010, 537, 539 (Fn. 38); *Reinken*, FamFR 2010, 500; *Johannsen/Henrich/Maier*, § 266 FamFG Rn. 15; FamVerf/*Eckebrecht*, 2. Aufl., § 10 Rn. 2; *Keidel/Giers*, § 266 Rn. 14; *Haberland*, in: *Prütting/Gehrlein*, § 23a GVG Rn. 21; Zöller/*Lorenz*, § 266 FamFG Rn. 17. Dazu auch *Bömelburg*, FF 2014, 232, 234 u. 237.

hangs jedoch abzulehnen. Aus Gründen der Rechtssicherheit muss das Gesetz eine klare Antwort auf die Frage geben, welches Gericht für ein Verfahren zuständig ist. Verfahren, die nicht vor oder zeitgleich mit der Scheidung eingereicht werden, dürfen nicht mit der Unsicherheit belastet sein, ob das Gericht sich noch für zuständig hält. Es macht auch keinen Sinn, wenn etwa die gerichtliche Zuständigkeit für die Rückabwicklung einer Ehegattenzuwendung oder gar für fortlaufende Ansprüche auf Nutzungsvergütung für das im Miteigentum stehende Familienheim nach Scheidung aus § 745 II BGB[116] von einem bestimmten Stichtag an vom Familiengericht auf das Zivilprozessgericht übergeht, ganz abgesehen von der Frage: Welches soll der Stichtag sein? Keinen Sinn macht der Übergang der Zuständigkeit auf die Zivilprozessgerichte von einem bestimmten Zeitpunkt an auch deshalb, weil gerade die Familiengerichte nach der Neuregelung auf die Fragen der Vermögensauseinandersetzung von Ehegatten, die hier in Rede stehen, spezialisiert sind. Warum also sollte man diesen Themenkomplex nun teilweise wieder den Zivilprozessgerichten anvertrauen, damit zugleich den Ansatz für Zuständigkeitskontroversen liefern und zudem der Anspruchstellerseite die Möglichkeit verschaffen, durch frühere oder spätere Geltendmachung ihrer Ansprüche das zuständige Gericht selbst auszuwählen[117]? Die in den Materialien zum Ausdruck gekommene Vorstellung der Gesetzesverfasser zwingt nicht dazu, eine zeitliche Nähe zu Trennung oder Scheidung zu verlangen, denn sie hat im Gesetzestext, der maßgebend ist, keinen Niederschlag gefunden[118] und daher für die Rechtsprechung keine bindende Wirkung.

46 Der Familiensenat des BGH (XII. ZS)[119] hat die Frage zunächst offen gelassen und zuletzt klargestellt, dass ein zeitlicher Zusammenhang – so man ihn für erforderlich hielte – jedenfalls dann gegeben sei, wenn das Verfahren während bestehender Ehe rechtshängig geworden ist[120]. Der IX. ZS des BGH[121] hat sich nun jüngst im Sinne der Mindermeinung positioniert, ohne auf die Argumente der ganz h.M. einzugehen. Er vertritt die Ansicht, im Rahmen der gebotenen Gesamtbetrachtung sei auch der zeitliche Ablauf zu berücksichtigen; allerdings gebe es keine feste zeitliche Grenze, von der ab ein Zusammenhang der geltend gemachten Ansprüche mit Trennung oder Scheidung generell verneint werden könne; ein enger zeitlicher Zusammenhang sei jedenfalls nicht erforderlich. Entscheidend sei, ob angesichts des Zeitabstands zwischen Scheidung oder Tren-

116 Vgl. die Fallgestaltung bei OLG Zweibrücken, FamRZ 2012, 1410.
117 So zu Recht LG Osnabrück, FamRZ 2011, 1090.
118 So zutreffend OLG Hamm, FamRZ 2011, 392, 393; OLG Stuttgart, FamRZ 2011, 1420, 1421.
119 FamRZ 2013, 281, 283 = NJW 2013, 616; FamRZ 2017, 1599, Rn. 21 = NJW 2017, 2619.
120 BGH, FamRZ 2017, 1599, Rn. 22 = NJW 2017, 2619.
121 FamRZ 2017, 1602, m. Anm. *Burger* = NJW 2017, 2768.

nung und der Entstehung des Streits bei der erforderlichen Gesamtwürdigung der familienrechtliche Bezug völlig untergeordnet sei, so dass eine Entscheidung durch das Familiengericht sachfremd erscheine. Im entschiedenen Fall (Drittwiderspruchsverfahren des Mannes gegen die von der Ehefrau betriebene Teilungsversteigerung) lässt der BGH die familiengerichtliche Zuständigkeit allerdings (im Ergebnis zu Recht) nicht daran scheitern, dass bereits 12 Jahre zwischen Scheidung und Einleitung des Verfahrens vergangen waren. Der zeitliche Abstand trete in den Hintergrund angesichts dessen, dass die Teilungsversteigerung die frühere Ehewohnung betreffe, über lange Jahre eine außergerichtliche Einigung gesucht worden sei, die Streitigkeiten ein weiterer Schritt zur Entflechtung der durch die Ehe begründeten wirtschaftlichen Verhältnisse seien, noch 3 bzw. 5 Jahre vor Einleitung des jetzigen Verfahrens weitere familiengerichtliche Verfahren anhängig gemacht worden seien und der vom Mann betriebenen Zwangsvollstreckung im Wesentlichen familienrechtliche Ansprüche zugrunde lägen. Dieses Ergebnis mag die Bedeutung der Entscheidung relativieren, zeigt aber zugleich, dass es auf den zeitlichen Zusammenhang nicht ankommen kann[122].

Der **Personenkreis** der von der Vorschrift erfassten Anspruchsberech- **47**
tigten ist in § 266 I Nr. 3 FamFG abschließend aufgeführt[123] (vgl. aber Rn. 59). Rückgewähransprüche anderer Verwandter eines Ehegatten (z.B. Bruder) oder sonstiger Dritter wegen ehebezogener Zuwendungen an dessen Ehepartner[124] sind daher keine sonstigen Familiensachen, sondern müssen vor den Zivilprozessgerichten verfolgt werden[125].

3. Fallgruppe § 266 I Nr. 2 FamFG

Der Bestimmung des § 266 I Nr. 2 FamFG („aus der Ehe herrühren- **48**
de Ansprüche") zuzuordnen sind aus § 1353 BGB hergeleitete Ansprüche der Ehegatten gegeneinander[126], also etwa folgende Fallgestaltungen[127]:

---

122 Krit. zu der Entscheidung auch *Heinemann*, FamRB 2017, 383; *Erbarth*, NZFam 2017, 847 (Anm.).

123 Vgl. auch OLG Karlsruhe, FamRZ 2014, 790: keine sonstige Familiensache bei Streit zwischen Einmann-GmbH, deren Inhaber der Ehemann ist, und Ehefrau.

124 Rn. 1309.

125 Vgl. auch *Johannsen/Henrich/Maier*, § 266 FamFG Rn. 14.

126 BT-Drucks. 16/6308, S. 588; *Schulte-Bunert/Weinreich/Breuers*, § 266 Rn. 16.

127 Hielte man, wie *Baumbach/Lauterbach/Albers/Hartmann*, § 266 FamFG Rn. 11, und *Burger*, FamRZ 2009, 1017, 1018, § 266 I Nr. 3 FamFG gegenüber Nr. 2 der Vorschrift für vorrangig, wofür Gesetzeswortlaut und Gesetzesbegründung aber keine Veranlassung geben, vgl. auch *Schulte-Bunert/Weinreich/Breuers*, § 266 Rn. 13, wären diese Fallgestaltungen, weil es um Ansprüche nach Trennung bzw. Scheidung geht, dem § 266 I Nr. 3 FamFG zuzuordnen. Praktische Relevanz hat diese Frage nicht.

- Streit um Anspruch auf Eintragung eines Veräußerungsverbots betreffend die Ehewohnung[128]
- Streit um die Zulässigkeit einer Teilungsversteigerung (Drittwiderspruchsklage), wenn die Einwendung gegenüber dem Aufhebungsanspruch auf § 1353 BGB gestützt wird[129]
- Streit um die Mitwirkungspflicht bei der steuerlichen Zusammenveranlagung[130], und zwar auch, wenn Antragsgegner der Insolvenzverwalter ist[131]
- Streit um die (auf § 1353 I S. 2 BGB gestützte) Mitwirkungspflicht bei der Abgabe einer Erklärung gegenüber dem Vermieter nach § 1568a III S. 1 Nr. 1 BGB[132]
- Streit um sonstige aus § 1353 BGB hergeleitete Zustimmungsansprüche (etwa betreffend Versicherungen[133] oder die Übertragung des Schadenfreiheitsrabatts für ein Kfz[134])
- Schadensersatzansprüche unter den Ehegatten, soweit sie aus einer Verletzung der sich aus § 1353 I S. 2 BGB ergebenden Pflichten hergeleitet werden[135], so auch Schadensersatzansprüche wegen Verletzung der Pflicht zur Mitwirkung an der steuerlichen Zusammenveranlagung[136].

4. Fallgruppe § 266 I Nr. 5 FamFG

49 Der Bestimmung des § 266 I Nr. 5 FamFG („aus dem Umgangsrecht herrührende Ansprüche") zuzuordnen sind[137]

- Schadensersatzansprüche wegen Nichteinhaltens einer Umgangsregelung[138].

---

128 OLG Karlsruhe, FamRZ 2015, 1610, 1611.

129 Vgl. Rn. 290. *Prütting/Helms/Heiter,* § 266 Rn. 42.

130 Vgl. Rn. 656. *Pasche,* FPR 2011, 79, 80; *Kemper,* FamRB 2009, 53, 55.

131 *Schlünder/Geißler,* FamRZ 2011, 211, 212 (Anm.).

132 OLG Hamm, FamRZ 2015, 667, 668. Vgl. Rn. 427 sowie 34.

133 Vgl. etwa Rn. 863.

134 Vgl. Rn. 862 sowie Rn. 39.

135 Vgl. Rn. 711. Erfasst werden auch Schadensersatzansprüche, die aus Störungen des räumlich-gegenständlichen Bereichs der Ehe resultieren, soweit solche anerkannt werden; BT-Drucks. 16/6308, S. 588; *Schulte-Bunert/Weinreich/Breuers,* § 266 Rn. 16; *Burger,* FamRZ 2009, 1017, 1019.

136 Vgl. Rn. 656. *Schlünder/Geißler,* FamRZ 2010, 272, 273 (Anm.).

137 Hier gilt das zu Rn. 48 Fn. 127 Gesagte entsprechend.

138 BT-Drucks. 16/6308, S. 588; *Burger,* FamRZ 2009, 1017, 1020; *Kemper,* FamRB 2009, 53, 56; *Schulte-Bunert/Weinreich/Breuers,* § 266 Rn. 19. Vgl. Rn. 710.

5. Ausgeschlossene Spezialmaterien

Für alle Fallgruppen des § 266 I FamFG gilt (wenn es auch praktische Relevanz nur für einige Fallgestaltungen der Fallgruppe Nr. 3 hat): Die Annahme einer sonstigen Familiensache ist trotz Vorliegens der tatbestandlichen Voraussetzungen einer Fallgruppe des § 266 I FamFG ausgeschlossen, wenn eine der in dem – abschließenden – Ausnahmekatalog des § 266 I Hs. 2 FamFG genannten Spezialmaterien betroffen ist (Bereichsausnahmen). Hier gibt der Gesetzgeber der Zuständigkeit des mit der Spezialmaterie betrauten Richters den Vorrang vor einer ausnahmslos alle vermögensrechtlichen Streitigkeiten der Ehegatten umfassenden Zuständigkeit des Familiengerichts. Keine sonstigen Familiensachen (und auch keine anderweitigen Familiensachen i.S. des § 111 FamFG) sind danach: 50

– Verfahren, für die eine Zuständigkeit der **Arbeitsgerichte** begründet ist[139]: Zur Zuständigkeit der Arbeitsgerichte vgl. §§ 2 ff. ArbGG. Betroffen sind insbesondere Fälle, in denen um Ansprüche aus einem zwischen den Ehegatten bestehenden Arbeitsverhältnis gestritten wird[140] (Abgrenzung zu Mitarbeitsfällen ohne vertragliche Grundlage bzw. auf Grund einer Innengesellschaft oder eines Kooperationsvertrages)[141]. 51

– Verfahren, die eines der in **§ 348 I S. 2 Nr. 2 Buchstabe a bis k ZPO** genannten Sachgebiete betreffen: Betroffen sind etwa Streitigkeiten aus Bank- und Finanzgeschäften[142], aus Bau- oder Architektenverträgen, aus der Berufstätigkeit der Rechtsanwälte und anderer Berufsgruppen, urheberrechtliche Streitigkeiten und Handelssachen. So ist etwa die Auseinandersetzung einer Handelsgesellschaft (§ 348 I S. 2 Nr. 2f ZPO i.V.m. § 95 I Nr. 4a GVG), anders als die einer BGB-Innengesellschaft, keine Familiensache. 52

– Verfahren, die das **Wohnungseigentumsrecht** betreffen: Erfasst sind Streitigkeiten gem. § 43 WEG[143]; auf die Frage, ob die konkrete Streitigkeit in größerem oder geringerem Umfang Bezug zum Wohnungs- 53

139 Hier scheidet, unabhängig von der Regelung des § 266 I FamFG, die Annahme einer familiengerichtlichen Zuständigkeit schon deshalb aus, weil der Rechtsweg zu den ordentlichen Gerichten nicht gegeben ist; vgl. *Prütting/Helms/Heiter*, § 266 Rn. 31.

140 Etwa LAG Berlin-Brandenburg, FamRZ 2009, 83 (Kündigungsschutzklage der im Betrieb des Mannes beschäftigten Ehefrau).

141 Abgrenzung der Zuständigkeiten bei Ansprüchen wegen Mitarbeit im Beruf oder Geschäft des anderen Ehegatten bei *Hilbig*, FPR 2011, 68.

142 OLG München, FamRZ 2015, 277 = FamRB 2014, 413 *(Heinemann)*: Ehegattendarlehen ist kein Bank- oder Finanzgeschäft.

143 BGH, FamRZ 2015, 2153, m. Anm. *Heiter* = NJW 2016, 503 = FamRB 2015, 462 *(Heinemann)*. Vgl. auch *Heinemann*, MDR 2009, 1026, 1027 f.

eigentumsrecht oder zum Familienrecht hat, kommt es nicht an[144]. Abzulehnen ist die Auffassung des BGH[145], dass auch Verfahren erfasst seien, die zwar § 43 WEG nicht zuzuordnen sind, in denen aber eine bedeutsame Vorfrage aus dem Bereich des Wohnungseigentumsrechts streitentscheidend ist, denn sie führt zu erheblicher Rechtsunsicherheit[146]. Zweifellos nicht erfasst sind etwa der Streit um eine Nutzungsvergütung für den aus der gemeinsamen Eigentumswohnung ausgezogenen Ehegatten und der Streit um die Rückgewähr einer ehebezogen oder schenkungsweise zugewendeten Wohnung[147] oder einer ehebezogenen Geldinvestition in Wohnungseigentum der Eheleute[148].

54 – Verfahren, die das **Erbrecht** betreffen[149]: Betroffen ist etwa die Auseinandersetzung einer zwischen den Ehegatten bestehenden Erbengemeinschaft[150].

55 Insgesamt betreffen die von den sonstigen Familiensachen ausgeschlossenen Spezialmaterien in der Praxis seltene Fälle. Ob die Regelung sinnvoll ist, erscheint zweifelhaft[151]. Im Einzelfall können sich **Abgrenzungsprobleme** ergeben, insbesondere bei Überschneidungen, wenn also z.B. nicht nur, aber auch ein Sachgebiet des § 348 I S. 2 Nr. 2 ZPO berührt ist[152]. Im Zweifel ist der familiengerichtlichen Zuständigkeit der Vorrang einzuräumen[153], wie auch allgemein eine möglichst weit gehende Anwendung des § 266 I FamFG geboten ist[154]. Der Charakter einer sonstigen Familiensache wird jedenfalls nicht dadurch in Frage gestellt, dass in einem Verfahren nach § 266 I Nr. 1–5 FamFG eine Vorfrage aus dem Bereich einer ausgeschlossenen Spezialmaterie zu klären ist[155].

---

144 *Roth*, NJW 2017, 689, 691. **A.A.** OLG Schleswig, FamRZ 2014, 1727; *Schulte-Bunert/Weinreich/Breuers*, § 266 Rn. 10, die eine der Zuständigkeit des Familiengerichts entgegenstehende Bereichsausnahme dann nicht annehmen wollen, wenn das Verfahren nur geringen Bezug zum Wohnungseigentumsrecht hat und der Schwerpunkt bei den familienrechtlichen Bezügen liegt.

145 FamRZ 2015, 2153 = NJW 2016, 503. Ebenso *Prütting/Helms/Heiter*, § 266 Rn. 32a.

146 Ausführlich *Roth*, NJW 2017, 689; *Heinemann*, NZFam 2015, 1070 (Anm.).

147 *Heinemann*, MDR 2009, 1026, 1028.

148 BGH, FamRZ 2015, 2153 = NJW 2016, 503.

149 Zur Abgrenzung *Hilbig*, FPR 2011, 68, 73 f.

150 *Burger*, FamRZ 2009, 1017, 1021.

151 Vgl. dazu Rn. 1350.

152 Vgl. dazu *Burger*, FamRZ 2009, 1017, 1020 f.; *Schulte-Bunert/Weinreich/Breuers*, § 266 Rn. 12; *Baumbach/Lauterbach/Albers/Hartmann*, § 266 FamFG Rn. 2 ff.

153 So auch *Prütting/Helms/Heiter*, § 266 Rn. 18; *Keidel/Giers*, § 266 Rn. 23.

154 Vgl. auch *Schulte-Bunert/Weinreich/Breuers*, § 266 Rn. 2.

155 *Schulte-Bunert/Weinreich/Breuers*, § 266 Rn. 12. Anders aber BGH, FamRZ 2015, 2153 = NJW 2016, 503 (dazu oben Rn. 53).

6. Familiensachen bereits nach anderen Vorschriften

56 Streitigkeiten um Ansprüche, die einen **Sachzusammenhang mit einer der übrigen Familiensachen** des § 111 FamFG aufweisen (insbesondere mit dem Unterhalts- oder dem Güterrecht), wurden schon nach bisherigem Recht der entsprechenden familienrechtlichen Materie zugeordnet und als Familiensachen angesehen. Da § 266 I BGB eine Auffangfunktion gegenüber den übrigen Familiensachen hat (vgl. § 266 I 2. Hs. FamFG a.E.), muss es dabei auch nach neuem Recht verbleiben[156], mit der Folge, dass diese Sachen nicht als sonstige Familiensachen i.S. des § 266 FamFG einzustufen sind. Sie sind vielmehr Familiensachen aufgrund der Zugehörigkeit zu der Materie des § 111 FamFG, der sie zuzuordnen sind. Ohnehin gilt dies, wenn **unmittelbar übrige familienrechtliche Materien betroffen** sind, wie etwa das Recht der Wohnungszuweisung bzw. -überlassung und der Haushaltsgegenstände (Zugehörigkeit zu § 111 Nr. 5 FamFG). Betroffen sind etwa folgende Fallgestaltungen:

- Schadensersatzansprüche, soweit ein Sachzusammenhang mit einer Familiensache i.S. von § 111 Nr. 8 oder 9 FamFG besteht[157] 57
- Ansprüche betreffend die Zustimmungspflicht zum begrenzten Realsplitting (unterhaltsrechtliche Nebenpflicht) und betreffend den zustimmungsbedingten Nachteilsausgleich[158]
- Sonstige Zustimmungsansprüche (etwa betreffend Versicherungen), die einen Sachzusammenhang zum Unterhalts- oder Güterrecht aufweisen[159]
- Ansprüche aus einer das Vermögen der Ehegatten betreffenden Vereinbarung, wenn es um eine güterrechtliche Regelung geht[160]
- Streit über die Zulässigkeit einer Teilungsversteigerung (Drittwiderspruchsklage), wenn die Einwendung gegenüber dem Aufhebungsanspruch den übrigen Familiensachen i.S. von § 111 FamFG zuzuordnen ist (so bei § 1365 BGB: Zuordnung zu § 111 Nr. 9 FamFG)[161]

---

156 Soweit eine Streitigkeit einer anderen in § 111 FamFG genannten Familiensache zugeordnet werden kann, und sei es nur kraft Sachzusammenhangs, geht diese Einordnung vor. Vgl. *Bömelburg*, FF 2014, 232, 233; *Kemper*, FamRB 2009, 53, 55; *Prütting/Helms/Heiter*, § 266 Rn. 3, 15, 33.

157 Vgl. Rn. 675, 685.

158 Vgl. Rn. 675; **a.A.** *Herr*, FuR 2015, 210, 211; *Pasche*, FPR 2011, 79, 81; *Prütting/Helms/Heiter*, § 266 Rn. 54: sonstige Familiensache i.S.v. § 266 I Nr. 3 FamFG.

159 Vgl. Rn. 865.

160 Vgl. Rn. 39 a.E., 758.

161 Vgl. Rn. 280.

- der familienrechtliche Ausgleichsanspruch (Unterhaltsregress, Kindergeldausgleich – Sachzusammenhang zum Unterhaltsrecht)[162]
- Streit um ein auf § 1361b III S. 2 BGB gestütztes Entgelt für die alleinige Nutzung des Familienheims (Ehewohnungssache)[163].

58 Die Frage, ob ein Verfahren als sonstige Familiensache i.S. des § 266 I FamFG oder wegen Sachzusammenhangs als unterhaltsrechtliche oder güterrechtliche Angelegenheit anzusehen ist, hat kaum praktische Relevanz[164]. In beiden Fällen handelt es sich um Familienstreitsachen (§ 112 FamFG), so dass das Verfahrensrecht sich gem. § 113 FamFG im Wesentlichen nach ZPO-Vorschriften richtet. Anders als Unterhalts- und Güterrechtssachen sind sonstige Familiensachen allerdings von vornherein einer Verhandlung im Scheidungsverbund nicht zugänglich (§ 137 FamFG)[165]. Doch gilt auch für sie ggf. die ausschließliche örtliche Zuständigkeit des Gerichts, bei dem die Ehesache anhängig ist (§ 267 I FamFG).

7. Sonstiges

59 Der Charakter einer sonstigen Familiensache wird nicht dadurch berührt, dass der Anspruch auf einen **Rechtsnachfolger** übergeht[166].

60 Zum **Übergangsrecht** (Art. 111 I S. 1 FGG-RG) vgl. Vorauflage Rn. 29.

61 Entgegen früherer allgemeiner Ansicht[167] ist nach der Entscheidung des BGH vom 5.12.2012[168] für die Beurteilung der Frage, ob eine sonstige Familiensache i.S. des § 266 I FamFG vorliegt und damit die Zuständigkeit der Familiengerichte gegeben ist, **nicht allein die Anspruchsbegründung maßgebend**, sondern auch das Verteidigungsvorbringen ist einzubeziehen. Der BGH begründet dies überzeugend u.a. damit, dass es der Antragsteller – gerade in Bezug auf den für die Einordnung als sonstige Familiensache i.S. des § 266 I Nr. 3 FamFG erforderlichen Zusam-

---

162 Vgl. Rn. 812, 818.

163 Vgl. Rn. 128, 130 ff., 333.

164 Erhebliche Relevanz hat dagegen die Frage, ob eine Streitigkeit als sonstige Familiensache oder als Ehewohnungssache zu qualifizieren ist; vgl. dazu Rn. 128.

165 *Prütting/Helms/Heiter*, § 266 Rn. 5. Die zu Rn. 56 genannten Verfahren mit unterhalts- oder güterrechtlichem Bezug kommen allerdings regelmäßig für eine Verhandlung im Verbund ebenfalls nicht in Betracht, weil keine Entscheidung für den Fall der Scheidung begehrt wird.

166 *Bömelburg*, FF 2014, 232; *Burger*, FamRZ 2009, 1017, 1018; *Johannsen/Henrich/Maier*, § 266 FamFG Rn. 5; *Prütting/Helms/Heiter*, § 266 Rn. 53a.

167 BGH, FamRZ 1981, 1047; *Ewers*, FamRZ 1999, 74, 76, m.w.N.; *Prütting/Helms/Heiter*, 2. Aufl., § 266 Rn. 17.

168 FamRZ 2013, 281, m. Anm. *Heiter* = NJW 2013, 616; FamRZ 2017, 1599, Rn. 15 = NJW 2017, 2619.

menhang mit Trennung oder Scheidung – nicht in der Hand haben darf, durch Vorenthalten von Informationen eine nicht gerechtfertigte Zuständigkeit zu erlangen. Trägt der Antragsteller einen Sachverhalt vor, nach dem es an einem Zusammenhang mit Trennung oder Scheidung fehlen würde, während nach dem Vorbringen des Antragsgegners ein solcher Zusammenhang gegeben wäre, muss der Antragsteller dessen Vorbringen widerlegen; er trägt insoweit die Beweislast[169]. Allein auf den Vortrag des Antragstellers kommt es dagegen bei sog. doppelrelevanten Tatsachen an, nämlich dann, wenn die zuständigkeitsbegründenden Tatsachen zugleich auch notwendige Tatbestandsmerkmale des geltend gemachten Anspruchs sind.[170]

Mehrere Ansprüche, die teils Familiensachen, teils Nichtfamiliensachen sind, können nicht in einem Verfahren verbunden werden, auch nicht durch Widerklage[171] oder im Verhältnis von Haupt- und Hilfsantrag. Geschieht Letzteres dennoch, so ist zunächst das Gericht zuständig, das zur Entscheidung über den Hauptantrag berufen ist. Wegen des Hilfsanspruchs kann das Verfahren nur abgegeben bzw. verwiesen werden, wenn der Hauptanspruch abgewiesen worden ist[172]. Wird ein **einheitlicher prozessualer Anspruch** sowohl auf eine familienrechtliche als auch auf eine nichtfamilienrechtliche Anspruchsgrundlage gestützt, ist grundsätzlich das Familiengericht zuständig[173]. Die Zuständigkeit des Familiengerichts wird auch nicht dadurch in Frage gestellt, dass der Antragsgegner mit einer in die Zuständigkeit der Zivilprozessgerichte fallenden Forderung **aufrechnet**[174]. **62**

---

169 BGH, FamRZ 2013, 281, 282 = NJW 2013, 616.

170 *Bömelburg*, FF 2014, 232, 234; *Heiter*, FamRZ 2015, 2155, 2156 (Anm.); *Erbarth*, NJW 2017, 2621 (Anm.).

171 LG Karlsruhe, FamRZ 2013, 1240; *Bömelburg*, FF 2014, 232, 241; *Burger*, FamRZ 2009, 1017, 1020; *Prütting/Helms/Heiter*, § 266 Rn. 19; *Zöller/Philippi*, 27. Aufl., § 621 Rn. 100.

172 BGH, FamRZ 1981, 1047; vgl. auch OLG Karlsruhe, FamRZ 2002, 681.

173 BGH, FamRZ 1983, 155 = NJW 1983, 1913; OLG Zweibrücken, FamRZ 2002, 1043; *Heiter*, FamRB 2010, 121, 122; *Burger*, FamRZ 2009, 1017, 1020; *Keidel/Giers*, § 266 Rn. 23; *Baumbach/Lauterbach/Albers/Hartmann*, § 111 FamFG Rn. 3.

174 *Bömelburg*, FF 2014, 232, 242 (auch zu den Möglichkeiten des Familiengerichts, bzgl. der zur Aufrechnung gestellten Forderung zu verfahren); *Prütting/Helms/Heiter*, § 266 Rn. 21; *Baumbach/Lauterbach/Albers/Hartmann*, § 111 FamFG Rn. 3. Zum umgekehrten Fall BGH, FamRZ 1996, 1067, 1068; FamRZ 1989, 166; KG, FamRZ 2008, 2039. Siehe auch Rn. 511.

2. Kapitel: Auseinandersetzung bei Miteigentum

Literatur:

Allgemeines: *Böttcher, V.,* Nutzung und Vermögensauseinandersetzung hinsichtlich des gemeinsamen Familienwohnheims bei gescheiterter Ehe, 1996 (Diss.); *Flatow,* Die Ehewohnung in der Trennungsphase der Ehegatten (Diss.), 2002; *Graba,* Das Familienheim beim Scheitern der Ehe, NJW 1987, 1721; *Grziwotz,* Vetorecht für Kinder und Partner bei Trennung, Scheidung und Aufhebung? – Zur Auseinandersetzung von Bruchteilsgemeinschaften, FamRZ 2002, 1669; *Hahne,* Das Familienheim im Falle von Trennung und Scheidung, FF 1999, 94; *Kloster-Harz,* Auseinandersetzung des in Miteigentum stehenden Familienheims bei Trennung und Scheidung, FPR 2000, 191; *Oenning,* Auseinandersetzung des in Miteigentum stehenden Familienheims bei Trennung, FPR 2000, 216; *Roßmann,* Die Entwicklung des Nebengüterrechts – Die Bruchteilsgemeinschaft mit Ehegattenteilhabern, FuR 2013, 137; *Schlicker,* Das Außen- und Innenverhältnis bei der Bruchteilsgemeinschaft am Familienheim, 1997 (Diss.).

Nutzungsvergütung/Lastentragung: *Brudermüller,* Wohnungszuweisung und Ausgleichszahlung, FamRZ 1989, 7; *Erbarth,* Die Vergütung für die Benutzung der Ehewohnung ab Rechtskraft der Endentscheidung in der Ehewohnungssache nach Einfügung von § 1568a BGB, FuR 2010, 670 u. 2011, 13; *ders.,* Der Anspruch auf Entrichtung einer Nutzungsvergütung des die Ehewohnung „freiwillig" verlassenden Ehegatten gemäß § 1361b III S. 2 BGB, FamRZ 2005, 1713; *ders.,* Der Anspruch des die Ehewohnung verlassenden Ehegatten auf Entrichtung einer Benutzungsvergütung für die Zeit des Getrenntlebens, NJW 2000, 1379; *Hoppenz,* Die Vergütung für die Benutzung der Ehewohnung ab Rechtskraft der Ehescheidung, NZFam 2014, 503; *Huber,* Die Ehewohnung in der Trennungszeit – Nutzungsvergütung oder Trennungsunterhalt?, FamRZ 2000, 129; *Simon,* Die Nutzungsvergütung nach § 1361b III BGB, NZFam 2014, 438; *Wever,* Familienheim im Miteigentum: Nutzungsentgelt und Lastentragung, FF 2005, 23.

Auflösung des Miteigentums: *Böttcher, R.,* Der Ablauf eines Teilungsversteigerungsverfahrens, FPR 2013, 345; *ders.,* Teilungsversteigerung von Grundstücken, FPR 2012, 502; *Braeuer,* Die Ehewohnung in der Teilungsversteigerung – einige praktische Aspekte, FPR 2000, 198; *Brudermüller,* Das Familienheim in der Teilungsversteigerung, FamRZ 1996, 1516; *Hamme,* Die Teilungsversteigerung, 5. Aufl., 2015; *Kiderlen,* Auseinandersetzung des Versteigerungserlöses, FPR 2013, 359; *Kogel,* Über Risiken und Nebenwirkungen der Niedrigstgebotstheorie in der Teilungsversteigerung des Familienheims, FamRB 2017, 106; *ders.,* Teilungs- oder Forderungsversteigerung – das ist hier die Frage, NJW 2016, 2294; *ders.,*Die Crux der nicht valutierten Grundschulden in der Teilungsversteigerung, FamRB 2016, 122; *ders.,* Die Erlösverteilung bei der Teilungsversteigerung – Ein bloß bedauernswertes Missverständnis der juristischen Praxis?, FamRB 2014, 115; *ders.,* Das juristische Labyrinth der Erlösverteilung bei der Teilungsversteigerung des Familienheims, FamRB 2012, 290; *ders.,* Die Erlösverteilung bei der Teilungsversteigerung des Familienheims, FPR 2012, 75; *ders.,* Grundschulden in der Teilungsversteigerung – ein ständiges Ärgernis auch wegen der neuen Hinterlegungsgesetze der Länder, FamRB 2011, 189; *ders.,* Die Teilungsversteigerung des Einfamilienhauses – ein Alptraum der

Vermögensauseinandersetzung?, FamRB 2003, 403, 2004, 26 und 55; *Kohler*, Die Grundschuld in der Teilungsversteigerung, FuR 2016, 500; *Mast/Kogel*, Die Niedrigstgebotstheorie im ZVG – vor allem ein familienrechtliches Thema!, FamRZ 2017, 954; *Mock*, Die Verwertung des Familienheims im Rahmen des Scheidungsverfahrens, FPR 1997, 141; *Nickel*, Die Teilungsversteigerung als Sonderfall der Zwangsversteigerung, FPR 2013, 370; *Weinreich*, Probleme der Teilungsversteigerung, FuR 2006, 352, 403 u. 453.

Besonderheiten DDR: *Bäumel*, Besonderheiten der Auseinandersetzung des Familienheims im Hinblick auf die partielle Fortgeltung des FGB/DDR, FPR 2000, 205; *Rellermeyer*, DDR-Güterstand und Teilungsversteigerung, Rpfleger 1995, 321.

A. Einleitung

63 Zum Erwerb von Miteigentum kommt es wohl in nahezu jeder Ehe, die im Güterstand der Zugewinngemeinschaft oder der Gütertrennung geführt wird. Die Gegenstände des ehelichen Haushalts stehen regelmäßig zumindest überwiegend im gemeinsamen Eigentum der Ehegatten. Das Gleiche gilt für den von ihnen angeschafften Pkw, den Wohnwagen oder das Segelboot. Aber auch an Immobilien wird in vielen Ehen Miteigentum begründet, vor allem an dem gemeinsam bewohnten Hausgrundstück. Durch den Erwerb von Miteigentum nehmen die Ehegatten eine partielle Vergemeinschaftlichung vor[1]. Sie tragen so dem Halbteilungsgrundsatz, den der Gesetzgeber für Eheleute weithin – auch beim Zugewinnausgleich – vorsieht, schon frühzeitig, nämlich bei der dinglichen Vermögenszuordnung Rechnung.

64 Solange die Ehe intakt ist, sind die Eigentumsverhältnisse für die Ehegatten meist ebenso ohne Bedeutung, wie die Frage, wer etwa die mit dem Familienheim[2] verbundenen Lasten zahlt. Man wohnt und wirtschaftet zusammen, finanzielle Ansprüche gegeneinander werden nicht erhoben, auch wenn nur ein Ehegatte die Grundstückslasten trägt. Eine Verwertung des Familienheims gegen den Willen des Partners steht nicht zur Diskussion. Scheitert die Ehe, treten die individuellen Interessen der Ehegatten in den Vordergrund. Die Eigentumszuordnung erhält Relevanz. Jetzt stellt sich die Frage, wer ein Nutzungsrecht etwa an dem Pkw, an Haushaltsgegenständen oder am Familienheim für sich in Anspruch nehmen kann, ob der Nutzungsberechtigte vom anderen für die alleinige Nutzung eine Vergütung verlangen kann und wer für eventuelle, aus der Anschaffung dieser Vermögensgegenstände herrührende Lasten aufkommen muss. Hinzu kommt bei Miteigentum die Frage, was mit dem Vermögensgegenstand geschehen soll. Soll ihn einer der Ehegatten überneh-

1 Vgl. *Grziwotz*, FamRZ 2002, 1669.

2 Mit dem Begriff „Familienheim“ sind im Folgenden sowohl das im Miteigentum beider Ehegatten oder im Alleineigentum eines Ehegatten stehende, von den Ehegatten bewohnte Hausgrundstück, als auch die als Ehewohnung dienende Eigentumswohnung gemeint.

men? Soll er verkauft werden? Wie geht eine evtl. erforderliche streitige Auflösung des Miteigentums vonstatten?

Zwei Fragenkomplexe also sind es, die beim Scheitern der Ehe der Regelung bedürfen, und zwar gleichermaßen bei beweglichen Sachen wie bei Immobilien: derjenige der künftigen Nutzung einschließlich der Frage nach Nutzungsvergütung und Lastentragung, ggf. auch unter Berücksichtigung bestehender Unterhaltsansprüche, und derjenige der Auflösung des Miteigentums. Wegen seiner meist überragenden wirtschaftlichen Bedeutung für die Ehegatten hat das im gemeinsamen Eigentum stehende Familienheim dabei besondere Bedeutung. **65**

B. Maßgebende Regeln

I. Anwendbarkeit der §§ 741 ff. BGB

Miteigentum ist das Bruchteilseigentum an einer beweglichen oder unbeweglichen Sache. Die Miteigentümer sind an der Sache zu ideellen Anteilen mitberechtigt. Es finden neben den §§ 1008 ff. BGB die Vorschriften über die Bruchteilsgemeinschaft, deren wichtigsten Anwendungsfall das Miteigentum bildet, Anwendung, also die §§ 741 ff. BGB[3]. Nach § 742 BGB steht den Miteigentümern ihre Berechtigung im Zweifel zu gleichen Anteilen zu. **66**

Nicht anwendbar sind die §§ 741 ff. BGB, wenn **vorrangige Sonderbestimmungen** zum Zuge kommen. Das ist einmal der Fall bei Vorliegen einer Gesamthandsgemeinschaft. Gesamthandsgemeinschaften werden bei der ehelichen Gütergemeinschaft hinsichtlich des Gesamtguts (§ 1419 BGB) begründet, aber auch dann, wenn die Ehegatten eine BGB-Gesellschaft (§§ 705 ff. BGB) eingehen, sofern es sich nicht um eine reine Innengesellschaft ohne Gesamthandsvermögen handelt[4]. Den Bestimmungen der §§ 741 ff. BGB vor gehen aber auch die in §§ 1361a, 1361b BGB sowie in §§ 1568a, 1568b BGB enthaltenen Regelungen über die Nutzung, die Möglichkeit der Festsetzung eines Nutzungsentgelts oder einer Ausgleichszahlung und die endgültige Aufteilung von im Miteigentum der Ehegatten stehenden Gegenständen. Die §§ 741 ff. BGB kommen also nur zur Anwendung, soweit die §§ 1361a, 1361b, 1568a, 1568b BGB nicht eingreifen. Hinsichtlich der ehelichen Haushaltsgegenstände enthalten §§ 1361a, 1568b BGB umfassende Regelungen, während beim Familien- **67**

---

3 Weitere Anwendungsfälle der Bruchteilsgemeinschaft, die in der Vermögensauseinandersetzung der Ehegatten eine Rolle spielen können, sind etwa die gemeinsame Berechtigung an Bankkonten (dazu Rn. 526 ff.) und die Forderung in Bezug auf eine Lebensversicherung (dazu Rn. 853).

4 Vgl. dazu Rn. 1087, 1108.

heim die Regelungen der §§ 1361b, 1568a BGB den Anwendungsbereich der §§ 742 ff. BGB nur in begrenztem Umfang einschränken[5].

II. Rechte der Miteigentümer und ihre Grenzen in der Ehe

1. Mitnutzungsrecht

68 Beide Ehegatten sind **aufgrund ihres Miteigentums** zur Mitnutzung der im gemeinsamen Eigentum stehenden Gegenstände berechtigt. Die gemeinsame Nutzung entspricht dem, was die Ehegatten als Nutzungsart ausdrücklich oder stillschweigend beschlossen haben (§§ 744, 745 BGB)[6]. Das bedeutet, dass jedem Ehegatten sein Miteigentum das Recht gibt, das gemeinsame Familienheim zu bewohnen, soweit dadurch nicht der Wohngebrauch des anderen beeinträchtigt wird (§ 743 II BGB)[7]. Ein entsprechendes Mitnutzungsrecht besteht hinsichtlich der sonstigen im Miteigentum der Ehegatten stehenden Gegenstände.

69 Allerdings hat während intakter Ehe unabhängig von den Eigentumsverhältnissen ohnehin jeder Ehegatte ein Besitzrecht am Familienheim als Ehewohnung. Das Gleiche gilt für die Gegenstände des ehelichen Haushalts[8]. Dieses Besitzrecht leitet die h.M. zu Recht **aus dem Wesen der Ehe** ab[9]. Aus dem Gebot der ehelichen Lebensgemeinschaft (§ 1353 I S. 2 BGB) folgt die Pflicht der Ehegatten, sich gegenseitig insbesondere die Benutzung der ehelichen Wohnung zu gestatten, auch wenn ein Ehegatte deren Alleineigentümer ist[10]. Das Besitzrecht an der ehelichen Wohnung genießt den Rang eines absoluten Rechts i.S. von §§ 823 I, 1004 BGB (Schutz des räumlich-gegenständlichen Bereichs der Ehe) und schließt eine auf § 985 BGB gestützte Herausgabeklage des Eigentümerehegatten aus[11]. Allerdings ist das eheabhängige (Mit-)Besitzrecht aus § 1353 BGB nicht nachfolgefest[12]; es kann daher bei Veräußerung nicht dem neuen Eigentümer entgegengehalten werden.

5 Vgl. dazu Rn. 130 ff., 226 ff.

6 Vgl. BGH, FamRZ 1982, 355, 356 = NJW 1982, 1753.

7 Vgl. *Graba*, NJW 1987, 1721 f.

8 Vgl. OLG München, NJW 2013, 3525, 3526; *Coester*, FamRZ 1993, 249; *Palandt/Brudermüller*, § 1353 Rn. 6; *Staudinger/Eickelberg*, 2015, § 745 Rn. 60 f.

9 Etwa *Palandt/Brudermüller*, § 1353 Rn. 6; anders *Flatow*, S. 226 f., die das Besitzrecht aus einem Gestaltungsakt der Eheleute (Widmung) herleitet. Vgl. auch AG Köln, FamRZ 2015, 1310, das ein Besitzrecht auch bei nichtehelicher Lebensgemeinschaft bejaht.

10 BGH, FamRZ 1978, 496, 497 = NJW 1978, 1529; OLG Brandenburg, FamRZ 2013, 881, 882. Aus diesem Besitzrecht folgt nach BGH, FamRZ 2013, 1651 (entgegen OLG Brandenburg, a.a.O., als Ausgangsgericht) bei Zwangsverwaltung aber kein vollstreckungsrechtlicher Wohnungsschutz i.S.d. § 149 I ZVG für den Nichteigentümer.

11 BGH, FamRZ 1976, 691; vgl. auch BGH, FamRZ 2017, 22 = NJW 2017, 260, sowie Rn. 329; anders *Flatow*, S. 84 ff., 228 f.

12 MünchKomm/*Weber-Monecke*, § 1361b Rn. 16 Fn. 82; *Staudinger/Gursky*, 2012, § 986 Rn. 23: relatives Besitzrecht.

Das aus der Ehe abgeleitete Nutzungsrecht an den Haushaltsgegenständen (Hausrat)[13] besteht bis zur Trennung[14], das an der Ehewohnung bis zur rechtskräftigen Scheidung, sofern es nicht vorher durch eine Vereinbarung der Ehegatten oder durch eine Regelung des Familiengerichts im Verfahren auf Überlassung der Ehewohnung[15] (früher: Wohnungszuweisungsverfahren)[16] oder nach § 2 GewSchG aufgehoben wird[17]. Für die Zeit nach Rechtskraft der Scheidung kann der Ehegatte, der nicht Eigentümer des Familienheims ist, ein Besitzrecht nur durch Einverständnis des Eigentümerehegatten oder aufgrund eines Eingriffs des Familiengerichts gem. § 1568a BGB erhalten. Das aus dem Miteigentum abgeleitete Recht zur Mitnutzung besteht demgegenüber – vorbehaltlich eines entgegenstehenden Eingriffs des Familiengerichts gem. § 1568a BGB – über die Rechtskraft der Scheidung hinaus. 70

Ein **Entgelt** für die dem anderen eingeräumte Nutzungsmöglichkeit – insbesondere am Familienheim – kann während des Zusammenlebens bei Miteigentum ohnehin nicht, aber auch nicht bei Alleineigentum eines Ehegatten verlangt werden. Dies ergibt sich schon daraus, dass die Ehegatten verpflichtet sind, mit ihrem Vermögen die Familie angemessen zu unterhalten; das umfasst die Befriedigung der Wohnbedürfnisse (§§ 1360 S. 1, 1360a I u. II S. 1 BGB)[18]. Mit der Trennung ändert sich das insofern, als nunmehr der Unterhalt in Form einer Geldrente zu leisten ist (§ 1361 IV S. 1 BGB). Es eröffnet sich jetzt grundsätzlich die Möglichkeit der Geltendmachung eines Nutzungsentgelts, wenn ein Ehegatte das Familienheim in größerem Umfang nutzt, als es seinem Anteil nach der dinglichen Berechtigung entspricht. Grundsätzlich kann also der aus der Ehewohnung weichende Ehegatte, wenn er Miteigentümer ist, von dem in der Wohnung verbleibenden Ehegatten ebenso ein Nutzungsentgelt verlangen, wie der weichende Alleineigentümer. Auf die Frage, unter welchen Voraussetzungen im Einzelnen und in welcher Weise dies gesche- 71

---

13 Zum Begriff Rn. 82.

14 Vgl. § 1361a I BGB und *Klein*, FuR 1997, 199; *Gernhuber/Coester-Waltjen*, § 23 Rn. 43; *Flatow*, S. 99, 229; **a.A.** *RGRK/Wenz*, § 1361a Rn. 2 (bis zur Scheidung).

15 Im Folgenden Ehewohnungsverfahren genannt.

16 Mit der Reformierung des nachehelichen materiellen Wohnungs- und Hausratsrechts durch das Gesetz zur Änderung des Zugewinnausgleichs- und Vormundschaftsrechts vom 6.7.2009 (BGBl. 2009 I S. 1696) ist der Begriff „Wohnungszuweisungssache" durch „Ehewohnungssache" ersetzt worden.

17 BGH, FamRZ 1978, 496 = NJW 1978, 1529; BGH, FamRZ 2013, 1280, 1281 = NJW 2013, 2507 = FamRB 2014, 15 *(Abramenko)*; OLG Düsseldorf, FamRZ 1985, 1153. Z.T. wird allerdings angenommen, dass das Besitzrecht an der Ehewohnung schon dann endet, wenn die Voraussetzungen des § 1361b I BGB für eine Wohnungsüberlassung vorliegen; so auch *Brudermüller*, Anm. FamRZ 2006, 934, 935; offen lassend BGH, FamRZ 2006, 930, 931. Zur Dauer der Eigenschaft der Wohnung als Ehewohnung Rn. 331.

18 Vgl. BGH, FamRZ 1986, 436, 437 = NJW 1986, 1339.

hen kann, wird noch einzugehen sein (Rn. 126 ff., bei Alleineigentum Rn. 333 ff.).

2. Verfügungsbefugnis über den Miteigentumsanteil

72 Grundsätzlich kann jeder Miteigentümer jederzeit über seinen Miteigentumsanteil verfügen (§ 747 S. 1 BGB)[18a]. Eventuelle entgegenstehende Vereinbarungen unter den Miteigentümern wirken gem. § 137 BGB nur obligatorisch[19]. Das gilt auch für den Miteigentümer des Familienheims[20]. Allerdings unterliegt die freie Verfügungsbefugnis in der Ehe gewissen Beschränkungen.

73 Im gesetzlichen Güterstand der Zugewinngemeinschaft gelten die **Beschränkungen der §§ 1365, 1369 BGB.** Von großer praktischer Bedeutung ist § 1365 BGB. Danach bedarf eine Verfügung über das Vermögen als Ganzes der Einwilligung des anderen Ehegatten oder deren Ersetzung durch das Familiengericht. Das gilt nach ganz h.M. auch für Verfügungen über Einzelgegenstände – wie etwa den Miteigentumsanteil am Familienheim –, die das ganze oder nahezu das ganze Vermögen des Verfügenden ausmachen, sofern der Vertragspartner dies weiß oder zumindest die Verhältnisse kennt, aus denen sich dies ergibt[21]. Diese güterrechtlich begründeten Verfügungsbeschränkungen[22] gelten während der Dauer der Ehe, also bis zur Rechtskraft der Scheidung.

74 Darüber hinaus leitet die Rechtsprechung in Einzelfällen zugunsten schutzbedürftiger Ehegatten **Verfügungsbeschränkungen aus allgemeinen eherechtlichen Grundsätzen** (Art. 6 I GG, § 1353 BGB) ab. So hat das OLG München[23] (im Falle von Alleineigentum am Familienheim) einer getrenntlebenden Ehefrau einen aus Art. 6 I GG, §§ 823 I, 1353, 1004 BGB hergeleiteten, durch Eintragung eines Veräußerungsverbots im Grundbuch sicherbaren Anspruch auf Unterlassung der Veräußerung des

---

18a Keine Verfügung über den Miteigentumsanteil stellt die Untervermietung an einen Dritten dar, AG Berlin-Schöneberg, NZFam 2017, 1158 *(Erbarth).*

19 Vgl. *Schmidt,* AcP 182 (1982), 488.

20 Vgl. *Brudermüller,* FamRZ 1996, 1516; *Graba,* NJW 1987, 1724. – Die Befugnis des Miteigentümers zur Verfügung über seinen Miteigentumsanteil wird auch weder durch die Anordnung der Teilungsversteigerung noch durch eine Pfändung seines Anspruchs auf Aufhebung der Gemeinschaft tangiert (BGH, NJW-RR 2010, 1098 = FamRZ 2010, 810 [LS]; FamRZ 2017, 1602 = NJW 2017, 2768).

21 Vgl. *Palandt/Brudermüller,* § 1365 Rn. 4 ff. m.w.N. Zur Frage, wann eine Verfügung über „nahezu das ganze Vermögen" vorliegt, vgl. Rn. 277.

22 Zu Verfügungsbeschränkungen bei der Gütergemeinschaft vgl. *Graba,* NJW 1987, 1724. Gehören die Miteigentumsanteile zum Vorbehaltsgut, kann gem. § 1418 III BGB frei über sie verfügt werden (vgl. auch *Staudinger/Eickelberg,* 2015, § 749 Rn. 64).

23 FamRZ 1969, 92 u. 151; zustimmend *Brudermüller,* FamRZ 1996, 1516, 1517.

Familienheims gewährt[24]. Es sah in dem Verkauf des Familienheims durch den Ehemann an einen Dritten einen Angriff auf den räumlich-gegenständlichen Bereich der Ehe. Das OLG Düsseldorf[25] hat bei Bemühungen des Ehemannes um Verkauf des ihm gehörenden Familienheims im Rahmen eines Ehewohnungsverfahrens den Erlass eines Veräußerungsverbots zum Schutz der getrenntlebenden Ehefrau erwogen, nach einer Interessenabwägung aber die **Begründung eines (befristeten) Mietverhältnisses** zwischen den Ehegatten für ausreichend erachtet. Im Allgemeinen wird eine solche Regelung gem. § 1361b BGB ausreichenden Schutz bieten[26] und als weniger einschneidende Maßnahme der Anordnung eines Veräußerungsverbots, dessen Zulässigkeit umstritten ist, vorgehen[27].

In Einzelfällen kann sich schließlich die Frage nach einer **Sittenwidrigkeit** (§ 138 I BGB) der Verfügung über den Grundstücksanteil stel- 75
len[28]. Das OLG Schleswig[29] hat das obligatorische wie auch das dingliche Grundstücksgeschäft wegen Sittenwidrigkeit in einem Fall für nichtig gehalten, in dem ein getrenntlebender Ehemann seiner Lebensgefährtin seinen Miteigentumsanteil an dem gemeinsamen Hausgrundstück der Ehegatten übertragen hatte, um die Teilungsversteigerung – der im Verhältnis der Ehegatten Hinderungsgründe entgegengestanden hätten[30] – zu ermöglichen und die Räumung der Wohnung durchzusetzen. Eine andere Frage ist, inwieweit bei wirksamer Veräußerung des Grundstücksanteils der Erwerber verpflichtet ist, die zwischen den Ehegatten vereinbarte Nutzung zu respektieren[31].

---

24 Einen Anspruch auf Eintragung eines Veräußerungsverbots nach türkischem Recht annehmend OLG Karlsruhe, FamRZ 2015, 1610.

25 FamRZ 1985, 1153.

26 Die Begründung eines Mietverhältnisses führt, anders als der Abschluss einer bloßen Überlassungsvereinbarung oder ein bloßer Zuweisungsbeschluss, zur Anwendbarkeit des § 566 I BGB, vgl. OLG München, NZFam 2016, 859; OLG Celle, FamRZ 2012, 32. Vgl. dazu auch Rn. 239, 286; *Schramm*, NJW-Spezial 2016, 580; *Graba*, NJW 1987, 1721, 1724; MünchKomm/*Weber-Monecke*, § 1361b Rn. 16.

27 Dazu näher *Kohler*, NZFam 2017, 777 u. 825 ff. Zur Frage, ob § 1361b III S. 1 BGB die Anordnung eines Veräußerungsverbots zulässt, auch *Johannsen/Henrich/Götz*, § 209 FamFG Rn. 8.

28 Vgl. BGH, FamRZ 1962, 295, 296.

29 NJW-RR 1995, 900 u. FamRZ 1995, 735; dazu krit. *Staudinger/v. Proff*, 2015, § 741 Rn. 25. Vgl. auch die Heranziehung des § 138 I BGB bei OLG München, FamRZ 1969, 151.

30 Vgl. dazu Rn. 76, 274 ff.

31 Dazu *Staudinger/Eickelberg*, 2015, § 746 Rn. 16. – Ggf. ist auch die Möglichkeit der Anfechtbarkeit einer wirksamen Übertragung des Miteigentumsanteils nach § 3 AnfG bei Gläubigerbenachteiligung zu bedenken; vgl. OLG Koblenz, FuR 2001, 469; dazu auch BGH, FamRZ 2001, 86 = NJW 2000, 3138 (siehe auch Rn. 739).

3. Recht auf Aufhebung der Gemeinschaft

76 Die Aufhebung der Bruchteilsgemeinschaft ist in §§ 749 ff. BGB geregelt[32]. Diese Bestimmungen gelten auch für Ehegattengemeinschaften. Grundsätzlich kann jeder Teilhaber der Gemeinschaft, auch der Ehegatte, jederzeit Aufhebung der Gemeinschaft verlangen (§ 749 I BGB). Dieses Recht unterliegt aber Schranken, die sich aus den Besonderheiten der Ehe (insbesondere § 1365, § 1353 I S. 2 BGB) ergeben. Die Schranken gewinnen Bedeutung, wenn ein Ehegatte sich der Aufhebung der Gemeinschaft widersetzt. Praktische Relevanz haben sie nur bei Immobilien. Sie werden unter Rn. 274 ff. dargestellt.

77 Ebenso wie jeder Ehegatte grundsätzlich jederzeit die Aufhebung der Gemeinschaft verlangen kann, ist es ihm unbenommen, nach Auslaufen einer Finanzierung Zwangsvollstreckungsmaßnahmen dadurch herbeizuführen, dass er keinen weiteren Darlehnsvertrag abschließt. Eine Verpflichtung, sich an einer **Anschlussfinanzierung** zu beteiligen, besteht auch dann nicht, wenn es sich um die Ehewohnung handelt und der andere Ehegatte die Wohnung nach der Trennung noch bewohnt[33].

4. Überlagerung der Bruchteilsgemeinschaft durch die Ehe

78 Soweit das Bestehen der Ehe Auswirkungen auf die Eigentümergemeinschaft der Ehegatten hat, wird vielfach auch von einer Überlagerung der Bruchteilsgemeinschaft durch die eheliche Lebensgemeinschaft gesprochen[34]. Eine solche Überlagerung kann man in den Grenzen sehen, die die Ehe sowohl dem Recht, die Aufhebung der Gemeinschaft zu verlangen, als auch der Verfügungsbefugnis über den Miteigentumsanteil setzt. Das sich aus der Ehe ergebende Recht auf Mitbenutzung der Ehewohnung stellt ebenfalls eine derartige Überlagerung dar. Vor allem aber auch bei der Frage, wer die mit dem Miteigentum verbundenen Lasten zu tragen hat[35], ist die Bruchteilsgemeinschaft in diesem Sinne durch die eheliche Lebensgemeinschaft überlagert.

---

32 Zur Aufhebung der Bruchteilsgemeinschaft bei beweglichem Vermögen Rn. 101 ff., bei unbeweglichem Vermögen Rn. 226 ff.

33 OLG Düsseldorf, 11. ZS, FamRZ 1999, 856. Der Streit um einen Anspruch auf Mitwirkung beim Abschluss eines neuen Darlehnsvertrages ist nach seit 1.9.2009 geltendem Recht – anders als zuvor (OLG Düsseldorf, 3. FamS, FamRZ 1999, 856) – Familiensache (§ 266 I Nr. 3 FamFG); vgl. Rn. 35.

34 So etwa BGH, FamRZ 1988, 264 f.

35 Dazu Rn. 182 ff.

C. Bewegliche Sachen

I. Feststellung der Eigentumsverhältnisse

Am Anfang der Auseinandersetzung der Ehegatten um ihre bewegliche Habe steht regelmäßig der Streit darum, wer Eigentümer ist: Sind beide Eheleute Miteigentümer oder ist einer Alleineigentümer? Die richtige dingliche Zuordnung bereitet gerade bei beweglichen Sachen[36] häufig Schwierigkeiten, weil hier – anders als bei Immobilien – die dingliche Rechtslage in aller Regel nicht in irgendeiner Weise ausgewiesen ist. **79**

Die Eigentumsverhältnisse sind grundsätzlich nach sachenrechtlichen Regeln zu ermitteln[37]. Bei rechtsgeschäftlich erworbenen Sachen müssen die allgemeinen Erwerbstatbestände der §§ 929 ff. BGB herangezogen werden. Dies gilt auch für Geschäfte zur Deckung des Lebensbedarfs i.S. von § 1357 BGB („Schlüsselgewaltgeschäfte"), denn bei ihnen kommt es nicht etwa zu einem Miteigentumserwerb kraft Gesetzes[38]. Maßgebend ist die dingliche Einigung der am Erwerbsvorgang Beteiligten. **80**

1. Erwerb für die gemeinsame Lebensführung

a) Grundsatz des „Geschäfts für den, den es angeht"

Geht es um bewegliche Sachen, die die Ehegatten während der Ehe zum Zwecke der gemeinschaftlichen Lebensführung erwerben, ist in der Regel die dingliche Einigung auf den Erwerb von Miteigentum beider Ehegatten gerichtet, und zwar unabhängig davon, welcher Ehegatte beim Erwerbsgeschäft aufgetreten ist und aus wessen Mitteln der Erwerb finanziert worden ist[39]. Denn regelmäßig können, wenn nur ein Ehegatte beim Erwerbsgeschäft nach außen in Erscheinung getreten ist, die Grundsätze des „Geschäfts für den, den es angeht" herangezogen werden: Solange die Zahlung des Kaufpreises sichergestellt ist, wird dem Veräußerer die Person des Erwerbers gleichgültig sein, so dass die Frage, ob ein Ehegatte al- **81**

---

36 Zur Feststellung der Eigentumsverhältnisse an Wertpapieren vgl. Rn. 585, 589 ff.

37 Die Frage des Erwerbs von Allein- oder Miteigentum richtet sich nach dem Recht des Belegenheitsorts: OLG Köln, NJW-RR 1994, 200; *Bergschneider/Mörsdorf,* FamVermR, Rn. 12.273. Zur Feststellung der Eigentumsverhältnisse an beweglichen Sachen nach kroatischem (Güter-)Recht OLG Hamm, FamRZ 1999, 299. Besonderheiten bei der Feststellung der Eigentumsverhältnisse früherer DDR-Bürger vgl. Rn. 310 ff.

38 BGH, FamRZ 1991, 923.

39 Vgl. BGH, FamRZ 1991, 923; OLG Köln, NJW-RR 1996, 904; OLG Koblenz, FamRZ 1992, 1303; *Staudinger/v. Proff,* 2015, § 741 Rn. 29 ff.; MünchKomm/*Roth,* § 1357 Rn. 42. **A.A.**: OLG Brandenburg, FamRZ 2003, 1561 = NJW 2003, 1055 (bei Pkw-Kauf: entscheidend, wer Vertragspartner des Kaufvertrages ist); MünchKomm/*Wacke,* 4. Aufl., § 1357 Rn. 37 f. (Herkunft der Anschaffungsmittel maßgebend); *Kick,* JZ 1992, 217 (Anm.); *Lüke,* JR 1992, 287 (Anm.).

lein oder beide Ehegatten Eigentümer werden, sich nach dem Willen des beim Erwerbsgeschäft auftretenden Ehegatten richtet. Dessen Wille ist im Zweifel bei solchen Geschäften auf den Erwerb von Miteigentum gerichtet. Da das Erworbene regelmäßig in den Mitbesitz beider Ehegatten gelangt, spricht im Übrigen die Vermutung des § 1006 BGB, die auch für das Verhältnis von Mitbesitzern zueinander gilt, für Miteigentum[40].

b) Haushaltsgegenstände

82 Bei beweglichen Sachen, die zum Zwecke der gemeinschaftlichen Lebensführung erworben worden sind, handelt es sich meist um Haushaltsgegenstände[41], zu denen alle beweglichen Sachen gehören, die nach den Vermögens- und Lebensverhältnissen der Ehegatten für die gemeinsame Wohnung, die Hauswirtschaft und das Zusammenleben der Familie bestimmt sind[42]. Hier wird die Auseinandersetzung durch die **Vermutung des § 1568b II BGB** (am 1.9.2009 an die Stelle von § 8 II HausrVO getreten) erleichtert. Danach ist, soweit es die während der Ehe erworbenen Haushaltsgegenstände betrifft, für die Verteilung in allen Güterständen gemeinsames Eigentum anzunehmen, sofern nicht das Alleineigentum eines Ehegatten feststeht. Wer sich auf Erwerb zu Alleineigentum beruft, trägt dafür die Beweislast[43]. Die Eigentumsvermutung ist nicht dadurch widerlegt, dass ein Ehegatte beweist, beim Erwerb der fraglichen Gegenstände aufgetreten zu sein und sie bezahlt zu haben[44].

83 Für in die Ehe eingebrachte Haushaltsgegenstände gilt die Vermutung des § 1568b II BGB dagegen nicht. Diese bleiben Alleineigentum des einbringenden Ehegatten. Die in § 1370 BGB a.F. enthaltende Regelung, wonach dieser Ehegatte bei gesetzlichem Güterstand auch alleiniger Eigentümer solcher während der Ehe angeschafften Haushaltsgegenstände wurde, die an Stelle von nicht mehr vorhandenen oder wertlos gewordenen Gegenständen angeschafft wurden (Ersatzbeschaffung), ist durch das am 1.9.2009 in Kraft getretene Gesetz zur Änderung des Zugewinnausgleichs- und Vormundschaftsrechts gestrichen worden; sie ist allerdings auf vor dem 1.9.2009 angeschaffte Haushaltsgegenstände weiter anzu-

---

40 *Staudinger/v. Proff*, 2015, § 741 Rn. 29.

41 Mit der Reformierung des nachehelichen materiellen Wohnungs- und Hausratsrechts durch das Gesetz zur Änderung des Zugewinnausgleichs- und Vormundschaftsrechts vom 6.7.2009 (BGBl. 2009 I S. 1696) ist der Begriff „Hausrat" durch „Haushaltsgegenstände" ersetzt worden.

42 BGH, FamRZ 1984, 144, 146; *Bergschneider/Cirullies*, FamVermR, Rn. 3.3. Zur Frage, was zu den Haushaltsgegenständen gehört, *Neumann*, NZFam 2014, 481.

43 OLG Köln, FamRZ 2011, 975 (Erwerb von Kunstwerken). Zur Eigentumsvermutung und ihrer Widerlegung *Erbarth*, NZFam 2017, 333; *Uecker*, NZFam 2015, 1.

44 Vgl. auch *Klein*, FuR 1997, 199, 202.

wenden (Art. 229 EGBGB § 20)[45]. Auch an den von einem Ehegatten für das Getrenntleben angeschafften Haushaltsgegenständen wird im Zweifel nach dem Willen des Erwerbenden kein Miteigentum begründet. Da sie nicht „für den gemeinsamen Haushalt“ bestimmt sind, kommt die Miteigentumsvermutung des § 1568b II BGB auch hier nicht zum Zuge.

Im Allgemeinen kann danach, soweit nicht § 1370 BGB a.F. entgegensteht oder besondere Verhältnisse vorliegen (z.B. verschiedene Wohnsitze der Ehegatten), an den während der Ehe für die gemeinsame Lebensführung angeschafften Sachen wie Wohnwagen, Einrichtungsgegenständen, Fernsehgeräten, Stereoanlagen etc. von Miteigentum ausgegangen werden. **84**

c) Kraftfahrzeuge

Immer wieder befasst ist die Praxis mit der Klärung der Eigentumsverhältnisse an während der Ehe[46] angeschafften Kraftfahrzeugen, insbesondere Pkws[47]. Hier ist zunächst zu klären, ob der Pkw als Haushaltsgegenstand einzustufen ist. Für eine Qualifizierung als Haushaltsgegenstand ist erforderlich, dass das Fahrzeug gemeinschaftlich für familiäre Zwecke und nicht nur beruflich von einem Ehegatten genutzt worden ist. Bei gemischter, nämlich beruflicher und familiärer Nutzung, ist streitig, ob es für die Qualifizierung als Haushaltsgegenstand erforderlich ist, dass die Nutzung für familiäre Zwecke überwiegt[48]. Dies ist mit der in Rechtsprechung und Literatur im Vordringen befindlichen Meinung zu verneinen[49], schon weil die Qualifizierung als Haushaltsgegenstand zur Anwendbarkeit des § 1369 BGB führt und überdies die Möglichkeit einer in materiell- und verfahrensrechtlicher Hinsicht unkomplizierteren und sachgerechteren Verteilung des Fahrzeugs in der Vermögensauseinandersetzung eröffnet. Im Übrigen dient auch die berufliche Nutzung mittelbar familiären Zwecken[50]. Steht nur ein Fahrzeug zur Verfügung, das von einem Ehegatten beruflich, im Übrigen aber für Einkäufe und Urlaubsfahrten der Familie genutzt wird, sollte es somit als Haushaltsgegenstand angese- **85**

---

45 OLG Frankfurt, NZFam 2016, 889, m. Anm. *Erbarth* = FamRB 2017, 125 *(Neumann)*.

46 Wurde das Fahrzeug von einem Ehegatten in die Ehe eingebracht, bleibt es grds. bei der bisherigen dinglichen Zuordnung.

47 Zu Schadensersatzansprüchen bei Veräußerung Rn. 691 f.

48 So die bisher h.M., etwa BGH, FamRZ 1991, 43, 49; OLG Stuttgart, FamRZ 2016, 1087; OLG Köln, FamRZ 2002, 322; MAH/*Müller*, § 17 Rn. 11.

49 Etwa: OLG Frankfurt, NJW 2015, 2346 = NZFam 2015, 876 *(Neumann)*; NJW 2017, 2290; OLG Düsseldorf, FamRZ 2007, 1325 = NJW 2007, 1001 = FamRB 2007, 97 *(Neumann)*; KG, FamRZ 2003, 1927, m. Anm. *Wever; Holzwarth*, FPR 2010, 559, 560; *Brudermüller*, FamRZ 2008, 1898; *ders.*, FamRZ 2006, 1157, 1160 f.; *Schulz/Hauß*, Rn. 1244.

50 So zu Recht *Schulz/Hauß*, Rn. 1244.

hen werden. Das Gleiche gilt, wenn zwei Fahrzeuge zur Verfügung stehen, die beide auch für familiäre Zwecke genutzt werden[51].

86 Soweit ein Pkw als **Haushaltsgegenstand** zu qualifizieren ist, gilt § 1568b II BGB. Die Anforderungen der Rechtsprechung an die Widerlegung der danach gegebenen Miteigentumsvermutung (lex specialis zu § 1006 BGB[52]) sind streng. Die Vermutung ist nicht bereits dadurch widerlegt, dass ein Ehegatte den Pkw gekauft hat, als Halter in den Fahrzeugpapieren eingetragen und Versicherungsnehmer ist[53]. Die Eintragung in den Kfz-Brief liefert keinen Nachweis über die Eigentumslage[54]. Sie ist daher nicht mehr als ein Indiz[55].

87 Ist der Pkw **kein Haushaltsgegenstand** (etwa weil er allein beruflichen Zwecken eines Ehegatten dient), kommt § 1568b II BGB nicht zum Zuge. Je nach Nutzung (gemeinsam oder durch einen Ehegatten allein) kann nach § 1006 BGB Mit- oder Alleineigentum zu vermuten sein[56]. Bei Bestimmung zum ausschließlichen persönlichen Gebrauch eines Ehegatten ist die Vermutung des § 1362 II BGB zu beachten. Im Übrigen ist entscheidend, welchen Inhalt die dingliche Einigung beim Erwerb des Fahrzeugs unter Berücksichtigung des beabsichtigten Zweckes, ggf. der überwiegenden Alleinnutzung durch einen Ehegatten, hatte. Dabei sind weitere Indizien heranzuziehen wie die Herkunft der Mittel zur Anschaffung, die Frage, wer das Fahrzeug ausgesucht hat, wer im Kaufvertrag, Kfz-Brief und Kfz-Schein eingetragen und wer Versicherungsnehmer der Kfz-Versicherung ist[57]. Ist beim Erwerbsgeschäft nur ein Ehegatte aufgetreten, kann an die Heranziehung der Grundsätze des „Geschäfts für den, den es angeht" zu denken sein[58]. Können beide Ehegatten sich auf für sie günstige Indizien berufen, wird Miteigentum anzunehmen sein[59]. War das Fahrzeug steuerrechtlich dem Betrieb des Ehemannes zugeordnet (Übernah-

51 OLG Frankfurt, NJW 2015, 2346, 2347; **a.A.** *Krumm*, FamRZ 2014, 1241, 1243.

52 OLG Stuttgart, FamRZ 2016, 1087; dazu auch *Erbarth*, NZFam 2017, 333, 337 f.

53 OLG Stuttgart, FamRZ 2016, 1087 = FamRB 2016, 169 *(Wever)*.

54 Vgl. BGH, NJW 1978, 1854; OLG Köln, FamRZ 2002, 322, 323; OLG Hamburg, FamRZ 1990, 1118; *Staudinger/v. Proff*, 2015, § 741 Rn. 32.

55 Zu den maßgebenden Indizien auch *Krumm*, FamRZ 2014, 1241, 1244.

56 Zur Frage, ob nach § 1006 I BGB Alleineigentum zu vermuten ist, wenn im Rahmen der Trennungsauseinandersetzung ein Ehegatte dem anderen den Pkw überlassen hat: OLG Brandenburg, FamRZ 2003, 1561 = NJW 2003, 1055; OLG Hamm, FamRZ 2003, 529 (im Falle eines Wohnmobils bei Auflösung einer nichtehelichen Lebensgemeinschaft).

57 Vgl. auch *Kogel*, FF 2011, 445, 450.

58 Vgl. Rn. 81. So auch *Kogel*, FamRB 2007, 215. Ablehnend: OLG Frankfurt, NZFam 2016, 889, bei vom Ehemann eigenmächtig initiiertem Pkw-Kauf; *Herr*, FF 2017, 285, 290.

59 OLG Bremen, OLG-Report 1997, 27 = FamRZ 1997, 943 [LS]. Anders: OLG Brandenburg, FamRZ 2003, 1561 = NJW 2003, 1055 (entscheidend, wer im Kaufvertrag als Käufer angegeben ist); OLG Oldenburg, FamRZ 1991, 814.

me der laufenden Kosten durch den Betrieb), spricht dies für Alleineigentum des Mannes[60].

2. Erwerb zum persönlichen oder beruflichen Gebrauch

Kein Miteigentum entsteht im Zweifel an Gegenständen, die dem per- **88**
sönlichen oder beruflichen Gebrauch nur eines Ehegatten dienen[61], wie Kleidung, Arbeits- und Hobbygeräte oder Fachliteratur. Insoweit gilt die Vermutung des § 1362 II BGB, die die Vermutung des § 1006 BGB im Verhältnis der Ehegatten verdrängt[62]. Selbst wenn der andere Ehegatte das Erwerbsgeschäft vorgenommen hat, muss angenommen werden, dass er rechtsgeschäftlich Eigentum für denjenigen begründen wollte, der die Sache allein benutzt. Auch Schmuckstücke[63] werden von der Vermutung des § 1362 II BGB erfasst, sofern sie ausschließlich zum persönlichen Gebrauch eines Ehegatten und nicht auch als Wertanlage angeschafft worden sind. Die Beweislast für die persönliche Gebrauchsbestimmung trifft denjenigen, der sich auf § 1362 II BGB beruft[64].

3. Eingebrachtes, Ererbtes, Geschenke, Banksafe

Ebenso wie in die Ehe eingebrachte[65] werden auch ererbte und einem **89**
Ehegatten geschenkte Vermögensgegenstände nicht Miteigentum beider Eheleute[66]. Bei während der Ehe erfolgten Schenkungen von Dritten ist allerdings gelegentlich zweifelhaft, ob ein Ehegatte allein, oder ob beide Partner zusammen Schenkungsempfänger sein sollten. Insoweit kommt es auf die Umstände des Einzelfalls an. Hochzeitsgeschenke sind in der Regel beiden Eheleuten zugedacht[67]. In allen Zweifelsfällen gibt, wenn der fragliche Gegenstand im Mitbesitz der Eheleute stand, die Vermutung des § 1006 BGB zugunsten der Annahme von Miteigentum den Ausschlag.

---

60 LG Konstanz, FF 1997, 89.

61 Vgl. dazu MünchKomm/*Weber-Monecke,* § 1362 Rn. 27 ff.

62 Vgl. *Hausmann,* S. 255, Fn. 19.

63 Zu Heiratsschmuck bei türkischen Ehegatten Rn. 868.

64 BGH, FamRZ 1971, 24, 25; OLG Nürnberg, FamRZ 2000, 1220, m. Anm. *Bergschneider*: kein Greifen der Vermutung bei einer Damenhalskette im Wert von 10.000 DM, die nach Darstellung des Mannes auch als Vermögensanlage gekauft worden war. Für generelle, für Eigentum der Frau streitende Vermutung bei Damenschmuck dagegen MünchKomm/*Weber-Monecke,* § 1362 Rn. 29.

65 Bei Anschaffungen vor der Heirat kann allerdings an Erwerb zu Miteigentum dann zu denken sein, wenn dieser im Hinblick auf die Eheschließung für den gemeinsamen Haushalt erfolgt ist; vgl. OLG Brandenburg, NJW-RR 2016, 1097; OLG Köln, FamRZ 2011, 975, 976; *Palandt/Brudermüller,* § 1568b Rn. 7.

66 Vgl. zum Ganzen *Staudinger/v. Proff,* 2015, § 741 Rn. 33.

67 So auch *Gießler,* FPR 2000, 77, 83; MünchKomm/*Wellenhofer,*§ 1568b Rn. 22. Zu Herausgabeansprüchen bei Hochzeitsgeschenken vgl. Rn. 868.

90 In einem von einem Ehegatten allein gemieteten Banksafe einverständlich deponiertes Bargeld ist im Zweifel diesem Ehegatten allein zuzuordnen[68].

II. Neuregelung der Nutzung

91 Die gemeinsame Nutzung der im Miteigentum der Ehegatten stehenden beweglichen Sachen während des Zusammenlebens beruht auf einem ausdrücklichen oder stillschweigenden Beschluss der Ehegatten i.S. von §§ 744, 745 BGB[69]. Mit dem Auszug eines von ihnen aus der Ehewohnung ergibt sich die Notwendigkeit, die Nutzung neu zu regeln. Vielfach geschieht dies einverständlich, sei es durch eine ausdrückliche Vereinbarung, sei es durch stillschweigende Handhabung. Fehlt es an einer einverständlichen Regelung, kann eine gerichtliche Neuregelung der Nutzung erforderlich werden. Die Nutzungsregelung kann nötig sein für die Zeit bis zur eventuellen einverständlichen Übernahme des Alleineigentums durch einen der Ehegatten, bis zur streitigen Verwertung der Gegenstände oder bis zur endgültigen Verteilung im Haushaltsverfahren (bei Haushaltsgegenständen).

92 Bei den meisten im gemeinsamen Eigentum der Ehegatten stehenden beweglichen Sachen handelt es sich um **Haushaltsgegenstände.** Hier erfolgt die gerichtliche Neuregelung der Nutzung nach den speziellen Vorschriften des § 1361a II BGB (für die Dauer des Getrenntlebens) und des § 1568b I BGB (nach Rechtskraft der Scheidung)[70].

93 Für die im gemeinsamen Eigentum der Ehegatten stehenden beweglichen Sachen, die **keine Haushaltsgegenstände** sind, gelten die allgemeinen Vorschriften. Dazu gehört insbesondere § 745 II BGB. Nach dieser Bestimmung kann jeder Ehegatte nach der Trennung eine neue „dem Interesse aller Teilhaber nach billigem Ermessen entsprechende Verwaltung und Benutzung“ verlangen. Für die Zuordnung zur Nutzung können die wirtschaftlichen Verhältnisse der Eheleute von Bedeutung sein. Der nutzende Ehegatte wird regelmäßig eventuelle Unterhaltungskosten zu tragen haben[71]. Zur ggf. zu zahlenden Nutzungsvergütung vgl. Rn. 99. Der Anspruch kann im Wege eines Leistungsantrags (früher: Leistungsklage) durchgesetzt werden[72].

---

68 OLG Frankfurt, FamRZ 2000, 1215.

69 Vgl. Rn. 68.

70 Vgl. Rn. 67. Zur Verteilung gem. § 1361a BGB: *Schulz*, NZFam 2014, 483; *Holzwarth*, FPR 2010, 559. Zur Verteilung gem. § 1568b BGB: *Weinreich*, NZFam 2014, 486; *Jacobs*, NJW 2012, 3601; *Götz/Brudermüller*, FamRZ 2009, 1261, 1267 f.; *Erbarth*, FPR 2010, 548.

71 *Roßmann*, FuR 2013, 137, 139.

72 Vgl. dazu Rn. 121.

Von großer praktischer Bedeutung ist dieser Weg nicht[73]. Denn bei den in der Ehe vorhandenen, aber nicht zu den Haushaltsgegenständen zählenden beweglichen Sachen handelt es sich regelmäßig um Gegenstände des persönlichen Bedarfs eines Ehegatten; solche Gegenstände stehen aber meist im Alleineigentum eines Ehegatten[74]. Bei ausschließlich der Kapitalanlage dienenden beweglichen Sachen – sie gehören ebenfalls nicht zu den Haushaltsgegenständen[75] – wie etwa einem im Safe befindlichen Kunstgegenstand spielt in der Regel nicht die Frage der Nutzung, sondern die Frage der Verwertung eine Rolle. Auf Haustiere (Hund, Vögel) finden richtiger Ansicht nach nicht die §§ 749 ff. BGB, sondern gem. § 90a S. 3 BGB die Vorschriften für die Verteilung von Haushaltsgegenständen (§§ 1361a, 1568b BGB) Anwendung[76]. 94

Bei verbotener Eigenmacht kommen Ansprüche aus § 861 BGB in Betracht (possessorischer Besitzschutz)[77]. Hier sind die Möglichkeiten des vorläufigen Rechtsschutzes von Bedeutung (einstweilige Anordnung gem. §§ 266 I Nr. 3, 112 Nr. 3, 49 FamFG)[78]. 95

Zuständig sind in allen vorgenannten Fällen seit Inkrafttreten des FamFG am 1.9.2009 die Familiengerichte[79]. Soweit es um Verfahren i.S. von §§ 1361a, 1568b BGB betreffend Haushaltsgegenstände geht, entscheiden sie im Verfahren gem. §§ 200 ff. FamFG. Verfahren betreffend sonstige bewegliche Sachen (insbesondere ein Leistungsantrag i.S. von Rn. 93) sind Familienstreitsachen, ebenso Besitzschutzverfahren i.S. von Rn. 95 (§§ 266 I Nr. 3, 112 Nr. 3, 113 FamFG). 96

III. Nutzungsentgelt und Lastentragung

Nutzt nach Beendigung des ehelichen Zusammenlebens ein Ehegatte im gemeinsamen Eigentum stehende bewegliche Sachen allein, kann dies eine Verpflichtung zur Zahlung eines Nutzungsentgelts[80] auslösen. 97

---

73 Vgl. allerdings Rn. 99: Kfz.

74 Vgl. Rn. 88. Zu Ansprüchen bei Alleineigentum vgl. Rn. 327.

75 BGH, FamRZ 1984, 575.

76 OLG Nürnberg, FamRZ 2017, 513, dazu Anm. *Reinken*, NZFam 2017, 162; OLG Stuttgart, FamRZ 2014, 1300; OLG Schleswig, FamRZ 2013, 1984; OLG Bamberg, FamRZ 2004, 559 (kein Recht zum Umgang); offen lassend OLG Celle, FamRZ 2009, 1911, m. Anm. *van Els,* FF 2010, 82. Vgl. dazu Rn. 882.

77 Bei Haushaltsgegenständen ist die Konkurrenz mit Ansprüchen aus § 1361a BGB zu beachten; dazu: OLG Koblenz, FamRZ 2009, 1934; *Obermann*, FuR 2016, 258; *Schulz,* NZFam 2014, 483, 485; *Götz/Brudermüller,* FamRZ 2009, 1261, 1267; *Johannsen/Henrich/Götz,* § 1361a Rn. 43 ff.; *Bergschneider/Cirullies*, FamVermR, Rn. 3.43.

78 Vgl. *Giers*, Rn. 57.

79 Vgl. Rn. 29 ff.

80 Die Vergütung für den erhöhten Nutzungswert des im Miteigentum stehenden Gegenstandes nach Aufgabe der Mitnutzung durch einen Ehegatten wird im Folgenden als

98 Soweit es um **Haushaltsgegenstände** geht, kann während des Getrenntlebens eine Regelung der Nutzungsvergütung auf der Grundlage des § 1361a III S. 2 BGB erfolgen[81], und zwar im Verfahren gem. §§ 200 ff. FamFG. Von dieser Möglichkeit wird in der Praxis aber selten Gebrauch gemacht, da eine – meist mögliche und sinnvolle – ausgewogene Zuteilung der Haushaltsgegenstände dies erübrigt[82]. Denkbar ist die Anordnung einer Nutzungsvergütung etwa dann, wenn bei gleichmäßiger Zuweisung der Haushaltsgegenstände im Übrigen einem Ehegatten der Pkw – soweit er zu den Haushaltsgegenständen zählt[83] – überlassen wird[84]. Aber auch in einem solchen Fall hängt die Frage, ob eine Nutzungsvergütung festzusetzen ist, von den Umständen des Einzelfalls, etwa auch den wirtschaftlichen Verhältnissen beider Ehegatten, ab[85]. Bei Festsetzung einer Nutzungsvergütung wird zu berücksichtigen sein, wer eventuelle Lasten trägt, die aus der Anschaffung der Haushaltsgegenstände resultieren. Für die Zeit nach Rechtskraft der Scheidung werden die bisher im Miteigentum der Ehegatten stehenden Haushaltsgegenstände nicht mehr nur zur Nutzung zugewiesen, sondern an ihnen wird Alleineigentum eines Ehegatten begründet, so dass die Festsetzung einer Nutzungsvergütung sich erübrigt. Möglich ist die Anordnung einer Ausgleichszahlung gem. § 1568b III BGB[86].

99 Soweit es **nicht um Haushaltsgegenstände** geht, kommen die allgemeinen Vorschriften zur Anwendung. Hier kann jeder der Miteigentümer eine angemessene Neuregelung der Verwaltung und Benutzung verlangen (§ 745 II BGB), ggf. die Zahlung einer Nutzungsvergütung unter Berücksichtigung der zu tragenden Lasten, erforderlichenfalls im Wege eines Leistungsantrags (früher: Leistungsklage). Dazu gelten die Ausführungen zu Rn. 171 ff. u. 182 ff. entsprechend. In der Praxis kann dies gelegentlich bei Kraftfahrzeugen (soweit sie nicht zu den Haushaltsgegenständen zählen[87]) in Betracht kommen.

„Nutzungsentgelt" bezeichnet. Soweit stattdessen vielfach die Begriffe „Nutzungsvergütung" (vgl. die Terminologie in §§ 1361a III, 1361b III S. 2 BGB) oder „Nutzungsentschädigung" verwendet werden, liegt dem kein sachlicher Unterschied zugrunde.

81 Dazu *Bergschneider/Cirullies*, FamVermR, Rn. 3.42; *Schulz/Hauß*, Rn. 1283 f.

82 Vgl. auch OLG Düsseldorf, FamRZ 2016, 1087: keine Nutzungsvergütung ohne Hausratsverteilung.

83 Vgl. dazu Rn. 85.

84 Vgl. dazu OLG Koblenz, FamRZ 2016, 1770, m. Anm. *Fritzsche* = NJW 2016, 2892, das die zugebilligte Nutzungsvergütung aber nicht auf § 1361a III S. 2 BGB, sondern auf Verzug nach nicht befolgtem Herausgabeverlangen stützt (§ 286 i.V.m. § 1361a I BGB).

85 Vgl. OLG München, FamRZ 1998, 1230.

86 Dazu *Weinreich*, NZFam 2014, 486, 489. Vgl. etwa OLG Frankfurt, NJW 2017, 2290: keine Ausgleichszahlung bei fremdfinanziertem, noch abzuzahlendem, beim Ehemann verbliebenen Pkw.

87 Vgl. dazu Rn. 85.

Zuständig sind seit Inkrafttreten des FamFG am 1.9.2009 jeweils die Familiengerichte. Vgl. dazu Rn. 96. **100**

IV. Auflösung des Miteigentums

1. Grundsätzliches

Die Auflösung des Miteigentums regeln, wie schon erwähnt[88], die Vorschriften der §§ 749 ff. BGB, in denen es um die **Aufhebung der Gemeinschaft** geht[89]. Diese Bestimmungen gelten für bewegliche Sachen ebenso wie für Immobilien. **101**

Eine besondere gesetzliche Regelung besteht für die im Miteigentum der Ehegatten stehenden **Haushaltsgegenstände.** Deren Verteilung unterliegt dem Verfahren nach §§ 200 ff. FamFG. Hier kann während des Getrenntlebens der Parteien lediglich eine Zuweisung an einen Ehegatten zur Nutzung erfolgen; in die Eigentumsverhältnisse wird in diesem Stadium nicht eingegriffen (§ 1361a IV BGB). Für die Zeit nach der Scheidung trifft das Gericht auf der Grundlage des § 1568b I BGB eine Zuweisungsentscheidung mit dinglicher Wirkung; es begründet also Alleineigentum eines Ehegatten, die Bruchteilsgemeinschaft wird aufgelöst. Ungeachtet der Ausgestaltung dieser Vorschrift als Anspruchsgrundlage, die den Überlassungs- und Übereignungsanspruch an bestimmte Voraussetzungen knüpft, ist davon auszugehen, dass für die Zeit nach Rechtskraft der Scheidung im Verfahren nach §§ 200 ff. FamFG grundsätzlich die gesamten Haushaltsgegenstände verteilt werden sollen, soweit die Beteiligten nicht schon Einigkeit erzielt haben[90]. Denn Normzweck des § 1568b I BGB ist die Vermeidung einer unpraktikablen Auseinandersetzung nach Gemeinschaftsrecht[91]. Für eine Anwendung der §§ 749 ff. BGB besteht daher bei Haushaltsgegenständen regelmäßig kein Raum[92]. **102**

Einer besonderen gesetzlichen Regelung unterliegt auch das Gesamtgut bei Ehegatten, die im Güterstand der **Gütergemeinschaft** leben. Hier richtet sich die Auseinandersetzung nach den Bestimmungen der §§ 1471 ff. BGB[93]. **103**

---

88 Rn. 76.

89 Zur Anwendbarkeit dieser Bestimmungen bei in der früheren DDR geschlossenen Ehen vgl. Rn. 310 ff.

90 *Palandt/Brudermüller*, § 1568b Rn. 3; *Johannsen/Henrich/Götz*, § 1568b Rn. 16; **a.A.** *Erbarth*, FPR 2010, 548, 551.

91 Vgl. auch FA-FamR/*Klein*, Kap. 8 Rn. 154.

92 Anders *Jacobs*, NJW 2012, 3601, 3605.

93 Dazu *Bergschneider/Klüber*, FamVermR, Rn. 4.622 ff.; zusammenfassend *Staudinger/Eickelberg*, 2015, § 749 Rn. 101. Vgl. auch Rn. 67 u. Fn. 22.

104 Die Aufhebung einer Gemeinschaft an **mehreren Gegenständen** bzw. **Forderungen**[94] erfolgt – anders als bei der Gesellschaft bürgerlichen Rechts[95] – nicht im Wege eines einheitlichen Gesamtauseinandersetzungsverfahrens, sondern in Bezug auf jeden einzelnen gemeinschaftlichen Vermögensgegenstand gesondert[96].

105 Im Anwendungsbereich der §§ 749 ff. BGB sind der Anspruch auf Aufhebung der Gemeinschaft und die Durchführung der Aufhebung zu unterscheiden. Den **Anspruch auf Aufhebung** behandeln §§ 749–751 BGB. Grundsätzlich kann jeder Teilhaber einer Gemeinschaft jederzeit deren Aufhebung verlangen (§ 749 I BGB); vgl. dazu und zu den Schranken, denen das Recht, die Aufhebung der Gemeinschaft zu verlangen, unterliegt, Rn. 76, 274 ff. Bei beweglichen Sachen werden – anders als bei Immobilien – die Grenzen des Aufhebungsrechts aber kaum einmal relevant. Allenfalls kann in Einzelfällen die Aufhebung der Gemeinschaft für die Dauer der Ehe durch Vereinbarung (§ 749 II BGB) oder im Hinblick auf § 1353 I S. 2 BGB (Pflicht zur Rücksichtnahme auf die Belange des Ehepartners bei der Verfolgung vermögensrechtlicher Ansprüche) ausgeschlossen sein.

106 Die **Durchführung der Aufhebung** ist in §§ 752 ff. BGB geregelt. Diesen Bestimmungen zufolge ist danach zu unterscheiden, ob das aufzulösende Miteigentum an einer Sache, die ohne Wertverlust in Natur teilbar ist, oder an einer nicht teilbaren Sache besteht. Ist die Sache ohne Wertverlust teilbar, erfolgt die Aufhebung durch Teilung in Natur (§ 752 BGB). Ist sie nicht oder nur mit Wertverlust teilbar, erfolgt die Aufhebung bei beweglichen Sachen – etwa einem (nicht zu den Haushaltsgegenständen zählenden) Pkw – durch Pfandverkauf und Verteilung des Erlöses (§ 753 BGB).

2. Teilung in Natur

107 Die nach dem Gesetz vorrangige Realteilung, die Teilung in Natur (§ 752 BGB), ist in der Praxis die Ausnahme, denn ihre Voraussetzungen sind meist nicht gegeben. Die **Voraussetzungen** sind:

---

94 Dazu Rn. 851.

95 Vgl. Rn. 1166 ff.

96 BGH, FuR 2001, 286. Im entschiedenen Fall bestand die Gemeinschaft nach durchgeführter Teilungsversteigerung am Versteigerungserlös und an sonstigen aus dem früheren Miteigentum am Grundstück ableitbaren Forderungen (Mietzinsforderungen gegen einen Teilhaber) fort. Die Mietzinsforderungen sind nicht etwa in einer Gesamtauseinandersetzung bei der Teilung des Versteigerungserlöses zu berücksichtigen, sondern unterliegen (als im Rechtssinne unteilbar) einer gesonderten Aufhebung (Einziehung und Teilung gem. §§ 754 S. 2, 752 f. BGB).

- Der gemeinschaftliche Gegenstand muss real teilbar sein, sich also in gleichartige Teile zerlegen lassen.
- Die Zerlegung muss gerade in solche gleichartige Teile möglich sein, die den Anteilen der Miteigentümer entsprechen.
- Die Teilung darf zu keiner Wertminderung führen; das Ganze darf also nicht mehr wert sein, als die Summe seiner Teile[97].

Teilbar sind insbesondere Geld, Warenvorräte, generell vertretbare Sachen, auch gleichartige gemeinsame Wertpapiere. Bei in ungerader Zahl vorhandenen gleichartigen Wertpapieren kann grundsätzlich Teilung in Natur erfolgen; Verkauf gem. § 753 BGB ist nur an einem, nämlich an dem nach Teilung der anderen Papiere übrig bleibenden Papier erforderlich[98]. **108**

Nicht teilbar sind etwa Kraftfahrzeuge, Kunstwerke und Aktien (§ 8 V AktG). Die Teilbarkeit von Sammlungen scheitert meist daran, dass ihr Gesamtwert höher ist als die Summe der Einzelwerte nach Teilung. Sammlungen unterschiedlicher Gemälde können schon deshalb nicht in Natur geteilt werden, weil es an der Gleichartigkeit fehlt. **109**

Die Teilung in Natur ist nicht deshalb ausgeschlossen, weil sie unzweckmäßig oder unverhältnismäßig teuer ist[99]. Realteilung scheidet aber aus, soweit aus dem Gegenstand gemeinschaftliche Schulden berichtigt werden müssen[100]. **110**

Die **Durchführung der Teilung** erfolgt in drei Schritten: **111**

- Zunächst wird der Gegenstand in Teile zerlegt.
- Sodann werden die Teile den Miteigentümern zugewiesen. Dies geschieht – bei gleichen Anteilen der Teilhaber – gem. § 752 S. 2 BGB durch das Los, sofern ein Losentscheid nicht deshalb überflüssig erscheint, weil es sich um vollkommen gleichartige Sachen wie etwa Geld oder Warenvorräte handelt[101].
- Schließlich werden die Teile auf die Teilhaber übertragen, denen sie als Ergebnis der Teilung zustehen.

Der Anspruch auf Teilung ist ggf. mit einem **Leistungsantrag** vor dem Familiengericht (§§ 112 Nr. 3, 266 I Nr. 3 FamFG)[102] durchzusetzen. Der Antrag ist auf die zur Vornahme der Teilung notwendigen Hand- **112**

---

97 Vgl. i.E. *Staudinger/Eickelberg,* 2015, § 752 Rn. 2 ff.

98 *Staudinger/Eickelberg,* 2015, § 752 Rn. 10. Zur Aufteilung von Wertpapieren auch Rn. 585 ff.

99 *Staudinger/Eickelberg,* 2015, § 752 Rn. 12 f.; *Erman/Aderhold,* § 752 Rn. 5.

100 *Staudinger/Eickelberg,* 2015, § 752 Rn. 38; *Erman/Aderhold,* § 752 Rn. 5.

101 Vgl. *Staudinger/Eickelberg,* 2015, § 752 Rn. 21.

102 Vgl. Rn. 33.

lungen (z.B. Zerlegung, Übergabe) und auf Übereignung des dem Anteil entsprechenden Teils zu richten[103]; die verlangte Quote ist anzugeben. Die Vollstreckung erfolgt gem. §§ 887, 883, 885, 894 ZPO.

3. Teilung durch Pfandverkauf

113 Ist eine Teilung in Natur nicht möglich, erfolgt die Aufhebung der Gemeinschaft bei beweglichen Sachen gem. § 753 BGB durch **Verkauf** nach den Vorschriften über den Pfandverkauf (§§ 1235–1246 BGB) und **Teilung des Erlöses,** nachdem eventuelle Verbindlichkeiten einschließlich der Kosten der Verwertung berichtigt worden sind (§§ 755, 756 BGB). Voraussetzung ist, dass keine abweichende Teilungsvereinbarung vorliegt. Den Pfandverkauf nimmt regelmäßig der Gerichtsvollzieher im Wege der öffentlichen Versteigerung vor (§§ 1235 I, 383 III BGB). Die Miteigentümer können mitbieten (§ 1239 I BGB) und haben dadurch die Möglichkeit, die Höhe des Erlöses zu beeinflussen und die Sache für sich zu erwerben. Ist die Veräußerung des gemeinschaftlichen Gegenstandes an einen Dritten unstatthaft (etwa aufgrund einer Vereinbarung der Teilhaber oder aufgrund einer letztwilligen Verfügung), erfolgt die Versteigerung nur unter den Teilhabern (§ 753 I S. 2 BGB).

114 Hat die Sache einen Börsen- oder Marktpreis (z.B. Aktien), so kann sie statt im Versteigerungswege durch einen öffentlich ermächtigten Handelsmakler oder durch eine sonstige zur öffentlichen Versteigerung ermächtigte Person zum laufenden Preis aus freier Hand veräußert werden (§§ 1235 II, 1221 BGB), wenn sich die Miteigentümer darauf verständigen. Unter den Voraussetzungen des § 1246 BGB kann in diesen und anderen Fällen ein Miteigentümer aber auch gegen den Willen des anderen einen freihändigen Verkauf erzwingen. Im Streitfall hat über die Art des Pfandverkaufs – zweckmäßige Art der Verwertung – das Amtsgericht des Ortes, an welchem der Gegenstand aufbewahrt wird, im Verfahren gem. §§ 410 ff. FamFG zu entscheiden (§§ 410 Nr. 4, 411 IV FamFG). Ggf. muss der Aufhebungswillige ein solches Verfahren neben dem Verfahren auf Durchsetzung des Teilungsanspruchs betreiben[104].

115 Der Erlös tritt an die Stelle des gemeinschaftlichen Gegenstandes (dingliche Surrogation). Wird er hinterlegt, steht der Anspruch gegen die Hinterlegungsstelle auf Herausgabe des Erlöses – nach Berichtigung der

---

103 Vgl. MünchKomm/*Schmidt,* § 749 Rn. 41; *Staudinger/Eickelberg,* 2015, § 752 Rn. 28. – Die Frage, ob der Antrag unmittelbar auf Teilung nach § 752 (bzw. bei unteilbaren Sachen nach § 753) BGB gerichtet sein kann, oder ob er mit einem auf Zustimmung zur Aufhebung der Gemeinschaft gerichteten Antrag verbunden werden muss, ist streitig. I.E. *Staudinger/Eickelberg,* 2015, § 749 Rn. 13 ff.; MünchKomm/*Schmidt,* § 749 Rn. 41.

104 I.E. *Staudinger/Eickelberg,* 2015, § 753 Rn. 9 f.; MünchKomm/*Schmidt,* § 753 Rn. 13.

Verbindlichkeiten – den Miteigentümern entsprechend ihren Bruchteilen gemeinschaftlich zu[105].

Der Teilungsanspruch wird erforderlichenfalls mit einem **Leistungsantrag** vor dem Familiengericht (§§ 112 Nr. 3, 266 I Nr. 3 FamFG)[106] durchgesetzt. Sie ist – wenn ein Ehegatte dem Verkauf widerspricht – auf Duldung des Verkaufs nach den Vorschriften über den Pfandverkauf, ggf. Herausgabe der Sache an den zum Verkauf ermächtigten Gerichtsvollzieher und auf Einwilligung in die Teilung des Erlöses unter Angabe der Quote zu richten[107]. **116**

Bei Unveräußerlichkeit des Gegenstandes muss, wenn die Ehegatten sich nicht einigen können, grundsätzlich die Gemeinschaft bestehen bleiben. Nur in besonderen Ausnahmefällen sieht die gerichtliche Praxis sich unter Heranziehung von § 242 BGB zu Lösungen außerhalb des von § 753 BGB vorgegebenen Weges auch ohne Einverständnis der Miteigentümer befugt, etwa zur Zuweisung des Alleineigentums an einen Teilhaber gegen Ausgleichszahlung[108]. **117**

D. Immobilien

I. Feststellung der Eigentumsverhältnisse

Anders als bei beweglichen Sachen bereitet die dingliche Zuordnung bei Immobilien gewöhnlich keine Schwierigkeiten: Die Eigentumsverhältnisse ergeben sich aus dem Grundbuch[109]. **118**

Allerdings muss die Möglichkeit bedacht werden, dass der Inhalt des Grundbuchs unrichtig sein kann. Das ist etwa bei ehemaligen DDR-Bürgern der Fall, bei denen es zu einer Umwandlung des anteilslosen Gemeinschaftseigentums i.S. von § 13 I FGB/DDR zu Miteigentum nach Bruchteilen gekommen ist, ohne dass dies im Grundbuch bereits eingetragen ist (vgl. dazu Rn. 315 ff.)[110]. **119**

105 Vgl. MünchKomm/*Schmidt*, § 753 Rn. 31.

106 Vgl. Rn. 33.

107 Vgl. OLG Hamm, FamRZ 2003, 529; *Roßmann*, FuR 2013, 137, 140; MünchKomm/*Schmidt*, § 749 Rn. 41; *Staudinger/Eickelberg*, 2015, § 749 Rn. 13, § 753 Rn. 29. – Zum Streit um die Frage, ob grds. auch auf Aufhebung der Gemeinschaft geklagt werden muss, vgl. Fn. 103.

108 Nachweise bei *Palandt/Sprau*, § 753 Rn. 8; MünchKomm/*Schmidt*, § 753 Rn. 6 f., 35; besonders zurückhaltend und nach rechtlicher und tatsächlicher Unveräußerlichkeit differenzierend *Staudinger/Eickelberg*, 2015, § 753 Rn. 48.

109 Zum Grundbuch der Scheidungsimmobilie *Münch*, Scheidungsimmobilie, Rn. 578 ff. Vgl. i.Ü. Rn. 80.

110 Nach *Rellermeyer*, Rpfleger 1995, 321, 324 f., steht die unrichtige Eintragung der Teilungsversteigerung nicht entgegen.

II. Neuregelung der Nutzung

120 Die gemeinsame Nutzung einer im Miteigentum der Ehegatten stehenden Immobilie während des Zusammenlebens beruht – wie die Nutzung der gemeinsamen beweglichen Habe[111] – auf einem ausdrücklichen oder stillschweigenden Beschluss i.S. von §§ 744, 745 BGB. Mit der Trennung der Ehegatten ergibt sich die Notwendigkeit einer Neuregelung. Vielfach erfolgt sie einverständlich, sei es durch ausdrückliche Vereinbarung, sei es durch stillschweigende Handhabung, etwa indem ein Ehegatte auszieht, der andere in der Wohnung verbleibt und die künftig alleinige Nutzung durch den in der Wohnung verbliebenen Ehegatten nicht in Frage gestellt wird[112]. Ist eine einverständliche Regelung der Nutzung nicht möglich, hat sie auf gerichtlichem Wege im Grundsatz gem. § 745 II BGB zu erfolgen. Nach dieser Bestimmung kann jeder Ehegatte eine neue „dem Interesse aller Teilhaber nach billigem Ermessen entsprechende Verwaltung und Benutzung" verlangen, sofern die Ehegatten – wie im Regelfall – Miteigentümer zu gleichen Anteilen sind[113]. Entsprechendes kommt bei anderen den Ehegatten gemeinsam bestellten dinglichen Rechten, wie etwa dem **Nießbrauch** (§ 1030 BGB)[114] oder dem **Wohnungsrecht** (§ 1093 BGB)[115], in Betracht, aber auch bei Bestehen eines Bruchteilsnießbrauchs an dem im Alleineigentum eines Ehegatten stehenden Grundstück[116].

121 Der Anspruch aus § 745 II BGB, die Verwaltung und Benutzung nach billigem Ermessen neu zu regeln, kann im Wege eines **Leistungsantrags** vor dem Familiengericht[117] durchgesetzt werden. Es handelt sich um eine sonstige Familiensache und damit um eine Familienstreitsache (§§ 266 I Nr. 3, 112 Nr. 3 FamFG)[118]. Der Leistungsantrag ist auf Zustimmung zu einer bestimmt zu bezeichnenden Art der Verwaltung und Benutzung zu

111 Vgl. Rn. 91.

112 Vgl. zur endgültigen Aufgabe der Ehewohnung BGH, FamRZ 1982, 355 = NJW 1982, 1753.

113 Hält einer der Ehegatten den größeren Anteil, gibt bei der Beschlussfassung über die künftige Verwaltung und Nutzung gem. § 745 I BGB grds. dessen Stimme den Ausschlag, jedoch nur in den Grenzen des § 745 III BGB. Vgl. dazu OLG Celle, NJW-RR 1996, 1221 [LS].

114 Vgl. BGH, FamRZ 1994, 98 (analoge Anwendung der §§ 744, 745 BGB bei Nießbrauch in Gesamtberechtigung gem. § 428 BGB).

115 Vgl. BGH, FamRZ 1996, 931 = NJW 1996, 2153 (Wohnungsrecht als Altenteilsleistung: Nutzungsregelung während des Bestehens der Nutzungsgemeinschaft möglich, Regelung betr. Nutzungsentgelt nach Aufgabe der Nutzungsgemeinschaft durch Auszug dagegen nicht). Letzteres ist überholt durch BGH, FamRZ 2014, 460 = NJW 2014, 462. Dazu Rn. 166.

116 BGH, FamRZ 2007, 135 (auch zu den Rechten des Gläubigers, der einen Bruchteilsnießbrauch gepfändet hat).

117 Vgl. Rn. 29 ff.

118 Vgl. auch OLG Nürnberg, FamRZ 2013, 1506 = FamRB 2013, 145 *(Heinemann)*.

richten[119]. Wird die Zustimmung zu einer Neuregelung verlangt, die nicht billigem Ermessen entspricht, ist der Antrag abzuweisen; das Gericht kann nicht statt dessen auf Zustimmung zu einer von ihm für interessengerecht gehaltenen Maßnahme erkennen, die nicht begehrt wird[120].

Handelt es sich allerdings – wie meist – um das **Familienheim,** ist das Begehren nicht auf § 745 II BGB zu stützen. Denn für die Benutzung der Ehewohnung enthalten §§ 1361b, 1568a BGB, § 2 GewSchG[121] Sonderregeln, die für alle Güterstände gelten und § 745 II BGB regelmäßig verdrängen[122]. Zuständig sind auch insoweit die Familiengerichte (§§ 23a I Nr. 1, 23b I GVG, § 111 Nr. 5 FamFG), die hier im Verfahren gem. §§ 200 ff. FamFG entscheiden[123]. Bei verbotener Eigenmacht (Aussperrung) kommen Ansprüche aus § 861 BGB (possessorischer Besitzschutz) in Konkurrenz mit Ansprüchen aus § 1361b BGB in Betracht[124]. **122**

Die Anspruchsgrundlage des § 745 II BGB hat daher, soweit es die Neuregelung der Nutzung angeht, wenig praktische Bedeutung. Bei im Miteigentum stehenden Immobilien, die nicht als Ehewohnung, sondern etwa als Anlageobjekt oder Mieteinnahmequelle dienen, löst die Trennung der Ehegatten im Zweifel keinen Neuregelungsbedarf betreffend die Nutzung aus[125]. Eine besondere Fallgestaltung, in der eine Nutzungsregelung gemäß § 745 II BGB am Familienheim zur Diskussion stand, behandelt eine Entscheidung des BGH vom 29.9.1993[126]. Hier hatten die Ehegatten bei der Trennung die Nutzung am Familienheim, das aus zwei **123**

---

119 Vgl. BGH, FamRZ 1982, 355, 356 = NJW 1982, 1753.

120 BGH, FamRZ 1994, 98 (vgl. zum Sachverhalt Rn. 123).

121 Die Vorschrift ist einschlägig, wenn und solange keine Trennung erfolgt und bei keinem der Ehegatten eine Trennungsabsicht gegeben ist. Ist die Trennung vollzogen oder beabsichtigt, ist § 1361b BGB lex specialis; *Brudermüller,* FamRZ 2003, 1705, 1707; *Müller,* FF 2002, 43, 46; *Palandt/Brudermüller,* § 2 GewSchG Rn. 2; *Götz/Brudermüller,* Rn. 259 (m.w.N. zur Streitfrage). **A.A.** (Nebeneinander der Anspruchsgrundlagen):*Ehinger,* FPR 2010, 567 f.; *Bergschneider/Cirullies,* FamVerm, Rn. 3.76, m.w.N.; OLG Bamberg, FamRZ 2011, 1419, m. Anm. *Gottwald.*

122 Allerdings bleibt im Anwendungsbereich des § 1568a BGB, der anders als die Vorgängervorschriften der HausrVO als Anspruchsgrundlage ausgestaltet ist, für die Anwendung der Vorschriften des Gemeinschaftsrechts dann Raum, wenn bei keinem der Ehegatten die Voraussetzungen für den Anspruch auf Überlassung nach § 1568a I BGB vorliegen (OLG Saarbrücken, FamRZ 2013, 1982; OLG Schleswig, FamRZ 2010, 1985 = FamRB 2010, 327 [*Neumann*]); *Kemper,* NZFam 2014, 500, 501.

123 Zur Wohnungsüberlassung: nach § 1361b BGB: *Giers,* NZFam 2014, 496; *Weber-Monecke,* FPR 2010, 555; *Schulz/Hauß,* Rn. 1102 ff.; nach § 1568a BGB: *Kemper,* NZFam 2014, 500; *Büte,* FPR 2010, 537; *Schulz/Hauß,* Rn. 1181 ff.; nach § 2 GewSchG: *Ehinger,* FPR 2010, 567.

124 Dazu näher *Johannsen/Henrich/Götz,* § 1361b Rn. 42 ff.; *Bergschneider/Cirullies,* FamVermR, Rn. 3.100 ff.; *Bork/Jacoby/Schwab,* § 200 Rn. 7; *Eckebrecht,* NZFam 2014, 507. Vgl. auch Rn. 95.

125 Zur Verteilung der Erlöse in diesen Fällen vgl. Rn. 169.

126 FamRZ 1994, 98.

Wohnungen bestand, einverständlich in der Weise geregelt, dass jedem Ehegatten eine der Wohnungen zugeteilt wurde. Nachdem der Ehemann wieder geheiratet und seine neue Frau in die Wohnung aufgenommen hatte, erstrebte die (frühere) Ehefrau die Zustimmung des Mannes zu einer Neuregelung gem. § 745 II BGB, die die Mitbenutzung der dem Mann zugeteilten Wohnung durch die neue Ehefrau ausschloss (Betretungsverbot für die neue Ehefrau). Hier waren die Sondervorschriften betreffend die Ehewohnung nicht heranzuziehen, weil es nicht darum ging, welchem der Ehegatten die Ehewohnung zuzuweisen war, sondern um den Ausschluss eines Dritten.

124 Gestritten wird auch in anderen Fallgestaltungen gelegentlich um die Frage, ob der aus dem Familienheim ausgezogene Ehegatte dem anderen die Gestattung von **Besuchen und Übernachtungen Dritter** untersagen kann. Ein solches Recht steht dem Ehegatten, der das im Miteigentum stehende Hausgrundstück endgültig verlassen hat, jedoch weder unter dem Gesichtspunkt des Eigentums- noch unter dem des Besitzschutzes zu[127]. Er muss ggf. auch hinnehmen, dass der im Haus Verbliebene seinen **neuen Partner** einziehen lässt[128] oder Räume untervermietet[128a]. Denn aus § 743 II BGB folgt, dass ein Miteigentümer seinen Gebrauch an dem gemeinsamen Haus nicht einschränken muss, solange der andere sein Gebrauchsrecht nicht ausübt.

125 Auch ein Recht auf Gewährung von **Zutritt** für sich oder Dritte ohne Vorliegen eines besonderen Grundes hat er nicht[129]. Ein besonderer Grund mag der Wunsch nach Besichtigung während des Teilungsversteigerungsverfahrens sein können[130], nicht dagegen der nach Besichtigung durch einen Makler mit dem Ziel des vom anderen Ehegatten abgelehnten freihändigen Verkaufs der Immobilie[131].

III. Nutzungsentgelt und Lastentragung

1. Grundsätzliches

126 Nutzt ein Ehegatte nach Beendigung des ehelichen Zusammenlebens eine im gemeinsamen Eigentum stehende Immobilie – im Regelfall die bis-

---

127 LG Bonn, FF 2003, 30, mit Anm. *Smid.*

128 LG Bielefeld, FamRZ 2003, 158; AG Duisburg-Hamborn, FamRZ 2014, 1297 (keine Untersagung der Nutzung der vormaligen Ehewohnung mit neuer Partnerin); offen lassend LG Bonn, FF 2003, 30.

128a AG Berlin-Schöneberg, NZFam 2017, 1158 *(Erbarth).*

129 OLG Bremen, NJW 2017, 3245 = FamRB 2018, 4 *(Kogel)*; LG Saarbrücken, FamRZ 2004, 1580. Zur Rechtsmittelbeschwer, wenn dem im Haus Verbliebenen die Gewährung eines Zutrittsrechts abverlangt worden ist, BGH, FamRZ 2010, 881.

130 Dazu Rn. 240.

131 OLG Bremen, NJW 2017, 3245.

herige Ehewohnung (Familienheim) – allein, kann dies eine Verpflichtung zur Zahlung eines Nutzungsentgelts[132] auslösen. Auch die Frage, wer künftig die mit dem gemeinsamen Eigentum verbundenen Lasten (insbesondere die Finanzierungskosten für das Familienheim) trägt, stellt sich neu.

Unter welchen Voraussetzungen und auf welchem Wege der nun von der Mitnutzung ausgeschlossene Ehegatte ein Nutzungsentgelt bzw. der die Lasten tragende Ehegatte einen Ausgleich verlangen kann, hängt davon ab, welche gesetzlichen Bestimmungen zur Anwendung kommen[133]. Auch hier gilt, wie hinsichtlich der mit dem Auszug eines Ehegatten aus dem Familienheim vorzunehmenden Neuregelung betreffend die Nutzung selbst[134]: Jeder der beiden Miteigentümer kann eine angemessene Neuregelung der Verwaltung und Benutzung verlangen (§ 745 II BGB)[135] und dazu – wenn eine einverständliche Lösung der Fragen nach Nutzungsentgelt und Lastentragung nicht möglich ist[136] – gerichtliche Hilfe in Anspruch nehmen. Doch gehen die für alle Güterstände geltenden **Sonderregelungen der §§ 1361b, 1568a BGB** und § 2 GewSchG[137], soweit sie eingreifen, vor[138]. Im Anwendungsbereich dieser Sonderregelungen ist ein Begehren daher auf diese Bestimmungen zu stützen. Das gilt auch für **ausländische Staatsangehörige**, sofern die Ehewohnung im Inland liegt[139]. **127**

Zuständig ist seit Inkrafttreten des FamFG am 1.9.2009 in allen Fällen das **Familiengericht**. Dessen Zuständigkeit ergibt sich, soweit das Begehren auf die familienrechtlichen Sonderbestimmungen gestützt wird, **128**

---

132 Zum Begriff vgl. Rn. 97.

133 Der in der Wohnung verbleibende Ehegatte schuldet keinen Ausgleich nach Bereicherungsrecht (BGH, FamRZ 1982, 355; NJW 1966, 1707). Vgl. allerdings diese Entscheidungen sowie BGH, FamRZ 1996, 931, 932 f., zu einer möglichen **Schadensersatzpflicht** des in der Wohnung verbleibenden Ehegatten, wenn er dem anderen entgegen dessen Verlangen den Mitgebrauch hartnäckig verweigert; dazu auch OLG Koblenz, FamRZ 2015, 142, 143 f. (siehe auch Rn. 760).

134 Vgl. Rn. 120.

135 Vgl. BGH, FamRZ 1986, 434, 435 = NJW 1986, 1340; FamRZ 1982, 355, 356 = NJW 1982, 1753. – Für den Fall ungleicher Anteile der Miteigentümer vgl. Rn. 120 mit Fn. 113.

136 Häufig kommt es zu einer konkludent geschlossenen Vereinbarung über diese Fragen; vgl. etwa OLG Hamm, FamRZ 1997, 365 (Vereinbarung im Zusammenhang mit Unterhaltsregelung; s. dazu auch Rn. 217). – Eine einen Anspruch auf Nutzungsentgelt für die Vergangenheit ausschließende Vereinbarung kann in einem Vertrag liegen, in dem ein Ehegatte dem anderen seinen Miteigentumsanteil am Familienheim überträgt, ohne dass eine Verpflichtung zur Zahlung von Nutzungsentgelt für die Vergangenheit aufgenommen wird (OLG Koblenz, FamRZ 1998, 243).

137 Vgl. zu dessen Anwendungsbereich Rn. 122, Fn. 121.

138 Vgl. Rn. 67. *Huber,* FamRZ 2000, 129, 130 f.; *Staudinger/Eickelberg,* 2015, § 745 Rn. 62.

139 Vgl. Art. 17a EGBGB, der auch Ansprüche auf Nutzungsvergütung aus § 1361b III S. 2 BGB erfasst, vgl. OLG Frankfurt, Beschl. v. 26.6.2017, 4 WF 2/17, juris; dazu *Andrae,* IPRax 2017, 526, 529; *Koritz,* FPR 2010, 572, 573; *Erbarth,* § 5 Rn. 5.

aus §§ 23a I Nr. 1, 23b I GVG, §§ 111 Nr. 5, 200 bzw. §§ 111 Nr. 6, 210 FamFG, soweit es auf § 745 II BGB gestützt wird, aus §§ 23a I Nr. 1, 23b I GVG, §§ 111 Nr. 10, 266 I Nr. 3 FamFG (sonstige Familiensache)[140]. Unterschiede ergeben sich bei der anzuwendenden **Verfahrensart**: Das Familiengericht trifft im erstgenannten Fall seine Entscheidung auf der Grundlage des Verfahrens gem. §§ 200 ff. bzw. 210 ff. FamFG i.V.m. den Vorschriften des Allgemeinen Teils (Buch 1) des FamFG (Verfahren der freiwilligen Gerichtsbarkeit). Dagegen handelt es sich im letztgenannten Fall um eine Familienstreitsache, über die unter Heranziehung der allgemeinen Vorschriften der ZPO zu entscheiden ist (§§ 266 I Nr. 3, 112 Nr. 3, 113 FamFG) und in der u.a. der Amtsermittlungsgrundsatz des § 26 FamFG nicht gilt, aber Anwaltszwang besteht (§ 114 I FamFG). Der Anspruchsteller muss hier einen Leistungsantrag (§ 113 V FamFG) beim Familiengericht einreichen (früher: Leistungsklage beim Zivilprozessgericht). Somit entscheidet nach neuem Recht die Anspruchsgrundlage nicht mehr über das zuständige Gericht, sondern nur noch über die anzuwendende Verfahrensart[141].

129 Kommt es auf der Grundlage der §§ 1361b, 1568a BGB, § 2 GewSchG zu einer Regelung, die die Fragen der Nutzung und Nutzungsvergütung oder auch nur der Nutzungsvergütung betrifft, so liegt darin inzident eine Neuregelung des Gemeinschaftsverhältnisses i.S. von § 745 II BGB[142].

2. Nutzungsentgelt bei alleiniger Nutzung des Familienheims

a) Anspruchsgrundlagen: §§ 1361b III S. 2, 1568a BGB, § 2 GewSchG

aa) Anwendungsbereich der §§ 1361b III S. 2, 1568a BGB

130 Im Rahmen des Anwendungsbereichs der §§ 1361b III S. 2, 1568a BGB ist nach dem zu Rn. 127 f. Gesagten ein Anspruch auf Nutzungsentgelt nach Auszug eines Ehegatten aus dem Familienheim[143], im Falle der Begründung eines Mietverhältnisses ein Anspruch auf Festsetzung einer Miete, auf diese Spezialvorschriften zu stützen[144]. Entsprechendes gilt bei

---

140 Vgl. Rn. 29 ff.

141 Zu den Konsequenzen der unterschiedlichen Anspruchsgrundlagen für den Verfahrenswert: OLG Braunschweig, FamRZ 2017, 1767 = NZFam 2017, 377 *(Schneider)*; OLG Naumburg, NZFam 2015, 136 *(Schneider)*; *Schneider*, NZFam 2016, 543 u. 1029; *Kohlenberg*, FuR 2015, 701.

142 *Huber*, FamRZ 2000, 129, 131; *Brudermüller*, FamRZ 1989, 7, 10.

143 Maßgebend ist der Charakter als Ehewohnung, der auch bei einem Ferienhaus gegeben sein kann, vgl. OLG Celle, FamRZ 2015, 1193.

144 Für ein Wahlrecht im Hinblick auf die unterschiedliche Reichweite des § 1361b III S. 2 BGB einerseits (Regelung für die Trennungszeit) und des § 745 II BGB andererseits (dau-

Bestehen eines dinglichen Wohnungsrechts (§ 1093 BGB) der Ehegatten[145].

(1) Während des Getrenntlebens

Die Vorschrift des **§ 1361b III S. 2 BGB** regelt einen Anspruch auf Nutzungsentgelt während des Getrenntlebens der Ehegatten. Der Anwendungsbereich der Bestimmung in Abgrenzung zu dem des § 745 II BGB war in der Vergangenheit höchst umstritten. **131**

Unstreitig war und ist, dass der Anspruch dann auf § 1361b III S. 2 BGB gestützt werden kann, wenn es – bezogen auf die Zeit des Getrenntlebens der Ehegatten – zu einem **Ehewohnungsverfahren** (Wohnungszuweisungsverfahren) gekommen ist, wenn also nicht nur um ein Nutzungsentgelt, sondern auch um die künftige Nutzung der Wohnung selbst gestritten wird oder gestritten worden ist, somit eine gerichtliche Zuweisungsentscheidung nach § 1361b I BGB erforderlich ist oder war[146]. **132**

Ob die Nutzungsvergütungsregelung in § 1361b BGB darüber hinaus auch für **Fälle freiwilligen Auszugs** ohne Ehewohnungsverfahren herangezogen werden kann, für Fälle also, in denen Einigkeit über die weitere Nutzung des im gemeinsamen Eigentum stehenden Familienheims besteht und nur über eine Nutzungsvergütung gestritten wird, war während der Geltung des § 1361b II BGB a.F. (bis 31.12.2001), der Vorgängervorschrift des § 1361b III S. 2 BGB, äußerst streitig. Überwiegend wurde die Auffassung vertreten, § 1361b II BGB a.F. sei nur in den Fällen anzuwenden, in denen es zu einem Wohnungszuweisungsverfahren (§ 1361b I BGB a.F.) gekommen ist; für alle übrigen Fälle sei auf § 745 II BGB als Anspruchsgrundlage zurückzugreifen[147]. Zum Teil wurde im Hinblick auf den Wortlaut der Bestimmung („Ist ein Ehegatte verpflichtet, dem anderen … die Ehewohnung … zu überlassen“) vertreten, sie sei über die Wohnungszuweisungsfälle hinaus – ausnahmsweise – dann anzuwenden, wenn eine Verpflichtung zur Räumung aufgrund Vorliegens der Voraussetzungen des § 1361b I BGB a.F. oder aufgrund einer Vereinbarung be- **133**

---

erhafte Regelung) AG Ludwigslust, FamRZ 2005, 728. Für kumulative Anwendung beider Vorschriften *Mehdorn* (vor Rn. 343), S. 242 f.

145 Vgl. Rn. 166.

146 Vgl. auch *Staudinger/Voppel*, 2012, § 1361b Rn. 62. Erfasst sind damit auch die Fälle, in denen ein von einem zunächst freiwillig ausgezogenen Ehegatten gestellter Wohnungsüberlassungsantrag abgelehnt worden ist; so zu § 1361b II BGB a.F. auch OLG München (12. ZS), FamRZ 1999, 1270; **a.A.** OLG München (16. ZS), FamRZ 1997, 421 [LS].

147 Vgl. OLG Bamberg, FamRZ 1990, 179; OLG Koblenz, FamRZ 1989, 85; *Wever*, FF 2005, 23, 25 f.; *Staudinger/Langhein*, 2008, § 745 Rn. 62; *Grziwotz*, FamRZ 2002, 1669, 1673 f.; *Graba*, NJW 1987, 1721, 1723. Vgl. auch BGH, FamRZ 1994, 822 = NJW 1994, 1721; OLG Zweibrücken, FamRZ 1998, 171.

standen habe[148]. Es wurde aber auch der Standpunkt vertreten, über ein Nutzungsentgelt für die Zeit des Getrenntlebens habe immer – also unabhängig von den Gründen des Auszugs – der Wohnungszuweisungsrichter zu entscheiden[149].

134 Die letztgenannte Auffassung wird für § 1361b III S. 2 BGB in der seit 1.1.2002 geltenden Fassung, in der von einer Überlassungsverpflichtung nicht mehr die Rede ist, ganz überwiegend vertreten[150]. Ihr hat sich der BGH in einer Entscheidung vom 18.12.2013[151] angeschlossen. Danach ist § 1361b III S. 2 BGB Anspruchsgrundlage nicht nur für die Zuweisungsfälle, sondern auch **für alle Fälle freiwilligen Auszugs**. Dieser Auffassung ist zu folgen. Sie betrifft neben den hier in Rede stehenden Miteigentumsfällen auch die Fälle eines gemeinsamen dinglichen Wohnungsrechts[152], die Fälle des Zusammentreffens von Alleineigentum des einen und dingliche Mitbenutzungsberechtigung des anderen[153] und die weiteren in § 1361b I S. 3 BGB genannten Fälle gemeinsamer Rechte (insbesondere Erbbaurecht und Nießbrauch)[154].

135 Für diese Auffassung spricht der Gesetzeswortlaut, der keine Verknüpfung mit einem die Zuweisung der Ehewohnung umfassenden Verfahren enthält. Für sie spricht auch, dass das für Ansprüche nach § 1361b III S. 2 BGB anzuwendende Verfahren der freiwilligen Gerichtsbarkeit für Streitigkeiten von Ehegatten um Nutzungsentgelt für das Familienheim geeig-

148 Vgl. etwa KG, FamRZ 2001, 368; *Huber,* FamRZ 2000, 129, 131.

149 So auch BGH, FamRZ 2006, 930 m. Anm. *Brudermüller,* zu § 1361b II BGB a.F. für den Fall, dass der weichende Ehegatte Alleineigentümer der Ehewohnung ist; OLG München, FamRZ 1999, 1270.

150 OLG Stuttgart, FamRZ 2016, 1160, 1163; OLG Celle, FamRZ 2015, 1193; OLG Saarbrücken, FamRZ 2014, 1636 = NJW 2014, 2592; OLG Koblenz, Beschl. v. 15.5.2014, 7 UF 833/13, juris = NZFam 2015, 330 *(Voppel);* OLG Zweibrücken, FamRZ 2013, 1980; OLG Frankfurt (5. FamS), FamRZ 2011, 373; OLG Naumburg, FamRZ 2010, 391; OLG Brandenburg (10. ZS), NJW-RR 2009, 725; OLG Hamm, FamRZ 2008, 1639 = FamRB 2008, 197 *(Neumann);* KG (2. ZS), FamRZ 2008, 1933; OLG Thüringen, FamRZ 2008, 1934, u. FamRZ 2006, 868 = NJW 2006, 703; OLG München, FamRZ 2007, 1655, m. Anm. *Wever* = NJW 2008, 381; OLG Brandenburg (9. ZS), FamRZ 2006, 1392 = FamRB 2007, 12 *(Müller);* OLG Dresden, NJW 2005, 3151 = FamRB 2006, 45 *(Müller); Koch,* FF 2017, 387, 389; *Finke,* FF 2007, 185, 191 f.; *Finger,* FuR 2006, 241, 247; *Müller,* FF 2002, 43, 48; *Palandt/Brudermüller,* § 1361b Rn. 20; MünchKomm/*Weber-Monecke,* § 1361b Rn. 17; *Götz/Brudermüller,* Rn. 274 ff.

151 BGH, FamRZ 2014, 460 = NJW 2014, 462 = FamRB 2014, 85 *(Neumann),* m. Anm. *Müller,* FF 2014, 160; dazu auch *Simon,* NZFam 2014, 438. Bestätigt durch BGH, FamRZ 2017, 693, m. Anm. *Wever* = NJW 2017, 2544.

152 BGH, FamRZ 2014, 460 = NJW 2014, 462 (hier hatten die Eheleute das Eigentum am Familienheim auf ihre Kinder übertragen und sich als Gesamtberechtigten ein lebenslanges unentgeltliches dingliches Wohnungsrecht gem. § 1093 BGB vorbehalten; bei Trennung war ein Ehegatte ausgezogen, der andere wohnen geblieben). Dazu auch Rn. 166.

153 Vgl. dazu Rn. 167.

154 BGH, FamRZ 2014, 460, 461 = NJW 2014, 462.

neter ist als das für Ansprüche aus § 745 II BGB anzuwendende Familienstreitverfahren[155]. Die für die – auch diesseits bis zur 4. Auflage vertretene – Gegenauffassung (Beschränkung des Anwendungsbereichs auch des § 1361b III S. 2 BGB auf die Fälle, in denen es zu einem die Zuweisung der Ehewohnung betreffenden Verfahren gekommen ist) sprechenden Gesichtspunkte[156] haben demgegenüber zurückzustehen. Der Umstand, dass nach Scheidung mit § 745 II BGB ggf. eine andere Anspruchsgrundlage heranzuziehen und eine andere Verfahrensart anzuwenden ist[157], hat kein erhebliches Gewicht, weil in den meisten Fällen die Weichen in Bezug auf das Thema Nutzung der Ehewohnung / Nutzungsvergütung während der Trennungszeit endgültig gestellt werden; zudem ist zu hoffen, dass der Gesetzgeber dieses Problem in absehbarer Zeit dadurch beseitigt, dass er eine dem § 1361b III S. 2 BGB entsprechende Regelung in § 1568a BGB aufnimmt.

Die Vorschrift des § 1361b III S. 2 BGB wird als Anspruchsgrundlage für eine Nutzungsvergütung in der Regel nur in den Fällen einer dinglichen Berechtigung an der Wohnung (Miteigentum, Alleineigentum, sonstige dingliche Berechtigungen[158]) herangezogen. Da der Gesetzestext eine dingliche Berechtigung nicht als Voraussetzung eines Vergütungsanspruchs nennt, wird die Vorschrift zum Teil auch bemüht, wenn die **Ehewohnung gemietet** ist. In Fällen gemeinsam angemieteter Wohnung erscheint dies nicht angezeigt; hier sind sachgerechte Lösungen über § 426 BGB, den Innenausgleich der gesamtschuldnerisch haftenden Ehegatten, möglich[159], die einen Billigkeitsausgleich über § 1361b III S. 2 BGB erübrigen[160]. Bei von einem Ehegatten allein angemieteter Wohnung kann dagegen der Rückgriff auf die Vorschrift hilfreich sein, etwa wenn der mietende Ehegatte ausgezogen ist und vom in der Wohnung Verbliebenen Ausgleich der an den Vermieter gezahlten Miete verlangt[161]. Das OLG Rostock[162] zieht die Vorschrift darüber hinaus heran, wenn die Ehewohnung von den Eltern eines Ehegatten **geliehen** und nun ein Ehegatte ausgezogen ist[163]. **136**

155 BGH, FamRZ 2017, 693, 696 = NJW 2017, 2544. Vgl. auch Rn. 128.

156 Vgl. dazu Voraufl. Rn. 100, auch mit Nw. zu (bisherigen) Vertretern der Gegenposition; darunter hervorzuheben besonders OLG Frankfurt, FamRZ 2014, 1732. Unverändert § 745 II BGB heranziehend OLG Koblenz, FamRZ 2015, 142 = NZFam 2015, 38 *(Hoppenz)*.

157 Vgl. Rn. 141.

158 Vgl. Rn. 134.

159 Dazu Rn. 414 ff.

160 So wohl auch *Simon*, NZFam 2014, 438, 440.

161 So im Fall KG, FamRZ 2015, 1191.

162 FamRZ 2017, 433.

163 Vgl. dazu auch Rn. 1246.

137 Leben die Ehegatten im Güterstand der **Gütergemeinschaft**, so kann derjenige, der aus dem zum Gesamtgut gehörenden Familienheim ausgezogen ist, einen Anspruch auf Nutzungsentgelt weder aus § 1361b III S. 2 BGB noch aus § 745 II BGB herleiten[164]. Vielmehr enthält § 1472 BGB eine abschließende Regelung, die bis zur endgültigen Auseinandersetzung des Gesamtguts – ggf. auch über die Scheidung hinaus – auch für die Beurteilung etwaiger Ansprüche auf Nutzungsentgelt maßgeblich ist[165]. Ein Anspruch auf Nutzungsvergütung des ausgezogenen unmittelbar gegen den im Familienheim verbliebenen Ehegatten lässt sich aus dieser Vorschrift zumindest im Regelfall nicht ableiten[166].

(2) Nach Rechtskraft der Scheidung

138 Die Vorschriften der am 31.8.2009 außer Kraft getretenen **§§ 2, 5 II HausrVO** ermöglichten für den Fall, dass es nicht zur Begründung eines Mietverhältnisses kam, die Zubilligung einer Nutzungsvergütung für die Zeit nach Rechtskraft der Scheidung[167]. Der Anwendungsbereich der Vorschriften war nach ganz h.M. auf die Fälle beschränkt, in denen sich die Ehegatten nicht darüber einigen konnten, wer von ihnen die Ehewohnung künftig bewohnen soll (§ 1 I HausrVO), in denen es also zu einem Wohnungszuweisungsverfahren kam; bei freiwilligem Auszug eines Ehegatten kamen sie nicht zur Anwendung, sondern es war § 745 II BGB heranzuziehen[168].

139 Der seit 1.9.2009 in Kraft befindliche **§ 1568a BGB** sieht nicht die Möglichkeit vor, eine Nutzungsvergütung zu verlangen bzw. festzusetzen. Nach der Vorstellung des Reformgesetzgebers soll (auch) in den Miteigentumsfällen ein Mietverhältnis (zwischen den Miteigentümerehegatten auf Vermieter- und dem verbleibenden Ehegatten auf Mieterseite[169]) begrün-

---

164 Vgl. Rn. 67.

165 OLG Koblenz, FamRZ 2006, 40, 42 f.; OLG Köln, FamRZ 1993, 713.

166 OLG Koblenz, FamRZ 2006, 40, 42 f.; OLG Frankfurt, Beschl. v. 19.4.2013, 6 UF 124/12, juris (mit besonderer Fallgestaltung: Abänderung einer vereinbarten Nutzungsvergütung); *Schulz/Hauß*, Rn. 1051. Einen solchen Anspruch bei Benötigung für den Lebensunterhalt aber für möglich haltend OLG Hamm, Beschl. v. 8.3.2016/22.12.2015, 3 UF 83/15, juris; dazu Kurzdarstellung bei *Wever*, FamRZ 2016, 1627, 1629. Weitergehend OLG Bamberg, FamRZ 1987, 703.

167 Vgl. *Johannsen/Henrich/Brudermüller*, 4. Aufl., HausrVO § 5 Rn. 22, § 3 Rn. 13.

168 BGH, FamRZ 2010, 1630; OLG Karlsruhe, FamRZ 2009, 775; OLG Brandenburg, FamRZ 2008, 1444 = NJW 2008, 1603; OLG Düsseldorf, FamRZ 2006, 209; *Finke*, FF 2007, 185, 192. Anders OLG München, FamRZ 2007, 1655, m. abl. Anm. *Wever* = NJW 2008, 381; *Götz/Brudermüller*, Rn. 288, dazu krit. *Roth*, FamRZ 2008, 2178; vgl. auch OLG Hamm, FamRZ 2008, 1637 (bei Alleineigentum, s. dazu Rn. 339).

169 *Götz/Brudermüller*, FamRZ 2009, 1261, 1264.

det werden[170], so dass kein Erfordernis bestehe, eine Regelung betreffend eine Nutzungsvergütung treffen.

140 Der ausgezogene Miteigentümer kann nach § 1568a V S. 1 BGB die **Begründung eines Mietverhältnisses** unter Festsetzung der ortsüblichen Miete verlangen[171]. Kommt es zur Begründung eines Mietverhältnisses, ergeben sich die (beiderseitigen) Ansprüche aus dem – im Streitfall vom Familiengericht rechtsgestaltend festzulegenden – Inhalt des Mietvertrages. Der ausgezogene Ehegatte kann die im Mietvertrag festgelegte Miete verlangen. Wird sie nicht freiwillig gezahlt, muss er sie in einem gesonderten gerichtlichen Verfahren geltend machen[172].

141 Allerdings kommt es auch nach neuem Recht vor, dass kein Mietverhältnis begründet wird, zum einen in den Fällen, in denen zwar ein Ehewohnungsverfahren eingeleitet, aber der nach § 1568a V S. 1 BGB erforderliche Antrag (des verbleibenden oder des ausgezogenen Ehegatten) auf Begründung eines Mietverhältnisses nicht gestellt wird, zum anderen in den Fällen, in denen die Ehegatten sich außergerichtlich über den Verbleib eines von ihnen in der Wohnung einigen, ohne ein Mietverhältnis einzugehen. In beiden Fällen besteht weiterhin das Erfordernis, dem ausgezogenen Ehegatten einen Anspruch auf eine **Nutzungsvergütung** an die Hand zu geben[173]. Zwar ist er wegen seines Rechts, selbst die Begründung eines Mietverhältnisses zu fordern, nicht schutzlos. Doch wird der Abschluss eines Mietvertrages nicht immer seinem Interesse entsprechen, z.B. wenn der Verbleib des anderen Ehegatten in der Wohnung nur noch für kurze Zeit geplant ist, oder wenn eine Teilungsversteigerung ansteht und potentielle Ersteigerer nicht durch ein bestehendes Mietverhältnis abgeschreckt werden sollen. Auf den Abschluss eines Mietvertrages zu dringen kann deshalb auch nicht von ihm verlangt werden. Nachdem der Reformgesetzgeber trotz ausdrücklicher Anregung der Literatur[174] und trotz eines entsprechenden Änderungsantrags des Bundesrates[175] die Einfügung einer Regelung über einen Nutzungsvergütungsanspruch bedauerlicherweise abgelehnt hat[176], steht nunmehr für die Zeit nach Scheidung keine

---

170 Vgl. BR-Drucks. 635/08, S. 43 ff.

171 Dazu *Götz/Brudermüller,* FamRZ 2009, 1261, 1264; *Büte,* FPR 2010, 537, 540 f.; *Johannsen/Henrich/Götz,* § 1568a Rn. 48 ff.; *Götz/Brudermüller,* FS Derleder, 2015, S. 119, 128 ff.; vgl. auch Rn. 340.

172 Zur Frage, ob es sich dabei um eine sonstige Familiensache i.S.d. § 266 I Nr. 3 FamFG handelt, für die das Familiengericht zuständig ist, vgl. Rn. 34 sowie *Wever,* FF 2012, 427, 433.

173 **A.A.** *Weber,* NJW 2009, 3283, 3290; differenzierend, insbesondere danach, ob die Rechtsfolgen des § 1568a V S. 1 BGB noch herbeigeführt werden können, *Erbarth,* FuR 2010, 670, 672 ff. u. FuR 2011, 13 ff.

174 *Götz/Brudermüller,* NJW 2008, 3025, 3030.

175 BT-Drucks. 16/10798, Anl. 3.

176 Vgl. Beschlussempfehlung des Rechtsausschusses vom 13.5.2009, BT-Drucks. 16/13027, S. 11.

spezialgesetzliche familienrechtliche Anspruchsgrundlage zur Verfügung, und zwar auch nicht für Fälle von Ehewohnungsverfahren. Das hat zur Folge, dass künftig immer dann, wenn um Nutzungsvergütung für die Zeit nach Scheidung gestritten wird, die allgemeine Regelung des **§ 745 II BGB** herangezogen werden muss (dazu Rn. 165 ff.)[177]. Dies ist auch deshalb misslich, weil angesichts dieser Gesetzeslage Ansprüche auf Nutzungsvergütung aus der Trennungszeit und solche aus der Zeit nach Scheidung wegen der für die jeweiligen Anspruchsgrundlagen maßgebenden unterschiedlichen verfahrensrechtlichen Bestimmungen[178] in getrennten Verfahren verfolgt werden müssen[179] und zudem ein Anspruch auf nacheheliche Nutzungsvergütung nicht in den Scheidungsverbund eingebracht werden kann[180].

bb) Geltendmachung des Nutzungsentgelts

142 Ein Anspruch auf ein Nutzungsentgelt nach § 1361b III S. 2 BGB setzt zunächst voraus, dass das bisher gemeinsam genutzte Familienheim dem anderen Ehegatten zur alleinigen Nutzung **überlassen** worden ist. Die Überlassung erfolgt regelmäßig in der Weise, dass ein Ehegatte unter Mitnahme seiner persönlichen Gegenstände aus der Immobilie auszieht und sie räumt[181].

143 Der Anspruch auf Nutzungsentgelt entsteht nicht mit dem Auszug eines Ehegatten automatisch, sondern er muss geltend gemacht werden. Für die Vergangenheit kann daher ein Nutzungsentgelt erst von dem Zeitpunkt an zugesprochen werden, zu dem ein deutliches **Zahlungsverlangen** gestellt worden ist[182]. Der Zahlungspflichtige muss sich auf das Ver-

---

177 BGH, FamRZ 2017, 693, 696 = NJW 2017, 2544; OLG Stuttgart, FamRZ 2016, 1160, 1163; OLG Bremen, FamRZ 2014, 1299 = NJW 2014, 2129; OLG Hamm, NZFam 2014, 223 = FF 2014, 326; OLG Frankfurt, FamRZ 2013, 1681, 1682 u. FamRZ 2011, 373, 374; OLG Stuttgart, FamRZ 2012, 33 (bei Einigkeit über die Nutzung), m. Anm. *Erbarth*, S. 1302; *Hoppenz*, NZFam 2014, 503, 504; *Roßmann*, FuR 2013, 137, 141; *Büte*, FPR 2010, 537, 538; *Elden*, NJW-Spezial, 2011, 196; *Ebert*, FamFR 2010, 546.

178 Anders als Verfahren betreffend Ansprüche aus § 1361b III S. 2 BGB (Ehewohnungssachen gem. § 200 I Nr. 1 FamFG) sind solche betreffend Ansprüche aus § 745 II BGB (sonstige Familiensachen i.S.d. § 266 I Nr. 3 FamFG) Familienstreitsachen (§ 112 Nr. 3 FamFG). Vgl. schon Rn. 128.

179 Vgl. OLG Zweibrücken, FamRZ 2013, 1980, 1981; OLG Frankfurt, FamRZ 2011, 373, 374; *Götz/Brudermüller*, FamRZ 2015, 177, 181. Dazu auch Rn. 223.

180 OLG Brandenburg, FamRZ 2014, 597 = NJW 2013, 3794; *Simon*, NZFam 2014, 438, 442.

181 OLG Celle, FamRZ 2015, 1193 = FamRB 2015, 204 *(Neumann)*: Keine Überlassung eines Ferienhauses, das die Nutzungsvergütung verlangende Ehefrau nicht mehr genutzt, in dem sie aber ihre persönliche Kleidung belassen hatte.

182 OLG Celle, FamRZ 2015, 1193, 1195; OLG Koblenz, Beschl. v. 15.5.2014, 7 UF 833/13, juris; OLG Bremen, FamRZ 2014, 1299, 1300 = NJW 2014, 2129; OLG Jena, NJW

langen einstellen und sich überlegen können, ob er das Familienheim gegen Zahlung eines Entgelts weiter nutzen will. Anders als bei § 745 II BGB[183] bedarf es keines Neuregelungsverlangens; der im Familienheim Verbliebene muss also nicht aufgefordert werden, eine Nutzungsvergütung zu zahlen oder auszuziehen[184]. Zu Problemen, die sich ergeben können, wenn der ausgezogene Ehegatte zunächst kein Nutzungsentgelt fordert, der in der Wohnung verbliebene Ehegatte, der die gemeinsamen Schulden trägt, später aber für die Vergangenheit Beteiligung des anderen an der Schuldenlast verlangt, vgl. Rn. 380 f., 391 f.

Eine **Bezifferung** des Zahlungsverlangens erscheint entgegen einer teilweise vertretenen Auffassung[185] nicht erforderlich. Sie wird vom Gesetz nicht gefordert, würde angesichts der Bemessung der Nutzungsvergütung nach Billigkeitsgesichtspunkten Schwierigkeiten bereiten und wird im Übrigen auch bei der Parallelvorschrift des § 745 II BGB nicht verlangt. Für die Zukunft kann Zahlung jeweils **im Voraus** zum 3. des Monats gefordert werden[186]. 144

Das – im gerichtlichen Verfahren vom Anspruchsteller darzulegende und ggf. nachzuweisende[187] – Zahlungsverlangen kann sogleich mit dem Auszug gestellt werden. Eine Nutzungsvergütung kann dann vom Zeitpunkt der Überlassung der Wohnung zugesprochen werden. Entgegen einer vielfach vertretenen Auffassung[188] ist dem in der Wohnung Verbleibenden grundsätzlich **keine Überlegungsfrist** zuzubilligen, in der er sich darüber klar werden kann, ob er die verlangte Vergütung zahlen oder aus- 145

2012, 1235, 1237; OLG Hamm, FamRZ 2011, 892; OLG Saarbrücken, FamRZ 2010, 1902, 1903 = NJW 2010, 3102; OLG München, FamRZ 1999, 1270; OLG Braunschweig, FamRZ 1996, 548, 549; OLG Köln, FamRZ 1992, 440, 441; *Koch*, FF 2017, 387, 388; MünchKomm/*Weber-Monecke*, § 1361b Rn. 18; *Schulz/Hauß*, Rn. 1165; **a.A.** *Erbarth*, FamRZ 1998, 1007; *ders.*, § 2 Rn. 99 f.; *Staudinger/ Voppel*, 2012, § 1361b Rn. 72 ff. Nach nicht überzeugender Ansicht des OLG Bamberg, FamRZ 2015, 668, 669, soll § 1613 I S. 2 BGB entsprechend anwendbar sein (Rückwirkung der Zahlungsaufforderung auf den Monatsbeginn).

183 Vgl. Rn. 171 f.

184 AG Westerstede, FamRZ 2016, 1085.

185 OLG Düsseldorf, FamRZ 2010, 1851 [LS] = FPR 2010, 586; *Roßmann*, FuR 2017, 13, 16; *Palandt/Brudermüller*, § 1361b Rn. 23; *Bergschneider/Cirullies*, FamVermR, Rn. 3.116. Wohl auch OLG Bamberg, FamRZ 2015, 668, 669.

186 Vgl. Rn. 177.

187 Vgl. BGH, FamRZ 2017, 693, 696 = NJW 2017, 2544, zum Neuregelungsverlangen gem. § 745 II BGB.

188 OLG München, FamRZ 2007, 1655 (Überlegungsfrist von 4 Monaten), m. Anm. *Wever*; *Götz/Brudermüller*, FamRZ 2015, 177, 179; *Schulz/Hauß*, Rn. 1172. Eine Überlegungsfrist im Hinblick auf die jeweiligen Umstände versagend OLG Hamm, FamRZ 2011, 481 (Auswechseln des Türschlosses bei Auszug des Ehegatten), u. FamRZ 2011, 892 (weil nicht ersichtlich sei, dass die im Haus verbliebene Frau anderweitig günstigeren Wohnraum hätte finden können).

ziehen will[189]. Bei der Unterhaltsbemessung wird der Wohnvorteil dem im Haus Verbliebenen bereits ab Trennung zugerechnet; eine unterschiedliche Handhabung verbietet sich. Der besonderen Situation des in der Wohnung Zurückbleibenden (ggf. aufgedrängte Wohnsituation) ist bei der Bemessung der Höhe der Nutzungsvergütung Rechnung zu tragen, insbesondere dadurch, dass der Bemessung zunächst noch nicht der objektive Mietwert, sondern nur die ersparte Miete zugrundegelegt wird. Auch kann der gegen seinen Willen in der Wohnung zurückgelassene Ehegatte die Verpflichtung zur Zahlung einer Nutzungsvergütung nicht schon dadurch abwehren, dass er sich darauf beruft, ihm sei die **Alleinnutzung aufgedrängt** worden[190], oder dass er dem Ausgezogenen die Mitnutzung anbietet[191]. Nach einer Trennung gilt der Grundsatz, dass jeder Ehegatte für seine nun anfallenden angemessenen Wohnkosten selbst aufkommen muss. Der Gesichtspunkt der aufgedrängten Alleinnutzung findet bei der Bemessung der Höhe der Nutzungsvergütung Berücksichtigung[192].

146 Hat das Familiengericht die Ehewohnung zugewiesen, aber keine Entscheidung über die Frage einer Vergütung getroffen, kann der zum Auszug verpflichtete Ehegatte ein Nutzungsentgelt auch später noch geltend machen, und zwar auch rückwirkend (ab dem Zeitpunkt des Zahlungsverlangens)[193]. Nach der nunmehr vertretenen Auffassung[194] kann ein Nutzungsentgelt nach § 1361b III S. 2 BGB aber auch dann als isolierte Familiensache eingefordert werden, wenn es nicht zu einem Ehewohnungsverfahren gekommen ist.

147 Ein Anspruch auf Nutzungsentgelt entfällt nicht dadurch, dass der ausgezogene Ehegatte binnen der Sechsmonatsfrist des § 1361b IV BGB keine Rückkehrabsicht bekundet und damit sein Nutzungsrecht für die Zeit der Trennung – vorbehaltlich einer Änderung der der Überlassung zugrundeliegenden Verhältnisse[195] – aufgegeben hat[196].

---

189 So auch OLG Bremen, FamRZ 2014, 1299, 1300 = NJW 2014, 2129; *Staudinger/Eickelberg*, 2015, Rn. 63.

190 Anders etwa LG Itzehoe, FamRZ 1990, 630; *Börger*, FF 2004, 258, 259.

191 Anders KG, FamRZ 2001, 368; *Götz/Brudermüller*, Rn. 271; MünchKomm/*Weber-Monecke*, § 1361b Rn. 18.

192 So nun auch BGH, FamRZ 2014, 460, 461 = NJW 2014, 462. In diesem Sinne schon *Staudinger/Voppel*, 2012, § 1361b Rn. 69, anders Rn. 77. Für eine Berücksichtigung der aufgedrängten Alleinnutzung bei der Lastentragung OLG Hamm, FamRZ 1996, 1476.

193 OLG München, FamRZ 1989, 199; *Klein*, FuR 1997, 107, 112, jeweils für Wohnungszuweisung nach Scheidung; *Brudermüller*, FamRZ 2006, 1157, 1158.

194 Rn. 133 f.

195 Vgl. BGH, FamRZ 2017, 22, 25 = NJW 2017, 260.

196 *Götz/Brudermüller*, Rn. 275.

Zu beachten sind eventuelle **Unterhaltsansprüche** der Ehegatten. Haben die Gebrauchsvorteile aus der Wohnungsnutzung bereits in eine Berechnung des Ehegattenunterhalts Eingang gefunden und sich dort rechnerisch ausgewirkt, kommt die Zubilligung einer Nutzungsvergütung grundsätzlich nicht mehr in Betracht. Dazu näher Rn. 216 ff. Zu den verschiedenen Fallkonstellationen beim Zusammentreffen von Ansprüchen auf Nutzungsentgelt, Ausgleich von Lasten und Unterhalt vgl. Rn. 203 ff. mit Berechnungsbeispielen. 148

cc) Höhe des Nutzungsentgelts

Die **Höhe** des festzusetzenden – ggf. rückständigen und laufenden – Nutzungsentgelts richtet sich bei § 1361b III S. 2 BGB ebenso nach Billigkeit wie bei § 745 II BGB[197]. Bei beiden Vorschriften sind damit letztlich die gleichen Gesichtspunkte ausschlaggebend[198], auch wenn die Billigkeit unter Miteigentümern i.S. des § 745 II BGB nicht von vornherein mit der Billigkeit unter Ehegatten i.S. von § 1361b III S. 2 BGB gleichzusetzen sein mag[199]. Die Frage, auf welche der beiden Vorschriften für die Zeit des Getrenntlebens[200] ein Anspruch auf Nutzungsvergütung zu stützen ist, ist somit weniger wegen zu erwartender unterschiedlicher Ergebnisse[201] als wegen der Frage nach der anzuwendenden Verfahrensart[202] von Bedeutung. 149

Die Nutzungsvergütung soll den Verlust des Wohnungsbesitzes und die damit einhergehenden wirtschaftlichen Nachteile für den weichenden Ehegatten kompensieren und zugleich einen Ausgleich dafür schaffen, dass nur noch der Verbliebene die Nutzungen zieht, die nach der ursprünglichen Planung beiden Ehegatten gemeinsam zustehen sollten[203]. In der Regel entspricht es billigem Ermessen, wenn der Ehegatte, der nach der Trennung bzw. Scheidung das Familienheim – und damit auch die Miteigentumshälfte des anderen – allein nutzt[204], diesem ein Nutzungsentgelt zahlt[205], und zwar grundsätzlich in Höhe des **halben Mietwerts** 150

197 Vgl. OLG Bremen, FamRZ 2010, 1980.

198 So auch OLG Hamm, FamRZ 2008, 1639, 1640.

199 Vgl. *Graba,* NJW 1987, 1721, 1724.

200 Zu für die Zeit nach Scheidung zu bedenkenden Besonderheiten vgl. Rn. 178.

201 Unterschiedliche Anspruchsvoraussetzungen ergeben sich lediglich insofern, als § 745 II BGB mit der Erforderlichkeit eines ausdrücklich auf Neuregelung der Verwaltung und Benutzung gerichteten Verlangens (vgl. Rn. 171 f.) etwas strengere Voraussetzungen hinsichtlich der Aktivierung des Anspruchs aufstellt als die Bestimmung des § 1361b III S. 2 BGB, bei der ein bloßes Zahlungsverlangen genügt.

202 Vgl. Rn. 128.

203 BGH, FamRZ 2014, 460, 461 = NJW 2014, 462.

204 Zum Fall der Aufteilung des Familienheims unter den Ehegatten vgl. Rn. 334.

205 Vgl. *Huber,* FamRZ 2000, 129 ff. Anders zum Rechtszustand vor dem 1.1.2002 *Erbarth,* NJW 2000, 1379, 1383 ff., u. FuR 2001, 197, 201 (Nutzungsvergütungsanspruch nur,

des Gesamtobjekts, orientiert an der **ortsüblichen Miete** (bei öffentlich gefördertem Wohnraum: der Kostenmiete)[206]. Doch können die Umstände des Einzelfalls und die wirtschaftlichen Verhältnisse der Ehegatten dazu führen, dass ein geringerer Betrag als der halbe Mietwert anzusetzen ist. Die Festsetzung eines Nutzungsentgelts kann auch ganz entfallen.

(1) Wohnwert und ersparte Miete

151 Berücksichtigt werden muss zunächst, dass der Wohnraum, über den der im Familienheim verbliebene Ehegatte nunmehr verfügt, in der Regel – unabhängig davon, ob er alle Räume nutzt oder einen Teil leer stehen lässt[207] – seinen Wohnbedarf übersteigt. Jedenfalls für die erste Zeit nach der Trennung kann man seine Wohnsituation nicht als frei gewählt ansehen[208]. Es ist daher regelmäßig geboten, das Entgelt für die Nutzungsmöglichkeit des gesamten Familienheims zunächst nicht nach dessen Wohnwert im Sinne der ortsüblichen Miete, sondern an der am tatsächlichen Wohnbedarf orientierten (geringeren) **ersparten Miete** zu bemessen, wie sie auch bei der Berechnung des Trennungsunterhalts herangezogen wird. Danach ist ein an den individuellen Verhältnissen ausgerichteter angemessener Betrag anzusetzen, in der Regel der Mietzins, den der in der Wohnung Verbliebene auf dem örtlichen Wohnungsmarkt für eine dem ehelichen Lebensstandard entsprechende, im Hinblick auf die geringere Bewohnerzahl aber kleinere Wohnung zu zahlen hätte[209]. Von diesem Betrag ist dem Ausgezogenen (wegen bestehender Vergütungspflicht nur für eine Miteigentumshälfte) die Hälfte zuzubilligen.

152 Der **Zeitpunkt**, von dem ab der in der Wohnung verbliebene Ehegatte sich eine freie Entscheidung für diese Wohnsituation vorhalten und den objektiven Mietwert zurechnen lassen muss, kann in der Regel mit Ablauf des ersten Trennungsjahres angenommen werden, denn im Regelfall ist dann mit einer Wiederherstellung der ehelichen Lebensgemeinschaft

---

wenn eine Verpflichtung zur Wohnungsüberlassung besteht, nicht bei freiwilligem Auszug ohne entsprechende Verpflichtung); in diesem Sinne auch KG, FamRZ 2001, 368.

206 BGH, FamRZ 1994, 822 = NJW 1994, 1721; OLG Karlsruhe, NJW-RR 2005, 1240; **a.A.** AG Kelheim, FamRZ 2013, 628 (Hälfte des halben Mietwerts).

207 Nutzt er sämtliche Räume, lässt das keinen Schluss auf seinen tatsächlichen Wohnbedarf zu. Der verbleibende Ehegatte ist aufgrund seines Miteigentums zum Gebrauch der gesamten Wohnung insoweit befugt, als der Mitgebrauch des anderen Teilhabers nicht beeinträchtigt wird (§ 743 II BGB); vgl. BGH, FamRZ 1982, 355 = NJW 1982, 1753.

208 Zwar hat derjenige, der sich die Wohnung hat zuweisen lassen, diese Situation selbst herbeigeführt. Doch kann ihm das bei der Bemessung des Nutzungsentgelts bzw. der Miete jedenfalls zunächst nicht vorgehalten werden; denn die Zuweisung für die Trennungszeit setzt eine Härtelage voraus (§ 1361b I, II BGB).

209 Vgl. BGH, FamRZ 2013, 191, 192; FamRZ 2007, 879; FamRZ 1998, 899 = NJW 1998, 2821. Dazu näher *Schürmann,* FuR 2006, 385.

nicht mehr zu rechnen[210]. Bis dahin darf die Möglichkeit, dass es zu einer Versöhnung kommt, nicht dadurch erschwert werden, dass das Nutzungsentgelt nach dem objektiven Mietwert bemessen wird und der Ehegatte damit möglicherweise zur Aufgabe der Ehewohnung gezwungen wird. Zum Teil wird im Anschluss an die unterhaltsrechtliche Rechtsprechung des BGH[211] aber auch auf den Zeitpunkt der Rechtshängigkeit der Scheidung abgestellt[212].

Je nach Fallgestaltung kann es aber auch gerechtfertigt sein, **über diesen Zeitpunkt hinaus** das zu zahlende Entgelt an der ersparten Miete auszurichten. Dafür kann sprechen, dass der in der Ehewohnung Zurückgebliebene die Fortsetzung der ehelichen Lebensgemeinschaft wünscht[213] bzw. dass noch Aussicht auf Versöhnung besteht. Dafür kann auch sprechen, dass ein Verkauf des Hauses beabsichtigt ist[214] oder dass ein Auszug des Zurückgebliebenen aus sonstigen Gründen wirtschaftlich unvernünftig wäre[215], dass das Haus für die Kinder erhalten bleiben soll[216] oder auch, dass der Zurückgebliebene trotz intensiver Bemühungen keinen Ersatzwohnraum gefunden hat. Von besonderen Fallgestaltungen abgesehen[217] wird spätestens nach Rechtskraft der Scheidung[218] ein am objektiven Mietwert orientiertes Nutzungsentgelt zu zahlen sein. **153**

Ausnahmefälle, in denen der Ansatz eines am Mietwert orientierten Nutzungsentgelts schon **vor Ablauf des ersten Trennungsjahres** gerechtfertigt sein kann, liegen etwa dann vor, wenn der in der Ehewohnung ver- **154**

---

210 OLG Hamm, NZFam 2017, 1109 *(Wache);* FamRZ 2011, 892; OLG Bremen, FamRZ 2010, 1980; OLG Brandenburg (9. ZS), FamRZ 2003, 378 [LS]; OLG Celle, NJW 2000, 1425: 6 bis 12 Monate nach der Trennung; *Koch*, FF 2017, 387, 390.

211 FamRZ 2013, 191, 192 f., m. Anm. *Born* = FamRB 2013, 38 *(Thormeyer)*: Zurechnung des vollen Mietwerts zu dem Zeitpunkt, zu dem eine Wiederherstellung der ehelichen Lebensgemeinschaft nicht mehr zu erwarten ist, was etwa bei Rechtshängigkeit der Scheidung oder Vorliegen einer abschließenden vermögensrechtlichen Regelung anzunehmen sei. Vgl. dazu *Bergschneider/Wever/Röfer*, FamVermR, Rn. 5.83.

212 OLG Brandenburg (5. FamS), FamRZ 2013, 1980 [LS]: „einzelfallbezogen bis zu dem Zeitpunkt, in dem mit einer Wiederherstellung der ehelichen Lebensgemeinschaft nicht mehr gerechnet werden kann, meist mit Zustellung des Scheidungsantrags"; ähnlich *Erbarth*, § 2 Rn. 112. Auf Rechtskraft der Scheidung abstellend OLG Hamm, FamRZ 2011, 481.

213 Vgl. BGH, FamRZ 1996, 931, 932 = NJW 1996, 2153.

214 BGH, FamRZ 2009, 1300, 1302 = NJW 2009, 2523; OLG Celle, NJW-RR 1990, 265.

215 OLG Düsseldorf, FamRZ 2006, 209: Räume sind wegen ihres Zuschnitts unter Berücksichtigung eines Wohnrechts der Schwiegereltern an einer nicht abgeschlossenen Dachgeschosswohnung für eine Fremdvermietung nicht geeignet.

216 *Simon*, NZFam 2014, 438, 442.

217 Vgl. etwa den Fall Fn. 215 sowie BGH FamRZ 2009, 1300, 1302 = NJW 2009, 2523 = FamRB 2009, 271 *(Götsche)*: Verkauf beabsichtigt; die (unterhaltsrechtliche) Entscheidung befasst sich auch mit der Frage nach dem zuzurechnenden Wohnvorteil, wenn neben dem im Miteigentum stehenden Familienheim aus beruflichen Gründen noch eine weitere Immobilie genutzt wird.

218 Anders *Grziwotz*, FamRZ 2002, 1669, 1673.

bleibende Ehegatte einen Partner aufnimmt[219] oder wenn er einen Teil der Wohnung untervermietet[220]. Eine Obliegenheit zur Untervermietung ist aber regelmäßig nicht anzunehmen[220a], so dass die ersparte Miete nicht um fiktive Mieteinnahmen zu erhöhen ist[221]. Bei Aufnahme eines Partners besteht der Anspruch auf Nutzungsvergütung nur gegenüber dem Ehegatten, nicht gegenüber dem Partner[222].

(2) Wirtschaftliche Verhältnisse

155 Zu berücksichtigen sind alle Umstände des Einzelfalls, so auch die beiderseitigen wirtschaftlichen Verhältnisse[223]. Im Einzelfall kann von der Festsetzung eines Nutzungsentgelts abzusehen sein, etwa weil der im gemeinsamen Haus verbliebene Ehegatte wirtschaftlich zur Zahlung nicht in der Lage ist, insbesondere auch wegen vom anderen geschuldeter, aber ausbleibender Unterhaltszahlungen[224], wenn er ggf. gezwungen wäre, die Ehewohnung aufzugeben[225]. Das gilt umso mehr, wenn ihm in einer solchen wirtschaftlichen Situation die Alleinnutzung des Hauses aufgedrängt worden ist[226]. Von der Festsetzung eines Nutzungsentgelts kann auch abzusehen sein, weil der in der Ehewohnung Verbliebene bei Zahlung eines Nutzungsentgelts unterhaltsbedürftig würde; in diesem Fall kann von der Festsetzung einer Nutzungsvergütung für die Vergangenheit auch dann abzusehen sein, wenn der im Haus Verbliebene keinen Unterhalt (vorsorglich) verlangt hat[227]. Bei der Beurteilung der Leistungsfähig-

219 Vgl. *Schwab/Borth*, IX Rn. 10.

220 Vgl. auch OLG Hamm, FamRZ 2000, 957: unterhaltsrechtliche Zurechnung des objektiven Mietwertes bei Aufnahme eines erwachsenen Kindes. – Zu Mieteinnahmen vgl. i.Ü. Rn. 180, 169.

220a **A.A.** AG Berlin-Schöneberg, NZFam 2017, 1158 *(Erbarth)*.

221 So auch *Simon*, NZFam 2014, 438, 442.

222 Vgl. *Götz/Brudermüller*, FamRZ 2011, 1842.

223 OLG Hamm, FamRZ 2011, 892; OLG Bamberg, Beschl. v. 10.2.2011, 2 UF 289/10, juris: Berücksichtigung des Existenzminimums zur Wahrung der Kindesbelange (bei Alleineigentum); **a.A.** *Roßmann*, FuR 2013, 137, 141, unter Berufung auf § 743 BGB.

224 OLG Saarbrücken, FamRZ 2014, 1636 = NJW 2014, 2592 = NZFam 2014, 381 *(Cirullies)*: die mit 5 gemeinsamen Kindern in der Ehewohnung verbliebene Frau erhält vom Nutzungsvergütung fordernden, offenbar leistungsfähigen Mann keinen Kindesunterhalt; OLG Köln, FamRZ 1997, 943: nicht erwerbstätige, ein kleines Kind betreuende Ehefrau erhält vom ausgezogenen, leistungsfähigen Ehemann keinen Unterhalt (bei Miteigentum des Mannes mit einem Dritten; dazu auch Rn. 221); ähnlich AG Saarbrücken, FamRZ 2003, 530.

225 KG, FamRZ 2015, 1191, 1192 f. Vgl. auch OLG Naumburg, FamRZ 2010, 391: Nutzungsvergütung unbillig bei SGBII-Empfänger. Dagegen gebietet drohender Wohnungsverlust 4 Jahre nach Trennung trotz Kinderbetreuung nach OLG Bremen, FamRZ 2010, 1980, keine Herabsetzung der Nutzungsvergütung (bei Alleineigentum).

226 BGH, FamRZ 1986, 436, 437 = NJW 1986, 1339.

227 OLG Frankfurt, Beschl. v. 9.5.2012, 4 UF 14/12, juris = FamRZ 2013, 135 [LS]. Vgl. dazu auch Rn. 221.

keit des in der Ehewohnung Verbliebenen kann die Zurechnung eines fiktiven Einkommens entsprechend unterhaltsrechtlichen Kriterien in Betracht kommen[228]. Vorhandenes Geldvermögen kann geringe Einkünfte kompensieren[229].

(3) Sonstige Umstände

Gegen die Festsetzung eines Nutzungsentgelts kann auch sprechen, dass der das Nutzungsentgelt Begehrende sich **treuwidrig** widersprüchlich verhält, indem er seinerseits dem im Familienheim Verbliebenen den Zugang zu einer weiteren gemeinsamen (Ferien-)Immobilie verwehrt[230]. **156**

Das Absehen von einer Vergütungspflicht wird sich aber auf Ausnahmefälle beschränken müssen[231]. Denn regelmäßig ist dem Interesse des in der Wohnung verbliebenen schutzbedürftigen Ehegatten dadurch ausreichend Rechnung getragen, dass er nicht mehr als die Hälfte der ersparten Miete, also die Hälfte des Betrages zahlen muss, den er auch für eine angemessene, auf seine Verhältnisse zugeschnittene Mietwohnung zahlen müsste. **157**

Ohne Bedeutung für die zu treffende Regelung ist die Frage, wer den **Erwerb des Hauses finanziert** hat[232] und wer für das Scheitern der Ehe verantwortlich ist[233]. **Persönliche Verfehlungen** des die Nutzungsvergütung Begehrenden dem anderen gegenüber führen nicht zu einer Beschränkung des Anspruchs[234]. **158**

Bei der nach Billigkeitsgesichtspunkten festzusetzenden Nutzungsvergütung kann und sollte regelmäßig berücksichtigt werden, wer die von den Miteigentümern anteilig zu übernehmenden **Hauslasten** trägt[235]. Dies gilt jedenfalls dann, wenn sie der im Haus verbliebende Ehegatte trägt, sie somit dem Anspruch auf Zahlung einer Nutzungsvergütung ent- **159**

---

228 OLG Bamberg, FamRZ 2015, 668 (bei Alleineigentum): Zurechnung eines Vollzeiteinkommens bei einer nur teilzeitbeschäftigten, zwei 15 und 11 Jahre alte Kinder betreuenden Frau.

229 OLG Koblenz, Beschl. v. 15.5.2014, 7 UF 833/13, juris.

230 OLG Frankfurt, FamRZ 2011, 373, 374 (Nutzung des im Miteigentum der Eheleute stehende Ferienhauses durch die Eltern der aus dem Familienheim ausgezogenen Ehefrau).

231 Fragwürdig erscheint etwa eine Entscheidung des OLG Köln, FamRZ 1993, 562, das eine Vergütungspflicht der deutlich besser als der Ehemann verdienenden Frau, der die Ehewohnung mit den 3 gemeinsamen volljährigen Kindern zugewiesen wird, verneint, weil der Mann sich aufgrund seines Verhaltens die Zuweisung der Wohnung an die Frau selbst zuzuschreiben habe.

232 Vgl. OLG München, FamRZ 2008, 695 (bei Alleineigentum), u. FamRZ 2005, 806.

233 OLG München, FamRZ 2005, 806.

234 Vgl. dazu Rn. 167.

235 Vgl. auch BGH, FamRZ 2017, 693, Rn. 45 = NJW 2017, 2544. Zu den berücksichtigungsfähigen Hauslasten Rn. 191 ff.

gegengehalten werden können[236]. Aber auch dann, wenn der ausgezogene Ehegatte sie trägt, ist es – wie im Rahmen des § 745 II BGB[237] – sachgerecht, dessen Ansprüche bei der Regelung der Nutzungsvergütung einzubeziehen[238]. Gegebenenfalls kann es angemessen sein, im Rahmen der zu treffenden Billigkeitsentscheidung einen Ausgleichsbetrag als Nutzungsvergütung festzusetzen, der über den Nutzungswert hinausgeht[239]. Hinsichtlich der Einzelheiten bei den in Betracht kommenden Fallkonstellationen wird auf die Ausführungen zu Rn. 184 ff. verwiesen.

160 In Bezug auf **Mieteinkünfte** gelten die Ausführungen zu § 745 II BGB (Rn. 180, 169) entsprechend. Insbesondere können in eine Regelung gem. § 1361b III S. 2 BGB auch an einen der Ehegatten fließende Einnahmen aus der Vermietung einer zum Familienheim gehörenden Einliegerwohnung einbezogen werden[240], wenn auch eine gesondert vermietete Wohnung grundsätzlich dem Regelungsbereich der §§ 741 ff. BGB unterliegt.

(4) Zusammenleben mit Kindern

161 Dem Ansatz des hälftigen Mietwerts bzw. der hälftigen ersparten Miete steht es grundsätzlich nicht entgegen, dass das im Miteigentum stehende Familienheim außer von dem darin verbliebenen Ehegatten auch noch von gemeinsamen minderjährigen Kindern genutzt wird[241]. Im Kindesunterhalt ist ein Anteil für die Wohnkosten der Kinder enthalten, der dem die Kinder betreuenden Ehegatten zufließt. Davon muss er – wie auch bei einer Mietwohnung – den auf die Kinder entfallenden Wohnkostenanteil

236 *Götz/Brudermüller*, Rn. 283.

237 Rn. 187.

238 Vgl. dazu BayObLG, FamRZ 1974, 22, 24.

239 **A.A.** *Graba*, NJW 1987, 1721, 1724, u. *Mehdorn* (vor Rn. 343), S. 228 ff., die ggf. eine gesonderte Geltendmachung des Schuldenausgleichs für erforderlich halten. – Zu einem Fall, in dem der Anspruch des ausgezogenen (Allein-)Eigentümers auf Nutzungsvergütung und der des im Haus Verbliebenen auf Erstattung geleisteter Hauslasten in getrennten Prozessen geltend gemacht wurden, so dass sich die Frage der Vorgreiflichkeit der einen für die andere Entscheidung stellte, OLG Köln, FPR 2002, 263 = FamRB 2002, 354 *(Neumann)*.

240 Vgl. OLG Frankfurt, FamRZ 2013, 135 [LS]: Einbeziehung (fiktiver) Mieteinnahmen bei Überlassung der Einliegerwohnung an die Eltern des im Familienheim verbliebenen Mannes.

241 OLG Bremen, FamRZ 2010, 1980 (bei Alleineigentum; im entschiedenen Fall erfolgte allerdings eine Kürzung des Mietwerts, weil in einer Vereinbarung zum Kindesunterhalt bereits ein Abschlag von 20 % pro Kind für mietfreies Wohnen vorgenommen worden war); *Roßmann*, FuR 2013, 137, 141 f. – Im Fall der Nutzung mit Kindern ist jedoch die ersparte Miete höher, als wenn der Ehegatte in dem Familienheim allein wohnen bleibt, weil mehr Wohnraum benötigt wird; vgl. dazu BGH, FamRZ 2013, 191, 192 f. (bei volljährigem studierendem Sohn), m. Anm. *Born*; *Pauling*, FPR 2006, 476, 477 f.

decken[242]. Zu einem anderen Ergebnis wird man kommen können, wenn kein Kindesunterhalt zu erhalten ist.

162 Nach wohl überwiegender Ansicht muss sich der im gemeinsamen Haus verbliebene Ehegatte dagegen die Mitnutzung durch die im Einvernehmen der Eheleute ebenfalls im Haus wohnenden gemeinsamen volljährigen und wirtschaftlich selbständigen Kinder nicht als eigene Nutzung zurechnen lassen, mit der Folge, dass sich der von ihm zu tragende Anteil auf einen Betrag unter 50 % reduziert (im Zweifel: Verteilung nach Kopfteilen)[243]. Vertretbar ist es aber auch, das weitere Wohnenlassen volljähriger, wirtschaftlich selbständiger Kinder dem in der Wohnung verbliebenen Ehegatten als dessen Entscheidung zuzurechnen, mit der Konsequenz, dass sich sein 50 %-Anteil nicht reduziert und er ggf. die Kinder auf Kostenbeteiligung in Anspruch nehmen muss[244].

(5) Abänderung

163 Eine Änderung des nach § 1361b III S. 2 BGB festgesetzten Nutzungsentgelts kann ggf. im Abänderungsverfahren (§ 48 FamFG) durchgesetzt werden.

dd) Wohnungsüberlassung nach GewSchG

164 Im Falle einer gerichtlichen Wohnungsüberlassung nach § 2 GewSchG ist Anspruchsgrundlage für ein eventuelles Nutzungsentgelt § 2 V GewSchG. Hinsichtlich Geltendmachung, Höhe und der Auswirkung bestehender Unterhaltsansprüche gelten die von der Rechtsprechung zu § 1361b III S. 2 BGB entwickelten Grundsätze[245] entsprechend[246]. Haben die Voraussetzungen für eine Regelung gem. §§ 1 f. GewSchG vorgelegen, kann eine Nutzungsvergütung auch bei freiwilligem Auszug begehrt werden[247]. Eine Nutzungsvergütung nach § 2 V GewSchG kann auch noch nach Beendigung des Hauptsacheverfahrens betreffend die Wohnungsüberlassung verlangt werden[248].

---

242 Vgl. auch Rn. 213.

243 Vgl. OLG Zweibrücken, FamRZ 2013, 1980, gebilligt von BGH, FamRZ 2014, 460 = NJW 2014, 462; OLG Brandenburg, NJW-RR 2003, 1009: Das Gericht bemisst den Anteil der Hausnutzung des mit zwei volljährigen Kindern im Haus verbliebenen Ehegatten mit einem Drittel mit der Folge, dass von ihm nur ein Sechstel des Wohnwerts verlangt werden kann.

244 So OLG Hamm, FamRZ 2011, 892.

245 Rn. 143 ff.

246 Vgl. auch *Cirullies/Cirullies*, Schutz bei Gewalt und Nachstellung, 2013, Rn. 88 f.

247 *Götz/Brudermüller*, Rn. 293, 297.

248 OLG Hamm, FamRZ 2006, 50 = FamRB 2006, 113 *(Müller)* (bei Mietwohnung u. nichtehelicher Lebensgemeinschaft).

b) Anspruchsgrundlage: § 745 II BGB

aa) Anwendungsbereich

165 Die Vorschrift des § 745 II BGB kommt bei alleiniger Nutzung des im Miteigentum der Ehegatten stehenden Familienheims zum Zuge, soweit nicht die speziellen Regelungen der §§ 1361b III S. 2, 1568a BGB oder des § 2 V GewSchG zur Anwendung kommen[249]. Nach dem zu Rn. 130 ff. Gesagten bedeutet das bei Zugrundelegung der ganz herrschenden und inzwischen auch diesseits vertretenen Rechtsauffassung, die zu einer erheblichen Einschränkung des Anwendungsbereichs des § 745 II BGB führt: § 745 II BGB ist, soweit es um das Familienheim geht, Anspruchsgrundlage **für die Zeit ab Rechtskraft der Scheidung**.

166 Entsprechendes gilt für die Rechtsbeziehungen zwischen den **Mitberechtigten eines dinglichen Wohnungsrechts** unter Ausschluss des Eigentümers (§ 1093 BGB)[250]. Auch hier ist § 745 II BGB heranzuziehen, während der Trennungszeit kommt § 1361b III S. 2 BGB zur Anwendung[251]. Soweit der BGH in einer Entscheidung vom 8.5.1996[252] eine Ausnahme insoweit gemacht hat, als ein gemeinsames dingliches Wohnungsrecht gem. § 1093 BGB den Ehegatten als Altenteilsleistung bestellt worden und einer von ihnen ausgezogen ist (dann kein Anspruch auf Nutzungsvergütung, weil die Berechtigung hier mit einem Verbleiben auf dem Grundstück verknüpft sei), dürfte einer Entscheidung des BGH vom 18.12.2013[253] zu entnehmen sein, dass er daran nicht festhalten will. Anders als in der früheren Entscheidung angenommen, hänge ein Nutzungsvergütungsanspruch nicht davon ab, dass der in der Wohnung verbleibende Ehegatte die ihm durch die ungeteilte Nutzung zuwachsenden Vorteile wirtschaftlich verwerten könne. Auch in den genannten Fällen wird also bei Auszug eines Ehegatten ein Anspruch aus § 745 II bzw. § 1361b III S. 2 BGB in Betracht kommen[254].

167 Eine entsprechende Anwendung des § 745 II BGB kommt beim **Zusammentreffen von Alleineigentum** des einen Ehegatten mit einem **dinglichen Mitbenutzungsrecht** des anderen (gelegentlich bezeichnet als dingliches Wohnungsrecht ohne Ausschluss des Eigentümers), einer beschränkten persönlichen Dienstbarkeit i.S. des § 1090 BGB, in Be-

---

249 Vgl. Rn. 127.

250 BGH, FamRZ 1996, 931, 932 = NJW 1996, 2153; OLG Zweibrücken, FamRZ 2013, 1980 (zu Anspruch aus § 1361b III S. 2 BGB); *Erbarth*, NJW 1997, 974, 977.

251 Das Gleiche gilt für die weiteren in § 1361b I S. 3 BGB aufgeführten Rechte, soweit eine gemeinsame Berechtigung besteht. Vgl. Rn. 134.

252 FamRZ 1996, 931.

253 FamRZ 2014, 460, 461 = NJW 2014, 462.

254 Vgl. dazu auch Rn. 120. Zum Wesen des Altenteilsvertrages BGH, FamRZ 2010, 1630, 1632.

tracht[255]. Dem die Wohnung verlassenden Mitnutzungsrechtsinhaber steht also, sofern nicht sein Mitbenutzungsrecht aus besonderen Gründen mit seinem Auszug enden sollte, regelmäßig ein grundsätzlich aus § 745 II BGB herzuleitender – während der Trennungszeit auf § 1361b III S. 2 BGB zu stützender – Anspruch auf Nutzungsvergütung zu[256]. Diesem Anspruch gegenüber kann sich der in der Wohnung verbliebene Alleineigentümer nicht auf Verwirkung wegen persönlicher Verfehlungen, die nicht in einem inneren Zusammenhang mit dem Anspruch stehen, berufen; das gilt umso mehr, wenn die Einräumung des Mitbenutzungsrechts Versorgungscharakter hatte[257]. Hingegen scheidet die Heranziehung des § 745 II BGB wiederum aus, wenn Alleineigentum des einen Ehegatten und ein dingliches Wohnungsrecht unter Ausschluss des Eigentümers (§ 1093 BGB) des anderen zusammentreffen; denn hier steht das Nutzungsrecht ausschließlich dem Wohnungsrechtsinhaber zu[258].

Schließlich kommt § 745 II BGB im Falle eines Streites um Nutzungsentgelt für eine im Miteigentum der Ehegatten stehende **Immobilie, die nicht die Ehewohnung ist**, zur Anwendung, etwa bei rein gewerblicher Nutzung[259] oder bei einem Ferienhaus, das nicht als Ehewohnung zu qualifizieren ist[260], und zwar auch während der Trennungszeit. **168**

Erlöse aus der Vermietung einer den Ehegatten gemeinsam gehörenden Immobilie an Dritte (Anlageobjekt, Ferienhaus[261]) stehen den Ehegatten gem. § 743 I BGB entsprechend ihrem Anteil am Miteigentum zu. Das gilt auch, wenn die Immobilie von einem der Ehegatten allein vermietet worden ist[262]. Maßgebend ist nicht die erzielbare, sondern die tatsächlich erzielte Miete[263]. An der Nutzung und dem Anspruch auf anteilige Teilhabe an den Erlösen ändert sich durch die Trennung nichts. Die Bestimmung des § 745 II BGB kommt nicht zur Anwendung, eines Neuregelungsverlangens bedarf es nicht[264]. Anders verhält es sich bei einer **Teil-** **169**

---

255 BGH, FamRZ 2010, 1630 = FamRB 2010, 357 *(Neumann)* = FamFR 2010, 447 *(Zwißler)*; OLG Koblenz, FamRZ 2001, 225 = NJW 2000, 3791 (mit Erwägungen zur Höhe der Nutzungsvergütung bei alleiniger Lastentragung des Eigentümers).

256 Zins- und Tilgungsleistungen für den Immobilienkredit sind vom Alleineigentümer zu tragen, vgl. BGH, FamRZ 2010, 1630, 1632 f.; dazu auch Rn. 336.

257 BGH, FamRZ 2010, 1630, 1631: keine Verwirkung des Anspruchs des aus der Wohnung ausgezogenen Mitnutzungsrechtsinhabers auf Nutzungsvergütung wegen sexuellen Missbrauchs der in der Wohnung verbliebenen Alleineigentümerin. Vgl. auch Rn. 158.

258 Vgl. BGH, FamRZ 2010, 1630, 1631; OLG Bamberg, FamRZ 1996, 1085. Zum Nutzungsvergütungsanspruch in diesen Fällen Rn. 338, 340.

259 OLG Düsseldorf, FamRZ1998, 168.

260 Vgl. dazu OLG Celle, FamRZ 2015, 1193.

261 OLG Celle, FamRZ 2015, 1193, 1195.

262 BGH, FamRZ 2010, 1630, 1632.

263 BGH, FamRZ 2010, 1630, 1632; OLG Celle, FamRZ 2015, 1193, 1195.

264 BGH, FamRZ 2010, 1630, 1632; OLG Koblenz, FamRZ 1989, 85. Siehe auch Rn. 123.

vermietung der zugleich als Ehewohnung dienenden Immobilie[265]. Stammen die Mieteinkünfte aus der Vermietung eines Teils der auch als Familienheim dienenden Immobilie (z.B. Vermietung einer **Einliegerwohnung** oder einer Garage[266]), stehen sie den Ehegatten zwar auch gemäß § 743 I BGB anteilig zu; sie sind aber in die nach § 745 BGB zu treffende Neuregelung einzubeziehen (dazu Rn. 180)[267].

170 Ebenfalls auf § 745 II BGB stützen kann sich ein Ehegatte, der gegen den Willen des anderen eine Erhöhung der Miete für eine im gemeinsamen Eigentum stehende vermietete Wohnung durchsetzen will (Verwaltungsmaßnahme i.S. des § 745 II BGB). Er kann den anderen Ehegatten ggf. (nach einer Billigkeitsabwägung) auf **Mitwirkung an einem Mieterhöhungsverlangen** in Anspruch nehmen[268].

bb) Neuregelungsverlangen und gerichtliche Durchsetzung

171 Der auf § 745 II BGB gestützte Anspruch auf eine Nutzungsvergütung ergibt sich nicht bereits als Folge dessen, dass der im Familienheim verbliebene Ehegatte dieses nach rechtskräftiger Scheidung allein nutzt[269]. Vielmehr ist eine Aktivierung des Anspruchs erforderlich, und zwar eine Aktivierung in Form eines **Neuregelungsverlangens** i.S. des § 745 II BGB. Erforderlich ist also ein Verlangen, die Verwaltung und Benutzung neu zu regeln[270].

172 Dazu soll nach der Rechtsprechung des BGH[271] eine bloße Zahlungsaufforderung des ausgezogenen Ehegatten nicht ausreichen[272]. Ein Neuregelungsverlangen nimmt die neuere Rechtsprechung der Oberlandesgerichte an, wenn der in der Wohnung Verbliebene vom anderen Ehegatten vor die Alternative „Zahlung oder Auszug" gestellt wird[273]. Für ausreichend gehalten worden ist auch, dass der ausgezogene Ehegatte den Aus-

---

265 Dazu auch Rn. 180.

266 Vgl. BGH, FamRZ 1986, 434 = NJW 1986, 1340.

267 Vgl. BGH, FamRZ 1983, 795 = NJW 1983, 1845; OLG Koblenz, FamRZ 1989, 85, 86. – Zum Fall der gewerblichen Nutzung des gemeinsamen Grundstücks durch einen Ehegatten vgl. Rn. 176.

268 OLG Hamm, FamRZ 2013, 1739 (Ehemann wünscht nach Trennung die Erhöhung der Miete für die der Schwiegermutter vermietete Wohnung).

269 Vgl. BGH, FamRZ 1983, 795 = NJW 1983, 1845; OLG Köln, FamRZ 1992, 832, 834.

270 Stattdessen bei § 1361b III S. 2 BGB: Zahlungsverlangen, vgl. Rn. 143.

271 FamRZ 1986, 434, 435 = NJW 1986, 1340 (zu auf § 745 II BGB gestütztem Nutzungsvergütungsanspruch für die Trennungszeit).

272 So auch OLG Hamm, FamRZ 2014, 1298 = NJW 2014, 1022; OLG Bremen, FamRZ 2014, 1299, 1300 = NJW 2014, 2129; OLG Naumburg, FamRZ 2012, 1941; OLG Brandenburg, FamRZ 2001, 1713.

273 OLG Hamm, FamRZ 2014, 1298 = NJW 2014, 1022; OLG Naumburg, FamRZ 2012, 1941; OLG Brandenburg, FamRZ 2001, 1713.

zug auch des anderen Ehegatten fordert, damit das Haus verkauft werden kann[274]. Verneint worden ist ein Neuregelungsverlangen, wenn einerseits eine Neuregelung der Verwaltung und Benutzung verlangt, andererseits Berücksichtigung des mietfreien Wohnens als Wohnvorteil im Unterhaltsprozess geltend gemacht worden ist[275]. Das Neuregelungsverlangen muss nicht mit einer Zahlungsaufforderung verbunden werden[276].

Die Ansicht, ein bloßes Zahlungsverlangen reiche nicht aus, erscheint zu formal[277]. Der BGH selbst lässt teilweise ein reines Zahlungsverlangen genügen, ohne die Frage zu problematisieren[278]. Richtig erscheint es, bei Vorliegen eines bloßen Zahlungsverlangens unter Heranziehung der Umstände des Einzelfalls zu prüfen, ob darin nicht ein Neuregelungsverlangen gem. § 745 II BGB zum Ausdruck kommt (konkludentes Neuregelungsverlangen)[279]. **173**

Der Anspruch auf eine Nutzungsvergütung kann frühestens vom Zeitpunkt des Neuregelungsverlangens an entstehen. Er kann also – anders als der Anspruch auf Gesamtschuldnerausgleich nach § 426 BGB, aber genau wie der Anspruch auf Nutzungsvergütung aus § 1361b III S. 2 BGB – nicht rückwirkend, sondern nur **für die Zukunft** geltend gemacht werden[280]. Zu Problemen, die sich ergeben können, wenn der ausgezogene Ehegatte zunächst kein Nutzungsentgelt, der in der Wohnung verbliebene Ehegatte, der die gemeinsamen Schulden trägt, später aber für die Vergangenheit Beteiligung des anderen an der Schuldenlast verlangt, vgl. Rn. 380 f., 391 f. **174**

Voraussetzung für die **Entstehung eines Neuregelungsanspruchs,** also für das Recht, eine Neuregelung der Verwaltung und Benutzung zu verlangen, ist, dass es zu einer Änderung der Verhältnisse gekommen ist, die ein Festhalten an der bisherigen Regelung unzumutbar erscheinen lässt. Eine solche Änderung der Verhältnisse sah die frühere Rechtsprechung, soweit sie § 745 II BGB als Anspruchsgrundlage schon für die Zeit des Getrenntlebens heranzog, überwiegend in der mit dem Auszug eines Ehegatten verbundenen endgültigen Trennung (nach zuvor stillschweigend vereinbarter entgeltfreier gemeinsamer Nutzung des Familienheims); vereinzelt wurde aber auch auf spätere Zeitpunkte abgestellt[281]. Mit **175**

274 OLG Hamm, FamRZ 1989, 740. Die bloße Anregung eines Verkaufs des Hauses nicht für ausreichend hält das OLG Köln, FamRZ 1999, 1272.

275 OLG Karlsruhe, OLG-Report 2008, 875 = FamRZ 2009, 775 (gekürzt).

276 Vgl. OLG Hamm, FamRZ 1989, 740.

277 So auch *Hoppenz*, NZFam 2014, 503, 504.

278 BGH, FamRZ 2008, 2015, 2018. Vgl. auch BGH, FamRZ 2017, 693, 696 = NJW 2017, 2544.

279 In diesem Sinne OLG Brandenburg, FamRZ 2002, 396 [LS] = OLG-Report 2001, 467.

280 BGH, FamRZ 1995, 216 = NJW 1995, 652; FamRZ 1983, 795 = NJW 1983, 1845.

281 Zum Streitstand nach der früheren Rspr. Voraufl. Rn. 121 f.

Rechtskraft der Scheidung ist die Veränderung der während der intakten Ehe gegebenen Situation endgültig festgeschrieben, so dass – nachdem die Anspruchsgrundlage des § 1361b III S. 2 BGB nicht mehr zur Verfügung steht – kein Zweifel daran besteht, dass eine Neuregelung der Verwaltung und Benutzung verlangt werden kann. Allerdings muss der nunmehr gegebene Anspruch in Form eines Neuregelungsverlangens aktiviert werden, auch wenn zuvor Nutzungsvergütung auf der Grundlage von § 1361b III S. 2 BGB verlangt und gezahlt worden ist[282]. Denn der Anspruch aus § 745 II BGB ist nicht mit dem aus § 1361b III S. 2 BGB identisch[283].

176 Wird das im gemeinsamen Eigentum stehende Grundstück von einem Ehegatten gewerblich genutzt, kann der andere nach Scheitern der Ehe auch dann eine Neuregelung verlangen, wenn es nicht zu einer Nutzungsänderung gekommen ist[284].

177 **Die gerichtliche Durchsetzung** eines Neuregelungsverlangens, für dessen Vorliegen der Anspruchsteller die Darlegungs- und Beweislast trägt[285], erfolgt im Wege eines Leistungsantrags vor dem Familiengericht[286]. Grundsätzlich ist der auf § 745 II BGB gestützte Antrag auf Zustimmung zu einer bestimmt zu bezeichnenden Art der Verwaltung und Benutzung zu richten[287]. Steht aber – wie in den hier erörterten Fällen – der endgültige Auszug eines Ehegatten aus dem Familienheim fest, besteht also kein Streit über die Nutzung selbst, sondern nur über die Vergütungspflicht, kann der ausgezogene Ehegatte sofort den Zahlungsanspruch geltend machen, der sich aus der angemessenen Neuregelung ergibt[288], und zwar ggf. **Rückstände und laufendes Nutzungsentgelt**. Letzteres kann monatlich im Voraus jeweils zum 3. des Monats verlangt werden, denn dies ist die übliche Handhabung im Mietrecht und entspricht daher billigem Ermessen i.S. von § 745 II BGB[289]. Der Anspruch auf Neuregelung kann schließlich auch als Einwendung gegenüber einem Anspruch des im Familienheim verbliebenen Ehegatten aus § 426 BGB wegen gemeinsamer Schulden geltend gemacht werden[290].

---

282 So auch *Koch*, FF 2017, 387, 389.

283 Vgl. *Hoppenz*, NZFam 2014, 503, 506. Dazu auch *Bergschneider/Wever/Röfer*, FamVermR, Rn. 5.91.

284 OLG Düsseldorf, FamRZ 1998, 168. – Zur Situation bei Vermietung an Dritte vgl. Rn. 169.

285 BGH, FamRZ 2017, 693, 696 = NJW 2017, 2544.

286 Vgl. Rn. 128.

287 Vgl. Rn. 121.

288 BGH, FamRZ 1994, 822 = NJW 1994, 1721; FamRZ 1982, 355, 356 = NJW 1982, 1753; NJW 1989, 1030, 1031.

289 OLG Karlsruhe, FamRZ 2009, 775, 776; *Roßmann*, FuR 2013, 137, 141.

290 BGH, FamRZ 1983, 795 = NJW 1983, 1845. Vgl. dazu auch Rn. 389 ff. Zur Einbeziehung der Lasten bei der Festsetzung des Nutzungsentgelts Rn. 185.

cc) Höhe des Nutzungsentgelts

Die verlangte Neuregelung muss billigem Ermessen entsprechen (§ 745 II BGB). Die Höhe des Nutzungsentgelts, das als Ergebnis des Neuregelungsverlangens gefordert werden kann, und die Frage, ob überhaupt ein Nutzungsentgelt zu zahlen ist, richten sich daher ebenso nach **Billigkeitsgesichtspunkten**, wie bei der – soweit es um das Familienheim geht – für die Zeit des Getrenntlebens heranzuziehenden Anspruchsgrundlage des § 1361b III S. 2 BGB. Grundsätzlich gilt daher das zu Rn. 150–162 Gesagte entsprechend. Zu bedenken ist allerdings, dass mit zunehmendem zeitlichen Abstand zur Trennung und insbesondere ab Rechtskraft der Scheidung die Schutzbedürftigkeit des in der Wohnung verbliebenen Ehegatten abnimmt[291]. Dies findet auch, wenn auch nicht nur, seinen Ausdruck darin, dass spätestens jetzt **Ausgangspunkt für die Bemessung** die Hälfte des objektiven Mietwerts ist[292] (von seltenen Fallgestaltungen abgesehen[293]). Auch wird dem die Nutzungsvergütung begehrenden Ehegatten nur noch in geringerem Maße Rücksichtnahme auf die wirtschaftliche Situation des im Familienheim Verbliebenen abverlangt werden können. 178

Bei der Bemessung der Nutzungsvergütung ist zu berücksichtigen, wer die **Hauslasten** trägt. Zur Frage, wie dies zu geschehen hat, vgl. Rn. 184 ff. 179

In die Neuregelung einzubeziehen sind ggf. auch Mieteinnahmen, die aus einer **Teilvermietung** der als Ehewohnung dienenden Immobilie (Hausgrundstück mit Einliegerwohnung) oder einer Garage erzielt werden[294]. Sie stehen den Ehegatten entsprechend ihrem Anteil am Miteigentum zu (§ 743 I BGB), meist also je zur Hälfte. Eine von dem die Miete vereinnahmenden Ehegatten darauf entrichtete Einkommensteuer ist nicht abzugsfähig[295]. Von dieser Fallgestaltung zu unterscheiden ist die **Untervermietung** eines Teils der Ehewohnung, etwa eines Zimmers, durch den darin verbliebenen Ehegatten, die bei der Bemessung des Nutzungsentgelts Berücksichtigung finden kann[296], nicht aber einen hälftigen Beteiligungsanspruch auslöst. 180

Hinzuweisen ist auch auf die Besonderheiten, die beim Zusammentreffen eines Anspruchs auf Nutzungsvergütung mit **Unterhaltsansprü-** 181

291 Vgl. *Hoppenz*, NZFam 2014, 503, 505.
292 Vgl. Rn. 151 ff.
293 Vgl. Rn. 153.
294 BGH, FamRZ 1986, 434 = NJW 1986, 1340; OLG Frankfurt, Beschl. v. 9.5.2012, 4 UF 14/12 (juris) = FamRZ 2013, 135 [LS] (zu § 1361b III S. 2 BGB), dazu Rn. 160; vgl. auch Rn. 169.
295 BGH, FamRZ 2010, 1630, 1632.
296 Vgl. Rn. 154.

chen zu beachten sind. Auch insoweit gilt das zum Anspruch aus § 1361b III S. 2 BGB Gesagte (Rn. 148) entsprechend.

3. Lastentragung

a) Neuregelung der Lasten

182 Die durch die Trennung ausgelöste alleinige Nutzung einer im Miteigentum der Ehegatten stehenden Immobilie durch einen von ihnen macht es erforderlich, auch die Frage zu klären, wer künftig die mit dem gemeinschaftlichen Eigentum zusammenhängenden Lasten[297] trägt (vgl. dazu § 748 BGB).

aa) Isolierter Lastenausgleich

183 Auch hinsichtlich der Lasten kann jeder der Miteigentümer eine angemessene Neuregelung der Verwaltung und Benutzung verlangen (§ 745 II BGB). Meist ist aber ein Neuregelungsverlangen, das sich auf das Ziel des Lastenausgleichs beschränkt, nicht erforderlich. Denn regelmäßig bestehen die Lasten in gesamtschuldnerisch eingegangenen Verbindlichkeiten, für die Ausgleichsansprüche bereits aus § 426 BGB hergeleitet werden können. Zu der Frage, unter welchen Voraussetzungen und von welchem Zeitpunkt an Ausgleichsansprüche gem. § 426 BGB bestehen, vgl. Rn. 343 ff.; dort, Rn. 387 f., auch zu Ausgleichsansprüchen nach § 748 BGB[298].

bb) Einbeziehung beim Nutzungsentgelt

184 Verlangt ein Ehegatte ein Nutzungsentgelt als Ergebnis einer Neuregelung gem. § 745 II BGB, also insbesondere eine Vergütung für die alleinige Nutzung des Familienheims durch den anderen Ehegatten, ist bei dessen Bemessung zu berücksichtigen, wer die (berücksichtigungsfähigen[299]) Hauslasten trägt, die nach § 748 BGB (im Anwendungsbereich dieser Vorschrift) grundsätzlich entsprechend den Grundstücksanteilen zu übernehmen sind, und zwar auch dann, wenn es sich nicht um Gesamtschulden (§ 426 BGB) handelt. Die Lasten sind regelmäßig in die zu treffende Neuregelung einzubeziehen[300]. Entsprechendes gilt im Anwen-

---

297 Der Begriff der Lasten wird hier nicht in dem engen Sinne der §§ 103, 748 BGB, sondern in einem weiten, insbesondere die in § 748 BGB genannten Kosten umfassenden Sinne verwendet.

298 Ausführlich zur Behandlung gemeinsamer Hausschulden *Wever*, FPR 2000, 185.

299 Dazu Rn. 191 ff.

300 Vgl. auch BGH, FamRZ 2017, 693, Rn. 45 = NJW 2017, 2544. Dazu schon Rn. 179.

dungsbereich des § 1361b III S. 2 BGB[301] und des § 2 GewSchG. Die Einbeziehung geschieht wie folgt:

185 **Trägt der im Haus verbliebene Ehegatte die Lasten**[302], ist es in der Regel angemessen, den auf den ausgezogenen Ehegatten entfallenden Anteil der Lasten dem festzusetzenden Nutzungsentgelt gegenzurechnen[303]. Die Festsetzung eines Nutzungsentgelts entfällt jedenfalls dann, wenn Lasten und zuzurechnender Nutzungswert sich in etwa entsprechen[304]. Erreichen die Belastungen den Nutzungswert nicht annähernd, wird meist ein Ausgleichsanspruch des ausgezogenen Miteigentümers bestehen[305]. Aber auch in einem solchen Fall kann – je nach wirtschaftlichen Verhältnissen der Ehegatten – eine billigem Ermessen entsprechende Verwaltungs- und Benutzungsregelung darin bestehen, dass zwischen den Ehegatten kein Ausgleich stattfindet, der im Haus verbliebene Ehegatte also die Lasten übernimmt (Freistellungsverpflichtung) und kein Nutzungsentgelt zu zahlen hat. Einem Anspruch auf Nutzungsentgelt kann auch entgegenstehen, dass der ausgezogene Ehegatte zwar zur anteiligen Lastentragung verurteilt worden ist, der im Haus Verbliebene die Lasten aber wegen Vermögenslosigkeit des anderen Ehegatten tatsächlich allein trägt[306].

186 Übersteigen die Lasten den zuzurechnenden Nutzungswert, kann wegen des überschießenden Teils ein Ausgleichsanspruch bestehen[307]. Auch hier kommt es aber auf die jeweiligen Umstände an. So kann ein Ehegatte, der das Familienheim bewohnt und zur Ausübung eines Gewerbes nutzt, für die Lasten allein aufzukommen haben[308]. Gegen eine Beteiligung der einkommenslosen Ehefrau an den Lasten kann sprechen, dass sie das Grundstück eingebracht und dem Ehemann davon einen halben Miteigentumsanteil geschenkt oder ehebezogen zugewendet hat[309].

187 **Trägt der ausgezogene Ehegatte die Lasten**[310], kann er verlangen, dass im Rahmen der zu treffenden Neuregelung des Gemeinschaftsverhältnisses ein Gesamtausgleich unter Einbeziehung der Lasten stattfindet.

---

301 Vgl. Rn. 159.

302 Dazu auch Rn. 389 ff.

303 BGH, FamRZ 2016, 965, Rn. 40. So auch die Berechnung bei BGH, FamRZ 1994, 822 = NJW 1994, 1721. – Eine Gegenrechnung im Wege der Saldierung scheidet aus für Ansprüche aus Lastentragung betreffend Zeiträume, für die die Zahlung eines Nutzungsentgelts nicht in Rede steht (vgl. OLG Düsseldorf, FamRZ 1999, 1271, 1272).

304 BGH, FamRZ 2016, 965, Rn. 40. Vgl. auch AG Mölln, FamRZ 2004, 199.

305 Vgl. OLG Celle, NJW-RR 1990, 265.

306 OLG Köln, FamRZ 1999, 1272.

307 Vgl. OLG Koblenz, FamRZ 1997, 364; dazu auch Rn. 393.

308 BGH, FamRZ 1986, 881; dazu auch Rn. 400.

309 OLG Oldenburg, FamRZ 1991, 1057.

310 Dazu auch Rn. 394.

Die angemessene Neuregelung für die Zukunft wird vielfach zum Inhalt haben, dass der in der Wohnung verbliebene Ehegatte die Lasten zu übernehmen hat[311]. Je nach Umfang der Lasten und ihrem Verhältnis zum Nutzungsvorteil kommt aber auch ein darüber hinausgehender Ausgleich für die Nutzung in Betracht.

188 **Tragen die Ehegatten die Lasten hälftig,** beeinflussen sie die Festsetzung des Nutzungsentgelts nicht[312]. Auch hier kann aber für die Zukunft eine angemessene Neuregelung darin bestehen, dass der in der Wohnung Verbliebene die Lasten vollständig übernimmt[313].

Vgl. im Übrigen das **Berechnungsbeispiel** Rn. 195.

189 Als Ergebnis der Neuregelung ergibt sich grundsätzlich auch für die Zukunft ein **Zahlungsanspruch nach Saldierung** der Ansprüche auf Nutzungsentgelt und Lastenausgleich[314]. Ggf. kann Abrechnung bzgl. der getragenen Lasten verlangt werden[315].

190 Ist es zu einer Neuregelung i.S. des § 745 II BGB unter Einbeziehung von Lasten gekommen, für die die Ehegatten gesamtschuldnerisch haften, ist für einen gesonderten **Gesamtschuldnerausgleich** kein Raum mehr[316]. Eine Neuregelung kann auch in einer stillschweigend getroffenen Vereinbarung liegen. Dagegen steht die Möglichkeit des Gesamtschuldnerausgleichs noch offen, wenn die Lasten bei der Festsetzung des Nutzungsentgelts nicht berücksichtigt worden sind.

b) Berücksichtigungsfähige Hauslasten

191 In die zu treffende Neuregelung können als gemeinsam zu tragende Verbindlichkeiten insbesondere die **Zins-**, aber auch gesamtschuldnerisch begründete **Tilgungsleistungen**[317] auf den Hauskredit einbezogen werden, auch wenn letztere nicht vom Anwendungsbereich des § 748 BGB erfasst werden[318]. Das Gleiche gilt für die **Grundstückskosten, die üblicherweise der Grundstückseigentümer trägt** und nicht der Mieter.

---

311 *Roßmann*, FuR 2013, 137, 142, leitet einen Anspruch des ausgezogenen Ehegatten auf eine solche Regelung aus § 446 S. 2 BGB analog her.

312 Vgl. etwa OLG Celle, FamRZ 1992, 465, 466.

313 Vgl. *Roßmann*, FuR 2013, 137, 142.

314 Anders bei besonderer Fallgestaltung OLG Köln, FamRZ 1994, 962 (keine Saldierung bei Ungewissheit über künftige Lastentragung).

315 OLG Düsseldorf, FamRZ 2006, 209.

316 Vgl. Rn. 395.

317 Vgl. etwa BGH, FamRZ 1983, 795 = NJW 1983, 1845.

318 BGH, FamRZ 2015, 993, 995; *Staudinger/Eickelberg*, 2015, § 748 Rn. 3. – Zur Situation beim Alleinkredit für eine Immobilie im Miteigentum Rn. 521 ff.

Betreffend die Frage, welche Grundstückskosten üblicherweise der Grundstückseigentümer trägt, ist der BGH[319] in der Vergangenheit mit der früher h.M.[320] davon ausgegangen, dass der Grundstückseigentümer üblicherweise die verbrauchsunabhängigen Grundstückskosten trägt, zu denen insbesondere Grundsteuer, Gebäudeversicherungs-, Verwaltungs- und Instandhaltungskosten zählen. Nur verbrauchsabhängige Nebenkosten hat der BGH demgegenüber allein dem Miteigentümer zugeordnet, der das Grundstück nutzt. Diese Zuordnung der Kosten danach, ob sie verbrauchsunabhängig sind oder nicht, hat der BGH[321] inzwischen aufgegeben. Einer zunehmend in der obergerichtlichen Rechtsprechung und in der Literatur vertretenen Auffassung[322] folgend geht er jetzt zu Recht davon aus, dass die übliche mietvertragliche Praxis inzwischen nicht mehr danach unterscheidet, ob Kosten verbrauchsabhängig sind oder nicht, sondern danach, ob die Kosten nach den mietrechtlichen Bestimmungen auf einen Mieter umgelegt werden können. Soweit das der Fall ist, könne im Regelfall (nämlich wenn nicht örtliche Gepflogenheiten dem im Einzelfall entgegenstehen) davon ausgegangen werden, dass die Vermieter diese Möglichkeit wahrnehmen. Danach kommt es für den Regelfall auf die Frage der **Umlagefähigkeit** der Kosten an[323]. 192

Nicht umlagefähig und damit von beiden Grundstückseigentümern zu tragen sind (von den verbrauchsunabhängigen Kosten) insbesondere Kosten der Verwaltung und Instandhaltungskosten (§ 556 I BGB i.V.m. § 1 II BetrKV). **Umlagefähig** sind (von den verbrauchsunabhängigen Kosten) demgegenüber insbesondere die Grundsteuer sowie die Kosten der Sach- und Haftpflichtversicherung und des Schornsteinfegers (§ 556 I BGB i.V.m. § 2 Nr. 1, 12, 13 BetrKV); sie müssen also von dem Miteigentümer getragen werden, der das Haus bewohnt, und können nicht dem Wohnwert entgegengehalten werden[324]. Die verbrauchsabhängigen Nebenkosten wie solche für Heizung, Strom, Gas, Müllabfuhr und Wasser muss der das Haus bewohnende Miteigentümer ohnehin tragen, denn auch für sie muss ein Mieter selbst aufkommen (vgl. dazu auch § 556 I i.V.m. § 2 BetrKV). Sind allerdings im Einzelfall die umlagefähigen Kosten bzw. die verbrauchsabhängigen Nebenkosten außergewöhnlich hoch 193

---

319 FamRZ 2007, 879, 880; FamRZ 2000, 950, 951 = NJW 2000, 2349; FamRZ 2000, 351, 354 = NJW 2000, 284.

320 Vgl. 4. Aufl. Rn. 135 ff., m.w.N.

321 FamRZ 2009, 1300, 1303 = NJW 2009, 2523 = FamRB 2009, 272 *(Götsche)*.

322 OLG Düsseldorf, FamRZ 2008, 895; OLG Hamm, FamRZ 2003, 460 [LS]; OLG München, FuR 2003, 124; OLG Braunschweig, FamRZ 1996, 1216; *Quack*, FamRZ 2000, 665.

323 Anders *Roßmann*, FuR 2013, 137, 142; *Wendl/Gerhardt*, § 1 Rn. 501.

324 So auch BGH, FamRZ 2009, 1300, 1303 = NJW 2009, 2523; OLG Koblenz, Beschl. v. 15.5.2014, 7 UF 833/13, juris.

(Beispiel: Ehemann bleibt allein in dem zuvor mit Ehefrau und sechs Kindern bewohnten großen Haus zurück), kann eine Berücksichtigung dieses Umstandes bei der Bemessung der Nutzungsvergütung gerechtfertigt sein[325], solange die Alleinnutzung dem im Haus Verbliebenen noch nicht als eigene Entscheidung zuzurechnen ist[326]. Hat umlagefähige Kosten bzw. verbrauchsabhängige Nebenkosten im Einzelfall weiterhin der aus dem Haus ausgezogene Ehegatte getragen, kommt ein Erstattungsanspruch in Betracht.

194 Berücksichtigungsfähig sind auch finanzielle Verpflichtungen, die die Ehegatten im Zusammenhang mit der Eigentumsübertragung gegenüber dem Übergeber des Grundstücks, etwa den Eltern eines von ihnen, übernommen haben[327].

4. Berechnungsbeispiel: Nutzungsentgelt und Lastentragung[328]

195 Die Möglichkeiten der Ehegatten, einerseits eine Beteiligung an den Hauslasten, andererseits ein Nutzungsentgelt zu verlangen, wenn einer von ihnen nach der Trennung das im gemeinsamen Eigentum stehende Familienheim bewohnt, mag folgendes **Fallbeispiel**[329] verdeutlichen:

Die Ehegatten sind Miteigentümer zu je ½ eines Hausgrundstücks, das sie als Familienheim nutzen. Im Juni 2015 zieht F aus. M verbleibt im Haus. Er trägt die Zins- und Tilgungsleistungen von mtl. 700 €, für die die Ehegatten gesamtschuldnerisch haften[330]. Der Mietwert (ortsübliche Miete) des Hauses beträgt 900 €. Unterhaltsansprüche werden nicht geltend gemacht. Auf den im Juni 2016 von M gestellten Scheidungsantrag wird die Ehe Anfang 2017 geschieden. Zur Begründung eines Mietverhältnisses (§ 1568a V BGB) kommt es nicht. Im Juli 2017 verlangt M von F hälftige Beteiligung an den Zins- und Tilgungsleistungen rückwirkend ab Juli 2015. F tritt dem sogleich unter Hinweis auf die Möglichkeit des M, mietfrei in dem Haus zu wohnen, entgegen. Sie verlangt stattdessen, M solle ihr die Hälfte der Differenz zwischen dem Mietwert des Hauses und den Zins- und Tilgungsleistungen, rückwirkend ab Juli 2015, erstatten.

(1) Für die Zeit ab Juli 2017 ergibt sich Folgendes:

196 Ein Neuregelungsverlangen i.S.v. § 745 II BGB (Anspruchsgrundlage für Nutzungsvergütung nach Scheidung) liegt in der Forderung der F, ihr die Hälfte der Differenz zwischen Mietwert des Hauses und Zins- und Tilgungsleistungen zu zahlen bei gleichzeitig zum Ausdruck gebrachtem Einverständnis mit dem Verbleib des M in der Wohnung. M muss sich – 2 Jahre nach der Trennung und bei inzwischen erfolgter Scheidung – den vollen Mietwert des Hauses (ortsübliche Miete) von 900 € zurechnen lassen. Da der Mietwert die von M getragenen Lasten (700 €) deutlich übersteigt, wird eine angemessene Neuregelung darin bestehen, dass M weiterhin allein für die Lasten aufkommt und er F die Hälfte der

325 *Simon*, NZFam 2014, 438, 441.
326 Dazu Rn. 151 ff.
327 OLG Düsseldorf, FamRZ 2006, 209.
328 Weiteres Beispiel bei *Wever*, FF 2005, 23.
329 In Anlehnung an OLG Celle, NJW-RR 1990, 265.
330 Von der Einbeziehung sonstiger Hauskosten wird zur Vereinfachung abgesehen.

Differenz zwischen Mietwert und Lasten, also (200 € : 2 =) 100 € mtl. zahlt. Zum gleichen Ergebnis kommt man, wenn man wie folgt rechnet: Vom Mietwert des Hauses steht der F als hälftiger Miteigentümerin die Hälfte zu, also 450 €. An den Lasten muss sie sich als Gesamtschuldnerin (§ 426 BGB) ebenfalls zur Hälfte, also mit 350 € beteiligen. Es ergibt sich eine Differenz zu ihren Gunsten von 100 €.

(2) Für die Zeit vor Juli 2017 gilt:

Ein Zahlungsverlangen i.S. von § 1361b III S. 2 BGB (Anspruchsgrundlage für die Trennungszeit) bzw. ein Neuregelungsverlangen i.S. von § 745 II BGB (Anspruchsgrundlage für die Zeit ab Scheidung) lag noch nicht vor. Das im Juli 2017 gestellte Neuregelungs- bzw. Zahlungsverlangen löst keinen Anspruch der F auf ein Nutzungsentgelt für die Vergangenheit aus. Hingegen ist M an sich nicht gehindert, seinen Anspruch auf Gesamtschuldnerausgleich (§ 426 I BGB) rückwirkend seit dem Zeitpunkt der endgültigen Trennung (Scheitern der Ehe) geltend zu machen, da der Ausgleichsanspruch entsteht, ohne dass es einer Handlung des Ausgleichsberechtigten bedarf[331]. Allerdings führt der Umstand, dass F im Vertrauen darauf, M trage die Lasten, ohne sie auf Ausgleich in Anspruch zu nehmen, zunächst kein Nutzungsentgelt verlangt hat, zu einer Beschränkung des Ausgleichsanspruchs des M aus § 426 I BGB. Er kann eine Beteiligung der F an den Zins- und Tilgungsleistungen für die Vergangenheit nur insoweit verlangen, als seine Leistungen die ihm zuzurechnende angemessene Nutzungsvergütung übersteigen[332]. Im Übrigen ist von einer stillschweigend geschlossenen Vereinbarung der Nichtabrechnung auszugehen. Das bedeutet: **197**

– Zeitraum Juli 2015 bis Juni 2016:

Die stillschweigend geschlossene Nichtabrechnungsvereinbarung verhindert, dass M die Hälfte der von ihm erbrachten Zins- und Tilgungsleistungen verlangen kann. Allerdings steht sie einer Beteiligung der F an diesen Lasten soweit nicht entgegen, wie sie den dem M zuzurechnenden Nutzungswert des Hauses übersteigen. M muss sich jedenfalls im ersten Trennungsjahr nicht den vollen Nutzungswert des Hauses zurechnen lassen, sondern nur die Aufwendungen, die er durch das mietfreie Wohnen im Haus erspart hat. Nimmt man eine Mietersparnis von 600 € an[333], bleibt eine Differenz zu den getragenen Lasten (700 €) von 100 €, die F ihm zur Hälfte, also mit mtl. 50 € zu erstatten hat. **198**

– Zeitraum Juli 2016 bis Juni 2017:

Es erscheint gerechtfertigt, dem M nunmehr – nachdem die Ehegatten ein Jahr getrennt leben und M durch Einreichung des Scheidungsantrags zum Ausdruck gebracht hat, dass er an der Ehe nicht festhalten will – den vollen Wohnwert des Hauses (900 €) zuzurechnen. Da der Wohnwert die Lasten von 700 € übersteigt, verbleibt kein Ausgleichsanspruch zugunsten des M. **199**

Allerdings ist auch F gehindert, für diesen Zeitraum die Hälfte der Differenz zwischen dem Wohnwert des Hauses und den von M getragenen Lasten zu verlangen. Da das Nutzungsentgelt nicht rückwirkend geltend gemacht werden kann, vermag sie mit ihrem Hinweis auf die in der Vergangenheit nicht verlangte Nutzungsvergütung zwar Ansprüche des M aus § 426 I BGB zu Fall zu bringen oder zu schmälern, nicht aber ein eigenes Zahlungsverlangen zu begründen.

---

331 Vgl. Rn. 379.

332 BGH, FamRZ 1993, 676, 678. Vgl. auch Rn. 393.

333 Vgl. Rn. 151.

200 **Abwandlung:**

Zins- und Tilgungsleistungen trägt die ausgezogene F. Im Juli 2017 verlangt sie von M eine Neuregelung des Gemeinschaftsverhältnisses in der Weise, dass M die Hälfte der Zins- und Tilgungsleistungen übernimmt und den halben Nutzungswert des Hauses vergütet, und zwar auch für die Vergangenheit.

(1) Für die Zeit ab Juli 2017 gilt:

Anspruchsgrundlage ist § 745 II BGB: Aufgrund ihres Neuregelungsverlangens hat F Anspruch auf eine angemessene Regelung, die darin bestehen wird, dass M den halben Nutzungswert des Hauses mit mtl. 450 € vergütet sowie von den Hauslasten die Hälfte, also 350 €, übernimmt. Seine Verpflichtung zur Zahlung der halben Hauslasten ergibt sich im Übrigen auch aus § 426 I BGB. Insgesamt hat M – wie im Ausgangsfall – 800 € zu tragen.

(2) Für die Zeit vor Juli 2017 gilt:

201 Die aus § 426 I BGB folgende Verpflichtung des M, die Hälfte der von F getragenen Hauslasten zu übernehmen, setzt kein Zahlungsverlangen voraus. Der Anspruch steht F auch für die Vergangenheit zu, und zwar seit dem Zeitpunkt der endgültigen Trennung[334].

Anders verhält es sich mit der Forderung der F nach Zahlung eines Nutzungsentgelts. Ein Nutzungsentgelt kann sie erst von dem Zeitpunkt an verlangen, zu dem sie Zahlung (Trennungszeit, § 1361b III S. 2 BGB) bzw. Neuregelung (ab Scheidung, § 745 II BGB) verlangt hat.

202 Bei allem ist zu beachten: Da sich die Angemessenheit der zu treffenden Regelung (bei § 745 II ebenso wie bei § 1361b III S. 2 BGB) nach Billigkeitsgesichtspunkten richtet, sind alle **Besonderheiten des Einzelfalls** zu berücksichtigen. Unter diesem Vorbehalt muss jede schematisierende Berechnungsweise stehen.

IV. Zusammentreffen von Ansprüchen auf Nutzungsentgelt, Lastenausgleich und Unterhalt

203 Ist ein Miteigentümer-Ehegatte dem anderen unterhaltspflichtig, so muss – wie bereits erwähnt[335] – auch diesem Umstand Aufmerksamkeit geschenkt werden. Der Nutzungsvorteil und die Lastentragung sind bei der Unterhaltsberechnung zu berücksichtigen (dazu Rn. 204 ff.). Eine gerichtliche oder einverständliche Regelung des Unterhalts, in die Nutzungsvorteil und Lasten bereits einbezogen worden sind, steht grundsätzlich einer nachfolgenden Regelung des Nutzungsentgelts gem. § 1361b III S. 2 bzw. § 745 II BGB und des Lastenausgleichs entgegen (dazu Rn. 216 ff.). Ist eine Regelung von Nutzungsentgelt und Lastentragung zu treffen, bevor der Unterhalt geregelt ist, muss das Bestehen der Unterhaltsansprüche bedacht werden; bei parallel laufenden Verfahren einerseits den Unterhalt,

334 Sofern die Tragung der Lasten nach den Umständen als Unterhaltsgewährung angesehen werden kann, könnte allerdings § 1360b BGB einem Ausgleichsanspruch entgegenstehen (vgl. *Staudinger/Eickelberg*, 2015, § 748 Rn. 12).

335 Rn. 148, 181.

andererseits das Nutzungsentgelt und die Lastentragung betreffend müssen divergierende Entscheidungen vermieden werden (dazu Rn. 220 ff.).

1. Berücksichtigung von Nutzungsvorteil und Lasten bei der Unterhaltsberechnung

Die Möglichkeit des im Familienheim zurückgebliebenen Miteigentümers, mietfrei zu wohnen, ist bei der Berechnung von Unterhaltsansprüchen zu berücksichtigen. Der Vorteil seines mietfreien Wohnens wird ihm wie ein Einkommen zugerechnet (Gebrauchsvorteil i.S. des § 100 BGB). Es kann dabei der objektive Mietwert (in der Regel ab dem Zeitpunkt, zu dem eine Wiederherstellung der ehelichen Lebensgemeinschaft nicht mehr zu erwarten ist) oder die regelmäßig geringere, am tatsächlichen Wohnbedarf orientierte ersparte Miete (vor dem o.g. Zeitpunkt) maßgebend sein[336]. Zugerechnet wird der volle Mietwert bzw. die volle ersparte Miete, und nicht etwa (im Hinblick auf das Miteigentum) die Hälfte davon. **204**

Ebenso finden die Hauslasten – soweit sie nicht zu den laufenden Kosten gehören, die auch ein Mieter zu tragen hätte[337] – bei dem Ehegatten, der sie trägt, (als eheprägende Verbindlichkeit) Berücksichtigung. Abzugsfähig sind insbesondere auch die Zins- und Tilgungsleistungen eines Hypothekendarlehens. Da die mit den Tilgungsleistungen verbundene Vermögensbildung beiden Ehegatten als Miteigentümern zugute kommt, ist – anders als bei Alleineigentum[338] – eine differenzierte Behandlung von Zinsleistungen einerseits und Tilgungsleistungen andererseits nicht geboten. Trägt diese Lasten der mietfrei Wohnende, verringern sie den ihm zuzurechnenden Wohnvorteil; ein eventueller übersteigender Betrag ist vom sonstigen Einkommen abzusetzen[339], mit der Folge, dass insoweit kein Gesamtschuldnerausgleich mehr stattfindet[340]. Trägt die Lasten der ausgezogene Ehegatte, sind sie von seinem Einkommen abzusetzen[341]. **205**

Der aus der Ehewohnung weichende Ehegatte kann zwar ein Nutzungsentgelt gem. § 1361b III S. 2 BGB (nach Scheidung über § 745 II BGB) verlangen; er muss sich aber nicht auf diesen Weg verweisen lassen, **206**

336 Vgl. BGH, FamRZ 2013, 191 (bei Alleineigentum); FamRZ 2008, 963 = NJW 2008, 1946. I.E. etwa *Münch*, FamRB 2009, 149.

337 Vgl. dazu Rn. 191 ff.

338 Vgl. BGH, FamRZ 1998, 87, 88 = NJW 1998, 753.

339 *Wohlgemuth*, FamRZ 1999, 621, 626; Unterhaltsprozess/*Henjes*, Kap. 4 Rn. 296 **a.A.** *Wendl/Gerhardt*, § 1 Rn. 523.

340 Vgl. auch Rn. 432.

341 Zu allem ausführlich und m. RsprN *Wendl/Gerhardt*, § 1 Rn. 473 ff. Zur Bewertung des Wohnvorteils bei Gütergemeinschaft OLG Nürnberg, FamRZ 1997, 1217.

wenn er stattdessen eine Unterhaltsregelung verlangt, bei der Nutzungsvorteil und Lastentragung einzubeziehen sind[342].

a) Berechnungsbeispiel: Der im Familienheim verbleibende Ehegatte ist unterhaltsberechtigt[343]

207 Den Eheleuten M und F gehört das Familienheim, das einen Mietwert von 750 € hat, je zur Hälfte. Beide Ehegatten sind erwerbstätig. M verdient 3.150 €, F 1.750 €, jeweils nach Abzug berufsbedingter Aufwendungen. Bei der Trennung bleibt F im Haus und übernimmt die Belastungen (Zins- und Tilgungsleistungen), die 300 € betragen[344].

Der Unterhaltsanspruch der F errechnet sich unter Einbeziehung der Nutzungsmöglichkeit des Hauses und der Lastentragung wie folgt:

Vom Einkommen des M stehen nach Abzug des Erwerbstätigenbonus[345] 6/7, also zur Halbteilung zur Verfügung.	2.700 €
Vom Einkommen der F stehen ebenfalls 6/7, also zur Verfügung. Sie muss sich den Nutzungsvorteil, der die ehelichen Lebensverhältnisse geprägt hat, hinzurechnen lassen, und zwar bis zur verfestigten Trennung in Höhe der ersparten Miete für eine angemessene	1.500 €
kleinere Wohnung[346], die	500 €
betragen mag. Die Belastungen von	300 €,
die ebenfalls die ehelichen Lebensverhältnisse geprägt haben, sind abzuziehen. Damit muss sie sich ein für die Halbteilung zur Verfügung stehendes Gesamteinkommen von zurechnen lassen.	1.700 €
Bei einer Einkommensdifferenz von	1.000 €
ergibt sich ein Unterhaltsanspruch von	500 €.

208 **Abwandlung:**

M trägt die Belastungen.

Von dem für die Halbteilung zur Verfügung stehenden Einkommen des M von	2.700 €
verbleibt nach Abzug der Hausbelastung[347] von	300 €
ein Betrag von	2.400 €.

342 BGH, FamRZ 1986, 434 = NJW 1984, 1340; *Mehdorn* [vor Rn. 343], S. 236. Vgl. zum Wahlrecht des Nutzungsentgeltberechtigten auch Rn. 221.

343 Vgl. auch das Beispiel BGH, FamRZ 1989, 1160 = NJW 1989, 2809, sowie FamRZ 1998, 899 = NJW 1998, 2821.

344 Von der Einbeziehung sonstiger Hauskosten (vgl. dazu Rn. 192 f.) wird zur Vereinfachung abgesehen.

345 Hier angenommen mit 1/7.

346 Vgl. Rn. 151 ff.

347 Zwar sind eheprägende Verbindlichkeiten nach h.M. grds. vom Erwerbseinkommen abzusetzen, bevor der Quotenunterhalt ermittelt wird, der Erwerbstätigenbonus wird also von dem um die Belastungen reduzierten Erwerbseinkommen errechnet (vgl. BGH, FamRZ 1997, 806 = NJW 1997, 1919; so auch das Beispiel in Rn. 439). Dies kann jedoch

Dem für die Halbteilung zur Verfügung stehenden	
Einkommen der F von	1.500 €
ist der Nutzungsvorteil von	500 €
hinzuzurechnen, so dass sich ein Gesamteinkommen	2.000 €
von ergibt.	
Die Einkommensdifferenz beträgt	400 €,
so dass F einen Unterhaltsanspruch von	200 €
hat.	

In beiden Beispielen ist eine Ergebniskorrektur unter Angemessenheitsgesichtspunkten[348] **209**
nicht geboten. Wenn es um Unterhalt für die Zeit nach verfestigter Trennung ginge, wäre F jeweils der objektive Wohnwert des Familienheims von 750 € zuzurechnen.

b) Berechnungsbeispiel: Der ausgezogene Ehegatte ist unterhaltsberechtigt[349]

Die Verhältnisse sind wie im Berechnungsbeispiel zu a). Nur ist M im Familienheim ver- **210**
blieben. Er trägt auch die Hauslasten.

Dem für die Halbteilung zur Verfügung stehenden	
Erwerbseinkommen des M von	2.700 €
ist der Nutzungsvorteil von	500 €
hinzuzurechnen, die Hauslasten von	300 €
sind abzusetzen, so dass	2.900 €
verbleiben.	
Nach Abzug des für die Halbteilung zur Verfügung	
stehenden Einkommens der F von	1.500 €
ergibt sich eine Einkommensdifferenz von	1.400 €.
Der Unterhaltsanspruch der F beträgt	700 €[350].

c) Nutzungsvorteil bei unterhaltsberechtigten Kindern

Haben die Ehegatten unterhaltsberechtigte Kinder, hat das mietfreie **211**
Wohnen eines der Ehegatten (ggf. mit den Kindern) im gemeinsamen Familienheim folgende Auswirkungen:

---

dann nicht gelten, wenn eine Verbindlichkeit einer Einkommensart zuzuordnen ist, für die kein Erwerbstätigenbonus zu gewähren ist, solange die Verbindlichkeit dieses Nichterwerbseinkommen nicht übersteigt. Die Hauslasten sind im Beispielsfall der Einkommensart Wohnvorteil zuzuordnen. Der Umstand, dass der Wohnvorteil auf Seiten der F, die Lasten aber auf Seiten des M anfallen, der nur über Erwerbseinkommen verfügt, kann nicht dazu führen, dass die Lasten – zum Vorteil der F, die dann an ihnen im Ergebnis nicht zur Hälfte, sondern nur zu 3/7 beteiligt wäre – zunächst vom Einkommen des M abgezogen werden, bevor sein Erwerbstätigenbonus errechnet wird. Zum gleichen Ergebnis kommt *Wendl/Gerhardt,* § 1 Rn. 518 Fall 1b), nach der „Additionsmethode"; ebenso BGH, FamRZ 1989, 1160 = NJW 1989, 2809. Anders *Graba,* FamRZ 1995, 385, 390.

348 Vgl. etwa BGH, FamRZ 1998, 899 = NJW 1998, 2821.

349 Vgl. auch das Beispiel BGH, FamRZ 1986, 434 = NJW 1986, 1340.

350 Weitere Berechnungsbeispiele bei *Wendl/Gerhardt,* § 1 Rn. 518.

212 Bewohnt der den Kindern barunterhaltspflichtige Ehegatte das Familienheim nach der Trennung allein, ist sein Nutzungsvorteil – nach Abzug der von ihm getragenen Lasten – als Einkommensbestandteil bei der Bemessung des Kindesunterhalts (Eingruppierung in der Düsseldorfer Tabelle) zu berücksichtigen[351].

213 Bewohnen Kinder mit dem sie betreuenden Elternteil das Familienheim, dessen Wohnwert die Belastungen übersteigt, findet dies bei der Bemessung des Kindesunterhalts keine Berücksichtigung. Der ausgezogene Barunterhaltspflichtige ist nicht berechtigt, den nach der Düsseldorfer Tabelle geschuldeten Kindesunterhalt – der einen Anteil für Wohnkosten enthält – im Hinblick auf die Wohnmöglichkeit der Kinder im Haus der Eltern zu kürzen[352]. Denn der ausgezogene Ehegatte gewährt nicht den Kindern, sondern dem im Haus verbliebenen Ehegatten die Möglichkeit der (ggf. teilweise) mietfreien Nutzung, und zwar bezogen auf das gesamte Objekt. Ein Ausgleich insoweit hat zwischen den Ehegatten zu erfolgen – im Falle des Bestehens von Ansprüchen auf Ehegattenunterhalt durch bedürftigkeitsmindernde Zurechnung des Wohnwertes auf Seiten des das Haus mit den Kindern Bewohnenden, ansonsten durch einen Anspruch auf Nutzungsvergütung, und zwar jeweils bezogen auf das gesamte Objekt[353].

d) Unterhaltsfestsetzung nach getroffener Regelung über Nutzungsentgelt und Lastentragung

214 Ist über den Unterhalt zu entscheiden, nachdem durch richterliche Entscheidung gem. § 1361b III S. 2 oder § 745 II BGB oder durch Vereinbarung der Ehegatten die Zahlung eines Nutzungsentgelts und die Tragung der Lasten geregelt worden ist, so ist diese Regelung bei der Festsetzung des Unterhalts zu berücksichtigen[354].

215 **Beispiel[355]:**

Die Verhältnisse sind wie in der Abwandlung des Berechnungsbeispiels oben 1 a) (Rn. 208). Jedoch hat M aufgrund einer bei der Trennung geschlossenen Vereinbarung von F mtl. 400 € zu bekommen: die Hälfte des Nutzungsvorteils (250 €) und die Hälfte der von ihm getragenen Hauslasten (150 €). F macht jetzt Unterhaltsansprüche geltend.

---

351 BGH, FamRZ 2014, 923, m. Anm. *Götz* = NJW 2014, 1531; *Wendl/Gerhardt*, § 1 Rn. 572.

352 OLG Koblenz, OLG-Report 2002, 323 = FamRB 2003, 7 *(Klingberg)*.

353 Vgl. Rn. 161. Dazu auch *Viefhues*, FuR 2014, 617, 623; *Pauling*, FPR 2006, 476, 477; *Wendl/Gerhardt*, § 1 Rn. 573; *Wendl/Klinkhammer*, § 2 Rn. 326.

354 Vgl. auch *Hachenberg*, NZFam 2014, 938, 939; Unterhaltsprozess/*Wohlgemuth*, 5. Aufl., Kap. 6 Rn. 292.

355 Vgl. auch das Beispiel bei *Maier*, FamRZ 2016, 426, 428, der auf anderem Rechenweg zum gleichen Ergebnis kommt.

Das für die Halbteilung zur Verfügung stehende Einkommen des M von	2.700 €
erhöht sich um die von F zu beanspruchenden	400 €.
Abzusetzen sind die von ihm getragenen Hauslasten mit	300 €.
Es verbleiben	2.800 €.
Das für die Halbteilung zur Verfügung stehende Einkommen der F von	1.500 €
erhöht sich um den Nutzungsvorteil von	500 €.
Abzusetzen sind aber die an M zu zahlenden	400 €.
Ihr verbleiben	1.600 €.
Bei einer Einkommensdifferenz von	1.200 €
hat M einen Unterhalt von	600 €
zu zahlen.	

Im Ergebnis steht beiden Ehegatten ebensoviel zur Verfügung wie in der Abwandlung des Berechnungsbeispiels oben 1 a).

2. Auswirkungen einer Nutzungsvorteil und Lastentragung einbeziehenden Unterhaltsregelung

Ist es zu einer gerichtlichen oder einverständlichen Regelung des Ehegattenunterhalts gekommen, bei der Nutzungsvorteil und Lasten einbezogen worden sind und sich rechnerisch ausgewirkt haben, steht dies grundsätzlich einer nachfolgenden Regelung des Nutzungsentgelts gem. § 1361b III S. 2 bzw. § 745 II BGB und des Lastenausgleichs gem. § 426 BGB entgegen, d.h. gesonderte Ausgleichsbegehren sind regelmäßig ausgeschlossen[356]. Eine Unterhaltsregelung, die Nutzungsvorteil sowie Lastentragung berücksichtigt, vermeidet also ein weiteres Verfahren der Ehegatten um Nutzungsentgelt und Ausgleich der Lasten[357]. 216

Eine diese Fragen beinhaltende **Vereinbarung** betreffend den Ehegattenunterhalt enthält – anders als eine Kindesunterhaltsvereinbarung, in der einem der Ehegatten ein Nutzungsvorteil zugerechnet worden ist[358] – zugleich einen Beschluss der Ehegatten über die Neuregelung des Gemeinschaftsverhältnisses i.S. von § 745 II BGB, der auch für die Zukunft bindend ist, sofern sich die Verhältnisse nicht verändern. Haben nämlich 217

356 BGH, FamRZ 2014, 460, 461 = NJW 2014, 462; FamRZ 1986, 436, 437; KG, FamRZ 2015, 1191, 1192; OLG Bremen, FamRZ 2014, 1299, 1300 = NJW 2014, 2129; OLG Köln, FamRZ 1992, 832; *Finke*, FF 2007, 185, 191; *Huber*, FamRZ 2000, 129, 131 f.; *Graba*, NJW 1987, 1721, 1727. Dazu auch *Maier*, FamRZ 2016, 426, 428 f. Vgl. auch OLG Köln, FamRZ 2005, 639 und OLG Naumburg, FamRZ 2009, 2090: aus außergerichtlicher Korrespondenz zum Unterhalt hergeleitete einverständliche Regelung. Vgl. schon Rn. 148.

357 Vgl. BGH, FamRZ 1994, 1100, 1102.

358 Vgl. OLG Karlsruhe, NJW-RR 2005, 1240 = FamRB 2006, 38 *(Borth)*.

die Ehegatten in einem Unterhaltsvergleich vereinbart, dass die Ehefrau ohne Nutzungsentgelt im gemeinsamen Haus wohnt und der Ehemann die Lasten trägt, ist dies im Zweifel dahin auszulegen, dass damit nicht nur der faktische Zustand als Vergleichsgrundlage festgehalten werden soll, sondern die Frau auch in Zukunft berechtigt sein soll, kostenfrei und ohne Beteiligung an den Lasten den Miteigentumsanteil des Mannes zu nutzen[359]. Veräußert der Ehemann seinen Miteigentumsanteil, muss er die Frau von der Inanspruchnahme auf Nutzungsentschädigung und Lastenbeteiligung durch den Erwerber freistellen[360].

218 Eine **gerichtliche Entscheidung** über den Unterhalt regelt zwar nicht den Verfahrensgegenstand Nutzungsentgelt bzw. Lastenausgleich[361]. Sie führt aber jedenfalls dann, wenn sie Nutzungsvorteil und Lastentragung angemessen bewertet, dazu, dass eine anschließende Neuregelung der Verwaltung und Benutzung i.S. von § 745 II BGB oder eine Regelung gem. § 1361b III S. 2 BGB nicht gerechtfertigt ist und ein entsprechendes gerichtliches Verfahren deshalb ohne Aussicht auf Erfolg wäre[362]. Vorausgesetzt ist dabei, dass sich die Möglichkeit des mietfreien Wohnens, also der Wohnvorteil, bei der Unterhaltsbemessung auch ausgewirkt hat. Nicht ausgeschlossen ist die Geltendmachung einer Nutzungsvergütung daher, wenn zwar in einem abweisenden Unterhaltsbeschluss auch auf den Wohnvorteil abgestellt wird, ein Unterhaltsanspruch aber ohnehin, also auch ohne Berücksichtigung des Wohnvorteils, nicht bestanden hätte[363]. Da die Bemessung des Wohnvorteils von verbrauchsabhängigen und umlagefähigen Nebenkosten nicht beeinflusst wird, enthält eine den Wohnvorteil berücksichtigende Unterhaltsentscheidung im Zweifel keine Regelung betreffend diese Nebenkosten, so dass deren Erstattung ggf. gesondert verlangt werden kann[364].

219 Ist ein den Ehegattenunterhalt betreffendes Verfahren anhängig, erübrigt dies somit regelmäßig ein weiteres, die Regelung von Nutzungsentgelt und Lastenausgleich betreffendes Verfahren. Kommt es allerdings zu einer von den in der Unterhaltsentscheidung angesetzten Beträgen abweichenden Regelung zu Nutzungsentgelt und Lastenausgleich, kann ein Ab-

359 BGH, FamRZ 1997, 484 = NJW 1997, 731.

360 BGH, FamRZ 1997, 484 = NJW 1997, 731.

361 So auch *Maier*, FamRZ 2016, 426, 429.

362 Vgl. BGH, FamRZ 1986, 436, 437; OLG Köln, FamRZ 1992, 832; *Graba*, NJW 1987, 1721, 1727. Dagegen nimmt das OLG Celle, NJW 2000, 1425, 1426, einen Vergütungsanspruch gem. § 745 II BGB in Höhe der hälftigen Differenz zwischen der bei der Unterhaltsfestsetzung berücksichtigten ersparten Miete und dem objektiven Wohnwert an, ohne auf diese Problematik einzugehen.

363 Dazu OLG Karlsruhe, FamRZ 2009, 775. Zur gleichartigen Problematik beim Gesamtschuldnerausgleich vgl. Rn. 433.

364 OLG Saarbrücken, FamRZ 2010, 1981 = FamRB 2011, 165 *(Neumann)*.

änderungsgrund für die Unterhaltsentscheidung i.S. von § 238 FamFG vorliegen.

3. Neuregelung von Nutzungsentgelt und Lastentragung bei fehlender Unterhaltsregelung

Bestehen Unterhaltsansprüche zwischen den Ehegatten, so kann eine isolierte Regelung von Nutzungsentgelt und Lastentragung nach § 1361b III S. 2 BGB bzw. § 745 II BGB gleichwohl notwendig werden, und zwar einmal dann, wenn eine Unterhaltsregelung vorliegt, sie aber den Vorteil der Wohnungsnutzung und die Lastentragung nicht berücksichtigt. **220**

Eine isolierte Entscheidung über Nutzungsentgelt und Lastentragung kann aber auch dann zu treffen sein, wenn sie verlangt wird, bevor die zwischen den Ehegatten bestehenden Unterhaltsansprüche geregelt sind. Allein die Möglichkeit, die Wohnungsnutzung unterhaltsrechtlich geltend zu machen, steht der Geltendmachung eines Anspruchs nach § 1361b III S. 2 BGB bzw. § 745 II BGB nicht entgegen. Dem aus der Ehewohnung ausgezogenen Ehegatten steht es vielmehr frei, den Vorteil mietfreien Wohnens auf unterhaltsrechtlichem Wege oder in Form eines Anspruchs auf Nutzungsvergütung geltend zu machen, solange eine den Wohnvorteil einbeziehende Unterhaltsregelung noch nicht getroffen ist[365]. Wird in einem solche Falle Nutzungsvergütung verlangt, wird die Unterhaltsfrage grundsätzlich einzubeziehen sein. Denn was der Billigkeit i.S. von § 1361b III S. 2 bzw. § 745 II BGB entspricht, lässt sich in der Regel nicht feststellen, wenn die unterhaltsrechtliche Seite außer acht gelassen wird. Das gilt insbesondere dann, wenn der Ehegatte, der die bisherige Ehewohnung zur Alleinnutzung übernimmt, der Unterhaltsberechtigte ist. Hier bietet es sich an, die Wohnungsüberlassung als Teil der Unterhaltsgewährung anzusehen und im Hinblick darauf ggf. von der Festsetzung einer gesonderten Vergütung für die Nutzung der Wohnung abzusehen[366]. Doch wird das Gericht im Rahmen der zu treffenden Ermessensentscheidung auch von einer Einbeziehung der Unterhaltsfrage absehen können, etwa dann, wenn sie streitig und problematisch ist. Die Entscheidung über die Neu- **221**

---

365 KG, FamRZ 2015, 1191, 1192; OLG Bamberg, FamRZ 2015, 668; OLG Bremen, FamRZ 2014, 1299, 1300 = NJW 2014, 2129 = FamRB 2014, 241 *(Frank)* (Geltendmachung eines Anspruchs auf Nutzungsvergütung im Wege der Aufrechnung gegenüber einem Anspruch wegen missbilligter Kontoabhebungen bei parallel anhängigem Unterhaltsverfahren); dazu auch *Maier*, FamRZ 2016, 426, 428; *Hoppenz*, NZFam 2014, 426; *Huber*, FamRZ 2000, 129, 132.

366 OLG Köln, FamRZ 1997, 943 (bei Miteigentum des ausgezogenen Ehegatten mit einem Dritten); OLG Düsseldorf, FamRZ 1988, 410; *Brudermüller*, FamRZ 1989, 7, 12. Vgl. auch OLG Frankfurt, Beschl. v. 9.5.2012, 4 UF 14/12 (juris) = FamRZ 2013, 135 [LS]: Absehen von der Festsetzung einer Nutzungsvergütung, bei deren Zahlung der in der Wohnung Verbliebene unterhaltsbedürftig würde; dazu auch Rn. 155.

regelung des Gemeinschaftsverhältnisses ist dann bei der eventuell nachfolgenden Unterhaltsregelung zu berücksichtigen[367].

222 Bei parallel laufenden Verfahren einerseits den Unterhalt, andererseits das Nutzungsentgelt und die Lastentragung betreffend ist auf einen **Gleichklang der zu treffenden Entscheidungen** zu achten. Ist zunächst eine Entscheidung betreffend Nutzungsentgelt und Lastentragung ergangen, muss das Ergebnis in die später ergehende Unterhaltsentscheidung einfließen[368]. Ggf. ist an die Möglichkeit der Aussetzung (§ 21 FamFG bzw. § 113 I FamFG i.V.m. § 148 ZPO) zu denken[369].

223 Eine Verbindung des Unterhalts- und des Nutzungsvergütungsverfahrens gem. § 113 I FamFG i.V.m. § 147 ZPO kommt nur in Betracht, wenn Letzteres nicht als Ehewohnungssache i.S. der §§ 111 Nr. 5, 200 ff. FamFG, sondern als sonstige Familiensache i.S. der §§ 111 Nr. 10, 266 I FamFG zu qualifizieren ist, denn nur dann sind beide Verfahren Familienstreitsachen (§ 112 FamFG), so dass sie den gleichen verfahrensrechtlichen Bestimmungen unterliegen[370]. Ein Nutzungsvergütungsverfahren ist nicht als Ehewohnungs-, sondern als sonstige Familiensache einzuordnen, wenn der Anspruch auf § 745 II BGB gestützt wird.

V. Erhaltungsmaßnahmen, Auskunftspflicht

224 Bei im Miteigentum der Ehegatten stehenden Immobilien entsteht nach Scheitern der Ehe gelegentlich Streit in Bezug auf **Erhaltungsmaßnahmen**[371]. Nach § 744 II BGB ist ein Miteigentümer berechtigt, notwendige Erhaltungsmaßnahmen auch ohne Zustimmung des anderen Teilhabers zu treffen. Notwendig ist eine Maßnahme, die entweder die Substanz oder den Wert der Sache erhält. Dient die Renovierung eines Hauses nicht mehr der Abwehr von Schäden, sondern überwiegend der Wertsteigerung, liegt keine Notwendigkeit vor[372]. Ggf. kann Ersatz der für die Maßnahmen entstandenen Aufwendungen sowie Gewährung eines Vorschusses verlangt werden (§§ 748, 744 II BGB). Doch steht dieses Recht unter dem Vorbehalt einer ordnungsgemäßen Verwaltung und darf daher nicht ohne Rücksicht auf die wirtschaftlichen Verhältnisse der Be-

367 Vgl. Rn. 214.

368 KG, FamRZ 2015, 1191, 1192; Rn. 214.

369 Vgl. auch OLG Düsseldorf, FamRZ 1985, 949.

370 Vgl. *Maier*, FamRZ 2016, 426, 428; *Jansen/v. König/v. Schuckmann*, Rn. 88 vor §§ 8–18. Dazu auch Rn. 141.

371 Vgl. LG Stralsund, FamRZ 2011, 1673 (Begehren auf Unterlassung von Sanierungsmaßnahmen).

372 Zu allem OLG Brandenburg, Beschl. v. 15.12.2015, 9 UF 29/15, juris (Anspruch auf Erstattung der Kosten einer Dachsanierung bejaht, nachdem Reparaturarbeiten nicht mehr aussichtsreich erschienen).

teiligten ausgeübt werden[373]. Das OLG Rostock[374] hat aus diesem Grund die Klage einer in einem renovierungsbedürftigen Einfamilienhaus wohnenden Ehefrau abgewiesen, die vom ausgezogenen Ehemann einen Vorschuss für eine 12.000 € teure, bautechnisch eigentlich erforderliche Dachsanierung des gemeinsamen Hauses verlangte, nachdem die Eheleute vor der Trennung wegen Mittellosigkeit von entsprechenden Sanierungsmaßnahmen abgesehen hatten[375].

Aus der Stellung der Ehegatten als Grundstücksmiteigentümer und Gesamtberechtigte an einer bestellten Eigentümergrundschuld können sich wechselseitige **Auskunftspflichten** ergeben. So kann nach einer Entscheidung des OLG Dresden[376] ein Ehegatte, mit dessen Zustimmung der andere eine Eigentümerbriefgrundschuld an einen Dritten abgetreten hat, vom anderen Auskunft über den Inhalt des Abtretungsgeschäfts (insbesondere: Person des Dritten) verlangen[377]. **225**

VI. Auflösung des Miteigentums

1. Überblick

Probleme bereitet den Ehegatten vielfach die Frage: Soll man das Miteigentum an einer Immobilie, insbesondere am Familienheim, längerfristig beibehalten oder sich davon trennen? Während die dauerhafte Beibehaltung der bisherigen dinglichen Zuordnung meist keine sinnvolle Lösung ist, bietet sich oft die **einverständliche Übertragung** des Miteigentumsanteils des einen auf den anderen Ehegatten an[378]. Die Übertragung des Miteigentumsanteils am Familienheim ist – anders als bei Haushaltsgegenständen (§ 1568b I BGB) – regelmäßig nicht durch richterliche Entscheidung, sondern nur durch Vereinbarung zu erreichen[379]. Allerdings sind bei gesetzlichem Güterstand die Möglichkeiten des § 1383 BGB zu bedenken (Übertragung von Vermögensgegenständen unter Anrechnung auf die Zugewinnausgleichsforderung), einer von der Rechtsprechung bis- **226**

---

373 Vgl. auch OLG Brandenburg, Beschl. v. 15.12.2015, 9 UF 29/15, juris.

374 NJW-RR 2003, 797 = FamRB 2003, 398 *(Großmann).*

375 Ähnlich OLG Brandenburg, Beschl. v. 3.6.2013, 3 WF 53/13, juris.

376 FamRZ 2013, 134 = NJW-RR 2012, 1006.

377 Im entschiedenen Fall wurde der Auskunftsanspruch vom Insolvenzverwalter des auskunftsberechtigten Ehemannes geltend gemacht.

378 Zu einverständlichen Regelungsmöglichkeiten und den dabei zu beachtenden Gesichtspunkten: *Brambring,* FPR 2013, 289; *Börger,* FPR 2000, 262 (mit Musterverträgen); *Kloster-Harz,* FPR 2000, 191, 193; *Göppinger/Börger,* 6 Rn. 52 ff., 7 Rn. 19 ff.

379 Zu in besonderen Fällen möglichen Rückgewähransprüchen bei Schenkungen und ehebezogenen Zuwendungen vgl. Rn. 887 ff. – Ein sich aus einem Ehevertrag ergebender Anspruch auf Übertragung des Miteigentumsanteils verwandelt sich nach OLG Bremen, FamRZ 2014, 1635, in einen Zahlungsanspruch, wenn der Miteigentumsanteil veräußert worden ist.

her unnötig restriktiv gehandhabten Vorschrift[380]. Erscheint den Ehegatten die Übernahme von Alleineigentum nicht sinnvoll oder können sie sich aus anderen Gründen darauf nicht verständigen, stellt sich die Frage, ob sie sich dann auf einen **Verkauf an einen Dritten** einigen können, der einen größeren Erlös und geringere Kosten als die Auseinandersetzung des Miteigentums gem. §§ 753 ff. BGB, d.h. bei Grundstücken regelmäßig durch Teilungsversteigerung, verspricht[381]. Können sich die Ehegatten auch auf eine Veräußerung an einen Dritten nicht einigen – was gelegentlich darauf zurückzuführen ist, dass einer der Ehegatten einen günstigen Eigenerwerb der Immobilie in der Teilungsversteigerung erhofft –, so ist die **Auflösung nach den gesetzlichen Regeln** vorzunehmen. Eine Verpflichtung, zur Vermeidung einer Teilungsversteigerung einer einverständlichen Lösung zuzustimmen, besteht grundsätzlich nicht. Denn das Gesetz sieht einen Anspruch auf Aufhebung der Gemeinschaft gem. §§ 749 ff. BGB, nicht aber einen Anspruch eines Miteigentümers auf Übertragung eines Miteigentumsanteils des anderen oder auf freihändigen Verkauf vor[382].

227 Die bei Rn. 101 ff. dargestellten Grundsätze der gesetzlichen Regelung zur Auflösung des Miteigentums gelten nicht nur für bewegliche Sachen, sondern auch für Immobilien. Auch bei ihnen ist an sich die **Teilung in Natur** (§ 752 BGB) vorrangig. Doch erweisen sich Grundstücke, auch wenn sie nicht bebaut sind, in der Regel als nicht teilbar, weil meist entweder öffentlich-rechtliche Teilungsverbote bestehen, weil die sich bei einer Teilung ergebenden Grundstücksteile nicht gleichartig sind oder weil durch die Teilung eine Wertminderung eintritt[383]. Auch die Teilung eines bebauten Grundstücks dergestalt, dass für jeden Ehegatten Wohnungseigentum geschaffen wird, ist nicht möglich[384]. Gehören den Ehegatten zwei Immobilien gemeinsam, setzt eine Teilung nach § 752 BGB in der Weise, dass jeder ein Grundstück erhält, zunächst voraus, dass man das Bestehen nur einer Gemeinschaft an beiden Immobilien annehmen kann und nicht von zwei Gemeinschaften ausgehen muss. Dies hängt davon ab, ob die Grundstücke als wirtschaftlich zusammengehörig anzusehen sind[385]. Aber selbst wenn das der Fall ist, wird eine Zuteilung jeweils eines

---

380 Vgl. dazu *Götz/Schnitzler/Wever*, 40 Jahre Familienrechtsreform, 2017, S. 187, 199 f.; *Braeuer*, Rn. 529 ff. Dazu auch Rn. 973.

381 Zur bei Veräußerung des Familienheims zu bedenkenden steuerrechtlichen Fragen (Besteuerung des Veräußerungsgewinns aus einem privaten Veräußerungsgeschäft) *Perleberg-Kölbel*, FuR 2016, 94; *Kogel*, FamRZ 2003, 808; *Büte*, FuR 2003, 390; *Karasek*, FamRZ 2002, 590.

382 OLG Bremen, NJW 2017, 3245. Dazu näher Rn. 761 f.

383 Vgl. *Stöber*, § 180 Anm. 2.6.

384 *Staudinger/Eickelberg*, 2015, § 752 Rn. 18.

385 *Staudinger/Eickelberg*, 2015, § 752 Rn. 6.

Grundstücks an jeden Ehegatten meist an fehlender Gleichartigkeit der Grundstücke scheitern[386].

Bei Immobilien erfolgt daher die streitige Aufhebung der Gemeinschaft in aller Regel nach § 753 BGB durch Zwangsversteigerung gem. §§ 180 ff. ZVG (Auseinandersetzungsversteigerung, meist **Teilungsversteigerung** genannt)[387]. Das Verfahren dient – wie der Pfandverkauf bei beweglichen Sachen – der Ersetzung eines unteilbaren durch einen teilbaren Gegenstand, nämlich der Schaffung eines unter den Miteigentümern verteilungsfähigen Erlöses[388]. Der Erlös tritt an die Stelle des gemeinschaftlichen Grundstücks. Die den Miteigentümern davon gebührenden Anteile richten sich nach ihren bisherigen Miteigentumsanteilen an dem Grundstück[389]. Der Erlös ist daher nach Abzug der Kosten i.S. des § 748 BGB sowie ggf. unter Berücksichtigung einer bestehenden Gesamtschuld nach § 755 I BGB oder einer Teilhaberschuld nach § 756 BGB unter den Ehegatten entsprechend ihren Anteilen, meist hälftig, zu teilen. Die Verteilung des Erlöses erfolgt nicht im Versteigerungsverfahren selbst, für das – auch nach seit 1.9.2009 geltendem Recht[390] – das Amtsgericht (Vollstreckungsgericht) zuständig ist (§§ 180 I, 35 ZVG). Vielmehr bedarf es, wenn die Ehegatten sich über die Verteilung des Erlöses nicht einigen können, der Hinterlegung und eines Leistungsantrags beim Familiengericht[391]. **228**

Da auch an **Wohnungseigentum** eine Bruchteilsgemeinschaft bestehen kann[392], kommt auch hier eine Teilungsversteigerung in Betracht. Zwar kann ein einzelner Wohnungseigentümer nicht die Aufhebung der Gemeinschaft der Wohnungseigentümer verlangen (§ 11 I WEG). Dies gilt aber nicht für die an einer einzelnen Eigentumswohnung bestehende Bruchteilsgemeinschaft. Sie kann vielmehr im Wege der Zwangsversteigerung aufgehoben werden[393]. Schließlich kann auch ein von den Ehegatten **229**

---

386 Vgl. auch *Schulz/Hauß*, Rn. 1345.

387 Literaturhinweise vor Rn. 63. – Zur Teilungsversteigerung als Instrument anwaltlicher Interessenvertretung *Kogel*, FamRB 2003, 403; 2004, 26 u. 55; vgl. auch *Kogel*, Angriffs- und Verteidigungsstrategien bei der Teilungsversteigerung des Familienheims, FamRB Sonderheft 10/2008. Zu taktischen Überlegungen auch *Münch*, Scheidungsimmobilie, Rn. 848 ff.; dort, Rn. 928 ff., auch Formulierungsmuster für Anträge in der Teilungsversteigerung. Muster Teilungsversteigerungsantrag auch bei *Roßmann*, FuR 2013, 137, 143, u. *Cirullies*, Rn. 845.

388 BVerfG, FamRZ 1976, 436, 438 = NJW 1976, 1391, 1392; BGH, FamRZ 2017, 1602, Rn. 32 = NJW 2017, 2768; FamRZ 2008, 767, 769 = NJW 2008, 1807.

389 BGH, FamRZ 1990, 975, 976.

390 Vgl. Rn. 33; *Prütting/Helms/Heiter*, § 266 Rn. 23.

391 Vgl. Rn. 33 ff.

392 Vgl. BGH, NJW-RR 2001, 6, 7; MünchKomm/*Schmidt*, § 741 Rn. 12, m.w.N.

393 *Stöber*, § 180 Anm. 2.9b; *Staudinger/Eickelberg*, 2015, § 753 Rn. 5; *Hintzen*, D Rn. 13.

im Rahmen einer **BGB-Gesellschaft** gehaltenes Grundstück[394] Gegenstand einer Teilungsversteigerung sein[395].

230 Eine nur teilweise Aufhebung der Gemeinschaft an Einzelbestandteilen von Haus und Grundstück ist dagegen nicht möglich. Wird nach einem Brand eine **Versicherungssumme** zur Wiederherstellung des Hauses an einen der Miteigentümer gezahlt und finanziert dieser davon die Wiederinstandsetzung des Hauses, so kann der andere Miteigentümer nicht Aufhebung der Gemeinschaft – beschränkt auf die Versicherungssumme, die als Surrogat an die Stelle der zerstörten Sachsubstanz des Hauses getreten ist – verlangen. Er hat also keinen Anspruch auf Auszahlung seines Hälfteanteils am Entschädigungsbetrag[396].

2. Teilungsversteigerungsverfahren

231 Die Teilungsversteigerung ist durch das Amtsgericht als Vollstreckungsgericht (§ 1 ZVG) auf **Antrag eines Miteigentümers** anzuordnen (§§ 180 I, 15 ZVG)[397]. Ein vollstreckbarer Titel ist nicht erforderlich (§ 181 I ZVG). Die Verpflichtung des oder der übrigen Miteigentümer, die Aufhebung zu dulden, braucht also nicht zuvor durch gerichtliche Entscheidung festgestellt zu werden. Voraussetzung ist nur, dass der Antragsteller als Miteigentümer im Grundbuch eingetragen oder dass er Erbe eines eingetragenen Miteigentümers ist (§§ 17 I, 181 II S. 1 ZVG). Weiterer Nachweise für die Zulässigkeit der Teilungsversteigerung bedarf es nicht, sofern kein Aufhebungsausschluss eingetragen ist[398]. Allerdings kann der aufhebungswillige Teilhaber zunächst Klage auf Duldung der Zwangsversteigerung zum Zwecke der Aufhebung der Gemeinschaft erheben, wenn Einwendungen gegen die Zulässigkeit der Teilungsversteigerung zu erwarten sind oder das Hindernis eines eingetragenen Aufhebungsausschlusses überwunden werden muss (etwa unter Berufung auf einen wichtigen Grund i.S. von § 749 II BGB)[399].

232 Die aus der Miteigentümerstellung folgende Berechtigung zur Beantragung der Teilungsversteigerung besteht auch dann, wenn der andere Miteigentümerehegatte oder ein Dritter den Anspruch auf Aufhebung der Gemeinschaft und auf eine den Bruchteilen entsprechende Teilung und

394 Vgl. Rn. 1088.

395 Vgl. BGH, NJW-RR 2014, 149.

396 OLG Düsseldorf, OLG-Report 1996, 256. – Zur Situation bei Versicherungsleistungen für zerstörte Haushaltsgegenstände vgl. Rn. 692 f.

397 Zu den Voraussetzungen und Bedingungen, zu denen für die Durchführung einer Teilungsversteigerung Verfahrenskostenhilfe bewilligt werden kann, BGH, FamRZ 2011, 967 = FamRB 2011, 215 *(Kogel)*.

398 Vgl. *Staudinger/Eickelberg*, 2015, § 753 Rn. 5.

399 *Staudinger/Eickelberg*, 2015, § 753 Rn. 27 u. § 749 Rn. 14.

Auskehrung des Erlöses hat pfänden und sich überweisen lassen[400]. Sie wird auch durch eine Forderungsvollstreckung in den Miteigentumsanteil des die Teilungsversteigerung Beantragenden und die Beschlagnahme des Miteigentumsanteils nicht berührt[401]. Bei Insolvenz eines Ehegatten erfolgt die Teilung außerhalb des Insolvenzverfahrens[402].

Die Miteigentumsanteile können – anders als bei der Zwangsversteigerung eines Grundstücks, an dem Bruchteilseigentum besteht – nicht einzeln ausgeboten werden[403]. **233**

Einwendungen des oder der übrigen Miteigentümer gegen die Zulässigkeit der Teilungsversteigerung sind vom Vollstreckungsgericht nicht zu beachten, sofern sie sich nicht aus dem Grundbuch ergeben (§ 28 ZVG). Will der sich der Teilungsversteigerung widersetzende Ehegatte das Bestehen eines Aufhebungsanspruchs bestreiten, muss er den Weg des Drittwiderspruchsverfahrens (§ 113 I FamFG, § 771 ZPO) beschreiten[404]. Zur Vermeidung des Risikos eines erfolgsversprechenden Drittwiderspruchsverfahrens empfiehlt es sich für den aufhebungswilligen Ehegatten zu prüfen, ob der andere sich auf ein der Teilungsversteigerung entgegenstehendes Recht berufen kann, insbesondere ob seine Zustimmung zur Teilungsversteigerung im Hinblick auf § 1365 BGB erforderlich ist (vgl. im Einzelnen Rn. 276 ff.). **234**

Besteht an dem Anteil des antragstellenden Miteigentümers ein **Nießbrauch,** so kann der Antrag auf Durchführung der Teilungsversteigerung nur von dem Miteigentümer und dem Nießbraucher gemeinschaftlich gestellt werden (§ 1066 II BGB)[405]. Der Nießbrauch setzt sich dann gem. § 1066 III BGB am Erlös fort. Besteht der Nießbrauch dagegen am gesamten Grundstück, wird er gem. § 182 I ZVG zum geringsten Gebot gerechnet und bleibt bestehen[406]. **235**

---

400 BGH, FamRZ 2017, 1602 = NJW 2017, 2768, m. Anm. *Erbarth*, NZFam 2017, 847; als Vorinstanz OLG Düsseldorf, Beschl. v. 4.7.2016, 2 UF 27/16, juris = FamRB 2016, 451 *(Mast)*; OLG Thüringen, Beschl. v. 9.3.2001, 6 W 819/00 = Rpfleger 2001, 445; **a.A.** *Kogel*, Teilungsversteigerung, Rn. 15c ff. – Zur Möglichkeit des Gläubigers eines der Miteigentümer, dessen Anspruch auf Aufhebung der Gemeinschaft sowie auf Teilung und Auszahlung des Erlöses pfänden und sich überweisen zu lassen, schon BGH, FamRZ 2006, 410. Die Pfändung führt nicht zum Wegfall der Verfügungsbefugnis über den Miteigentumsanteil (BGH, NJW-RR 2010, 1098 = FamRZ 2010, 810 [LS]; vgl. auch Fn. 20).

401 BGH, FamRZ 2017, 1602 = NJW 2017, 2768, m. Anm. *Erbarth*, NZFam 2017, 847; als Vorinstanz OLG Düsseldorf, Beschl. v. 4.7.2016, 2 UF 27/16, juris = FamRB 2016, 451 *(Mast)*. Zum Verhältnis von Forderungs- und Teilungsversteigerung: *Kogel*, NJW 2016, 2294; *ders.*, Teilungsversteigerung, Rn. 13 ff. ; *Hamme,* Rpfleger 2002, 248.

402 Näher dazu *Cirullies*, Rn. 842 ff.

403 BGH, FamRZ 2009, 1317.

404 I.E. Rn. 280, 290, 321.

405 LG Saarbrücken, NJW-RR 2010, 24; **a.A.** *Böttcher*, FPR 2013, 345, 346.

406 *Stöber*, § 182 Anm. 2.13a u. § 180 Anm. 7.17.

236 Der **Anordnungsbeschluss** (Anordnung der Teilungsversteigerung) hat die Wirkung einer Beschlagnahme des Grundstücks. Eine anschließende Veräußerung eines Miteigentumsanteils, die möglich ist[407], hat auf den Fortgang des Versteigerungsverfahrens keinen Einfluss (§ 26 ZVG), sofern die Veräußerung nicht die Bruchteilsgemeinschaft aufhebt, wie es etwa bei einer Veräußerung seitens aller Teilhaber an einen Dritten oder bei Alleinerwerb eines Teilhabers der Fall ist[408].

237 Nach der – regelmäßig erforderlichen – Einholung eines Wertgutachtens wird der Verkehrswert des Grundstücks durch einen der sofortigen Beschwerde unterliegenden Beschluss festgesetzt (§ 74a V ZVG). Im **Versteigerungstermin**[409] erfolgt sodann die Versteigerung zu einem Betrag, der das sog. geringste Gebot nicht unterschreiten darf (§ 44 I ZVG). Das **geringste Gebot** ist unabhängig vom Grundstückswert. Es bestimmt sich nach dem Betrag, der zur Deckung der Kosten und der dem Auseinandersetzungsanspruch des antragstellenden Miteigentümers (§§ 749 ff. BGB) vorgehenden Rechte an dem Grundstück benötigt wird[410]. Nach § 182 I ZVG sind – als dem Auseinandersetzungsanspruch vorgehend – die den Anteil des Antragstellers belastenden oder mitbelastenden Rechte an dem Grundstück sowie alle Rechte zu berücksichtigen, die einem dieser Rechte vorgehen oder gleichstehen[411]. Sind die Miteigentumsanteile unterschiedlich belastet, kann das geringste Gebot unterschiedlich ausfallen, je nachdem wer die Teilungsversteigerung betreibt[412]. Ist bei einem Anteil ein größerer Betrag zu berücksichtigen als bei einem anderen Anteil, erhöht sich das geringste Gebot nach § 182 II ZVG um den zur Ausgleichung unter den Miteigentümern erforderlichen Betrag[413]. Der insoweit anzusetzende Ausgleichsbetrag stellt einen Rechnungsposten im geringsten Gebot dar, der einen für die Auseinandersetzung ausreichend hohen

---

407 Vgl. *Hintzen,* D Rn. 93.

408 Vgl. MünchKomm/*Schmidt,* § 753 Rn. 21.

409 Zum Ablauf des Versteigerungstermins *Böttcher,* FPR 2013, 345, 349 ff.

410 *Stöber,* § 182 Anm. 2.1.

411 *Bergschneider/Hintzen,* FamVermR, Rn. 10.153. Berechnungsbeispiele bei *Kogel,* FamRB 2017, 106, 107; *ders.,* Teilungsversteigerung, Rn. 233 ff. (zu allen möglichen Fallkonstellationen); *Nickel,* FPR 2013, 370, 373; *Hintzen,* D Rn. 122.

412 *Nickel,* FPR 2013, 370, 373. Wird die Teilungsversteigerung von beiden Teilhabern betrieben, ist für die Feststellung des geringsten Gebots von der Person des Antragstellers auszugehen, dessen Anteil am geringsten belastet ist (sog. Niedrigstgebotslösung), BGH, NJW 2017, 1756, m. Anm. *Kiderlen* = FamRZ 2017, 990 [LS]. Dies ist insbesondere von Bedeutung, wenn ein Ehegatte zur Verhinderung der Teilungsversteigerung seinen Anteil hoch belastet und dem vom anderen eingeleiteten Versteigerungsverfahren beitritt; dazu auch *Mast/Kogel,* FamRZ 2017, 954; *Kogel,* FamRB 2017, 106, 108 ff.; *Böttcher,* FPR 2012, 502, 505 f.; *Bergschneider/Hintzen,* FamVermR, Rn. 10.177 ff.; *Stöber,* § 182 Anm. 3.4 ff.

413 Berechnungsbeispiele bei *Kogel,* FamRB 2017, 106, 108 ff.; *Nickel,* FPR 2013, 370, 373 ff.; *Alff,* Rpfleger 2004, 673; *Hintzen,* D Rn. 123. Vgl. auch *Stöber,* § 182 Anm. 4.

Erlösüberschuss sicherstellen soll[414]. War entgegen § 182 II ZVG der zur Ausgleichung unterschiedlicher Belastungen erforderliche Betrag nicht im geringsten Gebot enthalten, kann die unterschiedliche Belastung noch im Verfahren um die Verteilung des Erlöses ausgeglichen werden[415].

Das geringste Gebot besteht aus den bestehen bleibenden Rechten (§ 52 ZVG)[416] und dem bar zu zahlenden Teil des geringsten Gebots (geringstes Bargebot). Das geringste Bargebot und der das geringste Gebot übersteigende Teil des Meistgebots (Mehrgebot) ergeben das Bargebot (§ 49 I ZVG). Das **Bargebot** enthält damit u.a. den Anteil des Erlöses, der unter den Miteigentümern zu verteilen ist. Nach Abgabe eines Gebots hat der Bieter auf Verlangen eines Miteigentümers nach Maßgabe der §§ 67 ff. ZVG Sicherheit zu leisten[417]. Das gilt auch, wenn der Bieter ein Miteigentümer ist[418], jedoch mit der Einschränkung des § 184 ZVG. **238**

Der **Zuschlag** kann im ersten Versteigerungstermin nicht erteilt werden, wenn das Meistgebot einschließlich des Wertes der bestehen bleibenden Rechte die Hälfte des Verkehrswertes des Grundstücks nicht erreicht (§ 85a ZVG). Damit wird einer Verschleuderung des Grundstücks – auch bei Ersteigerung durch einen der Ehegatten – entgegengewirkt[419]. In einem weiteren Versteigerungstermin gilt diese Wertgrenze jedoch nicht mehr. Durch den Zuschlag wird der Ersteher Eigentümer des Grundstücks (§ 90 ZVG). Er haftet von diesem Zeitpunkt an für die gem. § 53 ZVG übernommenen Schulden. Der Zuschlagsbeschluss verschafft dem Ersteher einen **Räumungstitel** (§ 93 ZVG). Gegen die Räumung kann nur ein Recht zum Besitz eingewendet werden, das durch den Zuschlag nicht erloschen ist, wie insbesondere das Besitzrecht aus einem **Mietvertrag** (§ 57 ZVG, § 566 BGB)[420]. **239**

Jeder Teilhaber hat die Möglichkeit, das Grundstück **selbst zu ersteigern.** Ist die Veräußerung des Grundstücks an einen Dritten unstatthaft (etwa aufgrund einer Vereinbarung der Teilhaber oder aufgrund einer letztwilligen Verfügung), so findet die Versteigerung gem. § 753 I S. 2 BGB nur unter den Teilhabern statt[421]. Hat ein Ehegatte das Eigentum an **240**

---

414 BGH, FamRZ 2010, 354, 355.

415 BGH, FamRZ 2010, 354, 355; FamRZ 1983, 797 = NJW 1983, 2449. Vgl. dazu Rn. 270 f.

416 Vgl. dazu auch Rn. 259.

417 Zu den zugelassenen Formen der Sicherheitsleistung *Kogel,* FamRB 2008, 221; *ders.*, Teilungsversteigerung, Rn. 214 ff.

418 *Kogel*, Teilungsversteigerung, Rn. 213.

419 Allein dem Schutz eines Gläubigers, dessen Anspruch durch das Meistgebot nicht gedeckt ist, dient die daneben in § 74a ZVG geregelte Grenze von 7/10 des Grundstückswertes.

420 Zu den Auswirkungen eines bestehenden Mietvertrages *Kogel,* FamRB 2010, 191; *ders.*, Teilungsversteigerung, Rn. 331 f. Vgl. auch *Braeuer,* FPR 2000, 198, 199, sowie Rn. 74, 275, 286 (nicht bestehendes Kündigungsrecht des Ersteigerers nach § 57a ZVG).

421 Dazu *Staudinger/Eickelberg*, 2015, § 753 Rn. 39 ff.; MünchKomm/*Schmidt,* § 753 Rn. 11.

der Ehewohnung bei der Teilungsversteigerung erworben, ist ein Anspruch des anderen auf Überlassung nach § 1568a BGB ausgeschlossen[422]. Streitig ist, ob der im Haus wohnende Ehegatte verpflichtet ist, dem anderen während des Teilungsversteigerungsverfahrens ein **Zutrittsrecht** für Bietinteressenten zu gewähren[423].

3. Aufteilung des Erlöses

a) Grundsätzliches

241 In dem dem Versteigerungstermin nachfolgenden **Verteilungstermin** (§ 105 ZVG) wird die Teilungsmasse festgestellt (§ 107 ZVG). Verteilt und ausbezahlt werden jedoch nur die Verfahrenskosten (§ 109 ZVG) und – nach dem gem. § 113 ZVG aufzustellenden Teilungsplan – die angemeldeten Ansprüche nach § 10 I Nr. 1–3 ZVG, die Kosten und wiederkehrenden Leistungen der bestehen bleibenden Rechte (§ 10 I Nr. 4 ZVG) sowie die Kosten, wiederkehrenden Leistungen und der Kapitalbetrag der nach den Versteigerungsbedingungen erlöschenden Rechte. Der weitere Erlösüberschuss steht den bisherigen Miteigentümern zu. Er tritt im Wege der dinglichen Surrogation an die Stelle des versteigerten Grundstücks. Die Gemeinschaft setzt sich am Versteigerungserlös fort, soweit er den Teilhabern zusteht[424].

242 Die **Verteilung des Überschusses** unter den Teilhabern ist nicht mehr Gegenstand des Versteigerungsverfahrens und gehört daher nicht zu den Aufgaben des Vollstreckungsgerichts, wenngleich es den Beteiligten bei der Erlösverteilung behilflich sein soll[425]. In dem Teilungsplan wird der den Teilhabern verbleibende Überschuss nicht unter den Teilhabern aufgeteilt, sondern ihnen lediglich global zugewiesen[426]. Nur wenn die Teilhaber einverstanden und sich über die Verteilung des Reinerlöses einig sind, ist im Teilungsplan auch die Aufteilung des Reinerlöses unter den Teilhabern festzulegen. Anderenfalls wird der Überschuss zugunsten aller Teilhaber bei der Hinterlegungsstelle des zuständigen Amtsgerichts **hinterlegt** (§ 117 II S. 3 ZVG) – eine für die Teilhaber wirtschaftlich ungüns-

---

422 OLG Hamm, FamRZ 1998, 181; *Büte*, FPR 2010, 537, 538; *Johannsen/Henrich/Götz*, § 1568a Rn. 13. Zum Zusammentreffen von Versteigerungs- u. Ehewohnungsverfahren vgl. i.Ü. Rn. 286 f.

423 Bejahend AG Wetzlar, FamRZ 2002, 1500; AG Aachen, FamRZ 1999, 848, mit abl. Anm. *Kogel;* abl. auch *Reinecke*, FPR 2000, 208, 209; offen lassend OLG Bremen, NJW 2017, 3245; differenzierend *Weinreich*, FuR 2006, 352, 355. Vgl. dazu auch Rn. 125.

424 Zur Behandlung und Einziehung noch offener Mietzinsansprüche der Gemeinschaft gegen einen Teilhaber vgl. BGH, FuR 2001, 286, sowie Rn. 104 u. 851 f.

425 *Kiderlen*, FPR 2013, 359, 360 f.; MünchKomm/*Schmidt*, § 753 Rn. 29; *Stöber*, § 180 Anm. 17.9.

426 Vgl. *Staudinger/Eickelberg*, 2015, § 753 Rn. 6.

tige Lösung[427]. Die Gemeinschaft setzt sich nunmehr an der Forderung gegen die Hinterlegungsstelle fort. Über den hinterlegten Betrag können die Teilhaber einverständlich verfügen. Werden sie sich über die Aufteilung nicht einig, kann die Teilung nur in der Weise weiter betrieben werden, dass ein Teilhaber den anderen auf Einwilligung in die Auszahlung vor dem seit 1.9.2009 zuständigen Familiengericht[428] in Anspruch nimmt.

Der **Anspruch auf Einwilligung in die Auszahlung** ergibt sich aus § 812 I S. 1 BGB (Bereicherung um die Mitberechtigung an dem dem anderen Ehegatten allein zustehenden Teil des Überschusses)[429]. Ob bzw. in welchem Umfang ein solcher Anspruch besteht, hängt davon ab, wie der hinterlegte Betrag nach Maßgabe der materiellen Rechtslage unter den Parteien als den gemeinschaftlich Berechtigten aufzuteilen ist. Dabei sind **Ansprüche nach §§ 755, 756 BGB** zu berücksichtigen: Schulden, die sich auf die Gemeinschaft beziehen (Verbindlichkeiten i.S. des § 748 BGB) und für die die Ehegatten gesamtschuldnerisch haften, werden aus dem Erlös beglichen (§ 755 BGB)[430]. Forderungen eines Miteigentümers gegen den anderen, die sich auf die Gemeinschaft gründen, sind aus dem Anteil des anderen im Voraus zu befriedigen (§ 756 S. 1 BGB)[431]. Auf diese Weise wird erreicht, dass kein Miteigentümer mehr erhält, als ihm unter Berücksichtigung der in §§ 755, 756 BGB erfassten obligatorischen Beziehungen untereinander, d.h. im Innenverhältnis, gebührt[432]. **243**

Ein Ausgleichsanspruch nach § 756 S. 1 BGB kann etwa dann gegeben sein, wenn Verbindlichkeiten aus einem Darlehen bestehen, die ein Ehegatte nach Scheitern der Ehe allein, aber im Einverständnis mit dem anderen eingegangen ist, um wertsteigernde Aufwendungen für das gemeinsame Hausgrundstück zu finanzieren. Sind in einem solchen Fall Rückzahlungen auf das Darlehen noch nicht geleistet worden, kann auch der **Befreiungsanspruch**, der im Zweifel in Höhe der hälftigen Darlehensschuld besteht, in die Ausgleichung gem. § 756 BGB einzubeziehen **244**

---

427 Die 2010 an die Stelle der bundeseinheitlich geltenden HinterlO getretenen Hinterlegungsgesetze der Länder sehen geringe oder keine Zinsen vor. Die Ehegatten sollten daher erwägen, unstreitige Teilbeträge auszahlen zu lassen und streitige Beträge auf einem gemeinsamen Und-Konto (dazu Rn. 561) mit Festgeldverzinsung oder unter treuhänderischer Verwaltung, etwa ihrer Verfahrensbevollmächtigten, anzulegen *(Münch*, Scheidungsimmobilie, Rn. 847; *Kogel*, Teilungsversteigerung, Rn. 432, 445); zu evtl. Auswirkungen einer solchen Vorgehensweise vgl. Rn. 253.

428 Vgl. Rn. 33.

429 BGH, FamRZ 2010, 354, 355; FamRZ 1992, 43 = NJW 1992, 114; OLG Köln, FamRZ 1991, 1334.

430 Bei noch nicht fälligen ebenso wie bei streitigen Schulden ist der zur Befriedigung erforderliche Betrag zurückzubehalten, vgl. *Staudinger/Eickelberg*, 2015, § 755 Rn. 9.

431 Vgl. *Staudinger/Eickelberg*, 2015, § 749 Rn. 12.

432 MünchKomm/*Schmidt,* §§ 755 f. Rn. 1.

sein[433]. Der Darlehensnehmer kann nach § 756 S. 1 BGB verlangen, dass sein Befreiungsanspruch im Vollzug der Teilung durch Zahlung an den Darlehensgeber beglichen wird[434]. Derartige Ausgleichsansprüche bestehen aber regelmäßig nicht für Leistungen (Kosten der Anschaffung, Bebauung oder Unterhaltung), die ein Ehegatte während der intakten Ehe erbracht hat und die höher waren, als es seinem Miteigentumsanteil entsprochen hätte. Denn es handelt sich dabei um Beiträge zum Familienunterhalt bzw. um ehebezogene Zuwendungen, die in aller Regel nicht zurückzugewähren sind[435].

245 Hat ein Miteigentümer seinen Anteil an dem Grundstück zur Belastung mit einem dinglichen Recht zur Verfügung gestellt, für das im Innenverhältnis nur der andere Miteigentümer haftet, so kann bei der Aufteilung des Erlöses der sich daraus ergebende Befreiungsanspruch[436] ebenfalls berücksichtigt werden. Der Inhaber des Befreiungsanspruchs kann verlangen, bei der Aufhebung der Gemeinschaft so behandelt zu werden, als sei allein der Anteil des anderen mit dem der Besicherung seiner Schuld dienenden Grundpfandrecht belastet gewesen[437].

246 Wird vom Ersteigerer das **Bargebot nicht berichtigt**, wird die Forderung gegen ihn auf die berechtigten bisherigen Miteigentümer übertragen (§ 118 I ZVG). Die Gemeinschaft setzt sich dann an der unverteilt übertragenen Forderung als Mitberechtigung gem. § 432 BGB und an der nach § 128 II ZVG für die früheren Miteigentümer von Amts wegen einzutragenden Sicherungshypothek fort. Die Forderung der Gemeinschaft gegen den Ersteher und ihr Anspruch aus der Sicherungshypothek sind vollstreckbar (§ 132 ZVG). Verlangt werden kann gem. § 432 I S. 1 BGB nur Leistung an alle. Aus der Sicherungshypothek und wegen der übertragenen Forderung kann ggf. jeder Berechtigte die Wiederversteigerung gem. § 133 ZVG (keine Teilungs-, sondern Zwangsversteigerung) betreiben[438].

b) Zurückbehaltungsrecht und Aufrechnung

aa) Zustimmungsverlangen bei eigener Zustimmungsverweigerung

247 Verlangt ein Teilhaber der Gemeinschaft vom anderen die Einwilligung in die Auszahlung seines Erlösanteils durch die Hinterlegungsstelle,

433 Zum Befreiungsanspruch bei gesamtschuldnerischen Verbindlichkeiten vgl. Rn. 488 ff.
434 BGH, FamRZ 1992, 43 = NJW 1992, 114.
435 Vgl. Rn. 948 ff.; *Staudinger/Eickelberg*, 2015, § 749 Rn. 37, 42 f.
436 Vgl. Rn. 844.
437 OLG Köln, FamRZ 1991, 1334.
438 Zu allem: BGH, FamRZ 2008, 767 = NJW 2008, 1807; OLG Koblenz, FamRZ 2012, 1665; *Kogel*, FamRB 2012, 290, 291 f.; *ders.*, Teilungsversteigerung, Rn. 450 ff.

lehnt er es aber selbst ab, der Auszahlung des dem anderen Teilhaber zustehenden Erlösanteils zuzustimmen, so hat dieser an der von ihm abzugebenden Einwilligungserklärung ein Zurückbehaltungsrecht. Das Zurückbehaltungsrecht führt dazu, dass ihm die Abgabe der verlangten Einwilligung Zug um Zug gegen die Einwilligungserklärung des Antragstellers auferlegt wird (§ 274 I BGB)[439].

bb) Einbringen gemeinschaftsfremder Gegenrechte

Die Auseinandersetzung des Miteigentums darf nach ständiger Rechtsprechung des BGH[440] nicht durch gemeinschaftsfremde Gegenrechte beeinträchtigt werden, solange die Bruchteilsgemeinschaft noch nicht aufgehoben ist. Der BGH leitet diesen Grundsatz aus dem nach § 749 I BGB bestehenden Recht des Teilhabers ab, „jederzeit" die Aufhebung der Gemeinschaft zu verlangen. Dieses Recht soll nicht durch die Geltendmachung von Gegenrechten, die nicht in der Gemeinschaft wurzeln, unterlaufen werden können. Daher kann, solange die Gemeinschaft nicht aufgehoben ist, der auf eine erforderliche Mitwirkungshandlung in Anspruch Genommene die Mitwirkung nicht mit der Begründung verweigern, der andere schulde ihm aus einem anderen Rechtsverhältnis ebenfalls eine Leistung. Er kann nicht mit einem behaupteten Anspruch etwa auf Zugewinnausgleich oder Unterhalt aufrechnen oder ein darauf gestütztes Zurückbehaltungsrecht geltend machen. **248**

Allerdings stellt sich die Frage: Wann ist die bisher von den Miteigentümerehegatten gebildete Bruchteilsgemeinschaft aufgehoben? Bis wann also gilt das Verbot der Geltendmachung gemeinschaftsfremder Gegenrechte? Die Rechtsprechung hat sich mit der Beantwortung dieser Frage für die verschiedenen Fallgestaltungen in der Vergangenheit schwer getan[441]. Nach einer Entscheidung des BGH vom 22.2.2017[442] kann sie jedoch als geklärt angesehen werden. **249**

Nach § 753 I S. 1 BGB erfolgt die Aufhebung der Gemeinschaft in zwei Akten. Der erste Akt ist die Zwangsversteigerung (Teilungsversteigerung), der zweite die Teilung des Erlöses. Solange der Erlös nicht geteilt ist, besteht die Gemeinschaft also fort. Dies harmoniert damit, dass sich anerkanntermaßen die an dem Grundstück bestehende Bruchteilsgemeinschaft nach Erteilung des Zuschlags im Wege der dinglichen Surrogation **250**

---

439 BGH, NJW 1984, 2526; *Stöber*, § 180 Anm. 18.

440 FamRZ 2017, 693, 695 = NJW 2017, 2544; FamRZ 1990, 254, 255; FamRZ 1975, 576 [LS].

441 Vgl. dazu *Kogel*, NJW 2017, 2520, sowie Vorauflage Rn. 199 ff.

442 FamRZ 2017, 693, m. Anm. *Wever* = NJW 2017, 2544 = FamRB 2017, 163 *(Kogel)* u. Anm. *Kogel*, FF 2017, 256, sowie *Erbarth*, NZFam 2017, 746.

an dem Versteigerungserlös fortsetzt[443]. Daraus folgt für die verschiedenen Fallgestaltungen:

251 Die Gemeinschaft ist noch nicht beendet, wenn – wie im Fall einer Entscheidung des BGH vom 20.2.2008[444] – einem der Ehegatten der Zuschlag erteilt worden ist, dieser aber sein **Bargebot nicht entrichtet** hat mit der Folge, dass die Gemeinschaft eine Forderung gegen ihn auf Zahlung des Bargebots nach Abzug der Kosten als Übererlös hat (was zur deklaratorischen Übertragung der Forderung auf die Berechtigten als „unverteilt" führt). Dann nämlich setzt sich die Bruchteilsgemeinschaft an der Forderung als Mitberechtigung nach § 432 BGB fort[445]. Im Übrigen fehlt es in diesem Fall aber auch an der sowohl für eine Aufrechnung als auch für ein Zurückbehaltungsrecht erforderlichen Gegenseitigkeit der Forderungen (Anspruch der Gemeinschaft auf der einen, Anspruch des Inhabers der eingewendeten Forderung auf der anderen Seite)[446].

252 Die Gemeinschaft ist ebenfalls noch nicht beendet, wenn der Erlös, nachdem man sich über dessen Verteilung nicht einigen konnte, bei der Hinterlegungsstelle des Amtsgerichts **hinterlegt** worden ist. Zwar fehlt es, wenn nun einer der Ehegatten vom anderen Einwilligung in die Auszahlung des auf ihn entfallenden Erlösanteils verlangt und der andere dem im Wege der Aufrechnung oder der Geltendmachung eines Zurückbehaltungsrechts unter Berufung auf Gegenansprüche entgegentritt, nicht an der Gegenseitigkeit der Forderungen. Doch ist auch in diesem Fall die Gemeinschaft noch nicht aufgehoben. Sie setzt sich nämlich an der Forderung gegen die Hinterlegungsstelle (Mitberechtigung gem. § 432 BGB) fort. Über den hinterlegten Betrag können die Teilhaber nur gemeinschaftlich verfügen (§ 747 S. 2 BGB) und die Hinterlegungsstelle darf den Erlös nur an die Teilhaber gemeinschaftlich auskehren (§ 432 I S. 1 BGB); zu der für eine Beendigung der Bruchteilsgemeinschaft erforderlichen alleinigen Rechtszuständigkeit der Teilhaber an dem auf sie entfallenden Anteil am Gemeinschaftsgegenstand[447] ist es damit noch nicht gekommen. In diesem Sinne hat der BGH in dem schon erwähnten Beschluss vom 22.2.2017[448] nun auch entschieden[449] und zugleich seine noch in ei-

443 BGH, FamRZ 2017, 693, Rn. 21 = NJW 2017, 2544; MünchKomm/*Schmidt*, § 753 Rn. 31.

444 FamRZ 2008, 767 = FamRB 2008, 165 *(Kogel)*.

445 BGH, FamRZ 2008, 767; FamRZ 2014, 285; OLG Koblenz, FamRZ 2012, 1665, 1666 f. (dazu auch Rn. 256). Krit. *Cuypers*, MDR 2008, 1012.

446 So auch BGH, FamRZ 2008, 767.

447 MünchKomm/*Schmidt*, § 752 Rn. 5.

448 FamRZ 2017, 693 = NJW 2017, 2544; ebenso schon OLG Stuttgart, FamRZ 2016, 1160, als Vorinstanz, m. Anm. *Münch*.

449 Vgl. dazu auch schon BGH, NJW 1984, 2526; FamRZ 1990, 254, 255; sowie MünchKomm/*Schmidt*, § 753 Rn. 31.

ner Entscheidung vom 17.11.1999[450] vertretene gegenteilige Position aufgegeben[451]. Dies ist nicht nur dogmatisch konsequent, sondern es entspricht auch dem nach § 749 I BGB gerechtfertigten Interesse des Ersteigerers an einer zügigen Abwicklung und wirkt Blockadebemühungen des Versteigerungsunwilligen entgegen.

Entsprechendes wird in allen Fällen einigungsloser Hinterlegung gelten müssen, also auch dann, wenn die Hinterlegung einverständlich, aber ohne dass man sich über die Aufteilung des Erlöses einig wird, auf einem Treuhandkonto etwa der Verfahrensbevollmächtigten oder bei einem Notar erfolgt. Das Gleiche gilt, wenn das Geld einverständlich, aber ohne Einigung über die Aufteilung bei einer Bank angelegt wird[452]. Demgegenüber ist die Gemeinschaft beendet, wenn der Erlös einverständlich aufgeteilt und zunächst unter die treuhänderische Verwaltung der Verfahrensbevollmächtigten gestellt wird, damit sodann Absprachen über die Erledigung und Verrechnung weiterer Ansprüche getroffen werden[453]. **253**

Gemeinschaftsfremd ist ein Gegenrecht, das nicht in der Gemeinschaft wurzelt, wie vielfach formuliert wird. Es geht dabei um Ansprüche, die keine Zuteilung aus dem Versteigerungserlös rechtfertigen[454]. Zu ihnen gehören Ansprüche auf Zugewinnausgleich, auf Vergütung der Nutzung des von der Teilungsversteigerung betroffenen Familienheims für die Zeit des Getrenntlebens (Anspruchsgrundlage § 1361b III S. 2 BGB)[455], Ansprüche betreffend nicht von der Teilungsversteigerung berührte Immobilien, Ansprüche auf Nutzung eines Kraftfahrzeugs, Ansprüche aus Geldanlagen[456], aber auch Ansprüche auf rückständigen Unterhalt, Ansprüche betreffend Haushaltsgegenstände, Ansprüche auf Rückgewähr ehebezogener Zuwendungen oder Schenkungen sowie solche aus einer Ehegatteninnengesellschaft oder einem familienrechtlichen Kooperationsvertrag[457]. **254**

Gemeinschaftsfremde Ansprüche können auch dann nicht durch Aufrechnung oder Geltendmachung eines Zurückbehaltungsrechts einge- **255**

---

450 FamRZ 2000, 355, m. krit. Bespr. *Gruber*, FamRZ 2000, 399. Der Entscheidung folgend OLG Bamberg, FamRZ 2001, 1007 [LS]. Zu dieser BGH-Entscheidung u. den durch sie ausgelösten Irritationen näher Voraufl. Rn. 199 ff.

451 Schon in seiner Entscheidung vom 13.11.2013 (FamRZ 2014, 285) hatte der BGH in der Sache die erst jetzt ausdrücklich ausgesprochene Rspr.-Änderung vollzogen; vgl. dazu *Wever*, FamRZ 2014, 289 (Anm.).

452 Vgl. *Kogel*, Teilungsversteigerung, Rn. 429k ff.

453 Vgl. dazu den Fall BGH, FamRZ 1990, 254; zu dieser Entscheidung auch BGH, FamRZ 2014, 285, Rn. 25 f.

454 Vgl. BGH, FamRZ 1990, 254, 255; NJW-RR 1987, 890.

455 **A.A.** *Erbarth*, NZFam 2017, 746, 752 (Anm.); *Münch*, FamRZ 2016, 1164, 1165 (Anm.).

456 Vgl. zu allem BGH, FamRZ 2017, 693, 695 f. = NJW 2017, 2544.

457 *Kogel*, NJW 2017, 2520, 2521.

bracht werden, wenn eine die Auseinandersetzung verzögernde Wirkung nicht zu befürchten ist, etwa wenn die Ansprüche unstreitig oder wenn sie bereits tituliert sind. Sind sie tituliert, können sie allerdings vollstreckungsrechtlich von Nutzen sein, denn dann ist eine Zugriffsmöglichkeit auf den Anteil des anderen Ehegatten gegeben[458]. Deshalb wird es sich für den Anspruchsberechtigten vielfach empfehlen, über solche Ansprüche möglichst vor einer Teilungsversteigerung einen Titel zu beschaffen.

256 **Nicht gemeinschaftsfremd**, sondern in der Gemeinschaft gründend sind demgegenüber Ansprüche auf Vergütung der Nutzung des von der Teilungsversteigerung betroffenen Familienheims für die Zeit nach Rechtskraft der Scheidung (Anspruchsgrundlage § 745 II BGB)[459], vor allem aber auch Ansprüche auf Ersatz einverständlich auf die gemeinsame Immobilie getätigter Aufwendungen und Ausgleichsansprüche für Tilgungsleistungen auf ein zur Finanzierung der Immobilie von einem Teilhaber aufgenommenes Darlehen sowie darauf bezogene Befreiungsansprüche[460]. Hier erfolgt der Ausgleich gem. § 756 S. 1 BGB durch Berichtigung aus dem Anteil des anderen[461].

c) Erlösentrichtung durch ersteigernden Miteigentümer

257 Auch wenn einer der Miteigentümer das Grundstück ersteigert, muss er das Bargebot (§ 49 ZVG) grundsätzlich nicht nur entsprechend seinem Miteigentumsanteil, sondern **in voller Höhe** entrichten. Das erschwert ihm den Erwerb des Grundstücks in der Teilungsversteigerung, wenn er nicht über die erforderlichen Mittel zur Zahlung des vollen Betrages verfügt, zumal sich die Auszahlung des verbleibenden Überschusses, von dem ihm der seinem Miteigentumsanteil entsprechende Betrag zusteht, hinziehen kann, insbesondere wenn Gegenrechte geltend gemacht werden[462]. Vor diesem Hintergrund hat das OLG Koblenz[463] einen Ehemann, der das Grundstück ersteigert, aber nur die Sicherheitsleistung von 10 % des Verkehrswertes erbracht und den Restbetrag des Steigerlöses nicht entrichtet hatte, für berechtigt gehalten, Einwilligung in die seiner **Beteiligungsquote entsprechende Abwicklung** bzgl. des Restbetrags des Steigerlöses zu verlangen. Zur Teilung der Gemeinschaft bedürfe es jedenfalls dann nicht erst der gemeinsamen Einziehung des gesamten Erlösüber-

---

458 Vgl. BGH, FamRZ 2014, 285, Rn. 39. Dazu auch *Kogel*, Teilungsversteigerung, Rn. 13 f., 433; *ders.*, NJW 2017, 2520, 2522, FamRB 2017, 106, 113, u. NJW 2016, 2294, 2298.

459 BGH, FamRZ 2017, 693, Rn. 40 = NJW 2017, 2544; ebenso schon OLG Stuttgart, FamRZ 2016, 1160, als Vorinstanz.

460 *Staudinger/Eickelberg*, 2015, § 756 Rn. 2 ff. Vgl. auch *Schulz/Hauß*, Rn. 1433.

461 Vgl. Rn. 243 f.

462 Vgl. dazu *Kogel*, FamRB 2012, 290, 292.

463 FamRZ 2012, 1665, m. zust. Anm. *Kogel*.

schusses und sich dann anschließender Auseinandersetzung, wenn – wie im entschiedenen Fall – keine Gemeinschaftsverbindlichkeiten zu berichtigen und keine Teilhaberforderungen auszugleichen seien. Die Aufhebung der Gemeinschaft werde sinnlos erschwert, wenn der Ehemann als Ersteigerer des Grundstücks den gesamten Erlös zunächst aufzubringen und ggf. zu finanzieren habe, um den auf ihn entfallenden Erlösanteil anschließend unvermindert wieder zu erlangen. Der BGH[464] hat den vom OLG Koblenz beschrittenen Weg einer abgekürzten Auseinandersetzung für die entschiedene Fallgestaltung gebilligt, die dadurch gekennzeichnet ist, dass zum einen aus dem Erlösüberschuss keine Gemeinschaftsverbindlichkeiten und keine Teilhaberforderungen mehr auszugleichen sind und dass zum anderen sichergestellt ist, dass der andere Ehegatte den auf ihn entfallenden Erlösanteil erhält. In diesem Fall braucht der ersteigernde Ehegatte das Bargebot in Höhe des auf ihn entfallenden Erlösanteils nicht zu entrichten. Er muss lediglich den auf den anderen Ehegatten entfallenden Erlösanteil bereitstellen und kann dann von diesem Zustimmung zur Teilung der (infolge der unterbliebenen Berichtigung des Bargebots) bestehenden Forderung der aus den ehemaligen Miteigentümern bestehenden Gemeinschaft auf Zahlung des Versteigerungserlöses verlangen. Der Entscheidung ist im Interesse einer praktikablen Abwicklung der Erlösverteilung zuzustimmen[465].

4. Grundpfandrechte in der Teilungsversteigerung

Häufig erwirbt bei der Teilungsversteigerung einer der Ehegatten das **258**
bisher im Miteigentum stehende Familienheim. Ist das Grundstück noch mit Grundpfandrechten (Grundschulden oder Hypotheken) belastet, können sich bei der Verteilung des Versteigerungserlöses Probleme verschiedener Art ergeben. Vielfach hängen sie damit zusammen, dass die Grundpfandrechte nicht oder nicht mehr in voller Höhe valutieren, weil die gesicherten Darlehen bereits teilweise oder vollständig zurückgezahlt worden sind[466].

---

464 FamRZ 2014, 285, m. Anm. *Wever* S. 289 u. Anm. *Engels*, FF 2014, 251.

465 In diesem Sinne schon *Kogel*, FPR 2013, 379, 380 f.; *ders.*, Teilungsversteigerung, Rn. 459 f.; **a.A.** *Schulz/Hauß*, Rn. 1440. Zu taktischen Konsequenzen *Kogel*, FamRB 2014, 115, 117 f.

466 Vgl. dazu auch *Braeuer*, FPR 2000, 198, 202 f.

a) Aufhebung der Gemeinschaft an einer verdeckten Eigentümergrundschuld und am Anspruch auf Rückgewähr der nicht valutierten Grundschuld

aa) Rechtslage

259 Im Grundbuch eingetragene Grundpfandrechte, die im Rang dem Auseinandersetzungsanspruch des die Teilungsversteigerung Betreibenden vorgehen, sind bei der Feststellung des geringsten Gebots zu berücksichtigen und nicht durch Barzahlung zu decken[467]. Sie bleiben über die Zuschlagserteilung hinaus bestehen (§ 52 I S. 1 ZVG). Der Ersteher wird dadurch in Höhe des Nennbetrages des Grundpfandrechtes von einer Barzahlung befreit. Die **Übernahme der dinglichen Rechte** bildet also einen Teil des von ihm geschuldeten Versteigerungserlöses. Dabei spielt es keine Rolle, ob die Grundpfandrechte im Zeitpunkt des Zuschlags valutiert sind oder nicht. Nicht nur die rechtliche, sondern auch die wirtschaftliche Belastung des Erstehers ist in beiden Fällen die Gleiche. Ob ein bestehen bleibendes Grundpfandrecht im Zeitpunkt des Zuschlags valutiert ist, kann nur für die Frage Bedeutung haben, ob der Ersteher später wegen des Grundpfandrechtes den im Grundbuch ausgewiesenen Grundpfandgläubiger oder den bzw. die früheren Grundstückseigentümer befriedigen muss[468].

260 Auch Eigentümergrundpfandrechte bleiben über den Zuschlag hinaus bestehen. Das gilt für auf den Namen des Eigentümers als solche eingetragene, sog. offene Eigentümergrundpfandrechte ebenso, wie für sog. verdeckte Eigentümergrundpfandrechte[469]. Eine **verdeckte Eigentümergrundschuld** kann bei der Teilungsversteigerung etwa dann vorliegen, wenn eine Hypothek – die rechtlich wie eine Gesamthypothek an mehreren Grundstücken zu behandeln ist, so dass §§ 1172 f. BGB anwendbar sind[470] – bestand und die mit ihr gesicherte Forderung von den Miteigentümern gemeinsam bereits (ganz oder teilweise) befriedigt worden war (§§ 1163 I S. 2, 1172 I, 1177 BGB)[471]. Das Gleiche gilt, wenn bei einer mit einer Sicherungsabrede verbundenen Grundschuld, der heute verbreitetsten Form der Sicherung von Realkrediten, die Miteigentümer Zahlung

467 Vgl. schon Rn. 237.

468 BGH, NJW 1989, 1349. Wegen der sich aus dieser Rechtslage ergebenden Probleme (Rn. 262 ff.) die „Abschaffung" des Bestehenbleibens der Gesamtschulden in der Teilungsversteigerung fordernd *Hartenstein*, FPR 2013, 362. Dazu *Kogel*, FamRB 2016, 122.

469 Vgl. *Stöber*, § 44 Anm. 5.4.

470 BGH, NJW 1963, 2320, 2321.

471 Vgl. BGH, NJW-RR 1986, 233, auch zur Anwendung des § 1173 BGB in dem Fall, dass allein ein Miteigentümer die gesicherte Forderung befriedigt hat. Dazu auch BGH, FamRZ 1983, 797, 799 = NJW 1983, 2449, u. Rn. 270 f.

nicht auf die gesicherte Forderung, sondern auf die Grundschuld geleistet haben.

Im Zweifel erfolgen jedenfalls laufende Teilzahlungen der Miteigentümer aber nicht auf die Grundschuld, sondern auf die gesicherte Forderung[472]. In diesem Falle entsteht keine verdeckte Eigentümergrundschuld, sondern die Miteigentümer haben infolge des Wegfalls des Sicherungszwecks einen **Anspruch auf Rückgewähr** der nicht mehr valutierten Teile der Grundschuld. Dieser Rückgewähranspruch, der den Miteigentümern gemeinschaftlich zusteht und über den sie deshalb nur gemeinsam verfügen können (§ 747 S. 2 BGB)[473], besteht über den Zuschlag hinaus, sofern er nicht vorher erfüllt worden ist[474]. Während die Rückgewähr bis zur Erteilung des Zuschlages, d.h. solange die Teilhaber noch Eigentümer des versteigerten Grundbesitzes sind, durch Verzicht auf die (Teil-) Grundschulden, durch Erteilung von Löschungsbewilligungen oder durch Abtretung der nicht mehr valutierten (Teil-) Grundschulden an die Miteigentümer bewirkt werden kann, kann der Grundschuldgläubiger nach Erteilung des Zuschlages an einen Dritten oder an einen der bisherigen Miteigentümer seine Rückgewährverpflichtung nur noch durch Abtretung der nicht valutierten (Teil-) Grundschulden an beide bisherigen Miteigentümer gemeinsam erfüllen. Jede andere Form der Rückgewähr käme allein dem Ersteher des Grundstücks zugute[475], denn die Löschung führt zur Entlastung des Grundstücks, ein Verzicht auf die Grundschuld gem. §§ 1168, 1192 BGB zum Entstehen einer Eigentümergrundschuld. **261**

bb) Konsequenzen für die Aufhebung der Gemeinschaft

Die Konsequenzen dieser Rechtslage bei im Zeitpunkt der Teilungsversteigerung nicht oder nicht mehr in voller Höhe valutierten Grundpfandrechten sind folgende: **262**

(1) Ist das Grundstück mit einer dessen Verkehrswert übersteigenden, aber nicht mehr in voller Höhe valutierten Grundschuld belastet und verweigert der versteigerungsunwillige Ehegatte seine Mitwirkung an der (Teil-)Löschung der Grundschuld, kann dies zur Folge haben, dass eine Teilungsversteigerung faktisch nicht möglich ist. Hier kommt ein Anspruch des versteigerungswilligen Ehegatten auf **Einwilligung in die (Teil-)Löschung** der Grundschuld in Betracht. Der Anspruch kann aus dem nach § 749 I BGB gegebenen Recht der Miteigentümer, jederzeit die **263**

---

472 Vgl. BGH, FamRZ 1993, 676, 680; NJW 1974, 2279, 2280.

473 OLG Schleswig, FamRZ 2012, 1567: Abtretung durch einen Miteigentümer an Dritten ist unwirksam.

474 BGH, FamRZ 1993, 676, 680; *Stöber,* § 180 Anm. 19.3.

475 Vgl. BGH, FamRZ 1993, 676, 681; NJW-RR 1990, 1202; NJW 1989, 1349; OLG Frankfurt, FamRZ 2007, 1667, 1668.

Aufhebung der Gemeinschaft zu fordern, hergeleitet werden[476]. Die (auch nacheheliche) Rücksichtnahmepflicht aus § 1353 I S. 2 BGB kann dem Anspruch nur bei Vorliegen überwiegender schutzwürdiger Interessen des versteigerungsunwilligen Ehegatten entgegenstehen; sein Wunsch, den Miteigentumsanteil des anderen außerhalb einer Teilungsversteigerung zu übernehmen, reicht nicht aus[477]. Entsprechendes gilt, wenn der auf Einwilligung in Anspruch Genommene aus anderen Gründen[478] berechtigt ist, sich der Teilungsversteigerung zu widersetzen.

264 **(2)** Besteht eine **verdeckte Eigentümergrundschuld** der bisherigen Miteigentümer, so erfolgt die Aufhebung der Gemeinschaft daran gesondert nach §§ 749 ff. BGB, und zwar auch, wenn einer der bisherigen Miteigentümer das Grundstück ersteigert hat[479]. Die Aufhebung geschieht durch Teilung der bisherigen Eigentümergrundschuld in Natur (§ 752 BGB), nämlich durch Zerlegung in zwei gleichrangige Teilgrundschulden (§§ 1152, 1192 BGB)[480]. Hat einer der Ehegatten, die Miteigentümer waren, das Grundstück ersteigert, so hat der andere gegen ihn also nicht etwa im Hinblick auf die nicht valutierte Grundschuld einen Zahlungsanspruch, der bei der Verteilung des Erlöses berücksichtigt werden könnte[481]. Er kann die Teilhabe an dem Vorteil des Ersteigerers, der darin besteht, dass die Übernahme der Grundschuld – obwohl nicht valutiert – einen Teil des Versteigerungserlöses bildete und so den Betrag der von ihm zu entrichtenden Barzahlung ermäßigt hat, nur dadurch realisieren, dass er die Teilung der Grundschuld in Natur verlangt und sich über die Verwertung seiner Teilgrundschuld befriedigt (Zwangsvollstreckung in das Grundstück, §§ 1191 I, 1147 BGB).

265 **(3)** Besteht lediglich ein **Anspruch auf Rückgewähr** der nicht mehr valutierten Teile der sicherungshalber gewährten Grundschuld, kann dieser Anspruch auch nach dem Zuschlag weiterhin realisiert werden. Die bisherigen Miteigentümer können vom Grundschuldgläubiger Rückübertragung der nicht valutierten (Teil-) Grundschuld an sie gemeinsam verlangen und sodann die Teilung dieser (Teil-) Grundschuld gem. § 752

476 OLG Karlsruhe, MDR 2017, 1427; OLG Schleswig, Beschl. v. 20.4.2016, 15 UF 84/15, juris = FamRB 2016, 293 *(Kogel)*; FamRZ 2012, 1567; LG Stuttgart, FamRZ 2007, 1034; AG Aachen, FamRB 2014, 162 *(Kogel)*; *Müller/Jahrmann*, FuR 2003, 337; *Weinreich*, FuR 2006, 403, 406.

477 OLG Schleswig, Beschl. v. 20.4.2016, 15 UF 84/15, juris. Vgl. dazu auch Rn. 286 f.

478 Vgl. dazu Rn. 276 ff.

479 *Stöber*, § 180 Anm. 19.1. Vgl. auch BGH, FamRZ 1990, 975, in einem Fall, in dem es dadurch zu einer Eigentümergrundschuld gekommen war, dass der Grundschuldgläubiger vor der Versteigerung den Rückgewähranspruch nach Begleichung der gesicherten Forderung durch Verzicht erfüllt hatte.

480 Vgl. BGH, FamRZ 1993, 676, 681.

481 BGH, NJW-RR 1986, 233, 234; OLG Schleswig, Beschl. v. 21.10.2013, 15 WF 332/13, juris (mit Anwendung dieser Grundsätze auch auf eine in das geringste Gebot fallenden Vormerkung).

BGB vornehmen. Die Aufhebung der Gemeinschaft an dem Rückgewähranspruch geschieht also wie die an der (verdeckten) Eigentümergrundschuld durch Teilung in Natur[482].

Daraus folgt: Ersteigert einer der Miteigentümer-Ehegatten das **266**
Grundstück, hat der andere gegen ihn nicht etwa einen Bereicherungsanspruch in Höhe der Hälfte des Betrages, mit dem die Grundschuld nicht mehr valutiert. Denn wegen des fortbestehenden Rückgewähranspruchs beider bisherigen Miteigentümer gegenüber dem Grundschuldgläubiger erlangt der ersteigernde Miteigentümer hinsichtlich der bestehen gebliebenen Grundschulden nichts auf Kosten des anderen[483]. Vielmehr kann er – ebenso wie der andere Ehegatte – Zustimmung zur Rückgewähr der Grundschuld durch den Grundschuldgläubiger an beide Ehegatten und zur hälftigen Aufteilung des Rechts (Begründung von gleichrangigen Teilgrundschulden für jeden Ehegatten) verlangen. Nach Erfüllung dieses Anspruchs kann der weichende Ehegatte vom Ersteher aus seiner in der Auseinandersetzung erworbenen Teilgrundschuld die Duldung der Zwangsvollstreckung in das Grundstück verlangen. Der Ersteher hat die Möglichkeit, eine solche Vollstreckung durch Zahlung auf die Teilgrundschuld des weichenden Ehegatten Zug um Zug gegen deren Übertragung abzuwenden[484]. Der BGH hat in einer Entscheidung aus dem Jahre 2010[485] klargestellt, dass sich die geschilderten Ansprüche des weichenden Ehegatten nicht „verfahrensvereinfachend" in eine unmittelbar auf Zahlung gerichtete Forderung gegen den Ersteher „ummünzen" lassen. Nach dem System der Grundschuldsicherung, so der BGH mit Recht, solle es dem Grundstückseigentümer, auch wenn er Teilhaber der Grundschuld sei, überlassen bleiben, in welcher Weise er den Anspruch des Grundschuldgläubigers befriedige. Er könne ein berechtigtes Interesse daran haben, es zu einer Zwangsvollstreckung des anderen Teilhabers in sein Grundstück kommen zu lassen. Ihm statt dessen eine – vom Gesetz nicht vorgesehene – Ablösung in Geld aufzuerlegen und damit zugleich dem anderen Teilhaber der Grundschuld den Vollstreckungszugriff auf sein gesamtes sonstiges Vermögen zu eröffnen, vernachlässige seine Interessen[486].

---

482 Vgl. auch *Stöber*, § 180 Anm. 19.3.

483 BGH, NJW-RR 1990, 1202; OLG Bamberg, FamRZ 1996, 1477.

484 BGH, FamRZ 2011, 93, m. Anm. *Hoffmann* S. 181 = FamRB 2011, 65 *(Kogel)*; FamRZ 1993, 676, 680 f. Vgl. auch OLG Frankfurt, FamRZ 2007, 1667, 1668 (dort auch zu der Fallgestaltung Rn. 245: für die gesicherte Forderung hat im Innenverhältnis nur ein Ehegatte, hier: der Ersteigerer, aufzukommen).

485 BGH, FamRZ 2011, 93; ebenso schon BGH, FamRZ 1993, 676, 680 f.

486 Zustimmend *Böttcher*, FPR 2012, 502, 508. Für einen unmittelbaren Zahlungsanspruch des weichenden gegen den ersteigernden Ehegatten, wenn zwischen den Beteiligten keine sonstigen Ansprüche bestehen und die Teilgrundschuld bei einer Verwertung zur Zahlung des Ausgleichsbetrags führen würde, *Kogel*, FPR 2012, 75, 78; *ders.*, FamRB 2011, 189, 193; vgl. auch *Kohler*, FuR 2016, 500.

267 Das OLG Hamburg[487] hält die Einhaltung des vorstehend beschriebenen Weges selbst dann für erforderlich, wenn das Kreditinstitut bereits eine Löschungsbewilligung erteilt hat, von der aber bis zur Zuschlagserteilung und darüber hinaus kein Gebrauch gemacht worden ist. Da die Löschung der Grundschuld nach Zuschlagserteilung allein dem Ersteher zugute komme, sei sie kein geeignetes Mittel zur Rückerstattung des Wertes der Sicherungen an die Sicherungsgeber. Daher bestehe die Verpflichtung des Kreditinstituts fort, dies in anderer geeigneter Weise zu bewerkstelligen, nämlich durch Rückabtretung.

268 Bei umgekehrter Fallgestaltung hat der BGH im Jahre 1995[488], gestützt auf § 242 BGB, eine von der gesetzlichen Regelung abweichende Auseinandersetzung zum Zwecke einer im Interesse beider Ehegatten liegenden endgültigen Auseinandersetzung gebilligt. Dort hatte der Ersteher gegen den weichenden Ehegatten einen Anspruch auf Mitwirkung an der Übertragung der nicht mehr valutierten Grundschulden an ihn allein und auf Löschungsbewilligung dieser Grundschulden, Zug um Zug gegen Zahlung des hälftigen Betrages der nicht mehr valutierten Grundschulden, geltend gemacht. Den dieses Vorgehen – ausnahmsweise – rechtfertigenden Umstand sieht der BGH in der Entscheidung aus 2010[489] darin, dass dem Ersteher hier nicht gegen seinen Willen – anstelle der Haftung nur mit dem Grundstück – eine in das gesamte Vermögen vollstreckbare Zahlungspflicht auferlegt wird[490].

269 (4) Ein **Bereicherungsanspruch** gem. §§ 816 II, 818 II BGB kommt dagegen dann in Betracht, wenn die früheren Miteigentümer die der Grundschuld zugrunde liegende Forderung vor dem Zuschlag getilgt haben, nach der Versteigerung die Grundschuldgläubigerin – unter Verstoß gegen die sich aus der Sicherungsabrede ergebende Verpflichtung zur Rückgewähr der Grundschuld an beide Grundschuldbesteller – eine Löschungsbewilligung erteilt und daraufhin die Grundschuld gelöscht wird[491]. Denn in diesem Falle hat allein der Ersteher einen Vorteil, weil er ohne Gegenleistung die Befreiung seines Grundstücks von der dinglichen Belastung erlangt hat. Er muss, wenn Miteigentum je zur Hälfte bestand,

487 FamRZ 2015, 1962; dazu Bespr. *Kogel*, FamRB 2016, 122.

488 BGH, Urt. v. 29.11.1995, XII ZR 140/94 – BGHR BGB § 752 Auseinandersetzung 1.

489 FamRZ 2011, 93, 94 f.

490 Diese Lösung befürwortend auch *Kogel*, FamRB 2011, 189, 192.

491 BGH, NJW 1989, 1349; NJW-RR 1990, 1202, 1203; OLG Schleswig, OLG-Report 1997, 60. Anders, jeweils bei Erwerb durch einen der Ehegatten: OLG Düsseldorf, FamRZ 1991, 1443 (Schadensersatzanspruch des früheren Miteigentümers gegen den Grundschuldgläubiger); OLG Frankfurt, FamRZ 2007, 1667, 1668 (Schadensersatzanspruch des früheren Miteigentümers gegen den Erwerber, gerichtet auf Wiedereinräumung der Grundschuld i.H. der Hälfte des gelöschten Rechts).

Wertersatz in Höhe der Hälfte des Betrages zahlen, mit dem die Grundschuld nicht mehr valutierte.

b) Unterschiedliche Belastung der Miteigentumsanteile

Zusätzliche Probleme bereitet die Auseinandersetzung, wenn die Miteigentumsanteile der Ehegatten unterschiedlich belastet sind[492]. Mit dieser Situation hat sich der BGH bereits im Jahre 1983[493] in einem Fall befasst, in dem bei einer von den Ehegatten bestellten Hypothek[494] ein Ehegatte den Hypothekengläubiger allein befriedigt hatte und davon auszugehen war, dass ihm kein Ausgleichsanspruch gegen den anderen Ehegatten aus § 426 BGB zustand. Der den Hypothekengläubiger befriedigende Ehegatte hatte nach §§ 1173 I S. 1, 1177 BGB eine Eigentümergrundschuld in voller Höhe an seinem Miteigentumsanteil erworben, während davon auszugehen war, dass die Hypothek am Miteigentumsanteil des anderen Ehegatten erloschen war (§ 1173 I S. 1, Hs. 2 BGB). Ähnlich war die Fallgestaltung bei einer Entscheidung des BGH vom 16.12.2009[495]. Auch hier ging es um den Fall einer (Gesamt-) Hypothek bei unterschiedlicher Haftung der Miteigentümer im Innenverhältnis. **270**

Ist auf diese Weise nur der eine Miteigentumsanteil belastet, der andere dagegen nicht, muss dies bei der Teilungsversteigerung nach § 182 II ZVG in der Weise berücksichtigt werden, dass sich das geringste Gebot um den zur Ausgleichung unter den Miteigentümern erforderlichen Betrag erhöht[496]. Unterbleibt dies versehentlich, weist nämlich das geringste Gebot die Hypothek als auf beiden Miteigentumsanteilen lastendes Grundpfandrecht aus, kann die ungleiche Belastung noch im Verfahren der Miteigentümer um die Verteilung des Erlöses berücksichtigt werden[497]. Das bestehen gebliebene Recht gehört in einem solchen Fall zu dem zu verteilenden Erlös und ist bei der Teilung auf den Anteil des ersteigernden Miteigentümers anzurechnen, weil dem durch diese Eigentümergrundschuld gebildeten Teil des Gebots keine Leistung, Belastung oder Verpflichtung des Ersteigerers gegenübersteht[498]. Anderenfalls könnte ein Miteigentümer nach hinreichend hoher Belastung seines Miteigen- **271**

---

492 Vgl. dazu etwa OLG Hamm, NJW-RR 2004, 1532. Siehe auch Rn. 237.

493 FamRZ 1983, 797 = NJW 1983, 2449.

494 Zu behandeln wie eine Gesamthypothek an mehreren Grundstücken, vgl. Rn. 260.

495 BGH, FamRZ 2010, 354, 355, m. Anm. *Hintzen* S. 449 = FamRB 2010, 102 *(Kogel)*; dazu auch *Kogel*, Teilungsversteigerung, Rn. 473 ff.

496 Vgl. schon Rn. 237. Zur Berechnung in einem solchen Fall OLG Schleswig, OLG-Report 2000, 191; *Böttcher*, FPR 2012, 502, 506.

497 BGH, FamRZ 2010, 354; FamRZ 1983, 797 = NJW 1983, 2449. Dazu auch *Stöber*, § 182 Anm. 4.11.

498 Zu den in einem solchen Fall bei der Erlösverteilung vorzunehmenden Berechnungsschritten BGH, FamRZ 2010, 354, m. Anm. *Hintzen* S. 449.

tumsanteils mit Eigentümergrundschulden das Grundstück ersteigern, ohne dass die anderen Miteigentümer einen Erlösanteil erhielten[499].

272 Eine unterschiedliche Belastung der Miteigentumsanteile kann auch darauf beruhen, dass ein Ehegatte auf dem Anteil des anderen eine Sicherungshypothek für eine Forderung hat eintragen lassen, die er ihm gegenüber hat, z.B. aus Zugewinnausgleich[500]. Hier gilt das zu Rn. 271 Gesagte entsprechend[501].

c) Nichtanmeldung der gesicherten persönlichen Schuld

273 Hat es der frühere Miteigentümer versäumt, seine durch die bestehen bleibende Grundschuld gesicherte persönliche Schuld im Teilungsversteigerungsverfahren anzumelden, wird die Schuld nicht gem. § 53 II ZVG vom Ersteigerer übernommen[502]. Der frühere Miteigentümer kann aus dieser Schuld auch nach durchgeführter Teilungsversteigerung vom Gläubiger in Anspruch genommen werden. Für den Fall, dass dies geschieht, nahm die frühere Rechtsprechung des BGH[503] einen Bereicherungsanspruch des früheren gegen den ersteigernden Miteigentümer an. Diese Rechtsprechung hat der BGH[504] inzwischen aufgegeben. Der frühere Miteigentümer ist stattdessen auf den Weg des gegen den Gläubiger gerichteten Anspruchs auf Rückgewähr der nicht mehr valutierten Grundschuld (Rn. 261, 265) zu verweisen.

VII. Verhinderung und Aufschub der Teilungsversteigerung

274 Es ist schon darauf hingewiesen worden, dass das auch unter Ehegatten grundsätzlich bestehende Recht der Miteigentümer, jederzeit die Aufhebung der Gemeinschaft zu verlangen (§ 749 I BGB), Grenzen hat[505]. Um diese Grenzen und um die Möglichkeiten des mit der Aufhebung der Gemeinschaft nicht einverstandenen Ehegatten, die Auflösung des Miteigentums zu verhindern oder zumindest einen Aufschub zu erreichen, soll es im Folgenden gehen.

499 BGH, FamRZ 1990, 975, 977; BGH, NJW 1984, 2527; NJW-RR 1986, 233, 234.

500 So im Fall der Entscheidung des BGH vom 16.12.2009, BGH, FamRZ 2010, 354 = FamRB 2010, 101 *(Kogel)*.

501 Zur Berechnung vgl. BGH, FamRZ 2010, 354, 355 f., m. Anm. *Hintzen* S. 449.

502 Vgl. dazu OLG Schleswig, Urt. v. 21.9.2009, 15 U 1/09 = FamRB 2010, 294 *(Kogel)*: Berücksichtigung der offenen Darlehnsforderung bei der Erlösverteilung trotz Nichtanmeldung gem. § 53 II ZVG (unter Heranziehung des § 242 BGB).

503 BGH, NJW 1971, 1750; BGHZ 64, 171; BGH, Urteil vom 29.11.1995, XII ZR 140/94 (unveröffentlicht).

504 BGH, NJW 2003, 2673, 2674; ebenso *Staudinger/Wolfsteiner*, 2015, Rn. 271 vor §§ 1191 ff.

505 Rn. 76. – Zu den ähnlich gelagerten Grenzen der Verfügungsbefugnis über den Miteigentumsanteil vgl. Rn. 72 ff.

Will ein Ehegatte das im gemeinsamen Eigentum stehende Familienheim, um das es meist geht[506], erhalten, kann er unter verschiedenen Aspekten entweder anstreben, die Teilungsversteigerung – zeitlich unbeschränkt – für unzulässig erklären zu lassen (dazu Rn. 276 ff.), oder er kann versuchen, einen zeitlichen Aufschub durch einstweilige Einstellung der Teilungsversteigerung zu erreichen (dazu Rn. 291 ff.)[507]. Der Erhalt des alleinigen Nutzungsrechts am Familienheim durch eine gerichtliche Wohnungsüberlassungsentscheidung bietet ihm dagegen grundsätzlich keinen Schutz vor der Teilungsversteigerung, denn die Überlassungsentscheidung zugunsten des einen Ehegatten nimmt dem anderen nicht das Recht, die Teilungsversteigerung zu betreiben[508]. Das gilt auch, wenn zugleich ein Mietverhältnis begründet worden ist; ein Mietverhältnis verbessert die Situation des in der Wohnung Verbliebenen lediglich insoweit, als er keinem Sonderkündigungsrecht des Erstehers ausgesetzt ist (§§ 57a, 183 ZVG) und dieser mit allen Rechten und Pflichten in das Mietverhältnis eintritt (§ 57 ZVG, § 566 BGB)[509]. **275**

1. Unzulässigkeit der Teilungsversteigerung

a) Unzulässigkeit im Hinblick auf § 1365 BGB[510]

Der in der Praxis vielfach erfolgversprechendste Weg ist der, die Teilungsversteigerung im Hinblick auf die fehlende Zustimmung des anderen Ehegatten (§ 1365 BGB) für unzulässig erklären zu lassen. Er kommt aber nur in Betracht, wenn die Ehegatten im gesetzlichen Güterstand leben. Die Vorschriften über den Zugewinnausgleich stehen zwar der Auseinandersetzung einer zwischen den Ehegatten bestehenden Bruchteilsgemeinschaft nicht entgegen[511]. Doch ist das Recht, jederzeit die Aufhebung der Gemeinschaft verlangen zu können, im gesetzlichen Güterstand durch **276**

---

506 Bei Immobilien, die nicht als Ehewohnung dienen (z.B. vermietete Wohn- und Geschäftshäuser) ergeben sich aus dem Umstand, dass die Miteigentümer miteinander verheiratet sind, von der Beschränkung des § 1365 BGB abgesehen, keine Besonderheiten gegenüber der Situation nicht miteinander verheirateter Miteigentümer (vgl. auch *Staudinger/Eickelberg*, 2015, § 749 Rn. 64). Bei ihnen kann die Aufhebung der Gemeinschaft daher insbesondere nicht unter Berufung auf § 1353 BGB oder einen stillschweigenden Ausschluss i.S.v. § 749 II BGB für die Dauer der Ehe verhindert werden.

507 Vgl. dazu die ausführlichen Darstellungen bei *Mock*, FPR 1997, 41, und *Brudermüller*, FamRZ 1996, 1516, 1517 ff.

508 Dazu *Uecker*, Zuweisung der ehelichen Wohnung und Teilungsversteigerung, FPR 2013, 367. Auch die Anordnung eines Verbots, die Teilungsversteigerung zu beantragen, ist richtiger Ansicht nach im Wohnungsüberlassungsverfahren nicht zulässig, vgl. *Giers*, NZFam 2014, 496, 498; *Johannsen/Henrich/Götz*, § 209 FamFG Rn. 9.

509 *Johannsen/Henrich/Götz*, § 209 FamFG Rn. 9. Vgl. auch Rn. 239, 286.

510 Dazu *Büte*, FPR 2007, 455; *Janke*, Die Verwaltungsbeschränkung des § 1365 I BGB bei der Aufhebung einer Gemeinschaft im Wege der Zwangsversteigerung (Diss.), 2002.

511 BGH, FamRZ 1987, 1239, 1240 = NJW 1988, 133.

die Einschränkung der Verfügungsmacht über das Vermögen im Ganzen nach § 1365 BGB beschränkt.

277 Ein in Zugewinngemeinschaft lebender Ehegatte kann über seinen Miteigentumsanteil am Familienheim, wenn dieser sein **ganzes oder nahezu sein ganzes Vermögen**[512] ausmacht, gem. § 1365 I BGB nur mit Zustimmung des anderen Ehegatten verfügen[513]. Der **Zustimmung** bedarf es auch für den Antrag eines Ehegatten auf Anordnung der Teilungsversteigerung, sofern es sich bei dem Miteigentumsanteil um dessen ganzes oder nahezu ganzes Vermögen handelt (analoge Anwendung des § 1365 BGB)[514]. Der Umstand, dass dieser Antrag an sich weder eine Verfügung über den Miteigentumsanteil noch eine rechtsgeschäftliche Verpflichtung dazu darstellt, wie sie § 1365 BGB verlangt, ist nicht entscheidend. Ausschlaggebend ist vielmehr, dass der Antrag auf Anordnung der Teilungsversteigerung auf die Veräußerung des Grundstücks zielt und der Zweck der Bestimmung, die wirtschaftliche Grundlage der Familie gegenüber einseitigen Maßnahmen eines Ehegatten zu schützen und zugleich den Zugewinnausgleichsanspruch des Ehegatten zu sichern, nur durch eine entsprechende Anwendung der Vorschrift erreicht werden kann.

278 Die Zustimmung ist formlos gültig. Auf Antrag kann sie gem. § 1365 II BGB durch das Familiengericht[515] in einem gesondert zu führenden Verfahren der freiwilligen Gerichtsbarkeit (§§ 111 Nr. 9, 112 Nr. 2, 261 II

---

512 BGH, FamRZ 1983, 1101 = NJW 1984, 609. – Zur Frage, in welchem Wertverhältnis der Miteigentumsanteil zum übrigen Vermögen des Ehegatten stehen muss, damit es sich um eine Verfügung über „nahezu das ganze Vermögen“ handelt, vgl. BGH, FamRZ 1991, 669 = NJW 1991, 1739. Danach ist von einem zustimmungspflichtigen Geschäft auszugehen, wenn vom Gesamtvermögen nur noch ein Bruchteil von nicht mehr als 10 % (größeres Vermögen) bis 15 % (kleineres Vermögen) verbleibt; vgl. auch OLG Köln, NJW-RR 2005, 4 = FamRB 2005, 1 *(Kogel)*. Dazu auch *Kogel,* FamRB 2005, 52 (zugleich zu Regressgefahren bei unzulässigem Antrag auf Teilungsversteigerung). Einzelheiten etwa bei NK-BGB/*Gruber*, § 1365 Rn. 6 ff.

513 Vgl. zur Verfügungsbefugnis über den Miteigentumsanteil Rn. 72.

514 BGH, FamRZ 2007, 1634 = NJW 2007, 3124 = FamRB 2007, 259 *(Kogel),* m.w.N. zu der weitgehend ebenfalls diesen Standpunkt vertretenden obergerichtlichen Rspr. u. Lit. Dazu auch Anm. *Kogel,* BGH-Report 2007, 926; zuletzt auch OLG Köln, MDR 2012, 1169 = FamRB 2012, 329 *(Kogel)*. Die teilweise vertretene Auffassung, die Zustimmung müsse nicht schon im Zeitpunkt der Entscheidung über den Antrag auf Anordnung der Teilungsversteigerung, sondern erst bei Zuschlagserteilung vorliegen (OLG Frankfurt [26. ZS], FamRZ 1997, 1490; *Sudhof,* FamRZ 1994, 1152, 1154), lehnt der BGH, a.a.O., insbesondere aus Gründen der Verfahrensökonomie zu Recht ab; dazu krit. *Zimmer/Pieper*, NJW 2007, 3104. Zustimmungsbedürftigkeit der Teilungsversteigerung generell verneinend: OLG Stuttgart, FamRZ 2007, 1830, m. zu Recht abl. Anm. *Kogel,* FamRZ 2008, 621; *Gottwald,* FamRZ 2006, 1075.

515 Bis 31.8.2009: Vormundschaftsgericht.

FamFG)[516] ersetzt werden. Ein solcher Antrag kann nur Erfolg haben, wenn die Teilungsversteigerung den Grundsätzen einer ordnungsgemäßen Vermögensverwaltung entspricht und der andere Ehegatte die Zustimmung ohne ausreichenden Grund verweigert. Das Familiengericht trifft seine Entscheidung unter Abwägung der Interessen der Familienangehörigen bei Berücksichtigung aller Umstände[517].

Den Schutz des § 1365 BGB kann ein Ehegatte während der Dauer der Ehe, insbesondere auch während der Trennungszeit, jedoch nur **bis zum Eintritt der Rechtskraft der Scheidung** (sofern nicht der Güterstand zuvor auf andere Weise beendet wird) beanspruchen[518]. Ein nach Scheidung gestellter Antrag auf Teilungsversteigerung bedarf daher keiner Zustimmung[519], und zwar auch wenn der Zugewinnausgleich noch nicht geregelt ist[520]. § 1365 BGB ist jedoch entsprechend anwendbar, wenn der Antrag auf Teilungsversteigerung zwar nach Rechtskraft der Scheidung, aber vor Entscheidung über einen als abgetrennte Folgesache noch rechtshängigen Zugewinnausgleichsanspruch gestellt wird[521]. War die Teilungsversteigerung während der Ehe ohne die nach § 1365 BGB nötige Zustimmung des anderen Ehegatten angeordnet, aber noch nicht durchgeführt worden, entfällt das Zustimmungserfordernis mit Eintritt der Rechtskraft der zwischenzeitlich ausgesprochenen Scheidung[522]. **279**

Das Fehlen der Einwilligung des Ehegatten wird als materiell-rechtliche Einwendung grundsätzlich mit dem **Drittwiderspruchsantrag** **280**

---

516 Für die Ermöglichung der Zustimmungsersetzung im Drittwiderspruchsverfahren (Rn. 280) *Cirullies*, FPR 2013, 352, 356.

517 BayObLG, FamRZ 1996, 1013; FamRZ 1985, 1040; OLG Köln, FamRZ 2007, 1343 (Ersetzung der Zustimmung u.a. wegen den Mietwert weit übersteigender Hausbelastungen); OLG Köln, NJW-RR 2005, 4 = FamRB 2005, 1 *(Kogel);* LG Koblenz, FamRZ 1998, 163 (keine Ersetzung der Zustimmung, wenn infolge Alkoholmissbrauchs die Gefahr besteht, dass nach Verwertung des Grundbesitzes ein Anspruch auf Zugewinnausgleich nicht mehr realisierbar ist), mit abl. Anm. *Kogel*, FamRZ 1998, 914. Ausführlich zu den Voraussetzungen der Zustimmungsersetzung und zum Ersetzungsverfahren: *Cirullies*, FPR 2013, 352; *Stöber*, § 180 Anm. 3.13h, mit Einzelfallnachweisen.

518 Der Schutz des § 1365 BGB ist dagegen nicht zu gewähren, wenn ein Gläubiger eines Ehegatten dessen Auseinandersetzungsanspruch hat pfänden und sich überweisen lassen und daraus die Teilungsversteigerung betreibt: BGH, FamRZ 2006, 410 = NJW 2006, 849; OLG Karlsruhe, FamRZ 2004, 629; *Zimmer/Pieper*, NJW 2007, 3104, 3106; *Cirullies*, Rn. 847; *Bergschneider/Hintzen*, FamVermR, Rn. 10.77; **a.A.** *Stöber*, § 180 Anm. 3.13n.

519 OLG Bamberg, FamRZ 2000, 1167 [LS].

520 OLG Hamm, FamRZ 2006, 1557 (bei nach Scheidung anhängig gemachtem Zugewinnausgleich); vgl. auch OLG München, NJW-RR 2006, 1518, 1519.

521 OLG Köln, FamRZ 2001, 176; LG Lüneburg, FamRZ 1996, 1489; bei Grundstücksveräußerung: OLG Celle, FamRZ 2004, 625, mit abl. Anm. *Janke;* OLG Hamm, FamRZ 1984, 53.

522 OLG München, NJW-RR 2006, 1518; *Brudermüller*, FamRZ 1996, 1516, 1519; *Stöber*, § 180 Anm. 3.13i; **a.A.** *Bergschneider/Hintzen*, FamVermR, Rn. 10.74, jeweils m.w.N.

(§ 113 I FamFG, § 771 ZPO) geltend gemacht[523]. Es handelt sich, wie schon vor der Reform vom 1.9.2009[524], um eine Familiensache[525].

281 Nur ausnahmsweise kann auf die fehlende Einwilligung alternativ[526] auch die Erinnerung (§ 766 ZPO) bzw. sofortige Beschwerde (§ 793 ZPO, § 11 I RPflG)[527] gestützt werden, nämlich dann, wenn das Vollstreckungsgericht die fehlende Einwilligung hätte beachten müssen und damit ein Verfahrensfehler vorliegt[528]. Da das Vollstreckungsgericht nicht von Amts wegen ermitteln muss, ob der Antrag der Zustimmung des anderen Ehegatten gem. § 1365 BGB bedarf, liegt ein verfahrensfehlerhaftes Vorgehen aber nur dann vor, wenn das Vollstreckungsgericht das Vorliegen der Voraussetzungen des § 1365 BGB kannte (§ 28 II ZVG) – etwa weil es unstreitig war oder offen zutage lag[529] – oder kennen musste, weil konkrete Anhaltspunkte für eine Zustimmungsbedürftigkeit ersichtlich waren, denen nachzugehen Veranlassung bestand[530]. Ein Erfahrungssatz, wonach der Miteigentumsanteil an einem Grundstück von Ehegatten regelmäßig deren gesamtes Vermögen ausmacht, existiert nicht[531]. Die zustimmungsfreie Verfügungsbefugnis ist vielmehr der Regelfall[532], von dem das Vollstreckungsgericht zunächst ausgehen kann. Ggf. reicht es aus, wenn die der Teilungsversteigerung entgegenstehende Verfügungsbeschränkung nach § 1365 I BGB zwar noch nicht im Zeitpunkt der Anordnung der Teilungsversteigerung, aber im weiteren Verfahrensverlauf, etwa im Erinnerungsverfahren, unstreitig wird[533].

---

523 BGH, NJW 1985, 3066; OLG Köln, MDR 2012, 1169 = FamRB 2012, 329 *(Kogel)*; OLG Köln, FamRZ 2000, 1167 [LS]; **a.A.** OLG Stuttgart, FamRZ 2007, 1830, m. zu Recht abl. Anm. *Kogel,* FamRZ 2008, 621 = FamRB 2008, 77 *(Kogel).*

524 OLG Hamburg, FamRZ 2000, 1290; OLG Bamberg, FamRZ 2000, 1167 [LS]; OLG München, FamRZ 2000, 365; OLG Hamm, FamRZ 1995, 1072.

525 Vgl. Rn. 57, 290.

526 *Stöber,* § 180 Anm. 3.13g; **a.A.** *Sudhof,* FamRZ 1994, 1152, 1154: ggf. Vorrang der Erinnerung.

527 Welcher dieser Rechtsbehelfe statthaft ist, hängt davon ab, ob der Rechtspfleger vor Erlass des Anordnungsbeschlusses rechtliches Gehör gewährt hat (vgl. i.E. *Böttcher,* Rpfleger 1986, 271, 273).

528 OLG Bremen, FamRZ 1984, 272; *Braeuer,* FPR 2000, 198, 200; *Stöber,* § 180 Anm. 3.13g, zu den Rechtsbehelfen dort auch Anm. 7.20 u. § 95 Anm. 2.

529 Vgl. OLG Frankfurt, FamRZ 1999, 524; FamRZ 1997, 1490; OLG Bremen, FamRZ 1984, 272; LG Lüneburg, FamRZ 1996, 1489, 1490.

530 Vgl. LG Bielefeld, FamRZ 2006, 1047; *Stöber,* § 180 Anm. 3.13 f. Dies entspricht dem Umfang der (begrenzten) Prüfungspflicht des Grundbuchamts bei Grundstücksverfügungen, dazu BGH, FamRZ 2013, 948, m. Anm. *Koch* = FamRB 2013, 205 *(Kogel)*; die Prüfungspflicht des Vollstreckungsgerichts geht nicht über die des Grundbuchamts hinaus, vgl. *Stöber,* a.a.O.

531 LG Bielefeld, FamRZ 2006, 1047.

532 Vgl. BGH, FamRZ 2013, 948, m. Anm. *Koch.*

533 BGH, FamRZ 2007, 1634 = NJW 2007, 3124; vgl. dazu *Zimmer/Pieper,* NJW 2007, 3104, 3105 f. Zum Vorgehen des Gerichts, wenn die Verfügungsbeschränkung nach

b) Unzulässigkeit im Hinblick auf § 749 II, § 1353 I oder § 242 BGB

Auch wenn § 1365 BGB nicht eingreift, etwa weil der die Teilungsversteigerung betreibende Ehegatte noch weiteres Vermögen hat oder die Ehegatten in Gütertrennung[534] leben, unterliegt das Recht, jederzeit die Aufhebung der Gemeinschaft zu verlangen, Beschränkungen. **282**

aa) Dem Aufhebungsanspruch kann zunächst eine **Vereinbarung i.S. des § 749 II BGB** entgegenstehen, mit der das Recht, die Aufhebung der Gemeinschaft zu verlangen, ausgeschlossen worden ist. Eine derartige Vereinbarung wird unter Ehegatten – jedenfalls ausdrücklich – selten geschlossen. Die Bedeutung einer solchen Absprache darf aber auch nicht überschätzt werden. Denn die Vereinbarung steht der Aufhebung der Gemeinschaft nicht entgegen, wenn ein wichtiger Grund für die Aufhebung gegeben ist (§ 749 II S. 1 BGB). Die endgültige Trennung stellt, soweit es das Familienheim betrifft, im Zweifel einen wichtigen Grund dar, sofern die Vereinbarung nicht gerade auch für den Fall der Trennung getroffen worden ist[535]. Einwendungen gegen die Teilungsversteigerung können sich auch aus einem Vertrag ergeben, in dem die Ehegatten die Übertragung des ihnen gehörenden Grundstücks auf die Kinder[536] oder in dem sie eine andere Art der Auseinandersetzung vereinbart haben, etwa den freihändigen Verkauf[537]. **283**

bb) Der Aufhebung der Gemeinschaft am Familienheim kann **§ 1353 I S. 2 BGB** entgegenstehen[538]. Aus dieser Bestimmung wird eine Verpflichtung der Ehegatten hergeleitet, bei der Durchsetzung vermögensrechtlicher Ansprüche auf die sich aus der Ehe ergebenden Pflichten Rücksicht zu nehmen[539]. **284**

Solange die Ehegatten zusammenleben, kann derjenige, der sich der Auflösung des Miteigentums am Familienheim widersetzt, regelmäßig den Schutz des § 1353 I S. 2 BGB für sich in Anspruch nehmen. Die Geltendmachung des Aufhebungsanspruchs ist während des Zusammenle- **285**

---

§ 1365 I BGB im Erinnerungsverfahren unstr. wird, AG Karlsruhe, FamRZ 2008, 1641.

534 Für den Fall der Gütergemeinschaft vgl. Rn. 103; *Böttcher*, FPR 2012, 502, 504; *Brudermüller*, FamRZ 1996, 1516, 1520.

535 Vielfach ist der befristete Ausschluss des Rechts, die Teilungsversteigerung zu betreiben, in einer Trennungs- u. Scheidungsvereinbarung sinnvoll; dazu *Börger*, FPR 2000, 262, 265 f.; *Göppinger/Börger*, 6 Rn. 56 u. 7 Rn. 20.

536 BGH, FamRZ 1984, 563.

537 OLG Brandenburg, Urt. v. 25.1.2007, 9 U 4/05 (juris); *Stöber*, § 180 Anm. 9.6.

538 BGH, FamRZ 1962, 295; *Brudermüller*, FamRZ 1996, 1516, 1521; *Staudinger/Eickelberg*, 2015, § 749 Rn. 69.

539 BGH, FamRZ 1962, 295, 296; *Palandt/Brudermüller*, § 1353 Rn. 11.

bens der Ehegatten im Zweifel mit den sich aus § 1353 I S. 2 BGB ergebenden ehelichen Pflichten (Schutz des räumlich-gegenständlichen Bereichs der Ehe, Gebot der gegenseitigen Rücksichtnahme) unvereinbar[540]. Ob darüber hinaus auch von einer stillschweigend geschlossenen, in der Bestimmung des Familienheims zur Ehewohnung liegenden Vereinbarung i.S. des § 749 II BGB ausgegangen werden kann, die dem Anspruch auf Aufhebung der Gemeinschaft entgegensteht[541], kann daher dahinstehen.

286 Der Schutz des § 1353 I S. 2 BGB kann unter Umständen aber auch **nach der Trennung** in Anspruch genommen werden. Hier gewinnen bei der gebotenen Interessenabwägung jedoch die Belange des aufhebungswilligen Ehegatten an Gewicht. Von Bedeutung kann etwa sein, welche Beweggründe ihn zum Versteigerungsantrag veranlassen, wie dringend er ggf. auf den erstrebten Erlös angewiesen ist, ob gemeinsame Kinder betroffen sind, ob Fürsorgepflichten gegenüber einem kranken Ehepartner bestehen, wie die Möglichkeiten des Ehepartners zum Erhalt einer Ersatzwohnung sind und wie lange die Trennung bereits andauert[542]. Der Teilungsversteigerung steht nicht entgegen, dass der andere Ehegatte den Verkauf der Immobilie an einen Dritten wünscht[543]. Zumindest dann, wenn das Scheitern der Ehe feststeht und die Trennung endgültig erscheint, wird die Interessenabwägung im Zweifel zugunsten desjenigen ausfallen müssen, der die Teilungsversteigerung verlangt. Dessen Aufhebungsverlangen kann dann auch nicht entgegen gehalten werden, dass die Immobilie ursprünglich als Teil der Altersversorgung gedacht war[544]. Doch wird auch im Übrigen zu prüfen sein, ob der der Teilungsversteigerung widersprechende Ehegatte nicht anderweitig hinreichend geschützt ist: durch die Möglichkeit, im Ehewohnungsverfahren ein Mietverhältnis begründen zu lassen, das ein eventueller Ersteher nicht gem. § 57a ZVG kündigen kann (§ 566 BGB, § 183 ZVG)[545], oder durch die Möglichkeit, eine einstweilige Einstellung des Versteigerungsverfahrens gem. § 180 II ZVG

---

540 Anders kann es sein, wenn mit der Teilungsversteigerung ein der Ehegemeinschaft nützlicher oder zumindest nicht schädlicher Zweck verfolgt wird, etwa die Ersetzung der bisherigen durch eine andere Ehewohnung; vgl. *Brudermüller*, FamRZ 1996, 1516, 1521, m.w.N.

541 Dazu *Staudinger/Eickelberg*, 2015, § 749 Rn. 69.

542 Zur Interessenabwägung vgl. BGH, FamRZ 1962, 295, 296; OLG Schleswig, Beschl. v. 20.4.2016, 15 UF 84/15, juris; *Brudermüller*, FamRZ 1996, 1516, 1521.

543 Vgl. dazu Rn. 761 f. u. 263.

544 Vgl. OLG Schleswig, Beschl. v. 20.4.2016, 15 UF 84/15, Rn. 21, juris.

545 Dazu *Uecker*, FPR 2013, 367, 368; *Nickel*, FPR 2013, 370, 378. Durch die Zuweisung der Ehewohnung an einen Ehegatten wird die Teilungsversteigerung nicht verhindert (vgl. Rn. 275). Die Begründung eines Mietverhältnisses verschlechtert aber die Möglichkeiten bei Verkauf oder Versteigerung des Grundstücks. Ob dies sinnvoll und gewünscht ist, muss vom Ehewohnungsrichter im Einzelfall bedacht werden. Vgl. i.E. BayObLG, FamRZ 1974, 22, 24, sowie Rn. 74, 239.

(Abwägung der Interessen der Miteigentümer)[546] bzw. gem. § 180 III ZVG (Abwendung einer ernsthaften Gefährdung des Wohles eines gemeinschaftlichen Kindes)[547] zu erwirken. Mit dem nach § 749 I BGB grundsätzlich gegebenen Anspruch auf jederzeitige Aufhebung der Gemeinschaft[548] nicht zu vereinbaren und abzulehnen ist die vom OLG Hamburg[549] vertretene Auffassung, bis zur Rechtskraft der Scheidung sei eine Teilungsversteigerung gegen den Willen des ihr widersprechenden Ehegatten unzulässig. Aus der Entscheidung des BGH vom 28.9.2016[550], auf die das OLG sich beruft, lässt sich eine solche Konsequenz nicht ableiten[551], zumal die (mit einer Sperrwirkung der Regelungen der §§ 1361b BGB und 200 ff. FamFG begründete) Ablehnung eines auf § 985 BGB gestützten Herausgabeanspruchs betreffend die Ehewohnung während bestehender Ehe durch den BGH in dieser Entscheidung nicht neu ist[552].

Nach Rechtskraft der Scheidung wird man die Teilungsversteigerung durch Berufung auf § 1353 I S. 2 BGB, auch wenn die aus dieser Bestimmung hergeleitete Rücksichtnahmepflicht nicht mit der Scheidung endet, in aller Regel nicht mehr verhindern können[553]. Der schutzbedürftige Ehegatte ist nunmehr auf die Möglichkeiten des Ehewohnungsverfahrens (insbesondere den Anspruch auf Begründung eines Mietverhältnisses nach § 1568a V BGB)[554] und der einstweiligen Einstellung des Versteigerungsverfahrens gem. § 180 II bzw. III ZVG beschränkt. **287**

cc) Dem Teilungsversteigerungsverlangen kann schließlich im Einzelfall **§ 242 BGB** unter dem Gesichtspunkt des Rechtsmissbrauchs entgegenstehen[555]. Dies kommt in Betracht, wenn die Teilung für den ihr widersprechenden Ehepartner schlechthin unzumutbar wäre[556]. Soweit es allein um den Schutz des räumlich-gegenständlichen Bereichs der Ehe bzw. die gegenseitige Beistandspflicht geht, spielen bei der im Anwendungsbereich des § 242 BGB erforderlichen Interessenabwägung die gleichen Kri- **288**

---

546 Dazu Rn. 292 ff.

547 Dazu Rn. 297 ff.

548 Vgl. etwa Rn. 263.

549 FamRZ 2017, 1829 = FamRB 2018, 5 *(Mast)*. Im Ergebnis ebenso AG Hannover, FamRZ 2003, 938.

550 FamRZ 2017, 22 = NJW 2017, 260; vgl. dazu Rn. 69.

551 So auch die abl. Anm. *Kogel*, FamRZ 2017, 25, u. *Engels*, Rpfleger 2017, 727.

552 Vgl. BGH, FamRZ 1976, 691.

553 Ebenso *Staudinger/Langhein*, 2008, § 749 Rn. 70; vgl. auch OLG Schleswig, Beschl. v. 20.4.2016, 15 UF 84/15, juris.

554 Vgl. dazu Rn. 275, 286; *Nickel*, FPR 2013, 370, 371. Nach Erteilung des Zuschlags an einen Ehegatten scheidet eine gerichtliche Überlassung der Ehewohnung zugunsten des anderen Ehegatten allerdings aus, vgl. Rn. 240.

555 BGHZ 63, 349; *Stöber*, § 180 Anm. 9.5.

556 Vgl. OLG Schleswig, Beschl. v. 20.4.2016, 15 UF 84/15, Rn. 26, juris; OLG Frankfurt, FamRZ 1998, 641; OLG München, FamRZ 1989, 980; OLG Schleswig, NJW-RR 1995, 900, 901, u. FamRZ 1995, 735, 736.

terien eine Rolle, die auch unter dem Gesichtspunkt des § 1353 I S. 2 BGB von Bedeutung sind. Einen weitergehenden Schutz als diese Bestimmung kann § 242 BGB insoweit deshalb grundsätzlich nicht bieten[557]. Der von der Teilungsversteigerung bedrohte Ehegatte wird sich daher in aller Regel auch für die Zeit nach der Scheidung unter diesem Gesichtspunkt nicht auf missbräuchliche Rechtsausübung berufen können. Einen Ausnahmefall nimmt das OLG Frankfurt[558] im Fall einer Ehefrau an, die nach langer Ehe kurz vor der Trennung eine Querschnittslähmung erlitten hat und auf die vertraute Umgebung nicht verzichten will.

289 Allerdings kann § 242 BGB als Einwendung gegen den Aufhebungsanspruch aus anderen Gründen Bedeutung gewinnen, z.B. dann, wenn der sich der Teilungsversteigerung widersetzende Ehegatte einen Anspruch auf Übertragung des Miteigentumsanteils des anderen Ehegatten hat, etwa wegen Wegfalls der Geschäftsgrundlage einer ehebezogenen Zuwendung[559]. Nur in ganz besonderen Ausnahmefällen kann nach der Rechtsprechung des BGH eine Verpflichtung eines Ehegatten aus § 242 BGB in Betracht kommen, die Auflösung des Miteigentums nicht auf dem in § 753 BGB vorgeschriebenen Weg der Teilungsversteigerung, sondern auf andere Weise, etwa durch Realteilung trotz Fehlens der Voraussetzungen des § 752 BGB hinzunehmen[560]. Bei Unveräußerlichkeit des Grundstücks gilt das zu Rn. 117 Gesagte.

290 **dd)** Die Unzulässigkeit der Teilungsversteigerung wird in den zu aa) bis cc) genannten Fällen auf nicht aus dem Grundbuch ersichtliche[561] materiell-rechtliche Einwendungen gegenüber dem Aufhebungsanspruch gestützt. Sie ist im Wege eines **Drittwiderspruchsverfahrens** (§ 113 I FamFG, § 771 ZPO) geltend zu machen. Das Verfahren ist eine sonstige Familiensache i.S. von §§ 266 I Nr. 2 (Fall zu bb)) bzw. Nr. 3 (Fälle zu aa) u. cc)), 111 Nr. 10 FamFG und fällt daher in die Zuständigkeit des Familiengerichts[562] (zuvor: Zivilprozessgericht, weil sich das der Versteigerung

557 Vgl. auch *Brudermüller*, FamRZ 1996, 1516, 1521.

558 FamRZ 1998, 641.

559 BGH, FamRZ 1977, 458 = NJW 1977, 1234 (vgl. auch Rn. 980). Dazu *Brudermüller*, FamRZ 1996, 1516, 1520, Fn. 65, und – abl. – *Staudinger/Eickelberg*, 2015, § 749 Rn. 40 f., dessen Kritik allerdings nicht beachtet, dass der BGH den Anspruch auf Übertragung des Miteigentumsanteils aus dem Gesichtspunkt des Wegfalls der Geschäftsgrundlage einer ehebezogenen Zuwendung, nicht hingegen aus dem Gemeinschaftsverhältnis herleitet. Vgl. auch OLG München, FamRZ 2002, 393; OLG Celle, FamRZ 2000, 668.

560 Vgl. BGHZ 58, 146; MünchKomm/*Schmidt*, § 753 Rn. 7; *Palandt/Grüneberg*, § 242 Rn. 81.

561 Ergibt sich der Ausschluss des Rechts, die Aufhebung der Gemeinschaft zu verlangen, als Belastung aus dem Grundbuch, ist er von Amts wegen zu beachten (§ 28 ZVG). Geschieht dies nicht, liegt ein Verfahrensfehler vor, der zur Erinnerung nach § 766 ZPO berechtigt; *Stöber*, § 180 Anm. 9.7.

562 Vgl. Rn. 29 ff., 33, 48.

entgegenstehende Recht, nämlich § 749 II, § 242 bzw. § 1353 I S. 2 BGB, in diesen Fällen – anders als bei der auf das Fehlen der Einwilligung gem. § 1365 BGB gestützten Klage[563] – nicht dem Katalog des § 23b I S. 2 GVG a.F. zuordnen ließ[564]).

2. Einstweilige Einstellung der Teilungsversteigerung

Keine Verhinderung, aber ein zeitlicher Aufschub der Teilungsversteigerung kann durch eine einstweilige Einstellung des Versteigerungsverfahrens erreicht werden[565]. Ist ein Drittwiderspruchsverfahren anhängig, besteht die Möglichkeit der einstweiligen Einstellung der Teilungsversteigerung **durch das Prozessgericht nach § 120 I FamFG, § 769 ZPO**. Hat das Prozessgericht die Einstellung der Zwangsvollstreckung angeordnet, muss auch das Versteigerungsgericht die Einstellung des Verfahrens beschließen[566]. Ist ein Drittwiderspruchsverfahren nicht anhängig, vermag der mit der Versteigerung nicht einverstandene Ehegatte also keine materiell-rechtlichen Einwendungen gegen die Zulässigkeit der Teilungsversteigerung vorzubringen, kann er unter den Voraussetzungen des § 180 II bzw. III ZVG, ggf. auch des § 765a ZPO, eine einstweilige Einstellung und damit einen Aufschub erreichen. 291

a) Einstellung nach § 180 II ZVG

Eine einstweilige Einstellung des Versteigerungsverfahrens nach § 180 II ZVG kann auf Antrag eines Miteigentümers erfolgen, wenn dies bei **Abwägung der widerstreitenden Interessen** der Teilhaber angemessen erscheint[567]. Die Einstellung soll verhindern, dass ein wirtschaftlich Stärkerer unter Ausnutzung vorübergehender Umstände die Versteigerung „zur Unzeit" durchsetzt, um den wirtschaftlich Schwächeren zu ungünstigen Bedingungen aus dem Grundstück zu drängen[568]. Zu berücksichtigen sind daher nur Umstände, die vorübergehender Natur sind und mit deren Veränderung innerhalb der Einstellungsfrist zu rechnen ist; das gilt auch für gesundheitliche Beeinträchtigungen[569]. Wegen des grundsätzlich be- 292

563 Vgl. Rn. 280.

564 Vgl. dazu 4. Aufl. Rn. 233 m.w.N.

565 Zu den Möglichkeiten beider Parteien, eine einstweilige Einstellung zu erlangen, auch *Storz*, FPR 2013, 356; *Kogel*, FamRB 2003, 403, 405.

566 *Bergschneider/Hintzen*, FamVermR, Rn. 10.89.

567 Ausführlich zur Einstellung nach § 180 II ZVG: *Stöber*, § 180 Anm. 12. – Die Frage, ob ein Ehegatte den Antrag nach § 180 II ZVG auch stellen kann, wenn ein Gläubiger den Auseinandersetzungsanspruch eines Ehegatten hat pfänden und sich überweisen lassen, um dann selbst den Teilungsversteigerungsantrag zu stellen, ist streitig. Vgl. dazu *Brudermüller*, FamRZ 1996, 1516, 1518; *Bergschneider/Hintzen*, FamVermR, Rn. 10.102, jeweils m.w.N.

568 BGH, NJW 1981, 2065, 2066, BGH, FamRZ 2007, 1010 = NJW 2007, 3430.

569 BGH, NJW 2004, 3635; dazu krit. *Haentjens*, NJW 2004, 3609.

stehenden Anspruchs auf Aufhebung der Gemeinschaft muss sich eine Einstellung nach § 180 II ZVG auf Ausnahmefälle beschränken.

293 **Für eine Einstellung** kann es sprechen[570], wenn

- eine Werterhöhung durch unmittelbar bevorstehende Reparaturen oder Renovierungen zu erwarten ist[571];
- damit zu rechnen ist, dass der Versteigerungsgegner in Kürze über finanzielle Mittel verfügen wird, um den Anteil des Antragstellers zu erwerben;
- der Versteigerungsgegner behebbar erscheinende Probleme mit der Beschaffung von Ersatzwohnraum hat.

294 **Gegen eine Einstellung** kann es sprechen, wenn

- der Antragsteller der Teilungsversteigerung zur Erhaltung seiner Existenz dringend Geldmittel benötigt, die er sich auf andere Weise nicht beschaffen kann;
- die mit dem Grundstück verbundenen Belastungen die Zumutbarkeitsgrenze überschreiten.

295 Die Einstellung nach § 180 II ZVG ist auf **sechs Monate mit einmaliger Wiederholungsmöglichkeit** beschränkt. Die mögliche Höchstdauer beträgt also ein Jahr. Für mehr als fünf Jahre darf das Verfahren auch bei Verbindung mit Einstellungen nach § 180 III ZVG zur Abwendung einer Kindeswohlgefährdung nicht eingestellt werden (§ 180 IV ZVG).

296 Der Einstellungsantrag ist binnen einer **Notfrist von zwei Wochen** ab Zustellung einer Belehrung anzubringen, die auf das Recht, die Einstellung zu beantragen, den Fristbeginn und die Rechtsfolgen der Fristversäumung hinweist und die meist zusammen mit dem Anordnungsbeschluss erteilt wird (§§ 180 II S. 3, 30b I ZVG). Die Frist gilt für den ersten Einstellungsantrag ebenso wie für den erneuten Antrag, nachdem das Verfahren bereits einmal eingestellt und dann fortgesetzt worden ist[572]. Diese Frist wird in der Praxis vielfach versäumt, zumal die Gefahr der Verschleuderung des Grundstücks häufig erst im Laufe des Versteigerungsverfahrens deutlich wird[573].

b) Einstellung nach § 180 III ZVG

297 Die Einstellungsmöglichkeit nach § 180 III ZVG dient dem **Schutz gemeinsamer Kinder.** Anders als Adoptivkinder werden (auch gemeinsa-

570 Zu den Kriterien der Interessenabwägung i.E. *Stöber,* § 180 Anm. 12.3 f.

571 BGH, NJW 1981, 2065, 2066.

572 BGH, NJW 1981, 2065.

573 Vgl. auch *Brudermüller,* FamRZ 1996, 1516, 1517.

me) Pflegekinder vom Schutzbereich der Vorschrift nicht erfasst, selbst wenn die Ehegatten deren Vormünder sind; ihre Belange finden ggf. im Rahmen des § 765a ZPO[574] Berücksichtigung[575].

Das Teilungsversteigerungsverfahren ist auf Antrag eines Ehegatten einstweilen einzustellen, wenn dies **zur Abwendung einer ernsthaften Gefährdung** des Wohls eines gemeinschaftlichen (auch volljährigen) Kindes erforderlich ist[576]. Besondere Umstände müssen eine begründete gegenwärtige Besorgnis der Gefährdung des körperlichen, geistigen oder seelischen Kindeswohls nahe legen. Dazu reichen nach herrschender Rechtsprechung[577] mit einem Umzug und Ortswechsel üblicherweise verbundene Unzuträglichkeiten wie Schulwechsel[578], Verlust von Spielgefährten und der vertrauten Umgebung ebenso wenig aus, wie eine zu befürchtende Verschlechterung des bisherigen Lebensstandards (z.B. eigenes Zimmer für jedes Kind). Erforderlich ist vielmehr, dass besondere Umstände hinzutreten, die den Verlust der bisherigen Wohnung als erhebliche Beeinträchtigung des Kindeswohls erscheinen lassen. Nur wenn die Veräußerung des Familienheims dazu führen würde, dass sich die Wohn- oder sonstigen Lebensverhältnisse des Kindes nachhaltig verschlechtern, ist sie zurückzustellen[579]. **298**

Solche besonderen Umstände können etwa vorliegen, wenn **299**

- die anderweitige angemessene Unterbringung einer kinderreichen Familie mit zumutbarem Aufwand nicht möglich erscheint[580];
- die Ehewohnung auf die Bedürfnisse eines behinderten Kindes eingerichtet ist[581];
- Ungewissheit über den späteren Aufenthalt eines Kindes besteht, weil die Eltern über die elterliche Sorge streiten, und ein wiederholter Wechsel der vertrauten Umgebung die gedeihliche Entwicklung des Kindes stören könnte[582];

---

574 Dazu Rn. 304 ff.

575 BGH, FamRZ 2007, 1010 = NJW 2007, 3430 = FamRB 2007, 236 *(Giers)*.

576 Der Antrag nach § 180 III ZVG kann nach h.M. auch gestellt werden, wenn ein Gläubiger den Auseinandersetzungsanspruch eines Ehegatten hat pfänden und sich überweisen lassen, um dann selbst den Teilungsversteigerungsantrag zu stellen; *Stöber*, § 180 Anm. 13.3; *Brudermüller*, FamRZ 1996, 1516, 1518.

577 Vgl. nachfolgende Fußnoten und weitere Nachweise bei *Stöber*, § 180 Anm. 13.4. Anders LG Offenburg, FamRZ 1994, 1274, das den Begriff der „ernsthaften Gefährdung" des Kindeswohls weit auslegt; ähnlich *Grziwotz*, FamRZ 2002, 1669, 1677.

578 Vgl. aber LG Freiburg, Rpfleger 2017, 170: Einstellung bis Ende der Grundschulzeit zur Stabilisierung bei trennungsbedingt verschlechterten Leistungen.

579 *Stöber*, § 180 Anm. 13.4.

580 *Diederichsen*, NJW 1986, 1283, 1285.

581 *Stöber*, § 180 Anm. 13.4.

582 LG Berlin, Rpfleger 1992, 170 u. FamRZ 1987, 1066.

- konkrete Anhaltspunkte für eine Gefährdung der schulischen Entwicklung des Kindes bestehen[583];
- ein geistig behindertes (auch volljähriges) Kind sich nur schwer und ungewöhnlich langsam an veränderte Umstände gewöhnen kann[584];
- ein Kontaktabbruch des Kindes zum die Teilungsversteigerung betreibenden Elternteil droht[585].

300 Für eine Einstellung ist kein Raum, wenn nicht der drohende Verlust des Familienheims, sondern die Trennung der Eltern Probleme des Kindes und eine Gefährdung seines Wohls befürchten lässt, oder wenn bereits gesundheitliche Probleme bestehen, die mit der drohenden Zwangsräumung nicht in Zusammenhang stehen[586]. Erfordert die Gefährdung des Kindeswohls die Einstellung, ist sie vom Vollstreckungsgericht (Rechtspfleger)[587] vorzunehmen. Auf widerstreitende Interessen des die Teilungsversteigerung betreibenden Ehegatten kommt es im Rahmen von § 180 III ZVG nicht an. Eine Interessenabwägung findet also – anders als bei § 180 II ZVG – nicht statt. Die Interessen des versteigerungswilligen Ehegatten müssen ggf. hinter denen des Kindes zurückstehen.

301 § 180 III ZVG findet – wie § 180 II ZVG – für verheiratete ebenso wie für geschiedene Ehegatten Anwendung. Voraussetzung ist aber, dass der Miteigentümergemeinschaft außer den Ehegatten im Zeitpunkt der Verfahrensanordnung[588] nicht noch weitere Miteigentümer angehören. Unschädlich sollte es aber sein, wenn Miteigentümer auch das Kind ist, dessen Schutz bezweckt wird[589].

302 Auch die Einstellung nach § 180 III ZVG muss – wie die nach § 180 II ZVG – innerhalb einer **Notfrist von zwei Wochen** ab Zustellung einer Belehrung über das Recht, die Einstellung zu verlangen, den Fristbeginn und die Rechtsfolgen der Fristversäumung beantragt werden (§§ 180 III S. 3, 30b I ZVG). Die Einstellung hat ggf. für die voraussichtliche Dauer der ernsthaften Gefährdung des Kindeswohls zu erfolgen. Auf Veränderungen der Sachlage nach Einstellung kann das Vollstreckungsgericht auf Antrag mit Aufhebung oder Änderung des Einstellungsbeschlusses reagieren (§ 180 III S. 4 ZVG). Die mehrfache Wiederholung der Einstellung ist zulässig. Die gesamte Dauer der Einstellung darf aber – einschließlich eventueller Einstellungen nach § 180 II ZVG – **fünf Jahre** nicht über-

583 LG Heidelberg, FamRZ 1991, 588; LG Limburg, FamRZ 1987, 1065.

584 LG Berlin, FamRZ 1987, 1067.

585 LG Bremen, FamRZ 2017, 1334.

586 LG Konstanz, Rpfleger 2002, 219.

587 Eine Übertragung der Zuständigkeit auf den Familienrichter fordern *Brudermüller*, FamRZ 1996, 1516, 1518; *Meyer-Stolte*, Rpfleger 1992, 171 (Anm.).

588 *Stöber*, § 180 Anm. 13.2.

589 So zu Recht *Böttcher*, FPR 2012, 502, 504.

schreiten (§ 180 IV ZVG)[590]. Auch für den erneuten Einstellungsantrag nach Fortsetzung des Verfahrens gilt die Zweiwochenfrist.

Die Vorschrift des § 180 III ZVG, die durch das UÄndG 1986 eingeführt worden ist und wie § 180 II ZVG eine Versteigerung „zur Unzeit" verhindern soll, hat in der Praxis keine große Bedeutung gewonnen. Dies mag auch auf die kurze Notfristregelung zurückzuführen sein, die die Schutzwirkung der Bestimmung relativiert[591]. **303**

c) Einstellung nach § 765a ZPO

Ob § 765a ZPO in der Teilungsversteigerung **(entsprechende) Anwendung** findet, ist seit langem umstritten. Die eine Meinung, die früher die in Rechtsprechung und Literatur herrschende war[592], lehnt die entsprechende Anwendung vor allem mit dem Argument ab, bei der Teilungsversteigerung handele es sich nicht um eine Maßnahme der Zwangsvollstreckung. Die Berücksichtigung der Interessen der Betroffenen sei abschließend in § 180 II und III ZVG geregelt. Der BGH[593] hat sich zu Recht der Gegenmeinung[594] angeschlossen. Er begründet dies damit, dass § 180 I ZVG das Zwangsversteigerungsverfahren als Verfahren zur Aufhebung einer Gemeinschaft bestimme. Regelungen, die das Zwangsversteigerungsverfahren wesentlich bestimmten, seien deshalb auch dann anzuwenden, wenn sie – wie die Schuldnerschutzvorschrift des § 765a ZPO – nicht in den ersten beiden Abschnitten des ZVG enthalten seien (auf die § 180 I ZVG verweist). **304**

Allerdings wird ein auf § 765a ZPO gestützter – nicht fristgebundener, noch im Versteigerungstermin, auch im Beschwerdeverfahren betreffend den Zuschlagsbeschluss, aber nicht mehr nach dessen Rechtskraft[595] möglicher – Antrag in der Teilungsversteigerung unter Ehegatten wegen ihrer **strengen Voraussetzungen** nur in Ausnahmefällen Erfolg haben. Denn erforderlich ist, dass die Versteigerung wegen ganz besonderer Umstände für den ihr widersprechenden Ehegatten eine sittenwidrige Härte bedeuten würde. Während bei § 180 II ZVG überwiegende Interessen des **305**

---

590 Zum Zusammentreffen der Einstellungsmöglichkeiten nach § 180 II u. III ZVG vgl. *Stöber*, Anm. 13.7, 13.9 u. 13.13 f.

591 Vgl. auch *Brudermüller*, FamRZ 1996, 1516, 1518.

592 OLG München, NJW 1961, 787; OLG Oldenburg, NJW 1955, 150; LG Berlin, FamRZ 1987, 1067; *Baumbach/Lauterbach/Hartmann*, § 765a Rn. 5 (Ausnahme bei Rechtsmissbrauch); MünchKommZPO/*Heßler*, § 765a Rn. 18, m.w.N.

593 BGH, FamRZ 2007, 1010 = NJW 2007, 3430.

594 KG, NJW-RR 1999, 434; OLG Karlsruhe (ZS Freiburg), Rpfleger 1993, 413, 414 u. 1994, 223; OLG Köln, MDR 1991, 452; OLG Bremen, Rpfleger 1979, 72; *Grziwotz*, FamRZ 2002, 1669, 1677; *Brudermüller*, FamRZ 1996, 1516, 1519; *Bergschneider/Hintzen*, FamVermR, Rn. 10.115.

595 BGH, FamRZ 2009, 2079, gebilligt von BVerfG, FamRZ 2010, 795.

der Versteigerung Widersprechenden ausreichen, ist hier ein krasses Missverhältnis im Sinne eines klaren Schutzbedürfnisses des Antragsgegners erforderlich[596]. Als Ausnahmevorschrift ist § 765a ZPO eng auszulegen[597].

306 Eine die Heranziehung des § 765a ZPO rechtfertigende Situation ist etwa denkbar bei **Suizidgefahr** wegen der drohenden Teilungsversteigerung. Ist hier die Zweiwochenfrist der §§ 180 II S. 3, 30b I S. 1 ZVG abgelaufen, kann § 765a ZPO – je nach Ergebnis der erforderlichen Interessenabwägung – helfen. Voraussetzung ist das Vorliegen einer konkreten, ernsthaften Gefahr der Selbsttötung[598], die auf der drohenden Teilungsversteigerung (und nicht erst auf einer evtl. später drohenden Räumung[599]) beruht. Dieser Gefahr darf nicht auf andere Weise als durch Einstellung des Versteigerungsverfahrens begegnet werden können, insbesondere nicht durch Bemühungen des sich der Versteigerung Widersetzenden. Ggf. kann eine einstweilige Einstellung unter Auflagen (etwa Durchführung einer ärztlichen Behandlung) erfolgen. Einer Einstellung kann es auch entgegenstehen, wenn eine rechtlich zulässige und vertretbare Möglichkeit der Ingewahrsamnahme oder Unterbringung des Suizidgefährdeten (ggf. unter Einschaltung des Betreuungsgerichts[600]) besteht[601]; eine solche wird aber in der Regel – weil im Zweifel auf Dauer erforderlich – unverhältnismäßig sein[602]. Eine Einstellung für einen längeren Zeitraum kann in besonders gelagerten Einzelfällen, eine Einstellung auf unbestimmte Dauer nur in absoluten Ausnahmefällen in Betracht kommen[603]. In aller Regel wird das Gericht seine Entscheidungen nicht ohne Inanspruchnahme sachverständiger Unterstützung treffen können. Dies alles gilt auch, wenn die Teilungsversteigerung den Erfolg der Behandlung einer lebensbedrohlichen Erkrankung des sich der Teilungsversteigerung Widersetzenden gefährdet[604], oder wenn bei einer bestehenden Erkran-

596 Vgl. *Zöller/Stöber*, § 765a Rn. 5 f.

597 BGH, NJW 2004, 3635, 3636.

598 Auch wenn sie nicht auf einer Erkrankung, sondern auf freier Willensbildung beruht („Bilanzselbstmord“): BGH, FamRZ 2011, 478 = FamRB 2011, 141 *(Kogel)* (bei Vollstreckungsversteigerung).

599 Beruht die Gefahr nur auf der evtl. drohenden späteren Räumung, wird sie nicht schon im Teilungsversteigerungsverfahren, sondern erst im Räumungsvollstreckungsverfahren bedeutsam; vgl. BGH, NJW 2006, 505, 507 (bei Vollstreckungsversteigerung); *Kaiser*, NJW 2011, 2412, 2413.

600 Zu den begrenzten Möglichkeiten des Betreuungsgerichts *Schmid*, FamRB 2014, 393.

601 Dazu ausführlich BGH, WuM 2017, 293; FamRZ 2016, 632 (jeweils bei Vollstreckungsversteigerung).

602 Vgl. *Kaiser*, NJW 2011, 2412, 2413.

603 So BVerfG, FamRZ 2016, 1645 (bei Vollstreckungsversteigerung).

604 BGH, FamRZ 2011, 1582 (bei Vollstreckungsversteigerung); ähnlich BGH, FamRZ 2009, 2078 (Räumungsvollstreckung bei lebensbedrohenden gesundheitlichen Risiken). Vgl. auch BGH, NJW 2004, 3635, 3637: Verneinung der Einstellungsvoraussetzungen, weil Antragsteller die Gesundheitsgefährdung selbst abwenden könne (in einem Fall, in

kung die Verfahrensfortsetzung eine Verschlechterung des Gesundheitszustands und als deren Folge eine Gefahr für das Leben des sich der Teilungsversteigerung Widersetzenden oder schwere gesundheitliche Risiken erwarten lässt[605]. Zum vorstehenden Fragenkreis ist in den letzten Jahren eine umfangreiche Rechtsprechung ergangen[606], die sich meist auf Fälle der Vollstreckungsversteigerung oder der Räumungsvollstreckung bezieht, für die Fälle der Teilungsversteigerung aber gleichermaßen von Relevanz ist[607].

Heranzuziehen sein kann § 765a ZPO auch bei einer **drohenden Verschleuderung** des Grundstücks, die regelmäßig erst nach Ablauf der Frist gem. §§ 180 II, III, 30b ZVG deutlich wird. Es ist schon darauf hingewiesen worden, dass im zweiten Versteigerungstermin der Zuschlag auch dann erteilt werden kann, wenn das Meistgebot einschließlich der bestehen bleibenden Rechte die Hälfte des Grundstückswertes nicht erreicht (§ 85a ZVG)[608]. Bei einem krassen Missverhältnis von Meistgebot und Grundstückswert kann es daher im Einzelfall geboten sein, dem finanzschwachen Miteigentümer Schutz gegenüber seinem finanzstarken Ehegatten zu gewähren, der ihn aus dem Eigentum am Grundstück herauszudrängen und das Grundstück zu einem Schleuderpreis zu erwerben versucht[609]. Allerdings ist nach der Rechtsprechung des BGH[610] auch bei einem krassen Missverhältnis zwischen Versteigerungserlös und Grundstückswert kein Vollstreckungsschutz nach § 765a ZPO zu gewähren, wenn in einem neuen (im entschiedenen Fall fünften) Termin kein wesentlich höheres Gebot zu erwarten ist. **307**

Zu den im Rahmen des § 765a ZPO zu berücksichtigenden Härten gehört auch die Beeinträchtigung des Wohls von gemeinsamen oder nicht gemeinsamen **Pflegekindern**[611]. Infolge eines erforderlich werdenden **308**

---

dem der Gläubiger eines Miteigentümers die Teilungsversteigerung nach Pfändung und Überweisung des Teilungsanspruchs betrieb); dazu krit. *Haentjens,* NJW 2004, 3609.

605 BGH, Rpfleger 2017, 295 (bei Vollstreckungsversteigerung).

606 Weitere Entscheidungen aus neuerer Zeit: Bei Vollstreckungsversteigerung: BGH, NJW-RR 2015, 393; FamRZ 2012, 185 (Geltendmachung von Suizidgefahr mit der gegen die Zuschlagserteilung gerichteten Beschwerde); FamRZ 2011, 1504; FamRZ 2010, 1652; NJW 2007, 3719 = FamRZ 2007, 1648 [LS]. Bei Räumungsvollstreckung: BVerfG, FamRZ 2014, 1691; NJW 2013, 290; FamRZ 2007, 1717; BGH, NJW-RR 2016, 583 = FamRZ 2016, 814 [LS].

607 Zu den nach dieser Rspr. maßgebenden Gesichtspunkten u. im Einzelfall zu stellenden Fragen *Kaiser,* NJW 2011, 2412; ausführlich auch *Kogel,* Rpfleger 2017, 372 (mit Vorschlägen für eine die Interessen des Versteigerungswilligen stärker berücksichtigende gesetzliche Regelung); *ders.,* Teilungsversteigerung, Rn. 119 ff.; *Cirullies,* Rn. 863; *Dassler/Schiffhauer/Hintzen,* § 180 Rn. 105, § 30a Rn. 34 ff. Vorschläge zur effektiven Gestaltung des gerichtlichen Verfahrens bei *Seifert,* Rpfleger 2017, 608.

608 Vgl. Rn. 239.

609 So auch *Bergschneider/Hintzen,* FamVermR, Rn. 10.116 f.

610 FamRZ 2006, 697.

611 BGH, FamRZ 2007, 1010 = NJW 2007, 3430. Vgl. schon Rn. 297.

Umzuges zu erwartende, aber durch therapeutische Begleitung beherrschbare vorübergehende Verhaltensstörungen eines Pflegekindes rechtfertigen allerdings die einstweilige Einstellung der Teilungsversteigerung nicht[612]. **Weitere Anwendungsfälle**[613] des § 765a ZPO kommen nur in den genannten engen Grenzen in Betracht.

309 **Keine Anwendung** findet § 765a ZPO insoweit, als § 180 II und III ZVG oder § 113 I FamFG, §§ 771, 769 ZPO[614] den erforderlichen Schutz bieten[615]. Die Heranziehung des § 765a ZPO scheidet auch dann aus, wenn die Möglichkeiten des Ehewohnungsverfahrens (z.B. Wohnungsüberlassung mit Begründung eines Mietverhältnisses[616]) den der Teilungsversteigerung widersprechenden Ehegatten ausreichend schützen.

E. Besonderheiten bei ehemaligen DDR-Bürgern

310 Die Ausführungen zur Auseinandersetzung von Miteigentum in diesem Kapitel gelten ohne Einschränkung auch für Ehen, die **seit dem 3.10.1990**, also seit dem Beitritt der ehemaligen DDR zur Bundesrepublik Deutschland, in den neuen Bundesländern geschlossen worden sind. Denn diese Ehen unterliegen sowohl in güterrechtlicher Hinsicht als auch im Übrigen dem Recht des BGB (Art. 230 II EGBGB).

311 Besonderheiten sind dagegen bei Eheleuten zu beachten, die **bis zum 2.10.1990** (einschließlich) in der ehemaligen DDR geheiratet haben. Zu unterscheiden sind dabei Ehen, für die bei ihrer Beendigung noch der in der DDR gegebene gesetzliche Güterstand der Eigentums- und Vermögensgemeinschaft (§ 13 FGB) galt[617], von solchen Ehen, bei denen es zu einem Güterstandswechsel gekommen ist, und die deshalb bei ihrer Beendigung dem gesetzlichen Güterstand des BGB, also demjenigen der Zugewinngemeinschaft, unterstanden.

I. Beendigung der Ehe im gesetzlichen Güterstand der DDR

312 Viele bis zum 2.10.1990 in der ehemaligen DDR geschlossene Ehen sind im dort geltenden gesetzlichen Güterstand, einer Form der Errungen-

612 BGH, FamRZ 2007, 1010, 1012 = NJW 2007, 3430.

613 *Bergschneider/Hintzen,* FamVermR, Rn. 10.115: Komplikationen in einer Schwangerschaft. LG Frankfurt (O.), FamRZ 2008, 293: keine Einstellung nach § 765a ZPO wegen eines behaupteten Anspruchs auf Übertragung des Miteigentumsanteils an einem Wochenendgrundstück gem. § 1383 BGB im ausstehenden Zugewinnausgleich; vgl. dazu Rn. 289.

614 Zum Drittwiderspruchsverfahren vgl. Rn. 280,290.

615 Vgl. BGH, NJW 2007, 2703, 2704; *Zöller/Stöber,* § 765a Rn. 13.

616 Vgl. Rn. 275, 286.

617 Zur Frage, welche Ehegatten zum Beitrittszeitpunkt im gesetzlichen Güterstand der DDR lebten, insbesondere auch bei gemischt-nationalen Ehen, vgl. *Henrich,* IPRax 1991, 14; *Bosch,* FamRZ 1991, 1001, 1002 f.

schaftsgemeinschaft, beendet worden. Das gilt natürlich einmal für all die im gesetzlichen Güterstand geführten Ehen[618], die vor dem 3.10.1990 rechtskräftig[619] geschieden worden sind. Es gilt aber auch für die – relativ wenigen[620] – nach dem 2.10.1990 geschiedenen Ehen, in denen von dem gem. Art. 234 § 4 II EGBGB vorgesehenen Optionsrecht für die Fortgeltung des Güterstandes der Eigentums- und Vermögensgemeinschaft des FGB Gebrauch gemacht worden ist.

In diesen Fällen ist kein Miteigentum nach Bruchteilen vorhanden, **313**
sondern – neben dem jeweiligen Alleineigentum der Ehegatten (insbesondere an vor der Eheschließung erworbenen Sachen, § 13 II FGB) – gesamthänderisch gebundenes Vermögen, dessen **Auseinandersetzung umfassend nach** den für die Eigentums- und Vermögensgemeinschaft geltenden Ausgleichsregeln der **§§ 39 ff. FGB** erfolgt (dingliche Aufteilung der Vermögensgegenstände und Ausgleichszahlungen)[621]. Für vor dem 3.10.1990 geschiedene Ehen, deren vermögensrechtliche Auseinandersetzung noch nicht vorgenommen worden ist, ergibt sich dies aus Art. 234 § 4 V EGBGB[622], während es bei den Optionsfällen aus Art. 234 § 4a II S. 2 EGBGB folgt[623]. Bei der Vermögensauseinandersetzung nach §§ 39 ff. FGB handelt sich um eine **güterrechtliche Angelegenheit** i.S. von § 111 Nr. 9 FamFG, die in die Zuständigkeit der Familiengerichte fällt[624].

Für eine gesonderte Auseinandersetzung von Miteigentum ist hier also **314**
kein Raum. Das betrifft auch das den Ehegatten gehörende Familienheim

---

618 Fast alle Ehen in der DDR wurden im gesetzlichen Güterstand geführt.

619 Vgl. BezG Erfurt, FamRZ 1994, 703; *Götsche,* FamRB 2003, 189, 190; **a.A.** *Palandt/Diederichsen,* 58. Aufl., EGBGB Art. 234 § 4 Rn. 11: Scheidungsausspruch, nicht dessen Rechtskraft maßgebend.

620 Nach *Peters,* FamRZ 1994, 673, 674, soll es sich um knapp 4.000 Ehen handeln, bei 4 Millionen Ehen, die am 3.10.1990 dem DDR-Güterrecht unterstanden.

621 Zur Auseinandersetzung nach §§ 39 ff. FGB: *Götsche,* FamRB 2003, 189 ff., 221 ff., 256 ff., 339 ff.; *Bäumel,* FPR 2000, 205, 206; *Schwab/Schwab,* VII Rn. 411 ff.; *Rahm/Künkel/Paetzold,* 1993, VIII Rn. 826 ff.; *Staudinger/Rauscher,* 2016, EGBGB Art. 234 § 4 Rn. 8 ff. – Zur Aufteilung von Geldern auf Konten und Sparbüchern vgl. Rn. 532 mit Fn. 12.

622 BGH, FamRZ 2008, 2015 = FamRB 2008, 357 *(Götsche),* m. Anm. *Rauscher,* JR 2009, 198; OLG Brandenburg, FamRZ 1996, 667.

623 Die Vermögensverwaltung wird in den Optionsfällen durch Art. 234 § 4a II S. 1 EGBGB den Vorschriften über die Gütergemeinschaft zugewiesen. Für die Frage einer Nutzungsvergütung nach Auszug eines Ehegatten gilt das zu Rn. 137 Gesagte; in ihrem Anwendungsbereich gelten die §§ 1361b, 1568a BGB, § 2 GewSchG. Für die Fälle der Scheidung vor dem 3.10.1990 enthält dagegen Art. 234 § 4 V EGBGB eine die Nutzung der Ehewohnung betreffende Überleitungsbestimmung (Verweisung auf § 34 FGB).

624 Vgl. (zum Rechtszustand vor dem 1.9.2009) KG, FamRZ 1992, 566; *Peters,* FamRZ 1994, 673, 676. Siehe auch BGH, FamRZ 1993, 673, im Falle eines Streites über die Wirksamkeit einer Einigung im Verfahren zur vorzeitigen Aufhebung der Eigentums- und Vermögensgemeinschaft gem. § 41 FGB.

einschließlich darauf bezogener Ansprüche auf Nutzungsvergütung[625]. Es findet keine Teilungsversteigerung des Familienheims statt, sondern die Auflösung der Gemeinschaft erfolgt auch insoweit nach §§ 39 ff. FGB[626]. Zu einer Teilungsversteigerung kann es nur kommen, wenn das Familiengericht zuvor die nach dem gesetzlichen Güterrecht der früheren DDR bestehende Gesamthandsgemeinschaft gem. §§ 39 ff. FGB in der Weise aufgelöst hat, dass es Miteigentum nach Bruchteilen an dem Familienheim begründet hat[627].

II. Beendigung der Ehe nach Güterstandswechsel

315 In denjenigen am 3.10.1990 noch nicht rechtskräftig geschiedenen, im gesetzlichen Güterstand der früheren DDR geführten Ehen, in denen das Optionsrecht gem. Art. 234 § 4 II EGBGB auf Fortgeltung des bisher maßgebenden Güterstandes nicht wahrgenommen worden ist, ist es mit dem Tag des Beitritts der DDR zu einem Güterstandswechsel gekommen. Diese Ehen werden nunmehr, soweit die Ehegatten nichts anderes vereinbart haben, im gesetzlichen Güterstand des BGB, also in dem der Zugewinngemeinschaft, fortgeführt (Art. 234 § 4 I EGBGB)[628].

316 Das bedeutet, dass bei Beendigung der Ehe eine güterrechtliche Auseinandersetzung nach dem Recht der Zugewinngemeinschaft zu erfolgen hat. Das aus der früheren Errungenschaftsgemeinschaft in der Zeit bis zum 2.10.1990 hervorgegangene gemeinschaftliche Vermögen (gemeinsames „Altvermögen") gehört neben den jeweiligen alleinigen Vermögenswerten der Ehegatten (§ 13 II FGB) zum Anfangsvermögen gem. § 1374 BGB, für dessen Berechnung der Tag des Güterstandswechsels maßgebend ist[629].

317 Streitig war und ist, wie das gemeinsame **„Altvermögen"** nach dem Güterstandswechsel rechtlich zu behandeln und in welcher Weise es beim Anfangsvermögen der Zugewinngemeinschaft zu berücksichtigen ist. Nachdem zunächst mangels klarer gesetzlicher Regelung umstritten war, ob das bisher gesamthänderisch gebundene gemeinsame „Altvermögen" den Ehegatten seit dem 3.10.1990 in Bruchteilsgemeinschaft zu je ½ zu-

---

625 BGH, FamRZ 2008, 2015.

626 Vgl. auch OLG Brandenburg, FamRZ 1995, 1429; LG Erfurt, FamRZ 2000, 1172; LG Halle, FamRZ 1995, 675; *Stöber,* § 180 Anm. 2.12b.

627 Zu den Möglichkeiten des Gerichts bei der güterrechtlichen Auseinandersetzung der Ehe nach dem FGB vgl. *Schwab/Schwab,* VII Rn. 411 ff. – Nach *Rellermeyer,* Rpfleger 1995, 321, 322 u. 1993, 469, ist eine Teilungsversteigerung auch dann zulässig, wenn die Ehegatten sich auf dieses Verfahren zur Auseinandersetzung einigen.

628 Für den Fall der Rechtshängigkeit des Scheidungsverfahrens vor, des Eintritts der Rechtskraft der Scheidung nach dem 3.10.1990 vgl. einerseits OLG Rostock, FamRZ 1997, 1158, andererseits BezG Erfurt, FamRZ 1994, 703.

629 OLG Thüringen, FamRZ 1998, 1028; 1997, 1014.

steht (§§ 741 ff. BGB)[630] oder ob insoweit eine Art Gesamthandsgemeinschaft in der bisherigen Rechtsform fortbesteht (wofür Art. 234 § 4 IV EGBGB sprach)[631], bestimmt nun der durch das Registerverfahrenbeschleunigungsgesetz mit Wirkung zum 25.12.1993 eingeführte Art. 234 § 4a I EGBGB, dass sich das bisher anteilslose gemeinschaftliche Eigentum aus dem „Altvermögen“ der Ehegatten, die seit dem Beitritt im Güterstand der Zugewinngemeinschaft leben, **in Bruchteilseigentum umwandelt.**

Die Regelung, die wiederum in mancherlei Hinsicht lückenhaft ist, **318**
muss dahin verstanden werden, dass sich die Eigentumsumwandlung nicht rückwirkend zum 3.10.1990, sondern mit Wirkung ab 25.12.1993, dem Zeitpunkt des Inkrafttretens der gesetzlichen Neuregelung, vollzieht[632]. Das bedeutet, dass in der Zeit vom 3.10.1990 (Güterstandswechsel) bis zum 24.12.1993 (Umwandlung in Bruchteilseigentum) eine Abwicklungsgemeinschaft an dem anteilslosen Gemeinschaftseigentum bestand[633]. Das mit dem 25.12.1993 begründete Bruchteilseigentum an den zum gemeinsamen Eigentum gehörenden einzelnen Gegenständen besteht gem. Art. 234 § 4a I S. 1 EGBGB zu je ½; für Grundstücke und grundstücksgleiche Rechte gilt diese Quote nur dann nicht, wenn die Ehegatten gem. Art. 234 § 4a I S. 2–4 EGBGB innerhalb der dort vorgesehenen Frist von 6 Monaten nach Inkrafttreten der Vorschrift (d.h. bis zum 25.6.1994) übereinstimmend etwas anderes bestimmt haben (vgl. auch die Vermutung gleicher Anteile nach Art. 234 § 4a III EGBGB). Art. 234 § 4a I EGBGB erfasst seinem Wortlaut nach nur Sachen, ist aber – da insoweit von einem Redaktionsversehen auszugehen ist – auch auf andere Vermögensgegenstände wie insbesondere **Forderungen** zu erstrecken[634].

Daraus ergibt sich, dass die Ehegatten – sofern es nicht zu einer Aus- **319**
einandersetzung der Abwicklungsgemeinschaft gekommen ist, die in der Zeit zwischen dem 3.10.1990 und dem 24.12.1993 an dem anteilslosen Gemeinschaftseigentum bestand – nunmehr Miteigentümer der aus der Errungenschaftsgemeinschaft hervorgegangenen gemeinsamen Sachen

630 So etwa OLG Rostock, FamRZ 1997, 1158; BezG Erfurt, FamRZ 1994, 703, 704; BezG Frankfurt/O., FamRZ 1993, 1205. Vgl. dazu auch *Wohlfahrt,* FF 2000, 194, 195.

631 Vgl. *Eberhardt,* FamRZ 2001, 668; *Schwab/Schwab,* VII Rn. 427 ff., m.w.N.

632 *Lipp,* FamRZ 1995, 65, 66; *Peters,* FamRZ 1994, 673; *Schwab/Schwab,* VII Rn. 433; MünchKomm/*Koch,* 4. Aufl., 2006, EGBGB Art. 234 §§ 4, 4a Rn. 1; **a.A.** LG Halle, FamRZ 1995, 43; *Götsche,* FamRB 2003, 189, 191; *Böhringer,* Rpfleger 1994, 282 f.; *Palandt/Brudermüller,* 64. Aufl., EGBGB Art. 234 § 4 Rn. 13.

633 *Lipp,* FamRZ 1995, 65, 68; MünchKomm/*Gernhuber,* ErgBd., 3. Aufl., EGBGB Art. 234 §§ 4, 4a Rn. 15.

634 *Wohlfahrt,* FF 2000, 194, 197; *Schwab/Schwab,* VII Rn. 434; **a.A.** *Lipp,* FamRZ 1995, 65, 66.

sind, und zwar regelmäßig **Miteigentümer zu gleichen Teilen**. Entsprechendes gilt für die aus der Errungenschaftsgemeinschaft hervorgegangenen sonstigen gemeinsamen Vermögenswerte wie Forderungen. Das Miteigentum fällt wertmäßig bei beiden Ehegatten in das Anfangsvermögen für die Berechnung des Zugewinnausgleichs. Seine **Auseinandersetzung** richtet sich **nach §§ 741 ff. BGB**, soweit es um Haushaltsgegenstände geht nach §§ 1361a, 1568b BGB[635]. Insoweit finden also die Auseinandersetzungsregeln Anwendung, die in diesem Kapitel dargestellt worden sind. Insbesondere erfolgt die Auflösung des Miteigentums auf der Grundlage der §§ 749 ff. BGB. Das gemeinsame Familienheim unterliegt der Teilungsversteigerung[636]. Auch die Frage nach einer Verpflichtung des in der Ehewohnung gebliebenen Ehegatten zur Zahlung einer Nutzungsvergütung richtet sich nach den in diesem Kapitel geschilderten Grundsätzen.

320 Allerdings muss die von Art. 234 § 4a I EGBGB herbeigeführte Aufteilung des gemeinsamen „Altvermögens" nicht das letzte Wort sein. Dem Umstand, dass der Gesetzgeber Art. 234 § 4 IV EGBGB mit seiner Verweisung auf § 39 FGB hat fortbestehen lassen, ist zu entnehmen, dass jeder Ehegatte, der die durch Art. 234 § 4a I EGBGB herbeigeführte hälftige Aufteilung als nicht sachgerecht empfindet, die Möglichkeit hat, in einem Verteilungsverfahren gem. § 39 FGB eine andere und dann endgültige Verteilung herbeizuführen[637]. Die gegenteilige Ansicht, die für ein Verteilungsverfahren nach § 39 FGB keinen Raum mehr sieht[638], begegnet verfassungsrechtlichen Bedenken (Art. 14 GG). Der Gesetzgeber kann nicht und wollte vermutlich nicht solche Ehegatten durch die Anordnung hälftiger Aufteilung des gemeinsamen „Altvermögens" entrechten, die bei richterlicher Aufteilung nach § 39 FGB mehr zu erwarten gehabt hätten[639].

---

635 Vgl. *Staudinger/Rauscher*, 2016, EGBGB Art. 234 § 4 Rn. 105.

636 BGH, FamRZ 1998, 669, 670. – Zur Situation bei Bodenreformland vgl. OLG Oldenburg, FamRZ 1996, 1412; *Rellermeyer*, Rpfleger 1995, 321, 324.

637 OLG Dresden, FamRZ 2008, 517; OLG Naumburg, FamRZ 2001, 1301; OLG Rostock, FamRZ 1999, 1075; *Götsche*, FamRB 2003, 189, 192; *Eberhardt*, FamRZ 2001, 668, 672; *Bäumel*, FPR 2000, 205, 208; *Maslaton*, FamRZ 2000, 204, 205; *Rellermeyer*, Rpfleger 1995, 321, 322 ff.; *Peters*, FamRZ 1994, 673, 674; MünchKomm/*Koch*, 4. Aufl., 2006, EGBGB Art. 234 §§ 4, 4a Rn. 30; *Staudinger/Rauscher*, 2016, EGBGB Art. 234 § 4 Rn. 82 ff.; *Palandt/Brudermüller*, 64. Aufl., EGBGB Art. 234 § 4 Rn. 11.

638 *Schwab/Schwab*, VII Rn. 435; *Johannsen/Henrich/Jaeger*, 4. Aufl., Art. 234 § 4a Rn. 2; *Lipp*, FamRZ 1995, 65, 68 f. (beschränkt auf Sachen).

639 MünchKomm/*Koch*, 4. Aufl., 2006, EGBGB Art. 234 §§ 4, 4a Rn. 30. – Die früher umstrittene Frage, ob in Bezug auf Alleineigentum eines Ehegatten nach Güterstandswechsel gem. Art. 234 § 4 I EGBGB ein Ausgleichsanspruch nach § 40 FGB noch in Betracht kommt, hat der BGH (FamRZ 1999, 1197 = NJW 1999, 2520, m. Anm. *Pawlowski*, JZ 2000, 105) im bejahenden Sinne entschieden.

Das bedeutet für die Auseinandersetzung: Die Aufteilung des gemeinsamen „Altvermögens“ erfolgt nach den Regeln für die Bruchteilsgemeinschaft, es sei denn, ein Ehegatte verlangt die dann vorrangige Verteilung im (güterrechtlichen) Verfahren gem. § 39 FGB. Die Absicht, ein solches Verfahren durchführen zu wollen, bzw. die Anhängigkeit eines solchen Verfahrens können in der Teilungsversteigerung gem. § 113 I FamFG, § 771 ZPO geltend gemacht werden[640]. **321**

Ohnehin Anwendung finden die Vorschriften der §§ 741 ff. BGB und die in diesem Kapitel beschriebenen Auseinandersetzungsregeln für die gemeinsamen Vermögensgegenstände, die die Ehegatten seit dem 3.10.1990 erworben haben **(„Neuerwerb“)**[641]. Da ihr Vermögen seit dem Beitritt dem gesetzlichen Güterstand des BGB unterliegt, erwerben die Ehegatten seit diesem Tage gemeinschaftliches Eigentum in Form des Bruchteilseigentums[642]. **322**

Ein Güterstandswechsel hat auch bei den im gesetzlichen Güterstand lebenden Ehegatten stattgefunden, die beide vor dem Beitritt aus der ehemaligen DDR in die Bundesrepublik **übergesiedelt** sind (§ 1 I VFGüterstandsG). Auch bei ihnen stellt sich die Frage, welches rechtliche Schicksal das gemeinschaftliche Eigentum und sonstige Vermögen erfahren hat, das im Zeitpunkt des Güterstandswechsels (§ 3 VFGüterstandsG)[643] vorhanden war. Die Frage ist bislang ungeklärt[644]. Für „Neuerwerb“, d.h. für das nach dem Güterstandswechsel erworbene Vermögen, gelten die Regeln des BGB. **323**

---

640 *Rellermeyer*, Rpfleger 1995, 321, 325.

641 Ausnahme: Surrogationserwerb, der ins „Altvermögen“ fiel, § 1370 BGB a.F. (vgl. MünchKomm/*Gernhuber*, ErgBd., 3. Aufl., EGBGB Art. 234 § 4, 4a Rn. 19).

642 LG Halle, FamRZ 1995, 43.

643 Wegen der zeitlichen Regelung in seinem § 3 kommt das VFGüterstandsG bei Übersiedlungen nach dem 30.6.1990 nicht mehr zum Zuge. Hier findet der Güterstandswechsel gem. Art. 234 § 4 I EGBGB zum 3.10.1990 statt.

644 Zu den verschiedenen Standpunkten: OLG Brandenburg, FamRZ 1997, 1015; *Wassermann*, FamRZ 1990, 333, 339 ff.; *Lipp*, FamRZ 1995, 65, 70; *Staudinger/Mankowski*, 2010, EGBGB Art. 15 Rn. 425.

F. Checkliste: Nutzungsvergütung / Lastentragung für das Familienheim

(Fall: Verbleib eines Ehegatten im Familienheim)

324 **I. Anspruch auf Ehegattenunterhalt?**

→ Berücksichtigung von Nutzungsvorteil und Lastentragung beim Unterhalt (→ Rn. 204 ff.)
sonst:

II. Miteigentum?[645]

1. Während der Trennungszeit: (→ Rn. 131 ff., 143 ff.)

a) Nutzungsvergütung aus § 1361b III S. 2 BGB (→ Rn. 131 ff., 143 ff.)
- Ab Zahlungsverlangen
- Höhe: Nach Billigkeit (Berücksichtigung aller Einzelfallumstände), i.d.R.:
  - nach Trennung: ½ der ersparten Miete
  - nach Ablauf Trennungsjahr: ½ des objektiven Mietwerts
  - Besonderheiten? (wirtschaftliche Verhältnisse? Untervermietung? Partner aufgenommen? Verkauf beabsichtigt?)

b) Lastentragung: nach § 748 / § 426 BGB (→ Rn. 159, 182 ff.)
- Grundsätzlich hälftige Beteiligung
- Berücksichtigungsfähige Lasten: (→ Rn. 191 ff.)
  - Zinsen und Tilgung
  - Sonstige nicht umlagefähige Lasten: Verwaltungs- u. Instandhaltungskosten

2. Nach Scheidung: (→ Rn. 138 ff.)

a) Anspruch auf Begründung eines Mietverhältnisses zu ortsüblicher Miete (§ 1568a V S. 1 BGB) (→ Rn. 140)

b) Falls kein Mietverhältnis mangels Antrag:
- Nutzungsvergütung nach § 745 II BGB (→ Rn. 141, 165 ff.)
  - Ab Neuregelungsverlangen (→ Rn. 171 ff.)
  - Höhe: Nach Billigkeit (Berücksichtigung aller Einzelfallumstände), i.d.R. ½ des objektiven Mietwerts (→ Rn. 178 ff.)
- Lastentragung: wie oben I. 1. b (→ Rn. 182 ff.)

645 Bei Alleineigentum: Rn. 342.

3. Kapitel: Auseinandersetzung bei Alleineigentum

A. Bewegliche Sachen

In der Auseinandersetzung bei Trennung und Scheidung ist – wie bei im Miteigentum der Ehegatten stehenden beweglichen Sachen – auch bei Mobilien, die einem Ehegatten allein gehören (zur Feststellung der Eigentumsverhältnisse Rn. 79 ff.), die Unterscheidung wichtig, ob es sich um Haushalts- oder andere Gegenstände handelt. 325

Bei **Haushaltsgegenständen** ist für die Fragen nach einem Herausgabeanspruch, einer Gebrauchsüberlassungsverpflichtung, einem Anspruch auf Nutzungsvergütung als lex specialis § 1361a I und III S. 2 BGB (Regelung für die Zeit des Getrenntlebens) maßgebend[1]. Das Familiengericht entscheidet im Verfahren gem. §§ 200 ff. FamFG[2]. Für die Zeit nach Rechtskraft der Scheidung sah § 9 HausrVO Eingriffsmöglichkeiten des Hausratsrichters vor, die mit Inkrafttreten des § 1568b BGB am 1.9.2009 abgeschafft worden sind. § 1568b BGB erfasst nur im Mit-, nicht im Alleineigentum stehende Haushaltsgegenstände. Der Herausgabeanspruch des Alleineigentümers nach Rechtskraft der Scheidung ist daher aus § 985 BGB herzuleiten[3]. Es handelt sich um eine in die Zuständigkeit des Familiengerichts fallende sonstige Familiensache[4]. 326

Bei Gegenständen, die **keine Haushaltsgegenstände** sind, etwa bei einem als Kapitalanlage angeschafften Gegenstand oder bei einem Gegenstand des persönlichen oder beruflichen Gebrauchs eines Ehegatten[5], ggf. auch bei einem Pkw[6], kann der Alleineigentümer vom Nichteigentümer vor wie nach der Scheidung Herausgabe nach § 985 BGB verlangen (sons- 327

---

1 Vgl. etwa OLG Koblenz, FamRZ 2016, 1770, m. Anm. *Fritzsche*; OLG Frankfurt, NJW 2015, 2346, 2348 = NZFam 2015, 876 *(Neumann)*, jeweils im Falle eines Pkw. Zur Frage eines Kostenersatzanspruchs für die Einlagerung der Möbel des ausgezogenen Ehegatten durch den in der Wohnung Verbliebenen KG, FamRZ 2017, 1393 = FamRB 2018, 6 *(Heinemann)*.

2 Dazu etwa *Schulz*, NZFam 2014, 483; *Schulz/Hauß*, Rn. 1264 ff.

3 *Jacobs*, NJW 2012, 3601; OLG Köln, FamRZ 2011, 975, 976.

4 Vgl. Rn. 33.

5 AG Königs Wusterhausen, NZFam 2016, 1047 *(Ebert)*: in die Ehe eingebrachte hochpreisige Musikanlage. Vgl. auch Rn. 88.

6 Vgl. dazu Rn. 85 ff.

tige Familiensache mit Zuständigkeit der Familiengerichte[7]). Eine Verurteilung zur Herausgabe kann auch dann erfolgen, wenn der Schuldner zwischenzeitlichen Besitzverlust (etwa infolge Veräußerung) behauptet, diese Frage streitig ist, der Schuldner aber für den Besitzverlust haften würde[8]. Nutzt der Nichteigentümer einen solchen Gegenstand nach Trennung oder Scheidung allein, ohne dass eine einverständliche Überlassung vorliegt, kommt ein Anspruch des Alleineigentümers auf Nutzungsvergütung nach §§ 987 I, 990 I, 100 BGB in Betracht.

328 Unabhängig davon, ob sie Haushaltsgegenstände sind oder nicht, unterliegen bewegliche Sachen, die im Alleineigentum eines Ehegatten stehen, im Übrigen dem Zugewinnausgleich[9].

B. Immobilien: Familienheim

I. Besitzrecht des Nichteigentümers

329 Wie schon erwähnt[10] wird aus § 1353 I S. 2 BGB die Verpflichtung des Alleineigentümers des Familienheims hergeleitet, dem anderen Ehegatten die (Mit-)Benutzung zu gestatten. Das dem Alleineigentümer gegenüber bestehende (Mit-)Besitzrecht des Nichteigentümers schließt während intakter Ehe ein auf § 985 BGB gestütztes Herausgabeverlangen von vornherein aus.

330 Verbleibt **nach Auszug des Alleineigentümers** der andere Ehegatte in der ehelichen Wohnung, kann er sich weiterhin – vorbehaltlich einer anderslautenden Vereinbarung oder einer anderslautenden Entscheidung des Familiengerichts im Ehewohnungsverfahren – auf dieses Besitzrecht stützen, denn es besteht bis Rechtskraft der Scheidung fort. Allerdings kann er sein (nur relatives) Besitzrecht bei Veräußerung nicht dem erwerbenden Eigentümer entgegenhalten[11]. Es stellt sich daher die Frage, inwieweit der im Haus verbleibende Nichteigentümer geschützt ist oder geschützt werden kann, sei es durch Verhinderung der Veräußerung (unter Heranziehung des § 1365 BGB oder durch Erlass eines Veräußerungsverbotes) oder sei es durch Verbesserung seiner Rechtsposition gegenüber dem Erwerber (insbesondere: Begründung eines Mietvertrags). Dazu wird auf die Ausführungen zu Rn. 72 ff. verwiesen, die bei Alleineigentum entsprechend gelten[12].

---

7 Vgl. Rn. 33.

8 OLG Brandenburg, NJW-RR 2016, 1097, 1098 (mit Verpflichtung zum Schadensersatz bei fruchtlosem Verstreichen der Herausgabefrist); AG Freiburg, FamRZ 1998, 1231; *Palandt/Herrler*, § 985 Rn. 16.

9 Für Haushaltsgegenstände: BGH, FamRZ 2011, 1039.

10 Rn. 69 f.

11 Vgl. Rn. 69.

12 Vgl. *Kohler*, NZFam 2017, 777 u. 825.

II. Herausgabeanspruch

331 Auf § 985 BGB als Anspruchsgrundlage für einen Herausgabeanspruch gegen den in der Ehewohnung verbliebenen Ehegatten kann der aus ihr ausgezogene Alleineigentümerehegatte sich **während des Getrenntlebens** nicht stützen. Denn die Vorschrift wird in dieser Phase, und zwar während der gesamten – ggf. auch einer langen – Trennungszeit durch die familienrechtliche Spezialvorschrift des § 1361b BGB verdrängt[13]. Deren Anwendbarkeit wird auch nicht durch eine bereits erfolgte endgültige Trennung oder den Ablauf der Sechsmonatsfrist des § 1361b IV BGB in Frage gestellt, denn der Charakter der Wohnung als Ehewohnung bleibt bis Rechtskraft der Scheidung erhalten[14]. Ein Überlassungsbegehren kann der Alleineigentümer daher nur im Wege eines Ehewohnungsverfahrens gem. §§ 200 ff. FamFG auf der Grundlage des § 1361b BGB verfolgen[15].

332 Aber auch für die Zeit **nach Scheidung** wird man § 985 BGB als durch § 1568a BGB (lex specialis) verdrängt ansehen müssen. Zwar wird der Fall des Alleineigentums in § 1568a II BGB nur im Zusammenhang mit dem nach dieser Bestimmung möglichen Überlassungsanspruch des Nichteigentümers erwähnt. Einen Überlassungsanspruch des Alleineigentümers – der im Regelfall nun gegeben ist, denn das während der Ehe aus § 1353 I S. 2 BGB hergeleitete Recht zum (Mit-)Besitz hat mit Rechtskraft der Scheidung geendet[16] – wird man aber aus § 1568a I BGB herleiten können („aus anderen Gründen der Billigkeit")[17], auch wenn diese Vorschrift den Fall des Alleineigentums eigentlich nicht im Blick hat. Dies erscheint jedenfalls aus verfahrensrechtlichen Gründen zweckmäßig: Ein Herausgabeanspruch aus § 985 BGB wäre als Familienstreitsache zu verfolgen, die einem Herausgabeverlangen evtl. entgegenstehenden Ansprüche des Nichteigentümers (ausnahmsweise Überlassung gem. § 1568a II BGB, Begründung eines Mietverhältnisses gem. § 1568a V BGB) dagegen im Verfahren der §§ 200 ff. FamFG.

---

13 Vgl. dazu schon Rn. 67, 122 zum entsprechenden Verhältnis des § 1361b BGB zu §§ 741 ff. BGB.

14 BGH, FamRZ 2017, 22 = NJW 2017, 260. Anders noch BGH, FamRZ 2013, 1280, m. Anm. *Erbarth* = FamRB 2014, 15 *(Abramenko)*: Verlust der Eigenschaft als Ehewohnung „mit der endgültigen Nutzungsüberlassung". Zur Frage nach dem Ende der Ehewohnungseigenschaft auch *Götz*, NZFam 2017, 433, u. *Erbarth*, NZFam 2017, 550.

15 BGH, FamRZ 2017, 22, m. Anm. *Finke* = NJW 2017, 260, m. Anm *Giers* = FamRB 2017, 2 *(Neumann)* sowie Anm. *Reinken*, FF 2017, 66; **a.A.** *Erbarth*, NZFam 2017, 71 (Anm.): auf § 985 BGB gestütztes Begehren ist zulässig, aber unbegründet; *Flatow*, S. 97. Dazu auch Rn. 69. Literatur zur Wohnungsüberlassung nach § 1361b BGB bei Rn. 122 Fn. 123.

16 Vgl. Rn. 69 f., 330.

17 Im Ergebnis ebenso *Bork/Jacoby/Schwab*, § 200 Rn. 22; jurisPK-BGB/*Breidenstein*, § 1568a Rn. 46; wohl auch *Staudinger/Gursky*, 2012, § 985 Rn. 25. Von einer Zuweisungsmöglichkeit auf der Grundlage von § 1568a BGB gehen auch NK-BGB/*Boden/Cremer/Friederici*, 1568a Rn. 16, aus.

III. Nutzungsentgelt

1. Während des Getrenntlebens

333 Während intakter Ehe kann der Alleineigentümer vom anderen für die ihm gewährte Möglichkeit der Mitnutzung des Familienheims kein Entgelt verlangen[18]. Ein Anspruch auf Nutzungsentgelt steht erst ab Trennung, nach **Auszug des Alleineigentümers**, zur Debatte. Er ist dann aus § 1361b III S. 2 BGB herzuleiten, und zwar unabhängig davon, ob es zu einem Ehewohnungsverfahren gekommen ist oder ob der Alleineigentümer freiwillig ausgezogen ist[19]. Der Anspruch wird im Verfahren gem. §§ 200 ff. FamFG verfolgt.

334 Im Regelfall entspricht es der Billigkeit i.S. des § 1361b III S. 2 BGB, dem weichenden Alleineigentümer – vorbehaltlich einer Berücksichtigung der Wohnungsnutzung bei der Unterhaltsfestsetzung[20] – ein Nutzungsentgelt zuzusprechen[21], wenn auch das Alleineigentum des Weichenden für sich genommen nicht stets und zwingend einen Nutzungsvergütungsanspruch begründet[22]. Zu Ausnahmen und zu den Gesichtspunkten, die die Höhe des angemessenen Nutzungsentgelts beeinflussen, kann auf das zu Rn. 149 ff. Gesagte verwiesen werden[23]. Allerdings ist hier nicht der halbe, sondern der volle Wohnvorteil (ortsübliche oder ersparte Miete) zu vergüten[24]. Auch bei Aufteilung des Familienheims unter den Ehegatten (Umwandlung des Mitbesitzes in Teilbesitz) kommt grundsätzlich die Zubilligung einer Nutzungsvergütung an den Alleineigentümer in Betracht[25]; doch soll nach Ansicht des OLG Brandenburg[26] eine Nutzungsvergütung jedenfalls dann nicht der Billigkeit entsprechen, wenn die Wohnung annähernd gleich aufgeteilt worden ist und es um das erste Jahr nach der Trennung geht. Zur Aktivierung des Anspruchs ist auch hier ein deutliches Zahlungsverlangen erforderlich[27].

---

18 Vgl. Rn. 71.

19 Vgl. BGH, FamRZ 2006, 930 (dazu Rn. 133 Fn. 149); OLG Bamberg, FamRZ 2015, 668; OLG Brandenburg, FamRZ 2008, 1931, 1932. Siehe auch Rn. 133 ff. zu den Miteigentumsfällen.

20 Vgl. Rn. 337.

21 Vgl. *Brudermüller*, FamRZ 1989, 7, 10; MünchKomm/*Weber-Monecke*, § 1361b Rn. 21.

22 BGH, FamRZ 2006, 930, 934.

23 Vgl. auch OLG Bamberg, FamRZ 2015, 668; OLG Bremen, FamRZ 2010, 1980; *Huber*, FamRZ 2000, 129, 133.

24 Anders: AG Kelheim, FamRZ 2013, 628 (Ansatz der Hälfte des objektiven Mietwerts während des ersten Trennungsjahrs); *Erbarth*, § 2 Rn. 113 (Hälfte des objektiven Mietwerts nach Ablauf des ersten Trennungsjahrs).

25 Vgl. auch *Staudinger/Voppel*, 2012, § 1361b Rn. 70.

26 FamRZ 2008, 1931.

27 Vgl. Rn. 143.

Bei **Auszug des Nichteigentümers** schuldet der im Familienheim verbleibende Alleineigentümer regelmäßig keine Nutzungsvergütung. Die bloße Aufgabe des während der Ehe grundsätzlich bestehenden Mitnutzungsrechts[28] bei alleiniger dinglicher Berechtigung des anderen Ehegatten gebietet keinen Ausgleich in Form einer Nutzungsvergütung[29]; auch das Einbringen von finanziellen Mitteln und Eigenleistungen in die Immobilie des anderen Ehegatten rechtfertigt nicht den Zuspruch einer Nutzungsvergütung[30]. **335**

Die Tragung der **Hauslasten** ist zu berücksichtigen[31]. Zins- und Tilgungsleistungen sowie sonstige Kosten des Grundstücks, die üblicherweise dessen Eigentümer trägt (insbesondere Kosten der Verwaltung und Instandhaltung), sind vom Alleineigentümer zu übernehmen[32]. Soweit sie der in der Immobilie lebende Nichteigentümer trägt, sind sie der von ihm zu zahlenden Nutzungsvergütung gegenzurechnen. Die übrigen Nebenkosten (verbrauchsabhängige und solche verbrauchsunabhängigen Nebenkosten, die auf den Mieter umgelegt werden können)[33], sind hingegen von dem in der Immobilie lebenden Nichteigentümer zu übernehmen. Hat sie nach seinem Auszug der Alleineigentümer getragen, kann er vom Nichteigentümer Erstattung verlangen[34]. **336**

Auch bei Alleineigentum gilt, dass eine Nutzungsvergütung von dem im Haus verbliebenen Nichteigentümer nicht verlangt werden kann, soweit der Nutzungswert bereits bei der Bemessung des **Ehegattenunterhalts** berücksichtigt worden ist[35]. Die Ausführungen zu Rn. 148, 216 ff. gelten entsprechend. **337**

Vorstehendes gilt entsprechend, wenn dem ausgezogenen Ehegatten ein anderes der in § 1361b I S. 3 BGB genannten Rechte allein zusteht (etwa: Erbbaurecht, Nießbrauch, Wohnungsrecht gem. § 1093 BGB)[36]. Zu den Fällen des Zusammentreffens von Alleineigentum des einen Ehegatten mit einem dinglichen **Mitbenutzungsrecht** oder mit einem **Wohnungsrecht** gem. § 1093 BGB des anderen vgl. Rn. 167. Treffen Alleineigentum des einen und Wohnungsrecht unter Ausschluss des Eigentümers **338**

---

28 Vgl. Rn. 69 f., 329

29 OLG München, FamRZ 2008, 695 = FamRB 2008, 66 *(Neumann)*; *Erbarth*, FuR 2011, 13.

30 OLG München, FamRZ 2008, 695.

31 Vgl. auch Rn. 159.

32 Vgl. dazu Rn. 191 ff. Zur Tragung der Zins- und Tilgungsleistungen durch den Alleineigentümer auch BGH, FamRZ 2010, 1630, 1632 f.

33 Vgl. Rn. 193.

34 OLG Saarbrücken, FamRZ 2010, 1981 = FamRB 2011, 165 *(Neumann)*, das den Anspruch aus § 1361b III S. 2 BGB analog herleitet.

35 OLG Saarbrücken, FamRZ 2010, 1981.

36 BGH, FamRZ 2014, 460, 461. Vgl. auch Rn. 134.

(§ 1093 BGB) des anderen zusammen und bleibt bei Trennung der Alleineigentümer in der Wohnung zurück, kann der Wohnungsrechtsinhaber für einen Anspruch auf Nutzungsvergütung auf § 1361b III S. 2 zurückgreifen.

2. Nach Scheidung

339 Für die Zeit nach Rechtskraft der Scheidung war nach dem bis zum 31.8.2009 geltenden Recht, sofern es nicht zur Begründung eines Mietverhältnisses kam, der Anspruch des Alleineigentümers auf Nutzungsvergütung bei Streit um die Nutzung der Ehewohnung (Wohnungszuweisungsverfahren) aus §§ 2, 5 II HausrVO herzuleiten (bei Zuständigkeit des Familiengerichts)[37]. Bei freiwilligem Auszug ohne Wohnungszuweisungsverfahren konnte der Anspruch auf §§ 987 I, 990 I, 100 BGB (Eigentümer-Besitzer-Verhältnis) gestützt werden (bei Zuständigkeit des Zivilprozessgerichts)[38], denn das aus der Ehe hergeleitete Recht zum (Mit-) Besitz an der Ehewohnung[39] endet, wie erwähnt, mit Rechtskraft der Scheidung[40].

340 Die Vorschrift des § 1568a BGB, am 1.9.2009 an die Stelle der die Ehewohnung betreffenden materiell-rechtlichen Bestimmungen der HausrVO getreten, sieht nicht die Möglichkeit vor, ein Nutzungsentgelt zu verlangen oder festzusetzen. Nach der Vorstellung des Reformgesetzgebers soll ein Mietverhältnis zwischen dem ausgezogenen Alleineigentümerehegatten und dem in der Wohnung verbleibenden Ehegatten begründet werden. Dies und die Festsetzung der ortsüblichen Miete, ggf. mit Befristung, können gem. § 1568a V BGB beide Ehegatten verlangen[41]. Kommt es dazu, hat der Alleineigentümer einen Anspruch auf die festgesetzte Miete[42]. Kommt es, warum auch immer, zur Begründung eines Mietverhältnisses nicht, steht dem ausgezogenen Alleineigentümerehegatten eine spezialgesetzliche familienrechtliche Anspruchsgrundlage für eine Nutzungsvergütung nicht mehr zur Verfügung[43]. Der Anspruch kann daher nur auf die allgemeinen Vorschriften der §§ 987 I, 990 I, 100

---

37 Vgl. Rn. 138 (für Miteigentumsfälle).

38 OLG Düsseldorf, FamRZ 1999, 1271, 1272; *Wever*, FF 2005, 23, 27; **a.A.** OLG Hamm, FamRZ 2008, 1637: Anspruchsgrundlage §§ 2 ff. HausrVO bis zu einer „endgültigen und umfassenden" Einigung über die Nutzung der Ehewohnung.

39 Vgl. Rn. 69, 329.

40 OLG Düsseldorf, FamRZ 1999, 1271, 1272. Vgl. dazu Rn. 70.

41 Vgl. auch AG München, FamRZ 2014, 1459, m. Anm. *Götz*: hier ging es um den Abschluss eines neuen Mietvertrages mit dem bisherigen Vermieter bei Lebenspartnern.

42 Zur Frage, welches Gericht ggf. für die Einforderung der Miete zuständig ist, vgl. Rn. 34.

43 Vgl. zu allem Rn. 139 ff. (zu den Miteigentumsfällen).

BGB (Eigentümer-Besitzer-Verhältnis) gestützt werden[44], wenn es zu einem Ehewohnungsverfahren gekommen ist ebenso, wie bei freiwilligem Auszug. Das Gleiche gilt für den Fall, dass bei Zusammentreffen von Alleineigentum des einen und Wohnungsrecht unter Ausschluss des Eigentümers (§ 1093 BGB) des anderen der Alleineigentümer in der Wohnung verblieben ist. Es wird darüber hinaus auch dann gelten müssen, wenn dem ausgezogenen Ehegatten eines der anderen in § 1361b I S. 3 BGB genannten Rechte allein zusteht (etwa: Erbbaurecht). Der Anspruch kann vor dem Familiengericht als Familienstreitsache verfolgt werden (sonstige Familiensache, §§ 266 I Nr. 3, 112 Nr. 3, 113 I FamFG)[45]. Die Höhe der Nutzungsvergütung richtet sich im Regelfall nach dem objektiven Mietwert[46]. Für die Tragung der Hauslasten gilt das zu Rn. 336 Gesagte entsprechend.

Da die Bestimmungen der §§ 987 I, 990 I, 100 BGB keinen Raum **341**
für – in den fraglichen Fällen eigentlich nötige – Billigkeitserwägungen geben[47], wäre es wünschenswert, wenn der Gesetzgeber für die Zeit nach Scheidung eine dem § 1361b III S. 2 BGB entsprechende familienrechtliche Anspruchsgrundlage schaffen würde. Dies erscheint auch deshalb geboten, weil nach der jetzigen Regelung Nutzungsvergütungsansprüche aus der Zeit des Getrenntlebens und solche aus der Zeit nach Scheidung wegen der für die jeweiligen Anspruchsgrundlagen maßgebenden unterschiedlichen verfahrensrechtlichen Bestimmungen (wie in den Miteigentumsfällen[48]) in getrennten Verfahren verfolgt werden müssen.

---

44 So auch *Maier*, FamRZ 2016, 426, 429; *Götz/Brudermüller*, FamRZ 2015, 177, 181; *Hoppenz*, NZFam 2014, 503, 504; *Erbarth*, FuR 2011, 13, 14; *Elden*, NJW-Spezial, 2010, 516; *Palandt/Brudermüller*, § 1568a Rn. 8.

45 Vgl. Rn. 33.

46 Vgl. auch *Erbarth*, FuR 2011, 13, 14.

47 Vgl. OLG Hamm, FamRZ 2008, 1637, 1638.

48 Vgl. Rn. 141.

C. Checkliste: Nutzungsvergütung / Lastentragung für das Familienheim
(Fall: Verbleib eines Ehegatten im Familienheim)

342 **I. Anspruch auf Ehegattenunterhalt?**

→ Berücksichtigung von Nutzungsvorteil und Lastentragung beim Unterhalt (→ Rn. 204 ff.)
sonst:

II. Alleineigentum des weichenden Ehegatten?[49]

1. Während der Trennungszeit: (→ Rn. 333 ff.)

a) Nutzungsvergütung aus § 1361b III S. 2 BGB
- Ab Zahlungsverlangen
- Höhe: Nach Billigkeit (Berücksichtigung aller Einzelfallumstände), i.d.R.:
  – nach Trennung: ersparte Miete
  – nach Ablauf Trennungsjahr: objektiver Mietwert

b) Lastentragung (Zinsen, Tilgung, Verwaltungs- u. Instandhaltungskosten): Alleineigentümer

2. Nach Scheidung: (→ Rn. 339 ff.)

a) Anspruch auf Begründung eines Mietverhältnisses zu ortsüblicher Miete (§ 1568a V S. 1 BGB)

b) Falls kein Mietverhältnis mangels Antrag:
- Nutzungsvergütung aus §§ 987 ff. BGB (EBV)
  Höhe: objektiver Mietwert (keine Billigkeitsentscheidung)
- Lastentragung (Zinsen, Tilgung, Verwaltungs- u. Instandhaltungskosten): Alleineigentümer

49 Bei Miteigentum: Rn. 264a.

4. Kapitel: Ausgleich gemeinsamer Schulden

Literatur: *Bosch,* Die Schuldenverteilung zwischen Ehegatten bei Auflösung der Ehe, FamRZ 2002, 366; *Gerhards,* Der Befreiungsanspruch zwischen Ehegatten „unter Heranziehung des Auftragsrechts", FamRZ 2006, 1793; *ders.,* Das Verhältnis der Regeln über den Gesamtschuldnerausgleich zwischen Ehegatten zu den Vorschriften über den Zugewinnausgleich, FamRZ 2001, 661; *Gernhuber,* Der Gesamtschuldnerausgleich unter Ehegatten, JZ 1996, 696 u. 765; *Götsche,* Entstehung einer Gesamtschuld bei Ehegatten, jM 2015, 178; *Hayler,* Schuldenhaftung nach Scheidung oder Trennung einer Ehe bzw. nichtehelichen Lebensgemeinschaft (Diss.), 1999; *Jung,* Der Gesamtschuldnerausgleich zwischen Ehegatten bei gemeinsamen Darlehensverbindlichkeiten, 1997; *Kleinle,* Die Ehegattengesamtschuld bei Trennung und Scheidung, FamRZ 1997, 8; *Koch,* Das gemeinsame Familienheim: Gesamtschuldnerausgleich, Zugewinnausgleich, Unterhalt, FF 2017, 387; *Kotzur,* Die Rechtsprechung zum Gesamtschuldnerausgleich unter Ehegatten, NJW 1989, 817; *Mehdorn,* Der Gesamtschuldnerausgleich unter Ehegatten (Diss.), 2004; *Nickl,* Der familienrechtliche Verteilungsmaßstab beim Gesamtschuldnerausgleich, NJW 1991, 3124; *Popp,* Der Gesamtschuldnerausgleich zwischen Ehegatten bei Trennung und Scheidung (Diss.), 2000; *Roßmann,* Die Entwicklung des Nebengüterrechts – Teil 1: Gesamtschuldnerausgleich, FuR 2016, 680; *ders.,* Die Entwicklung der Rechtsprechung zum Nebengüterrecht – Teil 2: Der Gesamtschuldnerausgleich der Ehegatten, FuR 2011, 541; *Schürmann/Weinreich,* Schulden bei Trennung und Scheidung, FuR 2003, 6 u. 60; *Schulz,* Ausgleich von Gesamtschulden bei Trennung und Scheidung (§ 426 BGB), FPR 2006, 472; *Wever,* Gesamtschuldnerausgleich – mitgehangen, mitgefangen?, FF 2015, 135; *ders.,* Gemeinsamer Mietvertrag von Ehegatten: Wege aus der Mithaftung bei Trennung und Scheidung, in: FS Brudermüller, 2014, S. 933 ff.; *ders.,* Ausgleich gemeinsamer Hausschulden, FPR 2000, 185.

A. Einleitung

I. Entstehen gemeinsamer Schulden[1]

Im gesetzlichen **Güterstand** der Zugewinngemeinschaft[2] haftet jeder Ehegatte grundsätzlich ebenso allein für die von ihm eingegangenen Verbindlichkeiten wie in den Güterständen der Gütertrennung und der Wahl-Zugewinngemeinschaft[3]. Doch kommt es im Verlauf der meisten Ehen zur Entstehung gesamtschuldnerischer Verbindlichkeiten. Dies kann in allen Güterständen geschehen. Allerdings findet, anders als in den anderen Güterständen, bei Gütergemeinschaft grundsätzlich kein selb- 343

1 Zur Entstehung einer Gesamtschuld bei Ehegatten *Götsche,* jM 2015, 178.

2 Er ist in der Sache nichts anderes als Gütertrennung mit späterem schuldrechtlichen Ausgleich der beiderseitigen in der Ehe erzielten Zugewinne (vgl. Rn. 5 Fn. 3).

3 Zu diesem zum 1.5.2013 geschaffenen Güterstand Rn. 950.

ständiger Gesamtschuldnerausgleich statt; Ausgleichsansprüche sind vielmehr als unselbständige Rechnungsposten bei der Auseinandersetzung über das Gesamtgut zu berücksichtigen[4].

1. Rechtsgeschäftlich begründete Gesamtschuld

344 Häufig beruht die gesamtschuldnerische Haftung auf einem von den Ehegatten eingegangenen Rechtsgeschäft (§§ 427, 421 BGB), etwa wenn Darlehen für die Anschaffung von Haushaltsgegenständen, für den Erwerb eines Pkw oder für die Finanzierung eines Urlaubs aufgenommen werden. Auch gemeinsam abgeschlossene Mietverträge[5], gemeinsam übernommene gleichstufige Bürgschaften[6] oder die gemeinsame Anstellung einer Kinderfrau[7] führen zu gesamtschuldnerischer Haftung. Vielfach lassen sich Ehegatten auch in die Mithaftung nehmen, um den geschäftlichen Interessen des anderen Ehegatten zu dienen. Schließlich kommt es in aller Regel im Zusammenhang mit dem Erwerb von Immobilien zu gesamtschuldnerischer Haftung, und zwar vor allem dann, wenn eine Immobilie zu Miteigentum erworben wird, häufig aber auch beim Erwerb zu Alleineigentum eines Ehegatten.

2. Gesetzlich begründete Gesamtschuld

345 Gemeinsame Schulden können aber auch kraft Gesetzes entstehen. Das ist etwa der Fall bei **Steuerschulden** gegenüber dem Finanzamt bei gemeinsamer Veranlagung (§ 44 I AO).

346 Auch Geschäfte zur angemessenen Deckung des Lebensbedarfs der Familie (sog. Bedarfsdeckungs- oder **Schlüsselgewaltgeschäfte**) führen gemäß § 1357 I S. 2 BGB regelmäßig zu einer gesamtschuldnerischen Haftung beider Ehegatten[8]. Es geht dabei um während des Zusammenlebens geschlossene, dem Konsum der Familie dienende Geschäfte, über deren Abschluss sich die Ehegatten nach ihrem Lebenszuschnitt vorher nicht zu verständigen pflegen[9]. Zu den Schlüsselgewaltgeschäften zählen, um

---

4 OLG Zweibrücken, FamRZ 1992, 821; *Bergschneider/Klüber*, FamVermR, Rn. 4.631. Vgl. zur Gesamtschuld bei Gütergemeinschaft auch *Mehdorn*, S. 110 ff., 249 ff.; *Kappler*, FamRZ 2010, 1294; *Staudinger/Looschelders*, 2012, § 426 Rn. 206.

5 Zum Zustandekommen des Mietvertrages mit beiden Ehegatten: *Götz/Brudermüller*, Rn. 56 ff.; *Palandt/Weidenkaff*, § 535 Rn. 7; *Wever*, FS Brudermüller 2014, S. 933.

6 Nach § 769 BGB auch bei unabhängiger, nicht gemeinschaftlicher Übernahme. Zum Innenausgleich bei der Höchstbetragsbürgschaft vgl. BGH, NJW 1998, 894.

7 OLG Düsseldorf, FamRZ 2017, 113; dazu Rn. 405.

8 Zu Sinn und Berechtigung des § 1357 BGB: *Harke*, FamRZ 2006, 88; *Brudermüller*, NJW 2004, 2265 (krit.). Zu Gestaltungsrechten und Prozessführung bei Schlüsselgewaltgeschäften *Berger*, FamRZ 2005, 1129. Zur Schlüsselgewalthaftung im europäischen Vergleich *Dethloff*, FS Brudermüller 2014, S. 141.

9 Vgl. *Pabst*, FPR 2011, 82; PWW/*Weinreich*, § 1357 Rn. 6 f.

einige **Beispiele** aus der jüngeren Rechtsprechung zu nennen[10]: der Abschluss eines Energielieferungsvertrages für die Ehewohnung[11], der Abschluss eines Telefondienstvertrages betreffend den Festnetzanschluss in der Ehewohnung (jedenfalls grundsätzlich)[12], die Beauftragung eines Rechtsanwalts zur Abwehr von Ansprüchen des Vermieters betreffend die Ehewohnung[13], der Vertrag mit einem Steuerberater über die Erstellung der Einkommensteuererklärung unter Zusammenveranlagung[14]; Verträge über die ärztliche Behandlung gemeinsamer Kinder[15]. Kein Schlüsselgewaltgeschäft ist gesehen worden: im Anmieten einer Wohnung (als sog. Grundlagengeschäft), in der Kreditaufnahme zur Anschaffung der gesamten Wohnungseinrichtung und im Abschluss eines Premiere-TV-Vertrages[16], im Abschluss eines Maklervertrages im Zusammenhang mit dem Kauf des Familienheims (Provision 15.000 €)[17], im Abschluss eines Klinikvertrages über die Inanspruchnahme von Wahlleistungen (Chefarztbehandlung, Unterbringung im Zweibettzimmer) bei bescheidenem Lebenszuschnitt der Eheleute[18]. Häufig ist bei Schlüsselgewaltgeschäften zugleich eine rechtsgeschäftlich begründete gemeinsame Haftung gegeben, sei es aufgrund gemeinsamen Handelns, sei es aufgrund des Handelns eines Ehegatten, der zugleich als Vertreter des anderen auftritt[19].

II. Außen- und Innenverhältnis

Das Bestehen einer Gesamtschuld hat nach § 421 S. 1 BGB zur Folge, **347**
dass jeder Schuldner nach außen, dem Gläubiger gegenüber, auf die ganze Verbindlichkeit haftet. Der Gläubiger kann grundsätzlich frei wählen, welchen Gesamtschuldner er in Anspruch nehmen will (§ 421 S. 1 BGB: „nach seinem Belieben“), und braucht im Allgemeinen keine Rücksicht

---

10 Weitere Beispiele bei: *Götsche*, jM 2015, 178, 180 f.; *Sarres*, FamRB 2012, 288; *Palandt/Brudermüller*, § 1357 Rn. 11 ff.

11 BGH, FamRZ 2013, 1199 = FamRB 2013, 273 *(Heinemann)*; LG Oldenburg, FamRZ 2006, 703. Die wirksam begründete Mitverpflichtung aus einem solchen Bezugsvertrag (Dauerschuldverhältnis) endet nicht ohne weiteres schon mit Trennung oder Auszug des mitverpflichteten Ehegatten aus der Ehewohnung (BGH, a.a.O.), sondern bedarf aktiven Handelns; dazu *Wever*, FF 2015, 135 f. Vgl. auch *Lange*, FamRZ 2016, 354; *Luther*, FamRZ 2016, 271; *Stalinski*, FamRZ 2013, 1933.

12 BGH, FamRZ 2004, 778 = NJW 2004, 1593, m. Anm. *Struck*, FF 2004, 257, u. *Hohloch*, LMK 2004, 131.

13 OLG Düsseldorf, FamRZ 2011, 35 = FamRB 2011, 33 *(Erk)*; KG, OLG-Report 2006, 257 = FamRB 2006, 165 *(Neumann)*.

14 OLG Düsseldorf, NJW-RR 2005, 648.

15 NK-BGB/*Wellenhofer*, § 1357 Rn. 19. Dazu auch BVerfG, FamRZ 2016, 21.

16 Jeweils OLG Brandenburg, FamRZ 2007, 558.

17 OLG Oldenburg, FamRZ 2011, 37.

18 OLG Bremen, FamRZ 2010, 1080 = FamFR 2010, 92 *(Schmitz)*. Vgl. auch weitere Rspr. bei Rn. 752 Fn. 189.

19 Vgl. OLG Düsseldorf, NJW-RR 2001, 1084; *Gernhuber*, JZ 1996, 765, 767.

darauf zu nehmen, welcher Gesamtschuldner im Innenverhältnis eintreten muss[20]. Die Erfüllung durch einen Gesamtschuldner wirkt gemäß § 422 BGB auch für die übrigen Schuldner[21]. Die Haftung im Innenverhältnis der Gesamtschuldner ist in § 426 BGB geregelt.

1. Außenverhältnis: Wirksamkeit der Mithaftung – Sittenwidrigkeit

348 In der Trennungsauseinandersetzung der Ehegatten steht, soweit es um Gesamtschulden geht, regelmäßig die Frage im Mittelpunkt, welcher Ehegatte für die Schulden im Innenverhältnis zuständig ist. Dabei darf die vorrangige Frage nach der Wirksamkeit der eingegangenen Mithaftung im Außenverhältnis nicht übersehen werden. Kredite sind oft nur zu erhalten, wenn beide Ehegatten sich in die Haftung nehmen lassen. In vielen Fällen hält die von einer Bank oder einem anderen gewerblichen Kreditgeber[22] verlangte Mithaftung einer Wirksamkeitskontrolle aber nicht stand, insbesondere unter dem Gesichtspunkt der **Sittenwidrigkeit bei krasser finanzieller Überforderung** des mithaftenden Ehegatten (§ 138 I BGB); eine Schadensersatzpflicht der Bank dem in die Mithaftung Genommenen gegenüber kann die Folge sein[23].

349 Zu unterscheiden ist die echte Mitschuldnerschaft von der bloßen Mithaftung. **Echter Mitschuldner** ist, wer für den Darlehensgeber erkennbar ein eigenes sachliches und/oder persönliches Interesse an der Kreditaufnahme hat und als im Wesentlichen gleichberechtigter Partner über die Auszahlung sowie die Verwendung der Darlehensvaluta mitentscheiden darf, wobei maßgebend nicht die Bezeichnung im Vertragstext, sondern die tatsächlichen Verhältnisse sind[24]. Ein eigenes Interesse an der

---

20 Eine Grenze ist dem Gläubiger erst durch das Verbot des rechtsmissbräuchlichen Vorgehens (§ 242 BGB) gesetzt. Dazu BGH, NJW 1991, 1289; OLG Hamm, NJW-RR 1993, 1071. Ein an die Diskriminierungsverbote des Allgemeinen Gleichbehandlungsgesetzes gebundenes Ermessen des Gläubigers bei der Auswahlentscheidung nehmen *Schünemann/ Bethge,* JZ 2009, 448, an.

21 Zur Frage der Auswirkung eines (Teil-)**Erlasses**, den einer der Gesamtschuldner mit dem Gläubiger vereinbart (§ 423 BGB): OLG Koblenz, FamRZ 2003, 309; OLG Bremen, FamRZ 2002, 1478; AG Ludwigslust, NJW-RR 2010, 367; *Einsiedler,* MDR 2009, 1369.

22 BGH, FamRZ 2002, 314 = NJW 2002, 746. Das OLG Brandenburg, FamRZ 2007, 2070, will die nachfolgend geschilderten Grundsätze auch bei privaten Kreditgebern anwenden.

23 OLG Dresden, NJW 2002, 523; AG Oldenburg, FamRZ 2010, 1699, m. Anm. *Melchers.*

24 BGH, FamRZ 2017, 362; NJW 2005, 973, m. Anm. *Krüger,* BGH-Report 2005, 655; FamRZ 2004, 1016, 1017, m. Anm. *Assies,* BGH-Report, 2004, 1033; FamRZ 2002,1694 = NJW 2002, 2705; FamRZ 2002, 1253 = NJW 2002, 744, m. Anm. *Foerste,* JZ 2002, 562. Zur Frage der Darlegungs- und Beweislast insoweit BGH, NJW 2009, 1494; OLG Celle, NJW 2004, 2598. Zur Situation bei falschen Angaben des Kreditnehmers zum Verwendungszweck OLG Karlsruhe, FamRZ 2013, 819.

Kreditaufnahme besteht etwa beim gemeinsamen Erwerb eines mit dem Kredit finanzierten Hauses[25], beim finanzierten Erwerb eines Familienfahrzeugs, auch wenn der Kaufvertrag allein von einem Ehegatten geschlossen wird[26], oder bei einem Kredit, der der Ausgestaltung des ehelichen Zusammenlebens dient[27]. Bei der echten Mitschuldnerschaft macht die fehlende Aussicht, das Darlehen zurückzahlen zu können, dieses grundsätzlich nicht sittenwidrig. Sittenwidrigkeit kommt nur bei Vorliegen besonderer Umstände wie Verschleierung des Vertragsrisikos in Betracht[28]. Besteht echte Mitschuldnerschaft nur für einen Teil eines Kredits, kann der Vertrag hinsichtlich dieses Teils gemäß § 139 BGB Bestand haben, wenn er im Übrigen sittenwidrig ist[29].

Bei der **bloßen Mithaftung** (unechte oder nur formelle Mitschuldner- **350**
schaft) richtet sich die Frage der Sittenwidrigkeit dagegen nach den Grundsätzen, die die Rechtsprechung für Schuldmitübernahme (Schuldbeitritt) und Bürgschaft[30] entwickelt hat. Diese Grundsätze, die auf die Bestellung einer Sicherungsgrundschuld grundsätzlich nicht übertragbar sind[31], werden etwa in einer Entscheidung des BGH vom 28.5.2002[32] dargestellt[33]. Sittenwidrigkeit ist bei Vorliegen folgender Voraussetzungen anzunehmen:

- Der Mithaftende ist, bezogen auf den Zeitpunkt des Vertragsschlusses, krass finanziell überfordert. Das ist der Fall, wenn er aus seinem pfändungsfreien Einkommen und Vermögen[34] voraussichtlich nicht

25 OLG Bremen, OLG-Report 2006, 389; OLG Köln, WM 2002, 123. Anders ggf. bei Erwerb zu Alleineigentum des Partners, vgl. Fn. 41.

26 BGH, FamRZ 2004, 1016. Vgl. aber OLG Karlsruhe, FamRZ 2013, 819: kein Eigeninteresse der anlässlich der Umschuldung eines vorehelichen Pkw-Kredits des Ehemannes die Mithaftung übernehmenden Ehefrau, nur weil das Fahrzeug gemeinsam genutzt wurde; anders OLG Koblenz, WM 2005, 693.

27 OLG Frankfurt, FamRZ 2006, 334, m. Anm. *Wever* (Anschaffung einer Küche und eines Familienfahrzeugs, Überziehung des gemeinsamen Girokontos). Eigeninteresse bejaht auch bei OLG Celle, OLG-Report 2008, 618 (Kredit im Interesse des Stiefsohns).

28 MAH/*Joswig*, § 19 Rn. 26.

29 BGH, FamRZ 2001, 1286, 1289 = NJW 2001, 815, m. Anm. *Roth*, JZ 2001, 1039 u. *Volmer*, DNotZ 2001, 691; NJW 2009, 1494, 1495.

30 Vgl. zur Bürgschaft auch Rn. 840 f.

31 BGH, FamRZ 2002, 1466 = NJW 2002, 2633.

32 FamRZ 2002, 1694 = NJW 2002, 2705.

33 Vgl. zuletzt auch BGH, FamRZ 2017, 362; NJW 2009, 2671; FamRZ 2006, 1024 (Bürgschaft); NJW 2005, 973, 975. Zu den Grundsätzen im Einzelnen: *Kollrus*, MDR 2014, 1357 (mit Berechnungsschema für krasse finanzielle Überforderung und Empfehlungen für die anwaltliche Praxis); *Nobbe/Kirchhof*, BKR 2001, 5; MAH/*Joswig*, § 19 Rn. 27 ff.; *Palandt/Ellenberger*, § 138 Rn. 38b ff.

34 Nach BGH, FamRZ 2002, 1550 = NJW 2002, 2228, sind auf Grundbesitz ruhende valutierende dingliche Belastungen wertmindernd zu berücksichtigen.

einmal die laufenden Zinsen aufzubringen vermag[35] und es sich um einen nicht ganz geringfügigen Kredit handelt[36]. Vom Kreditnehmer gestellte – insbesondere dingliche – Sicherheiten können eine Überforderung des Mithaftenden ausschließen, wenn sie dessen Haftungsrisiko in rechtlich gesicherter Weise auf ein vertretbares Maß beschränken[37]. Jedoch schließt die Sicherheit die Sittenwidrigkeit nur dann aus, wenn gewährleistet ist, dass den Betroffenen allenfalls eine seine Finanzkraft nicht übersteigende „Ausfallhaftung" trifft; dazu muss gewährleistet sein, dass er erst nach einer ordnungsgemäßen Verwertung der übrigen Sicherheiten in Anspruch genommen wird[38].

– Der Mithaftende hat sich aufgrund seiner engen emotionalen Verbundenheit zum Darlehensnehmer auf die Mitverpflichtung eingelassen und die Bank hat dies in verwerflicher Weise ausgenutzt. Dies wird bei krasser finanzieller Überforderung des mithaftenden Ehegatten vermutet[39]. Die Vermutung ist widerlegt, wenn der Mithaftende eigene, ins Gewicht fallende geldwerte unmittelbare Vorteile aus der Kreditaufnahme erlangt[40]. Nur mittelbare Vorteile wie eine Verbesserung des Lebensstandards oder der Wohnverhältnisse genügen ebenso wenig[41], wie die Aussicht auf eine spätere Mitarbeit des Mithaftenden in dem kreditfinanzierten Betrieb oder seine nur geplante Beteiligung am Unternehmen[42]. Nicht ohne weiteres widerlegt wird die Vermutung da-

---

35 BGH, FamRZ 2002, 1694 = NJW 2002, 2705, 2706; vgl. dazu die Beispiele BGH, BGH-Report 2003, 333 (bei Bürgschaft); OLG Hamm, MDR 2013, 393: keine Überforderung bei geringem Einkommen, aber erheblichem pfändbaren Vermögen; OLG Celle, NJW-RR 2006, 131 (bei einem Bürgschaftsbetrag von 20.000 DM).

36 BGH, NJW 2009, 2671, 2672 = FamRZ 2009, 1575 [LS]; OLG Nürnberg, NJW-RR 2011, 265: Verbraucherdarlehen über 13.000 € nicht ganz geringfügig.

37 Dazu BGH, FamRZ 2002, 1694, 1695 = NJW 2002, 2705; OLG Düsseldorf, FamRZ 2007, 818.

38 BGH, NJW 2009, 2671 = FamRZ 2009, 1575 [LS]; FamRZ 2017, 362.

39 BGH, FamRZ 2002, 1253, 1254 = NJW 2002, 744.

40 Vgl. BGH, FamRZ 2001, 1286, 1288f. = NJW 2001, 815. Nach BGH, FamRZ 1999, 154, ist die Vermutung auch widerlegt, wenn der Kredit für die Gründung des gemeinsamen Hausstandes und andere den gemeinsamen Interessen dienende Anschaffungen bestimmt war. Nach OLG Celle, WM 2011, 1508, greift die Vermutung nicht, wenn die Ehegatten bei Darlehensaufnahme in der Ehewohnung getrennt lebten u. die Mitverpflichtung der Beschaffung finanzieller Mittel zur Ermöglichung der räumlichen Trennung diente.

41 BGH, FamRZ 2002, 1694 = NJW 2002, 2705, 2706 (Erwerb eines Familienheims zu Alleineigentum des Ehemannes); FamRZ 2017, 362 = FamRB 2017, 146 *(Erk)* (Erwerb eines Mehrfamilienhauses zu Alleineigentum des Ehemannes, das auch der Altersvorsorge dienen soll); FamRZ 2001, 1286, 1289 = NJW 2001, 815 (Betriebsmittelkredit); OLG Frankfurt, Urteil v. 24.6.2013, 23 U 86/12, juris (Erwerb der gemeinsam bewohnten Immobilie durch Lebensgefährten); OLG Düsseldorf, FamRZ 2007, 818 (Erwerb eines Familienheims zu Alleineigentum des Ehemannes).

42 BGH, NJW 2005, 971 (bei Bürgschaft).

durch, dass Wertangaben des Mithaftenden in einer erteilten Selbstauskunft seine krasse finanzielle Überforderung nicht erkennen lassen. Den Vorwurf der Sittenwidrigkeit räumen solche Angaben nur aus, wenn sie einer sorgfältigen Überprüfung der Bank standhalten. Für Wertangaben, die nicht der Mithaftende, sondern der Darlehensnehmer gemacht hat, gilt dies erst recht[43]. Die Vermutung gilt grundsätzlich nicht für die Übernahme von Kreditrisiken einer Gesellschaft durch einen Ehegatten, der Gesellschafter ist[44].

– Die Bank hat Kenntnis von den genannten Umständen, wobei es genügt, dass sie die Umstände hätte erkennen müssen; das ist angesichts der banküblichen Gepflogenheit, die geforderten Sicherheiten auf ihre Werthaltigkeit zu überprüfen, regelmäßig anzunehmen[45].

Ein Interesse des Kreditgebers, sich vor Vermögensverschiebungen zwischen den Ehegatten zu schützen, ändert an der Sittenwidrigkeit einer den mithaftenden oder bürgenden Ehegatten finanziell krass überfordernden Mithaftung oder Bürgschaft nichts[46]. Allerdings ist es den Kreditinstituten unbenommen, in der Mithaftungsabrede eine Klausel des Inhalts aufzunehmen, dass eine Mithaftung oder Bürgschaftsverpflichtung nur für den Fall und in dem Umfang entsteht, in dem es zu Vermögensverschiebungen kommt[47]. In einem solchen Falle sind Mithaftung oder Bürgschaft jedoch trotz des begrenzten Haftungszwecks sittenwidrig, wenn die Höhe der Mitverpflichtung das berechtigte Sicherungsinteresse des Kreditinstituts weit übersteigt[48]. Entsprechendes gilt, wenn Mithaftung oder Bürgschaft im Hinblick auf zu erwartenden späteren Vermögenserwerb (Erbschaft) des krass überforderten Ehegatten übernommen werden[49]. **351**

Die seit 1.1.1999 bestehende Möglichkeit, Restschuldbefreiung im Insolvenzverfahren zu erlangen (§§ 286 ff. InsO) schließt, wie der BGH am 16.6.2009[50] entschieden hat, eine Anwendung des § 138 I BGB auf ruinöse Bürgschaften oder Schuldbeitritte finanzschwacher Ehepartner bzw. Lebenspartner nicht aus. **352**

---

43 BGH, FamRZ 2017, 362.

44 Dazu näher: MAH/*Joswig,* § 19 Rn. 40; *Palandt/Ellenberger,* § 138 Rn. 38g. Vgl. auch OLG Celle, OLG-Report 2007, 336 (Gesellschafterbürgschaft); OLG Koblenz, FamRZ 2008, 2278 [LS].

45 Vgl. BGH, FamRZ 2001, 1286, 1288 = NJW 2001, 815; *Schnabl,* WM 2006, 706, 707.

46 BGH, FamRZ 2002, 1550 = NJW 2002, 2228.

47 BGH, NJW 2002, 2230, m. Anm. *Schneider,* BGH-Report 2002, 691; OLG Frankfurt, NJW 2004, 2392, 2394.

48 BGH, FamRZ 2000, 736 = NJW 2000, 1182.

49 BGH, FamRZ 1999, 151, 152 = NJW 1999, 58; *Palandt/Ellenberger,* § 138 Rn. 38d.

50 NJW 2009, 2671 = FamRZ 2009, 1575 [LS]; dort auch Nw. zum bisherigen Streitstand. Zustimmend *Krüger,* NJW 2009, 3408.

353 Ist eine finanzielle Überforderung nicht krass, bewirkt sie allein noch keine Sittenwidrigkeit, sondern es ist das Vorliegen weiterer Umstände erforderlich, wie z.B. Irreführung, Verharmlosung oder Verschleierung des Risikos, Ausübung unzulässigen Drucks[51].

354 Der Übernahme einer wirksamen Mithaftung liegt i.d.R. ein Auftragsverhältnis (§ 662 BGB) zugrunde[52]. Beim Scheitern der Ehe wird der Darlehensnehmer, in dessen alleinigem Interesse die Kreditaufnahme lag, im Zweifel für den Kreditabtrag im Innenverhältnis allein aufzukommen haben[53]; der Mithaftende kann einen Anspruch auf Befreiung von der Mithaftung im Außenverhältnis haben[54].

2. Haftung im Innenverhältnis

355 Über die rechtlichen Konsequenzen für das Innenverhältnis machen sich die Ehegatten bei Eingehung gesamtschuldnerischer Verbindlichkeiten in der Regel keine Gedanken. Vereinbarungen darüber, wer intern für die Verbindlichkeiten aufkommen soll, bzw. ob derjenige Ehegatte, der die Verbindlichkeiten bedient, vom anderen Erstattung soll verlangen dürfen, vor allem aber Vereinbarungen, die diese Frage für den Fall des Scheiterns der Ehe regeln, sind selten. Solange die eheliche Lebensgemeinschaft Bestand hat und die Verbindlichkeiten – von wem auch immer – bezahlt werden, werden Ausgleichsansprüche meist nicht geltend gemacht.

356 Bedeutung gewinnt die Frage nach der internen Haftung für die gemeinsam eingegangenen Verbindlichkeiten beim Scheitern der Ehe. Es stellen sich dann **Fragen** wie diese:

- Kann Erstattung wegen Leistungen verlangt werden, die ein Ehegatte während des Zusammenlebens erbracht hat?
- Kann der Ehegatte, der an den Gläubiger nach der Trennung Zahlungen leistet, bei dem anderen Rückgriff nehmen, gegebenenfalls in welchem Umfang?
- Besteht ein Anspruch gegen den anderen Ehegatten, insbesondere sofern dieser intern allein für die Schuld eintreten muss, auf Befreiung von der Mithaftung im Außenverhältnis?
- Welche Auswirkung hat das Bestehen von Unterhaltsansprüchen für den Schuldenausgleich?
- Ist ein gesonderter Schuldenausgleich auch im gesetzlichen Güterstand, also neben dem Zugewinnausgleich, möglich und sinnvoll?

---

51 Vgl. dazu BGH, NJW 2002, 2634, 2635 f.; NJW 2002, 956; MAH/*Joswig*, § 19 Rn. 49 ff.

52 *Götsche*, jM 2015, 178, 180.

53 Vgl. dazu Rn. 396 ff.

54 Vgl. dazu Rn. 492 ff.

B. Rechtliche Grundlagen für den Innenausgleich

I. § 426 I S. 1 BGB: Gesetzliche Regel und anderweitige Bestimmung

Nach § 426 I S. 1 BGB haften Gesamtschuldner im Verhältnis zueinander **zu gleichen Anteilen,** „soweit nicht ein anderes bestimmt ist". Der gesetzliche Regelfall ist danach die jeweils hälftige Schuldentragung, eine anderweitige Bestimmung aber geht vor. Ist keine anderweitige Bestimmung feststellbar, kommt die gesetzliche Grundregel zur Anwendung. Zur daraus folgenden Darlegungs- und Beweislast vgl. Rn. 506. **357**

Eine **anderweitige Bestimmung** kann sich nach der Rechtsprechung des BGH[55] aus dem Gesetz, aus einer Vereinbarung, aus Inhalt und Zweck eines zwischen den Gesamtschuldnern bestehenden Rechtsverhältnisses oder aus der Natur der Sache, mithin aus der besonderen Gestaltung des tatsächlichen Geschehens ergeben. Relativ unproblematisch sind die Fälle, in denen sich die anderweitige Bestimmung aus dem Gesetz ergibt (Beispiel: § 748 BGB[56]). Auch bei Vorliegen einer ausdrücklich das Innenverhältnis regelnden Vereinbarung besteht Klarheit, sofern sich nicht – wie häufig – Auslegungsprobleme ergeben[57]. Fehlt es an einer ausdrücklichen Regelung der Ehegatten, stellt sich die Frage, ob – was ausreicht – eine Vereinbarung stillschweigend zustande gekommen ist. In vielen Auseinandersetzungen zum Schuldenausgleich ist das die zentrale Frage: Lassen die Umstände im konkreten Fall den Schluss auf eine stillschweigend getroffene, den gesetzlichen Verteilungsmaßstab ausschließende anderweitige Bestimmung zu? **358**

Ob es gerechtfertigt ist, nicht nur aus dem Gesetz oder aus einer Vereinbarung, sondern auch aus Inhalt und Zweck des Rechtsverhältnisses oder aus der Natur der Sache eine anderweitige Bestimmung herzuleiten, wird in der Literatur teilweise in Frage gestellt[58]. Es spricht aber einiges dafür, dass die Fälle, die nach der Rechtsprechung des BGH davon erfasst sein sollen, zumindest zu einem großen Teil auch denen der stillschweigend geschlossenen Vereinbarung zugeordnet werden können[59]. Im Übrigen unterscheiden sich die mit anderem dogmatischen Ansatz gefundenen **359**

---

55 FamRZ 2015, 1272, 1273, m. Anm. *Koch*; FamRZ 2010, 542, 543 = NJW 2010, 868 (nichteheliche Lebensgemeinschaft); FamRZ 2006, 1178, 1179 = NJW 2006, 2623; FamRZ 2002, 1024, 1025; FamRZ 1983, 795 = NJW 1983, 1845.

56 Vgl. dazu auch Rn. 387.

57 Vgl. z.B. BGH, FamRZ 1990, 374; FamRZ 1988, 596; FamRZ 1988, 373.

58 Vgl. *Koch*, FamRZ 2015, 1275, 1276 (Anm.); *Gernhuber*, JZ 1996, 696, 698 f.; *Johannsen/Henrich/Jaeger*, Rn. 14 vor § 1372; *Mehdorn*, S. 69 ff.

59 Vgl. *Koch*, FamRZ 2015, 1275, 1276 (Anm.); *Schwab/Borth*, IX Rn. 98.

Ergebnisse der Literatur[60] nicht wesentlich von denen der Rechtsprechung.

II. § 426 II BGB als weitere Anspruchsgrundlage

360 Der Gesamtschuldner, der an den Gläubiger mehr gezahlt hat, als seinem Anteil im Innenverhältnis entspricht, kann sich außer auf seinen originären Anspruch aus § 426 I S. 1 BGB auf eine weitere Anspruchsgrundlage stützen: Gemäß § 426 II S. 1 BGB geht der ursprünglich dem Gläubiger zustehende Anspruch auf den Gesamtschuldner über, der den Gläubiger befriedigt hat. Der Anspruchsübergang erfolgt aber nur in Höhe des nach § 426 I S. 1 BGB bestehenden Ausgleichsanspruchs. Daher hat diese weitere Anspruchsgrundlage in der nachehelichen Vermögensauseinandersetzung kaum praktische Bedeutung. Im Einzelfall kann der gesetzliche Forderungsübergang gemäß § 426 II S. 1 BGB im Hinblick auf den damit verbundenen Übergang von Sicherheiten und Vorzugsrechten, aber auch Einwendungen und Einreden (§§ 412, 401, 404 BGB) von Bedeutung sein[61]. Ob die für den übergegangenen Anspruch (§ 426 II BGB) bestehenden Einwendungen und Einreden (z.B. Stundung, Ratenzahlungsvereinbarung) auch für den Ausgleichsanspruch aus § 426 I BGB gelten, richtet sich nach der Vereinbarung zwischen den Parteien[62]. Grundsätzlich können sie dem Anspruch aus § 426 I BGB gegenüber nicht geltend gemacht werden[63].

361 Auf § 426 II BGB gestützt werden kann der Zahlungsanspruch eines Gesamtschuldners nach Befriedigung des Gläubigers, nicht hingegen der Anspruch auf Mitwirkung vor Befriedigung des Gläubigers (Befreiungsanspruch)[64].

---

60 Nach *Johannsen/Henrich/Jaeger,* Rn. 14, 22 ff. vor § 1372, kann sich eine anderweitige Bestimmung nur aus einer Vereinbarung oder aus dem Gesetz ergeben. Indem *Jaeger* die durch das Scheitern der Ehe bedingten Veränderungen über die Anwendung der Grundsätze zum Wegfall der Geschäftsgrundlage (§ 313 BGB) erfasst (ebenso: *Schwab/Borth,* IX Rn. 101; *Popp,* S. 71 ff.; vgl. auch *Graba,* NJW 1987, 1721, 1723 f.: es sei, ähnlich wie bei der Vertragsanpassung nach Wegfall der Geschäftsgrundlage, eine dem mutmaßlichen Willen der Ehegatten entsprechende Regelung zu treffen) und dabei das Kriterium der Zumutbarkeit entscheidende Bedeutung gewinnt, gelangt er aber zu ähnlichen Ergebnissen wie die Rspr. des BGH. Letzteres gilt auch für den Ansatz von *Mehdorn* (S. 69 ff., 183 ff., 285), die auch Rechtsprinzipien – wie das „Nutzenausgleichs-Prinzip" (Orientierung an der Frage, wer den fortwährenden Nutzen aus der Schuldenaufnahme hat) – als Ausgleichsmaßstab i.S.d. § 426 I S. 1 BGB für geeignet hält.

61 Vgl. *Soergel/Gebauer,* § 426 Rn. 3, 56; MünchKomm/*Bydlinski,* § 426 Rn. 45 f.

62 OLG Köln, FamRZ 1994, 961.

63 Vgl. BGH, NJW 2010, 62 (Verjährungseinrede).

64 Vgl. Rn. 486, 488.

C. Situation während intakter Ehe

I. Regelfall: kein Ausgleich

Für die Erfolgsaussicht eines Ausgleichsverlangens des Ehegatten, der mehr als die Hälfte der Schulden bedient hat, ist es – sofern nicht eine ausdrückliche Vereinbarung über die interne Schuldenzuständigkeit vorliegt – von erheblicher Bedeutung, ob es um Verbindlichkeiten geht, die während intakter Ehe, oder ob es um solche geht, die nach dem Scheitern der Ehe bedient worden sind. Die **tatsächliche Handhabung** der Schuldentilgung während der intakten Ehe lässt regelmäßig auf eine **stillschweigend geschlossene Vereinbarung** des Inhalts schließen, dass die finanziellen Leistungen des die Verbindlichkeiten Bedienenden dessen Beitrag zur ehelichen Lebensgemeinschaft sind und ein späterer Ausgleich nicht stattfinden soll[65]. Der Schluss auf eine solche Vereinbarung erscheint deshalb gerechtfertigt, weil die beiderseitigen Leistungen in der Ehe, gleich welcher Art sie sind, grundsätzlich als gleichwertige Beiträge zur ehelichen Lebensgemeinschaft angesehen werden müssen, ein Gedanke, der auch in § 1360 S. 2 BGB zum Ausdruck kommt[66]. Man spricht in diesem Zusammenhang auch davon, das Gesamtschuldverhältnis sei durch die eheliche Lebensgestaltung „überlagert“[67]. Diese Überlagerung erfasst nicht nur Verbindlichkeiten, die der Finanzierung des täglichen Zusammenlebens dienen, wie Miete oder Hauslasten, sondern auch Schulden aus diesen Rahmen überschreitenden Geschäften[68]. Einem Ausgleichsverlangen steht im Übrigen auch der Gedanke des § 1360b BGB entgegen: Im Zweifel will ein Ehegatte, der in der Ehe mehr leistet, als er schuldet, keinen Ersatz verlangen[69]. **362**

Insbesondere dann, wenn in einer **Alleinverdienerehe** der erwerbstätige Mann die Zins- und Tilgungsleistungen für gemeinsame Kredite allein bedient hat, kann er also in aller Regel nicht später von der Frau, die ihren Beitrag zur ehelichen Lebensgemeinschaft durch die Versorgung des Haushaltes erbracht hat, einen finanziellen Ausgleich verlangen[70]. Er kann **363**

65 BGH, FamRZ 1983, 795, 796; FamRZ 1986, 881; FamRZ 2002, 739 = NJW 2002, 1570; OLG Oldenburg, FamRZ 2005, 1837. Zur gleichgelagerten Handhabung bei der nichtehelichen Lebensgemeinschaft vgl. BGH, FamRZ 2010, 542 = NJW 2010, 868; FamRZ 1980, 664.

66 Vgl. BGH, FamRZ 1983, 795, 796.

67 BGH, FamRZ 1995, 216 = NJW 1995, 652; FamRZ 1993, 676.

68 *Weinreich*, FPR 2010, 379, 380.

69 OLG Oldenburg, FamRZ 2005, 1837. Zur Anwendbarkeit dieses Grundsatzes auch auf die Situation des Getrenntlebens in der Ehewohnung OLG Oldenburg, FamRZ 2006, 267: kein Ausgleich für Zahlungen auf Versicherungsbeiträge, Miete, Energieversorgung u. Telefonkosten in dieser Phase (vgl. dazu auch Rn. 485).

70 Vgl. auch OLG Jena, NJW 2012, 1235, 1236 = FamRZ 2012, 1056 [LS]: entsprechende Handhabung bei beiderseits verdienenden Ehegatten mit erheblichem Einkommensgefäl-

dies auch nicht insoweit, als die Leistungen zu einem Vermögenszuwachs auf Seiten der Frau geführt haben, und zwar auch nicht bei vereinbarter Gütertrennung[71]. Hier kann in Bezug auf die dem Vermögen der Frau zugute gekommenen Tilgungsleistungen aber im Einzelfall ein Ausgleichsanspruch unter dem Gesichtspunkt des Wegfalls der Geschäftsgrundlage einer ehebezogenen Zuwendung in Betracht kommen[72].

Nichts anderes gilt normalerweise, wenn in einer **Doppelverdienerehe** ein Ehegatte gemeinsame Schulden allein oder überwiegend bedient hat (dazu näher Rn. 369 ff.)[73]. Vom Mitverdienst des anderen Ehegatten wird er regelmäßig auf andere Weise profitieren.

364 Ergeben sich während des Bestehens der Lebensgemeinschaft **Änderungen in der Handhabung** der Schuldentilgung, etwa weil sich die berufliche Situation der Ehegatten verändert – die bisher allein den Haushalt führende Frau zum Beispiel wird erwerbstätig und übernimmt den Schuldendienst – entspricht die neue Situation im Zweifel der Gestaltung der Verhältnisse, die die Ehegatten wünschen. Es bleibt also dabei, dass in der Regel Ausgleichsansprüche ausscheiden, insbesondere auch nicht im Zeitpunkt der Trennung für die Vergangenheit aufleben.

365 Fraglich ist, wie der Fall zu behandeln ist, dass eine während des Zusammenlebens fällig gewordene Schuld erst **nach der Trennung beglichen** worden ist. Der BGH[74] hat (bei einer nichtehelichen Lebensgemeinschaft) in einem Fall des Begleichens während des Zusammenlebens aufgelaufener Mietschulden durch den alleinverdienenden Mann erst nach der Trennung (nämlich aufgrund einer vom Vermieter erwirkten Verurteilung) entschieden, dass der Mann von der Frau keine Beteiligung verlangen kann. Die für die Zeit des Zusammenlebens anzunehmende anderweitige Bestimmung umfasse auch die Aufwendungen, die in dieser Zeit zu begleichen gewesen wären. Denn maßgebend sei der Verwendungszweck, nicht der Zeitpunkt der Leistung. Gegenüber diesem Ergeb-

---

le; OLG Köln, NJW-RR 2012, 1019: kein Anspruch des Alleinverdieners auf hälftige Erstattung der Kosten eines gemeinsam beauftragten Rechtsanwalts.

71 Vgl. BGH, FamRZ 1990, 855, 857; OLG Oldenburg, FamRZ 2005, 1837 = FamRB 2005, 189 *(Heinle)*: Abtrag der Hauslasten durch den Mann bei Alleineigentum der Frau. So auch BGH, FamRZ 2010, 277, 278 f. = NJW 2010, 998, bei nichtehelicher Lebensgemeinschaft.

72 Vgl. BGH, FamRZ 2012, 1789 = NJW 2012, 3374, u. Rn. 996, sowie *Wever*, FF 2015, 135, 138, m. Beispiel. Vgl. auch *Gernhuber*, JZ 1996, 765, 770.

73 OLG Bremen, OLG-Report 2000, 216 = FamRZ 2000, 1152 [LS], dazu *Wever*, FPR 2000, 185.

74 FamRZ 2010, 542, m. Anm. *Wellenhofer* = NJW 2010, 868 = FamRB 2010, 116 *(Burger)*; zustimmend *Weinreich*, FF 2011, 271, 280. Wie der BGH auch OLG Brandenburg, FamRZ 2014, 1847 [LS] = NZFam 2014, 1009 *(Tomfort)*; dazu krit. *Wever*, FamRZ 2015, 1243, 1244.

nis bestehen Bedenken, weil die Frau vom – möglicherweise sogar mit ihrem Einverständnis erfolgten – Nichtabtrag der Miete im Zweifel insofern profitiert haben wird, als die eigentlich für die Miete benötigten Einnahmen des Mannes gemeinsam verbraucht (oder auch in die gemeinsame Vermögensbildung investiert) worden sein dürften. Dann aber ist es sachgerecht, die Frau nicht als aus der gem. § 426 I S. 1 BGB grundsätzlich bestehenden Verpflichtung zur internen Beteiligung entlassen anzusehen. Andernfalls verstieße man gegen den in anderem Zusammenhang – auch vom BGH[75] – anerkannten Grundsatz, dass eine nachträgliche Korrektur für Zeiträume, in denen die Ehegatten vom beiderseitigen Einkommen gemeinsam gewirtschaftet haben, nicht stattfinden darf[76].

II. Ausnahmefälle

Ausgleichsansprüche für während der intakten Ehe erbrachte Leistungen kommen bei Vereinbarung eines späteren Ausgleichs, bei ausdrücklichem Vorbehalt eines Ausgleichsverlangens, aber auch dann in Betracht, wenn der Schuldabtrag während des Zusammenlebens je hälftig erfolgt und eine vor Trennung gezahlte Rate noch nicht ausgeglichen ist. Darüber hinaus ist an einen Ausgleichsanspruch, der ggf. auch rückwirkend geltend gemacht werden kann[77], nur bei besonderen Fallgestaltungen zu denken. **366**

1. Außergewöhnliche Zahlungen

Ein solcher Ausnahmefall lag der Entscheidung des BGH vom 25.11.1987[78] zugrunde: **367**

Beide Ehegatten verfügten über Einkünfte und Vermögen. Sie hatten gemeinsam einen größeren Kredit für den Erwerb eines Mehrfamilienhauses aufgenommen, dessen Miteigentümer je zur Hälfte sie wurden. Einem Verlangen der kreditgebenden Bank nachkommend leistete die Frau kurz vor der Trennung eine Kreditrückzahlung von rund 350.000 DM. Sie nahm den Mann auf hälftigen Ausgleich in Anspruch.

Im Hinblick darauf, dass die Kreditrückführung noch vor der Trennung erfolgt war, hatte das OLG eine Überlagerung des Gesamtschuldverhältnisses durch die eheliche Lebensgemeinschaft angenommen und einen Ausgleichsanspruch verneint. Der BGH hielt dies – jedenfalls im Ergebnis zu Recht – auf der Basis der getroffenen Feststellungen nicht für gerechtfertigt. Er führt aus, es könne den Umständen der Ehe entspre- **368**

75 FamRZ 2007, 1229 = NJW 2009, 2554.

76 Vgl. Rn. 641, 622, m.w.N. (Problematik der Aufteilung nach Trennung anfallender Steuererstattungen bzw. -schulden bzw. des Verlangens der Mitwirkung an gemeinsamer Steuerveranlagung).

77 Vgl. Rn. 379.

78 FamRZ 1988, 264.

chen, dass beide Ehegatten im Verhältnis ihrer Einkünfte die für den Erwerb von Miteigentum eingegangenen Schulden zu tragen hätten, wenn beide nicht unerhebliche Einkünfte hätten. Dabei könnten auch die Vermögensverhältnisse eine Rolle spielen. Die internen Haftungsanteile könnten sich dann nach dem Verhältnis ihrer Einkünfte bzw. auch der Vermögen richten.

369 Aus der Begründung dieser Entscheidung, auch wenn sie auf einer Linie mit einer weiteren Entscheidung des BGH vom 3.11.1983 liegt[79], herzuleiten, im Falle einer **Doppelverdienerehe** komme grundsätzlich ein Ausgleich der während der bestehenden Lebensgemeinschaft erbrachten Leistungen in Betracht[80], erscheint nicht gerechtfertigt[81]. Sofern nicht besondere Umstände hinzukommen, muss auch für die Doppelverdienerehe gelten, dass die Schuldentilgung durch einen Ehegatten Teil der als gleichwertig anzusehenden Beiträge beider Partner und damit Ausdruck einer entsprechenden Bestimmung der Ehegatten i.S. von § 426 I S. 1 BGB ist. Auch in der Doppelverdienerehe erbringt derjenige Partner, der die Schulden nicht bedient, in aller Regel Leistungen, die als gleichwertig anzusehen sind und die es verbieten, der Schuldentilgung eine besondere Behandlung zuteil werden zu lassen. Er bestreitet häufig die ganzen oder die überwiegenden Lebenshaltungskosten, kommt für die Miete oder die Urlaubskosten auf oder bildet Vermögen, das der andere mitnutzt und das – wenn es sich nicht schon um Miteigentum handelt – ihm im Scheidungsfalle im Zweifel über den Zugewinnausgleich zugute kommt. Oder aber – ein auch nicht seltener Fall – der die Schulden nicht bedienende Partner ist nach der Lebensgestaltung der Parteien trotz Berufstätigkeit beider Seiten allein oder überwiegend für die Haushaltsführung zuständig, ein Umstand, für den es ebenfalls keinen nachträglichen Ausgleich gibt. Auch bei Doppelverdienerehen steht darüber hinaus der Gedanke des § 1360b BGB einem nachträglichen Ausgleich regelmäßig entgegen[82]. So hat das OLG Bremen[83] auch zu Recht einen Ausgleichsanspruch einer Ehefrau ab-

---

79 FamRZ 1984, 29.

80 So BGH (IX. ZS), FamRZ 2001, 1442 = NJW 2000, 1944; *Kotzur,* NJW 1989, 817, 821; vgl. auch *Hahne,* FF 1999, 99, 103 f.

81 Vgl. auch die berechtigte Kritik von *Kleinle,* FamRZ 1997, 8, 10, an der Entscheidung des BGH vom 3.11.1983.

82 So auch *Staudinger/Looschelders,* 2012, § 426 Rn. 211, 214. *Hayler,* S. 74 ff., will den Ausschluss eines nachträglichen Ausgleichs auf die Fälle beschränken, in denen der Schuldabtrag als Leistung „zum Unterhalt der Familie" i.S. des § 1360b BGB angesehen werden kann; das sei insbesondere bei vorehelichen und geschäftlichen Schulden zu verneinen. Einen nachträglichen Ausgleich für den Regelfall ablehnend auch: *Roßmann,* FuR 2011, 541, 544; *Schulz,* FPR 2006, 472; *Heimann,* FPR 2006, 487, 488; *Bosch,* FamRZ 2002, 366, 367; *Münch,* Scheidungsimmobilie, Rn. 356; *Schulz/Hauß,* Rn. 1475; *Popp,* S. 95 ff.

83 OLG-Report 2000, 216 = FamRZ 2000, 1152 [LS] (die Revision der Ehefrau hat der BGH nicht angenommen).

gelehnt, die – bei beiderseitiger Erwerbstätigkeit – bis zur Trennung sechs Jahre lang die Lasten für das im gemeinsamen Eigentum stehende Familienheim getragen hatte und nun hälftigen Ausgleich verlangte.

Entscheidend ist somit nicht die Frage, ob die Ehegatten in Allein- oder in Doppelverdienerehe gelebt haben. Entscheidend ist vielmehr die **ständige Übung** der Schuldentilgung: Hat stets der eine Ehegatte die Schulden bedient, so ergibt sich aus dieser Handhabung im Zweifel die konkludente Abrede, dass er sie im Innenverhältnis allein tragen solle. Das gilt für die Allein- und für die Doppelverdienerehe gleichermaßen. Zwar wird es dann, wenn beide Ehegatten Einkünfte erzielen, häufiger als in der Alleinverdienerehe vorkommen, dass sich beide am Abtrag einer Gesamtschuld beteiligen. Verfahren die Ehegatten aber anders, lässt diese Handhabung den Schluss zu, dass sie auf einen internen Ausgleich verzichten[84]. Dahin scheint nunmehr auch der BGH zu tendieren, der in einer Entscheidung vom 20.3.2002[85] im Falle zweier selbständig tätiger Ehegatten, von denen einer die gemeinsam geschuldeten quartalsweisen Einkommensteuer-Vorauszahlungen entrichtet hatte, einen Ausgleichsanspruch abgelehnt hat (dazu näher Rn. 609)[86]. **370**

Dass in dem zu Rn. 367 geschilderten, vom BGH am 25.11.1987 entschiedenen Fall ein Ausgleich gerechtfertigt erscheint, beruht auf den Besonderheiten des Falles, die nicht darin bestehen, dass beide Ehegatten Einkünfte und möglicherweise auch Vermögen hatten, sondern darin, dass es sich um eine **einmalige und dazu außergewöhnlich hohe Zahlung** handelte, die kurz vor der Trennung erfolgte. Hinzu kam, dass frühere laufende Zahlungen auf den Kredit aus den Einkünften beider Parteien bestritten worden waren. Auch wenn die Ehe zum Zeitpunkt der Zahlung noch nicht endgültig gescheitert gewesen sein mag, legen diese besonderen Umstände es nahe, dass die fragliche Zahlung von den Ehegatten nicht als ein Beitrag der Frau zur Lebensführung angesehen wurde, dem gleichartige andere Beiträge des Ehemannes gegenüberstanden. Es liegt auch nahe, dass die Frau, die einem Verlangen der Bank nachkam, sehr wohl beabsichtigte, Ersatz zu verlangen (§ 1360b BGB). **371**

Wenn ausnahmsweise bei einer Doppelverdienerehe ein nachträglicher Ausgleich gerechtfertigt erscheint, bietet sich als **Maßstab** für die internen Haftungsanteile das Verhältnis der beiderseitigen Einkünfte unter Berücksichtigung des jeweiligen Vermögens an[87], sofern er nicht bereits aus der praktizierten ständigen Übung hergeleitet werden kann. **372**

---

84 So mit Recht BFH, FamRZ 2003, 757, 758.

85 BGH, FamRZ 2002, 739, m. Anm. *Wever* = NJW 2002, 1570.

86 Zur Maßgeblichkeit des Gesichtspunkts der ständigen Übung auch BGH, FamRZ 2002, 1024, 1026.

87 BGH, FamRZ 1988, 264, 265.

2. Abredewidrig unterlassene Beiträge

373 Zu einem Ausgleichsanspruch wird man im Ergebnis auch kommen können, wenn ein Ehegatte abredewidrig für den Familienunterhalt nach §§ 1360, 1360a BGB nicht aufkommt und deshalb der tilgende Ehegatte auch den Familienunterhalt bestreiten muss[88]. Denn auch hier fehlt es an einem von den Ehegatten als gleichwertig angesehenen Beitrag des die Schulden nicht Bedienenden zur ehelichen Lebensgemeinschaft. Allerdings ist bei der Annahme einer solchen Konstellation Zurückhaltung geboten. Allein der Umstand, dass bei objektiver Betrachtung die von den Eheleuten erbrachten Leistungen nicht als gleichwertig erscheinen, rechtfertigt eine nachträgliche Korrektur nicht. Erforderlich erscheint vielmehr, dass der Ehegatte, der die höheren Leistungen erbracht hat, auch zum Ausdruck gebracht hat, dass er es dabei nicht bewenden lassen wolle, sofern sich dies nicht bereits aus besonderen Umständen ergibt (wie etwa in dem zu Rn. 367 geschilderten Fall: außergewöhnlich hohe Zahlung kurz vor der Trennung).

374 Auch das gilt für die Doppel- wie für die Alleinverdienerehe gleichermaßen. Aus diesem Grunde kann auch der gut verdienende Ehemann, der es jahrelang hingenommen hat, dass seine Ehefrau weder erwerbstätig war noch eigene Leistungen im Haushalt und bei der Kinderbetreuung übernommen hat, weil alles durch Personal erledigt wurde („Luxusfrau"), sich nicht beim Scheitern der Ehe darauf berufen, die Frau habe keine gleichwertigen Leistungen erbracht und sei daher nachträglich an dem von ihm erbrachten Schuldenabtrag zu beteiligen.

D. Situation nach Scheitern der Ehe

375 Während es somit auf die Frage nach Ausgleichsansprüchen für in der intakten Ehe gezahlte Schulden meist eine eindeutige Antwort gibt, ist die Frage nach der internen Haftung für die Schulden, die beim Scheitern der Ehe noch offen sind, schwieriger zu beurteilen.

I. Grundregeln

1. Wegfall der bisherigen anderweitigen Bestimmung

376 Mit dem Scheitern der Ehe, das regelmäßig in der endgültigen Trennung zum Ausdruck kommt[89] entfallen die Umstände, denen man einen besonderen, von der gesetzlich vorgesehenen Halbteilung abweichenden Verteilungsmaßstab entnehmen konnte. Das Gegenseitigkeitsverhältnis,

88 Vgl. *Schulz/Hauß*, Rn. 1479.

89 Zum maßgeblichen Stichtag i.E. Rn. 480 ff.

in dem die beiderseitigen Beiträge zur gemeinsamen Lebensführung standen, ist aufgehoben. Der früheren Handhabung, z.B. den Alleinverdiener die Schulden abzahlen, den anderen als gleichwertig anzusehende Beiträge – etwa in Form der Haushaltsführung – erbringen zu lassen, ist die Grundlage entzogen. Damit entfällt die bisher getroffene anderweitige Bestimmung und es kommt der gesetzliche Regelfall der **Haftung zu gleichen Anteilen** (§ 426 I S. 1 BGB) zum Zuge, sofern nicht wiederum eine **anderweitige Bestimmung** bzw. besondere Umstände vorliegen, aus denen sich ein vom Regelfall abweichender Verteilungsmaßstab ergibt[90]. Grundsätzlich führt die alleinige Schuldentilgung nunmehr also zu einem – und zwar hälftigen – Ausgleichsanspruch. Diesem Anspruch kann nicht entgegen gehalten werden, der in Anspruch Genommene habe während des Zusammenlebens bereits mehr als die Hälfte des Gesamtkredits zurückgezahlt; denn Zahlungen vor der Trennung waren Beiträge zur ehelichen Lebensgestaltung, für die es keinen Ausgleich gibt und die deshalb nicht zur Verrechnung betreffend die Zeit nach Trennung zur Verfügung stehen[91].

Das Gleiche gilt, wenn die intakte Ehe durch **Tod eines Ehegatten** beendet wird[92]. Auch in diesem Fall entfällt in der Regel die in der bisherigen Handhabung des Schuldabtrags liegende anderweitige Bestimmung, denn die Verhältnisse erfahren eine grundlegende Änderung. Doch kann auch hier den Umständen eine anderweitige Bestimmung zu entnehmen sein, die eine intern alleinige Schuldenzuständigkeit nahelegt. So wird der Erbe des verstorbenen Ehegatten für den weiteren Abtrag eines von den Eheleuten aufgenommenen Darlehens, mit dem die im Alleineigentum des Erblassers stehende Immobilie finanziert worden ist, im Zweifel allein aufzukommen haben, zumal bei beengter wirtschaftlicher Situation des überlebenden Ehegatten[93]. An eine interne Alleinzuständigkeit des Erben ist auch dann zu denken, wenn der Verstorbene als Alleinverdiener stets den Schuldabtrag geleistet hat und den Umständen das Anliegen der Ehegatten entnommen werden kann, den haushaltführenden Ehegatten abgesichert zu sehen[94]. 377

2. Sonstige Regeln

a) Mangelnde Zahlungsfähigkeit steht dem Entstehen eines Ausgleichsanspruchs nicht grundsätzlich entgegen. Dass einer der gesamt- 378

90 Vgl. BGH, FamRZ 2011, 25, 26; FamRZ 1995, 216 = NJW 1995, 652; BGH FamRZ 1983, 795 = NJW 1983, 1845.

91 OLG Bremen, FamRZ 2014, 1847.

92 BayObLG, VersR 1998, 1382.

93 OLG Karlsruhe, FamRZ 2014, 795; vgl. auch Rn. 401.

94 OLG Koblenz, FamRZ 2012, 1053. Vgl. zu dieser Entscheidung auch Rn. 854.

schuldnerisch haftenden Ehegatten zum Ausgleich nicht in der Lage ist[95], oder ein geringeres Einkommen hat als der andere[96], ist kein ausreichender Grund, ihn von der Mithaftung im Innenverhältnis freizustellen[97]. Das gilt für der Vermögensbildung dienende wie für sonstige Kredite gleichermaßen[98].

379 b) Die **rückwirkende Geltendmachung** des Ausgleichsanspruchs (ab dem Zeitpunkt des Scheiterns der Ehe) ist möglich, auch wenn der zahlende den anderen Ehegatten nicht darauf hingewiesen hat, einen Ausgleich verlangen zu wollen[99]. Denn der Ausgleichsanspruch des Ehegatten, der mehr leistet, als seiner Verpflichtung im Innenverhältnis entspricht, entsteht, ohne dass es einer gestaltenden Handlung des allein Zahlenden bedarf; er entsteht automatisch[100].

380 Im vom BGH am 30.11.1994 entschiedenen Fall[101] einer Doppelverdienerehe war die Frau nach der Trennung in dem im gemeinsamen Eigentum stehenden Haus verblieben. Der Mann hatte – wie bisher – die Schulden für dieses Haus und zwei ebenfalls gemeinsame Eigentumswohnungen bedient, deren Mieteinkünfte die Belastungen nicht deckten. Er verlangte von der gesamtschuldnerisch mithaftenden Frau rückwirkend hälftige Beteiligung an den Schulden.

381 Der BGH hat dem Ehemann einen rückwirkenden Ausgleichsanspruch zuerkannt und dies zu Recht damit begründet, dass sich die Rechtsstellung des einen Ausgleich begehrenden Gesamtschuldners von der des Miteigentümers unterscheidet, der nach Scheitern der Ehe gemäß § 745 II BGB eine Neuregelung der Verwaltung und Benutzung, insbesondere ein Nutzungsentgelt von dem im gemeinsamen Haus verbliebenen Ehegatten verlangt. Aus § 745 II BGB ergibt sich, dass der eine Miteigentümer vom anderen ein Nutzungsentgelt nicht rückwirkend, sondern erst von dem Zeitpunkt an verlangen kann, in dem er eine Neuregelung gefordert hat[102]. Im Falle des § 745 II BGB führen nämlich veränderte Umstände – wie die Aufhebung der ehelichen Lebensgemeinschaft – nicht ohne weiteres zu einer Änderung der rechtlichen Beziehungen der Beteiligten untereinander, sondern sie geben den Beteiligten nur das Recht, eine Neuregelung zu

95 BGH, FamRZ 2011, 25, 26; FamRZ 1983, 795, 796; OLG Bremen, FamRZ 2016, 1713, 1715 = NJW 2016, 1248; *Roßmann*, FuR 2016, 680, 682 = NJW 1983, 1845.

96 OLG Bremen, FamRZ 2002, 392.

97 Vgl. die davon abweichende Herangehensweise der Rspr. beim Anspruch auf Nutzungsvergütung gem. § 1361b III S. 2 BGB oder § 745 II BGB: Hier kann mangelnde Leistungsfähigkeit einer Zahlungsverpflichtung entgegenstehen; dazu Rn. 155.

98 Vgl. etwa BGH, FamRZ 1988, 920.

99 BGH, FamRZ 1995, 216.

100 BGH, FamRZ 1995, 216 = NJW 1995, 652; OLG Saarbrücken, FamRZ 2010, 1902, 1903 = NJW 2010, 3102; OLG Düsseldorf, FamRZ 2009, 1834, 1835.

101 BGH, FamRZ 1995, 216 = NJW 1995, 652.

102 Vgl. BGH, FamRZ 1993, 676, 678; FamRZ 1982, 355 = NJW 1982, 1753. Vgl. auch Rn. 174.

verlangen. Entsprechendes gilt für den auf § 1361b III S. 2 BGB – die heute von der ganz h.M. für das Nutzungsentgelt während der Trennungszeit herangezogene Anspruchsgrundlage[103] – gestützten Anspruch auf Nutzungsentgelt, der ebenfalls ein Zahlungsverlangen erfordert[104]. Eine dem entsprechende Regelung enthält § 426 BGB nicht.

Soweit demgegenüber eine analoge Anwendung des § 745 II BGB auf die Fälle des Gesamtschuldnerausgleichs gefordert und geltend gemacht wird, der Gesichtspunkt des Vertrauensschutzes erfordere es, dass der Ausgleichspflichtige von dem Begehren des anderen Ehegatten, die Verbindlichkeit nicht (mehr) allein tragen zu wollen, zunächst in Kenntnis gesetzt werde[105], steht dem die klare gesetzliche Regelung entgegen. **Unbillige Ergebnisse** etwa in den Fällen, in denen der aus dem gemeinsamen Haus ausgezogene Ehegatte von der Geltendmachung einer Nutzungsvergütung absieht, sich später aber einem rückwirkenden Ausgleichsverlangen des im Haus verbliebenen, die Hausschulden tragenden Ehegatten nach § 426 BGB ausgesetzt sieht, können auf andere Weise vermieden werden (dazu Rn. 391 f.). Das Gleiche gilt für die Fälle des Zusammentreffens eines Anspruchs aus § 426 BGB des einen Ehegatten mit einem – ebenfalls grundsätzlich nur nach Aktivierung geltend zu machenden – Unterhaltsanspruch des anderen (dazu Rn. 448 ff.). **382**

c) **Steuervorteile**, die der Ausgleichsberechtigte dadurch hatte, dass er die gemeinsamen Schulden zunächst allein getragen und in voller Höhe steuerlich abgesetzt hat (im entschiedenen Fall: Verluste aus Vermietung und Verpachtung für zwei Eigentumswohnungen), mindern seinen Anspruch nicht[106]. Die für das Schadensersatzrecht entwickelten Regeln der Vorteilsausgleichung sind auf einen Ausgleichsanspruch nach § 426 BGB nicht übertragbar. Vgl. aber Rn. 388. **383**

d) Geht es um Schulden, die die Ehegatten als Gesellschafter einer **Ehegatteninnengesellschaft**[107] eingegangen sind (z.B. im Zusammenhang mit dem gemeinsamen Aufbau eines Unternehmens), wird § 426 BGB regelmäßig durch die Regelungen des Gesellschaftsrechts verdrängt[108]. **384**

II. Anderweitige Bestimmung nach Scheitern der Ehe

Auch für die Zeit nach dem Scheitern der Ehe kann, wie schon erwähnt, wiederum eine den gesetzlichen Verteilungsmaßstab verändernde **385**

103 Vgl. Rn. 131 ff.
104 Vgl. Rn. 143.
105 Etwa Brühler Schriften zum Familienrecht, 11. DFGT 1995, S. 83 (1. AK).
106 BGH, FamRZ 1995, 216, 218 = NJW 1995, 652.
107 Vgl. dazu Rn. 1107 ff.
108 Vgl. *Nickl*, NJW 1991, 3124, 3126.

anderweitige Bestimmung getroffen sein bzw. können besondere Umstände vorliegen, die eine Haftung zu gleichen Anteilen ausschließen[109]. Solche Umstände sind nicht schon darin zu sehen, dass ein Ehegatte über die Trennung hinaus für eine gewisse Zeit den schon zuvor geleisteten Schuldabtrag fortgesetzt hat, ohne sogleich interne Beteiligung zu verlangen[110]; schon gar nicht ergeben sie sich aus dem einseitigen Schuldabtrag während des Zusammenlebens[111].

386 Klar ist die Rechtslage bei Übernahme der Schuld im Innenverhältnis durch ausdrückliche Vereinbarung. Im Übrigen kommt es auf die Gegebenheiten des Einzelfalls an. In der Praxis spielen vor allem nachfolgende Fallgestaltungen eine Rolle.

1. Aufwendungen für Miteigentum

a) Bestimmung nach §§ 748, 755 BGB

387 Der Haftungsanteil bei Aufwendungen für Miteigentum richtet sich im Zweifel nach dem Miteigentumsanteil. Dies lässt sich aus den Regelungen in §§ 748, 755 BGB über die Bruchteilsgemeinschaft herleiten, die als eine (gesetzliche) besondere Bestimmung i.S. des § 426 I S. 1 BGB anzusehen sind[112]. Da Ehegatten aber in der Regel hälftige Miteigentümer sind, führt die Heranziehung der §§ 748, 755 BGB meist ebenfalls zur hälftigen Haftung[113]. Sie ist etwa hinsichtlich der Hauslasten regelmäßig dann anzunehmen, wenn beide Ehegatten aus dem ihnen je zu ½ gehörenden Haus ausgezogen sind, z.B. weil es verkauft werden soll[114]. Eine den Miteigentumsanteilen entsprechende interne Haftung besteht im Übrigen im Zweifel aber auch dann, wenn ein Ehegatte für die Hauslasten nach außen allein haftet (dazu Rn. 521 f.).

---

109 Vgl. BGH, FamRZ 2015, 1272, 1274; FamRZ 1995, 216 = NJW 1995, 652; FamRZ 1993, 676.

110 Zweifelnd *Herr*, FF 2014, 502, 503 (Anm.). Zur Frage einer **Verwirkung** des Anspruchs bei Geltendmachung, aber nicht stringenter Weiterverfolgung OLG Brandenburg, Beschl. v. 26.3.2015, 9 UF 240/14, juris, dazu *Wever*, FamRZ 2016, 1627, 1630.

111 OLG Bremen, FamRZ 2014, 1847, 1848 (Kreditabtrag 5 Monate nach Trennung).

112 Vgl. BGH, FamRZ 2015, 1272, 1273; FamRZ 2011, 25, 26; FamRZ 1983, 795, 796 = NJW 1983, 1845; FamRZ 2001, 1442 = NJW 2000, 1944; OLG Frankfurt, MittBayNot 2014, 163; KG; FamRZ 2009, 1327, 1328 f.; OLG Köln, FamRZ 1992, 832, 834; *Kotzur*, NJW 1989, 817, 819.

113 Von Bedeutung ist § 748 BGB als selbständige Anspruchsgrundlage neben § 426 I BGB insbesondere im Hinblick auf Zinsansprüche. Während die Verzinsung von Ansprüchen aus § 426 I BGB Verzug voraussetzt (§ 286 BGB), ist der Aufwendungsersatzanspruch aus § 748 BGB nach § 256 S. 1 BGB vom Zeitpunkt der Aufwendung an zu verzinsen (BGH, FamRZ 1993, 676).

114 AG Mölln, FamRZ 2004, 199.

Eine ausdrücklich oder stillschweigend getroffene Bestimmung der Ehegatten geht aber auch dem sich aus den Regelungen über die Bruchteilsgemeinschaft ergebenden Haftungsmaßstab vor. Eine solche Bestimmung kann sich etwa daraus ergeben, dass die Gesamtschuld bei der Berechnung des Ehegattenunterhalts berücksichtigt worden ist[115]. Sie kann auch darin zu sehen sein, dass der Ehemann mit Einverständnis der Ehefrau die von ihm allein getragenen Lasten für eine im gemeinsamen Eigentum stehende Eigentumswohnung steuerlich absetzt[116]. **388**

b) Alleiniges Wohnen eines Ehegatten im gemeinsamen Haus[117]

Trägt der im Haus verbliebene Ehegatten die Hausschulden[118], **389**
kann er grundsätzlich hälftige Beteiligung des anderen verlangen (§§ 748, 755 BGB); das nunmehr alleinige Wohnen im Haus lässt also nicht bereits die Verpflichtung des ausgezogenen Ehegatten zur anteiligen Beteiligung entfallen[119], und zwar auch dann nicht, wenn der nun das Haus allein Bewohnende schon zuvor die Hauslasten getragen hatte[120]. Entsprechendes gilt für vom in der Wohnung Verbliebenen getragene nicht umlagefähige Betriebskosten einer gemeinsamen Eigentumswohnung[121]. Doch ist der im Haus Verbliebene seinerseits einem Anspruch des ausgezogenen Ehegatten auf Nutzungsentgelt ausgesetzt (als Ergebnis eines Vergütungsverlangens nach § 1361 III S. 2 BGB bzw. eines Neuregelungsverlangens nach § 745 II BGB)[122].

Probleme bereitet diese Fallgestaltung dann, wenn der im Haus verbliebene Ehegatte erst nach längerer Trennungszeit hälftigen Ausgleich für die seit der Trennung geleisteten Zahlungen auf die Hausschulden verlangt, also **für die Vergangenheit**, während der andere bis dahin im Hinblick darauf, dass ersterer die Schulden bediente, kein Nutzungsentgelt verlangt hat[123]. **390**

---

115 BGH, FamRZ 2011, 25, 26. Vgl. dazu Rn. 432 ff.

116 OLG Hamm, FamRZ 1998, 242. Vgl. auch Rn. 522.

117 Vgl. dazu auch Rn. 182 ff., 130 ff. Ausführlich zur Behandlung gemeinsamer Hausschulden *Wever,* FPR 2000, 185.

118 Dazu auch Rn. 185 f.

119 OLG Koblenz, FamRZ 2015, 142, 143; KG, FamRZ 2008, 2034, 2035; OLG Koblenz, MDR 2002, 1070.

120 OLG Bremen, OLG-Report 2005, 315 = FamRB 2005, 162 *(Heinle).*

121 AG Heilbronn, NZFam 2017, 768 *(Erbarth).*

122 Vgl. dazu Rn. 131 ff., 165 ff. Zu Fragen der verfahrensrechtlichen Durchsetzung des Anspruchs auf Nutzungsvergütung nach erklärter Aufrechnung gegenüber dem gerichtlich geltend gemachten Anspruch aus § 426 BGB OLG Brandenburg, NZFam 2016, 1004 *(Schneider).*

123 Vgl. dazu **Berechnungsbeispiel** Rn. 195 ff.

391 In der Entscheidung des BGH vom 13.1.1993[124] war der alleinverdienende Ehemann nach der Trennung in dem den Ehegatten je zur Hälfte gehörenden Haus wohnen geblieben. Einige Jahre später verlangte die Ehefrau für die Zukunft ein Nutzungsentgelt. Der Ehemann forderte eine hälftige Beteiligung der Frau an den von ihm getragenen Zins- und Tilgungsleistungen – und zwar rückwirkend ab dem Trennungszeitpunkt.

Bei einer solchen Konstellation kann der ausgezogene Ehegatte vom anderen ein Nutzungsentgelt erst von dem Zeitpunkt an verlangen, in dem er ein Nutzungsentgelt begehrt hat, während Ausgleichsansprüche nach § 426 I S. 1 BGB grundsätzlich auch für die Vergangenheit (vom Zeitpunkt des Wegfalls der in der ehelichen Lebensgestaltung liegenden anderweitigen Bestimmung an) geltend gemacht werden können[125]. Hier stellt sich die Frage, wie der ausgezogene Ehegatte geschützt werden kann, der im Vertrauen darauf, dass der andere ihn wegen der Lasten nicht in Anspruch nehmen werde, kein Nutzungsentgelt verlangt[126].

392 Der BGH[127] löst dieses Problem überzeugend so, dass er in derartigen Fällen den Umständen eine stillschweigend geschlossene anderweitige Bestimmung i.S. des § 426 I S. 1 BGB entnimmt, die dem Verlangen einer Schuldenbeteiligung für die Vergangenheit im Wege steht, also eine Bestimmung mit dem Inhalt: der im Haus Verbliebene trägt die Schulden, der Ausgezogene erhält kein Nutzungsentgelt **(stillschweigende Nichtabrechnungsvereinbarung)**[128]. Auf diese Weise wird der Ehegatte, der das gemeinsame Haus nicht nutzt, so gestellt, als wenn er dem Ausgleichsverlangen nach § 426 I BGB einen rückwirkenden Nutzungsentgeltanspruch im Wege der Einwendung entgegenhalten könnte[129]. Eine

---

124 BGH, FamRZ 1993, 676.

125 Vgl. Rn. 379 ff.

126 Das OLG Oldenburg, FamRZ 1986, 468, hat die rückwirkende Geltendmachung des Ausgleichsanspruchs unter solchen Umständen für rechtsmissbräuchlich gehalten.

127 FamRZ 1993, 676; ebenso BGH, FamRZ 2015, 1272, 1274; FamRZ 2008, 2015, 2018 f., m. Anm. *Rauscher*, JR 2009, 198, für den Fall, dass das Haus nicht im Bruchteilseigentum, sondern im gemeinschaftlichen (Gesamthands-)Eigentum der Ehegatten nach DDR-Recht steht. Die Entscheidung BGH, FamRZ 1993, 676 bezieht sich auf einen Fall, in dem der im Haus verbliebene Ehegatte der Alleinverdiener war, doch kann i.d.R. für Doppelverdiener nichts anderes gelten; so auch OLG Düsseldorf, FamRZ 1991, 1443, 1445.

128 Bei besonderen Fallgestaltungen mag der Schluss auf eine stillschweigend geschlossene anderweitige Bestimmung nicht gerechtfertigt sein. Das OLG Köln, FamRZ 1992, 832, hat eine solche Bestimmung in einem Fall verneint, in dem die nicht nennenswert verdienende Frau mit den Kindern im Haus verblieben war und die Hauslasten getragen hatte.

129 Vgl. auch OLG Koblenz (1. FamS), FamRZ 2015, 142 = NZFam 2015, 38 *(Hoppenz)*; OLG Saarbrücken, FamRZ 2010, 1902 = NJW 2010, 3102 = FamFR 2010, 380 *(Milzer)*; KG, FamRZ 2008, 2034, 2036; OLG Frankfurt, FamRZ 2007, 1169, 1170; OLG Bremen, OLG-Report 2005, 315, 316 f. = FamRB 2005, 162 *(Heinle)*; OLG Brandenburg, OLG-Report 2002, 512 = FamRZ 2003, 378 [LS]; OLG Celle, NJW-RR 1990, 265; *Koch*, FF 2017, 387, 388 f. Übersehen wird der Lösungsweg von OLG Koblenz (2. ZS), FamRZ 2010, 1176 (bei nichtehelicher Lebensgemeinschaft). *Gernhuber*, JZ 1996, 765,

solche stillschweigend zustande gekommene Bestimmung gilt bis zu ihrer Aufkündigung, etwa durch das Verlangen von Beteiligung an der Gesamtschuld oder durch das Verlangen einer Nutzungsvergütung bzw. einer Neuregelung; sie gilt gegebenenfalls auch über die Scheidung hinaus. Für die Zukunft hat sie jedoch regelmäßig keine Bindungswirkung; sie lässt insbesondere nicht die Annahme zu, der den Schuldabtrag Leistende wolle den anderen von der gesamten restlichen Darlehensschuld freistellen[130].

Die stillschweigend geschlossene Nichtabrechnungsvereinbarung für **393** die Vergangenheit erfasst im Zweifel nicht solche Lasten, die den zuzurechnenden Nutzungswert übersteigen. Sind also die von dem im Haus verbliebenen Ehegatten getragenen Hausschulden und sonstigen Hauslasten und -kosten (deutlich) höher als der ihm zuzurechnende Nutzungswert, kann wegen des übersteigenden Betrages der Lasten auch für die Vergangenheit ein Ausgleich verlangt werden[131]. Von der stillschweigenden Nichtabrechnungsvereinbarung auch nicht erfasst sind eventuelle Ansprüche auf Gesamtschuldnerausgleich aus einem Zeitraum, der dem vorangeht, für den Nutzungsvergütung verlangt wird[132].

Bedient der ausgezogene Ehegatte die Hausschulden[133], ist er dage- **394** gen regelmäßig nicht durch eine anderweitige Bestimmung an der rückwirkenden Geltendmachung von Ausgleichsansprüchen aus § 426 I BGB gehindert. Er kann also auch für die Vergangenheit – im Zweifel hälftige – Beteiligung an den Schulden verlangen. Daneben kommt (nach einem Zahlungsverlangen bei § 1361b III S. 2 BGB, nach einem Neuregelungsverlangen bei § 745 II BGB) ein Anspruch auf Nutzungsentgelt in Betracht. Das bloße Weiterbedienen der Hausverbindlichkeiten durch den ausgezogenen Ehegatten nach der Trennung führt auch hier regelmäßig nicht zur Übernahme der alleinigen Haftung im Innenverhältnis für die Zukunft[134].

771, kritisiert demgegenüber die Bereitschaft der Rspr., „großzügig" aus dem tatsächlichen Geschehen stillschweigend geschlossene Vereinbarungen herzuleiten, die zwar das vom Gericht für wünschenswert gehaltene Ergebnis ermöglichen, aber die Tatbestandselemente von Willenserklärung und Vertrag ignorieren würden.

130 BGH, FamRZ 2015, 1272, 1274, m. Anm. *Koch*; dazu auch Anm. *Löhnig/Plettenberg*, NZFam 2015, 830; OLG Frankfurt, MittBayNot 2014, 163 (mit Betonung der kurzen Laufzeit der bisherigen Handhabung und der erheblichen Höhe der Restschuld) = FamRB 2014, 2 *(Herr)* = FamFR 2013, 538 *(Hoppenz)*; vgl. auch Rn. 394 u. 444 a.E.

131 So auch OLG Frankfurt, FamRZ 2007, 1169, 1170; *Schulz*, FPR 2006, 472, 474; MAH/*Krebs*, § 20 Rn. 75. Vgl. auch Rn. 197 sowie OLG Koblenz, FamRZ 1997, 364.

132 OLG Thüringen, FamRZ 2007, 50.

133 So in BGH, FamRZ 1995, 216 = NJW 1995, 652 (dazu schon Rn. 380). Vgl. auch Fallbeispiel Rn. 200 sowie Rn. 187.

134 Vgl. OLG München, FamRZ 2007, 1174; vgl. schon Rn. 392.

395 Liegt eine **gerichtliche Regelung** über die Frage der Nutzungsvergütung unter Berücksichtigung der Schuldenlast vor (sei es gemäß § 1361b III S. 2 BGB, sei es gemäß § 745 II BGB bzw. nach der früheren HausrVO), ist dies die maßgebende, den Ausgleich regelnde Bestimmung[135]. Zum Vorliegen einer Regelung betreffend die Hauslasten bei der Unterhaltsfestsetzung vgl. Rn. 432 ff.

2. Verbindlichkeiten im ausschließlichen Interesse eines Ehegatten

396 Ist eine Verbindlichkeit ausschließlich im Interesse eines Ehegatten eingegangen worden, kommt sie insbesondere wirtschaftlich nur einem Ehegatten zugute, rechtfertigt dies in der Regel den Schluss auf eine anderweitige Bestimmung des Inhalts, dass der von dem Kredit Profitierende nach Scheitern der Ehe – bei gesetzlichem Güterstand ggf. aber auch erst ab Rechtshängigkeit der Scheidung – für ihn allein aufkommen muss[136]. Eine solche Situation kann etwa in folgenden Fällen gegeben sein:

397 – Die Ehegatten haben gemeinsam ein Darlehen zur Rückführung einer Verbindlichkeit nur eines Ehegatten aufgenommen (**Umschuldungskredit** zur Entlastung eines Ehegatten von einer nur ihn treffenden – insbesondere: vorehelichen – Altschuld)[137]. Generell wird man sagen können: Umschuldungskredite sind im Zweifel so auszugleichen, wie die Kredite, die abgelöst worden sind, auszugleichen gewesen wären[138].

398 – Die Ehegatten haben gemeinsam einen Kredit aufgenommen, der den **geschäftlichen Interessen** allein eines Ehegatten dient[139]. Dabei dient ein aus geschäftlichem Interesse aufgenommener Kredit im Zweifel dem Interesse des formellen Geschäftsinhabers, selbst wenn der andere Ehegatte das Unternehmen allein geführt hat und bei wirtschaftlicher Betrachtung der eigentliche Geschäftsinhaber war[140]. Werden im Wege des sog. „Zweikontenmodells" im privaten Bereich auflaufende Schuldzinsen zu dem Zweck in den betrieblichen Bereich verlagert, steuerlich abzugsfähige Schuldzinsen zu produzieren, kann sich die

---

135 Vgl. insoweit *Gernhuber,* JZ 1996, 765, 771; *Graba,* NJW 1987, 1721, 1722 f.

136 Zuletzt OLG Brandenburg, FamRZ 2016, 232. Vgl. dazu auch *Mehdorn,* S. 183 ff.: Orientierung daran, wer den fortwirkenden Nutzen aus der Schuldenaufnahme hat („Nutzenausgleichs-Prinzip").

137 Vgl. BGH, FamRZ 1988, 596, 597; OLG Frankfurt, FamRZ 2005, 908 = FamRB 2004, 384 *(Wever)*; *Gernhuber,* JZ 1996, 765, 775, zugleich zur Behandlung von Umschuldungskrediten, die zu anderen Zwecken eingegangen wurden.

138 So MAH/*Krebs,* § 20 Rn. 100.

139 OLG Hamm, FamRZ 1994, 960; OLG Celle, FamRZ 1985, 710.

140 OLG Naumburg, FamRZ 2005, 906 = FamRB 2005, 66 *(Wever).*

Frage stellen, ob der Schuldabtrag dem gemeinsamen Interesse der Ehegatten oder dem Interesse des Betriebsinhabers dient[141].

- Ein Ehegatte hat **für eigennützige Zwecke** Abhebungen vom gemeinsamen Konto vorgenommen, die zu einem Minussaldo (mit der Folge gesamtschuldnerischer Haftung[142]) geführt haben. **399**

- Ein Ehegatte trägt nach der Trennung unverändert allein die gemeinsam eingegangenen Lasten für ein gemeinsames Haus, in dem er seinen **Gewerbebetrieb** – auch nach der Trennung – ohne Zahlung eines Entgelts weiterführt[143]. Es handelt sich dabei um eine Fallgestaltung, bei der die während des Zusammenlebens stillschweigend getroffene Vereinbarung nach Scheitern der Ehe fortbesteht. **400**

- Ein Ehegatte hat die Mithaftung für Schulden betreffend ein Grundstück übernommen, dessen **Alleineigentümer** der andere ist. Auch hier sprechen im Zweifel die Umstände dafür, dass jedenfalls nach dem Scheitern der Ehe, ggf. ab Rechtshängigkeit der Scheidung, nur der Alleineigentümer für die Verbindlichkeiten aufkommen soll[144]. **401**

Allerdings müssen die Umstände des Einzelfalls berücksichtigt werden, so insbesondere die Frage, ob der Nichteigentümer das Grundstück (mit-)nutzt[145]. Auch der Umfang der Zins- und Tilgungsanteile[146] und die Frage, ob der Nichteigentümer noch über den Zugewinnausgleich an Werterhöhungen teilnimmt, die auf Tilgungsleistungen

141 Dazu OLG Karlsruhe, FamRZ 2006, 488, in einem Fall, in dem von dem Kreditbetrag ein Sollsaldo auf dem Geschäftskonto der Zahnarztpraxis des Mannes abgelöst worden war, welcher dadurch entstanden war, dass auf dem Geschäftskonto befindliche betriebliche Einnahmen für den gemeinsamen Erwerb des Familienheims verwendet worden waren; das OLG favorisiert eine formale Anknüpfung: Kredit dient dem Geschäftsinhaber.

142 Vgl. Rn. 560.

143 BGH, FamRZ 1986, 881.

144 BGH, FamRZ 1997, 487; FamRZ 2005, 2052, 2054; OLG Brandenburg, FamRZ 2016, 232 (bei Nutzung durch den Alleineigentümer); OLG Jena, FamRZ 2012, 372; OLG Stuttgart, FamRZ 2010, 1165; OLG Koblenz, FamRZ 2010, 1901 = FamFR 2010, 477 *(Sarres)*, u. MDR 2002, 1070 (für den Fall, dass einem Ehegatten das im gemeinsamen Eigentum stehende Familienheim im Vorgriff auf die beabsichtigte Einräumung von Alleineigentum überlassen wird); OLG Bamberg, FamRZ 2001, 1074; OLG München, FamRZ 2001, 224 (in einem Fall, in dem die gemeinsame Schuldenhaftung schon vor der Heirat eingegangen worden war) sowie FamRZ 2000, 672; OLG Hamm, FamRZ 1992, 1302 (in einem Fall, in dem der Ehemann sich bei Übertragung seines Miteigentumsanteils an dem gemeinsamen Grundstück auf die Frau während des Zusammenlebens verpflichtet hatte, diese von den Grundstückslasten freizustellen); OLG Köln, FamRZ 1992, 318; OLG Hamm, FamRZ 1992, 437 u. 1988, 620, 621; LG Frankfurt, FamRZ 2002, 28 (bei Miteigentum eines Ehegatten mit einem Dritten).

145 Dann ist der Anspruch des Alleineigentümers auf eine Nutzungsvergütung zu berücksichtigen, OLG Bamberg, FamRZ 2001, 1074.

146 *Gernhuber*, JZ 1996, 765, 768 f., fordert grds. eine differenzierende Behandlung von Zins- und Tilgungsleistungen.

beruhen[147], kann von Bedeutung sein. Eine Rolle spielen kann aber auch, ob es sich um das Familienheim handelt, wie lange es gemeinsam genutzt worden ist und wie die wirtschaftlichen Verhältnisse der Ehegatten sind. In einer Entscheidung vom 27.11.1996 hat der BGH[148] eine alleinige Haftung der erwerbstätigen Ehefrau angenommen, die das in ihrem Alleineigentum stehende frühere Familienheim nach der Trennung allein nutzte und Einnahmen aus der Vermietung einer Einliegerwohnung erzielte. Dagegen hat der BGH in einer Entscheidung vom 30.9.1987[149] bei einer Doppelverdienerehe eine alleinige Haftung des Alleineigentümer-Ehegatten nach der Trennung in einem Fall verneint, in dem es um durch Darlehen finanzierte, relativ geringfügige wertsteigernde Investitionen ging, die dem anderen Ehegatten während einer gemeinsamen Nutzungsdauer von 13 Jahren zugute gekommen waren. Hier war sozusagen der Gegenwert, der Nutzen des gemeinsamen Kredits, im Zeitpunkt des Scheiterns der Ehe bereits im Wesentlichen verbraucht[150].

402 **Verneint** worden ist ein ausschließliches Interesse des den Kredit Abtragenden in einem Fall, in dem mit dem Kredit die berufliche **Weiterbildung** eines Ehegatten finanziert worden war[151].

403 Sind mit einem Darlehen Ausgaben finanziert worden, die nur zum Teil einem Ehegatten wirtschaftlich allein zugute kommen, kann eine **Quotierung** beim Schuldenabtrag geboten sein. Eine Quotierung hat das OLG Frankfurt[152] in einem Fall vorgenommen, in dem ein Darlehen zum Teil zur Ablösung vorehelicher Schulden des Mannes, zum Teil für Investitionen in das im Alleineigentum des Mannes stehende Haus und im Übrigen für die Kosten der gemeinsamen Lebensführung verwendet worden war.

404 In allen Fällen interner Alleinhaftung ist der im Außenverhältnis Mithaftende nicht nur im Innenverhältnis nicht ausgleichspflichtig, sondern er kann gegen den anderen Ehegatten auch einen **Anspruch auf Befreiung** von der Verbindlichkeit haben (dazu Rn. 492 ff.).

---

147 Vgl. OLG München, FamRZ 2000, 672.

148 FamRZ 1997, 487.

149 FamRZ 1987, 1239, 1241 = NJW 1988, 133.

150 MAH/*Krebs*, § 20 Rn. 114.

151 LG Gießen, NJW-RR 2000, 1387 = FamRZ 2000, 1152 [LS]. Vgl. auch die Verneinung eines Interesses nur eines Ehegatten bei Kreditaufnahme für ein später wieder verkauftes Motorrad bei OLG Bremen, FamRZ 2002, 392.

152 FamRZ 2005, 908 = FamRB 2004, 384 *(Wever)*.

3. Kosten für Betreuungsperson, Hort, Schulgeld

Haben die Ehegatten gemeinsam eine **Kinderfrau** bzw. Tagesmutter angestellt[153] oder gemeinsam einen Betreuungsvertrag mit dem Träger des **Schulhorts** geschlossen[154], um eine vollschichtige Erwerbstätigkeit beider Ehegatten zu ermöglichen, so besteht die daraus resultierende gesamtschuldnerische Haftung für die Kosten grundsätzlich auch nach Scheitern der Ehe fort. Trägt der die Kinder nun allein betreuende und die Kinderfrau bzw. den Hort wegen seiner Erwerbstätigkeit weiter benötigende Ehegatte diese Kosten allein, kommt ein Ausgleichsanspruch aus § 426 BGB in Betracht, sofern es nicht zu einer Abrechnung über den Ehegattenunterhalt (Geltendmachung als berufsbedingte Aufwendungen) kommt. Da es sich bei solchen Kosten nicht um unterhaltsrechtlichen Mehrbedarf des Kindes handelt[154a], richtet sich die Verteilung nicht nach § 1606 III S. 1 BGB. Das OLG Düsseldorf[155] und das OLG Naumburg[156] nehmen eine Verpflichtung des die Kinder nicht betreuenden Ehegatten zur hälftigen Beteiligung, unabhängig vom beiderseitigen Einkommen, an. Allerdings wird hier die Frage zu stellen sein, ob die Beschäftigung der Betreuungsperson bzw. der Hortbesuch als nunmehr im alleinigen Interesse des betreuenden Elternteils liegend anzusehen ist, was einer hälftigen Beteiligungspflicht des anderen Elternteils aus den zu Rn. 396 genannten Gründen entgegenstehen könnte. **405**

Für den Besuch einer privaten Schule als Gesamtschuld zu zahlendes **Schulgeld** ist demgegenüber als unterhaltsrechtlicher Mehrbedarf des Kindes einzustufen. Das führt nach Ansicht des OLG Naumburg[157] dazu, dass der Elternteil, der gezahlt hat, keinen Gesamtschuldnerausgleich verlangen kann, sondern – bei Vorliegen von dessen Voraussetzungen im Übrigen – einen familienrechtlichen Ausgleichsanspruch (Rn. 768 ff.) hat, dessen Höhe sich nach den Anteilen gem. § 1606 III S. 1 BGB errechnet. Richtiger dürfte es sein, den Ausgleich – bei Bestehen gesamtschuldnerischer Haftung – über § 426 I S. 1 BGB durchzuführen und dabei die Beteiligungsquote unter Heranziehung des § 1606 III S. 1 BGB als gesetzlicher anderweitiger Bestimmung festzulegen, sofern nicht schon ein Ausgleich über den Kindesunterhalt erfolgen kann. **406**

---

153 OLG Düsseldorf, FamRZ 2017, 113 = FamRB 2017, 4 *(Liceni-Kierstein)*.
154 OLG Naumburg, NJW 2012, 623 = FamRZ 2012, 1056 [LS].
154a BGH, FamRZ 2018, 23, m. Anm. *Born*.
155 FamRZ 2017, 113 (Kinderfrau).
156 NJW 2012, 623 = FamRZ 2012, 1056 [LS] (Hort).
157 NJW 2012, 623 = FamRZ 2012, 1056 [LS].

4. Konsum- und Anschaffungskredite

407 An Krediten, die nicht der Vermögensbildung, sondern dem Konsum bzw. der Deckung des Lebensbedarfs dienten, an Krediten also für Reisen, Kleidung oder Luxusgütern müssen sich gemäß der gesetzlichen Grundregel nach dem Scheitern der Ehe regelmäßig beide Ehegatten hälftig beteiligen. Besondere Umstände, die für eine interne Alleinhaftung eines Ehegatten sprechen, können entgegen einer verbreiteten Ansicht in der Rechtsprechung[158] nicht darin gesehen werden, dass es sich um eine **Alleinverdienerehe** handelt, in der der haushaltsführende Ehegatte auch nach der Trennung kein oder nur ein geringes Einkommen hat und auch keinen Unterhalt erhält[159]. Mittellosigkeit eines Ehegatten führt nicht ohne weiteres zur Befreiung von seiner Haftung im Innenverhältnis[160]. Es erscheint auch nicht gerechtfertigt, dass der nicht erwerbstätige Ehegatte, der Unterhalt erhält, sich über den Vorabzug vom Einkommen bei der Unterhaltsberechnung am Schuldenabtrag beteiligen muss, der nicht Unterhaltsberechtigte dagegen nicht. Ihn zu Lasten des Alleinverdieners besonders zu schonen, obwohl der Grund für dessen bisherige alleinige Schuldenzuständigkeit, nämlich die Erbringung gegenseitiger Leistungen zur gemeinsamen Lebensgestaltung, entfallen ist, besteht keine Veranlassung. Das gilt umso mehr, als die mangelnde Unterhaltsberechtigung des mittellosen Ehegatten meist darauf beruhen wird, dass er sich fiktives Einkommen zurechnen lassen muss, dass sein Unterhaltsanspruch verwirkt ist oder dass der Alleinverdiener wegen zu geringen Einkommens nicht leistungsfähig ist.

408 Maßgebendes Kriterium ist daher nicht die Frage nach den jeweiligen wirtschaftlichen Möglichkeiten der Ehegatten, sondern die Frage, ob der Gegenwert des Kredites während des Zusammenlebens verbraucht worden ist oder ob er noch einem Ehegatten zugute kommt[161]. Ist der Gegenwert des Kredites – wie meist bei Konsumkrediten – **verbraucht** (Beispiel: die Ehegatten haben mit dem Kredit eine gemeinsame Reise finanziert), so hat es regelmäßig bei dem Grundsatz der anteiligen Beteiligung am Schuldenabtrag zu verbleiben. Dagegen spricht es entscheidend für die interne Alleinhaftung eines Ehegatten, wenn der mit dem Kredit finanzierte Gegenwert, insbesondere Konsumgegenstand, ihm **verbleibt**, denn er profitiert dann von dem Kredit allein (Gedanke zu Rn. 396). Ist der Ge-

---

158 OLG Köln, FamRZ 2006, 1123 [LS] = FamRB 2006, 134 *(Heinle)*, dazu auch Rn. 410; OLG Hamm, FamRZ 1993, 710, u. FamRZ 1990, 1359; LG Hildesheim, NJW-RR 1992, 1285. Vgl. auch *Diederichsen*, Rn. 511.

159 Vgl. auch *Kleinle*, FamRZ 1997, 8, 11; *Staudinger/Looschelders*, 2012, § 426 Rn. 221; MAH/*Krebs*, § 20 Rn. 108.

160 Vgl. Rn. 378.

161 Vgl. auch *Mehdorn*, S. 191 ff.

genwert eines Kredits nur zum Teil einem Ehegatten allein verblieben, kann eine Quotierung geboten sein[162].

Dies gilt insbesondere auch dann, wenn es sich um einen Anschaf- **409**
fungskredit handelt. So muss etwa der Ehegatte, der einen **kreditfinanzierten Pkw** nach der Trennung allein nutzt und später veräußert, für die nach der Trennung fällig werdenden Kreditraten allein aufkommen[163]. Ebenso muss der Ehegatte, dem eine kreditfinanzierte Segelyacht nach der Trennung verbleibt, den weiteren Kreditabtrag im Zweifel allein übernehmen. Zu bedenken ist aber immer, dass der Vorteil der alleinigen Nutzungsmöglichkeit durch dem anderen Ehegatten zufließende Vorteile wieder kompensiert worden sein kann (vgl. dazu das Beispiel Rn. 412)[164].

Die beschriebenen Grundsätze verdeutlichen mag folgendes **410**

Beispiel[165]: Die Eheleute M und F haben während des Zusammenlebens gemeinsam einen Kredit aufgenommen, den nach der Trennung, wie schon zuvor, der allein verdienende M bedient. F ist, wie schon während des Zusammenlebens, nicht erwerbstätig und betreut die 8 und 10 Jahre alten Kinder. M, der Kindes- aber keinen Ehegattenunterhalt zahlt, verlangt, dass F sich nunmehr zur Hälfte am Kreditabtrag beteiligt.

Allein die mangelnde Leistungsfähigkeit der F ist kein entscheidendes Kriterium gegen eine Beteiligung am Schuldenabtrag[166]. Man wird auch nicht sagen können, dass sich nach der Trennung lediglich die zuvor praktizierte Aufgabenverteilung, die der Grund für die alleinige Schuldentragung während des Zusammenlebens durch M war, fortgesetzt habe[167]. Vielmehr erbringt F nun keinen dem Schuldenabtrag und den sonstigen Leistungen des M gleichwertigen Beitrag zur ehelichen Lebensgemeinschaft mehr. Die Haushaltsführung auch für M ist entfallen; die Kinderbetreuung dauert zwar an, aber insoweit erbringt auch M seinen Beitrag durch Zahlung von Kindesunterhalt. Ob F am Schuldenabtrag zu beteiligen ist, hängt vielmehr zunächst davon ab, wofür der Kredit aufgenommen worden ist und ob die mit ihm erkauften Vorteile nunmehr allein M zugute kommen, was für dessen alleinige Verantwortlichkeit für die Verbindlichkeit sprechen würde. F wird aber auch dann nicht gem. § 426 BGB in Anspruch genommen werden können, wenn sie wegen des Kreditabtrags durch M keinen Ehegattenunterhalt erhält, wenn sie sich also – auch wenn keine Regelung betreffend den Ehegattenunterhalt getroffen worden ist – in Wahrheit bereits auf unterhaltsrechtlichem Wege am Abtrag des Kredits beteiligt[168].

5. Schulden betreffend Haushaltsgegenstände

Die für Konsum- und Anschaffungskredite maßgebenden Grundsät- **411**
ze sind auch für Schulden, die zur Anschaffung von Haushaltsgegenstän-

---

162 Vgl. dazu Rn. 403.
163 OLG Jena, FamRZ 2012, 372, 373; KG, FamRZ 1999, 1502; AG Ludwigslust, NJW-RR 2010, 367 = FamFR 2009, 101 *(Schäfer)*; vgl. auch OLG Hamm, FamRZ 1993, 710.
164 OLG Bremen, FamRZ 1999, 1503, 1504; MAH/*Krebs*, § 20 Rn. 100.
165 Nach OLG Köln, OLG-Report 2006, 309 = FamRB 2006, 134 *(Heinle)*.
166 Anders OLG Köln, OLG-Report 2006, 309.
167 So aber OLG Köln, OLG-Report 2006, 309.
168 Vgl. dazu auch Rn. 451.

den aufgenommen worden sind, heranzuziehen. So muss regelmäßig der Ehegatte, dem ein kreditfinanzierter Haushaltsgegenstand – und zwar endgültig – verbleibt, nach Scheitern der Ehe für den Kredit allein aufkommen[169]. Anders wird dies allerdings zu beurteilen sein, wenn der Verbleib des Haushaltsgegenstandes bei einem Ehegatten lediglich das Ergebnis einer gleichmäßigen Gesamtaufteilung der Haushaltsgegenstände ist.

412 **Beispiel**[170]: Die Ehegatten verfügen über Möbel im Wert von 50.000 €, darunter eine antike Kommode, die mittels eines noch in Höhe von 5.000 € offenen Kredits angeschafft worden ist. Sie teilen die Möbel so auf, dass jeder wertmäßig etwa die Hälfte erhält.

Hier kann aus dem Umstand, dass ein Ehegatte die noch mit dem Kredit belastete Kommode erhält, nicht eine anderweitige Bestimmung des Inhalts abgeleitet werden, dass er nun auch für die Kreditraten allein aufzukommen hat. Es bleibt bei hälftiger Schuldentragung entsprechend der gesetzlichen Grundregel.

413 Bei Schulden, die mit Haushaltsgegenständen zusammenhängen (insbesondere Kaufpreisrestschulden, Anschaffungskrediten, Beiträgen für eine Hausratsversicherung, Reparaturkosten für Haushaltsgegenstände), konnte nach § 10 I der zum 1.9.2009 außer Kraft getretenen HausrVO das Familiengericht im Rahmen der Hausratsverteilung mitregeln, welcher Ehegatte im Innenverhältnis für die Schuld aufkommen muss. Die Vorschrift hat jedoch kaum praktische Bedeutung erlangt und ist deshalb bei der Neuregelung des materiellen Rechts der Verteilung der Haushaltsgegenstände durch § 1568b BGB nicht übernommen worden. Ist es zu einer Regelung nach dem früheren § 10 I HausrVO gekommen, liegt darin eine anderweitige Bestimmung i.S. des § 426 I S. 1 BGB[171], die für den Leistungsausgleich unter den Ehegatten maßgebend ist.

6. Mietschulden

a) Beteiligung im Innenverhältnis

414 Haften die Ehegatten für die Mietschulden gesamtschuldnerisch[172], kann sich aus der Gestaltung ihrer Beziehungen nach der Trennung (durch die sich nichts an der bestehenden gesamtschuldnerischen Haftung ändert[173]) eine Bestimmung i.S. von § 426 I S. 1 BGB des Inhalts ergeben, dass der in der Wohnung verbliebene Ehegatte im Innenverhältnis für die Miete allein aufzukommen hat[174]. Für ein solches Ergebnis spricht zunächst einmal der Umstand, dass der in der Wohnung verbleibende Ehegatte nach dem Auszug des anderen den alleinigen Nutzen aus der

169 Vgl. LG Arnsberg, FamRZ 2001, 1072.
170 Nach MAH/*Krebs*, § 20 Rn. 104.
171 *Gernhuber*, JZ 1996, 696, 698 u. 765, 774.
172 Vgl. Rn. 344.
173 Vgl. § 537 I S. 1 BGB; *Götz/Brudermüller*, Rn. 70, 81.
174 Eine Lösung über § 745 II BGB sucht *Hoppenz*, NZFam 2014, 503, 504 f.

Wohnmöglichkeit zieht – für die Gerichte vielfach der entscheidende Gesichtspunkt[175]. Allerdings ist zu bedenken, dass die Wohnung für den darin Zurückbleibenden meist zu groß und zu teuer ist, so dass er oft kein Interesse am Behalt der Wohnung hat. Er befindet sich dann in der Situation einer „aufgedrängten Bereicherung"[176]. Dies macht es erforderlich, nach einer differenzierenden Lösung zu suchen.

Gerechtfertigt ist das intern alleinige Einstehenmüssen des in der Wohnung verbliebenen Ehegatten für die Miete immer dann, wenn es sich nicht um eine aufgedrängte, sondern eine von ihm **gewählte Wohnsituation** handelt[177]. Das ist regelmäßig insbesondere dann der Fall, wenn die Ehegatten sich über den Auszug des einen und den Verbleib des anderen einig waren. Von einer gewählten Wohnsituation ist aber auch dann auszugehen, wenn zwar der Auszug des die Wohnung verlassenden Ehegatten ohne Einverständnis des anderen erfolgt ist, dieser sich aber – nach einer ihm einzuräumenden Überlegungsfrist – entschieden hat, die Wohnung zu behalten[178]. In diesem Fall wird er auch während der Überlegungszeit für die Miete allein aufkommen müssen[179]. Die Dauer der Überlegungsfrist kann in der Regel mit drei Monaten angenommen werden[180]; die Umstände des Einzelfalls können aber auch eine kürzere oder längere Frist rechtfertigen[181]. **415**

Anders verhält es sich im Fall der **aufgedrängten Wohnsituation**. Entscheidet sich der zurückbleibende Ehegatte innerhalb der Überlegungsfrist für die Aufgabe der Wohnung und ergreift er die zur Beendigung des Mietverhältnisses erforderlichen Maßnahmen, um sodann (nur) noch bis zum Ablauf des Mietverhältnisses wohnen zu bleiben, ist seine alleinige interne Haftung für die Mietschuld bis zum Ablauf des Mietver- **416**

---

175 OLG Köln, FamRZ 2003, 1664, m. Anm. *Wever*; KG, FamRZ 2002, 1355.

176 So auch LG Hannover, FamRZ 2002, 29 (das daraus die Konsequenz zieht: hälftige Beteiligung des Ausgezogenen bis zum Ablauf der gesetzlichen Kündigungsfrist, es sei denn, der Verbleib in der Wohnung war für ihn unzumutbar). Für anteilige Beteiligung bis zur frühestmöglichen Beendigung des Mietvertrages auch LG Mönchengladbach, FamRZ 2003, 1839 [LS].

177 Vgl. OLG Bremen, FamRZ 2016, 1367, m. Anm. *Borth* = NJW 2016, 2125; OLG Düsseldorf, FamRZ 2014, 1296; FamRZ 2011, 375; OLG Brandenburg, FamRZ 2007, 1172; *Hertneck*, NJW-Spezial 2006, 343.

178 Vgl. OLG Brandenburg, FamRZ 2007, 1172; OLG München, FamRZ 1996, 291.

179 So auch OLG Brandenburg, FamRZ 2007, 1172; OLG München, FamRZ 1996, 291; *Roßmann*, FuR 2011, 541, 548; **a.A.** OLG Düsseldorf, FamRZ 2011, 375.

180 OLG Düsseldorf, FamRZ 2011, 375; OLG Brandenburg, FamRZ 2007, 1172 (bis zu 3 Monate); OLG München, FamRZ 1996, 291 (bis zu 2 ½ Monate).

181 OLG Düsseldorf, FamRZ 2011, 375: 6 Monate wegen „stärkerer Bindung an die Wohnung", weil schon 6 Jahre bewohnt; Fristbeginn erst mit Beendigung einer in den Wochen nach der Trennung durchgeführten Eheberatung. Generell für ein Jahr *Roßmann*, FuR 2016, 680, 684.

hältnisses regelmäßig nicht gerechtfertigt. Der ausgezogene Ehegatte wird sich vielmehr – bis zu dem Zeitpunkt, zu dem das Mietverhältnis beendet werden kann[182], und auch für die Dauer der Überlegungsfrist[183] – an der Miete beteiligen müssen[184], allerdings – entgegen einer in der Rechtsprechung vielfach vertretenen Ansicht[185] – in der Regel nicht hälftig. Denn viel spricht in einer solchen Situation dafür, dass der in der Wohnung verbleibende Ehegatte den Teil der Miete allein tragen muss, den er auch dann tragen müsste, wenn er eine der Ehewohnung vergleichbare, aber kleinere, nämlich auf seine Situation nach Trennung zugeschnittene Wohnung anmieten würde, während der verbleibende Spitzenbetrag der Miete von den Ehegatten je hälftig getragen wird[186]. Eine solche Lösung kann auch dann gerechtfertigt sein, wenn der in der Wohnung verbleibende Ehegatte nicht deshalb bleibt, weil er die Wohnung behalten möchte, sondern weil – etwa wegen eines befristeten Mietvertrages – eine Beendigung des Mietverhältnisses gegenwärtig nicht möglich ist[187]. Von einer – jedenfalls zunächst – aufgedrängten Wohnsituation dürfte auch dann auszugehen sein, wenn der verbleibende Ehegatte sich die Wohnung wegen Gewalttätigkeiten des anderen Ehegatten hat zuweisen lassen[188]. Für die bestehenden gesamtschuldnerischen Verbrauchskosten muss auch in diesen Fällen der in der Wohnung Verbleibende allein eintreten[189].

417 **Beispiel**[190]: Nach heftigem Streit zieht Ehemann M Ende August 2013 aus. Ehefrau F bleibt in der gemeinsam für 750 € mtl. gemieteten Wohnung zurück. Die Eheleute kündigen das Mietverhältnis zum 31.12.2013. Nun zieht auch F aus. Für ihre neue Wohnung zahlt sie 400 € Miete. Sie verlangt von M Beteiligung an der Miete für die Ehewohnung von Sept. bis Dez. 2013.

Die Wohnsituation der F war nicht gewählt, sondern aufgedrängt. Das zeigt sich daran, dass sie sogleich, innerhalb der ihr einzuräumenden Überlegungsfrist, die Beendigung des Mietverhältnisses eingeleitet hat. Konsequenz: M muss sich an der Miete beteiligen.

---

182 Ablauf der Kündigungsfrist, ggf. Ende des befristeten Mietverhältnisses, vgl. *Götz/Brudermüller,* Rn. 82.

183 OLG Brandenburg, FamRZ 2007, 1172, 1173.

184 OLG Bremen, FamRZ 2016, 1367 f. = NJW 2016, 2125; OLG Düsseldorf, FamRZ 2014, 1296, 1297.

185 Etwa OLG Dresden, FamRZ 2003, 158 = FamRB 2002, 370 *(Schober).*

186 So jetzt auch OLG Bremen, FamRZ 2016, 1367, 1368 = NJW 2016, 2125; OLG Düsseldorf, FamRZ 2014, 1296.

187 Zu Fallgestaltungen dieser Art: OLG Dresden, FamRZ 2003, 158 = FamRB 2002, 370 *(Schober)*; OLG Frankfurt, FamRZ 2002, 27 (hälftige Beteiligung des Ausgezogenen bei nicht vorzeitig kündbarem, befristetem Mietverhältnis).

188 **A.A.** *Härtl,* NZFam 2016, 1025.

189 Sind die Verbrauchskosten deutlich höher, als sie bei einer angemessenen kleineren Wohnung wären, kann erwogen werden, den ausgezogenen Ehegatten an diesen Kosten – pauschalierend – entsprechend der für die Mietbeteiligung errechneten Quote zu beteiligen.

190 Nach OLG Düsseldorf, FamRZ 2014, 1296.

Es bleibt die Frage nach der Beteiligungsquote: Für den Teil der Miete, den F auch bei alleinigem Wohnen zahlen müsste, hat sie allein aufzukommen. Hier kann angeknüpft werden an ihre nach Auszug aus der Ehewohnung zu zahlende Miete von 400 €. Die restlichen (750 € – 400 € =) 350 € kann sie nicht etwa vollständig von M verlangen, sondern davon ½, also 175 €, und zwar für die Monate Sept. bis Dez. 2013.

Ist streitig, ob der in der Wohnung Verbliebene diese Wohnsituation gewählt hat oder nicht, trägt der ausgezogene Ehegatte, der sich gegen die nach § 426 I S. 1 BGB im Regelfall gegebene Beteiligungspflicht wendet, für die dies rechtfertigenden Umstände (Wohnsituation gewählt) die **Darlegungs- und Beweislast**[191]. **418**

Zu beachten sind gegebenenfalls Anordnungen des Familiengerichts im Ehewohnungsverfahren, die das Innenverhältnis der Ehegatten betreffen. Besonderheiten können sich auch aufgrund unterhaltsrechtlicher Verpflichtungen ergeben. So kann einem Ausgleichsanspruch des in der Wohnung Verbliebenen die Berücksichtigung der Mietbelastung bei der Unterhaltsberechnung entgegenstehen[192]. **419**

Ab dem Zeitpunkt seiner internen Alleinzuständigkeit für die Mietschulden besteht eine **Freihalteverpflichtung** des in der Wohnung Verbliebenen gegenüber dem Ausgezogenen[193]. Ist er nicht bereit oder nicht in der Lage, sie zu erfüllen, stellt sich die Frage nach einem Anspruch des Ausgezogenen auf Mitwirkung an einer Kündigung[194]. **420**

Weder durch den Auszug eines Ehegatten noch durch eine Umgestaltung des Mietverhältnisses (Fortsetzung nur mit einem Ehegatten) wird ein Anspruch auf Rückgewähr einer geleisteten **Kaution** gegenüber dem Vermieter ausgelöst. Dieser Anspruch wird vielmehr erst fällig nach Ende des (ggf. modifiziert fortgesetzten) Vertragsverhältnisses und Ablauf einer angemessenen Prüfungsfrist des Vermieters[195]. Erst ab Fälligkeit dieses Rückgewähranspruchs kommt ein Ausgleichsanspruch im Innenverhältnis der Ehegatten (wohl in entsprechender Anwendung des § 430 BGB[196]) in Betracht, da die Kaution gemäß der Kautionsabrede erst bei Vertragsende zur Rückzahlung fällig wird[197]. Ist die Kaution – im Verhältnis der **421**

---

191 OLG Bremen, FamRZ 2016, 1367 = NJW 2016, 2125; **a.A.** OLG Brandenburg, FamRZ 2007, 1172; ebenso *Roßmann*, FuR 2016, 680, 683.

192 Dazu OLG Bremen, FamRZ 2016, 1367, m. Anm. *Borth* = NJW 2016, 2125.

193 *Götz/Brudermüller*, Rn. 82. Nach Ansicht des OLG Naumburg, FamRZ 2003, 1748 = FamRB 2003, 141 *(Müller)*, kann ein Freistellungsanspruch in Bezug auf Mietschulden für die Ehewohnung im Wege eines auf § 1361b III S. 2 BGB gestützten Antrags durchgesetzt werden.

194 Dazu Rn. 426.

195 *Blank*, NJW 2014, 1985, 1986; *ders.*, FPR 2010, 544, 546; *Palandt/Weidenkaff*, vor Rn. 535 Rn. 126.

196 Zur rechtlichen Qualifizierung des Anspruchs auf Rückzahlung der Kaution vgl. Rn. 849.

197 Vgl. OLG München, FamRZ 2013, 552; FA-FamR/*Klein*, 8. Kap. Rn. 394; *Götz/Brudermüller*, Rn. 96, 336; anders *Götz/Brudermüller*, NJW 2010, 5, 9.

Ehegatten einzuordnen als Beitrag zum Familienunterhalt – von dem inzwischen ausgezogenen Ehegatten erbracht worden, hat dieser nun gegen den anderen nach zutreffender Ansicht des OLG München[198] einen Anspruch auf Auszahlung (nur) der Hälfte der Kaution. Konsequent ist es dann, dem ausgezogenen Ehegatten einen Anspruch auf hälftige Beteiligung an der Kaution auch dann zuzugestehen, wenn diese vom anderen Ehegatten erbracht worden ist[199].

b) Beendigung der Mithaftung im Außenverhältnis[200]

422 Die Freihaltepflicht des im Innenverhältnis für die Miete allein verantwortlichen Ehegatten nimmt dem anderen Ehegatten nicht das Risiko, vom Vermieter künftig noch in Anspruch genommen zu werden, z.B. bei Zahlungsunfähigkeit des in der Wohnung Verbliebenen[201]. Er wird daher regelmäßig bestrebt sein, seine Entlassung aus dem Mietverhältnis zu erreichen.

423 Lässt sich eine einverständliche Entlassung, an der beide Mieter und der Vermieter mitwirken müssen, nicht erreichen, stellt sich die Lage des aus der Wohnung ausgezogenen Ehegatten wie folgt dar: Einen Anspruch dem Vermieter gegenüber, als Folge der Trennung aus dem Mietvertrag entlassen zu werden, hat er nicht[202]. Kündigen kann er den Vertrag nur zusammen mit dem in der Wohnung Verbliebenen. Ob und gegebenenfalls unter welchen Voraussetzungen er diesem gegenüber einen **Anspruch auf Mitwirkung an einer Kündigung** hat, ist umstritten[203]. Zum Teil wird vertreten, ein solcher Anspruch scheide mangels Anspruchsgrundlage generell aus[204]. Zum Teil wird ein solcher Anspruch jedenfalls für die Zeit nach Rechtskraft der Scheidung für möglich gehalten[205], zum Teil aber auch schon während des Getrenntlebens, nämlich bei endgültigem Scheitern der Ehe und nach einer Interessenabwägung[206].

---

198 FamRZ 2013, 552. Ebenso FA-FamR/*Gerhardt*, 6. Kap. Rn. 274; *Götz/Brudermüller*, Rn. 96.

199 So auch OLG Köln, FamRZ 2016, 1934; AG Itzehoe, FamRZ 1991, 441.

200 Dazu im Einzelnen *Wever*, Gemeinsamer Mietvertrag von Ehegatten: Wege aus der Mithaftung bei Trennung und Scheidung, FS Brudermüller 2014, S. 933. Zur Mithaftung bei Mietbürgschaft vgl. Rn. 840 Fn. 56.

201 Eine nur noch zeitlich begrenzte Mithaftung des ausgezogenen Ehegatten dem Vermieter gegenüber, wenn dieser nach dem Auszug von einer Kündigung absieht, nimmt das LG Duisburg, FamRZ 1998, 1581 = NJW 1998, 1499, an; abl. zu Recht *Volmer*, FamRZ 1999, 262. Anders auch LG Berlin, FamRZ 2001, 1708 (Haftung 13 Jahre nach dem Auszug).

202 OLG Celle, FamRZ 1998, 1530; *Götz/Brudermüller*, Rn. 93.

203 Vgl. dazu auch *Götz/Brudermüller*, Rn. 90.

204 OLG München, FamRZ 2004, 1875; AG Charlottenburg, FamRZ 1990, 532.

205 OLG Düsseldorf, FamRZ 1993, 575; AG Wetzlar, FamRZ 2003, 379; AG Flensburg. FamRZ 1983, 1024.

206 OLG Köln, FamRZ 2011, 891; FamRZ 2007, 46 (als Anspruchsgrundlage in Betracht ziehend: Gemeinschaftsrecht, Gesellschaftsrecht und § 426 BGB); AG Tübingen, FamRZ

An einer fehlenden Anspruchsgrundlage wird man den Anspruch nicht scheitern lassen können. Jedenfalls die Heranziehung des Gemeinschaftsrechts (§§ 741 ff. BGB) erscheint möglich, weil den Mietern die Rechte aus dem Mietvertrag i.S. des § 741 BGB gemeinschaftlich zustehen[207]. Der Anspruch auf jederzeitige Aufhebung der Gemeinschaft aus § 749 I BGB kann dann Grundlage für einen Anspruch auf Mitwirkung an der Kündigung sein. **424**

Doch steht einem Anspruch auf Mitwirkung an der Kündigung jedenfalls **während der Trennungszeit** entgegen, dass die die Ehewohnung betreffenden Vorschriften des Familienrechts, die §§ 1361b und 1568a BGB, einen Eingriff des Familiengerichts in das bestehende Mietverhältnis mit Außenwirkung erst für die Zeit ab Rechtskraft der Scheidung gestatten. Dann aber kann dem Familiengericht – jedenfalls im Regelfall – ein Eingriff in das Mietverhältnis betreffend die Ehewohnung unter Heranziehung schuldrechtlicher Vorschriften in dieser Phase nicht gestattet sein (familienrechtliche Überlagerung der sich nach Schuldrecht ergebenden Rechtslage)[208]. **425**

An einen ausnahmsweise schon während der Trennungszeit bestehenden Anspruch auf Mitwirkung an der Kündigung wird man dann denken können, wenn der in der Wohnung verbliebene Ehegatte, vorausgesetzt er muss im Innenverhältnis für die Miete aufkommen, seiner entsprechenden Verpflichtung nicht nachzukommen bereit oder in der Lage ist, mit der Folge dass der andere Ehegatte vom Vermieter in Anspruch genommen wird[209]. Hier rechtfertigt sich der Anspruch auf Mitwirkung an der Kündigung aufgrund des Verstoßes des in der Wohnung Verbliebenen gegen seine Verpflichtung, den anderen von der Inanspruchnahme durch den Vermieter frei zu halten. Entsprechendes wird gelten müssen, wenn bei endgültig gescheiterter Ehe der in der Wohnung Verbliebene ausziehen und das Mietverhältnis beenden will, der bereits ausgezogene Ehegatte, der selbst nicht mehr in die Wohnung zurückkehren will, sich dem aber widersetzt (treuwidriges Verhalten)[210]. **426**

2006, 790 (endgültiger Auszug als konkludente Kündigung einer zwischen den Eheleuten bestehenden BGB-Gesellschaft); *Schwartmann*, FamRB 2005, 371, 373.

207 LG Berlin, NJW-RR 1995, 463; LG Hamburg, WuM 1993, 343 (jeweils bei nichtehelicher Lebensgemeinschaft); LG Heidelberg, WuM 1977, 31; *Götz/Brudermüller*, Rn. 76.

208 So auch AG Rastatt, FamRZ 2015, 1499; *Langheim*, FamRZ 2007, 2030; *Volmer*, FamRZ 1999, 262, 263; AK 17 des 18. DFGT, 2009, Brühler Schriften zum Familienrecht. Bd. 16, S. 129. Einen Anspruch des aus der Wohnung ausgezogenen Ehegatten gegen den anderen auf Mitwirkung an seiner Entlassung aus dem Mietverhältnis bei Kooperationsbereitschaft des Vermieters hält das OLG Hamburg, FamRZ 2011, 481, für möglich.

209 Vgl. dazu OLG Hamburg, NJW-RR 2001, 1012.

210 So auch *Schmidt-Futterer/Blank*, Mietrecht, 12. Aufl., 2015, vor § 535 Rn. 353.

427 Für die Zeit **nach Rechtskraft der Scheidung** steht zwar das familienrechtliche Verbot eines Eingriffs in das Mietverhältnis einem Anspruch auf Mitwirkung an einer Kündigung nicht mehr entgegen. Doch ist vorrangig auf die Möglichkeiten zur Beendigung des Mietverhältnisses zurückzugreifen, die § 1568a BGB als spezialgesetzliche Vorschrift eröffnet. Nach dieser Vorschrift kann für die Zeit nach Scheidung eine Enthaftung des aus der Ehewohnung weichenden Ehegatten erreicht werden, ohne dass – wie bei einer Kündigung – das Mietverhältnis betreffend die Ehewohnung beendet werden muss. Sind die Ehegatten über die künftige alleinige Weiternutzung durch einen von ihnen einig[211] und teilen sie dem Vermieter mit, dass die Ehewohnung einem von ihnen überlassen worden ist, setzt sich das Mietverhältnis gem. § 1568a III S. 1 Nr. 1 BGB mit Zugang der Mitteilung, die von beiden Ehegatten abgegeben werden muss, mit diesem Ehegatten allein fort[212]; für künftig entstehende Verbindlichkeiten aus dem Mietverhältnis haftet dieser allein[213]. Ist der in der Wohnung Zurückbleibende nicht bereit, diese Erklärung abzugeben, wird man einen Anspruch des weichenden Ehegatten gegen den Verbliebenen auf Abgabe der Erklärung gem. § 1568a III S. 1 Nr. 1 BGB, gestützt auf § 1353 I S. 2 BGB, evtl. auch auf § 749 I BGB[214], annehmen können[215], der gegebenenfalls als sonstige Familiensache geltend gemacht werden kann[216]. Die Rücksichtnahme auf die wirtschaftlichen Interessen des Ehegatten, der dem anderen die Wohnung überlassen hat, nämlich auf dessen Interesse, das Risiko einer späteren Inanspruchnahme durch den Vermieter auszuschließen, gebietet die Abgabe einer solchen Erklärung. Ein schützenswertes eigenes Interesse des auf Abgabe der Erklärung in Anspruch Genommenen, dem auf diese Weise (anders als bei einer Kündigung) die Wohnung erhalten bleibt, steht dem nicht entgegen. Soweit er aufgrund seiner schlechten wirtschaftlichen Situation dem Sonderkündigungsrecht des Vermieters nach §§ 1568a III S. 2, 563 IV BGB ausgesetzt sein sollte[217], verschafft ihm das kein schützenswertes Interesse an der Auf-

211 Sind sie es nicht, ist der Weg über § 1568a I BGB zu beschreiten, mit der Rechtsfolge aus § 1568a III S. 1 Nr. 2 BGB.

212 Zur Frage der Anfechtbarkeit der Mitteilung und zu Risiken des Vermieters bei der Wohnungsüberlassung nach § 1568a III S. 1 Nr. 1 BGB *Abramenko*, MDR 2013, 129; dazu auch *Blank*, NZFam 2014, 492.

213 *Blank*, NJW 2014, 1985, 1986.

214 *Johannsen/Henrich/Götz*, § 1568a Rn. 32.

215 So auch OLG Hamm, FamRZ 2015, 667; FamRZ 2016, 1688; AG Rastatt, FamRZ 2015, 1499; *Götz/Brudermüller*, FamRZ 2009, 1261, 1263 („Minus zum Anspruch auf Zustimmung zur Kündigung"); *Staudinger/Weinreich*, BGB, 2010, § 1568a Rn. 62; *Schulz/Hauß*, Rn. 1196; *Büte*, FPR 2010, 539; *Erbarth*, FuR 2010, 606, 610; *Blank*, WuM 2009, 555, 556; ebenso AK 17 des 18. DFGT, 2009, Brühler Schriften zum Familienrecht, Bd. 16, S. 129.

216 Vgl. Rn. 34.

217 Dazu *Blank*, FPR 2010, 544, 546 f.

rechterhaltung der Mithaftung des Ausgezogenen. Denn er hat nach Scheidung keinen Anspruch darauf, dass ihm eine für seine Verhältnisse zu teure Wohnung auf Kosten des anderen Ehegatten erhalten bleibt. Bei unberechtigter Weigerung, die Erklärung gem. § 1568a III S. 1 Nr. 1 BGB abzugeben, kommt auch ein Schadensersatzanspruch in Betracht[218].

Wird die beiderseitige Erklärung gem. § 1568a III S. 1 Nr. 1 BGB schon vor Scheidung abgegeben, tritt die Umwandlung des Mietverhältnisses bereits mit Rechtskraft der Scheidung ein[219]. Da der aus der Wohnung ausgezogene Ehegatte ein berechtigtes Interesse hat, der Risiken aus dem Mietverhältnis zum frühestmöglichen Zeitpunkt entledigt zu sein, ist ihm der Anspruch auf Mitwirkung an der Abgabe der Erklärung nicht erst ab Rechtskraft der Scheidung[220], sondern bereits vor Scheidung zuzubilligen[221], wenn auch nicht schon zu einem frühen Zeitpunkt des Getrenntlebens, sondern erst in zeitlicher Nähe zur Scheidung, im Zweifel: im Scheidungstermin. Denn von dem in der Wohnung Verbliebenen kann angesichts der ohnehin erst mit Rechtskraft der Scheidung eintretenden Rechtsfolgen eine frühzeitige Entscheidung über seinen dauerhaften Verbleib in der Wohnung nicht erwartet werden. **428**

Für einen Anspruch auf Mitwirkung an der Kündigung bleibt nur Raum, soweit der vorstehend beschriebene Weg nicht beschritten werden kann. Das ist insbesondere dann der Fall, wenn die Jahresfrist des § 1568a VI BGB abgelaufen ist, so dass die Ehegatten nicht mehr durch eine Mitteilung gem. § 1568a III S. 1 Nr. 1 BGB an den Vermieter die entsprechende Anpassung des Mietvertrages erreichen können. **429**

7. Steuerschulden

Bei gemeinsamer Veranlagung entsteht für Steuerschulden der Ehegatten eine gesamtschuldnerische Haftung (§ 44 I AO)[222]. Die Frage, nach welchen Grundsätzen die Aufteilung der Steuerschulden – wie auch eventueller Steuererstattungen – im Innenverhältnis zu erfolgen hat, wird im 7. Kapitel (Rn. 605 ff.) erörtert. **430**

8. Schuld aus Altenteilsvertrag

Aus einer den Eltern eines Ehegatten gegenüber eingegangenen gesamtschuldnerischen Verpflichtung in einem Altenteilsvertrag zur Pflege **431**

218 *Götz/Brudermüller*, Rn. 92.
219 *Blank*, NZFam 2014, 492, 493.
220 So aber OLG Hamm (2. FamS), FamRZ 2015, 667 = NZFam 2015, 185 *(Weinreich)*.
221 So OLG Hamm (12. FamS), FamRZ 2016, 1688 = FamRB 2016, 254 *(Neumann)*, m. Anm. *Simon*, FF 2017, 28.
222 Vgl. schon Rn. 345.

der Eltern, Tragung der Beerdigungs- und Grabpflegekosten bleiben, so das OLG Hamm[223], auch nach Trennung und Scheidung beide Ehegatten im Innenverhältnis anteilig verpflichtet, sofern sie nichts anderes vereinbaren. Daher kann sich ein Anspruch des Vorleistenden u.a. auf Übernahme der hälftigen Kosten, gegebenenfalls auch ein Befreiungsanspruch, aus § 426 BGB ergeben[224].

9. Gesamtschuld und Unterhalt

a) Berücksichtigung der Gesamtschuld beim Unterhalt

aa) Berücksichtigung beim Ehegattenunterhalt

432 Zu einem gesonderten Gesamtschuldnerausgleich kommt es regelmäßig dann nicht, wenn ein Ehegatte dem anderen Unterhalt schuldet und die Gesamtschuld bei der Unterhaltsberechnung berücksichtigt worden ist. Die vom Unterhaltspflichtigen getragene Schuldenlast aus der Zeit des Zusammenlebens ist bei der Unterhaltsberechnung in der Regel als eheprägend einkommensmindernd zu berücksichtigen. Dies führt zu einer Kürzung des Unterhalts und damit zu einer mittelbaren Beteiligung des Unterhaltsberechtigten am Schuldenabtrag. Ist es zu einer Unterhaltsberechnung unter Berücksichtigung des Schuldenabtrags gekommen, sei es einverständlich[225], sei es durch (nicht notwendig rechtskräftiges[226]) Urteil bzw. Beschluss[227], liegt darin im Zweifel eine anderweitige Bestimmung, die Ausgleichsansprüche nach § 426 BGB ausschließt[228]. Auf die Frage, ob der Abzug zu Recht erfolgt ist oder nicht, kommt es nicht an[229]. Der Annahme einer anderweitigen Bestimmung steht es daher auch nicht ent-

---

223 FamRZ 2013, 1977.

224 Vgl. zur evtl. Abänderbarkeit von Altenteilsleistungen nach § 313 BGB auch *Palandt/Grüneberg*, § 313 Rn. 45.

225 So im Fall OLG Oldenburg, FamRZ 2013, 550; OLG Zweibrücken, FamRZ 2002, 1341 = FamRB 2003, 39 *(Klingberg)*.

226 Dazu Rn. 454.

227 Eine gerichtliche Entscheidung, die die Verbindlichkeiten bei der Berechnung berücksichtigt, entscheidet zwar nicht über den Verfahrensgegenstand Ausgleich der Verbindlichkeiten. Sie trifft gleichwohl eine Bestimmung i.S.d. § 426 I S. 1 BGB. Zum einen liegt dem Abzug bei der Unterhaltsberechnung zumindest häufig eine entsprechende stillschweigende Vereinbarung der Ehegatten zugrunde, denn zum Schuldenabzug kommt es nur, wenn er von zumindest einem der Beteiligten geltend gemacht wird. Zum andern genügt eine „besondere Gestaltung des tatsächlichen Geschehens“, von der man in diesem Falle ausgehen muss.

228 Vgl. BGH, FamRZ 2007, 1975, 1976 = NJW 2007, 3564; OLG Koblenz, FamRZ 2010, 1901 = FamFR 2010, 477 *(Sarres)*; OLG Frankfurt, FamRZ 2007, 1169; OLG München, FamRZ 1996, 291, 292. Aufgrund besonderer Umstände nach Auslegung zu einem anderen Ergebnis gelangt OLG Köln, FamRZ 1995, 1149.

229 *Bosch*, FamRZ 2002, 366, 369.

gegen, wenn es sich um im alleinigen Interesse eines Ehegatten eingegangene Verbindlichkeiten handelt. Ist bei der Unterhaltsberechnung nur die Zinslast berücksichtigt worden, liegt darin keine anderweitige Bestimmung betreffend die Tilgungsleistungen[230].

Nicht ausgeschlossen ist ein Anspruch aus § 426 BGB aber, wenn der **433** Schuldenabtrag bei der Unterhaltsbemessung **nicht zum Tragen gekommen** ist, etwa weil wegen Leistungsunfähigkeit des Unterhaltspflichtigen[231] oder wegen fehlender Bedürftigkeit des Unterhaltsberechtigten (bei Schuldabtrag des Pflichtigen)[232] ein Unterhaltsanspruch ohnehin nicht bestand, oder wenn der Unterhaltsanspruch verwirkt war[233]. Nicht ausgeschlossen ist ein Anspruch aus § 426 BGB auch, wenn in einem Unterhaltsvergleich vereinbart ist, dass die Frage von Ausgleichsansprüchen ausgeklammert und offengehalten werden soll[234]. Ein infolge Berücksichtigung bei der Unterhaltsberechnung ausgeschlossener Anspruch auf Gesamtschuldnerausgleich **lebt wieder auf**, wenn der Unterhaltsanspruch dem Grunde nach wegen eines Ausschlusstatbestandes (Verwirkung, § 1579 BGB; Wiederheirat oder Tod des Berechtigten, § 1586 I BGB) entfällt[235].

Die genannten Grundsätze finden entsprechend Anwendung, wenn **434** der Unterhaltsberechtigte die Schulden von seinem Einkommen bedient. Hier kommt es zu einer Beteiligung des Unterhaltspflichtigen am Schuldenabtrag dadurch, dass sich die Differenz der beiderseitigen Einkommen und damit der Unterhaltsanspruch erhöht.

Beeinflusst eine Gesamtschuld sowohl die Unterhaltsberechnung als **435** auch den Zugewinnausgleich, ist das **Verbot der doppelten Teilhabe** eines Ehegatten an – positiven wie negativen – geldwerten Positionen des anderen zu beachten. Vgl. dazu Rn. 463 ff.

bb) Berücksichtigung beim Kindesunterhalt

In der Berücksichtigung der – vom Unterhaltsschuldner allein getra- **436** genen – Gesamtschuld bei der Bemessung des Kindesunterhalts kann dagegen regelmäßig keine anderweitige Bestimmung gesehen werden, die Ausgleichsansprüche aus § 426 BGB ausschließt[236]. Dagegen spricht ins-

230 OLG Stuttgart, FamRZ 2010, 1165; vgl. zu dieser Entscheidung aber *Wever*, FamRZ 2011, 413, 417.

231 MAH/*Krebs*, § 20 Rn. 172; vgl. auch BGH, FamRZ 2008, 602, 603 = NJW 2008, 849.

232 OLG Düsseldorf, FamRZ 2009, 1834, 1835.

233 OLG Frankfurt, FamRZ 2007, 1169.

234 BGH, FamRZ 1995, 216, 218 = NJW 1995, 652.

235 Vgl. *Nickl*, NJW 1991, 3124, 3125; s. auch Rn. 446.

236 BGH, FamRZ 2007, 1975 = NJW 2007, 3564 = FamRB 2008, 1 *(Heinle)*, bestätigt durch BGH, FamRZ 2008, 602 = NJW 2008, 849; OLG Köln, FamRZ 1999, 1501, 1502; *Roß-*

besondere, dass auf diese Weise nicht eine (nahezu) hälftige Aufteilung der Schulden unter den Ehegatten herbeigeführt wird. Auf die Bemessung des Kindesunterhalts (Einstufung in der Düsseldorfer Tabelle) wirkt sich der Abzug der Gesamtschuld meist nur geringfügig oder gar nicht aus[237]. Über eine Entlastung beim Kindesunterhalt kommt es daher für den die Gesamtschuld Tragenden regelmäßig nicht zu einem angemessenen Äquivalent für die alleinige Belastung mit der Gesamtschuld. Hinzu kommt, dass der andere Ehegatte auf diesem Wege auch nicht mittelbar an der Schuldentilgung beteiligt wird. Da er dem bei ihm lebenden Kind nicht barunterhaltspflichtig ist, braucht er die infolge des Abzugs der Gesamtschuld gegebenenfalls eintretende Reduzierung des Kindesunterhalts grundsätzlich nicht auszugleichen[238]. Richtig erscheint es daher, dem Unterhaltsschuldner Ausgleichsansprüche aus § 426 BGB jedenfalls im Regelfall nicht abzuschneiden[239]. Realisiert er diese Ansprüche später, erhöht sich dadurch sein Einkommen und der Kindesunterhalt ist gegebenenfalls neu zu bemessen.

437 Eine andere Beurteilung erscheint angezeigt, wenn beide Ehegatten dem (volljährigen) Kind Barunterhalt schulden. Denn dann führt der Abzug der Verbindlichkeit bei dem die Schuld Bedienenden zu einer Veränderung der Haftungsanteile (§ 1606 III S. 1 BGB), der andere Ehegatte beteiligt sich also mittelbar dadurch am Abtrag der Gesamtschuld, dass sich seine Unterhaltslast erhöht. Aber auch wenn der Abzug der Gesamtschuld bei der Bemessung des Kindesunterhalts zur Leistungsunfähigkeit des die Schuld Bedienenden führt, ist eine differenzierte Betrachtung geboten. Der Abtrag der Schuld kann sich dann bei ihm in Form einer deutlichen Ersparnis in Bezug auf den Kindesunterhalt auswirken. Gegebenenfalls kann die Leistungsunfähigkeit des eigentlich Barunterhaltspflichtigen auch zu einer unterhaltsrechtlichen Eintrittspflicht des betreuenden Elternteils führen. In einem solchen Falle erscheint es nicht sachgerecht, den Anspruch aus § 426 BGB ungeschmälert zuzubilligen[240].

---

mann, ZFE 2011, 164, 169; **a.A.** OLG Celle, FamRZ 2001, 1071; LG Oldenburg, FamRZ 2003, 1191.

237 Für die Annahme einer anderweitigen Bestimmung in dem Umfang, wie sich der Abzug der Gesamtschuld auf den Kindesunterhalt auswirkt, *Meyer*, FamRZ 2011, 1703.

238 So mit Recht BGH, FamRZ 2007, 1975 = NJW 2007, 3564.

239 In diesem Sinne auch OLG Karlsruhe, NJW-RR 2005, 1240, bei der Frage, ob die Berücksichtigung eines Vorteils für die Nutzung des im Miteigentum stehenden Familienheims bei der Kindesunterhaltsberechnung dem späteren Verlangen eines Ehegatten auf Zahlung einer Nutzungsvergütung durch den anderen entgegensteht.

240 Vgl. *Meyer*, FamRZ 2011, 1703.

b) Restausgleich bei Abzug von Erwerbseinkommen?

Streitig ist, ob im Falle des Abzugs der Schuldenlast beim Ehegatten- 438
unterhalt von einem Einkommen aus Erwerbstätigkeit noch ein Restausgleichsanspruch verbleibt. Zieht man die Schuldenlast vom Einkommen des Unterhaltspflichtigen vor der Bemessung des Unterhalts ab, beteiligt sich der Unterhaltsberechtigte am Abtrag der Schuld, allerdings – bei Zugrundelegung eines Erwerbstätigenbonus von 1/7 – nur zu 3/7 (bei einem Erwerbstätigenbonus von 1/10 zu 9/20).

Beispiel (mit Erwerbstätigenbonus 1/7): 439

Ehemann M hat in einer Alleinverdienerehe ein Einkommen von 2.250 €. Er trägt die Kreditbelastung aus der Zeit des Zusammenlebens von 500 €.

Unterhaltsanspruch der Ehefrau F:	
Einkommen des M nach Abzug der Kreditbelastung	1.750 €
Bedarf und Anspruch der F davon 3/7	750 €

Ließe man dagegen die Schuldenlast bei der Unterhaltsberechnung unberücksichtigt, er- 440
gäbe sich folgende Berechnung:

Einkommen des M	2.250 €
Bedarf und Anspruch der F davon 3/7 (gerundet)	964 €
F müsste sich noch hälftig, also mit	250 €
an der Schuldenlast beteiligen, so dass ihr nur	714 €
verbleiben würden.	

In Rechtsprechung und Literatur wird teilweise vertreten, dass dann, 441
wenn die Unterhaltsberechnung auf die für den Unterhaltsberechtigten günstigere zunächst beschriebene Weise berechnet worden ist, noch ein Restausgleichsanspruch nach § 426 BGB bestehe[241]. Der Unterhaltsverpflichtete, der 1/7 der Verbindlichkeit durch den Vorabzug vom Einkommen allein trägt, könne davon 1/2, also 1/14 der Verbindlichkeit, vom Unterhaltsberechtigten im Wege des Gesamtschuldnerausgleichs erstattet verlangen (im Beispielsfall 36 € monatlich; bei Zugrundelegung eines Erwerbstätigenbonus von 1/10 betrüge der in Rede stehende Ausgleichsbetrag 1/20, im Beispielsfall wären das 25 €). Diese Auffassung ist abzulehnen[242]. Die Einbeziehung der gesamten Schuld in die Unterhaltsberechnung beinhaltet eine anderweitige Bestimmung i.S. des § 426 I S. 1 BGB, die eine spätere Korrektur verbietet. Die Gegenauffassung führt dazu, dass das auf der Anwendung unterhaltsrechtlicher Grundsätze (eheprägende Verbindlichkeiten sind vor Durchführung der unterhaltsrechtlich gebotenen Halbteilung, die bei Erwerbseinkommen anders als mit einer hälftigen Quote umgesetzt wird, abzuziehen) basierende Ergebnis auf dem Wege ei-

241 OLG Köln, FamRZ 1991, 1192; LG Arnsberg, FamRZ 2001, 1072; *Roßmann*, ZFE 2011, 164, 169; *ders.*, FuR 2011, 541, 549; *Kleinle*, FamRZ 1997, 8, 11; differenzierend *Eschenbruch/Klinkhammer/Wohlgemuth*, 5. Aufl., Kap. 6 Rn. 311.

242 So auch OLG Koblenz, FamRZ 2010, 1901; *Schulz/Hauß*, Rn. 1504; *Mehdorn*, S. 222.

nes nachfolgenden Gesamtschuldnerausgleichs unterlaufen wird[243]. Auch der BGH[244] geht ersichtlich davon aus, dass es bei einer – wie er es formuliert – „dem hälftigen Schuldenabtrag nahezu entsprechenden Reduzierung des Unterhalts", zu der der Vorabzug der Gesamtschuld bei der Unterhaltsberechnung (Beispiel Rn. 439) führt, sein Bewenden haben muss. Eine genau hälftige Aufteilung der Schuldentilgung herbeizuführen, erscheint auch ihm nicht geboten.

442 Eine andere Frage ist, ob der Unterhaltspflichtige ein **Wahlrecht** hat, ob er nämlich eine Unterhaltsberechnung ohne Vorabzug der Schuld und sodann hälftige Beteiligung des Unterhaltsberechtigten an der Verbindlichkeit verlangen kann[245]. Auch diese Frage ist zu verneinen. Unterhaltsrechtlich steht dem Pflichtigen der Erwerbstätigenbonus nur von dem Resteinkommen zu, das nach Abzug der eheprägenden Verbindlichkeiten verbleibt, im Beispiel also 1/7 von 1.750 € und nicht etwa von 2.250 €. Er hat keinen Anspruch darauf, dass der Unterhaltsberechtigte sich nun, anders als während des Zusammenlebens, vorab hälftig an den Verbindlichkeiten beteiligt[246].

443 Die Problematik stellt sich nicht, wenn der Unterhalt sich nicht nach einem Erwerbseinkommen, sondern etwa nach Renten- oder Zinseinkünften bemisst, denn dann steht dem Unterhaltsberechtigten die Hälfte der bereinigten Nettoeinkünfte des Pflichtigen zu. Der Unterhaltsberechtigte wird also bereits über die Unterhaltsberechnung zur Hälfte am Schuldenabtrag beteiligt.

c) Einseitige Beendigung des Schuldenabtrags und Bindungswirkung

444 Stellt der Ehegatte, dessen Schuldenabtrag bei der Unterhaltsberechnung berücksichtigt worden ist, die Bedienung der Schulden vor deren Tilgung ein, so kann dies eine Abänderung des vereinbarten Unterhalts rechtfertigen[247]. Allerdings hat der Unterhaltsberechtigte die Möglichkeit, statt einer Unterhaltsabänderung Freistellung von der Beteiligung am Schuldenabtrag und gegebenenfalls Erstattung von seinerseits an den Gläubiger geleisteten Zahlungen zu verlangen, wenn die einverständliche Berücksichtigung der Schulden bei der Unterhaltsberechnung nicht nur eine Beschreibung des faktischen Zustandes – etwa als Vergleichsgrund-

---

243 Vgl. auch *Wever,* FamRZ 2003, 565, 570.

244 FamRZ 2008, 602, 603 = NJW 2008, 849; FamRZ 2007, 1975, 1976 = NJW 2007, 3564.

245 So *Roßmann,* ZFE 2011, 164, 169; *Bosch,* FamRZ 2002, 366, 370; *Johannsen/Henrich/Jäger,* Rn. 27 vor § 1372 (Wahlrecht des Pflichtigen, wenn der Berechtigte Unterhalt ohne Vorabzug der Schuld fordert). Vgl. auch *Schürmann/Weinreich,* FuR 2003, 6, 7 f.

246 Im Ergebnis so auch MAH/*Krebs,* § 20 Rn. 128 ff.; *Schulz/Hauß,* Rn. 1504.

247 OLG Koblenz, FamRZ 1986, 1232; **a.A.** OLG Hamm, NJW-RR 2006, 1442.

lage –, sondern eine Vereinbarung beinhaltete, mit der auch für die Zukunft die interne Zuständigkeit für den Schuldenabtrag festgeschrieben worden ist. Ob eine für die Zukunft bindende Vereinbarung für den Schuldenabtrag anzunehmen ist, kann eine Frage der Auslegung sein[248]. Im Zweifel ist bei einer einverständlichen Unterhaltsregelung von einer Bindungswirkung auszugehen. Zu Recht wird jedoch aus dem einverständlichen Abzug der monatlichen Hauskreditraten vom Einkommen des Unterhaltsschuldners nicht dessen Verpflichtung abgeleitet, für die **Ablösung des Restdarlehens** nach dessen Fälligstellung (etwa nach Verkauf des Hauses) im Innenverhältnis allein aufzukommen[249].

d) Mangelnder Unterhaltsanspruch wegen Schuldenabtrags

aa) Nichtabrechnungsvereinbarung

Ein Gesamtschuldnerausgleich ist auch ausgeschlossen, wenn eine Vereinbarung vorliegt, nach der dem einen Ehegatten kein Unterhalt zusteht, weil der andere die gemeinsamen Schulden abträgt (ausdrückliche Nichtabrechnungsvereinbarung)[250]. Auch dann liegt eine anderweitige Bestimmung i.S. des § 426 I S. 1 BGB vor. **445**

Entfallen später – etwa durch Wiederheirat oder Verwirkung – die Voraussetzungen für den Unterhaltsanspruch, fällt damit die Geschäftsgrundlage der den Gesamtschuldnerausgleich betreffenden Vereinbarung weg. Der Anspruch aus § 426 BGB lebt infolge des Fortfalls des Unterhaltsanspruchs wieder auf[251]. Der die Gesamtschuld bedienende Ehegatte kann nunmehr für die Zukunft Beteiligung am Abtrag der Schuld verlangen, gegebenenfalls aber auch rückwirkend für die Zeit ab Wegfall des Unterhaltsanspruchs. Denn einer Kündigung der die Gesamtschuld betreffenden Vereinbarung bedarf es nicht[252]. **446**

Zur Klarstellung und zur Vermeidung von Auslegungsschwierigkeiten sollte die Behandlung der Schulden in Unterhaltsvergleichen deutlich herausgestellt werden[253]. **447**

---

248 Vgl. BGH, FamRZ 1997, 484 = NJW 1997, 731; OLG Köln, FamRZ 1995, 1149.

249 OLG Zweibrücken, FamRZ 2005, 910; OLG Hamm, FamRZ 1999, 1501 [LS] = OLG-Report 1999, 8; zustimmend *Weber,* NJW 2001, 1320, 1328. Vgl. dazu auch Rn. 392 u. 394.

250 OLG Bremen, FamRZ 2007, 47 = FamRB 2007, 2 *(Heinle)*; OLG Köln, FamRZ 1994, 961.

251 S. schon Rn. 433.

252 OLG Bremen, FamRZ 2007, 47, unter Hinweis darauf, dass unbilligen Ergebnissen betr. die Vergangenheit ggf. durch Berufung auf Verwirkung begegnet werden könne; *Eschenbruch/Klinkhammer/Wohlgemuth,* 5. Aufl., Kap. 6 Rn. 312.

253 Zu Auslegungsschwierigkeiten siehe etwa OLG Köln, FamRZ 1995, 1149; vgl. auch Rn. 358.

bb) Stillschweigende Nichtabrechnungsvereinbarung

448 Probleme können auftreten, wenn an sich bestehende Unterhaltsansprüche im Hinblick auf die vom Unterhaltspflichtigen abgetragenen Verbindlichkeiten nicht geltend gemacht werden, ohne dass über die entsprechende Handhabung eine ausdrückliche Vereinbarung getroffen wird. Der Unterhaltsgläubiger, der im Vertrauen darauf, der andere Ehegatte werde ihn wegen des Schuldenabtrags nicht in Anspruch nehmen, keinen Unterhalt fordert und sich damit der Möglichkeit begibt, Unterhalt für die Vergangenheit zu verlangen (§§ 1613 I, 1361 IV, 1360a III, 1585b II BGB), kann sich unter Umständen später rückwirkenden Ausgleichsansprüchen aus § 426 BGB ausgesetzt sehen[254].

449 Häufig wird man hier – wie in den Fällen des Zusammentreffens von Ansprüchen aus § 426 BGB mit solchen auf Nutzungsentgelt[255] – eine stillschweigende Vereinbarung des Inhalts annehmen können, dass der eigentlich Unterhaltspflichtige die Schulden trägt, der andere keinen Unterhalt verlangt (stillschweigende Nichtabrechnungsvereinbarung)[256]. Doch hängt dies von den Umständen des Einzelfalls ab[257]. In Betracht kommt die Annahme einer stillschweigenden Nichtabrechnungsvereinbarung in jedem Falle nur, wenn ohne Berücksichtigung des Schuldenabtrags Unterhaltsansprüche bestehen würden[258]. Nicht gerechtfertigt ist nach Ansicht des BGH[259] die Annahme einer stillschweigenden Nichtabrechnungsvereinbarung, wenn der die Gesamtschuld abtragende Ehegatte ein Unterhaltsbegehren des anderen unter Hinweis auf den Abtrag der Gesamtschuld zurückgewiesen, anschließend aber Beteiligung am Abtrag der Gesamtschuld verlangt hat.

450 Es empfiehlt sich in Fällen dieser Art eine klarstellende Vereinbarung, gegebenenfalls eine vorsorgliche Aufforderung des potentiell Unterhaltsberechtigten zur Zahlung von Unterhalt mit dem Zusatz, dass kein Unterhalt gezahlt werden muss, wenn die Gesamtschuld bedient und kein Innenausgleich verlangt wird[260].

---

254 Vgl. BGH, FamRZ 1996, 1067.

255 Vgl. Rn. 392 f.

256 So OLG München, FamRZ 2006, 208 [LS] = FamRB 2005, 349 *(Heinle)*; *Schulz/Hauß*, Rn. 1507; im Ergebnis ebenso, wenn auch mit anderer rechtlicher Begründung, OLG Rostock, OLG-Report 2001, 500; anders OLG Köln, FamRZ 1999, 1501.

257 BGH, FamRZ 2005, 1236 = NJW 2005, 2307; OLG Jena, NJW 2012, 1235, 1236 = FamRZ 2012, 1056 [LS] = FamFR 2012, 161 *(Herr)* (eine stillschweigende Vereinbarung im Hinblick auf die wechselseitige Korrespondenz bejahend). Vgl. dazu auch *Eschenbruch/Klinkhammer/Wohlgemuth*, 5. Aufl., Kap. 6 Rn. 313.

258 Vgl. BGH, FamRZ 2008, 602, 603 = NJW 2008, 849; OLG Frankfurt, FamRZ 2007, 1169, 1170.

259 FamRZ 2005, 1236 = NJW 2005, 2307 = FamRB 2005, 251 *(Wever)*.

260 Vgl. auch *Schulz*, FPR 2006, 472, 475; *Schulz/Hauß*, Rn. 1508.

cc) Anderweitige Bestimmung ohne Nichtabrechnungsvereinbarung

Allerdings kann in den Fällen des Nichtgeltendmachens von Unterhalt im Hinblick auf den Schuldenabtrag gegebenenfalls auch ohne Nichtabrechnungsvereinbarung eine Ansprüche aus § 426 BGB ausschließende anderweitige Bestimmung anzunehmen sein. Eine anderweitige Bestimmung kann sich nach der Rechtsprechung des BGH auch „aus der Natur der Sache" ergeben[261]. Aus der Natur der Sache folgt aber, darauf hat das OLG Bremen[262] zu Recht hingewiesen, dass ein Gesamtschuldnerausgleich bereits immer dann ausscheidet, wenn ein Unterhaltsanspruch dem Grunde nach besteht, Zahlungen eines Ehegatten auf die Gesamtschuld in einer Unterhaltsberechnung Berücksichtigung finden müssen und sich im Ergebnis unterhaltsmindernd auswirken. Denn immer dann beteiligt sich der Unterhaltsberechtigte über eine Kürzung oder einen Wegfall des Unterhalts am Abtrag der Schuld. Es ist daher nicht unbedingt ein Verhalten der Ehegatten in Bezug auf Unterhalt und Gesamtschuld erforderlich, dem man die Bedeutung einer stillschweigenden Nichtabrechnungsvereinbarung beimessen könnte (etwa eine entsprechende Korrespondenz, an die die Rechtsprechung meist anknüpft[263]), sondern es genügt für die Annahme einer anderweitigen Bestimmung, wenn sich rechnerisch infolge des Abtrags der Schuld eine Reduzierung oder ein Wegfall des Unterhaltsanspruchs ergibt[264]. In Fällen dieser Art besteht in Wahrheit auch kein (gegebenenfalls kein weitergehender) Unterhaltsanspruch, den der Unterhaltsberechtigte (vorsorglich) geltend machen müsste und dessen Nichtgeltendmachung Anknüpfungspunkt für eine anderweitige Bestimmung sein könnte[265]. Man kann hier davon sprechen, dass sich die anderweitige Bestimmung **aus der unterhaltsrechtlichen Rechtslage** ergibt[266]. Diese ist von dem mit dem Gesamtschuldnerausgleich befassten Gericht zu prüfen, sofern eine entsprechende anderweitige Bestimmung geltend gemacht wird. Der sich auf die – aus der unterhaltsrechtlichen Rechtslage herzuleitende – anderweitige Bestimmung berufende Ehegatte muss darlegen und gegebenenfalls beweisen, dass und in welcher Höhe er einen 451

261 Vgl. Rn. 358.

262 FamRZ 2008, 1443.

263 Vgl. BGH, FamRZ 2005, 1236 = NJW 2005, 2307; OLG Jena, NJW 2012, 1235, 1236 = FamRZ 2012, 1056 [LS]; OLG Frankfurt, FamRZ 2007, 1169.

264 So auch: OLG Brandenburg, Beschl. v. 26.3.2015, 9 UF 240/14, juris = NJW-Spezial 2015, 549; OLG Oldenburg, FamRZ 2013, 550; *Roßmann*, ZFE 2011, 164, 166; AK 17 des 18. DFGT, 2009, Brühler Schriften zum Familienrecht, Bd. 16, S. 130. Ähnlich OLG Hamm, FamRZ 2016, 1369.

265 Vgl. schon *Wever*, FamRZ 2006, 365, 369; *Bergschneider/Wever/Röfer*, FamVermR, Rn. 5.264.

266 In diesem Sinne *Roßmann*, ZFE 2011, 164, 166.

Unterhaltsanspruch hatte und inwieweit dieser durch den Schuldabtrag entfallen oder geschmälert worden ist[267].

452 **Beispiel**[268]: Ehemann M hat ein Nettoeinkommen von 2.100 €, Ehefrau F ein solches von 1.400 €, sie ist grundsätzlich unterhaltsberechtigt. Allerdings trägt M eine Gesamtschuld aus der Zeit des Zusammenlebens mit mtl. 700 € ab. Zwei Jahre nach der Trennung verlangt er von F rückwirkend ab Trennung hälftigen Schuldenausgleich. F wendet ein, sie habe in der Annahme, M werde keine Beteiligung am Schuldabtrag verlangen, und im Hinblick auf den bei alleinigem Schuldabtrag durch ihn entfallenden Unterhaltsanspruch keinen Unterhalt verlangt.

F kann mangels Aktivierung des Anspruchs nicht rückwirkend Unterhalt verlangen. Demgegenüber ist M grundsätzlich nicht gehindert, hälftige Beteiligung der F am Schuldabtrag für die Vergangenheit zu fordern. Könnte dem eine anderweitige Bestimmung entgegen stehen?

Auf eine die Gesamtschuld berücksichtigende Unterhaltsberechnung in einem gerichtlichen Beschluss oder in einer Vereinbarung kann F sich nicht berufen. Zu denken wäre an die Annahme einer stillschweigenden Nichtabrechnungsvereinbarung i.S. der Rn. 448 ff., indem man sagt, dass M und F durch ihr Verhalten – das beiderseitige Nichtinanspruchnehmen über einen längeren Zeitraum – zum Ausdruck gebracht haben, dass, bezogen auf Unterhalt und Gesamtschuld, keiner vom anderen etwas verlangen will. Doch bedarf es des Rückgriffs auf ein solches Konstrukt gar nicht. Denn die einem Ausgleichsverlangen des M entgegen stehende anderweitige Bestimmung kann bereits aus der unterhaltsrechtlichen Rechtslage hergeleitet werden: Durch den Abtrag der Schuld ist die Einkommensdifferenz und damit eine Unterhaltsverpflichtung des M entfallen. F hat sich also schon auf unterhaltsrechtlichem Wege am Abtrag der Schuld beteiligt.

F kann also geholfen werden. Gleichwohl sollte sie sich in der Trennungssituation nicht darauf verlassen, dass ihr solche Hilfe auch zuteil werden wird, sondern i.S. der Rn. 450 auf M zugehen. Denn als herrschende Rechtsprechung können die vorstehenden Erwägungen bisher nicht bezeichnet werden.

453 Aus den vorstehenden Gründen kann auch in einem bloßen Verzicht auf künftigen Unterhalt eine Ansprüche aus § 426 BGB ausschließende anderweitige Bestimmung zu sehen sein, wenn die dem Verzicht zugrunde liegende Unterhaltsberechnung zeigt, dass der Verzicht (auch) im Hinblick auf die vom anderen Ehegatten getragene Gesamtschuld erfolgt ist[269].

454 Nicht gerechtfertigt ist der in der Rechtsprechung teilweise vertretene Standpunkt, aus der Berücksichtigung der Gesamtschuld in einer gerichtlichen Unterhaltsentscheidung könne nur dann eine anderweitige Bestimmung i.S. des § 426 I S. 1 BGB hergeleitet werden, wenn die Entscheidung rechtskräftig sei[270]. Entscheidend ist vielmehr, ob mit Rücksicht auf

---

267 OLG Brandenburg, Beschl. v. 26.3.2015, 9 UF 240/14, juris; OLG Hamm, FamRZ 2016, 1369.

268 Vgl. auch das Beispiel bei *Wever*, FF 2015, 135, 142 f.

269 Vgl. OLG Oldenburg, FamRZ 2013, 550.

270 So KG, FamRZ 2008, 2034, 2035; ähnlich OLG Düsseldorf, FamRZ 2009, 1834, m. Anm. *Jank-Domdey*, = FamFR 2009, 140 *(Kuckenburg)*, das meint, eine einstweilige Anordnung im Unterhaltsverfahren könne wegen ihres summarischen und vorläufigen Charakters nicht Grundlage einer anderweitigen Bestimmung sein. Wie hier *Roßmann*,

den Abtrag der Gesamtschuld durch einen Ehegatten kein oder nur ein reduzierter Unterhaltsanspruch des anderen besteht. Ist das der Fall, beteiligt sich der andere Ehegatte am Abtrag der Gesamtschuld auf unterhaltsrechtlichem Wege und es scheidet ein Anspruch aus § 426 BGB aus. Liegt allerdings eine rechtskräftige Unterhaltsentscheidung vor, ist der darin vorgenommene Abzug oder Nichtabzug der Gesamtschuld für die Frage, ob noch ein Gesamtschuldnerausgleich in Betracht kommt, maßgebend[271]. Ergeht zuerst eine rechtskräftige Entscheidung über den Gesamtschuldnerausgleich, ist das Ergebnis bei der Regelung des Unterhalts zu berücksichtigen. Bei parallel anhängigen Verfahren bietet sich die Aussetzung des Verfahrens über den Gesamtschuldnerausgleich an §§ 113 I FamFG, 148 ZPO)[272].

10. Gesamtschuld und Zugewinnausgleich

Leben die Ehegatten im gesetzlichen Güterstand[273], stellt sich die Frage nach der Konkurrenz von Gesamtschuldner- und Zugewinnausgleich[274]. **455**

a) Berücksichtigung der Gesamtschuld in der Zugewinnausgleichsbilanz

Entgegen einer gelegentlich anzutreffenden Ansicht wird der Gesamtschuldnerausgleich durch die Vorschriften über den Zugewinnausgleich nicht verdrängt. Es gibt also hier – anders als wenn sich die Frage nach der Rückabwicklung ehebezogener Zuwendungen stellt[275] – **keinen Vorrang des Zugewinnausgleichs** gegenüber dem Gesamtschuldnerausgleich[276]. Beide Ausgleichsformen bestehen vielmehr nebeneinander, und zwar mit unterschiedlichen Funktionen: der Gesamtschuldnerausgleich als Einzelausgleich mit sofort fälligen Ansprüchen, der Zugewinnausgleich als umfassende Abrechnung des Vermögenszuwachses bei Beendigung des Güterstandes[277]. Hat der Zugewinnausgleich noch nicht stattgefunden, steht das der Durchführung des Gesamtschuldnerausgleichs somit nicht entge- **456**

ZFE 2011, 164, 167, der allerdings für maßgeblich hält, ob die Ehegatten die gerichtliche Entscheidung akzeptieren.

271 Vgl. schon Rn. 432.

272 Vgl. OLG Bremen, FamRZ 2014, 1314 = NZFam 2014, 417 *(Ruetten)*.

273 Für den Fall der vereinbarten Wahl-Zugewinngemeinschaft (vgl. dazu Rn. 950) gelten die nachfolgenden Ausführungen entsprechend. Zur Situation bei Gütergemeinschaft vgl. Rn. 343.

274 Dazu ausführlich *Gerhards*, FamRZ 2001, 661.

275 Vgl. Rn. 964 ff.: dort ist ein Rückgewähranspruch bei gesetzlichem Güterstand meist ausgeschlossen.

276 Vgl. BGH, FamRZ 2015, 1272, 1273; FamRZ 2011, 25, 26; FamRZ 1987, 1239 = NJW 1988, 133; FamRZ 1989, 835, 836 = NJW 1989, 1920; FamRZ 1988, 920.

277 Vgl. *Gernhuber*, JZ 1996, 696, 697.

gen, und zwar nicht nur, soweit es um Leistungen auf die Gesamtschuld nach, sondern auch soweit es um Leistungen vor dem für die Berechnung des Zugewinnausgleichs maßgebenden Stichtag (§§ 1384, 1387 BGB) geht[278]. Der Zugewinnausgleich ist auch dann nicht vorrangig, wenn sowohl ein Gesamtschuldnerausgleichs- als auch ein Zugewinnausgleichsverfahren bereits rechtshängig sind[279]. Vielmehr ist eine richtige Berechnung der beiderseitigen Endvermögen und damit des Zugewinnausgleichs erst möglich, wenn für die gemeinsamen Schulden die Beteiligungsquote der Ehegatten im Innenverhältnis feststeht[280]. In den Zugewinnausgleich fließen als **Rechnungsposten** die Bilanzergebnisse, also die jeweiligen Forderungen bzw. Verbindlichkeiten des Gesamtschuldnerausgleichs ein, so wie sie sich am Stichtag darstellen.

457 Für die Ermittlung der beiderseitigen Endvermögen macht es dabei im Ergebnis keinen Unterschied, ob die gemeinsame Verbindlichkeit vor dem Stichtag schon von einem der Ehegatten getilgt worden ist oder ob sie noch offen ist[281]. In beiden Fällen wirkt sich die Gesamtschuld im jeweiligen Endvermögen im Ergebnis mit der Quote aus, wie sie im Innenverhältnis von den Ehegatten zu tragen ist.

458 **Getilgte Gesamtschuld:** Hat ein Ehegatte am Stichtag den Gläubiger bereits befriedigt, macht sich das in einer Verringerung seines Aktivvermögens bemerkbar. Er muss sich jedoch den Ausgleichsanspruch aus § 426 I BGB gegen den anderen Ehegatten – sofern ein solcher besteht – als Aktivposten zurechnen lassen, während dessen Endvermögen sich um die Ausgleichsverpflichtung reduziert[282].

459 Durch die Aufnahme in die Zugewinnausgleichsbilanz wird der Bestand der Ausgleichsforderung – und dies gilt auch für andere schuldrechtliche Forderungen der Ehegatten gegeneinander – nicht berührt[283]. Der Gläubiger der Forderung hat durch deren Realisierung (gegebenenfalls auch im Wege der Aufrechnung) die Möglichkeit, den Nachteil, den die Existenz der Forderung für ihn im Zugewinnausgleich bedeutet, wieder zu kompensieren[284].

---

278 BGH, FamRZ 1987, 1239, 1240 = NJW 1988, 133.

279 OLG Düsseldorf, FamRZ 1999, 228. Zu der sich dann stellenden Frage nach einer Aussetzung des Zugewinnausgleichsverfahrens vgl. Rn. 516.

280 Vgl. OLG Düsseldorf, FamRZ 2009, 1834, 1835; *Kotzur,* NJW 1989, 817.

281 Vgl. auch BGH, FamRZ 2006, 1178, 1179 = NJW 2006, 2623; FamRZ 1987, 1239, 1240 = NJW 1988, 133; MAH/*Krebs,* § 20 Rn. 144 (mit Beispiel).

282 BGH, FamRZ 2011, 622, 627 = NJW 2011, 999. Zu den Konsequenzen, wenn die Forderung nicht in die Zugewinnausgleichsberechnung eingestellt worden ist, Rn. 478 f.

283 Unzutreffend geht demgegenüber das OLG Hamm, FamRZ 2015, 580, m. krit. Anm. *Hoppenz* = NJW 2015, 357, offenbar von einer Erledigung solcher Ansprüche durch die Berücksichtigung im Zugewinnausgleich aus.

284 Vgl. dazu auch Rn. 469 ff.

Offene Gesamtschuld: Soweit zum Stichtag die gemeinsame Verbindlichkeit noch nicht getilgt ist, muss im Endvermögen beider Ehegatten die volle noch bestehende Gesamtschuld als Passivposten angesetzt werden, denn beide Ehegatten haften nach außen auf die volle Verbindlichkeit. Der jeweilige Ausgleichsanspruch gegen den anderen Ehegatten – dessen Durchsetzbarkeit vorausgesetzt – ist bei beiden als Aktivposten einzustellen, da er schon vor der Tilgung in Form eines Befreiungsanspruchs besteht. Muss ein Ehegatte für die Verbindlichkeit im Innenverhältnis allein aufkommen, ist die Schuld im Endvermögen beider Ehegatten als Passivposten, aber nur im Endvermögens des Ausgleichsberechtigten als Aktivposten einzustellen[285]. Im Ergebnis wird auf diese Weise bei beiden Ehegatten die gemeinsame Schuld mit der Quote angesetzt, die im Innenverhältnis auf sie entfällt[286]. 460

Beispiel: 461

Die Ehegatten M und F, die beide kein Anfangsvermögen hatten, verfügen am Stichtag über das ihnen je zu ½ gehörende Hausgrundstück im Wert von 200.000 €, M darüber hinaus über Aktien im Wert von 25.000 €. Das Grundstück ist mit einem Darlehen von 50.000 € belastet, für das die Ehegatten gesamtschuldnerisch haften und für das sie auch im Innenverhältnis je zur Hälfte aufkommen müssen.

Unabhängig davon, ob M, ob F, oder ob beide Ehegatten das Darlehen hälftig bedienen, ist wie folgt zu rechnen:

Endvermögen M:	
Hausanteil	100.000 €
Aktien	+ 25.000 €
abzgl. Darlehensverbindlichkeit	– 50.000 €
zuzügl. Ausgleichsanspruch gegen F	+ 25.000 €
	100.000 €
Endvermögen F:	
Hausanteil	100.000 €
abzgl. Darlehensverbindlichkeit	– 50.000 €
zuzügl. Ausgleichsanspruch gegen M	+ 25.000 €
	75.000 €
Differenz	25.000 €
Zugewinnausgleichsanspruch der F	12.500 €

Hätte M für die Darlehensverbindlichkeit im Innenverhältnis allein aufzukommen, wäre die Schuld im Endvermögen beider Ehegatten als Passivposten, (nur) im Endvermögen der F deren Befreiungsanspruch gegen M als Aktivposten einzustellen[287].

---

285 Vgl. dazu OLG Bamberg, FamRZ 2013, 1129: entsprechende Handhabung auch beim Anfangsvermögen bei schon vorehelich aufgenommenem gemeinsamen Kredit für im Alleineigentum eines Partners stehende Immobilie.

286 Vgl. BGH, FamRZ 2015, 1272, 1273 (in einem Fall, in dem es darum geht, wem der am Stichtag noch offene Resthauskredit zuzurechnen ist, nachdem dieser immer von einem Ehegatten bedient worden ist; vgl. dazu Rn. 392); FamRZ 2011, 25, 26, m. Anm. *Koch*; FamRZ 2008, 602, 603 = NJW 2008, 849; *Koch*, FF 2017, 387. Krit. *Braeuer*, FamRZ 2011, 453 (Anm.); *ders.*, FPR 2012, 100.

287 Vgl. auch Beispiel bei *Gerhards*, FamRZ 2001, 661, 662.

462 Ist ein Ehegatte mangels Leistungsfähigkeit voraussichtlich dauerhaft außerstande, den auf ihn entfallenden Teilbetrag der Gesamtschuld aufzubringen, erscheint also der interne Ausgleichsanspruch des allein solventen Ehegatten **dauerhaft uneinbringlich** und damit wirtschaftlich wertlos, muss die Gesamtschuld in vollem Umfang allein im Endvermögen des solventen Ehegatten abgesetzt werden. Ist der Ausgleichsanspruch nur teilweise realisierbar, kann die Gesamtschuld bei beiden Ehegatten nur mit der entsprechenden Quote berücksichtigt werden. Denn ein Ansatz der rechtlich geschuldeten, wirtschaftlich aber wertlosen Ausgleichsforderung würde den solventen Ehegatten beim Zugewinnausgleich ungerechtfertigt benachteiligen[288]. Bei der Prüfung der Solvenz des leistungsschwachen Ehegatten ist auch dessen eventueller Anspruch auf Zugewinnausgleich als Vermögensposition zu berücksichtigen; wird er durch den Zugewinnausgleich für die interne Gesamtschuldnerausgleichsverpflichtung leistungsfähig, ist der Ausgleichsanspruch aus § 426 BGB nicht dauerhaft uneinbringlich[289].

b) Vermeidung einer Doppelberücksichtigung bei Unterhalt und Zugewinnausgleich

463 Wirkt sich eine Gesamtschuld sowohl bei der Unterhaltsberechnung als auch im Zugewinnausgleich aus, besteht die Gefahr, dass durch eine **doppelte Berücksichtigung der Schuld** ein Ehegatte benachteiligt wird. Dem ist dadurch zu begegnen, dass Gesamtschuldnerausgleich, Unterhaltsfestsetzung und Zugewinnausgleich nicht als getrennte Problemkreise betrachtet werden. Vielmehr müssen die Auswirkungen der Schulden in allen drei Bereichen bedacht und stimmige Gesamtergebnisse angestrebt werden[290]. Der anerkannte Grundsatz, dass eine doppelte Teilhabe eines Ehegatten an geldwerten Positionen (Aktiva) des anderen vermieden werden muss[291], hat in gleicher Weise, zumindest im Regelfall[292], für Passiva zu gelten[293]. Dabei geht es bei der Beachtung des Verbotes der Dop-

288 Vgl. BGH, FamRZ 2011, 25, 26; FamRZ 1983, 795, 797 = NJW 1983, 1845; OLG Brandenburg, FamRZ 2004, 1029, 1031; OLG Frankfurt, FamRZ 1985, 482; AG Detmold, FamRZ 1997, 1334; *Kleinle,* FamRZ 1997, 8, 14 (mit Beispielen); *Kotzur,* NJW 1989, 817, 818; *Johannsen/Henrich/Jaeger,* § 1375 Rn. 20.

289 BGH, FamRZ 2011, 25, 26, m. Anm. *Koch* = FamRB 2011, 33 *(Burschel)* = FamFR 2010, 564 *(Groß)*; *Kleinle,* FamRZ 1997, 8, 14, mit Beispiel.

290 So auch *Klein/Roßmann,* Kap. 2 Rn. 253 ff. mit Beispielen.

291 BGH, FamRZ 2011, 622, 625 = NJW 2011, 999; FamRZ 2003, 432, 433, m. Anm. *Kogel,* FamRZ 2003, 1645 = NJW 2003, 1396; FamRZ 2004, 1352, m. Anm. *Bergschneider* S. 1353 u. *Kogel* S. 1866 = NJW 2004, 2675.

292 Zu einem evtl. Ausnahmefall Fn. 297.

293 Vgl. auch *Gerhardt/Schulz,* FamRZ 2005, 317 u. 1523; *Brudermüller,* NJW 2004, 3233, 3234; *Schröder,* FamRZ 2005, 89; im Ansatz zutreffend, aber mit nicht überzeugender Schlussfolgerung *Kogel,* FamRZ 2004, 1614, 1617 f., FamRZ 2005, 90, sowie Anm.

pelberücksichtigung von Schulden nur darum, eine doppelte Berücksichtigung der Tilgungsleistungen zu vermeiden; von Zinsleistungen nämlich geht keine Gefahr einer Doppelverwertung aus, weil der Zugewinnausgleich nur durch das am Stichtag vorhandene (negative) Kapital bestimmt wird, dieses wiederum nur durch Tilgungs-, nicht durch Zinsleistungen beeinflusst wird[294].

Richtigerweise ist eine Gesamtschuld, die der unterhaltspflichtige Ehegatte dem Gläubiger gegenüber allein abträgt und die durch **Vorabzug bei der Unterhaltsberechnung** einkommensmindernd Eingang gefunden hat, mit dem am Stichtag für die Berechnung des Zugewinnausgleichs noch offenen Betrag in der Zugewinnausgleichsbilanz in der Weise zu berücksichtigen, dass von einer beiderseits hälftigen Beteiligung im Innenverhältnis auszugehen ist[295]. Denn der unterhaltsberechtigte Ehegatte beteiligt sich am Abtrag durch den Vorabzug (des Tilgungsanteils) bei der Unterhaltsberechnung[296]. Würde man die Gesamtschuld in der Zugewinnausgleichsbilanz allein bei dem Ehegatten absetzen, der sie nach außen trägt, würde sich der Unterhaltsberechtigte am Abtrag zweifach beteiligen, nämlich nicht nur über die Kürzung seines Unterhalts, sondern auch noch über eine Kürzung beim Zugewinnausgleich[297]. **464**

FamRZ 2003, 1645, 1647, u. FF 2003, 249, 251; *ders.*, FamRB 2005, 207. Anders *Schmitz,* FamRZ 2005, 1520; differenzierend *Schulin,* FamRZ 2005, 1521. Zur Problematik zuletzt *Pichlmeier*, NZFam 2014, 385, mit insbesondere zwischen Konsum- und vermögensbildenden Krediten differenzierenden Lösungen. Zur Vermeidung einer Doppelberücksichtigung bei Steuerschulden und -erstattungen Rn. 628 m. Fn. 53.

294 So zutreffend *Viefhues,* FuR 2013, 674, 675; *ders.,* ZFE 2009, 84; vgl. auch FA-FamR/*Gerhardt,* 6, Kap. Rn. 22.

295 Ebenso *Staudinger/Thiele*, 2007, § 1375 Rn. 7; 17. DFGT, 2007, AK 6, Brühler Schriften zum Familienrecht, S. 145; im Ergebnis wohl auch *Niepmann*, MDR 2003, 841, 845. Anders OLG Karlsruhe, FamRZ 2005, 909; AG Essen, NJW-RR 2011, 1640 = FamRZ 2011, 1732 [LS].

296 Anders als nach neuerer Rspr. des BGH bei der Alleinschuld (vgl. Rn. 468) ist bei der Gesamtschuld der Tilgungsanteil auch über den Stichtag der Rechtshängigkeit der Scheidung hinaus unterhaltsrechtlich abzugsfähig, da hier regelmäßig über eine gemeinsame Vermögensbildung beide Ehegatten weiter vom Abtrag der Schuld profitieren; vgl. *Wendl/Gerhardt*, § 1 Rn. 1091.

297 Ein solches Ergebnis nimmt der BGH, FamRZ 2003, 1544, 1546, m. Anm. *Schröder* S. 1547, u. Anm. *Kogel,* FF 2003, 249 = NJW 2003, 3339 = FamRB 2003, 346 *(Kogel),* u. unter Bezugnahme auf BGH, NJW-RR 1986, 1325, allerdings dann hin, wenn es sich um eine alleinige Schuld eines Ehegatten handelt; ebenso OLG Koblenz, NJW 2007, 2646 = FamRB 2007, 260 *(Kogel).* Bestätigt wird diese Vorgehensweise bei Alleinschulden durch BGH, FamRZ 2008, 761, 765, m. Anm. *Hoppenz* S. 765 u. *Kogel,* BGH-Report 2008, 495, 497 = NJW 2008, 1221 = FamRB 2008, 134 *(Kogel),* jedoch unter Hinweis auf evtl. Korrekturmöglichkeiten gem. § 242 BGB, soweit der andere Ehegatte sich in der Zeit bis zur Entscheidung über den Zugewinnausgleich an der Tilgung der Schuld bereits über den Unterhalt beteiligt hat.

465 **Beispiel:**

Die Ehegatten M und F haben eine gesamtschuldnerische Verbindlichkeit, die bei Rechtshängigkeit der Scheidung noch in Höhe von 20.000 € offen ist. Der allein erwerbstätige M trägt sie mit monatlich 400 € (Zins und Tilgung) ab. Beide Ehegatten hatten kein Anfangsvermögen. Bei Rechtshängigkeit der Scheidung verfügt M über ein Wochenendgrundstück im Wert von 40.000 €, F über eine Lebensversicherung im Wert von 20.000 €. Die einkommenslose F ist unterhaltsberechtigt. Das unterhaltsrelevante Einkommen des M beläuft sich – vor Berücksichtigung des Schuldabtrags – auf 3.200 €.

Der **Unterhaltsanspruch** der F errechnet sich wie folgt:

Einkommen des M nach Abzug des eheprägenden Schuldabtrags	2.800 €
Unterhaltsanspruch der F: davon 3/7[298]	1.200 €.

Der **Zugewinnausgleich** errechnet sich wie folgt:

Endvermögen des M:	
Wochenendgrundstück	40.000 €
abzgl. offene Restschuld	– 20.000 €
zuzüglich Beteiligung der F im Innenverhältnis	+ 10.000 €
ergibt	30.000 €
Endvermögen der F:	
Lebensversicherung	20.000 €
abzgl. offene Restschuld	– 20.000 €
zuzüglich Beteiligung des M im Innenverhältnis	+ 10.000 €
ergibt	10.000 €
Differenz beider Endvermögen	20.000 €
Zugewinnausgleichsanspruch der F	10.000 €.

466 Die von M abgetragene Gesamtschuld ist also, entgegen einer in der Praxis verbreiteten Handhabung[299], beim Zugewinnausgleich nicht allein in seinem Endvermögen zu berücksichtigen, da F sich an deren Abtrag über eine Kürzung ihres Unterhaltsanspruchs beteiligt. Würde man die Gesamtschuld allein im Endvermögen des M berücksichtigen, würde F sozusagen auch die zweite Hälfte der Gesamtschuld tragen, und zwar über eine Kürzung ihres Zugewinnausgleichsanspruchs. Sie würde damit die am Stichtag noch offene Gesamtschuld im Ergebnis überwiegend[300] allein abtragen. Auch wenn F sich über die Kürzung ihres Unterhalts rechnerisch am Abtrag der Gesamtschuld nur zu 3/7 beteiligt, erscheint es richtig, im Zugewinnausgleich von einer hälftigen und nicht nur von einer Beteiligung zu 3/7 auszugehen. Denn die aus unterhaltsrechtlichen Gründen gebotene Beteiligung zu 3/7 ist Ausdruck einer Halbteilung unter Berücksichtigung unterhaltsrechtlicher Besonderheiten[301].

467 Das Erfordernis, die bei der Unterhaltsberechnung – mit der Folge einer Unterhaltsreduzierung – einschließlich des Tilgungsanteils berück-

298 Bei einem Erwerbstätigenbonus von 1/10 statt 1/7 errechnet sich ein Unterhaltsanspruch von 1.260 €.

299 Etwa OLG Karlsruhe, FamRZ 2005, 909; dazu krit. auch *Brudermüller,* NJW 2005, 3187, 3188. Wie OLG Karlsruhe *Hachenberg,* NZFam 2014, 731.

300 Im Hinblick auf den Erwerbstätigenbonus beteiligt sie sich auf unterhaltsrechtlichem Wege rechnerisch nur zu 3/7; vgl. Rn. 438. Wäre die Schuld bei der Unterhaltsberechnung von Renteneinkommen abzuziehen, würde F die am Stichtag noch offene Gesamtschuld sogar vollständig allein abtragen; vgl. dazu das Bsp. bei *Kogel,* FamRB 2005, 207.

301 Vgl. dazu Rn. 441.

sichtigte Gesamtschuld im Zugewinnausgleich als eine von beiden Ehegatten zu tragende Schuld zu berücksichtigen, hängt nicht von einer Prognose ab, ob es auf unterhaltsrechtlichem Wege auch tatsächlich bis zum vollständigen Abtrag der Schuld zu einer Beteiligung des Unterhaltsberechtigten kommen wird. Denn selbst wenn die Unterhaltsverpflichtung, z.B. infolge Wiederheirat des Unterhaltsberechtigten, enden sollte, bevor die Schuld abgetragen ist, erleidet der die Schuld nach außen bedienende bisher Unterhaltspflichtige dadurch keinen Nachteil. Denn nun kann er den bisher Unterhaltsberechtigten direkt im Wege des § 426 I S. 1 BGB in Anspruch nehmen; daraus, dass in die Zugewinnausgleichsberechnung die Schuld als im Innenverhältnis von beiden Ehegatten zu tragen eingestellt worden ist, ergibt sich eine entsprechende Bestimmung i.S. des § 426 I S. 1 BGB.

Ist es **zunächst beim Zugewinnausgleich** zur Berücksichtigung einer **468**
Gesamtschuld gekommen, ist dies bei einer nachfolgenden Unterhaltsberechnung zu beachten. Der die Verbindlichkeit bedienende Unterhaltspflichtige, zu dessen Vorteil die am Stichtag noch offene Schuld beim Zugewinnausgleich als seine alleinige Schuld berücksichtigt worden ist (weil er im Innenverhältnis allein aufkommen muss), kann den Unterhaltsberechtigten nicht ein zweites Mal auf unterhaltsrechtlichem Wege an der Tilgung der Schuld beteiligen. Bei der Unterhaltsberechnung darf daher nur der Zins-, nicht dagegen der Tilgungsanteil der laufenden Schuldraten abgesetzt werden[302]. Dies gilt jedenfalls dann, wenn die Tilgung einseitig vermögensbildend wirkt, und auch nur, wenn die Gesamtschuld sich im Zugewinnausgleich auch ausgewirkt hat[303]. Nach der neueren Rechtsprechung des BGH ist eine solche Berechnungsweise aber im Zweifel auch schon aus unterhaltsrechtlichen Gründen geboten, denn nunmehr ist ab Rechtshängigkeit der Scheidung bei der Bedarfsermittlung der Tilgungsanteil nicht mehr abzugsfähig, wenn der Schuldabtrag zu einem einseitigen Vermögenszuwachs des die Schuld Bedienenden führt[304], was bei einer Gesamtschuld dann der Fall ist, wenn der die Schuld Bedienende auch im Innenverhältnis für sie allein aufkommen muss. Die Problematik der Doppelberücksichtigung von Schulden bei Unterhalt und Zugewinn-

302 OLG Saarbrücken, FamRZ 2006, 1038, m. Anm. *Kogel* = NJW 2006, 1438 = FamRB 2006, 166 *(Kogel)*; OLG München, FamRZ 2005, 459 = FamRB 2004, 388 *(Schober)*, u. FamRZ 2005, 713 (bei Alleinschuld) = FamRB 2005, 100 *(Borth)*. In diesem Sinne auch *Gerhardt/Schulz*, FamRZ 2005, 317, 318 u. 1523; *Koch*, FamRZ 2005, 845, 848; FA-FamR/*Gerhardt*, 6. Kap. Rn. 22; **a.A.** *Koch*, FF 2017, 387, 390; *Schmitz*, FamRZ 2005, 1520; differenzierend *Schulin*, FamRZ 2005, 1521 (bei Alleinschuld); offen lassend BGH, FamRZ 2008, 761, 765, m. Anm. *Hoppenz* = NJW 2008, 1221.

303 So zu Recht *Niepmann*, FF 2005, 131, 132 f.

304 FamRZ 2007, 879, 881; FamRZ 2008, 963, 965. Vgl. dazu *Gerhardt*, FuR 2007, 393; FA-FamR/*Gerhardt*, 6. Kap. Rn. 22.

ausgleich hat sich dadurch wesentlich entschärft[305]. In der Literatur ist ohnehin zunehmend in Frage gestellt worden, ob überhaupt und gegebenenfalls in welchen Fällen von einem Verbot der Doppelverwertung von Schulden auszugehen ist[306].

c) Prüfung der wirtschaftlichen Auswirkungen

469 Steht der Zugewinnausgleich noch aus, sollten die Ehegatten, bevor sie einen Streit über das Bestehen von Ausgleichsansprüchen aus § 426 BGB beginnen – und das gilt auch für Ausgleichsansprüche anderer Art –, prüfen, ob sich das Bestehen solcher Ansprüche im Ergebnis, nämlich unter Einbeziehung des Zugewinnausgleichs, überhaupt auswirken würde[307]. Was der Inhaber eines Ausgleichsanspruchs aus § 426 BGB schuldrechtlich zu verlangen berechtigt ist, kann er – je nach Vermögenssituation im Zugewinnausgleich – güterrechtlich wieder zurückgewähren müssen.

470 **Beispiel**[308]:

Die Eheleute M und F waren ohne Anfangsvermögen. Bei Zustellung des Scheidungsantrags verfügen sie über ein ihnen je zur Hälfte gehörendes Hausgrundstück im Wert von 200.000 €. Das Grundstück ist mit einem Darlehen von 50.000 € belastet, für das die Ehegatten gesamtschuldnerisch haften. Sie sind sich nicht einig, ob M im Hinblick darauf, dass er das Grundstück gewerblich nutzt, allein für die Darlehensschuld aufkommen muss.

Hat M die Darlehensschuld im Innenverhältnis allein zu tragen, ergibt sich:

Endvermögen M nach Abzug der Schuld von seinem Anteil am Wert des Hauses (100.000 – 50.000)	50.000 €
Endvermögen F	100.000 €
Zugewinnausgleichsanspruch des M (½ der Differenz der Endvermögen)	25.000 €
Vermögen der Eheleute nach Durchführung des Zugewinnausgleichs:	
M (100.000 – 50.000 + 25.000)	75.000 €
F (100.000 – 25.000)	75.000 €

Müssen M und F die Schuld im Innenverhältnis zu gleichen Anteilen tragen, ergibt sich:

Endvermögen M und F nach Abzug der Darlehensschuld, soweit sie im Innenverhältnis auf sie entfällt, jeweils	75.000 €

Ein Zugewinn ist nicht auszugleichen.

Ergebnis: Im Hinblick auf die güterrechtlichen Ausgleichsansprüche ist die Frage nach der Haftung im Innenverhältnis für die Gesamtschuld wirtschaftlich ohne Bedeutung.

---

305 Vgl. dazu *Balzer/Gutdeutsch*, FamRZ 2010, 341, 344; FAFamR/*Gerhardt*, 6 Kap. Rn. 22; *Wendl/Gerhardt*, § 4 Rn. 484 f.; *Schulz/Hauß*, Rn. 1524 ff.; *Palandt/Brudermüller*, §§ 1374 ff. Rn. 4.

306 *Schmitz*, FPR 2007, 198, u. FamRZ 2006, 1811; *Jakobs*, NJW 2007, 2885, u. FuR 2007, 450; *Hermes*, FamRZ 2007, 184; *Wohlgemuth*, FamRZ 2007, 187; *Pauling*, FPR 2006, 476; *Maier*, FamRZ 2006, 897, 899; *Graba*, FamRZ 2006, 821, 828. Der Rspr. i.S. von Rn. 468 zustimmend: *Schulz*, FamRZ 2006, 1237; *Grziwotz*, FPR 2006, 485. Differenzierend: *Hoppenz*, FamRZ 2006, 1242, u. FPR 2006, 97, 100.

307 Vgl. auch Rn. 941 ff.

308 Nach *Frank*, JZ 1983, 855.

Anders kann es sich verhalten, wenn ein Ehegatte bei Rechtshängigkeit des Scheidungsantrags verschuldet ist. Das am 1.9.2009 in Kraft getretene reformierte Zugewinnausgleichsrecht kennt zwar – anders als das frühere Recht – ein negatives Anfangs- und Endvermögen (§§ 1374 III, 1375 I S. 2 BGB). Es sieht aber – ebenso wie das frühere Recht – **keinen negativen Zugewinnausgleich** vor (§ 1373 BGB ist unverändert geblieben)[309]. Das hat folgende Auswirkungen: **471**

Beispiel:

Wie zuvor, jedoch beträgt die Darlehensschuld 150.000 €.

Hat M die Darlehensschuld im Innenverhältnis allein zu tragen, ergibt sich:

Anfangsvermögen M	0 €
Endvermögen M (100.000 – 150.000)	– 50.000 €
Zugewinn M	0 €
Anfangsvermögen F	0 €
Endvermögen F	100.000 €
Zugewinn F	100.000 €
Zugewinnausgleichsanspruch des M	50.000 €

Vermögen der Eheleute nach Durchführung des Zugewinnausgleichs:

M (100.000 – 150.000 + 50.000)	0 €
F (100.000 – 50.000)	50.000 €

Müssen M und F die Schuld zu gleichen Teilen tragen, so ergibt sich:
Endvermögen und Zugewinn M und F nach Abzug der Darlehensschuld, soweit sie im Innenverhältnis auf sie entfällt, jeweils 25.000 €
Ein Zugewinn ist nicht auszugleichen.

Ergebnis: Die Frage nach der Haftung im Innenverhältnis für die Gesamtschuld ist auch unter Einbeziehung der güterrechtlichen Ausgleichsansprüche von Bedeutung.

Wiederum anders verhielte es sich, wenn im vorstehenden Beispiel M ein sein negatives Endvermögen übersteigendes negatives Anfangsvermögen gehabt hätte, er also in der Ehe durch Abbau seiner Verschuldung einen Zugewinn erwirtschaftet hätte: **472**

Beispiel:

Wie zuvor, die Darlehensschuld beträgt 150.000 €, jedoch hatte M ein negatives Anfangsvermögen von 100.000 €.

Hat M die Darlehensschuld im Innenverhältnis allein zu tragen, ergibt sich:

Anfangsvermögen M	– 100.000 €
Endvermögen M (100.000 – 150.000)	– 50.000 €
Zugewinn M	50.000 €
Anfangsvermögen F	0 €
Endvermögen F	100.000 €
Zugewinn F	100.000 €
Zugewinnausgleichsanspruch des M	25.000 €

309 BGH, FamRZ 2011, 25, 27 f.; *Büte*, FF 2010, 273, 285; *Brudermüller*, FamRZ 2009, 1185, 1187; *Hoppenz*, FamRZ 2008, 1889, 1890; **a.A.** *Braeuer*, FamRZ 2010, 1614; zweifelnd *Kogel*, FamRB 2011, 54.

Vermögen der Eheleute nach Durchführung des Zugewinnausgleichs:	
M (100.000 – 150.000 + 25.000)	– 25.000 €
F (100.000 – 25.000)	75.000 €.

Müssen M und F die Schuld zu gleichen Teilen tragen, ergibt sich:	
Anfangsvermögen M	– 100.000 €
Endvermögen M (100.000 – 75.000)	25.000 €
Zugewinn M	125.000 €
Anfangsvermögen F	0 €
Endvermögen F (100.000 – 75.000)	25.000 €
Zugewinn F	25.000 €
Zugewinnausgleichsanspruch der F	50.000 €
begrenzt auf vorhandenes Vermögen (§ 1378 II S. 1 BGB), d.h. auf	25.000 €

Vermögen der Eheleute nach Durchführung des Zugewinnausgleichs:	
M (100.000 – 75.000 – 25.000)	0 €
F (100.000 – 75.000 + 25.000)	50.000 €.

Ergebnis: Im Hinblick auf die güterrechtlichen Ausgleichsansprüche ist die Frage nach der Haftung im Innenverhältnis für die Gesamtschuld wirtschaftlich von Bedeutung.

473 Der Zugewinnausgleich führt also häufig, aber nicht immer dazu, dass die Haftungsanteile der Ehegatten im Innenverhältnis wirtschaftlich ohne Bedeutung bleiben[310]. Stets von wirtschaftlicher Bedeutung ist der Gesamtschuldnerausgleich in den zahlreichen Fällen, in denen am Ende der Ehe nur Schulden zu verteilen sind. Das gilt auch nach der Reform des Zugewinnausgleichsrechts, denn wenn keiner der Ehegatten über ein positives Endvermögen verfügt, scheidet auch nach neuem Recht ein Zugewinnausgleich aus (§ 1378 II S. 1 BGB).

474 Allerdings sind bei der Entscheidung der Frage, ob ein Streit um Ausgleichsansprüche aus § 426 BGB – oder um andere schuldrechtliche Ansprüche – sich lohnt, nicht nur die wirtschaftlichen Auswirkungen unter Berücksichtigung des Zugewinnausgleichs zu bedenken. Unter Umständen kann es auch **aus anderen Gründen sinnvoll** sein, eine schuldrechtliche Forderung gerichtlich einzufordern[311]. So kann sich die Geltendmachung der schuldrechtlichen Forderung empfehlen, wenn die Gefahr besteht, dass die Forderung später wegen Mittellosigkeit des anderen Ehegatten nicht mehr durchsetzbar ist, oder wenn eine Ehescheidung vorerst nicht beabsichtigt ist. Das Gleiche gilt, wenn die Forderung zu verjähren droht[312] und nicht sicher feststeht, ob bzw. in welcher Höhe sie sich im Zugewinnausgleich auswirkt.

---

310 Vgl. dazu auch die Beispiele bei MAH/*Krebs*, § 20 Rn. 144 ff.

311 Vgl. dazu *Hansen-Tilker*, FamRZ 1997, 1188, mit weiteren Berechnungsbeispielen zu den Auswirkungen von Forderungen der Ehegatten gegeneinander im Zugewinnausgleich (nach früherem Recht); MAH/*Krebs*, § 20 Rn. 165 ff.; *Kogel*, FF 2009, 33.

312 Dazu Rn. 508.

d) Anderweitige Bestimmung durch Schuldenabzug im Zugewinnausgleich

Ist über den Gesamtschuldnerausgleich rechtskräftig entschieden, ist dies wegen der Rechtskraftwirkung der Entscheidung für den nachfolgenden Zugewinnausgleich bindend. Umgekehrt bindet die Art und Weise der Berücksichtigung der Gesamtschuld im Zugewinnausgleichsverfahren im Hinblick auf einen eventuellen späteren Gesamtschuldnerausgleich unter Rechtskraftgesichtspunkten nicht, weil der Ausgleichsanspruch bei der Berechnung des Zugewinnausgleichs nur ein Rechnungsposten ist[313]. Doch tritt hier eine Bindungswirkung aus materiellrechtlichen Gründen ein. **475**

Sind nämlich im Rahmen eines Zugewinnausgleichsverfahrens gesamtschuldnerische Verbindlichkeiten bei nur einem Ehegatten als Verbindlichkeiten angesetzt worden, so liegt darin – wie beim Schuldenabzug bei der Unterhaltsberechnung – im Zweifel eine stillschweigende Abrede (anderweitige Bestimmung i.S. des § 426 I S. 1 BGB), nach der dieser Ehegatte im Innenverhältnis diese Schulden allein zu tragen hat[314]. Das gilt jedenfalls dann, wenn der Ansatz der Gesamtschuld sich für den Zugewinnausgleich **rechnerisch ausgewirkt** hat[315]. Von einer solchen Abrede kann dagegen nicht ausgegangen werden, wenn die noch offene Gesamtschuld im Endvermögen des einen Ehegatten nur hälftig als Passivposten berücksichtigt worden ist, während beim Endvermögen des anderen Ehegatten hierfür kein Abzug vorgenommen worden ist[316]. Eine anderweitige Bestimmung lässt sich auch dann nicht annehmen, wenn ein Ehegatte dem vom anderen vorgenommenen Abzug der vollen gesamtschuldnerischen Forderung bei der Berechnung des Endvermögens widersprochen hat und sich nicht feststellen lässt, dass die Forderung in die nachfolgende vergleichsweise Regelung des Zugewinnausgleichs eingeflossen ist[317]. **476**

Will sich der die Schuld bedienende Ehegatte den Gesamtschuldnerausgleich offen halten, so sollte er dies – um der Annahme einer stillschweigenden Abrede entgegenzuwirken – bei Durchführung des Zugewinnausgleichs offenbaren. Der Ausgleichsanspruch, ggf. bewertet unter **477**

313 MAH/*Krebs*, § 20 Rn. 142, 157.

314 OLG Karlsruhe, FamRZ 1991, 1195; OLG Bamberg, FamRZ 1994, 958; *Staudinger/Looschelders*, 2012, § 426 Rn. 231. Im Ergebnis zustimmend, aber Zurückhaltung bei der Annahme stillschweigend getroffener Vereinbarungen fordernd: *Gernhuber*, JZ 1996, 696, 701.

315 Vgl. *Bosch*, FamRZ 2002, 366, 370; *Gerhards*, FamRZ 2001, 661, 667 (auch zur Möglichkeit, im Zugewinnausgleichsverfahren eine Entscheidung über den Ausgleichsanspruch nach § 426 BGB mit Rechtskraftwirkung zu erlangen); *Mehdorn*, S. 271. Vgl. auch OLG Hamm, FamRZ 1997, 363 = NJW-RR 1997, 262.

316 BGH, FamRZ 2008, 602, 603 f. = NJW 2008, 849.

317 OLG Köln, FamRZ 2011, 221 [LS].

Berücksichtigung seiner Realisierbarkeit, ist dann in die Zugewinnausgleichsbilanz einzustellen.

e) Im Zugewinnausgleich nicht berücksichtigte Forderung

478 Schwierigkeiten bereitet die Frage, ob der Ehegatte, der eine schuldrechtliche Forderung gegen den Ehepartner, die den Zugewinnausgleich beeinflusst hätte, in die Auseinandersetzung über den Zugewinnausgleich nicht eingebracht hat (absichtlich oder weil er sie vergessen hat), später gehindert ist, diese Forderung durchzusetzen. Grundsätzlich kann eine schuldrechtliche Forderung auch dann noch gerichtlich eingefordert werden, wenn ein güterrechtlicher Ausgleich – bei dem sie nicht berücksichtigt worden ist – bereits stattgefunden hat und im Ergebnis nicht mehr korrigiert werden kann[318]. Doch kann der wegen der schuldrechtlichen Forderung in Anspruch Genommene den Einwand der **unzulässigen Rechtsausübung** (§ 242 BGB, Gesichtspunkt des widersprüchlichen Verhaltens) erheben und geltend machen, dass der Zugewinnausgleich anders geregelt worden wäre, wenn die nachträglich geltend gemachte Forderung in der Zugewinnausgleichsbilanz berücksichtigt worden wäre[319]. Er kann also den Einwand der nachträglichen Verfälschung des bereits abgeschlossenen Zugewinnausgleichs erheben, und zwar unabhängig davon, ob dem Anspruchsgläubiger hinsichtlich des Nichteinbringens der Forderung in den Zugewinnausgleich ein Schuldvorwurf gemacht werden kann oder nicht; erforderlich ist nur, dass bei objektiver Betrachtung ein Verstoß gegen Treu und Glauben vorliegt. Auf diese Weise kann der Schuldner der schuldrechtlichen Forderung vor einer doppelten Belastung mit dieser Forderung, nämlich einerseits durch deren Nichtberücksichtigung beim Zugewinnausgleich und andererseits durch ihre spätere Geltendmachung gegen ihn, geschützt werden[320]. Die Darlegungs- und Beweislast dafür, dass und inwieweit die schuldrechtliche Forderung die getroffene Zugewinnausgleichsregelung zu seinem Nachteil verfälscht, trägt der wegen der schuldrechtlichen Forderung in Anspruch Genommene, der sich darauf beruft[321]. Der BGH erkennt diese Grundsätze – und zwar unabhängig von der Rechtsnatur der schuldrechtlichen Forderung – in einer Entscheidung vom 12.11.2008[322] jedenfalls für den Fall an, dass das Zugewinnaus-

---

318 BGH, FamRZ 2009, 193, 194 = NJW 2009, 1343.

319 *Hansen-Tilker,* FamRZ 1997, 1188, 1193; MAH/*Krebs,* § 20 Rn. 158. Vgl. auch *Haußleiter,* NJW 2006, 2741, 2743 (bei gesellschaftsrechtlicher Forderung).

320 So zu Recht BGH, FamRZ 2009, 193, 195 = NJW 2009, 1343.

321 BGH, FamRZ 2009, 193, 195 = NJW 2009, 1343, zugleich zum Umgang mit Beweisschwierigkeiten, die sich ergeben können, wenn der Zugewinnausgleich durch Vergleich geregelt worden ist.

322 FamRZ 2009, 193 = NJW 2009, 1343 = FamRB 2009, 65 *(Kogel),* m. Anm. *Börger,* FF 2009 164; dazu auch *Elden,* NJW-Spezial 2009, 164.

gleichsverfahren durch Vergleich beendet worden ist. Ist über den Zugewinnausgleich durch Urteil bzw. Beschluss entschieden worden, wird aber – jedenfalls im Ergebnis – nichts anderes gelten können[323].

Handelt es sich bei der im Zugewinnausgleich nicht berücksichtigten **479** Forderung um eine solche aus § 426 BGB, kommt – so der BGH in einer Entscheidung vom 9.2.2011[324] – allerdings auch eine andere Lösung in Betracht: Soweit die Ausgleichsforderung aus § 426 BGB durch ihr Einbringen in den Zugewinnausgleich neutralisiert würde, soweit also der nach § 426 BGB Ausgleichsberechtigte über den Zugewinnausgleich das ihm Zustehende wirtschaftlich wieder zurückgeben müsste[325], kann aus dem **Nichteinstellen der Ausgleichsforderung** bzw. -verpflichtung ins Endvermögen eine den Gesamtschuldnerausgleich ausschließende **anderweitige Bestimmung** herzuleiten sein[326].

E. Stichtag des Scheiterns der Ehe

Die Frage, mit welchem Stichtag die in der ehelichen Lebensgestaltung **480** liegende anderweitige Bestimmung endet, ab wann also sich ein Ausgleichsanspruch ergeben kann, wird in Rechtsprechung und Literatur nicht einheitlich beantwortet. Ganz überwiegend stellen Instanzgerichte[327] und Literatur[328] auf den Zeitpunkt der (endgültigen) Trennung ab. Teilweise wird – zum Schutz des bisher freigestellten Ehegatten und um ihm Gelegenheit zu geben, sich auf die neue Situation einzustellen – der Ablauf des Trennungsjahres für im Regelfall maßgeblich gehalten[329]. Vereinzelt wird auch der Zeitpunkt der Rechtshängigkeit des Scheidungsverfahrens genannt[330].

---

323 Insoweit bzgl. des rechtlichen Vorgehens bei der gebotenen Korrektur differenzierend *Hoppenz,* Anm. FamRZ 2009, 196. – Vgl. zur Problematik auch Rn. 946, 1029.

324 BGH, FamRZ 2011, 622, 627 = NJW 2011, 999.

325 Vgl. Rn. 469 ff.

326 In diesem Sinne auch *Roßmann,* FuR 2011, 541, 551; MAH/*Krebs,* § 20 Rn. 159. Kritisch aus dogmatischen Gründen *Brudermüller,* NJW 2011, 3196, 3197; Bedenken auch bei *Hoppenz,* FamRZ 2015, 582 (Anm.).

327 OLG Hamm, FamRZ 2016, 1369; OLG Brandenburg (2. FamS), FamRZ 2016, 232; OLG Bremen, FamRZ 2014, 1847; OLG Brandenburg (9. ZS), FamRZ 2007, 1172; OLG Köln, FamRZ 1992, 832, 834 u. 318; OLG Schleswig, FamRZ 1990, 165; OLG Saarbrücken, FamRZ 1990, 58; OLG Hamm, FamRZ 1989, 740 u. 1988, 620; OLG Oldenburg, FamRZ 1986, 468; LG Gießen, FamRZ 1995, 1071.

328 *Roßmann,* FuR 2011, 541, 544; *Schulz,* FPR 2006, 472, 473; *Schürmann/Weinreich,* FuR 2003, 60, 61; *Hahne,* FF 1999, 99, 103 f.; *Kleinle,* FamRZ 1997, 8, 10; *Kotzur,* NJW 1989, 817, 819; *Mehdorn,* S. 160; *Münch,* Scheidungsimmobilie, Rn. 360; *Schulz/Hauß,* Rn. 1531; wohl auch *Gernhuber,* JZ 1996,765, 770 u. 774.

329 *Johannsen/Henrich/Jaeger,* Rn. 39 f. vor § 1372; *Schwab/Borth,* IX Rn. 110.

330 OLG München, FamRZ 2000, 672; *Bosch,* FamRZ 2002, 366, 372 (jeweils bei gesetzlichem Güterstand).

481 Da Grundlage der ursprünglichen internen Haftungsbestimmung der Ehegatten das Bestehen der ehelichen Lebensgemeinschaft ist, muss der Zeitpunkt maßgebend sein, in dem das Scheitern der Ehe zum Ausdruck kommt[331]. Nach einer Entscheidung des BGH aus dem Jahre 1983[332] kann das Scheitern der Ehe in der endgültigen Trennung, in der Zustellung des Scheidungsantrages oder im Eintritt der Rechtskraft der Scheidung zum Ausdruck kommen. In neueren Entscheidungen favorisiert der BGH den Trennungszeitpunkt[333].

482 Regelmäßig kommt das Scheitern der Ehe in der **endgültigen Trennung** zum Ausdruck, die grds. im **Auszug eines Ehegatten** mit seinen persönlichen Sachen aus der Ehewohnung zu sehen ist. Auf diesen Zeitpunkt für den Regelfall abzustellen, erscheint sachgerecht, zumal er nach ganz h.M. in Rechtsprechung und Literatur auch für Ausgleichsansprüche bei unberechtigten Kontoabhebungen maßgebend ist[334] und eine möglichst einheitliche Handhabung erstrebenswert ist. Die Ehegatten selbst empfinden die räumliche Trennung meist als den entscheidenden Einschnitt. Der Scheidungsantrag wird in der Regel erst in Vollzug der bereits vorher gescheiterten Ehe gestellt. Auf ihn für den Regelfall abzustellen, verbietet sich darüber hinaus deshalb, weil sonst dem die Schulden Tilgenden ein Anreiz zum frühen Stellen eines Scheidungsantrages gegeben würde. Auch der Ablauf des Trennungsjahres folgt normalerweise dem Scheitern der Ehe nach und ist daher als Anknüpfungszeitpunkt nicht gerechtfertigt.

483 Vor allem aber spricht für die endgültige Trennung als maßgeblichen Zeitpunkt, dass von diesem Zeitpunkt an der bisher von der Schuldenlast freigestellte Ehegatte in der Regel keinen dem Schuldenabtrag gleichwertigen Beitrag zur ehelichen Lebensgemeinschaft mehr erbringt; die Leistung gleichwertiger Beiträge war aber Grundlage der anderweitigen Bestimmung während des Zusammenlebens. Ein grundsätzliches Schutzbedürfnis über den Zeitpunkt der endgültigen Beendigung der ehelichen Lebensgemeinschaft hinaus kann er nicht in Anspruch nehmen. Erhält ein Ehegatte Unterhalt, beteiligt er sich durch den Vorabzug der Verbindlichkeiten bei der Unterhaltsberechnung an der Schuldentilgung, und zwar bereits ab der Trennung. Das Gleiche gilt für den Unterhaltsbedürftigen, der wegen des Vorabzugs der Schulden vom Einkommen des Pflichtigen keinen Unterhalt bekommt. Es besteht keine Veranlassung, den unabhängig von der Schuldenlast (sei es wegen zuzurechnenden Eigenein-

331 So auch BGH, FamRZ 1983, 797, 799; FamRZ 1997, 487.

332 FamRZ 1983, 797, 799.

333 FamRZ 2005, 1236 = NJW 2005, 2307; FamRZ 1997, 487 (bei der Trennung nachfolgendem Scheidungsantrag); FamRZ 2001, 1442, 1443 = NJW 2000, 1944 (9. ZS).

334 Vgl. Rn. 570 u. Rn. 546.

kommens, sei es, weil der andere schon unabhängig von dem Schuldenabtrag nicht leistungsfähig ist, oder sei es aus anderen Gründen) nicht Unterhaltsberechtigten besser zu stellen, indem ihm eine Übergangsfrist gewährt wird, bevor er sich am Schuldenabtrag beteiligen muss. Im Übrigen weist der BGH[335] wiederholt zu Recht darauf hin, dass nach Aufhebung der ehelichen Lebensgemeinschaft im Allgemeinen kein Grund mehr besteht, dem sich nicht am Schuldenabtrag beteiligenden Ehegatten eine weitere Vermögensmehrung zukommen zu lassen.

Lässt im Einzelfall der Auszug eines Ehegatten mit seinen persönlichen Sachen keinen hinreichenden Schluss auf die Endgültigkeit der Trennung zu, z.B. weil er vom Ausziehenden als vorläufig oder als Versuch zur Rettung der Ehe bezeichnet wird, ist ausnahmsweise auf einen späteren Zeitpunkt abzustellen. Gibt es dann keine anderen Anknüpfungspunkte, ist der Zeitpunkt der Zustellung des Scheidungsantrages heranzuziehen. **484**

Ob bereits das **Getrenntleben in der Ehewohnung** zur Annahme eines endgültigen Scheiterns der Ehe führen kann, ist umstritten[336]. Maßgeblich müssen die jeweiligen Umstände des Getrenntlebens sein. Häufig kommt es nicht zu einem vollständigen Einstellen der beiderseitigen Leistungen füreinander. Dann aber ist ein Rückgriff auf die gesetzliche Grundregel der hälftigen Schuldentragung aus § 426 I S. 1 BGB (noch) nicht gerechtfertigt. Gerechtfertigt ist er aber, wenn die von der Rechtsprechung entwickelten Kriterien für ein Getrenntleben i.S. von § 1567 I BGB erfüllt sind und insbesondere die gegenseitige Versorgung und das gemeinsame Wirtschaften vollständig eingestellt worden sind, so dass es zu einer vollständigen wirtschaftlichen Separation gekommen ist[337]. **485**

F. Inhalt des Ausgleichsanspruchs

I. Ausgleichsanspruch nach Befriedigung des Gläubigers

Hat ein Ehegatte den gemeinsamen Gläubiger in einem Umfang befriedigt, der über den von ihm im Innenverhältnis geschuldeten Anteil hinausgeht, hat er einen **Zahlungsanspruch** gegen den anderen Ehegatten. Er kann Erstattung seiner Leistungen in Höhe des vom anderen intern geschuldeten Anteils verlangen, also Ersatz der geleisteten Überzahlung. Ist **486**

335 Etwa NJW-RR 1993, 386, 387; FamRZ 1983, 795, 796 = NJW 1983, 1845.

336 Bejahend: OLG Oldenburg, FamRZ 2013, 133; OLG Bamberg, FamRZ 2001, 1074. Verneinend: OLG Bremen, OLG-Report 2005, 315, 316 = FamRB 2005, 162 *(Heinle)*; LG Gießen, NJW-RR 2000, 1387 = FamRZ 2000, 1152 [LS]; vgl. dazu auch OLG Oldenburg, FamRZ 2006, 267.

337 In diesem Sinne OLG Oldenburg, FamRZ 2013, 133.

mit dem gemeinsamen Gläubiger Ratenzahlung vereinbart, entsteht jeweils bei Zahlung der Raten ein anteiliger Ausgleichsanspruch[338].

487 Der Anspruch ist sofort fällig, und zwar auch dann, wenn die Verbindlichkeiten Aufwendungen für Miteigentum betrafen; in diesem Falle entsteht der Erstattungsanspruch nicht etwa erst mit der Auflösung des gemeinschaftlichen Eigentums[339]. In Ausnahmefällen können besondere Umstände der sofortigen Geltendmachung des Anspruchs unter dem Gesichtspunkt der Pflicht zur gegenseitigen Rücksichtnahme entgegenstehen[340].

II. Anspruch auf Mitwirkung vor Befriedigung des Gläubigers

488 Schon vor der Befriedigung des Gläubigers hat jeder Gesamtschuldner gegenüber dem anderen einen Anspruch darauf, an der Befriedigung des Gläubigers entsprechend seinem Anteil im Innenverhältnis mitzuwirken[341]. Der Anspruch ergibt sich – ebenso wie der zu Rn. 486 genannte Zahlungsanspruch – aus § 426 I BGB[342]. Er richtet sich auf **Befreiung** (Freistellung)[343] von dem Teil der Schuld, den der Mitschuldner im Innenverhältnis zu tragen hat[344]. Denn die Gesamtschuldner haben sich so zu verhalten, dass keiner mehr als seinen Anteil leisten muss und es nicht zu einem Rückgriff kommt. Die Geltendmachung des Anspruchs dient dem Ziel zu verhindern, dass es auf Betreiben des Gläubigers zu einer – bezogen auf das Innenverhältnis – Überzahlung des Befreiung Begehrenden und damit zu einer Situation kommt, in der dieser beim Mitschuldner Rückgriff nehmen muss.

489 Der aus § 426 I BGB hergeleitete Befreiungsanspruch ist erst fällig, wenn auch die Gläubigerforderung fällig ist; denn der Mitschuldner kann zur Mitwirkung an der Befriedigung des Gläubigers nicht schon zu einem Zeitpunkt gezwungen sein, zu dem der Gläubiger noch von keinem der Gesamtschuldner Zahlung verlangen kann[345]. Der Befreiungsanspruch

338 OLG München, MDR 1972, 239.

339 OLG Köln, FamRZ 1992, 832, 834, m.w.N. Vgl. aber OLG Hamm, FamRZ 1997, 365: Fälligkeit in nach Kalenderjahren bemessenen Abrechnungszeiträumen.

340 OLG Düsseldorf, FamRZ 1999, 228 (bei Durchsetzung des Anspruchs drohende Insolvenz des Ausgleichsschuldners); *Gerhards*, FamRZ 2001, 661, 664 f.

341 Vgl. *Palandt/Grüneberg*, § 426 Rn. 5.

342 Anders als der Zahlungsanspruch kann der Befreiungsanspruch nicht auch auf § 426 II BGB gestützt werden; vgl. Rn. 361.

343 Die Begriffe Befreiung und Freistellung meinen den gleichen rechtlichen Vorgang, jedoch aus unterschiedlicher Sicht: Der Gläubiger hat einen Befreiungsanspruch, den Schuldner trifft eine Freistellungsverpflichtung; *Rohlfing*, MDR 2012, 257.

344 OLG Naumburg, FamRZ 2005, 906 = FamRB 2005, 66 *(Wever)*.

345 *Staudinger/Looschelders*, 2012, § 426 Rn. 98.

beschränkt sich somit auf den **fälligen Teil der Gesamtschuld**[346], ggf. also auf vereinbarte, schon fällige, aber noch nicht gezahlte Raten. Wegen des noch nicht fälligen Teils, ggf. der noch nicht fälligen Raten, kann künftige Befreiung verlangt werden (§ 258 ZPO)[347]; die Forderung, von der (bereits jetzt oder künftig) freigestellt werden soll, ist im Verfahren nach Grund und Höhe zu bezeichnen[348]. Nach Fälligwerden der gesamten Verbindlichkeit – etwa durch Kündigung der Bank wegen Zahlungsrückständen – erfasst der Befreiungsanspruch die gesamte Schuld[349].

Der Anspruch kann erforderlichenfalls durch Stellen eines entsprechenden Antrags (früher: Klage) und Zwangsvollstreckung gem. § 120 I FamFG, § 887 ZPO durchgesetzt werden[350]. Dazu gilt grundsätzlich das zu Rn. 504 f. Gesagte entsprechend. Jedoch muss bei dem aus § 426 I BGB hergeleiteten Befreiungsanspruch nicht dem Befreiungsschuldner überlassen werden, wie er die Befreiung leistet, sondern es kann unmittelbar Zahlung an den gemeinsamen Gläubiger verlangt werden, denn hier geht es um einen bereits fälligen Anspruch[351]. Mangelnde oder nicht rechtzeitige Mitwirkung bei der Befriedigung des Gläubigers kann zu einer Schadensersatzpflicht gem. §§ 286, 280 BGB führen (z.B. wegen entstandener Kreditkosten)[352]. Bei Insolvenz des Befreiungsschuldners stellt gegebenenfalls nicht nur der Ausgleichsanspruch aufgrund geleisteter Zahlungen, sondern auch der Befreiungsanspruch eine zur Tabelle anzumeldende Insolvenzforderung dar[353]. 490

---

346 BGH, NJW 1986, 978; OLG Bremen, FamRZ 2016, 1713, 1715 = NJW 2016, 1248; OLG Frankfurt, FamRZ 2011, 126, 127; *Gerhards*, FamRZ 2006, 1793, 1794. – Demgegenüber beschränkt sich der Befreiungsanspruch nach Kündigung des einer Schuldmitübernahme zugrunde liegenden Rechtsverhältnisses nicht auf den fälligen Teil der Gesamtschuld (dazu Rn. 492 ff.).

347 OLG Bremen, FamRZ 2014, 1847; FamRZ 2002, 392; LG Marburg, FamRZ 1998, 1234.

348 Vgl. BGH, FamRZ 2005, 1236, 1238 = NJW 2005, 2307; OLG Frankfurt, MDR 2014, 1249. Ist eine Bezifferung noch nicht möglich, kommt ein Feststellungsantrag in Betracht; vgl. *Zöller/Greger*, § 258 Rn. 2.

349 Vgl. etwa OLG Stuttgart, FamRZ 2010, 1165; OLG Zweibrücken, FamRZ 2005, 910; OLG München, FamRZ 2001, 224 (im Fall einer Kreditaufnahme schon vor der Heirat); OLG Schleswig, MDR 1998, 1493.

350 Zur vertraglichen Regelung des Befreiungsanspruchs vgl. *Wever*, FPR 2001, 92, 95, m.w.N.

351 So auch OLG Schleswig, MDR 1998, 1493; *Palandt/Grüneberg*, § 426 Rn. 4; *Staudinger/Looschelders*, 2012, § 426 Rn. 97; anders OLG Karlsruhe, WM 2009, 407, 408; *Schulz/Hauß*, Rn. 1540.

352 Vgl. MAH/*Krebs*, § 20 Rn. 68; *Staudinger/Looschelders*, 2012, § 426 Rn. 100; MünchKomm/*Bydlinski*, § 426 Rn. 71.

353 OLG Jena, FamRZ 2012, 372 = FamRB 2012, 17 *(Janlewing)*: aufschiebend bedingte Insolvenzforderung.

491 Nimmt ein Ehegatte, der im Innenverhältnis zum Abtrag eines gesamtschuldnerischen Darlehens verpflichtet ist und der – nachdem er die Abtragszahlungen zunächst eingestellt hatte – zur Befreiung des anderen Ehegatten von der Schuld verurteilt worden ist, den Darlehensabtrag mit der Folge wieder auf, dass der Darlehensgläubiger von einer Kündigung des Darlehens absieht, so erfüllt er damit nach zutreffender Ansicht des OLG Köln[354] seine Befreiungsverpflichtung (wieder); eine Zwangsvollstreckung aus dem Befreiungstitel scheidet daher aus. Dies beruht darauf, dass Inhalt der Befreiungsverpflichtung im geschilderten Fall nicht die Ablösung der gesamten (noch nicht fällig gestellten) Schuld, sondern nur die Begleichung der fälligen Raten ist.

G. Befreiungsanspruch bei alleiniger Haftung im Innenverhältnis

I. Interessenlage

492 Hat nach dem Scheitern der Ehe im Innenverhältnis ein Ehegatte für die gemeinsame Verbindlichkeit allein aufzukommen, ändert sich dadurch nichts an der gesamtschuldnerischen Mithaftung des anderen Ehegatten im Außenverhältnis. So trägt etwa die Ehefrau, die die Mithaftung für Schulden betreffend ein Grundstück übernommen hat, dessen Alleineigentümer der Ehemann ist, u.U. auf lange Zeit das wirtschaftliche Risiko, dass dieser die Verbindlichkeiten nicht mehr bedient und sie vom Gläubiger in Anspruch genommen wird. Ihr bietet also die Erkenntnis, dass der intern für die Schuldenrückführung zuständige Mann von ihr im Innenverhältnis keinen Ausgleich für an den Gläubiger geleistete Zahlungen und sie Befreiung – beschränkt auf den fälligen Teil der Gesamtschuld – verlangen kann[355], keinen Schutz vor eventueller Inanspruchnahme durch den Gläubiger in der Zukunft, d.h. hinsichtlich des noch **nicht fälligen Teils der Gesamtschuld**. In der gleichen unbefriedigenden Situation befindet sich die Ehefrau, die die Mithaftung für geschäftliche Schulden des Ehemannes übernommen und vielleicht sogar noch Sicherheiten auf dem eigenen Grundstück bestellt hat[356]. Sie ist u.U. in ihren wirtschaftlichen Dispositionsmöglichkeiten – etwa bei der Verwertung des Grundstücks – erheblich eingeschränkt. Es stellt sich die Frage, ob der für die Schulden im Innenverhältnis nicht zuständige Ehegatte die Beibehaltung dieses Zustandes in einer solchen Situation hinnehmen muss.

354 FamRZ 2005, 471 = FamRB 2004, 281 *(Wever)*.
355 Vgl. Rn. 404 u. 488 f.
356 BGH, FamRZ 1989, 835 = NJW 1989, 1920; FamRZ 2015, 818; vgl. auch Rn. 398.

Beispiel[357]: 493

Ehemann M betreibt einen Gewerbebetrieb. Seine Ehefrau F hat während des Zusammenlebens die Mithaftung für geschäftliche Kredite über 150.000 € übernommen und zur Sicherheit eine Grundschuld auf einem ererbten Grundstück bestellt. Nach der Trennung wünscht F, von der Mithaftung für die Schulden und von der Stellung der Sicherheit befreit zu werden. Das Grundstück will sie zur Sicherstellung einer angemessenen Lebensführung für sich und die gemeinsamen Kinder verwerten. M wendet ein, er sei zu einer Umschuldung nicht in der Lage. Der Betrieb sei nach wie vor Existenzgrundlage für ihn und die Familie.

Die Lage der F stellt sich wie folgt dar: M hat nach dem Scheitern der Ehe, spätestens ab Rechtshängigkeit der Scheidung als dem für die Berechnung des Zugewinnausgleichs maßgebenden Stichtag, für den Geschäftskredit – ungeachtet dessen eventueller unterhaltsrechtlicher Relevanz – im Innenverhältnis allein aufzukommen[358]. Bei fortbestehender Mithaftung ist F aber dem Risiko ausgesetzt, dass M die Verbindlichkeiten nicht mehr bedient und sie vom Gläubiger in Anspruch genommen wird. Zudem ist sie in ihren wirtschaftlichen Dispositionsmöglichkeiten hinsichtlich des Grundstücks eingeschränkt. Mit einer Befreiung nur hinsichtlich des fälligen Teils des Kredits ist ihr nicht gedient. Die Frage ist, ob sie Befreiung auch hinsichtlich des noch nicht fälligen Teils der Verbindlichkeit und hinsichtlich der gestellten Sicherheit verlangen kann.

II. Befreiungsanspruch unter Heranziehung des Auftragsrechts

1. Rechtliche Konstruktion

Ein Ehegatte, der wie im vorstehenden Beispielsfall die F, nach Scheitern der Ehe im Innenverhältnis für eine gemeinsame Schuld nicht einzutreten hat, muss in der Regel die Beibehaltung der Haftungslage auf Dauer nicht hinnehmen. Die Rechtsprechung gewährt ihm – unabhängig davon, ob die Ehe in Gütertrennung oder im gesetzlichen Güterstand geführt wurde – grundsätzlich einen (nicht auf den fälligen Teil der Gesamtschuld beschränkten) Anspruch auf **Befreiung von der Mithaftung im Außenverhältnis**, sofern vertraglich nichts anderes bestimmt ist, und zwar nach den Regeln des Auftragsrechts[359]. Die Heranziehung der zur Rückabwicklung ehebezogener Zuwendungen entwickelten Grundsätze (Wegfall der Geschäftsgrundlage) lehnt die Rechtsprechung dagegen ab, weil die bloße Haftungsmitübernahme keine Zuwendung darstellt[360]. Gesellschaftsrecht ist regelmäßig nicht anwendbar, weil durch die bloße Haftungsmitübernahme keine Ehegatteninnengesellschaft begrün- 494

357 Nach BGH, FamRZ 1989, 835 = NJW 1989, 1920.

358 Vgl. Rn. 398.

359 BGH, FamRZ 1989, 835 = NJW 1989, 1920; OLG Hamm, FamRZ 1992, 437; OLG Celle, FamRZ 1985, 710; LG Ulm, FamRZ 2003, 1190, m. Anm. FamRZ 2003, 1669; *Gerhards,* FamRZ 2006, 1793, 1794 ff.; *Hayler,* S. 42, 126. Zum Befreiungsanspruch informativ *Görmer,* JuS 2009, 7.

360 Vgl. Rn. 895.

det wird, da mit ihr kein über die Verwirklichung der ehelichen Lebensgemeinschaft hinausgehender Zweck verfolgt wird[361].

495 Der Heranziehung des Auftragsrechts in derartigen Fällen – insbesondere also bei Übernahme der Mithaftung für Geschäftsschulden des Ehepartners[362], aber auch für Schulden betreffend das im Alleineigentum des anderen stehenden Grundstücks[363] – liegt folgende rechtliche Konstruktion zugrunde[364]:

496 Die Haftungsmitübernahme kann als auf einem **Auftrag** nach § 662 BGB beruhend angesehen werden. Ein solcher Auftrag, der der Verwirklichung der ehelichen Lebensgemeinschaft dient, kann zwar wegen der aus § 1353 BGB abgeleiteten Bindungen vom Beauftragten nicht jederzeit gem. § 671 I BGB gekündigt werden. Das Scheitern der Ehe stellt aber einen wichtigen Grund dar, der ein Kündigungsrecht gibt (vgl. § 671 III BGB). Die Kündigung kann schon in einem vorprozessualen Befreiungsverlangen gesehen werden und soll nach – zweifelhafter – Ansicht des OLG Saarbrücken[365] in angemessener Frist ab Kenntniserlangung vom Kündigungsgrund erfolgen müssen. Sie führt dazu, dass der Beauftragte gem. § 670 BGB Ersatz seiner Aufwendungen verlangen kann. Hat er in Erfüllung seiner Pflichten aus dem Auftrag eine Verbindlichkeit übernommen, kann er gem. § 257 S. 1 BGB Befreiung von der Verbindlichkeit, also Freistellung von der persönlichen Haftung und damit von dem Risiko seiner Inanspruchnahme durch den gemeinsamen Gläubiger verlangen[366]. Anders als in den zu Rn. 488 f. genannten Fällen beschränkt sich, wie schon erwähnt, hier der Befreiungsanspruch nicht auf den fälli-

---

361 Vgl. BGH, FamRZ 1989, 835 = NJW 1989, 1920. Erfolgt die Haftungsmitübernahme im Rahmen einer anderweitig begründeten Ehegatteninnengesellschaft, erfolgt die Abwicklung allerdings nach Gesellschaftsrecht; hier kann sich ein Befreiungsanspruch aus § 738 I S. 2 BGB ergeben; vgl. auch Rn. 384.

362 So in BGH, FamRZ 1989, 835 = NJW 1989, 1920.

363 OLG Saarbrücken, NJW-RR 2010, 1441 = FamRZ 2010, 1856 [LS]; LG Ulm, FamRZ 2003, 1190; OLG Stuttgart gem. Anm. FamRZ 2003, 1669; LG Frankenthal, FamRZ 2010, 1904 [LS]; *Gerhards*, FamRZ 2006, 1793. Zweifelnd OLG Frankfurt, FamRZ 2011, 126, 127.

364 Krit. dazu: *Koch*, FamRZ 1994, 537, die die Grundsätze über den Wegfall der Geschäftsgrundlage (§ 313 BGB) anwenden will und auf diesem Wege zum gleichen Ergebnis eines Anspruchs auf Befreiung kommt; *Bosch*, FamRZ 2002, 366, 369; *Hoffmann*, JR 2001, 221, der zwar Auftragsrecht anwenden, aber die Beendigung des Auftrags nicht an eine Kündigung beim Scheitern der Ehe, sondern an den Eintritt der Substituierbarkeit der Mithaftung (insbesondere Umschuldungs- oder Ablösungsmöglichkeit) knüpfen will.

365 NJW-RR 2010, 1441 = FamRZ 2010, 1856 [LS] (unter Heranziehung des § 314 III BGB); ebenso AG Steinfurt, FamRZ 2017, 1563. Dazu *Wever*, FamRZ 2011, 413, 418 f. Gegen die Ansicht des OLG Saarbrücken spricht, dass der Beauftragte, wenn er die Befreiung für dem anderen Ehegatten gegenwärtig nicht zumutbar hält, mit einer Kündigung des Auftragsverhältnisses warten können muss.

366 Vgl. BGH, FamRZ 1989, 835 = NJW 1989, 1920.

gen Teil der Gesamtschuld[367]. Ist der Beauftragte bereits vom Gläubiger in Anspruch genommen worden, so ist sein Interesse nicht mehr auf Befreiung gerichtet; er kann vielmehr Erstattung der geleisteten Zahlungen als Aufwendungsersatz gem. § 670 BGB beanspruchen[368].

2. Inhalt des Befreiungsanspruchs

Auf welche Weise die Befreiung zu geschehen hat, ist gesetzlich nicht **497**
geregelt. In Betracht kommen **verschiedene Möglichkeiten**. Zunächst kann der Befreiungsschuldner an den gemeinsamen Gläubiger zahlen[369]. Evtl. kann er aber auch erreichen, dass der gemeinsame Gläubiger einem Erlass seiner Forderung dem Befreiungsgläubiger gegenüber zustimmt oder dass er ihn aus der Haftung entlässt, gegebenenfalls gegen Stellung eines Ersatzgesamtschuldners, eines Bürgen oder einer sonstigen Sicherheit. Schließlich eröffnet § 257 S. 2 BGB dem Befreiungsschuldner auch die Möglichkeit, dem Befreiungsgläubiger Sicherheit zu leisten und dadurch die Durchsetzung der Befreiung vorläufig abzuwenden[370]. Der Schuldner hat ein **Wahlrecht**, wie er die Befreiung vornehmen will[371].

3. Einschränkungen

Jedoch unterliegt der aus Auftragsrecht hergeleitete Anspruch auf Be- **498**
freiung Einschränkungen, die sich aus § 242 BGB, aber auch daraus ergeben können, dass das Rechtsverhältnis in der ehelichen Lebensgemeinschaft begründet ist, die auch nach dem Scheitern der Ehe nachwirkt (§ 1353 BGB, Pflicht zur gegenseitigen Rücksichtnahme)[372]. Die Befreiung muss dem darauf in Anspruch genommenen Ehegatten **unter Berücksichtigung der beiderseitigen Interessen zumutbar** sein. Dies ist ein Gesichtspunkt, der bereits in § 671 II S. 1 BGB zum Ausdruck kommt, was den BGH[373] veranlasst zu formulieren, schon die Kündigung selbst

367 Vgl. auch BGH, NJW 1986, 978.

368 Vgl. OLG Hamm, FamRZ 2003, 97. Siehe dazu auch Rn. 845.

369 Für eine evtl. Vorfälligkeitsentschädigung muss der Befreiungsschuldner aufkommen. Es handelt sich um Kosten, die er im Falle einer Vollstreckung aus einem Befreiungstitel gem. § 887 II ZPO auch tragen müsste, vgl. Rn. 505.

370 Zu allem *Gerhards*, FamRZ 2006, 1793, 1795. Vgl. auch BGH, NJW 1984, 2151, m.w.N. Zur Sicherheitsleistungsbefugnis *Görmer*, NJW 2012, 263. Zur Frage, wer die Kosten der Enthaftung tragen muss, AG Weilburg, FamRZ 2015, 1965: Bankgebühren für Haftungsbefreiungserklärung haben – im Fall einer Gesamtschuld für eine Immobilie im Alleineigentum – die Ehegatten je hälftig zu tragen. Zur Vorfälligkeitsentschädigung vorstehend Fn. 369.

371 BGH, NJW 1984, 2151; *Palandt/Grüneberg*, § 257 Rn. 2.

372 BGH, FamRZ 1989, 835; bestätigt durch BGH, FamRZ 2015, 818 = NJW 1989, 1920.

373 FamRZ 1989, 835, 837 f.; FamRZ 2015, 818, Rn. 23.

dürfe nur in der Art erfolgen, dass der Auftraggeber für die Besorgung des Geschäfts anderweit Fürsorge treffen könne[374].

499 Es ist daher auf der einen Seite von Bedeutung, welche Umschuldungsmöglichkeiten der auf Befreiung in Anspruch Genommene hat und inwieweit er durch das Befreiungsverlangen in wirtschaftliche Bedrängnis gerät. Diente die Übernahme der Mithaftung – etwa für einen geschäftlichen Kredit – dazu, dem wirtschaftenden Ehegatten bessere Erwerbschancen zur Bestreitung des Familienunterhalts zu verschaffen, kann das in der Weise zu berücksichtigen sein, dass ihm als grundsätzlich zur Befreiung Verpflichteten die Rückführung der Verbindlichkeiten im Rahmen eines vernünftigen, seine Möglichkeiten berücksichtigenden Tilgungsplanes eingeräumt, ihm also eine ratenweise Befreiung zugestanden wird[375]. Einem Befreiungsanspruch kann entgegenstehen, dass der Verpflichtete keine Sicherheiten anbieten kann und kein verwertbares Vermögen hat. Auf der anderen Seite ist das Interesse des die Befreiung Begehrenden zu berücksichtigen, das Risiko der Inanspruchnahme durch den gemeinsamen Gläubiger zu beseitigen und seine Kreditwürdigkeit zu verbessern[376].

500 Die Darlegungs- und Beweislast für einem Befreiungsanspruch entgegenstehende Umstände trägt der die entsprechende Einwendung geltend machende Befreiungsschuldner[377]. Der Befreiungsanspruch kann aufgrund der genannten Umstände langfristig, gegebenenfalls sogar auf Dauer ausgeschlossen sein. Verbessern sich die zunächst einer Befreiungsverpflichtung entgegenstehenden wirtschaftlichen Verhältnisse des auf Befreiung in Anspruch Genommenen, so kann die Frage der Zumutbarkeit und damit des Bestehens eines Befreiungsanspruchs neu zu beurteilen sein[378].

---

374 Danach darf das grds. mit dem Scheitern der Ehe eröffnete Kündigungsrecht nur unter Berücksichtigung der genannten Einschränkungen ausgeübt werden. Ob dies bedeutet, dass das Recht zur Ausübung der Kündigung ggf. zeitlich hinausgeschoben ist (so wohl BGH, FamRZ 2015, 818, Rn. 31 f.), oder dass das bei Scheidung gegebene Kündigungsrecht nur in den Folgen die ggf. gegebenen Einschränkungen berücksichtigen muss (in diese Richtung *Staudinger/Martinek/Omlor*, BGB 2017, § 671 Rn. 16; wohl auch BGH, FamRZ 1989, 835, 837 f.), erscheint unklar.

375 Vgl. BGH, FamRZ 1989, 835 = NJW 1989, 1920, u. FamRZ 1990, 1219, 1221.

376 Zu den für die Frage der Zumutbarkeit maßgebenden Kriterien anschaulich LG Ulm, FamRZ 2003, 1190, in einem Fall der Mithaftung eines Ehemannes für Darlehen, die der Finanzierung einer im Eigentum der Frau stehenden Eigentumswohnung dienten. Während das LG Ulm einen fälligen Befreiungsanspruch im Hinblick auf die beengte wirtschaftliche Situation der Frau mangels Zumutbarkeit verneint hat, ist das OLG Stuttgart als Berufungsgericht zum gegenteiligen Ergebnis gekommen, vgl. Anm. FamRZ 2003, 1669.

377 So auch *Gerhards*, FamRZ 2006, 1793, 1799.

378 Zur evtl. zu beachtenden Frist zur Kündigung des Auftragsverhältnisses Rn. 496. Zur Frage der Verjährung des Befreiungsanspruchs Rn. 508 f.

Es wäre wünschenswert, wenn die Rechtsprechung genauere Kriterien für die Einschränkungen, denen der Befreiungsanspruch unterliegt, entwickeln würde. *Gerhards*[379] schlägt vor, die Wertungen des § 1382 BGB heranzuziehen und auf die Frage abzustellen, ob die Befreiung unter Berücksichtigung der Interessen von Befreiungsschuldner und Befreiungsgläubiger zur Unzeit erfolgen würde. Danach könnten dem Befreiungsanspruch nur Umstände entgegenstehen, die temporärer Natur sind. **501**

Ein Befreiungsanspruch scheidet nicht bereits deshalb aus, weil die Schulden von dem dafür intern zuständigen Ehegatten bisher regelmäßig bedient worden sind und es keinen Anlass für die Annahme gibt, das könne sich ändern[380]. Denn nach dem Scheitern der Ehe hat der andere Ehegatte grundsätzlich keinen Anlass mehr, die im Interesse des Partners eingegangenen Risiken weiter zu tragen. Eine Weiterhaftung kann ihm, auch wenn keine konkrete Inanspruchnahme droht, bereits im Hinblick auf das Risiko späterer Insolvenz des Partners nicht zuzumuten sein[381]. Doch ist die Frage, ob der die Befreiung Fordernde tatsächlich mit einer Inanspruchnahme rechnen muss, im Rahmen der vorzunehmenden Interessenabwägung zu berücksichtigen[382]. **502**

4. Weitere Anwendungsbereiche

Die geschilderten Grundsätze können auch Anwendung finden, wenn ein Ehegatte im Interesse des anderen die **alleinige Haftung für eine Verbindlichkeit** übernommen hat[383]. Sie sind auch dann heranzuziehen, wenn ein Ehegatte im Interesse des anderen eine **Sicherheit gestellt** hat, z.B. eine Grundschuld (wie im Beispielsfall Rn. 493[384] oder im Fall einer Entscheidung des BGH vom 4.3.2015[385]), oder eine Bürgschaft, oder eine **503**

379 FamRZ 2006, 1793, 1796 ff.

380 Zu Recht anders entschieden hat das OLG Karlsruhe, FamRZ 1991, 802, in einem Fall, in dem die Bereitstellung der dinglichen Sicherheit nach Scheitern der Ehe erfolgt war. Vgl. dazu auch Rn. 846.

381 Vgl. auch OLG Saarbrücken, NJW-RR 2010, 1441, 1442 = FamRZ 2010, 1856 [LS]; FamRZ 1990, 58; *Koch*, FamRZ 1994, 537, 539.

382 LG Frankenthal, FamRZ 2010, 1904 [LS].

383 Vgl. OLG München, FPR 2003, 502 = FamRZ 2003, 874 [LS]. Dazu auch Rn. 518 ff.

384 BGH, FamRZ 1989, 835. Vgl. auch OLG Hamm, FamRZ 1992, 437 (bei Absicherung der Schulden auf dem Miteigentumsanteil am gemeinsamen Grundstück); OLG Schleswig, SchlHA 1998, 212.

385 FamRZ 2015, 818, m. Anm. Wagner S. 997 = FamRB 2015, 203 *(Frank)* = NZFam 2015, 524 *(Opitz)*. Hier war im Rahmen der Zumutbarkeitsabwägung (Rn. 498 ff.) von Gewicht, dass der Sicherungsnehmer (Ehemann) der Sicherungsgeberin (Ehefrau) den von ihr angesichts erforderlicher Kreditverlängerungen bzw. -umschuldungen erbetenen, die weitere Benötigung der Sicherheit erklärenden Tilgungsplan nicht vorgelegt hatte. Zu dieser Entscheidung näher *Wever*, FamRZ 2015, 1243, 1246.

an die finanzierende Bank abgetretene Lebensversicherung[386], und zwar sowohl, wenn es um die Absicherung einer gemeinsamen gesamtschuldnerischen Verbindlichkeit, als auch wenn es um die Absicherung einer alleinigen Schuld des anderen Ehegatten geht; vgl. dazu Rn. 842, 844.

5. Durchsetzung des Anspruchs

504 Kommt der Schuldner der Verpflichtung zur Befreiung des Gläubigers nicht freiwillig nach, kann dieser ihn auf Befreiung von der – nach Grund und Höhe zu bezeichnenden[387] – Verbindlichkeit gerichtlich in Anspruch nehmen; wegen des Rechts des Schuldners zu wählen, wie er die Befreiung leisten will, kann grundsätzlich nicht Zahlung an den gemeinsamen Gläubiger verlangt werden[388]. Gegebenenfalls ist auch an Schadensersatzansprüche zu denken[389], soweit nicht schon Erstattung geleisteter Zahlungen als Aufwendungsersatz verlangt werden kann[390]. Geht es um eine gestellte Sicherheit, ist der Aufwendungsersatzanspruch gerichtet auf Befreiung von der Sicherheit, z.B. einer Grundschuld[391].

505 Ist der Befreiungsanspruch tituliert, richtet sich die Zwangsvollstreckung nach § 120 I FamFG, § 887 ZPO (vertretbare Handlung). Auf Antrag wird der Gläubiger des Titels ermächtigt, auf Kosten des Schuldners die gesamtschuldnerische Verbindlichkeit gegenüber dem gemeinsamen Gläubiger zu erfüllen (Ermächtigung zur Ersatzvornahme), während der Schuldner verpflichtet wird, die Kosten der Ersatzvornahme, also den Betrag der Verbindlichkeit, ggf. zuzüglich einer zu zahlenden Vorfälligkeitsentschädigung[392], an den Gläubiger des Befreiungstitels vorauszuzahlen[393]. Geht es um die Befreiung von einer Grundschuld (Beibringung einer Löschungsbewilligung der Gläubigerin), so erfolgt die Zwangsvoll-

386 OLG Saarbrücken, NJW-RR 2010, 1441 = FamRZ 2010, 1856 [LS].

387 Siehe schon Rn. 489. Vgl. zur erforderlichen Bestimmtheit des Titels OLG Saarbrücken, FamRZ 1999, 110.

388 Nach Ansicht des OLG Schleswig, SchlHA 1998, 212, kann der Befreiungsgläubiger ausnahmsweise im Rahmen des Befreiungsanspruchs unmittelbar Zahlung an den Gläubiger verlangen, wenn seine Inanspruchnahme nach den Umständen mit Sicherheit zu erwarten ist (in einem Fall, in dem die Restforderung des Gläubigers bereits fällig war und dieser mit der Verwertung der vom Befreiungsgläubiger gestellten dinglichen Sicherheit begonnen hatte). Anders – bei Bürgschaft – BGH, NJW 2000, 1643.

389 Vgl. dazu Rn. 490.

390 Vgl. dazu Rn. 496 a.E.

391 BGH, FamRZ 2015, 818, 820 (im entschiedenen Fall konnte der bei der erfolgten Zwangsversteigerung des Grundstücks aus der Grundschuld erlöste Betrag als Aufwendungsersatz verlangt werden).

392 *Gerhards,* FamRZ 2006, 1793, 1799.

393 Vgl. OLG Hamburg, FamRZ 1983, 212 (im Fall eines Freistellungsanspruchs wegen Unterhalts); *Kleinle,* FamRZ 1997, 8, 12; zur Formulierung des Antrags: *Gerhards,* FamRZ 2006, 1793, 1799; *Wilhelm,* FuR 2000, 353, 356. Zur Berücksichtigung der Befugnis des

streckung ebenfalls nach § 120 I FamFG, § 887 ZPO, wenn die zur Ablösung zu zahlende Summe feststeht und die Gläubigerin zur Löschung bereit ist oder dazu gezwungen werden kann (auch dann handelt es sich um eine vertretbare Handlung)[394].

H. Sonstiges

I. Darlegungs- und Beweislast

Der Umstand, dass die Haftung der Gesamtschuldner im Innenver- 506
hältnis zu gleichen Anteilen die gesetzliche Regel ist (§ 426 I S. 1 BGB), hat zur Folge, dass derjenige Ehegatte, der eine vom Halbteilungsgrundsatz abweichende Verteilung verlangt, der also weniger als die Hälfte der Verbindlichkeit tragen will, das Vorliegen von Umständen darlegen und gegebenenfalls beweisen muss, die eine solche Verteilung rechtfertigen. Er trägt also die Darlegungs- und Beweislast dafür, dass eine anderweitige Bestimmung vorliegt[395]. Stützt ein Ehegatte seine Ansicht, für die vom anderen getragene Schuld keinen Ausgleich zu schulden, auf die – bestrittene – Behauptung, bei Schuldentragung hätten die Eheleute noch zusammengelebt (anderweitige Bestimmung durch tatsächliche Lebensgestaltung)[396], so ist er dafür beweispflichtig[397].

II. Fälle mit Auslandsberührung

Auf einen Gesamtschuldnerausgleich zwischen ausländischen Staats- 507
angehörigen, die im Inland gemeinsam ein Darlehen aufgenommen haben, ist nach einer Entscheidung des BGH vom 26.9.2007[398] deutsches Recht anzuwenden[399]. In Fällen mit Auslandsberührung sind bei Vertragsschluss vor dem 17.12.2009 die Art. 27 ff. EGBGB, bei Vertragsschluss danach ist die Rom I-VO[400] heranzuziehen[401].

Befreiungsschuldners zur Sicherheitsleistung an den Befreiungsgläubiger bei Fassung des Antrags und in der Vollstreckung *Görmer*, NJW 2012, 263, 264.

394 OLG Bremen, Beschl. v. 28.5.2014, 4 UF 46/14, juris.

395 Vgl. BGH, FamRZ 1987, 1239, 1241 = NJW 1988, 133; OLG Bremen, FamRZ 2014, 1847, m. Anm. *Herr*, FF 2014, 502 = FamRB 2014, 444 *(Frank)*.

396 Vgl. Rn. 362 ff.

397 *Schulz/Hauß*, Rn. 1469.

398 BGH, FamRZ 2007, 1975 = FamRBint 2008, 29 *(Stößer)*.

399 Vgl. auch *Finger*, FamRBint 2012, 37, 42.

400 Verordnung (EG) Nr. 593/2008 des Europäischen Parlaments und des Rates über das auf vertragliche Schuldverhältnisse anzuwendende Recht. Dazu *Henrich*, Rn. 259 ff.

401 Zur kollisionsrechtlichen Anknüpfung für den Schuldenausgleich bei von deutschen Staatsangehörigen in Österreich für die dort gelegene Ehewohnung aufgenommenem Kredit OGH, FamRZ 2016, 229, m. Anm. *Wiedemann*; dazu *Andrae*, IPRax 2017, 526. – Zur Situation bei Hausdarlehen kroatischer Ehegatten Rn. 880.

III. Verjährung

508 Ansprüche aus § 426 I BGB unterliegen der regelmäßigen Verjährungsfrist[402], die seit 1.1.2002 drei Jahre beträgt (§ 195 BGB)[403]; das gilt auch für den sich aus § 426 I BGB ergebenden Befreiungsanspruch[404]. Der Beginn der Frist richtet sich nach § 199 I BGB. Entstanden i.S. des § 199 I Nr. 1 BGB ist ein Ausgleichsanspruch mit der Begründung und Fälligkeit der Gesamtschuld im Verhältnis zwischen Gesamtschuldgläubiger und Gesamtschuldnern. Das gilt nicht nur für den Befreiungs-, sondern auch für den sich aus § 426 I BGB ergebenden Zahlungsanspruch[405]. Dieser entsteht i.S. des § 199 I Nr. 1 BGB also nicht erst in dem Zeitpunkt, in dem einer der Gesamtschuldner den gemeinsamen Gläubiger befriedigt[406]. Die 3-jährige Verjährungsfrist läuft vielmehr für den Anspruch aus § 426 I BGB in seinen verschiedenen Ausprägungen – zunächst als Mitwirkungs- und Befreiungsanspruch, nach Befriedigung des Gläubigers als Zahlungsanspruch – einheitlich. Zu beachten ist die Verjährungshemmung während bestehender Ehe nach § 207 I S. 1 BGB.

509 Auch für den unter Heranziehung des Auftragsrechts aus § 257 S. 1 BGB hergeleiteten Befreiungsanspruch (Rn. 494 ff.) gilt die regelmäßige Verjährungsfrist von drei Jahren[407]. Für den Beginn der Verjährung nach § 199 I Nr. 1 BGB ist nicht auf den Schluss des Jahres abzustellen, in dem der Befreiungsanspruch fällig geworden ist, sondern auf den Schluss des Jahres, in dem die Forderung fällig geworden ist, von der zu befreien ist[408].

---

402 BGH, NJW 2010, 62 (auch zur Unabhängigkeit der Verjährung des Anspruchs aus § 426 I BGB von der Verjährung des nach § 426 II BGB übergegangenen Anspruchs des Gesamtschuldgläubigers gegen den Ausgleichspflichtigen).

403 Zuvor 30 Jahre (§ 195 BGB in der vor dem 1.1.2002 geltenden Fassung). Vgl. dazu sowie zum Übergangsrecht Rn. 1056 a.E. – Die 3-Jahresfrist war auch während der Geltung der in § 197 I Nr. 2 BGB a.F. (1.1.2002 bis 31.12.2009) enthaltenen Sonderregelung für familienrechtliche Ansprüche maßgebend, weil Ansprüche aus § 426 BGB solche schuldrechtlicher Art sind; dazu Voraufl. Rn. 388.

404 Vgl. *Görmer*, JuS 2009, 7, 12.

405 BGH, NJW 2010, 60; MDR 2017, 149; zustimmend *Pfeiffer*, NJW 2010, 23. Ebenso OLG Karlsruhe, WM 2009, 407. Krit. *Hartmann/Lieschke*, WM 2011, 205.

406 So auch OLG Bremen, FamRZ 2016, 1713, 1715 = NJW 2016, 1248 (bei nichtehelicher Lebensgemeinschaft), mit der Konsequenz, dass im entschiedenen Fall der Ausgleichsanspruch verjährt war, als der Mann die Frau erst mehr als 3 Jahre nach Fälligstellung der Schuld durch die Bank, aber weniger als 3 Jahre nach deren Befriedigung auf Ausgleich in Anspruch nahm.

407 BGH, NJW 2010, 2197, 2199.

408 BGH, NJW 2010, 2197; *Rohlfing*, MDR 2012, 257, 259 f.

IV. Gerichtliche Zuständigkeit

Die Zuständigkeit[409] für Ansprüche der Ehegatten gegeneinander aus § 426 BGB, wie auch für solche auf Befreiung nach den Regeln des Auftragsrechts, lag vor der Einführung des sog. Großen Familiengerichts durch das FamFG am 1.9.2009 bei den Zivilprozessgerichten[410]. Für die seit 1.9.2009 eingeleiteten Verfahren ist die Zuständigkeit der Familiengerichte gegeben, sofern der erforderliche Zusammenhang mit Trennung oder Scheidung vorliegt. Es handelt sich um sonstige Familiensachen i.S. des § 266 I Nr. 3 FamFG[411]. 510

V. Aufrechnung und Zurückbehaltungsrecht

Gegenüber einem auf Geldzahlung gerichteten Anspruch aus § 426 BGB kann unter den Voraussetzungen des § 387 BGB mit einer familienrechtlichen Forderung **aufgerechnet** werden, so insbesondere mit einem Unterhaltsanspruch und mit einem Anspruch auf Zugewinnausgleich[412]. Das seit 1.9.2009 für die schuldrechtliche Forderung zuständige Familiengericht hat dann auch – wie zuvor die seinerzeit zuständigen Zivilprozessgerichte – über den zur Aufrechnung gestellten Anspruch auf Unterhalt[413] oder Zugewinnausgleich[414] zu entscheiden[415]. Die Aufrechnung mit einem – auch noch nicht titulierten, dann aber schlüssig darzulegenden – Anspruch auf Zugewinnausgleich kann, sieht man von den Fällen des vorzeitigen Zugewinnausgleichs ab, erst ab Rechtskraft der Scheidung (Fälligkeit des Anspruchs) erklärt werden[416]. Dass vor dem Familiengericht 511

409 Als Gericht des Erfüllungsortes (§ 29 ZPO) örtlich zuständig ist nach Ansicht des OLG Hamm, FamRZ 2003, 315, das Gericht, an dem der Beklagte zur Zeit des Abschlusses des die Gesamtschuld begründenden Darlehnsvertrages seinen Wohnsitz hatte.

410 Näher 5. Aufl., Rn. 389 m. Rspr.Nw.

411 Vgl. Rn. 29 ff., 35. – Ungeachtet der insoweit bestehenden Zuständigkeit der Familiengerichte sind Ausgleichsansprüche aus § 426 BGB keine Ansprüche des materiellen Familienrechts; sie werden deshalb von der Risikoausschlussklausel des § 3 IIg der Allgemeinen Rechtsschutzversicherungsbedingungen (ARB 2000) nicht erfasst (OLG Zweibrücken, FamRZ 2014, 1887). Dies gilt für Ansprüche auf Ausgleich betreffend Konten, auf Rückgewähr ehebezogener Zuwendungen, aus Ehegatteninnengesellschaft etc. ebenso.

412 Unter den Voraussetzungen des § 215 BGB kann die Aufrechnung noch nach Eintritt der Verjährung des zur Aufrechnung gestellten Anspruchs erfolgen, AG Bonn, FamRZ 2001, 764, m. Anm. *Gerhards.*

413 BGH, FamRZ 1996, 1067, 1068.

414 BGH, FamRZ 1989, 166; OLG Oldenburg, FamRZ 1998, 1172.

415 Vgl. auch Rn. 62. – Zum umgekehrten Fall der Aufrechnung mit einer schuldrechtlichen gegenüber einer familienrechtlichen Forderung BGH, FamRZ 2002, 1179; OLG Karlsruhe, FamRZ 2002, 1032.

416 BGH, FamRZ 2002, 318 = NJW 2002, 1130; OLG Düsseldorf, FamRZ 1999, 228, 230; *Gerhards*, FamRZ 2001, 661, 666; *Hansen-Tilker*, FamRZ 1997, 1188.

der Zugewinnausgleich bereits rechtshängig ist, stellt die Zulässigkeit der Aufrechnung nicht in Frage[417].

512 Die Aufrechnung kann jedoch im Einzelfall **gegen Treu und Glauben** (§ 242 BGB) verstoßen. Eine Aufrechnung verbietet sich dann, wenn nach dem Inhalt des Schuldverhältnisses der Ausschluss als stillschweigend vereinbart anzusehen ist (§ 157 BGB) oder wenn die Eigenart des Schuldverhältnisses oder der Zweck der geschuldeten Leistung die Aufrechnung als mit Treu und Glauben unvereinbar erscheinen lassen[418]. Der BGH hat in zwei Entscheidungen[419] diese Grundsätze für Fälle der genannten Art konkretisiert. Danach ist bei der Abwicklung vermögensrechtlicher Beziehungen zwischen früheren Ehegatten die Aufrechnung mit einem Zugewinnausgleichsanspruch gegenüber einer – auch unstreitigen – schuldrechtlichen Forderung nicht grundsätzlich nach § 242 BGB ausgeschlossen. Sie verstößt auch nicht deshalb gegen Treu und Glauben, weil das Zugewinnausgleichsverfahren voraussichtlich langwierig und kompliziert sein wird. Denn für den Inhaber der unstreitigen, ebenfalls in der durch die Ehe begründeten Lebensgemeinschaft wurzelnden schuldrechtlichen Forderung ist es, so der BGH, grundsätzlich nicht unzumutbar, den Ausgang des Zugewinnausgleichsverfahrens abzuwarten, damit eine Gesamtbereinigung der beiderseitigen aus der Ehe herrührenden Ansprüche in einem Akt ermöglicht wird. Nur bei Vorliegen besonderer Umstände könne die Aufrechnung treuwidrig sein. Dabei sei das Interesse des Inhabers der unstreitigen Forderung an der Verwirklichung seines Anspruchs gegenüber dem Sicherungsbedürfnis des Aufrechnenden abzuwägen.

513 Nach dieser Rechtsprechung ist eine Aufrechnung einmal dann ausgeschlossen, wenn die Parteien eine Abrede über die Auszahlung der unstreitigen Forderung getroffen haben. An treuwidriges Verhalten ist zu denken, wenn die Gegenforderung nicht mit Nachdruck verfolgt wird[420]. Im Übrigen wird im Zweifel das Sicherungsbedürfnis des Aufrechnenden sein Verhalten gerechtfertigt erscheinen lassen. Beseitigt werden kann es durch die Stellung einer Sicherheit. Ob das bloße Vorhandensein einer Immobilie des Aufrechnungsgegners ausreicht, erscheint zweifelhaft, denn über sie könnte er verfügen. Die Beweislast für Tatsachen, aus denen sich ein Ausschluss der Aufrechnung ergibt, trägt der Aufrechnungsgegner[421].

514 Der beschriebenen Rechtsprechung des BGH ist im Grundsatz zuzustimmen. Doch muss bei ihrer Umsetzung im Einzelfall bedacht werden,

417 BGH, FamRZ 2002, 318, 320 = NJW 2002, 1130, m. Anm. *Pohlmann*, LM § 554 ZPO Nr. 50.

418 *Palandt/Grüneberg*, § 387 Rn. 15.

419 FamRZ 2002, 318 = NJW 2002, 1130; FamRZ 2000, 355 = NJW 2000, 948.

420 Vgl. *Hohloch*, Urteilsanm. LM § 273 Nr. 55.

421 MünchKomm/*Schlüter*, § 387 Rn. 67.

dass das angestrebte Ziel einer Beschleunigung der Vermögensauseinandersetzung mit ihr auch leicht verfehlt werden kann. Denn indem sie dem Ehegatten, der sich eines noch aufwendig zu ermittelnden Anspruchs auf Zugewinnausgleich berühmt, grundsätzlich die Möglichkeit gibt, die zeitnahe Durchsetzung einer unstreitigen Gegenforderung zu verhindern, birgt sie die Gefahr in sich, eine Blockademöglichkeit zu eröffnen[422]. Ihr kann nur dadurch wirksam begegnet werden, dass strenge Anforderungen an die zügige und nachdrückliche Verfolgung des zur Aufrechnung gestellten Gegenanspruchs gestellt werden. Fehlt es daran, steht § 242 BGB der Aufrechnung entgegen. Sicher ist eine Gesamtbereinigung der Vermögensauseinandersetzung in einem Akt grundsätzlich erstrebenswert. In komplizierten Fällen kann aber eine abgeschichtete Erledigung der Problemkreise zu einem schnelleren Gesamtabschluss der Streitigkeiten führen und deshalb vorzuziehen sein.

Die genannten Grundsätze gelten auch, wenn gegenüber der schuld- **515** rechtlichen Forderung wegen des Gegenanspruchs nicht aufgerechnet, sondern ein **Zurückbehaltungsrecht** (§ 273 I BGB) geltend gemacht wird[423]. Die Geltendmachung eines Zurückbehaltungsrechts kommt insbesondere gegenüber einem Befreiungsanspruch in Betracht[424].

VI. Aussetzung

Die Möglichkeit einer Aussetzung wegen Vorgreiflichkeit, die wegen **516** der früheren Zuständigkeitszersplitterung für schuldrechtliche Ansprüche einerseits und familienrechtliche Ansprüche andererseits[425] vor der Einführung des sog. Großen Familiengerichts eine nicht unwesentliche Rolle gespielt hat[426], hat durch die Reform vom 1.9.2009 an Bedeutung verloren, kann im Einzelfall aber immer noch in Betracht zu ziehen sein. Zu denken ist an diesen durch § 113 I FamFG, § 148 ZPO eröffneten Weg etwa dann, wenn gleichzeitig Verfahren über einen Gesamtschuldnerausgleich und über Unterhalt anhängig sind[427], oder wenn in einem Zugewinnausgleichsverfahren die interne Aufteilung einer gesamtschuldnerischen Verbindlichkeit von Bedeutung[428] und zum Gesamtschuldnerausgleich ebenfalls ein Verfahren anhängig ist; hier kann sich die Aussetzung der Verhandlung über den Zugewinnausgleich – gegebenenfalls mit einer

422 Vgl. auch *Gruber*, FamRZ 2000, 309, 402; *Reinecke*, FPR 2000, 208, 214.

423 BGH, FamRZ 2000, 355, 357 = NJW 2000, 948; OLG Bamberg, FamRZ 2001, 1007 [LS] = OLG-Report 2001, 88. Zu den Grenzen der zulässigen Ausübung des Zurückbehaltungsrechts auch BGH, FamRZ 1985, 48 = NJW 1985, 189.

424 Vgl. *Gerhards*, FamRZ 2001, 661, 666.

425 Vgl. Rn. 27 f.

426 Näher dazu Voraufl. Rn. 396 f.

427 Vgl. dazu Rn. 454.

428 Vgl. dazu Rn. 456.

Abtrennung aus dem Scheidungsverbundverfahren – bis zur rechtskräftigen Entscheidung über den Gesamtschuldnerausgleich empfehlen[429]. Aber auch an die Möglichkeit der Verfahrensverbindung (§ 113 I FamFG, § 147 ZPO) ist zu denken.

J. Checkliste: Ausgleichsanspruch gem. § 426 I S. 1 BGB

517

1. Bestehen einer Gesamtschuld? (Außenverhältnis)
- Kraft Gesetzes? (z.B. Schlüsselgewaltgeschäft?) (→ Rn. 346)
- Durch Rechtsgeschäft? (→ Rn. 344)
  Bei Bankdarlehen: Anhaltspunkte für Sittenwidrigkeit?
  (→ Rn. 348 ff.)
  (Finanzielle Überforderung? Verschleierung oder Verharmlosung des Haftungsrisikos?)

2. Geht es um Schuldabtrag vor Scheitern der Ehe: (→ Rn. 362 ff.)
- Grds. anderweitige Bestimmung durch eheliche Lebensgestaltung
  (daher: i. Zw. kein Ausgleich)
- Besonderheiten? (→ Rn. 366 ff.)
  - Ausdrückliche Vereinbarung?
  - Außergewöhnliche Zahlungen?
  - Bisherige Handhabung anteiliger Abtrag?
  - Abredewidriges Verhalten?

3. Geht es um Schuldabtrag nach Scheitern der Ehe
(Stichtag: endgültige Trennung): (→ Rn. 375 ff.)
- Grds. hälftige Beteiligung (gesetzliche Grundregel)
  (→ Rn. 357, 376)
- Anderweitige Bestimmung, die zu interner Alleinhaftung führt? (→ Rn. 376, 385 ff.)
  - Gesetzliche Bestimmung (§ 748 BGB)? (→ Rn. 387)
  - Ausdrückliche Vereinbarung?
  - Ausschließliches Interesse eines Ehegatten am Abtrag der Schuld? (→ Rn. 396 ff.)
    (z.B. umgeschuldete voreheliche Schuld?)
  - Ausschließliches Profitieren eines Ehegatten vom Abtrag der Schuld? (→ Rn. 396 ff., 405, 407 ff., 411 ff., 414 ff.)
    (z.B. Geschäftsschuld? Alleineigentum? Verbleib des finanzierten Gegenstands bei einem Ehegatten? Freiwilliger Verbleib eines Ehegatten in der Mietwohnung?)
  - „Verbrauch" beim Ehegattenunterhalt? (→ Rn. 432 ff.)
  - „Verbrauch" beim Zugewinnausgleich? (→ Rn. 455 ff., 475 f.)

429 Vgl. auch Rn. 945; *Hansen-Tilker,* FamRZ 1997, 1188, 1190; *Kleinle,* FamRZ 1997, 8, 14.

4. Bei Zugewinngemeinschaft bedenken:
- Auswirkung im Zugewinnausgleich? Lohnt Streit um Gesamtschuld? (→ Rn. 469 ff.)
- Doppelberücksichtigung bei Unterhalt u. Zugewinnausgleich? (→ Rn. 463 ff.)

5. Bei Alleinhaftung im Innenverhältnis: Befreiungsanspruch gem. § 670 BGB? (→ Rn. 492 ff.)
Ist Befreiung dem Befreiungsschuldner wirtschaftlich zumutbar? (→ Rn. 498 ff.)

6. Geltendmachung des Anspruchs wie?
- Durch gerichtlichen Antrag?
  - Nach Befriedigung des Gläubigers: Zahlungsanspruch (→ Rn. 486 f.)
  - Vor Befriedigung des Gläubigers: Befreiungsanspruch (→ Rn. 488 ff.)
- Durch Aufrechnung mit Zahlungsanspruch? (z.B. gegen: Zugewinnausgleichsanspruch? Anspruch auf Nutzungsvergütung?) (→ Rn. 511 ff.)
- Durch Geltendmachung eines Zurückbehaltungsrechts wegen des Befreiungsanspruchs? (z.B. gegen Zugewinnausgleichsanspruch?) (→ Rn. 515)

7. Verjährung? (3 Jahre; Hemmung während bestehender Ehe) (→ Rn. 508 f.)

5. Kapitel: Mithaftung für alleinige Schulden

An Schulden, die ein Ehegatte allein aufgenommen hat, muss der andere sich nach Scheitern der Ehe grundsätzlich nicht beteiligen. Eine Verpflichtung zur Beteiligung im Innenverhältnis (Aufwendungsersatz, ggf. Schuldbefreiung gemäß § 257 BGB), und zwar **ab Scheitern der Ehe**, kommt aber dann in Betracht, wenn die Aufnahme der Schuld auch oder allein **im Interesse des anderen Ehegatten** erfolgte und von einer entsprechenden (stillschweigenden) Beauftragung (§ 662 BGB) oder einer (stillschweigenden) Vereinbarung einer Haftungsbeteiligung ausgegangen werden kann[1]. Bei Aufnahme der Schuld im beiderseitigen Interesse kommt eine Verpflichtung zur hälftigen Beteiligung, bei Aufnahme der Schuld im alleinigen Interesse des anderen kommt eine Verpflichtung zur alleinigen Übernahme im Innenverhältnis in Betracht. Vor allem die nachfolgenden drei Fallgruppen beschäftigen in diesem Zusammenhang die Rechtsprechung. 518

A. Alleinkredit für Lebenshaltungskosten

Verschiedene Instanzgerichte kommen zu einer Mithaftung nach Scheitern der Ehe über die Annahme einer stillschweigenden Auftragserteilung in Fällen, in denen ein Ehegatte im Einverständnis mit dem anderen einen alleinigen Kredit aufgenommen hat, von dem die gemeinsamen Lebenshaltungskosten u.Ä. bestritten worden sind oder in denen er zur Bestreitung solcher Ausgaben sein Einzelkonto ins Soll geführt hat. Über § 670 BGB kann dann der nach außen Haftende vom anderen Ehegatten die Hälfte der nach Trennung an den Gläubiger geleisteten Zahlungen in gleicher Weise verlangen, wie es bei einer Gesamtschuld der Fall wäre. Der Anspruch auf Aufwendungsersatz ist fällig mit Vornahme der Aufwendungen[2]. Hinsichtlich der künftig fällig werdenden Zahlungen kann gem. § 257 BGB Befreiung in Höhe der hälftigen Schuld verlangt werden. So hat das LG München I[3] eine Verpflichtung zur hälftigen Schuldenbeteiligung im Falle einer Ehefrau angenommen, deren Mann deshalb alleini- 519

1 Vgl. dazu auch Rn. 503 u. 843.

2 Vgl. *Palandt/Sprau*, § 670 Anm. 2.

3 FPR 2004, 525.

ger Schuldner eines Darlehens und eines Solls auf seinem Girokonto, beides Folge der Kosten der gemeinsamen Lebensführung, geworden war, weil er im Rahmen der ehelichen Aufgabenverteilung die Bankangelegenheiten übernommen hatte und die günstigeren Konditionen eines Gewerbedarlehens in Anspruch nehmen konnte[4].

520 Ob sich dieser Weg als Instrument zur Erlangung einer als gerecht empfundenen Mithaftung in Fällen, die nicht schon von § 1357 BGB erfasst werden, durchsetzen wird, bleibt abzuwarten. Ober- und höchstrichterliche Entscheidungen dazu liegen noch nicht vor[5]. Da mit § 1357 BGB eine gesetzliche Regelung existiert, die bei Ausgaben für die gemeinsame Lebensführung in gewissem Umfang zu einer (gesamtschuldnerischen) Mithaftung führt[6], erscheint Zurückhaltung geboten[7].

B. Alleinkredit für Immobilie im Miteigentum

521 Auch wenn ein Ehegatte ein von ihm allein aufgenommenes Darlehen (in der Praxis gelegentlich: Elterndarlehen) für den Erwerb einer Immobilie zu Miteigentum zur Verfügung gestellt hat, ergibt sich beim Scheitern der Ehe die Frage, ob er nun – wie bei einem gesamtschuldnerischen Darlehen – hälftige Beteiligung des anderen Ehegatten im Innenverhältnis verlangen kann. Soweit es die **Zinsbelastung** betrifft, kann § 748 BGB als Anspruchsgrundlage herangezogen werden, die in der Regel zu einem hälftigen Ausgleich insoweit führt, allerdings auch – und zwar auch stillschweigend – abbedungen werden kann[8]. Der **Tilgungsanteil** hingegen wird von dieser Vorschrift nicht erfasst[9]. Hinsichtlich des Tilgungsanteils kommen, abhängig vom jeweiligen Rechtsbindungswillen der Ehegatten zwei Möglichkeiten in Betracht[10]: Kann man davon ausgehen, dass der eine Miteigentümer dem anderen konkludent den Auftrag erteilt hat, das im beiderseitigen Interesse stehende Darlehen allein aufzunehmen, ergibt sich aus § 670 BGB dessen Verpflichtung zur anteiligen Kreditbeteiligung (Aufwendungsersatz)[11]. Sollte hingegen mit dem Zurverfügungstellen der

---

4 Ähnlich AG Grevenbroich, FamRZ 2006, 1679, bei Vereinbarung der Eheleute, dass der gesamte Zahlungsverkehr zur Bestreitung der ehelichen Lebensgemeinschaft über das Konto der Frau abgewickelt werden sollte. Vgl. auch AG Schorndorf, FamRZ 2005, 1838 [LS], bei Wahl eines Einzelkontos zu dem Zweck, Gläubigern des nicht kontoführenden Ehegatten den Zugriff zu verwehren.

5 Grds. zustimmend *Soyka*, FuR 2015, 536.

6 Vgl. dazu Rn. 346.

7 Vgl. auch AK 17 des 18. DFGT, 2009, Brühler Schriften zum Familienrecht. Bd. 16, S. 131.

8 BGH, FamRZ 2015, 993 Rn. 36.

9 BGH, FamRZ 2015, 993 Rn. 36; FamRZ 2010, 1542, 1543.

10 Dazu OLG Celle, FamRZ 2010, 1003 = NJW 2010, 1612.

11 Im Ergebnis das Gleiche gilt bei Annahme des konkludenten Zustandekommens einer Vereinbarung über eine Haftungsbeteiligung, die nicht als Auftrag i.S. des § 662 BGB zu

Darlehensvaluta durch den Alleinschuldner ein Beitrag zur Ausgestaltung der Ehe im Sinne einer ehebezogenen Zuwendung geleistet werden (kreditfinanzierte ehebezogene Zuwendung)[12], ist der Zuwendende auf einen möglichen güterrechtlichen Ausgleich, gegebenenfalls auf einen Anspruch wegen Wegfalls der Geschäftsgrundlage (§ 313 BGB), beschränkt.

Was gewollt war, muss aus den Umständen des Einzelfalls abgeleitet **522**
werden. Im **Regelfall** wird man zu einer beiderseits gewollten internen Mithaftung kommen[13]. Zwar reicht allein die Tatsache, dass die Aufnahme des Darlehens objektiv auch dem Interesse des anderen Ehegatten als Miteigentümer entspricht, zur Annahme eines konkludent erteilten, zur internen Mithaftung führenden Auftrags nicht aus. Doch wird man eine Auftragserteilung (oder eine entsprechende Vereinbarung sui generis[14]) dann annehmen können, wenn sowohl das beiderseitige Interesse (das bei Verwendung für den Erwerb der gemeinsamen Immobilie stets gegeben ist) als auch das Einverständnis des anderen Ehegatten mit der Aufnahme des Darlehens und dessen Verwendung für den Erwerb der Immobilie festgestellt werden kann[15]. In Frage gestellt wird dieses Ergebnis allerdings, wenn im konkreten Fall **besondere Umstände** gegen eine gewollte interne Mithaftung sprechen. Gegen eine gewollte Mithaftung kann es z.B. sprechen, wenn der auf Ausgleich in Anspruch Genommene seinerseits einen gleichwertigen Beitrag in die Immobilie investiert hat, oder wenn der nach außen allein Haftende die Darlehenslast übernommen hat, um sie sich allein steuerlich zunutze zu machen[16]. Fällig ist der Aufwen-

---

qualifizieren ist; auf dieses Konstrukt greift der BGH in Fällen dieser Art zurück, vgl. FamRZ 2010, 1542.

12 Dies als Regelfall annehmend OLG Karlsruhe, FamRZ 2009, 775 (im Fall der Aufnahme eines Elterndarlehens durch einen Ehegatten); beanstandet von BGH, FamRZ 2010, 1542.

13 Vgl. schon Rn. 387. So auch AK 17 des 18. DFGT, 2009, Brühler Schriften zum Familienrecht, Bd. 16, S. 131. Eine interne Mithaftung annehmend auch: OLG Koblenz, NJW-RR 2008, 1173 = FamRZ 2009, 233 [LS] = FamRB 2008, 262 *(Kogel)*; NJW 2003, 1675; OLG Brandenburg, NJW-RR 2001, 1297 = FamRZ 2001, 1074 [LS], in einem Fall, in dem beide Miteigentümer allein, aber mit Einverständnis des jeweils anderen Verbindlichkeiten zur Finanzierung wertsteigernder Baumaßnahmen eingegangen waren.

14 Vgl. Fn. 11.

15 In diesem Sinne auch die Rspr. des BGH, nach der es dann, wenn ein Mitglied einer Bruchteilsgemeinschaft wertsteigernde Aufwendungen im Einverständnis mit dem anderen Teilhaber macht, im Zweifel dem Willen der Beteiligten entspricht, dass der Teilhaber, der die Aufwendungen zugunsten der Gemeinschaft macht, gegen den anderen einen anteiligen Erstattungsanspruch hat: BGH, FamRZ 1992, 43, 44 = NJW 1992, 114; FamRZ 1993, 676, 677; zustimmend BGH, FamRZ 2015, 993, 994, m. Anm. *Wever* S. 995, *Braeuer*, NZFam 2015, 632 u. *Herr*, FF 2015, 322 = FamRB 2015, 202 *(Wever)*; FamRZ 2010, 1542, 1544 = FamRB 2010, 293 *(Wever)*.

16 OLG Hamm, Urteil v. 15.11.2012, 5 U 91/12 (juris): Nutzung als betriebliches Darlehen bei getrennter steuerlicher Veranlagung; dazu aber BGH, FamRZ 2015, 993 u. nachfolgendes Beispiel. Vgl. auch Rn. 388.

dungsersatzanspruch auch hier gegebenenfalls mit Vornahme der Aufwendungen[17].

523 Zur Verdeutlichung nachfolgendes **Beispiel**[18]:

F, selbständige Apothekerin, hat mit Einverständnis des M mehrere Darlehen zur Finanzierung des im Miteigentum der Eheleute stehenden Familienheims aufgenommen. Die Zins- und Tilgungsleistungen hat während des Zusammenlebens und über die Trennung hinaus F erbracht. Sie hat die Verbindlichkeiten im Einvernehmen mit M aus steuerlichen Gründen im Rahmen des Zweikontenmodells in ihre Jahresabschlüsse eingestellt. Zwei Jahre nach der Trennung ist das Haus verkauft worden. Vom Verkaufserlös sind die Darlehen abgelöst worden. Der verbliebene Resterlös ist hälftig geteilt worden. F verlangt nun von M hälftige Beteiligung an den zwischen Trennung und Verkauf des Hauses geleisteten Ratenzahlungen.

Lösung nach BGH:

Grundsätzlich gilt:

- Auch bei von einem Ehegatten allein aufgenommenen Schulden kann eine Verpflichtung des anderen in Betracht kommen, sich an deren Abtrag im Innenverhältnis zu beteiligen. An die Möglichkeit einer solchen Verpflichtung ist immer dann zu denken, wenn die Kreditaufnahme auch im Interesse des anderen lag.
- Der BGH leitet sie ggf. aus einer „konkludenten Vereinbarung über die Gestaltung des Innenausgleichs" her. Zum gleichen Ergebnis kommt man, wenn man von einer stillschweigenden Beauftragung des Kreditnehmers durch den anderen Ehegatten i.S. des § 662 BGB ausgeht, die zur Beteiligungspflicht am Schuldabtrag über den Aufwendungsersatzspruch nach § 670 BGB führt.
- Im Fall der absprachegemäßen Aufnahme eines Darlehens allein durch einen Ehegatten für die Anschaffung oder den Ausbau einer Immobilie zu Miteigentum, ist eine solche Vereinbarung in der Regel anzunehmen.
- Allerdings ist jeweils das Vorliegen von der Annahme einer solchen Vereinbarung entgegenstehenden Umständen zu prüfen.

Konsequenzen im Beispiel:

Die Kreditaufnahme für das im Miteigentum der Eheleute stehende Haus lag auch im Interesse des M. Da er mit dieser Art der Finanzierung einverstanden war, ist von einer stillschweigenden Beauftragung der F mit der Kreditaufnahme bzw. von einer stillschweigenden Vereinbarung über die Mithaftung des M im Innenverhältnis auszugehen, es sei denn, es lassen sich dagegen sprechende Umstände feststellen. Dabei ist – so der BGH – zwischen Zins- und Tilgungsleistungen zu differenzieren:

---

17 Vgl. Rn. 519. Bei Annahme eines Vertrages sui generis richtet sich die Fälligkeit nach den Umständen des Einzelfalls, vgl. BGH, FamRZ 2010, 1542, 1544.

18 Nach BGH, FamRZ 2015, 993.

Bzgl. der Zinsleistungen spricht gegen eine gewollte Mithaftung des M, dass sie nach der Trennung steuerlich allein F zugute gekommen sind. Das legt es nahe, dass F wegen der zwischen Trennung und Verkauf des Hauses erbrachten Zinsleistungen keine Beteiligung des M verlangen kann. Die (nur) den Zinsanteil erfassende Vorschrift des § 748 BGB, die für eine hälftige Beteiligung des M sprechen würde, ist stillschweigend abbedungen.

Bzgl. der Tilgungsleistungen, die von F nicht steuerlich nutzbar gemacht werden konnten und von denen M als Miteigentümer profitiert hat, lassen sich keine gegen eine gewollte Mithaftung des M sprechenden Umstände feststellen, im Gegenteil: Für gewollte Mithaftung spricht, dass M mit der beim Verkauf des Hauses vorgenommenen Tilgung der Darlehen aus dem Verkaufserlös vor dessen hälftiger Aufteilung einverstanden war, statt auf Tilgung nur unter Heranziehung des Anteils der F zu bestehen, und dass die Darlehen auch mit dinglichen Belastungen auf dem Miteigentumsanteil des M gesichert worden waren. M wird sich daher an den zwischen Trennung und Verkauf des Hauses erbrachten Tilgungsleistungen zur Hälfte beteiligen müssen.

Das Beispiel macht deutlich: Nimmt man bei Aufnahme eines Kredits **524**
allein durch einen der Ehegatten eine stillschweigende Beauftragung oder Vereinbarung der internen Mithaftung des anderen an, so gelten bei der Ermittlung der Rechtsfolgen die **Grundsätze des Gesamtschuldnerausgleichs**[19] **entsprechend:** Während des Zusammenlebens erbrachte Leistungen auf den Kredit sind in der Regel nicht nachträglich auszugleichen (im vorstehenden Beispiel wurden sie auch gar nicht erst verlangt). Für Leistungen nach Scheitern der Ehe gilt dagegen der Grundsatz der hälftigen Beteiligungspflicht; doch können die Umstände des Einzelfalls zu einem anderen Ergebnis führen, wobei dem Aspekt, wer vom Abtrag des Kredits profitiert, besondere Bedeutung zukommt.

C. Alleinkredit nach Umschuldung

Vergleichsweise unproblematisch ist der Fall der Umschuldung eines **525**
gemeinsamen Kredits. Die interne Haftung beider Ehegatten für einen gemeinsam aufgenommenen Kredit bleibt bestehen, so der BGH[20] zu Recht, wenn dieser – vor oder nach der Trennung – im beiderseitigen Interesse (insbesondere wegen der Möglichkeit, günstigere Konditionen in Anspruch zu nehmen) im Rahmen einer Umschuldung von einem Ehegatten im Außenverhältnis allein übernommen worden ist.

19 Rn. 362 ff., 375 ff.

20 FamRZ 2007, 1975, 1976 = NJW 2007, 3564 = FamRB 2008, 1 *(Heinle);* FamRZ 1991, 1162, 1163.

6. Kapitel: Streitigkeiten um Bankkonten, Sparbücher, Bausparkonten und Wertpapiere

Literatur: *Blaese,* Die Bankguthaben der Ehegatten in der Vermögensauseinandersetzung, BRAK-Mitt. 1997, 118; *Büte,* Die Kontenplünderung, FuR 2007, 397 u. 455; *Derleder,* Kontoüberziehung und Vollmachtmissbrauch im Trennungskonflikt der Ehegatten, FuR 1995, 301; *Gernhuber,* Oder-Konten von Ehegatten, WM 1997, 645; *Götsche,* Entstehung einer Gesamtgläubigerschaft bei Ehegatten, jM 2016, 266; *Heiß,* Risikofaktor gemeinsames Bankkonto, FamFR 2013, 146; *Kogel,* Die interne Bruchteilsgemeinschaft an einem Bankkonto – ein Fallstrick im Zugewinnausgleichsverfahren, FamRB 2005, 183; *Krumm,* Das Konto des „anderen" Ehegatten: Wem gehört's? Wer darf verfügen?, NZFam 2015, 841; *Messerschmidt,* Gütertrennungsehepaare und gemeinschaftliche Girokonten: Vermögensrechtliche Abwicklung anlässlich des Scheiterns der Ehe (Diss.), 1997; *Münch,* Streit um Bankkonten und Wertpapierdepots nach Trennung und Scheidung, FPR 2006, 481; *Pohlmann,* Das von Ehegatten geführte Oder-Konto (Diss.), 2002; *Rendels,* Rechtsprobleme der Konten von Ehegatten, 1994; *Schmitt,* Bankgeschäfte von Ehegatten – Vertragsstatut und Internationales Familienrecht (Diss.), 2008.

A. Übersicht

Im Trennungskonflikt der Ehegatten spielen häufig Streitigkeiten im Zusammenhang mit Konten eine Rolle, die in der Ehe geführt worden sind[1]. Manchmal geht es um Girokonten, über die der Zahlungsverkehr der Ehegatten abgewickelt worden ist, manchmal um Spar-, Festgeld- oder Bausparkonten. Auch Geschäftskonten und Hauskonten, die dem für ein Mietshaus anfallenden Zahlungsverkehr dienten, sind Gegenstand mancher Auseinandersetzung. Gelegentlich sind die Ehegatten sich nicht einig, wem ein beim Scheitern der Ehe vorhandenes Guthaben zusteht. Immer wieder auch lösen Kontoverfügungen Streit aus, die ein Ehegatte ohne Einverständnis des anderen in zeitlichem Zusammenhang mit der Trennung getroffen hat. Der klassische Fall ist derjenige, dass ein Ehegatte kurz vor oder nach der Trennung vom gemeinsamen Konto oder vom Konto des anderen Ehegatten, für das er Vollmacht hat, größere Beträge abhebt, um sich für die Zeit nach der Trennung zu versorgen. Hier, wie auch bei nicht abgesprochenen größeren Kontoverfügungen aus anderen Gründen – etwa zur Befriedigung privater Bedürfnisse – kann sich die Frage nach Ausgleichs- bzw. Schadensersatzansprüchen stellen. Auch um 526

1 Hinweise aus der Sicht der Kreditinstitute für den Trennungsfall gibt *Sander,* FPR 2000, 196.

die Aufteilung von in einem Depot aufbewahrten Wertpapieren wird gelegentlich gestritten.

527 Alle Streitigkeiten der in diesem Kapitel beschriebenen Art um Guthaben auf Konten oder um Ausgleichs- bzw. Schadensersatzansprüche wegen Kontoverfügungen fallen seit dem 1.9.2009 in die **Zuständigkeit** der Familiengerichte, sofern ein Zusammenhang mit Trennung oder Scheidung besteht (sonstige Familiensachen i.S. des § 266 I Nr. 3 FamFG)[2].

Die Ansprüche unterliegen der **Regelverjährung** von 3 Jahren (§ 195 BGB)[3]. Zu beachten ist die Verjährungshemmung während bestehender Ehe gem. § 207 I S. 1 BGB.

528 Die Streitigkeiten können im **gesetzlichen Güterstand** ebenso wie bei **Gütertrennung** auftreten[4]. Leben die Ehegatten im gesetzlichen Güterstand, so ist die Geltendmachung von Ansprüchen um Bankkonten zwar nicht dadurch eingeschränkt, dass noch ein Zugewinnausgleich durchzuführen ist[5]. Doch sollten die Ehegatten, bevor sie einen Streit darüber beginnen, wem ein beim Scheitern der Ehe vorhandenes Bankguthaben zusteht oder ob Ausgleichs- bzw. Schadensersatzansprüche wegen unerwünschter Kontoverfügungen bestehen, prüfen, ob es nicht über den Zugewinnausgleich ohnehin zu einer gleichen Teilhabe beider Ehegatten kommt. Denn bei Rechtshängigkeit der Scheidung bestehende Ansprüche des einen gegen den anderen Ehegatten sind im Endvermögen des Anspruchsinhabers als Aktivposten, in dem des Schuldners als Passivposten zu berücksichtigen. Vgl. im Einzelnen Rn. 469 ff. und Rn. 941 ff. Entsprechendes gilt bei vereinbarter Wahl-Zugewinngemeinschaft[6].

529 Soweit es um Streitigkeiten im Zusammenhang mit Konten geht, ist sowohl für die Frage, wem ein eventuelles Guthaben zusteht, als auch für die Frage nach Ausgleichs- bzw. Schadensersatzansprüchen wegen nicht gebilligter Verfügungen eines Ehegatten die Art des Kontos von Bedeutung. Zu unterscheiden sind **Einzelkonten**, also Konten, die nur auf den Namen eines Ehegatten geführt werden, und **Gemeinschaftskonten**, die dadurch gekennzeichnet sind, dass sie auf den Namen beider Ehegatten lauten. Sowohl Giro- als auch Sparkonten, insbesondere auch Festgeld-

---

2 Vgl. Rn. 29 ff, 38. Bis 31.8.2009 waren die Zivilprozessgerichte zuständig; vgl. OLG Naumburg, FamRZ 2008, 2215; OLG Zweibrücken, FamRZ 1987, 1138 (jeweils für Ausgleichsanspruch nach missbilligter Verfügung über ein Gemeinschaftskonto).

3 Rn. 1054; OLG Naumburg, NJW-RR 2007, 1158 (zum Ausgleichsanspruch aus § 430 BGB); *Bergschneider,* FS Schwab 2005, S. 471.

4 Zur Behandlung ohne Zustimmung des anderen vorgenommener Kontoverfügungen bei der Auseinandersetzung einer Gütergemeinschaft OLG Stuttgart, FamRZ 2009, 974.

5 Vgl. BGH, FamRZ 1988, 476, 478 = NJW 1988, 1208; OLG Koblenz, FamRZ 2018, 23; *Palandt/Brudermüller,* § 1372 Rn. 8.

6 Vgl. dazu Rn. 950.

konten bei Banken und Sparkassen können als Einzelkonten oder als Gemeinschaftskonten geführt werden[7]. Um sie geht es unter B. und C. (Rn. 530 ff. bzw. 560 ff.). Auch Bausparkonten können auf den Namen eines oder beider Ehegatten lauten. Auf sie wird ergänzend unter D. (Rn. 578 ff.) eingegangen. Mit der Aufteilung von Wertpapieren befasst sich Abschnitt E. (Rn. 585 ff.). Zu **Fällen mit Auslandsbezug** vgl. Rn. 880 f.[8]. Auf Regelungsbedarf in Trennungs- und Scheidungsvereinbarungen wird an anderer Stelle eingegangen[9].

B. Streitigkeiten bei Einzelkonten

Viele Ehegatten wickeln ihren Zahlungsverkehr über Einzelkonten ab, **530**
sei es, dass beide Ehegatten, oder dass nur einer von ihnen über ein Konto (oder mehrere) verfügt. In der Regel wird aber dem anderen Ehegatten eine Kontovollmacht erteilt. Das geschieht insbesondere bei Alleinverdienerehen, um dem den Haushalt führenden Ehepartner unmittelbaren Zugang zum Konto des Alleinverdieners zu eröffnen. Aber auch Doppelverdiener mit getrennten Konten erteilen sich häufig gegenseitig Kontovollmacht.

Vertragspartner der Bank ist in diesen Fällen allein der Kontoinhaber, **531**
also der Ehegatte, auf dessen Namen das Konto eröffnet ist[10]. Ist beim Scheitern der Ehe ein **Schuldsaldo** aufgelaufen, so haftet der Kontoinhaber der Bank gegenüber allein; vom anderen Ehegatten kann er in der Regel keinen Ausgleich verlangen[11]. Nur über die Einbeziehung des Schuldsaldos in den Zugewinnausgleich kann dieser daran beteiligt werden, ggf. auch über die Berücksichtigung von Abtragszahlungen bei der Unterhaltsberechnung. Befindet sich auf dem Konto ein **Guthaben**, so ist Gläubiger der Guthabenforderung gegenüber der Bank allein der Kontoinhaber. Zu Verfügungen über das Guthaben gegenüber der Bank befugt ist, sofern er Vollmacht hat, aber auch der andere Ehegatte.

---

7 Vgl. auch *Gernhuber*, WM 1997, 645, 654.

8 Vgl. auch OLG München, FamRZ 2017, 398: Für Ansprüche der Ehegatten aus ihrer Stellung als Inhaber des Gemeinschaftskontos bei einer Bank in Deutschland gilt deutsches Recht (Rom I-VO Art. 4 II). Zu kollisionsrechtlichen Fragen bei Auslandsbezug auch *Schmitt*, S. 103 ff.

9 *Bergschneider/Wever/Röfer*, FamVermR, Rn. 5.550 ff.

10 Zwar ist eine abweichende Vereinbarung des Inhalts denkbar, dass beide Ehegatten Vertragspartner der Bank und Gläubiger eines Guthabens sein sollen, obwohl nur einer als Kontoinhaber genannt ist. Das setzt aber einen entsprechenden, der Bank eindeutig erkennbaren Willen des das Konto eröffnenden Ehegatten voraus, der im Zweifel nicht anzunehmen ist. Die bloße Kenntnis der Bank, dass der das Konto Eröffnende verheiratet ist, und die Erteilung einer Kontovollmacht für den anderen Ehegatten reichen hierfür nicht aus. Vgl. *Staudinger/v. Proff*, 2015, § 741 Rn. 36; *Hausmann*, S. 269. – Zur Kontoinhaberschaft bei Kontoerrichtung auf den Namen eines Dritten vgl. Rn. 556 ff.

11 Zu möglichen Ausnahmefällen vgl. Rn. 518 ff.

I. Berechtigung am Guthaben

532 Der Inhaber des Einzelkontos ist nicht nur alleiniger Gläubiger einer Guthabenforderung gegenüber der Bank, also Berechtigter im Außenverhältnis. Ihm steht vielmehr im **Regelfall** das Guthaben auch im Innenverhältnis der Ehegatten beim Scheitern der Ehe allein zu, und zwar ohne dass es darauf ankommt, von wem die Einzahlungen stammen[12].

533 Möglich ist allerdings, dass der Kontoinhaber den anderen Ehegatten im Innenverhältnis durch Abtretung an der Kontoforderung in der Weise beteiligt, dass eine **Bruchteilsberechtigung** entsteht[13]. Eine entsprechende Vereinbarung kann auch stillschweigend geschlossen werden. Jedoch müssen dazu besondere Umstände vorliegen, die den Schluss darauf zulassen, dass die Ehegatten sich über eine gemeinsame Berechtigung am Guthaben einig waren. Einen Anhaltspunkt dafür können Absprachen über die Verwendung des Angesparten im Sinne einer gemeinsamen Verwendung bieten.

534 Der BGH hat in einer Entscheidung vom 7.4.1966[14] eine stillschweigend zustande gekommene Bruchteilsgemeinschaft an einem Sparkonto eines Ehegatten angenommen. Die Ehegatten (überwiegend der Mann) hatten zum Zwecke des späteren Erwerbs einer Ehewohnung auf ein Sparkonto der Frau Gelder eingezahlt und waren sich – nach den Umständen zu schließen – darüber einig, dass das Angesparte beiden Ehegatten zustehen sollte. Bei ähnlicher Fallgestaltung (Zahlungen der beide berufstätigen Ehegatten auf Sparkonten des Mannes, die für gemeinsame Anschaffungen wie Hausrat und Pkw verwendet wurden) hat der BGH in einer Entscheidung vom 19.4.2000[15], die auch die Frage nach einem Anspruch auf Auskunft über den Verbleib des Guthabens behandelt, an diese Lösung angeknüpft. Eine konkludent zustande gekommene Bruchteilsgemeinschaft hat der BGH schließlich auch in einer Entscheidung vom 11.9.2002[16] angenommen. In diesem Fall hatte der Mann während der gesamten, 1952 geschlossenen Ehe seine Erwerbs- und später Renteneinkünfte in vollem Umfang auf ein Girokonto der überwiegend nicht erwerbstätigen Frau überwiesen, die davon die Kosten der Lebensführung bestritten und verbleibende Beträge auf eigene Sparkonten eingezahlt hat-

12 Zur – güterrechtlichen – Aufteilung nach § 39 FGB/DDR von Geldern auf Konten und Sparbüchern bei Ehegatten, deren Vermögensauseinandersetzung sich nach dem FGB/DDR richtet, vgl. *Hammermüller*, FamRZ 1994, 285. Siehe dazu auch Rn. 310 ff. – Zur anteiligen Berechtigung nach kroatischem Recht OLG Hamm, FamRZ 1999, 299 (vgl. auch Rn. 880).

13 BGH, FamRZ 2002, 1696 = NJW 2002, 3702; *Staudinger/v. Proff*, 2015, § 741 Rn. 37; *Schmitt*, S. 33 ff.

14 FamRZ 1966, 442; zustimmend *Henrich*, FamRZ 1975, 533, 536. Anders in einem ähnlichen Fall OLG Zweibrücken, FamRZ 1986, 63.

15 FamRZ 2000, 948 = NJW 2000, 2347.

16 FamRZ 2002, 1696 = NJW 2002, 3702.

te. Zum Zeitpunkt der Trennung verfügte sie über ein Sparguthaben von rund 440.000 DM. Hier ließ sich zwar kein Ansparzweck im Sinne einer konkreten ehegemeinsamen Verwendungsplanung feststellen. Doch könne, so der BGH, aus der Art des Sparens geschlossen werden, dass die Ersparnisse der gemeinsamen Vorsorge für den Fall des Alters oder der Erkrankung oder auch der Sicherung der Nachkommen dienen sollten. Dass der Ehemann die aus seinen Einkünften stammenden Beträge in vollem Umfang, und zwar Monat für Monat des langjährigen Zusammenlebens, der Frau habe zuwenden wollen mit der Folge, dass ihm selbst keinerlei Mittel verblieben, entspreche dagegen nicht der Lebenserfahrung und sei auch von der Ehefrau nicht hinreichend substantiiert dargetan worden.

Diesen Entscheidungen ist angesichts der jeweiligen besonderen Umstände zuzustimmen. Auch die Instanzgerichte folgen dem Ansatz des BGH[17]. Zuzustimmen ist dem BGH auch insoweit, als er es in seiner Entscheidung vom 11.9.2002[18] für die Annahme einer stillschweigend vereinbarten Bruchteilsgemeinschaft ausreichen lässt, wenn sich zwar keine ausdrückliche Absprache der Eheleute über eine konkret vorgesehene gemeinsame Verwendung des Angesparten feststellen lässt, aber die Umstände nach der Lebenserfahrung darauf schließen lassen, dass die Ersparnisse beiden zugute kommen sollten, wie es insbesondere der Fall sein kann, wenn über viele Jahre auf dem Sparkonto eines Ehegatten das gesamte nicht zum Lebensunterhalt verbrauchte Einkommen des anderen oder das beider Ehegatten angespart wird. Denn bei einer solchen Art des Sparens drängt sich die Annahme auf, das Angesparte habe für gemeinsame Anschaffungen, als Vorsorge für das Alter oder den Fall der Erkrankung oder zum Bedenken der Nachkommen dienen sollen[19]. **535**

Gleichwohl ist bei der Annahme einer für das Innenverhältnis stillschweigend vereinbarten Mitberechtigung des Ehegatten, der nicht Kontoinhaber ist, **Zurückhaltung geboten**[20]. Allein der Umstand, dass diesem Ehegatten Vollmacht erteilt ist und er ständig seinen Zahlungsver- **536**

17 OLG Schleswig, FamRZ 2016, 993 (bei nichtehelicher Lebensgemeinschaft): Ansparen eines Guthabens auf Festgeldkonto des Mannes zur Unterhaltung und Renovierung der im Miteigentum der Partner stehenden Eigentumswohnung; OLG Celle, FamRZ 2008, 1949 (bei Anlage des Geldes schon vor Eheschließung); OLG Naumburg, FamRZ 2007, 1105; OLG Bremen, FamRZ 2006, 1121; OLG Brandenburg, FamRZ 1997, 363 [LS]: Mitberechtigung einer Ehefrau am Guthaben eines auf den Namen des Ehemannes lautenden Girokontos, über das auch die Frau Verfügungsbefugnis hatte, das die Ehegatten als gemeinsames Konto betrachtet hatten und auf das die beiderseitigen Arbeitsverdienste sowie kurz vor der Trennung eine der Frau zustehende größere Abfindung gezahlt worden waren.

18 FamRZ 2002, 1696 = NJW 2002, 3702.

19 So auch OLG Brandenburg, FamRZ 2011, 114, 116f.

20 So auch *Krumm*, NZFam 2015, 841, 843; *Büte*, FuR 2007, 397, 398; *Münch*, FPR 2006, 481; *Schulz/Hauß*, Rn. 1763.

kehr über das Konto erledigt, reicht nicht aus[21], und zwar auch dann nicht, wenn er selbst Einzahlungen geleistet hat[22], sieht man einmal von der u.U. wiederum anders zu beurteilenden Fallgestaltung ab, dass ein Ehegatte seine Ersparnisse oder sein Ererbtes auf dem nur vorhandenen Einzelkonto des anderen Ehegatten angelegt hat[23]. Wenn die Ehegatten sich keines Gemeinschafts-, sondern eines Einzelkontos bedienen, spricht dies grundsätzlich dafür, dass die eingehenden Gelder nach ihrem Willen dem Kontoinhaber zugeordnet werden sollen. Angesichts dieser zunächst klaren Zuordnung ist die Situation nicht vergleichbar derjenigen beim Erwerb von Gegenständen zum Zwecke der gemeinsamen Lebensführung, der regelmäßig zu Miteigentum beider Ehegatten unabhängig davon führt, welcher Ehegatte beim Erwerbsgeschäft aufgetreten ist und aus wessen Mitteln der Erwerb finanziert worden ist[24]. Die **Darlegungs- und Beweislast** für das Vorliegen einer Bruchteilsgemeinschaft trägt der, der sich auf die Abtretung im Innenverhältnis beruft[25].

537 Ist – in Ausnahmefällen – eine Bruchteilsgemeinschaft an einer Kontoforderung anzunehmen, hat dies folgende **Konsequenzen**: Den Ehegatten stehen im Zweifel an dem im Zeitpunkt der Trennung vorhandenen Guthaben gleiche Anteile zu (§ 742 BGB)[26], auch bei unterschiedlich hohen Einzahlungen[27]. Der Anspruch auf hälftige Teilhabe kann durch Geltendmachung des Anspruchs auf Aufhebung der Gemeinschaft und Teilung des Guthabens (§§ 749 I, 752 BGB) realisiert werden[28]. Trifft ein Ehegatte nach der Trennung oder in Vorbereitung der Trennung Verfügungen über größere Beträge, als sie seinem Anteil im Innenverhältnis entsprechen, können sich Ausgleichsansprüche entsprechend den zu Gemeinschaftskonten entwickelten Grundsätzen[29] ergeben[30]. Die Bruchteilsberechtigung begründet keine (Mit-) Haftung gegenüber der Bank für einen Überziehungskredit[31]; sie bewirkt aber auch keine (Mit-) Haftung im Innenverhältnis[32].

538 Steht dagegen das Guthaben dem Kontoinhaber – wie im Regelfall – allein zu, können Zahlungen des anderen Ehegatten auf das Konto als (ggf.

21 So auch OLG Karlsruhe, FamRZ 2003, 607; anders *Staudinger/v. Proff*, 2015, § 741 Rn. 38.
22 Anders *Grziwotz*, FamRZ 2002, 1669, 1674.
23 Vgl. *Bamberger/Roth/Gehrlein*, § 741 Rn. 9.
24 Siehe dazu Rn. 81. – Vgl. auch *Schwab/Borth*, 5. Aufl., IX Rn. 20 f.
25 *Staudinger/v. Proff*, 2015, § 741 Rn. 38.
26 BGH, FamRZ 2002, 1696, 1697 f. = NJW 2002, 3702; FamRZ 2000, 948, 950 = NJW 2000, 2347.
27 OLG Bremen, FamRZ 2006, 1121; *Staudinger/v. Proff*, 2015, § 741 Rn. 38.
28 OLG Brandenburg, FamRZ 2011, 114, 117.
29 Rn. 567 ff.
30 Vgl. OLG Brandenburg, FamRZ 2011, 114, 117; OLG Naumburg, FamRZ 2007, 1105; OLG Bremen, FamRZ 2006, 1121, 1123.
31 *Staudinger/v. Proff*, 2015, § 741 Rn. 37.
32 Zur ausnahmsweisen (Mit-)Haftung im Innenverhältnis vgl. Rn. 518 ff., 531.

schenkungsteuerpflichtige[33]) **ehebezogene Zuwendungen** zu behandeln sein, sofern sie nicht als Beiträge zur Wirtschaftsführung der Ehegatten anzusehen sind[34]. Zur Frage, unter welchen Voraussetzungen solche Zuwendungen (ausnahmsweise) beim Scheitern der Ehe auszugleichen sind, vgl. Rn. 948 ff.[35]. Im Einzelfall kann auch eine **treuhänderische Überlassung** oder eine Überlassung zur **Vermögensverwaltung** gewollt sein[36].

Die Rechtsprechung des BGH zur konkludent begründeten Bruchteilsgemeinschaft an Einzelkonten, auch wenn eine zurückhaltende Anwendung geboten erscheint, kann bei der Vermögensauseinandersetzung der Ehegatten **auch in anderen Bereichen** nutzbar gemacht werden. Der ihr zugrunde liegende Lösungsansatz ist insbesondere in Betracht zu ziehen, wenn es – bei vergleichbarer Interessenlage – um ein Einzelwertpapierdepot[37], um eine Lebensversicherung[38] oder um einen von nur einem der Ehegatten abgeschlossenen Bausparvertrag[39] geht. **539**

Eine Bruchteilsgemeinschaft kann sowohl bei Gütertrennung[40] als auch dann anzunehmen sein, wenn die Ehegatten **im gesetzlichen Güterstand** leben. Es besteht – anders als beim Ausgleich ehebezogener Zuwendungen – kein Vorrang des Zugewinnausgleichs[41]. Im Falle gesetzlichen Güterstandes gewinnt die Bruchteilsgemeinschaft wirtschaftliche Bedeutung zum einen dann, wenn sich rechnerisch kein Zugewinnausgleichsanspruch ergibt, zum anderen und vor allem aber dadurch, dass der **540**

33 Vgl. BFH, NJW 2016, 3054 = FamRZ 2016, 1769 [LS] = FamRB 2016, 431 *(Christ)* (Übertragung des Vermögensstandes des Einzelkontos/-depots eines Ehegatten auf das Einzelkonto/-depot des anderen); dazu *Loose*, jM 2017, 210; *Götz*, ZEV 2017, 77. Vgl. auch Rn. 565 sowie Rn. 917, Fn. 109.

34 Vgl. BGH, FamRZ 1989, 147, bei Einzahlungen auf Bausparverträge des anderen Ehegatten (siehe dazu jedoch Rn. 579); OLG Celle, EzFamR aktuell 2001, 162; auch *Blaese*, BRAK-Mitt. 1997, 118.

35 Das OLG Düsseldorf (FamRZ 1997, 562) hat im Falle einer Ehefrau, die Einzahlungen auf ein Sparkonto des Mannes geleistet hatte, einen solchen Ausgleichsanspruch angenommen, obwohl es – dogmatisch nicht konsequent – eine ehebezogene Zuwendung verneint hatte. Die Lösung des OLG wird korrekt, wenn man eine Bruchteilsmitberechtigung der Frau an der Kontoforderung annimmt, wie es angesichts der besonderen Umstände hier durchaus vertretbar erscheint (die Ehegatten waren sich „von Anfang an darüber einig, dass das gesamte Sparguthaben ihnen gemeinschaftlich … zustehen solle“). – Welche Schwierigkeiten die Behandlung von Sachverhalten dieser Art der Praxis bereitet, zeigt auch die Entscheidung des LG München I, FamRZ 1997, 560, das eine dogmatisch ebenfalls nicht überzeugende Lösung über Bereicherungsrecht gesucht hat.

36 Vgl. OLG Celle, FamRZ 2008, 1949, 1950; dazu Rn. 898, 830 ff. bzw. Rn. 821 ff.

37 Vgl. Rn. 594.

38 Vgl. Rn. 853.

39 Vgl. Rn. 580.

40 Vgl. dazu OLG Bremen, FamRZ 2006, 1121, 1122 ff.

41 So auch: OLG Naumburg FamRZ 2007, 1105; *Schulz*, FamRB 2004, 398, 399; offen lassend BGH, FamRZ 2002, 1696, 1697 = NJW 2002, 3702; FamRZ 2000, 948, 949 f. = NJW 2000, 2347.

Bruchteilsberechtigte jederzeit Aufhebung der Gemeinschaft verlangen kann (§ 749 I BGB); er kann somit seinen Beteiligungsanspruch alsbald nach der Trennung durchsetzen und ist nicht dem Risiko ausgesetzt, dass der formale Rechtsinhaber etwa bis zum für den Zugewinnausgleich maßgeblichen Stichtag den fraglichen Vermögenswert verbraucht[42]. Besteht eine Bruchteilsgemeinschaft und ist sie bei Rechtshängigkeit der Scheidung noch nicht auseinandergesetzt, ist die Guthabenforderung beim Zugewinnausgleich entsprechend der Berechtigung im Innenverhältnis im Endvermögen beider Ehegatten zu berücksichtigen[43]. Ist das nicht geschehen, ist also die Guthabenforderung im Zugewinnausgleich nur dem Kontoinhaber zugerechnet worden und macht nunmehr der andere Ehegatte Rechte aus § 749 I BGB geltend, kann der in Anspruch genommene Ehegatte den Einwand der Verfälschung des durchgeführten Zugewinnausgleichs erheben[44]. Allerdings wird die Berücksichtigung der Guthabenforderung im Zugewinnausgleich allein beim Kontoinhaber meist dafür sprechen, dass keine Mitberechtigung im Innenverhältnis gewollt war.

541 Bei der Beurteilung der Einzahlung größerer Geldbeträge auf das Einzelkonto des anderen Ehegatten ergeben sich danach folgende Möglichkeiten:

Rechtliche Einordnung	**Berechtigung im Innenverhältnis**	**Evtl. Rückgewähr wie?**
Ehebezogene Zuwendung / Schenkung des Gesamtbetrags[45]	Kontoinhaber	§ 313 (vorrangig: Zugewinnausgleich) / §§ 527 ff. BGB
Bruchteilsgemeinschaft[46] (ehebezogene Zuwendung / Schenkung des hälftigen Betrags)	je ½	1. Hälfte: §§ 741 ff. BGB 2. Hälfte: § 313 / §§ 527 ff. BGB
Treuhänderische Überlassung[47]	Überlassender	§ 667 BGB
Überlassung zur Vermögensverwaltung[48]	Überlassender	§ 667 BGB
Darlehen[49]	Darlehensgeber	§§ 488 ff. BGB
Beitrag zu Ehegattengesellschaft[50]	Gesellschaft	§§ 731 ff. BGB

42 Zu Vorzügen der Auseinandersetzung einer Bruchteilsgemeinschaft *Büte,* FuR 2007, 397, 400; *Kogel,* FamRB 2005, 183.
43 Vgl. OLG Brandenburg, FamRZ 2011, 114, 117 f.; OLG Celle, FamRZ 2008, 1949, 1950.
44 Vgl. dazu Rn. 478.
45 Dazu Rn. 908 ff.
46 Dazu Rn. 533 ff.
47 Dazu Rn. 898, 830 ff.
48 Dazu Rn. 821 ff.
49 Dazu Rn. 899 ff.
50 Dazu Rn. 903 ff., 1179, 1181.

II. Ausgleichsanspruch bei Kontoverfügungen des Vollmachtinhabers

1. Befugnis des Vollmachtinhabers im Außenverhältnis

Bei Einzelkonten ohne Vollmacht für den anderen Ehegatten tritt die Problematik von Verfügungen über das Konto, die dessen Inhaber missbilligt, in der Regel nicht auf. Denn dem Ehegatten, der nicht Kontoinhaber ist, fehlt mangels Befugnis im Verhältnis zur Bank die Zugriffsmöglichkeit[51]. Hat der Ehegatte dagegen Kontovollmacht, gibt ihm dies, solange die Vollmacht besteht, auch die Möglichkeit zu Abhebungen oder Überweisungen, die der Kontoinhaber nicht wünscht. **542**

Die Vollmacht führt zu einer Verfügungsberechtigung über das Konto im Außenverhältnis zur Bank. Die Verfügungsberechtigung beschränkt sich aber, sofern nichts anderes vereinbart ist, auf **Guthaben**. Zu Kontoüberziehungen berechtigt sie grundsätzlich nicht[52], und zwar auch dann nicht, wenn dem Kontoinhaber ein Kontokorrentkredit eingeräumt war[53]. Im Falle einer Kontoüberziehung durch den bevollmächtigten Ehegatten besteht daher grundsätzlich keine Eintrittspflicht des Kontoinhabers der Bank gegenüber. In Betracht kommen kann aber eine Haftung nach den Grundsätzen zur Duldungs- oder Anscheinsvollmacht[54]. Die Vollmacht berechtigt nicht zu einer Umschreibung des Kontos auf den Bevollmächtigten[55]. **543**

Die Vollmacht besteht bis zu ihrem **Widerruf,** ggf. also auch über die Trennung der Ehegatten hinaus. Verfügungen des bevollmächtigten Ehegatten sind damit auch nach der Trennung noch möglich. Eine Pflicht der Bank zu prüfen, inwieweit der Verfügende Beschränkungen im Innenverhältnis unterliegt, kommt nur in Betracht, wenn sich Zweifel an der Befugnis zur Abhebung nach dem Innenverhältnis der Ehegatten aufdrängen[56]. Der Widerruf muss der Bank gegenüber erklärt werden, wenn die **544**

---

51 Vgl. aber den Fall einer Kontoverfügung eines Ehegatten, der keine Vollmacht hatte, bei OLG Zweibrücken, FamRZ 2006, 1678.

52 BGH, MDR 1953, 345, 346; *Schulz/Hauß,* Rn. 1769. Zur Verfügungsbefugnis bei Gestattung „vorübergehende(r) Kontoüberziehungen im banküblichen Rahmen“ OLG Brandenburg, MDR 2007, 1207.

53 *Derleder,* FuR 1995, 301, 304.

54 Vgl. MünchKomm/*Schramm,* § 167 Rn. 90; *Derleder,* FuR 1995, 301, 304 f. Zur evtl. Haftung des Kontoinhabers auch OLG Brandenburg, MDR 2007, 1207.

55 BGH, FamRZ 2009, 1053, m. Anm. *Grziwotz,* sowie Anm. *Muscheler,* JZ 2009, 1075, u. *Bergmann,* JR 2010, 212 (zum Fall einer Kontovollmacht über den Tod hinaus).

56 *Schramm/Daubner,* in: *Schimansky/Bunte/Lwowski,* Bankrechtshandbuch, 4. Aufl., 2011, § 32 Rn. 27; *Merz/Peterek,* in: *Kümpel/Wittig,* Bank und Kapitalmarktrecht, 4. Aufl., 2011, Rn. 6.708 ff. Vgl. auch *Büte,* FuR 2007, 455, 457 („objektive Evidenz des Missbrauchs“).

Vollmacht – wie üblich – ihr gegenüber erteilt worden ist (§ 170 BGB)[57]. Nach wirksamem Widerruf der Vollmacht muss der Kontoinhaber sich eventuelle weitere Auszahlungen der Bank an den anderen Ehegatten nicht zurechnen lassen; dies gilt auch dann, wenn er den anderen Ehegatten vom Widerruf noch nicht informiert hatte. Führt die Bank nach erfolgtem Widerruf versehentlich noch einen Zahlungsauftrag des ehemals Bevollmächtigten aus, steht ihr ein Bereicherungsanspruch (§ 812 I S. 1 Alt. 2 BGB) gegen den Zahlungsempfänger zu[58].

2. Befugnis des Vollmachtinhabers im Innenverhältnis

545 Aus dem Bestehen einer Vollmacht im Außenverhältnis folgt jedoch nicht notwendig das Recht des Vollmachtinhabers im Innenverhältnis der Ehegatten, unbeschränkt über das Konto zu verfügen. Der Vollmachterteilung liegt ein Kausalverhältnis der Ehegatten zugrunde. Es besteht in einer (meist stillschweigenden) **Vereinbarung** der Ehegatten **über den Zweck der Bevollmächtigung.** Dieser geht regelmäßig dahin, eine vereinfachte Verwirklichung der gemeinsamen Lebensplanung zu ermöglichen. Die Bedürfnisse der Familie sollen mit einer gewissen Selbständigkeit befriedigt werden können[59]. Aus dem mit der Vollmachterteilung verfolgten Zweck ergibt sich eine **Beschränkung der Vollmacht:** Die Vollmacht reicht nach dem Willen des Vollmachtgebers regelmäßig nur so weit, als aus der gemeinsamen Lebensführung resultierende Bedürfnisse und Verbindlichkeiten abgedeckt werden sollen[60]. Daraus folgt:

a) Kontoverfügungen nach der Trennung

546 Kontoabhebungen oder Überweisungen des Vollmachtinhabers auf eigene Konten nach der Trennung – die Trennung wird in diesem Zusammenhang in Anlehnung an die Regelung zur Schlüsselgewalt, § 1357 III BGB, allgemein als maßgeblicher Stichtag angesehen[61] –, die unter Ausnutzung einer noch nicht widerrufenen Vollmacht erfolgen und die nicht der Abgeltung von Aufwendungen der gemeinschaftlichen Lebensführung (etwa dem Ausgleich gemeinsamer Schulden) dienen, sind regelmäßig von der der Vollmachterteilung zugrunde liegenden Abrede **nicht mehr gedeckt.** Denn sie dienen nicht der gemeinsamen Lebensführung

---

57 Ist die Vollmacht durch Aushändigung einer Vollmachtsurkunde an den vertretenden Ehegatten erteilt worden, bedarf es gem. § 172 II BGB grds. der Rückgabe oder Kraftloserklärung der Vollmachtsurkunde. Vgl. dazu *Derleder,* FuR 1995, 301, 304 f.

58 BGH, NJW 2015, 2725.

59 So OLG Düsseldorf, FamRZ 1992, 439.

60 Vgl. OLG Koblenz, FamRZ 2018, 23; OLG Frankfurt, FamRZ 2000, 1215; OLG Bamberg, FamRZ 1991, 1058; *Derleder,* FuR 1995, 301, 303.

61 Vgl. etwa BGH, FamRZ 1988, 476, 478 = NJW 1988, 1208; *Schmitt,* S. 36 f.

der Ehegatten. Grundsätzlich ändert daran auch das Bestehen von Unterhalts- oder sonstigen Gegenansprüchen des sich des fremden Kontos bedienenden Ehegatten nichts. Er ist nicht zur „Selbstbedienung" berechtigt[62]. Auch wenn das Guthaben aus seinen Mitteln stammt, gibt ihm dies nicht das Recht, darüber zu verfügen.

Allerdings ist nach der Rechtsprechung des BGH[63] im Einzelfall denkbar, dass die Berechtigung zu einer Abhebung oder Überweisung im Innenverhältnis auch über die Trennung hinaus in eingeschränktem Umfang fortbesteht. Das soll insoweit der Fall sein können, als die Verfügung mit den früheren gemeinsamen Vorstellungen der Ehegatten in Einklang steht und auch nach der Trennung weiterhin dem mutmaßlichen Willen des Kontoinhabers entspricht. Dieser soll in erster Linie vor eigensüchtiger oder sonst missbräuchlicher Ausnutzung geschützt werden. Unter Zugrundelegung dieser Rechtsprechung kann man u.U. maßvolle Abhebungen des nicht erwerbstätigen Ehegatten von dem Konto, auf das das Gehalt des Alleinverdieners fließt, die der bisherigen Handhabung entsprechen, dem Unterhalt der Restfamilie dienen und mit denen der Kontoinhaber mutmaßlich einverstanden ist, als im Innenverhältnis gestattet ansehen[64]. Das Gleiche kann gelten, wenn nach der Trennung von einem Geschäftskonto Überweisungen für geschäftliche Zwecke vorgenommen werden. **547**

b) Kontoverfügungen während des Zusammenlebens

Während des ehelichen Zusammenlebens vorgenommene Verfügungen sind **im Zweifel** von der Zweckbestimmung der Vollmacht **gedeckt.** Anders verhält es sich bei kurz vor der Trennung vorgenommenen Verfügungen, die bereits der Finanzierung der Trennung dienen sollen[65]. Sie erfolgen, sofern man sie nicht im Einzelfall als vom mutmaßlichen Willen des Kontoinhabers gedeckt ansehen kann (vgl. Rn. 547), ohne Berechtigung im Innenverhältnis. Das Gleiche gilt bei Abhebungen von einem zweckgebundenen Bankkonto[65a]. Keine Befugnis im Innenverhältnis besteht auch zu einer Verfügung über ein größeres Kontoguthaben, nachdem in einer Trennungs- und Scheidungsfolgenvereinbarung eine Regelung – auch zur Vermögensauseinandersetzung – im Hinblick auf die beabsichtigte Trennung getroffen worden ist[66]. **548**

---

62 BGH, FamRZ 1989, 834, 835; OLG Frankfurt, FamRZ 2000, 1215; OLG Bamberg, FamRZ 1991, 1058, 1059; OLG Düsseldorf, FamRZ 1992, 439, 440; *Büte,* FuR 2007, 397, 400.

63 FamRZ 1989, 834 = NJW-RR 1989, 834.

64 Vgl. auch *Schulz/Hauß,* Rn. 1783.

65 OLG Bamberg, FamRZ 1991, 1058; *Krumm,* NZFam 2015, 841, 842.

65a OLG Koblenz, FamRZ 2018, 23.

66 OLG Celle, EzFamR aktuell 2001, 162, im Falle eines Depotkontos.

3. Folgen einer Vollmachtüberschreitung

549 Hat ein Ehegatte unter Ausnutzung einer noch nicht widerrufenen Vollmacht durch Abhebung oder Überweisung Beträge dem eigenen Vermögen zugeführt, ohne dazu im Verhältnis zum Kontoinhaber berechtigt gewesen zu sein, bestehen grundsätzlich **Ausgleichs- bzw. Schadensersatzansprüche.** Regelmäßig liegt in dem Verstoß gegen die der Vollmachterteilung zugrunde liegende Vereinbarung eine Pflichtverletzung, die Schadensersatzansprüche nach § 280 I BGB auslöst[67]. In krassen Fällen kann daneben eine Schadensersatzpflicht aus unerlaubter Handlung (§ 823 II BGB i.V.m. § 266 I StGB bzw. § 826 BGB) in Erwägung zu ziehen sein[68], die wegen des Aufrechnungsverbotes nach § 393 BGB von besonderer Bedeutung ist[69]. Vor allem aber wird regelmäßig ein Anspruch auf Herausgabe des durch die unberechtigte Verfügung Erlangten unter dem Gesichtspunkt der angemaßten Eigengeschäftsführung bestehen (§§ 687 II, 681 S. 2, 667 BGB), demgegenüber nicht eingewandt werden kann, der sich des Kontos Bedienende habe einen Anspruch auf das Guthaben gehabt[70].

550 Da dieser Anspruch gerade bei Unterhaltsbedürftigkeit des ausgleichsverpflichteten Ehegatten oft schwer durchsetzbar ist, kommt die in der Praxis gern angewandte **unterhaltsrechtliche Lösung** vielfach dem Interesse des Ausgleichsberechtigten entgegen: Die entnommenen Beträge werden (nach Genehmigung der Kontoverfügung) auf den Unterhaltsbedarf angerechnet, so dass sich eine isolierte Verfolgung des Ausgleichsbzw. Schadensersatzanspruchs erübrigt[71].

4. Beweislast

551 Derjenige, der einen Schadensersatzanspruch oder einen Herausgabeanspruch aus angemaßter Eigengeschäftsführung geltend macht, muss darlegen und beweisen, dass das Handeln des Vollmachtinhabers dessen Befugnisse aus dem Innenverhältnis überschritten hat. Kontoverfügungen

---

67 Früher: positive Vertragsverletzung; vgl. dazu Rn. 21 f.

68 Siehe auch Rn. 763.

69 Vgl. OLG Frankfurt, FamRZ 2000, 1215; LG Aachen, FF 2001, 176 (keine Aufrechnung mit Unterhaltsansprüchen).

70 Vgl. BGH, FamRZ 1989, 834, 835; FamRZ 1988, 476, 478 = NJW 1988, 1208; OLG Koblenz, FamRZ 2018, 23; OLG Zweibrücken, FamRZ 2006, 1678 (im Fall einer Kontoverfügung eines Ehegatten, der keine Vollmacht hatte); OLG Bamberg, FamRZ 1991, 1058; *Derleder,* FuR 1995, 301, 303. – Soweit es um Schadensersatz geht, mindert ein evtl. Anspruch des über das Konto Verfügenden allerdings den Schaden des anderen. I.Ü. kann mit einem solchen Anspruch (etwa einem Unterhaltsanspruch) ggf. aufgerechnet werden. Vgl. auch OLG Düsseldorf, FamRZ 1992, 439, 440.

71 Vgl. *Blaese,* BRAK-Mitt. 1997, 118.

während der Zeit des Zusammenlebens sind im Zweifel von der im Innenverhältnis erteilten Befugnis gedeckt, solche nach der Trennung im Zweifel nicht. Es genügt daher, wenn der Kontoinhaber den Beweis führt, dass der andere Ehegatte das Konto **nach der Trennung** belastet hat. Der andere kann sich dann nur dadurch entlasten, dass er beweist, das Geld für einen Zweck entnommen zu haben, der vom tatsächlichen oder mutmaßlichen Willen des Kontoinhabers gedeckt war. Geht es um eine Kontoverfügung aus der **Zeit des Zusammenlebens,** so muss der Kontoinhaber grundsätzlich die Belastung des Kontos durch den anderen und außerdem – anders als bei Vorliegen eines Vermögensverwaltungsvertrages[72] – die zweckwidrige Verwendung des Geldes beweisen[73]. Bei einer ungewöhnlich hohen Abhebung in zeitlicher Nähe zur Trennung allerdings reicht es aus, wenn der Kontoinhaber den Beweis für eine solche Abhebung führt. Der andere kann sich dann dadurch entlasten, dass er beweist, das Geld für Zwecke der ehelichen Lebensgemeinschaft entnommen zu haben[74]. Bei Abhebungen von einem zweckgebundenen Bankkonto für eigene Zwecke muss der abhebende Vollmachtinhaber die behauptete Zustimmung des Kontoinhabers beweisen[74a].

5. Beispiele

a) Musterbeispiel[75]

Wenige Tage vor und einige Tage nach ihrem Auszug mit dem gemeinsamen Kind aus der Ehewohnung hebt die nicht erwerbstätige F vom Gehalts-Girokonto des M, für das sie Vollmacht hat, jeweils 4.000 € ab. M verlangt Erstattung. F beruft sich darauf, dass sie vor einigen Monaten 5.000 € aus einem vorübergehenden Nebenverdienst auf das Konto eingezahlt habe und dass ihr im Übrigen Unterhalt, auch für das Kind, zustehe. **552**

Da es sich um ein Einzelkonto des M handelt, stand ihm das Guthaben zu. Die Annahme einer Bruchteilsmitberechtigung der F aufgrund einer stillschweigenden Abtretung eines Teils des Guthabens im Innenverhältnis kommt nicht in Betracht. Allein die Tatsache, dass auch F eine größere Einzahlung auf das Konto geleistet hat, auf das im Übrigen das Gehalt des M geflossen ist, lässt nicht den Schluss zu, die Eheleute seien sich über eine gemeinsame Berechtigung am Guthaben einig gewesen.

Ob M mit seinem Erstattungsverlangen, gestützt auf § 280 Abs. 1 und § 687 Abs. 2 BGB, Erfolg hat, hängt davon ab, ob das Vorgehen der F von ihrer Befugnis im Innenverhältnis, von der Vollmacht zum Zwecke einer unkomplizierten Befriedigung der Bedürfnisse der Familie Gebrauch zu machen, gedeckt war.

72 BGH, FamRZ 2001, 23, 24 = NJW 2000, 3199. Zu Ansprüchen bei vertraglich vereinbarter Vermögensverwaltung vgl. Rn. 821 ff.

73 Vgl. auch Rn. 825.

74 Vgl. auch *Derleder*, FuR 1995, 301, 303 f.

74a OLG Koblenz, FamRZ 2018, 23.

75 Vgl. schon *Bergschneider/Wever/Röfer*, FamVermR, Rn. 5.519. Siehe auch die schulmäßige Falllösung zu BGH, FamRZ 2002, 1696, bei *Körner*, JuS 2007, 661.

- Die Abhebung nach der Trennung war von der Befugnis der F im Zweifel nicht mehr gedeckt. F war dazu grundsätzlich auch nicht aufgrund einer eventuellen Unterhaltsverpflichtung des M berechtigt. Einer Verurteilung zur Rückzahlung kann F nur entgehen, wenn sie den Beweis führen kann, dass entweder sie die Kontoverfügung trotz der zuvor erfolgten Trennung noch für einen ehegemeinsamen Zweck verwendet hat, z.B. für die Begleichung einer gemeinsamen Schuld, oder die Abhebung der bisherigen Handhabung entsprach, dem Unterhalt der Restfamilie diente und – etwa aufgrund besonders guter wirtschaftlicher Verhältnisse der Eheleute unter Berücksichtigung sonstiger Umstände – ein mutmaßliches Einverständnis des M mit ihrem Vorgehen anzunehmen ist.
- Hinsichtlich der Abhebung vor der Trennung wäre es an sich Sache des M, eine zweckwidrige Verwendung des Geldes, nämlich die Finanzierung der bevorstehenden Trennung, zu beweisen. Die zeitliche Nähe zur Trennung und die Höhe des abgehobenen Betrages begründen aber die Vermutung einer zweckwidrigen Verwendung. F kann daher auch insoweit eine Verurteilung nur verhindern, wenn sie den Nachweis eines Verbrauchs für einen ehegemeinsamen Zweck oder eines mutmaßlichen Einverständnisses des M im vorstehend geschilderten Sinne führen kann.

b) Weitere Beispiele aus der Rechtsprechung

- **Kontoverfügungen nach der Trennung:**

553 Der BGH hat in einer Entscheidung vom 13.1.1988[76] einen Ausgleichsanspruch für möglich gehalten. Die Ehefrau hatte einige Monate nach der Trennung 2.000 DM vom Geschäftskonto des Ehemannes abgehoben.

In einer Entscheidung des BGH vom 5.4.1989[77] ging es um eine Verfügung über 127.000 DM, die der Ehemann kurz nach der Trennung zu Lasten eines Kontos der Ehefrau für eigene private Zwecke vorgenommen hatte, nachdem er einige Monate zuvor 190.000 DM auf dieses Konto überwiesen hatte. Der BGH hielt es – vorbehaltlich weiterer Aufklärung – für möglich, dass der Mann zur Abhebung der 127.000 DM im Verhältnis zur Frau nicht berechtigt war und ihr deshalb Erstattung schulde. Die frühere Überweisung der 190.000 DM auf das Konto stehe auch dann einem Ausgleichsanspruch der Frau nicht entgegen, wenn der Mann insoweit einen Rückzahlungsanspruch habe. Was die dogmatische Begründung angeht, nimmt der BGH nicht eine von vornherein gegebene Beschränkung der Vollmacht auf gemeinsame eheliche Zwecke an, sondern wendet die Grundsätze des Wegfalls der Geschäftsgrundlage an (Anpassung der der Vollmachterteilung zugrunde liegenden Vereinbarung an die durch die Trennung ausgelösten veränderten Verhältnisse).

76 FamRZ 1988, 476 = NJW 1988, 1208.
77 FamRZ 1989, 834. Ähnlich das Beispiel bei *Derleder,* FuR 1995, 301, 302.

- **Kontoverfügungen während des Zusammenlebens**[78]**:**

In einem vom OLG Bamberg[79] entschiedenen Fall hatte die Ehefrau in den Tagen vor ihrem Auszug aus der Ehewohnung insgesamt 5.500 DM vom Konto des Mannes abgehoben, um sich für die Trennung und den Wegzug aus der ehelichen Wohnung mit dem gemeinsamen Kind mit Reisemitteln und Bargeld zu versorgen. Das OLG nahm einen Schadensersatzanspruch des Mannes aus positiver Vertragsverletzung jedenfalls in dem Umfang an, in dem klar war, dass der Mann mit der Abhebung nicht einverstanden war. **554**

Das OLG Düsseldorf[80] hat einen Schadensersatzanspruch und einen Herausgabeanspruch aus angemaßter Eigengeschäftsführung eines Ehemannes angenommen, dessen Frau vor der Trennung, aber bei schon bestehenden ehelichen Spannungen 40.000 DM von seinem Konto auf ein eigenes Festgeldkonto überwiesen und davon später ihrem neuen Lebensgefährten 35.000 DM zur Verfügung gestellt hatte.

Ausgleichsansprüche abgelehnt hat das OLG Karlsruhe[81] in einem Fall wirtschaftlich gut gestellter Ehegatten, in dem die nicht erwerbstätige Frau in den Jahren vor der Trennung insgesamt 150.000 DM von Konten des Mannes abgehoben und für sich verbraucht hatte, während der Mann beruflich im Ausland tätig war.

Als **Fazit** kann festgehalten werden: Die Rechtsprechung bemüht sich um einen Schutz des Kontoinhabers im Innenverhältnis vor ehewidrigen Verfügungen des Vollmachtinhabers, seien sie vor oder nach der Trennung erfolgt[82]. **555**

III. Kontoinhaberschaft bei Errichtung eines Sparkontos auf den Namen eines Dritten

Gelegentlich errichtet ein Ehegatte auf den Namen des anderen oder den eines Kindes oder Enkelkindes ein Sparbuch und zahlt ein Guthaben ein. Es entsteht dann manchmal Streit darüber, wer forderungsberechtigter Gläubiger gegenüber der Bank und damit Kontoinhaber ist: der das Konto Errichtende, d.h. derjenige, der den Kontoeröffnungsvertrag abgeschlossen hat, oder derjenige, auf dessen Namen das Konto errichtet wor- **556**

78 Weitere Entscheidungen zu Kontoverfügungen während des Zusammenlebens: BGH, FamRZ 1986, 558 = NJW 1986, 1870 (dazu Rn. 827); FamRZ 1988, 42; LG Detmold, FamRZ 2002, 670.

79 FamRZ 1991, 1058.

80 FamRZ 1992, 439.

81 FamRZ 1990, 744.

82 So mit Recht *Derleder*, FuR 1995, 301, 303.

den ist[83]? Entscheidend ist der erkennbare Wille des das Konto Errichtenden bei der Einrichtung des Kontos[84].

557 Beim **Girokonto** soll in der Regel derjenige Kontoinhaber werden, auf dessen Namen das Konto eröffnet wird[85].

558 Beim **Sparkonto** dagegen lässt der Umstand, dass das Konto auf den Namen eines anderen eingerichtet worden ist, für sich allein nicht den Schluss darauf zu, dass der andere auch Gläubiger der Forderung werden sollte, also ein Vertrag zugunsten Dritter (§ 328 BGB) geschlossen worden ist. Die Errichtung auf den Namen eines Dritten[86] ist nicht mehr als ein Indiz für den Parteiwillen. Von Bedeutung ist vor allem auch der Besitz des Sparbuchs. Da gem. § 808 BGB der Besitzer des Sparbuchs die Verfügungsmöglichkeit über das Guthaben behält, spricht es gegen einen Willen des Anlegers, den anderen gem. § 328 BGB zum Gläubiger der Forderung machen zu wollen, wenn er selbst sich den Besitz an dem Sparbuch vorbehält. Insbesondere Eltern bzw. Großeltern, die ein Sparbuch für das Kind bzw. das Enkelkind anlegen und das Sparbuch in Besitz behalten, wollen im Zweifel Gläubiger der Bank bleiben, vielfach jedoch dem Benannten das Guthaben auf den Todesfall des Einzahlenden zuwenden (§ 331 BGB)[87]. Anders kann es sich verhalten, wenn Eltern für ihre Kinder ein Sparbuch errichten, das für Einzahlungen Dritter (Großeltern) vorgesehen ist[88]. Auch wenn die das Konto auf den Namen des Enkelkindes eröffnenden Großeltern das Sparbuch den Eltern übergeben, spricht dies für die Annahme eines Vertrages zugunsten des Kindes[89]. Handelt es sich um eine Umschreibung eines bisher auf den Namen der Eltern lautenden Sparbuchs auf den Namen des Kindes, spricht dies ebenfalls dafür, dass dem Kind die Gläubigerstellung verschafft werden sollte[90].

83 In letzterem Falle spricht man von einem Fremdkonto, vgl. *Staub/Canaris*, HGB/Bankvertragsrecht, 4. Aufl., 2005, Rn. 235.

84 BGH, FamRZ 2005, 510; FamRZ 1994, 625; OLG Düsseldorf, FamRZ 1999, 1422 [LS].

85 BGH, NJW 1996, 840.

86 Den Fall der Kontoerrichtung auf den eigenen Namen des Eröffnenden bei Anlage von Geld, das aus dem Vermögen eines Dritten stammt, behandeln: BGH, FamRZ 2005, 1168 = NJW 2005, 2222; OLG Saarbrücken, MDR 2003, 1003.

87 BGH, FamRZ 2005, 510, m. Anm. *Ewers*, S. 967, u. *Bartsch/Bartsch*, ZEV 2005, 260 = NJW 2005, 980; OLG Bremen, OLG Report 2007, 693; OLG Düsseldorf, FamRZ 1992, 51; LG Landshut, FamRZ 2012, 746; LG Mainz, FamRZ 2009, 228. Vgl. aber OLG Celle, WM 1994, 1069 (Kontoeröffnung für 6-jährigen Sohn); OLG Zweibrücken, FamRZ 1990, 440 = NJW 1989, 2546 (bei Kontoeröffnung als gesetzlicher Vertreter); LG Coburg, FamRZ 2011, 71 (Guthaben aus Geldgeschenken Dritter an das Kind, die der Vater aufgerundet hat).

88 Vgl. OLG Bremen, FamRZ 2015, 861 = NJW 2015, 564; Saarländ. OLG, ZEV 2000, 240, m. Anm. *Schencking*.

89 OLG Frankfurt, FamRZ 2016, 147; AG Nordhorn, FamRZ 2002, 341, 342.

90 OLG Hamm, OLG-Report 1999, 230 = FamRZ 2001, 158 [LS].

Oft bringt der Inhalt des Kontoeröffnungsantrages Klarheit. Ist dort ausdrücklich bestimmt, dass der andere sofort Gläubiger der Forderung werden soll, steht ihm das Sparguthaben als Gläubiger auch dann zu, wenn der das Konto auf den Namen des Dritten Eröffnende im eigenen Namen auftritt, sämtliche Einzahlungen vornimmt und das Sparbuch im Besitz behält[91]. Nehmen Eltern vom Sparbuch des Kindes bei Forderungsinhaberschaft des Kindes Abhebungen für Ausgaben vor, die ihnen obliegen, machen sie sich schadensersatzpflichtig[92].

Bei einem **Sparbrief** kommt wegen dessen Qualifizierung als Namensschuldverschreibung der Bezeichnung des Inhabers mehr als eine bloße Indizwirkung zu. Hier ist in der Regel der in der Urkunde Benannte auch forderungsberechtigt[93]. 559

C. Streitigkeiten bei Gemeinschaftskonten

Auch die Begründung eines Giro- oder Sparkontos als Gemeinschaftskonto durch Ehegatten ist nicht selten. Das Gemeinschaftskonto wird auf den Namen mehrerer Inhaber errichtet. Sie sind Vertragspartner der Bank und Gläubiger eines auf dem Konto befindlichen **Guthabens**. Für einen aufgelaufenen Schuldsaldo haben sie der Bank gegenüber in der Regel als Gesamtschuldner einzutreten. Die Frage nach der Haftung für den **Schuldsaldo** im Innenverhältnis der Ehegatten richtet sich daher nach den Grundsätzen zum Gesamtschuldnerausgleich[94], die im Regelfall zu einer hälftigen Beteiligung beider Ehegatten führen. 560

Gemeinschaftskonten werden entweder als Und-Konto oder als Oder-Konto geführt. Beim **Und-Konto** können die Inhaber Verfügungen nur gemeinsam treffen[95]. Belastungsaufträge müssen also von allen Kontoin- 561

---

91 OLG Frankfurt, NJW 1986, 64 = FamRZ 1986, 576 [LS]; LG Landau, FamRZ 2007, 396. Vgl. zu allem: *Staub/Canaris* [Fn. 83], Rn. 151 ff.; *Palandt/Grüneberg,* § 328 Rn. 9a, mit RsprN; *Bergschneider/Weisbrodt,* FamVermR, Rn. 8.286 ff.; *Köndgen,* NJW 1992, 2263, 2265.

92 OLG Frankfurt, FamRZ 2016, 147 = FamRB 2015, 342 *(Schmid)*; OLG Bremen, FamRZ 2015, 861 = NJW 2015, 564; dazu *Roggatz*, jM 2015, 242. – Zur Frage, ob die Eltern als gesetzliche Vertreter Rücküberweisung aus ihrem Vermögen stammender, auf Sparkonten ihrer minderjährigen Kinder (als Kontoinhaber) angelegter Gelder an sich veranlassen können, BGH, FamRZ 2004, 1349, m. Anm. *Spieker*. - Zur Rechtslage bei Abhebungen der Eltern vom Konto des Kindes auch *Becker*, FamRZ 2016, 869; DIJuF-Rechtsgutachten, JAmt 2010, 488.

93 OLG Hamm, OLG-Report 1999, 230 = FamRZ 2001, 158 [LS]; NJW-RR 1992, 46; *Palandt/Grüneberg,* § 328 Rn. 9a. – Zur Anlage von Festgeld auf den Namen des Kindes OLG Saarbrücken, FamRZ 2008, 2030 (Berechtigung des Kindes, wenn steuerliche Freibeträge ausgeschöpft werden sollten).

94 Vgl. dazu Rn. 375 ff.

95 Die Inhaber eines Und-Kontos bilden, sofern keine Gesamthandsgemeinschaft vorliegt, eine Bruchteilsgemeinschaft nach § 741 ff. BGB; sie sind Mitgläubiger der Forderung

habern unterzeichnet werden. Das Und-Konto ist daher ein Gemeinschaftskonto, das Sicherheit vor nicht gewünschten Verfügungen des Partners bietet. Wegen seiner Schwerfälligkeit ist es aber unter Ehegatten kaum verbreitet.

562 Errichten Ehegatten ein Gemeinschaftskonto, wählen sie meist die Form des **Oder-Kontos,** bei dem jeder der Inhaber der Bank gegenüber ohne Mitwirkung des anderen zu Kontoverfügungen berechtigt ist (Gemeinschaftskonto mit Einzelverfügungsbefugnis). Hier kann also jeder Ehegatte allein Abhebungen vornehmen und Überweisungen veranlassen. Anders als beim Einzelkonto mit Vollmacht (und als beim Und-Konto) haben hier beide Ehegatten als **Gesamtgläubiger** (§§ 428 ff. BGB)[96] ein eigenes Forderungsrecht gegenüber der Bank, die allerdings nicht, wie es § 428 BGB vorsieht, nach ihrem Belieben an jeden der Kontoinhaber leisten kann, sondern an den Kontoinhaber leisten muss, der die Leistung verlangt[97].

563 Die beim Oder-Konto bestehende Gesamtgläubigerschaft der Kontoinhaber begründet **Gefahren**, vor allem die, dass Gläubiger des jeweils anderen Kontoinhabers in das Konto vollstrecken können[98] und dass – beim Girokonto – jeder Kontoinhaber grundsätzlich auch für ein von dem anderen verursachtes Debet gegenüber der Bank haftet[99]. Die „Sperrung" eines Oder-Kontos, nämlich seine Umwandlung in ein Und-Konto, ist nicht durch einseitige Erklärung eines Ehegatten möglich, sofern kein entsprechendes Weisungsrecht vereinbart worden ist[100], was auch durch Formularabrede (Bank-AGB) geschehen kann[101]. Ist ein solches Weisungsrecht nicht erteilt worden bedarf es zur „Sperrung" einer Änderung des

(BGH, NJW 1991, 420). Diese Form der Kontoführung ist typisch etwa für Erbengemeinschaften, die einen Kontoinhaber beerben. – Zum Und-Konto im Einzelnen: *Staub/Canaris* [Fn. 83], Rn. 230 ff.; *Staudinger/v. Proff*, 2015, § 741 Rn. 102 ff.

96 Vgl. dazu Rn. 847 ff. Nach wohl h.M. finden ergänzend die Regeln der Bruchteilsgemeinschaft Anwendung: *Staudinger/v. Proff*, 2015, § 741 Rn. 105 ff.; *Staub/Canaris* [Fn. 83], Rn. 225; *Hausmann*, S. 267; **a.A.** *Gernhuber*, WM 1997, 645, 646.

97 Vgl. *Staudinger/Looschelders*, 2012, § 428 Rn. 24. Zur Frage, an wen die Bank zu leisten hat, wenn ihr eine Auszahlungsanweisung beider Ehegatten vorliegt, LG Frankfurt, NJW-RR 2004, 775; *Staudinger/v. Proff*, 2015, § 741 Rn. 95 ff.

98 Vgl. OLG Dresden, FamRZ 2003, 1943; OLG Nürnberg, MDR 2002, 1090; LG Nürnberg-Fürth, NJW 2002, 973; näher *Staudinger/v. Proff*, 2015, § 741 Rn. 88 ff.; *Hadding/Häuser*, in: *Schimansky/Bunte/Lwowski* [Fn. 56], § 35 Rn. 11 f.

99 LG Coburg, FamRZ 2008, 60 (zugleich zu Haftungsbegrenzungen).; *Hadding/Häuser*, in: *Schimansky/Bunte/Lwowski* [Fn. 56], § 35 Rn. 9. Zu den Vor- und Nachteilen des Oder-Kontos im Einzelnen: *Gernhuber*, WM 1997, 645, 647 ff.; *Staub/Canaris*, [Fn. 83], Rn. 224. Zu steuer- und erbrechtlichen Folgen bei Errichtung eines Gemeinschaftskontos: *Werkmüller*, ZEV 2000, 440; vgl. dazu auch Rn. 565.

100 BGH, NJW 1991, 420; NJW-RR 1993, 233; FamRZ 2009, 1053, 1054.

101 OLG Hamm, Urteil v. 27.1.2010, 31 U 113/09 (juris); *Hadding/Häuser*, in: *Schimansky/Bunte/Lwowski* [Fn. 56], § 35 Rn. 15.

Kontovertrages, an der grundsätzlich die Bank und beide Kontoinhaber mitwirken müssen[102]. Auch die Kündigung der Kontobeziehung kann nur gemeinsam durch alle Kontoinhaber erfolgen, wenn nicht der eine dem anderen Inhaber eine entsprechende Vollmacht erteilt hat[103].

I. Berechtigung am Guthaben

Für die Frage, wem intern welcher Anteil an dem auf einem Gemeinschaftskonto befindlichen Guthaben zusteht, sind die Befugnisse der Ehegatten im Außenverhältnis zur Bank ohne Bedeutung. Maßgebend ist vielmehr das **Innenverhältnis** der Ehegatten. Das Innenverhältnis beurteilt sich beim Oder-Konto nach § 430 BGB, nach wohl h.M.[104] ergänzt durch die gemeinschaftsrechtliche Regelung des § 742 BGB, die auch für das Und-Konto von Ehegatten Anwendung findet[105]. Danach sind die Ehegatten an dem jeweiligen Kontostand eines Gemeinschaftskontos und insbesondere am Kontostand im Zeitpunkt der Trennung regelmäßig zu gleichen Teilen berechtigt[106]. Ein Guthaben ist also beim Scheitern der Ehe **grundsätzlich hälftig zu teilen.** Dies gilt für Konten, mit denen die Ausgaben für die Lebensführung der Ehegatten bestritten worden sind ebenso, wie für Geschäftskonten[107]. Der Grundsatz der Halbteilung kommt nur dann nicht zum Zuge, wenn **ein anderes bestimmt** ist. Eine andere Bestimmung ist nicht schon darin zu sehen, dass die auf das Konto geflossenen Mittel ganz oder überwiegend von einem Kontoinhaber stammen[108]. Insbesondere auch das Guthaben, das ausschließlich aus dem Arbeitseinkommen des Alleinverdieners stammt, steht beiden Ehegatten zur Hälfte zu. Den Umständen ist zu entnehmen, dass dies auch dem Willen des Alleinverdieners entspricht, denn anderenfalls hätte es nahegelegen, das Einkommen auf ein ausschließlich auf seinen Namen angelegtes Konto fließen zu lassen[109]. Zu einem anderen Ergebnis wird man kommen müssen, wenn Geld auf dem Gemeinschaftskonto von einem Ehegatten **564**

---

102 Haben allerdings die Kontoinhaber in den Kontoeröffnungsanträgen einander das Recht eingeräumt, das Konto ohne Mitwirkung des anderen auf sich umschreiben, also in ein eigenes Einzelkonto umwandeln zu lassen, können sie im Zusammenwirken mit der Bank, aber ohne Mitwirkung des anderen – als Minus – auch das Oder-Konto in ein Und-Konto umwandeln lassen. Vgl. dazu *Wagner,* NJW 1991, 1790; *Pohlmann,* S. 187 ff.

103 *Merz/Peterek,* in: *Kümpel/Wittig* (Fn. 56), Rn. 6.738; *Hadding/Häuser,* in: *Schimansky/Bunte/Lwowski* [Fn. 56], § 35 Rn. 15.

104 Vgl. Fn. 96.

105 Vgl. Fn. 95; *Staub/Canaris* [Fn. 83], Rn. 232.

106 Dem entspricht die Rechtslage nach griechischem Recht, vgl. Rn. 881.

107 BGH, FamRZ 1990, 370 = NJW 1990, 705.

108 BGH, FamRZ 1990, 370, 371 = NJW 1990, 705; OLG Hamm, NZFam 2017, 1109 *(Wache)*; OLG Köln, WM 2000, 2485; *Staudinger/Looschelders,* 2012, § 430 Rn. 29; *Palandt/Grüneberg,* § 430 Rn. 2; *Staub/Canaris* [Fn. 83], Rn. 225.

109 OLG Köln, FamRZ 1987, 1139.

ersichtlich nur „zwischengeparkt" ist, wie es etwa der Fall sein kann, wenn ein größerer geerbter Geldbetrag vor einer Entscheidung über die weitere Verwendung zunächst auf das nur vorhandene Gemeinschaftskonto überwiesen wird.

565 Der Grundsatz der Halbteilung gilt auch für den Güterstand der Gütertrennung. Insofern kann man in der Eröffnung eines Gemeinschaftskontos durch Eheleute, die im Güterstand der Gütertrennung leben, für diesen Bereich eine bewusste Korrektur des gewählten Güterstandes sehen[110]. Auch mit der Errichtung eines Geschäftskontos als Gemeinschaftskonto wollen die Eheleute vielfach eine angemessene vermögensrechtliche Beteiligung beider an dem gemeinsam Erarbeiteten erreichen[111]. Zahlt ein Ehegatte auf das gemeinsame Konto mehr ein als der andere, liegt darin – soweit es sich nicht um Beiträge zur Wirtschaftsführung der Ehegatten handelt – im Zweifel eine **ehebezogene Zuwendung**[112]; dies kann steuerrechtliche Konsequenzen haben (schenkungsteuerpflichtige Zuwendung?)[113].

566 Von den Umständen des Einzelfalls hängt es ab, ob **nach der Trennung eingehende Gelder** beiden Kontoinhabern hälftig zustehen. Hier kann eine ergänzende Vertragsauslegung gem. § 157 BGB ergeben, dass die Eingänge dem Ehegatten zustehen, von dem bzw. von dessen Schuldner sie stammen[114]. Ein Guthaben, das aus einer nach Trennung eingehenden Steuererstattung nach gemeinsamer Veranlagung resultiert, steht den Ehegatten nicht ohne weiteres hälftig, sondern im Zweifel in dem Umfang zu, wie sie im Innenverhältnis an der Steuererstattung berechtigt waren[115], nach der Rechtsprechung des BGH dazu also grundsätzlich mit den Beträgen, die sich bei einer fiktiven getrennten Veranlagung ergäben[116].

---

110 *Schulz/Hauß*, Rn. 1804.

111 Vgl. BGH, FamRZ 1990, 370, 371 = NJW 1990, 705.

112 Vgl. auch *Gernhuber*, WM 1997, 645, 656, sowie Rn. 538. Entsprechendes gilt bei Umwandlung eines Einzelkontos mit einem Guthaben eines Ehegatten in ein Gemeinschaftskonto (vgl. dazu *Hausmann*, S. 267 Fn. 70).

113 Dazu BFH, FamRZ 2012, 1137 (mit abweichender Beurteilung der Beweis-/Feststellungslast); *Esskandari/Bick*, FamRZ 2012, 1112; *Demuth/Schreiber*, ZEV 2012, 405; *Perleberg-Kölbel*, FuR 2012, 468 (jeweils mit Gestaltungsvorschlägen zur Steuervermeidung); *Götz*, ZEV 2017, 77; *ders.*, FamRB 2005, 313. FG München, ZEV 2016, 156, zur Übertragung von Guthaben auf einem Einzelkonto auf eine Familienstiftung. Vgl. auch Rn. 917 Fn. 109.

114 Vgl. *Staub/Canaris* [Fn. 83], Rn. 225; *Heiß*, FamFR 2013, 146, 148; OLG Frankfurt, FamRZ 2012, 1078, 1079. Das OLG Naumburg, NJW-RR 2007, 1158 = FamRZ 2007, 1740 [LS], hält dagegen auch bei Jahre nach der Trennung eingehenden Geldern deren Herkunft für unerheblich; zu dieser Entscheidung näher Rn. 576.

115 OLG Frankfurt, FamRZ 2012, 1078.

116 Dazu Rn. 612 ff.

II. Ausgleichsanspruch bei missbilligten Kontoverfügungen

Bei Und-Konten besteht nicht die Gefahr, dass ein Ehegatte Verfügungen trifft, mit denen der andere nicht einverstanden ist. Die Frage nach Ausgleichsansprüchen aufgrund vom Partner missbilligter Kontoverfügungen kann sich hingegen beim Oder-Konto stellen. Hier ergibt sich aus der grundsätzlich gleichen Teilhabeberechtigung beider Ehegatten am Guthaben des Gemeinschaftskontos ein Ausgleichsanspruch, wenn ein Ehegatte sich mehr als die Hälfte hat auszahlen lassen, sofern unter den Ehegatten nicht eine die Halbteilung ausschließende Bestimmung getroffen worden ist. Der Ausgleichsanspruch wird allgemein aus § 430 BGB als selbständiger Anspruchsgrundlage hergeleitet[117]. Er wird durch die Vorschriften über den Zugewinnausgleich grundsätzlich nicht verdrängt[118]. **567**

1. Kontoverfügungen während des Zusammenlebens

Grundsätzlich kommen auch für Kontoverfügungen, die den Hälfteanteil überschreiten und die während des Zusammenlebens der Ehegatten getroffen worden sind, Ausgleichsansprüche in Betracht. Allerdings liegt während intakter Ehe meist eine **anderweitige Bestimmung** im Sinne eines konkludenten Verzichts auf Ausgleichsansprüche[119] vor. Sie beruht auf dem mit der Errichtung des Oder-Kontos verfolgten Zweck, der darin besteht, dass beide Ehegatten berechtigt sein sollen, jederzeit Abhebungen in beliebiger Höhe vorzunehmen, ohne dass hierdurch eine Ausgleichsverpflichtung ausgelöst wird. Durch die Errichtung eines Oder-Kontos geben die Ehegatten im Zweifel zu erkennen, dass sie eine kleinliche spätere Abrechnung der beiderseitigen Einzahlungen und Abhebungen nicht wünschen. Im Ergebnis ist daher eine Ausgleichspflicht für während des Zusammenlebens getroffene Kontoverfügungen eines Ehegatten, die über den Hälfteanteil hinausgehen, meist ausgeschlossen[120] – vergleichbar der Situation beim Gesamtschuldnerausgleich[121]. Regelmä- **568**

---

117 So etwa BGH, FamRZ 1990, 370, 371 = NJW 1990, 705.

118 BGH, FamRZ 2000, 948, 949 = NJW 2000, 2347; OLG Brandenburg, FamRZ 2008, 2036; OLG Naumburg, NJW-RR 2007, 1158 = FamRZ 2007, 1740 [LS]. Zur vergleichbaren Situation bei der Gesamtschuld vgl. Rn. 456.

119 So auch OLG Zweibrücken, FamRZ 1991, 820, 821 = NJW 1991, 1835 u. FamRZ 1987, 1138, 1139; OLG Karlsruhe, FamRZ 1990, 629; OLG Hamm, FamRZ 1990, 59; OLG Köln, FamRZ 1982, 944, 945; *Staudinger/Looschelders*, 2012, § 430 Rn. 28 f.; *Staub/Canaris* [Fn. 83], Rn. 225. Kritisch zur dogmatischen Konstruktion *Gernhuber*, WM 1997, 645, 652.

120 BGH, FamRZ 1990, 370, 371 = NJW 1990, 705; OLG Düsseldorf, FamRZ 1998, 165, 167; OLG Zweibrücken, FamRZ 1991, 820 = NJW 1991, 1835.

121 Vgl. Rn. 362.

ßig unterliegt daher erst der im Zeitpunkt der endgültigen Trennung auf dem Konto ausgewiesene Schlusssaldo der hälftigen Teilung.

569 Allerdings geht der konkludente Verzicht auf Ausgleich während intakter Ehe nur so weit, als es sich um Kontoverfügungen zu ehedienlichen, der gemeinschaftlichen Lebensplanung entsprechenden Zwecken handelt[122]. Dazu gehören insbesondere Abhebungen des den Haushalt führenden Ehegatten zu Zwecken des Familienunterhalts und Überweisungen zur Tilgung gemeinsamer Verbindlichkeiten. Bei Hauskonten, die für den Zahlungsverkehr bei Mietshäusern eingerichtet worden sind, gehören dazu etwa Überweisungen zur Begleichung von Reparaturrechnungen. Der Verzicht erfasst dagegen nicht mit dem Zweck des Kontos unvereinbare **missbräuchliche Verfügungen** wie Geldentnahmen zur Finanzierung eigennütziger, von der einverständlichen ehelichen Lebensgestaltung nicht gedeckter Vorhaben[123]. Er erfasst vor allem nicht den Zugriff auf das Konto unmittelbar vor der Trennung, der deren Finanzierung, der Bildung einer Rücklage[124] oder der Sicherung des Anspruchs auf Zugewinnausgleich[125] dienen soll[126], soweit das Vorgehen nicht im Einzelfall als vom mutmaßlichen Willen des anderen Ehegatten gedeckt angesehen werden kann (vgl. Rn. 548).

2. Kontoverfügungen nach der Trennung

570 Die während intakter Ehe getroffene stillschweigende Vereinbarung eines Verzichts auf Ausgleichsansprüche bei Abhebungen, die über den hälftigen Anteil des Abhebenden hinausgehen, ist dahin auszulegen, dass sie sich grundsätzlich auf Abhebungen während des Zusammenlebens beschränkt[127]. Entnimmt ein Ehegatte nach der endgültigen Trennung – als dem nach ganz h.M. hier maßgebenden Zeitpunkt[128] – mehr als die Hälfte, besteht **regelmäßig ein Ausgleichsanspruch**[129]. Für das Bestehen die-

122 Dazu eingehend, den Zweck des jeweiligen Kontos in den Vordergrund stellend, *Gernhuber,* WM 1997, 645, 654 f.

123 Vgl. *Niepmann/Schwamb,* Rn. 1220; *Staub/Canaris* [Fn. 83], Rn. 225.

124 OLG Saarbrücken, OLG-Report 2003, 5 = FamRB 2003, 237 *(Heinle).*

125 OLG Düsseldorf, FamRZ 1999, 1504.

126 OLG Hamm, NZFam 2017, 1109 *(Wache)*: Abhebung von 45.000 € (Restguthaben 7.800 €) 3 Monate vor eigenem Auszug. Vgl. auch OLG München, FamRZ 2017, 398: Abhebung von 95.000 € bei einem Guthaben von 135.000 € fünf Tage vor dem Tod des Ehegatten.

127 So auch OLG Köln, FamRZ 1982, 944; *Staudinger/v. Proff,* 2015, § 741 Rn. 100.

128 Vgl. etwa *Staudinger/Looschelders,* 2012, § 430 Rn. 32; *Schmitt,* S. 54 ff.

129 Vgl. BGH, FamRZ 1990, 370 = NJW 1990, 705; OLG Bremen, FamRZ 2014, 1299 = NJW 2014, 2129; OLG Brandenburg FamRZ 2008, 2036; OLG Karlsruhe, FamRZ 1990, 629; OLG Hamm, FamRZ 1990, 59; OLG Köln, FamRZ 1987, 1139; OLG Zweibrücken, FamRZ 1987, 1138; **a.A.** OLG Düsseldorf, FamRZ 1982, 607 (auch bei Abhebungen nach Trennung u. Rechtshängigkeit der Scheidung grds. kein Ausgleichsanspruch).

ses Anspruchs ist es nach dem zu Rn. 564 f. Gesagten grundsätzlich ohne Belang, von wem die auf dem Konto befindlichen Mittel stammen und ob es sich um ein Haushalts- oder Geschäftskonto handelt. Unerheblich ist grundsätzlich auch, wer während des Zusammenlebens Kontoverfügungen getroffen hat[130].

Ein Ausgleichsanspruch besteht jedoch dann nicht, wenn die Konto- 571
verfügung von einer **anderweitigen Bestimmung** erfasst ist. Das kann etwa dann der Fall sein, wenn mit ihr noch eine gemeinsame Schuld bezahlt worden ist oder wenn es um eine Geldentnahme geht, die mit den früheren gemeinsamen Vorstellungen der Ehegatten im Einklang steht und auch nach der Trennung weiterhin dem mutmaßlichen Willen des anderen Ehegatten entspricht. Denn maßvolle Abhebungen des nicht erwerbstätigen Ehegatten, die der bisherigen Handhabung entsprechen, dem Unterhalt der Restfamilie dienen und mit denen der andere Ehegatte mutmaßlich einverstanden ist, wird man als von dem stillschweigenden Verzicht auf Ausgleichsansprüche aus der Zeit des Zusammenlebens noch gedeckt ansehen können[131]. Eine anderweitige Bestimmung kann aber auch darin bestehen, dass der andere seinen Anteil dem Abhebenden geschenkt oder ehebezogen zugewendet hat. Nicht von einer anderweitigen Bestimmung gedeckt ist dagegen eine Kontoabhebung zum Zwecke der Anschaffung trennungsbedingt für nötig gehaltener Haushaltsgegenstände[132].

3. Beweislast

Verlangt ein Ehegatte nicht mehr als die Hälfte des Guthabens, muss 572
er nur darlegen und ggf. beweisen, dass dem anderen mehr als die Hälfte von dem Oder-Konto zugeflossen ist. Es ist dann dessen Sache, eine Gestaltung des Innenverhältnisses darzulegen und ggf. zu beweisen, die eine für ihn günstige andere als die vom Gesetz vermutete hälftige Beteiligung oder einen Ausschluss der Ausgleichspflicht ergibt[133]. Hat also ein Ehegatte nach der Trennung das gesamte auf dem Oder-Konto befindliche Guthaben abgehoben und wird er auf hälftige Herausgabe in Anspruch genommen, so muss er ggf. den Beweis für seine Behauptung führen, der andere Ehegatte habe ihm seinen Anteil geschenkt, ehebezogen zugewendet oder auf den Ausgleichsanspruch verzichtet[134].

---

130 Vgl. OLG Brandenburg, FamRZ 2008, 2036.

131 Vgl. beim Einzelkonto mit Vollmacht Rn. 547.

132 OLG Bremen, FamRZ 2014, 1299 = NJW 2014, 2129.

133 BGH, FamRZ 1993, 413; FamRZ 1990, 370, 371 = NJW 1990, 705; FamRZ 1997, 607 = NJW 1997, 1434; OLG Naumburg, NJW-RR 2007, 1158 = FamRZ 2007, 1740 [LS], zu dieser Entscheidung näher Rn. 576; *Baumgärtel/Laumen/Prütting/Grüneberg*, § 430 Rn. 2. Anders BFH, FamRZ 2012, 1137 = NJW 2012, 1837, im Zusammenhang mit der Schenkungsbesteuerung.

134 OLG Karlsruhe, FamRZ 1990, 629, 630.

573 Diese Beweislastverteilung gilt nicht nur für Abhebungen nach der Trennung, sondern auch für solche aus der Zeit des Zusammenlebens. Bei Verfügungen aus der Zeit des Zusammenlebens ist der Beweis für eine der Ausgleichspflicht entgegenstehende Gestaltung des Innenverhältnisses allerdings leichter zu führen[135], da die Umstände meist einen stillschweigenden Verzicht auf Ausgleichsansprüche nahe legen.

574 Hat ein Ehegatte das gesamte Guthaben vereinnahmt und verlangt der andere nun nicht nur die Hälfte, für die ihm die gesetzliche Vermutung aus § 430 bzw. § 742 BGB zur Seite steht und für die er sich auf § 430 BGB als Anspruchsgrundlage stützen kann, sondern auch die andere Hälfte heraus, muss er eine Gestaltung der Verhältnisse darlegen und ggf. beweisen, nach der ihm ausnahmsweise das volle Guthaben zustand[136]. Anspruchsgrundlage für den Anspruch insoweit können § 280 I BGB (Verstoß gegen die Abrede, nach der das gesamte Guthaben dem Anspruchsteller zusteht) und § 823 II BGB i.V.m. § 266 StGB bzw. § 826 BGB sein.

4. Beispiele

a) Musterbeispiel[137]

575 M hebt kurz vor der Trennung das aus seinen Erwerbseinkünften stammende, auf dem Oder-Konto der Ehegatten befindliche Guthaben von 80.000 € ab, um seinen Anspruch auf Zugewinnausgleich zu sichern. F verlangt Erstattung von 40.000 €.

Da sich das Geld auf einem Gemeinschaftskonto befand, stand es den Ehegatten als Gesamtgläubigern im Zweifel hälftig zu (§ 430 BGB). M hat sich mehr als den ihm zustehenden Hälfteanteil auszahlen lassen. Mit ihrem auf Erstattung des auf sie entfallenden Hälfteanteils gerichteten Begehren (Anspruchsgrundlage: § 430 BGB) wird F Erfolg haben, sofern M nicht den Beweis führen kann, dass entweder aufgrund einer besonderen Gestaltung des Innenverhältnisses ihm das Guthaben in voller Höhe zustand oder ein stillschweigender Verzicht auf Ausgleich vereinbart worden ist (anderweitige Bestimmung). Das wird ihm nicht gelingen:

- Für die Frage, wem das Guthaben zustand, kommt es auf die Herkunft des Geldes nicht an. Eine anderweitige Bestimmung i.S.d. § 430 BGB ergibt sich nicht schon daraus, dass das Geld aus Einkünften des M stammte.
- Auch den Beweis eines stillschweigend geschlossenen Ausgleichsverzichts, der bei Kontoverfügungen während des Zusammenlebens normalerweise keine Schwierigkeiten bereitet, kann M nicht führen. Denn der Zweck seiner Abhebung (Sicherung des Anspruchs

---

135 BGH, FamRZ 1990, 370, 371 = NJW 1990, 705; FamRZ 1993, 413 (ein Beispiel, in dem der Beweis allerdings nicht leicht zu führen war); OLG Zweibrücken, FamRZ 1991, 820, 821 (zu dieser Entscheidung näher Rn. 577) = NJW 1991, 1835; *Staudinger/v. Proff*, 2015, § 741 Rn. 100. Vgl. zur Beweislast auch *Gernhuber*, WM 1997, 645, 656.

136 Dazu BGH, FamRZ 1993, 413, 414; *Gernhuber*, WM 1997, 645, 656.

137 Nach OLG Düsseldorf, FamRZ 1999, 1504; vgl. schon *Bergschneider/Wever/Röfer*, FamVermR, Rn. 5.533.

auf Zugewinnausgleich) ist nicht von der ehelichen Zweckabrede gedeckt, die regelmäßig dem Ausgleichsverzicht zugrunde liegt (Finanzierung der gemeinsamen Lebensführung).

Würde F Erstattung auch der weiteren, nach § 430 BGB eigentlich auf M entfallenden 40.000 € verlangen, müsste dagegen sie beweisen, dass eine anderweitige Bestimmung getroffen worden ist, nach der ihr das gesamte Guthaben zustehen sollte (z.B. Schenkung oder ehebezogene Zuwendung).

b) Weitere Beispiele aus der Rechtsprechung

- **Kontoverfügungen nach der Trennung:**

In einem vom BGH am 29.11.1989 entschiedenen Fall[138] hatte der Ehemann, der Inhaber von Antiquitätengeschäften war, in denen die mit ihm in Gütertrennung lebende Ehefrau mitarbeitete, auf mehrere Oder-Sparkonten Einzahlungen geleistet, die als Sicherheit für einen Betriebsmittelkredit verpfändet waren. Zweieinhalb Jahre nach der Trennung hob er das Guthaben, das zu diesem Zeitpunkt rund 160.000 DM betrug, zur Ablösung des Betriebsmittelkredits ab. Der BGH hat einen hälftigen Ausgleichsanspruch der Ehefrau für möglich gehalten und die Sache zur weiteren Aufklärung durch das OLG zurückverwiesen. 576

Das OLG Naumburg[139] hat der Klage einer Ehefrau gegen den Erben des inzwischen verstorbenen Ehemannes bei folgender Fallgestaltung stattgegeben: Die Eheleute hatten ein Oder-Konto unterhalten, das auch nach Trennung (1997) und Scheidung (2000) beibehalten worden war. Nachdem der Ehemann 2003 verstorben und von seinem Sohn beerbt worden war, vereinnahmte dieser das auf dem Konto befindliche Guthaben. Die Klägerin verlangte hälftigen Ausgleich – mit Erfolg. In den Nachlass, so das OLG, sei nur die Hälfte des auf dem Konto befindlichen Guthabens gefallen. Der insoweit darlegungs- und beweisbelastete Beklagte habe keine Gestaltung des Innenverhältnisses (anderweitige Bestimmung i.S. des § 430 BGB) dargetan, der sich eine Berechtigung des Erblassers an dem gesamten Guthaben entnehmen ließe. Auch dem Umstand, dass die Klägerin sich nach der Trennung nicht mehr um das Konto gekümmert habe und allein der Erblasser Kontoverfügungen vorgenommen habe, lasse sich keine anderweitige Bestimmung entnehmen. Da es auf die Herkunft des Guthabens nicht ankomme, sei es auch irrelevant, dass nach der Trennung das Guthaben allein aus Einzahlungen des Erblassers gespeist worden sei. Auch wenn dem OLG im Ausgangspunkt, nämlich darin zuzustimmen ist, dass die Berechtigung zu gleichen Teilen bei Ehegatten-Oder-Konten grundsätzlich nicht dadurch in Frage gestellt wird, dass der eine mehr, der andere weniger eingezahlt hat, liegt es doch

138 FamRZ 1990, 370 = NJW 1990, 705.
139 NJW-RR 2007, 1158 = FamRZ 2007, 1740 [LS].

nahe, für nach der Trennung auf dem Konto eingehende Gelder auf die Umstände des Einzelfalls abzustellen und ggf. im Wege ergänzender Vertragsauslegung zu dem Ergebnis zu kommen, dass solche Gelder dem Ehegatten zustehen, von dem bzw. von dessen Schuldner sie stammen[140]. Für eine solche Sichtweise sprach hier auch die Tatsache, dass die Frau sich in den Jahren seit der Trennung nicht mehr um die Angelegenheiten des Kontos gekümmert hatte.

- **Kontoverfügungen während des Zusammenlebens:**

577 In einer Entscheidung des BGH vom 23.9.1992[141] ging es um eine Abhebung des Ehemannes während noch bestehender ehelicher Lebensgemeinschaft. Er hatte den gesamten auf dem gemeinsamen Oder-Konto befindlichen Betrag von 250.000 DM, der aus dem Verkauf des Elternhauses der Frau stammte, für einen Urlaub und zum Verbrauch in einer Spielbank entnommen. Die Frau verlangte Zahlung des vollen Betrages. Der BGH hat das klagabweisende Urteil des OLG aufgehoben, die Sache zurückverwiesen und der Klage insgesamt Erfolgsaussicht beigemessen: soweit es die eine Hälfte des Gesamtbetrages angeht aufgrund der Regelung des § 430 BGB, wegen der anderen Hälfte im Hinblick auf einen vom OLG übergangenen Beweisantritt der Frau zu Umständen, aus denen sich ein voller Erstattungsanspruch ergeben konnte (Abrede der Ehegatten, dass das Geld langfristig angelegt werden und im Innenverhältnis allein der Frau zustehen sollte).

Das OLG Zweibrücken[142] hat einer Ehefrau einen hälftigen Ausgleichsanspruch zugebilligt, deren Ehemann während Bestehens der ehelichen Lebensgemeinschaft rund 176.000 DM von einem gemeinsamen Sparbuch entnommen hatte. Die Frau hatte von dieser Abhebung erst in zeitlichem Zusammenhang mit der drei Jahre später erfolgten Trennung erfahren. Das OLG hat angenommen, dass insbesondere im Hinblick auf die Höhe der Summe nicht von einem sonst regelmäßig bei Kontoverfügungen während des Zusammenlebens anzunehmenden Verzicht auf Ausgleichsansprüche ausgegangen werden könne. Dass sich eine Verwendung des Geldes für familienbezogene Zwecke nicht feststellen ließ, gehe zulasten des Ehemannes. Die Revision wurde vom BGH nicht angenommen.

140 Vgl. Rn. 566.
141 FamRZ 1993, 413.
142 FamRZ 1991, 820 = NJW 1991, 1835.

D. Streitigkeiten bei Bausparverträgen

Auch Bausparkonten, die aufgrund von Bausparverträgen eingerichtet werden, können als Einzelkonten oder als Gemeinschaftskonten geführt werden. Für sie gelten daher die Ausführungen zu B. und C. (Rn. 530 ff. und 560 ff.) entsprechend. **578**

I. Einzelbausparkonto

Wird der Bausparvertrag auf den Namen eines Ehegatten abgeschlossen und das Bausparkonto nur auf seinen Namen geführt, liegt also ein Einzelkonto vor, steht grundsätzlich nur dem Kontoinhaber im Innenverhältnis das Guthaben zu (vgl. Rn. 532 ff.). Hat in einem solchen Fall der andere Ehegatte ganz oder überwiegend die Einzahlungen geleistet, handelt es sich im Zweifel um eine ehebezogene Zuwendung[143], die nur unter den zu Rn. 948 ff. beschriebenen besonderen Voraussetzungen ganz oder teilweise zurückzugewähren ist. Gesellschaftsrechtliche und bereicherungsrechtliche Ansprüche scheiden dagegen regelmäßig aus[144]. **579**

Im Einzelfall ist aber – im Anschluss an die Rechtsprechung des BGH zur Bruchteilsgemeinschaft bei Einzelkonten[145] – an die Möglichkeit einer stillschweigend eingegangenen **Bruchteilsmitberechtigung** im Innenverhältnis zu denken. So liegt etwa die Annahme einer Bruchteilsgemeinschaft dann nahe, wenn beide Ehegatten Einzahlungen auf einen nur von einem der Eheleute abgeschlossenen Bausparvertrag leisten, der dem späteren Erwerb eines gemeinsamen Familienheims dienen soll. Bei einer solchen Fallgestaltung hatte der BGH[146] im Jahre 1988 noch die Anwendung von Gemeinschaftsrecht abgelehnt, vielmehr in der Zahlung des Ehegatten, der nicht Vertragsinhaber war, eine Zuwendung an den anderen Ehegatten gesehen mit der Folge, dass ein möglicher Ausgleichsanspruch unter dem rechtlichen Gesichtspunkt des Wegfalls der Geschäftsgrundlage einer ehebezogenen Zuwendung zu prüfen war. Doch sind sich hier die Ehegatten schon im Zeitpunkt der Einzahlungen über eine spätere Verwendung des Angesparten in dem Sinne einig, dass davon etwas dann beiden Eheleuten Zustehendes, nämlich eine Immobilie zu Miteigentum, angeschafft werden soll. Dies lässt die Annahme eines auf die Eingehung einer Bruchteilsgemeinschaft gerichteten Willens der Ehegatten gerechtfertigt erscheinen[147]. **580**

---

143 Vgl. BGH, FamRZ 1989, 147, 149; FamRZ 1994, 228.

144 BGH, FamRZ 1989, 147, 149. Vgl. auch Rn. 904, 1061 ff.

145 Vgl. Rn. 533 ff.

146 FamRZ 1989, 147. Vgl. dazu 3. Aufl., Rn. 329.

147 So auch *Schulz*, FamRB 2004, 398.

581 Bei besonderer Fallgestaltung kann schließlich eine Einzahlung auch im Rahmen eines **Treuhandverhältnisses** erfolgt sein mit der Konsequenz, dass ein Herausgabeanspruch nach § 667 BGB in Betracht zu ziehen ist[148].

582 Auch bei Bausparverträgen kommt es vor, dass der Vertrag **auf den Namen des anderen** Ehegatten bzw. eines Kindes oder Enkelkindes abgeschlossen und auf diesen Namen auch das Bausparkonto errichtet wird. Zur Frage, wer dann Vertragspartner der Bausparkasse und Forderungsberechtigter aus dem Bausparkonto ist, wird auf die zu Rn. 556 ff. für Sparkonten dargestellten Grundsätze verwiesen[149]. Entscheidend ist auch hier, wohin der erkennbare Wille des den Vertrag Schließenden ging.

II. Gemeinschaftsbausparkonto

583 Vielfach werden Bausparverträge von Ehegatten gemeinsam abgeschlossen, das Bausparguthaben auf einem Gemeinschaftsbausparkonto angelegt. Den Ehegatten steht dann das beim Scheitern der Ehe vorhandene Guthaben im Innenverhältnis im Zweifel je zur Hälfte zu, und zwar unabhängig davon, wer die Einzahlungen geleistet hat (vgl. im Einzelnen Rn. 564). Die Kontoinhaber sind regelmäßig Gesamtgläubiger (§ 428 BGB)[150], so dass § 430 BGB Anwendung findet[151].

584 Verfügt ein Ehegatte in der Weise über ein Gemeinschaftsbausparkonto, dass er sich nach einer Kündigung des Bausparvertrages das gesamte Guthaben auszahlen lässt, so hat der andere im Zweifel einen Anspruch auf **Ausgleich des halben Betrages.** Das gilt im Hinblick auf den mit einem Bausparvertrag üblicherweise verfolgten Zweck der langfristigen Schaffung gemeinsamen Vermögens auch dann, wenn die Auszahlung noch während des Bestehens der ehelichen Lebensgemeinschaft erfolgte. Da bei Bausparkonten – anders als bei sonstigen Spar-, vor allem aber als bei Girokonten – regelmäßige Kontoverfügungen (Abhebungen und Einzahlungen) nicht üblich sind, wird man von einem stillschweigenden Verzicht des anderen Ehegatten auf Ausgleichsansprüche bei Abhebungen hier regelmäßig nicht ausgehen können[152]. Ein Ausgleichsanspruch besteht aber dann nicht, wenn das Geld für ehedienliche, der gemeinschaftlichen Lebensplanung entsprechende Zwecke verwandt worden ist.

---

148 Vgl. dazu Rn. 830 ff.

149 Vgl. auch LG Koblenz, FamRZ 1991, 1292.

150 Vgl. BGH, FamRZ 2009, 968 = NJW 2009, 2054 = FamRB 2009, 201 *(Heinle)*; OLG München, NJW-RR 1992, 498.

151 Zur einverständlichen Aufteilung oder Übernahme des Bausparvertrages in der Trennungsauseinandersetzung vgl. *Wever*, FPR 2001, 92, 94, sowie *Bergschneider/Wever/Röfer*, FamVermR, Rn. 5.553, jeweils m.w.N.

152 LG Bielefeld, FamRZ 1990, 1240.

E. Aufteilung von Wertpapieren

I. Grundsätze

Manche Eheleute verfügen beim Scheitern der Ehe über Wertpapiere und stehen vor der Frage, welchem Ehegatten sie zustehen. Meist handelt es sich um Inhaberpapiere wie Aktien oder Pfandbriefe[153]. Sie gehören zu den Wertpapieren im engeren Sinne, bei denen das Recht aus dem Papier dem Recht am Papier folgt[154]. Die Rechte aus dem Papier stehen also dessen Eigentümer zu, bei Miteigentum den Miteigentümern. Das Eigentum an dem Papier wird nach sachenrechtlichen Grundsätzen (§§ 929 ff. BGB) übertragen. Entscheidend ist bei diesen Wertpapieren also die Frage nach dem Eigentümer des Papiers. Bundesschatzbriefe und -obligationen sind, obwohl es sich um unverbriefte Wertrechte handelt, wie verbriefte Wertpapiere zu behandeln[155]. **585**

Ein im **Alleineigentum** eines Ehegatten stehendes Papier steht dem Alleineigentümer zu, sofern keine Besonderheiten, wie etwa ein Treuhandverhältnis, vereinbart sind[156]. **586**

Bei **Miteigentum** kommen die §§ 741 ff. BGB zur Anwendung. Die Wertpapiere sind gem. § 742 BGB hälftig aufzuteilen, sofern sich keine Anhaltspunkte für eine andere Aufteilung ergeben. Die Aufteilung selbst erfolgt bei gleichartigen Wertpapieren durch Teilung in Natur (§ 752 BGB), sofern Teilung in Natur nicht möglich ist, gem. § 753 BGB[157]. Dies gilt unabhängig davon, ob die Papiere zu Hause oder in einem Depot verwahrt werden. **587**

Sind im Miteigentum stehende Wertpapiere von einem Ehegatten ohne Einverständnis des anderen veräußert worden[158], kommt ein **Ausgleichsanspruch**, im Zweifel in Höhe der Hälfte des Veräußerungserlöses, in Betracht[159]. Ein solcher Anspruch liegt bei einer Veräußerung nach Scheitern der Ehe nahe, er kann aber auch bei einer Veräußerung während intakter Ehe gegeben sein. Denn von einem stillschweigenden Ausgleichs- **588**

---

153 Zur Abgrenzung zu Namenspapieren (Rektapapieren) und Orderpapieren, sowie zum Begriff des Wertpapiers: *Palandt/Sprau,* Rn. 1 ff. vor § 793.

154 Vgl. *MünchKomm/Schmidt,* § 1008 Rn. 24 f.

155 BGH, FamRZ 1997, 607 = NJW 1997, 1434.

156 Zum Treuhandverhältnis vgl. Rn. 830 ff.

157 Vgl. OLG Hamm, FamRZ 1990, 750, sowie Rn. 107 ff.

158 Die ungewöhnliche Fallgestaltung der Veräußerung von Wertpapieren, die im Alleineigentum eines Ehegatten stehen, durch den anderen behandelt OLG Celle, FamRZ 2007, 826 = FamRB 2007, 321 *(Heinle).*

159 Vgl. dazu OLG Bremen, FamRZ 2004, 1578; OLG Frankfurt, FamRZ 2004, 1034 (Ausgleichsanspruch verneinend); OLG Düsseldorf, FamRZ 1998, 165, in einer Entscheidung, die im Ergebnis, aber nicht in der rechtlichen Begründung (Anwendung des § 430 BGB; siehe dazu Rn. 595) überzeugt.

verzicht wie bei Abhebungen vom Oder-Konto wird man nicht ausgehen können, sofern nicht die Wertpapiere von den Ehegatten zum Bestreiten der gemeinsamen Lebensführung herangezogen worden sind[160]. Als Anspruchsgrundlage können §§ 741 ff., 753 I BGB (Auskehrung des hälftigen Erlöses, nachdem sich die Gemeinschaft am Erlös fortgesetzt hat), aber auch § 687 II BGB, § 280 I BGB, § 823 II BGB i.V.m. § 266 StGB sowie § 812 BGB in Betracht zu ziehen sein. Der Anspruchsteller hat das Vorliegen von Miteigentum darzulegen und erforderlichenfalls zu beweisen[161]. Ist Miteigentum gegeben, ist gem. § 742 BGB von hälftigen Anteilen auszugehen; wer einen anderen Anteil behauptet, trägt dafür die Darlegungs- und Beweislast.

II. Eigentum an depotverwahrten Wertpapieren

589 In der Regel werden Papiere der genannten Art in Wertpapierdepots verwahrt. Bei der Feststellung des Eigentums können sich in diesem Falle besondere Fragestellungen ergeben.

1. Prinzip der Rechtserhaltung

590 Die Aufbewahrung der Wertpapiere in einem Depot erfolgt in Form der Sonder- oder der Sammelverwahrung. Beide Verwahrungsarten sind sowohl für Einzel- wie für Gemeinschaftsdepots möglich. Die **Sonderverwahrung** nach § 2 DepotG ist der gesetzliche Regelfall. Bei ihr erfolgt die Aufbewahrung unter äußerlich erkennbarer Bezeichnung eines jeden Hinterlegers gesondert von den übrigen Beständen des Verwahrers und solchen Dritter. Die Eigentumsverhältnisse an den eingelieferten Stücken verändern sich mit der Verwahrung nicht[162]. Bisher bestehendes Alleineigentum eines Ehegatten besteht ebenso fort wie eventuelles Miteigentum beider Ehegatten. Bei der **Sammelverwahrung** nach §§ 5 ff. DepotG hingegen, dem Regelfall in der Praxis, werden die Wertpapiere ungetrennt von eigenen Beständen derselben Art des Verwahrers oder Dritter aufbewahrt. Hier verliert der bisherige Eigentümer das Eigentum an den eingelieferten Wertpapieren, er erwirbt aber stattdessen Miteigentum nach Bruchteilen an den zum Sammelbestand des Verwahrers gehörenden Wertpapieren derselben Art (§ 6 I DepotG). Standen die Wertpapiere im Miteigentum der Ehegatten, erwerben diese entsprechend ihren bisherigen Anteilen nunmehr Miteigentum am Sammelbestand[163].

---

160 Die Situation ist der bei gemeinsamen Bausparkonten vergleichbar; vgl. dazu Rn. 584.

161 Vgl. dazu auch Rn. 600 f.

162 Vgl. *Staub/Canaris,* HGB/Bankvertragsrecht, 3. Aufl., 1981, Rn. 2101; *MünchKomm/Schmidt,* § 1008 Rn. 27.

163 Vgl. *Staub/Canaris* [Fn. 162], Rn. 2106.

Es gilt also das „Prinzip der Rechtserhaltung“: Der bisherige Eigentümer bleibt unabhängig davon, wer Hinterleger ist, dinglich Berechtigter. Der Depotinhaber kann somit, muss aber nicht Eigentümer der verwahrten Wertpapiere sein. Nimmt daher ein Ehegatte dem anderen diesem gehörende Wertpapiere weg und gibt sie in einem auf seinen Namen angelegten Einzeldepot in Sonderverwahrung, wird dadurch die Rechtsstellung des anderen Ehegatten als Alleineigentümer nicht berührt. Die Hinterlegung macht den Depotinhaber nicht zum Eigentümer[164]. Entsprechendes gilt, wenn der Ehegatte Wertpapiere des anderen in einem auf seinen Namen angelegten Einzeldepot in Sammelverwahrung gibt. Die dingliche Rechtsstellung des anderen Ehegatten ändert sich in diesem Falle nur insofern, als sich sein Alleineigentum an dem Papier in Miteigentum am Bestand des Verwahrers verwandelt[165]. In beiden Fällen kann der Eigentümer ein Herausgabeverlangen an die verwahrende Bank richten, im Falle der Sonderverwahrung auf Herausgabe der in Verwahrung gegebenen Papiere (§ 985 BGB), im Falle der Sammelverwahrung auf Herausgabe von Papieren in Höhe des in Verwahrung gegebenen Nennbetrages bzw. der in Verwahrung gegebenen Stückzahl (§§ 7 I, 8 DepotG)[166]. **591**

2. Bestimmung des Eigentümers

Für die Bestimmung des Eigentums an depotverwahrten Papieren gelten grundsätzlich die für Geldkonten (Einlagenkonten) geschilderten Grundsätze (Rn. 530 ff., 560 ff.) entsprechend, soweit sich nicht Besonderheiten dadurch ergeben, dass es hier nicht um schuldrechtliche Forderungen gegenüber einer Bank geht, sondern die Papiere Sachen sind und die Begründung bzw. Übertragung von Eigentum an ihnen sich nach Sachenrecht richtet[167]. **592**

Auch wenn, wie unter Rn. 590 f. dargestellt, die Hinterlegung in einem Depot keine Änderung in der Person des Eigentümers herbeiführt, stellt sich die Frage, ob die Art der Hinterlegung nicht Hinweise darauf geben kann, wer Eigentümer der Papiere ist. Wertpapierdepots können, wie schon erwähnt, als Einzel- oder als Gemeinschaftsdepot geführt werden. Das Gemeinschaftsdepot wiederum kann als Oder- oder als Und-Depot eingerichtet sein, wobei die Verfügungsbefugnis beim Oder-Depot – anders als beim Und-Depot – grundsätzlich jedem Depotinhaber einzeln zusteht[168]. **593**

---

164 Vgl. auch *Staub/Canaris* [Fn. 162], Rn. 2101.

165 Vgl. *Staub/Canaris* [Fn. 162], Rn. 2106; *MünchKomm/Schmidt,* § 1008 Rn. 29; *Klanten,* in: *Schimansky/Bunte/Lwowski* [Fn. 56], § 72 Rn. 79.

166 Vgl. *MünchKomm/Schmidt,* § 1008 Rn. 30.

167 Vgl. *Staub/Canaris* [Fn. 162], Rn. 2090.

168 Vgl. *Klanten,* in: *Schimansky/Bunte/Lwowski* [Fn. 56], § 72 Rn. 6.

a) Einzeldepot

594 Der Inhaber des Einzeldepots ist regelmäßig auch Eigentümer des verwahrten Papiers und damit daran Berechtigter. Etwas anderes gilt einmal dann, wenn der Depotinhaber nur Treuhänder für den anderen Ehegatten ist. Kein Eigentum des Depotinhabers besteht auch dann, wenn er dem anderen Ehegatten ein diesem gehörendes Wertpapier weggenommen und in einem auf seinen Namen eingerichteten Depot zur Verwahrung gegeben hat (vgl. Rn. 591). Im Anschluss an die vom BGH entwickelten Grundsätze zur Bruchteilsgemeinschaft an Einzelkonten der Ehegatten[169] kann – bei vergleichbarer Fallgestaltung – im Einzelfall auch an eine Mitberechtigung (Miteigentum) bei einem Einzeldepot zu denken sein[170].

b) Gemeinschaftsdepot

595 Schwieriger ist in der Regel die Bestimmung des Eigentümers beim Gemeinschaftsdepot. Aus der Anlage eines Gemeinschaftsdepots ergibt sich noch nicht, dass Miteigentum vorliegen muss. Hier ist zwischen der Eigentumslage an den verwahrten Wertpapieren und den Rechten aus dem Depotverwahrungsvertrag zu unterscheiden[171]. So sind die Inhaber eines Oder-Depots in Bezug auf die Rechte aus dem Verwahrungsvertrag Gesamtgläubiger nach § 428 BGB. Nur in Bezug auf diese Rechte findet § 430 BGB Anwendung. Anders als beim Oder-Konto, bei dem die Ehegatten Gesamtgläubiger der Forderung gegenüber der Bank sind, besteht dagegen keine Gesamtgläubigerschaft in Bezug auf die verwahrten Wertpapiere[172]. Soweit es die Eigentumslage an den depotverwahrten Wertpapieren betrifft, stellen § 1006 I S. 1 und III BGB eine Vermutung auf. Sie spricht bei einem Gemeinschaftsdepot für Miteigentum, da dessen Inhaber mittelbare Mitbesitzer sind. Bei Miteigentum stehen nach der Auslegungsregel des § 742 BGB den Teilhabern im Zweifel gleiche Anteile zu[173].

596 Der BGH[174] spricht aber für den Fall eines Oder-Depots von einer nur „schwach ausgeprägten" Auslegungsregel, die nicht zum Zuge komme, wenn sich aus dem Willen der Depotinhaber etwas anderes ergebe oder wenn sie der Sachlage nicht gerecht werde. Dies sei beim Oder-Depot grundsätzlich der Fall. Die Errichtung eines Oder-Depots durch Ehegat-

169 Vgl. Rn. 533 ff.

170 Vgl. OLG Karlsruhe, FamRZ 2003, 607. Verneint bei OLG Celle, FamRZ 2007, 826 = FamRB 2007, 321 *(Heinle)*.

171 BGH, FamRZ 1997, 607 = NJW 1997, 1434; *MünchKomm/Schmidt*, § 741 Rn. 57; *Staudinger/Looschelders*, 2012, § 428 Rn. 38.

172 Insoweit unzutreffend OLG Hamm, FamRZ 1990, 750.

173 Zu allem: BGH, FamRZ 1997, 607 = NJW 1997, 1434.

174 FamRZ 1997, 607 = NJW 1997, 1434.

ten gebe über die Eigentumslage deshalb in der Regel keinen Aufschluss, weil erfahrungsgemäß die Errichtung eines solchen Depots häufig nur dem Zweck diene, neben dem Eigentümer auch dem dinglich nicht berechtigten anderen Ehegatten Verfügungen über die Wertpapiere zu ermöglichen. Dabei ist insbesondere an den Krankheits- oder Todesfall des Eigentümers zu denken[175].

In dem der Entscheidung des BGH vom 25.2.1997[176] zugrunde liegenden Fall hatte der Ehemann zunächst über ein Einzeldepot mit ihm gehörenden Wertpapieren verfügt. Das Einzeldepot wurde später in ein Oder-Depot beider Ehegatten umgewandelt. Die Ehefrau beanspruchte nach dem Tod des Ehemannes im Streit mit dessen Erben, seinen Kindern aus erster Ehe, die Hälfte des Depotbestandes. **597**

Das OLG hatte nicht festzustellen vermocht, dass die Ehefrau durch die Umwandlung des Depots in ein Gemeinschaftsdepot Miteigentümerin der Wertpapiere geworden sei. Der BGH hat die tatrichterliche Beurteilung gebilligt und ausgeführt: Die Annahme des OLG, die Umwandlung des Einzeldepots in ein Gemeinschaftsdepot habe nur dazu gedient, der Ehefrau eine Verfügungsmöglichkeit über die Wertpapiere zu geben, liege hier besonders nahe, weil der im Zeitpunkt der Umwandlung 82-jährige Ehemann es für sinnvoll gehalten haben möge, seiner Frau insbesondere für den Fall seines Todes ein Recht zur Verfügung über seine Depotwerte einzuräumen. Eine mit der Umwandlung des Depots verbundene Schenkung oder ehebezogene Zuwendung des Ehemannes sei vom OLG rechtsfehlerfrei verneint worden, weil der Wille des Ehemannes, sein Vermögen unter weitgehendem Ausschluss der Ehefrau seinen Kindern zukommen zu lassen, aus den Umständen ersichtlich sei – der Ehemann hatte mit der etwa 20 Jahre jüngeren Ehefrau Gütertrennung und einen gegenseitigen Erb- und Pflichtteilsverzicht vereinbart und gleichzeitig seine Kinder aus erster Ehe als Erben eingesetzt. Es spreche auch nichts dafür, dass er seiner Ehefrau Miteigentum an den später erworbenen Wertpapieren habe verschaffen wollen. Da ihnen der Verkauf anderer Papiere gegenübergestanden habe, habe es sich um bloße Ersatzbeschaffungen gehandelt.

Für die Eigentumsfeststellung bei Wertpapieren, die in Gemeinschaftsdepots verwahrt werden, **ergibt sich** bei Zugrundelegung dieser Rechtsprechung[177]: **598**

(1) Auf den ersten Blick spricht § 1006 BGB für Miteigentum, und zwar gem. § 742 BGB für hälftiges Miteigentum der Depotinhaber[178]. Häufig wird aber aus den jeweiligen Umständen ein anderes Ergebnis abzuleiten sein.

---

175 Vgl. auch BGHZ 4, 295, 297.

176 FamRZ 1997, 607 = NJW 1997, 1434.

177 Kritisch gegenüber der unterschiedlichen Behandlung der Geldanlage von Ehegatten einerseits auf einem Oder-Konto und andererseits in Wertpapieren in einem Gemeinschaftsdepot durch die Rspr. mit bedenkenswerten Argumenten *Grziwotz,* FamRZ 2002, 1669, 1675; *Münch,* FPR 2006, 481, 484.

178 Zur zugunsten von Gläubigern eines Ehegatten heranzuziehenden Eigentumsvermutung des § 1362 I BGB OLG Celle, FamRZ 2013, 1760.

599 **(2)** Werden schon früher angeschaffte Wertpapiere in das Gemeinschaftsdepot eingebracht, bleibt es grundsätzlich bei der bisherigen Eigentumslage, sofern sich nicht aus besonderen Umständen ergibt, dass gleichzeitig eine Schenkung oder eine ehebezogene Zuwendung an den bisher nicht dinglich berechtigten Ehegatten erfolgen sollte. Denn die Errichtung des Depots als Gemeinschaftsdepot allein lässt jedenfalls beim Oder-Depot noch nicht den Schluss zu, dass Miteigentum entstehen sollte[179]. Eine andere Beurteilung kann sich bei Errichtung eines Und-Depots ergeben, da ihr nicht die Absicht zugrunde liegen kann, dem nicht dinglich berechtigten Ehegatten eine selbständige Verfügungsbefugnis über die Wertpapiere zu eröffnen.

600 **(3)** Werden die Wertpapiere erst nach Errichtung des Depots angeschafft, lässt sich aus dem Umstand, dass sie in ein Gemeinschaftsdepot gegeben werden, zumindest bei einem Oder-Depot ebenfalls noch kein Miteigentum herleiten. Wer Eigentum erwirbt, entscheidet sich nach § 929 BGB. Häufig wird der die Anschaffung vornehmende Ehegatte Alleineigentümer werden[180]. Da der Bank allerdings die Eigentumsverhältnisse an den Papieren regelmäßig gleichgültig sind, können jedoch die Grundsätze des „Geschäfts für den, den es angeht" herangezogen werden[181]. Dies kann zu dem Ergebnis führen, dass der das Erwerbsgeschäft vornehmende Ehegatte auch oder sogar nur für den anderen Depotinhaber erwirbt. Maßgebend ist die Willensrichtung des das Erwerbsgeschäft Vornehmenden, die erforderlichenfalls aus den Umständen zu erschließen ist. **Anhaltspunkte** können dabei folgende Fragen bieten[182]:

601 – Wer hat den Auftrag zum Erwerb der Papiere erteilt? War es ein Ehegatte allein, spricht dies für den Willen zur Begründung von dessen Alleineigentum[183]. Waren es beide Ehegatten gemeinsam, spricht dies für den Willen, Miteigentum zu begründen.

– Welcher Zweck wurde mit dem Erwerb verfolgt? Wenn für das gemeinsame Alter vorgesorgt oder eine Rücklage für den beabsichtigten Erwerb eines gemeinsamen Familienheims gebildet werden sollte, deutet dies auf einen für den Erwerb von Miteigentum sprechenden Willen hin. Miteigentum ist insbesondere dann anzunehmen, wenn eine angemessene vermögensrechtliche Beteiligung an dem in der Ehe gemeinsam Erarbeiteten erreicht werden sollte[184].

– Von wem stammen die Mittel für den Erwerb der Papiere[185]?

---

179 So auch BGHZ 4, 295; OLG Celle, FamRZ 2013, 1760; OLG Köln, WM 2000, 2485; OLG Hamm, FamRZ 1990, 750.

180 BGH, FamRZ 1997, 607, 608 = NJW 1997, 1434; *Staub/Canaris* [Fn. 162], Rn. 2095.

181 Vgl. dazu Rn. 81 und *Palandt/Ellenberger,* § 164 Rn. 8.

182 Vgl. auch *Schulz/Hauß,* Rn. 1829.

183 OLG Frankfurt, FamRZ 2004, 1034 (im Ausgangspunkt zutreffend, im Ergebnis – angesichts weiterer, für Miteigentum sprechender Indizien – allerdings nicht überzeugend), m. Anm. *Weil,* FF 2005, 66.

184 Vgl. OLG Düsseldorf, FamRZ 1998, 165.

185 OLG Celle, FamRZ 2013, 1760.

– Ist das Depotguthaben zum Bestreiten des Lebensunterhalts herangezogen worden? Wenn mit den Beständen des Depots ähnlich wie mit dem Guthaben eines Gemeinschaftskontos in der Weise gemeinsam gewirtschaftet worden ist, dass häufig Papiere verkauft und die Erlöse für die gemeinsame Lebensführung ausgegeben worden sind, spricht dies dafür, dass eine gemeinsame dingliche Berechtigung gewollt war[186].

– Zu wessen Gunsten sind Einnahmen aus Geschäften mit den Wertpapieren als Gewinne verbucht worden[187]?

– Steht dem Erwerb der Papiere der Verkauf anderer Papiere gegenüber? Wenn es sich um bloße Ersatzbeschaffungen handelt, sollte im Zweifel der Eigentümer der verkauften Papiere auch der Berechtigte an den neu angeschafften Papieren werden[188].

– Welche Perspektive hatte die Ehe im Zeitpunkt des Erwerbs? Wenn sich die Ehe in einer Krise befand, kann dies gegen den Erwerb von Miteigentum sprechen.

– Wie sind die Ehegatten mit ihrem Vermögen im Übrigen umgegangen? Eine weitgehende Vermögenstrennung spricht gegen, eine tendenzielle Vergemeinschaftlichung des Vermögens für Miteigentum.

F. Checklisten: Ausgleichsansprüche bei Kontoabhebungen

I. Einzelkonto mit Vollmacht 602

Ausgleichsanspruch bei Abhebung des Vollmachtinhabers?

1. Berechtigung am Guthaben? (→ Rn. 532 ff.)
   - grds. Kontoinhaber allein
   - Anhaltspunkte für Mitberechtigung aufgrund einer stillschweigenden Abtretung im Innenverhältnis?
     Falls ja: → Bruchteilgemeinschaft → § 742 BGB
   - Alleinberechtigung des Nichtkontoinhabers? (Treuhand? Vermögensverwaltung? Darlehen?) (→ Rn. 541)

2. Wirksamkeit der Abhebung im Verhältnis Kontoinhaber – Bank? (→ Rn. 542 ff.)
   - Vollmacht widerrufen?
   - Überschreiten der Befugnis des Vollmachtinhabers im Außenverhältnis? (bei Kontoüberziehung?)

186 OLG Bremen, FamRZ 2004, 1578.
187 OLG Celle, FamRZ 2013, 1760.
188 Vgl. BGH, FamRZ 1997, 607, 608 = NJW 1997, 1434.

3. Überschreiten der Befugnis des Vollmachtinhabers im Innenverhältnis? (→ Rn. 545 ff.)
- Abhebung nach der Trennung? (→ Rn. 546 f.)
  Anspruch aus § 280 I, § 687 II, evtl. § 823 II BGB i.V.m. § 266 StGB,
  es sei denn, ausnahmsweise
  – für ehegemeinschaftliche Zwecke verwendet?
  – vom mutmaßlichen Willen des Kontoinhabers gedeckt?
  → kein Anspruch
- Abhebung vor der Trennung? (→ Rn. 548)
  → kein Anspruch, es sei denn, ausnahmsweise
  – für ehefremde Zwecke verwendet?
  – zur Finanzierung der Trennung (und nicht vom mutmaßlichen Willen des Kontoinhabers gedeckt)?
  → Anspruch aus § 280 I, § 687 II, evtl. § 823 II BGB i.V.m. § 266 StGB

4. Lohnt ein gerichtliches Verfahren?
- Alternative Anrechnung auf den Unterhaltsbedarf? (→ Rn. 550)
- Auswirkung im Zugewinnausgleich? (→ Rn. 528)

603

II. Oder-Konto

Ausgleichsanspruch i.H.v. ½ bei Abhebung des gesamten Guthabens?

1. Berechtigung am Guthaben? (→ Rn. 564 ff.)
- grds. beide hälftig
- Anhaltspunkte für anderweitige Bestimmung i.S.d. § 430 BGB (Alleinberechtigung des Abhebenden)?
  Falls nein:

2. Abhebung nach der Trennung? (→ Rn. 570 f.)
→ Anspruch aus § 430 BGB, es sei denn ausnahmsweise
  – für ehegemeinschaftliche Zwecke verwendet?
  – vom mutmaßlichen Willen des anderen gedeckt?

3. Abhebung vor der Trennung? (→ Rn. 568 f.)
→ kein Anspruch (stillschweigender Ausgleichsverzicht), es sei denn ausnahmsweise
  – für ehefremde Zwecke?
  – zur Finanzierung der Trennung (und nicht vom mutmaßlichen Willen des Kontoinhabers gedeckt)?

4. Lohnt ein gerichtliches Verfahren?
- Alternative Anrechnung auf den Unterhaltsbedarf? (→ Rn. 550)
- Auswirkung im Zugewinnausgleich? (→ Rn. 528)

7. Kapitel: Auseinandersetzung um Steuerfragen

Literatur: *Arens*, Zusammenveranlagung – Voraussetzungen, Zustimmungspflicht und Muster einer Zustimmungsklage, FamRB 2004, 124; *ders.*, Neue und alte Praxisprobleme im Zusammenhang mit dem sog. begrenzten Realsplitting, FamRZ 1999, 1558; *ders.*, Interne Verteilung von Einkommensteuer-Erstattungen unter getrennt lebenden oder geschiedenen Ehegatten, NJW 1996, 704; *Butz-Seidl*, Realsplitting und Zusammenveranlagung, FuR 1996, 108; *Christ*, Steuererstattung und interner Ausgleich unter Eheleuten, FamRB 2007, 23; *Dostmann*, Steuerrechtsfragen in der familienrechtlichen Praxis, 2. Aufl., 1996; *ders.*, Bürgerlichrechtlicher Einkommensteuerausgleich zwischen Ehegatten, FamRZ 1991, 760; *Elden*, Ausgleichspflicht bei zusammen veranlagten Ehegatten, FamFR 2011, 171; *Fischer-Winkelmann*, Zur „adäquaten" internen Aufteilung der Steuerlast bei der Ermittlung des Netto-Einkommens von getrenntlebenden und geschiedenen Doppelverdienern, FuR 1997, 189 u. 232; *Hauß*, Entspannung im Steuerstreit – Steuerliche Veranlagung von Ehegatten im Trennungsjahr, FamRB 2002, 346; *Heimann*, Steuerschulden während bestehender Ehe sowie nach Trennung und Scheidung, FPR 2006, 487; *Koritz*, Warum nicht hälftig? – Zur Frage des Aufteilungsmaßstabs von Steuererstattungen und -nachzahlungen zwischen getrenntlebenden Ehegatten oder das Problem des internen Steuerausgleichs, FPR 2003, 435; *Liebelt*, Die Rechtsprechung zum Einkommensteuerausgleich unter Ehegatten, NJW 1993, 1741; *ders.*, Die „Aufteilung" der Einkommensteuererstattung zwischen getrenntlebenden oder geschiedenen Ehegatten, FamRZ 1993, 626; *Linderer*, Das begrenzte Realsplitting an der Schnittstelle zwischen Familienrecht und Steuerrecht, NZFam 2015, 647; *Pasche*, Aufteilung der Steuerlast und der Steuererstattungen, FPR 2012, 312; *dies.*, Ansprüche zwischen Ehegatten, die die Einkommensteuer betreffen, FPR 2011, 79; *Perleberg-Kölbel*, Das Veranlagungswahlrecht von Ehegatten im Insolvenzfall, NZFam 2014, 1080; *dies.*, Zündstoff Zusammenveranlagung, FuR 2010, 254; *Schöler*, Verlustvortrag und Zusammenveranlagung in der Insolvenz eines Ehegatten, DStR 2013, 1453; *Schöppe-Fredenburg*, Der interne Steuerausgleich zwischen Ehegatten, FuR 1997, 135; *Sonnenschein*, Interner Steuerausgleich zusammen veranlagter Ehegatten, NJW 1980, 257; *Tiedtke*, Mitwirkungspflichten der Ehegatten an der Zusammenveranlagung zur Einkommensteuer und ihre Durchsetzung, FPR 2003, 400; *ders.*, Die Verpflichtung eines Ehegatten, an der Zusammenveranlagung zur Einkommensteuer mitzuwirken, FamRZ 1977, 686; *Witt*, Interner Ausgleich zwischen zusammen veranlagten Eheleuten, DStR 2007, 56.

A. Übersicht

Nach der Trennung kommt es häufig zu Streitigkeiten der Ehegatten um steuerliche Fragen[1]. Im Wesentlichen geht es um drei Problemkreise: 604

- Wem stehen Steuererstattungen aus der Zeit der Zusammenveranlagung zu? Wer muss für Steuernachforderungen aufkommen?

1 Zu den steuerlichen Auswirkungen von Trennung und Scheidung: *Görke*, FPR 2006, 491; *Linderer*, FPR 2003, 390.

- Kann ein Ehegatte vom anderen auch nach der Trennung die Mitwirkung an der Zusammenveranlagung verlangen? Welche Konsequenzen hat es, wenn die Mitwirkung verweigert wird?
- Unter welchen Voraussetzungen kann der unterhaltspflichtige Ehegatte vom anderen die Zustimmung zum begrenzten Realsplitting verlangen? Welche Folgen hat eine Verweigerung der Zustimmung? Welche Rechte hat der Ehegatte, der seine Zustimmung erklärt hat?

B. Aufteilung von Steuererstattungen und Steuerschulden

605 Lassen Ehegatten sich zusammen zur Einkommensteuer veranlagen, haften sie für die Steuerschulden dem Finanzamt gegenüber – anders als bei Einzelveranlagung (bis 2012: getrennter Veranlagung)[2] – gesamtschuldnerisch (§ 44 I AO). Während der intakten Ehe gibt es in der Regel keinen Streit über die Frage, wer im Innenverhältnis für die Steuern aufkommen muss[3]. Da im Zeitpunkt der Trennung häufig die steuerliche Veranlagung aus dem Vorjahr noch nicht abgeschlossen ist, vor allem aber für das Jahr der Trennung selbst die gemeinsame Veranlagung noch möglich (§ 26 I EStG) und meist zweckmäßig[4] ist, kommt es aber beim Scheitern der Ehe oftmals zu Auseinandersetzungen um diese Frage[5]. Meist geht es darum, wem im Innenverhältnis eine vom Finanzamt gezahlte Steuererstattung zusteht. Die Frage nach der internen Haftung stellt sich aber in gleicher Weise bei Steuernachforderungen des Finanzamts. Davon zu unterscheiden ist die Situation im Außenverhältnis gegenüber dem Finanzamt und insbesondere die – hier nicht behandelte – Frage, an wen das Finanzamt einen Erstattungsbetrag auszuzahlen hat[6].

---

2 Vgl. dazu Rn. 638 m. Fn. 71.

3 Zur Frage, wie der mit der Wahl der Steuerklassen III/V verbundene Liquiditätsvorteil während intakter Ehe unter den Ehegatten ausgeglichen werden kann: *Christ*, FamRB 2003, 126. Seit 2010 besteht die Möglichkeit, die **Steuerklassenkombination IV/IV mit Faktorverfahren** zu wählen (§ 39f EStG); dabei wird der Vorteil des Splittingtarifs bereits beim monatlichen Lohnsteuerabzug auf beide Ehegatten verteilt; dazu näher *Christ*, FamRB 2009, 390.

4 In Ausnahmesituationen kann die Einzelveranlagung günstiger sein, z.B. für Zwecke des Verlustrücktrags nach § 10d EStG; dazu *Engels*, Rn. 144; *Göppinger/Börger/Märkle*, Kap. 9 Rn. 36.

5 Solche Auseinandersetzungen lassen sich von vornherein weitgehend vermeiden, wenn Ehegatten von der unter Fn. 3 angesprochenen Möglichkeit Gebrauch machen, die Steuerklassenkombination IV/IV mit Faktorverfahren zu wählen. Diese Möglichkeit wird aber bisher wenig genutzt. Vgl. auch *Kogel*, Rn. 1080; *Schulz/Hauß*, Rn. 2025.

6 Dazu näher: *Perleberg-Kölbel*, FuR 2012, 297; *Christ*, FamRB 2007, 23; *Engels*, Rn. 219 ff. – Nicht behandelt wird auch die Frage nach dem Risiko des Entstehens einer Schenkungsteuerpflicht etwa bei Einkommensteuerzahlungen durch nur einen Ehegatten oder bei Einkommensteuererstattungen bei Zusammenveranlagung; dazu *Götz*, ZEV 2016, 623.

Auseinandersetzungen um die Frage, welcher Ehegatte im Innenverhältnis für die Steuern aus gemeinsamer Veranlagung aufkommen muss, sind seit 1.9.2009 vor den **Familiengerichten** auszutragen (sonstige Familiensachen i.S. des § 266 I Nr. 3 FamFG)[7]. Für den Ausgleichsanspruch gilt die **Verjährungsfrist** von 3 Jahren (§ 195 BGB)[8]. 606

I. Interner Ausgleich bei positiven Einkünften

Die Ausgleichspflicht für Steuerschulden im Innenverhältnis der Ehegatten richtet sich nach § 426 BGB[9]. Eine interne Haftung der Ehegatten **zu gleichen Teilen** nach der gesetzlichen Grundregel des § 426 I S. 1 BGB scheidet jedoch regelmäßig wegen Vorliegens einer anderweitigen Bestimmung aus[10]. 607

Eine anderweitige Bestimmung kann zunächst in einer ausdrücklichen oder stillschweigend geschlossenen **Vereinbarung** liegen, die gegebenenfalls vorrangig zu beachten ist[11] und natürlich auch eine hälftige Aufteilung beinhalten kann. 608

Eine anderweitige Bestimmung kann sich sodann aus einer **ständigen Übung** der Ehegatten ergeben[12], wie sie regelmäßig bei der Begleichung der Steuerschulden durch einen von ihnen während der Zeit des Zusammenlebens gegeben sein wird. Einen solchen Fall behandelt eine Entscheidung des BGH vom 20.3.2002[13]. Zwei selbständig tätige Ehegatten waren aufgrund eines Steuerbescheids verpflichtet, quartalsweise Einkommensteuer-Vorauszahlungen zu entrichten. In ständiger Übung hatte diese Vorauszahlungen der Mann geleistet. Er verlangte von der Frau Erstattung der Hälfte der letzten Vorauszahlung, die er im Jahr der Trennung, aber noch **vor der Trennung** entrichtet hatte und die das Finanzamt bei der später für das Trennungsjahr beantragten getrennten Veranlagung in diesem Umfang, also zur Hälfte, auf die Steuerschuld der Frau angerechnet hatte. Hier geht es um die allgemeine Problematik des Ausgleichs für Mehrleistungen eines Ehegatten auf gemeinsame Schulden vor der Trennung[14]. Der BGH hat zu Recht einen Ausgleichsanspruch des 609

---

7 Vgl. Rn. 29 ff., 39. Zuvor waren die Zivilprozessgerichte zuständig: BGH, FamRZ 1980, 988; vgl. auch Rn. 27.

8 Siehe auch Rn. 508. Näher *Binnewies/Wollweber*, ZEV 2008, 517.

9 Vgl. etwa BFH, FamRZ 2003, 757. – Zur Aufteilung der Steuererstattung bei Anwendbarkeit kroatischen (Güter-)Rechts OLG Hamm, FamRZ 1999, 299 (vgl. auch Rn. 880).

10 Für hälftige Teilung einer Steuererstattung aber OLG Celle, OLG-Report 2000, 9.

11 Vgl. BGH, FamRZ 2006, 1178, 1179 = NJW 2006, 2623; FamRZ 1990, 374, 376.

12 BGH, FamRZ 2006, 1178, 1179 f. = NJW 2006, 2623.

13 FamRZ 2002, 739, m. Anm. *Wever* = NJW 2002, 1570. Ähnlich OLG Karlsruhe, FamRZ 2008, 1080, 1081 (bei einverständlicher Fortsetzung der bisherigen Handhabung nach der Trennung).

14 Vgl. dazu Rn. 362 ff.

Mannes abgelehnt. Er hat aus der ständigen Übung der Ehegatten eine konkludente Abrede des Inhalts abgeleitet, dass während des Bestehens der ehelichen Lebensgemeinschaft im Innenverhältnis der Ehegatten der Mann für die Steuervorauszahlungen aufzukommen habe[15]. Auch wegen des Scheiterns der Ehe könne er keine Erstattung verlangen. Denn der ehelichen Lebensgemeinschaft liege die Anschauung zugrunde, mit dem Einkommen der Ehegatten gemeinsam zu wirtschaften und finanzielle Mehrleistungen nicht auszugleichen. Die Ehegatten hätten die Vorauszahlung wie sonstige Kosten der Lebensführung behandelt. Deshalb habe es einer besonderen Vereinbarung bedurft, wenn sich der Mann die Rückforderung für den Fall der Trennung hätte vorbehalten wollen. Unerheblich sei, dass die Vorauszahlung für einen Zeitraum geleistet worden sei, in dem die Ehegatten dann getrennt veranlagt worden seien. Entscheidend sei, dass die Frau durch die Zahlung zu einem Zeitpunkt, als die eheliche Lebensgemeinschaft noch bestanden habe, von ihrer Pflicht zur Einkommensteuer-Vorauszahlung befreit worden sei.

610 Bei einer Fallgestaltung dieser Art ist es dem Ehegatten, der die Steuervorauszahlungen geleistet hat, auch nicht gestattet, nach Trennung eine Änderung der Tilgungsbestimmung des Inhalts zu treffen, dass die Vorauszahlungen nun statt auf die gemeinsame ausschließlich auf die eigene Steuerschuld anzurechnen seien. Gegebenenfalls macht er sich schadensersatzpflichtig[16].

611 Aber auch wenn nicht an eine Vereinbarung oder an eine ständige Übung im vorstehend beschriebenen Sinne angeknüpft werden kann – wobei darauf hinzuweisen ist, dass eine während des Zusammenlebens praktizierte ständige Übung im Zweifel nicht für die Zeit **nach der Trennung** bindet[17] –, ist regelmäßig von einer anderweitigen Bestimmung auszugehen. Der BGH[18] leitet zu Recht **aus den güterrechtlichen Beziehungen** der Ehegatten, nämlich aus der Trennung der Vermögensmassen und der Schulden im gesetzlichen Güterstand der Zugewinngemeinschaft und bei Gütertrennung, eine anderweitige Bestimmung des Inhalts ab, dass im Verhältnis der Ehegatten zueinander jeder von ihnen für die Steuer, die auf seine Einkünfte entfällt, selbst aufzukommen hat[19]. Begleiche ein Ehegatte die Einkommensteuer des anderen, so der BGH, ergebe sich im Hin-

15 Ebenso BFH, FamRZ 2003, 757.

16 OLG Brandenburg, Urteil v. 2.3.2011, 13 U 4/10, juris = NJW-Spezial 2011, 358. Vgl. dazu Rn. 641 f.

17 Vgl. BGH, FamRZ 2006, 1178, 1180 = NJW 2006, 2623.

18 BGH, FamRZ 2006, 1178, 1179 = NJW 2006, 2623; FamRZ 1979, 115, 117 = NJW 1979, 546; FamRZ 2002, 739, 740 = NJW 2002, 1570.

19 Nichts anderes gilt für den 2013 ins deutsche Recht übernommenen Wahlgüterstand der deutsch-französischen Wahl-Zugewinngemeinschaft, bei dem ebenfalls Vermögensmassen und Schulden getrennt bleiben.

blick auf die rechtliche Selbständigkeit der beiderseitigen Vermögen, dass er gegen den anderen Ehegatten einen Anspruch auf Ersatz der Aufwendungen habe. Was bedeutet dies nun für den anzuwendenden Ausgleichsmaßstab?

1. Ausgleichsmaßstab

a) Aufteilung der Steuerschuld nach dem Verhältnis der Einkünfte

Der BGH hatte in einer Entscheidung vom 6.12.1978[20] zwei Möglichkeiten aufgezeigt. Die eine ist die Aufteilung der Steuerschuld nach dem Verhältnis der (steuerpflichtigen) Einkünfte. Die gesamte für den Veranlagungszeitraum anfallende Steuerschuld wird auf die Ehegatten nach dem Verhältnis ihrer Einkünfte aufgeteilt[21]. Aus dem Ergebnis dieser Aufteilung ergibt sich, welcher Ehegatte unter Berücksichtigung der von ihm bereits geleisteten Steuervorauszahlungen in welchem Umfang noch an der Steuererstattung bzw. an der Steuernachforderung zu beteiligen ist. **612**

Dieser für die Praxis verlockend einfache Weg hat sich in der Rechtsprechung der Instanzgerichte und in der Literatur zu Recht nicht durchgesetzt[22]. Er trägt – zulasten des Ehegatten mit dem kleineren Einkommen – zum einen der Progressionswirkung des Einkommensteuertarifs nicht Rechnung[23]. Zum andern lässt er die individuellen Besteuerungsmerkmale wie Sonderausgaben, außergewöhnliche Belastungen und Freibeträge nicht allein dem Ehegatten zugute kommen, bei dem sie festzustellen sind[24]. Er führt also zu einem nicht einkommensteuerrechtskonformen Ergebnis. Aus diesem Grund hat ihn auch der BGH in einer Entscheidung vom 31.5.2006[25] verworfen. **613**

b) Aufteilung der Steuerschuld nach dem Verhältnis der Steuerbeträge, die bei Einzelveranlagung anfielen

Die steuerrechtskonforme Alternative, die vom BGH[26] aufgezeigte zweite Möglichkeit, ist der mühseligere Weg der Aufteilung der Steuer- **614**

20 BGH, FamRZ 1979, 115 = NJW 1979, 546; dazu auch BGH, FamRZ 2005, 104, 105 = FamRB 2005, 174 *(Roessink).*

21 Vgl. die weitere Differenzierung bei *Fischer-Winkelmann,* FuR 1997, 189, 193.

22 Beschritten wird er noch von OLG Hamm (10. FamS), FamRZ 2005, 297 [LS]; LG Hannover, FamRZ 2002, 29; offen lassend LG Köln, NJW-RR 1991, 1027. Wegen seiner Praktikabilität für gangbar angesehen wird er bei der Einkommensermittlung im Ausbildungsförderungsrecht, vgl. OVG Magdeburg, NJW 2015, 3324.

23 So auch: *Witt,* DStR 2007, 56, 59 (mit Beispiel); *Bergschneider/Engels,* FamVermR, Rn. 9.129 f.

24 So auch die Bedenken des OLG Düsseldorf (7. ZS), FamRZ 1998, 1236 [LS].

25 FamRZ 2006, 1178 = NJW 2006, 2623.

26 BGH, FamRZ 1979, 115 = NJW 1979, 546.

schuld entsprechend dem Verhältnis der bei Einzelveranlagung (bis Veranlagungszeitraum 2012: getrennter Veranlagung) entstehenden Steuerbeträge[27]. Es wird dabei eine fiktive Einzelveranlagung durchgeführt, wie sie von den Ehegatten gem. §§ 268, 270 AO vom Finanzamt bei der Vollstreckung rückständiger Steuerschulden ebenfalls verlangt werden kann[28]. Dabei sind die Abzugsbeträge und Tarifermäßigungen personenbezogen zu berücksichtigen[29]. Bei dieser Methode ist das Maß der jeweiligen Verursachung der Steuerlast Ausgleichsmaßstab[30]. Für sie hat sich nunmehr auch der BGH in seiner Entscheidung vom 31.5.2006[31] ausgesprochen, und zwar unabhängig davon, ob es um Steuererstattungen oder Steuernachforderungen und ob es um eine Erst- oder um eine Korrekturfestsetzung geht. Der BGH hat aber zugleich auf die gegebenenfalls zu beachtende „familienrechtliche Überlagerung" hingewiesen[32] (dazu Rn. 621 ff.).

615 **Beispiel**[33]:

M und F haben im Jahr der Trennung ein zu versteuerndes Gesamteinkommen von 60.000 €, wovon 40.000 € auf M und 20.000 € auf F entfallen. Vom Einkommen des M (Steuerklasse III) sind 7.500 €, vom Einkommen der F (Steuerklasse V) 5.000 € Lohnsteuern abgezogen worden. Das Finanzamt ermittelt als Ergebnis der gemeinsamen Veranla-

---

27 So: OLG Brandenburg, FuR 2017, 92; OLG Hamm (2. FamS), FamRZ 1998, 1166, 1167; OLG Köln, FamRZ 1995, 55; OLG Düsseldorf (3. FamS), FamRZ 1991, 1315; OLG Karlsruhe, FamRZ 1991, 832, 834; LG Köln, NJW-RR 1990, 140; LG Essen, FamRZ 1987, 592, 593; LG Düsseldorf, NJW-RR 1986, 1333; AG Bremen, FamRZ 2001, 1071 (mit anteiliger Beschränkung des Anspruchs auf die Zeit nach der Trennung); *Witt*, DStR 2007, 56; *Genthe*, FuR 1999, 153, 156; *Gernhuber*, JZ 1996, 765; *Liebelt*, FamRZ 1993, 626, 633, u. NJW 1993, 1741, 1743; *Dostmann*, FamRZ 1991, 760, 762; *Kotzur*, NJW 1989, 817, 818; *Palandt/Brudermüller*, § 1353 Rn. 12c; *Staudinger/Looschelders*, 2017, § 426 Rn. 212. Vgl. auch den Weg des OLG Hamm (5. FamS), FamRZ 1996, 1413, in einem Fall, in dem es um die Verteilung der Steuererstattung bei zusammenlebenden Ehegatten für die Berechnung der Unterhaltsansprüche eines Dritten (früherer Ehegatte oder Kinder) ging.

28 Grds. kann die Finanzbehörde bei Zusammenveranlagung jeden der Ehegatten als Gesamtschuldner auf die volle Steuerschuld in Anspruch nehmen. Beantragt einer der Ehegatten jedoch eine Aufteilung der Schuld gem. §§ 268 ff. AO, können die Rückstände nur nach dem Verhältnis der Beträge beigetrieben werden, die sich bei Einzelveranlagung ergäben. Vgl. dazu *Pasche*, FPR 2012, 312 f.

29 Zur fiktiven getrennten bzw. Einzelveranlagung i.E. *Engels*, Rn. 233 ff., 255 ff.; *ders.*, in: *Bergschneider*, FamVermR, Rn. 9.133 ff., 9.160 ff.

30 So zutreffend *Witt*, DStR 2007, 56, 58.

31 FamRZ 2006, 1178 = NJW 2006, 2623 = FamRB 2006, 302 *(Christ)*.

32 FamRZ 2006, 1178, 1181 = NJW 2006, 2623; näher dazu Anm. *Wever*, FamRZ 2006, 1181.

33 Nach *Dostmann*, FamRZ 1991, 760, 762. Instruktiv auch die Darstellung der erforderlichen Berechnungsschritte bei *Christ*, FamRB 2007, 23, 27 f. Weitere Berechnung bei OLG Hamm, FamRZ 2013, 1146. Vgl. zur Auswirkung der verschiedenen Ausgleichsmaßstäbe auch das Beispiel bei *Heinke*, in: Schnittstellen zwischen Steuer-, Familien- und Erbrecht, Bd. 1, § 4 Rn. 80 f.

gung eine Steuerschuld von insgesamt 10.000 € und erstattet die überzahlten 2.500 € an F zurück[34].

Der Steuerausgleich erfolgt aufgrund einer fiktiven Einzelveranlagung (bei beiden Ehegatten Ansatz der Grundtabelle). Ergibt sich dabei eine fiktive Steuerschuld des M von 9.000 € und der F von 4.000 €, so ist der interne Ausgleich wie folgt vorzunehmen:

M muss von der gesamten Steuerschuld von 10.000 € einen Anteil von 9.000 € (eigene Steuerschuld bei Einzelveranlagung) : 13.000 € (Gesamtsteuerschuld bei Einzelveranlagung) = 6.923 € tragen.

Der Anteil der F beläuft sich auf 10.000 € (gesamte Steuerschuld) x 4.000 € (eigene Steuerschuld bei Einzelveranlagung) : 13.000 € (Gesamtsteuerschuld bei Einzelveranlagung) = 3.077 €. Da M 7.500 € Lohnsteuern entrichtet hat, im Innenverhältnis aber nur 6.923 € tragen muss, kann er von dem der F zugeflossenen Betrag 577 € verlangen. Anspruchsgrundlage ist § 816 II BGB[35].

Die mathematische **Formel**, die der Berechnung der Anteile auf der Basis einer fiktiven Einzelveranlagung zugrunde liegt, lautet also[36]: von der festgesetzten Steuerschuld zu tragender Anteil jedes Ehegatten **=** festgesetzte Steuerschuld **x** eigene fiktive Steuerschuld bei Einzelveranlagung **:** Summe der fiktiven Steuerschulden beider Ehegatten bei Einzelveranlagung.

Diese – höchstrichterlich bestätigte – Ansicht stimmt mit der zuvor ge- **616** nannten Ansicht (Rn. 612) darin überein, dass die Aufteilung nicht allein auf den Steuererstattungsbetrag bzw. gegebenenfalls den Nachforderungsbetrag beschränkt, sondern auf die gesamte festgesetzte gemeinsame Steuerschuld erstreckt wird[37]. Die von den Ehegatten während des Veranlagungszeitraums bereits erbrachten Steuerleistungen werden bei der Berechnung des Ausgleichsbetrages berücksichtigt. Allerdings ist, wie der BGH in seiner Entscheidung vom 31.5.2006[38] auch zum Ausdruck gebracht hat, anders zu verfahren, wenn eine „familienrechtliche Überlagerung" gegeben ist; dazu Rn. 621 ff.

Im Ergebnis hat dies zur Folge, dass bei der **Alleinverdienerehe**, wenn **617** also nur ein Ehegatte positive Einkünfte erzielt, die interne Steuerlast (in der bei gemeinsamer Veranlagung verbleibenden Höhe) allein den Einkünfte erzielenden Ehegatten trifft. Denn auch eine fiktive Einzelveranlagung würde zu keiner Einkommensteuerbelastung des anderen Ehegatten führen. Der nicht verdienende Ehegatte hat daher auch keinen Anspruch

34 Die Befugnis des Finanzamtes zur Rückzahlung überzahlter Steuern mit befreiender Wirkung nach seiner Wahl an jeden der Ehegatten ergibt sich aus § 36 IV S. 3 EStG, nicht hingegen aus § 428 BGB, denn die zusammen veranlagten Ehegatten haften zwar als Folge der Regelung des § 44 I AO für die Steuerschuld als Gesamtschuldner, sie sind jedoch mangels einer gesetzlichen Regelung insoweit nicht Gesamtgläubiger einer Steuerrückforderung (h.M., vgl. BFH, NJW 1990, 2491; *Liebelt,* NJW 1993, 1741, 1742, m.w.N.).

35 OLG Karlsruhe, FamRZ 1991, 191; AG Bremen, FamRZ 2001, 1071, 1072.

36 Vgl. auch *Pasche,* FPR 2012, 312 f.

37 Vgl. *Liebelt,* FamRZ 1993, 626, 631; *ders.* NJW 1993, 1741, 1742; anders wohl OLG Düsseldorf (5. FamS), FamRZ 1991, 194; LG Bochum, FamRZ 1987, 828.

38 FamRZ 2006, 1178, 1181 = NJW 2006, 2623.

auf Beteiligung an einer an den verdienenden Ehegatten geflossenen Steuererstattung im Wege des Gesamtschuldnerausgleichs[39]. Er kann – entgegen einem in der Praxis häufigen Verlangen – weder die Hälfte noch 3/7 der Steuererstattung beanspruchen.

618 Erzielen **beide Ehegatten positive Einkünfte**, ist die Steuerlast nach h.M. grundsätzlich wie beschrieben zu verteilen. Dies gilt sowohl dann, wenn die Zusammenveranlagung für beide Ehegatten günstiger ist als Einzelveranlagung, als auch dann, wenn für einen Ehegatten die Zusammenveranlagung ungünstiger ist als Einzelveranlagung[40]. Sind die Einkünfte eines Ehegatten so gering, dass sich für ihn bei Einzelveranlagung kein steuerpflichtiges Einkommen ergäbe, hat er an einer Steuererstattung ebenso wenig teil, wie er an einer Steuernachforderung zu beteiligen ist[41]. Ebenfalls nicht zu beteiligen ist nach Ansicht des OLG Düsseldorf (26. ZS)[42] bei beiderseits abhängig beschäftigten Ehegatten der eine an einer Steuernachforderung, die auf einer Nachveranlagung wegen unversteuerter Zusatzeinkünfte des anderen aus Gewerbebetrieb beruht.

c) Aufteilung des Erstattungsbetrages bzw. der Nachforderung im Verhältnis der gezahlten Steuern

619 Das OLG Düsseldorf (10. ZS)[43] beschränkt den Anspruch auf eine Aufteilung des Betrages der Steuererstattung und nimmt sie im Verhältnis der von den Ehegatten im Veranlagungszeitraum auf die gemeinsame Steuerschuld tatsächlich gezahlten Steuern vor. Es wendet also den aus § 37 II AO[44] herzuleitenden Verteilungsmaßstab auch auf den Innenaus-

39 Vgl. auch OLG Oldenburg, FamRZ 2008, 1852 (Herausgabe der an den nicht verdienenden Ehegatten geflossenen Steuererstattung an den Insolvenzverwalter); LG Mönchengladbach, FamRZ 1994, 962; AG Dortmund, MDR 1999, 1388; *Liebelt,* FamRZ 1993, 626, 633 f., m.w.N. Davon zu unterscheiden ist die Frage einer Beteiligung über Unterhaltsansprüche. Vgl. dazu Rn. 628.

40 Zu dem in letzterem Falle ggf. neben die Ausgleichsforderung aus § 426 I S. 1 BGB tretenden Anspruch des durch die Zusammenveranlagung schlechter gestellten Ehegatten gegen den durch die Zusammenveranlagung begünstigten Ehegatten auf Ausgleich seines Nachteils Rn. 640.

41 OLG Düsseldorf (5. ZS), FamRZ 1998, 1235; LG Göttingen, NJW-RR 2009, 73; *Engels,* Rn. 234 f. (mit Differenzierung); unzutreffend OLG Köln, FamRZ 1999, 656 = NJW 1998, 3785.

42 FamRZ 2001, 96 (bei Gütertrennung, wie das OLG betont; allerdings könnte bei gesetzlichem Güterstand nichts anderes gelten).

43 FamRZ 1993, 70; ebenso OLG Hamm (33. ZS), FamRZ 2001, 98; LG Stuttgart, FamRZ 1998, 241. Abl. *Liebelt,* FamRZ 1993, 626, 631; *ders.* NJW 1993, 1741, 1742.

44 Der Anspruch der Ehegatten bei Steuerüberzahlungen auf Erstattung gegenüber der Finanzbehörde gem. § 37 II AO richtet sich nach dem Verhältnis der jeweiligen Steuerzahlungen (Lohnsteuerabzugsbeträge), vgl. BFH, NJW 1991, 2103. Davon zu unterscheiden ist die aus § 36 IV S. 3 EStG herzuleitende grundsätzliche Berechtigung der Finanzbehörde, mit befreiender Wirkung den gesamten Erstattungsbetrag an einen Ehegatten auszu-

gleich der Ehegatten an und beschränkt seine Anwendung auf den Erstattungsbetrag.

Im o.g. Beispielsfall wäre danach die Aufteilung des an F gezahlten Erstattungsbetrages wie folgt vorzunehmen: 620

Von den erstatteten 2.500 € erhält M den Anteil, der dem Verhältnis der von ihm einbehaltenen Lohnsteuern (7.500 €) zu den insgesamt von den Ehegatten einbehaltenen Lohnsteuern (12.500 €) entspricht, also 2.500 € x 7.500 € : 12.500 € = 1.500 €.

F erhält 2.500 € (Erstattungsbetrag) x 5.000 € (von ihr entrichtete Lohnsteuern) : 12.500 € (von beiden Ehegatten einbehaltene Lohnsteuern) = 1.000 €.

d) Berücksichtigung einer „familienrechtlichen Überlagerung"

Der steuerrechtskonforme Weg der h.M. (Rn. 614) ist grundsätzlich der richtige Ansatz. Allerdings ist er nicht geeignet für die – zahlreichen – Fälle, in denen es zu einer „familienrechtlichen Überlagerung" gekommen ist: 621

- Haben die Ehegatten bis zur Trennung die beiderseitigen Einkünfte **für den Lebensunterhalt der Familie eingesetzt**, wofür eine Vermutung spricht, darf es nicht nach dem Scheitern der Ehe zu einer nachträglichen Korrektur der jeweiligen Einkünfte bei der Verteilung der Steuererstattung (bzw. der Steuernachforderung) kommen[45]. Eine solche Korrektur nimmt aber die Berechnungsweise gem. Rn. 614 vor: Der Mann, der im genannten Beispiel während des Veranlagungszeitraums mit Steuerklasse III ein höheres Nettoeinkommen zur Verfügung hatte, als er es bei Steuerklasse IV gehabt hätte, muss dafür bei der Verteilung der Steuererstattung – der eine fiktive Veranlagung nach der Grundtabelle zugrunde liegt – einen Ausgleich an die Frau zahlen. Das ist so lange nicht gerechtfertigt, wie der Mann sein Nettoeinkommen nicht für sich verbraucht, sondern der Familie zur Verfügung gestellt hat. Entsprechendes gilt, soweit die Einkünfte für die gemeinsame Vermögensbildung verwendet worden sind. 622
- Hat der Mann nach der Trennung **Ehegattenunterhalt gezahlt**, dessen Höhe nach seinem Einkommen bei Steuerklasse III und nach dem Einkommen der Frau bei Steuerklasse V bemessen worden ist, so kann 623

zahlen. Dazu u. zu den Ausnahmen *Christ*, FamRB 2007, 23, 24 f.; *Arens/Daumke/Spieker*, Rn. 171 ff.

45 Einen nachträglichen Ausgleich der Steuerlasten aus der Zeit des gemeinsamen Wirtschaftens lehnen auch ab: OLG Bremen, FamRZ 2005, 800; OLG Hamm (33. ZS), FamRZ 2001, 98 u. 1998, 241; OLG Karlsruhe, FamRZ 1991, 441; AG Bremen, FamRZ 2001, 1071; AG Dillingen, FamRZ 2001, 99; *Koritz*, FPR 2003, 435, 437; *Bosch*, FamRZ 2002, 366, 368; *Staudinger/Looschelders*, 2017, § 426 Rn. 213; *Engels*, Rn. 239; *ders.*; in: *Bergschneider*, FamVermR, Rn. 9.124; MünchKomm/*Bydlinski*, § 426 Rn. 17. In diesem Sinne auch BGH, FamRZ 2007, 1229 = NJW 2007, 2554; FamRZ 2002, 1024; vgl. dazu Rn. 641. Dazu auch *Hauß*, FamRB 2002, 346.

es ebenfalls nicht richtig sein, wenn der Mann bei der Verteilung eines Erstattungsbetrages (oder einer Steuernachforderung) aus der gemeinsamen Veranlagung im Trennungsjahr sich so behandeln lassen muss, als habe er ein Einkommen nach Steuerklasse IV bezogen, und wegen des tatsächlich bezogenen höheren Nettoeinkommens an die Frau einen Ausgleich zahlen muss[46].

624 Das bedeutet: Solange die Ehegatten mit den beiderseitigen Einkünften gemeinsam gewirtschaftet und das Geld verbraucht haben – und das wird in der Regel bis zur Trennung, häufig aber noch darüber hinaus über die Unterhaltsregelung der Fall sein – ist eine Verteilung von Steuererstattungen bzw. Nachforderungen, die die geleisteten Steuerzahlungen einbezieht, nicht gerechtfertigt[47]. In diesen Fällen muss sich die **Verteilung auf den Erstattungsbetrag (bzw. die Nachforderung) beschränken**[48]. Dem scheint auch der BGH in seiner Entscheidung vom 31.5.2006[49] zuzustimmen. Allerdings zeigt sich bei dem dieser Entscheidung zugrunde liegenden Sachverhalt, dass bei besonderen Fallgestaltungen selbst eine auf die Nachforderung beschränkte Korrektur nicht ausreicht, um dem Gesichtspunkt der „familienrechtlichen Überlagerung" hinreichend Rechnung zu tragen[50].

625 Es bleibt die Frage nach dem bei der Aufteilung des Erstattungsbetrages bzw. der Nachforderung anzuwendenden **Verteilungsmaßstab.** Würde man auf den Erstattungs- bzw. Nachforderungsbetrag den Verteilungsmaßstab anwenden, den die h.M. auf die gesamte Steuerschuld anwendet, ihn also nach dem Verhältnis der Steuerbeträge verteilen, die die Ehegatten bei ihren Einkünften bei Einzelveranlagung zahlen müssten, ergäbe sich im o.g. Beispielsfall folgende Berechnung:

Vom Erstattungsbetrag von 2.500 € erhält M einen Anteil von 9.000 € (eigene Steuerschuld bei Einzelveranlagung): 13.000 € (Gesamtsteuerschuld bei Einzelveranlagung) = 1.731 €.

F erhält 2.500 € (Erstattungsbetrag) x 4.000 € (eigene Steuerschuld bei Einzelveranlagung): 13.000 € (Gesamtsteuerschuld bei Einzelveranlagung) = 769 €.

626 Ob dies ein angemesseneres Ergebnis ist, als das, zu dem der zu Rn. 619 f. beschriebene Weg des OLG Düsseldorf führt, kann bezweifelt

---

46 So auch OLG Bremen, FamRZ 2005, 800; *Koritz,* FPR 2003, 435, 437; *Hauß,* FamRB 2002, 346, 347. In diesem Sinne auch BGH, FamRZ 2007, 1229 = NJW 2007, 2554.

47 Eine „Totalrevision" mit Vergangenheitsbezug i.S. der Rn. 614 wird wohl im Wesentlichen nur in Betracht kommen, wenn die Zusammenveranlagung über das Jahr der Trennung hinaus – auch steuerrechtswidrig – fortgesetzt worden oder wenn die Trennung zu Beginn des Veranlagungszeitraums erfolgt ist, jeweils vorausgesetzt, es ist kein Ehegattenunterhalt gezahlt worden; vgl. *Bergschneider/Engels,* FamVermR, Rn. 9.150.

48 So auch *Bergschneider/Engels,* FamVermR, Rn. 9.148.

49 Vgl. FamRZ 2006, 1178, 1181 = NJW 2006, 2623.

50 Dazu näher Anm. *Wever,* FamRZ 2006, 1181 f.; zustimmend *Engels,* Rn. 245.

werden. Da zudem der dort beschriebene Weg erheblich weniger aufwendig ist, erscheint er vorzugswürdig. In allen Fällen, in denen es zu einer „familienrechtlichen Überlagerung" gekommen ist – und das dürften die meisten Fälle sein, in denen um die Verteilung des gemeinsamen Veranlagungsergebnisses aus dem Jahr vor der Trennung, aber auch aus dem Trennungsjahr gestritten wird – ist die Verteilung daher **auf den Steuererstattungsbetrag bzw. die Steuernachforderung zu beschränken und im Verhältnis der tatsächlich gezahlten Steuern vorzunehmen**[51], sofern nicht im Einzelfall sogar eine weitergehende Korrektur erforderlich ist (vgl. Rn. 624). Bezieht nur ein Ehegatte positive Einkünfte, ergeben sich keine Unterschiede gegenüber der Berechnungsweise gem. Rn. 614: Eine Steuererstattung steht nur dem Alleinverdiener zu, so wie er auch keine Beteiligung des anderen Ehegatten an einer Steuernachforderung verlangen kann.

Der beschriebene Lösungsansatz kann allerdings nicht mehr als eine **627** **Faustregel für Durchschnittsfälle** sein. Ist etwa nur ein Teil eines Steuerjahres von der „familienrechtlichen Überlagerung" betroffen (z.B. weil die Eheleute sich Mitte des Jahres getrennt haben und anschließend kein Trennungsunterhalt gezahlt wurde), wird eine differenzierende, die Zeitanteile berücksichtigende Lösung geboten sein[52]. Aber auch im Übrigen gilt: Angesichts der Vielzahl der denkbaren Fallgestaltungen müssen jeweils die Besonderheiten des Einzelfalls beachtet werden, die gegebenenfalls eine andere Verteilung rechtfertigen können. Insbesondere können individuelle Lösungen angebracht sein, wenn es sich nicht um Lohn- oder Gehaltsempfänger, sondern um selbständig Tätige handelt.

2. Steuerausgleich und Unterhalt

Bestehen Unterhaltsansprüche zwischen den Ehegatten, sollten diese – **628** wie bei anderen gemeinsamen Verbindlichkeiten auch – die Frage nicht aus dem Auge verlieren, ob sich der Streit um die Aufteilung eines Erstattungsbetrages oder die interne Zuständigkeit für eine Nachforderung lohnt. Denn Steuererstattungen an den Unterhaltspflichtigen erhöhen im Kalenderjahr ihrer Zahlung dessen für die Unterhaltsbemessung maßgebliches Einkommen; Steuererstattungen an den Unterhaltsberechtigten sind seinem in die Unterhaltsbemessung einzustellenden Einkommen zuzurechnen, jeweils vorausgesetzt, dass keine Rechte des anderen Ehegat-

---

51 Zustimmend: *Koritz,* FPR 2003, 435, 437; vgl. auch *Engels,* Rn. 247. Für hälftige Verteilung: *Bosch,* FamRZ 2002, 366, 368. Vgl. auch OLG Köln, FamRZ 2010, 1738: hälftige Aufteilung einer infolge Nachversteuerung durch das Finanzamt entstandenen Steuernachforderung wegen hälftiger Zurechnung von Gewinnen aus einem Gewerbebetrieb bei Annahme einer Ehegatteninnengesellschaft.

52 Vgl. dazu *Engels*, Rn. 254; BGH, FamRZ 2007, 1229, m. Anm. *Engels* = NJW 2007, 2554.

ten an dem Erstattungsbetrag geltend gemacht werden[53]. Mit umgekehrtem Ergebnis wirken sich Steuernachforderungen aus. Eine Beteiligung beider Ehegatten an der Erstattung bzw. der Nachforderung ist also regelmäßig gewährleistet[54], wenngleich lediglich mit der für die Unterhaltsbemessung maßgebenden Quote. In solchen Fällen sprechen Vereinfachungsgründe dafür, dass die Ehegatten sich im Zusammenhang mit einer Unterhaltsvereinbarung entweder auf den Verbleib der Steuererstattung bzw. Steuernachforderung bei einem Ehegatten oder darauf einigen, den Steuerausgleich auf die zu Rn. 619 f. beschriebene vereinfachte Weise vorzunehmen. Zu bedenken sind gegebenenfalls aber auch Auswirkungen beim Kindesunterhalt[55].

629 Ist eine Steuererstattung bzw. Steuernachforderung bei der Unterhaltsbemessung bereits berücksichtigt worden, scheidet ein isolierter Ausgleich unter den Ehegatten aus[56].

3. Steuerausgleich und Zugewinnausgleich

630 Bei Steuerschulden und Steuererstattungen gilt das Gleiche wie bei sonstigen Schulden und Forderungen auch: Bevor ein Streit um die Aufteilung im Innenverhältnis begonnen wird, muss die Möglichkeit der Kompensation über den Zugewinnausgleich bedacht werden[57]. Ist bei schon durchgeführtem Zugewinnausgleich die Steuerschuld oder Steuererstattung in die Berechnung eingeflossen, ist dadurch der Aufteilungsmaßstab vorgegeben.[58]

II. Interner Ausgleich bei negativen Einkünften

631 Haben beide Ehegatten negative Einkünfte, fällt keine Steuerschuld an. Problematisch ist der Fall, dass positiven Einkünften des einen Ehegatten negative Einkünfte des anderen bei gemeinsamer Veranlagung gegenüberstehen[59].

---

53 Vgl. auch *Dostmann*, FamRZ 1991, 760, 765. Zur Frage, inwieweit Steuererstattungen und Steuerschulden unter dem Aspekt des Verbots der Doppelberücksichtigung (vgl. Rn. 463 ff.) bei der Unterhalts- und/oder Zugewinnausgleichsberechnung Berücksichtigung finden können, OLG Dresden, FamRZ 2011, 113; *Kuckenburg/Perleberg-Kölbel*, FPR 2012, 306; *Elden*, FamFR 2010, 365.

54 Anders bei der Unterhaltsbemessung nach konkretem Bedarf. Anders ggf. auch, wenn bei früherer Unterhaltstitulierung die Einbeziehung von Steuererstattung bzw. Steuernachforderung nicht zu einer wesentlichen Änderung i.S. von § 238 IV FamFG führt.

55 So mit Recht *Engels*, Rn. 225.

56 Vgl. dazu auch Rn. 432.

57 Vgl. Rn. 469 ff.

58 Vgl. Rn. 475 f.

59 Vgl. dazu auch *Engels*, Rn. 266 ff.; *ders.*, in: *Bergschneider*, FamVermR, Rn. 9.171 ff.

1. Vorteilsteilhabe?

Zunächst stellt sich die Frage, ob der Ehegatte, dessen Verluste bei der gemeinsamen Veranlagung zu einer Verminderung der Steuerlast des anderen Ehegatten und damit der Gesamtsteuerlast führen, einen Anspruch auf Teilhabe an dessen Steuerersparnis hat (Vorteilsteilhabe). Die Frage ist zu verneinen. Es kann hier nichts anderes gelten als in dem Fall, dass ein Ehegatte positive, der andere Ehegatte aber keine Einkünfte erzielt hat. Hier wie dort führt eine fiktive getrennte Veranlagung dazu, dass der Ehegatte ohne Einkünfte bzw. mit negativen Einkünften keine Einkommensteuern zu zahlen hätte. Ansprüche auf Teilhabe des Verluste erwirtschaftenden Ehegatten gegen den anderen – sei es gem. § 426 I S. 1 BGB oder sei es aus Bereicherungsrecht – scheiden daher aus[60]. **632**

2. Nachteilsausgleich

Nun führt allerdings die Einbringung der Verluste in die gemeinsame Veranlagung dazu, dass diese Verluste nicht mehr später gem. § 10d EStG im Wege des Verlustvortrags oder des Verlustrücktrags steuermindernd geltend gemacht werden können. Sie sind steuerrechtlich verbraucht. Der die Verluste in die gemeinsame Veranlagung einbringende Ehegatte erleidet also potentiell einen Nachteil. Es stellt sich daher die weitere Frage, ob er Ausgleich dieses Nachteils – sofort oder in dem Zeitpunkt, in dem der Nachteil sich realisiert – verlangen kann (Nachteilsausgleich)[61]. **633**

Ohne Zweifel besteht ein solcher Anspruch jedenfalls dann, wenn der die Verluste erwirtschaftende Ehegatte im Zusammenhang mit der gemeinsamen Veranlagung eine **Vereinbarung** mit dem anderen Ehegatten getroffen hat, wonach dieser ihm die durch die gemeinsame Veranlagung entstehenden Nachteile zu ersetzen hat[62]. Eine solche Zusage zu verlangen, ist der die Verluste erwirtschaftende Ehegatte jedenfalls nach Ansicht des OLG Stuttgart[63] auch berechtigt. **634**

---

60 Vgl. auch: BGH (XII. ZS), FamRZ 2012, 357, 359 f. = NJW 2011, 2725; BGH (IX. ZS), FamRZ 2011, 210, 211; *Koritz*, FPR 2003, 435, 437; *Dostmann*, FamRZ 1991, 760, 763; *Gernhuber*, JZ 1996, 765, 766; *Liebelt*, FamRZ 1993, 626, 638; *ders.* NJW, 1993, 1741, 1744; im Ergebnis ebenso OLG Karlsruhe, FamRZ 1991, 191; **a.A.** *Haußleiter/Schulz*, 5. Aufl., 6 Rn. 12 (ggf. aus konkludenter Vereinbarung); *Sonnenschein*, NJW 1980, 257, 262 (über Bereicherungsrecht); *Ott/Nagel*, BB 1997, 185 (hälftige Aufteilung).

61 Wirkt sich der Verlustabzug bei der gemeinsamen Veranlagung im Ergebnis nicht nachteilig aus, weil wegen Anhaltens der Verluste oder Aufgabe der selbständigen Erwerbstätigkeit weder ein Verlustrücktrag gem. § 10d I EStG, noch ein Verlustvortrag gem. § 10d II EStG zum Zuge kommt, fehlt es an einem auszugleichenden Nachteil, so dass ein Erstattungsanspruch ausscheidet.

62 Eine entsprechende Zusage hatte die die Zustimmung zur Zusammenveranlagung verlangende Ehefrau im Fall BGH, FamRZ 2012, 357 = NJW 2011, 2725, gegeben; zu dieser Entscheidung auch Rn. 652.

63 FamRZ 1993, 191.

635 Einiges spricht allerdings für die Annahme, dass ein Anspruch auf Ausgleich der Nachteile – und zwar in dem Zeitpunkt, in dem sie sich realisieren – grundsätzlich auch ohne vertragliche Vereinbarung besteht[64], wobei dahinstehen mag, ob er seinen Grund im Bereicherungsrecht hat, oder ob er aus § 1353 I S. 2 BGB herzuleiten ist. Er orientiert sich in der Höhe nicht an der Steuerersparnis des Ehegatten mit den positiven Einkünften, sondern an den steuerlichen Nachteilen des anderen Ehegatten bei der Geltendmachung seiner Möglichkeiten gem. § 10d EStG, wenn auch begrenzt auf den Betrag der Steuerersparnis durch die Verlusteinbeziehung bei der gemeinsamen Veranlagung[65]. Die Frage ist jedoch umstritten[66] und von der Rechtsprechung noch nicht abschließend geklärt[67]. Allerdings ist ein solcher Anspruch zu beschränken auf Zeiträume, in denen nicht i.S. der Rn. 621 ff. gemeinsam gewirtschaftet worden ist[68].

3. Verlustrücktrag in Zeitraum der Zusammenveranlagung

636 Eine weitere im Zusammenhang mit § 10d EStG sich stellende Frage ist schließlich, welchem Ehegatten im Innenverhältnis die Steuerminderung bzw. -erstattung zusteht, wenn nach Scheitern der Ehe ein Ehegatte Verluste erwirtschaftet und er sie gem. § 10d I EStG in ein Kalenderjahr zurücktragen lässt, in dem die Ehegatten noch zusammenveranlagt wurden. Richtiger Ansicht nach muss im Innenverhältnis die auf dem Verlustrücktrag beruhende Minderung der Steuerschuld beider Ehegatten allein dem Rücktragenden zugute kommen, und zwar selbst dann, wenn im Abzugsjahr nicht der Rücktragende, sondern nur der andere Ehegatte positive Einkünfte hatte[69].

---

64 So mit guten Gründen *Dostmann,* FamRZ 1991, 760, 763 f.; *Gernhuber,* JZ 1996, 765, 766; *Bergschneider/Engels,* FamVermR, Rn. 9.186; wohl auch OLG Dresden, FamRZ 2010, 588, 591 f., m.w.N.

65 Beispiele bei *Dostmann,* FamRZ 1991, 760, 763 f.; *Heimann,* FPR 2006, 487, 490.

66 **A.A.** *Liebelt,* FamRZ 1993, 625, 636; *ders.,* NJW 1993, 1741, 1743.

67 Einen Anspruch auf Nachteilsausgleich bejahend OLG Frankfurt, FamRZ 2004, 877, m. Anm. *Wever; Engels,* Rn. 279. Offen lassend BGH, FamRZ 2003, 1454, 1455, m. Anm. *Wever,* S. 1457, u. Anm. *Spieker,* FamRZ 2004, 174 = NJW 2003, 2982. Zur Situation im Insolvenzfall OLG Schleswig, FamRZ 2014, 1924 = NJW 2014, 3523; dazu Rn. 652.

68 Vgl. Rn. 637 sowie BGH, FamRZ 2010, 269 = NJW 2010, 1879; dazu näher Rn. 642; *Engels,* Rn. 279.

69 OLG Köln, FamRZ 1995, 92; LG Tübingen, NJW-RR 1990, 1221, 1222; *Liebelt,* FamRZ 1993, 626, 639 f.; *ders.,* NJW 1993, 1741, 1744; *Dostmann,* FamRZ 1991, 760, 765; *Heimann,* FPR 2006, 487, 490; *Engels,* Rn. 276; *Arens,* in: Schnittstellen zwischen Steuer-, Familien- und Erbrecht, Bd. 2, § 2 Rn. 115; **a.A.** OLG Karlsruhe, FamRZ 1991, 191; *Rahm/Künkel/Kanzler,* I 19 B Rn. 188.

4. „Familienrechtliche Überlagerung"

Auch bei der Frage nach einem internen Ausgleich bei negativen Einkünften ist der Gesichtspunkt der „familienrechtlichen Überlagerung" zu beachten. Für Zeiträume, in denen i.S. der Rn. 621 ff. gemeinsam gewirtschaftet worden ist, scheidet eine nachträgliche Korrektur aus[70]. **637**

C. Streitigkeiten um die Mitwirkung bei der Zusammenveranlagung

Ehegatten können sich zusammen oder einzeln (bis Veranlagungszeitraum 2013: getrennt) zur Einkommensteuer veranlagen lassen[71]. Die Wahl der – wegen der Abmilderung der Steuerprogression in der Regel[72] insgesamt günstigeren – Zusammenveranlagung ist nur möglich, wenn die Ehegatten nicht dauernd getrennt leben[73] und wenn beide unbeschränkt einkommensteuerpflichtig[74] sind (§ 26 EStG)[75]. Da es genügt, wenn diese Voraussetzungen zu irgendeinem Zeitpunkt innerhalb des Veranlagungszeitraumes vorgelegen haben, kann auch für das Jahr, in dem die Trennung erfolgt ist, noch die Zusammenveranlagung gewählt werden. Lässt ein mitverdienender Ehegatte sich einzeln veranlagen, führt dies – wenn nicht nachträglich noch gemeinsame Veranlagung gewählt wird[76] – zur Einzelveranlagung beider Ehegatten (§ 26 II S. 1 EStG). **638**

Häufig verweigert ein Ehegatte nach der Trennung seine Zustimmung zur Zusammenveranlagung für das Trennungsjahr und für das vorherige **639**

---

70 In diesem Sinne auch *Bergschneider/Engels*, FamVermR, Rn. 9.185 f.; Beispiel bei *Engels*, Rn. 279. Vgl. auch Rn. 642.

71 Durch das Steuervereinfachungsgesetz 2011 sind die Veranlagungsarten neu geordnet worden. An die Stelle der getrennten Veranlagung ist die Einzelveranlagung getreten, die der getrennten Veranlagung ähnelt, aber dem Prinzip der Individualbesteuerung besser Rechnung tragen und Angaben des anderen Ehegatten überflüssig machen will (§ 26a EStG). Dazu *Schlünder/Geißler*, FamRZ 2013, 348; *Engels*, FF 2012, 202; *Christ*, FamRB 2012, 27, 28; *Perleberg-Kölbel*, FuR 2011, 375; *dies.* FuR 2013, 428 (Überblick über die steuerlichen Veranlagungsarten ab VZ 2013). Zum Veranlagungswahlrecht der Ehegatten i.Ü.: *Pasche*, FPR 2011, 79; *Christ*, FamRB 2007, 54; *Arens*, FamRB 2004, 124 f.; *Linderer*, FPR 2003, 390 f.; *Engels*, Rn. 106 ff.

72 Zu Ausnahmesituationen vgl. Fn. 4.

73 Dauernd getrennt i.S.d. § 26 I EStG leben die Ehegatten auch bei einem dauernden Getrenntleben in der Ehewohnung i.S.v. § 1567 I BGB, BFH, FamRZ 2013, 626 [LS]. Zum dauernden Getrenntleben i.Ü.: BGH, FamRZ 2005, 182, 183, m.w.N.; *Arens*, FamRB 2004, 124, 126; *Butz-Seidl*, FuR 1996, 108, 112 f.

74 Vgl. Rn. 657.

75 Vgl. *Butz-Seidl*, FuR 1996, 108, 112 ff.; *Fischer-Winkelmann*, FuR 1997, 189, 191 f.; *Liebelt*, FamRZ 1993, 626, 627; *Dostmann*, FamRZ 1991, 760; *Tiedtke*, FamRZ 1977, 686.

76 Vgl. Rn. 647.

Kalenderjahr, für das vielfach beim Auseinanderbrechen der Ehe die steuerliche Veranlagung ebenfalls noch nicht durchgeführt worden ist, und beantragt stattdessen eine Einzelveranlagung. So entsteht Streit um die Frage, ob er zur Zustimmung verpflichtet ist und welche Rechtsfolgen es hat, wenn er sie verweigert. Zu beachten ist dabei, dass nach der Rechtsprechung des BFH[77] ein von einem Ehegatten gestellter Antrag auf Einzelveranlagung unter dem Gesichtspunkt der willkürlichen Rechtsausübung dann unwirksam ist, wenn der Antragsteller selbst keine eigenen positiven oder negativen Einkünfte hat oder wenn diese so gering sind, dass sie weder einem Steuerabzug unterlegen haben noch zur Einkommensteuerveranlagung führen können. In einem solchen Fall ist auf Wunsch des anderen Ehegatten trotz des Antrages auf Einzelveranlagung eine Zusammenveranlagung durchzuführen.

I. Mitwirkungspflicht

1. Grundsatz

640 Nach gefestigter Rechtsprechung des BGH[78] ist, sofern die geschilderten steuerrechtlichen Voraussetzungen für eine gemeinsame Veranlagung vorliegen, ein Ehegatte gegenüber dem anderen **verpflichtet,** einer von ihm gewünschten Zusammenveranlagung **zuzustimmen,** wenn dadurch die Steuerschuld des anderen verringert, der auf Zustimmung in Anspruch genommene Ehegatte aber keiner zusätzlichen steuerlichen Belastung ausgesetzt wird[79]. In der Doppelverdienerehe wirken sich die Vorteile der Zusammenveranlagung oft nur auf der Seite des besserverdienenden Ehegatten aus, während die Zusammenveranlagung für den anderen vielfach zu einer Reduzierung, wenn nicht gar zum Verlust seines Steuererstattungsanspruchs führt, zumal wenn er Steuerklasse V gewählt hatte[80]. In diesem Fall, d.h. wenn die Zusammenveranlagung für einen Ehegatten steuerlich nachteilig wäre, wird dessen Zustimmungspflicht grundsätzlich davon abhängig gemacht, dass der andere Ehegatte sich verpflichtet, ihm die Nachteile in der Weise auszugleichen, dass er ihn im Innenverhältnis

---

77 NJW 1992, 1471. Abl. *Tiedtke,* FPR 2003, 400, 401.

78 FamRZ 1977, 38 = NJW 1977, 378; FamRZ 2010, 269 = NJW 2010, 1879; FamRZ 2007, 1229 = NJW 2007, 2554; FamRZ 2005, 182, 183; FamRZ 1988, 143 = NJW 1988, 2032. Vgl. auch OLG Hamm, FamRZ 1998, 241; *Palandt/Brudermüller,* § 1353 Rn. 12a.

79 Zur zuletzt genannten Voraussetzung vgl. *Tiedtke,* FamRZ 1977, 686, 687 ff.; *ders.*, FPR 2003, 400, 402 f., zum Gesichtspunkt des Interesses an der Geheimhaltung der Vermögensverhältnisse.

80 Zur Pflicht, der für die Ehegatten insgesamt günstigsten Steuerklassenwahl auch im Jahr der Trennung zuzustimmen und es ggf. bis zum Ablauf des Jahres, in das die Trennung fällt, bei der gewählten Kombination III/V zu belassen, vgl. LG Bonn, FamRZ 1999, 1133.

wirtschaftlich so stellt, wie er bei Einzelveranlagung stünde[81]. Ein Ehegatte kann danach grundsätzlich vom anderen, sofern diesem steuerliche Nachteile drohen, die Zustimmung zur Zusammenveranlagung nur **Zug um Zug** gegen Abgabe einer solchen Verpflichtungserklärung verlangen[82]. Die Zustimmung darf jedoch nicht vom Ausgleich solcher steuerlicher Nachteile abhängig gemacht werden, die der auf Zustimmung in Anspruch Genommene im Innenverhältnis selbst tragen muss[83]; dazu nachfolgend Rn. 641 ff. Zur entsprechenden Situation beim begrenzten Realsplitting vgl. Rn. 660.

2. „Familienrechtliche Überlagerung"

Allerdings kann die Zustimmung insoweit nicht von einem Ausgleich der steuerlichen Nachteile abhängig gemacht werden, als auf diese Weise eine **nachträgliche Korrektur** für Zeiträume herbeigeführt würde, in denen die Ehegatten von dem beiderseitigen Einkommen gemeinsam gewirtschaftet haben (vgl. dazu Rn. 622 f.; Gesichtspunkt der „familienrechtlichen Überlagerung"). Haben die Ehegatten bis zur Trennung nicht mit den Steuerklassen IV/IV, sondern auf der Basis der **Steuerklassenkombination III/V** gemeinsam gewirtschaftet[84], so kann nicht der Ehegatte, der die Steuerklasse V hatte, später für diesen Zeitraum eine – zu einer Steuererstattung führende – Einzelveranlagung durchführen und dem nun die Zustimmung zur Zusammenveranlagung begehrenden Ehegatten entgegenhalten, er müsse ihm im Falle der Zusammenveranlagung den Verlust der erhaltenen Steuererstattung ausgleichen. Den Ehegatten ist in diesem Falle der Liquiditätsvorteil der Steuerklassenkombination III/V bis zur Trennung gemeinsam zugute gekommen. Eine nachträgliche Korrektur, auf die eine Einzelveranlagung hinaus liefe, würde zu einer Benachteiligung des Ehegatten führen, der die Steuerklasse III hatte, die dieser nicht hinnehmen muss, sofern nichts anderes vereinbart war. Dies gilt für den Zeitraum bis zur Trennung[85], aber auch für der Trennung nachfolgende Zeiträume, in denen infolge der Zahlung von Ehegattenunterhalt mit dem aus den Steuerklassen III und V erzielten Einkommen ge- 641

---

81 OLG Hamm (7. FamS), FamRZ 1990, 291, 293; LG Itzehoe, FamRZ 2007, 145; LG Gießen, FamRZ 2001, 97; LG Berlin, FamRZ 1992, 436, 437; *Liebelt,* FamRZ 1993, 626, 634; *ders.,* NJW 1993, 1741, 1743.

82 Vgl. OLG Hamm, FamRZ 1990, 291; LG Aachen, FamRZ 1999, 381 (zur Absicherung gegen sonstige Nachteile); LG Berlin, FamRZ 1992, 436.

83 Vgl. BGH, FamRZ 2010, 269, 271 = NJW 2010, 1879.

84 Zur seit 2010 möglichen Steuerklassenkombination IV/IV mit Faktorverfahren vgl. Fn. 3.

85 BGH, FamRZ 2007, 1229 = NJW 2007, 2554; FamRZ 2002, 1024, m. Anm. *Bergschneider* S. 1181 = FamRB 2002, 332 *(Christ)*; OLG Bremen, FamRZ 2011, 1794 (bei nur zeitweiser Erwerbstätigkeit des Inhabers der Steuerklasse V); OLG Köln, FamRZ 1993, 806. Vgl. auch BVerfG, FamRZ 2003, 833; OLG Hamm, FamRZ 2001, 98 u. 1998, 241.

meinsam gewirtschaftet worden ist[86]. Der BGH[87] begründet dies zutreffend damit, dass in der Wahl der Steuerklassen III und V eine anderweitige Bestimmung i.S. des § 426 I S. 1 BGB liege, die dazu führe, dass jeder Ehegatte die Steuerschuld insoweit zu tragen habe, als er Lohnsteuer im Abzugsverfahren entrichtet habe, sofern nicht ausdrücklich etwas anderes vereinbart worden sei.

642 Aus den gleichen Gründen kann ein Ehegatte, der während des Zusammenlebens **Verluste aus selbständiger Tätigkeit** erwirtschaftet hat, die er nach Trennung im Wege des Verlustvortrags (§ 10d EStG) zur Verminderung seiner Steuerlast einsetzen könnte, seine Zustimmung zu der von dem anderen Ehegatten, der positive Einkünfte erzielt hat, gewünschten Zusammenveranlagung regelmäßig nicht davon abhängig machen, dass dieser ihm den durch die Zusammenveranlagung entstehenden Nachteil ausgleicht, indem er ihn so stellt, wie er bei Wahrnehmung der Möglichkeit des Verlustvortrags stehen würde. Denn wenn die Ehegatten während des Zusammenlebens die – im Hinblick auf eine infolge der Verluste zu erwartende geringere Steuerbelastung – zur Verfügung stehenden Mittel für ihren Lebensunterhalt oder eine Vermögensbildung, an der beide Ehegatten teilhaben, verwendet haben, wovon im Regelfall auszugehen ist, so ist es – so der BGH[88] zu Recht – dem die Verluste erwirtschaftenden Ehegatten im Verhältnis zu dem anderen verwehrt, für sich die Einzelveranlagung zu wählen und sich auf diese Weise die Möglichkeit des Verlustvortrags zu eröffnen. Er darf nicht, nachdem er von der Einbringung der Verluste in die eheliche Lebensgemeinschaft mit profitiert hat, und sei es auch nur teilweise[89], der praktizierten Gestaltung rückwirkend die Grundlage entziehen. Auch in diesem Fall darf die steuerrechtlich bestehende Möglichkeit der Wahl einer Einzelveranlagung nicht wahrge-

---

86 BGH, FamRZ 2007, 1229, m. Anm. *Engels* = NJW 2007, 2554 = FamRB 2002, 302 *(Christ)*, dazu krit. Anm. *Peetz*, FamRZ 2007, 1799, u. *Arens*, FF 2007, 255; OLG Bamberg, FamRZ 2011, 1653 [LS], mit zutr. Hinweis darauf, dass die Beweislast dafür, dass der Unterhalt bei Zugrundelegung von Steuerklassen III/V berechnet worden ist, bei dem liegt, der sich darauf beruft, u. dass es unerheblich ist, ob der gezahlte der gesetzlich geschuldete Unterhalt ist (bei Streit um vom Inhaber der Steuerklasse V geforderten Ausgleich des Betrages, der bei getrennter Veranlagung erstattet worden wäre); OLG Bremen, FamRZ 2005, 800; *Linderer*, FPR 2003, 390, 391; *Hauß*, FamRB 2002, 346, 347; *Engels*, Rn. 203. Nach OLG Bremen, NJW 2011, 2145 = FamRZ 2011, 1226 [LS], gilt das bereits dann, wenn in einem noch anhängigen Verfahren Unterhalt, berechnet auf Basis des nach Steuerklassen III/V geflossenen Einkommens, geltend gemacht wird. Das AG Tübingen, FamRZ 2004, 104, wendet die genannten Grundsätze im gesamten Steuerjahr der Trennung an, u. zwar unabhängig von bestehenden Unterhaltsansprüchen.

87 FamRZ 2007, 1229 = NJW 2007, 2554; FamRZ 2002, 1024.

88 FamRZ 2010, 269, m. Anm. *Schlünder/Geißler* = NJW 2010, 1879 = FamRB 2010, 82 *(Christ)*; abl. *Tiedtke/Szczesny*, FamRZ 2011, 425.

89 BGH, FamRZ 2010, 269, 272 = NJW 2010, 1879.

nommen werden, weil es sonst zu einer auf die Zeit des gemeinsamen Lebens und Wirtschaftens zurückwirkenden Korrektur käme[90].

Probleme können sich ergeben, wenn nur während eines Teils des Steuerjahres noch zusammen gewirtschaftet worden ist, etwa weil die Ehegatten sich im Verlauf des Jahres getrennt haben, aber in der Folgezeit kein Ehegattenunterhalt zu zahlen war[91]. In einem solchen Fall kann der auf Zustimmung zur Zusammenveranlagung in Anspruch genommene Ehegatte (Inhaber der Steuerklasse V) zwar für den Zeitraum des gemeinsamen Wirtschaftens nicht verlangen, so gestellt zu werden, wie er bei Einzelveranlagung stünde, wohl aber für den Zeitraum, in dem nicht mehr gemeinsam gewirtschaftet worden ist[92]. Hier wird in Bezug auf den dem Inhaber der Steuerklasse V zuzubilligenden teilweisen Nachteilsausgleich jedenfalls dann eine monatsbezogene **zeitanteilige Quotelung** nahe liegen, wenn die Einkommenssituation bei beiden Ehegatten im Verlauf des Jahres in etwa gleich geblieben ist[93]. Haben sich die Einkünfte (zumindest) eines Ehegatten dagegen im Verlauf des Jahres deutlich geändert, wird eine Schätzung gem. § 113 I FamFG, § 287 ZPO in Erwägung zu ziehen sein[94]. **643**

3. Sonstiges

Vom Ersatz entstehender **Steuerberaterkosten** kann die Zustimmung nur abhängig gemacht werden, wenn die Zustimmung ohne Aufwendung dieser Kosten nicht zumutbar ist[95]. Das ist der Fall, wenn die Inanspruchnahme eines Steuerberaters nach den Umständen notwendig erscheint[96]. **644**

Die Verpflichtung zum Ausgleich steuerlicher Nachteile ist nicht davon abhängig, dass eine entsprechende Zusage erteilt worden ist[97]. Eine **Verpflichtungserklärung** begründet die Freistellungsverpflichtung nicht, sondern sichert sie nur[98]. Gleichwohl kann eine derartige Erklärung – zur Sicherung der Forderung – gegebenenfalls verlangt werden. **645**

---

90 So auch *Perleberg-Kölbel*, NZFam 2014, 1080, 1081. Zur Mitwirkungspflicht beim Zusammentreffen von negativen Einkünften des einen mit positiven Einkünften des anderen Ehegatten auch AG Castrop-Rauxel, FamRZ 2001, 1371; bei Verlustrückträgen OLG Stuttgart, FamRZ 1993, 191; dazu auch *Arens*, FamRB 2004, 124, 128 f. Zur Situation im Insolvenzfall Rn. 652.

91 Vgl. BGH, FamRZ 2007, 1229 = NJW 2007, 2554.

92 Vgl. BGH, FamRZ 2007, 1229, 1230 f. = NJW 2007, 2554.

93 Vgl. dazu OLG Naumburg, FamRZ 2013, 550 [LS].

94 Vgl. dazu *Engels*, Rn. 254 m. Berechnungsbeispiel; *Arens*, FF 2007, 255 (Anm.).

95 BGH, FamRZ 2002, 1024, 1027, m. Anm. *Bergschneider* S. 1181.

96 Zur entsprechenden Rechtslage beim begrenzten Realsplitting Rn. 665.

97 BGH, FamRZ 1977, 38, 41 = NJW 1977, 378; *Liebelt*, NJW 1993, 1741, 1743.

98 Vgl. BGH, FamRZ 1985, 1232 = NJW 1986, 254, für den Fall des begrenzten Realsplittings.

646 Die Verpflichtung der Ehegatten, an einer Zusammenveranlagung unter den genannten Voraussetzungen mitzuwirken, obwohl steuerrechtlich ein Wahlrecht besteht, hat ihre **Grundlage** im Familienrecht. Sie leitet sich aus der Verpflichtung zur ehelichen Lebensgemeinschaft **(§ 1353 I S. 2 BGB)** ab, die die Pflicht umfasst, die finanziellen Lasten des Partners zu vermindern, sofern dies ohne die Verletzung eigener Interessen möglich ist[99]. Die Zustimmungspflicht besteht über die Trennung und – als Nachwirkung der Ehe – auch über die Scheidung hinaus.

647 Soweit es Veranlagungszeiträume bis 2012 betrifft, konnte die Zustimmungspflicht auch für einen Ehegatten bestehen, der auf der Basis getrennter Veranlagung einen bereits bestandskräftigen Steuerbescheid erwirkt hatte, denn die Möglichkeit der Zusammenveranlagung bestand auch dann noch, wenn die getrennte Veranlagung eines Ehegatten bereits unanfechtbar geworden war[100]. Das danach gegebene weitgehende Recht zur **Änderung der Wahl der Veranlagungsart** ist durch § 26 II EStG in der für Veranlagungszeiträume ab 2013 geltenden Fassung, zwar – entgegen ursprünglichen Plänen – nicht abgeschafft[101], aber eingeengt worden. Eine Änderung ist weiterhin möglich, jedoch grundsätzlich nur noch bis zur Bestandskraft des Steuerbescheids (gemeint wohl: eines der Einzelveranlagungsbescheide oder des Zusammenveranlagungsbescheids), danach nur bei Vorliegen der in § 26 II S. 4 EStG genannten besonderen Voraussetzungen[102]. Nach Bestandskraft des Bescheids über die Einzelveranlagung eines Ehegatten ist daher der Weg der Inanspruchnahme auf Zustimmung zur Zusammenveranlagung weitgehend verschlossen; es bleibt gegebenenfalls der Weg der Inanspruchnahme auf Schadensersatz (Rn. 655).

---

99 BGH, FamRZ 1977, 38, 40 = NJW 1977, 378 (Herleitung „aus dem Wesen der Ehe"); OLG Köln, FamRZ 1989, 1174.

100 Vgl. BGH, FamRZ 2002, 1024, 1025; OLG Düsseldorf, FamRZ 1990, 160; *Arens*, FamRB 2004, 124, 125; *Butz-Seidl*, FuR 1996, 108, 112, m.w.N. Umgekehrt konnte getrennte Veranlagung bis zur Bestandskraft der Zusammenveranlagungsbescheide gewählt werden; vgl. dazu BFH, FPR 2002, 334. – Hatte allerdings der die Zusammenveranlagung begehrende Ehegatte zuvor selbst die getrennte Veranlagung beantragt und der andere daraufhin auf der Basis einer getrennten Veranlagung eine Steuererstattung erhalten, sollte ersterer sich dem anderen gegenüber an der Wahl der Getrenntveranlagung festhalten lassen müssen; so OLG Frankfurt, FuR 2006, 134 (Vereinbarung der Getrenntveranlagung), u. AG Amberg, FamRZ 2005, 521 (Verwirkung des Anspruchs auf Zustimmung zur Zusammenveranlagung).

101 Der Referentenentwurf sah den Eintritt einer Bindungswirkung mit Eingang der Steuererklärung vor. Dieser Entwurf ist nicht Gesetz geworden; unzutreffend daher *Schlünder/Geißler*, FamRZ 2013, 348; *Christ*, FamRB 2012, 27, 28.

102 So *Kirchhof/Seiler*, EStG, 16. Aufl., 2017, § 26 Rn. 27; *Schmidt/Seeger*, EStG, 36. Aufl., 2017, § 26 Rn. 23; jedoch nicht zweifelsfrei. Näher *Engels*, Rn. 156; *ders.*, FF 2013, 393, 394 f.; *ders.*, FF 2012, 202; *Christ*, FamRB 2013, 257, m. Beispiel für Änderung nach Bestandskraft.

Der die Zusammenveranlagung Begehrende wird daher nunmehr bemüht sein müssen, die Einreichung einer Einkommensteuererklärung mit Einzelveranlagung durch den anderen Ehegatten zu verhindern[103]. Allerdings vertritt das OLG Koblenz[104] die Auffassung, nach wie vor könne auch nach Bestandskraft des (ersten) Einzelveranlagungsbescheides durch den von ihr nicht betroffenen Ehegatten eine Zusammenveranlagung erreicht werden, so dass der Anspruch auf Zustimmung zur Zusammenveranlagung gegen den anderen Ehegatten nicht mit der Bestandskraft des für diesen Ehegatten ergangenen Einzelveranlagungsbescheides erlösche. Die Rechtslage zu diesem Fragenkreis erscheint noch nicht abschließend geklärt.

Die Pflicht, der vom anderen Ehegatten gewünschten Zusammenveranlagung zuzustimmen, besteht auch dann, wenn das Vorliegen der steuerrechtlichen **Voraussetzungen der Zusammenveranlagung zweifelhaft** ist, etwa die des nicht dauernden Getrenntlebens i.S. des § 26 I EStG. Denn dem die Zustimmung begehrenden Ehegatte darf nicht schon im Vorfeld die Möglichkeit genommen werden, darüber eine Entscheidung der insoweit zuständigen Finanzbehörden bzw. Finanzgerichte herbeizuführen. Aus steuerrechtlichen Gründen ausgeschlossen ist die Zustimmungspflicht nur dann, wenn eine gemeinsame Veranlagung zweifelsfrei nicht in Betracht kommt[105]. Dem berechtigten Interesse des auf Zustimmung in Anspruch Genommenen, dem Finanzamt kein aus seiner Sicht nicht bestehendes Zusammenleben vorgeben zu wollen[106], ist dadurch Genüge getan, dass er die Möglichkeit hat, trotz Wahl der Zusammenveranlagung eine eigene Steuererklärung abzugeben, in der er zum Ausdruck bringen kann, dass aus seiner Sicht ein räumliches Zusammenleben nicht gegeben war[107]. **648**

Die Pflicht zur Mitwirkung an der Zusammenveranlagung hängt nicht davon ab, ob der die Zusammenveranlagung verlangende Ehegatte den wesentlichen Unterhalt der Familie getragen hat[108]. Sie soll nach An- **649**

103 Dazu *Elden*, NJW-Spezial 2012, 708.

104 FamRZ 2016, 2013.

105 BGH, FamRZ 2005, 182, 183, m. Anm. *Meyer,* S. 184, u. *Arens*, FF 2005, 60 = FamRB 2005, 138 *(Roessink)*; OLG München, Beschl. v. 5.9.2013, 4 WF 1317/13, juris; OLG Naumburg, FamRZ 2013, 550 [LS]; OLG Oldenburg, FamRZ 2003, 159 [LS] = FamRB 2002, 266 *(Christ);* **a.A.** OLG Hamm, FamRZ 1994, 893. Zur entsprechenden Rechtslage beim begrenzten Realsplitting Rn. 662.

106 Zur Frage der strafrechtlichen Verantwortung des Mitunterzeichnenden, der von unrichtigen Angaben des anderen Ehegatten weiß: BFH, NJW 2002, 2495; *Tiedtke,* FPR 2003, 400, 403 f.

107 BGH, FamRZ 2005, 182, 184.

108 LG Fulda, FamRZ 1989, 1174; **a.A.** LG Bremen, FamRZ 1982, 1070.

sicht des OLG Bremen[109] aber entfallen können, wenn auch in der Vergangenheit über einen langen Zeitraum (hier: 8 Jahre) keine gemeinsame Steuererklärung abgegeben worden ist. Nach zweifelhafter Ansicht verschiedener Gerichte kann dem Zustimmungsanspruch ein Verstoß gegen die eheliche Friedenspflicht durch körperliche Angriffe und Bedrohungen entgegenstehen[110].

650 Die Zustimmung darf nicht von einer Beteiligung an der zu erwartenden Steuerersparnis bzw. Steuererstattung abhängig gemacht werden[111]. Die Frage der Verteilung einer Steuererstattung ist vielmehr gesondert nach den zu Rn. 607 ff. genannten Kriterien zu prüfen[112].

651 Die Zustimmung kann auch nicht von einer **Sicherheitsleistung** abhängig gemacht werden, und zwar auch dann nicht, wenn Anhaltspunkte dafür bestehen, dass der die Zustimmung Begehrende seiner Verpflichtung zum Nachteilsausgleich nicht nachzukommen bereit oder in der Lage sein wird[113]. Denn – anders als beim begrenzten Realsplitting[114] – kann der Zustimmungspflichtige nach §§ 268 f. AO beim Finanzamt einen Antrag auf Aufteilung der gesamtschuldnerischen Steuerschuld des Inhalts stellen, dass die rückständige Steuer gem. § 270 AO im Verhältnis der Beträge aufzuteilen ist, die sich bei getrennter Veranlagung ergäben, so dass ihm kein Schaden droht[115].

652 In der **Insolvenz** eines Ehegatten[116] wird das Wahlrecht für Einzel- oder Zusammenveranlagung durch den Insolvenzverwalter ausgeübt. Der Anspruch eines Ehegatten auf Zustimmung zur Zusammenveranlagung richtet sich nach Eröffnung des Insolvenzverfahrens über das Vermögen des anderen daher gegen den Insolvenzverwalter. Durch die Eröffnung des Insolvenzverfahrens ändert sich an den geschilderten Zustimmungsvoraussetzungen jedenfalls in dieser Fallkonstellation jedoch nichts[117]. Der Insolvenzverwalter darf von dem die Zustimmung zur Zusammenveran-

---

109 OLG-Report 2000, 216, 217.

110 LG Leipzig, FamRZ 2010, 1802 (auch bei häuslicher Gewalt außerhalb des maßgeblichen steuerlichen Veranlagungszeitraums); AG Siegen, FamRZ 2005, 520. Anders *Tiedtke,* FPR 2003, 400, 403: ehewidriges Verhalten lässt den Zustimmungsanspruch nicht entfallen.

111 BGH, FamRZ 2012, 357 = NJW 2011, 2725; FamRZ 1977, 38, 40 = NJW 1977, 378. Vgl. auch Rn. 617, 632.

112 *Engels,* Rn. 210; **a.A.** OLG Frankfurt, NJW-RR 2004, 517.

113 BGH, FamRZ 2002, 1024, 1027, m. Anm. *Bergschneider* S. 1181; *Engels,* Rn. 207; **a.A.** AG Konstanz, FamRZ 2003, 761.

114 Vgl. dazu Rn. 666.

115 BGH, FamRZ 2002, 1024, 1027. Vgl. schon Rn. 614.

116 Zur Zusammenveranlagung im Insolvenzfall: *Schöler,* DStR 2013, 1453; *Perleberg-Kölbel,* FuR 2010, 254, 256.

117 *Haußleiter/Schramm,* NJW-Spezial 2011, 613.

lagung begehrenden Ehegatten in Bezug auf einen evtl. Nachteilsausgleich nicht mehr verlangen, als es der insolvente Ehegatte könnte, wäre das Insolvenzverfahren nicht eröffnet worden. Er darf die Zustimmung zur Zusammenveranlagung insbesondere nicht davon abhängig machen, dass der die Zustimmung Begehrende sich zum Ausgleich der durch die Zusammenveranlagung erzielten Steuerersparnis, z.B. durch Inanspruchnahme eines Verlustvortrags des insolventen Ehegatten, verpflichtet[118]. Verlangt umgekehrt nach Eröffnung des Insolvenzverfahrens über das Vermögen eines Ehegatten der Insolvenzverwalter vom anderen Ehegatten die Zustimmung zur Zusammenveranlagung, um den diesem Ehegatten zustehenden Verlustvortrag nutzbar zu machen, ist der in Anspruch genommene Ehegatte nach zutreffender Ansicht des OLG Schleswig[119] nicht zur Zustimmung ohne Ausgleich des Nachteils (Einbuße der Möglichkeit zur eigenen Nutzung des Verlustvortrags) verpflichtet, weil die bei Nutzung des Verlustvortrags in der Zusammenveranlagung zu erstattenden Steuern nicht der ehelichen Lebensgemeinschaft, sondern der Insolvenzmasse zugute kämen.

Lässt sich eine Pflicht, der Zusammenveranlagung zuzustimmen, aus **653**
einer ausdrücklich oder stillschweigend getroffenen Vereinbarung, also **aus einem Vertrag** der Ehegatten herleiten, so ist für die Heranziehung des § 1353 I S. 2 BGB als gesetzlicher Anspruchsgrundlage kein Raum. Eine vertraglich begründete Zustimmungspflicht kann im Einzelfall bei Vorliegen einer **Ehegattengesellschaft** gegeben sein. In einem solchen Fall kann sich die Zustimmungspflicht aus der Verpflichtung ergeben, an der Erreichung des gemeinsamen Gesellschaftszwecks mitzuwirken. Der BGH weist darauf – im Ansatz zutreffend – in einer Entscheidung hin, die allerdings insoweit nicht überzeugt, als unter den gegebenen Umständen das Vorliegen einer stillschweigend eingegangenen Ehegatteninnengesellschaft für möglich gehalten wurde[120]. Ein gesellschaftsrechtlich begründeter Zustimmungsanspruch unterliegt nicht den gleichen Voraussetzungen wie ein auf § 1353 BGB gestützter Anspruch und auch die Rechtsfolgen einer gesellschaftsrechtlich vorgegebenen Zusammenveranlagung sind andere; so kann insbesondere die Zustimmung nicht von einer Verpflichtung zum Nachteilsausgleich abhängig gemacht werden[121].

---

118 Zu allem: BGH (XII. ZS), FamRZ 2012, 357 = NJW 2011, 2725 = FamRB 2011, 345 *(Janlewing)*; BGH (IX. ZS), FamRZ 2011, 210, m. Anm. *Schlünder/Geißler* = FamRB 2011, 115 *(Janlewing)*; vgl. auch Rn. 632; OLG Dresden, FamRZ 2010, 588.

119 FamRZ 2014, 1924 = NJW 2014, 3523. Dazu *Perleberg-Kölbel*, NZFam 2014, 1080. So auch schon *Schöler*, DStR 2013, 1453, 1457.

120 BGH, FamRZ 2003, 1454, m. Anm. *Wever*, S. 1457, u. *Spieker*, FamRZ 2004, 174 = NJW 2003, 2982. Zu dieser Entscheidung näher Rn. 1149 u. 1163.

121 Vgl. dazu BGH, FamRZ 2003, 1454, 1456 = NJW 2003, 2982. Zum Fall eines Zustimmungsverlangens bei bestehender Ehegattengesellschaft (zahnärztliche Gemeinschaftspra-

II. Verletzung der Mitwirkungspflicht

654 Die Zustimmung kann im Wege eines gerichtlichen Verfahrens erzwungen werden. Das Verfahren ist gerichtet auf Zustimmung zur gemeinsamen steuerlichen Veranlagung[122] und damit auf Abgabe einer Willenserklärung[123].

655 Eine schuldhafte Verletzung der Zustimmungspflicht (unberechtigte Verweigerung der Zustimmung) macht **schadensersatzpflichtig**[124]. Es geht hier nicht um die Verletzung rein persönlicher Pflichten aus dem Anwendungsbereich des § 1353 I S. 2 BGB, sondern um die Verletzung vermögensrechtlicher Pflichten[125], die zu Schadensersatzansprüchen führen können. Beantragt also ein Ehegatte Einzelveranlagung, obwohl er verpflichtet gewesen wäre, der Zusammenveranlagung zuzustimmen, kann er dem anderen Ehegatten zum Ersatz des Schadens verpflichtet sein, der ihm durch die Einzelveranlagung entsteht. Dieser ist nicht gehalten, zur Vermeidung eines Schadens zunächst den anderen gerichtlich auf Zustimmung in Anspruch zu nehmen[126]. Der Schaden beläuft sich auf den Teilbetrag der steuerlichen Besserstellung bei Zusammenveranlagung, der dem geschädigten Ehegatten im Innenverhältnis zu dem anderen zugestanden hätte[127].

656 **Zuständig** für Schadensersatzansprüche wegen Verletzung der Pflicht, der Zusammenveranlagung zuzustimmen, wie auch für auf Zustimmung zur Zusammenveranlagung gerichtete Begehren sind seit 1.9.2009 die Familiengerichte (sonstige Familiensachen i.S. des § 266 I Nr. 2 FamFG)[128].

---

xis) auch OLG Hamm, ZFE 2009, 437: das OLG bejaht einen Anspruch auf Zustimmung zur Zusammenveranlagung aus § 1353 I S. 2 BGB ohne Verpflichtung zum Nachteilsausgleich unter Hinweis auf die bisherige Handhabung („Wirtschaften aus einem Topf").

122 Musteranträge bei: *Arens*, FamRB 2004, 124, 130; *Hauß*, FamRB 2002, 346, 349. *Tiedtke*, FPR 2003, 400, 406, differenziert zwischen Klage auf Unterlassung einer getrennten Veranlagung, Klage auf Widerruf einer bereits gewählten getrennten Veranlagung und Klage auf Zustimmung zur Zusammenveranlagung.

123 Zu den vollstreckungsrechtlichen Konsequenzen einer Verurteilung OLG Koblenz, FamRZ 2005, 224. Zur Frage der Bindung an eine in einem zivilrechtlichen Prozessvergleich übernommene Verpflichtung zur Zusammenveranlagung gegenüber der Finanzbehörde FG Rheinland-Pfalz, Urt. v. 26.2.2008, 3 K 2422/05.

124 BGH, FamRZ 2010, 269 = NJW 2010, 1879; FamRZ 1988, 143 = NJW 1988, 2032; FamRZ 1977, 38 = NJW 1977, 378; LG Frankfurt/M., FamRZ 2002, 669; *Engels*, Rn. 212 f. – Zur Frage, ob die Verletzung der Zustimmungspflicht zu einer Verwirkung von Unterhaltsansprüchen führen kann, vgl. OLG Celle, FamRZ 1994, 1324.

125 Siehe auch Rn. 728. Der BGH, FamRZ 1977, 38, 41 = NJW 1977, 378, spricht von in der Unterzeichnung einer Steuererklärung liegenden „rein geschäftsmäßigen Handlungen".

126 Vgl. OLG Hamm, FamRZ 2001, 98, u. Rn. 667.

127 Vgl. LG Köln, NJW-RR 1990, 140. Siehe dazu Rn. 607 ff.

128 Vgl. Rn. 48. Zuvor waren die Zivilprozessgerichte zuständig, denn anders als die Pflicht, dem begrenzten Realsplitting nach § 10 I Nr. 1 EStG zuzustimmen, wurde und wird

D. Streitigkeiten um die Zustimmung zum Realsplitting

657 Nach § 10 Ia Nr. 1 EStG[129] sind Unterhaltsleistungen an den geschiedenen oder dauernd getrenntlebenden unbeschränkt einkommensteuerpflichtigen[130] Ehegatten im Jahr der Zahlung[131] auf Antrag des Unterhaltspflichtigen und mit Zustimmung des Unterhaltsempfängers bis zu 13.805 € im Kalenderjahr **als Sonderausgaben abzugsfähig**; dieser Betrag erhöht sich um im Veranlagungszeitraum nach Maßgabe des § 10 I Nr. 3 EStG erbrachte Vorsorgeaufwendungen für eine Kranken- und Pflegeversicherung des geschiedenen bzw. getrenntlebenden Ehegatten[132]. Der Unterhaltsempfänger hat, wenn er dem Antrag zustimmt, die erhaltenen Unterhaltsleistungen gem. § 22 Nr. 1a EStG nach Abzug der Werbungskosten[133] **als sonstige Einkünfte zu versteuern** (Korrespondenzprinzip)[134]. Dieses Verfahren der einkommensteuerlichen Berücksichtigung von Unterhalt wird als begrenztes Realsplitting bezeichnet[135]. Die **Unterhaltsleistungen** können in Geld- oder geldwerten Sachleistungen erbracht werden, z.B. durch Wohnungsüberlassung oder durch Tilgungsleistungen, die den anderen Ehegatten bei Verminderung des Barunterhalts von einer Verbindlichkeit befreien[136]. Für das Kalenderjahr, in dem die Trennung erfolgt ist, gilt die Regelung zum begrenzten Realsplitting noch nicht, denn sie findet nur Anwendung, wenn die Voraussetzungen für die Zusammenveranlagung (§§ 26 bis 26b EStG) nicht erfüllt sind[137].

658 Gelegentlich von Unterhaltspflichtigen nicht bedacht wird die Möglichkeit, statt des begrenzten Realsplittings die Unterhaltsleistungen **als**

---

die Pflicht, an der Zusammenveranlagung mitzuwirken, nicht als unterhaltsrechtliche Nebenpflicht angesehen; vgl. etwa OLG Hamm, FamRZ 2008, 2040. Dazu auch Rn. 675.

129 Die Vorschrift ist am 1.1.2015 inhaltsgleich an die Stelle des früheren § 10 I Nr. 1 EStG getreten.

130 Für Angehörige eines Mitgliedsstaates der Europäischen Union oder eines Staates, auf den das Abkommen über den Europäischen Wirtschaftsraum angewandt wird, beachte § 1a I Nr. 1 EStG.

131 OLG Bamberg, FamRZ 2003, 762 = FamRB 2003, 84 *(Christ)*.

132 Dazu *Borth*, FamRZ 2010, 416.

133 Mindestens des Pauschbetrages von 102 € (§ 9a S. 1 Nr. 3 EStG).

134 Das gilt auch dann, wenn der Sonderausgabenabzug sich beim Unterhaltspflichtigen nicht steuermindernd ausgewirkt hat, BFH, Urteil v. 9.12.2009, X R 49/07, FamRB 2010, 305 *(Christ)*.

135 Zum begrenzten Realsplitting auch: *Kogel*, FamRB 2008, 277; *Münch*, FamRB 2006, 189; *Arens*, FamRZ 1999, 1558; *Butz-Seidl*, FuR 1996, 108 ff.; *Göppinger/Wax/Märkle*, Rn. 4056 ff.; MAH/*Arens*, § 32 Rn. 81 ff.; *Göppinger/Börger/Märkle*, Kap. 9 Rn. 51 ff. – Tabellen zur Bestimmung des Realsplittingvorteils: FamRB 2009, 98.

136 BFH, FamRZ 2000, 1360 = NJW 2000, 3735; OLG Stuttgart, Beschl. v. 12.1.2017, 16 UF 194/16, juris = FamRZ 2017, 1391 [LS]. I.E. *Linderer*, NZFam 2015, 647, 648; *Engels*, Rn. 918 ff.

137 OLG Schleswig, FuR 2014, 606; *Göppinger/Börger/Märkle*, Kap. 9 Rn. 52.

außergewöhnliche Belastung gem. § 33a I EStG im zulässigen Rahmen, abhängig insbesondere von der Einkommenssituation des Unterhaltsberechtigten, abzusetzen[138]. Die erhaltenen Unterhaltsleistungen sind in diesem Fall vom Empfänger nicht zu versteuern. Dieser Weg kann im Einzelfall günstiger sein. Ohnehin empfiehlt sich für den Unterhaltspflichtigen vor der Inanspruchnahme des Realsplittings eine **sorgfältige Prüfung**, ob sie angesichts der dem Unterhaltsempfänger zu erstattenden Nachteile (Rn. 664 f.) sinnvoll ist.

659 Für die Zustimmungserklärung zum begrenzten Realsplitting ist eine bestimmte Form nicht vorgeschrieben. In der Praxis erfolgt sie meist durch Unterzeichnung der „Anlage U" zur Einkommensteuererklärung. Die einmal erteilte Zustimmung wirkt auf Dauer, sie kann aber vor Beginn des Kalenderjahres, für das sie erstmals nicht mehr gelten soll, widerrufen werden[139]. Eine nur zu einem bestimmten Abzugsbetrag erteilte Zustimmung gilt auch für zukünftige Veranlagungszeiträume nur in dieser Höhe[140]. Im Falle einer Verurteilung zur Zustimmung (§ 894 ZPO) wirkt die Zustimmung dagegen nur für das Kalenderjahr, das Gegenstand der Verurteilung ist[141]. Anders als bei der Verweigerung der Zustimmung zur Zusammenveranlagung[142] sind die Finanzbehörden und -gerichte nicht berechtigt zu überprüfen, ob die Verweigerung der Zustimmung zum begrenzten Realsplitting rechtsmissbräuchlich ist[143].

I. Zustimmungspflicht

660 Der Unterhaltsempfänger ist grundsätzlich **zur Zustimmung verpflichtet**, weil er damit die finanzielle Belastung des Unterhaltspflichtigen mindert. Diese Verpflichtung wird als unterhaltsrechtliche Nebenpflicht angesehen, die auf die sich aus § 1353 I S. 2 BGB ergebende und über die Scheidung hinaus bestehende Pflicht zurückzuführen ist, die finanziellen Lasten des andern Teils zu mindern, soweit dies ohne Beein-

---

138 Vgl. *Schürmann*, FamRZ 2014, 272; *Göppinger/Börger/Märkle,* Kap. 9 Rn. 66 ff.; *Engels*, Rn. 954 ff.

139 BFH, FPR 2004, 274.

140 BFH, NJW 2005, 3599 = FamRZ 2005, 1904 [LS].

141 Vgl. i.E. *Göppinger/Wax/Märkle,* Rn. 4065. – Im Übrigen können Antrag u. Zustimmungserklärung nach Eingang beim Finanzamt nicht mehr zurückgenommen oder beschränkt werden (BFH, NJW 2000, 2048 = FamRZ 2000, 1152 [LS]). Andererseits können ggf. Antrag u. Zustimmungserklärung auch noch erweitert (BFH, NJW-RR 2007, 217) oder erstmals eingereicht werden, wenn bereits ein bestandskräftiger Einkommensteuerbescheid vorliegt; dazu *Linderer*, NZFam 2015, 647, 649; *Arens*, FamRZ 1999, 1558, 1559; MAH/*Arens*, § 32 Rn. 91 f.; *Engels*, Rn. 928.

142 Vgl. Rn. 639.

143 BFH, FamRZ 1991, 75 = NJW 1991, 125; *Linderer*, NZFam 2015, 647, 649; *Arens/Daumke/Spieker,* Rn. 470.

trächtigung eigener Interessen möglich ist. Die Zustimmung muss aber nur erklärt werden, wenn der andere Ehegatte sich im Gegenzug verpflichtet, dem Unterhaltsempfänger die aus der Zustimmung erwachsenden finanziellen Nachteile auszugleichen. Der Unterhaltspflichtige kann also die Zustimmungserklärung nur **Zug um Zug** gegen Abgabe einer solchen Verpflichtungserklärung verlangen[144]. Dass die Unterhaltszahlungen an den Sozialhilfeträger geflossen sind, steht der Zustimmungspflicht des Sozialhilfe erhaltenden Unterhaltsberechtigten nicht entgegen[145].

Ist im Einzelfall die Geltendmachung der Unterhaltsleistungen als außergewöhnliche Belastung (Rn. 658) die insgesamt günstigere Alternative, kann dies nach Ansicht des OLG Brandenburg[146] einer Verpflichtung, dem begrenzten Realsplitting zuzustimmen, entgegenstehen. Angesichts des grundsätzlich bestehenden Wahlrechts des Unterhaltspflichtigen, welchen Weg der steuerlichen Geltendmachung er beschreiten will[147], ist es allerdings dann Sache des Unterhaltsempfängers, die Vorteilhaftigkeit des Weges über § 33a EStG im Einzelnen darzulegen[148]. **661**

Die Zustimmung zum begrenzten Realsplitting kann der **Höhe** nach auf den Betrag der tatsächlich erbrachten Unterhaltsleistungen beschränkt werden[149]. Zustimmungspflicht besteht jedoch, wenn Streit über die Höhe der erbrachten Unterhaltsleistungen oder über die steuerrechtliche Anerkennungsfähigkeit der erfolgten Leistungen (etwa bei Zinszahlungen für das vom Unterhaltsberechtigten bewohnte Haus) besteht[150]. Denn die Frage, welche Leistungen steuerlich berücksichtigungsfähig sind, ist nicht vom Unterhaltsberechtigten oder von dem über dessen Zustimmungspflicht befindenden Familiengericht, sondern von den Finanzbehörden und gegebenenfalls den Finanzgerichten zu entscheiden. Der Unterhaltspflichtige hat das Recht, eine solche Entscheidung herbeizuführen. **662**

Da die Zustimmung keiner besonderen **Form** bedarf, besteht kein Anspruch des Unterhaltspflichtigen, die Zustimmung in Form der Unter- **663**

144 BGH, FamRZ 1983, 576 = NJW 1983, 576; vgl. auch BGH, FamRZ 2010, 717, 718. Zur Situation bei der steuerlichen Zusammenveranlagung vgl. Rn. 640 f.

145 OLG Köln, FamRZ 2001, 1569. – Der Zustimmungspflicht des Unterhaltsberechtigten steht es auch nicht entgegen, wenn er infolge der Tatsache, dass die Unterhaltsleistungen bei Durchführung des Realsplittings als Einkommen zu werten sind, keine Freistellungsbescheinigung des Finanzamts für Geringverdiener nach § 39a VI EStG a.F. erhält (OLG Köln, FamRZ 2002, 670 = NJW 2002, 904).

146 FamRZ 2016, 817; ebenso *Engels*, Rn. 955.

147 Vgl. auch OLG Hamm, 1988, 1059.

148 OLG Brandenburg, FamRZ 2016, 817 = NZFam 2016, 284 *(Linderer)*.

149 OLG Hamm, FamRZ 1990, 1244; OLG Köln, FamRZ 1986, 1111.

150 BGH, FamRZ 1998, 953; OLG Schleswig, FuR 2014, 606; OLG Bremen, OLG-Report 2001, 103 = FamRZ 2001, 1371 [LS]; OLG Hamm, FamRZ 1990, 1004. Zur entsprechenden Rechtslage bei Zusammenveranlagung Rn. 648.

zeichnung der „Anlage U“ zu verlangen. Das gilt generell, gerade aber auch dann, wenn Streit über die Höhe der anzuerkennenden bzw. erbrachten Unterhaltsleistungen besteht, weil vom Zustimmungspflichtigen nicht erwartet werden kann, durch Unterzeichnung der „Anlage U“ die Richtigkeit der darin angegebenen Unterhaltsleistungen zu bestätigen, wenn er die Angaben für falsch oder zweifelhaft hält[151]. Es genügt daher, dass die Zustimmung nachweisbar – etwa schriftlich oder zur Niederschrift des Finanzamts – erklärt wird. Lässt das zuständige Finanzamt die Erklärung der Zustimmung durch einen anwaltlichen Vertreter nicht genügen, kann – zur unaufwendigen Beseitigung eines Problems bei ungeklärter Rechtslage – die Vorlage einer vom Zustimmungspflichtigen persönlich unterzeichneten Erklärung verlangt werden[152].

664 Zu den **steuerlichen Nachteilen,** von deren Übernahme der Unterhaltsempfänger seine Zustimmung abhängig machen kann, gehört zunächst die Steuerbelastung oder Steuermehrbelastung, die sich für den Unterhaltsempfänger aus der Besteuerung der erhaltenen Unterhaltszahlungen ergibt. Auch eine eventuelle aus der Inanspruchnahme des Realsplittings beim Unterhaltsberechtigten resultierende Verpflichtung zu Einkommensteuervorauszahlungen[153] gehört dazu, sofern mit der Durchführung des Realsplittings in dem Jahr, für das Vorauszahlungen erhoben werden, gerechnet werden kann[154]. Zu steuerlichen Nachteilen kommt es immer dann, wenn der Betrag des steuerlichen Existenzminimums beim Unterhaltsempfänger überschritten wird.

665 Auch die Zusicherung des Unterhaltspflichtigen, **sonstige Nachteile** zu ersetzen, kann der Unterhaltsempfänger vor Erteilung der Zustimmung verlangen, jedoch nur, wenn er solche Nachteile zu befürchten hat[155]

---

151 BGH, FamRZ 1998, 953; OLG Brandenburg, OLG-Report 2008, 557 = ZFE 2008, 150; OLG Bremen, OLG-Report 2001, 103. Anders OLG Koblenz (13. ZS), FamRZ 2000, 888 [LS] = OLG-Report 2000, 407: Anspruch auf Unterzeichnung der „Anlage U“, wenn weder Grund noch Höhe der Unterhaltszahlungen streitig sind; dagegen einen Anspruch auf Unterzeichnung der „Anlage U“ generell verneinend OLG Koblenz (13. ZS), FamRZ 2002, 1129.

152 OLG Oldenburg, FamRZ 2011, 1226 [LS] = FF 2011, 123, m. Anm. *Arens*.

153 Zu deren Rechtmäßigkeit OLG Bremen, NZFam 2014, 1159 = NJW-Spezial 2014, 676.

154 OLG Hamm, FamRZ 2014, 1926 [LS] = FuR 2014, 729; OLG Oldenburg, FamRZ 2010, 1693; OLG Bamberg, FamRZ 1987, 1047; AG Biedenkopf, FamRZ 2009, 607; *Niepmann/Schwamb*, Rn. 939. Jeweils mit Einschränkungen: OLG Brandenburg, FamRZ 2016, 1684 = NJW 2016, 1894 (wenn die Entrichtung der Vorauszahlungsbeträge die zum Lebensunterhalt verfügbaren Mittel schmälert); OLG Frankfurt, NJW-RR 2007, 219 = FamRB 2006, 303 *(Kühner);* OLG Hamburg, FamRZ 2005, 519. Zweifelnd OLG Karlsruhe, FamRZ 1992, 67. Allerdings handelt es sich insoweit um einen vorläufigen Nachteilsausgleich, der nicht die Berechnung der Steuermehrbelastung im Rahmen der späteren Jahresveranlagung ersetzt; so zu Recht *Strohal*, FamFR 2010, 330.

155 OLG Brandenburg, OLG-Report 2008, 557 = ZFE 2008, 150.

und sie im Einzelnen darlegt[156]. Denn der Unterhaltspflichtige, der das begrenzte Realsplitting in Anspruch nehmen will, hat einen Anspruch darauf zu wissen, welche seinem steuerlichen Vorteil gegenüberstehenden Belastungen auf ihn zukommen, und mit anderen als steuerlichen Nachteilen des Unterhaltsberechtigten braucht er nicht ohne weiteres zu rechnen. Er hat deshalb einen **Auskunftsanspruch** bzgl. der Tatsachen, aus denen solche Nachteile resultieren können[157]. Zu sonstigen Nachteilen kann es bei öffentlichen Leistungen kommen, deren Gewährung von einer bestimmten Höhe nicht des tatsächlichen, sondern des zu versteuernden Einkommens abhängt. Hier können als Folge des Realsplittings maßgebliche Einkommensgrenzen überschritten werden, so dass es zu Kürzungen oder zum Wegfall von Leistungen kommt. Zu denken ist etwa an die Wohnungsbauprämie, die Sparprämie, die Arbeitnehmersparzulage, Stipendien nach dem Graduiertengesetz, bei getrenntlebenden Ehegatten den Verlust der Familienkrankenhilfe[158], Gebührenermäßigungen nach einzelnen Kindergartensatzungen[159]. Zu denken ist aber auch an den Fall des Wegfalls von Steuervergünstigungen durch Überschreiten von Einkunfts- und Einkommensgrenzen. Von der Freistellung von Steuerberaterkosten kann die Zustimmung nur abhängig gemacht werden, wenn die Inanspruchnahme eines Steuerberaters nach den Umständen notwendig ist[160].

Von einer **Sicherheitsleistung** für die Erfüllung der Freistellungsver- **666**
pflichtung kann die Zustimmung regelmäßig nicht abhängig gemacht werden. Eine Sicherheitsleistung kann der zur Zustimmung aufgeforderte Ehegatte nur verlangen, wenn konkrete Anhaltspunkte dafür bestehen, dass der Unterhaltsschuldner nicht bereit oder nicht in der Lage sein wird, eine Freistellungsverpflichtung – unverzüglich nach Festsetzung der Steuer des Unterhaltsempfängers – auch einzuhalten[161], und zwar dann ggf.

---

156 BGH, FamRZ 1983, 576 = NJW 1983, 1545; OLG Koblenz, FamRZ 2015, 260 = NZFam 2015, 286 *(Schuldei)*; OLG Nürnberg, FamRZ 2004, 1967; krit. zu dieser Verteilung der Darlegungslast *Arens/Daumke/Spieker*, Rn. 503. Z.T. wird vom Unterhaltsempfänger verlangt, dass er auch die zu erwartenden steuerlichen Nachteile darlegt, bevor er die Zusicherung verlangen kann, dass der Unterhaltspflichtige sie übernimmt (so etwa OLG Köln, FamRZ 1999, 31).

157 *Arens*, FamRZ 1999, 1558, 1562; MAH/*Arens*, § 32 Rn. 152 ff. (mit Muster für Auskunftsverlangen); *Engels*, Rn. 945.

158 Vgl. BSG, FamRZ 1994, 1239, m. Anm. *Weychardt*; OLG Nürnberg, FamRZ 2004, 1967; *Conradis*, FamRB 2007, 304; *Böhmel*, FamRZ 1995, 270.

159 *Arens/Daumke/Spieker*, Rn. 497. – Vgl. zu allem *Linderer*, NZFam 2015, 647, 650 f.; *Kogel*, FamRB 2008, 277, 279 f.; *Arens*, FamRZ 1999, 1558, 1561; *Butz-Seidl*, FuR 1996, 108, 111 f.; *Göppinger/Wax/Märkle*, Rn. 4063; *Göppinger/Börger/Märkle*, Kap. 9 Fn. 114.

160 Vgl. BGH, FamRZ 1988, 820 = NJW 1988, 2886.

161 BGH, FamRZ 1983, 576, 578 = NJW 1983, 1545; OLG Stuttgart, Beschl. v. 12.1.2017, 16 UF 194/16, juris =FamRZ 2017, 1391 [LS]: bei drohender Insolvenz; OLG Brandenburg, FamRZ 2016, 817, 818; OLG Düsseldorf, FamRZ 1999, 1132; OLG Schleswig,

Zug um Zug gegen Erteilung der Zustimmung[162]. Ein Streit über die Höhe des Nachteilsausgleichs für abgeschlossene Veranlagungsjahre rechtfertigt nicht die Verweigerung der Zustimmung zum begrenzten Realsplitting für noch offene Veranlagungsjahre; er kann allenfalls die Forderung einer Sicherheitsleistung rechtfertigen[163]. Von einer **Beteiligung an der Steuerersparnis**, die der Unterhaltspflichtige als Folge des Realsplittings zu erwarten hat, kann der Unterhaltsberechtigte seine Zustimmung ebenfalls nicht abhängig machen. Denn er hat keinen Anspruch auf unmittelbare Beteiligung an der Steuerersparnis, sondern profitiert von ihr nur im Rahmen einer eventuellen Neubemessung des Unterhalts nach Eintritt der Ersparnis[164]. Profitiert er von der Ersparnis nicht, etwa weil er nicht mehr unterhaltsberechtigt ist, gibt ihm das kein Recht, die Zustimmung zu verweigern[165]. Die Nichtzahlung des laufenden Unterhalts begründet **kein Zurückbehaltungsrecht** des Unterhaltsberechtigten gegenüber dem Anspruch auf Zustimmung zum Realsplitting[166].

II. Verletzung der Zustimmungspflicht

667 Die Konsequenzen einer pflichtwidrigen Verweigerung der Zustimmung sind die Gleichen wie bei der Verweigerung der Mitwirkung bei der Zusammenveranlagung[167]: Der Unterhaltspflichtige kann den anderen Ehegatten **gerichtlich** auf Zustimmung in Anspruch nehmen[168]. Die schuldhafte Verweigerung der Zustimmung macht aber auch **schadensersatzpflichtig**[169]. Der Unterhaltspflichtige ist nicht gehalten, zur Vermeidung eines Schadens den Anspruch auf Zustimmung gerichtlich durchzusetzen[170]. Er kann vielmehr auf den Sonderausgabenabzug verzichten und den anderen auf Schadensersatz in Anspruch nehmen. Ein Schaden des Unterhaltspflichtigen kann sich z.B. auch dadurch ergeben, dass bei

---

NJW-RR 2007, 660. Zu eng OLG Zweibrücken, NJW-RR 2006, 513 = FamRZ 2006, 791 [LS] = FamRB 2006, 177 *(Roessink):* Sicherheitsleistung kann nicht schon deshalb verlangt werden, weil Nachteilsausgleich in der Vergangenheit immer erst nach Inanspruchnahme gerichtlicher Hilfe geleistet wurde.

162 KG, Beschl. v. 22.10.2013, 18 UF 119/13, juris.

163 KG, Beschl. v. 22.10.2013, 18 UF 119/13, juris = FamFR 2013, 573 *(Spieker).*

164 BGH, FamRZ 1985, 1232, 1233 = NJW 1986, 254; FamRZ 1983, 576, 577 = NJW 1983, 1545; OLG Köln, FamRZ 1986, 1111.

165 OLG Bremen, OLG-Report 2001, 103.

166 OLG Stuttgart, FamRZ 2001, 1370; OLG Hamm, FamRZ 1991, 832.

167 Vgl. Rn. 654 f.

168 Muster bei *Melchers*, FuR 2013, 253; MAH/*Arens*, § 32 Rn. 118.

169 BGH, FamRZ 1988, 820 = NJW 1988, 2886. – Eine Verrechnung der Schadensersatzforderung mit der Unterhaltsschuld ist wegen des Aufrechnungsverbotes für Unterhaltsansprüche (§ 394 BGB, § 850b ZPO) grds. nicht möglich.

170 Vgl. OLG Köln, FamRZ 1983, 595, unter dem Gesichtspunkt einer unterhaltsrechtlichen Obliegenheit; *Müller*, DAVorm 1998, 409 f.

der Unterhaltsbemessung Steuerersparnisse durch das begrenzte Realsplitting berücksichtigt wurden, der Unterhaltsberechtigte dann aber seine Zustimmung nicht erteilt[171].

III. Nachteilsausgleich bei erteilter Zustimmung

Ein Anspruch des Ehegatten, der dem Realsplitting zugestimmt hat, **668** auf Ausgleich der ihm entstandenen Nachteile besteht auch dann, wenn der Unterhaltspflichtige den Nachteilsausgleich nicht zugesichert hat[172]. Die Erklärung der Übernahme der Nachteile durch den Unterhaltspflichtigen begründet seine Freistellungsverpflichtung nicht, sondern sichert sie nur[173]. Daher kann es ohne Hinzutreten weiterer Umstände nicht als Verzicht auf einen Nachteilsausgleich angesehen werden, wenn der auf Zustimmung in Anspruch Genommene seine Zustimmungserklärung nicht von einer Zusicherung des Nachteilsausgleichs abhängig macht[174].

Die Nachteile sind erst auszugleichen, nachdem sie entstanden sind **669** und nicht schon bei Erklärung der Zustimmung zum Realsplitting. In der Regel kann der Berechtigte Ausgleich seiner Nachteile erst nach Vorlage seines entsprechenden Steuerbescheides verlangen[175], dann aber – sofern er noch nicht an das Finanzamt gezahlt hat – in Form der Freistellung[176]. Lassen sich aus dem Steuerbescheid die durch das Realsplitting bedingten Nachteile nicht ersehen, muss der den Ausgleich Begehrende weitere Informationen erteilen, die dem anderen ermöglichen, die Berechtigung der Ausgleichsforderung zu überprüfen[177].

Die Ausgleichspflicht besteht auch dann, wenn sich die Wahl des be- **670** grenzten Realsplittings im Nachhinein als für den Unterhaltspflichtigen ungünstig erweist[178]. Sie umfasst die steuerlichen und die sonstigen Nachteile des zustimmenden Ehegatten (vgl. Rn. 664 f.). Kosten eines Steuerberaters (einschließlich der Kosten für die Berechnung der steuerlichen Nachteile) sind ihm allerdings ohne vorherige Übernahmeerklärung des Unterhaltsverpflichteten nur zu ersetzen, wenn die Inanspruchnahme eines Steuerberaters nach den Umständen notwendig war[179].

---

171 Vgl. OLG Köln, FamRZ 1986, 1111.

172 BGH, FamRZ 1992, 534 = NJW 1992, 1391; OLG Hamm, FamRZ 1993, 205.

173 BGH, FamRZ 1985, 1232 = NJW 1986, 254.

174 BGH, FamRZ 2005, 1162, 1164 = NJW 2005, 2223.

175 OLG Karlsruhe, OLG-Report 2000, 402 = FamRZ 2001, 99 [LS]; OLG Düsseldorf, NJW-RR 1999, 1234.

176 Vgl. BGH, FamRZ 1983, 576, 577; OLG Bamberg, FamRZ 2003, 762; **a.A.** OLG Brandenburg, FamRZ 2016, 1684, 1686 = NJW 2016, 1894: nur Erstattungsanspruch.

177 OLG Hamm, FamRZ 2014, 1926 [LS] = FuR 2014, 729.

178 OLG Hamm, FamRZ 1988, 1059. Vgl. dazu Fn. 134.

179 Vgl. dazu BGH, FamRZ 1988, 820 = NJW 1988, 2886; OLG Köln, FamRZ 1998, 834; OLG Hamm, FamRZ 1987, 1046; AG Biedenkopf, FamRZ 2009, 607.

671 Heiratet der Unterhaltsberechtigte wieder und lässt er sich für denselben Veranlagungszeitraum, für den das steuerliche Realsplitting mit seinem früheren Ehegatten durchgeführt wird, mit seinem neuen Ehegatten zusammen veranlagen, so kann er vom unterhaltspflichtigen früheren Ehegatten höchstens den Ausgleich des steuerlichen Nachteils verlangen, der ihm bei Einzelveranlagung mit seinem neuen Ehegatten durch die Besteuerung der Unterhaltsbezüge entstanden wäre[180]. Das gilt grundsätzlich auch dann, wenn die Unterhaltszahlungen nicht bei Fälligkeit, sondern verspätet, z.B. in dem auf die Wiederverheiratung folgenden Jahr, geleistet worden sind[181]. Ein weitergehender Nachteilsausgleich kann nur verlangt werden, wenn er ausdrücklich vereinbart ist; dazu reicht die bloße – in Kenntnis der Wiederverheiratung des auf Zustimmung in Anspruch Genommenen gegebene – Zusicherung, „alle wirtschaftlichen Nachteile aus dem Realsplitting zu ersetzen", nicht aus[182].

672 Eine steuergünstige Anlage gezahlten Altersvorsorgeunterhalts (etwa Anlage in einer Renten- oder Lebensversicherung mit der Folge der Berücksichtigungsfähigkeit als Sonderausgaben und damit der Reduzierung des entstehenden Nachteils) kann der zum Nachteilsausgleich Verpflichtete nicht verlangen[183]. Nach Ansicht des OLG Hamm[184] hat der unterhaltsverpflichtete dem unterhaltsberechtigten Ehegatten den nach einer fiktiven Steuerschuld errechneten Steuernachteil zu erstatten, wenn der Berechtigte seine aus der Versteuerung des Unterhalts folgende Steuerlast dadurch senkt, dass er steuerminderndes Wohneigentum anschafft.

673 Der Anspruch auf Erstattung der aus der Zustimmung zum Realsplitting entstandenen Nachteile wird von der Rechtsprechung unter Billigkeitsgesichtspunkten gewährt, um dem Unterhaltsgläubiger die Zustimmung zum begrenzten Realsplitting zumutbar zu machen[185]. Der BGH[186] leitet den Anspruch nicht isoliert aus § 242 BGB her, sondern sieht ihn als einen Anspruch im Rahmen des gesetzlichen Unterhaltsrechtsverhältnis-

180 BGH, FamRZ 2010, 717, 718; FamRZ 1992, 534 = NJW 1992, 1391; FamRZ 1992, 1050. Dazu ausführlich *Weidlich*, FamRZ 2007, 1602.

181 BGH, FamRZ 2010, 717, m. Anm. *Schlünder/Geißler* S. 801 u. *Engels*, FF 2010, 255 = FamRB 2010, 144 *(Christ)*.

182 BGH, FamRZ 2010, 717, 718.

183 OLG Bamberg, FamRZ 2003, 762 = FamRB 2003, 84 *(Christ)*; **a.A.** OLG Brandenburg, FamRZ 2016, 1684 = NJW 2016, 1894.

184 FamRZ 1998, 833 = NJW 1997, 2761; dazu zustimmend *Linderer*, NZFam 2015, 647, 652; krit. *Arens*, FamRZ 1999, 1558, 1561.

185 BGH, FamRZ 1992, 534 = NJW 1992, 1391. – Die Grundsätze zum Nachteilsausgleich bei Zustimmung zum begrenzten Realsplitting finden keine Anwendung in Bezug auf die Steuerlast, die dem Empfänger einer Rente aus dem **schuldrechtlichen Versorgungsausgleich** entsteht (AG Bergisch Gladbach, FamRZ 2008, 1867, m. Anm. *Borth*).

186 FamRZ 1997, 544 = NJW 1997, 1441; FamRZ 2008, 40.

ses der Ehegatten an und misst ihm Unterhaltsqualität bei. Dies hat zur Folge, dass dem Anspruch auf Nachteilsausgleich gegenüber grundsätzlich **keine Aufrechnung** mit einer Gegenforderung möglich ist[187], auch nicht mit einem bereicherungsrechtlichen Anspruch auf Rückzahlung überzahlten Unterhaltes[188], und auch **kein Zurückbehaltungsrecht** geltend gemacht werden kann[189].

Andererseits hält der BGH die unterhaltsrechtliche Verwirkungsvorschrift des § 1585b III BGB (Jahresfrist) – zu Recht – auf den Anspruch auf Nachteilsausgleich für weder unmittelbar noch analog anwendbar[190]. Für eine **Verwirkung** des Anspruchs wegen Zeitablaufs gelten nicht die großzügigen unterhaltsrechtlichen Besonderheiten, sondern die strengen Anforderungen, die bei sonstigen vermögensrechtlichen Ansprüchen gestellt werden; ein Nachteilsausgleich kann daher grundsätzlich auch für länger zurückliegende Zeiträume verlangt werden[191]. Für den Anspruch ist (vor wie nach Inkrafttreten des Gesetzes zur Änderung des Erb- und Verjährungsrechts am 1.1.2010) die 3-jährige **Verjährungsfrist** gem. § 195 BGB maßgebend, mit Verjährungsbeginn gem. § 199 I BGB[192]. **674**

IV. Gerichtliche Zuständigkeit

Da die Pflicht, dem begrenzten Realsplitting zuzustimmen – anders als die Pflicht, bei der Zusammenveranlagung mitzuwirken – als unterhaltsrechtliche Nebenpflicht angesehen wird, wurden für die Klage des Unterhaltspflichtigen auf Erteilung der Zustimmung, für dessen Schadensersatzklage bei verweigerter Zustimmung wie auch für die Klage des Unterhaltsberechtigten auf Ausgleich der Nachteile, die ihm durch die Zustimmung zum Realsplitting entstanden sind, schon nach der bis 31.8.2009 bestehenden Rechtslage die Familiengerichte für zuständig gehalten (Familiensachen i.S. von § 23b I S. 2 Nr. 6 GVG a.F.)[193]. Daran hat sich durch das Inkrafttreten des FamFG am 1.9.2009 nichts geändert. Es **675**

187 BGH, FamRZ 1997, 544 = NJW 1997, 1441.

188 OLG Schleswig, FamRZ 2014, 798; OLG München, Beschl. v. 15.4.2010, 33 WF 399/10, FamRB 2011, 38 *(Giers)*; OLG Nürnberg, FamRZ 2000, 880, m. abl. Anm. *Hausmann*. Anders OLG Hamm, FamRZ 1999, 436, m. abl. Anm. *Ludwig*, S. 1659, bei Aufrechnung mit einem Anspruch aus § 717 II ZPO auf Rückzahlung zuviel beigetriebenen Unterhalts.

189 OLG Oldenburg, FamRZ 2010, 1693, 1695.

190 BGH, FamRZ 2005, 1162 = NJW 2005, 2223 = FamRB 2005, 264 *(Roessink)* (auch zur Frage der Verwirkung des Anspruchs auf Nachteilsausgleich nach allgemeinen Grundsätzen); FamRZ 1985, 1232 = NJW 1986, 254; anders OLG Hamburg, FamRZ 2000, 888.

191 OLG Schleswig, FamRZ 2014, 798; OLG Saarbrücken, FamRZ 2009, 1905.

192 OLG Saarbrücken, FamRZ 2009, 1905 (insbesondere zur Frage des Beginns der Verjährungsfrist); vgl. dazu auch Rn. 1054, 1057.

193 Vgl. OLG Hamm, FamRZ 2008, 2040; OLG Köln, FamRZ 1986, 1111; *Zöller/Philippi*, 27. Aufl., § 621 Rn. 43 u. 7, m.w.N. Siehe auch Rn. 27.

handelt sich nunmehr um Familiensachen i.S. der §§ 111 Nr. 8, 231 I Nr. 2 FamFG[194]. Auch für die Bestimmung der internationalen Zuständigkeit auf der Grundlage des Art. 5 Nr. 2 EuGVVO ist ein gerichtliches Verfahren auf Ausgleich der durch das Realsplitting entstandenen Nachteile als unterhaltsrechtliche Streitigkeit anzusehen[195].

194 Vgl. Rn. 57.
195 BGH, FamRZ 2008, 40.

8. Kapitel: Schadensersatzansprüche unter Ehegatten*

Literatur: *Coester-Waltjen,* Schuldrecht und familienrechtliche Rechtsverhältnisse, in: FS Canaris, 2007, S. 131; *Erbarth,* Die Ehe ist kein Schuldverhältnis, NJW 2013, 3478; *Jayme,* Die Familie im Recht der unerlaubten Handlung, 1971; *Wanke,* Schadensersatz für Kindesunterhalt, 1998 (Diss.).

A. Übersicht

Auch Ehegatten können einander schadensersatzpflichtig werden. Eine **deliktische Haftung** kann sich ergeben aus körperlichen oder sexuellen Misshandlungen, aus Verkehrsunfällen, bei denen der Partner verletzt wird oder bei denen ihm ein Sachschaden entsteht. Sie kann sich ergeben aus sonstigen Verletzungen des Eigentums des Partners, wie etwa der Beschädigung oder dem Beiseiteschaffen von Haushaltsgegenständen, oder auch aus einem Verfahrensbetrug im Rahmen einer Unterhaltssache. Aber auch Verletzungen des Rechts zur elterlichen Sorge über ein gemeinsames Kind oder – jedenfalls nach h.M. – des Umgangsrechts sowie Verstöße gegen Pflichten, die aus § 1353 I S. 2 BGB (Verpflichtung zur ehelichen Lebensgemeinschaft) hergeleitet werden, können unter Umständen zu einer deliktischen Haftung führen. Aus der **Verletzung vertraglicher Pflichten** können sich Schadensersatzansprüche dann ergeben, wenn die Ehegatten ein Vertragsverhältnis eingegangen sind. Zu denken ist z.B. an Kontoabhebungen des Vollmachtinhabers vom Konto des anderen, die von den Abmachungen der Ehegatten nicht gedeckt sind. Schließlich nehmen Ansprüche aus der **Verletzung gesetzlicher Pflichten**, insbesondere der unterhaltsrechtlichen Pflichten und Nebenpflichten, in der Praxis einen breiten Raum ein. 676

Schadensersatzansprüche unter Ehegatten können – wie etwa bei Verkehrsunfällen – schon während intakter Ehe entstehen. Solange die Ehegatten zusammenleben, verlangt allerdings tatsächlich selten einer vom anderen Schadensersatz. Gelegentlich werden aus Schadenszufügungen während des Zusammenlebens jedoch nach dem Scheitern der Ehe Rechte hergeleitet. Unabhängig davon, ob die Verletzungshandlung während intakter Ehe oder danach erfolgte, gewinnen Schadensersatzansprüche unter Ehegatten praktische Bedeutung daher meist erst nach der Trennung[1]. 677

* In 7. Aufl. bearbeitet von Richter am OLG *Dirk Hoffmann.*

1 Schon vor der Trennung sind Schadensersatzansprüche der Ehegatten untereinander von Relevanz, wenn Dritte beteiligt sind, etwa wenn der schädigende Ehegatte haftpflichtver-

I. Besonderheiten

678 Auch wenn sie nicht durch die Sonderregelungen des Familienrechts verdrängt werden, gelten für Schadensersatzansprüche unter Ehegatten[2] doch Besonderheiten, die sich aus der ehelichen Verbindung von Anspruchsinhaber und Anspruchsgegner ergeben. Man kann auch insoweit von einer „familienrechtlichen Überlagerung“ sprechen.

1. Haftungserleichterung

679 Zu nennen ist zunächst die Haftungserleichterung des § 1359 BGB. Die Ehegatten haften einander im Geltungsbereich der ehelichen Pflichten nur für die Sorgfalt, die sie in eigenen Angelegenheiten anzuwenden pflegen (diligentia quam in suis), stets aber für Vorsatz und grobe Fahrlässigkeit (§ 277 BGB). Der Anwendungsbereich des § 1359 BGB ist allerdings dadurch sehr begrenzt, dass er sich auf den Bereich des ehelichen Pflichtenkreises beschränkt. Erfasst sind etwa Schadenszufügungen bei der Haushaltsführung, bei Geschäften zur Deckung des Lebensbedarfs der Familie (§ 1357 BGB) oder im Rahmen der Unterhaltspflichten[3]. Erfasst werden auch deliktische Handlungen, die zugleich eine Verletzung der ehelichen Pflichten darstellen, z.B. Beschädigungen beim Bewohnen des im Eigentum des anderen Ehegatten stehenden Familienheims[4]. Auch einer Gefährdungshaftung eines Ehegatten als Tierhalter (§ 833 BGB) für Schäden, die ein von ihm gehaltener Hund dem anderen Ehegatten zufügt, steht § 1359 BGB entgegen[5]. Soweit die Eheleute sich dagegen wie beliebige Dritte gegenüberstehen, kommt die Haftungserleichterung des § 1359 BGB nicht zum Zuge. Sie findet daher keine Anwendung bei Sachbeschädigungen und Körperverletzungen des Ehepartners im Straßenverkehr[6] und beim Motorbootfahren[7]. Das Gleiche gilt, soweit die Partner sich wie ausschließlich rechtsgeschäftlich gebundene Personen begegnen[8]. Die Haftungserleichterung des § 1359 BGB gilt für alle während der Ehe, auch während des Getrenntlebens, entstandenen Ansprüche[9].

---

sichert ist oder wenn der Schaden von einem Ehegatten und einem Dritten gemeinsam verursacht wurde. Vgl. dazu BGH, FamRZ 1983, 25; FamRZ 1974, 641; *Gernhuber/Coester-Waltjen,* § 22 Rn. 2.

2 Zu haftungsrechtlichen Aspekten der nichtehelichen Lebensgemeinschaft vgl. *Kampen,* NJW 2016, 1046.

3 *Palandt/Brudermüller,* § 1359 Rn. 1.

4 OLG Stuttgart, FamRZ 1983, 68.

5 KG, MDR 2002, 35.

6 BGH, FamRZ 1988, 476, 477 = NJW 1988, 1208; FamRZ 1973, 584 = NJW 1973, 1654; FamRZ 1970, 386 = NJW 1970, 1271.

7 BGH, FamRZ 2009, 1048 = NJW 2009, 1875 (Wasserskiunfall); vgl. auch Rn. 697.

8 MünchKomm/*Roth,* § 1359 Rn. 14; *Scholz/Kleffmann/Motzer/Eckebrecht,* A Rn. 73.

9 *Erman/Kroll-Ludwigs,* § 1359 Rn. 3; **a.A.** (bis zur Trennung) *Staudinger/Voppel,* 2012, § 1359 Rn. 14, m.w.N.; MünchKomm/*Roth,* § 1359 Rn. 8.

2. Stillhalteverpflichtung

Vom Bestehen des Ersatzanspruchs ist bei Ehegatten die Frage zu unterscheiden, ob derjenige, dem die Forderung zusteht, sie uneingeschränkt geltend machen darf. Die Verpflichtung zur ehelichen Lebensgemeinschaft aus § 1353 I S. 2 BGB beinhaltet die Pflicht zur gegenseitigen Rücksichtnahme. Aus ihr kann sich im Einzelfall aufgrund besonderer Umstände eine Einschränkung der Rechte des geschädigten Ehegatten in der Weise ergeben, dass er seine Ansprüche nur zum Teil oder gar nicht geltend machen kann. Eine derartige Stillhalteverpflichtung ist insbesondere zu erwägen, solange sich der schädigende Ehegatte im Rahmen seiner wirtschaftlichen Möglichkeiten in einer der ehelichen Gemeinschaft angepassten Weise um einen anderweitigen Ausgleich des Schadens bemüht. Eine solche Stillhalteverpflichtung, die den Bestand der Forderung unberührt lässt, hat der BGH[10] bei Schadenszufügungen im Straßenverkehr in Erwägung gezogen. Sie dürfte aber auch in anderen Fällen in Betracht kommen (vgl. dazu Rn. 688). Der Schadensersatzanspruch kann dagegen uneingeschränkt geltend gemacht werden, wenn im Zeitpunkt des schädigenden Ereignisses die eheliche Lebensgemeinschaft nicht mehr bestand. Das Gleiche gilt, wenn die Schädigung während des Zusammenlebens erfolgte, es dann zur Trennung kommt, ohne dass der Schaden endgültig ausgeglichen ist, und der schädigende Ehegatte nun die zunächst zum Schadensausgleich unternommenen Bemühungen nicht mehr fortwirken lässt (vgl. dazu Rn. 695 f.). Haftungsbeschränkungen aus § 1353 BGB kommen allerdings nicht in Betracht, wenn der schädigende Ehegatte durch eine Haftpflichtversicherung geschützt wird[11]. **680**

3. Sonstiges

a) Nicht nur materieller Schadensersatz, sondern auch **Schmerzensgeld** kann unter Ehegatten geschuldet sein. Bei der Bemessung der Höhe eines Schmerzensgeldes sind jedoch die familienrechtlichen Beziehungen zu berücksichtigen. So darf ein Schmerzensgeldbetrag regelmäßig nur so hoch angesetzt werden, dass er von dem verantwortlichen Ehepartner ohne unverhältnismäßige Minderung der der Familie zur Verfügung stehenden Mittel aufgebracht werden kann[12]. **681**

b) Der geschädigte Ehegatte braucht seine Ansprüche während des Bestehens der Ehe nicht zum Zwecke der Hemmung der **Verjährung** gerichtlich einzufordern. Denn die Verjährung ist während der Dauer der **682**

---

10 BGH, FamRZ 1988, 476, 477 = NJW 1988, 1208; FamRZ 1970, 386, m. Anm. *Jayme* = NJW 1970, 1271.

11 BGH, FamRZ 1974, 641.

12 BGH, FamRZ 1973, 584, 586 = NJW 1973, 1654.

Ehe gehemmt (§ 207 I S. 1 BGB). Maßgebend für die Verjährung sind die §§ 195, 199 BGB (Regelverjährung)[13].

683 c) Schadensersatzansprüche der Ehegatten untereinander können unabhängig davon entstehen, in welchem **Güterstand** die Ehegatten leben. Leben sie im gesetzlichen Güterstand und geht es um eine Schadensersatzforderung, die zwischen den für die Berechnung des Zugewinnausgleichs maßgebenden Stichtagen entstanden ist, sollten die Ehegatten – wie bei allen schuldrechtlichen Ausgleichsansprüchen – vor dem Beginn einer Auseinandersetzung über die Frage des Schadensersatzes prüfen, ob sich die Durchsetzung im wirtschaftlichen Ergebnis überhaupt lohnt (vgl. dazu Rn. 469 ff., 528, 941 ff.). Ein Schadensersatzverlangen ist aber nicht deshalb ausgeschlossen, weil noch der Zugewinnausgleich durchzuführen ist[14].

II. Gerichtliche Zuständigkeit

684 Schadensersatzansprüche der Ehegatten untereinander fielen nach bis 31.8.2009 geltendem Recht grundsätzlich in die Zuständigkeit der Zivilprozessgerichte. Die Familiengerichte waren dann zuständig, wenn ein Sachzusammenhang mit einer Familiensache i.S. von § 23b I S. 2 GVG a.F. bestand. Das war etwa der Fall bei Ersatzansprüchen wegen Nicht- oder Schlechterfüllung der gesetzlichen Unterhaltspflicht und von Unterhaltsverträgen (§ 280 I BGB), wegen pflichtwidriger Verweigerung der Zustimmung zum Realsplitting oder wegen unerlaubter Handlungen, die bei der Geltendmachung von Unterhaltsansprüchen begangen worden sind, mit anderen Worten bei Schadensersatzansprüchen, die ihre Wurzel im unterhaltsrechtlichen Verhältnis der Ehegatten zueinander haben[15]. Entsprechendes galt für Schadensersatzansprüche, die aus Verletzungen von sich aus dem Güterrecht ergebenden Verpflichtungen hergeleitet werden[16].

685 Für seit 1.9.2009 eingeleitete Verfahren gilt: Sämtliche Schadensersatzansprüche der Ehegatten untereinander (soweit kein Ausnahmetatbestand nach § 266 I Hs. 2 FamFG greift) fallen in die Zuständigkeit der Familiengerichte, solche, die einen Sachzusammenhang mit einer Familiensache i.S. des § 111 Nr. 5–9 FamFG aufweisen, weil sie der entsprechenden Kategorie zuzuordnen sind, solche die einen derartigen Sachzusammenhang nicht aufweisen, als sonstige Familiensachen i.S. der §§ 266 I Nr. 2, 3, oder 5, 111 Nr. 10 FamFG[17].

13 Vgl. *Büttner*, FamRZ 2002, 361; *Palandt/Ellenberger*, § 195 Rn. 4, § 197 Rn. 6.

14 OLG Bremen, FamRZ 2015, 261, 262 = NJW 2015, 495; OLG Köln, FamRZ 2002, 322.

15 BGH, FamRZ 1994, 626 = NJW 1994, 1416; OLG Hamm, NJW-RR 1991, 1349; *Zöller/Philippi*, 27. Aufl., § 621 Rn. 7. Vgl. auch Rn. 27.

16 OLG Köln, FamRZ 1993, 713.

17 Vgl. Rn. 29 ff., 56 ff.

B. Fallgruppen

In der Praxis spielen vor allem die nachfolgend beschriebenen Fallgruppen eine Rolle. **686**

I. Verletzungen des Körpers, der Gesundheit, der sexuellen Selbstbestimmung und Schäden durch Stalking

Schädigt ein Ehegatte den anderen schuldhaft an Körper oder Gesundheit, so kann dies zu einem Schadensersatzanspruch aus § 823 I BGB führen. Die eheliche Verbundenheit befreit nicht von der Haftung für die Verletzung von Pflichten zum Schutz der körperlichen Integrität, die für jedermann bestehen. Nicht nur ein Anspruch auf Ersatz des materiellen Schadens, sondern auch ein Schmerzensgeldanspruch kommt in Betracht[18]. **687**

In erster Linie ist hier an die Fälle der vorsätzlichen Misshandlung[19] des Partners zu denken. Aber auch bei fahrlässigen Körperverletzungen ist ein Schadensersatzanspruch nicht von vornherein ausgeschlossen. Allerdings kann hier, sofern es sich nicht um Verletzungen im Straßenverkehr oder im sonstigen motorisierten Verkehr handelt (vgl. dazu Rn. 679, 695 ff.), die Haftungserleichterung des § 1359 BGB zur Anwendung kommen[20]. Bei leicht fahrlässigen Körperverletzungen in der intakten Ehe kann sich die Frage stellen, ob ein Ersatzanspruch ausgeschlossen ist oder § 1353 BGB zumindest seiner Geltendmachung entgegensteht[21]. Nach der Rechtsprechung des BGH[22] gibt es für solche Gesundheitsschädigungen keinen Schadensersatz, die durch Aufregungen über ehewidriges Verhalten und die Zerstörung der Ehe entstanden sind[23]. Hingegen kommt ein Schadensersatzanspruch bei einer Schädigung der Gesundheit des anderen Ehegatten durch eine Ansteckung als Folge eines Ehebruchs in Betracht[24]. Insbesondere die Infizierung eines Ehegatten durch den anderen mit dem Aids-Erreger HIV kann zu einer deliktischen Haftung führen[25]; **688**

18 Vgl. dazu Rn. 681.

19 OLG Zweibrücken, NJW-RR 2014, 33 (3.000 € Schmerzensgeld für Kopfstoß gegen die Stirn mit verschiedenen Verletzungsfolgen; kein Ersatz für Auslagen durch Einleitung eines Strafverfahrens); OLG Karlsruhe, FamRZ 1961, 375.

20 Vgl. Rn. 679.

21 BGH, FamRZ 1973, 584, 585 = NJW 1973, 1654. Vgl. Rn. 680.

22 BGHZ 23, 279, 282; dazu auch eingehend *Soergel/Lipp*, § 1353 Rn. 77 ff.

23 Vgl. dazu Rn. 714.

24 BGH, FamRZ 1990, 367, 369 = NJW 1990, 706; *Sanders*, FF 2005, 12, 14.

25 Vgl. etwa, jeweils für Partner einer nichtehelichen Lebensgemeinschaft, OLG München, Urteil vom 8.2.2017 (Az.: 20 U 2486/16, unveröffentlicht): 71.000 € Schmerzensgeld; OLG Nürnberg, NJW 2014, 1111 = FamRZ 2014, 1496 [LS] zu Verjährungsfragen.

allerdings wird die Realisierung des Anspruchs häufig an Beweisproblemen scheitern[26].

689 Auch die Vergewaltigung und die sexuelle Nötigung des Partners können einen Anspruch auf Ersatz eventuell entstandenen materiellen, aber auch immateriellen Schadens auslösen (§§ 825, 253 II BGB). Nachdem sowohl im straf- wie im zivilrechtlichen Bereich (hier mit der Reform des Schadensersatzrechts im Jahre 2002)[27] auch Partnern einer bestehenden Ehe das Recht auf sexuelle Selbstbestimmung zugestanden wird, kommt ein Schadensersatzanspruch unabhängig davon in Betracht, ob der Übergriff mit einer körperlichen Misshandlung einhergeht oder zu einem Gesundheitsschaden führt[28]. Auch hier kann im Einzelfall § 1353 BGB der Geltendmachung des Anspruchs entgegenstehen[29].

690 Schließlich können Schäden, die einem Ehegatten durch Stalking des anderen (beharrliches Nachstellen) zugefügt werden, nach § 823 II BGB i.V.m. § 238 StGB[30], bei entsprechenden Rechtsgutsverletzungen auch nach § 823 I BGB, ersatzfähig sein. Zu denken ist etwa an Kosten durch die Einrichtung einer Telefonfangschaltung oder einer neuen Telefonnummer, gegebenenfalls auch an Kosten eines Wohnungswechsels[31].

II. Verletzung der Eigentumsrechte an Haushalts- und anderen Gegenständen

691 Ein Ehegatte, der einen Vermögensgegenstand, der dem Partner oder beiden gemeinsam gehört, schuldhaft beschädigt, beiseite schafft, verliert oder wirksam an einen Dritten veräußert, kann sich nach § 823 I BGB schadensersatzpflichtig machen[32]. Das gilt auch dann, wenn es sich um einen Haushaltsgegenstand (bis 31.8.2009: Hausrat[33]) handelt[34]. Ein Schadensersatzanspruch kommt auch in Betracht, wenn ein Ehegatte nach der

---

26 Vgl. *Tiedemann,* NJW 1988, 730, 731 f.; siehe auch BGH, FamRZ 1991, 918 = NJW 1991, 1948.

27 Dazu *Kilian*, JR 2004, 309; *Strätz,* JZ 2003, 448.

28 Zur Vergewaltigung unter dem früheren Rechtszustand OLG Schleswig, FamRZ 1993, 548 = NJW 1993, 2945.

29 *Sanders,* FF 2005, 12, 17. Vgl. auch Rn. 680.

30 Zu den Voraussetzungen des § 238 I StGB BGH, FamRZ 2013, 545; FamRZ 2010, 289.

31 Vgl. *Löhnig,* FamRZ 2007, 518, 521.

32 OLG Hamm, FamRZ 2016, 1687 (Verkauf des im Alleineigentum der Ehefrau stehenden Brautschmucks durch den Ehemann). Vgl. auch KG, FamRZ 1992, 1429, im Falle des Verschenkens von gemeinschaftlichem Eigentum i.S. von § 13 I FGB/DDR (gestützt auf Art. 232 § 10 EGBGB, § 330 ZGB/DDR).

33 Vgl. Rn. 82.

34 Vgl. BGH, FamRZ 1988, 155: Veräußerung von Hausrat und von wesentlichen Bestandteilen des Hauses der Ehegatten (Einbauküche); OLG Koblenz, FamRZ 2017, 1391 = NZFam 2017, 668 *(Erbarth)*: Mitnahme u. Verkauf von dem anderen Ehegatten gehörenden Teilen einer Einbauküche.

Trennung in dem Familienheim verbleibt, das dem anderen Ehegatten gehört, und Schäden an dem Haus verursacht[35].

692 Typische Fälle sind die, in denen ein Ehegatte **zwischen Trennung und gerichtlicher Entscheidung** über den Verbleib der Haushaltsgegenstände dem anderen oder beiden gehörende Haushaltsgegenstände verkauft (häufig geht es um einen Pkw[36]) oder vernichtet. Im Zeitpunkt der gerichtlichen Entscheidung[37] nicht mehr vorhandene Gegenstände sind im Verfahren zur Verteilung der Haushaltsgegenstände grundsätzlich nicht zu berücksichtigen[38], so dass dem dadurch benachteiligten Ehegatten ein Schaden entsteht und ein Schadensersatzanspruch möglich ist. Etwas anderes gilt dann, wenn an die Stelle des Haushaltsgegenstandes ein Surrogat getreten ist, das in die Verteilung einbezogen werden kann. Dazu gehören insbesondere Ansprüche aus Sachversicherungen wegen der Beschädigung oder der Vernichtung von Haushaltsgegenständen[39], nicht aber Schadensersatzforderungen oder sonstige Ansprüche (z.B. aus § 816 I S. 1 BGB) eines Ehegatten gegen den anderen wegen der unrechtmäßigen Verfügung über den Gegenstand oder wegen dessen Verlustes[40].

---

35 OLG Stuttgart, FamRZ 1983, 68. Vgl. dazu auch Rn. 679.

36 OLG Stuttgart, FamRZ 2016, 1087 = NJW 2016, 1665 = FamRB 2016, 169 *(Wever)*; OLG Köln, FamRZ 2002, 322. Vgl. auch OLG Frankfurt, FamRZ 2004, 1105 (zu eventuellen Rechten des durch den Verkauf geschädigten Ehegatten gegenüber dem Erwerber und einem Auskunftsanspruch in Bezug auf dessen Person); dazu auch *Krumm*, FamRZ 2014, 1241, 1244; zur Qualifizierung eines Pkw als Haushaltsgegenstand und zu seiner dinglichen Zuordnung vgl. Rn. 85.

37 Die Zuweisung der Haushaltsgegenstände im Verfahren gem. §§ 200 ff. FamFG (früher: nach der HausrVO) erstreckt sich auf die Gegenstände, die im Zeitpunkt der Entscheidung (im Verbundverfahren: im Zeitpunkt der letzten mündlichen Verhandlung) noch vorhanden sind. So auch: OLG Hamm, FamRZ 1996, 1423; MünchKomm/*Wellenhofer*, § 1568b Rn. 7; *Staudinger/Weinreich*, 2010, § 1568b Rn. 36; *Erbarth*, FPR 2010, 548, 551 (unter Heranziehung des § 275 I BGB). Nach der Gegenauffassung (OLG Bamberg, FamRZ 1996, 1293; OLG Karlsruhe, FamRZ 1987, 848, 849; OLG Düsseldorf, FamRZ 1986, 1132 u. 1134; OLG Frankfurt, FamRZ 1981, 375; *Soergel/Heintzmann*, 12. Aufl., HausrVO § 1 Rn. 4; *Brudermüller*, FamRZ 1999, 129, 138), die in einem der Scheidung nachfolgenden isolierten Verfahren den Zeitpunkt der Rechtskraft der Scheidung für maßgebend hält, die also bei einer Verteilung der Haushaltsgegenstände nach der Scheidung die Gegenstände in die Verteilung einbezieht, die bei Rechtskraft der Scheidung vorhanden waren, kommt es zu Problemen, wenn Haushaltsgegenstände zwischen Rechtskraft der Scheidung und Verteilung verkauft werden oder untergehen. Vgl. dazu auch OLG Hamm, FamRZ 1990, 1126.

38 Gelegentlich werden nicht mehr vorhandene Gegenstände bei der Verteilung dem für den Verlust verantwortlichen Ehegatten angerechnet. Eine Auseinandersetzung über Schadensersatz erübrigt sich dann. Vgl. OLG Karlsruhe, FamRZ 1987, 848, 849; OLG Düsseldorf, FamRZ 1986, 1134, 1136.

39 Zu in die Verteilung einzubeziehenden Surrogaten vgl. *Palandt/Brudermüller*, § 1361a Rn. 8; MünchKomm/*Weber-Monecke*, § 1361a Rn. 8.

40 BGH, FamRZ 1980, 988 = NJW 1980, 2476; **a.A.** *Klein*, FuR 1997, 142, 143.

693 Für die Schadensersatzansprüche der Ehegatten untereinander waren bis 31.8.2009 die Zivilprozessgerichte **zuständig**, und zwar auch dann, wenn die Ansprüche aus der Veräußerung oder dem Verlust von Haushaltsgegenständen resultierten[41]. Seit 1.9.2009 sind die Familiengerichte zuständig (sonstige Familiensachen i.S. des § 266 I Nr. 3 FamFG)[42]. In die Zuständigkeit des Hausratsrichters fiel dagegen der Anspruch eines Ehegatten gegen den anderen auf Aufteilung des an die Stelle des Hausratsgegenstandes getretenen Surrogates, also z.B. auf Beteiligung an dem von der Hausratsversicherung gezahlten Ersatz wegen der Zerstörung des Hausrates durch Brand[43]. Daran hat sich durch die Reformen vom 1.9.2009 nichts geändert.

694 Gelegentlich werden **nach einer gerichtlichen Zuweisungsentscheidung** Haushaltsgegenstände von dem Ehegatten beiseite geschafft, der sie herauszugeben hat. In diesen Fällen kann der – früher vor dem Zivilprozessgericht[44], seit 1.9.2009 vor dem Familiengericht[45] geltend zu machende – Schadensersatzanspruch auf §§ 989, 990 BGB gestützt werden, sofern nicht bereits eine Haftung aufgrund eines für die Zeit bis zur Abholung begründeten Verwahrungsverhältnisses mit besonderen Obhutspflichten (§ 688 BGB) besteht; die Beweislastregelung des § 280 I S. 2 BGB findet Anwendung[46]. War in der Zuweisungsentscheidung die Herausgabe an den anderen Ehegatten angeordnet, kann der aus der Entscheidung Berechtigte den Weg der Klage auf Leistung des Interesses beschreiten und Schadensersatz verlangen[47]. Für das Verfahren ist – nach früherem wie nach neuem Recht – gem. § 893 II ZPO das Familiengericht, das den Herausgabetitel geschaffen hat, als Prozessgericht des ersten Rechtszuges zuständig[48].

---

41 BGH, FamRZ 1988, 155; FamRZ 1980, 988 = NJW 1980, 2476; FamRZ 1980, 45 = NJW 1980, 192; *Zöller/Philippi*, 27. Aufl., § 621 Rn. 55; *Brudermüller*, FamRZ 1999, 193, 194.

42 Vgl. Rn. 685, 29 ff.

43 OLG Köln, FamRZ 1993, 1462. Vgl. dazu auch Rn. 751. Für den Fall, dass die Versicherungssumme bereits verbraucht war, nahm das OLG Celle (MDR 1960, 504) wiederum einen in die Zuständigkeit der Prozessgerichte fallenden Schadenersatzanspruch an. – Zur Situation bei Versicherungsleistungen für ein brandgeschädigtes Haus vgl. Rn. 230.

44 *Gießler*, FPR 2000, 77, 84; *Brudermüller*, FamRZ 1999, 129, 139.

45 Sonstige Familiensache i.S.d. § 266 I Nr. 3 FamFG; vgl. Rn. 685, 29 ff.

46 Vgl. BGH, IVb ZR 385/81, Urteil v. 1.6.1983; AG Gummersbach, FamRZ 1996, 675.

47 Dieser Weg war bis zur Schuldrechtsreform vom 1.1.2002 durch den nun entfallenen § 283 BGB a.F. eröffnet, ist aber nach § 281 BGB n.F. unverändert gegeben; vgl. *Gsell*, JZ 2004, 110; *Schur*, NJW 2002, 2518.

48 Unter der Geltung des früheren Rechts: OLG Zweibrücken, FamRZ 2006, 431; OLG Schleswig, FamRZ 2003, 1199; OLG Karlsruhe, FamRZ 2000, 1168 [LS]; LG München II, FamRZ 1992, 335; **a.A.** OLG Koblenz, FamRZ 1982, 507 (Prozessabteilung des Amtsgerichts zuständig); OLG Düsseldorf, FamRZ 1985, 406, für den Fall einer Herausgabeanordnung im Wege der einstweiligen Anordnung.

III. Gesundheits- und Eigentumsverletzungen bei Verkehrsunfällen

Einen relativ breiten Raum in der Rechtsprechung nehmen Schadensersatzforderungen unter Ehegatten nach Verkehrsunfällen ein. Fügt ein Ehegatte dem anderen durch einen Verstoß gegen Vorschriften des Straßenverkehrs Schaden an seiner Gesundheit oder an seinem Eigentum zu, so befreit ihn der Umstand, mit dem Geschädigten verheiratet zu sein, nicht von der Haftung. In Betracht kommen Ersatz des materiellen Schadens und Schmerzensgeld[49]. Einen stillschweigend vereinbarten Haftungsverzicht kann man nicht unterstellen[50]. Die Haftung erfährt auch keine Milderung durch eine Heranziehung des § 1359 BGB, denn diese Bestimmung zum Haftungsmaßstab unter Ehegatten findet nach der Rechtsprechung des BGH bei Schädigungen infolge gemeinsamer Teilnahme am Straßenverkehr keine Anwendung[51]. Auf Anlass und Zweck der jeweiligen Fahrt kommt es nicht an[52]. Eine Milderung der Haftung unter den Ehegatten kann allerdings, sofern kein Schutz durch eine Haftpflichtversicherung besteht, die schon angesprochene, aus § 1353 I S. 2 BGB hergeleitete **Stillhalteverpflichtung** bewirken[53], deren Auswirkungen in einer Entscheidung des BGH vom 13.1.1988[54] näher dargelegt werden: 695

Zugrunde lag folgender **Sachverhalt**: Die Ehefrau hatte grob fahrlässig einen Totalschaden am Pkw ihres Mannes verursacht. Zur Beschaffung eines Ersatzwagens wurden dem Mann von dem Vater und einem Onkel der Frau Darlehen zur Verfügung gestellt. Kurz darauf kam es zur Trennung der Ehegatten. Nachdem wenig später der Vater der Frau starb, kündigte sie als dessen Alleinerbin das von ihm gegebene Darlehen und verklagte den Mann auf Rückzahlung. Der Mann rechnete u.a. mit einer Schadensersatzforderung wegen des von der Frau bei dem Unfall verursachten Schadens auf. 696

Der BGH hat einen – dem Anspruch der Frau auf Rückzahlung des Darlehens gegenüber – aufrechenbaren Schadensersatzanspruch des Mannes angenommen. In dem zunächst von der Frau gezeigten Verhalten, mit Hilfe von Darlehen ihrer Verwandten dem Mann den Kauf eines neuen Fahrzeugs zu ermöglichen, hat der BGH Bemühungen um einen Schadensausgleich gesehen, die zunächst zu mangelnder Durchsetzbarkeit der Schadensersatzansprüche des Mannes, d.h. zu einer Stillhalteverpflichtung geführt hätten. Diese Bemühungen hätten aber nicht zum Erlöschen des Anspruchs geführt. Zwar könne nach der Trennung oder der Auflösung der Ehe nicht jeder Ersatzanspruch, der während des Zusam-

49 Vgl. dazu Rn. 681.

50 Vgl. MünchKomm/*Roth*, § 1359 Rn. 15; *Jayme*, FamRZ 1970, 388, 389 (Anm.); **a.A.** OLG Frankfurt, FamRZ 1987, 381 (stillschweigender Haftungsverzicht für leichte Fahrlässigkeit außer für solche Schäden, für die Versicherungsschutz besteht).

51 BGH, FamRZ 1988, 476 = NJW 1988, 1208; FamRZ 1973, 584 = NJW 1973, 1654; FamRZ 1970, 386 (mit insoweit zustimmender Anm. *Jayme*) = NJW 1970, 1271. Dazu *Gernhuber/Coester-Waltjen*, § 22 Rn. 6. Vgl. Rn. 679.

52 BGH, FamRZ 1974, 641, 642.

53 Rn. 680.

54 BGH, FamRZ 1988, 476 = NJW 1988, 1208. Vgl. aber schon BGH, FamRZ 1970, 386 = NJW 1970, 1271; FamRZ 1974, 641, 643 = NJW 1974, 2124.

menlebens in intakter Ehe entstanden, aber infolge von Linderungsbemühungen nicht durchsetzbar gewesen sei, ohne Einschränkung erhoben werden. Ein solcher Anspruch könne aber jedenfalls dann erhoben werden, wenn – wie hier durch die Kündigung des Darlehens und die Forderung der sofortigen Rückzahlung des noch nicht getilgten Kapitals – nach der Trennung die zunächst unternommenen Bemühungen um einen anderweitigen Ausgleich des angerichteten Schadens wieder rückgängig gemacht werden.

697 Vorstehendes muss im Anschluss an eine Entscheidung des BGH vom 24.3.2009[55] (Motorbootunfall beim Wasserskifahren) in entsprechender Weise für Schäden gelten, die Ehegatten einander **im sonstigen motorisierten Verkehr** (etwa auch bei einem Unfall mit einem Motorflugzeug[56]) zufügen.

IV. Aufwendungen zur Rückerlangung eines entzogenen Kindes

698 Entzieht der nicht sorgeberechtige Elternteil dem alleinigen Inhaber der elterlichen Sorge das Kind, so können dem Sorgerechtsinhaber Aufwendungen, die der Rückerlangung des Kindes dienen, gem. §§ 823 I, 249 ff. BGB zu ersetzen sein. Das Recht der elterlichen Sorge ist ein absolutes Recht i.S. des § 823 I BGB. Es kann durch eine Kindesentziehung in zum Schadensersatz verpflichtender Weise verletzt werden[57].

699 Der BGH[58] hat daher einen Anspruch der Ehefrau auf Ersatz von **Detektivkosten** in einem Fall angenommen, in dem der von ihr getrennt lebende Mann die gemeinsamen Kinder versteckt hatte, obwohl der Frau die elterliche Sorge übertragen worden und ein Herausgabebeschluss gegen ihn ergangen war. Um die Rückführung der Kinder zu ermöglichen, hatte die Frau zwei Detektive zur Ermittlung des Aufenthalts der Kinder eingeschaltet.

700 Zu beachten ist, dass derartige Aufwendungen notwendige Kosten der Zwangsvollstreckung aus dem Herausgabebeschluss und damit als Folge der gerichtlichen Kostenentscheidung **prozessual erstattungsfähig** sein können[59]; Voraussetzung ist das Vorliegen einer Kostenentscheidung, von der die Vollstreckungskosten erfasst werden[60]. Aufwendungen, die bei der

---

55 FamRZ 2009, 1048 = NJW 2009, 1875 = FamRB 2009, 246 *(Erk)*; vgl. schon Rn. 679.

56 Vgl. *Wellenhofer*, JuS 2009, 763, 764.

57 So auch zum österreichischen Recht Österr. OGH, FamRZ 1998, 1424.

58 BGH, FamRZ 1990, 966 = NJW 1990, 2060.

59 *Zöller/Stöber*, § 788 Rn. 13. Zur Frage der Erstattungsfähigkeit von Detektivkosten als Verfahrenskosten im Unterhaltsverfahren vgl. OLG Hamm, FamRZ 2015, 1742, sowie *Bruns*, NZFam 2015, 998.

60 In auf die Herausgabe eines Kindes gerichteten Verfahren findet § 788 ZPO keine Anwendung. Hier hat eine Kostenentscheidung (Entscheidung über die Kosten der Vollstreckung) im Verfahren nach § 88 FamFG (früher: § 33 FGG) zu ergehen. Vgl. dazu BayObLGZ 1991, 45, 49 = FamRZ 1994, 177 [LS]; OLG Bremen, FamRZ 2002, 1720 = NJW 2002, 2962.

Rückholung eines entzogenen Kindes in Eigeninitiative entstanden sind, sind keine Vollstreckungskosten und daher nicht prozessual erstattungsfähig[61].

Solange die Möglichkeiten des Kostenfestsetzungsverfahrens nicht ausgeschöpft worden sind, fehlt für ein auf unerlaubte Handlung gestütztes Schadensersatzbegehren grundsätzlich das Rechtsschutzinteresse. Eine rechtskräftige Ablehnung der Erstattungsfähigkeit im Kostenfestsetzungsverfahren schließt aber die Geltendmachung derselben Aufwendungen im Verfahrenswege, gestützt auf eine sachlich-rechtliche Erstattungspflicht, nicht aus[62]. **701**

Erstattungsfähig sind sowohl der Art als auch dem Umfang nach nur die Aufwendungen, die aus der Sicht eines verständigen Menschen in der Lage des Geschädigten erforderlich erschienen (ex ante-Betrachtung)[63]. Im Allgemeinen kann es dem Sorgeberechtigten angesonnen werden, zunächst die im Herausgabeverfahren gem. § 94 FamFG (bis 31.8.2009: § 33 II S. 5 FGG) bestehende Möglichkeit zu nutzen, dem anderen Elternteil die Abgabe einer eidesstattlichen Versicherung über den Verbleib des Kindes aufgeben zu lassen, bevor er einen Privatdetektiv einsetzt. Erscheint dieser Weg nach dem bisherigen Verhalten des anderen Elternteils aber nicht erfolgversprechend oder zu zeitaufwendig, kann auch die sofortige Einschaltung eines Detektivs akzeptabel sein. Der in Anspruch genommene Elternteil kann seine Schadensersatzpflicht grundsätzlich nicht mit dem Einwand abwenden, der Detektiv habe unzulässige Ermittlungsmethoden angewandt[64]. Etwas anderes dürfte gelten, wenn die Anwendung der unzulässigen Ermittlungsmethoden mit Billigung des Anspruchstellers erfolgt ist[65]. **702**

Erstattungsfähig können auch Aufwendungen anderer Art sein, die der Wiedererlangung des entzogenen Kindes dienen, so etwa **Telefon- und Reisekosten,** und zwar auch dann, wenn kein Herausgabeverfahren durchgeführt wird[66]. **703**

V. Pflichtverletzungen in Bezug auf das Umgangsrecht

Der **umgangsberechtigte Elternteil** hat die Kosten, die mit der Ausübung des Umgangsrechts nach § 1684 I BGB für ihn verbunden sind, **704**

61 OLG Bremen, FamRZ 2002, 1720 = NJW 2002, 2962.
62 BGH, FamRZ 1990, 966, 967 = NJW 1990, 2060.
63 MünchKomm/*Huber*, § 1626 Rn. 77.
64 BGH, FamRZ 1990, 966, 970 = NJW 1990, 2060.
65 Vgl. dazu auch BGH, FamRZ 2013, 1387, m. Anm. *Schlünder* = NJW 2013, 2668, m. Anm. *Hausen/Haußleiter*: keine prozessuale Kostenerstattung für GPS-Überwachung durch Detektiv in Unterhaltsverfahren.
66 Vgl. zu allem BGH, FamRZ 1990, 966, 968 f. = NJW 1990, 2060.

grundsätzlich selbst zu tragen. Er kann sie in der Regel nicht unmittelbar und häufig auch nicht auf dem Wege einer Berücksichtigung bei der Unterhaltsberechnung ganz oder teilweise auf den anderen Elternteil abwälzen[67]. Wird ihm die Durchführung eines Umgangstermins durch den anderen erschwert oder vereitelt, kann dem Umgangsberechtigten daher ein Vermögensschaden entstehen.

705 Für ihn hat der andere Elternteil jedenfalls dann einzustehen, wenn er seine Pflicht, ein **gerichtlich geregeltes Umgangsrecht** zu gewähren, schuldhaft verletzt. Mit der h.M.[68] ist das Umgangsrecht als ein sonstiges Recht i.S. des § 823 I BGB, also als absolut geschütztes Recht, anzusehen. Dies hat zur Folge, dass dem Umgangsberechtigten die deliktische Anspruchsgrundlage des § 823 I BGB zur Verfügung steht, auf die er nicht nur dem anderen Elternteil, sondern auch Dritten, die sein Umgangsrecht verletzen, gegenüber zurückgreifen kann[69]. Einen Schmerzensgeldanspruch gegen den anderen Elternteil wird der Umgangsberechtigte auf die Vereitelung seines Umgangs indes regelmäßig nicht stützen können[70]. Der BGH[71] hat die Frage, ob das Umgangsrecht ein absolut geschütztes Recht ist, offen gelassen, aber ein zwischen dem Umgangsberechtigten und dem zur Gewährung des Umgangsrechts Verpflichteten bestehendes gesetzliches Rechtsverhältnis familienrechtlicher Art angenommen, das die Pflicht umfasse, bei der Gewährung des Umgangs auf die Vermögensbelange des Umgangsberechtigten Bedacht zu nehmen. Eine Verletzung dieser Verpflichtung könne – unter Heranziehung der zur positiven Forderungsverletzung entwickelten Grundsätze (jetzt: des § 280 I BGB) – eine Schadensersatzpflicht auslösen[72].

706 Hält der zur Gewährung des Umgangsrechts Verpflichtete sich nicht an eine – wirksam gewordene (vgl. dazu § 40 I FamFG, früher § 16 I

67 Vgl. etwa OLG Bremen, FamRZ 2017, 297.

68 Etwa OLG Bremen, Beschl. v. 24.11.2017, 4 UF 61/17, juris; OLG Frankfurt, NJW-RR 2005, 1339; OLG Karlsruhe, FamRZ 2002, 1056; *Weychardt*, FamRZ 2003, 927 (Anm.).

69 Vgl. *Hohloch*, FF 2004, 202, 207 (Anm.).

70 AG Essen, FamRZ 2008, 717; *Staudinger/Rauscher*, 2014, § 1684 Rn. 25a. Bei Hinzutreten besonderer Umstände (falsche Verdächtigung, üble Nachrede) allerdings ein Schmerzensgeld zusprechend: LG Essen, FamRZ 2008, 2032. Vgl. auch OLG Köln, FamRZ 2015, 971 (Ablehnung eines mit unterlassener Realisierung des Umgangs begründeten Schmerzensgeldanspruchs gegen den Umgangspfleger), m. Anm. *Hohloch*, FF 2015, 419.

71 FamRZ 2002, 1099 = NJW 2002, 2566.

72 Zustimmend *Steinberger/Lecking*, MDR 2009, 960, 961 ff.; mit anderem Begründungsansatz (Verletzung von Pflichten aus einem familienrechtlichen gesetzlichen Schutzverhältnis) zum gleichen Ergebnis kommend *Coester-Waltjen*, FS Canaris, S. 131, 139 f.; kritisch *Schwab*, FamRZ 2002, 1297; Schadensersatzansprüche generell ablehnend: *Heiderhoff*, FamRZ 2004, 324; *Prüm*, Die Folgen der Verletzung des Umgangsrechts unter besonderer Berücksichtigung möglicher daraus resultierender Schadensersatzansprüche (Diss.), 2006, S. 208 ff.

FGG) – gerichtliche Regelung, ist regelmäßig von einer schuldhaften[73] Pflichtverletzung auszugehen[74]. Eine solche begeht er auch dann, wenn er nicht unmittelbar durch eine eigene Handlung den Umgang vereitelt, sondern hierzu etwa ungerechtfertigter Weise die Polizei einschaltet[75]. Die Beweislast für ein Nichtvertretenmüssen des Verstoßes gegen die Regelung liegt bei dem, der das Umgangsrecht zu gewähren hat (§ 280 I S. 2 BGB)[76]. Allein der Umstand, dass er die getroffene (auch vorläufige) Regelung als nicht (mehr) dem Wohl des Kindes entsprechend ansieht oder dass er die gerichtliche Regelung angefochten hat oder deren Abänderung begehrt, entlastet ihn nicht[77]. Er muss gegebenenfalls eine Änderung der gerichtlichen Regelung mit den dafür vorgesehenen gesetzlichen Mitteln, gegebenenfalls des einstweiligen Rechtsschutzes, erwirken. Nur wenn das nicht rechtzeitig möglich ist, kann an ein Nichtvertretenmüssen zu denken sein. Soweit sich der zur Gewährung des Umgangs verpflichtete Elternteil auf eine Weigerung des Kindes beruft, den Umgang wahrzunehmen, gilt dies allerdings auch nur dann, wenn er im Einzelnen darlegt, wie er auf das Kind eingewirkt hat, um es zum Umgang zu bewegen[78].

Zu den Schäden, die erstattungspflichtig sein können, gehören insbesondere fehlgeschlagene Aufwendungen zur Ausgestaltung des Umgangsrechts, also etwa vergebliche Fahrtkosten und Stornierungskosten für eine Ferienwohnung[79], Mehrkosten infolge Nichteinhaltens der gerichtlich geregelten Transportart[80], im Einzelfall notwendige Anwaltskosten[81] oder **707**

---

73 Verschuldensmaßstab sollte nicht die eigenübliche Sorgfalt (§§ 1359, 277 BGB), sondern § 276 BGB sein; so auch *Steinberger/Lecking,* MDR 2009, 960, 964; *Hohloch,* FF 2004, 202, 206.

74 Anders *Schwab,* FamRZ 2002, 1297, 1301 f.

75 Vgl. KG, FamRZ 2017, 1708 [LS] = FamRB 2017, 376 *(Stockmann)*: ohne ausreichenden Grund erfolgtes Auffordern der Bundespolizei, die vorgesehene Ausreise des Kindes mit dem Umgangsberechtigten an den im Ausland gelegenen Urlaubsort zu verhindern.

76 OLG Bremen, Beschl. v. 24.11.2017, 4 UF 61/17, juris; OLG Frankfurt, FamRZ 2016, 387; OLG Köln, FamRZ 2015, 151; *Steinberger/Lecking,* MDR 2009, 960, 964; *Motzer,* FamRZ 2003, 793, 799; *Hohloch,* LM § 1634 BGB Nr. 14 Bl. 5 (Anm.). Fragwürdig OLG Schleswig, FamRZ 2004, 808, 809.

77 Vgl. BGH, FamRZ 2002, 1099, 1100 = NJW 2002, 2566; AG Essen, FamRZ 2000, 1110.

78 Vgl. BGH, FamRZ 2012, 533, 535 (zur Festsetzung eines Ordnungsmittels nach § 89 Abs. 4 FamFG); BT-Drucks. 16/6308, S. 218.

79 OLG Karlsruhe, FamRZ 2002, 1056; OLG Frankfurt, NJW-RR 2005, 1339; AG Essen, FamRZ 2008, 717 (mit zutreffender Ablehnung eines Schmerzensgeldanspruchs).

80 Im Fall BGH, FamRZ 2002, 1099 = NJW 2002, 2566: Mehrkosten für Autofahrten und nutzlose Flugtickets, weil die Mutter sich weigerte, das Kind zum Flughafen zu bringen; zur Schadenshöhe im Einzelnen in dieser Sache (nach Zurückverweisung durch den BGH) OLG Frankfurt, FF 2003, 222.

81 OLG Bremen, Beschl. v. 24.11.2017, 4 UF 61/17, juris: Inanspruchnahme anwaltlicher Hilfe durch den Vater aufgrund der Weigerung der Mutter, die zur Durchführung seines Ferienumgangs in der Türkei benötigten Reisepässe der Kinder an ihn herauszugeben.

auch ein Verdienstausfall[82]. Dem Gesichtspunkt eines etwaigen Mitverschuldens bei der Schadensentstehung (Verletzung der Schadensminderungspflicht) ist Rechnung zu tragen[83].

708 Fraglich ist, ob auch die Verletzung eines nur zwischen den Kindeseltern **vereinbarten Umgangsrechts** Schadensersatzpflichten auslösen kann. Dafür scheint zu sprechen, dass gerade eine Umgangsvereinbarung als familienrechtlich einzuordnender Vertrag ein Schuldverhältnis i.S. des § 280 I BGB begründet[84]. Gleichwohl sollte man im Interesse des Kindeswohls dem betreuenden Elternteil zugestehen, eine gerichtliche Entscheidung über eine von ihm nicht mehr für sachgerecht gehaltene Umgangsrechtsvereinbarung herbeiführen zu können, ohne Schadensersatzansprüchen ausgesetzt zu sein[85]. Allerdings wird er sich schadensersatzpflichtig machen, wenn er seine Absicht, an der Vereinbarung nicht mehr festhalten zu wollen, dem anderen Elternteil nicht mitteilt und dadurch Aufwendungen auf dessen Seite verursacht, oder wenn er Umgangstermine nicht einhält, ohne die Vereinbarung in Frage zu stellen[86].

709 Unter dem Gesichtspunkt der Gleichbehandlung beider Elternteile ist auch dem **zur Gewährung des Umgangsrechts Verpflichteten** ein Schadensersatzanspruch zuzugestehen, wenn ihm dadurch ein Schaden entsteht, dass der Umgangsberechtigte das gerichtlich geregelte – gegebenenfalls auch das vereinbarte – Umgangsrecht nicht einhält[87]. Auch hier ist ein eventuelles Mitverschulden zu berücksichtigen, das etwa darin liegen kann, dass der zur Gewährung des Umgangs Verpflichtete getroffene Dispositionen nicht rückgängig macht, obwohl er es noch könnte (z.B. Stornierung einer Reise). Dagegen kann von ihm nicht erwartet werden, von vornherein keine kostenverursachenden Dispositionen zu treffen, weil der Umgangsberechtigte in der Vergangenheit Umgangstermine nicht wahrgenommen hat[88].

---

82 OLG Frankfurt, FamRZ 2016, 387, 388.

83 Vgl. dazu: AG Essen, FamRZ 2004, 52 = NJW 2003, 2247 (langfristig vom Umgangsberechtigten gebuchter Musikunterricht bei nur durch einstweilige Anordnung geregeltem Umgangsrecht); OLG Frankfurt, NJW-RR 2005, 1339 (nur 50 % der Stornierungskosten, weil der umgangsberechtigte Vater die gebuchte Urlaubsreise mit seiner Ehefrau auch ohne die Kinder hätte durchführen können); AG Bremen, FamRZ 2008, 1369 (kein Schadensersatz, nachdem 14-jähriger Sohn schriftlich angekündigt hatte, nicht mitkommen zu wollen); OLG Frankfurt, FamRZ 2016, 387 (kein Schadensersatz im Falle der Anreise zu gerichtlich festgelegtem begleiteten Umgang trotz Kenntnis des Vaters vom Nichterscheinen des Kindes aufgrund einer von der Mutter mit diesem unternommenen Urlaubsreise).

84 In diesem Sinne *Hohloch,* FF 2004, 202, 206; vgl. auch *Steinberger/Lecking,* MDR 2009, 960, 962; *Schwab,* FamRZ 2002, 1297, 1302.

85 So auch *Miesen,* FS Groß, 2004, S. 171 f.

86 Vgl. auch *Henrich,* JZ 2003, 49, 50 (Anm.).

87 *Rakete-Dombek,* FF 2002, 210 (Anm.); *Steinberger/Lecking,* MDR 2009, 960, 963; zweifelnd *Henrich,* JZ 2003, 49, 50 (Anm.).

88 So mit Recht *Miesen,* FS Groß, 2004, S. 174.

Schadensersatzansprüche wegen Verletzung des Umgangsrechts waren nach bis zum 31.8.2009 geltenden Recht vor den Zivilprozessgerichten zu verfolgen[89]. Seit 1.9.2009 sind die Familiengerichte **zuständig** (sonstige Familiensachen i.S. des § 266 I Nr. 5 FamFG)[90]. Die Versagung solcher Ansprüche stellt keine Verletzung von Art. 8 I und 14 EMRK dar, weil es sich um rein finanzielle Forderungen handelt[91]. **710**

VI. Verletzung von Pflichten aus der ehelichen Lebensgemeinschaft

Das Recht der Ehegatten auf eheliche Lebensgemeinschaft (§ 1353 I S. 2 BGB) ist ein absolutes Recht i.S. von § 823 I BGB. Beeinträchtigungen dieses Rechts sind daher grundsätzlich geeignet, Schadensersatzansprüche auszulösen. Allerdings bestehen solche Ansprüche, die bis 31.8.2009 vor den Zivilprozessgerichten geltend zu machen waren und nunmehr in die **Zuständigkeit** der Familiengerichte fallen (sonstige Familiensachen i.S. des § 266 I Nr. 2 FamFG)[92], nur in engen Grenzen. **711**

Entscheidend ist, welcher Art die Rechtsverletzung ist. § 1353 I S. 2 BGB stellt eine Generalklausel dar, aus der eine Reihe von einzelnen Verhaltenspflichten abgeleitet werden[93], die überwiegend rein persönlicher Natur sind, wie etwa die Pflichten zur häuslichen Gemeinschaft und zur ehelichen Treue, die teils aber auch vermögensrechtliche Bezüge aufweisen. Die Verletzung rein **persönlicher Pflichten** hat in der Regel keine schadensersatzrechtlichen Konsequenzen. Sie stellt einen eheinternen Vorgang dar, der nicht in den Schutzzweck der deliktischen Haftungstatbestände einbezogen ist (Beispiel: Verletzung der ehelichen Treuepflicht; vgl. Rn. 713 ff.). Das Ehe- und Familienrecht mit seinen in §§ 1381 II, 1579 Nr. 3–8 BGB, § 27 VersAusglG geregelten Sanktionsmöglichkeiten für pflichtwidriges Verhalten verdrängt in diesem Bereich deliktsrechtliche Ansprüche[94]. Die Verletzung **vermögensrechtlicher Pflichten** dagegen[95] kann zu Schadensersatzansprüchen führen, wobei das Haftungsprivileg nach § 1359 BGB zu beachten ist (Beispiel: Verletzung der Mitwirkungspflicht bei der gemeinsamen Steuerveranlagung; vgl. Rn. 735). **712**

---

89 BGH, FamRZ 2002, 1099 = NJW 2002, 2566; FamRZ 2004, 869, 870; *Bernau,* FamRZ 2007, 248; **a.A.** OLG Karlsruhe, FamRZ 2002, 1056; *Weychardt,* FamRZ 2007, 952.

90 Vgl. Rn. 685, 49.

91 EuGHMR, FamRZ 2002, 1017, m. Anm. *Rixe.*

92 Vgl. Rn. 685, 29 ff., 31 ff.

93 Vgl. die Darstellung des sich aus § 1353 I S. 2 BGB ergebenden Pflichtenkatalogs bei: MünchKomm/*Roth,* § 1353 Rn. 25 ff.; *Palandt/Brudermüller,* § 1353 Rn. 5 ff.

94 Ausgenommen von diesem Konkurrenzverhältnis sind Ansprüche wegen sittenwidriger Schädigung nach § 826 BGB, vgl. Rn. 715 ff.

95 Teilweise wird insoweit von „geschäftsmäßigen Handlungen“ gesprochen (so BGH, FamRZ 1988, 143 = NJW 1988, 2032; *Palandt/Brudermüller,* § 1353 Rn. 16).

1. Persönlicher Pflichtenkreis

a) Verstöße gegen die eheliche Treuepflicht und Kindesunterschiebung

713 Von den möglichen Verstößen aus dem persönlichen Pflichtenkreis beschäftigt die Rechtsprechung in erster Linie immer wieder der Fall des dem Ehemann zunächst verborgen gebliebenen Ehebruchs seiner Frau, der zur Geburt eines scheinehelichen Kindes führt. Das Verhalten der Frau kann dem Mann in verschiedener Hinsicht einen Vermögensschaden zufügen: Er kann mit den Kosten des Vaterschaftsanfechtungsverfahrens belastet werden, es können sich Kostenbelastungen aus einem Scheidungsverfahren ergeben, das die Folge des Verhaltens der Frau ist, es kann sich ein Schaden aus der Zahlung von Betreuungsunterhalt an die Frau ergeben[96], vor allem aber kann ein unter Umständen erheblicher Schaden aus Unterhaltszahlungen erwachsen, die der Mann dem Kind in dem Glauben erbringt, er sei der Vater. Soweit es die Kindesunterhaltsbelastung betrifft, stehen dem Ehemann als Scheinvater nach erfolgreicher Vaterschaftsanfechtung[97] zwar zum einen Regressansprüche gegen den wirklichen Vater des Kindes aus übergegangenem Recht zu (§ 1607 III S. 2 BGB)[98], die grundsätzlich voraussetzen, dass dessen Vaterschaft durch Anerkennung oder gerichtliche Feststellung konstitutiv festgestellt ist (§ 1600d IV BGB)[99]. Diese Ansprüche sind häufig aber wirtschaftlich wertlos, sei es weil der wirkliche Vater nicht festgestellt wird[100], oder sei es, weil er nicht leistungsfähig ist. Zum anderen haftet das Kind dem Scheinvater aus Bereicherungsrecht. Der Anspruch ist jedoch meist wegen Wegfalls der Bereicherung (§ 818 III BGB) ausgeschlossen. So gewinnt die Frage nach Schadensersatzansprüchen gegen die Ehefrau Bedeutung[101].

---

96 Dazu *Löhnig,* FamRZ 2003, 1354.

97 BGH, FamRZ 2012, 437, m. Anm. *Wellenhofer* = NJW 2012, 852.

98 Dazu *Schwonberg,* FamRZ 2008, 449; *Huber,* FamRZ 2004, 145. Zur Höhe des Regressanspruchs *Forschner,* FamRZ 2013, 1700. Zu den Rechten des Scheinvaters insgesamt *Raiser,* FamRZ 1986, 942. Zur Verjährung des Regressanspruchs eines Scheinvaters BGH, FamRZ 2017, 900, m. Anm. *Wellenhofer* = NJW 2017, 1954, m. Anm. *Schmidt.* Zur Darlegungslast beim Scheinvaterregress OLG Celle, NZFam 2017, 912, m. Anm. *Wache* = FamRB 2018, 25 *(Siede).*

99 Inzwischen lässt der BGH (zuletzt FamRZ 2012, 200 = NJW 2012, 450) allerdings in Ausnahmefällen eine inzidente Vaterschaftsfeststellung im Regressverfahren zu; dazu *Palandt/Brudermüller,* § 1607 Rn. 16, m. Rspr.-Nw.

100 Zur Problematik des Bestehens eines die Person des Erzeugers betreffenden Auskunftsanspruchs des Scheinvaters gegen die Mutter nach erfolgreicher Anfechtung der Vaterschaft siehe Rn. 720 ff.

101 Regressansprüche gegen die Mutter des Kindes aus § 1607 III S. 2 BGB bestehen nicht (dazu *Mersch,* FPR 2005, 117; a.A. *Schmidt,* NJW 2015, 2693).

Der BGH vertritt in ständiger Rechtsprechung zu Recht den Standpunkt, dass die **Verletzung der Verpflichtung zur ehelichen Treue** durch die Frau keine deliktischen oder sonstigen Ersatzansprüche des Mannes gegen die Frau auslöst[102]. Es gibt also keinen Ersatz der Kosten einer Scheidung, die die Folge ehelicher Untreue ist[103]. Der Ausschluss deliktischer Ansprüche aufgrund ehelicher Untreue gilt auch dann, wenn aus dem Ehebruch ein Kind hervorgeht. Der Ehebruch führt also nicht dazu, dass die Frau dem Mann für den Vermögensschaden haftet, der ihm infolge der Scheinehelichkeit des Kindes entstanden ist. Der BGH sieht in Ehestörungen, die, wie insbesondere ein Ehebruch, unmittelbar die innere Lebens- und Geschlechtsgemeinschaft der Ehegatten berühren, einen innerehelichen, dem Deliktsrecht entzogenen Vorgang. **714**

Einen auf § 826 BGB gestützten Schadensersatzanspruch hält der BGH dagegen ausnahmsweise dann für möglich, wenn zu dem Ehebruch ein **weiteres, sittenwidrig schädigendes Verhalten** der Ehefrau hinzutritt. Ein solches Verhalten kann nach der Rechtsprechung des BGH (vgl. Rn. 716) vorliegen, wenn die Frau Zweifel des Ehemannes an der Abstammung des Kindes durch unzutreffende Angaben oder durch ausdrückliches Leugnen[104] des Ehebruchs zerstreut, oder wenn sie den Ehemann durch arglistige Täuschung oder auf andere Weise, etwa durch Drohung, an der Einleitung eines Ehelichkeitsanfechtungsverfahrens hindert. Dagegen reicht es nicht schon aus, wenn die Frau den begangenen Ehebruch **nicht von sich aus offenbart** und den Ehemann damit in dem Glauben lässt, das Kind stamme von ihm[105]. **715**

---

102 BGH, FamRZ 2013, 939 = NJW 2013, 2108; FamRZ 1990, 367 = NJW 1990, 706, zustimmend *Schwenzer*, JZ 1990, 441 (Anm.); FamRZ 1981, 531 = NJW 1981, 1445; FamRZ 1972, 33 = NJW 1972, 199; FamRZ 1957, 133 = NJW 1957, 670; vgl. auch *Stein*, FPR 2011, 85, 88 f. Im Schrifttum wird demgegenüber teilweise die Ansicht vertreten, Ehestörungen müssten eine Schadensersatzpflicht aus § 823 I BGB nach sich ziehen: vgl. dazu *Erbarth*, NJW 2013, 3478, 3481 ff.; MünchKomm/*Roth*, § 1353 Rn. 48; *Gernhuber/Coester-Waltjen*, § 17 Rn. 24, jeweils m.w.N. Das türkische Recht etwa sieht einen Schmerzensgeldanspruch bei Ehebruch vor, vgl. *Zeytin*, NZFam 2016, 450, 453, sowie Rn. 870.

103 Vgl. auch BGH, NJW 1956, 1149 (keine Ersatzansprüche gegen den ehestörenden Dritten).

104 Kritisch gegenüber dem Erfordernis aktiven Leugnens *Fröschle*, JR 2014, 348, 349 (Anm.); *Roßmann*, FuR 2014, 614, 616.

105 BGH, FamRZ 2013, 939, 940, m. Anm. *Helms* = NJW 2013, 2108; FamRZ 1990, 367 = NJW 1990, 706; ebenso OLG Düsseldorf, FamRZ 1997, 1357. Kritisch demgegenüber *Forschner/Gadinger*, FuR 2014, 689, 692; *Rauscher*, JZ 2015, 624, 627 (Anm.): Jedenfalls bei im Zeitpunkt der Zeugung bereits bestehender Ehe oder eindeutigem Kausalzusammenhang zwischen der Annahme eigener Vaterschaft und der Eheschließung Aufklärungspflicht der Mutter über die Möglichkeit einer anderweitigen Vaterschaft fordernd, deren Verletzung Arglist i.S. des § 826 BGB begründen könne.

716 Der BGH hat seinen Standpunkt und die Entwicklung der höchstrichterlichen Rechtsprechung im Einzelnen in einer Entscheidung vom 19.12.1989[106] dargelegt, der folgender Sachverhalt zugrunde lag:

Die Ehegatten waren von 1953 bis 1959 verheiratet gewesen. Für eine 1957 geborene Tochter hatte der Ehemann über die Scheidung hinaus jahrelang Unterhalt gezahlt, den die Ehefrau als gesetzliche Vertreterin des Kindes eingeklagt und teilweise im Wege der Lohnpfändung beigetrieben hatte. Auf eine 1986 erhobene Anfechtungsklage des Mannes wurde die Nichtehelichkeit des Kindes festgestellt. Der Mann nahm daraufhin seine geschiedene Ehefrau wegen der erbrachten Unterhaltsleistungen auf Schadensersatz in Anspruch.

Der BGH bestätigte das klagabweisende Urteil der Vorinstanz. Ein zu der Verletzung der ehelichen Treuepflicht hinzutretendes sittenwidrig schädigendes Verhalten der Ehefrau sei nicht gegeben. Wenn die Frau die Vaterschaft des Mannes nicht in Frage gestellt, ihn also nicht von sich aus über den Ehebruch aufgeklärt habe, so erfülle dies nicht die Anforderungen des § 826 BGB. Es bestehe keine schadensersatzrechtlich sanktionierte Pflicht, dem anderen Ehegatten einen Ehebruch zu offenbaren. Eine Offenlegung des begangenen ehelichen Treueverstoßes sei für den betroffenen Ehegatten i.d.R. unzumutbar, zumal er sich dabei nicht selten in einer kaum lösbaren Konfliktsituation befinden dürfe, weil durch die Offenbarung des Ehebruchs nicht nur seine eigenen Interessen, sondern auch die Unterhaltsinteressen des Kindes gefährdet werden könnten. Auch die Inanspruchnahme des Mannes auf Unterhalt für das Kind im Klagewege und die zwangsweise Durchsetzung der titulierten Ansprüche im Wege der Lohnpfändung stelle unter den gegebenen Umständen keine sittenwidrige Schädigung i.S. von § 826 BGB dar. Der verlangte Unterhalt sei der Höhe nach angemessen gewesen. Da die Tochter vor Feststellung der Nichtehelichkeit als eheliches Kind gegolten habe (§ 1593 BGB a.F.), sei der Mann ihr aus damaliger Sicht zum Unterhalt verpflichtet gewesen. Die Ehefrau sei als gesetzliche Vertreterin gehalten gewesen, für die Durchsetzung der Ansprüche im Interesse des Kindes Sorge zu tragen. Sie habe somit bei der Geltendmachung und Verfolgung der Unterhaltsansprüche in berechtigter Wahrnehmung der ihr anvertrauten Kindesinteressen gehandelt.

717 Hergeleitet wird die Haftung der Frau im Ausnahmefall einer vorsätzlichen sittenwidrigen Schädigung also nicht aus der Verletzung der ehelichen Pflichten, sondern aus dem hinzukommenden **aktiven „Unterschieben" des Kindes.** Dieser Rechtsprechung ist zuzustimmen[107]. Richtig ist insbesondere, dass der BGH das bloße Verschweigen des Ehebruchs seitens der Frau nicht für eine vorsätzliche sittenwidrige Schädigung genügen lässt. Hinzuweisen ist aber darauf, dass mit dieser Rechtsprechung schwerlich der jüngst vom BGH[108] in anderem Zusammenhang vertretene und zu kritisierende[109] Standpunkt zu vereinbaren ist, die Frau treffe die Pflicht zur ungefragten Offenbarung eines Seitensprungs, der zur Zeugung eines während der Ehe geborenen Kindes geführt haben könnte; bei Verstoß gegen diese Pflicht könne der Mann eine in dem Glauben, er sei der Vater des Kindes, gemachte Vermögenszuwendung wegen arglistiger

106 FamRZ 1990, 367 = NJW 1990, 706.

107 Vgl. die überzeugenden Argumente von *Schwenzer*, JZ 1990, 441 (Anm.).

108 FamRZ 2012, 1363 = NJW 2012, 2728; FamRZ 2012, 779 = NJW 2012, 1443; FamRZ 2012, 845 = NJW 2012, 1446.

109 *Wever*, FamRZ 2012, 1601; *Bömelburg*, FF 2013, 244, 246 (Anm.).

Täuschung anfechten und auch der Ausschluss von Unterhaltsansprüchen und des Versorgungsausgleichs gem. § 1579 Nr. 7 BGB bzw. § 27 VersAusglG komme in Betracht[110] (dazu näher Rn. 1066 f.). Wenn der BGH in seiner Entscheidung vom 20.2.2013[111] die unterschiedliche Behandlung damit begründet, in den Unterhalts- und Versorgungsausgleichsfällen seien familienrechtliche Sondervorschriften und damit andere Fragestellungen betroffen und in den Anfechtungsfällen gehe es um Zuwendungen an die Ehefrau, während es hier, beim Schadensersatzbegehren, um Unterhalt für das Kind gehe, so überzeugt das nicht[112]. Die vom BGH in der Entscheidung vom 19.12.1989 angesprochene Unzumutbarkeitsproblematik (s.o. Rn. 716) stellt sich in allen Fällen in gleicher Weise.

Auf der Grundlage der zu Rn. 715 f. geschilderten Rechtsprechung hat **718** das LG Baden-Baden[113] einem Ehemann zu Recht Schadensersatz gegen seine getrenntlebende Frau zugesprochen, die ihn dadurch von der Erhebung einer Ehelichkeitsanfechtungsklage (nach bis 30.6.1998 geltendem Recht) abgehalten hatte, dass sie auf seine Vorhaltungen hin immer wieder abgestritten hatte, mit einem anderen Mann während der gesetzlichen Empfängniszeit geschlechtlich verkehrt zu haben. Den Vermögensschaden des Mannes, der 18 Jahre lang während fortbestehender ehelicher Lebensgemeinschaft für den Unterhalt des Kindes aufgekommen war, hat das Gericht – der Berechnung des Mannes folgend – auf mindestens die Höhe der (damaligen) Regelunterhaltsbeträge geschätzt. Im Falle einer Doppelverdienerehe ist zu berücksichtigen, dass der Ehemann während des Zusammenlebens für den Kindesunterhalt nicht allein aufgekommen ist[114].

Schadensersatzpflichtig kann im Übrigen auch die Frau sein, die ih- **719** rem Ehemann **vor der Eheschließung** vorgespiegelt hat, dass nur er als Vater des von ihr erwarteten Kindes in Frage komme, und ihn dadurch zur Eheschließung bewogen hat. Anspruchsgrundlagen sind § 823 II BGB i.V.m. § 263 StGB und § 826 BGB[115].

Noch nicht abschließend geklärt ist die Frage, ob und unter welchen **720** Voraussetzungen sich ein Schadensersatzanspruch des Mannes gegen die

---

110 Zur Verwirkung von Unterhaltsansprüchen im Falle des Unterschiebens eines Kindes bisher BGH, FamRZ 1985, 267 = NJW 1985, 2266.

111 FamRZ 2013, 939, 941 = NJW 2013, 2108.

112 So auch *Bömelburg*, FF 2013, 244, 246 (Anm.).

113 FamRZ 1992, 557 = NJW 1992, 1514.

114 Dazu OLG München, FamRZ 2001, 251.

115 BGH, FamRZ 1981, 531 = NJW 1981, 1445. Zur Möglichkeit der Eheaufhebung in diesen Fällen: OLG Stuttgart, MDR 2006, 158; OLG Karlsruhe, NJW-RR 2000, 737. Zum Unterschieben eines Kindes bei nicht miteinander verheirateten Partnern: OLG Köln, NJW-RR 1999, 1673; OLG Hamm, MDR 1999, 42; LG Paderborn, FamRZ 1998, 1425.

Ehefrau ergeben kann, wenn diese ihm **keine oder nur unzureichende Angaben** über die Person des (potentiellen) Erzeugers des Kindes macht.

721 Der BGH hat in seiner bisherigen Rechtsprechung[116] eine auf § 242 BGB gestützte Verpflichtung der Mutter für möglich gehalten, ihrem (geschiedenen) Ehemann nach erfolgreicher Anfechtung der Vaterschaft Auskunft darüber zu erteilen, wer ihr während der Empfängniszeit beigewohnt hat. Dies jedenfalls dann, wenn nicht im Einzelfall das allgemeine Persönlichkeitsrecht der Mutter den Anspruch des Scheinvaters auf effektiven Rechtsschutz überwiegt, etwa weil der Scheinvater mit seinem Auskunftsbegehren vorrangig andere Zwecke verfolgt als die Vorbereitung seines Regressanspruchs[117]. Nach diesem rechtlichen Ansatz war bei mangelhafter Erfüllung der Auskunftsverpflichtung zwar grundsätzlich ein Schadensersatzanspruch des Mannes gegen die Ehefrau aus §§ 280, 242 BGB unter dem **Gesichtspunkt der Regressvereitelung** denkbar. Er scheiterte aber regelmäßig an der ohne Kenntnis der Person des Erzeugers fehlenden Möglichkeit des Ehemannes, seinen Schaden (die vereitelte Regressforderung) zu benennen, da Bestand und Höhe der Regressforderung (auf den Ehemann als Scheinvater gem. § 1607 III BGB übergegangener Unterhaltsanspruch des Kindes gegen seinen Erzeuger) unter anderem von den wirtschaftlichen Verhältnissen des Erzeugers abhängen[118]. Der Mann konnte daher bei Auskunftsverweigerung nicht Schadensersatz von der Frau verlangen, sondern musste seinen Auskunftsanspruch durchsetzen.

722 Dieser vom BGH entwickelten Rechtsprechung zum Auskunftsanspruch des Scheinvaters gegen die Mutter auf Nennung des Namens des mutmaßlichen Vaters hat das BVerfG indes mit Beschluss vom 24.2.2015[119] den Boden entzogen. Darin hat es zwar einerseits betont, dass insbesondere in Konstellationen, in denen die Mutter aufgrund ihres Verhaltens dem Scheinvater wegen seiner dem Scheinkind erbrachten Leistungen nach § 826 BGB schadensersatzpflichtig sei, eine Verpflichtung der Mutter, dem Scheinvater zur Durchsetzung seines Regressanspruchs aus

116 BGH, FamRZ 2012, 200, m. Anm. *Wellenhofer* = NJW 2012, 450, m. Anm. *Maurer*; BGH, FamRZ 2013, 939, 941 f., m. Anm. *Helms* = NJW 2013, 2108; FamRZ 2014, 1440, m. Anm. *Wellenhofer* = NJW 2014, 2571, m. Anm. *Löhnig*.

117 BGH, FamRZ 2014, 1440, 1441, m. Anm. *Wellenhofer* = NJW 2014, 2571. Ebenso OLG Brandenburg, FamRZ 2014, 223: Auskunftsanspruch nur, wenn für Unterhaltsregress benötigt.

118 BGH, FamRZ 2013, 939, 942, m. Anm. *Helms* = NJW 2013, 2108. Siehe hierzu auch *Fröschle*, JR 2014, 348 (Anm.). Zu dogmatischen Konsequenzen der Entscheidung *Löhnig/Preisner*, NJW 2013, 2080; *Erbarth*, NJW 2013, 3478, *Schwonberg*, ZfF 2014, 25.

119 FamRZ 2015, 729, m. Anm. *Scherpe* = NJW 2015, 1506, m. Anm. *Reuß* = FamRB 2015, 173 *(Schwonberg)* = NZFam 2015, 355, m. Anm. *Löhnig*. Kritisch: *Rauscher*, JZ 2015, 624 (Anm.). Vgl. auch bereits BVerfG, FamRZ 2014, 1097: Aussetzung der Vollstreckung einer zur Auskunft über den mutmaßlichen Vater verpflichtenden Entscheidung wegen nicht offensichtlicher Unbegründetheit der dagegen gerichteten Verfassungsbeschwerde.

§ 1607 Abs. 3 BGB auch gegen ihren Willen Auskunft über die Person des Vaters zu erteilen, verfassungsrechtlich nicht von vornherein ausgeschlossen sei. Andererseits hat es entschieden, dass die gerichtliche Verpflichtung einer Mutter, zur Durchsetzung eines Regressanspruchs des Scheinvaters Auskunft über die Person des mutmaßlichen Vaters des Kindes zu erteilen, die verfassungsrechtlichen Grenzen richterlicher Rechtsfortbildung überschreite. Sie lasse sich insbesondere, und zwar unabhängig von den konkreten Umständen des Einzelfalles, nicht auf § 242 BGB – auch nicht in Verbindung mit § 1353 BGB – stützen. Vielmehr müsse der Gesetzgeber tätig werden, falls der Regressanspruch des Scheinvaters gestärkt werden solle.

Die Konsequenzen dieser Rechtsprechung des BVerfG werden unterschiedlich eingeschätzt. Zum Teil wird angenommen, dass ausnahmsweise weiterhin ein Anspruch auf Benennung des Vaters in solchen Fällen begründet sein kann, in denen die Mutter es nicht schlicht unterlassen hat, das Inbetrachtkommen eines anderen Erzeugers ungefragt zu offenbaren, sondern wegen eines früheren arglistigen oder sittenwidrigen Verhaltens[120] weniger schutzwürdig erscheint[121]. Nach anderer Lesart versperrt die Entscheidung des BVerfG die vom BGH entwickelte Lösung über § 242 BGB aufgrund des Fehlens eines gesetzlich geregelten Auskunftsanspruchs auch für diese Fälle[122]. **723**

Die rechtliche Situation stellt sich somit für den Scheinvater derzeit als unbefriedigend dar. Alternative Anspruchsgrundlagen werden diskutiert[123], jedoch kann die wünschenswerte Klarheit in diesem Bereich letztlich nur der Gesetzgeber schaffen[124]. **724**

---

120 Vgl. auch Rn. 715 ff.

121 In diesem Sinne etwa *Schwonberg*, FamRB 2015, 173, 174 (Anm.). Vgl. auch *Scherpe*, FamRZ 2015, 733, 734 (Anm.): Auskunftsanspruch bereits de lege lata über § 826 BGB bei dolosem Verhalten der Kindesmutter.

122 So etwa *Rauscher*, JZ 2015, 624, 626 (Anm.); *Soyka*, FuR 2015, 357, 358 (Anm.); *Forschner*, FuR 2015, 451, 453.

123 Vgl. etwa *Rauscher*, JZ 2015, 624, 627 (Anm.): Schadensersatzanspruch in entsprechender Anwendung von §§ 280, 241 Abs. 2 BGB in Bezug auf die eheliche Lebensgemeinschaft als ein zur vermögensrechtlichen Rücksichtnahme in Ansehung des Kindesunterhalts verpflichtendes schuldrechtliches Verhältnis, das durch eine Regressvereitelung verletzt ist, bei gleichzeitiger Vermutung der Leistungsfähigkeit des biologischen Vaters in Höhe des Mindestunterhalts; *Schmidt*, NJW 2015, 2695: Regressanspruch des Scheinvaters (auch) gegen die Mutter aus (unmittelbarer oder analoger Anwendung des) § 1607 III S. 2 BGB. Vgl. auch *Fröschle*, FamRZ 2015, 1858, sowie *Wohlgemuth*, FuR 2016, 132, 133, jeweils zur Frage eines Auskunftsanspruchs des Scheinvaters gegen das Kind entsprechend § 402 BGB.

124 Zu bisherigen Überlegungen zur Reform des Scheinvaterregresses ausführlich *Wellenhofer*, FamRZ 2016, 1717 und FamRZ 2017, 430; *Plettenberg/Runge-Rannow*, FamRZ 2017, 429; *Wendelmuth*, FF 2017, 16; *Fröschle*, NZFam 2017, 884. Vgl. auch den – nicht verabschiedeten – Gesetzentwurf der Bundesregierung zur Reform des Scheinvaterregresses aus

725 Der Übergang des Unterhaltsanspruchs des Kindes gegen seinen Erzeuger auf den Unterhalt leistenden Scheinvater (§ 1607 III S. 2 BGB) ist gegebenenfalls unter dem Gesichtspunkt der **Vorteilsausgleichung** zu berücksichtigen[125]. Ist der übergegangene Anspruch realisierbar, steht dies einem Schadensersatzanspruch des Scheinvaters gegen die Ehefrau entgegen.

b) Sonstige Pflichtverletzungen

726 Das OLG Karlsruhe[126] hat es als Verletzung rein familienrechtlicher Pflichten angesehen, wenn eine Ehefrau ihren Ehemann **bei der Adoption eines Kindes über dessen Herkunft getäuscht** hat, und einen Anspruch des Ehemannes auf Ersatz des ihm durch die Adoption entstandenen Unterhaltsschadens wegen des Vorrangs der familienrechtlichen Bestimmungen abgelehnt. Keinen Ersatz für **Aufwendungen im Hinblick auf die geplante Eheschließung** (Kosten der Einreise, Deutschkurs) hat das AG Limburg[127] einem Ehemann gewährt, dessen Frau 17 Tage nach der Heirat aus der Ehewohnung ausgezogen war. Keinen Schadensersatzanspruch erwirbt auch ein Mann, dessen Ehefrau die vereinbarte **Familienplanung unterläuft**, indem sie ohne sein Wissen von absprachegemäß übernommenen Verhütungsmaßnahmen Abstand nimmt[128].

727 Im Falle einer Aufhebung der Ehe wegen **Irrtums über persönliche Eigenschaften** des anderen Ehegatten nach § 32 EheG (außer Kraft getreten am 30.6.1998) war der irrende Ehegatte auf die in § 37 EheG geregelten Rechtsfolgen beschränkt. Er konnte nicht verlangen, im Wege eines Schadensersatzanspruchs so gestellt zu werden, als habe die Ehe nicht bestanden, und auf diesem Wege die Rückzahlung während der Ehe geleisteten Unterhalts erreichen[129]. Entsprechendes gilt, nachdem seit 1.7.1998 der Irrtum über persönliche Eigenschaften des anderen Ehegatten keinen Eheaufhebungsgrund mehr darstellt (vgl. § 1314 BGB), sondern der irrende Ehegatte auf die Möglichkeit der Scheidung verwiesen ist.

---

dem Jahr 2016, der einen gesetzlichen Auskunftsanspruch des Scheinvaters gegen die Mutter des Kindes auf Benennung der Person des mutmaßlichen Vaters vorsieht: BT-Drucks. 18/10343, S. 1, 7, 19. Kritisch gegenüber der Normierung eines solchen Auskunftsanspruchs *Frank*, FamRZ 2017, 161, 165.

125 BGH, FamRZ 1981, 531 = NJW 1981, 1445; OLG Düsseldorf, FamRZ 1997, 1357.

126 FamRZ 1988, 1270.

127 FamRZ 2001, 548.

128 Vgl. BGH, FamRZ 1986, 773 = NJW 1986, 2043 bei Partnern einer nichtehelichen Lebensgemeinschaft. Dazu jetzt Anm. *Heiderhoff*, NJW 2017, 3085. Kritisch *Foerste*, JZ 2001, 986.

129 BGH, FamRZ 1967, 562 = NJW 1967, 2008. Vgl. auch BGH, FamRZ 1981, 531 = NJW 1981, 1445.

2. Vermögensrechtliche Pflichten

Unter dem Gesichtspunkt der sich aus § 1353 I S. 2 BGB ergebenden Verpflichtung der Ehegatten, auf die Vermögensinteressen des Partners Rücksicht zu nehmen[130], beschäftigen die Praxis insbesondere Fälle der nachfolgend beschriebenen Art. 728

a) Vorprozessuale Kosten der Rechtsverteidigung

Es stellt sich etwa die Frage nach einem Schadensersatzanspruch, wenn ein Ehegatte gegen den anderen eine **unberechtigte Forderung geltend macht**, die diesen zu Aufwendungen (Anwaltskosten) veranlasst, welche prozessual nicht erstattungsfähig sind, weil es nicht zur Rechtshängigkeit einer Klage und damit nicht zu einer gerichtlichen Kostenentscheidung kommt. 729

Der BGH[131] hatte einen Fall zu entscheiden, in dem die Ehefrau vom Ehemann Ersatz der Anwaltskosten verlangte, die ihr für die Verteidigung gegen eine vom Ehemann eingereichte und ihr von ihm übersandte, aber vor Zustellung zurückgenommene Klage entstanden waren. Mit dieser Klage hatte der Ehemann Schadensersatz dafür verlangt, dass es zu einer Steuernachforderung gegen ihn in Höhe von rd. 106.000 DM gekommen war, weil die Ehefrau für einen Veranlagungszeitraum, in dem die Ehegatten bereits durchgehend getrennt gelebt hatten, die getrennte steuerliche Veranlagung mit der Folge beantragt hatte, dass die schon durchgeführte gemeinsame Veranlagung rückgängig gemacht worden war. 730

Der BGH lehnt einen materiell-rechtlichen Kostenerstattungsanspruch der Frau ab. Er führt aus, der Mann – der die Klage offenbar ohne sorgfältige Vorprüfung der Rechtslage eingereicht habe – habe allenfalls gegen eine jener höchstpersönlichen Pflichten aus dem Anwendungsbereich des § 1353 I S. 2 BGB verstoßen, deren Verletzung nicht schadensersatzbewehrt sei. Der Annahme einer Pflichtverletzung stünden im Übrigen aber auch Bedenken entgegen, weil die Ehegatten im fraglichen Zeitpunkt bereits mehr als 3 ½ Jahre getrennt gelebt und sich mehrfach ohne gegenseitige Schonung gerichtlich auseinandergesetzt hätten. Dies führe zu einer Abschwächung des dem Ehemann zu machenden Vorwurfs. In einem in solcher Weise gestörten ehelichen Verhältnis bestünden Pflichten aus § 1353 BGB nicht mehr in gleichem Maße wie in einer intakten Ehe.

Dem Ergebnis ist zuzustimmen, die Begründung überzeugt jedoch nur begrenzt. Wer seinen Ehepartner grundlos mit einer Schadensersatzklage überzieht, verstößt nicht gegen Pflichten aus der persönlichen Ehesphäre, sondern allenfalls gegen solche aus dem rein vermögensrechtlichen Bereich, in dem Schadensersatzansprüche in Betracht kommen. Dem Ehemann hier im Hinblick auf die lange zurückliegende Beendigung der ehelichen Lebensgemeinschaft und die beiderseits gezeigte Prozessfreudigkeit eine gewisse Nachsicht entgegenzubringen, erscheint dagegen vertretbar. Vor allem aber wäre eine Erstattungspflicht nicht mit dem für das Recht der unerlaubten Handlungen entwickelten Grundsatz vereinbar, dass für die Folgen einer fahrlässigen Verkennung der Rechtslage nicht einzustehen hat, wer in subjektiv redlicher Weise vermeintliche Ansprüche geltend macht und sich 731

130 Vgl. MünchKomm/*Roth*, § 1353 Rn. 37.

131 FamRZ 1988, 143 = NJW 1988, 2032, besprochen von *Lipp*, JuS 1990, 790.

dazu eines staatlichen, gesetzlich geregelten Verfahrens bedient[132]. Da es hier um die Verletzung einer Ausprägung des Rechts auf eheliche Lebensgemeinschaft und damit um ein absolutes Recht i.S. von § 823 I BGB ging[133], findet der genannte Grundsatz unmittelbar Anwendung. Schließlich kann man bezweifeln, ob die Ehefrau Veranlassung hatte, sich schon vor Klagzustellung mit einer Honoraransprüche auslösenden anwaltlichen Klageerwiderung an das Gericht zu wenden, zumal das Klagebegehren offensichtlich unbegründet war (Gesichtspunkt des – evtl. überwiegenden – Mitverschuldens)[134].

732 Im geschilderten Fall ging es um vorprozessuale Aufwendungen der Rechtsverteidigung, also um solche des als Schuldner in Anspruch genommenen Ehegatten[135]. Vorprozessuale **Aufwendungen der Rechtsverfolgung,** also solche des Gläubigers, können als Verzögerungsschaden (§§ 280 I und II, 286 BGB) erstattungsfähig sein[136]. Vgl. dazu Rn. 749.

b) Kosten der Verteidigung gegen Strafanzeige

733 Auch im Fall der Erstattung einer Strafanzeige des einen gegen den anderen Ehegatten, die im Ergebnis – etwa wegen Einstellung gem. § 170 II StPO – folgenlos bleibt, kann sich die Frage nach einem Schadensersatzanspruch des beschuldigten Ehegatten (Ersatz der Verteidigerkosten) stellen[137]. Grundsätzlich gebietet die aus § 1353 I S. 2 BGB hergeleitete Rücksichtnahmepflicht Ehegatten, Strafanzeigen gegen den anderen zu unterlassen. Das gilt für wissentlich oder leichtfertig falsche Beschuldigungen ohnehin, kann aber im Einzelfall auch für an sich zutreffende Beschuldigungen gelten[138]. Hier sind vor allem die Motive des Anzeigenden von Bedeutung (Schädigungsabsicht? Rachsucht? Verfolgung berechtigter eigener Interessen?). Ob eine danach pflichtwidrige Anzeigeerstattung als eine rein vermögensmäßige oder geschäftsmäßige Handlung ohne Bezug zum persönlichen Bereich der ehelichen Lebensgemeinschaft angesehen werden und damit zu einem Schadensersatzanspruch aus § 823 I i.V.m. § 1353 I S. 2 BGB führen kann, erscheint allerdings zweifelhaft. Bei einer

---

132 BGH, NJW 1983, 284; NJW 2003, 1934. Vgl. auch BGH, FamRZ 1988, 143, 144 = NJW 1988, 2032; AG Groß-Gerau, FamRZ 2002, 248: kein Schadensersatz bei unbegründetem außergerichtlichem Auskunftsbegehren.

133 Vgl. Rn. 711.

134 So das Berufungsgericht: OLG Düsseldorf, FamRZ 1986, 1240, 1241.

135 Zu in Betracht kommenden weiteren Anspruchsgrundlagen in solchen Fällen BGH, FamRZ 2007, 550 = NJW 2007, 1458 (bei miteinander Bekannten); *Vossler,* MDR 2009, 300. – Vgl. auch den Fall AG Nordenham, FamRZ 2009, 46: Die Ehefrau hatte anlässlich des vom Ehemann geplanten Verkaufs des ihm gehörenden Grundstücks dem Grundbuchamt, dem Makler und dem Notar mitgeteilt, der Verkauf sei gem. § 1365 BGB zustimmungspflichtig, was sich nach Einschaltung eines Anwalts seitens des Ehemannes als unzutreffend herausstellte. Das AG bejaht eine Schadensersatzpflicht der Frau.

136 Vgl. etwa OLG Braunschweig, FamRZ 1979, 719.

137 Zur Frage der Erstattungsfähigkeit von Auslagen des Anzeigeerstatters vgl. Fn. 19 und BGH, NJW 2011, 2966.

138 *Staudinger/Voppel,* 2012, § 1353 Rn. 60 f.

wissentlich oder leichtfertig falschen Beschuldigung kann jedoch eine Haftung aus § 826 BGB in Betracht kommen[139].

c) Anschwärzen beim Arbeitgeber

Die aus § 1353 I S. 2 BGB herzuleitende Pflicht der Ehegatten zur gegenseitigen Rücksichtnahme gebietet es, alles zu unterlassen, was der Erwerbstätigkeit und dem beruflichen Fortkommen des anderen zu schaden geeignet ist. Auch nach dem Scheitern der Ehe darf ein Ehegatte dem anderen nicht dadurch Schaden zufügen, dass er ihn bei seinem Arbeitgeber wegen einer unzulässigen Nebentätigkeit oder wegen anderer Verstöße gegen den Arbeitsvertrag anschwärzt, sofern nicht im Einzelfall ausnahmsweise übergeordnete Gesichtspunkte wie die Wahrnehmung berechtigter Interessen (Gefahr, sich bei Nichtanzeige selbst strafbar zu machen) vorliegen. Verstößt ein Ehegatte gegen diese Verpflichtung und führt er dadurch den Verlust des Arbeitsplatzes des anderen herbei, kann er sich nach § 826 BGB schadensersatzpflichtig machen. Treffen die dem Arbeitgeber mitgeteilten Vorwürfe zu, kann ein Mitverschulden (§ 254 BGB) anzunehmen sein[140]. **734**

d) Sonstige Pflichtverletzungen

Zu den sich aus § 1353 I S. 2 BGB ergebenden vermögensrechtlichen Pflichten gehört des Weiteren die Verpflichtung der Ehegatten, der steuerlichen Zusammenveranlagung zuzustimmen[141]. **735**

Zustimmungsansprüche, deren Verletzung Schadensersatzansprüche auslösen kann, können auch im Zusammenhang mit Versicherungen bestehen, z.B. gerichtet auf die Übertragung des Schadenfreiheitsrabatts in der Fahrzeugversicherung[142]. **736**

Eine nach § 1353 I S. 2 BGB zum Schadensersatz verpflichtende Verletzung der Vermögensfürsorgepflicht stellt es darüber hinaus dar, wenn ein Ehegatte die Hausratversicherung für die Ehewohnung auf eine von ihm allein erworbene, für eine außereheliche Beziehung genutzte Wohnung ummeldet, ohne den anderen Ehegatten hierüber zu informieren, und diesem aufgrund der Ummeldung die bei einem späteren Einbruchdiebstahl in der Ehewohnung entwendeten Gegenstände von der Versicherung nicht ersetzt werden[143]. **737**

139 Instruktiv dazu OLG Dresden, FamRZ 2013, 410.

140 OLG Nürnberg, FamRZ 1996, 32. – Zur Verwirkung von Unterhaltsansprüchen im Falle des Anschwärzens des Unterhaltspflichtigen bei seinem Arbeitgeber vgl. RsprN bei *Wendl/Siebert*, § 4 Rn. 1324.

141 Diese Verpflichtung und die Folgen ihrer Verletzung werden in Rn. 638 ff. behandelt. Zur Schadensersatzpflicht bei schuldhafter Verletzung der Zustimmungspflicht siehe Rn. 655.

142 Vgl. dazu die Ausführungen zu Rn. 857 ff.

143 OLG Bremen, FamRZ 2015, 261 = NJW 2015, 495 (im konkreten Fall zugleich eine Schadensersatzpflicht des Ehemannes aus § 280 BGB i.V. mit § 662 BGB bejahend, weil die-

VII. Pflichtverletzungen unterhaltsrechtlicher Art

738 Zu Schadensersatzansprüchen der Ehegatten untereinander können auch Verletzungen unterhaltsrechtlicher Pflichten führen. Wegen ihres Sachzusammenhangs mit dem Unterhaltsrecht (Familiensachen nach § 23b I S. 2 Nr. 6 GVG a.F.) wurden solche Schadensersatzansprüche schon nach der bis zum 31.8.2009 geltenden Rechtslage der **Zuständigkeit** der Familiengerichte zugeordnet[144]. Daran hat sich durch das Inkrafttreten des FamFG am 1.9.2009 nichts geändert. Es handelt sich nunmehr um Familiensachen i.S. der §§ 111 Nr. 8, 231 I Nr. 2 FamFG[145]. Im Wesentlichen geht es um nachfolgende Fallgruppen, bei denen vielfach – aber nicht immer – die Rückforderung von zu Unrecht gezahltem Unterhalt zur Diskussion steht[146].

1. Falsche Auskunft und Verfahrensbetrug

739 Schadensersatzansprüche können sich zunächst aus unerlaubten Handlungen ergeben[147]. Begeht der Unterhaltsgläubiger im Unterhaltsverfahren dadurch einen **Verfahrensbetrug,** dass er zu seinem Einkommen, zu seinen Erwerbsmöglichkeiten oder zu sonstigen für die Unterhaltsfrage bedeutsamen Umständen (etwa: Abbruch der Berufsausbildung, Zusammenleben mit einem Partner, Erhalt von Vermögenszuwendungen) falsche Angaben macht oder Einkommen verschweigt[148], kann der Unterhaltspflichtige in Höhe des zu Unrecht gezahlten Unterhalts einen Schadensersatzanspruch aus § 823 II BGB i.V.m. § 263 StGB bzw. aus § 826 BGB (Erschleichen eines unrichtigen Titels) haben[149]. Mitzuteilen sind

---

ser es während des Zusammenlebens der Ehegatten übernommen hatte, für Versicherungsschutz für den gemeinsamen Hausrat in der jeweiligen gemeinsamen Wohnung zu sorgen, sodass insofern vom konkludenten Zustandekommen eines Auftragsverhältnisses zwischen den Ehegatten auszugehen sei).

144 Vgl. Rn. 684.

145 Vgl. Rn. 56ff.

146 Zur Rückforderung von zu Unrecht gezahltem Unterhalt auch *Wohlfahrt,* FamRZ 2001, 1185; *Wendl/Gerhardt,* § 6 Rn. 200ff. – Zur Rückforderung eines Prozess- bzw. Verfahrenskostenvorschusses vgl. Rn. 884.

147 Bei die Vollstreckung beeinträchtigenden Vermögensverlagerungen des zu Unterhalt verurteilten Ehemannes auf seine neue Lebensgefährtin ohne hinreichende Gegenleistung kann ein Schadensersatzanspruch der Ehefrau aus § 826 BGB **gegen die Lebensgefährtin** in Betracht kommen: BGH, FamRZ 2001, 86 = NJW 2000, 3138, m. Anm. *Gerhardt,* FamRZ 2001, 87, u. *Büttner,* FF 2000, 214; OLG Koblenz, FF 2004, 26, m. Anm. *Büttner* = FamRZ 2004, 104 [LS]; LG Oldenburg, FamRZ 1996, 861.

148 Zur Offenbarungspflicht desjenigen, der einen Unterhaltsanspruch geltend macht, BGH, FamRZ 2000, 153 = NJW 1999, 2804. Zur Offenbarungspflicht in den verschiedenen unterhaltsrechtlichen Konstellationen *Bömelburg,* FF 2012, 240.

149 Vgl. BGH, FamRZ 1984, 767, 769 = NJW 1984, 2095; OLG Oldenburg, FF 2012, 79 = FamRZ 2011, 1965 [LSe]; OLG Karlsruhe, FamRZ 1982, 400; AG Merzig, FF 2014, 171,

alle Umstände, die grundsätzlich unterhaltsrelevant sein könnten; ob sie dies auch im konkreten Fall sind, hat der Unterhaltsberechtigte der Beurteilung des Gerichts zu überlassen[150]. Aber auch der Unterhaltsschuldner kann sich wegen Verfahrensbetruges schadensersatzpflichtig machen, wenn er durch falsche Angaben zu seiner Leistungsfähigkeit eine für den Unterhaltsberechtigten nachteilige Entscheidung erwirkt[151]. Zu beachten ist die Rechtskraftwirkung einer ergangenen Entscheidung mit den sich daraus ergebenden Konsequenzen[152]; bei einem Vergleich ist an die Möglichkeit der Anfechtung wegen arglistiger Täuschung und Durchsetzung der Ansprüche im Ausgangsverfahren zu denken[153].

Zu einem Schadensersatzanspruch aus § 823 II BGB i.V.m. § 263 StGB, aus § 826 BGB oder wegen einer Pflichtverletzung nach § 280 I BGB (früher: positive Vertragsverletzung)[154] kann es auch führen, wenn **außerhalb eines gerichtlichen Verfahrens** Unterhaltsgläubiger oder Unterhaltsschuldner (dann ist Anspruchsgrundlage auch § 823 II BGB i.V.m. § 170 StGB[155]) falsche Angaben machen oder Einkommen verschweigen[156]. Für die Schadensersatzpflicht des Unterhaltsschuldners, der schuldhaft sein Einkommen zu niedrig angibt, gelten die Beschränkungen der §§ 1585b II, 1613 I BGB nicht, da diese Bestimmungen nicht vor Inanspruchnahme für die Vergangenheit im Falle von Schadensersatzansprüchen wegen Schlechterfüllung schützen wollen[157]. Zu ersetzen ist gegebenenfalls die Differenz zwischen dem gezahlten und dem eigentlich geschuldeten Unterhalt, der verlangt worden wäre, wenn der Unterhaltsgläubiger über die wahren Einkommensverhältnisse informiert worden wäre. **740**

Forderungen aus einer im Rahmen des Unterhaltsverhältnisses begangenen vorsätzlichen unerlaubten Handlung (insbesondere Schadensersatzansprüche wegen des Erschleichens von Unterhalt durch Verschweigen von Eigeneinkünften) sind insofern privilegiert, als mit ihnen gegen eine an sich unpfändbare Unterhaltsforderung **aufgerechnet** werden kann, da **741**

---

m. Anm. *Schnitzler*; *Wendl/Gerhardt*, § 6 Rn. 233; § 6 Rn. 204 ff. zu einem neben dem Schadensersatzanspruch bestehenden Bereicherungsanspruch, der allerdings nur gegeben ist, wenn der mit dem Verfahrensbetrug erwirkte Titel eine einstweilige Anordnung (§ 620 ZPO a.F., § 246 FamFG) ist, und der dann meist am Einwand der Entreicherung (§ 818 III BGB) scheitern wird.

150 BGH, FamRZ 2000, 153, 154 f. = NJW 1999, 2804.

151 Vgl. OLG Schleswig, NJW 2009, 2223; OLG Hamm, NJW-RR 1991, 1349.

152 Dazu näher Unterhaltsprozess/*Roßmann*, Kap. 3 Rn. 1759 ff.

153 Vgl. *Haußleiter*, NJW-Spezial 2009, 532; OLG Koblenz, FamRZ 2009, 1696.

154 Vgl. Rn. 21 f.

155 Zu den Voraussetzungen eines Anspruchs aus vorsätzlicher Verletzung der Unterhaltspflicht und zur Abgrenzung des Streitgegenstands eines solchen Anspruchs von dem eines gesetzlichen Unterhaltsanspruchs vgl. BGH, FamRZ 2016, 972, 975 = NJW 2016, 1818.

156 Zur Offenbarungspflicht BGH, FamRZ 2000, 153 = NJW 1999, 2804.

157 Vgl. *Göppinger/Wax/Strohal*, Rn. 667; *Wendl/Gerhardt*, § 6 Rn. 113.

in einem solchen Fall dem Aufrechnungsverbot des § 394 BGB der Einwand der Arglist entgegensteht. Dem Unterhaltsberechtigten muss jedoch das Existenzminimum verbleiben[158].

2. Ausnutzen eines unrichtigen Titels

742 Eine Haftung aus unerlaubter Handlung (§ 826 BGB) kann sich auch aus dem Ausnutzen eines unrichtigen Titels ergeben, sei es, dass er durch eine rechts- bzw. sittenwidrige Handlung des Unterhaltsberechtigten herbeigeführt und von Anfang an unrichtig war (z.B. bei Bestimmung eines Zeugen zur Falschaussage), sei es, dass er später unrichtig geworden ist[159]. Insbesondere die weitere **Entgegennahme von tituliertem Unterhalt trotz Wegfalls der Bedürftigkeit** kann zum Schadensersatz verpflichten.

743 Voraussetzung ist in diesem Falle zum einen das Wissen des Unterhaltsgläubigers, dass der Titel wegen veränderter Umstände inhaltlich falsch geworden ist. Daran kann es fehlen, wenn der Unterhaltsberechtigte aus nachvollziehbaren Gründen der Auffassung ist, dass sich trotz eines neuen Einkommens seine Bedürftigkeit wegen erhöhter Ausgaben nicht geändert habe. Weitere Voraussetzung ist, dass das Verhalten des Unterhaltsgläubigers als sittenwidrige, also in besonderem Maße unredliche und unerträgliche Ausnutzung des unrichtig gewordenen Titels anzusehen ist. Ob das Verhalten als sittenwidrig angesehen werden kann, hängt davon ab, ob der Unterhaltsgläubiger zur ungefragten Mitteilung der auf seiner Seite veränderten Umstände verpflichtet war. Eine **Pflicht zur ungefragten Information**[160] besteht in engen Grenzen. Sie ist nur anzunehmen, wenn der Unterhaltspflichtige aufgrund vorangegangenen Tuns des Unterhaltsgläubigers sowie nach der Lebenserfahrung keine Veranlassung hatte, sich durch ein Auskunftsbegehren (§§ 1361 IV S. 4, 1580, 1605 BGB) des Fortbestandes der anspruchsbegründenden Umstände zu vergewissern[161], wenn er also auf den Fortbestand der Verhältnisse vertrauen konnte. Bei Unterhaltsvereinbarungen erhöht sich nach Ansicht des BGH[162] die Pflicht zur Rücksichtnahme auf die Belange des anderen Teils[163].

---

158 BGH, FamRZ 1993, 1186 = NJW 1993, 2105; *Wohlfahrt,* FamRZ 2001, 1185, 1189.

159 *Wohlfahrt,* FamRZ 2001, 1185, 1189. Vgl. dazu auch Rn. 739.

160 Dazu *Bömelburg,* FF 2012, 240, 242 ff.; *Büttner,* FF 2008, 15; *Hoppenz,* FamRZ 1989, 337; *Peschel-Gutzeit,* FF 2003, 194, 198 f.

161 BGH, FamRZ 1986, 794 = NJW 1986, 2047; FamRZ 1986, 450 = NJW 1986, 1751.

162 FamRZ 1997, 483 = NJW 1997, 1439. Vgl. auch BGH, FamRZ 2008, 1325, 1327 = NJW 2008, 2581.

163 Das Differenzieren des BGH zwischen dem Nichtoffenbaren von Veränderungen nach Unterhaltsvereinbarungen einerseits und nach Unterhaltsurteilen/-beschlüssen andererseits wird in der Literatur zu Recht kritisiert; näher *Bömelburg,* FF 2012, 240, 243 ff.; *Büttner,* FF 2008, 15; vgl. auch Anm. *Borth,* FamRZ 2007, 1329; Anm. *Born,* NJW 2008, 2585.

Wann den Titelgläubiger eine Pflicht zur ungefragten Information trifft, hängt von den Umständen des Einzelfalls ab. 744

– Der BGH[164] hat eine solche Pflicht und damit eine Schadensersatzpflicht einer Ehefrau bejaht, der Unterhalt zugesprochen worden war, nachdem sie sich wegen ihres Gesundheitszustandes und ihres vorgerückten Alters von 54 Jahren auf fehlende Erwerbsmöglichkeiten berufen hatte, die dann aber – 2 Jahre später – zunächst eine Halbtags- und später eine Ganztagstätigkeit aufgenommen hatte.

– Ebenfalls eine Pflicht zur ungefragten Information hat der BGH[165] im Falle eines Unterhaltsvergleichs angenommen, der eine Klausel enthielt, wonach ein bestimmter monatlicher Nettoverdienst der unterhaltsberechtigten Ehefrau anrechnungsfrei verbleiben sollte; die Ehefrau hatte danach eine Tätigkeit aufgenommen, bei der sie deutlich mehr verdiente[166].

– Verneint hat der BGH[167] demgegenüber eine Schadensersatzpflicht einer Ehefrau, der Unterhalt unter Zugrundelegung fiktiver eigener Einkünfte nur im Geringverdienerbereich zugesprochen worden war, weil sie seit mehr als 10 Jahren keine Berufstätigkeit mehr ausgeübt hatte und sie sowie die von ihr betreuten Kinder sich zunächst an die neue Situation gewöhnen mussten, die aber wenige Monate später eine Halbtagsbeschäftigung mit einem Nettoeinkommen von rd. 1.050 DM aufgenommen hatte. Hier musste der unterhaltspflichtige Ehemann nach Ansicht des BGH mit einer Ausweitung der Erwerbstätigkeit der Ehefrau rechnen, so dass diese keine Pflicht zur ungefragten Mitteilung traf[168].

Die geschilderten Grundsätze gelten in gleicher Weise, wenn der **Unterhaltsschuldner** in evident unredlicher Weise eine grundlegende Verbesserung seiner Leistungsfähigkeit verschweigt. So kann sich ein Unterhaltsschuldner schadensersatzpflichtig machen, dessen Unterhaltslast wegen Erwerbsunfähigkeit lediglich auf der Basis eines Renteneinkommens festgesetzt worden ist, der dann aber wieder voll erwerbstätig wird und 745

164 FamRZ 1986, 450 = NJW 1986, 1751.

165 FamRZ 1997, 483 = NJW 1997, 1439.

166 Ähnlich BGH, FamRZ 2008, 1325 = NJW 2008, 2581 (bei Einkommenssteigerung der Unterhaltsberechtigten von 800 € auf 1.184 €).

167 FamRZ 1986, 794 = NJW 1986, 2047.

168 **Weitere Beispiele** aus der Rspr.: Aufnahme einer Erwerbstätigkeit (OLG Braunschweig, FamRZ 1999, 1058; OLG Celle, FamRZ 1992, 582; OLG Düsseldorf, FamRZ 1985, 599; AG Weilburg, FamRZ 2000, 93); Aufnahme einer eheähnlichen Lebensgemeinschaft (OLG Koblenz, FamRZ 1987, 1156); Bezug von Altersrente (OLG Oldenburg, FamRZ 1996, 804); Erhalt einer Erbschaft (OLG Hamm, FamRZ 1994, 1119); Erhalt von Leistungen aus der Pflegeversicherung (AG Dieburg, FamRZ 1999, 854); Einstellung von Darlehenstilgungen (OLG Bamberg, FamRZ 1994, 1178); Ausnutzen eines Titels, der durch Berufungsrücknahme des Unterhaltsschuldners vor Offenbarung einer Erwerbstätigkeit der Unterhaltsgläubigerin zustande gekommen war (OLG Düsseldorf, FamRZ 1997, 827); falsche Angaben zum Wohnsitz mit der Folge der Anwendbarkeit günstigeren Rechts (AG Frankfurt, FamRZ 2000, 1165 [LS]). Vgl. auch *Wendl/Gerhardt,* § 6 Rn. 235 ff.; *Palandt/Brudermüller,* § 1605 Rn. 3 f., m.w.N. – Die Verletzung der Pflicht zur ungefragten Information kann auch **zur Verwirkung der Unterhaltsansprüche** führen. Vgl. dazu BGH, FamRZ 1997, 483 = NJW 1997, 1439, m.w.N. *Bömelburg,* FF 2012, 240, 245 f.; *Schoop,* NJW-Spezial 2017, 452.

dies verschweigt[169]. Eine Schadensersatzpflicht kommt auch dann in Betracht, wenn der auf Unterhalt in Anspruch Genommene nach einer wegen Leistungsunfähigkeit abweisenden gerichtlichen Entscheidung leistungsfähig wird[170].

746 Ein Anspruch aus § 826 BGB besteht nicht, wenn ein Schaden durch ein die Vergangenheit erfassendes Abänderungsverfahren vermieden werden kann[171]. Der Ersatzanspruch des geschädigten Unterhaltsschuldners ist gegebenenfalls gerichtet auf Unterlassung der Zwangsvollstreckung, Herausgabe des Titels und Geldersatz (Rückforderung des beigetriebenen Unterhalts)[172]. Der Anspruch kann auch als Einrede gegen die titulierte Forderung mittels eines Vollstreckungsgegenantrags (§ 767 ZPO) geltend gemacht werden[173]. Zur Frage der Aufrechenbarkeit gegen Unterhaltsansprüche siehe Rn. 741. Zum Ersatzanspruch des geschädigten Unterhaltsgläubigers vgl. Rn. 740.

747 Liegt bisher **keine Entscheidung oder Vereinbarung der Ehegatten zum Unterhalt** vor, wird regelmäßig keine Pflicht zur ungefragten Mitteilung veränderter Umstände angenommen werden können[174]. Schweigen kann dann keine Schadensersatzansprüche auslösen, es sei denn, die Ehegatten haben sich vertraglich verpflichtet, einander ungefragt über veränderte Umstände Auskunft zu erteilen[175].

3. Verzug mit der Auskunftserteilung

748 Ist der Unterhaltsschuldner zur Auskunft über sein Einkommen aufgefordert worden und mit der Erteilung der Auskunft in Verzug geraten, kann dem Unterhaltsgläubiger bei besonderen Fallgestaltungen ein erstattungspflichtiger Schaden entstehen, etwa dann, wenn die Aufnahme eines Überbrückungskredits erforderlich wird[176]. Dagegen führt die verzögerte Auskunftserteilung nicht zum Verlust des Unterhaltsanspruchs für die Vergangenheit und damit zu einem möglicherweise[177] erstattungsfähigen Unterhaltsschaden, da seit Inkrafttreten der Unterhaltsreform vom 1.1.2008

169 BGH, FamRZ 1988, 270 = NJW 1988, 1965. Vgl. auch OLG Bremen, FamRZ 2000, 256 (bei außergerichtlicher Unterhaltsvereinbarung betr. Kindesunterhalt).

170 OLG Karlsruhe, NJW-RR 2004, 1441 (Schadensersatzanspruch der Mutter betr. Kindesunterhalt).

171 OLG Hamm, FamRZ 1999, 1449.

172 *Zöller/Vollkommer,* Rn. 75 vor § 322.

173 OLG Düsseldorf, FamRZ 1997, 827.

174 Vgl. OLG Düsseldorf, FamRZ 1995, 741: kein Schadensersatz, wenn der Ehemann – ohne dass eine Entscheidung über den nachehelichen Unterhalt ergangen war – eine zur Leistungsfähigkeit führende Verbesserung seines Einkommens nicht ungefragt mitteilt.

175 Vgl. OLG Bamberg, FamRZ 1990, 755, allerdings bei offenbar vorangegangenem Unterhaltsverfahren.

176 *Niepmann/Schwamb,* Rn. 704.

177 Zu den Streitfragen insoweit nach früherer Rechtslage vgl. 5. Aufl. Rn. 875 ff.

Unterhalt für die Vergangenheit nicht nur beim Trennungs- und Verwandtenunterhalt, sondern auch beim nachehelichen Unterhalt ab Aufforderung zur Auskunftserteilung zum Zwecke der Geltendmachung eines Unterhaltsanspruchs verlangt werden kann (§§ 1613 I, 1361 IV S. 4, 1360a III, 1585b II BGB).

4. Schadensersatzpflicht aus anderen Gründen

Schadensersatzansprüche können auch wegen einer Pflichtverletzung i.S. des § 280 I BGB (der die Leistungsstörungen des Verzuges, der Unmöglichkeit und der positiven Vertragsverletzung des vor dem 1.1.2002 geltenden Rechts umfasst[178]) bezogen auf die Unterhaltspflicht selbst entstehen. Ist der Unterhaltsschuldner – insbesondere durch eine Mahnung (§§ 1585b II, 1361 IV S. 4, 1360a III, 1613 I BGB) – mit der Unterhaltszahlung in Verzug geraten, kann der Unterhaltsberechtigte neben dem rückständigen Unterhalt gem. §§ 280 I und II, 288 BGB auch Ersatz des Verzögerungsschadens verlangen, einschließlich Zinsen auf die Unterhaltsrückstände[179]. Insbesondere **außerprozessuale Kosten der Rechtsverfolgung** (Anwaltskosten) können bei Verzug mit der Erfüllung der Unterhaltspflicht zu erstatten sein[180]. 749

Ein Anspruch aus § 280 I BGB wegen der Verletzung einer Pflicht aus dem Unterhaltsschuldverhältnis kann sich ergeben, wenn der Ehegatte, über den der andere krankenversichert ist, keine Mitteilung von der für den anderen nicht vorhersehbaren **Beendigung des Krankenversicherungsschutzes** macht und dieser deshalb Behandlungskosten selbst tragen muss[181]. Das Gleiche gilt, wenn die von einem Ehegatten getroffene Krankheitsvorsorge aus von ihm zu vertretenden Gründen nicht ordnungsgemäß vorgenommen worden ist, sondern das Krankenversicherungsverhältnis etwa wegen falscher oder unvollständiger Angaben notleidend ist[182]. Ein Schadensersatzanspruch setzt nicht voraus, dass auch laufender Unterhalt geschuldet wird[183]. 750

Ein Schadensersatzanspruch kann auch bestehen, wenn ein Ehegatte als Versicherungsnehmer Krankenhaustagegelder oder andere **Versicherungsleistungen** vereinnahmt, die dem anderen zustehen[184], oder wenn 751

---

178 Vgl. Rn. 21 f.

179 *Palandt/Brudermüller,* § 1613 Rn. 5.

180 Vgl. OLG Braunschweig, FamRZ 1979, 719. Zur Erstattungsfähigkeit von außerprozessualen Kosten der Rechtsverteidigung siehe Rn. 729 ff.

181 OLG Koblenz, FamRZ 1989, 1111; OLG Köln, FamRZ 1985, 926.

182 OLG Schleswig, FamRZ 1983, 394.

183 *Conradis,* FamRB 2007, 304, 305.

184 Vgl. auch OLG Hamm, FamRZ 1999, 299, im Fall einer Hausratversicherung: Auskehrungsanspruch aus versicherungsrechtlichem Treuhandverhältnis.

der Versicherungsnehmer solche Gelder nicht zugunsten des anderen Ehegatten von der Krankenversicherung einfordert. Das Gleiche gilt in Bezug auf **Erstattungen der Beihilfestelle** an den beihilfeberechtigten Ehegatten für Arzt- und Heilmittelkosten, die dem anderen Ehegatten entstanden sind[185]. Auch in diesen Fällen besteht ein Sachzusammenhang mit dem Unterhaltsrecht[186]. Je nach Fallgestaltung kann sich eine Verpflichtung zur Herausgabe vereinnahmter Versicherungsleistungen für Behandlungskosten, die der andere Ehegatte getragen hat, aber auch aus Auftragsrecht (§ 667 BGB) ergeben[187]. Daran kann z.B. zu denken sein, wenn ein Ehegatte die Behandlungskosten des anderen (etwa im Falle einer In-Vitro-Fertilisation) getragen hat, und dieser nach der Trennung bei seiner Krankenversicherung die ihm von jenem überlassenen Rechnungen einreicht und eine Erstattung erhält[188].

752 Ein Anspruch des unterhaltsberechtigten gegen den unterhaltsverpflichteten Ehegatten im Krankheitsfall auf **Freistellung von den Ansprüchen des behandelnden Arztes** besteht nicht[189].

753 Verletzt ein Ehegatte die im Verhältnis zum anderen übernommene **Pflicht zur Freihaltung** von Unterhaltsansprüchen der Kinder, macht er sich schadensersatzpflichtig[190]. Gegebenenfalls kommt eine Haftung für die Verfahrenskosten in Betracht, die dem von den Kindern in Anspruch genommenen Ehegatten entstanden sind, sofern sie sich nicht vermeiden ließen[191].

754 Die Verletzung der Verpflichtung, dem **begrenzten Realsplitting zuzustimmen,** kann zu Schadensersatzansprüchen führen (vgl. dazu Rn. 657 ff.). Schadensersatzpflichtig kann sich auch ein Ehegatte machen, der zum Schaden des anderen Ehegatten **Freibeträge für Kinder** für sich in Anspruch nimmt, obwohl er davon keinen steuerlichen Vorteil hat[192].

755 Erwähnt seien schließlich noch Schadensersatzansprüche, die ihre **Grundlage im Vollstreckungsrecht** haben und nicht auf ein von der

185 AG Charlottenburg, FamRZ 1993, 714.

186 Zur familiengerichtlichen Zuständigkeit vgl. Rn. 685.

187 Vgl. dazu auch Rn. 805 (Vereinnahmung von Versicherungsleistungen das gemeinsame Kind betreffend).

188 Zuständigkeit: Früher Zivilprozessgerichte, seit 1.9.2009 Familiengerichte (sonstige Familiensache i.S.d. § 266 I Nr. 3 FamFG); vgl. Rn. 684 f.

189 OLG Düsseldorf, FamRZ 1991, 437; **a.A.** OLG Hamm, FamRZ 1987, 1142. – Zur Haftung im Verhältnis zum behandelnden Arzt bzw. Krankenhaus vgl. OLG Köln, FamRZ 1999, 1134 u. FamRZ 1999, 1662; OLG Hamm, NJW-RR 1998, 263. Vgl. dazu auch Rn. 346.

190 Vgl. i.Ü. Rn. 792. – Zuständigkeit nach bisherigem u. neuem Recht: Familiengerichte; vgl. Rn. 684 f.

191 OLG Zweibrücken, FamRZ 2000, 497.

192 LG Konstanz, FamRZ 2005, 799. Vgl. dazu Rn. 820.

Rechtsordnung missbilligtes Verhalten, sondern auf den Gesichtspunkt des Handelns auf eigene Gefahr zurückzuführen sind[193]. § 717 II ZPO sieht für den Fall einen Schadensersatzanspruch vor, dass aus einem nach früherem Recht ergangenen, für vorläufig vollstreckbar erklärten Unterhaltsurteil vollstreckt wird, das in der Berufungsinstanz zum Nachteil des Unterhaltsgläubigers abgeändert oder aufgehoben wird, oder dass zur Abwendung einer drohenden Zwangsvollstreckung aus einem solchen Urteil freiwillig geleistet wird[194]. § 717 III ZPO behandelt den Fall der Vollstreckung aus einem für vorläufig vollstreckbar erklärten, später abgeänderten Urteil eines Oberlandesgerichts. Die genannten Vorschriften sind für nach seit 1.9.2009 geltendem Recht ergangene Unterhaltsbeschlüsse, deren sofortige Wirksamkeit nach § 116 III S. 2 FamFG angeordnet worden ist, gem. § 120 I FamFG entsprechend heranzuziehen[195]. Mit den sich aus dem Vollstreckungsrecht ergebenden Schadensersatzansprüchen kann nach h.M. gegenüber Unterhaltsansprüchen nicht aufgerechnet werden[196].

Ist aus einer nicht dem materiellen Recht entsprechenden einstweili- **756**
gen Anordnung in einer Güterrechtssache oder in einer sonstigen Familiensache vollstreckt worden, kommt ein Schadensersatzanspruch gem. § 945 ZPO in Betracht (§§ 119 I S. 2, 112 Nr. 2 u. 3 FamFG)[197]. Die Vorschrift kommt auch im Falle eines Arrests in einer Familienstreitsache zur Anwendung (§ 119 II FamFG). Dagegen sieht das Gesetz, wie schon vor Inkrafttreten des FamFG, keine Ersatzansprüche bei Vollstreckung aus einer einstweiligen Anordnung über Unterhalt (§ 246 FamFG) vor[198], abgesehen vom Sonderfall des § 248 V S. 2 FamFG (einstweilige Anordnung bei Feststellung der Vaterschaft)[199].

VIII. Sonstige Pflichtverletzungen

Die Verletzungshandlungen von Ehegatten, die zu Schadensersatzan- **757**
sprüchen zu führen geeignet sind, können hier nicht erschöpfend aufgeführt werden. Abschließend seien nur noch die nachfolgenden, in der Rechtsprechung behandelten Beispiele erwähnt.

---

193 Dazu i.E. *Büte,* FuR 2006, 193, 196; *Wendl/Gerhardt,* § 6 Rn. 228 ff.

194 Vgl. BGH, FamRZ 2000, 751 = NJW 2000, 740; OLG Zweibrücken, FamRZ 1998, 834. – Zuständigkeit wegen Sachzusammenhangs mit dem Unterhaltsrecht früher (OLG Düsseldorf, FamRZ 1988, 298) u. weiterhin: Familiengericht; vgl. Rn. 684 f.

195 Vgl. BGH, FamRZ 2013, 109 = NJW 2013, 161; *Giers,* FamRB 2009, 87; *Prütting/Helms,* § 120 Rn. 3; *Keidel/Weber,* § 120 Rn. 12, 16.

196 OLG Karlsruhe, FamRZ 2002, 893 (bei Kindesunterhalt); *Wohlfahrt,* FamRZ 2001, 1185, 1190, m.w.N.

197 Vgl. auch *Götsche/Viefhues,* ZFE 2009, 124, 133. Näher *Giers,* Rn. 372 f.

198 So auch *Prütting/Helms,* § 119 Rn. 4, § 120 Rn. 9.

199 Zur Rechtslage bei Vollstreckung aus einer einstweiligen Anordnung gem. § 620 ZPO a.F. oder § 644 ZPO a.F. vgl. 5. Aufl. Rn. 885.

1. Güterrecht

758 Schadensersatzansprüche können auch aus der Verletzung von Pflichten folgen, die sich aus dem Güterrecht ergeben[200]. So haftet bei Gütergemeinschaft nach § 1435 BGB der eine dem anderen Ehegatten bei fehlerhafter Verwaltung des Gesamtgutes. Auch bei einer Verletzung der sich aus § 1472 III BGB ergebenden Pflicht zur Mitwirkung an einer ordnungsgemäßen Verwaltung kommt eine Schadensersatzverpflichtung in Betracht[201]. Zu einem Schadensersatzanspruch führt es dagegen grundsätzlich nicht, wenn die bei Gütergemeinschaft geschuldete Mitarbeit eines Ehegatten in einem landwirtschaftlichen Betrieb mit der Trennung eingestellt wird[202]. Bei gesetzlichem Güterstand kann die schuldhaft falsche Erteilung einer Auskunft gem. § 1379 BGB schadensersatzpflichtig machen. Betrügerisches Geltendmachen von güterrechtlichen Ansprüchen kann ebenfalls Schadensersatzansprüche auslösen. Hingegen kann die unberechtigte und vom Familiengericht ersetzte Verweigerung der Zustimmung zu einem Gesamtvermögensgeschäft des anderen Ehegatten (§ 1365 BGB) nicht zu einer Schadensersatzpflicht führen. Denn der Gesetzgeber hat von der Normierung einer Zustimmungspflicht in § 1365 BGB abgesehen. Allenfalls bei grob missbräuchlicher Verweigerung der Zustimmung ist an eine andere Beurteilung zu denken[203].

2. Versorgungsausgleich

759 Auch die treuwidrige Verkürzung eines Anrechts im Versorgungsausgleich kann, sofern keine Korrektur oder Sanktionierung über den Versorgungsausgleich (§ 27 VersAusglG) möglich ist, zu einer Schadensersatzverpflichtung nach §§ 823, 826 BGB führen[204]. Entzieht ein Ehegatte (etwa durch Kündigung oder Ausübung des Kapitalwahlrechts) ein von ihm erworbenes Anrecht dem Versorgungsausgleich und kommt eine Kompensation dieses Entzugs weder durch den Zugewinnausgleich noch über § 27 VersAusglG in Betracht, ist ebenfalls an Schadensersatzansprüche des anderen Ehegatten nach § 280 I BGB bzw. § 826 BGB zu denken[205]. Ent-

200 Die familiengerichtliche Zuständigkeit folgt dann nach altem wie nach neuem Recht aus dem Sachzusammenhang mit dem Güterrecht; vgl. Rn. 684 f. Das gilt auch für Schadensersatzansprüche, die aus der Verletzung von Pflichten aus einer als güterrechtlich zu qualifizierenden Vereinbarung hergeleitet werden.

201 OLG Köln, FamRZ 1993, 713.

202 BGH, FamRZ 1986, 40, 42. Vgl. dazu auch Rn. 1190.

203 OLG Hamm, MDR 2011, 1477 (Weigerung des Ehemannes, dem wirtschaftlich günstigen Verkauf des im Alleineigentum der Frau stehenden Hauses zuzustimmen).

204 Vgl. Anm. d. Red. zu BGH, FamRZ 2013, 1362.

205 Vgl. Anm. d. Red. zu OLG Bremen, FamRZ 2016, 557. Siehe auch AG Böblingen, FamRZ 2010, 1905, m. Anm. *Borth* (Ehemann lässt sich ein dem schuldrechtlichen Versorgungsausgleich zugewiesenes Anrecht auszahlen).

sprechendes gilt für die Verletzung von Mitwirkungspflichten im Versorgungsausgleichsverfahren. So kann sich nach § 280 I BGB bzw. § 823 II BGB i.V.m. § 263 StGB schadensersatzpflichtig machen, wer schuldhaft ein Anrecht im Versorgungsausgleich verschweigt mit der Folge, dass insoweit ein Versorgungsausgleich – auch über ein Wiederaufnahmeverfahren – nicht mehr durchgeführt werden kann[206]. Ist im Versorgungsausgleich ein sicherungshalber abgetretenes Anrecht aus einer privaten (Renten-)Lebensversicherung intern geteilt worden und steht dem späteren Rentenbezug des Ausgleichsberechtigten entgegen, dass der Ausgleichsverpflichtete nicht für die Ablösung der Sicherheit gesorgt hat, so kommt in erster Linie ein Anspruch des mit seiner Versorgung ausfallenden Ehegatten auf Aufwendungsersatz analog §§ 670, 683 BGB gegen den von der besicherten Schuld frei werdenden Ehegatten in Betracht[207], gegebenenfalls aber auch ein Schadensersatzanspruch.

3. Ehewohnung

Die nicht fristgerechte Rückgabe der im Eigentum des anderen Ehegatten stehenden Ehewohnung kann bei Verzug zu einem Schadensersatzanspruch führen[208]. § 571 I BGB ist entsprechend anwendbar[209]. Zur möglichen Schadensersatzpflicht des in der Ehewohnung verbleibenden Ehegatten, zum einen wenn er dem anderen entgegen dessen Verlangen den Mitgebrauch an der Wohnung hartnäckig verweigert, vgl. Rn. 127 Fn. 133, zum anderen wenn er sich unberechtigt weigert, eine Erklärung gem. § 1568a III S. 1 Nr. 1 BGB gegenüber dem Vermieter abzugeben, vgl. Rn. 427. Schadensersatzpflichtig kann sich auch der Ehegatte machen, der den anderen missbräuchlich mit polizeilicher Hilfe befristet der Wohnung verweisen lässt („Platzverweis“)[210]. Das Gleiche gilt für eine Ehefrau, die durch die unzutreffende Behauptung gegenüber der Polizei, der – zur Wahrnehmung seines Umgangsrechts erschienene – geschiedene Ehemann randaliere vor der Wohnungstür, dessen gewaltsamen Abtransport durch die Polizei und einen „Platzverweis“ herbeiführt (Schmerzensgeld)[211]. 760

206 Vgl. OLG Oldenburg, FamRZ 2013, 1042 = NJW 2012, 3795; *Borth*, FamRZ 2013, 1552, 1553 (Anm.); *ders.*, FamRZ 2012, 337, 339 f.; *Siede*, FamRB 2013, 353, 354 f.

207 BGH, FamRZ 2013, 1715, 1718 = NJW 2013, 3173.

208 Vgl. etwa OLG Frankfurt, FamRZ 2008, 83.

209 OLG Stuttgart, FamRZ 1983, 68, 69.

210 Vgl. BVerfG, FamRZ 2002, 735, 736 = NJW 2002, 2225.

211 LG Essen, FamRZ 2008, 2032.

4. Mangelnde Mitwirkung am Hausverkauf

761 Ehegatten, die Miteigentümer einer Immobilie sind, haben beim Scheitern der Ehe häufig in Bezug auf die Verwertung der Immobilie gegenläufige Interessen: Der wirtschaftlich Stärkere ist vielfach am günstigen Erwerb des Miteigentumsanteils des anderen interessiert, der sich – wenn keine Einigung unter den Ehegatten möglich ist – im Zweifel am ehesten über die Teilungsversteigerung realisieren lässt. Der wirtschaftlich Schwächere, der den Anteil des anderen nicht übernehmen kann, ist an einem freihändigen Verkauf zu einem möglichst hohen Preis interessiert. In dieser Situation stellt sich die Frage, ob sich der Erwerbswillige, der sich einem möglichen freihändigen Verkauf widersetzt, um das Grundstück selbst günstig zu ersteigern, schadensersatzpflichtig macht.

762 Die Frage ist grundsätzlich zu verneinen[212]. Insbesondere begründet die Bruchteilsgemeinschaft keine Pflicht zum Schutz oder zur Förderung der wechselseitigen wirtschaftlichen Interessen der Teilhaber. Je nach den Umständen des Einzelfalls gelangt die Rechtsprechung aber auch zu anderen Ergebnissen. Das LG Münster[213] hat einer Schadensersatzklage in einem Fall stattgegeben, in dem der Ehemann zunächst erklärt hatte, an einem günstigen freihändigen Verkauf interessiert zu sein, dann aber auf ein über dem Verkehrswert liegendes Angebot nicht reagiert und stattdessen das Grundstück zu einem unter dem Verkehrswert liegenden Preis selbst ersteigert hatte. Das LG sieht darin ein treuwidriges Vorgehen, das zu einem Schadensersatzanspruch aus § 242 BGB führe. Das Recht des Ehemannes, die Auseinandersetzung der Miteigentumsgemeinschaft im Wege der Teilungsversteigerung zu betreiben, sei aufgrund der Nachwirkungen, die sich aus der Ehe der Parteien ergäben, beschränkt gewesen. Zwar vermag dies nicht zu überzeugen, da es dem Ehemann nicht verwehrt sein kann, seine eigenen Interessen zu wahren. Gleichwohl wird man an eine – dann aus § 1353 I S. 2 BGB herzuleitende – Verpflichtung, einem Verkauf zuzustimmen, in solchen Fällen denken können, in denen der auf Zustimmung in Anspruch genommene Ehegatte in Wahrheit keine gegenläufigen eigenen Interessen verfolgt (etwa: er will gar nicht die

---

212 Ebenso OLG Bremen, NJW 2017, 3245; OLG Brandenburg, FPR 2003, 133. Vgl. auch OLG Hamm, FamRZ 2011, 1738 [LS] = FamRB 2011, 271 *(Brielmaier)*: Die Weigerung des unterhaltsberechtigten Ehegatten, zur Vermeidung einer Teilungsversteigerung seinen Miteigentumsanteil am überschuldeten Grundstück gegen Haftungsfreistellung auf den unterhaltspflichtigen Ehegatten zu übertragen, erfüllt nicht den Verwirkungstatbestand des § 1579 Nr. 5 BGB. Demgegenüber meint das OLG Köln, FamRZ 2009, 1070, die spätere Selbstersteigerung des – in der Zugewinnausgleichsbilanz mit dem Verkehrswert berücksichtigten – gemeinsamen Grundstücks weit unter Wert könne zur Korrektur des Zugewinnausgleichs über § 1381 BGB führen; zu Recht krit. *Koch*, FamRZ 2010, 1205, 1208. – Siehe dazu auch Rn. 226.

213 FamRZ 2003, 1666, m. Anm. *Petersen*.

Immobilie in der Teilungsversteigerung selbst günstig zu erwerben versuchen), sondern allein den anderen schädigen will.

5. Weitere Beispiele

763 Verfügt ein Ehegatte unter **Ausnutzung einer ihm erteilten Kontovollmacht** zu seinen Gunsten über das auf dem Konto des anderen Ehegatten befindliche Guthaben, ohne im Innenverhältnis dazu berechtigt zu sein, kann dies – neben einem Herausgabeanspruch unter dem Gesichtspunkt der angemaßten Eigengeschäftsführung – einen Schadensersatzanspruch aus § 280 I BGB und gegebenenfalls aus unerlaubter Handlung auslösen. Insoweit wird auf Rn. 549 sowie Rn. 825 verwiesen.

764 Ist einem Ehegatten das Vermögen des anderen zur Verwaltung überlassen, haftet der **Vermögensverwalter** bei Verstößen gegen seine Verwalterpflichten auf Schadensersatz (vgl. Rn. 823). Das Gleiche gilt für den **Treuhänder,** der Pflichten aus der Treuhandabrede verletzt (vgl. Rn. 834).

765 Besteht zwischen den Ehegatten ein **Arbeits- oder Gesellschaftsvertrag**, kann die Verletzung der daraus geschuldeten Pflicht zur Mitarbeit zu Schadensersatzansprüchen führen[214]. Keine Schadensersatzpflicht löst die Nichterfüllung der gesetzlichen Mitarbeitspflicht nach §§ 1353 I S. 2, 1360 BGB[215] aus[216].

766 Dagegen können Schadensersatzansprüche in Betracht kommen, wenn der Empfänger einer ehebezogenen Zuwendung eine **ehewidrige Beziehung verschweigt**[217]. Das Gleiche soll nach Ansicht des OLG München[218] im Falle des **Verschweigens der möglichen Nichtvaterschaft** des zuwendenden Ehemannes zu einem während der Ehe geborenen Kind durch die Ehefrau gelten[219].

767 Auch die Vorenthaltung einer vertraglich eingeräumten **Nutzungsmöglichkeit eines Ferienhauses** kann Schadensersatzansprüche auslösen[220]. Nicht zu einer Schadensersatzverpflichtung führt dagegen die Verwendung eines **urheberrechtlich geschützten Werkes** des Ehegatten im familiengerichtlichen Verfahren[221].

---

214 Vgl. dazu Rn. 1190; zum Kooperationsvertrag auch Rn. 1218. Zur gerichtlichen Zuständigkeit vgl. Rn. 684 f.

215 Vgl. Rn. 1104.

216 Vgl. MünchKomm/*Roth,* § 1356 Rn. 32.

217 Vgl. Rn. 1065.

218 OLG München, FamRZ 2013, 823 = NJW 2013, 946. Vgl. dazu Rn. 1067.

219 Siehe dazu aber Rn. 717.

220 BGH, FamRZ 1987, 1235 = NJW 1988, 251.

221 OLG Frankfurt, NJW-RR 2000, 119.

9. Kapitel: Familienrechtlicher Ausgleichsanspruch*

Literatur: *Fritz,* Unterhaltsrechtliche Ausgleichsverhältnisse zwischen Eltern im Anwendungsbereich des familienrechtlichen Ausgleichsanspruchs (Diss.), 1998; *Galinsky,* Familienlastenausgleich zwischen Eltern und der gesetzliche Übergang von Unterhaltsansprüchen bei Gewährung öffentlicher Leistungen, FPR 2013, 529; *Gießler,* Erlöschen der elterlichen Prozessführungsbefugnis und Übergang zum familienrechtlichen Ausgleichsanspruch, FamRZ 1994, 800; *Götz/Schramm,* Ausgleich für Unterhalt nach Obhutswechsel oder Volljährigkeit, NJW-Spezial 2015, 132; *Götz,* Der familienrechtliche Ausgleichsanspruch – ein häufig vernachlässigter „Notnagel", FF 2013, 225; *Hoppenz,* Kindesunterhalt als verdeckter familienrechtlicher Ausgleich, FamRZ 1985, 437; *Langheim,* Der familienrechtliche Ausgleichsanspruch, FamRZ 2013, 1529; *Liceni-Kierstein,* Der Anspruch auf familienrechtlichen Ausgleich – eine Rückgriffsmöglichkeit für ausgebliebene Barunterhaltszahlungen, FamRB 2016, 197; *Martiny,* Unterhaltsrang und -rückgriff, 2000; *Roth,* Der familienrechtliche Ausgleichsanspruch, FamRZ 1994, 793; *Strohal,* Unterhaltsrechtliche Fragen bei Wechsel des Kindes, DAVorm 1997, 251; *Volker,* Der familienrechtliche Ausgleichsanspruch, FuR 2013, 550; *Weinreich,* Probleme des Obhutswechsels, FuR 2013, 615; *Wohlgemuth,* Unterhalt und familienrechtlicher Ausgleichsanspruch beim Wechsel des Kindes zum barunterhaltspflichtigen Elternteil, FamRZ 2009, 1873; *Zwirlein,* Der familienrechtliche Ausgleichsanspruch – eine überschießende Rechtsschöpfung, FamRZ 2015, 896.

A. Funktion und Anwendungsbereich

Kommt ein Ehegatte aus eigenen Mitteln für den Barunterhalt eines gemeinsamen Kindes auf, den eigentlich der andere hätte zur Verfügung stellen müssen, kann sich das Bedürfnis nach einem Ausgleich der Ehegatten untereinander ergeben. Der BGH hat im Wege richterlicher Rechtsfortbildung für Fälle dieser Art die Rechtsfigur eines familienrechtlichen Ausgleichsanspruchs entwickelt, die einen **Unterhaltsregress** ermöglicht und die Funktion hat, grobe Unbilligkeiten als Folge der Gewährung von Kindesunterhalt zu beseitigen. Die Zielsetzung ist also die gleiche wie bei anderen von der Rechtsprechung geschaffenen Rechtsfiguren, die der Vermeidung grober Ungerechtigkeiten dienen: der Ehegatteninnengesellschaft oder dem familienrechtlichen Vertrag eigener Art, der im Falle von ehebezogenen Zuwendungen oder Ehegattenmitarbeit nach Wegfall der Geschäftsgrundlage einen Ausgleich ermöglicht. 768

Auf einen familienrechtlichen Ausgleichsanspruch hat der BGH[1] sich erstmals im Jahre 1959 bei einem Fall gestützt, in dem eine Mutter nach 769

* In 7. Aufl. bearbeitet von Richter am OLG *Dirk Hoffmann.*

1 FamRZ 1960, 194 = NJW 1960, 957.

Kriegsende mehrere Jahre lang die gemeinschaftlichen ehelichen Kinder allein unterhalten hatte und nun vom Vater, dessen Aufenthalt ihr längere Zeit unbekannt gewesen war, Ersatz ihrer Aufwendungen verlangte. In mehreren nachfolgenden Entscheidungen[2] hat der BGH die Anforderungen an einen solchen Ausgleichsanspruch weiterentwickelt und präzisiert. Der Ausgleichsanspruch, der auch in der Literatur überwiegend Anerkennung findet[3], beruht auf der Unterhaltspflicht beider Eltern gegenüber ihren Kindern und ergibt sich aus der Notwendigkeit, die Unterhaltslast im Verhältnis zwischen ihnen entsprechend ihrem Leistungsvermögen gerecht zu verteilen. Wirtschaftlich gesehen handelt es sich bei den Ersatzbeträgen, die mit Hilfe des familienrechtlichen Ausgleichsanspruchs gefordert werden, um rückständige Unterhaltsleistungen, nämlich um Geldleistungen, die anstelle des Unterhalts demjenigen zu erbringen sind, der die Unterhaltslast zunächst auf sich genommen hat. Seiner Rechtsnatur nach ist der Anspruch aber kein Unterhalts-, sondern ein Erstattungs-(Ausgleichs-)anspruch[4], und zwar ein Anspruch des einen Elternteils gegen den anderen.

770 Als ein Unterfall des familienrechtlichen Ausgleichsanspruchs ist der **Ausgleich des Kindergeldes** unter den Eltern anzusehen, der nur noch in wenigen Fällen praktische Bedeutung hat (Rn. 813 ff.). Hier geht es nicht um eine Regressforderung für gezahlten Unterhalt, sondern um einen Ausgleich für eine einem Elternteil zugeflossene staatliche Leistung, die für beide Eltern zur Erleichterung des Kindesunterhalts bestimmt ist.

771 Vielfach wird über diese Anwendungsbereiche hinaus der **Begriff des familienrechtlichen Ausgleichsanspruchs** in einem weitergehenden Sinne verwandt. So werden gelegentlich auch Rückabwicklungsansprüche bei ehebezogenen Zuwendungen[5] oder ganz allgemein alle Ausgleichsansprüche unter Ehegatten außerhalb des Zugewinnausgleichs, bei denen eine familienrechtliche Überlagerung zivilrechtlicher Ansprüche von Bedeutung sein kann, als familienrechtliche Ausgleichsansprüche bezeichnet[6]. Zur

---

2 BGH, FamRZ 1968, 450 = NJW 1968, 1780; FamRZ 1981, 761 = NJW 1981, 2348; FamRZ 1984, 775 = NJW 1984, 2158; FamRZ 1989, 850 = NJW 1989, 2816; FamRZ 1994, 1102 = NJW 1994, 2234; FamRZ 2016, 1053, 1054, m. Anm. *Seiler* = NJW 2016, 1956, m. Anm. *Ruetten*; FamRZ 2017, 611, 612, m. Anm. *Borth* = NJW 2017, 1108.

3 *Liceni-Kierstein*, FamRB 2016, 197, 198; *Götz/Schramm*, NJW-Spezial 2015, 132; *Götz*, FF 2013, 225; *Langheim*, FamRZ 2013, 1529; *Gießler*, FamRZ 1994, 800, 804 ff.; *Hoppenz*, FamRZ 1985, 437; *Wendl/Klinkhammer*, § 2 Rn. 767 ff.; *Göppinger/Wax/van Els*, Rn. 1787 ff. Kritisch: *Zwirlein*, FamRZ 2015, 896; *Roth*, FamRZ 1994, 793; *Martiny*, S. 1020 ff.

4 BGH, FamRZ 1984, 775 = NJW 1984, 2158.

5 LG Köln, FamRZ 1989, 510.

6 So etwa *Niepmann/Schwamb*, Rn. 1205 ff. Vgl. auch BGH, FamRZ 1994, 1167 = NJW 1994, 2545; FamRZ 1995, 537, 538 = NJW 1995, 1486; OLG Karlsruhe, FamRZ 2014, 132 [LS].

klareren Abgrenzung und zur Vermeidung von Missverständnissen empfiehlt es sich, eine derart ausdehnende Verwendung des Begriffs zu vermeiden[7].

Der familienrechtliche Ausgleichsanspruch in diesem engeren Sinne dient 772

- entweder dem Ausgleich von Unterhaltsleistungen, die ein Elternteil anstelle des anderen erbracht und durch die er dessen Unterhaltspflicht gegenüber dem Kind erfüllt hat,
- oder dem Ausgleich von staatlichen Leistungen, die für beide Eltern zur Erleichterung des Kindesunterhalts bestimmt, aber nur einem Elternteil zugeflossen sind, obwohl sie auch dem anderen zugute kommen sollen[8].

B. Unterhaltsregress

I. Gesetzeslücke

Die Notwendigkeit, für die hier in Rede stehenden Fälle des Unterhaltsregresses ein eigenes Rechtsinstitut – das dann auch für den Kindergeldausgleich nutzbar gemacht werden konnte – zu entwickeln, ergab sich daraus, dass weder das Familienrecht noch das Schuldrecht Bestimmungen enthält, die der Problemlage gerecht werden: 773

- An einer **cessio legis** fehlt es: Einen Übergang der Unterhaltsforderung des Kindes auf den Elternteil, der für den vom anderen geschuldeten Barunterhalt aufgekommen ist, sieht das Gesetz nicht vor. § 1607 II S. 2 BGB findet regelmäßig keine Anwendung, da die Bestimmung voraussetzt, dass die Rechtsverfolgung gegenüber dem Barunterhaltspflichtigen im Inland ausgeschlossen oder erheblich erschwert ist[9] (z.B. der Unterhaltspflichtige hält sich im Ausland auf oder es müsste im Ausland vollstreckt werden). Die gleiche Voraussetzung verlangt die Regelung des § 1607 III BGB, die im Übrigen auch deshalb nicht anwendbar ist, weil sie eine nicht bestehende Unterhaltspflicht voraussetzt; dem Kind gegenüber sind aber grundsätzlich beide Elternteile unterhaltspflichtig. 774
- Ein **Gesamtschuldnerausgleich** nach § 426 BGB zwischen den Eltern scheidet aus, weil die Eltern dem Kind zum Unterhalt gem. § 1606 III BGB nicht als Gesamtschuldner, sondern als Teilschuldner verpflichtet sind („anteilig nach ihren Erwerbs- und Vermögensverhältnissen"). 775

---

7 So auch *Scholz/Kleffmann/Motzer/Kühner*, K Rn. 700.

8 Definition nach *Wendl/Klinkhammer*, § 2 Rn. 770.

9 BGH, FamRZ 1989, 850, 851 = NJW 1989, 2816.

776 – Einem Aufwendungsersatzanspruch aus **Geschäftsführung ohne Auftrag** (§§ 670, 683 BGB) steht das Bedenken entgegen, dass der Elternteil, der zunächst für den Kindesunterhalt aufgekommen ist, in jedem Falle selbst auch unterhaltspflichtig ist und daher im Zweifel mit der Befriedigung des Barbedarfs des Kindes kein Geschäft des anderen führen und diesen nicht von seiner gesetzlichen Unterhaltspflicht befreien will[10]. Das gilt umso mehr in den Fällen, in denen gegen den für den Unterhalt aufkommenden Elternteil noch ein Unterhaltstitel aus der Zeit besteht, in der das Kind beim anderen Elternteil lebte[11].

777 – Da der unterhaltspflichtige Elternteil dadurch, dass sein Ehegatte zunächst auch in finanzieller Hinsicht für den Unterhalt des Kindes aufkommt, von seiner Unterhaltspflicht nicht frei wird (mangelnder entsprechender Tilgungswille des Leistenden), scheidet auch ein **Bereicherungsanspruch** nach § 812 BGB aus[12].

778 Es besteht somit eine Gesetzeslücke[13], die durch die Entwicklung der Rechtsfigur des familienrechtlichen Ausgleichsanspruchs geschlossen worden ist. Soweit gleichwohl ein mit dem Ausgleichsanspruch konkurrierender Anspruch aus Geschäftsführung ohne Auftrag oder aus Bereicherungsrecht besteht – sei es aufgrund besonderer Umstände des Einzelfalls, sei es, weil man weniger strenge Anforderungen stellt –, ist dieser Anspruch den gleichen Beschränkungen unterworfen wie der familienrechtliche Ausgleichsanspruch[14]. Die Anspruchsgrundlage ist daher nicht von ausschlaggebender Bedeutung.

II. Anspruchsvoraussetzungen

779 Ein familienrechtlicher Ausgleichsanspruch wird in den Fällen des Unterhaltsregresses an folgende Voraussetzungen[15] geknüpft:

780 **(1)** Es bestand eine **Barunterhaltspflicht** des auf Ausgleich in Anspruch genommenen Elternteils dem Kind gegenüber, die dieser nicht

10 BGH, FamRZ 1960, 194, 195 = NJW 1960, 957.

11 Vgl. BGH, FamRZ 1981, 761, 763 = NJW 1981, 2348. Dazu Rn. 796.

12 Vgl. *Gießler,* FamRZ 1994, 800, 804.

13 Anders *Roth,* FamRZ 1994, 793, der zumindest weitgehend die Regeln der Geschäftsführung ohne Auftrag, des Bereicherungsrechts sowie § 1607 II BGB (analog) für anwendbar hält. Für eine analoge Anwendung des § 1607 II S. 2 BGB auch *Zwirlein,* FamRZ 2015, 896.

14 *Göppinger/Wax/van Els,* Rn. 1792. D.h. insbesondere: von vornherein bestehende Absicht eines Erstattungsverlangens bei Getrenntlebenden, vgl. Rn. 782 (BGH, FamRZ 1968, 450, 451 = NJW 1968, 1780); entsprechende Anwendung von § 1613, vgl. Rn. 784 (BGH, FamRZ 1984, 775, 777 = NJW 1984, 2158); Verjährung wie Rn. 810 beschrieben (BGH, FamRZ 1960, 194 = NJW 1960, 957).

15 Vgl. zu diesen auch *Liceni-Kierstein,* FamRB 2016, 197, 200 ff.

(oder teilweise nicht[16]) erfüllt hat. Er muss insbesondere in dem Zeitraum, für den Ausgleich verlangt wird, auch leistungsfähig gewesen sein. Ist in einem vorangegangenen Kindesunterhaltsverfahren seine Leistungsunfähigkeit rechtskräftig festgestellt worden, scheidet ein familienrechtlicher Ausgleichsanspruch für den entsprechenden Zeitraum aus[17].

(2) An seiner Stelle hat der einen Ausgleich fordernde Elternteil Bar- **781** geld zur Versorgung des Kindes aufgebracht[18]. Er ist also in finanzieller Hinsicht für das Kind aufgekommen, obwohl dies im Innenverhältnis der Eltern zueinander dem anderen oblegen hätte. Das Erbringen reiner Betreuungsleistungen rechtfertigt einen familienrechtlichen Ausgleichsanspruch hingegen nicht[19]. Waren beide Eltern barunterhaltspflichtig – wie bei volljährigen oder fremdbetreuten Kindern – kommt es auf den Haftungsanteil gem. § 1606 III S. 1 BGB an. Ein Ausgleichsanspruch kommt dann insoweit in Betracht, wie der andere Elternteil sich am Unterhalt beteiligen musste.

(3) Der für den Unterhalt aufgekommene Elternteil muss von vornhe- **782** rein die **Absicht** gehabt haben, von dem anderen **Ersatz zu verlangen**[20]. Für noch nicht geschiedene Ehegatten folgt das aus § 1360b BGB, wonach im Zweifel anzunehmen ist, dass derjenige, der mehr Unterhalt leistet als er schuldet, keinen Ersatz verlangen will. Ob die von vornherein bestehende Absicht eines Erstattungsverlangens über den unmittelbaren Anwendungsbereich des § 1360b BGB hinaus auch dann zu fordern ist, wenn es um Unterhaltsleistungen aus der Zeit nach Scheidung geht, hat der BGH bisher offen gelassen[21]. Die Frage dürfte zu verneinen sein, zumal schon die Erstreckung des § 1360b BGB, einer für den Familienunterhalt sachgerechten Regelung, auf getrenntlebende Ehegatten (§ 1361 IV S. 4 BGB) rechtspolitisch problematisch erscheint[22]: Es widerspricht der Lebenserfahrung, dass ein getrenntlebender Ehegatte dem anderen mehr zukommen lassen will, als er schuldet.

---

16 Z.B. Kosten der privaten Krankenvorsorge, vgl. OLG Naumburg, FamRZ 2007, 1116.

17 OLG Hamm, FamRZ 2011, 1407.

18 Vgl. dazu Rn. 803.

19 OLG Frankfurt, FamRZ 2011, 227.

20 BGH, FamRZ 1989, 850, 852 = NJW 1989, 2816; FamRZ 1968, 450 = NJW 1968, 1780.

21 Dies offen lassend auch OLG Nürnberg, FamRZ 2013, 796 = NJW 2013, 1101. Eine solche Absicht auch in diesen Fällen für notwendig haltend, jedoch insoweit nur geringe Anforderungen stellend OLG Brandenburg, FamRZ 2016, 1462, 1464 u. FamRZ 2016, 1466, 1467, jeweils m. Anm. *Zwirlein.*

22 Vgl. *Göppinger/Wax/van Els,* Rn. 1790, m.w.N.; *Gießler,* FamRZ 1994, 800, 805, der dafür eintritt, den Ausgleichsanspruch generell nicht von einer bestehenden Absicht eines Erstattungsverlangens abhängig zu machen; im Ergebnis ebenso *Martiny,* S. 1039.

783 An die Darlegung und Beweisführung dafür, dass der für den Unterhalt aufgekommene Ehegatte von dem anderen Ersatz zu verlangen beabsichtigte, sind keine hohen Anforderungen zu stellen[23]. Zum Nachweis einer solchen Absicht reicht es regelmäßig aus, wenn der für den Unterhalt aufgekommene den unterhaltspflichtigen Elternteil im Namen des Kindes gerichtlich auf Unterhalt in Anspruch genommen hat[24]. Es können aber auch andere Handlungen des für den Unterhalt aufgekommenen Elternteils ausreichen, wenn sie dem Unterhaltspflichtigen hinreichend die Absicht deutlich machen, von ihm Ersatz verlangen zu wollen[25]. Dabei ist nicht erforderlich, dass er dem unterhaltspflichtigen Elternteil darüber hinaus zusätzlich erklärt, gegebenenfalls selbst Ausgleich seiner Unterhaltsaufwendungen verlangen zu wollen[26].

784 (4) Schließlich kann, da es wirtschaftlich um rückständigen Unterhalt geht, aus Gründen des Schuldnerschutzes grundsätzlich Ausgleich nur ab **Verzug**, Zugang eines Auskunftsverlangens i.S. des § 1613 I BGB oder Rechtshängigkeit verlangt werden, und zwar von Beginn des betreffenden Monats an (§ 1613 I BGB analog)[27]. Erforderlich ist aber nicht das Vorliegen einer dieser Voraussetzungen hinsichtlich des Ausgleichsanspruchs selbst. Es reicht aus, wenn dem Unterhaltsschuldner durch einen vom ausgleichsberechtigten Elternteil als gesetzlicher Vertreter im Namen des Kindes oder als Verfahrensstandschafter (§ 1629 III S. 1 BGB) gestellten Kindesunterhaltsantrag deutlich gemacht worden ist, dass er auf Zahlung in Anspruch genommen wird. Seinem Interesse, sich nicht unverhofft hohen, in der Vergangenheit aufgelaufenen Verbindlichkeiten gegenüberzusehen, wird dadurch genügt. Er kann und muss sich dann darauf einstellen, dass er aufgrund seiner Unterhaltspflicht von einem bestimmten Zeitpunkt an in bestimmter Höhe zu Zahlungen herangezogen wird[28]. Das Gleiche gilt, wenn wegen des Kindesunterhalts nur Auskunftserteilung

23 OLG Brandenburg, FamRZ 2016, 1462, 1464 u. FamRZ 2016, 1466, 1467, jeweils m. Anm. *Zwirlein*; *Götz*, FF 2013, 225, 231; *Wendl/Klinkhammer*, § 2 Rn. 777.

24 BGH, FamRZ 1989, 850, 852 = NJW 1989, 2816.

25 Vgl. OLG Brandenburg, FamRZ 2016, 1466, 1467, das insoweit jedenfalls im VKH-Verfahren ein schlichtes Schreiben mit der Bitte, den Kindesunterhalt berechnen zu lassen und zu überweisen, als ausreichend ansieht. Dem zustimmend *Schürmann*, FamRZ 2017, 937, 944. In diesem Sinne auch *Liceni-Kierstein*, FamRB 2016, 197, 201: die Absicht, Ersatz zu verlangen, sei jedenfalls bei ernsthafter außergerichtlicher oder gerichtlicher Geltendmachung des Kindesunterhaltsanspruchs anzunehmen.

26 BGH, FamRZ 1989, 850, 852 = NJW 1989, 2816; *Volker*, FuR 2013, 550, 556.

27 BGH, FamRZ 1989, 850 = NJW 1989, 2816; FamRZ 1984, 775 = NJW 1984, 2158. – Unter nicht miteinander verheirateten Eltern kann der familienrechtliche Ausgleichsanspruch für die Zeit vor wirksamer Vaterschaftsanerkennung wegen § 1613 II Nr. 2a BGB ohne die Beschränkung des § 1613 I BGB rückwirkend geltend gemacht werden (OLG Frankfurt, FamRZ 2011, 227).

28 BGH, FamRZ 1989, 850 = NJW 1989, 2816; OLG Brandenburg, FamRZ 2016, 382, 383 = NJW 2016, 656 [LS]; AG Montabaur, FamRZ 2008, 1023 = NJW 2008, 1539.

verlangt worden oder Inverzugsetzung erfolgt ist[29]. Im Ergebnis reicht es also aus, wenn der den Ausgleich begehrende Elternteil die Voraussetzungen des § 1613 I BGB entweder in Bezug auf seine eigene Ausgleichsforderung oder in Bezug auf die Unterhaltsforderung des Kindes herbeigeführt hat[30]. Soweit bei besonderen Fallgestaltungen der Schuldner nicht schutzbedürftig ist, erscheint die entsprechende Heranziehung des § 1613 BGB nicht gerechtfertigt[31].

III. Beispiele für das Bestehen eines Ausgleichsanspruchs

Wenn ein Ehegatte aus eigenen Mitteln für den Unterhalt eines bei ihm lebenden minderjährigen Kindes aufkommt, obwohl im Innenverhältnis der Eltern der andere diese Last tragen müsste, bedient er sich regelmäßig des auf Zahlung von Kindesunterhalt gerichteten Verfahrens, das er als gesetzlicher Vertreter oder Obhutsinhaber (§ 1629 II S. 2 BGB) führen kann, um im Ergebnis die finanzielle Last auf den Unterhaltspflichtigen abzuwälzen. Für derartige unproblematische Fälle bedarf es keines familienrechtlichen Ausgleichs, denn hier reichen die Mittel des Unterhalts- und des Verfahrensrechts aus, die vom Gesetz vorgesehene Verteilung der Unterhaltslast zwischen den Eltern sicherzustellen[32]; sie sind auch vorrangig in Anspruch zu nehmen[33]. **785**

Bedeutung gewinnt der familienrechtliche Ausgleichsanspruch zum Zwecke des Unterhaltsregresses vor allem in den Fällen, in denen noch offene Unterhaltsforderungen des Kindes aus **verfahrensrechtlichen Gründen** nicht mehr realisiert werden können. Diese Situation tritt häufig bei einem Aufenthaltswechsel des Kindes oder dann ein, wenn das Kind volljährig wird. Denn in diesen Fällen erlischt das Vertretungsrecht (§ 1629 II S. 2 BGB) des bislang betreuenden Elternteils bzw. endet – bei bestehender Ehe der Kindeseltern – seine Verfahrensstandschaft (§ 1629 III S. 1 BGB)[34]. Vgl. dazu die Beispiele Rn. 787–790. Auch **tatsächliche Hinderungsgründe** an der Durchsetzung von Unterhaltsansprüchen können zu einem familienrechtlichen Ausgleichsanspruch führen. Vgl. dazu Rn. 791–794. **786**

---

29 OLG Nürnberg, FamRZ 2013, 796 = NJW 2013, 1101 (Auskunftsbegehren des Jugendamts).

30 Mit dem Ausgleichsanspruch kann nicht für die Zeit vor dem in § 1613 I BGB genannten Zeitpunkt aufgerechnet werden (BGH, FamRZ 1984, 775, 777 = NJW 1984, 2158).

31 Vgl. *Wever*, Anm. FamRZ 2003, 252, 253, zu OLG Köln, FamRZ 2003, 251; *Roth*, FamRZ 1994, 793, 799.

32 Vgl. OLG Karlsruhe, FamRZ 2008, 1209; AG Eschwege, FamRZ 1996, 964.

33 Vgl. auch *Langheim*, FamRZ 2013, 1529, 1530.

34 Zur Verfahrensstandschaft und den verfahrensrechtlichen Folgen ihrer Beendigung vgl. *Stockmann*, FamRB 2015, 393.

787 **(1)** Der schon mehrfach zitierten Entscheidung des BGH[35] aus dem Jahre 1989 lag folgender Sachverhalt zugrunde:

Der minderjährige Sohn der Ehegatten lebte nach der Scheidung beim Ehemann (M), dem auch die elterliche Sorge übertragen worden war. Auf eine vom Sohn, vertreten durch M, geführte Klage wurde die Ehefrau (F) zur Zahlung von Kindesunterhalt verurteilt. Da F keine Zahlungen leistete und die Zwangsvollstreckung nur geringe Beträge erbrachte, musste M für den Barunterhalt des Sohnes aufkommen. Kurz vor Erreichen der Volljährigkeit wechselte dieser in den Haushalt der F. Nachdem er **volljährig geworden** war, teilte er dem M mit, er wünsche keine Vollstreckung gegen die Mutter mehr, und ließ sich von M den Unterhaltstitel herausgeben[36]. M verlangte nunmehr von F Erstattung seiner Aufwendungen für den Unterhalt des Sohnes in Höhe des titulierten Unterhalts abzgl. der schon im Wege der Zwangsvollstreckung beigetriebenen Beträge.

Der BGH hat einen Ausgleichsanspruch des M gegen F zu Recht anerkannt. Durch das gegen F ergangene Unterhaltsurteil war rechtskräftig festgestellt, dass und in welchem Umfang sie für den Kindesunterhalt aufzukommen hatte. Da M diese Last getragen hatte und der F durch die Unterhaltsklage deutlich gemacht worden war, dass von ihr Zahlung verlangt und M gegebenenfalls Ersatz seiner Aufwendungen fordern werde, stand dem Zahlungsverlangen des M nichts im Wege.

788 Der Fall wirft die Frage auf, wie der **Gefahr doppelter Inanspruchnahme** des Unterhaltspflichtigen begegnet werden kann. Dieser sieht sich hier zum einen dem ausgeurteilten Unterhaltsanspruch des Kindes und zum anderen dem familienrechtlichen Ausgleichsanspruch des anderen Elternteils ausgesetzt. Im entschiedenen Fall bestand nach Ansicht des BGH[37] die Gefahr doppelter Inanspruchnahme der F nicht, da in dem Herausverlangen des Titels durch den Sohn und der Beendigung der Vollstreckung ein Verzicht auf weitere Vollstreckung aus dem Urteil oder sogar ein Verzicht auf den Unterhaltsanspruch selbst zu sehen sei. Eine allgemeine Lösungsmöglichkeit dieses Problems könnte darin bestehen, dass man den säumigen Unterhaltsschuldner zum Ausgleich gegenüber dem eingetretenen anderen Elternteil nur dann für verpflichtet hält, wenn dieser zuvor dem Kind gegenüber die Erklärung abgegeben hat, dass mittels der dem Kind erbrachten Barleistungen die Barunterhaltsverpflichtung des anderen Elternteils getilgt werden sollte (§ 267 I BGB). Durch eine solche nachträgliche Tilgungsbestimmung wird der Unterhaltsanspruch des Kindes zum Erlöschen gebracht[38]. Eine nachträgliche Tilgungsbestimmung kann nicht bereits in dem Stellen des Ausgleichsantrags gesehen werden[39], da die Bestimmung dem Gläubiger gegenüber getroffen werden muss[40].

Die Gefahr einer doppelten Inanspruchnahme der F hätte von vornherein nicht bestanden, wenn M, statt familienrechtlichen Ausgleich zu verlangen, einen anderen Weg beschritten hätte: Er hätte von dem Sohn für die Zeit, in der er für dessen Barunterhalt aufgekommen

35 FamRZ 1989, 850 = NJW 1989, 2816.

36 Vgl. dazu OLG Koblenz, FamRZ 2005, 993: Herausgabeanspruch nach § 1698 I BGB.

37 FamRZ 1989, 850, 851 = NJW 1989, 2816.

38 So OLG Brandenburg, FamRZ 2016, 1462, 1465, m. Anm. *Zwirlein*; *Gießler*, FamRZ 1994, 800, 806; anders: *Armasow*, MDR 2004, 307, 309; *Wendl/Klinkhammer*, § 2 Rn. 778, und *Wohlgemuth*, FamRZ 2009, 1873, 1876 (Annahme von Gesamtgläubigerschaft des Kindes und des betreuenden Elternteils). Dazu auch *Göppinger/Wax/van Els*, Rn. 1793.

39 So aber OLG Karlsruhe, FamRZ 1998, 1190.

40 Ebenso *Götz*, FF 2013, 225, 232; *Scholz/Kleffmann/Motzer/Kühner*, K Rn. 706.

ist, Abtretung des Unterhaltsanspruchs gegen F verlangen (§§ 242, 1618a BGB) und dann gegen F aus abgetretenem Recht vorgehen können[41].

Nimmt das Kind, dessen Barbedarf durch den betreuenden Elternteil sichergestellt worden ist, nunmehr – etwa nach Eintritt der Volljährigkeit oder nach einem Aufenthaltswechsel – vom unterhaltspflichtigen Elternteil den rückständigen Barunterhalt entgegen, entfällt ein familienrechtlicher Ausgleichsanspruch des für den Barbedarf aufgekommenen betreuenden Elternteils, weil der Unterhaltspflichtige die geschuldete Leistung erbracht hat. Es stellt sich dann die Frage nach einem **Anspruch des ausgleichsberechtigten Elternteils gegen das Kind**[42].

(2) Eine ähnliche Situation kann bei einem (nachhaltigen[43]) **Aufenthaltswechsel des minderjährigen Kindes** vom Haushalt des einen in den des mit dem Unterhalt säumigen anderen Elternteils auftreten: 789

Beispiel: Wenn in Abwandlung des eben beschriebenen Falles der Sohn bereits im Alter von 14 Jahren zur Mutter (F) gewechselt und ihr daraufhin die elterliche Sorge übertragen worden wäre, hätte der Vater (M) mangels Befugnis, den Sohn zu vertreten, keine Möglichkeit mehr, aus dem Urteil über Kindesunterhalt der F gegenüber zu vollstrecken[44]. Er könnte aber seine Aufwendungen für den Barbedarf des Sohnes aus der Zeit, in der er bei ihm gelebt hat, gegenüber der F im Wege eines familienrechtlichen Ausgleichsanspruchs geltend machen[45].

Entsprechendes gilt bei einem Obhutswechsel eines Kindes getrenntlebender oder geschiedener Eltern, wenn keine Sorgerechtsregelung getroffen worden ist (§ 1629 II S. 2 BGB)[46].

(3) Ein familienrechtlicher Ausgleichsanspruch kommt auch dann in Betracht, wenn der Kindesunterhalt noch nicht tituliert ist, sondern wenn etwa während eines laufenden Verfahrens um Kindesunterhalt das Kind volljährig wird und das Verfahren nicht weiterführt[47] oder wenn während eines laufenden Verfahrens um Kindesunterhalt das Kind den Aufenthalt wechselt (und es gegebenenfalls zu einer Sorgerechtsänderung kommt)[48]. 790

---

41 Vgl. OLG Brandenburg, FamRZ 2016, 1462, 1465, m. Anm. *Zwirlein*; OLG Karlsruhe, MDR 2000, 1136; *Liceni-Kierstein*, FamRB 2016, 197, 203; *Götz*, FF 2013, 225, 232; *Gießler*, FamRZ 1994, 800, 805 f. u. 807. Vgl. dazu auch OLG Naumburg, FamRZ 2007, 1116. Zur Problematik der Konkurrenz von Kindesunterhaltsanspruch und familienrechtlichem Ausgleichsanspruch insgesamt *Langheim* FamRZ 2013, 1529, 1534.

42 Vgl. dazu OLG Düsseldorf, NJW-RR 1991, 1027; *Wendl/Klinkhammer*, § 2 Rn. 778; *Armasow*, MDR 2004, 307, 310; *Gießler*, FamRZ 1994, 800, 807 f.; *Roth*, FamRZ 1994, 793, 796.

43 *Liceni-Kierstein*, FamRB 2016, 197, 199; *Wohlgemuth*, FamRZ 2009, 1873.

44 Vgl. dazu OLG Koblenz, FamRZ 2005, 993; OLG Nürnberg, FamRZ 2002, 407.

45 Vgl. AG Montabaur, FamRZ 2008, 1023 = NJW 2008, 1539 (im Fall eines nichtehelichen Kindes).

46 Vgl. OLG München, FamRZ 1997, 1493.

47 OLG Koblenz, FamRZ 1998, 173. Zur verfahrensrechtlichen Situation bei Eintritt der Volljährigkeit während eines laufenden Verfahrens BGH, FamRZ 2013, 1378 = NJW 2013, 2595; *Liceni-Kierstein*, FamRB 2016, 197, 202 f.; *Götz/Schramm*, NJW-Spezial 2015, 132.

48 OLG Koblenz, FamRZ 2015, 1902 [LS] = FamRB 2016, 9 *(Stockmann)*; OLG Frankfurt, FamRZ 2007, 909; OLG Koblenz, FamRZ 1997, 368. Zu den verfahrensrechtlichen Problemen bei einem Aufenthaltswechsel während des Verfahrens: OLG Köln, JAmt 2013,

In diesen Fällen, in denen der Unterhaltsantrag des bisher betreuenden Elternteils – auch hinsichtlich der bis zu diesem Zeitpunkt entstandenen Unterhaltsrückstände – rückwirkend unzulässig wird, stellt es regelmäßig eine sachdienliche **Antragsänderung** (Ausgleichs- statt Unterhaltsanspruch und gegebenenfalls Beteiligtenwechsel auf Antragstellerseite) dar, wenn der Elternteil, der das Kind betreut hat und auch für den Barunterhalt aufgekommen ist, nunmehr einen familienrechtlichen Ausgleichsanspruch geltend macht[49].

791 **(4)** Wird ein Kind von keinem der Elternteile betreut – sei es, weil das minderjährige Kind sich in der Obhut Dritter befindet, oder sei es, weil das Kind volljährig ist –, so sind beide Eltern barunterhaltspflichtig und müssen gem. § 1606 III S. 1 BGB anteilig nach ihren Erwerbs- und Vermögensverhältnissen für den Unterhalt eintreten. Wenn in dieser Situation das Kind von einem Elternteil tatsächlich keinen Unterhalt erlangen kann, etwa weil seiner **anteiligen Unterhaltsverpflichtung** lediglich fiktive Einkünfte zugrunde liegen, so kann das Kind den leistungsfähigen Elternteil auf den vollen Unterhalt in Anspruch nehmen. Dem Elternteil, der den vollen Unterhalt gezahlt hat, steht dann ein familienrechtlicher Ausgleichsanspruch gegenüber dem anderen zu, sofern die übrigen zu Rn. 779 ff. genannten Voraussetzungen vorliegen[50].

792 **(5)** Ähnlich wie in den geschilderten Fällen des Unterhaltsregresses ist die Interessenlage, wenn ein Elternteil dem anderen gegenüber eine **Freihalteverpflichtung** in Bezug auf den Kindesunterhalt eingegangen ist, dieser dann aber vom Kind auf Unterhalt in Anspruch genommen wird und Zahlungen erbringt. Der vom Kind in Anspruch genommene Elternteil hat dem anderen gegenüber aber keinen familienrechtlichen Ausgleichsanspruch, sondern einen Erstattungsanspruch aufgrund ausdrücklicher Vereinbarung[51] und gegebenenfalls einen Schadensersatzanspruch[52].

165; OLG Rostock, FamRZ 2012, 890 = NJW 2012, 942; *Liceni-Kierstein*, FamRB 2016, 197, 202; *Roßmann*, jM 2015, 55; *Götz*, FF 2013, 225, 226 ff.; *Weinreich*, FuR 2013, 615; *Norpoth*, FamRZ 2007, 514.

49 OLG Frankfurt, FamRZ 2007, 909; OLG Koblenz, FamRZ 1998, 173; *Wohlgemuth*, FamRZ 2009, 1873, 1878. Sachdienlichkeit verneinend OLG Hamm, NJW 2016, 2277; OLG Rostock, FamRZ 2003, 933, m. krit. Anm. *Gießler*, S. 1846. Dazu auch *Götz*, FF 2013, 225, 231.

50 Vgl. OLG Koblenz, FamRZ 1996, 756; OLG Frankfurt, FamRZ 1993, 231.

51 BGH, FamRZ 1989, 603 = NJW 1989, 1356. Vgl. dazu auch BGH, FamRZ 2009, 768 = NJW 2009, 1667 (Freistellungsvereinbarung, deren Zustandekommen im entschiedenen Fall verneint wird, als Erfüllungsübernahme).

52 Vgl. Rn. 753. – Einen familienrechtlichen Ausgleichsanspruch nimmt *Göppinger/Wax/Macco*, Rn. 1525, dann an, wenn der betreuende Elternteil einen unterhaltsrechtlichen **Mehrbedarf des Kindes durch mangelhafte Betreuung** verursacht und der andere Elternteil für den Mehrbedarf aufkommen musste.

(6) Betreuen Eltern das Kind im Rahmen eines **Wechselmodells**, werden vielfach die jeweiligen finanziellen Beiträge der Eltern für das Kind nicht mit der anteiligen Barunterhaltspflicht gem. § 1606 III S. 1 BGB übereinstimmen[53]. Es kann dann ein familienrechtlicher Ausgleich zwischen den Eltern erforderlich werden[54]. Dies gilt jedenfalls soweit keine Interessen des Kindes berührt sind, es also nicht um die Höhe des Kindesunterhalts, sondern allein um die Frage geht, wie die von den Eltern dem Kind erbrachten Leistungen untereinander auszugleichen sind[55]. Ist hingegen die Höhe des Kindesunterhaltsanspruchs zu klären, kann nach der Rechtsprechung des BGH der Unterhaltsanspruch in zulässiger Weise von dem Kind, vertreten durch den Elternteil, dem die Entscheidungsbefugnis zur Geltendmachung von Kindesunterhalt übertragen worden ist[56], gegen den besser verdienenden anderen Elternteil geltend gemacht werden. Der Anspruch richte sich in diesem Falle auf den Ausgleich der nach Abzug von den Eltern erbrachter Leistungen verbleibenden Unterhaltsspitze und werde dadurch nicht zu einem – nur zwischen den Eltern bestehenden – familienrechtlichen Ausgleichsanspruch[57]. **793**

---

53 Zum Kindesunterhalt beim Wechselmodell grundlegend BGH, FamRZ 2017, 437, m. Anm. *Schürmann* = NJW 2017, 1676, m. Anm. *Graba*; FamRZ 2015, 236, m. Anm. *Born* = NJW 2015, 331.

54 Dazu *Wohlgemuth*, FamRZ 2017, 676; *dies.*, FamRZ 2014, 84; *dies.*, FPR 2013, 157; *dies.*, FuR 2012, 401; *Jokisch*, FuR 2014, 25, 29 f.; *Bausch/Gutdeutsch/Seiler*, FamRZ 2012, 258; *Wendl/Klinkhammer*, § 2 Rn. 447 ff.; FA-FamR/*Seiler*, 6. Kap. Rn. 350 ff. Vgl. auch Rn. 815 ff. zum Kindergeldausgleich in diesen Fällen. Siehe auch *Maaß*, FamRZ 2016, 603 u. 1428, der abweichend von allen anderen Meinungen das Bestehen einer Barunterhaltspflicht im Falle des Wechselmodells und deshalb auch einen familienrechtlichen Ausgleichsanspruch ablehnt und stattdessen zum Ausgleich einzelner Aufwendungen zwischen den Kindeseltern Auftragsrecht heranziehen will. Vgl. dazu aber die Kritik von *Spangenberg*, FamRZ 2016, 1426 u. *Wohlgemuth*, FamRZ 2016, 1427.

55 Vgl. *Wohlgemuth*, FamRZ 2017, 676, 679.

56 Nach der Rspr. des BGH bedarf es mangels eines Obhutsverhältnisses i.S. von § 1629 II S. 2 BGB entweder der Übertragung der Entscheidungsbefugnis zur Geltendmachung des Kindesunterhalts auf einen Elternteil gem. § 1628 BGB oder der Bestellung eines Ergänzungspflegers, vgl. BGH, FamRZ 2014, 917, 918, m. Anm. *Schürmann* = NJW 2014, 1958; FamRZ 2006, 1015, 1016, m. Anm. *Luthin* = NJW 2006, 2258. Zum Streitstand, ob eine dieser Alternativen vorzugswürdig ist, vgl. OLG Frankfurt, FamRZ 2017, 289 = NJW 2017, 336, das den Weg über § 1628 BGB präferiert.

57 BGH, FamRZ 2017, 437, 441, m. Anm. *Schürmann* = NJW 2017, 1676, m. Anm. *Graba*. Dazu *Seiler*, FF 2017, 116 (Anm.). Vgl. ferner die krit. Bespr. dieser Entscheidung von *Maaß*, FamRZ 2017, 673, der, nachdem der BGH seinem Lösungsansatz über das Auftragsrecht (vgl. Fn. 54) nicht folgt, entgegen dem BGH zur angemessenen Verteilung der finanziellen Lasten zwischen den Eltern allein einen familienrechtlichen Ausgleichsanspruch anstelle eines Barunterhaltsanspruchs des Kindes für geeignet hält. Mit der Begründung, dass der Unterhaltsanspruch des Kindes in Natur befriedigt werde und die Auseinandersetzung um die Verteilung der finanziellen Lasten ausschließlich das Verhältnis der Eltern untereinander betreffe, bevorzugt auch *Spangenberg*, NZFam 2017, 204, 205, den Weg über einen familienrechtlichen Ausgleichsanspruch statt über den Kindes-

794 (7) Schließlich kann sich ein Bedarf für einen familienrechtlichen Ausgleichsanspruch dann ergeben, wenn ein Elternteil für unterhaltsrechtlichen **Mehrbedarf** des Kindes aufgekommen ist, an dem der andere Elternteil sich gem. § 1606 III S. 1 BGB beteiligen muss[58].

IV. Beispiele für das Nichtbestehen eines Ausgleichsanspruchs

795 **1.** Ein familienrechtlicher Ausgleichsanspruch besteht nicht, wenn der für den Kindesunterhalt aufkommende Elternteil mit seiner Leistung eine Unterhaltspflicht erfüllt hat, die ihm durch eine **rechtskräftige Unterhaltsentscheidung** auferlegt worden ist. Er kommt dann einer eigenen Unterhaltspflicht nach und erfüllt nicht anstelle des anderen Elternteils eine Verbindlichkeit, die jenem dem Kind gegenüber oblegen hätte[59]. Eine gerichtliche Entscheidung über den Kindesunterhalt darf nicht durch einen familienrechtlichen Ausgleichsanspruch unterlaufen werden. Daran ändert sich auch dann nichts, wenn die getroffene Regelung – von Anfang an oder aufgrund veränderter Umstände – materiell unrichtig ist. Der familienrechtliche Ausgleichsanspruch ist nicht dazu bestimmt, gerichtlich festgesetzte Unterhaltsverpflichtungen, die auf einer Abwägung der Leistungsfähigkeit beider Elternteile beruhen, durch „Ausgleich" von Unterhaltsanteilen im Verhältnis der Eltern zueinander abzuändern. In diesen Fällen kann das Ausgleichsbegehren auch nicht auf eine andere Rechtsgrundlage wie Ansprüche aus Geschäftsführung ohne Auftrag oder Bereicherungsrecht gestützt werden[60].

796 **(1)** In dem einer Entscheidung des BGH[61] aus dem Jahre 1981 zugrunde liegenden Fall war M verurteilt worden, an die auswärts studierende Tochter einen monatlichen Unterhalt von 525 DM zu zahlen. Dem lag die Annahme eines Gesamtbedarfs der Tochter von 700 DM und einer Verpflichtung der F (Mutter), sich daran mit 175 DM zu beteiligen, zugrunde. Nachdem M in einem Unterhaltsprozess, der den gemeinsamen Sohn betraf, eine im Verhältnis zu F günstigere Quote erstritten hatte, verlangte er, F müsse ihm von dem in der Vergangenheit gezahlten Unterhalt für die Tochter monatlich 125 DM im Wege des familienrechtlichen Ausgleichs erstatten, denn der ihm im Urteil betreffend die Tochter auferlegte Unterhaltsanteil sei zu hoch.

Der BGH hat das Begehren zu Recht mit der Begründung abgelehnt, es fehle an der Anspruchsvoraussetzung einer Leistung anstelle des an sich verpflichteten Elternteils. M sei nur seiner eigenen rechtskräftig festgestellten Unterhaltspflicht nachgekommen und habe nicht – anstelle der F – eine Unterhaltsverbindlichkeit erfüllt, die dieser gegenüber der

---

unterhalt. Anders aber nunmehr *Spangenberg*, NZFam 2017, 1089, 1090 (Ansprüche des Kindes auf Barunterhalt gegen beide Eltern, bei deren Geltendmachung gegen einen Elternteil das Kind jeweils durch den anderen Elternteil vertreten werden könne).

58 Vgl. OLG Naumburg, FamRZ 2012, 1056 = NJW 2012, 623 (Schulgeld). Dazu auch Rn. 406 (bei gesamtschuldnerischer Haftung).

59 BGH, FamRZ 1981, 761 = NJW 1981, 2348; FamRZ 1994, 1102 = NJW 1994, 2234.

60 BGH, FamRZ 1994, 1102, 1104 = NJW 1994, 2234. Vgl. i.Ü. Rn. 773 ff.

61 FamRZ 1981, 761 = NJW 1981, 2348.

Tochter oblegen habe. Im Ausgleichsprozess zwischen den Eltern sei nicht erneut über die bereits im Unterhaltsrechtsstreit (mit-)geprüfte Frage zu entscheiden, in welchem Verhältnis sich die Eltern anteilig am Unterhalt der Kinder zu beteiligen hätten. Diese Frage könne nur im Wege einer Abänderungsklage erneut zur Entscheidung gestellt werden.

(2) An diesen Grundsätzen hat der BGH[62] in einer Entscheidung aus dem Jahre 1994 festgehalten, der folgender Sachverhalt zugrunde lag: **797**

Bei der Scheidung war F die elterliche Sorge für die gemeinsame, bei ihr lebende Tochter übertragen worden. M war zur Zahlung von Kindesunterhalt verurteilt worden. Aufgrund einer längeren Erkrankung der F erwirkte M die einstweilige Übertragung des Aufenthaltsbestimmungsrechts auf sich und nahm die Tochter zu sich. Nach einem Jahr kehrte die Tochter zu F zurück. M, der, während die Tochter bei ihm lebte, die Unterhaltszahlungen an F eingestellt hatte, verlangte von F Erstattung von Unterhaltsaufwendungen für diese Zeit.

Der BGH hat auch in diesem Fall einen familienrechtlichen Ausgleichsanspruch des M mit der Begründung abgelehnt, mit den dem Kind erbrachten Barleistungen sei er – aufgrund der über den Aufenthaltswechsel der Tochter zu ihm hinaus fortwirkenden Verurteilung zu Unterhalt – einer rechtskräftig festgestellten eigenen Unterhaltsverpflichtung nachgekommen. Er habe insoweit nicht – anstelle der F – eine Unterhaltsverbindlichkeit erfüllt, die der F gegenüber der Tochter oblegen habe. Wenn M von F Ersatz für von ihm über die Betreuung des Kindes hinaus erbrachte Barleistungen habe verlangen wollen, habe er zunächst Abänderungsklage erheben müssen.

Ein Erstattungsanspruch gegenüber der F im Hinblick auf die geleistete Betreuung scheide ebenfalls aus, da das Recht des Kindes gegenüber seinen Eltern auf Betreuung nicht auf seinem Unterhaltsanspruch beruhe, so dass M mit der Kindesbetreuung nicht eine der Mutter gegenüber dem Kind obliegende Unterhaltsverpflichtung erfüllt habe. – Das bedeutet: Geleistete **Kindesbetreuung führt nicht zu einem familienrechtlichen Ausgleichsanspruch**[63]. Ein solcher Anspruch kann nur aufgrund geleisteten Barunterhalts bestehen.

Der BGH[64] hat inzwischen klargestellt, dass die vorstehenden Grundsätze nicht ohne weiteres auf Unterhaltsverpflichtungen übertragbar sind, die auf einem gerichtlichen **Vergleich** beruhen[65]. Unterhaltsregelungen in Vergleichen erwüchsen – wie solche in vollstreckbaren Urkunden – im Gegensatz zu gerichtlichen Entscheidungen nicht in materielle Rechtskraft. Soweit ein gerichtlicher Vergleich im Verfahren nach § 239 FamFG abgeändert werden könne[66], richte sich der Umfang der Abänderung al- **798**

62 FamRZ 1994, 1102 = NJW 1994, 2234, m. abl. Anm. *Scholz,* FamRZ 1994, 1314.

63 Bedenken bestehen daher gegen die Entscheidung des LG Kiel, FamRZ 1994, 653, das einem Ehemann, der das nichteheliche Kind seiner getrenntlebenden Ehefrau betreute, einen familienrechtlichen Ausgleichsanspruch für die Kindesbetreuung zuerkannt hat. Für die Zubilligung eines familienrechtlichen Ausgleichsanspruchs bei Kindesbetreuung durch den Barunterhaltspflichtigen hingegen *Götz,* FF 2013, 225, 229; *Wendl/Klinkhammer,* § 2 Rn. 776.

64 FamRZ 2017, 611, m. Anm. *Borth* = NJW 2017, 1108 = FamRB 2017, 168 *(Liceni-Kierstein).*

65 Anders noch Vorauflage Rn. 915; *Liceni-Kierstein,* FamRB 2016, 197, 200.

66 Vorrangig sei durch Auslegung zu ermitteln, ob und mit welchem Inhalt die Beteiligten eine bindende Regelung hinsichtlich einer möglichen Abänderung getroffen haben.

lein nach materiellem Recht (§ 239 II FamFG). Der Tatsachenvortrag in einem solchen Abänderungsverfahren unterliege keiner zeitlichen Einschränkung, da die Präklusion aus § 238 II FamFG, die nur der Sicherung der Rechtskraftwirkung gerichtlicher Entscheidungen diene, keine entsprechende Anwendung finde. Die Abänderbarkeit des Vergleichs könne daher auch inzident im Rahmen des familienrechtlichen Ausgleichsanspruchs überprüft werden.

799 Zwar betrifft diese Entscheidung des BGH ausdrücklich nur gerichtliche Unterhaltsvergleiche und erwähnt lediglich beiläufig auch **vollstreckbare Urkunden**. Die ihr zugrunde liegende Unterscheidung zwischen in materielle Rechtskraft erwachsenden Unterhaltsentscheidungen einerseits und nicht rechtskraftfähigen Unterhaltstiteln andererseits spricht indes dafür, dass ein familienrechtlicher Ausgleichsanspruch immer dann nicht ausgeschlossen ist, wenn der gegen den das Kind – nach Aufenthaltswechsel – betreuenden Elternteil gerichtete Unterhaltstitel der Abänderung nach § 239 FamFG unterliegt[67]. Dies dürfte für zur Zahlung von Kindesunterhalt verpflichtende **einstweilige Anordnungen** entsprechend gelten, weil sie ebenfalls nicht in materielle Rechtskraft erwachsen können, sondern nach § 54 FamFG jederzeit abänderbar sind[68].

800 Der Auffassung des BGH ist zuzustimmen. Sie führt zwar in den Fällen eines Aufenthaltswechsels des Kindes vom einen zum anderen Elternteil bei Bestehen eines materiell rechtskräftigen Unterhaltstitels gegen diesen zu praktischen Schwierigkeiten. Dies ist aber hinzunehmen. Denn es würde dem Bestreben nach Rechtssicherheit widersprechen, wenn ohne Rücksicht auf die Voraussetzungen eines Abänderungsverfahrens nach § 238 FamFG (bzw. § 323 ZPO a.F.) ein familienrechtlicher Ausgleichsanspruch zugelassen würde[69]. Die praktischen Schwierigkeiten sind auch lösbar. Der rechtskräftig zu Unterhaltszahlungen verpflichtete Elternteil hat, wenn er die Betreuung des Kindes übernimmt, die Möglichkeit, alsbald eine **Abänderung seiner Unterhaltsverpflichtung** herbeizuführen und damit den Weg für eine Inanspruchnahme des nicht mehr betreuenden Elternteils – je nach Fallgestaltung auf Kindesunterhalt oder auf familienrechtlichen Ausgleich – freizumachen.

801 Verfahrensrechtlich kann wie folgt vorgegangen werden[70]: Das Abänderungsverfahren ist, solange der bisher betreuende Elternteil noch das Recht der elterlichen Sorge hat, gegen das Kind, vertreten durch den Sor-

67 So für Jugendamtsurkunden bereits OLG Nürnberg, FamRZ 2013, 796 = NJW 2013, 1101.

68 Vgl. *Borth*, FamRZ 2017, 613, 614 (Anm.).

69 So *Volker*, FuR 2013, 550, 555; *Strohal*, DAVorm 1997, 251, 254; vgl. auch *Rahm/Künkel/Liceni-Kierstein* Rn. 1626; **a.A.** *Scholz*, FamRZ 1994, 1314 (Anm.); *Wendl/Klinkhammer*, § 2 Rn. 785; *Götz*, FF 2013, 225, 229; *Langheim*, FamRZ 2013, 1529, 1531.

70 Vgl. *Strohal*, DAVorm 1997, 251, 25.

gerechtsinhaber, zu richten. Mit ihm kann ein Ausgleichsverfahren gegen den anderen Elternteil verbunden werden. Ist es bereits zu einem Sorgerechtswechsel auf den betreuenden Elternteil gekommen, muss für das Abänderungsverfahren ein Ergänzungspfleger (§ 1909 BGB) bestellt werden. Das Gleiche gilt, wenn beide Eltern noch sorgeberechtigt sind und das Kind seinen Aufenthalt nach einem im Wege der Verfahrensstandschaft (§ 1629 III S. 1 BGB) erstrittenen Unterhaltsbeschluss gewechselt hat.

Wäre im Beispielsfall zu (2) der Kindesunterhalt nicht tituliert gewe- **802**
sen, hätte M nach dem Wechsel des Kindes zu ihm die F direkt auf familienrechtlichen Ausgleich in Anspruch nehmen können. An der Geltendmachung von Kindesunterhalt wäre er dagegen solange gehindert gewesen, bis ihm die elterliche Sorge übertragen worden wäre.

2. Ein Ausgleichsanspruch besteht nicht, wenn der Barbedarf des Kin- **803**
des, für den der unterhaltspflichtige Elternteil nicht aufgekommen ist, nicht vom betreuenden Elternteil, sondern durch Leistungen eines Trägers von **Sozialleistungen**[71] oder der **Unterhaltsvorschusskasse** sichergestellt worden ist. Denn finanzielle Leistungen anstelle des Unterhaltspflichtigen hat der betreuende Elternteil in diesem Falle nicht erbracht[72].

3. Ein familienrechtlicher Ausgleichsanspruch besteht auch nicht, so- **804**
weit der für den Kindesunterhalt aufgekommene Elternteil lediglich eine Verpflichtung aus einer **Freistellungsvereinbarung** erfüllt hat[73].

4. Eines Rückgriffs auf das Rechtsinstitut des familienrechtlichen Aus- **805**
gleichsanspruchs bedarf es schließlich dann nicht, wenn für das Ausgleichsverlangen ein vertraglicher Anspruch zur Verfügung steht. Daran ist zu denken, wenn der betreuende Elternteil Arztrechnungen etwa für die kieferorthopädische Behandlung des über den anderen Elternteil krankenversicherten Kindes (Sonderbedarf) bezahlt und über den versicherten Elternteil beim Versicherer eingereicht hat, und er nach **Erstattung seitens des Krankenversicherers** an den Versicherungsnehmer von diesem Auskehrung des erstatteten Betrages verlangt. In Betracht kommen Ansprüche aus Auftragsrecht (§ 667 BGB), je nach Fallgestaltung aber auch solche aus Geschäftsführung ohne Auftrag oder Bereicherungsrecht[74].

---

71 OLG Köln, FamRZ 1985, 1168.

72 Vgl. Rn. 781.

73 OLG Jena, FamRZ 2009, 892. – Das OLG Naumburg, FamRZ 2007, 1903, behandelt den Fall, dass die Freistellungsvereinbarung aufgehoben wird, nachdem der zur Freistellung verpflichtete betreuende Elternteil für den Kindesunterhalt aufgekommen ist.

74 Dazu *Wever*, Anm. FamRZ 2003, 252, zu OLG Köln, FamRZ 2003, 251; das OLG zieht einen familienrechtlichen Ausgleichsanspruch des die Arztkosten vorstreckenden Elternteils in Betracht, lässt ihn aber an verspäteter Geltendmachung (§ 1613 II Nr. 1 BGB) scheitern. – Vgl. zu Ansprüchen bei Vereinnahmung von Versicherungsleistungen auch Rn. 751.

V. Sonstiges

806 **1.** Die **Höhe** des familienrechtlichen Ausgleichsanspruchs richtet sich nach dem Barunterhalt, den der andere Elternteil schuldete[75]. Der Anspruch wird begrenzt durch die dem eingetretenen Elternteil entstandenen Kosten[76]. Da es sich nicht um einen Aufwendungsersatzanspruch handelt, braucht dieser seine Baraufwendungen aber nicht im Einzelnen zu belegen. Es besteht eine Vermutung, dass er den Barbedarf in Höhe des Unterhaltsanspruchs gedeckt hat, wenn er das Kind betreut und versorgt hat, ohne Barunterhalt zu bekommen. Sofern der Verpflichtete einen geringeren Aufwand behauptet, hat er die Vermutung zu entkräften. Erst dann muss gegebenenfalls der Ausgleichsberechtigte seine Baraufwendungen im Einzelnen belegen[77]. Im Falle eines fremdbetreuten oder nicht mehr im Haushalt eines Elternteils lebenden volljährigen Kindes muss dagegen derjenige Elternteil, der geltend macht, mehr als den von ihm geschuldeten Haftungsanteil des Barunterhalts aufgebracht zu haben, von vornherein seine Zahlungen darlegen und gegebenenfalls beweisen.

807 Ereignen sich der Obhutswechsel eines minderjährigen Kindes oder der Eintritt seiner Volljährigkeit während des laufenden Monats, ist hinsichtlich der **Dauer** des familienrechtlichen Ausgleichsanspruchs fraglich, ob dieser im Hinblick auf § 1613 I S. 2 BGB bis zum Ende des Monats besteht, in den das Ereignis fällt. Dies ist zu verneinen. Mit dem Obhutswechsel oder dem Eintritt der Volljährigkeit entfallen die Voraussetzungen des familienrechtlichen Ausgleichsanspruchs, weil der bisherige Obhutsinhaber nicht mehr an Stelle des anderen Elternteils Barunterhalt leistet, sondern nunmehr selbst (wieder) barunterhaltspflichtig ist. Der Ausgleichsanspruch ist daher nur bis zum Tag des Obhutswechsels bzw. des Eintritts der Volljährigkeit zuzusprechen[78].

---

75 *Liceni-Kierstein*, FamRB 2016, 197, 200; *Götz/Schramm*, NJW-Spezial 2015, 132; *Wohlgemuth*, FamRZ 2009, 1873, 1876. Vgl. dazu Rn. 780.

76 BGH, FamRZ 1989, 850, 853 = NJW 1989, 2816.

77 OLG Koblenz, FamRZ 1998, 173; FamRZ 1997, 368, 369; *Langheim*, FamRZ 2013, 1529, 1532; *Scholz/Kleffmann/Motzer/Kühner*, K Rn. 707. Anders: OLG Frankfurt, FamRZ 1999, 1450 (primäres Abstellen auf wirtschaftliche Verhältnisse des betreuenden Elternteils); OLG Frankfurt, FamRZ 2007, 909 (Vermutung der Deckung des Barbedarfs i.H.d. Mindestunterhalts); ebenso: OLG Frankfurt, FamRZ 2011, 227 (mit Abschlag beim Bedarf bei im Ausland lebenden Kind); OLG Brandenburg, FamRZ 2016, 382, 383 = NJW 2016, 656 [LS]; FamRZ 2016, 1462, 1464; *Liceni-Kierstein*, FamRB 2016, 197, 201; *Götz*, FF 2013, 225, 230; *Weinreich*, FuR 2013, 615, 617. Das OLG Düsseldorf (NJW-RR 1991, 1027, 1028) hält den den Ausgleich Begehrenden generell des Nachweises für enthoben, tatsächlich einen Betrag in der Größenordnung des vom anderen Ehegatten geschuldeten Barunterhalts aufgebracht zu haben. Für vom Einzelfall abhängige Lösungen tritt Unterhaltsprozess/*Schmidt/Kohne*, Kap. 2 Rn. 591 ff., ein.

78 Ebenso *Liceni-Kierstein*, FamRB 2016, 197, 202. In einem Fall des Obhutswechsels ebenfalls hierzu tendierend OLG Brandenburg, FamRZ 2016, 382, 383 = NJW 2016, 656 [LS].

2. Zinsen auf den Ausgleichsanspruch können erst von dem Zeitpunkt an verlangt werden, zu dem der Ausgleichsverpflichtete mit der Ausgleichsforderung in Verzug gekommen oder zu dem die Forderung rechtshängig geworden ist (§§ 288 I, 291 BGB). Diese Voraussetzung muss in Bezug auf den Ausgleichsanspruch selbst erfüllt sein[79]. Es genügt hier – anders als bei der Frage, ob ein Ausgleichsanspruch in Betracht kommt (vgl. Rn. 784) – nicht, dass Verzug oder Rechtshängigkeit in Bezug auf die Unterhaltsforderung gegeben ist. Denn es findet kein Forderungsübergang des gegebenenfalls zu verzinsenden Unterhaltsanspruchs und damit kein Übergang von eventuellen Zinsansprüchen des Kindes (§§ 412, 401 BGB) auf den Ausgleichsberechtigten statt. Die Regelung des § 256 S. 1 BGB, die eine Verzinsung schon vom Zeitpunkt des Eintritts des für den Unterhalt aufkommenden Elternteils ermöglichen würde, ist nicht anwendbar, da der familienrechtliche Ausgleichsanspruch nicht auf den Ersatz von Aufwendungen gerichtet ist[80]. **808**

3. Soweit zur Berechnung eines familienrechtlichen Ausgleichsanspruchs die Kenntnis der Einkünfte des anderen Elternteils erforderlich ist, besteht ein aus § 242 BGB herzuleitender – wechselseitiger – **Auskunftsanspruch**[81]. Dies kommt insbesondere dann in Betracht, wenn eine anteilige Unterhaltsverpflichtung dem Kind gegenüber besteht (§ 1606 III S. 1 BGB, vgl. Rn. 791), insbesondere also wenn das Kind bereits volljährig ist. Leistet ein Elternteil den vollen Unterhalt für das volljährige Kind aus freien Stücken, so ist er, solange er dem anderen Elternteil gegenüber keinen familienrechtlichen Ausgleichsanspruch verfolgt, allerdings diesem gegenüber nicht zur Auskunft über seine Einkünfte verpflichtet[82]. **809**

4. Der auf wiederkehrende, monatlich zu bewirkende Geldleistungen gerichtete[83] Ausgleichsanspruch unterliegt der dreijährigen **Verjährung** nach § 195 BGB[84]. Bis zum 31.12.2001 galt die vierjährige Verjährung nach § 197 BGB früherer Fassung[85]. Für den Beginn der Verjährung gilt § 199 I BGB. Der Anspruch entsteht mit der Unterhaltsgewährung durch den ausgleichsberechtigten Elternteil[86]. Die Verjährung ist gem. § 207 I BGB **810**

79 BGH, FamRZ 1989, 850, 853 = NJW 1989, 2816; *Langheim* FamRZ 2013, 1529, 1533.

80 BGH, FamRZ 1989, 850, 853 = NJW 1989, 2816.

81 BGH, FamRZ 2013, 1027, m. Anm. *Langheim* = NJW 2013, 1740.

82 BGH, FamRZ 2013, 1027 = NJW 2013, 1740.

83 BGH, FamRZ 1989, 850, 853 = NJW 1989, 2816.

84 In der Zeit vom 1.1.2002 bis 31.12.2009 ergab sich die gleiche Verjährung aus §§ 197 II a.F., 195 BGB.

85 BGH, FamRZ 1960, 194 = NJW 1960, 957; FamRZ 1989, 850, 853 = NJW 1989, 2816. – Für Übergangsfälle vgl. Art. 229 § 6 EGBGB.

86 Anders OLG Brandenburg, FamRZ 2016, 1462, 1464 (Beginn der Verjährungsfrist erst mit Eintritt der Volljährigkeit des Kindes) m. krit. Anm. *Zwirlein*; dagegen zu Recht auch *Graba*, NZFam 2016, 745, 751 (Anm.); *Schürmann*, FamRZ 2017, 937, 944.

(§ 204 BGB a.F.) gehemmt, solange die Ehe der um den Ausgleich streitenden Eltern besteht[87]. Die Maßstäbe, die die Rechtsprechung für die **Verwirkung** von Unterhaltsansprüchen entwickelt hat und die zu einer sehr zügigen Geltendmachung zwingen[88], dürften auf den familienrechtlichen Ausgleichsanspruch nicht übertragbar sein[89]. Denn von einem Unterhaltsgläubiger, der lebensnotwendig auf Unterhaltsleistungen angewiesen ist, kann eher als vom Gläubiger eines internen Ausgleichsanspruchs unter Ehegatten/Eltern eine zeitnahe Durchsetzung seines Anspruchs erwartet werden[90].

811 **5.** Da der familienrechtliche Ausgleichsanspruch kein Unterhaltsanspruch ist, kann er gepfändet und abgetreten werden. Auch dem für Unterhaltsansprüche grundsätzlich geltenden Aufrechnungsverbot unterliegt er nicht[91]. Dagegen soll § 23a ZPO a.F. (Hilfsgerichtsstand in Unterhaltssachen), an dessen Stelle am 1.9.2009 § 232 III S. 2 Nr. 3 FamFG getreten ist, Anwendung finden[92].

812 Obwohl der familienrechtliche Ausgleichsanspruch nicht unterhaltsrechtlicher Natur, sondern allgemein vermögensrechtlicher Art ist, wurde er aus dem Gesichtspunkt des Sachzusammenhangs zum Unterhaltsrecht schon nach bis 31.8.2009 geltendem Recht der **Zuständigkeit** der Familiengerichte zugeordnet[93]. Die familiengerichtliche Zuständigkeit wurde über den familienrechtlichen Ausgleichsanspruch hinaus für alle Regressfälle angenommen, die auf Unterhaltszahlungen von Eltern an ein eheliches Kind beruhen, insbesondere soweit die Regressforderung auf Geschäftsführung ohne Auftrag oder Bereicherungsrecht gestützt ist[94]. Daran hat sich durch das Inkrafttreten des FamFG am 1.9.2009 nichts geändert. Es handelt sich nunmehr um Familiensachen i.S. der §§ 111 Nr. 8, 231 I Nr. 1 FamFG[95].

---

87 Bei nicht miteinander verheirateten Eltern beginnt die Verjährung des familienrechtlichen Ausgleichsanspruchs frühestens mit rechtskräftiger Feststellung der Vaterschaft (OLG Frankfurt, FamRZ 2011, 227).

88 Vgl. BGH, FamRZ 2007, 453, 455; OLG Düsseldorf, FamRZ 1989, 776.

89 Dies offen lassend OLG Brandenburg, FamRZ 2016, 382, 383 = NJW 2016, 656 [LS]; FamRZ 2016, 1466, 1467.

90 OLG Frankfurt, Beschl. v. 5.2.2008, 3 WF 323/07, juris; *Volker*, FuR 2013, 550, 556 f.

91 Vgl. OLG Koblenz, FamRZ 1997, 368, 370; *Liceni-Kierstein*, FamRB 2016, 197, 201 f.; *Götz/Schramm*, NJW-Spezial 2015, 132; *Götz*, FF 2013, 225, 228; *Roth*, FamRZ 1994, 793, 797, m.w.N.

92 BGH, FamRZ 1989, 603, 605.

93 BGH, FamRZ 1978, 770 = NJW 1978, 2297; vgl. auch BGH, FamRZ 1989, 603 = NJW 1989, 1356.

94 *Roth*, FamRZ 1994, 793, 797; für Geschäftsführung ohne Auftrag: BGH, FamRZ 1979, 218 = NJW 1979, 660.

95 OLG Brandenburg, FamRZ 2016, 1462, 1463; OLG Köln, FamRZ 2012, 574 (auch zur Frage der örtlichen Zuständigkeit gem. § 232 I Nr. 2 FamFG). Zur örtlichen Zuständigkeit siehe auch *Liceni-Kierstein*, FamRB 2016, 197, 202. Vgl. auch Rn. 56.

C. Kindergeldausgleich

Das Kindergeld steht öffentlich-rechtlich beiden Eltern zu (§§ 62 ff. EStG, §§ 1 ff. BKGG). Aus Gründen der Verwaltungsvereinfachung wird es aber nur an einen Elternteil ausgezahlt (§ 64 I EStG)[96]. Der sich daraus ergebende Ausgleichsbedarf unter den Eltern hatte nach § 1612b BGB in der bis zum 31.12.2007 geltenden Fassung durch Verrechnung beim Kindesunterhalt zu erfolgen. Ein gesonderter Kindergeldausgleich unter den Eltern[97], der als Unterfall des familienrechtlichen Ausgleichsanspruchs angesehen wird[98], kam nur dann in Betracht, wenn es ausnahmsweise über den Kindesunterhalt nicht zu einem Ausgleich gekommen war. Zu entsprechenden besonderen Fallgestaltungen vgl. 4. Aufl. Rn. 930 ff. **813**

Seit Inkrafttreten der Unterhaltsreform am 1.1.2008 ist das Kindergeld, soweit es gem. § 1612b I BGB zur Deckung des Barbedarfs des Kindes zu verwenden ist, als unterhaltsrechtliches Einkommen des Kindes anzusehen[99], auch wenn es öffentlich-rechtlich weiter den Eltern zusteht[100]. Es hat nach dieser Bestimmung regelmäßig bedarfsdeckende Wirkung[101] und kann unterhaltsrechtlich vom Kind beansprucht werden. Wird das Kindergeld entgegen der Zweckbindung nicht für den Barbedarf des Kindes verwendet, hat das Kind einen Auskehranspruch gegen den Elternteil, der das Kindergeld bezieht[102]. Daraus folgt, dass ein Ausgleich unter den Eltern und damit ein familienrechtlicher Ausgleichsanspruch in Bezug auf das Kindergeld in der Regel nicht mehr in Betracht kommt. Nur bei **außergewöhnlichen Fallgestaltungen**, nämlich dann, wenn es weder zu einer Verrechnung des Kindergeldes über § 1612b I BGB gekommen ist, noch das Kind einen Anspruch auf Auskehr des Kindergeldes hat, kann **814**

---

96 Zur vorrangigen Anspruchsberechtigung eines mit dem Kind in einem anderen EU-Mitgliedsstaat lebenden (Groß-)Elternteils siehe BFH, FamRZ 2016, 1159 [LS] = FamRB 2016, 355 *(Schwarz)*; FamRZ 2016, 2013, [LS] = FamRB 2016, 465 *(Schwarz)*; NZFam 2016, 1044 *(Rieck)*; zur vorrangigen Berechtigung eines mit dem Kind im EU-Ausland lebenden Pflegeelternteils vgl. BFH, FamRZ 2016, 1925 [LS] = FamRB 2016, 466 *(Schwarz)*.

97 Es besteht keine Gesamtgläubigerschaft der Eltern gegenüber der Familienkasse, vgl. BGH, FamRZ 2016, 1053, 1054, m. Anm. *Seiler* = NJW 2016, 1956, m. Anm. *Ruetten*; FamRZ 1988, 834 = NJW 1988, 2375.

98 BGH, FamRZ 2017, 437, 441, m. Anm. *Schürmann* = NJW 2017, 1676, m. Anm. *Graba*; FamRZ 2016, 1053, 1054, m. Anm. *Seiler* = NJW 2016, 1956, m. Anm. *Ruetten*; FamRZ 2002, 536, 541 = NJW 2002, 1269; FamRZ 1997, 806, 809 = NJW 1997, 1919; FamRZ 1988, 834 = NJW 1988, 2375; vgl. auch Rn. 770.

99 *Wendl/Klinkhammer*, § 2 Rn. 781; *Niepmann/Schwamb*, Rn. 893.

100 Zur im Rahmen der Verfahrenskostenhilfe maßgeblichen sozialhilferechtlichen Anrechnung des Kindergeldes als Einkommen des dieses beziehenden Elternteils vgl. BGH, FamRZ 2017, 633, m. Anm. *Christl* = NJW 2017, 962.

101 So auch BGH, FamRZ 2009, 1300, 1304 = NJW 2009, 2523.

102 *Scholz*, FamRZ 2007, 2021, 2024; *Wendl/Klinkhammer*, § 2 Rn. 781.

ein familienrechtlicher Ausgleichsanspruch zwischen den Eltern noch relevant werden.

815 Zu denken ist etwa an den Fall, dass Kindergeld für ein volljähriges Kind gewährt wird, dessen Unterhaltsbedarf durch Eigeneinkommen gedeckt ist und das deshalb keinen Unterhaltsanspruch hat. Hier wird der das Kindergeld nicht beziehende Elternteil gegen den anderen einen familienrechtlichen Ausgleichsanspruch in Höhe der Hälfte des Kindergeldes haben[103]. Ein familienrechtlicher Ausgleich zwischen den Eltern wird auch in Betracht kommen, wenn das bisher vom einen Elternteil betreute minderjährige Kind zum anderen Elternteil wechselt und der nunmehr barunterhaltspflichtige Elternteil noch eine Zeit lang das Kindergeld bezieht[104]. Ferner kann als Folge einer den Kindergeldbezug betreffenden Vereinbarung der Eltern ein Ausgleichsbedarf[105] oder auch ein Anspruch auf Abgabe von Erklärungen gegenüber der Familienkasse (Leistungsträger)[106] bestehen[107].

816 Das Erfordernis eines gesonderten Kindergeldausgleichs kann sich schließlich auch dann ergeben, wenn die Eltern ein paritätisches **Wechselmodell** praktizieren[108]. Zwar kann auch in diesen Fällen das von einem Elternteil bezogene Kindergeld zumeist im Rahmen eines unterhaltsrechtlichen Gesamtausgleichs zwischen den Eltern angerechnet oder verrechnet werden. Ein unbedingter Vorrang einer solchen unterhaltsrechtlichen Abwicklung des Kindergeldausgleichs besteht aber nicht. Vielmehr kann ein Anspruch auf Auskehrung des Kindergeldes auch selbständig geltend gemacht werden, wenn und solange es mangels Geltendmachung von Kindesunterhalt an einem unterhaltsrechtlichen Gesamtausgleich zwischen den unterhaltspflichtigen Eltern fehlt[109].

---

103 So mit Recht *Wendl/Klinkhammer*, § 2 Rn. 781, 734.

104 *Wendl/Klinkhammer*, § 2 Rn. 781; anders *Vossenkämper*, FamRZ 2008, 201, 208.

105 OLG Koblenz, FamRZ 2006, 1274 (bei rückwirkender Aufhebung der Kindergeldfestsetzung, nachdem der Bezieher des Kindergeldes dieses vereinbarungsgemäß an den anderen Elternteil weitergeleitet hat).

106 OLG Oldenburg, FamRZ 2007, 147 (Erklärung des Bezugsberechtigten bei Rückforderung des Kindergeldes seitens der Familienkasse vom anderen Elternteil, das Kindergeld von ihm erhalten zu haben).

107 Zur Bestimmung des Kindergeldbezugsberechtigten und dem elterlichen Streit darum: OLG Thüringen, FamRZ 2013, 1413; *Bilsdorfer*, NJW 2013, 897; *Finke*, FPR 2012, 155; bei praktiziertem Wechselmodell: OLG Dresden, FamRZ 2014, 1055; OLG Celle, FamRZ 2012, 1963.

108 *Bausch/Gutdeutsch/Seiler*, FamRZ 2012, 258, 261; *Göppinger/Wax/Keske*, Rn. 814, 794. **A.A.** *Maaß*, FamRZ 2016, 603, 608, m. gänzlich abweichendem Ansatz (Auskehrung des hälftigen Kindergeldes nach Auftragsrecht). Vgl. auch Rn. 793.

109 BGH, FamRZ 2017, 437, 441, m. Anm. *Schürmann* = NJW 2017, 1676, m. Anm. *Graba*; FamRZ 2016, 1053, 1054, m. Anm. *Seiler* = NJW 2016, 1956, m. Anm. *Ruetten*.

Die umstrittene Frage[110], wie im Falle des Wechselmodells die isolierte Aufteilung des Kindergeldes zwischen den Elternteilen vorzunehmen ist, hat der BGH mit Beschluss vom 20.4.2016[111] abweichend von der Vorinstanz[112] wie folgt entschieden: Das Kindergeld stehe den Eltern nicht insgesamt zur Hälfte zu. Allerdings stehe ihnen aufgrund ihrer gleichwertig erbrachten Betreuungsleistungen stets der auf den Betreuungsunterhalt entfallende Anteil des Kindergeldes hälftig zu. Im Wege des familienrechtlichen Ausgleichsanspruchs könne der das Kindergeld nicht beziehende Elternteil daher von dem anderen Elternteil jedenfalls ein Viertel des an diesen ausgezahlten Kindergeldes (die Hälfte der auf den Betreuungsunterhalt entfallenden Hälfte) herausverlangen. Hingegen sei die auf den Barunterhalt entfallende Hälfte des Kindergeldes nach dem Maßstab der elterlichen Einkommensverhältnisse (§ 1606 III S. 1 BGB) zu verteilen, wodurch der besser verdienende Elternteil in einem größeren Umfang durch das Kindergeld entlastet werde als der andere. Verlange der nicht kindergeldbezugsberechtigte Elternteil insoweit die Hälfte des auf den Barunterhalt entfallenden Kindergeldanteils, sei es grundsätzlich seine Sache, die Haftungsanteile der Eltern am Barunterhalt darzulegen und zu beweisen. Eine solche Darlegung werde in der Regel einen gesonderten Kindergeldausgleich entbehrlich machen, weil dann eine Gesamtabrechnung über den unterhaltsrechtlichen Ausgleich zwischen den Eltern unter An- und Verrechnung des an einen Elternteil gezahlten Kindergeldes möglich sei. Ein Anspruch auf hälftige Auskehrung des auf den Barunterhalt entfallenden Kindergeldanteils werde beim Wechselmodell auch dann in Betracht kommen, wenn beide Elternteile nicht leistungsfähig seien[113]. **817**

Soweit ein das Kindergeld betreffender familienrechtlicher Ausgleichsanspruch unter Ehegatten in Betracht kommt, kann er **für die Vergan-** **818**

---

110 Vgl. zu den insoweit vertretenen Positionen *Wohlgemuth*, FamRZ 2015, 808, m. Berechnungsbeispielen.

111 FamRZ 2016, 1053, 1055 f., m. Anm. *Seiler* = NJW 2016, 1956, m. Anm. *Ruetten* = FamRB 2016, 256 *(Liceni-Kierstein)*. Vgl. zu dieser Entscheidung auch die Anm. von *Bosch*, FF 2016, 370; *Roessink*, NZFam 2016, 856; *Graba*, NZFam 2016, 842 und (krit.) *Soyka*, FuR 2016, 466. Siehe auch *Viefhues*, FuR 2017, 354, 355, m. Berechnungsbeispielen für den Ausgleich des Kindergeldes nach der vom BGH vertretenen Lösung.

112 OLG Schleswig, FamRZ 2015, 965, das davon ausging, dass das Kindergeld beim Wechselmodell den Kindeseltern intern jeweils hälftig zustehe. So auch OLG Düsseldorf, FamRZ 2014, 567, 569; *Ruetten*, NZFam 2016, 337, 339; *Wohlgemuth*, FamRZ 2015, 808, 809; *dies*., FamRZ 2014, 84, 85.

113 Diese Grundsätze hat der BGH durch Beschluss vom 11.1.2017 bestätigt: FamRZ 2017, 437, 441, m. Anm. *Schürmann* = NJW 2017, 1676, m. Anm. *Graba*. Ebenso bereits mit Beschluss vom 29.10.2015 die Vorinstanz: OLG Dresden, FamRZ 2016, 470. Zum Ausgleich des Kindergeldes beim Wechselmodell siehe auch *Hennemann*, NZFam 2016, 825, 826.

genheit nur unter den Voraussetzungen des § 1613 I BGB verlangt werden[114]. Er unterliegt der dreijährigen **Verjährung** nach § 195 BGB[115] und fällt – nach seit 1.9.2009 geltendem wie schon nach früherem Recht – wegen seines Sachzusammenhangs mit dem Unterhaltsrecht in die **Zuständigkeit** der Familiengerichte[116].

819 Vorstehendes gilt entsprechend für **andere kindbezogene Leistungen**, wenn und soweit sie statt Kindergeld gezahlt werden, also das Kindergeld verdrängen (§ 1612c BGB, § 65 EStG, § 4 BKGG)[117]. Dies betrifft Kinderzulagen aus der gesetzlichen Unfallversicherung, Kinderzuschüsse aus der gesetzlichen Rentenversicherung und das im Ausland oder von einer zwischen- oder überstaatlichen Einrichtung gezahlte Kindergeld. Andere Vergünstigungen, die Eltern für das Kind zustehen, sind hingegen nicht wie das Kindergeld auszugleichen; sie erhöhen vielmehr das Einkommen des Empfängers und wirken sich so auf die Höhe des Kindes-, gegebenenfalls auch des Ehegattenunterhalts aus[118]. Das gilt auch für den kindbezogenen Familienzuschlag[119].

820 Soweit dies steuerrechtlich möglich ist[120], kann ein Ehegatte unter bestimmten Voraussetzungen, namentlich dann, wenn der andere Elternteil seine Unterhaltspflicht gegenüber dem Kind nicht erfüllt oder mangels Leistungsfähigkeit nicht unterhaltspflichtig ist (§ 32 VI S. 6 EStG)[121], – entsprechend den zum begrenzten Realsplitting entwickelten Grundsät-

---

114 BGH, FamRZ 2016, 1053, 1056 f., m. Anm. *Seiler* = NJW 2016, 1956, m. Anm. *Ruetten*; FamRZ 1996, 725, 726 = NJW 1996, 1894; FamRZ 1988, 834 = NJW 1988, 2375.

115 Vgl. BGH, FamRZ 1996, 725, 726 = NJW 1996, 1894. – Dazu Rn. 810.

116 Vgl. BGH, FamRZ 1980, 345; Rn. 812.

117 BGH, FamRZ 1988, 607, 609 = NJW 1988, 1720; *Soyka*, FPR 2003, 53, 59.

118 *Wendl/Klinkhammer*, § 2 Rn. 782.

119 OLG Düsseldorf, FamRZ 2014, 1742, 1743; *Wendl/Klinkhammer*, § 2 Rn. 782. **A.A.** OLG Oldenburg, FamRZ 2012, 1876, das bei beiderseits als Beamte oder Richter im öffentlichen Dienst beschäftigten Eltern einen Anspruch auf hälftige Auskehr des von einem Elternteil bezogenen Zuschlags für den Fall annimmt, dass der den Ausgleich begehrende Elternteil seiner Barunterhaltspflicht nachkommt und keine Kompensation über eine Berücksichtigung beim Betreuungsunterhalt stattfindet. Zu Fragen der Behandlung des kindbezogenen Familienzuschlags beim Wechselmodell siehe *Ruetten*, NZFam 2016, 337, 340, die in diesen Fällen in Fortbildung der vorgenannten Entscheidung des OLG Oldenburg einen familienrechtlichen Ausgleichsanspruch auf hälftige Auskehr des Zuschlags annimmt.

120 Zur steuerrechtlichen Situation nach dem Steuervereinfachungsgesetz 2011 *Schwarz*, FamRB 2013, 270.

121 Vgl. dazu BFH, FamRB 2016, 150 *(Christ)*. Da der Elternteil, der das Kind in seinen Haushalt aufgenommen hat, seine Unterhaltspflicht durch die Leistung von Betreuungsunterhalt erfüllt, rechtfertigt allein der Umstand, dass er für sich und das Kind Leistungen nach dem SGB II bezieht, nicht die Übertragung des Kinderfreibetrags auf den anderen Elternteil, der Barunterhalt für das Kind leistet: BFH, FamRZ 2016, 1925 = FamRB 2016, 432 *(Schwarz)*.

zen[122], gegebenenfalls also auch Zug um Zug gegen die Verpflichtung zum Ausgleich steuerlicher Nachteile – verpflichtet sein, einer **Übertragung von kindbezogenen steuerlichen Freibeträgen** zuzustimmen. Dies ergibt sich aus der über die Scheidung hinaus bestehenden familienrechtlichen Verpflichtung der Ehegatten, die Lasten des anderen nach Möglichkeit zu vermindern, soweit dies ohne Verletzung eigener Interessen möglich ist[123]. Der BGH[124] sieht, ohne dass dies zu überzeugen vermag[125], die Zustimmungsverpflichtung, soweit sie in Betracht kommt, ebenfalls als Unterfall des familienrechtlichen Ausgleichsanspruchs an, bei dem die Schranke des § 1613 I BGB zu beachten sei und die für den familienrechtlichen Ausgleichsanspruch maßgebende Verjährungsfrist[126] gelte.

122 Vgl. Rn. 657 ff.

123 BGH, FamRZ 1988, 607, 608 = NJW 1988, 1720; OLG Koblenz, FamRZ 2005, 315 = NJW 2004, 1743 (Ausbildungsfreibetrag); OLG Celle, FamRZ 1999, 380 (Verneinung eines Zustimmungsanspruchs, wenn bei zerstrittenen Parteien die Notwendigkeit gerichtlicher Auseinandersetzungen um den Nachteilsausgleich zu erwarten ist). Vgl. dazu auch Rn. 754 mit Hinweis auf LG Konstanz, FamRZ 2005, 799: Schadensersatz wegen voller Inanspruchnahme von Freibeträgen für Kinder.

124 FamRZ 1996, 725 = NJW 1996, 1894.

125 Von einem familienrechtlichen Ausgleichsanspruch ließe sich nur sprechen, wenn die Zustimmungspflicht nicht von der Übernahme dem Zustimmenden entstehender Nachteile, sondern davon abhängig gemacht würde, in welchem Umfang die Ehegatten für den Kindesunterhalt aufkommen (vgl. auch BGH, FamRZ 1988, 607, 608 f. = NJW 1988, 1720).

126 Vgl. Rn. 810.

10. Kapitel: Weitere Ansprüche zur Auflösung schuldrechtlicher Verbindungen

A. Vermögensverwaltung

I. Ansprüche aus Vermögensverwaltung

Ein Ehegatte kann sein Vermögen oder Teile davon der Verwaltung des anderen Ehegatten überlassen. Das Gesetz hält für einen solchen Fall mit § 1413 BGB lediglich eine den Widerruf der Überlassung betreffende Schutzvorschrift bereit, regelt aber die Frage, unter welchen Voraussetzungen eine Überlassung der Vermögensverwaltung anzunehmen ist, nicht. 821

Die Überlassung der Vermögensverwaltung, die bei jedem Güterstand möglich ist[1], erfolgt auf der Grundlage eines **schuldrechtlichen Vertrages.** Der Vertrag bedarf – anders als ein Ausschluss oder eine Einschränkung des Widerrufsrechts (§ 1413 BGB) – nicht der Form eines Ehevertrages. Er kann ausdrücklich oder stillschweigend geschlossen werden, erfordert aber einen entsprechenden Rechtsbindungswillen auf beiden Seiten. Im Hinblick auf die bei einer Vermögensverwaltung entstehenden Pflichten des verwaltenden Ehegatten und das Haftungsrisiko bei ungeklärten Differenzen zwischen Einnahmen und Ausgaben (vgl. Rn. 823) dürfen an die Feststellung eines stillschweigend geschlossenen Verwaltungsvertrages keine geringen Anforderungen gestellt werden. Die Erteilung einer Generalvollmacht, mag sie auch häufig mit der Überlassung der Vermögensverwaltung einhergehen, genügt nicht; denn sie schafft nur eine Vertretungsbefugnis gegenüber Dritten. Es reicht auch nicht aus, wenn ein Ehegatte mit Billigung des anderen alle finanziellen Angelegenheiten der Ehegatten erledigt. Für eine Vermögensverwaltung spricht es dagegen, wenn der Vermögensinhaber während der Verwaltungsdauer selbst keine Vermögensverfügungen treffen kann[2]. Die Verwaltungsüberlassung ist grundsätzlich frei widerruflich (§ 1413 BGB)[3]. 822

---

1 Bei Gütergemeinschaft jedoch nur hinsichtlich des Vorbehalts- und Sondergutes (MünchKomm/*Kanzleiter,* § 1413 Rn. 5).

2 Zu allem BGH, FamRZ 2001, 23 = NJW 2000, 3199, m. Anm. *Kogel,* MDR 2000, 1436; FamRZ 1986, 558, 559 = NJW 1986, 1870; FamRZ 1988, 42; FamRZ 2009, 1044, 1046.

3 Zur Beendigung der Verwaltungsüberlassung i.E. MünchKomm/*Kanzleiter,* § 1413 Rn. 13 ff.

823 Ist eine Verwaltungsüberlassung vereinbart, handelt es sich regelmäßig um ein Auftragsverhältnis (§ 662 BGB). Ein Geschäftsbesorgungsvertrag nach § 675 BGB liegt vor, wenn ein Entgelt vereinbart ist. Der verwaltende Ehegatte ist in beiden Fällen grundsätzlich **weisungsgebunden** und zur **Auskunft und Rechenschaft** verpflichtet (§§ 665, 666 BGB)[4]. Ist der Anspruch auf Rechnungslegung jahrelang nicht geltend gemacht worden, kann die nachträgliche Geltendmachung gegen § 242 BGB verstoßen. Eine solche Beurteilung verbietet sich aber, wenn beachtliche Gründe für die Nachholung der Rechnungslegung beigebracht werden, etwa indem der Berechtigte Tatsachen nachweist, die geeignet sind, Zweifel an der Zuverlässigkeit des Pflichtigen und seiner Geschäftsführung zu erwecken[5]. **Überschüsse** aus der Verwaltung[6] sind gem. § 667 BGB herauszugeben, soweit nichts anderes vereinbart ist. Bei Verstößen gegen die Grundsätze ordnungsgemäßer Verwaltung haftet der Verwalter auf **Schadensersatz**[7]. Es gilt jedenfalls dann der Sorgfaltsmaßstab des § 1359 BGB, wenn – wie meist – kein Entgelt vereinbart war, wenn also Grundlage für die Überlassung der Vermögensverwaltung das eheliche Vertrauensverhältnis war[8]. Der verwaltende Ehegatte haftet insbesondere bei ungeklärten Differenzen zwischen Einnahmen und Ausgaben. Denn während der die Verwaltung seines Vermögens überlassende Ehegatte den Umfang des überlassenen Vermögens darzulegen und ggf. zu beweisen hat, trägt der verwaltende Ehegatte die Darlegungs- und Beweislast für die auftragsgemäße Verwendung und den Verbleib des überlassenen Vermögens[9]. Umgekehrt hat der verwaltende Ehegatte einen Vorschuss- und **Aufwendungsersatzanspruch** (§§ 669, 670 BGB). **Zuständig** für solche Ansprüche sind seit 1.9.2009 die Familiengerichte, den erforderlichen Zusammenhang mit Trennung oder Scheidung vorausgesetzt (sonstige Familiensachen i.S. des § 266 I Nr. 3 FamFG)[10].

824 Anders als der Treugeber beim (echten) Treuhandverhältnis, das mit einer Vollrechtsübertragung auf den Treuhänder verbunden ist (vgl. dazu Rn. 830 ff.), wird der die Verwaltung seines Vermögens überlassende Ehegatte im Außenverhältnis, d.h. Dritten gegenüber, im Rahmen der dem

---

4 Zu Entstehung und Verjährung (§§ 195, 199 I BGB) des Auskunftsanspruchs LG Karlsruhe, NJW-RR 2011, 691 (im Fall eines Vermögensverwaltungsvertrags mit einer Bank).

5 BGH, FamRZ 2009, 1044, 1046.

6 Ggf. nach Deckung der Verwaltungskosten, der Erfüllung der mit dem verwalteten Vermögen verbundenen Verpflichtungen und der Verwendung für den Familienunterhalt, soweit der andere Ehegatte verpflichtet ist, zu ihm beizutragen (MünchKomm/*Kanzleiter,* § 1413 Rn. 8).

7 Vgl. BGH, FamRZ 1986, 558, 559 = NJW 1986, 1870.

8 MünchKomm/*Kanzleiter,* § 1413 Rn. 9, m.w.N. zum insoweit bestehenden Meinungsstreit.

9 BGH, FamRZ 2001, 23 = NJW 2000, 3199; NJW 1986, 1492; OLG Köln, FamRZ 1999, 298; *Baumgärtel/Laumen/Prütting,* BGB § 667 Rn. 1 ff., § 1413 Rn. 3.

10 Vgl. Rn. 29 ff., 39. Zuvor: Zivilprozessgerichte, vgl. Rn. 27.

Verwalter gegebenen Vollmacht verpflichtet; der Verwalter selbst dagegen wird nicht verpflichtet, es sei denn gem. §§ 177 ff. BGB[11]. Die Haftung des die Vermögensverwaltung Überlassenden für das Handeln des anderen richtet sich bei vertraglicher Beziehung nach § 278 BGB, sonst ggf. nach § 831 BGB[12]. Eine Zuwendung des Vermögens oder der Einkünfte aus der Verwaltung ist mit der Überlassung des Vermögens zur Verwaltung nicht verbunden[13].

II. Haftung bei fehlendem Vermögensverwaltungsvertrag

Erledigt dagegen ein Ehegatte die finanziellen Angelegenheiten des **825** anderen, ohne dass ein Vertrag über die Überlassung der Vermögensverwaltung vorliegt, so haftet er nur unter den Voraussetzungen einer unerlaubten Handlung[14] oder des § 280 I BGB (Verstoß gegen die Vereinbarung über den Zweck der Kontobevollmächtigung) auf Schadensersatz bzw. aus angemaßter Eigengeschäftsführung (§ 687 II BGB) auf Herausgabe des durch eine unberechtigte Verfügung Erlangten[15]. Eine solche Haftung kommt insbesondere dann in Betracht, wenn der über eine Vollmacht für das Bankkonto des anderen Ehegatten verfügende Ehegatte abgehobene Gelder nicht für familienbezogene Zwecke ausgibt, sondern beiseite schafft. Es ist Sache des Anspruchstellers, einen solchen Sachverhalt darzulegen und ggf. zu beweisen. Bleibt bei Abhebungen während der intakten Ehe unklar, wofür die abgehobenen Gelder verwendet worden sind, geht dies – anders als bei vertraglich übernommener Vermögensverwaltung – zu Lasten des Anspruchstellers[16]. Denn Eheleute müssen während des Zusammenlebens Ausgaben nicht mit der gleichen Genauigkeit abrechnen wie Vertragspartner, die nicht in ehelicher Lebensgemeinschaft verbunden sind. Unbelegte Ausgaben durch den – ohne Vermögensverwaltungsvertrag i.S. von § 1413 BGB – die finanziellen Angelegenheiten verwaltenden Ehegatten begründen auch keinen eigenständigen familienrechtlichen Anspruch auf Rückzahlung[17].

Auskunft erteilen muss der ohne Vermögensverwaltungsvertrag die fi- **826** nanziellen Angelegenheiten erledigende Ehegatte über Vermögensbewegungen nur in groben Zügen[18]. Hilfreich mag ggf. die mit der Reform des

11 Vgl. *Palandt/Brudermüller,* § 1413 Rn. 6.
12 *Palandt/Brudermüller,* § 1413 Rn. 6; *Eder/Kubik,* § 3 Rn. 843.
13 OLG Karlsruhe, FamRZ 1983, 1250, 1251.
14 BGH, FamRZ 2001, 23, 24 = NJW 2000, 3199; FamRZ 1988, 42, 43.
15 Vgl. dazu auch Rn. 549.
16 BGH, FamRZ 1986, 558, 559 = NJW 1986, 1870. Zum Sonderfall einer ungewöhnlich hohen Abhebung in zeitlicher Nähe zur Trennung vgl. Rn. 551.
17 BGH, FamRZ 1986, 558, 560 = NJW 1986, 1870; FamRZ 1988, 42, 43.
18 BGH, FamRZ 1986, 558, 560 = NJW 1986, 1870; FamRZ 1978, 677; *Palandt/Brudermüller,* § 1353 Rn. 13; *Schulz/Hauß,* Rn. 1911.

Zugewinnausgleichsrechts zum 1.9.2009 eingeführte Auskunftspflicht zur Vorbereitung des Zugewinnausgleichs bezogen auf den Trennungszeitpunkt und betreffend das Anfangsvermögen (§ 1379 BGB) sein.

III. Beispiele aus der Rechtsprechung

827 Sowohl die Anforderungen an das Zustandekommen eines Vermögensverwaltungsvertrages i.S. des § 1413 BGB durch schlüssiges Verhalten als auch die unterschiedlichen Konsequenzen, die das Vorliegen oder Nichtvorliegen eines solchen Vertrages bei ungeklärtem Verbleib des Vermögens haben kann, werden in der schon zitierten Entscheidung des BGH vom 29.1.1986[19] dargestellt, der folgender Sachverhalt zugrunde lag:

Die Ehefrau arbeitete in der Zahnarztpraxis des Ehemannes mit. Sie führte die Buchhaltung und machte die Abrechnungen. Für die Konten des Mannes hatte sie eine Generalvollmacht. Im familiären Bereich oblag ihr die Wirtschaftsführung. Nach der Trennung verlangte der Mann Zahlung von 60.000 DM, die die Frau während des Zusammenlebens von seinen Konten abgehoben hatte. Er behauptete, sie habe das Geld beiseite geschafft, während die Frau angab, das Geld für familiäre Zwecke ausgegeben zu haben.

Das OLG hatte die Frau für verpflichtet gehalten, das abgehobene Geld aufgrund eines bestehenden Auftragsverhältnisses gem. § 667 BGB herauszugeben, soweit sie nicht den Nachweis der Verwendung für familiäre Zwecke geführt hatte. Nach Ansicht des BGH ist dagegen ein Auftragsverhältnis zu einer Überlassung der Vermögensverwaltung i.S. von § 1413 BGB nicht zustande gekommen. Dass die Frau in 22 Ehejahren Geld für familiäre Zwecke von den Konten des Mannes ohne Rückfrage habe abheben und ausgeben dürfen, reiche für die Annahme eines Verwaltungsauftrages nicht aus. Eine solche Handhabung könne ebenso ohne Verwaltungsauftrag auf der Ausgestaltung der ehelichen Lebensgemeinschaft durch die Parteien beruhen. Die Einnahme von Bargeld innerhalb der Praxistätigkeit habe ihr schon aufgrund der ihr als Mitarbeiterin übertragenen Aufgaben oblegen. Die vom OLG angenommene Haftung der Frau sei nach den getroffenen Feststellungen auch nicht unter dem Gesichtspunkt einer unerlaubten Handlung gerechtfertigt. Zwar komme eine solche Haftung in Betracht, wenn die Frau gegen den Willen des Mannes Geld abgehoben und auf ein eigenes Konto eingezahlt habe, statt es für familiäre Zwecke zu verwenden. Doch sei es unter dem rechtlichen Gesichtspunkt der Haftung aus unerlaubter Handlung Sache des Mannes, eine bestimmungswidrige Verwendung des Geldes zu beweisen. Da die Verwendung des Geldes noch ungeklärt sei, könne eine unerlaubte Handlung der Frau bislang nicht angenommen werden[20].

828 Abgelehnt hat der BGH[21] die Annahme eines Vermögensverwaltungsvertrages auch bei folgender Fallgestaltung[22]:

---

19 FamRZ 1986, 558 = NJW 1986, 1870.

20 Die vom BGH nicht in Erwägung gezogenen Anspruchsgrundlagen positive Vertragsverletzung (Verstoß gegen die Vereinbarung über den Zweck der Bevollmächtigung; Anspruchsgrundlage seit 1.1.2002: § 280 I BGB) und §§ 687 II, 681 S. 2, 667 BGB führen zum gleichen Ergebnis.

21 FamRZ 2002, 1696 = NJW 2002, 3702.

22 Vgl. auch die Ablehnung eines Vermögensverwaltungsvertrages in BGH, FamRZ 1989, 147, 149.

Der Ehemann hatte während der mehrere Jahrzehnte dauernden Ehe seine Lohn- und Renteneinkünfte auf ein Girokonto der Ehefrau überwiesen, die die finanziellen Verhältnisse der Eheleute regelte und von den eingehenden Geldern die Haushaltskosten sowie die weiteren Ausgaben der Lebensführung bestritt. Die verbleibenden Beträge zahlte sie auf eigene Sparkonten ein, die am Ende der Ehe einen Guthabenstand von rund 440.000 DM aufwiesen.

Der BGH hält zu Recht ein Auftragsverhältnis i.S. eines Vermögensverwaltungsvertrages nicht für gegeben. Übernehme ein Ehegatte im Rahmen der ehelichen Aufgabenverteilung die Wirtschaftsführung im Wesentlichen allein, so entstehe daraus selbst dann kein Auftragsverhältnis, wenn die verfügbaren Mittel ganz überwiegend aus den Einkünften oder dem Vermögen des anderen Ehegatten herrührten. Da es keine konkreten Abreden darüber gegeben habe, wie die Ehefrau mit den vereinnahmten Geldern zu verfahren habe, könne nicht von einem auf Eingehung eines Auftragsverhältnisses gerichteten Rechtsbindungswillen beider Eheleute ausgegangen werden. Der BGH nimmt dagegen die stillschweigende Begründung einer Bruchteilsgemeinschaft an[23].

Angenommen hat der BGH[24] das Zustandekommen eines Vermögens- **829**
verwaltungsvertrages in folgendem Fall:

Die Eheleute hatten zweimal, zuletzt nach der Trennung, schriftlich niedergelegt, dass und in welcher Weise im Einzelnen die für Haushalt und Kinder zuständige Ehefrau (Rechtsanwältin) für die Verwaltung der Finanzen verantwortlich sei. Die vom Ehemann (Rechtsprofessor) in erheblicher Höhe erwirtschafteten Gelder waren auf das Konto der Frau geflossen. Die Verwaltung der Gelder durch die Frau war nach der Trennung fortgeführt worden. Sie hatte dafür Rechnungen in sechsstelliger Höhe erstellt.

Der BGH billigt die Auffassung des OLG, das einen Rechtsbindungswillen im Sinne eines Vermögensverwaltungsvertrags aufgrund der zweimaligen schriftlichen Fixierung, der Höhe der verwalteten und im Wesentlichen vom Ehemann erwirtschafteten Gelder und dem mit der Verwaltung verbundenen Arbeitsaufwand angenommen hatte. Dafür spreche auch, dass die Ehefrau für ihre Tätigkeit hohe Vergütungen in Rechnung gestellt habe und die letzte schriftliche Vereinbarung über die Verwaltung zu einem Zeitpunkt niedergelegt worden sei, als die Eheleute bereits getrennt gelebt hätten.

B. Treuhandverhältnisse

I. Anlass und Gegenstand

Vermögensübertragungen können – auch unter Ehegatten – mit einer **830**
Treuhandabrede verbunden werden. Von dieser Möglichkeit wird gern Gebrauch gemacht, wenn Vermögen dem unmittelbaren Zugriff von Gläubigern eines Ehegatten entzogen werden soll[25] oder wenn Steuern gespart werden sollen[26]. Die treuhänderische Vermögensübertragung dient

23 Vgl. dazu Rn. 534.

24 FamRZ 2009, 1044, 1046.

25 Zur Frage, ob eine treuhänderische Übertragung zum Schutz vor Pfändung geeignet ist, *Münch*, Rn. 1965 f.; vgl. auch *ders.*, Scheidungsimmobilie, Rn. 1284 ff.

26 OLG Hamburg, FamRZ 2002, 395 (treuhänderische Übertragung der Stellung als Zwischenmieter). Zu den steuerrechtlichen Folgen der Vermögensübertragung im Rahmen eines Treuhandverhältnisses *Schlünder/Geißler*, ZEV 2005, 505, 509. Zu den Voraussetzungen der steuerrechtlichen Anerkennung eines Treuhandvertrags unter Ehegatten BFH, NJW-RR 2012, 941.

manchmal aber auch dem Zweck der Unterhaltssicherung des Treuhänders. Sie kann schließlich auch bei anderen besonderen Fallgestaltungen in Betracht kommen:

831 **Beispiele aus der jüngeren Rechtsprechung:**

(1) Die deutsche Ehefrau stellt ihrem taiwanesischen Ehemann vor der geplanten Umsiedlung von Taiwan nach Deutschland ihr Konto in Deutschland als Empfängerkonto für die Überweisung größerer Geldbeträge zur Verfügung, weil der Ehemann über kein Konto in Deutschland verfügt[27].

(2) Im Hinblick auf den geplanten Umzug von Deutschland nach Vietnam stellt der deutsche (künftige) Ehemann seiner vietnamesischen (künftigen) Ehefrau den für den Erwerb eines Familienheims in Vietnam durch sie benötigten Kaufpreis zur Verfügung, weil er selbst aus rechtlichen Gründen in Vietnam keine Immobilie erwerben kann[28].

832 Sowohl das **Eigentum an Sachen** als auch **Forderungen und sonstige veräußerliche Rechte** können treuhänderisch übertragen werden, etwa Gesellschaftsanteile[29] oder die Berechtigung an einer Lebensversicherung[30]. So können auch die Inhaber von Bankkonten[31] und Wertpapierdepots einer treuhänderischen Bindung unterliegen[32]. In der Vermögensauseinandersetzung der Ehegatten stellt sich daher immer wieder die Frage, ob Rückgewähransprüche eines Ehegatten gegen den anderen in Bezug auf einzelne Vermögensobjekte aus einem bestehenden Treuhandverhältnis hergeleitet werden können[33]. Regelmäßig bedarf es dabei einer Abgrenzung zwischen der Zuwendung aufgrund einer Treuhandabrede und einer ehebezogenen Zuwendung[34]. Die Frage nach einer treuhänderischen Bindung kann aber auch für andere beim Scheitern der Ehe geltend gemachte Ansprüche von Bedeutung sein[35].

II. Innen- und Außenverhältnis

833 Die Rechtsfigur des Treuhandverhältnisses[36] kennt das Gesetz[37], ohne sie jedoch zu definieren oder einen eigenen Vertragstyp bereitzustellen.

---

27 BGH, FamRZ 2005, 1667.

28 OLG Oldenburg, FamRZ 2011, 70.

29 Vgl. BGH, FuR 2002, 447; OLG Düsseldorf, FamRZ 1992, 562.

30 OLG Bremen, FamRZ 2017, 279 = NJW 2017, 1120 (im Ergebnis verneint).

31 Vgl. etwa BGH, FamRZ 2005, 1667; BGH, NJW 1996, 840.

32 Vgl. *Staub/Canaris*, HGB/Bankvertragsrecht, 4. Aufl., Rn. 263 ff., u. 3. Aufl., Rn. 2099.

33 Vgl. etwa BGH, FamRZ 1988, 482; OLG Stuttgart, NJW-RR 1988, 134.

34 Vgl. dazu Rn. 898 ff. So z.B. bei OLG Bremen, FamRZ 2017, 279 = NJW 2017, 1120.

35 So etwa in der Entscheidung BGH, FamRZ 1990, 370 = NJW 1990, 705, für die Frage, ob der Mitinhaber eines Oder-Kontos im Innenverhältnis berechtigt war, nach der Trennung über das gesamte Kontoguthaben zu verfügen.

36 Zu Treuhandverhältnissen ausführlich *Henssler*, AcP 196 (1996), 37; *Gernhuber*, JuS 1988, 355; zusammenfassend *Palandt/Herrler*, § 903 Rn. 33 ff.

37 Vgl. etwa § 847a ZPO, § 1 II RVG.

Man hat unter einer echten Treuhand[38] ein Rechtsverhältnis zu verstehen, das ein Rechtsgut zum Gegenstand hat (das Treugut), welches einem Vertragspartner (dem Treuhänder) zu vollem Recht übertragen wird, jedoch mit der Verpflichtung dem anderen Vertragspartner (dem Treugeber) gegenüber, von der unbeschränkten Rechtsmacht nur in Grenzen Gebrauch zu machen[39]. Zu unterscheiden sind also die Rechte des Treuhänders im Innen- von denen im Außenverhältnis. Was der durch die Treuhandabrede mit dem Treugeber schuldrechtlich gebundene Treuhänder tun darf, ist stets weniger als das, was er kraft seiner unbeschränkten Rechtsmacht nach außen tun kann. Vor allem aber darf der Treuhänder nach dem Inhalt der Treuhandabrede das nur zu treuen Händen übertragene Vermögensobjekt regelmäßig nicht auf Dauer behalten. Aus der Treuhandabrede ergibt sich, ob der Treugeber jederzeit Rückübertragung des Treuguts verlangen kann[40], oder unter welchen Voraussetzungen eine Rückübertragungsverpflichtung besteht. Jedenfalls nach Erledigung des Treuhandzwecks ist der Treuhänder zur Rückübertragung an den Treugeber verpflichtet[41]. Im Hinblick auf die aus dem Innenverhältnis resultierenden Bindungen wird, sofern das Treugut aus einer Sache besteht, vielfach davon gesprochen, dass der Treuhänder nur formeller Eigentümer, der Treugeber dagegen wirtschaftlicher Eigentümer sei.

Die **schuldrechtliche Abrede**, die der Treuhand zugrunde liegt, ist in 834
aller Regel ein Auftrag (§ 662 BGB) oder ein entgeltlicher Geschäftsbesorgungsvertrag (§ 675 BGB)[42]. Unter Ehegatten erfolgt die Eingehung eines Treuhandverhältnisses meist unentgeltlich, also auf der Grundlage eines Auftrags. Nach diesem schuldrechtlichen Verhältnis richten sich die Rechte und Pflichten von Treuhänder und Treugeber, insbesondere die Pflicht des Treuhänders zur Rückübertragung des Treuguts nach Erledigung des Treuhandzwecks (§ 667 BGB), sein Anspruch auf Ersatz seiner Unkosten (§ 670 BGB) und seine Verpflichtung zum Schadensersatz bei Verstößen gegen die Treuhandabrede (Verfügungen in Verletzung der im

---

38 Auch fiduziarische Treuhand genannt. Vgl. demgegenüber zur – hier nicht interessierenden – unechten Treuhand *Palandt/Herrler*, § 903 Rn. 34; *Henssler*, AcP 196 (1996), 37, 41 f.

39 *Gernhuber*, JuS 1988, 355.

40 So z.B. bei der fremdnützigen Treuhand; vgl. BGH, FamRZ 1972, 559, 560; FamRZ 1992, 1401, 1402.

41 Vgl. *Palandt/Herrler*, § 903 Rn. 40, 36. – Soweit kein gesetzliches Verbot entgegensteht, kann auch durch Aufnahme einer auflösenden Bedingung bzw. Befristung in das Übertragungsgeschäft ein Rückfall des Treuguts vereinbart werden (vgl. *Gernhuber*, JuS 1988, 355, 363).

42 Bei treuhänderischer Übertragung eines Grundstücks muss auch die Treuhandabrede notariell beurkundet werden; Heilung des Formmangels durch Eintragung ins Grundbuch gem. § 311b I S. 2 BGB ist jedoch möglich (BGH, FamRZ 1991, 168, 169).

Innenverhältnis vereinbarten Beschränkungen sind wirksam, verpflichten aber zum Schadensersatz, § 137 BGB)[43].

III. Rückgewähranspruch

835 Ein Ehegatte, der einen Rückgewähranspruch gem. § 667 BGB auf die Behauptung eines Treuhandverhältnisses stützt, muss zum einen beweisen, dass eine **Treuhandabrede** getroffen, also vereinbart worden ist, dass der andere das Vermögensobjekt nur zu treuen Händen erhalten und zur Rückübertragung unter bestimmten Umständen verpflichtet sein sollte (Abgrenzung insbesondere zur ehebezogenen Zuwendung, vgl. Rn. 832)[44]. Eine solche Vereinbarung kann auch stillschweigend geschlossen werden[45], jedoch sind insoweit strenge Anforderungen zu stellen. Allein der Umstand, dass das übertragene Vermögen dem Zugriff von Gläubigern des Zuwendenden entzogen werden sollte, reicht nicht aus[46]. Gegen die Annahme einer Treuhandabrede kann sprechen, dass es an einer Vereinbarung dazu fehlt, wann der Treuhandzweck erreicht sein bzw. unter welchen Voraussetzungen eine Rückübertragung erfolgen soll[47].

836 Der Rückgewähr Verlangende muss zum anderen die Voraussetzungen für den **Eintritt der Rückgewährverpflichtung** darlegen und ggf. beweisen. Enthält eine – gleichwohl anzunehmende[48] – Treuhandabrede dazu keine Regelung, bedarf es der ergänzenden Vertragsauslegung (§ 157 BGB)[49]. Eine Rückgewährverpflichtung besteht, wenn der Treugeber berechtigt sein sollte, jederzeit das Treugut herauszuverlangen, oder wenn sich der mit der treuhänderischen Hingabe verbundene Zweck erledigt hat. Letzteres ist beim Scheitern der Ehe häufig[50], aber nicht immer der Fall. War mit der treuhänderischen Übertragung etwa eines Hausgrundstücks oder eines Wertpapierdepots die – vom Fortbestand der Ehe unabhängige – Unterhaltssicherung beabsichtigt, kann der Treuhänder berech-

---

43 *Palandt/Ellenberger*, vor § 104 Rn. 25; *Eder/Kubik*, § 3 Rn. 852. – Verleitet ein Dritter den Treuhänder zu einem Vertragsbruch, kann der Dritte dem Treugeber aus § 826 BGB auf Schadensersatz haften. In einem vom BGH (FamRZ 1992, 1401) entschiedenen Fall hatte die Ehefrau des Treugebers ihre Mutter (Treuhänderin) veranlasst, ihr treuhänderisch gehaltene Sparkassenbriefe zu übertragen.

44 Vgl. dazu die Beispiele BGH, FuR 2002, 447; FamRZ 1988, 482; OLG Düsseldorf, FamRZ 1992, 562, 563.

45 Vgl. etwa OLG Hamburg, FamRZ 2002, 395.

46 Zur Frage, ob der treuhandähnliche Charakter der Vermögensübertragung in einem solchen Fall einen Rückgewähranspruch nach den für ehebezogene Zuwendungen entwickelten Grundsätzen rechtfertigen kann, vgl. Rn. 956.

47 OLG Bremen, FamRZ 2017, 279, 280 = NJW 2017, 1120.

48 Vgl. Rn. 835.

49 Vgl. *Gernhuber*, JuS 1988, 355, 358.

50 So im Fall OLG Hamburg, FamRZ 2002, 395; vgl. auch BGH, FamRZ 2005, 1667, 1669.

tigt sein, das Treugut auch über das Scheitern der Ehe hinaus behalten zu dürfen, je nach Verständnis des von den Vertragspartnern Gewollten möglicherweise so lange, wie die Unterhaltspflicht besteht, oder gar bis zum Tod des Treuhänders[51].

Ist ein Geldbetrag zur Verwahrung und Verwaltung treuhänderisch überlassen worden und sollte von dem überlassenen Geld auch der gemeinsame Lebensunterhalt bestritten werden, ist der Empfänger bei Eintritt der Rückgewährverpflichtung **abrechnungspflichtig.** Er muss ggf. die Höhe der auftragsgemäß bestrittenen Ausgaben darlegen und beweisen[52]. **837**

So war die Sachlage im obigen **Beispiel (1)**, Rn. 831: Von dem seitens des Mannes auf das Konto der Frau überwiesenen Geld (214.000 €) waren zunächst einverständlich die Kosten der gemeinsamen Lebensführung bestritten worden, bis es zur Trennung kam und der Mann das überwiesene Geld herausverlangte. Der BGH hält zu Recht die Frau nach Eintritt der Rückgewährverpflichtung infolge Kündigung des anzunehmenden Treuhandauftrags für abrechnungspflichtig. Während es ggf. Sache des Mannes gewesen wäre, die Höhe des überlassenen Vermögens darzulegen und zu beweisen, war es Sache der Frau als der Beauftragten, die Höhe der (mit Einverständnis des Mannes) getätigten Ausgaben darzulegen und zu beweisen[53]. Soweit ihr dies nicht gelang (i.H. von 86.000 €), hatte die Klage des Mannes Erfolg. **838**

Zuständig für alle Streitigkeiten der vorgenannten Art (Rn. 834, 835 ff.) unter Ehegatten nach gescheiterter Ehe sind seit 1.9.2009 die Familiengerichte, den erforderlichen Zusammenhang mit Trennung oder Scheidung vorausgesetzt (sonstige Familiensachen i.S. des § 266 I Nr. 3 FamFG)[54]. **839**

C. Bürgschaften und andere Sicherheiten: Ausgleichs- und Befreiungsansprüche

I. Bürgschaften

1. Außenverhältnis

Ist ein Ehegatte während des ehelichen Zusammenlebens eine Bürgschaftsverpflichtung (§ 765 BGB) gegenüber einem Gläubiger des anderen Ehegatten eingegangen[55], stellt sich im Außenverhältnis zunächst die Frage nach der **Wirksamkeit des Bürgschaftsvertrages**[56]. Dieser kann **840**

---

51 *Schulz/Hauß*, Rn. 1915.

52 Vgl. BGH, FamRZ 2005, 1667, 1669 f. (zum Sachverhalt Rn. 831, Beispiel 1). Vgl. dazu auch Rn. 823, 825.

53 Günstiger wäre die Beweislastsituation für die Frau gewesen, wenn sie die finanziellen Angelegenheiten des Mannes erledigt hätte, ohne vertraglich die treuhänderische Verwaltung seines Vermögens übernommen zu haben. Vgl. BGH, FamRZ 1986, 558, 559 = NJW 1986, 1870.

54 Vgl. Rn. 29 ff., 39. Zuvor: Zivilprozessgerichte, vgl. Rn. 27.

55 Zur gemeinsam übernommenen Bürgschaft vgl. Rn. 344.

56 Zur Frage der Wirksamkeit und Reichweite einer **Mietbürgschaft** bei Unterzeichnung des vom Ehemann abgeschlossenen Mietvertrages durch die Ehefrau als „selbstschuldne-

insbesondere bei krasser finanzieller Überforderung des Bürgenden wegen Sittenwidrigkeit nichtig sein. Die dazu maßgebenden Grundsätze entsprechen denen, die die Rechtsprechung für die Fälle der Schuldmitübernahme (Schuldbeitritt) anwendet; sie werden bei Rn. 350 ff. dargestellt[57]. Bei Höchstbetragsbürgschaften gilt insofern eine Besonderheit, als für die Frage der krassen finanziellen Überforderung des Bürgen auf das Verhältnis des pfändbaren Teils seines laufenden Einkommens zur Zinslast nur aus der Bürgschaftssumme und nicht aus der gesamten Hauptschuld abgestellt werden muss[58]. Vor allem bei Bürgschaften für einen Kontokorrentkredit des Ehepartners ist häufig der **Umfang der Haftung** des bürgenden Ehegatten problematisch. Die Formularbedingungen der Banken enthalten oft weite Zweckerklärungen, die einer Inhaltskontrolle nach §§ 305c, 307 BGB nicht standhalten, insbesondere wenn die Bürgschaft zur Sicherung aller bestehenden und künftigen Forderungen aus der Geschäftsverbindung übernommen werden soll[59].

841 Schließlich stellt sich beim Scheitern der Ehe die Frage nach den Möglichkeiten des bürgenden Ehegatten, die Bürgschaft gegenüber der Bank zu **kündigen**[60]. Grundsätzlich sind Bürgschaften nicht kündbar. Jedoch hat ein Sicherungsgeber, der den Kredit eines Dritten wirksam auf unbestimmte Zeit besichert hat, nach der Rechtsprechung des BGH[61] nach Treu und Glauben das Recht, nach Ablauf eines gewissen Zeitraums oder bei Eintritt besonders wichtiger Umstände den Sicherungsvertrag mit der Wirkung zu kündigen, dass sich die Sicherung auf die im Zeitpunkt der Kündigung begründeten Verbindlichkeiten aus dem laufenden Kreditverhältnis beschränkt, nicht aber neu entstehende Forderungen erfasst. Ein

---

rische Bürgin" (bei Ausübung einer Verlängerungsoption) OLG Düsseldorf, Beschl. v. 14.4.2016, 24 W 12/16 = FamRZ 2016, 2015 [LS], dazu *Fritz*, jurisPR-MietR 21/2016 Anm. 4.

57 Zu Bürgschaftsfällen aus jüngerer Zeit auch: BGH, FamRZ 2006, 1024; NJW 2005, 971 (krasse finanzielle Überforderung bei Bürgschaft für ein Existenzgründungsdarlehen des Ehemannes für einen Gewerbebetrieb, in dem die Ehefrau mitarbeiten soll); FamRZ 2003, 512 (krasse finanzielle Überforderung bei vorhandenem Immobilienbesitz); FamRZ 2002, 1550 = NJW 2002, 2228 (Berücksichtigung auf Grundbesitz ruhender Belastungen); NJW 2002, 2230, m. Anm. *Joswig,* FF 2002, 214; BGH-Report 2003, 542; BGH, FamRZ 2003, 1741 [LS] (Lebensgefährten); OLG Koblenz, MDR 2012, 1454 (krasse finanzielle Überforderung einer arbeitslosen, ein Kind versorgenden Krankenschwester bei Bürgschaft für Geschäftsschulden ihres Mannes); *Schnabl,* WM 2006, 706, 709; *Wagner,* NJW 2005, 2956; *Tiedtke,* NJW 2003, 1359, 1360 ff.; *Bauer,* FuR 2003, 481; *Tonner,* JuS 2003, 325; *Palandt/Ellenberger,* § 138 Rn. 37 ff.

58 BGH, NJW 2013, 1534.

59 Vgl. RsprN bei *Tiedtke,* NJW 2001, 1015, 1027.

60 Dazu näher *Derleder/Bartels,* FuR 1995, 225 ff.; *Staudinger/Horn,* 2012, § 765 Rn. 264 ff. Allgemein zu Wirksamkeit und Umfang der von Ehegatten eingegangenen Mitverpflichtungen MAH/*Joswig,* § 19 Rn. 1 ff.

61 BGH, FamRZ 2003, 27 = NJW 2003, 61; NJW-RR 1993, 944; WM 1959, 855.

wichtiger Umstand in diesem Sinne kann die Scheidung sein, wenn die Besicherung ersichtlich aus Anlass der bestehenden Ehe erfolgt ist. Diese Grundsätze, die für Dauerschuldverhältnisse wie Kontokorrentkredite von Bedeutung sind, gelten nicht nur für den Bürgen, sondern auch für den Besteller eines kreditsichernden Pfandrechts oder einer Grundschuld[62].

2. Innenverhältnis

Das Innenverhältnis der Ehegatten richtet sich nach Auftragsrecht[63], denn der Bürgschaftsübernahme liegt regelmäßig ein Auftrag (§ 662 BGB) zugrunde. Die Situation entspricht der bei gesamtschuldnerischen Verbindlichkeiten, für die im Innenverhältnis ein Ehegatten allein aufzukommen hat[64]. An der Abtragung des durch die Bürgschaft gesicherten Kredits des anderen Ehegatten braucht der Bürgende sich nach dem Scheitern der Ehe im Innenverhältnis regelmäßig nicht zu beteiligen[65]. Hat der bürgende Ehegatte bereits Zahlungen an den Gläubiger erbracht, kann er vom anderen Ehegatten gem. § 670 BGB **Aufwendungsersatz** verlangen. Daneben hat er den Ausgleichsanspruch aus § 774 BGB. Hat der bürgende Ehegatte noch keine Zahlungen erbracht, kann er vom anderen nach dem Scheitern der Ehe **Befreiung von der Bürgenhaftung** verlangen. Der Anspruch ergibt sich aus §§ 670, 257 BGB (nach Kündigung des Auftragsverhältnisses aus wichtigem Grund – Scheitern der Ehe) bzw. aus § 775 BGB unter den dort genannten Voraussetzungen. Er besteht unabhängig davon, ob die Forderung des Gläubigers gegen den Bürgen bereits fällig ist. Allerdings sind die Einschränkungen zu beachten, denen der Befreiungsanspruch unter dem Gesichtspunkt der ehelichen Rücksichtnahme und gem. § 242 BGB nach der Rechtsprechung des BGH unterworfen ist[66]. Sie können insbesondere in den Fällen Bedeutung erlangen, in denen die Forderung des Gläubigers noch nicht fällig ist. Zur Durchsetzung des Befreiungsanspruchs vgl. im Übrigen Rn. 504 f. 842

War der durch die Bürgschaft gesicherte Kredit ausnahmsweise nicht im Interesse des Hauptschuldners, sondern **im Interesse des bürgenden Ehegatten** aufgenommen worden, so ist der Hauptschuldner als Beauftragter des Bürgen anzusehen. In diesem Falle steht ihm ggf. der Ausgleichs- bzw. Befreiungsanspruch gegen den bürgenden Ehegat- 843

62 BGH, FamRZ 2003, 27 = NJW 2003, 61.

63 Die Annahme eines Auftragsverhältnisses zwischen den Ehegatten erscheint auch dann gerechtfertigt, wenn ein Ehegatte für eine Verbindlichkeit einer GmbH bürgt, deren Geschäftsführer oder Mehrheitsgesellschafter der andere Ehegatte ist (*Derleder/Bartels*, FuR 1995, 224, 228).

64 Vgl. Rn. 396 ff., 492 ff.

65 OLG Bremen, FamRZ 2002, 392.

66 BGH, FamRZ 2015, 818; FamRZ 1989, 835 = NJW 1989, 1920. Siehe dazu Rn. 498 f.

ten zu[67]. Allein daraus, dass der Kredit in die gemeinsame Lebensführung geflossen, also auch dem bürgenden Ehegatten zugute gekommen ist, kann nicht auf eine stillschweigende Beauftragung des Hauptschuldners durch den Bürgen mit der Kreditaufnahme geschlossen werden[68].

II. Andere Sicherheiten

844 Die Regelungen des Auftragsrechts wendet die Rechtsprechung auch an, wenn ein Ehegatte dem anderen die Möglichkeit einer Kreditaufnahme dadurch verschafft oder erleichtert, dass er ihm sonstige schuldrechtliche oder dingliche Sicherheiten (z.B. Hypothek, Sicherungsübereignung, Forderungszession) zur Verfügung stellt (vgl. schon Rn. 503). Scheitert die Ehe, kann – wenn die gesicherte Verbindlichkeit wirtschaftlich allein dem Kreditnehmer zugute kommt – ein Anspruch auf **Befreiung von der dinglichen Haftung** bestehen[69], und zwar unabhängig davon, ob der die Befreiung Verlangende die von ihm gesicherte Verbindlichkeit selbst mit eingegangen ist oder nicht; der Anspruch unterliegt jedoch Beschränkungen, die sich aus den Nachwirkungen der Ehe ergeben. Auch insoweit gelten die Ausführungen zu Rn. 492 ff. zum Befreiungsanspruch von der Mithaftung bei gemeinsamen Verbindlichkeiten entsprechend[70]. Der BGH[71] hat einen solchen Befreiungsanspruch etwa in einem Fall angenommen, in dem der Ehemann einen Geschäftskredit für das von ihm betriebene Bauunternehmen in Anspruch genommen hatte. Die Ehefrau hatte zur Sicherung des Kredits der Kreditgeberin Grundschulden an einem ihr gehörenden Grundstück bestellt.

845 Auch in diesen Fällen kommt dann, wenn der die Sicherheit stellende Ehegatte vom Sicherungsnehmer bereits in Anspruch genommen worden ist, ein **Aufwendungsersatzanspruch** gem. § 670 BGB, gerichtet auf Erstattung geleisteter Zahlungen, in Betracht. So hat das OLG Hamm[72] einer Ehefrau, die zusammen mit dem Ehemann für dessen Geschäftsschulden eine Grundschuld am gemeinsamen Grundstück bestellt hatte, einen Erstattungsanspruch gegen den Ehemann in Höhe ihres Anteils zugesprochen, nachdem die Gläubigerbank bei Verkauf des Grundstücks im Hin-

---

67 Vgl. zu allem *Derleder/Bartels*, FuR 1995, 224, 227 f., sowie *Koch*, FamRZ 1994, 537, 538 f. Siehe dazu auch Rn. 518.

68 OLG Bremen, FamRZ 2002, 392.

69 Zu evtl. Möglichkeiten, den Sicherungsvertrag gegenüber dem Sicherungsnehmer zu kündigen, vgl. Rn. 841.

70 Die Heranziehung der zur Rückabwicklung ehebezogener Zuwendungen entwickelten Grundsätze kommt nicht in Betracht, weil das bloße Stellen einer Sicherheit keine Zuwendung darstellt (vgl. Rn. 895).

71 FamRZ 1972, 362. Vgl. auch BGH, FamRZ 2015, 818; FamRZ 1989, 835 = NJW 1989, 1920, sowie *Koch*, FamRZ 1994, 537, m.w.N.

72 FamRZ 2003, 97.

blick auf die Grundschuld befriedigt worden war[73]. Ein Ersatzanspruch besteht auch, wenn ein Ehegatte Ansprüche aus einer Lebensversicherung als Sicherheit zugunsten einer Verbindlichkeit des anderen Ehegatten abgetreten hat und der Sicherungsnehmer die sichernde Forderung einzieht[74].

Das OLG Karlsruhe[75] hat die Gewährung einer Kredithilfe in Form der Bereitstellung von dinglichen Sicherheiten nach Auftragsrecht beurteilt, einen Befreiungsanspruch aufgrund der besonderen Fallgestaltung aber zu Recht abgelehnt. Die Kredithilfe war nämlich nicht während intakter Ehe, sondern im Rahmen einer Scheidungsfolgenvereinbarung übernommen worden. In diesem Fall, so das OLG, gebe die Beendigung der Ehe kein Recht zur Kündigung des Auftragsverhältnisses. Ein solches Recht bestehe nur, wenn der Schuldner seinen persönlichen Verpflichtungen gegenüber den Gläubigern nicht mehr nachkomme und der Eintritt der dinglichen Haftung konkret zu befürchten sei. **846**

D. Ausgleich bei gemeinsamen Forderungen

I. Gesamtgläubigerausgleich

Im Falle der Gesamtgläubigerschaft[76] kann jeder Gläubiger vom Schuldner die ganze Leistung fordern, der Schuldner muss diese nur einmal bewirken und kann nach seinem Belieben an jeden der Gläubiger leisten (§ 428 BGB). Die Ausgleichspflicht der Gesamtgläubiger im Innenverhältnis regelt § 430 BGB, und zwar in gleicher Weise, wie es § 426 I S. 1 BGB für den Gesamtschuldnerausgleich vorsieht: Die Forderung steht den Gesamtgläubigern zu gleichen Teilen zu, sofern nicht eine anderweitige Bestimmung zum Zuge kommt. **847**

Der Gesamtgläubigerausgleich unter Ehegatten wird – ebenso wie der Gesamtschuldnerausgleich – nicht durch die Vorschriften über den **Zugewinnausgleich** verdrängt. Es gelten die für die Berücksichtigung einer Gesamtschuld im Zugewinnausgleich entwickelten Regeln[77] entsprechend. Hat zwischen Trennung und Rechtshängigkeit der Scheidung ein Ehegatte die Forderung bereits eingezogen, ist aber der Ausgleich im Innenverhältnis noch nicht durchgeführt, fließen der Ausgleichsanspruch auf der einen Seite und die entsprechende Verbindlichkeit auf der anderen **848**

73 Vgl. auch OLG Bremen, FamRZ 2006, 122 = NJW 2005, 3502 = FamRB 2005, 285 *(Heinle)*: Zurverfügungstellen von Grundschulden für eine Darlehensschuld des Ehemannes durch Ehefrau und Tochter.

74 AG Pinneberg, NJW 1999, 1721 (analoge Anwendung von §§ 774 I, 268 III, 1225 BGB).

75 FamRZ 1991, 802.

76 Zur Gesamtgläubigerschaft bei Ehegatten *Götsche*, jM 2016, 266; *Eder/Gartz*, § 3 Rn. 292 ff.

77 Vgl. Rn. 456 ff.

Seite in die Zugewinnausgleichsbilanz ein. Ist die Forderung noch nicht eingezogen, ist sie bei beiden Ehegatten im Endvermögen in voller Höhe als Aktivposten einzustellen, die jeweilige (meist hälftige) Ausgleichspflicht im Innenverhältnis steht dem als Passivposten gegenüber, so dass im Ergebnis die Forderung mit der Quote eingestellt wird, mit der sie im Innenverhältnis den Ehegatten zusteht[78].

849 Bei den in der Vermögensauseinandersetzung der Ehegatten bedeutsamen gemeinsamen Forderungen i.S. des § 428 BGB handelt es sich meist um Forderungen aus **Gemeinschaftskonten**. Vgl. dazu Rn. 560 ff., 583 f. Die dort dargestellten Grundsätze zum Ausgleich unter den Ehegatten im Innenverhältnis gelten bei anderen Forderungen i.S. des § 428 BGB entsprechend; solche sind aber eher selten[79]. Als von § 428 BGB erfasst werden teilweise folgende **weitere Fälle** angesehen, die allerdings zum Teil auch dem Fall der Mitgläubigerschaft (Rn. 851) zugeordnet werden: Anspruch auf Rückzahlung der Mietkaution für eine gemeinsam angemietete Wohnung[80]; gemeinsamer Nießbrauch an einer Immobilie[81]; Anspruch auf Auszahlung eines gemeinsam aufgenommenen Darlehens[82]; Rückzahlungsanspruch aus einem von den Ehegatten gemeinsam einem Dritten gewährten Darlehen[83].

850 In Anwendung der vorgenannten Grundsätze hat das OLG Koblenz[84] im Fall eines von beiden Ehegatten den Kindern gewährten und anschließend an die Ehefrau zurückgezahlten Darlehens einen nach Scheitern der Ehe vom Ehemann geltend gemachten Ausgleichsanspruch gegen die Frau mit der Begründung verneint, in Bezug auf den Darlehensrückzahlungsanspruch seien die Eheleute Gesamtgläubiger gewesen, die danach gem. § 430 BGB regelmäßig bestehende hälftige Ausgleichspflicht werde aber von einer anderweitigen Bestimmung, nämlich dem für Rückzahlungen während intakter Ehe anzunehmenden stillschweigenden Ausgleichsverzicht, verdrängt.

II. Ausgleich unter Mitgläubigern

851 Im Falle der Mitgläubigerschaft kann der Schuldner nur an alle Gläubiger gemeinschaftlich leisten, jeder Gläubiger kann nur Leistung an alle fordern (§ 432 BGB). Steht eine Forderung den Ehegatten als Mitgläubigern i.S. von § 432 BGB zu, so gilt für die Ansprüche im Innenverhältnis

---

78 Dazu mit Berechnungsbeispielen *Eder/Gartz*, § 3 Rn. 379 ff.

79 Vgl. Palandt/*Grüneberg*, § 432 Rn. 1, § 428 Rn. 2 ff.

80 AG Itzehoe, FamRZ 1991, 441; *Götz/Brudermüller*, Rn. 96; **a.A.** (Mitgläubigerschaft) *Bub/Treier/Emmerich*, II Rn. 530; Palandt/*Grüneberg*, § 432 Rn. 3. Zur Mietkaution auch Rn. 421.

81 OLG Celle, FamRZ 2014, 66; str., näher MünchKomm/*Pohlmann*, § 1030 Rn. 69 ff.

82 AG Limburg, FamRZ 1996, 1476.

83 OLG Koblenz, NZFam 2015, 330 *(Voppel)*; *Eder/Gartz*, § 3 Rn. 311; **a.A.** Palandt/*Grüneberg*, § 432 Rn. 3 (Mitgläubigerschaft).

84 NZFam 2015, 330 *(Voppel)*; vgl. zu dieser Entscheidung auch *Wever*, FamRZ 2015, 1243, 1252.

regelmäßig[85] Gemeinschaftsrecht (§§ 741 ff. BGB)[86]. Dies kommt etwa in Betracht bei Ansprüchen aus dem Verkauf einer den Ehegatten gemeinschaftlich gehörenden Sache, z.B. eines Grundstücks[87], oder bei Mietzinsansprüchen bei gemeinsamer Vermietung der im Miteigentum stehenden Immobilie an Dritte[88], denn wenn mehreren Teilhabern ein Recht in Bruchteilsgemeinschaft zusteht, erstreckt sich die anteilige Berechtigung auch auf die der Gemeinschaft erwachsenden Forderungen[89].

Die Aufhebung der Gemeinschaft ist erforderlichenfalls nach §§ 752 ff. **852** BGB vorzunehmen[90]. Die Forderung ist einzuziehen[91] und der Erlös zu teilen. Richtet sich die Forderung auf Leistung einer unteilbaren Sache, ist nach der Einziehung gem. § 753 BGB zu verfahren (Verkauf bzw. Teilungsversteigerung und Teilung des Erlöses)[92].

III. Lebensversicherungen

Auch an Forderungen in Bezug auf eine Lebensversicherung kann eine **853** Bruchteilsgemeinschaft bestehen. Dies kommt insbesondere in Betracht bei der Versicherung verbundener Leben[93].

Aber auch dann, wenn eine Lebensversicherung im Verhältnis zum **854** Versicherer nur einem der Ehegatten zugeordnet ist, kann unter besonderen Umständen im Innenverhältnis eine Bruchteilsgemeinschaft begründet sein. Daran ist im Anschluss an die Rechtsprechung des BGH zur stillschweigend eingegangenen Bruchteilsgemeinschaft an Forderungen in Bezug auf ein Einzelkonto eines Ehegatten[94] etwa dann zu denken, wenn die Eheleute zum gemeinsamen Erwerb eines Grundstücks einen gemeinsamen, tilgungsfreien Kredit aufgenommen haben, der über eine nur von einem der Ehegatten als Versicherungsnehmer und Begünstigter im Erle-

85 Anders, wenn es sich – wie bei der Gesellschaft – um eine Gesamthandsgemeinschaft handelt.

86 Vgl. *Palandt/Grüneberg*, § 432 Rn. 11. Gemeinschaftsrecht gilt zwar auch für das Verhältnis zwischen Gesamtgläubigern. Doch steht hier mit § 430 BGB eine den Innenausgleich betreffende besondere Bestimmung zur Verfügung.

87 *Palandt/Grüneberg*, § 432 Rn. 3.

88 *Palandt/Grüneberg*, § 432 Rn. 3; *Staudinger/ Looschelders*, 2017, § 432 Rn. 29; **a.A.** (Gesamtgläubigerschaft) *Götsche*, jM 2016, 266, 271; *Eder/Gartz*, § 3 Rn. 310, 336.

89 *Palandt/Grüneberg*, § 432 Rn. 3. Daher auch zutreffend AG Düsseldorf, FamRZ 2007, 1740: Anspruch auf Eigenheimzulage bei Miteigentümern.

90 Siehe auch BGH, FamRZ 1984, 29, bei einem Anspruch auf Abschluss eines Kaufvertrages, der in einen Schadensersatzanspruch übergegangen ist.

91 Zur Einziehung von Mietzinsansprüchen einer Ehegatten-Miteigentümergemeinschaft gegen einen der Teilhaber: BGH, FuR 2001, 286; vgl. dazu auch Rn. 104.

92 Vgl. *Staudinger/Eickelberg*, 2015, § 749 Rn. 9.

93 Vgl. *Staudinger/v. Proff*, 2015, § 741 Rn. 121, m.w.N. Zur Auseinandersetzung einer Lebensversicherung nach den Vorschriften der Gemeinschaft OLG Köln, FuR 2003, 183 = FamRZ 2003, 379 [LS].

94 Vgl. dazu Rn. 533 ff.

bensfall abgeschlossene Lebensversicherung abgelöst werden soll. In einem solchen Fall spricht der Verwendungszweck – Ablösung des gemeinsamen, für den Erwerb einer Immobilie zu Miteigentum eingegangenen Darlehens – für den Willen der Ehegatten zur Eingehung einer Gemeinschaft. Die Folge ist, dass das während des ehelichen Zusammenlebens angesparte Versicherungsguthaben ungeachtet der formalen Zuordnung der Versicherung beiden Ehegatten zusteht, und zwar im Zweifel zu gleichen Anteilen, auch wenn die Einzahlungen überwiegend von einem der Ehegatten geleistet worden sind[95]. Der Annahme einer Bruchteilsgemeinschaft steht es nicht entgegen, wenn die Forderung aus der Lebensversicherung als Sicherheit an eine Bank abgetreten worden ist[96].

IV. Sonstige Forderungen

855 Eine Bruchteilsgemeinschaft kann schließlich auch in Bezug auf das Guthaben auf einem nur von einem der Ehegatten abgeschlossenen **Bausparvertrag** stillschweigend begründet worden sein. Dazu Rn. 580.

856 Zu Forderungen, die nach Güterstandswechsel aus der Eigentums- und Vermögensgemeinschaft früherer DDR-Bürger hervorgegangen sind, vgl. Rn. 318.

E. Zustimmungsansprüche bei Versicherungen

I. Kfz-Versicherung: Schadenfreiheitsrabatt

857 Gelegentlich wird ein Pkw, den ein Ehegatte während des Bestehens der ehelichen Lebensgemeinschaft fährt, vom anderen Ehegatten versichert, weil dieser günstigere Versicherungsbedingungen in Anspruch nehmen kann. Oft betrifft das den Zweitwagen. Aus einer solchen Handhabung können sich für den Ehegatten, der nicht Versicherungsnehmer ist, Nachteile in Bezug auf den Schadenfreiheitsrabatt ergeben, wenn er nach dem Scheitern der Ehe sein Fahrzeug selbst versichern will. Je nach Fallgestaltung kann er einen Anspruch gegen den anderen Ehegatten haben, der Übertragung des Schadenfreiheitsrabattes auf ihn zuzustimmen[97].

---

95 OLG Bremen, FamRZ 2009, 779, m. Anm. *Floeth* = NJW 2008, 3648 = FamRB 2009, 1 *(Heinle)*; OLG Schleswig, Urt. v. 21.10.2009, 10 UF 169/08, OLG Report Nord 39/2010 Anm. 1, dazu auch *Wever*, FamRZ 2011, 413, 424; *Büte*, FuR 2014, 11, 16; ähnlich, wenn auch nicht die Konsequenz der Annahme einer Bruchteilsgemeinschaft ziehend, OLG Koblenz, FamRZ 2012, 1053 (vgl. zu dieser Entscheidung auch Rn. 377 Fn. 94); anders LG Saarbrücken, FamRZ 2002, 1479.

96 OLG Schleswig, Urt. v. 21.10.2009, 10 UF 169/08, OLG Report Nord 39/2010 Anm. 1. Vgl. dazu auch BGH, FamRZ 2013, 1715, u. FamRZ 2014, 635: Auch eine sicherungshalber abgetretene Lebensversicherung kann im Versorgungsausgleich ausgeglichen werden.

97 Ausführlich, auch zur versicherungsrechtlichen Situation, *Breuers*, FuR 2012, 462. Kritisch *Budde*, FuR 2004, 339.

Versicherungsrechtlich besteht die Möglichkeit, sich den Schadenfreiheitsrabatt des anderen Ehegatten übertragen zu lassen (Übernahme des Schadenverlaufs) insbesondere unter folgenden Voraussetzungen[98]: 858

- das Fahrzeug wurde von dem die Übertragung Begehrenden überwiegend gefahren; nur für den Zeitraum, in dem das Fahrzeug von diesem gefahren wurde, ist die Übernahme des Schadenverlaufs möglich[99]
- der andere stimmt zu und gibt damit seinen Schadenfreiheitsrabatt für den entsprechenden Vertrag auf[100].

Die Möglichkeit einer Aufteilung des Schadenfreiheitsrabatts im Sinne einer Halbteilung ist versicherungsrechtlich dagegen nicht vorgesehen.

Familienrechtlich kann sich, sofern die versicherungsrechtlichen Voraussetzungen für eine Übernahme vorliegen, ein Zustimmungsanspruch des einen gegen den anderen Ehegatten im Einzelfall aus einer Vereinbarung[101] oder aus der – ggf. stillschweigenden – Erteilung eines Auftrags (Anspruchsgrundlage § 667 BGB)[102] ergeben. Meist aber steht nur § 1353 I S. 2 BGB (Pflicht zur Rücksichtnahme auf die Vermögensinteressen des Partners) als Anspruchsgrundlage zur Debatte[103]. 859

Die Berufung auf § 1353 I S. 2 BGB ist erfolgversprechend, wenn die Übertragung des Schadenfreiheitsrabatts nicht zu unzumutbaren Nachteilen des auf Zustimmung in Anspruch Genommenen führt[104]. Entscheidend ist insoweit, ob dieser den Rabatt – den er mit seiner Zustimmung nur für den entsprechenden Vertrag aufgibt – noch benötigt. Wenn es um den vom Anspruchsteller gefahrenen Zweitwagen geht, wird das regelmäßig nicht der Fall sein, denn ein Schadenfreiheitsrabatt für ein weiteres vom Versiche- 860

98 Vgl. dazu I. 6 der Allgemeinen Bedingungen für die Kfz-Versicherung (AKB 2015, Stand 6.7.2016); dazu auch *Stiefel/Maier/Schurer*, Kraftfahrtversicherung (AKB-Kommentar), 19. Aufl., AKB I.6 Rn. 20 ff. Zur Frage der Wirksamkeit einer Übertragung bei falschen Angaben LG Traunstein, NJW 2004, 1463.

99 Vgl. dazu (mit familienrechtlichem Ansatz) auch LG Hildesheim, FamRZ 2009, 608: der Anspruchsteller muss den bestehenden Schadenfreiheitsrabatt „erzielt", seine Nutzung muss zur Gewährung des Rabatts geführt haben. Ebenso LG Freiburg, FamRZ 2007, 146.

100 Vgl. I.6.2.3c der AKB.

101 LG Münster, FamRZ 2005, 1906: Vereinbarung mit der Auflage, den Schadenfreiheitsrabatt dem gemeinsamen Sohn zur Verfügung zu stellen.

102 LG Hechingen, FamRZ 2003, 760 (im Verhältnis Sohn zu Mutter), m. Anm. *Wever*; LG Köln, NJW 1977, 1969 = FamRZ 1978, 242 [LS]; AG Reutlingen, NJW-RR 2004, 601.

103 OLG Celle, Beschl. v. 23.12.2016, 19 UF 97/16, juris = FamRZ 2017, 1829 [LS]; LG Flensburg, FamRZ 2007, 146 = FamRB 2006, 358 *(Erk)*; LG Freiburg, FamRZ 1991, 1447; AG Euskirchen, FamRZ 1999, 380. Einen Zustimmungsanspruch angesichts der Fallgestaltung ablehnend LG Hildesheim, FamRZ 2009, 608 (Rabatt nicht vom das Fahrzeug Nutzenden „erzielt").

104 Vgl. auch FAKomm-FamR/*Weinreich*, § 1353 Rn. 30: wenn dieser „kein schützenswertes Interesse an der Fortführung des Vertrages hat".

rungsnehmer versichertes Fahrzeug bleibt bestehen. Der auf Zustimmung in Anspruch Genommene wird den Rabatt auch dann nicht mehr benötigen, wenn er keinen Führerschein (mehr) hat oder wenn er altersbedingt nicht mehr fahren kann. Entgegen der Praxis mancher Gerichte[105] erscheint es nicht gerechtfertigt, eine Zubilligung des Anspruchs davon abhängig zu machen, ob der Anspruchsteller das fragliche Fahrzeug (nahezu) ausschließlich gefahren hat, da dies auch versicherungsrechtlich nicht verlangt wird. Ausreichend ist, wenn er es überwiegend gefahren hat[106].

861 Eine Verletzung der Zustimmungspflicht kann **Schadensersatzansprüche** auslösen[107]. Der die Zustimmung Begehrende ist nicht gehalten, seinen Zustimmungsanspruch zeitaufwendig gerichtlich durchzusetzen, sondern er kann bei Zustimmungsverweigerung den Versicherungsvertrag schließen und Schadensersatz verlangen.

862 Bei einer entsprechenden Streitigkeit handelte es sich nach früherem Recht nicht um eine Familiensache[108]. Seit 1.9.2009 sind die Familiengerichte zuständig (sonstige Familiensache i.S. des § 266 I Nr. 2 bzw. 3 FamFG)[109].

II. Sonstige Versicherungen: Rechte Mitversicherter

1. Krankenversicherung

863 In der Rechtsprechung wird angenommen, dass ein mitversicherter Ehegatte von seinem getrennt lebenden Ehepartner, der allein Versicherungsnehmer und beihilfeberechtigt ist, die **Erteilung einer Vollmacht** zur selbständigen und direkten Korrespondenz und Abrechnung mit der privaten Krankenversicherung und dem Träger der Beihilfe verlangen kann[110]. So kann erreicht werden, dass diesem Krankheitsunterlagen (Arztrechnungen, Rezepte) des anderen Ehegatten nicht zur Kenntnis ge-

---

105 OLG Hamm, NJW-RR 2011, 1227 = FamRZ 2011, 1795 [LS] = FamRB 2011, 361 *(Erk)*; LG Freiburg, FamRZ 2007, 146; LG Hildesheim, FamRZ 2009, 608; AG Olpe, FamRZ 2010, 919.

106 So auch OLG Celle, Beschl. v. 23.12.2016, 19 UF 97/16, juris = FamRZ 2017, 1829 [LS], das die überwiegende Nutzung durch die Anspruchstellerin insbesondere aus der gewählten, sie betreffenden Steuerbegünstigung des Kfz gem. § 3a KraftStG (für behinderte Personen) herleitet; LG Freiburg, FamRZ 1991, 1447; *Staudinger/Voppel*, 2012, § 1353 Rn. 89.

107 LG Freiburg, FamRZ 1991, 1447, 1448. Vgl. auch OLG Stuttgart, FamRZ 1989, 763 (Übertragung des Schadenfreiheitsrabattes auf einen Dritten).

108 OLG Köln, FamRZ 2003, 622. Für den Fall, dass der Pkw als Hausratsgegenstand anzusehen war, hielt das LG Köln, NJW 1977, 1969, 1970, eine Regelung betr. den Schadenfreiheitsrabatt für eine Angelegenheit der Hausratsverteilung.

109 Vgl. Rn. 29 ff., 39, 48.

110 OLG Hamm, FamRZ 2007, 1884 = FamRB 2007, 323 *(Götsche)*; AG Karlsruhe, FamRZ 1997, 941; AG Freiburg, FamRZ 1993, 1443.

bracht werden müssen. Der Anspruch wird aus § 1353 I S. 2 BGB (Verpflichtung zur gegenseitigen Rücksichtnahme) hergeleitet. Entsprechendes gilt, soweit es um die private Krankenversicherung des bei dem (alleinigen) Sorgerechtsinhaber lebenden, aber über den anderen Elternteil versicherten Kindes geht[111].

Allerdings hat der BGH am 8.2.2006[112] entschieden, dass bei Mitver- **864**
sicherung eines Ehegatten in der privaten Krankenversicherung des anderen regelmäßig ein Vertrag zugunsten Dritter (§ 328 BGB) vorliegt, sofern die Versicherungsbedingungen insoweit keine besonderen Bestimmungen enthalten. Dies hatte zur Folge, dass der mitversicherte Ehegatte ihn betreffende Versicherungsleistungen dem Versicherer gegenüber im eigenen Namen geltend machen konnte. Einer Bevollmächtigung seitens des Versicherten bedurfte es, zumindest betreffend die Krankenversicherung des mitversicherten Ehegatten[113], nicht mehr. Doch hat sich die Rechtslage mit der Neufassung des VVG zum 1.1.2009 geändert. Nunmehr ist für eine eigene Forderungsberechtigung des mitversicherten Ehegatten erforderlich, dass ihn der Versicherungsnehmer gegenüber dem Versicherer als Empfangsberechtigten der Versicherungsleistung benannt hat (§ 194 III VVG)[114]. Liegt eine solche Benennung nicht vor, wird der mitversicherte Ehegatte also auch künftig eine Vollmacht benötigen und ggf. verlangen können.

Der Anspruch auf Vollmachterteilung war wegen seines Sachzusam- **865**
menhangs mit dem Unterhaltsrecht schon in der Vergangenheit als Familiensache anzusehen und fiel daher in die Zuständigkeit der Familiengerichte. Daran hat sich durch das Inkrafttreten des FamFG am 1.9.2009 nichts geändert[115].

2. Rechtsschutzversicherung

Gegebenenfalls kann ein Anspruch des einen Ehegatten gegen den an- **866**
deren bestehen, die erforderliche Zustimmung dazu zu erteilen, dass ein Versicherer Versicherungsschutz gewährt[116].

---

111 AG Ebersberg, FamRZ 2004, 826; AG Freiburg, FamRZ 1993, 1443. Anders OLG Hamm, FamRZ 2007, 1884 = FamRB 2007, 323 *(Götsche)*, für den Fall, dass den Eltern das Recht der Gesundheitssorge für das Kind gemeinsam zusteht.

112 NJW 2006, 1434 = FamRZ 2006, 618 [LS]; bestätigt durch BGH, FamRZ 2007, 2065. Dazu *Voit*, NJW 2006, 2225.

113 Zur Krankenversicherung des mitversicherten Kindes OLG Düsseldorf, FamRZ 2009, 425, m. Anm. *Pannke*.

114 Vgl. *Pannke*, FamRZ 2009, 426.

115 Vgl. Rn. 56 f. – Zu Schadensersatzansprüchen im Zusammenhang mit der Krankenversicherung vgl. Rn. 750 f.

116 LG Aachen, FamRZ 1994, 310 (Verkehrsrechtsschutzversicherung).

F. Ansprüche bei Berührung mit fremden Rechtsordnungen

867 Ausführungen zu Fällen mit Auslandsbezug finden sich in verschiedenen themenbezogenen Kapiteln. Darüber hinaus sind noch die nachfolgenden Fallgestaltungen anzusprechen.

I. Heiratsschmuck

868 In der Vermögensauseinandersetzung **türkischer Ehegatten** spielt häufig der Streit um Schmuckstücke eine Rolle, die der Ehemann oder seine Verwandten der Ehefrau anlässlich der Hochzeit geschenkt haben (Heiratsschmuck). Ein Anspruch auf Rückgewähr des Heiratsschmucks bei der Scheidung wird von den Gerichten allgemein verneint[117]. Auch die Schwiegereltern können grundsätzlich nicht Rückgabe von Goldgeschenken verlangen, die sie der Braut nach türkischem Brauch anlässlich der Hochzeit übergeben haben, denn solche als Brautgabe gemachte Geschenke dienen gerade der Absicherung der Frau für den Fall des Scheiterns der Ehe[118]. Hat der Ehemann den Heiratsschmuck in Besitz, kann die Frau Herausgabe, ggf. Schadensersatz verlangen[119]. Zuständig sind seit 1.9.2009 die Familiengerichte[120]. Zuvor waren die Zivilprozessgerichte zuständig; sie wurden überwiegend auch insoweit für zuständig gehalten, als Gegenstände der Aussteuer oder des Hausrats herausverlangt wurden oder Beteiligung an Geldgeschenken begehrt wurde, die den Ehegatten anlässlich der Hochzeit gemacht worden waren[121].

869 Zu den Eigentumsverhältnissen an Hochzeitsgeschenken vgl. Rn. 89; zur Rückgewähr ehebezogener Zuwendungen Rn. 1048 f.

---

117 OLG Köln (27. ZS), FamRZ 1995, 236; OLG Köln (13. ZS), NJW-RR 1994, 200 = FamRZ 1994, 899 [LS] (Brautgeschenke als Morgengabe); LG Berlin, FamRZ 1993, 198 (Verlobungs- und Hochzeitsgeschenke); LG Tübingen, FamRZ 1992, 1437. – Zur Rückgewähr von Verlobungsgeschenken bei Auflösung des Verlöbnisses vgl. Türk. Kassationshof, FamRZ 1994, 570, m. Anm. *Rumpf.*

118 LG Limburg, FamRZ 2012, 1598 [LS] = FamRBint 2012, 81 *(Krüger)*, bei Anwendung deutschen Rechts (insbesondere § 313 BGB). Das LG sieht in der Trennung der Frau vom Mann auch keinen groben Undank i.S.v. § 530 BGB den Schwiegereltern gegenüber. Im Ergebnis ebenso AG Aalen, FamRZ 2013, 583, bei Anwendung türkischen Rechts.

119 OLG Hamm, FamRZ 1994, 1259.

120 Vgl. Rn. 33.

121 Vgl. OLG Stuttgart, FamRZ 1997, 1085; OLG Köln, FamRZ 1995, 236; OLG Köln, FamRZ 1994, 1476; OLG Hamm (8. FamS), FamRZ 1993, 211; **a.A.** OLG Düsseldorf, FamRZ 1995, 1280 (Hausrat); OLG Hamm (4. FamS), FamRZ 1992, 963 (in die Ehe eingebrachter persönlicher Schmuck).

II. Schadensersatz bei Scheidung nach türkischem Recht

Der an der Scheidung unschuldige bzw. weniger schuldige Ehegatte kann nach türkischem Recht einen Anspruch auf **materielle Entschädigung** – etwa für die verlorene Nutzungsmöglichkeit des Vermögens des anderen – haben[122]; sind seine Persönlichkeitsrechte verletzt worden, kommt ein Anspruch auf **immateriellen Schadensersatz** in Betracht (Art. 174 türkZGB in der seit 1.1.2002 geltenden, an die Stelle des früheren Art. 143 türkZGB getretenen Fassung)[123]. Ebenso wie das OLG Karlsruhe[124] hat auch das OLG Stuttgart[125] einer Frau nach Art. 143 türkZGB a.F. eine immaterielle Entschädigung zugesprochen, weil der Mann sie verlassen und sich einer anderen Frau zugewandt hatte[126]. Die Gerichte haben die Streitigkeit zu Recht als Familiensache angesehen, die im Scheidungsverbund geltend gemacht werden kann[127]. Daran hat sich durch das am 1.9.2009 in Kraft getretene FamFG nichts geändert[128]. Zur Vereinbarung einer **Vertragsstrafe** vgl. Rn. 886. **870**

III. Morgengabe

Bei Ehen, die nach **islamischem Recht** geschlossen werden, wird regelmäßig ein Zahlungsanspruch der Frau gegen den Mann in Form der Morgengabe (Brautgabe, mahr) vereinbart, dessen Fälligkeit grundsätzlich mit Eheschließung eintritt, vielfach aber für einen späteren Zeitpunkt **871**

122 Zur Bemessung des Anspruchs OLG Bremen, FamRZ 2005, 1683; *Savaş*, FPR 2013, 101, 104.

123 Zur Bemessung des immateriellen Schadensersatzes *Finger*, FuR 2011, 195, 199. Zur Abgrenzung von materiellem Entschädigungs- zum Unterhaltsanspruch nach Art. 143 türkZGB a.F. *Maciej*, FamRZ 1998, 937, 938, sowie OLG Stuttgart, FamRZ 1993, 975. Zur Geltendmachung des Entschädigungsanspruchs *Öztan*, FamRZ 1994, 1574; zu dessen Verjährung *Krüger*, FamRZ 2000, 1135, 1137; zur Verjährung nach neuem Recht vgl. Art. 178 türkZGB. Zum neuen Recht insgesamt: *Oguz*, FamRZ 2005, 766, 771; *Öztan*, FamRZ 2005, 328, 330; *Odendahl*, FamRZ 2003, 648, 649; *ders.*, FamRZ 2002, 1691 (Rezension von *Saltas-Özcan*, Die Scheidungsfolgen nach türkischem materiellen Recht); NK-BGB/*Özen*, Länderberichte/Türkei Rn. 30 ff. Vgl. auch OLG Karlsruhe, FamRZ 2006, 948 = FamRBint 2006, 21 *(Block)*: Qualifizierung der Ansprüche aus Art. 143 türkZGB a.F. / Art. 174 türkZGB n.F. als unterhaltsrechtlich mit der Folge, dass die Vorschriften im entschiedenen Fall wegen der Anwendbarkeit deutschen Rechts (Art. 18 IV EGBGB a.F., die Ehescheidung unterlag deutschem Recht) nicht zum Zuge kamen. Zum Schmerzensgeld wegen Ehestörung *Zeytin*, NZFam 2016, 450, 453.

124 NJW-RR 2003, 725 (7.670 € bei ehebrecherischer Beziehung mit der Schwägerin).

125 FamRZ 1993, 974 (1.000 DM).

126 Ebenso AG Bochum, Streit 1998, 41, bei langjähriger ehebrecherischer Beziehung des Ehemannes (15.000 DM). Vgl. auch *Turan-Schnieders/Finger*, FamRB 2002, 307, 309. Zur Substantiierungslast (bei Anwendung neuen Rechts) OLG Stuttgart, OLG-Report 2004, 353 = FamRBint 2005, 25 *(Finger)*.

127 Ebenso OLG Bremen, FamRZ 2005, 1683.

128 Vgl. Rn. 29 ff., 56 f.

bzw. für den Fall der Beendigung der Ehe verabredet wird[129]. Derartige Vereinbarungen beschäftigen Rechtsprechung und Literatur[130] gerade in jüngster Zeit in besonderem Maße.

872 Die **Funktion** der Morgengabe wurde und wird in den verschiedenen islamischen Rechtsordnungen unterschiedlich gesehen (etwa: Gegenleistung für die körperliche Hingabe der Frau[131], Schutz der Frau vor möglicher Verstoßung durch den Mann[132]), kann aber heute in erster Linie im Aufbau von Vermögen für die Frau gesehen werden, die bei Scheidung oder Tod des Mannes oft schutzlos dasteht[133]. Der Anspruch ist, soweit ausländisches Recht zur Anwendung kommt, unter dem Gesichtspunkt des deutschen ordre public, soweit deutsches Recht gilt, unter dem des § 138 BGB grundsätzlich unbedenklich[134]; Bedenken können sich allenfalls aus Besonderheiten wie ruinöser Höhe ergeben[135]. Der Anspruch kann ggf. durchgesetzt werden, falls es zur Scheidung kommt[136].

873 Die für die Frage des anzuwendenden Rechts bedeutsame, lange Zeit streitige Frage nach der **Qualifikation** des Anspruchs auf eine vereinbarte Morgengabe (unterhaltsrechtlich? güterrechtlich? schuldrechtlich? all-

---

129 Vgl. etwa BGH, FamRZ 1987, 463 = NJW 1987, 2161; OLG Düsseldorf, FamRZ 1998, 623 (bei Geltung türkischen Rechts), m. Anm. *Öztan*; OLG Hamm, FamRZ 1991, 1319 u. 1988, 516; KG, FamRZ 1988, 296; AG Fürth, FPR 2002, 450 (Morgengabe bei Heirat in Ägypten); AG Kerpen, FamRZ 1999, 1429. Zur Abgrenzung der Vereinbarung einer Morgengabe von einem Schenkungsversprechen OLG Stuttgart, FamRZ 2007, 825 = FamRBint 2007, 29 *(Mörsdorf-Schulte)*. Zu einem Schenkungsversprechen des Schwiegervaters gegenüber der Schwiegertochter für den Fall der Scheidung OLG Düsseldorf, FamRZ 2009, 1626 = FamRBint 2009, 49 *(Mörsdorf-Schulte)*. Zur Wirksamkeit eines vor einem Scharia-Gericht in Syrien beurkundeten, die Vereinbarung einer Morgengabe enthaltenden Ehevertrages vgl. BayObLG, FamRZ 1998, 1594.

130 *Lentz*, FuR 2017, 658 (Überblick); *Finger*, FuR 2017, 182 (insbesondere zur Morgengabe im Verhältnis zum Iran); *Obermann*, NZFam 2015, 894 (insbesondere zur von türkischen Eheleuten vereinbarten Morgengabe). Grundlegend *Yassari*, Die Brautgabe im Familienvermögensrecht, 2014. Zur Morgengabe als mögliche Eheschließungsvoraussetzung *Dutta/Yassari*, StAZ 2014, 289, die darauf hinweisen, dass in vielen islamisch geprägten Rechtsordnungen die Eheschließung einen Anspruch auf eine Morgengabe auch ohne entsprechende Vereinbarung begründet; vgl. dazu Rn. 877.

131 OLG Hamburg, FamRZ 2004, 459.

132 OLG Celle, FamRZ 1998, 374.

133 Vgl. BGH, FamRZ 2010, 533, 534 = NJW 2010, 1528. Zur Morgengabe und ihrer Funktion auch: *Finger*, FuR 2011, 195; *Ülker*, FamFR 2010, 7; *Yassari*, StAZ 2009, 366; *dies.*, StAZ 2003, 198 f. (im iranischem Recht); *Wurmnest*, FamRZ 2005, 1878, 1879; jurisPK-BGB/*Ludwig*, Art. 14 EGBGB Rn. 27 ff.

134 OLG Frankfurt, FamRZ 2017, 357, 358 = NJW 2017, 896; OLG Köln, FamRZ 2016, 720, 721 = NJW 2016, 649; OLG Stuttgart, FamRZ 2009, 1580 = FamRBint 2009, 25 *(Mörsdorf-Schulte)*; *Finger*, FuR 2011, 195; **a.A.** AG Darmstadt, FamRZ 2015, 408, m. abl. Anm. *Henrich*; AG Baden-Baden, Beschl. v. 11.9.2015, 2 F 118/13, juris.

135 *Finger*, FuR 2017, 182, 185. Vgl. Rn. 876 f.

136 Einen Fall der Geltendmachung einer schon bei Eheschließung zu zahlenden Morgengabe während Bestehens der Ehe behandelt OLG Nürnberg, FamRZ 2001, 1613.

gemeine Ehewirkung?) hat der BGH am 9.12.2009[137] dahin entschieden, dass der Anspruch eine Ehewirkung ist und daher dem von Art. 14 EGBGB berufenen Sachrecht unterliegt (Ehewirkungsstatut)[138]. Davon ist ungeachtet zwischenzeitlich erfolgter Gesetzesänderungen vorerst weiter auszugehen[139]. Auch die 2013 in Kraft getretene neue Kollisionsnorm des Art. 17 I EGBGB für sonstige vermögensrechtliche Folgen der Scheidung bewirkt keine Änderung, denn der Anspruch auf die Morgengabe ist keine Scheidungsfolge[140]. Eine Änderung dürfte erst die EuGüVO nach ihrem Wirksamwerden zur Folge haben[141]. Die somit nach wie vor geltende Qualifikation als Ehewirkung ist auch für die erst bei Scheidung fällig werdende Brautgabe maßgebend[142].

Die Heranziehung des Art. 14 EGBGB führt etwa dann zur Anwendung deutschen Rechts, wenn die Eheleute bei Heirat eine ausländische Staatsangehörigkeit hatten, bei Scheidung aber (zumindest auch) Deutsche sind (Art. 14 I Nr. 1 EGBGB, ggf. i.V.m. Art. 5 I S. 2 EGBGB)[143], oder wenn ein Ehegatte eine ausländische, der andere (während der Ehe durchgängig zumindest auch) die deutsche Staatsangehörigkeit hat und **874**

---

137 BGH, FamRZ 2010, 533, m. Anm. *Henrich* = NJW 2010, 1528 = FamRBint 2010, 25 *(Mörsdorf-Schulte).*

138 So auch: OLG Frankfurt, FamRZ 2017, 357, 358 = NJW 2017, 896; OLG Köln, FamRZ 2016, 720 = NJW 2016, 649 = NZFam 2016, 40 *(Pabst)*; KG, FamRZ 2015, 1607; OLG Stuttgart, FamRZ 2009, 1580 = FamRBint 2009, 25 (*Mörsdorf-Schulte*, m. Hinweis auf gem. Art. § 3 Nr. 2 EGBGB n.F. vorrangiges staatsvertragliches Kollisionsrecht); OLG Köln, FamRZ 2006, 1380 (jeweils mit der Folge der Anwendung iranischen Rechts); OLG Zweibrücken, FamRZ 2007, 1555 = FamRBint 2007, 81 *(Mörsdorf-Schulte)* (mit der Folge der Anwendung iranischen Rechts sowohl auf die Verpflichtung als auch auf einen später vereinbarten Verzicht betr. die Morgengabe); OLG Stuttgart, FamRZ 2008, 1756 = FamRBint 2008, 49 *(Mörsdorf-Schulte)* (mit der Folge der Anwendung deutschen Rechts; im Ergebnis nicht überzeugend); *Henrich*, in: FS Sonnenberger (2004), S. 388 ff.; *Johannsen/Henrich*, EGBGB Art. 14 Rn. 6 f. Für schuldrechtliche Anknüpfung bei türkischen Ehegatten *Obermann*, NZFam 2015, 894, 896. Zur kollisionsrechtlichen Anknüpfung auch *Finger*, FuR 2017, 182, 183 ff.

139 Anders *Althammer*, NZFam 2016, 1022, 1023 f., im Hinblick auf den Fortfall des Art. 18 IV EGBGB a.F. (ersetzt durch Regelungen des HUntProt). Zweifelnd auch *Finger*, FuR 2017, 182, 183 f.

140 Vgl. *Pabst*, NZFam 2016, 40; **a.A.** AG Büdingen, NZFam 2014, 1145.

141 Dazu Rn. 25 sowie *Dutta*, FamRZ 2016, 1973, 1974; *Süß*, in: *Dutta/Weber*, Die Europäischen Güterrechtsverordnungen, 2017, S. 85 Rn. 58.

142 **A.A.** OLG Hamm, FamRZ 2016, 1926, das zwischen bei Heirat fälliger Morgengabe und bei Scheidung fälliger Abendgabe als Teile der Brautgabe differenziert und bei letzterer unterhaltsrechtlich anknüpfen will (Art. 3 I HUntProt). Dies überzeugt nicht, weil auch die erst bei Scheidung fällige Brautgabe schon mangels der Voraussetzung einer Bedürftigkeit den Kriterien einer Unterhaltsverpflichtung nicht genügt und sie auch im islamischen Recht ein Aliud zum nachehelichen Unterhalt darstellt; vgl. auch *Althammer*, NZFam 2016, 1022, 1023 (Anm.), sowie BGH, FamRZ 2010, 533, Rn. 15 = NJW 2010, 1528.

143 So im Fall AG Büdingen, NJW-RR 2014, 1033 = NZFam 2014, 1145 (bei anlässlich der Eheschließung in Marokko vereinbarter Brautgabe).

die Eheleute in Deutschland leben (Art. 14 I Nr. 2 EGBGB, ggf. i.V.m. Art. 5 I S. 2 EGBGB)[144]. Hatten die Eheleute bei Heirat eine gemeinsame ausländische Staatsangehörigkeit, die bei dem einen Ehegatten fortbesteht, während der andere (zumindest auch) die deutsche Staatsangehörigkeit angenommen hat, kommt hingegen Art. 14 I Nr. 1 EGBG zum Zuge mit der Folge der Anwendbarkeit des ausländischen Rechts[145].

875 Ist kollisonsrechtlich **deutsches Sachrecht** maßgebend, ist das Morgengabeversprechen als eine ehevertragliche Zusage des Mannes anzusehen, deren Schicksal sich nach deutschem Recht richtet[146]. So richtet sich ggf. dann auch die Anpassung eines als Morgengabe in iranischer Währung vereinbarten Betrages an die iranische Geldwertentwicklung nach deutschem Recht[147]. Die Vereinbarung einer Morgengabe ist regelmäßig nicht als abstraktes Schuldversprechen i.S. des § 780 BGB anzusehen, wenn – wie üblich – der Schuldgrund im Vertrag benannt wird[148]. Die Voraussetzungen der Zahlungspflicht nach dem Inhalt des Vertrages sind im Einzelnen unter Berücksichtigung der Vorstellungen der Ehegatten bei Vertragsschluss festzustellen[149]. Bei der Auslegung des Vertrages ist auch die Möglichkeit in Betracht zu ziehen, dass die Vertragschließenden nicht eine Regelung i.S. der Bedeutung der Morgengabe in den islamischen Rechtsordnungen, sondern eine unterhaltsrechtliche Regelung treffen wollten[150].

876 Eine Kürzung des sich bei Anwendung deutschen Rechts ergebenden Anspruchs auf Leistung der Morgengabe im Hinblick darauf, dass der Anspruch nach den Regelungen des islamischen Rechts, auf das die Vereinbarung zurückgeht, zu kürzen gewesen wäre, kommt entgegen der Auffassung des OLG Hamburg[151] nicht in Betracht[152]. Eine ehevertraglich zugesagte

144 OLG Köln, FamRZ 2016, 720 = NJW 2016, 649; FamRZ 2015, 1605 = NJW 2015, 1763 (jeweils: iranische Ehefrau, deutsch-iranischer Ehemann).

145 So im Fall OLG Frankfurt, FamRZ 2017, 357 = NJW 2017, 896 (iranisches Recht).

146 Zur Frage des Formerfordernisses, wenn eine Morgengabe im Inland vereinbart wird und auf die Vereinbarung deutsches Recht anzuwenden ist (z.B. bei deutschen Ehegatten islamischen Glaubens): *Wurmnest*, JZ 2010, 736, 738 f.; *Henrich*, FamRZ 2010, 537.

147 Dazu BGH, FamRZ 2010, 533 = NJW 2010, 1528.

148 BGH, FamRZ 1999, 217 = NJW 1999, 574. Zur Einordnung der Vereinbarung einer Morgengabe nach deutschem Recht *Obermann*, NZFam 2015, 894, 897 f., der für den Regelfall das (formfreie) Versprechen einer ehebezogenen Zuwendung sui generis annimmt; ebenso AG Büdingen, NZFam 2014, 1145.

149 Zu strenge Anforderungen an die Darlegung des Anspruchs stellend KG, FamRZ 2015, 1607, m. Anm. *Yassari*; dazu *Wever*, FamRZ 2016, 1627, 1637.

150 BGH, FamRZ 1999, 217. Vgl. auch OLG Saarbrücken, FamRZ 2006, 1378 = FamRBint 2005, 71 *(Mörsdorf-Schulte)*: Herabsetzung eines vereinbarten Brautgeldes (richtiger wohl: Brautgabe) wegen des Erhalts von Unterhalt u. Wiederheirat der Frau.

151 FamRZ 2004, 459 (Abschlag im Hinblick darauf, dass auch die Frau die Scheidung beantragt hatte).

152 *Wurmnest*, JZ 2010, 736, 738; *ders.* schon FamRZ 2005, 1878, 1882 ff.; *Yassari*, StAZ 2009, 366, 370.

Morgengabe von 800 Goldmünzen ist grundsätzlich in der vereinbarten Höhe zu leisten, bei Nichtleistung durch Zahlung des Gegenwerts in Euro[153]. Der Anspruch verdrängt nicht einen bestehenden Unterhaltsanspruch[154]. Fehlende Bedürftigkeit der Frau steht ihm nicht entgegen[155]. Allerdings können im Einzelfall Korrekturen infolge einer Wirksamkeits- oder Ausübungskontrolle (§§ 138 I, 242 BGB) – der auch die Vereinbarung einer Morgengabe unterliegt – (etwa bei einer Zusage, die sich in ihrer Höhe als ruinös erweist) oder infolge einer erforderlichen Anpassung gem. § 313 BGB (Wegfall der Geschäftsgrundlage) geboten sein; insbesondere ist zu bedenken, dass sich der rechtliche Rahmen in Bezug auf die bei Vertragsschluss anzunehmenden Folgen einer Scheidung (Unterhalt, Güterrecht, Versorgungsausgleich) wegen Wechsels des anzuwendenden Rechts geändert haben kann[156]. Ein (vor einem iranischen Gericht) erklärter Verzicht zum Zwecke einer „Loskaufscheidung" (Frau erkauft sich fehlendes Scheidungsrecht durch Geldleistung oder Verzicht auf vermögensrechtliche Ansprüche) kann zum Fortfall des Anspruchs auf Leistung der Morgengabe führen[157]. Im Falle einer von der Ehefrau beantragten Scheidung einer nach islamisch-sunnitischem Recht im Libanon geschlossenen Ehe kann der Anspruch der Frau auf die vereinbarte Brautgabe nicht mit dem Hinweis darauf zu Fall gebracht werden, dass sie nach dem islamischen Recht nur bei Scheidung durch Verstoßung des Mannes („talaq") zu zahlen wäre[158].

Ist kollisionsrechtlich **iranisches Recht** maßgebend[159], ist zu beachten, **877**
dass bereits von Gesetzes wegen ein Anspruch auf eine Morgengabe (in üblichem Umfang) besteht[160]. Der Anspruch auf Leistung der Morgengabe kann im Fall der „Loskaufscheidung" gemindert oder ausgeschlossen sein[161]. Die Voraussetzungen des Entstehens und Erlöschens eines Mor-

---

153 OLG Hamm, Beschl. v. 4.7.2012, 8 UF 37/12, FamRBint 2013, 59 *(Neumann)*. Ebenso OLG Köln, FamRZ 2016, 720 = NJW 2016, 649, bei 414 Goldmünzen im Wert von 94.000 €.

154 *Johannsen/Henrich*, EGBGB Art. 14 Rn. 7.

155 AG Büdingen, NZFam 2014, 1145.

156 Dazu informativ OLG Köln, FamRZ 2016, 720, 721 f. = NJW 2016, 649; *Finger*, FuR 2017, 182, 186 ff.: Abstimmung der Folgen der Scheidung aufeinander; *ders.*, FuR 2011, 195, 196 f.

157 OLG Köln, FamRZ 2015, 1605 = NJW 2015, 1763 (im entschiedenen Fall hatte die Frau ihren vor dem iranischen Gericht gestellten Scheidungsantrag zurückgenommen, nachdem der Mann den Verzicht auf die Morgengabe angenommen hatte).

158 OLG Hamm, FamRZ 2016, 1926, m. Anm. *Althammer*, NZFam 2016, 1022.

159 Dazu *Finger*, FuR 2017, 182; *Yassari/Rastin-Tehrani*, FamRBint 2005, 87, 90; *Yassari*, StAZ 2003, 198; dort, S. 200 f., auch zur Inflationsanpassung nach iranischem Recht; NK-BGB/*Yassari*, Länderberichte/Iran Rn. 17.

160 OLG Frankfurt, FamRZ 2017, 357, 358 = NJW 2017, 896; *Yassari*, StAZ 2003, 198, 200. Vgl. dazu Fn. 130.

161 OLG Stuttgart, FamRZ 2009, 1580 = FamRBint 2009, 25 *(Mörsdorf-Schulte)*. Zur Morgengabe nach iranischem Recht auch: KG, FamRZ 2005, 1685; OLG Hamm, FamRZ

gengabeanspruchs nach iranischem Recht werden in einer Entscheidung des OLG Frankfurt[162] dargestellt, das im Ergebnis einen Anspruch auf Herausgabe von 600 Ein-Bahar-Azadi-Goldmünzen, hilfsweise Leistung von Schadensersatz (163.000 €) bejaht. Der Anspruch auf eine nach **afghanischem Recht** zu beurteilenden Morgengabe (im entschiedenen Fall über 150.000 US$) ist nach Ansicht des OLG Bamberg[163] zur Vermeidung des finanziellen Ruins des Ehemannes und zum Schutz seiner Wiederverheiratungsfreiheit wegen Verstoßes gegen den ordre public auf das übliche Maß zu begrenzen. Ein Anspruch auf Zahlung einer Morgengabe bei Heranziehung **marokkanischen Rechts** kommt auch dann in Betracht, wenn die Ehe als sog. Handschuhehe (Vertretung der Frau bei der Eheschließungserklärung) geschlossen worden ist[164]. Kommt kollisionsrechtlich **türkisches Recht** zur Anwendung[165], ist die Vereinbarung einer Morgengabe als Schenkungsversprechen einzuordnen, das der Schriftform, nicht aber der notariellen Beurkundung bedarf[166].

878 Der Anspruch ist regelmäßig **gerichtet auf** Herausgabe der vereinbarten Morgengabe (z.B. bestimmte Anzahl näher bezeichneter Goldmünzen), ggf. Leistung von Wertersatz[167]. Sofern für die Zahlung der Morgengabe eine ausländische Währung bestimmt wurde, ist die Erfüllung in Deutschland in Euro vorzunehmen[168]. **Zuständig** sind die Familiengerichte gem. §§ 111 Nr. 10, 266 I Nr. 3 FamFG[169]. Die Verfahren sind nicht verbundfähig (§ 137 FamFG)[170].

IV. Brautgeld

879 Von der Morgengabe (Brautgabe), die der Braut zugute kommt, zu unterscheiden ist das zwischen den Familien der Heiratswilligen vereinbarte, bei Heirat von der Familie des Bräutigams an die Familie der Braut zu zahlende Brautgeld (u.a. als Kompensation für den Verlust der Arbeits-

---

2004, 551; AG Brühl, Urteil v. 12.10.2010, 32 F 353/10, juris = FamRZ 2011, 1507 [LS]: Bejahung eines Anspruchs, aber Versagung von VKH wegen mangelnder Durchsetzbarkeit.

162 OLG Frankfurt, FamRZ 2017, 357, 358 f. = NJW 2017, 896, m. Anm. *Bock* = NZFam 2017, 1112 *(Finger)*.

163 Urteil v. 24.3.2010, 7 UF 275/08, juris = FamRBint 2011, 25 (mit krit. Besprechung *Mörsdorf-Schulte*); dazu auch *Wever*, FamRZ 2012, 416, 425 f.

164 AG Lüdenscheid, FamRZ 2016, 1361. Zur Frage der Wirksamkeit von Handschuhehen *Sturm*, IPRax 2013, 412; *Lentz*, FuR 2017, 597, 691.

165 Dazu *Obermann*, NZFam 2015, 894; *Yarayan*, NZFam 2016, 1153.

166 OLG Nürnberg, FamRZ 2001, 1613; AG Karlsruhe, FamRZ 2015, 663: Unterschrift durch Imam und Zeugen genügt nicht; *Yarayan*, NZFam 2016, 1153, 1154.

167 Vgl. OLG Frankfurt, FamRZ 2017, 357, 359 = NJW 2017, 896.

168 OLG Hamm, FamRZ 1991, 1319; jurisPK-BGB/*Ludwig*, Art. 14 EGBGB Rn. 48.

169 Vgl. Rn. 38.

170 OLG Frankfurt, FamRZ 2017, 357 = NJW 2017, 896. Vgl. auch Rn. 58.

kraft der Braut), das i.d.R. dem Vater der Braut zukommt[171]. Die Vereinbarung eines solchen – u.a. unter Yeziden üblichen – Brautgeldes als Ehevoraussetzung ist, soweit deutsches Recht zur Anwendung kommt, sittenwidrig[172]. Bei Anwendung ausländischen Rechts verstößt sie im Zweifel gegen den ordre public (Art. 6 EGBGB)[173]. Dem bereicherungsrechtlichen Rückzahlungsverlangen eines anlässlich der Heirat gezahlten Brautgeldes bei Trennung wird aber regelmäßig § 817 S. 2 BGB entgegenstehen[174].

V. Sonstiges

Unterliegen die güterrechtlichen Wirkungen einer Ehe **kroatischem Recht,** so richtet sich nach Ansicht des OLG Hamm[175] die Aufteilung von Sparverträgen, die Auskehrung von Steuererstattungen und die Beteiligung an den Lasten im Zusammenhang mit dem im Miteigentum der Ehegatten stehenden Hausgrundstück auch dann nach kroatischem (Güter-)Recht, wenn die Rechte in Deutschland erworben wurden[176]. **880**

Nach **griechischem Recht** steht das Guthaben auf einem gemeinsamen Sparkonto den Ehegatten wie nach deutschem Recht grundsätzlich hälftig zu, und zwar unabhängig davon, von wem das Geld stammt[177]. Mit der vermögensrechtlichen Zuordnung der Einzahlung einer Erbschaft auf ein Gemeinschaftskonto und damit finanzierter Immobilien nach **portugiesischem Recht** befasst sich eine Entscheidung des OLG Frankfurt[178]. Fragen der Aufteilung eines gemeinsamen Kontos, das Teil eines Trustvermögens in **Florida/USA** war, behandelt eine Entscheidung des OLG München[179]. **881**

G. Sonstige Einzelfälle

1. Ein Anspruch auf Ersatz von Aufwendungen aus der Haltung eines **Haustieres** ist nach Ansicht des OLG Düsseldorf[180] unter unterhalts- **882**

171 Zum Brautgeld ausführlich *Looschelders*, IPRax 2012, 238.
172 OLG Hamm, NJW-RR 2011, 1197 (Brautgeldabrede zwischen in Deutschland lebenden Familien syrischer Abstammung) = FamRZ 2011, 1506 [LS] = FamRBint 2011, 47 *(Mörsdorf-Schulte)*; *Finger*, FuR 2011, 195, 198. Offen lassend OLG Celle, NJW 2008, 1005 = FamRBint 2008, 31 *(Mörsdorf-Schulte)*.
173 Ebenso *Bock*, NJW 2012, 122, 124; *Looschelders*, IPRax 2012, 238, 241.
174 OLG Hamm, NJW-RR 2011, 1197 = FamRZ 2011, 1506 [LS].
175 FamRZ 1999, 299.
176 Zu im Inland aufgenommenen Darlehen i.Ü. Rn. 507.
177 OLG Stuttgart, FamRZ 2001, 1371.
178 FamRZ 2013, 1490. Dazu näher *Nordmeier*, IPRax 2014, 411.
179 FamRZ 2012, 1643.
180 FamRZ 1997, 500 = NJW 1998, 616.

rechtlichen, aber auch unter gemeinschaftsrechtlichen Gesichtspunkten (§§ 90a, 741 ff. BGB) in Betracht zu ziehen[181].

883 **2.** Die jahrelange Übernahme der von der Krankenversicherung nicht gedeckten Kosten einer **homöopathischen Behandlung** des Kindes durch einen Ehegatten kann nach Ansicht des OLG Koblenz[182] zur Annahme eines konkludent eingegangenen auftragsähnlichen Rechtsverhältnisses führen, das zum Aufwendungsersatz entsprechend § 670 BGB verpflichtet, allerdings auch jederzeit gekündigt werden kann.

884 **3.** Ansprüche auf Rückzahlung eines geleisteten Prozess- bzw. **Verfahrenskostenvorschusses** sind aus den Vorschriften des Unterhaltsrechts herzuleiten[183]. Insoweit wird auf die unterhaltsrechtliche Literatur verwiesen[184].

885 **4.** Ansprüche können sich auch aus das Vermögen der Ehegatten betreffenden **Vereinbarungen**[185] – meist handelt es sich um Zahlungsvereinbarungen – ergeben.

886 Vereinbarungen, in denen sich ein Ehegatte für den Fall der von ihm veranlassten Scheidung nach Art einer **Konventionalstrafe** zur Zahlung eines Geldbetrages verpflichtet, begegnen Bedenken unter dem Gesichtspunkt der Sittenwidrigkeit (§ 138 I BGB)[186]. Sittenwidrig ist auch das Versprechen von **Schweigegeld** für das Unterlassen einer Selbstanzeige beim Finanzamt über gemeinschaftliche Steuerhinterziehungen[187]. Sittenwidrig kann schließlich eine für bestimmte Fälle, u.a. Stellung eines Scheidungsantrags, eingegangene **Verpflichtung zur Grundstücksübertragung** ohne jede kompensatorische Gegenleistung sein; anders verhält es sich jedoch, wenn die Übertragung nur Zug um Zug gegen Befreiung von auf dem Grundstück lastenden Darlehensverbindlichkeiten oder Stellung einer werthaltigen Sicherheit verlangt werden kann[188].

---

181 Dazu MünchKomm/*Wellenhofer*, § 1568b Rn. 5: Behandlung wie Haushaltsgegenstand. Vgl. auch Rn. 94.

182 FamRZ 2014, 1495 = FamRB 2014, 287 *(Liceni-Kierstein).*

183 BGH, FamRZ 1990, 491 = NJW 1990, 1476.

184 Vgl. etwa *Göppinger/Wax/Vogel*, Rn. 2659 ff.; *Wendl/Klinkhammer*, § 6 Rn. 41; *Wendl/Gerhardt*, § 6 Rn. 242 ff.

185 Zu Trennungs- u. Scheidungsvereinbarungen vgl. Rn. 1352.

186 Vgl. BGH, FamRZ 1990, 372, 373 = NJW 1990, 703; OLG Oldenburg, FamRZ 1994, 1454; OLG Hamm, FamRZ 1991, 443. – Zur Vereinbarung einer Vertragsstrafe zur Regelung der ehelichen Beziehungen türkischer Ehegatten vgl. OLG Hamm, NJW-RR 1998, 1542.

187 OLG Nürnberg, NJW-RR 2001, 1587.

188 BGH, FamRZ 2015, 921 = NJW 2015, 1668; vgl. dazu auch BGH, NJW 2014, 2177. Zur möglichen Sittenwidrigkeit einer für den Fall der Scheidung vereinbarten Rückübertragungspflicht auch OLG München, FamRZ 2017, 157, m. Anm. *Grziwotz.*

11. Kapitel: Rückabwicklung von Ehegattenzuwendungen

Literatur:

Neuere Literatur (ab 2000): *Bergschneider*, Schenkung, ehebezogene Zuwendung und Ehegatteninnengesellschaft bei Scheidung und Tod, FPR 2011, 244; *Braeuer*, Zuwendungen innerhalb der Familie und gesetzlicher Zugewinnausgleich, FPR 2011, 75; *Bruch*, Zuwendungen unter Ehegatten – ein Überblick über Abgrenzungsfragen und Gestaltungsmöglichkeiten, MittBayNot 2008, 173; *Götz*, Rückgängigmachung von Schenkungen, ZEV 2017, 371; *Großmann*, Bedeutung der ehebedingten Zuwendung in der anwaltlichen und familiengerichtlichen Praxis, NZFam 2014, 289; *Hager*, Die unbenannte Zuwendung, FS Coester-Waltjen, 2015, S. 101; *Hahne*, Bedarf der Zugewinn der Zuwendung?, FF 2012, 268; *Hausheer*, Schuldrechtliche Rechtsgeschäfte und familienrechtliche Leistungen unter Ehegatten, insbesondere unbenannte Zuwendungen und ehebezogene Arbeitsleistungen in rechtsvergleichender Sicht, FS Henrich, 2000, S. 219; *Heinle*, Die unbenannte Zuwendung in der Praxis – Ein Leitfaden anhand der BGH-Rechtsprechung, FamRB 2002, 145; *ders.*, Die Rechtsfigur der „Unbenannten Zuwendung" bei Eltern/Schwiegereltern, Verlobten, der nicht ehelichen Lebensgemeinschaft und anderen Fällen, FamRB 2002, 206; *Henke/Keßler*, Der Anspruch auf Rückforderung von Zuwendungen, NZFam 2014, 307; *Hepting*, „Unbenannte" Zuwendungen – ein Irrweg, FS Henrich, 2000, S. 267; *Herr*, Das Problem der „Abschreibung" im Nebengüterrecht, NZFam 2015, 1033; *ders.*, Die Prüfungsreihenfolge der Anspruchshöhe bei ehebezogenen Zuwendungen unter Einbeziehung von Wertsteigerungen und gezogenen Nutzungen, FuR 2015, 8; *ders.*, Das Verhältnis vorehelicher Vermögensausgleichsansprüche zum Zugewinnausgleich, FuR 2014, 457; *ders.*, Die ehebezogene Zuwendung als Teil des materiellen Nebengüterrechts, NJW 2012, 3486; *Hoppenz*, Ehegattenzuwendungen, FPR 2012, 84; *Jeep*, Schenkung oder nicht Schenkung, das ist oft die Frage – die rechtliche Einordnung familienbezogener Zuwendungen, NZFam 2014, 293; *Klein*, System der Schenkungen und Zuwendungen im Familienvermögensrecht, FS Brudermüller, 2014, S. 389; *Koch*, Rückforderung von Schenkungen in der Familie, NZFam 2014, 311; *Kogel*, Die Lebenserwartung der Eheleute als Kürzungskriterium bei Rückforderung ehebezogener Zuwendungen – ein juristischer Irrweg, FamRZ 2013, 512; *W. Lorenz*, Unbenannte Zuwendungen und partnerschaftliche Mitarbeit in ehelichen und in nichtehelichen Lebensgemeinschaften, 50 Jahre BGH, Festgabe aus der Wissenschaft I, S. 571; *Müßig*, Ehebezogene Zuwendungen als Schenkungen unter Ehegatten, FPR 2007, 194; *Poelzig*, Die Dogmatik der unbenannten unentgeltlichen Zuwendungen im Zivilrecht, JZ 2012, 425; *Rauscher*, Ehegattenzuwendungen, NZFam 2014, 298; *Röthel*, Rückgewähr von Zuwendungen durch Verlobte, Ehegatten, Lebenspartner, Jura 2006, 641; *Schulz*, Ausgleich für voreheliche Zuwendungen, FS Brudermüller, 2014, S. 717; *ders.*, Rückgewähr von Zuwendungen, FamRB 2004, 364 u. 398; *Schulze-Ueding*, Zuwendungen von Ehegatten und Dritten im Verhältnis zum gesetzlichen Güterstand (Diss.), 2002; *Schwab*, Schenkung unter Ehegatten – eine verdächtige Sache?, FS Hahne, 2012, S. 175; *Seif*, Ehebezogene Zuwendungen als Schenkungen unter Ehegatten, FamRZ 2000, 1193; *Seiler*, Über die sog. unbenannten Zuwendungen unter Ehegatten – ein skeptischer Zwischenbericht, FS Henrich, 2000, S. 551; *Vollmöller*, Die Qualifikation ehebedingter Zuwendungen im Internationalen Privatrecht (Diss.), 2000; *Waas*, Zur Dogmatik der sog. „ehebezogenen Zuwendungen", FamRZ 2000, 453; *Wagenitz,* Vermögensrechtliche Auseinandersetzung unter Ehegatten außerhalb des Güterrechts, in: Schwab/Hahne, Familienrecht im Brennpunkt, 2004, S. 161 ff.; *Weinreich,* Vermögensrechtliche Beziehungen zwischen Ehegatten außerhalb des Güterrechts, FamRZ 2014, 1889; *Wellenhofer,* Ausgleich von Zuwendungen unter Ehegatten nach § 313 BGB, NZFam 2014, 314; *Wever,* Rückgewähr ehebezogener Zuwendungen: der Abschlag für teilweise Zweckerreichung, FamRZ 2013, 1 u. FamRZ 2013, 514; *ders.*, Korrekturinstrumente in der Vermögensauseinandersetzung außerhalb des Güterrechts: Sind Ehegatteninnengesellschaft, ehebezogene Zuwendung und Kooperationsvertrag noch zeitgemäß?, FS Hahne, 2012, S. 191; *ders.*, Der Anspruch auf Rückgewähr ehebezogener Zuwendungen – Prüfungsschemata mit Erläuterungen, FamRB 2007, 337; *Winklmair,* Rückgewähr einer „ehebedingten Zuwendung" im Güterstand der Gütertrennung, FamRZ 2006, 1650.

Ältere Literatur (bis 1999): *Brambring,* Ehebedingte Zuwendungen und Rückforderungsrecht bei Scheidung der Ehe – eine Aufgabe der Kautelarjurisprudenz, FS Rolland, 1999, S. 29; *Conradt,* „Unbenannte" Zuwendungen unter Ehegatten und Partnern einer nichtehelichen Lebensgemeinschaft (Diss.), 1998; *Grziwotz,* „Unbedachte" Zuwendungen unter Ehegatten und nichtehelichen Partnern, MDR 1998, 129; *Heinle,* Zwanzig Jahre „unbenannte Zuwendung", FamRZ 1992, 1256; *Holzhauer,* Schenkungen unter Ehegatten in der europäischen Privatrechtsgeschichte und im heutigen deutschen Recht, FuR 1995, 177 u. 268; *Jaeger,* Zur rechtlichen Deutung ehebezogener (sog. unbenannter) Zuwendungen und zu ihrer Rückabwicklung nach Scheitern der Ehe, DNotZ 1991, 431; *Jeep,* Ehegattenzuwendungen im Zugewinnausgleich (Diss.), 1999; *Kleinle,* Die Ehegattenzuwendung und ihre Rückabwicklung beim Scheitern der Ehe, FamRZ 1997, 1383; *Koch,* Entgeltlichkeit in der Ehe?, FamRZ 1995, 321; *Kollhosser,* Ehebezogene Zuwendungen und Schenkungen unter Ehegatten, NJW 1994, 2313; *Langenfeld,* Zur Rückabwicklung von Ehegattenzuwendungen im gesetzlichen Güterstand, NJW 1986, 2541; *S. Lorenz,* Unbenannte Zuwendung und internationales Ehegüterrecht, FamRZ 1993, 393; *Meincke,* Zuwendungen unter Ehegatten, NJW 1995, 2769; *Sandweg,* Ehebedingte Zuwendungen und ihre Drittwirkung, NJW 1989, 1965; *Schotten,* Die Wirkung ehebedingter Zuwendungen im Verhältnis zu Dritten, NJW 1991, 2687; *ders.,* Die ehebedingte Zuwendung – ein überflüssiges Rechtsinstitut?, NJW 1990, 2841; *Zain,* Unbenannte Zuwendungen und lebensgemeinschaftsdienliche Dienstleistungen (Diss.), 1999.

A. Einleitung

I. Problemstellung

887 Ehegatten machen einander in guten Zeiten nicht selten Zuwendungen größerer Art, zu denen keine rechtliche Verpflichtung besteht, ohne eine Gegenleistung zu verlangen. Sie übertragen dem Partner ein Grundstück oder einen Grundstücksanteil, wenden ihm Geld zum Erwerb eines Grundstücks, eines Geschäfts oder einer Praxis zu – häufig auch dadurch, dass sie die Zins- und Tilgungsleistungen übernehmen –, sie übertragen ihm Wertpapiere, Bankguthaben oder die unwiderrufliche Bezugsberechtigung einer Lebensversicherung.

888 Hinter solchen Zuwendungen stehen manchmal steuerliche Gesichtspunkte oder der Wunsch, das Vermögen vor dem Zugriff von Gläubigern des Zuwendenden zu sichern[1]. Gelegentlich – gerade bei Freiberuflern, die

1 Vgl. etwa BGH, FamRZ 1992, 293 = NJW 1992, 238; BGH, FamRZ 1991, 1169 = NJW 1991, 2553; FamRZ 1990, 600. Dazu auch Rn. 956.

keine gesetzlichen Versorgungsanrechte erwerben – soll auf diese Weise Vorsorge für das Alter, den Todesfall oder den Fall der Invalidität zugunsten des Empfängers getroffen werden[2]. Häufig will der Zuwendende, z.B. nach Erhalt einer Erbschaft, aber auch nur Großzügigkeit zum Ausdruck bringen in der Erwartung, den zugewendeten Gegenstand in der ehelichen Lebensgemeinschaft ohnehin weiter mitnutzen zu können.

Typisch an diesen Zuwendungen ist, dass sie nicht in Erfüllung einer Verpflichtung erfolgen[3]. Das lässt den Zuwendenden, wenn es – wie meist – an einer ausdrücklichen Vereinbarung im Sinne einer „Störfallvorsorge" fehlt[4], beim Scheitern der Ehe die Frage stellen: Ist der Empfänger verpflichtet, den erhaltenen Vermögensgegenstand zurückzugewähren? Fehlt es nicht an einem Rechtsgrund dafür, dass er ihn behalten darf? Muss er zumindest einen finanziellen Wertausgleich leisten? **889**

II. Rechtsentwicklung[5]

Zuwendungen unter Ehegatten, die nicht in Erfüllung einer Rechtspflicht und nicht in rechtlicher Abhängigkeit von einer Gegenleistung erbracht wurden, sind in der Rechtspraxis bis Anfang der 1970er Jahre als Schenkungen angesehen, so bezeichnet und hinsichtlich der Rechtsfolgen auch so behandelt worden[6]. Eine Rückforderung wurde im Wesentlichen nur unter den Voraussetzungen des § 530 BGB (grober Undank) oder des § 528 BGB (Verarmung des Schenkers) erwogen. **890**

Vor allem zwei Umstände haben in der Folgezeit den BGH veranlasst, rechtsfortbildend eine **neue Rechtsfigur**, genauer einen neuen Rechtsgeschäftstyp zu schaffen, der in Anlehnung an *Lieb*[7] „unbenannte", häufig aber auch „ehebedingte" oder „ehebezogene" Zuwendung genannt wird[8]. **891**

2 Vgl. etwa BGH, FamRZ 1994, 503; FamRZ 1988, 481; FamRZ 1988, 482; FamRZ 1972, 201 = NJW 1972, 580.

3 Als Vergütung einer schon erbrachten Gegenleistung können solche Zuwendungen i.d.R. nicht angesehen werden, vor allem dann nicht, wenn sie – wie häufig – bereits zu Beginn der Ehe vorgenommen werden (vgl. *Sandweg*, NJW 1989, 1965, 1966).

4 Vertragsentwürfe z.B. bei *Münch*, Rn. 1426 ff.; *ders.*, Scheidungsimmobilie, Rn. 1297 ff.; *Bergschneider/Münch*, Formularbuch, J. I.; *Bergschneider*, Rn. 559, 579. Vgl. auch Rn. 948 Fn. 178.

5 Vgl. dazu auch *Herr*, Rn. 15 ff.; *W. Lorenz*, S. 571 ff.; *Kollhosser*, NJW 1994, 2313, 2314, u. mit Darstellung des rechtsgeschichtlichen Hintergrundes *Holzhauer*, FuR 1995, 177.

6 Zur Geschichte der Ehegattenschenkung als „juristisches Sonderphänomen" *Schwab*, FS Hahne, S. 175.

7 *Lieb*, S. 124.

8 Zu dieser Problematik erstmals BGH, FamRZ 1972, 201 = NJW 1972, 580, wenngleich der Begriff der unbenannten Zuwendung wohl erst in BGH, FamRZ 1982, 246 = NJW 1982, 1093 verwandt wird. Zur Entwicklung der BGH-Rspr. auch BGH, FamRZ 1992, 300 = NJW 1992, 564; FamRZ 1999, 1580, 1582 f. = NJW 1999, 2962. – Zum Begriff Rn. 910.

Zum einen wurden die Rechtsfolgen des Schenkungsrechts bei Zuwendungen, die ihren Grund in den besonderen ehelichen Beziehungen hatten, als häufig nicht passend, die Voraussetzungen für einen Rückgewähranspruch nach §§ 527 ff. BGB nämlich als zu eng empfunden[9]. Zum andern entsprach die Qualifizierung solcher Leistungen als Schenkung nicht mehr dem gewandelten gesellschaftlichen Eheverständnis: In der Mehrzahl der Fälle ist Zuwendender der berufstätige Ehegatte, meist der Mann, Empfänger ist der den Haushalt versorgende Ehegatte, meist die Frau. Die traditionelle Vorstellung, der über das Geld verfügende Mann beschenke die Frau großzügig, erschien mit dem Gedanken der Gleichberechtigung, der Partnerschaft, Emanzipation und Teilhabegerechtigkeit in der Ehe nicht mehr vereinbar[10]. Richtiger erschien es, dessen Vermögenszuwendungen als Beitrag zur finanziellen Verwirklichung einer partnerschaftlichen Ehe oder als eine Art vorweggenommenen Zugewinnausgleich einzuordnen[11].

892 Auch wenn die Berechtigung dieses neuen Rechtsgeschäftstyps in letzter Zeit in der Literatur häufiger in Frage gestellt oder abgelehnt wird[12] und der BGH selbst mit seiner Entscheidung vom 30.6.1999[13] im Schrifttum geäußerte **Kritik** aufgegriffen und den Anwendungsbereich der Rechtsfigur zugunsten der der Ehegatteninnengesellschaft eingeschränkt hat[14], so ist die Rechtsfigur der unbenannten, ehebedingten oder ehebezogenen Zuwendung doch heute in der Rechtsprechung, insbesondere auch in der der Instanzgerichte, aus guten Gründen (dazu Rn. 999 f.) unangezweifelt und in weiten Teilen der Literatur anerkannt[15]. Wendet ein Ehegatte dem anderen einen größeren Vermögensgegenstand zu, ohne dass sich ein spezieller Rechtsgrund dafür feststellen lässt, nimmt die Rechtsprechung, sofern die Vermögensübertragung nicht im Rahmen einer Innengesellschaft erfolgt ist, meist eine ehebezogene Zuwendung an. Aber auch Schenkungen – ebenso wie Rechtsgeschäfte anderer Art – unter Ehegatten sind nach wie vor möglich. Sie kommen allerdings angesichts der Zurückhaltung der Rechtsprechung hinsichtlich der Einordnung einer

---

9 Vgl. etwa BGH FamRZ 1972, 201 = NJW 1972, 580.

10 Vgl. auch *Koch*, FamRZ 1995, 321, 326, die allerdings die Behandlung der ehebezogenen Zuwendung durch die Rspr. aus anderen Gründen ablehnt.

11 Vgl. auch *Kollhosser*, NJW 1994, 2313, 2315.

12 *Müßig* (vormals *Seif*) FPR 2007, 194; *Seif*, FamRZ 2000, 1193; *Koch*, FamRZ 1995, 321; *Holzhauer*, FuR 1995, 270; *Kollhosser*, NJW 1994, 2313; *Schotten*, NJW 1990, 2841; *Hager*, FS Coester-Waltjen, S. 101; MünchKomm/*Gernhuber*, 3. Aufl., Rn. 18 ff. vor § 1363; *Hepting*, S. 267 ff.; *Seiler*, S. 551 ff.

13 BGH, FamRZ 1999, 1580, 1582 f. = NJW 1999, 2962.

14 Vgl. dazu Rn. 1111, 1123 ff.

15 Vgl. u.a. *Poelzig*, JZ 2012, 425 ff.; *Waas*, FamRZ 2000, 453; *Palandt/Brudermüller*, § 1372 Rn. 4; *Palandt/Grüneberg*, § 313 Rn. 50 ff.; *Staudinger/Chiusi*, 2013, § 516 Rn. 105 ff.; *Staudinger/Thiele*, 2007, § 1363 Rn. 21 ff. u. Rn. 19 ff. vor § 1414.

Zuwendung der genannten Art als Schenkung in der Rechtspraxis seltener vor.

B. Der Begriff der Zuwendung

Begrifflich setzt eine Zuwendung die **Übertragung einer Vermögenssubstanz** voraus. Beim Zuwendenden tritt eine Vermögensminderung, beim Zuwendungsempfänger tritt eine Vermögensmehrung ein[16]. Die Zuwendung kann insbesondere in einer Geldzahlung, in der Übertragung oder dem Belassen von Sachen, aber auch von Rechten bestehen. 893

Typische Beispiele von Zuwendungen unter Ehegatten sind folgende: 894

- Der Alleineigentümer eines Hausgrundstücks oder einer Eigentumswohnung überträgt dem Ehepartner den hälftigen Anteil an der Immobilie[17]. Gelegentlich hat der zuwendende Ehegatte die Immobilie seinerseits zuvor von seinen Eltern zugewendet bekommen (sog. Kettenschenkung)[18].
- Die Ehegatten erwerben ein Hausgrundstück oder eine Eigentumswohnung zu hälftigem Miteigentum, um darin gemeinsam mit den Kindern zu wohnen. Das investierte Eigenkapital stammt aus Mitteln des alleinverdienenden Mannes, der auch die Zins- und Tilgungsraten übernimmt[19].
- Ein Ehegatte finanziert den Erwerb eines Grundstücks des anderen oder den Erwerb eines Grundstücks zu Miteigentum beider Eheleute von einem Dritten und die spätere Wertsteigerung des Grundstücks durch Bebauung[20]. Zuwendungsgegenstand ist das (anteilige) Grundstück.

Im Übrigen kann aber – je nach Fallgestaltung – bei der Hingabe von Geld zur Anschaffung einer Sache auch eine Zuwendung des Geldes und nicht der Sache anzunehmen sein[21]. Maßgebend ist, auf welchen **Zuwendungsgegenstand** sich der Wille der Beteiligten bezog[22]. War der Zuwendungsempfänger in der Verwendung des Geldes frei, ist von einer Zuwendung des Geldes auszugehen. Dagegen ist der mit dem Geld angeschaffte Gegenstand zugewendet, wenn das Geld zum Er-

16 Vgl. etwa BGH, FamRZ 2007, 1649.
17 OLG Bamberg, FamRZ 1996, 1221; OLG Düsseldorf, NJW-RR 1996, 467.
18 BGH, FamRZ 1987, 791; FamRZ 1985, 351; vgl. dazu Rn. 1311.
19 Vgl. etwa BGH, FamRZ 1989, 599 = NJW 1989, 1987; FamRZ 1982, 246 = NJW 1982, 1093; OLG Schleswig, FamRZ 2014, 1740; OLG Karlsruhe, FamRZ 2004, 1033; OLG Bamberg, FamRZ 1995, 234.
20 Vgl. BGH, FamRZ 1989, 599 = NJW 1989, 1987. Vgl. auch Rn. 1038.
21 Vgl. BGH, NJW 1972, 247; OLG Hamm, FamRZ 2001, 546.
22 BGH, NJW 1990, 2616, 2618.

werb eben dieses Gegenstandes bestimmt war[23]. Bei Grundstücken ist die Frage nach dem Gegenstand der Zuwendung nicht nur für die Verjährungsfrage[24], sondern auch für die Frage von Bedeutung, ob ein auf das Grundstück selbst bezogenes Rückgewährverlangen in Betracht kommt[25].

- Ein Ehegatte trägt das zum Erwerb des im Alleineigentum des anderen Ehegatten stehenden Familienheims aufgenommene gemeinsame Darlehen ab[26]. Denn Zuwendungen können auch monatlich sukzessive über einen längeren Zeitraum erbracht werden[27].
- Der Alleineigentümer einer Immobilie räumt dem anderen Ehegatten den Nießbrauch[28] oder ein dingliches Wohnrecht[29] ein.
- Ein Ehegatte stellt dem anderen Geld zur Verfügung, etwa zur Einrichtung einer (z.B. ärztlichen) Praxis[30], zur Ablösung von Geschäftsschulden[31], zur Einzahlung auf dessen Bausparvertrag[32] oder zur Investition in die im Alleineigentum dieses Ehegatten stehende Immobilie[33].
- Ein Ehegatte leistet aus eigenen Mitteln Einzahlungen auf ein Spar- oder Girokonto des anderen[34] oder er zahlt auf ein Gemeinschaftskonto mehr ein, als seinem hälftigen Anteil entspricht, ohne dass es sich um Beiträge zur Wirtschaftsführung der Ehegatten handelt[35].
- Die Ehegatten erwerben zusammen – etwa zur gemeinsamen Alterssicherung – Wertpapiere aus Mitteln, die nur vom alleinverdienenden

---

23 Vgl. OLG Düsseldorf, Beschl. v. 20.4.2012, 7 U 184/10, juris (Rn. 75 f.) = ZEV 2013, 392; *Staudinger/Chiusi*, 2013, § 516 Rn. 13. In diesem Sinne auch OLG Oldenburg, FamRZ 2011, 70: Zuwendungsgegenstand bei Überlassung von Geld zum Erwerb eines Grundstücks in Vietnam ist das Grundstück; zu dieser Entscheidung näher Rn. 831.

24 Vgl. Rn. 1055, 1305.

25 Vgl. Rn. 1021, 937.

26 BGH, FamRZ 2012, 1789 = NJW 2012, 3374; LG Bamberg, FamRZ 2015, 1307 (bei nichtehelicher Lebensgemeinschaft).

27 BGH, FamRZ 2015, 490, Rn. 16 u. 31 = NJW 2015, 690 (zu Schwiegerelternzuwendungen).

28 OLG Schleswig, FamRZ 2011, 506.

29 BGH, FamRZ 2013, 296.

30 BGH, NJW 1974, 2045.

31 OLG Bremen, FamRZ 1999, 1503 = NJW 2000, 82.

32 BGH, FamRZ 1989, 147. Zu bedenken ist dabei die Möglichkeit einer stillschweigend begründeten Bruchteilsberechtigung im Innenverhältnis; vgl. Rn. 580.

33 OLG Bremen, FamRZ 2008, 2117; OLG Oldenburg, FamRZ 2008, 993; OLG Düsseldorf, FamRZ 1995, 1148; OLG Hamm, FamRZ 1988, 620.

34 Zu bedenken ist auch hier die Möglichkeit einer stillschweigend begründeten Bruchteilsberechtigung im Innenverhältnis; vgl. Rn. 533 ff.

35 Vgl. Rn. 565.

Mann stammen[36], oder der eine überträgt dem anderen Ehegatten die ihm gehörenden Wertpapiere (z.B. zur Altersvorsorge oder um sie dem Zugriff seiner Gläubiger zu entziehen)[37].

- Ein Ehegatte übernimmt eine Schuld des anderen mit befreiender Wirkung (§ 414 BGB)[38].
- Ein Ehegatte räumt dem anderen ein Rentenstammrecht[39] oder ein widerrufliches oder unwiderrufliches Bezugsrecht aus seiner Lebensversicherung[40] ein.
- Bei einem Güterstandswechsel während der Ehe vom gesetzlichen Güterstand zur Gütertrennung bei gleichzeitigem Verzicht auf Zugewinnausgleich für die Vergangenheit kann in dem Verzicht auf güterrechtlichen Ausgleich eine Zuwendung liegen[41].

Nicht als Zuwendung anzusehen sind dagegen folgende Vorgänge: **895**

- Ein Ehegatte investiert Arbeitskraft oder Arbeitszeit und trägt dadurch zur Mehrung des Vermögens des anderen bei, sei es dass er im Geschäftsbetrieb des anderen[42] oder sei es dass er beim Ausbau des dem anderen gehörenden Hauses mitarbeitet[43]. Hier kommt es regelmäßig nicht zu einer Minderung des Vermögens des „Gebenden". Ausgleichsansprüche kommen daher in solchen Fällen nicht unter dem Gesichtspunkt der Rückabwicklung einer Zuwendung, wohl aber nach Gesellschaftsrecht oder aufgrund der Annahme eines Kooperationsvertrages in Betracht[44]. An die Annahme einer Vermögenszuwendung ist aber zu denken, wenn die Arbeitsleistungen aufgrund und im Rahmen einer gewerblichen Tätigkeit erbracht worden sind (Erlass ei-

36 BGH, FamRZ 1972, 201 = NJW 1972, 580.

37 BGH, FamRZ 1994, 503; FamRZ 1991, 1169 = NJW 1991, 2553.

38 OLG Düsseldorf, FamRZ 1995, 1146.

39 BFH, FamRZ 2008, 55.

40 BGH, FamRZ 2013, 376, 377 (Versicherung auf verbundene Leben bei nichtehelicher Lebensgemeinschaft); FamRZ 1995, 229; FamRZ 1992, 1155; FamRZ 1987, 806; OLG Bremen, FamRZ 2017, 279 = NJW 2017, 1120; LG Göttingen, NJW-RR 2008, 19. Im Falle der unwiderruflichen Bezeichnung als Bezugsberechtigter erwirbt dieser den Anspruch auf die Versicherungsleistung sofort, im Falle der widerruflichen Bezeichnung mit dem Ableben der versicherten Person, BGH, FamRZ 2013, 128 = NJW 2013, 232 = FamRB 2013, 120 *(Erk)*. Vgl. dazu auch Rn. 954 m. Fn. 197 sowie zur Berechtigung an der Lebensversicherung Rn. 853 f. Zu vertragsrechtlichen Fragen der Lebensversicherung *Schlünder*, FuR 2010, 364.

41 BGH, FamRZ 1997, 933, 934 = NJW 1997, 2747; dazu Rn. 991. – Siehe auch Rn. 1068 f. zur Zuwendung, die in der Eingehung einer Gütergemeinschaft liegen kann.

42 BGH, FamRZ 1994, 1167.

43 BGH, FamRZ 1982, 910 = NJW 1982, 2236; FamRZ 2011, 1563, 1565 = NJW 2011, 2880 (bei nichtehelicher Lebensgemeinschaft). Vgl. dazu auch Rn. 1323.

44 Vgl. Rn. 1107 ff., 1193 ff.

ner eigentlich entstandenen Vergütungsschuld, Verzicht auf anderweitig möglichen ertragbringenden Einsatz der Arbeitskraft)[45].

- Ein Ehegatte übernimmt die bloße Mithaftung für Kredite des anderen (Abgrenzung zur befreienden Schuldübernahme, Rn. 894)[46]; hier kommt eine Lösung über Auftragsrecht in Betracht (Befreiungsanspruch, ggf. Aufwendungsersatz)[47].
- Ein Ehegatte stellt dem anderen lediglich eine dingliche Sicherheit[48]. Die durch die Stellung einer Sicherheit eintretende Vermögensgefährdung führt zumindest so lange noch nicht zu einer Vermögensminderung des Sicherungsgebers, wie er nicht auf seine Rückgriffsmöglichkeiten gegen den Schuldner verzichtet hat[49]. Auch hier ist an eine Lösung über Auftragsrecht zu denken (Befreiungsanspruch, ggf. Aufwendungsersatz)[50].
- Ein Ehegatte räumt dem anderen ein unentgeltliches schuldrechtliches Wohnrecht ein[51].
- Ein Ehegatte leistet Zahlungen auf eine gemeinsame Verbindlichkeit[52]. Mit solchen Zahlungen wird (zugleich) eine eigene Schuld getilgt. Die Frage eines Ausgleichsanspruchs gegen den anderen Ehegatten beurteilt sich nach den Grundsätzen zum Gesamtschuldnerausgleich. Der mögliche Ausgleichsanspruch steht auch der Annahme einer Vermögensminderung auf der einen und einer Vermögensmehrung auf der anderen Seite entgegen. Erst im Verzicht auf den Ausgleichsanspruch könnte eine Zuwendung liegen. Dies wird in der Rechtsprechung allerdings häufig anders gesehen[53].
- Schließlich sind auch Erträge, die der Empfänger einer Zuwendung mit dem zugewendeten Vermögensobjekt erzielt (z.B. Mieteinnahmen aus einer Immobilie) ihm nicht zugewendet; denn die Erträge stehen ihm als demjenigen, dem das Vermögensobjekt bereits gehört, zu[54].

---

45 Vgl. BGH, FamRZ 1987, 910, 911. Dazu auch Rn. 1323 m. Fn. 264.

46 BGH, FamRZ 1989, 835 = NJW 1989, 1920; OLG Düsseldorf, FamRZ 1995, 1148, 1149.

47 Vgl. Rn. 492 ff.

48 BGH, FamRZ 2015, 818; FamRZ 1989, 835 = NJW 1989, 1920; OLG Bremen, FamRZ 2006, 122 = NJW 2005, 3502; OLG Hamm, FamRZ 2003, 97, 98. Vgl. auch OLG Saarbrücken, NJW-RR 2010, 1441, 1443 = FamRZ 2010, 1856 [LS]: Stellung einer Lebensversicherung als Sicherheit.

49 Vgl. *Koch*, FamRZ 1994, 537, 538.

50 OLG Bremen, FamRZ 2006, 122 = NJW 2005, 3502. Vgl. Rn. 844 f., 492 ff.; siehe auch Rn. 1319.

51 BGH, FamRZ 2007, 1649 (Leihe); vgl. dazu auch Rn. 1318.

52 OLG Bremen, FamRZ 1999, 1503 = NJW 2000, 82; *Jeep*, NZFam 2014, 293.

53 Etwa BGH, FamRZ 2012, 1789 = NJW 2012, 337; dazu Rn. 996.

54 BGH, FamRZ 1999, 1580, 1584 = NJW 1999, 2962, 2967; vgl. auch Rn. 1005.

C. Rechtliche Einordnung der Zuwendung: Abgrenzungen

Die richtige rechtliche Einordnung einer Vermögenszuwendung, die **896** nicht in Erfüllung einer Rechtspflicht und nicht in rechtlicher Abhängigkeit von einer Gegenleistung erfolgt ist[55], innerhalb der insoweit in Frage kommenden Rechtsinstitute ist von erheblicher Bedeutung. Denn die Voraussetzungen eines Rückgewähr- bzw. Ausgleichsanspruchs sind unterschiedlich, je nachdem welcher Vertragstyp der Zuwendung zugrunde liegt bzw. auf welcher rechtlichen Grundlage sie erfolgt ist. Meist liegt Zuwendungen unter Ehegatten[56] entweder eine Schenkung oder ein familienrechtliches Rechtsgeschäft eigener Art zugrunde, das zur Qualifizierung als ehebezogene Zuwendung führt (dazu Rn. 908). Je nach Fallgestaltung kann eine Zuwendung aber auch auf einem Treuhandauftrag beruhen oder im Rahmen eines gesellschaftsrechtlichen Verhältnisses erfolgt sein[57]. Auch an die Hingabe als Darlehen ist zu denken. Bei besonderen Fallgestaltungen kann auch Bereicherungsrecht zur Anwendung kommen (dazu Rn. 1061 ff.).

I. Treuhandauftrag, Darlehen und Ehegattengesellschaft

Beispiel[58]: **897**

Die Eheleute M und F leben – im Güterstand der Gütertrennung – seit einem Jahr in der mit Mitteln des Mannes für 700.000 € erworbenen, ihm allein gehörenden Immobilie, als F eine Erbschaft von 100.000 € macht. Absprachegemäß wird von dem Geld ein Ausbau des Hauses vorgenommen. Die Eheleute bewohnen das Haus zusammen mit ihren drei Kindern 10 Jahre lang. F ist Hausfrau und versorgt die Kinder. Dann scheitert die Ehe. F bleibt mit den Kindern in dem Haus wohnen. Es wird vereinbart, dass sie das Objekt noch fünf Jahre bewohnen kann; sie muss sich allerdings bei der Unterhaltsberechnung für diese Zeit einen – unter dem objektiven Mietwert liegenden – Nutzungsvorteil zurechnen lassen. F, die über kein nennenswertes Vermögen und keine eigene Altersversorgung verfügt, verlangt von M die ihm überlassenen 100.000 € zurück.

Zweifellos handelt es sich bei der zum Zwecke des Ausbaus des Hauses erfolgten Zahlung der F um eine (Geld-) Zuwendung an M. Die Frage ist nur: Wie ist sie rechtlich zu qualifizieren? Was ist ihre schuldrechtliche Grundlage? Unter welchem rechtlichen Gesichtspunkt kommt ein Ausgleichsanspruch in Betracht? Als Zugewinnausgleichsanspruch macht F ihre Forderung nicht geltend. Sie fordert nicht die Hälfte der Differenz der von beiden Ehegatten erwirtschafteten Zugewinne, sondern möchte eine von ihr erbrachte Zuwendung erstattet haben.

---

55 Zuwendungen, die eine „normale" vertragliche Verpflichtung zur Grundlage haben, etwa die Mietzinszahlung bei einem bestehenden Mietverhältnis (vgl. LG Düsseldorf, FamRZ 2004, 1035: Mietzinszahlung für im Haus der Ehefrau gemietete Praxisräume), bereiten i.d.R. keine besonderen Schwierigkeiten und bleiben hier außer Betracht.

56 Zur rechtlichen Qualifizierung von Zuwendungen zwischen Schwiegereltern und Schwiegerkindern Rn. 1231, 1259 f.

57 Vgl. OLG Düsseldorf, FamRZ 1992, 562.

58 Nach OLG München, FamRZ 2004, 1874, m. Anm. *Wever.*

1. Treuhandauftrag

898 Eine Zuwendung kann im Rahmen einer Treuhandabrede erfolgt sein – ein in der Praxis weniger häufiger Fall. Eine Treuhandabrede ist dadurch gekennzeichnet, dass nach dem Willen der Vertragsparteien der Treuhänder nach außen uneingeschränkt über das ihm übertragene Treugut verfügen können soll, dass er im Innenverhältnis aber Bindungen unterliegt und dass er nach Erledigung des Treuhandzwecks zur Rückübertragung an den Treugeber verpflichtet ist. Einer Treuhandabrede unter Ehegatten liegt in der Regel ein Auftrag i.S. des § 662 BGB zugrunde. Die Abwicklung nach Beendigung des Treuhandverhältnisses, insbesondere die Pflicht des Treuhänders zur Rückübertragung des Treuguts nach Erledigung des Treuhandzwecks richten sich daher nach Auftragsrecht (insbesondere § 667 BGB). Wegen seines Herausgabeanspruchs nach Beendigung des Auftrags aus § 667 BGB ist der zuwendende Ehegatte in einer deutlich günstigeren Position als im Falle einer ehebezogenen Zuwendung. Einzelheiten dazu mit Beispielen aus der Rechtsprechung werden bei Rn. 830 ff. dargestellt.

2. Darlehen

899 Eine Zuwendung kann auch auf der Grundlage eines Geld- oder Sachdarlehens (§§ 488, 607 BGB) erfolgt sein. Das setzt voraus, dass die Ehegatten einen Rechtsbindungswillen im Sinne eines Darlehensvertrages hatten. Sie müssen sich insbesondere einig gewesen sein, dass das Zugewendete zu einem bestimmten Zeitpunkt bzw. nach Kündigung zurückzugeben ist[59]. Fehlt es an einem schriftlichen Darlehensvertrag, kann die Feststellung eines entsprechenden Rechtsbindungswillens Probleme bereiten. Die Darlegungs- und Beweislast für sein Vorliegen trägt derjenige, der sich auf ein Darlehen beruft.

900 Die Rechtsprechung stellt an die Feststellung eines solchen Rechtsbindungswillens eher strenge Anforderungen, weil es unter Ehegatten die Regel ist, dass sie einander Geld verauslagen oder sonstige Leistungen erbringen, ohne dass eine Erstattung gewollt ist[60]. Verlangt wird das Vorliegen eines **deutlich manifestierten Rechtsbindungswillens** im Sinne eines Darlehens, der sich z.B. daraus ergeben kann, dass der Ehegatte, dem ein Geldbetrag zur Investition in sein Grundstück überlassen worden ist, sich verpflichtet hatte, den Betrag auf erstes Anfordern des anderen Ehegatten auszuzahlen und den entsprechenden Anspruch dinglich abzusichern[61].

---

59 Vgl. etwa OLG Karlsruhe, FamRZ 2008, 1622 u. FamRZ 2004, 1028 (bei vorehelicher Zuwendung); OLG Koblenz, FamRZ 2005, 898, m. Anm. *Wever* (Darlehen der Schwiegereltern).

60 Vgl. OLG Schleswig, FamRZ 1988, 165.

61 OLG Saarbrücken, FamRZ 2010, 297 = FamRB 2009, 365 *(Wever)*.

Sind Zahlungen ausdrücklich als Darlehen deklariert worden, z.B. auf Überweisungsträgern oder dem Finanzamt gegenüber, ist dies ein Indiz für einen entsprechenden rechtsgeschäftlichen Willen der Ehegatten, für dessen Vorliegen auch tatsächlich erfolgte Rückzahlungen sprechen[62]. Den Umständen kann jedoch etwas anderes zu entnehmen sein. So hat das OLG Köln[63] Zahlungen einer Ehefrau auf das Konto des Familienunternehmens, die in den Bilanzen über Jahre hinweg als Darlehen bezeichnet worden waren, ohne dass je eine Rückzahlung erfolgt war, als ehebezogene Zuwendung angesehen[64]. **901**

Ist ein Darlehen vereinbart[65], richtet sich die **Rückgabepflicht** nach §§ 488 ff., 607 f. BGB. **902**

3. Ehegattengesellschaft

Eine Zuwendung kann im Rahmen eines zwischen den Ehegatten bestehenden Gesellschaftsverhältnisses erfolgt sein. An diese Möglichkeit ist nicht nur dann zu denken, wenn die Ehegatten ausdrücklich eine Gesellschaft eingegangen sind, sondern vor allem auch in den Fällen, in denen die stillschweigende Begründung einer Ehegatteninnengesellschaft möglich erscheint. **903**

Die stillschweigende Eingehung einer Ehegatteninnengesellschaft ist in Betracht zu ziehen, wenn die Ehegatten durch beiderseitige Leistungen einen über den typischen Rahmen der ehelichen Lebensgemeinschaft hinausgehenden Zweck verfolgt haben, indem sie etwa durch den Einsatz von Vermögenswerten und Arbeitsleistungen gemeinsam ein Unternehmen oder Immobilienvermögen aufgebaut oder eine berufliche oder gewerbliche Tätigkeit ausgeübt haben, und weitere Indizien den Schluss auf einen entsprechenden Rechtsbindungswillen zulassen (dazu näher Rn. 1112 ff.). An einem Gesellschaftszweck der genannten Art fehlt es, wenn die Ehegatten nur Beiträge geleistet haben, die der Verwirklichung der ehelichen Lebensgemeinschaft dienten, was insbesondere dann der Fall ist, wenn Gegenstand der beiderseitigen Leistungen der Erwerb oder der Ausbau des Familienheims war[66]. Die Annahme einer konkludent begründeten Ehegatteninnengesellschaft scheidet daher z.B. aus, wenn der **904**

---

62 OLG Frankfurt, Beschl. v. 18.1.2011, 14 W 118/10, juris (Rn. 9).

63 FamRZ 2000, 227 = NJW-RR 2000, 818.

64 Zur entsprechenden Situation bei Bezeichnung als Schenkung vgl. Rn. 918.

65 Zu den Voraussetzungen der steuerlichen Anerkennungsfähigkeit (insbesondere: zivilrechtlich wirksamer und wie vereinbart durchgeführter Darlehensvertrag, der einem Fremdvergleich standhält, Trennung der Vermögens- und Einkunftssphären der Vertragschließenden): BMF v. 23.12.2010, ZEV 2011, 102; BFH, FamRZ 2014, 207 [LS]; *Kulosa*, DB 2014, 972, 977; *Gemeinhardt*, BB 2012, 739; *Arens*, FamRB 2014, 313, 314. u. FamRB 2007, 346.

66 BGH, FamRZ 1982, 910, 911 f. = NJW 1982, 2236. Vgl. auch Rn. 1113.

Ehemann Einzahlungen auf einen allein auf den Namen der Frau abgeschlossenen Bausparvertrag leistet, der dazu bestimmt ist, Kapital für den gemeinsamen Erwerb eines Familienwohnheims anzusparen[67], oder wenn der Ehemann ein gemeinsames Darlehen abträgt, das der Finanzierung des im Alleineigentum der Frau stehenden Familienheims diente[68].

905 Die Möglichkeit einer Zuwendung im Rahmen einer Ehegatteninnengesellschaft ist verstärkt in Betracht zu ziehen, nachdem der BGH in seiner Entscheidung vom 30.6.1999[69] den Anwendungsbereich der Ehegatteninnengesellschaft erweitert hat. Insbesondere ist dann an diese Möglichkeit zu denken, wenn ein Ehegatte durch mehrere Vermögenszuwendungen (Geld- oder Sachleistungen) zum Aufbau eines Unternehmens oder eines Immobilienvermögens des anderen beigetragen hat. Zu den in solchen Fällen maßgebenden Abgrenzungskriterien vgl. Rn. 1124 f.

906 Ist eine Vermögenszuwendung im Rahmen eines Gesellschaftsverhältnisses erfolgt, handelt es sich um eine Einlage des zuwendenden Gesellschafters in das Vermögen des Außengesellschafters[70]. Sie wird berücksichtigt bei der Auseinandersetzung der Gesellschaft, die gemäß §§ 736 ff. BGB vorzunehmen ist[71].

907 Für den **Beispielsfall** (Rn. 897) gilt:

Ein Treuhandauftrag, der zu einer Herausgabeverpflichtung des zur Ausführung des Auftrags Erlangten gem. § 667 BGB führen würde, liegt nicht vor. Denn es gibt keine Anhaltspunkte dafür, dass M das ihm überlassene Geld nur treuhänderisch verwalten sollte. Für eine Hingabe des Geldes als Darlehen ergeben sich ebenfalls keine Anhaltspunkte. Auch die Annahme einer Ehegatteninnengesellschaft, die zu einer Auseinandersetzung gem. §§ 731 ff. BGB führen würde, scheidet aus. Der Beitrag der F diente dem Ausbau des Familienheims und damit der Verwirklichung der ehelichen Lebensgemeinschaft. Es bleibt die Frage, ob es sich um eine Schenkung oder um eine ehebezogene Zuwendung handelt. Dazu Rn. 921.

II. Ehebezogene Zuwendung und Schenkung

1. Rechtliche Grundlage der ehebezogenen Zuwendung

908 Macht ein Ehegatte dem anderen eine schenkweise Zuwendung, so liegt dem ein in der Regel gleichzeitig stillschweigend geschlossener Schenkungsvertrag zugrunde. Zuwendungen unter Ehegatten, die nicht auf einer Schenkung, einem Auftrag, einem Darlehen oder einem Gesellschaftsverhältnis beruhen, erfolgen auf einer vertraglichen Grundlage, die gesetzlich nicht geregelt ist. Der Umstand, dass sie nicht einem der typi-

---

67 Vgl. BGH, FamRZ 1989, 147.
68 Vgl. BGH, FamRZ 2012, 1789, 1790 = NJW 2012, 3374.
69 BGH, FamRZ 1999, 1580 = NJW 1999, 2962.
70 Vgl. Rn. 1179.
71 Dazu Rn. 1166 ff., 1181.

schen bürgerlichrechtlichen Verträge zugeordnet werden können, bedeutet nicht, dass sie rechtsgrundlos erfolgen. Sie basieren vielmehr auf einem familienrechtlichen Rechtsgeschäft, einem **familienrechtlichen Vertrag eigener Art**, der Grundlage des in der Regel gleichzeitig vorgenommenen dinglichen Zuwendungsaktes ist. Diese Auffassung hat sich heute zumindest in der Rechtsprechung zu Recht durchgesetzt[72]. Der Vertrag ist allgemein ausgerichtet auf den Zweck, die eheliche Lebens- bzw. Versorgungsgemeinschaft auszugestalten[73]. Die Zweckbestimmung im Besonderen liegt entweder darin, dass dem anderen Ehegatten (Mit-)Eigentum am Familienheim-Grundstück verschafft, gemeinsame Vermögensbildung betrieben, der Aufbau der beruflichen Existenz – etwa eines Unternehmens – des anderen Ehegatten gefördert, das Vermögen auf den Ehegatten mit den geringeren Haftungsrisiken verlagert oder die Altersversorgung des anderen Ehegatten verbessert werden soll[74]. Der Vertrag kommt in der Regel durch schlüssiges Tun, nämlich mit dem dinglichen Zuwendungsakt zustande, ohne dass die Ehegatten sich dessen bewusst sind. Er kann aber auch dem Zuwendungsakt vorausgehen. Unterschiedlich beurteilt wird die Frage, ob dieser Vertrag forderungsbegründend ist[75], oder ob er keine Verpflichtung zur Erbringung der Leistung entstehen lässt, sondern nur einen Rechtsgrund für das Behaltendürfen der Zuwendung schafft[76]. Richtig erscheint es, einen Vertrag, durch den ein Ehegatte dem anderen eine ehebezogene Zuwendung zusagt, auch für verpflichtend, also forderungsbegründend, zu halten. Im Einzelfall kann daher im Trennungsstreit der Ehegatten einmal nicht die Rückgewähr einer ehebezogenen Zuwendung, sondern die **Erfüllung eines Zuwendungsversprechens** zur Debatte stehen[77].

Streitig ist, ob ein solches Versprechen einer ehebezogenen Zuwendung **formbedürftig** ist, nämlich in analoger Anwendung des § 518 I BGB der notariellen Beurkundung bedarf[78]. Gegen einen Formzwang, so- **909**

---

72 Vgl. BGH, FamRZ 1990, 855; FamRZ 1987, 43, 45; FamRZ 1982, 910 = NJW 1982, 2236. Vgl. auch *Herr*, FamRB 2012, 257, 260; *Lorenz*, FamRZ 1993, 393, 394; *Jaeger*, DNotZ 1991, 431, 444 ff., mit überzeugender Begründung u. m.w.N.; *Leszczenski*, S 12 u. 105; *Schwab/Borth*, IX Rn. 51. Krit. *Sorge*, JZ 2011, 660, 661 f., der kein Rechtsgeschäft, sondern nur rechtsgeschäftsähnliches Handeln annimmt.

73 Zur Bedeutung des Zuwendungszwecks bei der Abgrenzung von Schenkung und ehebezogener Zuwendung *Poelzig*, JZ 2012, 425,429 f.

74 Vgl. *Jaeger*, DNotZ 1991, 431, 448; *Johannsen/Henrich/Jaeger*, § 1372 Rn. 8.

75 So wohl BGH, FamRZ 2003, 230; OLG Schleswig, FamRZ 2007, 820; *Poelzig*, JZ 2012, 425, 431. Vgl. auch Rn. 949 a.E.

76 So *Sorge*, JZ 2011, 660, 662; *Sandweg*, NJW 1989, 1965, 1968; *Staudinger/Chiusi*, 2013, § 516 Rn. 86.

77 So im Fall OLG Schleswig, FamRZ 2007, 820.

78 Bejahend: *Sandweg*, NJW 1989, 1965, 1969. Verneinend: OLG Bremen, FamRZ 2000, 671; *Poelzig*, JZ 2012, 425, 432; *Schwab/Schwab*, VII Rn. 362; *Bergschneider/Burger*, Fam-

weit er sich nicht – wie etwa bei § 311b BGB (Verpflichtung zur Übereignung eines Grundstücks) – aus dem Gegenstand der Verpflichtung ergibt, spricht der Grundsatz der Vertragsfreiheit, der es gebietet, ein Formerfordernis vom Vorliegen einer entsprechenden ausdrücklichen gesetzlichen Regelung abhängig zu machen. Gegen eine analoge Anwendung des § 518 BGB spricht auch, dass die Interessenlage bei Schenkung und ehebezogener Zuwendung nicht identisch ist: Bei der ehebezogenen Zuwendung geht der Zuwendende davon aus, das Zuwendungsobjekt weiter mit nutzen zu können, während er dieses bei der Schenkung zur freien Verfügbarkeit, unabhängig vom Fortbestand der Ehe, aus der Hand gibt[79]. Die Verpflichtung zum Fortgeben des Zuwendungsobjekts ist also für ihn bei der ehebezogenen Zuwendung weniger einschneidend. Die Frage nach der Formbedürftigkeit des Zuwendungsversprechens hat im Hinblick auf § 518 II BGB keine Relevanz, wenn die Zuwendung bereits erbracht ist, wie dies meist schon deshalb der Fall ist, weil typischerweise Zuwendungsakt und (konkludent) geschlossener familienrechtlicher Vertrag zusammenfallen[80].

910 Begrifflich hat sich für diesen Rechtsgeschäftstyp (dinglicher Teil) zunächst in Anlehnung an *Lieb* die **Bezeichung** „unbenannte Zuwendung" eingebürgert[81]. „Unbenannt" ist die Zuwendung deshalb genannt worden, weil Rechtsgrund und Zweck der Zuwendung meist unausgesprochen bleiben. Inzwischen werden vielfach auch die Begriffe „ehebedingte" und „ehebezogene" Zuwendung verwandt. Auf Dauer sollte sich der hier im Folgenden allein verwandte Begriff „ehebezogene Zuwendung" durchsetzen[82]. Denn auch Zuwendungen der Art, um die es hier geht, werden gelegentlich benannt, und sei es als Schenkungen, obwohl es sich in Wahrheit nicht um solche handelt[83]. Der Begriff „ehebedingte Zuwendung" ist missverständlich, weil die Ehe keine Bedingung im Rechtssinn für die Zuwendung ist. Hingegen bringt der Begriff „ehebezogene Zuwendung" treffend zum Ausdruck, dass die Zuwendung ihren Grund in der Ehe hat.

VermR, Rn. 7.198 (für nichteheliche Lebensgemeinschaft); 17. DFGT 2007, AK 18, Brühler Schriften zum Familienrecht, Band 15, 2008, S. 164. Offen lassend: OLG Schleswig, FamRZ 2007, 820.

79 Vgl. Rn. 911 f.

80 Vgl. auch *v. Proff*, NJW 2008, 3266, 3270 (bei Zuwendung in nichtehelicher Lebensgemeinschaft).

81 Siehe schon Rn. 891.

82 So auch *Jaeger*, DNotZ 1991, 431, 472; *Kollhosser*, NJW 1994, 2313, 2314; *Schulz/Hauß*, Rn. 1551; *Herr*, Rn. 138; 21. DFGT, AK 18, Brühler Schriften zum Familienrecht, Bd. 19, 2016, S. 176.

83 Vgl. Rn. 918.

2. Abgrenzung zwischen ehebezogener Zuwendung und Schenkung

Eine **Schenkung** unter Ehegatten liegt nach der Rechtsprechung des BGH vor, wenn die Zuwendung nach deren Willen, also subjektiv, unentgeltlich im Sinne einer echten Freigebigkeit, einer reinen Uneigennützigkeit des Schenkers ist, wenn sie nicht an die Erwartung des Fortbestandes der Ehe geknüpft, sondern zur freien Verfügbarkeit des Empfängers geleistet wird. Von einer **ehebezogenen Zuwendung** ist dagegen auszugehen, wenn ein Ehegatte dem anderen einen Vermögenswert um der Ehe willen und als Beitrag zur Verwirklichung und Ausgestaltung, Erhaltung oder Sicherung der ehelichen Lebensgemeinschaft zukommen lässt, wobei er die Vorstellung oder Erwartung hegt, dass die eheliche Lebensgemeinschaft Bestand haben und er innerhalb dieser Gemeinschaft am Vermögenswert und dessen Früchten weiter teilhaben werde[84]. **911**

Der entscheidende Unterschied liegt also nicht im Bereich des objektiven Tatbestandes, sondern im **subjektiven Bereich**. Die Zweckrichtung der Zuwendung ist ausschlaggebend: Bei der Schenkung steht der Wille, den anderen einseitig aus Freigebigkeit begünstigen zu wollen im Vordergrund, ohne dass dieser Wille auf der Verfolgung des Zwecks der Gestaltung der gemeinsamen ehelichen Lebensverhältnisse beruht. Bei der ehebezogenen Zuwendung geht es dem Zuwendenden nicht um eine einseitig begünstigende Bereicherung des anderen, sondern um die Ausgestaltung oder Sicherung der ehelichen Lebens- und Versorgungsgemeinschaft; er geht von deren Fortbestand und davon aus, dass ihm deshalb der dem anderen zugewendete Gegenstand letztlich erhalten bleiben wird[85]. Im Unterschied zum Schenkenden hat der ehebezogen Zuwendende somit nicht eine rein altruistische Motivation, sondern er verfolgt auch eigennützige Interessen[86]. Diesen zuletzt genannten Aspekt, von *Hoppenz*[87] treffend als „Partizipationswillen“ bezeichnet, stellt der BGH im Zusammenhang mit seiner Rechtsprechungsänderung zu den Schwiegerelternzuwendungen als Abgrenzungskriterium in den Vordergrund[88]. **912**

Der Umstand, dass die Ehe sich im Zeitpunkt der Zuwendung **in einer Krise** befindet, kann[89], muss aber der Einordnung als ehebezogene Zuwendung insbesondere dann nicht entgegen stehen, wenn die Zuwendung als Beitrag zur Stabilisierung der Ehe gedacht ist[90]. Dagegen **913**

84 BGH, FamRZ 1999, 1580, 1582 = NJW 1999, 2962; FamRZ 1997, 933 = NJW 1997, 2747; FamRZ 1990, 600; OLG Bremen, FamRZ 2017, 279, 281 = NJW 2017, 1120.

85 Vgl. auch *Jaeger*, DNotZ 1991, 431, 436 ff., 472; *Sandweg*, NJW 1989, 1965, 1966.

86 Vgl. *Poelzig*, JZ 2012, 425, 429 f.

87 FPR 2012, 84.

88 Vgl. Rn. 1259, 920; *Staudinger/Chiusi*, 2013, § 516 Rn. 87.

89 OLG München, FamRZ 2009, 1831 = MittBayNot 2009, 308, m. Anm. *Bruch*.

90 Anders OLG Düsseldorf, FamRZ 2005, 1089 = FamRB 2005, 125 *(Heinle)*, im Falle einer Zuwendung der Schwiegermutter an die Schwiegertochter.

dient eine Zuwendung, die **nach Scheitern der Ehe**[91], aus Anlass des Scheiterns der Ehe[92], oder ausdrücklich auch für den Fall des Scheiterns der Ehe[93] erfolgt, nicht der Ausgestaltung der Ehe und ist daher als Schenkung anzusehen[94].

914 Wenn eine Zuwendung der **wirtschaftlichen Absicherung** des Empfängers dienen sollte (z.B.: Geldinvestition in die im Alleineigentum des anderen Ehegatten stehende Immobilie), spricht dies nicht für einen Schenkungswillen[95]. Es ist vielmehr gerade ein häufiger Zweck einer ehebezogenen Zuwendung, nicht nur die Ehe auszugestalten, sondern zugleich den Partner wirtschaftlich abzusichern[96]. So hat auch der BGH[97] (im Fall einer nichtehelichen Lebensgemeinschaft) die Übertragung eines Sparbriefs vom Mann auf die Frau, um sie vor Antritt einer mehrmonatigen Reise für einen denkbaren Unglücksfall abzusichern, zu Recht nicht als Schenkung, sondern als gemeinschaftsbezogene Zuwendung qualifiziert. Dem Umstand, dass in einem solchen Fall der Zuwendende nach seinem Ableben an dem zugewandten Vermögenswert nicht mehr partizipieren könne, so der BGH, komme keine entscheidende Bedeutung zu. Sein Verhalten sei Ausdruck einer gegenüber der Partnerin empfundenen Fürsorglichkeit und Verantwortung. Die Zuwendung sei ein Akt der über den Tod hinausreichenden Solidarität unter Lebensgefährten und stärke die Bindung aneinander. In diesem Sinne sei das Zugewendete der Lebensgemeinschaft und damit auch dem Mann selbst zugutegekommen. Allerdings spricht ein solcher Zweck bei der im Hinblick auf § 313 I BGB zutreffenden Zumutbarkeitsabwägung dafür, dass dem Zuwendenden der Verbleib des Zugewendeten beim Empfänger zumutbar ist[98].

915 Da der Zuwendende in einer Ehe im Zweifel vom Fortbestand der Ehe ausgeht und die Zuwendung meist der Ausgestaltung der ehelichen Lebensgemeinschaft dienen soll, handelt es sich bei Zuwendungen unter Ehegatten – wenn sie den Wert von Gelegenheitsgeschenken übersteigen, wie sie nach den Lebensverhältnissen der Ehegatten üblich sind, und so-

---

91 BGH, FamRZ 2012, 1363, 1364 = NJW 2012, 2728 (die Ehe war unstreitig „am Ende"); FamRZ 1993, 1047 (Rentenversprechen nach 25-jähriger Trennung bei fehlender Versöhnungsaussicht); vgl. dazu auch Fn. 122.

92 OLG Schleswig, FamRZ 2007, 820 = FamRB 2007, 97 *(Heinle)*.

93 BGH, FamRZ 2013, 296.

94 In diesem Sinne auch OLG Saarbrücken, FamRZ 2006, 1378, 1379: Verpflichtung zur Zahlung von Brautgeld (richtiger wohl: Brautgabe) bei Trennung ist keine Verpflichtung zur Vornahme einer ehebezogenen Zuwendung; vgl. dazu Rn. 871. – Krit. *Bruch*, MittBayNot 2008, 173, 174 f., der Zuwendungen in der Trennungs- bzw. Scheidungsphase weder dem Typus der Schenkung noch dem der ehebezogenen Zuwendung zuordnen will.

95 Anders OLG München, FamRZ 2009, 1831, 1832.

96 Vgl. etwa BGH, FamRZ 1988, 482.

97 FamRZ 2014, 1547, m. Anm. *Grziwotz* = NJW 2014, 2638 = FamRB 2014, 385 *(Burger)*.

98 Vgl. Rn. 954.

weit sie auch nicht als Geburtstags- oder Weihnachtsgeschenke ausgewiesen sind – **in aller Regel** nicht um Schenkungen[99], sondern um **ehebezogene Zuwendungen**[100]. Im Allgemeinen ist daher die Annahme gerechtfertigt, dass eine solche Zuwendung der Ausgestaltung der ehelichen Lebensgemeinschaft dienen sollte und damit als ehebezogene Zuwendung anzusehen ist, wenn sich keine entgegenstehenden Absprachen der Ehegatten feststellen lassen[101]. So sind auch in den meisten zu Rn. 894 genannten Beispielsfällen die Zuwendungen von den Gerichten als ehebezogene Zuwendungen angesehen worden.

Die Frage, ob Schenkung und ehebezogene Zuwendung sich außer im subjektiven auch im **objektiven Bereich** unterscheiden, ob nämlich die ehebezogene Zuwendung objektiv als entgeltliche Leistung anzusehen ist – weil sie in einer partnerschaftlich verstandenen Ehe erfolgt, zu deren Gestaltung beide Ehegatten ihre unterschiedlich gearteten Beiträge erbringen – während die Schenkung eine unentgeltliche Leistung zum Gegenstand hat, konnte lange Zeit als nicht geklärt angesehen werden[102]. Der BGH hat die ehebezogene Zuwendung zunächst als entgeltliche Leistung angesehen. Inzwischen hält er sie für eine objektiv unentgeltliche **916**

99 **Beispiele für die Annahme einer Schenkung** in der Rspr. des BGH: FamRZ 1993, 1297; FamRZ 1990, 600 (krit. *Jaeger*, DNotZ 1991, 431, 442 ff. u. 468); FamRZ 1987, 791 („Kettenschenkung“, dazu Rn. 1311); FamRZ 1985, 351 („Kettenschenkung“; krit. *Langenfeld*, NJW 1986, 2541, 2542); FamRZ 1983, 668 = NJW 1983, 1611 (krit. *Sandweg*, NJW 1989, 1965, 1969 u. *Schotten*, NJW 1990, 2841, Fn. 41). Zu bedenken ist dabei: Es spricht viel dafür, dass die älteren Entscheidungen, in denen der Bezeichnung als Schenkung erhebliches Gewicht beigemessen wurde (vgl. dazu Rn. 918), bei Zugrundelegung der neueren Rspr. zu einer Qualifizierung als ehebezogene Zuwendung geführt hätten. Und wenn in BGH, FamRZ 1993, 1297, einem Fall, in dem der Ehemann seinen Miteigentumsanteil an einem Grundstück aus steuerlichen Gründen „unentgeltlich, schenkungsweise“ auf seine Frau übertragen hatte, eine Schenkung angenommen worden ist, beruht dies wohl im Wesentlichen darauf, dass das Berufungsgericht die Einordnung als Schenkung auf die Zeugenaussage des Notars gestützt hatte und sich der BGH an die tatrichterliche Würdigung gebunden sah.

100 Vgl. BGH (XII. ZS), FamRZ 1993, 1297, 1298; FamRZ 1992, 293, 294 = NJW 1992, 238; FamRZ 1990, 600, 601; *Johannsen/Henrich/Jaeger*, § 1372 Rn. 7, m.w.N.; *Herr*, NZFam 2014, 318; *Waas*, FamRZ 2000, 453 (mit anderem Begründungsansatz). Anders BGH (X. ZS), FamRZ 2006, 1022, m. Anm. *Wever* = NJW 2006, 2330; BGH (X. ZS), FamRZ 2013, 296, 297; OLG München, FamRZ 2009, 1831 = MittBayNot 2009, 308, m. Anm. *Bruch*. Zu Konsequenzen für die Darlegungs- u. Beweislast Rn. 927 m. Fn. 130. Für ausschließliche Anwendung von Schenkungsrecht *Jeep*, NZFam 2014, 293, 295 f.; *Müßig* (vormals *Seif*), FPR 2007, 194; *Seif*, FamRZ 2000, 1193; dazu abl. *Schröder*, FamRZ 2001, 142. Weitere Literaturhinweise bei Rn. 892. – Zu Zuwendungen unter der Geltung von **DDR-Recht** vgl. BGH, FamRZ 1998, 669; FamRZ 2006, 394.

101 Vgl. KG, FamRZ 2010, 33; *Johannsen/Henrich/Jaeger*, § 1372 Rn. 7, m.w.N.; *Herr*, Rn. 128; *Langenfeld*, in: Münchener Vertragshandbuch, Bd. 6, VI. 7, S. 57 u. 69. Dazu auch *Staudinger/Chiusi*, 2013, § 516 Rn. 89.

102 Vgl. die Darstellung der Entwicklung der BGH-Rspr. in den verschiedenen mit der Thematik befassten Senaten bei *Meincke*, NJW 1995, 2769.

Leistung, die nur im subjektiven Bereich (Einigung über die Unentgeltlichkeit) die Anforderungen an eine Schenkung nicht erfüllt[103]. Dem ist zuzustimmen; die Haushaltsführung des nicht erwerbstätigen Ehegatten stellt keine Gegenleistung zu der Zuwendung dar, da sie bereits als Beitrag zum Familienunterhalt geschuldet wird (§ 1360 BGB)[104]. Zur möglichen „gemischten ehebezogenen Zuwendung" bei **teilweiser Unentgeltlichkeit** vgl. Rn. 1312.

917 Soweit es um mögliche Rückgewähransprüche geht und dabei zwischen Schenkung und ehebezogener Zuwendung unterschieden werden muss, ist die Frage, ob auch die ehebezogene Zuwendung eine objektiv unentgeltliche Leistung zum Gegenstand hat, aber rein theoretischer Natur. Denn wegen der Unterschiede im subjektiven Bereich wird eine ehebezogene Zuwendung auch nicht dadurch zur Schenkung, dass man sie als objektiv unentgeltliche Leistung ansieht[105]. Von Bedeutung ist die Frage hingegen in anderen Bereichen: Viele Bestimmungen des Zivilrechts gewähren den **Schutz Dritter bei unentgeltlichen Verfügungen**, die deren Rechte aushöhlen könnten (vgl. etwa den Schutz der Gläubiger gegen den Entzug der Haftungsmasse[106], den Schutz Dritter im Erbrecht[107] und im Bereicherungsrecht[108]). Die höchstrichterliche Rechtsprechung sieht in diesen Bereichen die ehebezogene Zuwendung grundsätzlich als jedenfalls objektiv unentgeltlich an und gewährt den Dritten den gleichen Schutz wie bei einer Schenkung[109]. So sind ehebezogene Zuwendungen auch

---

103 Vgl. BGH, FamRZ 1992, 300 = NJW 1992, 564; FamRZ 1995, 1060, 1061 = NJW 1995, 1889. Die Irritation, die BGH, FamRZ 1994,1167, 1168 = NJW 1994, 2545 ausgelöst hat (vgl. *Meincke*, NJW 1995, 2769, 2769 f.), scheint mit der zuletzt genannten Entscheidung beseitigt. Krit. *Wagenitz*, S. 166 f.

104 Vgl. auch *Waas*, FamRZ 2000, 453, 454; *Kleinle*, FamRZ 1997, 1383, 1384; *Jaeger*, DNotZ 1991, 431, 436. Nach *Meincke*, NJW 1995, 2769, 2770, ist die Zuwendung selbst dann nicht als Schenkung anzusehen, wenn man davon ausgeht, dass die Ehegatten sich über ihre Unentgeltlichkeit einig sind.

105 Vgl. *Jaeger*, DNotZ 1991, 431, 436 ff.; *Meincke*, NJW 1995, 2769, 2770.

106 § 134 InsO, § 4 AnfG.

107 §§ 2113 II, 2375, 2205, 2287, 2288, 2325, 2329 BGB.

108 §§ 816 II, 822 BGB.

109 Zu § 3 I Nr. 3 u. 4 **AnfG** a.F.: BGH, NJW 1991, 1610. Zum **Erbrecht**: BGH, FamRZ 1992, 300, m. abl. Anm. *Kues*, S. 924 = NJW 1992, 564; OLG Schleswig, FamRZ 2014, 1740, u. FamRZ 2011, 506; LG Göttingen, NJW-RR 2008, 19; vgl. dazu auch AG Andernach, FamRZ 2008, 190, m. Anm. *Wever; Fischl/Klinger*, NJW-Spezial 2008, 327; *Weidlich*, ZEV 2014, 345; *Hayler*, DNotZ 2000, 681 u. FuR 2000, 4; *Lipp*, in: FS Schwab, S. 529. Zu **§ 822 BGB**: BGH, FamRZ 2000, 84 = NJW 2000, 134; NJW-RR 2001, 6. – Vgl. auch *Langenfeld*, ZEV 2000, 391; *Kollhosser*, NJW 1994, 2313, 2316; *Schotten*, NJW 1991, 2687; *Sandweg*, NJW 1989, 1965, 1969 ff.; *Hayler*, Rechtsfolgen ehebedingter Zuwendungen im Verhältnis zu Dritten (Diss.), 1999. – Zur Behandlung von Zuwendungen im **Steuerrecht**: BFH, NJW 2016, 3054 = FamRZ 2016, 1769 [LS] (Übertragung des Vermögensstandes des Einzelkontos/-depots eines Ehegatten auf das Einzelkonto/-depot des anderen), dazu auch Rn. 538; FamRZ 2014, 37 [LS] (Übertragung einer Zweit- oder

nicht zur Vermeidung oder Senkung von Pflichtteilsansprüchen der Abkömmlinge eines Partners geeignet; denn insoweit kann ggf. ein Pflichtteilsergänzungsanspruch bestehen[110].

Die **Bezeichnung** einer Zuwendung unter Ehegatten **in einer notariellen Urkunde** als Schenkung schließt die Annahme nicht aus, dass es sich entgegen der Wortwahl in Wahrheit um eine ehebezogene Zuwendung handelt. Zwar hat die Wortwahl für die Beurteilung des rechtsgeschäftlichen Inhalts nicht unwesentliche Bedeutung, weil die Urkunde die Vermutung der Richtigkeit und Vollständigkeit für sich hat. Doch ist zu bedenken, dass in der notariellen Praxis bis zum Beginn der 1980er Jahre Zuwendungen unter Ehegatten, die ohne direkte Gegenleistung erfolgten, meist als Schenkungen beurkundet wurden, denn Rechtsprechung und Lehre haben die Rechtsfigur der ehebezogenen Zuwendung, wie schon geschildert, erst in den 1970er Jahren nach und nach entwickelt. So ist sie erst in den 1990er Jahren zunehmend ins Bewusstsein der notariellen Praxis gedrungen[111]. Die Bezeichnung als Schenkung in einer notariellen Urkunde ist daher nicht mehr als ein Indiz, das um so mehr an Bedeutung verliert, je älter die Urkunde ist, das aber an Bedeutung gewinnt, wenn die Urkunde jüngeren Datums ist. Dem Gebrauch des Wortes Schenkung in einem notariellen Vertrag von 1986 kommt bereits eine Indizwirkung zu[112]. So gut wie keine Indizwirkung hat dagegen die Bezeichnung einer Zuwendung als Schenkung in einem notariellen Vertrag von 1970 oder in einer Privaturkunde von **juristischen Laien**[113]. **918**

Zur Vermeidung von Fehlinterpretationen der Gerichte sollten Notare den Willen der Parteien klarstellende Formulierungen verwenden. Eine Schenkung ist insbesondere dann anzunehmen, wenn die Nichtan- **919**

Ferienwohnung); FamRZ 2012, 1137, m. Aufsatz *Esskandari/Bick*, S. 1112 = NJW 2012, 1837 = FamRB 2012, 249 *(Christ)* (Zahlung auf Gemeinschaftskonto), vgl. auch Rn. 565; *Blusz*, ZEV 2016, 626 (insbesondere zu „Reparaturmöglichkeiten"; *Christ*, NZFam 2014, 322, 324 ff.; *Landsittel*, FS Brudermüller, 2014, 431; *Steiner*, FamRB 2012, 324 (Zuwendungen in Scheidungsvereinbarungen); *Milatz/Herbst*, DStR 2011, 646 u. 704 (Gestaltungsmittel zur Steuervermeidung); *Tiedtke/Schmitt*, NJW 2009, 2632 (Familienheim); *Schlünder*, FuR 2009, 61; *Götz*, FamRB 2006, 126; *Schlünder/Geißler*, ZEV 2005, 505, u. FamRZ 2005, 149, 151 ff.; *Götz*, FamRB 2005, 185 (Übertragung des Familienwohnheims) u. 245 (Zuwendungen zum Zwecke des vorzeitigen Zugewinnausgleichs); *Wellkamp*, FuR 2003, 197; *Spieker*, FF 1998, 45; *Schwedhelm/Olbing*, BB 1995, 1717; *Meincke*, NJW 1995, 2769, 2770 f.; *Holzhauer*, FuR 1995, 268, 270.

110 *Grziwotz*, MDR 1998, 129, 130.

111 Vgl. auch BGH, FamRZ 1992, 293, 294; FamRZ 1990, 600, 602; OLG Düsseldorf, FamRZ 2003, 872, 873; OLG München, FamRZ 2002, 393; OLG Bamberg, FamRZ 1996, 1221; OLG Düsseldorf, NJW-RR 1996, 467; *Sandweg*, NJW 1989, 1965, 1969.

112 Vgl. BGH, FamRZ 2006, 1022, m. Anm. *Wever* = NJW 2006, 2330 = FamRB 2006, 231 *(Wever)*.

113 Zu letzterem: BGH, FamRZ 2014, 1547, Rn. 15 = NJW 2014, 2638.

rechnung der Zuwendung i.S. von § 1380 BGB vertraglich bestimmt ist[114].

920 Der BGH hält für Zuwendungen im Verhältnis zwischen Ehegatten an der geschilderten Differenzierung zwischen Schenkung und ehebezogener Zuwendung ungeachtet dessen fest, dass er seit seiner Entscheidung vom 3.2.2010[115] **Zuwendungen von Schwiegereltern** an Schwiegerkinder, die mit Rücksicht auf die Ehe des Schwiegerkindes mit dem eigenen Kind und zur Begünstigung des ehelichen Zusammenlebens erfolgt sind, nicht mehr wie ehebezogene Zuwendungen behandelt, sondern als Schenkungen i.S. des § 516 I BGB einordnet, und zwar als Schenkungen, deren Geschäftsgrundlage der Fortbestand der ehelichen Lebensgemeinschaft zwischen Kind und Schwiegerkind ist **(ehebezogene Schenkung)**[116]. Er wendet also, wie er in der Entscheidung vom 3.2.2010 durch die Betonung der **Unterschiede zwischen Ehegatten- und Schwiegerelternzuwendungen** zum Ausdruck bringt[117], auf Ehegattenzuwendungen nicht die Rechtsfigur einer ehebezogenen Schenkung an und begründet dies damit, dass zur Ausgestaltung der Ehe erfolgte Ehegattenzuwendungen die für die Einordnung als Schenkung erforderliche Voraussetzung einer dauerhaften Vermögensminderung beim Zuwendenden deshalb nicht erfüllten, weil dem zuwendenden Ehegatten (anders als zuwendenden Schwiegereltern) der zugewendete Gegenstand letztlich nicht verloren gehe, dieser vielmehr der ehelichen Lebensgemeinschaft und damit auch ihm selbst zugute komme. Zwar überzeugt diese Begründung nicht, denn jede Vermögenszuwendung, auch die ehebezogene Zuwendung, ist dadurch gekennzeichnet, dass es zu einer Übertragung von Vermögenssubstanz kommt, die eine Vermögensmehrung beim Empfänger und eine Vermögensminderung beim Zuwendenden beinhaltet[118]. Auch der ehebezogen Zuwendende erleidet ungeachtet dessen, dass das Zugewendete „in der Familie" bleibt, eine Vermögensminderung, die, wenn man wollte, eine Qualifizierung als Schenkung i.S. von § 516 I BGB ermöglichen würde. Doch hat sich der BGH, als er in den 1980er Jahren seine Abgrenzungsentscheidungen traf, aus guten Gründen gegen die Qualifizierung der hier in Rede stehenden Ehegattenzuwendungen als Schenkungen entschieden, insbesondere um zu vermeiden, dass die Rechtsfolgen der §§ 527 ff. BGB zur Anwendung gelangen und über § 530 BGB (Widerruf wegen groben

114 Vgl. *Schwab*, FamRZ 1984, 525, 527; *Langenfeld*, in: Münchener Vertragshandbuch, Bd. 6, 5. Aufl., VI. 7, S. 63; **a.A.** *Bruch*, MittBayNot 2009, 311, 312 (Anm.).

115 FamRZ 2010, 958 = NJW 2010, 2202.

116 Vgl. Rn. 1259 f.

117 FamRZ 2010, 958, 960, Rn. 23 = NJW 2010, 2202.

118 Vgl. Rn. 893; BGH, FamRZ 2007, 1649, 1650. Dazu auch *Koch*, NZFam 2014, 311, 314; *Wever*, FamRZ 2010, 1047, 1049 f. (Anm.).

Undanks) Gesichtspunkte des Scheidungsverschuldens in die vermögensrechtliche Auseinandersetzung Einzug halten[119]. Im Ergebnis ist es daher zu begrüßen, dass der BGH bei Ehegatten an der Differenzierung zwischen Schenkung und ehebezogener Zuwendung festhält[120]. Unverändert gilt hier also: Die Annahme einer Schenkung scheidet aus, wenn die Zuwendung der Ausgestaltung der Ehe im o.g. Sinne dienen sollte.

Nach den geschilderten Abgrenzungskriterien handelt es sich im **Beispielsfall** (Rn. 897) um eine ehebezogene Zuwendung: **921**

Die Annahme einer Schenkung, die F evtl. gem. § 530 BGB widerrufen könnte, scheidet aus. Die Zahlung der 100.000 € an M für den Ausbau des als Familienheim genutzten Hauses ist nach dem Willen der F nicht aus reiner Freigebigkeit, losgelöst vom Bestand der Ehe erfolgt, sondern um der Ehe willen, als Beitrag zur Verwirklichung der ehelichen Lebensgemeinschaft und in der Erwartung des Fortbestandes der Ehe. Sie ist somit nicht aus einem gesetzlich geregelten schuldrechtlichen Grund (Treuhandauftrag, Darlehen, Gesellschaft, Schenkung) erfolgt, sondern ihr liegt der familienrechtliche Vertrag besonderer Art zugrunde, der als Rechtsgrund (causa) für die ehebezogene Zuwendung angesehen wird. Da das Gesetz diesen Rechtsgeschäftstyp nicht kennt, sieht es dafür auch keine Rückabwicklungsbestimmungen vor. Rückgewähr- oder Ausgleichsansprüche kommen daher nur unter dem Gesichtspunkt des Wegfalls der Geschäftsgrundlage der ehebezogenen Zuwendung in Betracht. Zur Frage, ob hier solche Ansprüche gegeben sind, vgl. Rn. 1020.

3. Unterschiedliche Rechtsfolgen

Für die Prüfung von Rückgewähransprüchen ist es von erheblicher Bedeutung, ob eine Zuwendung als Schenkung oder als ehebezogene Zuwendung qualifiziert wird. **Schenkungen** können, wie schon erwähnt, unter den Voraussetzungen der § 530 BGB (grober Undank) und § 528 BGB (Verarmung des Schenkers), gelegentlich auch des § 527 BGB (Nichtvollziehung einer Auflage), rückabzuwickeln sein. Das bloße Scheitern der Ehe, das bei der ehebezogenen Zuwendung den Anknüpfungspunkt für einen Wegfall der Geschäftsgrundlage darstellt, ist hingegen bei Schenkungen unter Ehegatten kein Grund, der Rückgewähransprüche eröffnen könnte. Denn zwar ist auch im Schenkungsrecht die Heranziehung des § 313 BGB (Wegfall der Geschäftsgrundlage) nicht ausgeschlossen[121]. Doch ist nach der Definition der Schenkung im Unterschied zur ehebezogenen Zuwendung durch Rechtsprechung und h.M. das Fortbestehen der Ehe – anders als bei der mit Rücksicht auf die Ehe des Schwiegerkindes mit dem eigenen Kind erfolgten Schwiegerelternzuwendung (vgl. Rn. 920) – nicht Geschäftsgrundlage der schenkweisen Zuwendung; die Schenkung ist gerade nicht ehebezogen bzw. ehebedingt. Daher bleibt bei **922**

119 Vgl. MünchKomm/*J. Koch*, § 516 Rn. 61, 64, m.w.N.

120 Zweifelnd, ob es dabei bleiben wird, *Bergschneider*, FPR 2011, 244, 246.

121 BGH, FamRZ 2012, 1363, 1364 = NJW 2012, 2728. Vgl. dazu Rn. 939.

ihr für die Anwendung des § 313 BGB in den hier zur Diskussion stehenden Fällen wenig Raum[122].

923 Demgegenüber gelangen bei der **ehebezogenen Zuwendung** die §§ 530, 527 f. BGB nicht zur Anwendung[123]. Bei ihr können daher, anders als bei einer Schenkung, Eheverfehlungen keine Rückgewähransprüche auslösen, selbst wenn sie zum Scheitern der Ehe geführt haben[124]. Anknüpfungspunkt für mögliche Rückgewähr- oder Ausgleichsansprüche ist vielmehr das Scheitern der Ehe, in dem regelmäßig ein Wegfall der Geschäftsgrundlage liegt. Entscheidende Bedeutung hat dann – in Anwendung des bei Wegfall der Geschäftsgrundlage heranzuziehenden § 313 BGB[125] – die Frage, ob bereits das Güterrecht zu einem dem Zuwendenden zumutbaren Ergebnis führt (dazu Rn. 950 ff.)[126].

4. Unterschiede zum Zugewinnausgleich

924 In ihren Rechtsfolgen weisen Rückabwicklungsansprüche bei der Schenkung wie bei der ehebezogenen Zuwendung Unterschiede zum Zugewinnausgleich auf.

925 Das gesetzliche Güterrecht sieht einen finanziellen Ausgleich der unterschiedlichen Zugewinne beider Ehegatten vor. Eine **Korrektur der dinglichen Vermögenslage** kennt der Zugewinnausgleich – von dem in der Praxis vernachlässigten und daher wenig bedeutsamen § 1383 BGB abgesehen[127] – nicht. Demgegenüber kommt im Falle einer Rückabwicklung sowohl bei einer Schenkung (§§ 530, 527, 528 BGB) als auch bei einer ehebezogenen Zuwendung (§ 313 BGB) grundsätzlich die dingliche Rückübertragung des zugewendeten Gegenstandes in Betracht. Allerdings ist sie bei der ehebezogenen Zuwendung in der Praxis die Ausnahme, weil der Fortbestand der durch die Zuwendung geschaffenen dinglichen Vermögenslage in aller Regel für den Zuwendenden kein unzumutbares Ergebnis ist. Wenn überhaupt das Scheitern der Ehe zu einer Kor-

---

122 Vgl. *Jaeger,* DNotZ 1991, 431, 434 f.; *Bruch,* MittBayNot 2008, 173, 176. – Eine untypische Fallgestaltung, bei der der (formale) Fortbestand der Ehe ausnahmsweise Geschäftsgrundlage einer Schenkung unter Ehegatten geworden sein konnte (Rentenversprechen nach langem Getrenntleben in der Erwartung, es werde nicht zur Scheidung und damit zu einer Versorgung des anderen Ehegatten über den Versorgungsausgleich kommen), behandelt BGH, FamRZ 1993, 1047 (dazu schon Rn. 913 Fn. 91).

123 KG, FamRZ 2010, 33 = FamRB 2010, 1 *(Heinle)*; anders *Kollhosser,* NJW 1994, 2313, 2317.

124 BGH, FamRZ 1972, 201 = NJW 1972, 580; *Jaeger,* DNotZ 1991, 431, 435. Vgl. auch Rn. 960.

125 In Altfällen: § 242 BGB; vgl. Rn. 22.

126 Die Ablehnung der Unterscheidung bzw. der unterschiedlichen Behandlung beider Rechtsinstitute durch u.a. *Koch,* FamRZ 1995, 321 ff., *Kollhosser,* NJW 1994, 2313 ff., und *Schotten,* NJW1990, 2841 ff. ist daher nicht gerechtfertigt. Die Unterschiede in den Rechtsfolgen sind erheblicher, als sie *Kollhosser,* S. 2316, gewichtet.

127 Vgl. dazu Rn. 973.

rektur Veranlassung gibt, beschränkt sie sich meist auf einen finanziellen Wertausgleich[128].

Anders als im Zugewinnausgleich, der zu einem Anspruch auf der Basis einer Gesamtsaldierung führt, kann sich der Ausgleichsanspruch bei der Rückabwicklung einer Schenkung wie auch einer ehebezogenen Zuwendung grundsätzlich nur auf den **konkret zugewendeten Vermögensgegenstand** oder das zugewendete Recht beziehen. Das gilt auch dann, wenn die Ehegatten einander mehrere Zuwendungen gemacht haben[129]. **926**

D. Rückabwicklung von Schenkungen

Liegt der im Ergebnis selten anzunehmende Fall einer echten Schenkung i.S. des § 516 BGB unter Ehegatten einmal vor[130], stellt sich bei unglücklichem Verlauf der Ehe regelmäßig die Frage nach Rückgewähransprüchen[131]. Für sie sind seit 1.9.2009 die Familiengerichte **zuständig**, ein Zusammenhang mit Trennung und Scheidung vorausgesetzt (sonstige Familiensache i.S. des § 266 I Nr. 3 FamFG)[132]. **927**

Die in Betracht zu ziehenden **Anspruchsgrundlagen** sind im Schenkungsrecht gesetzlich geregelt. Diejenigen der § 527 BGB (Nichtvollziehung einer Auflage) und § 528 BGB (Eintritt von Notbedarf) spielen in der Praxis, jedenfalls was Auseinandersetzungen der Ehegatten untereinander angeht, keine wesentliche Rolle[133]. Häufiger dagegen werden die **928**

---

128 Dazu im Einzelnen Rn. 1001 ff.

129 Dazu im Einzelnen Rn. 1034 ff.

130 Beispiele, in denen die Rspr. eine Schenkung angenommen hat, bei Fn. 99. – Bei Streit darüber, ob die zurückverlangte Zuwendung als Schenkung oder als ehebezogene Zuwendung zu qualifizieren ist, trägt nach dem zu Rn. 915 Gesagten der Rückgewähr Fordernde, der sich auf Schenkungsrecht beruft, die **Darlegungs- und Beweislast** für das Vorliegen eines Schenkungswillens (so auch 17. DFGT, AK 18, Brühler Schriften zum Familienrecht, Bd. 15, S 164; anders offenbar BGH [X. ZS], FamRZ 2006, 1022 = NJW 2006, 2330). Beruft der Rückgewähr Fordernde sich dagegen auf das Vorliegen einer ehebezogenen Zuwendung, muss der dem Widersprechende die für Schenkungswillen sprechenden Umstände substantiiert darlegen, der andere ist aufgrund der grds. bei ihm liegenden Beweislast gehalten, sie auszuräumen.

131 Zu deren kollisionsrechtlicher Behandlung bei **Auslandsberührung**, *Staudinger/Magnus*, 2016, Rom I-VO Art. 4 Rn. 247; MünchKomm/*Martiny*, 6. Aufl., Rom I-VO Art 4 Rn. 209; *Wedemann*, IPRax 2016, 252, 255. Es handelt sich um schuldrechtliche Ansprüche; das anzuwendende Recht ist den Art. 3 bzw. 4 der Rom I-VO, bei Vertragsschluss vor dem 17.12.2009 den Art. 27 ff. EGBGB a.F., zu entnehmen. Fehlt es an einer Rechtswahl, unterliegt danach die Schenkung beweglicher Sachen dem Recht am gewöhnlichen Aufenthaltsort des Schenkenden, die Schenkung von Immobilien dagegen dem Recht der belegenen Sache; dies gilt jeweils auch für Rückgewähransprüche.

132 Vgl. Rn. 36. Zuvor: Zivilprozessgerichte.

133 Gelegentlich allerdings macht der Träger von Sozialleistungen Rückforderungsansprüche aus § 528 BGB geltend. Vgl. dazu KG, FamRZ 2010, 33; *Haarmann*, FamRZ 1996, 522; *Franzen*, FamRZ 1997, 528.

Gerichte mit Rückgewähransprüchen nach dem Widerruf einer Schenkung befasst. Da der Schenker sich in den seltensten Fällen bei der Schenkung deren Widerruf – generell oder für den Fall des Eintritts bestimmter Sachverhalte – vorbehalten hat, was zulässig ist[134], geht es meist um die Frage, ob die Voraussetzungen des § 530 BGB (grober Undank) vorliegen.

I. Rückgewähranspruch nach Widerruf einer Schenkung

929 Auch unter Eheleuten ist, wie unter anderen nahen Angehörigen, ein Schenkungswiderruf möglich, wenn sich der Beschenkte durch eine schwere Verfehlung des **groben Undanks** schuldig macht (§ 530 I BGB). Die schwere Verfehlung muss sich nicht gegen den Schenker selbst, sondern kann sich auch gegen einen nahen Angehörigen des Schenkers richten, muss aber groben Undank gerade dem Schenker gegenüber zum Ausdruck bringen[135]. Das gilt auch bei einer gemischten Schenkung[136]. Der grobe Undank kann in einer schweren Eheverfehlung zum Ausdruck kommen, sofern sie zeitlich nach der Schenkung erfolgt ist[137]. Die Beseitigung des Verschuldensprinzips im Scheidungsrecht steht dem nicht entgegen[138].

930 Eine die Annahme groben Undanks rechtfertigende **schwere Verfehlung** setzt objektiv ein gewisses Maß an Schwere voraus und subjektiv eine tadelnswerte Gesinnung, die einen Mangel an Dankbarkeit gegenüber dem Schenker erkennen lässt[139]. Die dem Verhalten des Beschenkten zugrunde liegende Gesinnung ist jeweils fallbezogen unter Berücksichtigung der gesamten Begleitumstände und der Beweggründe, die den Beschenkten zu seinem Verhalten veranlasst haben, zu beurteilen[140]. Anhaltspunkte dafür, was der Schenker an Dankbarkeit erwarten kann, können sich dabei aus dem Gegenstand und der Bedeutung der Schenkung sowie dem

---

134 Vgl. *Palandt/Weidenkaff*, § 530 Rn. 4 u. § 516 Rn. 10; *Götz*, ZEV 2017, 371. Siehe zu vertraglichen Regelungsmöglichkeiten auch Fn. 4 und 178.

135 BGH, FamRZ 1999, 705 = NJW 1999, 1623.

136 BGH, NJW 1959, 1363. Vgl. zur gemischten Schenkung Rn. 1312.

137 Vgl. OLG München, FamRZ 2009, 1831: eheliche Untreue aus der Zeit vor der Schenkung kann die Annahme groben Undanks nicht begründen.

138 BGH, FamRZ 1983, 668 = NJW 1983, 1611.

139 BGH, FamRZ 1993, 1297; FamRZ 1983, 668 = NJW 1983, 1611. In neueren Entscheidungen formuliert der BGH die Anforderungen z.T. wie folgt: Erforderlich sei zunächst eine objektiv schwere Verfehlung des Beschenkten; diese Verfehlung müsse Ausdruck einer Gesinnung sein, die in erheblichem Maße die Dankbarkeit vermissen lasse, die der Schenker erwarten könne (etwa FamRZ 2014, 937, 938 = NJW 2014, 3021; FamRZ 2013, 296, 297; FamRZ 2005, 511 u. 337).

140 BGH, FamRZ 2000, 1490 = NJW 2000, 3201 (im Falle der Nichterfüllung eines Zahlungsanspruchs, den sich der Schenker bei der Schenkung vorbehalten hatte). Vgl. auch BGH, FamRZ 2005, 511 (Weiterverkauf einer geschenkten Wohnung ohne Rücksprache mit den Schenkern).

Motiv hierfür, wie auch aus den persönlichen Beziehungen zwischen Schenker und Beschenktem ergeben[141].

Die Rechtsprechung stellt zu Recht **strenge Anforderungen** an das Vorliegen einer schweren Verfehlung. **931**

- Verbale Entgleisungen gegenüber dem anderen Ehegatten als Folge der Zerrüttung der Ehe, seien sie auch grober Art, werden regelmäßig nicht ausreichen[142].
- Eine schwere Verfehlung kann auch nicht allein darin gesehen werden, dass der Beschenkte sich nach der Schenkung – sei es auch zeitnah – vom Schenker getrennt hat. Etwas anderes kann nach Ansicht des OLG Hamm[143] gelten, wenn die Schenkung vom zur Trennung entschlossenen Beschenkten erschlichen worden ist; richtigerweise wird eine solche Fallgestaltung allerdings über Täuschungsanfechtung (§ 123 BGB) zu lösen sein[144].
- Strafanzeigen oder Verdächtigungen gegenüber dem Arbeitgeber können, je nach den Umständen, groben Undank zum Ausdruck bringende schwere Verfehlungen sein, insbesondere wenn sie ohne berechtigte Eigeninteressen in reiner Schädigungsabsicht oder wenn sie wider besseres Wissen erfolgen[145].
- Die Verletzung der ehelichen Treuepflicht stellt zweifellos ein Fehlverhalten dar; ob es als schwere Verfehlung einzustufen ist, hängt von den Einzelfallumständen ab[146]; die Treuepflichtverletzung indiziert auch nicht bereits den groben Undank. Denn:

Maßgebend ist eine **Bewertung des Gesamtverhaltens beider Ehegatten** bis zur Widerrufserklärung. Zu berücksichtigen ist insbesondere also auch das Verhalten des Schenkers, das ggf. ein Fehlverhalten des Beschenkten – z.B. in Form ehelicher Untreue – in einem milderen Licht erscheinen lassen kann[147]. **932**

---

141 BGH, FamRZ 2014, 937, 938 = NJW 2014, 3021 (bei Schenkung von Mutter an Sohn); dazu *Schwab*, FamRZ 2014, 888, 889.

142 Vgl. dazu BGH, FamRZ 1999, 705 = NJW 1999, 1623, zum Fall einer Schenkung der Schwiegereltern an das Schwiegerkind. Siehe dazu auch Rn. 1265. – Ausreichend nach OLG Hamm, FamRZ 2001, 546, aber wiederholte Beleidigungen und Bedrohungen (bei gleichgeschlechtlicher Lebensgemeinschaft).

143 OLG-Report 2000, 376.

144 Vgl. dazu Rn. 1065.

145 Vgl. auch das Rspr.-Beispiel Rn. 935. Näher *Staudinger/Chiusi*, 2013, § 530 Rn. 24 ff.

146 BGH, FamRZ 1985, 351, m. Anm. *Seutemann*, insbesondere auch zur Geschichte des Ehebruchs als Widerrufsgrund; vgl. auch die Bespr. von *Karakatsanes*, FamRZ 1986, 1049 u. 1178; BGH, FamRZ 1982, 1066, m. Anm. *Bosch;* OLG Düsseldorf, FamRZ 2005, 1089 = FamRB 2005, 125 *(Heinle)*: schwere Verfehlung verneint, obwohl die eheliche Untreue der Ehefrau zur Schwangerschaft geführt hatte; *Koch*, NZFam 2014, 311, 312; im Einzelnen *Staudinger/Chiusi*, 2013, § 530 Rn. 34 ff.

147 Vgl. LG Flensburg, FamRZ 1988, 57.

933 Die Einbeziehung des Verhaltens des Schenkers führt dazu, dass ein Schenkungswiderruf unter Ehegatten eher selten zum Erfolg führt. Dies gilt umso mehr angesichts der **Beweislastsituation**: Der Widerrufende muss das Vorliegen der Widerrufsvoraussetzungen darlegen und beweisen und ggf. Tatsachenbehauptungen widerlegen, die sich auf eigenes Fehlverhalten beziehen[148]. So muss die Frau, die dem später untreuen Mann einen Grundstücksanteil geschenkt hat, nach der Rechtsprechung des BGH[149] für ein erfolgreiches Rückgewährverlangen dessen Behauptung widerlegen, sie habe ihn vor der ihm zur Last gelegten Verfehlung dadurch aus der Wohnung gedrängt, dass sie sich geweigert habe, in einem Zimmer mit ihm zu schlafen sowie für ihn zu kochen und zu waschen.

934 Einen **Rückgewähranspruch angenommen** hat der BGH in folgenden Fällen:

Der Ehemann hatte der Frau seinen Anteil am bis dahin gemeinsamen Grundstück schenkweise übertragen, wie das OLG für die Revisionsinstanz bindend festgestellt hatte. Werkstatträume, die sich in dem Gebäude befanden und die auf die Bedürfnisse des von dem Mann betriebenen Geschäfts besonders zugeschnitten waren, hatte er von der Frau gemietet. Nach der Trennung kündigte sie den Mietvertrag. Der BGH sah in diesem die berufliche Existenz des Mannes zumindest erheblich beeinträchtigenden Verhalten eine zum Schenkungswiderruf berechtigende schwere Verfehlung i.S. des § 530 BGB, zumal die Frau angesichts des Umstandes, dass die Übertragung des Grundstücksanteils auf sie nur aus steuerlichen Gründen erfolgt war, zu gesteigerter Rücksichtnahme auf die Interessen und Belange des Mannes verpflichtet gewesen sei[150].

935 Die Ehefrau hatte ihren Mann, der ihr schenkweise einen Grundstücksanteil übertragen hatte, bei seinem Arbeitgeber angeschwärzt und Strafanzeigen erstattet, die auf falschen Sachverhaltsangaben basierten[151].

936 Der Mann hatte seiner nichtehelichen Lebensgefährtin und späteren Ehefrau auf der Grundlage ihres Versprechens, ihre frühere Tätigkeit als Prostituierte aufzugeben, ein dingliches Wohnrecht eingeräumt (und zwar ausdrücklich auch für den Fall des Scheiterns der Beziehung[152]). Die Frau hatte gleichwohl wieder als Prostituierte gearbeitet und zudem ein Verhältnis mit einem Dritten begonnen[153].

937 Kommt es – durch Erklärung gegenüber dem Beschenkten (§ 531 I BGB) – zum wirksamen Widerruf einer Schenkung, der insbesondere in

---

148 BGH, FamRZ 1985, 351.

149 BGH, FamRZ 1985, 351.

150 BGH, FamRZ 1993, 1297.

151 FamRZ 1983, 668 = NJW 1983, 1611. Vgl. auch BGH, FamRZ 1991, 168 = NJW 1991, 830, bei Partnern einer nichtehelichen Lebensgemeinschaft: grober Undank bei Erstattung einer Anzeige nicht aus persönlicher Betroffenheit, sondern in Wahrnehmung staatsbürgerlicher Rechte.

152 Vgl. dazu Rn. 913.

153 BGH, FamRZ 2013, 296. Der BGH gibt dem Berufungsgericht auf, auch zu prüfen, ob der Schenkung eine Zweckabrede (Schaffung stabiler Lebensverhältnisse für die Frau außerhalb der Prostitution) zugrunde liege, die – nach Zweckverfehlung – zu einem Bereicherungsanspruch des Mannes gem. § 812 I S. 2 Alt. 2 BGB führen könnte; vgl. dazu Rn. 1063 f.

den Fällen der **Verzeihung**[154] und des Ablaufs der einjährigen **Widerrufsfrist** ausgeschlossen ist (§ 532 BGB), ist das Geschenk nach Bereicherungsrecht herauszugeben (§ 531 II BGB)[155]. Im Einzelfall kann fraglich sein, ob das Geld oder der davon erworbene Gegenstand geschenkt worden ist. Bei Grundstücksfinanzierungen kann je nach den Umständen das Geld oder auch das Grundstück geschenkt sein[156]; der Rückgewähranspruch bezieht sich im einen Falle auf das Geld, im anderen auf das Grundstück. Es gilt die regelmäßige **Verjährungsfrist** des § 195 BGB von drei Jahren. Der Anspruch entsteht i.S. des § 199 I Nr. 1 BGB mit dem Widerruf[157]. Soweit es um Ansprüche auf Rückübertragung des (Mit-)Eigentums an einem Grundstück, ggf. auch eines Teilwertersatzanspruchs, und um eventuelle Ansprüche auf eine Gegenleistung geht, ist die 10-jährige Verjährungsfrist des § 196 BGB maßgebend[158], mit der Folge des Verjährungsbeginns nach § 200 BGB. Während des Bestehens der Ehe ist die Verjährung gehemmt (§ 207 I S. 1 BGB)[159].

II. Rückgewähr nach anderen Anspruchsgrundlagen

Andere Anspruchsgrundlagen als die der §§ 531 II, 812 ff. BGB schei- **938**
den regelmäßig aus. Im Scheitern der Ehe kann, worauf schon hingewiesen worden ist[160], kein Wegfall der Geschäftsgrundlage liegen, weil nach dem Verständnis von Rechtsprechung und h.M. die Schenkung unter Ehegatten, anders als die ehebezogene Zuwendung, per definitionem nicht an den Fortbestand der Ehe geknüpft ist, was der BGH in seiner neueren Rechtsprechung bei Schwiegerelternzuwendungen anders beurteilt[161]. Aus diesem Grunde kommt auch ein aus dem Scheitern der Ehe hergeleiteter Bereicherungsanspruch (§ 812 I S. 2 Alt. 1 und 2 BGB) bei Ehegattenschenkungen nicht in Betracht[162].

Da allerdings auch im Schenkungsrecht die Anwendung der Grund- **939**
sätze zum Wegfall der Geschäftsgrundlage nicht grundsätzlich ausge-

154 Nach *Scholz/Kleffmann/Doering-Striening/Uecker,* C Rn. 31, beinhaltet allein die Durchführung eines Versöhnungsversuchs im Hinblick auf die Ratio des § 1567 II BGB keine Verzeihung.

155 Zur Behandlung von Aufwendungen des Beschenkten vgl. BGH, NJW 1999, 1626; OLG Hamm, FamRZ 2001, 545.

156 Vgl. Rn. 894.

157 Vgl. *Palandt/Weidenkaff,* § 531 Rn. 1.

158 Vgl. BGH, FamRZ 2010, 1330, 1331 = NJW 2011, 218; dazu auch BGH, FamRZ 2015, 393, 396 = NJW 2015, 1014.

159 Vgl. zu allem auch Rn. 1054 f.

160 Rn. 922.

161 Vgl. Rn. 920, 1259 f.

162 Vgl. Rn. 1062 ff. Zu den Anspruchsgrundlagen § 313 BGB (Wegfall der Geschäftsgrundlage der Schenkung) und § 812 I S. 2 Alt. 2 BGB (Verfehlung des Zwecks der Schenkung) im Falle einer Schenkung an den Sohn BGH, FamRZ 2005, 337.

schlossen ist[163], kann im Einzelfall ein Ausgleichsanspruch aus § 313 BGB dann in Betracht kommen, wenn ein **anderer Umstand** als der des Fortbestands der Ehe **zur Geschäftsgrundlage erhoben** worden ist[164]. So kann nach einer Entscheidung des BGH vom 27.6.2012[165] Geschäftsgrundlage einer Schenkung des Ehemannes an die Frau die leibliche Abstammung eines während der Ehe geborenen Kindes von dem Ehemann sein, wenn die Schenkung auch dazu bestimmt war, unmittelbar oder mittelbar den Unterhaltsbedarf des Kindes zu befriedigen[166].

940 Der Ehemann hatte in diesem Fall seiner Frau nach dem Scheitern der Ehe größere Geldbeträge zum Erwerb von Immobilien geschenkt. Sodann stellte sich heraus, dass er nicht der Vater des 1 ½ Jahre nach der Heirat geborenen Sohnes war. Aus dem Umstand, dass die Frau von dem Geld absprachegemäß u.a. ein Hausgrundstück zum Bewohnen durch sie und den Sohn nach der Trennung gekauft hatte, schließt der BGH[167], dass die dieses Grundstück betreffende Geldzuwendung nicht nur der Frau, sondern auch dem Sohn (als eine Art Unterhaltsleistung) habe zugute kommen sollen. Dies spreche dafür, dass die Vaterschaft des Mannes zu dem Sohn nicht bloß dessen einseitiges Motiv für die Schenkung gewesen, sondern zur Geschäftsgrundlage erhoben worden sei, mit der Folge, dass sich die Möglichkeit eines Ausgleichsanspruchs nach § 313 BGB ergebe[168].

III. Rückgewähranspruch und Zugewinnausgleich

941 Was das Verhältnis des Rückgewähranspruchs nach Schenkungsrecht zum Zugewinnausgleich angeht, ist über die schon erwähnten unterschiedlichen Rechtsfolgen hinaus[169] Folgendes zu beachten:

Anders als es die Rechtsprechung für den Regelfall bei der ehebezogenen Zuwendung annimmt, werden die Rückgewähransprüche aus §§ 527 f., 530, 531 II BGB vom Ausgleichssystem des Zugewinnausgleichs **nicht verdrängt.** Besteht am Stichtag für die Berechnung des Endvermögens ein Rückgewähranspruch nach Schenkungsrecht, ist also z.B. eine Schenkung wirksam widerrufen worden, ist der Rückgewähranspruch als Aktivposten im Endvermögen des Widerrufenden und als Passivposten im Endvermögen des rückgewährpflichtigen Ehegatten zu berücksichtigen. Es wird somit beim Zugewinnausgleich das gleiche Ergebnis erzielt, als wäre die Rückabwicklung schon abgeschlossen, als befände sich die Zu-

---

163 Vgl. schon Rn. 922.

164 Vgl. etwa *Götz*, ZEV 2017, 371, 374: Fehlvorstellungen über den Anfall oder die Höhe einer Schenkungsteuer.

165 BGH, FamRZ 2012, 1363 = NJW 2012, 2728.

166 Ein solcher Umstand kann auch zur (zusätzlichen) Geschäftsgrundlage einer ehebezogenen Zuwendung erhoben werden; vgl. dazu BGH, FamRZ 2012, 1623, in einem dieselben Ehegatten betreffenden Parallelverfahren, sowie Rn. 1058.

167 BGH, FamRZ 2012, 1363, 1364 f. = NJW 2012, 2728.

168 Zu dem in der Entscheidung behandelten weiteren Aspekt der möglichen Anfechtbarkeit der Schenkung wegen arglistiger Täuschung vgl. Rn. 1066.

169 Rn. 924 ff.

wendung bereits wieder im Endvermögen des Schenkers. Da der Rückerhalt des geschenkten Gegenstandes ebenso wie der bloße Rückgewähranspruch den Zugewinn des Schenkers erhöht, während sich gleichzeitig der Zugewinn des Beschenkten durch den Verlust des geschenkten Gegenstandes bzw. durch die Rückgabeverpflichtung reduziert, muss vor der Geltendmachung von Rückgewähransprüchen genau bedacht werden, **ob sie sich wirtschaftlich überhaupt auswirkt.** Das System des Zugewinnausgleichs kann den Rückgewähranspruch nach einem Widerruf neutralisieren. Entsprechendes gilt bei vereinbarter Wahl-Zugewinngemeinschaft[170].

Beispiel: 942

M hat F, die ebenso wie M kein Anfangsvermögen hatte, Wertpapiere im Werte von 15.000 € geschenkt. Vor Zustellung des Scheidungsantrags widerruft M die Schenkung wirksam. Als das Scheidungsverfahren rechtshängig wird, verfügt M über Ersparnisse von 25.000 €, F verfügt neben den geschenkten Wertpapieren über Ersparnisse von 5.000 €.

Fordert M die Schenkung zurück, ergibt sich folgende Berechnung für den Zugewinnausgleich:

Endvermögen M:	
Ersparnisse	25.000 €
Anspruch auf Rückgewähr der Schenkung	15.000 €
zusammen	40.000 €
Endvermögen F:	
Ersparnisse	5.000 €
Wertpapiere	15.000 €
abzgl. Rückgabeverpflichtung Wertpapiere	– 15.000 €
verbleiben	5.000 €
Differenz der Zugewinne	35.000 €
M schuldet davon ½	17.500 €
Wirtschaftlich verbleiben ihm (40.000 € – 17.500 € =)	22.500 €.

Belässt M der F die geschenkten Wertpapiere, ergibt sich Folgendes[171]:

Endvermögen M:	
Ersparnisse, zugleich Zugewinn des M	25.000 €
Endvermögen F:	
Ersparnisse	5.000 €
Wertpapiere	15.000 €
zusammen	20.000 €
Differenz der Zugewinne	5.000 €
M schuldet davon ½	2.500 €
Wirtschaftlich verbleiben ihm wiederum (25.000 € – 2.500 € =)	22.500 €.

170 Vgl. dazu Rn. 950.

171 Da auf Schenkungen unter Ehegatten § 1374 II BGB nicht anzuwenden ist (BGH, FamRZ 2010, 2057, 2058 = NJW 2011, 72), sind die geschenkten Wertpapiere nicht in das Anfangsvermögen der F einzustellen. Auf die Rechenschritte des bei Zuwendungen unter Ehegatten grds. zu berücksichtigenden § 1380 BGB kann verzichtet werden, da sie sich im Beispielsfall auf das Ergebnis nicht auswirken.

943 Das Beispiel zeigt, dass der Schenkungswiderruf bei gesetzlichem Güterstand im Regelfall nur dann sinnvoll ist, wenn der Schenker Wert auf die dingliche Rückgewähr des geschenkten Gegenstandes legt. Anders können die Dinge liegen, wenn sich im Endvermögen des Beschenkten nicht mehr mindestens der Wert des zugewendeten Gegenstandes befindet[172], weil er etwa – im Beispielsfall – die Wertpapiere aufgelöst und das Geld ausgegeben, oder weil er sich verschuldet hat. In diesem Fall kann der Schenker günstiger stehen, wenn er die Schenkung widerruft und seine sich daraus ergebenden bereicherungsrechtlichen Ansprüche realisiert. Vgl. dazu Rn. 469 ff.

944 Der Rückgewähranspruch ist im Endvermögen beider Ehegatten immer dann zu berücksichtigen, wenn sich der **Anlass zum Widerruf vor dem Stichtag** ereignet hat[173], denn damit ist der Rückgewähranspruch entstanden. Erforderlich ist also nicht, dass der Widerruf vor dem Stichtag erklärt worden ist. Hat sich der Anlass zum Widerruf nach dem Stichtag ereignet, ist der Anspruch beim Zugewinnausgleich nicht zu berücksichtigen.

945 Praktische Probleme können entstehen, wenn zu dem Zeitpunkt, zu dem die Entscheidung über den Zugewinnausgleich ansteht, über den streitigen Rückgabeanspruch aus § 531 II BGB noch nicht rechtskräftig entschieden ist. Hier müssen widersprüchliche Entscheidungen vermieden werden, ggf. durch Aussetzung oder Verfahrensverbindung[174].

946 Problematisch ist die Situation, wenn der Anlass zum Widerruf sich vor dem Stichtag ereignet hat, der Zugewinnausgleich aber ohne Berücksichtigung des Rückgewähranspruchs durchgeführt worden ist, weil dieser erst anschließend – aber vor Ablauf der Widerrufsfrist des § 532 BGB – geltend gemacht wird. Dem Beschenkten ist dann die Möglichkeit genommen, die Rückgabeverpflichtung in die Ausgleichsberechnung einzubringen. Man wird in diesem Falle den Rückgewähranspruch um den Betrag, um den der Zugewinnausgleich zum Vorteil des Schenkers „verfälscht" worden ist, gem. § 531 II i.V.m. § 818 III BGB (Entreicherung) kürzen können[175]. In Betracht kommt nach einer Entscheidung des BGH vom 12.11.2008[176] aber auch eine Korrektur über § 242 BGB (Einwand der unzulässigen Rechtsausübung). Vgl. dazu Rn. 478.

172 Vgl. auch *Schulz/Hauß,* Rn. 1622.
173 Vgl. *Schulz/Hauß,* Rn. 1621.
174 Vgl. Rn. 516.
175 Vgl. *Schwab/Borth,* IX Rn. 55; *Schotten,* NJW 1990, 2841, 2845; *Koch,* FamRZ 1995, 322, Fn. 5.
176 FamRZ 2009, 193, 196, m. Anm. *Hoppenz* = NJW 2009, 1343.

IV. Fazit

Nur in seltenen Fällen ist dem zuwendenden Ehegatten mit einem Schenkungswiderruf gem. § 530 BGB gedient: 947

- Eine Zuwendung, die den Wert von Gelegenheitsgeschenken übersteigt, wie sie nach den Lebensverhältnissen der Ehegatten üblich sind, ist schon meist nicht als Schenkung, sondern als ehebezogene Zuwendung zu qualifizieren, auf die § 530 BGB keine Anwendung findet.
- Wenn es sich um eine Schenkung handelt, sind die Voraussetzungen des groben Undanks i.S. des § 530 BGB meist nicht erfüllt bzw. schwer beweisbar.
- Sind sie einmal erfüllt und kann ihr Vorliegen bewiesen werden, so wirkt sich, wenn die Ehegatten im gesetzlichen Güterstand gelebt haben und sich der Anlass zum Widerruf vor Zustellung des Scheidungsantrags ereignet hat, der Rückgewähranspruch wirtschaftlich meist nicht aus, weil er durch den Zugewinnausgleich neutralisiert wird; in diesen Fällen macht seine Geltendmachung nur Sinn, wenn der Zuwendende auf die dingliche Rückgewähr des geschenkten Gegenstandes Wert legt.

E. Rückabwicklung von ehebezogenen Zuwendungen[177]

I. Allgemeines

1. Anspruchsgrundlage

Da die ehebezogene Zuwendung keinem der gesetzlich geregelten Vertragstypen zuzuordnen ist, können bei der Suche nach der Anspruchsgrundlage für ein Rückabwicklungsverlangen die entsprechenden gesetzlichen Bestimmungen nicht herangezogen werden. Nachdem Bereicherungsrecht nur in sehr eingeschränktem Umfang herangezogen werden kann (vgl. Rn. 1061 ff., 1285 ff.) bleibt – wenn es, wie meist, an der (möglichen) Vereinbarung eines Rückforderungsrechts für den Fall der Scheidung[178] fehlt – nur die Heranziehung der Grundsätze zum Wegfall der 948

---

177 Prüfungsschema für den Rückgewähranspruch mit Erläuterungen bei *Wever,* FamRB 2007, 337; vgl. dazu Rn. 1082.

178 Ebenso kann vertraglich jede Rückforderung ausgeschlossen werden; vgl. das Vertragsbeispiel bei *Langenfeld* in Münchener Vertragshandbuch, Bd. 6, VI.9 u. 10, S. 71 ff.; dort, VI.12 ff., S. 78, sowie bei *Brambring*, S. 40 ff., *Bergschneider*, Rn. 579, und *Bergschneider/ Münch,* Formularbuch, J. I., auch Vorschläge für die vertragliche Vereinbarung eines Rückforderungsrechtes. Siehe auch Hinweise bei *Bruch,* MittBayNot 2008, 173, 179 ff. Weitere Literaturhinweise bei Fn. 4. – Zur Vereinbarung eines Rückforderungsrechts bei Zuwendung eines Gesellschaftsanteils OLG Karlsruhe, FamRZ 2007, 823, m. Anm. *Wever* S. 825, u. Anm. *Ivo*, ZEV 2007, 139. – Zur Problematik der Pfändbarkeit von

Geschäftsgrundlage, die früher aus § 242 BGB hergeleitet wurden und seit dem 1.1.2002 in § 313 BGB kodifiziert sind[179]. Über ihre grundsätzliche Anwendbarkeit besteht heute weitgehend Einigkeit. Da ehebezogenen Zuwendungen die Erwartung zugrunde liegt, die eheliche Lebensgemeinschaft, deren Ausgestaltung sie dienen, werde Bestand haben, **führt das Scheitern der Ehe zum Wegfall der Geschäftsgrundlage**. Damit ist der Weg zu einer Anpassung oder zur Rückgewähr über § 313 BGB (bzw. § 242 BGB, der Anspruchsgrundlage für ehebezogene Zuwendungen aus der Zeit vor dem 1.1.2002[180]; im Folgenden wird nur noch § 313 BGB zitiert) grundsätzlich, nämlich vorbehaltlich des Vorliegens der weiteren, nun zu erörternden Anspruchsvoraussetzungen, eröffnet.

2. Kriterien für einen Anspruch auf Rückabwicklung

949 Nach § 313 BGB ist Anspruchsvoraussetzung, dass einem Vertragspartner unter Berücksichtigung aller Umstände „das Festhalten am unveränderten Vertrag nicht zugemutet werden kann"[181]. Ob die Rückgewähr einer ehebezogenen Zuwendung oder eine Anpassung durch Zubilligung eines finanziellen Ausgleichsanspruchs in Betracht kommt, hängt daher davon ab, ob die Beibehaltung der gegenwärtigen Vermögenssituation dem Ehegatten, der die Zuwendung gemacht hat, **unzumutbar** ist. Das Scheitern der Ehe hat somit nicht automatisch einen Anspruch aus § 313 BGB zur Folge, sondern für das Bestehen eines solchen Anspruchs ist erforderlich, dass die bestehende Vermögenssituation für den Zuwendenden nicht zumutbar ist[182]. Bei der Beurteilung dieser Frage können die nachfolgenden Gesichtspunkte eine Rolle spielen; sie sind auch dann maßgebend, wenn eine ehebezogene Zuwendung vereinbart, zum Zeitpunkt des Scheiterns der Ehe aber noch nicht abschließend vollzogen ist, wenn es also am dinglichen Vollzug des schuldrechtlich Vereinbarten fehlt[183].

Rückforderungsrechten: BGH, FamRZ 2003, 858 = NJW 2003, 1858 = FamRB 2003, 293 *(Wever)*, m. Anm. *Langenfeld*, ZEV 2003, 295; *Schuschke*, LMK 2003, 113; *Schubert*, JR 2004, 23. Dazu auch: *Wälzholz*, FamRB 2006, 380, 382 f.; *Münch*, FamRZ 2004, 1329, u. ZFE 2003, 269; *Baldringer/Jordans*, FPR 2004, 1.

179 Vgl. dazu Rn. 21, 962 f.

180 Vgl. Rn. 21 f.

181 Entsprechendes gilt für die Anspruchsgrundlage des § 242 BGB; vgl. dazu Rn. 962.

182 Vgl. Rn. 1268 (bei Schwiegerelternzuwendung).

183 BGH, FamRZ 2003, 230 (Die Ehefrau hatte sich in einem notariellen Vertrag verpflichtet, dem Ehemann das hälftige Miteigentum an einem ihr gehörenden Grundstück zu übertragen, und die Auflassung erklärt. Zur Eintragung des Miteigentums war es jedoch nicht gekommen.). Vgl. auch Rn. 908.

a) Vorrang des Güterrechts

Zunächst ist von Bedeutung, in welchem Güterstand die Ehegatten gelebt haben. Haben sie im **gesetzlichen Güterstand** gelebt, steht mit dem Zugewinnausgleich ein gesetzliches Ausgleichssystem zur Verfügung, das in aller Regel für einen angemessenen Vermögensausgleich sorgt, nach Rechtsprechung und h.M. als vorrangig anzusehen ist und die Heranziehung des Instituts des Wegfalls der Geschäftsgrundlage grundsätzlich verdrängt[184]. Für diese Fälle kann auf § 313 BGB nur ganz ausnahmsweise, nämlich dann zurückgegriffen werden, wenn das güterrechtliche Ergebnis ohne schuldrechtliche Korrektur **schlechthin unangemessen und untragbar** wäre (besonders strenger Maßstab, vgl. dazu im Einzelnen Rn. 964 ff.)[185]. Nichts anderes wird gelten können, wenn die Eheleute gem. § 1519 BGB den zum 1.5.2013 neu geschaffenen Güterstand der **Wahl-Zugewinngemeinschaft** vereinbart haben, denn die Regelungen dieses Güterstands[186] entsprechen weitgehend denen zum Zugewinnausgleich; sie führen insbesondere auch zur Vermögenstrennung mit einem Ausgleichsmechanismus[187]. **950**

Ein immer noch strenger, wenngleich etwas abgemilderter Maßstab gilt, wenn die Zuwendung im Güterstand der **Gütertrennung** erfolgt ist. Hier steht ein güterrechtliches Ausgleichssystem, das die Anwendung des § 313 BGB verdrängen könnte, nicht zur Verfügung. § 313 BGB kann also ohne weiteres Anwendung finden. Auch hier ist ein korrigierender Eingriff nach Rechtsprechung und h.M. allerdings nur gerechtfertigt, wenn dem zuwendenden Ehegatten die Beibehaltung der durch die Zuwendung geschaffenen Vermögensverhältnisse **unzumutbar** ist (etwas abgemilderter Maßstab, vgl. dazu im Einzelnen Rn. 987 ff.)[188]. Diesen Maß- **951**

---

184 Vgl. BGH, FamRZ 1991, 1169, 1170 = NJW 1991, 2553, m.w.N. zum Meinungsstand; *Weinreich*, FF 2017, 107, 108; *Palandt/Grüneberg*, § 313 Rn. 51. Der Gegenauffassung (vgl. etwa *Erman/Heckelmann*, 11. Aufl., § 1363 Rn. 4), die die Rangfolge umgekehrt sieht und darauf verweist, dass alle schuldrechtlichen Ansprüche, also auch solche aus § 313 BGB (bzw. § 242 BGB), in der Ausgleichsbilanz des Zugewinnausgleichs zu berücksichtigen seien, ist entgegenzuhalten: Ansprüche aufgrund Wegfalls der Geschäftsgrundlage setzen das Unvermögen der gesetzlichen Regelungen i.Ü. voraus, ein akzeptables Ergebnis herbeizuführen. Dies macht es notwendig, das Ergebnis des Güterrechts in die Prüfung einzubeziehen (vgl. auch *Schwab/Borth*, IX Rn. 61, m.w.N.).

185 BGH, FamRZ 1997, 933 = NJW 1997, 2747; FamRZ 1991, 1169, 1170 = NJW 1991, 2553; FamRZ 1993, 289, 291 = NJW 1993, 385; ähnlich BGH, FamRZ 1994, 503. Dazu auch *Staudinger/Thiele*, 2007, § 1363 Rn. 23.

186 Enthalten im Abkommen zwischen der Bundesrepublik Deutschland und der Französischen Republik über den Güterstand der Wahl-Zugewinngemeinschaft, BGBl. II 2012, 178.

187 Vgl. *Jünemann*, ZEV 2013, 353.

188 Vgl. BGH, FamRZ 1997, 933 = NJW 1997, 2747; FamRZ 1994, 1167, 1168 = NJW 1994, 2545; FamRZ 1990, 855, 856.

stab zieht der BGH[189] in seiner neueren Rechtsprechung auch heran, wenn es um Ausgleichsansprüche bei gemeinschaftsbezogenen Zuwendungen von Partnern einer nichtehelichen Lebensgemeinschaft geht[190].

952 Von maßgebender Bedeutung ist somit, zu welchem Ergebnis das Güterrecht im jeweiligen Fall führt[191]. Die **Frage nach der güterrechtlichen Lösung** ist daher – anders als etwa bei Ansprüchen aus § 426 BGB, bei der die Unzumutbarkeit der ohne Ausgleichsansprüche bestehenden Vermögenssituation nicht Anspruchsvoraussetzung ist – **vorrangig zu prüfen**. Sie kann, auch in dem auf Rückabwicklung einer ehebezogenen Zuwendung gerichteten Verfahren, nicht offen bleiben[192].

b) Individueller Zweck der Zuwendung

953 Neben der güterrechtlichen Situation kann der individuelle Zweck der jeweiligen Zuwendung von ausschlaggebender Bedeutung sein. Vielfach wird mit der Zuwendung neben dem allgemeinen Zweck, der jeder ehebezogenen Zuwendung zugrunde liegt, nämlich dem der Ausgestaltung der ehelichen Lebensgemeinschaft, ein besonderer Zweck verfolgt. Diesem besonderen Zuwendungszweck misst die Rechtsprechung nicht immer hinreichende Bedeutung bei. *Jaeger*[193] hat ihn zu Recht als maßgeblichen Orientierungspunkt für die Rechtsfolgenbestimmung bezeichnet[194]. Unterschieden werden können folgende typische **Fallgruppen:**

954 – Die Zuwendung diente der Unterhaltsversorgung oder der Altersvorsorge[195], also der **wirtschaftlichen Absicherung** des Empfängers. Eine solche Zweckbestimmung wird – von Fällen des Scheiterns der Ehe nach kurzer Dauer abgesehen – vielfach ausschlaggebendes Argument gegen einen Rückgewähr- oder finanziellen Ausgleichsanspruch sein[196]. Beide Gesichtspunkte werden häufig der Einräumung einer Bezugsberechtigung aus einer Lebensversicherung zugrunde lie-

189 BGH, FamRZ 2013, 1295, Rn. 21 = NJW 2013, 2187.

190 Zu Ausgleichsansprüchen bei gemeinschaftsbezogenen Zuwendungen *Moes*, FamRZ 2016, 757; *Stein*, NZFam 2014, 303.

191 Zur Situation bei Gütergemeinschaft Rn. 1068 ff.

192 OLG Bremen, FamRZ 2017, 279, 281 = NJW 2017, 1120; übersehen bei OLG Frankfurt, FamRZ 2001, 158 [LS] = FF 2002, 173, m. krit. Anm. *Kogel.*

193 DNotZ 1991, 431, 463 ff., mit Fallgruppen; vgl. auch OLG Düsseldorf, FamRZ 1995, 1148, 1149.

194 Demgegenüber krit. *Wagenitz,* S. 173.

195 Vgl. die Hervorhebung dieses Zuwendungszwecks in BGH, FamRZ 1988, 482.

196 Vgl. OLG Bremen, FamRZ 2008, 2117. Nicht befriedigend berücksichtigt diesen Zuwendungszweck BGH (X. ZS), FamRZ 2014, 1547 = NJW 2014, 2638 (dazu Rn. 914). Das OLG München, FamRZ 2009, 1831 = MittBayNot 2009, 308, m. Anm. *Bruch,* leitet aus dem Zuwendungszweck Absicherung des Ehepartners das Vorliegen einer Schenkung her; vgl. auch dazu Rn. 914.

gen[197], müssen es aber nicht[198]. Die genannten Gesichtspunkte werden aber auch immer dann in Betracht zu ziehen sein, wenn der Empfänger der Zuwendung nicht erwerbstätig ist und der Zuwendende aufgrund einer selbständigen Erwerbstätigkeit keine gesetzlichen Versorgungsansprüche erwirbt[199].

- Die Zuwendung diente dazu, den Empfänger im Sinne eines vorzeitigen Zugewinnausgleichs bei gesetzlichem Güterstand oder des **freiwilligen Zugewinnausgleichs** bei Gütertrennung dinglich am bisherigen ehelichen Zugewinn zu beteiligen. Ein solcher Zweck, wie er häufig bei der Anschaffung eines Hausgrundstücks aus Mitteln des Alleinverdieners verfolgt wird[200], spricht ebenfalls gegen eine spätere Korrektur. **955**
- Mit der Zuwendung sollte ein Vermögensobjekt des Zuwendenden **vor dem Zugriff seiner Gläubiger gesichert** werden[201]. Hier spricht wegen des treuhandähnlichen Charakters der Zuwendung viel für einen Rückübertragungsanspruch, dem häufig ein Anspruch des Zuwendungsempfängers auf finanziellen Ausgleich für Aufwendungen oder erlittene Schäden gegenüberstehen wird[202]. **956**
- Mit der Zuwendung ist in das Unternehmen[203] oder die freiberufliche Praxis[204] des anderen Ehegatten **investiert** worden. Hier spricht viel für einen finanziellen Ausgleichsanspruch, der in erster Linie die Funktion hat, den Wegfall der dauernden Mitnutzung der Investitionsergebnisse durch den Zuwendenden angemessen zu entschädigen[205]. **957**

---

197 Vgl. BGH, FamRZ 1995, 229, 231 f.; FamRZ 1987, 806; OLG Hamm, NJW-RR 2002, 1605, das im Übrigen – mit guten Gründen – ein jederzeit widerrufliches Bezugsrecht aus einer Lebensversicherung nicht den Regeln zum Wegfall der Geschäftsgrundlage unterstellen will: Wegen der freien Widerruflichkeit könne nicht davon ausgegangen werden, dass der Fortbestand der Ehe zur Geschäftsgrundlage der Zuwendung des Bezugsrechts erhoben worden sei.

198 BGH, FamRZ 2013, 376 (Rückgewähranspruch, der vom Erben des nach Trennung verstorbenen Lebensgefährten dem bezugsberechtigten überlebenden Lebensgefährten entgegen gehalten werden konnte, bejaht bei Einräumung eines wechselseitigen Bezugsrechts in einer Risikolebensversicherung auf verbundene Leben).

199 Vgl. *Schwab/Borth,* 5. Aufl., IX Rn. 57.

200 Vgl. auch *Langenfeld,* ZEV 2000, 391, 392.

201 Zur Frage der Anfechtbarkeit einer solchen Vermögenszuwendung: *Wälzholz,* FamRB 2006, 380, 381 f.; *Münch,* FamRZ 2004, 1329, 1331. Vgl. dazu etwa OLG Koblenz, FamRZ 2008, 908.

202 Vgl. OLG Düsseldorf, NJW-RR 2003, 1513 = FamRB 2004, 37 *(Wever)*; *Seif,* FamRZ 2000, 1193, 1200; *Jaeger,* DNotZ 1991, 431, 467 f., mit Abwägungskriterien im Einzelnen; siehe auch Rn. 1024. – Anders nach OLG Bremen, FamRZ 2008, 2117, wenn durch die Vermögensverlagerung auf die Ehefrau gemeinsame Kinder gegenüber Kindern aus früherer Ehe erbrechtlich günstiger gestellt werden sollten.

203 Vgl. dazu OLG Köln, FamRZ 2000, 227, mit Ablehnung von Ausgleichsansprüchen.

204 So in BGH, FamRZ 1974, 592 = NJW 1974, 2045.

205 Vgl. *Jaeger,* DNotZ 1991, 431, 465 f. In diesen Fällen ist nach neuerer Rspr. des BGH aber die Annahme einer Innengesellschaft in Betracht zu ziehen (vgl. Rn. 905).

c) Sonstige Kriterien

958 Ob eine Rückabwicklung in Betracht kommt, hängt neben den genannten Gesichtspunkten schließlich von einer Gesamtwürdigung der Verhältnisse im Übrigen ab. Von Bedeutung sind alle Umstände des Einzelfalls, und zwar sowohl für die Frage, **ob** die Beibehaltung des durch die Zuwendung geschaffenen Zustandes für den zuwendenden Ehegatten unzumutbar ist, als auch für die **Höhe** eines eventuellen Ausgleichsanspruchs. Dabei sind Umstände aus Vergangenheit, Gegenwart und Zukunft zu berücksichtigen. Erforderlich ist eine genaue Betrachtung aller relevanten Einzelfallumstände; der BGH gibt sich in seiner jüngeren Rechtsprechung mit allgemeinen Billigkeitserwägungen, auf die sich die Tatsachengerichte gelegentlich beschränken, nicht zufrieden[206].

959 Im Einzelnen können eine Rolle spielen[207]:

- **Art und Umfang der erbrachten Leistungen**. Ausgleichspflichtig können nur Leistungen sein:
  - denen nach den jeweiligen wirtschaftlichen Verhältnissen **erhebliche Bedeutung** zukommt[208]; je geringer der Wert der Zuwendung, desto weniger ist ein Ausgleich geboten[209]; dabei spielt sowohl der Wert der Zuwendung, gemessen am Vermögen des Zuwendenden, als auch ein Vergleich des beiderseitigen Vermögens eine Rolle[210];
  - die der **dauerhaften Vermögensbildung**, nicht der Erfüllung der täglichen Bedürfnisse gedient haben[211]; daher gibt es keinen Ausgleich für Leistungen zur Gestaltung des täglichen Lebens[212]; das

206 Siehe dazu Rn. 1275 (zu Schwiegerelternzuwendungen; vgl. auch BGH, FamRZ 2012, 1789 = NJW 2012, 3374.

207 Vgl. BGH, FamRZ 2012, 1789, 1791, m. Anm. *Hoppenz* = NJW 2012, 3374; FamRZ 1994, 1167, 1168 = NJW 1994, 2545; FamRZ 1990, 855, 856; FamRZ 1989, 599, 600 = NJW 1989, 1986.

208 BGH, FamRZ 2012, 1789, 1791 = NJW 2012, 3374; OLG Brandenburg, Urteil v. 9.2.2016, 3 U 8/12, juris: Investitionen von 12.200 € keine Leistung von erheblicher Bedeutung bei Eigeneinkommen von 3.000 €, 17-monatigem Zusammenleben, mietfreiem Wohnen im Haus der Leistungsempfängerin u. geringer Beteiligung an lfd. Kosten (bei nichtehelicher Lebensgemeinschaft); LG Köln, Urteil v. 23.6.2017, 3 O 280/16, juris: Zuwendung eines Pkw im Wert von 6.000 € keine Leistung von erheblicher Bedeutung bei Eigeneinkommen von 1.700 € u. weitgehend lastenfreiem Eigentum an einer Immobilie (bei nichtehelicher Lebensgemeinschaft).

209 Vgl. dazu OLG Köln, FPR 2001, 419, 421 (bei Zuwendung von Schwiegereltern); *Wellenhofer*, NZFam 2014, 314, 317.

210 *Moes*, FamRZ 2016, 757, 760, Fn. 37 (zu gemeinschaftsbezogenen Zuwendungen).

211 BGH, FamRZ 2015, 490, Rn. 20 = NJW 2015, 690 (bei Schwiegerelternzuwendung); *Rakete-Dombek*, NJW 2010, 1313, 1315 (zu Zuwendungen in nichtehelicher Lebensgemeinschaft).

212 OLG Brandenburg, Urteil v. 9.2.2016, 3 U 8/12, juris: Anschaffung von Computer u. Möbeln (bei nichtehelicher Lebensgemeinschaft). Vgl. auch Rn. 1270 m.w.N.

Gleiche gilt für stattdessen geleistete größere Einmalzahlungen des Ehepartners, der nichts zu den laufenden Kosten beiträgt[213]. Es gibt auch keinen Ausgleich für Zahlungen auf einen vom anderen Ehegatten aufgenommenen Kredit zur Finanzierung des in dessen Alleineigentum stehenden Familienheims, soweit die Leistungen nicht deutlich über das hinausgehen, was für die Anmietung vergleichbaren Wohnraums zu zahlen gewesen wäre[214]. Im Übrigen gilt bei Übernahme der monatlichen Raten des Kredits zum Hauserwerb des anderen: Nur der Tilgungsanteil dient der Vermögensbildung, der Zinsanteil ist Leistung zum Verbrauch, er spiegelt die ersparten Wohnkosten wider[215].

- Der Umfang der durch die Zuwendung bedingten, beim Empfänger noch **vorhandenen Vermögensmehrung**. Rückgewähr- bzw. Ausgleichsansprüche setzen grundsätzlich eine beim Scheitern der Ehe noch vorhandene messbare Vermögensmehrung beim Empfänger voraus, die zugleich die Obergrenze des Ausgleichsanspruchs in Geld darstellt; dazu auch Rn. 1003. Dem Aspekt, ob und inwieweit es beim Zuwendungsempfänger zu einem messbaren und noch vorhandenen Vermögenszuwachs gekommen ist, misst der BGH[216] in jüngster Zeit besondere Bedeutung bei.
- Die gegenwärtigen und die zu erwartenden künftigen **Einkommens- und Vermögensverhältnisse** der Ehegatten[217]. In seiner jüngeren Rechtsprechung will der BGH[218] wohl die Bedeutung des Kriteriums der beiderseitigen Einkommensverhältnisse – im Ergebnis wenig überzeugend – einschränken, indem er ausführt, Treu und Glauben geböten es nicht zwangsläufig, die Vermögenszuordnung im Hinblick auf die während des Zusammenlebens günstigeren Einkommensverhältnisse des Zuwendenden beizubehalten, wenn dieser einen Vermögenszuwachs des anderen bewirkt habe; wesentliche Bedeutung komme

---

213 Vgl. BGH, FamRZ 2011, 1563, 1565 = NJW 2011, 2880 (bei nichtehelicher Lebensgemeinschaft).

214 BGH, FamRZ 2013, 1295 = NJW 2013, 2187; OLG Bremen, FamRZ 2012, 463; LG Bamberg, FamRZ 2015, 1307 (Anspruch bejahend). Vgl. auch OLG Brandenburg, FamRZ 2015, 346: Anspruch bejaht bei hohem Tilgungsanteil u. kurzfristiger Kreditrückzahlung; dazu auch *Wever*, FamRZ 2015, 1243, 1248. Alle: bei nichtehelicher Lebensgemeinschaft.

215 BGH, FamRZ 2015, 490, m. Anm. *Wever* = NJW 2015, 690 = FamRB 2015, 122 *(Wever)* (bei Schwiegerelternzuwendung).

216 FamRZ 2012, 1789, 1791 = NJW 2012, 3374; FamRZ 2011, 1563, 1565 f. = NJW 2011, 2880 (bei nichtehelicher Lebensgemeinschaft).

217 OLG Bremen, FamRZ 2008, 2117; OLG München, FamRZ 2009, 1831.

218 BGH, FamRZ 2012, 1789, 1791 = NJW 2012, 3374 (zu dieser Entscheidung auch Rn. 996, 998); FamRZ 2011, 1563, 1565 = NJW 2011, 2880 (bei nichtehelicher Lebensgemeinschaft).

vielmehr dem Umstand zu, inwieweit eine Vermögensmehrung noch vorhanden sei.

- Die **Dauer der Ehe** jedenfalls bis zur Trennung.
- Der **Zeitpunkt im Verlauf der Ehe**, zu dem die Zuwendung erfolgt ist[219]. Ist sie in einem frühen Stadium erfolgt, kann der Gesichtspunkt der weitgehenden Zweckerreichung gegen einen Ausgleich sprechen; dazu näher Rn. 1006.
- Das **Alter** der Ehegatten, ggf. ihr **Gesundheitszustand**.
- **Leistungen des Zuwendungsempfängers** in der Ehe. Sowohl von ihm selbst erbrachte, nicht zurück zu gewährende Vermögenszuwendungen, als auch seine Arbeitsleistungen (Kinderbetreuung, Haushaltsführung, Mitarbeit im Geschäftsbetrieb des anderen Ehegatten) sind zu berücksichtigen.

960 **Ohne Bedeutung** sind dagegen:

- Eheverfehlungen, sofern sie keinen wirtschaftlichen Bezug haben. Es kommt insbesondere nicht darauf an, wer das Scheitern der Ehe zu verantworten hat. Auch der Ehegatte, dem das Scheitern der Ehe zuzurechnen ist, kann einen Ausgleichsanspruch haben, denn es gibt keinen Rechtsgrundsatz des Inhalts, dass derjenige, der die Geschäftsgrundlage eines Vertrages zerstört, damit einen Ausgleichsanspruch im Hinblick auf die von ihm erbrachten vermögensrechtlichen Leistungen verwirkt[220].
- Der Umstand, dass der ausgleichsberechtigte Ehegatte nach dem für die Entstehung des Ausgleichsanspruchs maßgebenden Stichtag verstorben ist[221].

961 Zu beachten ist in jedem Falle, dass zunächst das güterrechtliche Ergebnis zu klären und die **Schwelle der Unzumutbarkeit hoch** anzusetzen ist. Der aus § 313 BGB herzuleitende Rückgewähr- oder Ausgleichsanspruch dient lediglich der Korrektur krass ungerechter Ergebnisse und beschränkt sich daher auf Ausnahmefälle.

3. Auswirkungen der Schuldrechtsreform

962 Die mit der Schuldrechtsreform zum 1.1.2002 erfolgte Kodifizierung der von Rechtsprechung und Lehre entwickelten Grundsätze zu Wegfall bzw. Störung der Geschäftsgrundlage in § 313 BGB n.F. hat keine für die

219 Etwa BGH, FamRZ 1999, 365, 367 (bei Schwiegerelternzuwendung).

220 Vgl. BGH, FamRZ 1992, 160, 162 = NJW 1992, 427; FamRZ 1972, 201 = NJW 1972, 580; OLG Düsseldorf, NJW-RR 1996, 467, 468. Differenzierend *Jaeger*, DNotZ 1991, 431, 471. Vgl. auch Rn. 923.

221 BGH, FamRZ 1999, 1580, 1585 = NJW 1999, 2962. Vgl. auch Rn. 1052.

hier behandelten Fälle bedeutsame sachliche Änderung mit sich gebracht[222]. Die Neuregelung stimmt hinsichtlich der materiell-rechtlichen Voraussetzungen mit den bisher von der Rechtsprechung angewandten Grundsätzen überein[223]. Insbesondere ist weiterhin die Unzumutbarkeit des Festhaltens am unveränderten Vertrag Tatbestandsmerkmal und entscheidendes Kriterium, so dass es nach wie vor auch darauf ankommt, zu welchem Ergebnis das Güterrecht führt[224].

Auf der Rechtsfolgenseite hat sich insofern eine Änderung ergeben, als **963** die Anpassung ggf. nicht mehr kraft Gesetzes eintritt, sondern nur ein Anspruch auf Anpassung entsteht. Gleichwohl muss aber nicht auf Zustimmung zur Anpassung angetragen werden, sondern es kann unmittelbar die angepasste Leistung verlangt werden[225]. Die hier interessierenden Fälle sind entgegen der von *Löhnig*[226] vertretenen Auffassung auch nicht über Rücktritt gemäß § 313 III S. 1 BGB zu lösen[227], denn es geht immer um – gegenüber dem Rücktritt vorrangige – Anpassung an die veränderten Verhältnisse, wenn nur ein finanzieller Ausgleich für die Zuwendung zur Debatte steht ohnehin, aber auch bei dinglicher Rückgewähr des Zuwendungsobjekts, die regelmäßig nur Zug um Zug gegen einen finanziellen Ausgleich in Betracht zu ziehen ist[228].

II. Rückabwicklung bei gesetzlichem Güterstand

1. Grundsätze

Haben die Ehegatten im gesetzlichen Güterstand – oder im Güter- **964** stand der Wahl-Zugewinngemeinschaft[229] – gelebt, ist der zu Rn. 950 genannte besonders strenge Maßstab zu beachten. Eine Rückabwicklung kommt in aller Regel nicht in Betracht, und zwar weder in Form eines Anspruchs auf dingliche Rückübertragung, noch in Form eines Anspruchs auf Zahlung eines Ausgleichsbetrages[230]. Der Wertausgleich findet vielmehr grundsätzlich über den **vorrangigen Zugewinnausgleich** statt.

---

222 So auch *Koch,* FamRZ 2003, 197, 209. Vgl. schon Rn. 21.

223 Vgl. *Palandt/Grüneberg,* § 313 Rn. 1; **a.A.** *Löhnig,* FamRZ 2003, 1521.

224 So auch *Johannsen/Henrich/Jaeger,* § 1372 Rn. 13.

225 BGH, NJW 2012, 373; FamRZ 2015, 393, Rn. 22 = NJW 2015, 1014; *Palandt/Grüneberg,* § 313 Rn. 41.

226 FamRZ 2003, 1521.

227 So aber, schon bei Anwendung des früheren Rechts, OLG München, FamRZ 2004, 196, m. Anm. *Fellner.*

228 Vgl. dazu BGH, FamRZ 1998, 669, 670 (Rückgewährpflicht als „Element einer Anpassung"); siehe auch Rn. 1024.

229 Vgl. Rn. 950.

230 Zum Ausgleich nach § 40 FGB/DDR für Zuwendungen, die dem Alleinvermögen eines Ehegatten zugute gekommen sind, aus der Zeit vor dem Beitritt bei ehemaligen DDR-Bürgern vgl. *Maslaton,* FamRZ 2000, 204, 207.

965 Dies ist insbesondere aus folgendem Grunde gerechtfertigt: Durch § 1380 BGB in Verbindung mit dem Umstand, dass § 1374 II BGB auf Zuwendungen unter Ehegatten nicht anwendbar ist[231], wird für den Regelfall gewährleistet, dass während der Ehe gemachte Zuwendungen beim Zugewinnausgleich nicht dem Empfänger wertmäßig vorab verbleiben, sondern als in die Ausgleichsbilanz fallende Rechnungsposten berücksichtigt werden[232]. Dadurch stehen in den meisten Fällen die Ehegatten wirtschaftlich entweder ohnehin so, wie sie ohne die Zuwendung gestanden hätten, oder der Zuwendende erhält über den Zugewinnausgleich wertmäßig jedenfalls einen Teil der Zuwendung zurück. Dabei sind zu unterscheiden Zuwendungen aus Vermögen, das während der Ehe erworben wurde, und Zuwendungen aus Anfangsvermögen.

966 Wendet ein Ehegatte dem anderen einen Vermögensgegenstand zu, der **während der Ehe erworben** wurde, der also dem Zugewinnausgleich unterliegt, stehen die Ehegatten im wirtschaftlichen Ergebnis meist nicht anders, als wenn es nicht zu der Zuwendung gekommen wäre[233].

Beispiel: Beide Ehegatten hatten kein Anfangsvermögen. Kurz vor der Trennung wendet der Ehemann (M) der Ehefrau (F) Wertpapiere im Wert von 50.000 € zu, die er während der Ehe auf seinen Namen erworben hatte. Bei Rechtshängigkeit der Scheidung verfügt M über eine in seinem Alleineigentum stehende Eigentumswohnung im Wert von 150.000 €. F verfügt über die Wertpapiere mit unverändertem Wert.

Die Differenz beider Endvermögen beträgt 100.000 €, so dass F einen Zugewinnausgleichsanspruch von 50.000 € hat[234]. Beide Ehegatten verfügen nach Durchführung des Zugewinnausgleichs über Vermögen im Wert von 100.000 €.

Dieses Ergebnis ist nach dem Sinn der Zugewinngemeinschaft folgerichtig. Da M kein Anfangsvermögen hatte, ist die Zuwendung aus Mitteln erfolgt, die er während der Ehe erworben hat. Diese hätte er nach Beendigung des Güterstandes ohnehin mit F teilen müssen. Hätte M die Wertpapiere behalten, würde er über ein Endvermögen von 200.000 € verfügen, während F kein Endvermögen hätte. Nach Durchführung des Zugewinnausgleichs würden beide Ehegatten wieder über ein Vermögen im Wert von 100.000 € verfügen.

967 Betrifft die Zuwendung einen Vermögensgegenstand, der zum **Anfangsvermögen des Zuwendenden** (oder zu dessen gem. § 1374 II BGB

231 BGH, FamRZ 2010, 2057, 2058, m. Anm. *Braeuer* S. 2058, *Wellenhofer*, JZ 2011, 107, u. *Jeep*, DNotZ 2011, 590 = NJW 2011, 72 = FamRB 2011, 1 *(Kogel)*.

232 Vgl. BGH, FamRZ 1991, 1169, 1171 = NJW 1991, 2553. Zur Berücksichtigung von Zuwendungen des Ehegatten („Vorausempfängen") im Zugewinnausgleich: *Bruch*, MittBayNot 2008, 173, 177 ff.; *Büte*, FuR 2006, 289; *Kleinle*, FamRZ 1997, 1383, 1386 f.; *Schwab/Schwab*, VII Rn. 201 ff.

233 Anders, wenn der Zugewinn des Empfängers geringer ist als der Wert der Zuwendung, etwa weil der Empfänger die Zuwendung zur Begleichung von Schulden verwandt hat.

234 Auf die von § 1380 BGB vorgegebenen Rechenschritte kann im Beispielsfall verzichtet werden, da der Zugewinn der F den Wert der Zuwendung nicht unterschreitet (vgl. *Schulz/Hauß*, Rn. 821 ff.). Zu Beispielen, in denen § 1380 BGB sich auswirkt, vgl. *Kogel*, FamRB 2005, 368; *Kleinle*, FamRZ 1997, 1383, 1387.

privilegiertem Erwerb) gehörte, der also dem Zugewinnausgleich nicht unterliegt, erhält der Zuwendende in den meisten Fällen über den Zugewinnausgleich jedenfalls einen Teil des Wertes der Zuwendung zurück.

Beispiel[235]: Das Anfangsvermögen des M besteht in einer Eigentumswohnung im Wert von 150.000 €, während F kein Anfangsvermögen hat. Kurz nach der Heirat überträgt M die Wohnung auf F. Dies hat zur Folge, dass M bei Zustellung des Scheidungsantrags über kein Vermögen verfügt. Demgegenüber führt die Eigentumswohnung – nach einer Wertsteigerung – zu einem Endvermögen der F von 200.000 €. M verlangt von F die Wohnung zurück, zumindest möchte er einen Wertausgleich haben.

Das Ergebnis des Zugewinnausgleichs ist Folgendes:

F hat einen Zugewinn von 200.000 € gemacht, während das Vermögen des M keinen Zugewinn ausweist. M kann als Zugewinnausgleich also 100.000 € verlangen und erhält damit den halben Wert der Eigentumswohnung zurück[236].

Auch wenn der Zuwendende, wie im zweiten Beispiel, die Zuwendung **968**
seinem Anfangsvermögen entnimmt, führt der Zugewinnausgleich im Regelfall zu einem Ergebnis, das man nicht als für den zuwendenden Ehegatten untragbar, als schlechthin unzumutbar ansehen kann. Normalerweise erhält der Zuwendende dann nämlich – wie im Beispielsfall – über den Zugewinnausgleich wertmäßig die Hälfte seiner Zuwendung zurück. Ein solches güterrechtliches Ergebnis rechtfertigt nach der Rechtsprechung des BGH, der zuzustimmen ist, kaum je die Annahme, die **Grenze der Untragbarkeit** sei überschritten[237]. Denn das Prinzip der hälftigen Aufteilung, das auch der Anrechnungsregel des § 1380 I BGB zugrunde liegt, entspricht dem Grundgedanken des Zugewinnausgleichs. Der BGH, dessen Rechtsprechung von *Hahne*[238] als zu restriktiv empfunden wird, hält die Grenze darüber hinaus auch dann nicht für ohne weiteres überschritten, wenn ein güterrechtlicher Ausgleichsanspruch besteht, der hinter dem halben Wert der Zuwendung zurückbleibt, da sich in gewissen Abweichungen von der hälftigen Beteiligung ein noch normal zu nennendes Risiko verwirkliche, wie es im Zugewinnausgleich angelegt sei und

235 Nach *Schulz/Hauß*, Rn. 1577.

236 Weiteres Beispiel einer „überhöhten" Zuwendung (Vorwegleistung) aus dem Anfangsvermögen bei *Kleinle*, FamRZ 1997, 1383, 1387.

237 BGH, FamRZ 2005, 1974, 1978. So auch OLG München, FamRZ 2003, 312, 313 = FamRB 2003, 313 *(Großmann)*. Im entschiedenen Fall hatte der Ehemann von seinem Vater ein Grundstück geschenkt bekommen. Die Frau hatte rund 90.000 DM zum Ausbau der Immobilie beigesteuert, und zwar teils vor, teils nach der Grundstücksübertragung auf den Ehemann. Von besonderem Interesse an der Entscheidung ist, dass das OLG bei der Zugewinnausgleichsberechnung dem Anfangsvermögen des Mannes gem. § 1374 II BGB nur den Wert des Grundstücks vor Beginn der Baumaßnahmen zurechnet, nachdem nicht mehr feststellbar war, in welcher Höhe die Gelder der Frau vor und in welcher Höhe sie nach der Grundstücksübertragung vom Vater auf den Ehemann verbaut worden waren. Mit anderer Begründung zum gleichen Ergebnis kommt der BGH (FamRZ 2005, 1974, 1975 = NJW 2005, 3710) in seiner Revisionsentscheidung. Vgl. dazu auch Rn. 1247 Fn. 53.

238 FF 2012, 268, 271 f.

vor dem auch der Ehegatte, der die Zuwendung gemacht habe, nicht völlig bewahrt bleiben könne[239].

2. Anspruch trotz gesetzlichem Güterstand: Ausnahmefälle

969 Es bleibt die Frage, in welchen Fällen denn danach das über den Zugewinnausgleich gewonnene Ergebnis für den Zuwendenden untragbar sein kann, welches also die Ausnahmefälle sind, in denen bei gesetzlichem Güterstand – unter Berücksichtigung der übrigen zu Rn. 953 ff. genannten Kriterien – eine Rückabwicklung einer Zuwendung über § 313 BGB in Betracht kommt.

a) Finanzieller Ausgleich

970 Ein finanzieller Ausgleich der Zuwendung über Wegfall der Geschäftsgrundlage wird bei gesetzlichem Güterstand, wenn nicht Besonderheiten vorliegen, nur ernsthaft in Betracht kommen, wenn ausnahmsweise über den Zugewinnausgleich **keinerlei Ausgleich** des übertragenen Wertes erfolgt[240]. Aber auch dann ist eine Korrektur über § 313 BGB nach der Rechtsprechung des BGH keinesfalls die zwingende Konsequenz; es kommt vielmehr auf die weiteren Umstände des Einzelfalls an[241]. Der BGH[242] zieht eine Unerträglichkeit des Ergebnisses insbesondere dann in Erwägung, wenn einerseits der Zuwendungsempfänger bei Ehezeitende keinen Zugewinn aufzuweisen hat, weil die Zuwendung ihm zur Erhaltung des Anfangsvermögens gedient hat und damit keine Zugewinnausgleichsverpflichtung auslöst, obwohl sie wertmäßig im Endvermögen noch vorhanden ist, und wenn andererseits der Zuwendende in seinem Auskommen beeinträchtigt ist, weil er mit den ihm verbliebenen Mitteln seinen angemessenen Unterhalt nicht bestreiten kann, also in einem **Notbedarfsfall**, der im Schenkungsrecht einen Rückforderungsanspruch gem. § 528 BGB auslösen könnte[243]. Für einen Ausgleichsanspruch ist das Vorliegen eines Notbedarfsfalls allerdings nicht zwingend; bei außergewöhnlichen Fallkonstellationen gewähren die Gerichte gelegentlich einen Anspruch auch dann, wenn die Voraussetzungen des § 528 BGB nicht gegeben sind[244]. An einen Ausgleichsanspruch wird auch in Fällen zu denken sein, in denen es deshalb nicht zu einem Zugewinn auf Seiten des Zu-

239 BGH, FamRZ 1991, 1169, 1171 = NJW 1991, 2553. Vgl. auch BGH, FamRZ 1982, 778.

240 Vgl. das Beispiel Rn. 975.

241 In diesem Sinne auch LG Augsburg/OLG München, FamRZ 2004, 1378, m. Anm. *Wever.*

242 BGH, FamRZ 1991, 1169, 1171 = NJW 1991, 2553.

243 So auch OLG Frankfurt, FuR 2006, 132. Zur Höhe eines evtl. Ausgleichsanspruchs vgl. Rn. 1001 ff.

244 Vgl. dazu OLG Oldenburg, FamRZ 2008, 993 bei Rn. 985.

wendungsempfängers gekommen ist, weil er **Vermögen zu ehefremden Zwecken ausgegeben** hat, ohne dass einer der in § 1375 II BGB genannten Fälle vorliegt.

Der Umstand, dass ein zunächst gegebener Anspruch auf **Zugewinnausgleich inzwischen verjährt** ist, hat nicht zur Folge, dass nunmehr ein ansonsten nicht bestehender Anspruch aus § 313 BGB zum Zuge kommt. Es hat vielmehr auch in einem solchen Falle bei dem grundsätzlichen Nachrang des Anspruchs aus § 313 BGB zu verbleiben[245]. Soweit die Anwendung der Verjährungsvorschriften zu einem untragbaren Ergebnis führt[246], hat eine nach Treu und Glauben (§ 242 BGB) gebotene Korrektur an dieser Stelle (Berufung auf Verjährung des Zugewinnausgleichsanspruchs als unzulässige Rechtsausübung), nicht aber über einen schuldrechtlichen Ausgleichsanspruch stattzufinden[247]. **971**

b) Dingliche Rückgewähr

In besonderen Fällen kann auch bei gesetzlichem Güterstand einmal an einen Anspruch auf gegenständliche, dingliche Rückgewähr des zugewendeten Vermögensobjekts zu denken sein. Ein solcher – dann ausnahmsweise vom Güterrecht nicht verdrängter – Anspruch kann aber nur bestehen, wenn der Zuwendende ein **schutzwürdiges Interesse** gerade an der Rückübertragung des Vermögensobjekts selbst hat und es unerträglich erscheint, dass der andere Ehegatte das Eigentum daran behält, statt es – gegen Zahlung eines angemessenen Ausgleichs – zurückzuübertragen[248] (Beispiel: die auf die Bedürfnisse des Zuwendenden besonders zugeschnittene Immobilie). Dazu näher Rn. 1021 ff. In aller Regel sind aber die Interessen des Zuwendenden ausreichend gewahrt, wenn er über den Zugewinnausgleich einen (teilweisen) finanziellen Wertausgleich erhält[249]. **972**

Ein Ausgleich über § 313 BGB muss auch dann ausscheiden, wenn die Möglichkeit einer Korrektur der dinglichen Vermögenslage über **§ 1383 BGB** (Übertragung von Vermögensgegenständen im Rahmen des Zugewinnausgleichs) besteht[250]. Dieser Weg wird in der Praxis zu wenig be- **973**

---

245 OLG Düsseldorf, FamRZ 2003, 872, 873 = FamRB 2003, 279 *(Heinle)*.

246 In dem vom OLG Düsseldorf (Fn. 245) entschiedenen Fall hatte der Ehemann, der seiner Ehefrau Immobilienanteile zugewendet hatte, erst 14 Jahre nach der Scheidung erfahren, dass ein vor den Zuwendungen geborenes Kind nicht von ihm stammte.

247 In diesem Sinne auch *Brudermüller*, NJW 2003, 3166, 3167; anders *Bergschneider*, Anm. FamRZ 2003, 873.

248 Vgl. BGH, FamRZ 1991, 1169, 1171 = NJW 1991, 2553; FamRZ 1982, 246, 248 = NJW 1982, 1093; OLG Bremen, FamRZ 2017, 279, 281 = NJW 2017, 1120.

249 So auch angenommen im Fall OLG Bremen, FamRZ 2017, 279 = NJW 2017, 1120 (Verlangen der Rückübertragung einer Lebensversicherung).

250 Eine entsprechende Regelung sieht für den Güterstand der Wahl-Zugewinngemeinschaft Art. 12 II des Abkommens zwischen der Bundesrepublik Deutschland und der Französi-

dacht[251]. Er kommt allerdings auch nur in Betracht, wenn der Rückgewähr Fordernde auch Zugewinnausgleichsberechtigter ist und sein Zugewinnausgleichsanspruch mindestens den Wert des fraglichen Vermögensobjekts hat[252]. An diese Möglichkeit ist etwa zu denken, wenn eine zugewinnausgleichsberechtigte Ehefrau den während der Ehe auf ihren Mann übertragenen Miteigentumsanteil am Familienheim zurückerhalten möchte[253].

974 Für das **Beispiel** zu Rn. 967 folgt daraus:

Da M über den Zugewinnausgleich die Hälfte des Wertes seiner Zuwendung zurückerhält und ein besonderes schutzwürdiges Interesse des M, die Eigentumswohnung zurückzubekommen, nicht ersichtlich ist, scheidet ein Rückgriff auf Wegfall der Geschäftsgrundlage aus. M hat keinen Anspruch aus § 313 BGB, weder auf einen (weiteren) finanziellen Ausgleich noch auf dingliche Rückgewähr.

Der zuletzt angesprochene Weg über § 1383 BGB wird bei dieser Fallgestaltung nicht gangbar sein. Mit einem Antrag, ihm hälftiges Miteigentum im Rahmen des Zugewinnausgleichs zu übertragen, würde M jedenfalls deshalb keinen Erfolg haben, weil durch die Begründung von Mit- anstelle von Alleineigentum ein neuer Konfliktpunkt geschaffen würde und dies der F nicht zumutbar ist[254].

975 **Abwandlung:** Nimmt man bei im Übrigen unverändertem Sachverhalt an, dass F – z.B. aufgrund einer gescheiterten Geschäftsgründung – bei Zustellung des Scheidungsantrags neben der Eigentumswohnung 200.000 € Schulden hat, verbessern sich die Chancen des M auf einen (finanziellen Ausgleichs-) Anspruch wegen Wegfalls der Geschäftsgrundlage seiner Zuwendung.

M geht nämlich jetzt wegen fehlenden Zugewinns auf Seiten der F güterrechtlich leer aus. Ob dieses Ergebnis für ihn untragbar erscheint, hängt von den weiteren Einzelfallumständen ab (vgl. dazu die Kriterien Rn. 958 f.). Hier kann u.a. die gegenwärtige Einkommens- und Vermögenssituation der Ehegatten und die Frage von Bedeutung sein, wie es zu der Verschuldung der F bei Rechtshängigkeit der Scheidung gekommen ist.

Allerdings wird M in keinem Falle den vollen Wert seiner Zuwendung zurückbekommen können[255]. Er darf nicht mehr erhalten, als über den Zugewinnausgleich an ihn zurückgeflossen wäre, wenn F sich nicht verschuldet hätte[256].

3. Rückgewähranspruch und Zugewinnausgleich

976 Ist ausnahmsweise ein **Anspruch auf dingliche Rückübertragung** gegeben, muss dieser, ebenso wie eventuelle Gegenansprüche auf finanziellen Ausgleich, als Abrechnungsposten beim Zugewinnausgleich berück-

schen Republik über den Güterstand der Wahl-Zugewinngemeinschaft (BGBl. II 2012, 178) vor.

251 *Braeuer*, FPR 2011, 75, 76; *Götz/Schnitzler/Wever*, S. 187, 199.

252 Zum Anspruch auf Übertragung von Vermögensgegenständen nach § 1383 BGB auch *Schwolow*, FuR 2012, 460.

253 Weitere Beispiele bei *Braeuer*, Rn. 529.

254 Vgl. *Götz/Schnitzler/Wever*, S. 187, 200.

255 So aber OLG München, FamRZ 1999, 1663, bei vergleichbarer Fallgestaltung.

256 So mit Recht MAH/*Kogel*, 3. Aufl., § 21 Rn. 28. Vgl. dazu Rn. 1019.

sichtigt werden[257]. Dies folgt daraus, dass der Rückgewähranspruch in der Regel mit dem Scheitern der Ehe im Sinne der endgültigen Trennung entsteht[258], also bei Rechtshängigkeit der Scheidung, dem Stichtag für die Berechnung des Zugewinnausgleichs, bereits existent ist.

Wird über die Rückabwicklung vor der Durchführung des Zugewinnausgleichs entschieden, soll nach Ansicht des BGH[259] der zugewendete Gegenstand regelmäßig nur Zug um Zug gegen eine Ausgleichszahlung zurückzugewähren sein, die dem Wert der Zuwendung entspricht. Auf diese Weise soll die Rückabwicklung auf die gegenständliche Rückgewähr der Zuwendung beschränkt werden, ohne dass wertmäßig dem Mechanismus des Zugewinnausgleichs vorgegriffen wird. Zu Bedenken gegen eine solche Vorgehensweise Rn. 1028. **977**

Ein **finanzieller Ausgleichsanspruch** ist dagegen nicht in die Zugewinnausgleichsbilanz einzustellen. Denn ein solcher Anspruch dient gerade dazu, das unbefriedigende Ergebnis des Zugewinnausgleichs zu kompensieren[260], anders als der Anspruch auf gegenständliche Rückgewähr, der in erster Linie dem Bedürfnis nach Rückerhalt des zugewendeten Gegenstandes selbst Rechnung tragen will. **978**

4. Beispiele aus der Rechtsprechung

Rückabwicklungsbegehren bei bestehender Zugewinngemeinschaft sind in der Rechtsprechung **meist erfolglos** gewesen[261]. Gleichwohl gibt es immer wieder auch Fälle, in denen Ehegatten, die eine Rückabwicklung verlangten, bei den Gerichten – ggf. mit Billigung des BGH – **erfolgreich** waren. Dazu einige Beispiele[262]: **979**

257 BGH, FamRZ 2007, 877 = NJW 2007, 1744. – Zur möglichen Geltendmachung eines Zurückbehaltungsrechtes gegenüber dem Rückübertragungsanspruch wegen eines Anspruchs auf Zugewinnausgleich vgl. BGH, FamRZ 1985, 48, m. Anm. *Seutemann* S. 153 = NJW 1985, 189; *Hansen-Tilker*, FamRZ 1997, 1188. Zum Zurückbehaltungsrecht auch Rn. 515. – Zur Problematik eines beim Zugewinnausgleich nicht berücksichtigten Anspruchs vgl. Rn. 1029, 478.

258 Vgl. Rn. 1044 ff.

259 FamRZ 2007, 877, 878 = NJW 2007, 1744; zust. *Hoppenz*, FPR 2012, 84, 86.

260 Vgl. auch *Hoppenz*, FamRZ 2009, 197 (Anm.); anders *Götz/Schnitzler/Brudermüller*, S. 205, 209, 213 u. 214.

261 Zuletzt: OLG Bremen, FamRZ 2017, 279 = NJW 2017, 1120 = NZFam 2017, 178 *(Reinken)*, m. Bespr. *Weinreich*, FF 2017, 107; OLG Frankfurt, FuR 2006, 132; LG Augsburg/OLG München, FamRZ 2004, 1378, m. Anm. *Wever;* OLG München, FamRZ 2003, 312 = FamRB 2003, 313 *(Großmann)* (Zuwendung aus Anfangsvermögen); OLG München, FamRZ 2002, 393 (verlangt war dingliche Rückgewähr des Miteigentumsanteils an einem Grundstück); OLG Braunschweig, MDR 2001, 1242; OLG Oldenburg, FamRZ 1998, 1172.

262 Weitere erfolgversprechende oder erfolgreiche Ausgleichsklagen: OLG Bremen, FamRZ 1999, 1503 = NJW 2000, 82; OLG Frankfurt, FamRZ 2001, 158 [LS] = FF 2002, 173, mit zu Recht abl. Anm. *Kogel*.

980 – Im Jahre 1977 hatte beim BGH[263] das dingliche Rückgewährverlangen eines mit seiner Frau im gesetzlichen Güterstand lebenden Mannes Erfolg. Der Mann hatte seiner Frau den hälftigen Anteil an seinem Hausgrundstück zugewendet, das er allein finanziert hatte und das in erster Linie seiner Altersvorsorge dienen sollte, an der er die Frau jedoch beteiligen wollte. Die Frau war nach Scheidung und Wiederheirat darauf aber nicht angewiesen. Der BGH hielt das Ergebnis der von der Frau betriebenen Teilungsversteigerung für dem Mann schlechthin nicht zumutbar und nahm einen Anspruch auf dingliche Rückgewähr an, Zug um Zug gegen Zahlung eines finanziellen Ausgleichs[264].

Ob die Gründe für eine dingliche Rückübertragung des halben Hausgrundstücks wirklich zwingend waren, erscheint zweifelhaft. Überzeugend wäre die Lösung gewesen, wenn der Mann aus besonderen Gründen auf den Rückerhalt des Hauses angewiesen gewesen wäre (z.B. behindertengerecht ausgestattetes Haus). Die Entscheidung ist aus heutiger Sicht als sehr großzügig zu bewerten. Gegenbeispiele sind zwei Entscheidungen des BGH aus den Jahren 1981 bzw. 1982[265], in denen Klagen auf Rückübertragung des Miteigentumsanteils an Grundstücken zu Recht erfolglos geblieben sind.

981 – Ganz untypische Verhältnisse führten in der Entscheidung des BGH vom 24.11.1993[266] zu einem erfolgreichen Ausgleichsbegehren. Der Ehemann hatte der Frau kurz nach der Eheschließung ein Wertpapierdepot übertragen, das das Ergebnis seiner Ersparnisse während seines Erwerbslebens und seiner langjährigen ersten Ehe darstellte. Es handelte sich um eine vom Versorgungsgedanken geprägte Altersehe, die nicht zu einer echten Lebensgemeinschaft mit gemeinsamer Haushaltsführung werden sollte und bereits nach wenigen Monaten scheiterte.

982 – Ungewöhnlich waren die Umstände auch, die einer Entscheidung des BGH vom 3.11.1993[267] zugrunde lagen. Die Zuwendung war nach Zustellung des Scheidungsantrags erfolgt, nämlich während eines – nach Versöhnung der Ehegatten – zum Ruhen gebrachten Scheidungsverfahrens. Ein teilweiser Rückausgleich über die güterrechtliche Auseinandersetzung konnte damit nicht stattfinden, so dass ein Ausgleich über Wegfall der Geschäftsgrundlage möglich war.

263 BGH, FamRZ 1977, 458 = NJW 1977, 1234.
264 Vgl. dazu Rn. 1021 ff.
265 FamRZ 1982, 778 u. FamRZ 1982, 246.
266 FamRZ 1994, 503.
267 FamRZ 1994, 228.

- Erfolgreich war eine Rückgewährklage mit dem Hilfsantrag auf Gewährung eines finanziellen Ausgleichs in einer Entscheidung des OLG Stuttgart[268], die der BGH im Prozesskostenhilfeverfahren für die Revisionsinstanz gebilligt hat. Der Ehemann hatte Versicherungsleistungen im Umfang von 230.000 DM, die er als Schadensausgleich für eine während der Ehe bei einem Verkehrsunfall erlittene schwere Verletzung beider Augen erhalten hatte, in die Bebauung eines Hausgrundstücks investiert, an dem die Ehegatten jeweils hälftig erbbaurechtsberechtigt waren. Güterrechtlich konnte der Mann keinen Ausgleich erhalten, weil der Wertzuwachs des Grundstücks durch die Bebauung zugleich das Endvermögen und den Zugewinn beider Ehegatten darstellte, so dass sich keine Wertdifferenz ergab. Das OLG hat zwar den Antrag auf Übertragung des Anteils der Frau an dem Grundstück auf den Mann mit der Folge abgewiesen, dass das von der Frau betriebene Teilungsversteigerungsverfahren seinen Fortgang nehmen konnte. Es hat dem Mann aber einen finanziellen Ausgleich zuerkannt. Dabei ist das Gericht davon ausgegangen, dass der Mann, hätte er die Zuwendung nicht vorgenommen, dem dann bestehenden Anspruch der Frau auf Zugewinnausgleich gegenüber ein Leistungsverweigerungsrecht wegen grober Unbilligkeit nach § 1381 BGB gehabt hätte. Die Entscheidung enthält insbesondere auch informative Ausführungen zur – an den Umständen des Einzelfalls orientierten – Höhe des Ausgleichsanspruchs. **983**
- Vor dem OLG München[269] erfolgreich war (bei rechnerisch wohl nicht gegebenem Anspruch auf Zugewinnausgleich) die Klage einer mittellosen, drei gemeinsame Kinder betreuenden Ehefrau, deren Erbschaft in den Hausbau auf dem Grundstück des Ehemannes geflossen war und die davon nicht mehr profitiert hatte, weil die Parteien sich kurz nach Fertigstellung des Hauses trennten. **984**
- Teilweise erfolgreich war vor dem OLG Oldenburg[270] auch die Klage einer Ehefrau, die das von der Versicherung nach einem vom Mann verursachten Verkehrsunfall mit Dauerschäden erhaltene Geld (100.000 DM) für die Errichtung des Familienheims auf dem Grundstück des Mannes zur Verfügung gestellt hatte. Die Ehe war kurz nach Bezug des Hauses gescheitert; dieses wurde nun vom Ehemann mit seiner Lebensgefährtin bewohnt. Im Hinblick auf ein hohes Anfangsvermögen und hohe Belastungen im Endvermögen des Mannes hatte die Frau keinen Anspruch auf Zugewinnausgleich. Das Erfordernis eines Ausgleichs und dessen Höhe (13.000 €, nämlich ¼ des von ihr zur **985**

---

268 FamRZ 1994, 1326.

269 FamRZ 1999, 1663.

270 OLG Oldenburg, FamRZ 2008, 993 = FamRB 2008, 166 *(Heinle)*.

Verfügung gestellten Betrages) stützt das OLG vor allem auf folgende Umstände: Herkunft und Zweckbestimmung des dem Mann zur Verfügung gestellten Geldes (Schadensersatz für schwere und dauerhafte Unfallfolgen); Situation der Frau (an den Unfallfolgen leidend, erwerbsunfähig, vermögenslos, wenn auch wegen Bezugs einer Unfall- und einer Erwerbsunfähigkeitsrente kein Notbedarfsfall i.S. von § 528 BGB); nur kurzfristige Nutzung des Familienheims durch die Frau, dagegen anhaltende Nutzung durch den Mann mit neuer Lebensgefährtin.

5. Fazit

986 Nach der – dogmatisch konsequenten – Rechtsprechung des BGH haben Rückabwicklungsbegehren bei bestehender Zugewinngemeinschaft nur in eher **seltenen Ausnahmefällen Erfolg**[271]:

– Regelmäßig stehen entweder die Ehegatten bei Durchführung des grundsätzlich vorrangigen Zugewinnausgleichs wirtschaftlich ohnehin so, wie sie ohne die Zuwendung gestanden hätten, oder der Zugewinnausgleich bewirkt, dass der zuwendende Ehegatte jedenfalls einen Teil des Wertes seiner Zuwendung zurückerhält. Dann aber ist eine Vermögenssituation gegeben, die dem Zuwendenden in aller Regel zugemutet werden kann, so dass für einen gesonderten finanziellen Ausgleich über Wegfall der Geschäftsgrundlage kein Raum ist.

– Ein Anspruch auf dingliche Rückgewähr des zugewendeten Vermögensobjektes besteht regelmäßig ebenfalls nicht. Ein solcher Anspruch setzt ein besonderes, schützenswertes Interesse des Zuwendenden gerade am Rückerhalt dieses Objekts voraus, das nur in außergewöhnlichen Fällen anzunehmen ist.

III. Rückabwicklung bei Gütertrennung

1. Grundsätze

987 Haben die Ehegatten wirksam Gütertrennung vereinbart – was bei Anhaltspunkten zu Zweifeln zu prüfen ist[272] –, kann es auf güterrechtlichem Wege nicht zu einem teilweisen Rückausgleich ehebezogener Zu-

271 Der BGH spricht wiederholt von „extremen Ausnahmefällen“: FamRZ 1994, 503; FamRZ 1993, 289, 292 = NJW 1993, 385; FamRZ 1991, 1169, 1171 = NJW 1991, 2553. Vgl. auch BGH, FamRZ 1997, 933 = NJW 1997, 2747.

272 Zwar halten Gütertrennungsvereinbarungen nach der Rechtsprechung des BGH (Kernbereichslehre) für sich genommen regelmäßig einer Inhaltskontrolle stand (vgl. dazu Rn. 1224). Zu denken ist aber insbesondere an die Möglichkeit, dass die Unwirksamkeit von Klauseln, die andere Bereiche betreffen, zu einer Gesamtnichtigkeit führen können, wie auch an die Fälle einer Sittenwidrigkeit wegen „subjektiver Imparität“ (Ausnutzung

wendungen kommen. Entsprechend kann die Situation bei ehevertraglich modifizierter Zugewinngemeinschaft (kein Ausgleich bei Ehescheidung) sein[273]. Der grundsätzliche Vorrang eines vorhandenen güterrechtlichen Ausgleichsmechanismus steht der Anwendung des § 313 BGB also nicht entgegen. Der Weg zu einem schuldrechtlichen Ausgleich über Wegfall der Geschäftsgrundlage ist grundsätzlich frei. Ob ein Rückgewähr- oder Ausgleichsanspruch besteht, entscheidet sich danach, ob die Beibehaltung der durch die Zuwendung geschaffenen Vermögenslage dem Zuwendenden **unzumutbar** ist (vgl. zu diesem bei Gütertrennung maßgebenden, gegenüber den Fällen bei gesetzlichem Güterstand etwas abgemilderten Maßstab schon Rn. 951), und zwar unter Berücksichtigung dessen, dass der Zuwendende es – trotz vereinbarter Gütertrennung – einmal für richtig gehalten hat, dem anderen Ehegatten die Zuwendung zukommen zu lassen.

Dabei spielt nach der Rechtsprechung des BGH auf der einen Seite **988**
eine Rolle, dass auch im Falle der Gütertrennung eine angemessene Beteiligung beider Ehegatten an dem gemeinsam Erarbeiteten dem Charakter der ehelichen Lebensgemeinschaft als einer Schicksals- und Risikogemeinschaft entspricht[274]. Auf der anderen Seite darf der von den Parteien gewählte Güterstand der Gütertrennung nicht ausgehöhlt, also nicht auf Umwegen in eine Zugewinngemeinschaft kraft Richterrechts umgewandelt werden[275]. So ist eine Korrektur der Vermögenslage beim Scheitern der Ehe zwar eher möglich als bei der Zugewinngemeinschaft, sie muss sich aber gleichwohl auf Ausnahmefälle beschränken[276].

Maßgebend ist nach der Rechtsprechung des BGH eine **Gesamtwürdigung der Umstände des Einzelfalls**. Dabei sind die zu Rn. 953–961 **989**
genannten Kriterien heranzuziehen. Insbesondere dem individuellen Zweck der Zuwendung ist Beachtung zu schenken; ihm sollte gerade in den Gütertrennungsfällen vorrangige Bedeutung beigemessen werden[277].

Auch hier kommt nur in den zu Rn. 1021 f. geschilderten Ausnahme- **990**
fällen ein Anspruch auf dinglichen Rückausgleich des zugewendeten Vermögensgegenstandes selbst, eher hingegen schon ein finanzieller Ausgleich dafür in Betracht, dass die Früchte der Vermögensübertragung nun allein dem anderen Ehegatten zugute kommen und insbesondere auch die

einer Zwangslage, einer sozialen oder wirtschaftlichen Abhängigkeit oder einer intellektuellen Unterlegenheit); vgl. *Bergschneider*, Rn. 549 f.

273 Vgl. *Arens*, FamRZ 2000, 266, 267.

274 BGH, FamRZ 2012, 1789, 1791 = NJW 2012, 3374; FamRZ 1990, 855, 856.

275 BGH, FamRZ 1990, 855, 856.

276 So auch OLG Bremen, FamRZ 2008, 2117; *Hoppenz*, FamRZ 2012, 1791, 1792 (Anm.); *Winklmair*, FamRZ 2006, 1650; *Röthel*, Jura 2006, 641, 646.

277 Vgl. auch *Schwab/Borth*, IX Rn. 72; *Jaeger*, DNotZ 1991, 431, 463 ff., mit Fallgruppen.

Möglichkeit der weiteren Mitnutzung für den Zuwendenden entfällt. Das Ergebnis einer gerichtlichen Auseinandersetzung ist insgesamt schwerer vorhersehbar als bei gesetzlichem Güterstand.

991 Mit der Situation bei einem **Güterstandswechsel** von der Zugewinngemeinschaft zur Gütertrennung während intakter Ehe befasst sich eine Entscheidung des BGH vom 23.4.1997[278]. Danach ist für den anzulegenden Maßstab zunächst maßgebend, in welchem Güterstand die Ehegatten im Zeitpunkt der Zuwendung lebten. Lebten sie noch im gesetzlichen Güterstand mit der Folge, dass dies einem schuldrechtlichen Ausgleich grundsätzlich entgegensteht, ist die Möglichkeit zu bedenken, ob nicht auch der anschließende ehevertragliche Verzicht auf einen güterrechtlichen Ausgleich bei Vereinbarung der Gütertrennung eine ehebezogene Zuwendung darstellt[279]. Allerdings dürfte der Zugewinnausgleichsverzicht in der Regel mit dem Willen auf einen Verzicht auch auf schuldrechtliche Ausgleichsansprüche wegen der erfolgten Zuwendung verbunden sein[280].

2. Beispiele aus der Rechtsprechung

992 Rückabwicklungsbegehren bei Gütertrennung sind nicht immer, aber immerhin häufiger als bei gesetzlichem Güterstand erfolgreich. Einige Beispiele[281]:

993 – Immer wieder werden die Gerichte mit dem klassischen Fall befasst: Der Ehemann, Alleinverdiener, überträgt der Frau, die den Haushalt versorgt und die Kinder betreut, einen Anteil an seinem Grundstück (oder er investiert finanziell in das gemeinsame Grundstück oder überträgt der Frau Wertpapieranteile). Infolge der vereinbarten Gütertrennung ist nach dem Scheitern der Ehe ein Ausgleich über das Güterrecht ausgeschlossen. Der Mann möchte daher unter dem Gesichtspunkt des Wegfalls der Geschäftsgrundlage einen dinglichen, zumindest aber einen finanziellen Rückausgleich erlangen[282].

In solchen Fällen beurteilen die Gerichte, wenn nicht besondere Umstände vorliegen, die dieses Ergebnis grob unbillig erscheinen lassen, die Situation regelmäßig so, wie das OLG Bamberg in einer Entschei-

278 FamRZ 1997, 933 = NJW 1997, 2747.

279 Vgl. schon Rn. 894 a.E.

280 In diesem Sinne auch *Münch*, Rn. 1246.

281 Weitere (teilweise) erfolgreiche Ausgleichsbegehren aus jüngerer Zeit: OLG München, FamRZ 2004, 1874 (es handelt sich dabei um den Beispielsfall Rn. 897), m. Anm. *Wever;* OLG Düsseldorf, NJW-RR 2003, 1513 = FamRB 2004, 37 *(Wever).*

282 Vgl. etwa: OLG Bamberg, FamRZ 1995, 234; OLG Düsseldorf, FamRZ 1995, 1146, im Falle einer befreienden Schuldübernahme; OLG Düsseldorf, NJW-RR 1996, 467, in einem Fall, in dem die Frau dem Mann das Miteigentum an ihrem Grundstück übertragen hatte; LG Paderborn, FamRZ 2006, 1123.

dung aus dem Jahre 1994[283]: Die erfolgte Zuwendung stellt sich als angemessene Beteiligung der Frau an dem gemeinsam von beiden Ehegatten – vom Mann durch seine Erwerbstätigkeit, von der Frau durch ihre gleichwertige Arbeit als Hausfrau und Mutter – Erarbeiteten dar. Das Institut des Wegfalls der Geschäftsgrundlage ist nicht dazu bestimmt, den Zuwendenden vor den Folgen seiner eigenen Entscheidungen zu bewahren und ihn womöglich sogar noch besser zu stellen, als er bei gesetzlichem Güterstand stünde.

– Ebenso werden Ausgleichsansprüche abgelehnt, wenn die Zuwendung **994** von vornherein dem Ausgleich des Nachteils dienen sollte, den der Zuwendungsempfänger durch die Vereinbarung von Gütertrennung hatte[284], oder wenn sie vermögenswerte Leistungen des Empfängers in der Vergangenheit ausgleichen sollte[285].

– Allerdings kommt es immer auf die Umstände des Einzelfalls an, auf **995** die Frage nach der Dauer der Ehe etwa, dem Alter und der Versorgungssituation der Ehegatten, auf die Frage, ob der Mann das zugewendete Vermögensobjekt vor der Ehe oder mit erst während der Ehe erworbenen Mitteln angeschafft hat, und vor allem auf den besonderen Zweck der Zuwendung. Besondere Umstände, die eine Beibehaltung der bisherigen Vermögenssituation grob ungerecht erscheinen lassen, hat der BGH in mehreren Fällen mit der Folge der Zurückverweisung zur weiteren Aufklärung für möglich gehalten. In einer Entscheidung aus dem Jahre 1991[286] hatte die Übertragung des Miteigentumsanteils des Mannes am gemeinsamen Grundstück auf die Frau zumindest auch dem Zweck gedient, Unternehmensgläubigern des Mannes den Zugriff auf das Grundstück zu erschweren und dieses für die Familie zu erhalten. In einer Entscheidung aus dem Jahre 1987[287] hatte der Mann der Frau das Erbbaurecht an dem mit dem Familienheim bebauten Grundstück zunächst zur Hälfte und später vollständig übertragen. Die durch die Übertragung der ersten Hälfte geschaffene Rechts- und Vermögenslage trug nach Ansicht des BGH den beiderseitigen Beiträgen zur ehelichen Lebensgestaltung angemessen Rechnung, die spätere Übertragung der zweiten Hälfte möglicherweise nicht, so dass insoweit ein Ausgleichsanspruch in Betracht kam[288].

283 FamRZ 1995, 234. Richtigerweise hätte das OLG allerdings nicht bereits einen Wegfall der Geschäftsgrundlage, sondern nur die Unzumutbarkeit der eingetretenen Vermögenslage für den Mann verneinen dürfen.
284 Vgl. OLG Stuttgart, NJW-RR 1988, 134; OLG Frankfurt, FamRZ 1981, 778.
285 OLG Bremen, FamRZ 2000, 671.
286 FamRZ 1992, 293 = NJW 1992, 238.
287 FamRZ 1988, 481.
288 Vgl. auch BGH, FamRZ 1989, 599 = NJW 1989, 1986; FamRZ 1988, 482, und FamRZ 1972, 201 = NJW 1972, 580.

996 – Auch in einer Entscheidung vom 19.9.2012[289] hat der BGH einen Ausgleichsanspruch für möglich gehalten. Der Ehemann hatte – und zwar auch schon vor der geplanten Heirat[290] – Zahlungen auf gemeinsam aufgenommene Darlehen geleistet, die der Finanzierung der im Alleineigentum der Frau stehenden Immobilie gedient hatten. Das OLG hatte Gesamtleistungen des Mannes von 76.000 € angenommen, einen Ausgleichsanspruch aber u.a. im Hinblick auf einen Vermögensaufbau auch auf seiner Seite mangels Unzumutbarkeit abgelehnt. Der BGH beanstandet unzureichende Feststellungen des OLG zu den relevanten Einzelfallumständen, insbesondere zu der Frage, in welchem Umfang die Leistungen des Mannes zu einem messbaren und noch vorhandenen Vermögenszuwachs auf Seiten der Frau geführt haben; dabei sei zwischen Zins- und Tilgungsleistungen zu differenzieren. Die Entscheidung überzeugt nicht. Zum einen setzt sie sich nicht mit dem beim Gesamtschuldnerausgleich (hier ging es um den Abtrag einer Gesamtschuld während des Zusammenlebens) anerkannten Grundsatz auseinander, wonach der die Schuld während des Zusammenlebens Bedienende in der Regel keinen nachträglichen Ausgleich verlangen kann[291]; sie geht auch nicht auf die Abgrenzung der Anwendungsbereiche des § 426 BGB und des § 313 BGB ein[292]. Zum andern trägt sie der Bedeutung der vereinbarten Gütertrennung nicht hinreichend Rechnung und setzt die Schwelle für einen Eingriff zu niedrig an[293].

997 – Erfolgreich war die Klage eines Ehemannes, der während der 37-jährigen Ehe seiner Frau bei gleichzeitiger Vereinbarung von Gütertrennung das von seinen Eltern erworbene Hausgrundstück übertragen hatte, um es vor dem Zugriff von Gläubigern seiner in wirtschaftliche Schwierigkeiten geratenen Einzelfirma zu schützen, in der die Frau mitarbeitete. Das OLG Karlsruhe[294] hat ihm nach der Scheidung die Hälfte des Erlöses zugesprochen, den die Frau bei der späteren Weiterveräußerung des Grundstücks an eins der vier gemeinsamen Kinder erzielt hatte. Im Rahmen der Gesamtwürdigung aller Umstände stellt das Gericht dabei entscheidend darauf ab, dass beiden im bzw. kurz vor dem Rentenalter stehenden Eheleuten außer dem Grundstück, an dem während der Ehe verschiedene Verbesserungen und Ausbauten vorgenommen worden waren, im Wesentlichen kein Vermögen ver-

289 BGH, FamRZ 2012, 1789, m. Anm. *Hoppenz* S. 1791 u. Anm. *Schulz*, FF 2012, 501 = NJW 2012, 3374 = FamRB 2012, 361 *(Wever)*.
290 Vgl. dazu Rn. 1078.
291 Vgl. Rn. 363.
292 Vgl. dazu Rn. 895.
293 In diesem Sinne auch *Hoppenz*, FamRZ 2012, 1791 (Anm.). Vgl. auch Rn. 998.
294 FamRZ 2001, 1075.

blieben war und beide in gleicher Weise zum Erhalt und zur Vermehrung des Vermögens beigetragen hatten.

3. Fazit und Kritik

- Bei Gütertrennung haben Rückabwicklungsbegehren **bessere Aussichten als bei gesetzlichem Güterstand.** Die Frage, ob die bisherige Vermögenszuordnung dem zuwendenden Ehegatten unzumutbar ist, entscheidet sich aufgrund einer Gesamtwürdigung der zu Rn. 953–961 beschriebenen Umstände des Einzelfalls. Die Respektierung des von den Ehegatten gewählten Güterstandes erfordert es aber, auch hier korrigierende Eingriffe auf **Ausnahmefälle** zu beschränken[295]. Dem trägt der BGH in seiner jüngeren Rechtsprechung nicht immer hinreichend Rechnung[296]. Er stellt zuletzt den schon in früheren Entscheidungen[297] angesprochenen Gedanken, auch bei Gütertrennung entspreche eine angemessene Beteiligung beider Ehegatten an dem gemeinsam erarbeiteten Vermögen dem Charakter der ehelichen Lebensgemeinschaft als einer Schicksals- und Risikogemeinschaft, in den Vordergrund und räumt der Tatsache, dass die Eheleute in diesen Fällen die vom gesetzlichen Güterstand vorgesehene Teilhabe gerade abgewählt haben, wenig Bedeutung ein[298]. Es wäre zu wünschen, dass der BGH zu seinen früheren strengeren Eingriffsmaßstäben zurückkehrt. Zweifellos – und auch vom BGH nicht anders beurteilt – ist die Annahme eines Ausnahmefalls dann ausgeschlossen, wenn die Zuwendung eine angemessene Beteiligung an dem gemeinsam Erarbeiteten darstellt. **998**
- Von den Fällen abgesehen, in denen der Empfänger mit der Zuwendung offensichtlich angemessen an dem gemeinsam Erarbeiteten beteiligt wird, ist bei einer gerichtlichen Auseinandersetzung das **Ergebnis schwer vorhersehbar**, was zu hohen Anforderungen bei der anwaltlichen Beratungspflicht führt[299]. Der vielfach an der Rechtspre- **999**

---

295 In diesem Sinne auch *Weinreich*, FamRZ 2014, 1889, 1893 f. Kritisch gegenüber der Betonung des in der Gütertrennungsvereinbarung zum Ausdruck kommenden Willens der Ehegatten dagegen *Dauner-Lieb*, FuR 2009, 361, 369 ff.

296 Mehr Großzügigkeit in der jüngeren Rspr. des BGH konstatiert auch *Grziwotz*, FamRZ 2014, 1549, 1550 (Anm.).

297 Etwa BGH, FamRZ 1990, 855, 856.

298 Vgl. BGH, FamRZ 2012, 1789, 1791 = NJW 2012, 3374, wo der noch in der Entscheidung BGH, FamRZ 1990, 855, 856, enthaltene Hinweis darauf fehlt, dass aber auch der gewählte Güterstand der Gütertrennung nicht ausgehöhlt werden dürfe. Zu der Entscheidung schon Rn. 996. Zu Recht kritisch auch *Hoppenz*, FamRZ 2012, 1791 (Anm.); *Koch*, FamRZ 2013, 831, 832.

299 Dazu OLG Düsseldorf, FamRZ 2011, 323; FamRZ 2004, 1647 = FamRB 2004, 246 *(Großmann)*: Neben der gebotenen sorgfältigen Sachverhaltsaufklärung durch Fragen an

chung kritisierte, vom BGH auch zugestandene[300] Mangel an Rechtssicherheit und Berechenbarkeit (vgl. zur Kritik an der Rechtsprechung schon Rn. 892) lässt sich aber – wie regelmäßig, wenn die Frage der Zumutbarkeit zu den Anspruchsvoraussetzungen gehört – nicht vermeiden. Denn zu zahlreich sind die Gesichtspunkte, die im Einzelfall eine Rolle spielen können, und zu sehr ist die Entscheidung das Ergebnis richterlicher Bewertung. Doch lässt sich dieser Mangel durch die Herausbildung möglichst präziser Kriterien in der Frage der Zumutbarkeit oder Unzumutbarkeit begrenzen[301]. Das kann zumindest in zweierlei Hinsicht geschehen: Zum einen sollte der besondere Zweck der jeweiligen Zuwendung (Rn. 953–957) stärker in den Vordergrund gestellt werden[302]. Zum zweiten sollte die Rechtsprechung den Abschlag für teilweise Zweckerreichung (infolge des Fortbestands der Ehe nach der Zuwendung) in gewissem Umfang berechenbar machen (dazu Rn. 1006 ff.).

1000 – Im Übrigen kann man aber sagen – und dies gilt ebenso für die Fälle, in denen die Ehegatten im gesetzlichen Güterstand leben: Die Rechtsprechung des BGH basiert zum einen auf einem **dogmatisch vertretbaren und richtigen Ansatz**, der dem Umstand Rechnung trägt, dass mit Zuwendungen unter Ehegatten meist ein besonderer, von dem der Schenkung abweichender Zweck verfolgt wird[303]. Die Verknüpfung der ehebezogenen Zuwendung mit einem (objektiv, aber nicht subjektiv unentgeltlichen und damit dem Schenkungsrecht entzogenen) familienrechtlichen Vertrag eigener Art zieht konsequenterweise die Anwendung des § 313 BGB beim endgültigen Scheitern der Ehe nach sich. Der Vorwurf einer rein ergebnisorientierten Billigkeitsjustiz[304] ist daher ungerechtfertigt. Die BGH-Rechtsprechung bietet und ermöglicht zum zweiten befriedigende, **dem Einzelfall gerecht werdende Ergebnisse**[305]. Über die Heranziehung des Instituts des Wegfalls der Geschäftsgrundlage wird eine Flexibilität ermöglicht, deren Fehlen etwa bei den „starren" Regelungen des Güterrechts in ihrer gerichtli-

---

den Mandanten nach allen relevanten Einzelfallumständen ist ein Hinweis auf das besonders hohe Verfahrensrisiko erforderlich.

300 BGH, FamRZ 1999, 1580, 1583 = NJW 1999, 2962.

301 Vgl. auch *Jaeger*, DNotZ 1991, 431, 471. Krit. *Wagenitz*, S. 173.

302 *Jaeger*, DNotZ 1991, 431, 463 ff.; 17. DFGT 2007, AK 18, Brühler Schriften zum Familienrecht, Bd. 15, 2008, S. 164. Vgl. auch *Staudinger/Thiele*, 2007, Rn. 21 vor § 1414.

303 Vgl. *Poelzig*, JZ 2012, 425 ff., die die Bedeutung der „unbenannten Zuwendung" als wichtiges Regelungsinstitut innerhalb und außerhalb des Familienrechts beschreibt.

304 So *Koch*, FamRZ 1995, 321, 323.

305 So auch *Falkner*, DNotZ 2013, 586; *Schulz*, FamRB 2004, 398, 400; *Schröder*, FamRZ 2001, 142; 17. DFGT 2007, AK 18, Brühler Schriften zum Familienrecht, Bd. 15, 2008, S. 164.

chen Anwendung vielfach vermisst wird[306] und deren Vorzüge nicht gering geschätzt werden sollten[307]. Die Maßgeblichkeit des Gesichtspunktes der Zumutbarkeit hat also auch eine positive Seite: Sie ermöglicht auf den Einzelfall abstellende, befriedigende Ergebnisse.

– Zur aktuellen Diskussion über eine mögliche **Weiterentwicklung der Rechtsprechung** vgl. Rn. 1220 ff.

IV. Inhalt und Umfang des Anspruchs auf Rückabwicklung

1. Finanzieller Ausgleichsanspruch

Besteht Anlass zur Korrektur der Vermögenslage, so hat der Ausgleich **in der Regel in Geld** zu erfolgen[308]. Das gilt auch dann, wenn Gegenstand der Zuwendung nicht ein Geldbetrag, sondern z.B. eine Immobilie war. Das hat seinen Grund darin, dass es zur Erreichung eines dem zuwendenden Ehegatten zumutbaren Ergebnisses meist nicht einer gegenständlichen Rückgewähr des Zuwendungsobjekts selbst bedarf, sondern ein finanzieller Ausgleich genügt. 1001

Die **Höhe des finanziellen Ausgleichsanspruchs** richtet sich nach den zu Rn. 953–961 genannten Kriterien. Diese Kriterien sind also sowohl für das Ob, als auch für das Wie bzw. für die Höhe des Anspruchs von Bedeutung. Von besonderem Gewicht sind dabei folgende Punkte: 1002

(1) Der Anspruch ist regelmäßig **nach oben begrenzt**: zum einen durch den Wert der erbrachten Zuwendung; zum anderen durch den Betrag, um den das Vermögen des Empfängers infolge der Zuwendung im Zeitpunkt des Scheiterns der Ehe noch gemehrt ist[309]. 1003

Erbringt ein Ehegatte Zins- und Tilgungsleistungen auf ein gemeinsames Darlehen, das der Finanzierung einer im Alleineigentum des anderen stehenden Immobilie dient, so sind Anknüpfungspunkt nicht die erbrachten Zahlungen, sondern der durch sie bewirkte Wertzuwachs[310]. Der BGH hält in einer Entscheidung vom 19.9.2012[311] im Übrigen eine Diffe- 1004

306 Vgl. dazu *Schwab*, Brühler Schriften zum Familienrecht, 11. DFGT, Bd. 9, 1996, S. 33, 40 ff.; *Götz/Schnitzler/Wever*, S. 187, 191.

307 Vgl. auch *Haas*, FamRZ 2002, 205, 212 u. 216.

308 Vgl. etwa BGH, FamRZ 1998, 669, 670.

309 Vgl. auch Rn. 959; BGH, FamRZ 1982, 910, 912 = NJW 1982, 2236; OLG Bremen, FamRZ 2008, 2117; *Arens*, FamRZ 2000, 266, 267; *Schulz/Hauß*, Rn. 1601. Zu einem Ausnahmefall, in dem ein Ausgleichsanspruch erwogen werden könnte, obwohl eine messbare Mehrung des Vermögens des Zuwendungsempfängers im maßgeblichen Zeitpunkt gerade nicht feststellbar ist (Investition in ein Unternehmen oder in eine selbständige Praxis), vgl. *Jaeger*, DNotZ 1991, 431, 466.

310 BGH, FamRZ 2012, 1789, 1791 = NJW 2012, 3374.

311 FamRZ 2012, 1789, 1791 = NJW 2012, 3374.

renzierung zwischen Zinsleistungen (die die laufenden Wohnkosten im Zusammenleben widerspiegelten und schon deshalb nicht auszugleichen seien, soweit sie nicht mit einem Wertzuwachs der Immobilie einhergingen) und Tilgungsleistungen für geboten.

1005 Ein eventueller **Wertzuwachs**, den der Zuwendungsgegenstand, etwa eine Immobilie, seit der Zuwendung erfahren hat, muss dem Empfänger verbleiben, auch wenn er nicht auf dessen Leistungen beruht[312]. Er ist also nicht auszugleichen. Das Gleiche gilt für **gezogene Nutzungen** (z.B. Mieteinnahmen)[313]. Dem Zuwendungsempfänger stehen als bisherigem Eigentümer sowohl die während der Zeit seiner dinglichen Berechtigung erfolgte Wertsteigerung als auch Nutzungen zu, die er gezogen hat.

1006 **(2)** Der Umstand, dass der Zweck der Zuwendung für den Zeitraum erreicht worden ist, in dem die Ehe Bestand gehabt hat, führt meist dazu, dass der Wert der Zuwendung nicht voll zurückgegeben werden muss (Gesichtspunkt der teilweisen Zweckerreichung). Denn die erwiesene Begünstigung ist nur für die Zeit nach dem Scheitern der Ehe zu entziehen[314]. Der Anspruch ist also je nach Ehedauer ab dem Zeitpunkt der Zuwendung zum Teil „abzuschreiben"[315]. Je länger die eheliche Lebensgemeinschaft nach der Zuwendung noch bestanden hat, je länger also der zuwendende Ehegatte noch am Vermögenswert der Zuwendung oder an dessen Früchten partizipiert hat, desto weniger ist im Regelfall auszugleichen[316]. Die Rechtsprechung hat den gebotenen **Abschlag für teilweise Zweckerreichung** in der Vergangenheit mehr oder weniger nach Gefühl vorgenommen. Im Interesse der Verbesserung der Rechtssicherheit erscheint es angezeigt, Kriterien zu entwickeln, die den ohnehin mit Unsicherheiten behafteten Rückgewähranspruch an dieser Stelle berechenbarer machen[317]. In der Literatur sind dazu in jüngerer Zeit Vorschläge gemacht worden:

1007 – *Krause*[318] schlägt vor, bei Zuwendung eines Grundstücks oder von Geld zum Erwerb eines Grundstücks (Familienheim) den Abschlag für teilweise Zweckerreichung nach dem Nutzungsvorteil zu errechnen, den der Zuwendende durch seine Mitnutzung bis zur Rückgewähr hatte. Dieser Ansatz ist an sich plausibel, hat aber den Nachteil,

---

312 Vgl. BGH, FamRZ 2006, 394, 396; OLG Düsseldorf, FamRZ 1995, 1148, 1149; *Henke/Keßler*, NZFam 2014, 307, 310; *Moes*, FamRZ 2016, 757, 760 (zu gemeinschaftsbezogenen Zuwendungen); dazu auch *Wever*, FamRZ 2016, 857, 861 sowie Rn. 1274; **a.A.** *Herr*, FuR 2015, 8; *Schulz/Hauß*, Rn,. 2103 (zu Schwiegerelternzuwendungen).

313 BGH FamRZ 1999, 1580, 1584.; vgl. schon Rn. 895 a.E.; **a.A.** *Herr*, FuR 2015, 8, 10.

314 BGH, FamRZ 1999, 365, 367 = NJW 1999, 353; OLG Bremen, FamRZ 2008, 2117.

315 So treffend *Herr*, NJW 2012, 3486, 3488.

316 Vgl. dazu OLG Stuttgart, FamRZ 1994, 1326, 1329.

317 Vgl. schon Rn. 999.

318 ZFE 2010, 284, 287 (zu Schwiegerelternzuwendungen).

dass er immer dann nicht weiter hilft, wenn Gegenstand der Zuwendung nicht ein (selbstgenutztes) Grundstück oder eine Geldzuwendung zum Erwerb eines solchen Grundstücks ist.

– *Schulz*[319] vertritt die Ansicht, der Zweck der Zuwendung könne „im Einzelfall" als erreicht angesehen werden, wenn die Ehe nach der Zuwendung noch 20 Jahre Bestand gehabt habe, mit der Folge, dass es dann regelmäßig keinen Ausgleich mehr geben dürfe. Bei einem Scheitern der Ehe 10 Jahre nach der Zuwendung erscheine es angemessen, den Rückgewähranspruch auf die Hälfte des zugewendeten Vermögenswertes zu beschränken. Dieser Vorschlag hat den Vorteil einer einfachen Berechnung und er ist auf sämtliche Fälle von ehebezogenen Zuwendungen anwendbar. Allerdings sieht er eine sehr pauschale Lösung vor, die den Besonderheiten der unterschiedlichen Eheverläufe nicht Rechnung trägt. Er erscheint auch nicht mit der Vorgabe des BGH[320] vereinbar, der – anlässlich der Erörterung der Behandlung von Schwiegerelternzuwendungen – ausgeführt hat, über die Art und Weise, wie dem Gesichtspunkt der teilweisen Zweckerreichung Geltung zu verschaffen sei, habe der Richter im Rahmen seines tatrichterlichen Ermessens zu befinden; eine schematische Betrachtungsweise verbiete sich. So hat der BGH in einer Entscheidung vom 26.11.2014[321] (ebenfalls zu Schwiegerelternzuwendungen) diesen Ansatz auch verworfen. Danach wird jede feste zeitliche Obergrenze, sei es auch ein anderer Zeitraum als 20 Jahre, ausscheiden. **1008**

– Sofern sich nicht im Einzelfall konkrete Anhaltspunkte dafür ergeben, dass die Ehegatten von einer Zweckerreichung zu einem bestimmten Zeitpunkt ausgegangen sind[322], bietet sich folgende Lösung an[323], die auch das OLG Bremen[324] favorisiert, während der BGH dazu bisher nicht Stellung genommen hat: Ausgangspunkt ist die Erwartung, die **1009**

319 *Schulz/Hauß*, Rn. 1597. Zustimmend: *Kogel*, FamRZ 2013, 512; *Büte*, FuR 2011, 664, 665. So auch, jeweils bei Schwiegerelternzuwendungen: OLG Düsseldorf, FamRZ 2015, 173 u. FamRZ 2014, 161; OLG Frankfurt, Beschl. v. 4.6.2012, 6 UF 12/12, juris = FamRB 2013, 237 *(Frank)* (für Zuwendungen, deren Wert im unteren bis mittleren Bereich liegt). Vgl. auch OLG Köln, FamRZ 2015, 1333, 1336: Zweckerreichung bei Geldinvestition in Immobilie nach 30 Jahren (bei Schwiegerelternzuwendung).

320 FamRZ 2010, 958, 963 f. = NJW 2010, 2202.

321 FamRZ 2015, 490, m. Anm. *Wever* = NJW 2015, 690 = FamRB 2015, 122 *(Wever)*.

322 Vgl. dazu auch BGH, FamRZ 2015, 490, Rn. 28 = NJW 2015, 690.

323 *Wever*, FamRZ 2013, 1 u. FamRZ 2013, 514; 19. DFGT, 2011, FamRZ 2011, 1921 (Vorstandsempfehlungen); AK 19, Brühler Schriften zum Familienrecht, Bd. 17, 2012, S. 119, 120; zustimmend *Herr*, NZFam 2015, 1033, 1034 f. Im gleichen Sinne auch *M. Schwab*, FamRZ 2010, 1701, 1703 (zur Begrenzung eines Bereicherungsanspruchs wegen Zweckverfehlung bei nichtehelicher Lebensgemeinschaft); *Weinreich*, FF 2011, 271, 275 (bei Zuwendungen in nichtehelicher Lebensgemeinschaft). Ähnlich *Schwab/Borth*, IX. Rn. 87 f.

324 FamRZ 2016, 504 = NJW 2016, 83, m. Anm. *Herr*, NZFam 2015, 963.

der zuwendende Ehegatte hat. Er macht die Zuwendung in der Annahme, die Ehe werde dauerhaft Bestand haben und er werde innerhalb der ehelichen Gemeinschaft an der Zuwendung teilhaben. Dann aber liegt es nahe, für die Bemessung des Abschlags für teilweise Zweckerreichung die Dauer der nach der Zuwendung bis zu ihrem Scheitern noch geführten Ehe ins Verhältnis zu setzen zur angenommenen Dauer der Ehe im Zeitpunkt der Zuwendung (Eheerwartung). Maßgebend ist danach die **Formel**:

Abschlag = beim Empfänger noch vorhandene Vermögensmehrung x Zeitraum zwischen Zuwendung und Scheitern der Ehe : Zeitraum der Eheerwartung im Zeitpunkt der Zuwendung.

1010 Als Eheerwartung könnte man die **Lebenserwartung** des Ehegatten mit der geringeren Lebenserwartung im Zeitpunkt der Zuwendung annehmen; sie kann mit Hilfe einer Sterbetabelle ermittelt werden[325]. Versicherungsmathematisch – genauer – wird die voraussichtliche Dauer der Ehe ab einem bestimmten Zeitpunkt (Eheerwartung) allerdings nicht nach der Lebenserwartung des Ehegatten mit der geringeren Lebenserwartung, sondern nach der sog. verbundenen Lebenserwartung beider Ehegatten bemessen, die dem Umstand Rechnung trägt, dass in einigen Fällen auch der Ehegatte mit der längeren Lebenserwartung zuerst verstirbt. Diese verbundene Lebenserwartung ist jedoch nicht in den Sterbetafeln ausgewiesen; entnehmen kann man sie z.B. den familienrechtlichen Berechnungen von *Gutdeutsch*[326].

1011 **Beispiel**:

M (geb. 1/1960) wendet F (geb. 1/1962) im Januar 2000 Wertpapiere im Wert von 100.000 € ehebezogen zu. Die Ehe scheitert im Januar 2010, also 10 Jahre später. Die Wertpapiere sind im Vermögen der F mit unverändertem Wert vorhanden. M verlangt Rückausgleich. Der Abschlag für teilweise Zweckerreichung errechnet sich wie folgt:

Ehedauer ab Zuwendung bis Scheitern der Ehe:	10 Jahre
Statistische Lebenserwartung M im Zeitpunkt der Zuwendung:	39,28 Jahre
Statistische Lebenserwartung F im Zeitpunkt der Zuwendung:	45,74 Jahre
Verbundene Lebenserwartung im Zeitpunkt der Zuwendung:	35,67 Jahre[327]
Abschlag für teilweise Zweckerreichung: 10 : 35,67 =	28,03 %

Ergebnis: Der Abschlag wegen teilweiser Zweckerreichung vom möglichen Rückgewähranspruch des M von maximal 100.000 € beträgt 28.030 €.

1012 Der errechnete Betrag sollte gerundet werden, im Beispiel auf 28.000 €, so dass noch ein möglicher Rückgewähranspruch von 72.000 € zur Debatte steht. Denn der Gesichtspunkt der teilweisen Zweckerrei-

325 Etwa http://www.statistik.at/Lebenserwartung/action.do.

326 WinFam, unter „Zugewinn und Vermögen/Rentenkapitalisierung", Eingabe (nur) des Alters der Ehegatten. Im Übrigen finden sich dort unter „Nebengüterrecht" Berechnungsbeispiele.

327 Nach WinFam (2017) bei Zugrundelegung der Sterbetafel 2013/15.

chung entzieht sich einer mathematisch genauen Berechnung. Im Übrigen soll die geschilderte Berechnungsweise auch lediglich einen Anhaltspunkt für den gem. § 113 I FamFG, § 287 ZPO tatrichterlich zu schätzenden Abschlag bieten.

Soweit gegen diese Berechnungsweise eingewandt wird, angesichts der Scheidungsstatistiken sei die Annahme unrealistisch, der zuwendende Ehegatte gehe vom dauerhaften Bestand der Ehe aus[328], ist dem entgegenzuhalten: Die Annahme des Zuwendenden, die Ehe werde Bestand haben, ist gerade Voraussetzung dafür, dass eine Vermögenszuwendung (in Abgrenzung zur Schenkung) als ehebezogene Zuwendung eingeordnet werden kann[329]. Und dass viele Ehegatten ungeachtet aller Statistiken bei ihrer Heirat darauf vertrauen, dass ihre Ehe zu den zwei Dritteln gehören wird, die Bestand haben, wird man kaum bezweifeln können[330]. Erst recht wird man davon ausgehen können, dass dann, wenn ein Ehegatte dem anderen Vermögen von, gemessen an den Verhältnissen der Eheleute, erheblichem Gewicht unentgeltlich zuwendet[331], im Zweifel die Annahme gerechtfertigt ist, er vertraue auf den dauerhaften Bestand der Ehe. **1013**

Die o.g. Berechnungsweise kann dazu führen, dass ein Rückausgleich auch dann in Betracht kommt, wenn die Ehe nach der Zuwendung noch Jahrzehnte Bestand gehabt hat. Das kann bei sehr werthaltigen Zuwendungen, etwa bei der Übertragung eines Hausgrundstücks, gerechtfertigt sein, bei weniger werthaltigen Zuwendungen aber fragwürdig erscheinen. Insofern mag die Annahme einer zeitlichen Obergrenze bei weniger werthaltigen Zuwendungen diskussionswürdig sein[332]. **1014**

Im Übrigen sind ohnehin **besonders gestaltete Einzelfälle** vorstellbar, in denen eine Abweichung von der vorgeschlagenen Berechnungsweise oder eine Korrektur des Ergebnisses angezeigt erscheinen kann[333]. Scheitert die Ehe erst nach Ablauf der – im Zeitpunkt der Zuwendung gegebenen – statistischen Lebenserwartung / Eheerwartung **1015**

---

328 So *Kogel*, FamRZ 2013, 512.

329 Vgl. Rn. 911 f.

330 Vgl. dazu auch *Wellenhofer*, NZFam 2014, 314, 315: Das individuelle Vertrauen, das man in seinen Partner und den Bestand seiner Ehe setzt, bemisst sich nicht nach den Zahlen einer Scheidungsstatistik.

331 Nur solche Vermögenszuwendungen stehen hier in Rede, vgl. Rn. 959.

332 Zu allem näher *Wever*, FamRZ 2013, 1 u. FamRZ 2013, 514. Vgl. auch die weiteren Vorschläge bei *Jüdt*, FuR 2013, 431, 437 (u.a.: stärkere Gewichtung der ersten Jahre nach der Zuwendung); dazu *Kogel*, FuR 2014, 11, 22 ff. Differenzierend auch AK 6 des 20. DFGT, 2013 (http://dfgt.de/resources/2013_Arbeitskreis_6). Alle „schematisierenden" Vorschläge ablehnend *Wellenhofer*, NZFam 2014, 314, 318; krit. auch *Rauscher*, NZFam 2014, 298, 301.

333 *Herr*, NZFam 2015, 1033, 1034, nennt das Beispiel eines im Zeitpunkt der Zuwendung lebensbedrohlich erkrankten Ehegatten, der wider Erwarten überlebt.

(Beispiel: Zuwendung eines 60-Jährigen, die Ehe scheitert, als er 88 Jahre alt ist), wird im Zweifel von vollständiger Zweckerreichung auszugehen sein (Abschlag für Zweckerreichung 100 %). Hat in dieser Konstellation der Zuwendende ein schützenswertes Interesse am Rückerhalt des Zuwendungsobjekts selbst[334], etwa einer Immobilie, wird man ihm einen Rückgewähranspruch Zug um Zug gegen Zahlung des vollen Wertes des Zuwendungsobjekts zubilligen können.

1016 (3) Ist die Zuwendung bei Scheitern der Ehe im Vermögen des Empfängers wertmäßig nur noch teilweise vorhanden, kommt also die zu Rn. 1003 beschriebene Kappungsgrenze zum Zuge, stellt sich die Frage, in welcher **Reihenfolge die Begrenzungen** des Anspruchs vorzunehmen sind[335]. Die Frage ist höchstrichterlich noch nicht geklärt.

Nimmt man im Beispiel zu Rn. 1011 an, die der F zugewendeten Papiere hätten bei Scheitern der Ehe nur noch einen Wert von 60.000 € gehabt, so ergeben sich zwei Berechnungsmöglichkeiten:

1017 Erste Möglichkeit:

Zunächst wird vom zugewendeten Betrag der Abschlag für Zweckerreichung vorgenommen. Im Beispiel würde sich gemäß obiger Berechnung ein Zwischenergebnis für den möglichen Anspruch von 72.000 € ergeben.

Sodann wird geprüft, ob dieser Betrag wertmäßig noch vorhanden ist. Ist das nicht der Fall, erfolgt eine Kappung des Anspruchs auf das noch Vorhandene (Obergrenze). Der Anspruch würde sich im Beispiel dann auf 60.000 € beschränken[336].

1018 Zweite Möglichkeit:

Zunächst wird der noch vorhandene Wertzuwachs festgestellt, im Beispiel 60.000 €. Dieser Betrag steht maximal für einen Rückgewähranspruch zur Verfügung.

Sodann wird der Abschlag für Zweckerreichung vorgenommen, ausgehend von dem noch Vorhandenen. Der Abschlag führt hier zu einer Kürzung der 60.000 € um (10 : 35,67 =) 28,03 %, also um 16.818 €, auf 43.182 €, gerundet 43.000 €.

Dieser zweite Lösungsweg, auf dem auch die Formel zu Rn. 1009 beruht, erscheint vorzugswürdig. Es ist sachgerecht, den Rückgewährpflichtigen am gebotenen Abschlag für Zweckerreichung teilhaben zu lassen. Bei Zugrundelegung des ersten Lösungsweges spielt es für das Ergebnis keine Rolle, ob die Ehe etwa nach drei oder erst nach 10 Jahren gescheitert ist; in beiden Fällen würde der Anspruch (vorläufig) auf 60.000 € hinauslaufen, obwohl die Dauer der Zweckerreichung differiert – ein kaum überzeugendes Ergebnis.

1019 (4) Der Anspruch aus § 313 BGB darf, wenn die Eheleute im gesetzlichen Güterstand gelebt haben, grundsätzlich nicht weiter gehen als ein **fiktiver ungestörter Zugewinnausgleich**[337]. Obergrenze des Anspruchs muss in diesen Fällen daher auch der Betrag sein, der sich im Zugewinn-

---

334 Vgl. Rn. 1021 ff.

335 Vgl. dazu schon *Wever*, FamRZ 2016, 857, 862.

336 Für diesen Weg *Herr*, FuR 2015, 8, 10.

337 Vgl. schon Rn. 975.

ausgleich ergibt, denkt man die Störung hinweg. Dies läuft darauf hinaus, dass der Ausgleichsanspruch sich auf maximal die Hälfte des Wertes des Zugewendeten beschränken muss[338]. Aber auch in Gütertrennungsfällen wird eine entsprechende Obergrenze, die in der Rechtsprechung bisher nicht gezogen wird, zu erwägen sein, denn es kann kaum gerechtfertigt sein, dass der Zuwendende bei Gütertrennung besser stehen kann als bei gesetzlichem Güterstand[339].

In dem zu Rn. 897 geschilderten **Ausgangsbeispiel** hat das OLG München[340] nach Wegfall der Geschäftsgrundlage der Geldinvestition der F in das Grundstück des M (Scheitern der Ehe) einen Ausgleichsanspruch der F in Höhe von 60.000 € für gegeben gehalten. Obergrenze sei der investierte Betrag von 100.000 €. Zwar habe diese Geldinvestition nicht zu einer Wertsteigerung der Immobilie in gleicher Höhe geführt; doch sei dies durch die Preissteigerung auf dem Immobilienmarkt kompensiert worden. Zu berücksichtigen seien sodann der Wert der künftig entfallenden Mitnutzung des Familienheims durch F einerseits, andererseits aber der Zeitraum, für den der Zweck der Zuwendung erreicht wurde (10-jähriges gemeinsames Bewohnen nach dem Ausbau, weiteres 5-jähriges günstiges Bewohnen des Hauses durch F nach der Trennung). In die Gesamtabwägung einzubeziehen seien schließlich die ungünstige berufliche Situation der F infolge der ehelichen Aufgabenverteilung und ihre schlechte Versorgungslage (kein nennenswertes Vermögen, keine private Altersvorsorge). **1020**

2. Dingliche Rückgewähr

a) Schützenswertes Interesse am Rückerhalt

Die dingliche Rückgewähr des zugewendeten Vermögensgegenstandes **1021** selbst kommt, wie schon angesprochen[341], nur in Ausnahmefällen in Betracht. Sie ist zur Vermeidung eines unzumutbaren Ergebnisses nur dann geboten, wenn der Zuwendende ein besonderes, schützenswertes Interesse gerade am Erhalt des zugewendeten Gegenstandes hat, es unerträglich erschiene, wenn der andere Ehegatte das Eigentum behielte, statt es – gegen Zahlung eines angemessenen Ausgleichs – auf den Zuwendenden zurückzuübertragen[342], und (bei gesetzlichem Güterstand) auch der Zugewinnausgleich nicht zu einem hinnehmbaren Gesamtergebnis führt. Dies kann etwa **in folgenden Fällen** in Betracht kommen[343]:

- Es ist eine Immobilie übereignet worden, die auf die Bedürfnisse des **1022** Zuwendenden besonders zugeschnitten ist (z.B. behindertengerecht

---

338 Dazu auch *Schwab/Borth*, IX. Rn. 69. **A.A.** *Hahne*, FF 2012, 268, 271 f.; wohl auch *Rauscher*, NZFam 2014, 298, 300 f.

339 Vgl. *Hoppenz*, FPR 2012, 84, 87; *Herr*, Rn. 377; 21. DFGT, AK 18, Brühler Schriften zum Familienrecht, Bd. 19, 2016, S. 176.

340 FamRZ 2004, 1874, m. Anm. *Wever.*

341 Rn. 925, 972.

342 Vgl. BGH, FamRZ 1991, 1169, 1171 = NJW 1991, 2553; FamRZ 1982, 778, 779.

343 Weitere Beispiele bei *Herr*, FF 2017, 285, 286.

eingerichtete Wohnung; für die besonderen Erfordernisse des Gewerbebetriebes des Zuwendenden hergerichtetes Haus) oder an deren Erhalt im Familienbesitz ein besonderes Interesse besteht[344].

- Mit der Zuwendung sollte ein Vermögensgegenstand dem Zugriff der Gläubiger entzogen werden (treuhänderischer Einschlag der Zuwendung)[345].
- Der Zuwendende hat am zugewendeten Vermögensgegenstand ein besonderes affektives Interesse (z.B. Familienschmuck)[346].

1023 Ist der Miteigentumsanteil an einem Grundstück zurückzugewähren, kann der Rückgabeberechtigte in einem vom Rückgabepflichtigen betriebenen Teilungsversteigerungsverfahren Drittwiderspruchsklage (§ 771 ZPO) erheben[347].

b) Finanzieller Ausgleich Zug um Zug

1024 Ein eventueller Anspruch auf dingliche Rückübertragung besteht, ohne dass es einer Einrede des Rückgabepflichtigen oder der Geltendmachung eines Zurückbehaltungsrechts bedarf, in der Regel nur Zug um Zug gegen Zahlung eines finanziellen Ausgleichs[348]; zu dessen Funktion vgl. Rn. 1033. Die Bemessung des Ausgleichsanspruchs hat im Wege der Schätzung gem. § 113 I FamFG, § 287 ZPO analog den Grundsätzen zu erfolgen, die für ehebezogene Zuwendungen gelten[349]. Ein solcher Ausgleich zugunsten des rückgabepflichtigen Ehegatten kommt vor allem, aber nicht nur dann in Betracht, wenn ein Grundstück zurückzugeben ist.

1025 Seine **Höhe** wird insbesondere durch folgende Umstände beeinflusst (zur Darlegungs- und Beweislast insoweit vgl. Rn. 1040 ff.):

- Zu berücksichtigen sind Leistungen, die der Zuwendungsempfänger auf das Grundstück erbracht hat: zum einen wertsteigernde Investitionen, aber auch sonstige im Vertrauen auf den Fortbestand der Eigentümerstellung zur Erhaltung oder Verschönerung des Anwesens ge-

---

344 Vgl. BGH, FamRZ 1998, 669 (bei Übertragung des Miteigentumsanteils an einem Grundstück vom Schwiegervater auf die Schwiegertochter); BGH, FamRZ 1977, 458 = NJW 1977, 1234 (nicht überzeugend), vgl. dazu auch Rn. 980. Siehe auch OLG Celle, FamRZ 2000, 668 (Betreiben von Museen auf dem Grundstück), dazu BGH, FamRZ 2002, 949 = FamRB 2002, 289 *(Heinle)*; LG Aachen, FamRZ 2000, 669, m. zu Recht abl. Anm. *Kogel*, FF 2000, 177.

345 *Schwab/Borth*, IX. Rn. 45. Vgl. dazu schon Rn. 956.

346 Vgl. OLG Celle, FamRZ 1997, 381 (allerdings ist die Lösung über Wegfall der Geschäftsgrundlage bei Haushaltsgegenständen – Möbelstücken – fragwürdig).

347 Vgl. etwa OLG Celle, FamRZ 2000, 668.

348 BGH, FamRZ 2006, 394, 395; FamRZ 1999, 365, 366 = NJW 1999, 353, m. Anm. *Wenger*, MDR 1999, 299; FamRZ 1998, 669; FamRZ 1977, 458, 460 = NJW 1977, 1234.

349 BGH, FamRZ 2002, 949 = FamRB 2002, 289 *(Heinle)*; FamRZ 1998, 669, 670.

machte Aufwendungen, auch wenn sie sich nicht in einem Wertanstieg der Immobilie niedergeschlagen haben[350]. Auch in diesem Zusammenhang erbrachte Arbeitsleistungen können von Bedeutung sein, sofern sie über das Maß der nach §§ 1353 I, 1360 BGB unentgeltlich zu erwartenden Mitarbeit hinausgehen, ggf. auch solche aus der Zeit vor der Eheschließung[351].

- Auch für einen ohne Leistungen des Zuwendungsempfängers eingetretenen Wertzuwachs eines Grundstücks hat ein Ausgleich zu erfolgen, da ein solcher Wertzuwachs dem Empfänger zu verbleiben hat (vgl. Rn. 1005). Dies betrifft auch eine eventuelle wiedervereinigungsbedingte Wertsteigerung eines Grundstücks. Obergrenze des Ausgleichs ist der Wert des zugewendeten Gegenstandes im Zeitpunkt des Scheiterns der Ehe[352]. **1026**
- Für den Zeitraum, in dem die Ehe Bestand gehabt hat, ist der Zweck der Zuwendung erreicht. Regelmäßig hat dies zur Folge, dass der Wert des Zugewendeten nicht voll zurückgegeben werden muss[353]. Kommt es zu einer dinglichen Rückgewähr, ist diesem Gesichtspunkt bei der Bemessung des Zug um Zug zu leistenden Ausgleichsbetrages Rechnung zu tragen[354]. Der Rückgewährberechtigte hat an den Rückgewährpflichtigen wegen teilweiser Zweckerreichung ggf. einen Geldbetrag zu zahlen, dessen Höhe unter Heranziehung des zu Rn. 1009 ff. dargestellten Rechenmodells bestimmt werden kann[355]. **1027**
- Wird bei gesetzlichem Güterstand über die Rückabwicklung vor Durchführung des Zugewinnausgleichs entschieden, kann zu berücksichtigen sein, ob und mit welchem Ergebnis sich das Bestehen der Rückgewährpflicht im Zugewinnausgleich auswirkt[356]. Der BGH[357] hält es für sachgerecht, den Ausgleichsbetrag dann in der Regel in Höhe des Wertes der Zuwendung anzusetzen, damit nicht im Rahmen **1028**

---

350 BGH, FamRZ 1999, 365, 367 = NJW 1999, 353. BGH, FamRZ 2006, 394, 396, macht – in einem Fall einer Grundstückszuwendung der Großmutter der Ehefrau an den Ehemann – die Einschränkung: kein Ausgleich für Verwendungen, die sich nur als Korrelat des mietfreien Wohnens darstellen.

351 BGH, FamRZ 2002, 949, 951 = FamRB 2002, 289 *(Heinle)*.

352 BGH, FamRZ 1999, 365, 367 = NJW 1999, 353. Vgl. auch *Henke/Keßler*, NZFam 2014, 307, 310.

353 Vgl. Rn. 1006 ff.

354 BGH, FamRZ 1999, 365, 367 = NJW 1999, 353; FamRZ 2006, 394, 395 f.

355 Vgl. dazu das Beispiel bei *Wever*, FamRZ 2013, 1, 3.

356 Vgl. BGH, FamRZ 1977, 458, 460 = NJW 1977, 1234; FamRZ 1991, 1169, 1171. Ohne Belang für den Anspruch aus § 313 BGB wird dessen Auswirkung auf den Zugewinnausgleich dann sein, wenn allein das schützenswerte Interesse des Zuwendenden am Rückerhalt des Zugewendeten (unabhängig von den güterrechtlichen Auswirkungen) dessen dingliche Rückgewähr gebietet (vgl. Rn. 972).

357 FamRZ 2007, 877 = NJW 2007, 1744. Vgl. dazu schon Rn. 976 f.

der schuldrechtlichen Rückabwicklung etwas zugesprochen werde, was im Zugewinnausgleich teilweise wieder zurückgewährt werden müsse. Die schuldrechtliche Rückabwicklung soll also im Hinblick auf den Zugewinnausgleich wertneutral gestaltet werden. Ob dies gerechtfertigt ist, erscheint zweifelhaft, denn bei einer solchen Vorgehensweise könnte der Funktion der Ausgleichszahlung, ein unter Berücksichtigung aller Einzelfallumstände (vor allem auch des Gesichtspunkts der teilweisen Zweckerreichung) der Billigkeit entsprechendes Gesamtergebnis in Bezug auf die Rückgewährverpflichtung zu erreichen, nicht Rechnung getragen werden. Ein solches Vorgehen ist auch nicht erforderlich; denn da der Rückgewähranspruch bei gesetzlichem Güterstand erst nach Zustellung des Scheidungsantrags geltend gemacht werden kann[358], kann im Verfahren betreffend den Rückgewähranspruch dessen Auswirkung auf das Ergebnis des Zugewinnausgleichs bereits bedacht werden.

1029 – Ist der Zugewinnausgleich bereits durchgeführt und würde er unter Einbeziehung der Rückgewährpflicht zu einem anderen Ergebnis führen, kann dies ebenfalls die Höhe des Ausgleichsbetrages beeinflussen. Hier kann der Ausgleichsbetrag die Verfälschung des Zugewinnausgleichs durch den erst später gewährten Rückgewähranspruch korrigieren[359]. In Betracht kommt nach einer Entscheidung des BGH vom 12.11.2008[360] aber auch eine Korrektur über § 242 BGB (Einwand der unzulässigen Rechtsausübung)[361].

1030 – Insgesamt hat bei der Bemessung des Ausgleichsbetrages eine Gesamtwürdigung aller Umstände (vgl. die Kriterien zu Rn. 958 ff.), insbesondere auch der beiderseitigen Einkommens- und Vermögensverhältnisse, unter Billigkeitsgesichtspunkten zu erfolgen[362].

1031 – Gegebenenfalls kann auch ein Schaden zu berücksichtigen sein, der dem Empfänger der Zuwendung bei der Verfolgung des Zuwendungszwecks entstanden ist (etwa im Falle der Übertragung eines Unternehmens)[363].

1032 – Handelt es sich um ein Grundstück, besteht gegebenenfalls ein Anspruch des Rückgabepflichtigen auf Befreiung von der Inanspruchnahme aus den Grundpfandrechten und den ihnen zugrunde liegenden Verbindlichkeiten[364].

358 Vgl. Rn. 1046.

359 Vgl. dazu BGH, FamRZ 1977, 458, 460 = NJW 1977, 1234; *Jaeger*, DNotZ 1991, 431, 455.

360 FamRZ 2009, 193, 196, m. Anm. *Hoppenz* = NJW 2009, 1343.

361 Vgl. Rn. 478, 946.

362 BGH, FamRZ 1999, 365, 367 = NJW 1999, 353.

363 Vgl. *Jaeger*, DNotZ 1991, 431, 467.

364 BGH, FamRZ 1977, 458, 460 = NJW 1977, 1234; OLG Celle, FamRZ 2000, 668.

Die **Funktion des Ausgleichsanspruchs** und die für seine Bemessung maßgebenden Grundsätze werden in einer Entscheidung des BGH vom 7.9.2005[365] dargestellt. Danach soll der Ausgleich bewirken, dass sich der in Natur rückgewährpflichtige Ehegatte im wirtschaftlichen Ergebnis nicht anders steht, als er stünde, wenn ihm der zugewandte Gegenstand verbliebe und der Zuwendende von ihm für die Zuwendung, soweit deren Geschäftsgrundlage entfallen ist, seinerseits eine Ausgleichszahlung verlangen könnte. Der Zuwendende habe – Zug um Zug gegen Rückgewähr – grundsätzlich diejenigen Leistungen auszugleichen, die der Zuwendungsempfänger mit Rücksicht auf die Zuwendung erbracht habe und für deren Erbringung ebenfalls die Geschäftsgrundlage entfallen sei. Bei der Bemessung des Wertes dieser Leistungen sei nicht von den im Zeitpunkt der Leistungserbringung maßgebenden Nominalwerten auszugehen; vielmehr sei der Zeitwert der Leistungen in dem Verhältnis anzuheben, um den auch der Wert des in Natur zurückzugewährenden Zuwendungsgegenstandes in der Zeit zwischen Leistungserbringung und Wegfall der Geschäftsgrundlage der Zuwendung gestiegen sei; denn in diesem Verhältnis gebühre die Wertsteigerung des Zuwendungsgegenstandes dem zur Rückgewähr in Natur verpflichteten Zuwendungsempfänger. Im entschiedenen Fall, in dem es um eine Grundstücksüberlassung der Großmutter der Ehefrau an den Ehemann ging, waren – bewertet nach der genannten Methode – einzubeziehen: eine gemäß Zuwendungsvertrag an einen Dritten gezahlte Abfindung, ein der Großmutter gewährtes Wohnrecht sowie erbrachte Betreuungs- und Pflegeleistungen (jeweils kapitalisiert) und auf das Grundstück gemachte Verwendungen (Investitionen), auch soweit sie sich nicht in einem Wertanstieg niedergeschlagen haben, allerdings nur in dem Umfang, wie sie sich nicht als Korrelat des mietfreien Wohnens darstellten. **1033**

V. Rückabwicklung bei mehreren Zuwendungen

Hat ein Ehegatte dem anderen wiederholt ehebezogene Zuwendungen gemacht[366], handelt es sich, auch bei jeweils gleicher Zweckrichtung, nicht um eine Gesamtleistung, die beim Scheitern der Ehe einheitlich ausgeglichen werden könnte. Eine (einzige) Ausgleichsforderung zwischen Ehegatten aufgrund einer umfassenden Vermögensbilanz zu einem bestimmten Stichtag sieht das Gesetz nur beim Zugewinnausgleich vor (§§ 1372, 1378 BGB). Geht es dagegen um den Ausgleich verschiedener Zuwendungen unter dem Gesichtspunkt des Wegfalls der Geschäftsgrundlage, kann **1034**

365 FamRZ 2006, 394, 395 ff.

366 Vgl. etwa BGH, FamRZ 1989, 599 = NJW 1989, 1987: Der Ehemann hatte seiner Frau seinen Miteigentumsanteil an einer vermieteten Immobilie, das Familienheim sowie wertvolle Kunst- und Haushaltsgegenstände zugewendet.

sich der Ausgleichsanspruch grundsätzlich nur auf die Zuwendung eines konkreten Vermögensgegenstandes oder eines bestimmten Rechtes beziehen[367]. Jede einzelne Zuwendung vermag also zu einem eigenen Ausgleichsanspruch zu führen, der ggf. gesondert gerichtlich geltend gemacht werden kann.

1035 Allerdings setzt ein erfolgreiches Ausgleichsverlangen hinsichtlich der einzelnen Zuwendung voraus, dass die endgültige vermögensrechtliche Zuordnung der anderen Zuwendungen geklärt ist oder zunächst geklärt wird. Denn die Verteilung des übrigen Vermögens hat Einfluss auf die Frage, ob die gegenwärtige Vermögenslage im Hinblick auf den im Streit befindlichen zugewendeten Gegenstand für den Zuwendenden unzumutbar ist. Zur insoweit bestehenden Darlegungs- und Beweislast des Anspruchstellers vgl. Rn. 1039. Es empfiehlt sich daher in solchen Fällen, die verschiedenen Rückgewähransprüche in einem Verfahren geltend zu machen[368].

1036 Bei einem auf den Ausgleich mehrerer Zuwendungen gerichteten Verlangen müssen die Leistungen, die zu einer Vermögensmehrung geführt haben sollen, im Einzelnen dargelegt werden. Ein Antrag im gerichtlichen Verfahren, der nur auf die wirtschaftliche Gesamtvermögensmehrung abstellt – etwa mit der Behauptung, das Vermögen des Partners sei durch mehrere Zuwendungen um 50.000 € gemehrt worden –, ohne dass die einzelnen Zuwendungen dargelegt werden, ist unschlüssig[369].

1037 Doch haben nicht zuletzt die zu Rn. 1035 beschriebenen Probleme bei der Rückabwicklung mehrerer Zuwendungen – insbesondere die Beweisschwierigkeiten, die im Falle von mehreren, über einen längeren Zeitraum gewährten Zuwendungen entstehen können – den BGH[370] im Jahre 1999 veranlasst, den Anwendungsbereich der Ehegatteninnengesellschaft auf Fälle zu erweitern, in denen das Ziel einer – über den Zweck der Verwirklichung der ehelichen Lebensgemeinschaft hinausgehenden – gemeinsamen Vermögensbildung in der Weise verfolgt wird, dass ein Ehegatte über Jahre hinweg (nur) nennenswerte Geld- und Sachleistungen zu dem dem anderen Ehegatten formal allein zustehenden Vermögen beiträgt. Vgl. dazu im Einzelnen Rn. 1123 ff. Im Falle mehrerer Zuwendungen ist daher dieser Weg in Betracht zu ziehen. Die mehrmalige Zuwendung von Vermögenswerten kann ein **Indiz für** das Zustandekommen einer **Ehegatteninnengesellschaft** sein.

---

367 BGH, FamRZ 1989, 599 = NJW 1989, 1987; OLG Düsseldorf, FamRZ 1995, 1148. Vgl. auch Rn. 926.

368 So auch MAH/*Markwardt,* § 21 Rn. 69.

369 OLG Düsseldorf, FamRZ 1995, 1148.

370 BGH, FamRZ 1999, 1580 = NJW 1999, 2962.

Finanziert ein Ehegatte nach und nach den Erwerb des Hausgrundstücks durch den anderen, kann darin eine Zuwendung des Grundstücks gesehen werden[371]. Eventuelle Rückabwicklungsansprüche beziehen sich dann auf diese eine Zuwendung; die beschriebenen Grundsätze über den Rückausgleich bei mehreren Zuwendungen finden keine Anwendung. **1038**

VI. Darlegungs- und Beweislast

Der Rückabwicklung verlangende Ehegatte[372] muss sämtliche Voraussetzungen des auf § 313 BGB gestützten Anspruchs darlegen und gegebenenfalls beweisen[373]. Dazu gehören auch die Umstände, aus denen herzuleiten ist, dass die bisherige Vermögenszuordnung für ihn unzumutbar ist. Das bedeutet: **1039**

- Bei gesetzlichem Güterstand muss der Anspruchsteller darlegen und ggf. beweisen, dass der güterrechtliche Ausgleich zu einem schlechthin unzumutbaren, untragbaren Ergebnis führen würde[374]. Er muss also die güterrechtliche Situation und das erzielte bzw. zu erwartende Ergebnis des Zugewinnausgleichs darlegen und im Streitfall beweisen, verlangt er dingliche Rückgewähr, das besondere schützenswerte Interesse am Rückerhalt des zugewendeten Objekts[375].
- Geht es um die Rückabwicklung einer von mehreren ehebezogenen Zuwendungen, so gehört zur Begründung des Ausgleichsanspruchs die Darlegung des endgültigen Verbleibs des übrigen Vermögens. Insoweit bestehende Unklarheiten gehen zu Lasten des Anspruchstellers, da er die Beweislast für die Unzumutbarkeit der bisherigen Vermögenszuordnung trägt[376].
- Ist streitig, ob der Zuwendung eine Zweckbestimmung zugrunde lag, die einem Anspruch auf Rückabwicklung entgegenstehen würde (z.B. Versorgungscharakter eines eingeräumten Bezugsrechts an einer Lebensversicherung), muss der die Rückabwicklung Verlangende beweisen, dass eine solche Zweckbestimmung nicht getroffen worden ist[377].

371 Vgl. schon Rn. 894.

372 Muster-Antragsentwürfe bei MAH/*Markwardt*,§ 21 Rn. 173 ff.

373 Zur Situation bei Streit darüber, ob eine Zuwendung ehebezogen oder ob sie als Schenkung zu qualifizieren ist, Rn. 927 m. Fn. 130.

374 Vgl. BGH, FamRZ 1993, 289, 291; FamRZ 1991, 1169, 1172 = NJW 1991, 2553; FamRZ 1989, 599, 601 = NJW 1989, 1987; OLG Zweibrücken, FamRZ 2007, 142 (in einem Anwaltsregressfall). Siehe auch Rn. 952.

375 OLG Bremen, FamRZ 2017, 279 = NJW 2017, 1120.

376 BGH, FamRZ 1989, 599, 601 = NJW 1989, 1987; vgl. dazu Rn. 1034 ff.

377 Vgl. BGH, FamRZ 1995, 229, 232; OLG Bremen, FamRZ 2008, 2117; OLG Hamm, MDR 2002, 1253; *Baumgärtel/Laumen/Prütting*, § 1363 Rn. 50.

- Ist streitig, ob eine Zuwendung im Hinblick auf die Erwartung des Fortbestandes der Ehe als Geschäftsgrundlage (teilweise) unentgeltlich, oder ob sie auf der Grundlage eines reinen Kaufvertrages erfolgt ist, muss derjenige, der sich auf die Anwendung der Regeln über den Wegfall der Geschäftsgrundlage beruft, die dafür sprechenden Umstände darlegen und beweisen[378].

1040 Soweit es um den **bei dinglicher Rückübertragung** des zugewendeten Gegenstandes zu zahlenden Ausgleichsbetrag geht[379], hat der BGH[380] folgende Grundsätze entwickelt:

1041 Die Darlegungs- und Beweislast hinsichtlich der für den Ausgleichsbetrag maßgebenden Umstände trägt grundsätzlich der Rückgewähr Fordernde. Denn er kann die Rückgewähr von vornherein nur unter Berücksichtigung des nach den Umständen gerechtfertigten Ausgleichs verlangen. Er hat daher schlüssig darzulegen, welcher Ausgleichsbetrag der Billigkeit entspricht, und muss sich bereit erklären, diesen Betrag Zug um Zug gegen die Rückübertragung zu zahlen.

1042 Eine Einschränkung gilt, wenn der Rückgewähr Fordernde außerhalb der für die Bemessung des Ausgleichsbetrags maßgebenden Geschehensabläufe steht und deshalb keine näheren Kenntnisse hat, während der Verpflichtete diese Geschehensabläufe kennt und ihm deshalb nähere Angaben zumutbar sind. Das ist regelmäßig der Fall, wenn es um Eigenleistungen des Rückgewährpflichtigen geht. Hier obliegt es in erster Linie dem Rückgewährpflichtigen, dazu im Einzelnen vorzutragen (sekundäre Darlegungslast). Der Rückgewähr Fordernde hat gegebenenfalls die Angaben des Gegners zu widerlegen. Eine solche Situation ist allerdings nicht gegeben, wenn es um die Frage geht, von welchem Ehegatten Zahlungseingänge auf einem gemeinsamen Darlehenskonto stammen[381]. Soweit es um insbesondere länger zurückliegende Arbeitsleistungen geht, dürfen die Anforderungen an die Darlegung und den Nachweis nicht überspannt werden[382].

---

378 BGH, FamRZ 2003, 223, 224 = NJW 2003, 510 = FamRB 2003, 73 *(Wever)*. Im entschiedenen Fall hatte der Kläger seiner Tochter und deren Ehemann ein Grundstück deutlich unter Verkehrswert verkauft. Der Kläger verlangte vom Schwiegersohn die Hälfte des den Kaufpreis übersteigenden Wertes mit der Begründung zurück, es habe sich um eine gemischte Schenkung bzw. ehebezogene Zuwendung gehandelt, denn er habe das Grundstück im Hinblick auf den erwarteten Fortbestand der Ehe unter Wert verkauft. Der beklagte Schwiegersohn machte dagegen geltend, Grund für den Verkauf unter Wert sei eine finanzielle Notlage des Klägers gewesen, es habe sich also um einen reinen Kaufvertrag gehandelt. Vgl. dazu auch Rn. 1312 mit Fn. 237.

379 Vgl. Rn. 1024 ff.

380 BGH, FamRZ 1999, 365 = NJW 1999, 353; FamRZ 2002, 949 = FamRB 2002, 289 *(Heinle)*.

381 BGH, FamRZ 2002, 949, 950.

382 BGH, FamRZ 2002, 949, 950.

Häufig wird der Rückgewähr Fordernde im Verfahren nicht in der Lage sein, den angemessenen Ausgleichsbetrag genau zu benennen. Ihm ist dann gestattet, neben den tatsächlichen Grundlagen lediglich die Größenordnung seiner Vorstellung anzugeben und die Bestimmung des genauen Betrages in das Ermessen des Gerichts zu stellen[383]. Bei einer hinreichenden Grundlage kann das Gericht eine Schätzung gemäß § 113 I FamFG, § 287 ZPO vornehmen. 1043

VII. Sonstiges

1. Stichtag der Entstehung des Anspruchs

Da der Fortbestand der Ehe die Geschäftsgrundlage der ehebezogenen Zuwendung ist, hat der auf dem Wegfall dieser Geschäftsgrundlage beruhende Rückgewähr- bzw. Ausgleichsanspruch seine Grundlage im Scheitern der Ehe. Der Anspruch entsteht daher ggf. in dem Zeitpunkt, in dem das Scheitern der Ehe zum Ausdruck kommt[384]. Auch für die Berechnung eines eventuellen finanziellen Ausgleichsanspruchs, d.h. für dessen Höhe, ist grundsätzlich dieser Zeitpunkt maßgebend[385]. 1044

Streitig ist, wann eine Ehe als gescheitert anzusehen ist. Teilweise wird der Zeitpunkt der Scheidung für maßgeblich gehalten[386], zum Teil aber auch der der Zustellung des Scheidungsantrags[387]. Richtiger erscheint es, (wie bei Ausgleichsansprüchen nach § 426 BGB[388]) grundsätzlich auf die **endgültige Trennung**, die mit dem Auszug eines Partners aus der Ehewohnung verbunden ist, abzustellen[389]. In ihr kommt regelmäßig das Scheitern der Ehe zum Ausdruck. Sie ist der Zeitpunkt, zu dem die Parti- 1045

383 BGH, FamRZ 1999, 365 = NJW 1999, 353.

384 Vgl. BGH, FamRZ 1994, 1167 = NJW 1994, 2545; FamRZ 1989, 599, 600 = NJW 1989, 1987; FamRZ 1988, 481, 482.

385 Vgl. auch BGH, FamRZ 1998, 669, 670.

386 OLG Köln, FamRZ 2015, 1333 (bei Schwiegerelternzuwendung); OLG Oldenburg, FamRZ 2008, 993 (bei gesetzlichem Güterstand); OLG Brandenburg, FPR 2004, 708 (im Fall einer Zuwendung der Schwiegereltern; in der Zeit vor Rechtskraft der Scheidung hält das OLG eine Klage auf Feststellung des Bestehens des Anspruchs dem Grunde nach für zulässig); OLG München, FamRZ 1999, 1663 (bei gesetzlichem Güterstand); OLG Oldenburg, FamRZ 1994, 1245, 1246 = NJW 1994, 1539 (im Fall einer Zuwendung der Schwiegereltern); OLG Düsseldorf, FamRZ 1992, 562, 563; LG München I, FamRZ 1998, 167.

387 *Kogel*, FF 2015, 165, 168 (zum Rückgewähranspruch nach Schwiegerelternschenkung); *Niepmann*, FF 2002, 191, 196.

388 Vgl. Rn. 480 ff.

389 So jetzt auch BGH, FamRZ 2007, 877, m. Anm. *Schröder* = NJW 2007, 1744 = FamRB 2007, 193 *(Kogel)*. Ebenso: OLG Bremen, FamRZ 2008, 2117; FamRZ 2000, 671; OLG Hamm, FamRZ 1988, 620; *Henke/Keßler*, NZFam 2014, 307; *Büte*, FuR 2005, 544, 547; *Schulz*, FamRB 2004, 364, 368; *Heinle*, FamRB 2002, 145, 147; *Johannsen/Henrich/Jaeger*, § 1414 Rn. 25; *Hoppenz/Hoppenz*, A I § 1372 Rn. 44.

zipation des Zuwendenden am Zugewendeten endet[390]. Lässt im Einzelfall der Auszug eines Ehegatten keinen hinreichenden Schluss auf die Endgültigkeit der Trennung zu (z.B. der Auszug wird als „vorläufig" oder „um Abstand und Zeit zum Nachdenken zu gewinnen" bezeichnet), ist der Zeitpunkt der Zustellung des Scheidungsantrages heranzuziehen, sofern es im konkreten Fall keine anderen Anknüpfungspunkte gibt.

1046 Problematisch ist das Heranziehen der endgültigen Trennung als Stichtag allerdings, wenn es um auf § 313 BGB gestützte Ansprüche von Ehegatten geht, die im **gesetzlichen Güterstand** gelebt haben. Hier ist (anders als bei Ansprüchen aus § 426 BGB) das Ergebnis des Zugewinnausgleichs für die Frage von Bedeutung, ob und gegebenenfalls in welcher Höhe Ausgleichsansprüche hinsichtlich der ehebezogenen Zuwendung bestehen. Das lässt sich aber erst nach Zustellung des Scheidungsantrags beurteilen (§ 1384 BGB). Bei bestehender Zugewinngemeinschaft wird man daher den auf Wegfall der Geschäftsgrundlage gestützten, mit dem Scheitern der Ehe entstandenen Ausgleichsanspruch erst nach Zustellung des Scheidungsantrags (bei vorzeitigem Zugewinnausgleich nach dem Berechnungszeitpunkt des § 1387 BGB) geltend machen können[391].

1047 Kommt es nach endgültiger Trennung zu einer **Versöhnung** der Ehegatten, lässt dies einen entstandenen Rückgewähranspruch nicht einfach entfallen, denn ein Erlöschenstatbestand wie Erfüllung, Erlass etc. ist nicht gegeben, auch die Voraussetzungen einer Verwirkung des Anspruchs liegen nicht vor[392]. Doch wird der Geltendmachung der Forderung nunmehr § 242 BGB (unzulässige Rechtsausübung) entgegen gehalten werden können. Trennen die Eheleute sich später erneut, wird die zuvor gegen § 242 BGB verstoßende Rechtsausübung wieder zulässig[393]. Die Zeit der Versöhnung wirkt sich auf den fortbestehenden Anspruch mindernd aus (weitere Zweckerreichung)[394].

2. Fälle mit Auslandsberührung

1048 Da ehebezogenen Zuwendungen ein familienrechtlicher Vertrag eigener Art zugrunde liegt, die Zuwendungen damit ihren Rechtsgrund nicht in der Verpflichtung zur ehelichen Lebensgemeinschaft (§ 1353 BGB) oder im Güterrecht, sondern in einem Vertrag haben, sind Ansprüche, die

---

390 Vgl. dazu *Weinreich*, FF 2015, 286, 289 (bei Schwiegerelternzuwendungen).

391 Vgl. BGH, FamRZ 2007, 877, 878 = NJW 2007, 1744; *Johannsen/Henrich/Jaeger*, § 1372 Rn. 16 Fn. 64; MAH/*Markwardt*, § 21 Rn. 72; *Schulz/Hauß*, Rn. 1594. Differenzierend *Hoppenz*, FamRZ 2009, 196, 197 f. (Anm.). Zur Berücksichtigung des Anspruchs im Zugewinnausgleich Rn. 976 ff.

392 Vgl. auch Rn. 1316. Anders *Henke/Keßler*, NZFam 2014, 307, 308.

393 Vgl. *Palandt/Grüneberg*, § 242 Rn. 38.

394 Vgl. Rn. 1006 ff.

sich aus einem Wegfall der Geschäftsgrundlage dieses Vertrages ergeben, so die Rechtsprechung des BGH[395], als **schuldrechtliche Ansprüche** zu qualifizieren. In Fällen mit Auslandsberührung ist daher das auf die ehebezogene Zuwendung anzuwendende Recht den Art. 3 bzw. 4 der Rom I-VO[396], bei Vertragsschluss vor dem 17.12.2009 den Art. 27 ff. EGBGB a.F., zu entnehmen[397]. Maßgebend ist das von den Ehegatten – ggf. auch stillschweigend[398] – gewählte Recht. Fehlt es an einer Rechtswahl, gelten die Erwägungen, die der BGH in der eine Ehegatteninnengesellschaft betreffenden Entscheidung vom 10.6.2015[399] angestellt hat, entsprechend[400]. Da auch die Rechtsfigur der ehebezogenen Zuwendung eine die güterrechtlichen Ansprüche ergänzende Funktion hat, ergibt sich das anwendbare Recht unter Heranziehung des Art. 4 III der Rom I-VO, für Altfälle (vor dem 17.12.2009 geschlossene Verträge) des Art. 28 V EGBGB a.F., aus akzessorischer Anknüpfung an das **Ehegüterstatut**.

Das neue **türkische Ehegüterrecht** (in Kraft seit 1.1.2002) sieht eine **1049** gesetzliche Regelung für den Ausgleich ehebezogener Zuwendungen vor (Art. 227 türkZGB)[401]. Interessant aus deutscher Sicht sind u.a. folgende Punkte: Voraussetzung eines Ausgleichsanspruchs ist nicht, dass das Güterrecht (Errungenschaftsgemeinschaft) zu einem unbefriedigenden Ergebnis führt. Ein Ausgleich ist auch für den Fall vorgesehen, dass beim Zuwendungsempfänger eine Wertminderung eingetreten ist, und zwar in Höhe des ursprünglichen Wertes der Zuwendung. Vermögensmehrungen durch Arbeitsleistungen werden wie solche durch Vermögenszuwendungen behandelt.

3. Rückabwicklung bei Tod eines Ehegatten

Die Anwendung der Regeln über den Wegfall der Geschäftsgrundla- **1050** ge für ehebezogene Zuwendungen kommt im Falle der Beendigung der Ehe durch Tod eines Ehegatten grundsätzlich nicht in Betracht. In diesem

395 BGH, FamRZ 1993, 289, m. Anm. *Lorenz* S. 393 = NJW 1993, 385.

396 Verordnung (EG) Nr. 593/2008 des Europäischen Parlaments und des Rates über das auf vertragliche Schuldverhältnisse anzuwendende Recht.

397 Dazu auch *Bergschneider/Mörsdorf*, FamVermR, Rn. 12.262 ff.; *Vollmöller*, S. 155 ff. Anders *Hausmann*, in: FS Jayme (2004), S. 305, 306 ff.: güterrechtliche Qualifikation.

398 Stillschweigende Wahl des deutschen Rechts leitet der BGH, FamRZ 1993, 289 = NJW 1993, 385, daraus her, dass im entschiedenen Rechtsstreit über die geforderte Rückgewähr von Geldzuwendungen die Parteien (libanesischer Ehemann, deutsche Ehefrau, Heirat im Libanon) übereinstimmend von der Anwendung deutschen Rechts ausgingen.

399 FamRZ 2015, 1379 = NJW 2015, 2581.

400 So auch *Wedemann*, IPRax 2016, 252. Vgl. dazu Rn. 1188; dort, Fn. 263, sowie Rn. 25 auch zu Auswirkungen der EuGüVO für nach dem 29.1.2019 geschlossene Ehen.

401 Dazu *Odendahl*, FamRZ 2003, 648, 652 ff. Zum Rechtszustand in der Zeit vor dem 1.1.2002: *ders.*, a.a.O., S. 649; *Turan-Schnieders/Finger*, FamRB 2003, 22, 24. – Zur Situation nach **belgischem Recht** *Jodocy*, FamRBint 2007, 102.

Fall ist die Ehe nicht gescheitert, sondern sie hat das auch von den Eheleuten erwartete natürliche Ende gefunden.

1051 Wird die Ehe durch den **Tod des Zuwendungsempfängers** beendet, kann der zuwendende Ehegatte daher die Erben in der Regel nicht auf Ausgleich in Anspruch nehmen[402]. Er muss sich vielmehr im Allgemeinen mit dem zufrieden geben, was ihm erbrechtlich von Gesetzes wegen oder aufgrund letztwilliger Verfügung zukommt. Die Frage, ob in Ausnahmefällen etwas anderes gelten kann (z.B. bei unvorhersehbar frühem Tod des Zuwendungsempfängers), hat der BGH offen gelassen.

1052 Die Geschäftsgrundlage einer ehebezogenen Zuwendung entfällt auch nicht dadurch, dass die eheliche Lebensgemeinschaft durch den **Tod des Zuwendenden** beendet worden ist[403]. Jedoch wird auch hier bei unerwartet frühem Tod des Zuwendenden etwas anderes zu erwägen sein können[404]. Ist der zuwendende, ausgleichsberechtigte Ehegatte nach dem für die Entstehung des Ausgleichsanspruchs maßgebenden Stichtag[405] verstorben, berührt dies den bereits entstandenen Ausgleichsanspruch – auch der Höhe nach – allerdings nicht[406].

4. Fristen

1053 Anders als Ansprüche wegen des Widerrufs von Schenkungen (§ 532 BGB) unterliegen Ansprüche auf Rückabwicklung einer ehebezogenen Zuwendung keiner Ausschlussfrist[407].

5. Verjährung

1054 Für Ansprüche aus § 313 BGB gilt grundsätzlich die Regelverjährungsfrist des § 195 BGB von drei Jahren. Der Verjährungsbeginn richtet sich nach § 199 I BGB. Der Lauf der Verjährungsfrist beginnt danach mit dem Schluss des Jahres, in dem der Anspruch entstanden ist und der Gläubiger von den den Anspruch begründenden Umständen Kenntnis erlangt oder ohne grobe Fahrlässigkeit erlangen müsste. Da der Rückgewähranspruch aus § 313 BGB in der Regel mit der endgültigen Trennung der Ehegatten entsteht[408], beginnt die Verjährungsfrist also grundsätzlich

402 BGH, FamRZ 1990, 855, m.w.N. Anders BGH, FamRZ 2010, 277, 280 = NJW 2010, 998, bei nichtehelicher Lebensgemeinschaft; zustimmend *Weinreich*, FPR 2010, 379, 382.

403 So BGH, FamRZ 2013, 1030, 1031 = NJW 2013, 2025; FamRZ 2010, 277, m. Anm. *Grziwotz* S. 282 u. *Kroppenberg*, JZ 2014, 50 = NJW 2010, 998 = FamRB 2010, 82 *(Burger)*, jeweils zu gemeinschaftsbezogenen Zuwendungen.

404 Vgl. auch *Probst*, JZ 2011, 72 (Anm.), zu gemeinschaftsbezogenen Zuwendungen.

405 Vgl. Rn. 1044 ff.

406 BGH, FamRZ 1999, 1580, 1585 = NJW 1999, 2962. Vgl. schon Rn. 960. Vgl. auch BGH, FamRZ 2013, 376 = NJW-RR 2013, 404 (bei gemeinschaftsbezogener Zuwendung).

407 BGH, FamRZ 1992, 293, 294 = NJW 1992, 238.

408 Vgl. Rn. 1044 f.

mit Ende des Jahres zu laufen, in dem die Trennung erfolgt ist; doch ist die Verjährungshemmung gem. § 207 I BGB (Rn. 1057) zu beachten.

War Schenkungsgegenstand ein Grundstück, gilt für den Rückge- **1055** währanspruch allerdings die 10-jährige Verjährungsfrist des § 196 BGB, und zwar unabhängig davon, ob Rückgewähr des Grundstücks selbst oder ein finanzieller Ausgleich verlangt wird[409]. Diese Frist beginnt mit der Entstehung des Anspruchs (§ 200 S. 1 BGB), regelmäßig also im Zeitpunkt der endgültigen Trennung. Auch hier ist § 207 I BGB zu berücksichtigen.

Liegt die Entstehung des Anspruchs bereits längere Zeit zurück, ist zu **1056** beachten: Die zu Rn. 1054 f. geschilderte Rechtslage gilt jedenfalls seit der letzten Reform der Verjährungsvorschriften, in Kraft seit **1.1.2010**[410]. Man wird davon auszugehen haben, dass sie aber auch bereits in dem davor liegenden Zeitraum seit Inkrafttreten der Schuldrechtsreform am **1.1.2002** maßgebend war[411]. Zwar wurde zu dem nach der Schuldrechtsreform geltenden Verjährungsrecht teilweise die Auffassung vertreten, der Rückgewähranspruch eines Ehegatten aus § 313 BGB sei ein familienrechtlicher Anspruch i.S. des § 197 I Nr. 2 BGB früherer Fassung, und für familienrechtliche Ansprüche sah diese Bestimmung eine 30-jährige Verjährung vor. Doch erscheint diese Auffassung kaum noch vertretbar, nachdem der BGH nicht nur in einer älteren Entscheidung[412] mit kollisionsrechtlichem Hintergrund Ansprüche der in Rede stehenden Art als solche schuldrechtlicher Natur qualifiziert hat, sondern nunmehr für Ansprüche auf Rückgewähr schwiegerelterlicher Schenkungen aus § 313 BGB die Heranziehung des § 197 I Nr. 2 BGB a.F. auch ausdrücklich ausgeschlossen hat[413], wenn diese Ansprüche auch hinsichtlich ihrer Qualifizierung mit Rückgewähransprüchen unter Ehegatten nicht vollständig vergleichbar sind[414]. **Vor dem 1.1.2002** (Inkrafttreten der Schuldrechts-

409 BGH, FamRZ 2015, 393, m. Anm. *Wever* = NJW 2015, 1014, m. Anm. *Schmitz* = FamRB 2015, 86 *(Wever)* sowie Anm. *Kogel*, FF 2015, 165 u. *Groß*, NZFam 2015, 273 (bei Schwiegerelternzuwendung). In der Literatur war zuvor die Anwendbarkeit der Sonderverjährungsvorschrift des § 196 BGB umstritten. Die Befürworter (*Hoppenz*, FamRZ 2013, 991 [Anm.]; *Stein*, FPR 2012, 88, 90; *Bergschneider*, FPR 2011, 244, 246; *Schulz/Hauß*, Rn. 2048; *Wever*, Voraufl., Rn. 571g; dagegen OLG Frankfurt, FamRZ 2013, 988 [meist zu Schwiegerelternzuwendungen]) gingen allerdings von der Anwendbarkeit nur in Fällen aus, in denen Rückgewähr des Grundstücks(-anteils) selbst verlangt wurde.

410 Gesetz zur Änderung des Erb- und Verjährungsrechts, BGBl. 2009 I S. 3142.

411 Zur Verjährung nach der Schuldrechtsreform: *Büttner*, FamRZ 2002, 361; *Bergschneider*, in: FS Schwab, S. 459 ff.

412 FamRZ 1993, 289 = NJW 1993, 385; vgl. 1048.

413 BGH, 2015, 393, m. Anm. *Wever* = NJW 2015, 1014, m. Anm. *Schmitz* sowie Anm. *Kogel*, FF 2015, 165 u. *Groß*, NZFam 2015, 273. Dazu auch Rn. 1306.

414 Zu allem ausführlich Voraufl., Rn. 571f u. 5. Aufl., Rn. 523 ff. Im Übrigen: Sofern man gleichwohl von der Geltung der 30-jährigen Verjährungsfrist des § 197 I Nr. 2 BGB a.F. ausginge, würde ab 1.1.2010 die seitdem maßgebende Verjährungsfrist gelten, wenn die 30-jäh-

reform) galt die regelmäßige Verjährungsfrist nach § 195 ZPO a.F. von damals 30 Jahren. Für Übergangsfälle (Anspruch ist vor dem 1.1.2002 entstanden) ist Art. 229 § 6 EGBGB heranzuziehen; danach sind vor dem 1.1.2002 entstandene Ansprüche, die der Regelverjährung unterliegen, spätestens Ende 2004 verjährt (bei Vorliegen der subjektiven Voraussetzungen des Verjährungsbeginns)[415].

1057 Zu beachten ist immer die bei Ansprüchen zwischen Ehegatten während bestehender Ehe geltende **Verjährungshemmung** (§ 207 I BGB[416]), die bei Ansprüchen zwischen Schwiegereltern und Schwiegerkindern nicht gilt[417].

6. Weitere Umstände als Geschäftsgrundlage

1058 Geschäftsgrundlage einer ehebezogenen Zuwendung können neben dem Gesichtspunkt des Fortbestandes der Ehe im Einzelfall weitere Umstände sein, so etwa der der leiblichen Abstammung eines Kindes vom Ehemann, wenn dessen Zuwendung auch dazu bestimmt war, den Unterhaltsbedarf des Kindes zu befriedigen, wenn durch die Zuwendung also nicht nur die Ehefrau, sondern auch das Kind begünstigt werden sollte[418]. Wie in einem solchen Fall die verschiedenen Aspekte zu gewichten sind, die zur Geschäftsgrundlage geworden sind, ist im Rahmen der nach § 313 BGB gebotenen Anpassung zu klären[419].

7. Gerichtliche Zuständigkeit

1059 Für Rückgewähr- wie für finanzielle Ausgleichsansprüche wegen ehebezogener Zuwendungen waren nach bis 31.8.2009 geltendem Recht die Zivilprozessgerichte zuständig[420], und zwar auch wenn gleichzeitig ein Zugewinnausgleichsanspruch geltend gemacht wurde. In allen seit 1.9.2009 eingeleiteten Verfahren sind dagegen die Familiengerichte zuständig, sofern – wie regelmäßig – ein Zusammenhang mit Trennung und Scheidung besteht (sonstige Familiensachen i.S. von § 266 I Nr. 3 FamFG)[421].

---

rige Frist zu diesem Zeitpunkt noch nicht abgelaufen war (Art. 229 § 23 II S. 1 EGBGB); vgl. OLG Frankfurt, FamRZ 2013, 988, 989; *Hoppenz*, FamRZ 2013, 991 (Anm.).

415 Vgl. *Palandt/Ellenberger*, EGBGB 229 § 6 Rn. 1.

416 Früher § 204 BGB a.F.

417 Vgl. Rn. 1308.

418 Vgl. BGH, FamRZ 2012, 1623 (das Zustandekommen einer solchen Geschäftsgrundlage im konkreten Fall verneinend, weil das Kind von der Zuwendung nicht profitieren sollte); FamRZ 2012, 1363 = NJW 2012, 2728. Dazu auch Rn. 939.

419 BGH, FamRZ 2012, 1363, 1365 = NJW 2012, 2728.

420 Vgl. Rn. 27.

421 Vgl. Rn. 36.

Leben die Ehegatten im gesetzlichen Güterstand und ist über den Zugewinnausgleich noch nicht entschieden, muss darauf geachtet werden, dass die zu treffenden Entscheidungen im Einklang miteinander stehen. Die **Gefahr widersprüchlicher Entscheidungen** bestand insbesondere bei getrennter gerichtlicher Zuständigkeit, wie sie bis 31.8.2009 gegeben war. Es bestand die Gefahr, dass das über den Anspruch aus § 313 BGB entscheidende Zivilprozessgericht das Ergebnis des Zugewinnausgleichs anders beurteilte, als das den Güterrechtsstreit entscheidende Familiengericht. Nach der Konzentrierung der Zuständigkeiten beim Familiengericht durch das FamFG ist diese Gefahr zumindest entschärft[422]. **1060**

F. Rückabwicklung nach Bereicherungsrecht

Einen Ausgleich von Zuwendungen unter Ehegatten über Bereicherungsrecht hat die Rechtsprechung, von besonderen Fallgestaltungen abgesehen[423], früher mit der h.M. grundsätzlich abgelehnt[424]. **1061**

Zweifellos scheiden Ansprüche aus § 812 I S. 1 und I S. 2 Alt. 1 BGB aus: Zuwendungen unter Ehegatten werden **nicht rechtsgrundlos** i.S. des § 812 I S. 1 BGB erbracht, sondern ihnen liegt ein schuldrechtliches Geschäft wie Schenkung oder Auftrag, ein familienrechtlicher Vertrag eigener Art – so bei der ehebezogenen Zuwendung – oder ein Gesellschaftsverhältnis zugrunde. Ausgleichsansprüche kommen aber auch nicht unter dem Gesichtspunkt des späteren **Wegfalls des rechtlichen Grundes** – mit Trennung oder Scheidung – (§ 812 I S. 2 Alt. 1 BGB) in Betracht. Das Rechtsgeschäft, in dessen Erfüllung die Zuwendung erbracht worden ist, fällt mit Trennung oder Scheidung nicht weg. **1062**

I. Bereicherungsanspruch wegen Zweckverfehlung

Problematischer ist die Frage, ob Ansprüche aus § 812 I S. 2 Alt. 2 BGB wegen **Zweckverfehlung** infolge des Scheiterns der Ehe (Nichteintritt des mit dem Rechtsgeschäft bezweckten Erfolges) in Betracht kommen. Die frühere Rechtsprechung des BGH hat diese Frage mit weitgehender Zustimmung der Literatur verneint[425], im Wesentlichen mit der Begründung, der dauerhafte Bestand der Ehe werde in den fraglichen Fällen zwar Geschäftsgrundlage, nicht aber Gegenstand einer Zweckabrede i.S. des § 812 I S. 2 Alt. 2 BGB. Gegenstand einer Zweckabrede werde die **1063**

---

422 Vgl. dazu auch Rn. 516.

423 BGH, FamRZ 1994, 503 (Zuwendung vor der Ehe mit besonderer Zweckbestimmung; dazu Rn. 1079); vereinzelt: BGH, FamRZ 1968, 23 = NJW 1968, 245.

424 BGH, FamRZ 1990, 855; FamRZ 1982, 910, 911; FamRZ 1982, 778; FamRZ 1976, 82; *Haas*, FamRZ 2002, 205, 212; *Jaeger*, DNotZ 1991, 431, 451, m.w.N.; *Staudinger/Thiele*, 2007, § 1363 Rn. 20.

425 Vgl. schon Fn. 424, sowie BGH, FamRZ 1999, 705, 708 = NJW 1999, 1623.

beabsichtigte Ausgestaltung der Ehe; dieser Zweck aber werde, wenn die Ehe nach der Zuwendung noch eine gewisse Zeit Bestand habe, erreicht. Grund für diese Beurteilung war letztlich, dass man die wegen ihrer mangelnden Flexibilität für ungeeignet gehaltenen Rechtsfolgen des Bereicherungsrechts vermeiden wollte[426]. Nur in besonderen Fallgestaltungen, etwa wenn der Zweck der Übertragung von Miteigentum verfolgt worden war, zu der es dann nicht gekommen war, wurde – und wird weiterhin – ein Anspruch aus § 812 I S. 2 Alt. 2 BGB für möglich gehalten[427] (dazu auch Rn. 1285)[428].

1064 Nachdem der BGH bereits bei Zuwendungen zwischen Partnern einer nichtehelichen Lebensgemeinschaft von dieser Beurteilung abgewichen war[429], hat er in der – Schwiegerelternzuwendungen betreffenden – Entscheidung vom 3.2.2010[430] ausdrücklich seine Abkehr von der bisherigen Rechtsprechung erklärt, und zwar ausdrücklich für Schwiegerelternzuwendungen, wohl aber auch für ehebezogene Zuwendungen unter Ehegatten. Nach dieser Rechtsprechungsänderung ist auch bei – wirtschaftlich bedeutsamen[431] – Ehegattenzuwendungen die Möglichkeit zu bedenken, dass der dauerhafte Bestand der Ehe Gegenstand einer Zweckvereinbarung geworden ist und damit ein Anspruch aus § 812 I S. 2 Alt. 2 BGB in Betracht kommt. Allerdings wird sich eine derartige Zweckvereinbarung nur in den seltensten Fällen feststellen lassen[432]. Insoweit wird, ebenso wie hinsichtlich der Rechtsfolgen eines evtl. bereicherungsrechtlichen Anspruchs, auf die Ausführungen zu den Schwiegerelternzuwendungen (Rn. 1285 ff.) verwiesen. Zur Verjährung des Anspruchs vgl. Rn. 1288. Ungeklärt ist die Frage, ob – wenn die Ehegatten im gesetzlichen Güterstand gelebt haben – ein eventueller Bereicherungsanspruch wegen

---

426 Vgl. auch BGH, FamRZ 1995, 1060, 1061 = NJW 1995, 1889; *Röthel*, Jura 2006, 641, 644; *Haas*, FamRZ 2002, 205, 212; *Wagenitz*, S. 165 f. Zum ebenfalls für ungeeignet gehaltenen Rechtsfolgensystem beim Schenkungsrecht Rn. 891.

427 Zu einer solchen Fallgestaltung auch BGH, FamRZ 2013, 1030 = NJW 2013, 2025, im Falle einer lebensgemeinschaftsbezogenen Zuwendung; erwogen auch bei OLG Brandenburg, Urteil v. 9.2.2016, 3 U 8/12, juris (bei nichtehelicher Lebensgemeinschaft).

428 Vgl. auch die besondere Fallgestaltung bei BGH, FamRZ 2013, 296 = NJW-RR 2013, 618 (Schenkung zur Schaffung stabiler Verhältnisse außerhalb der Prostitution); dazu Rn. 936.

429 BGH, FamRZ 2009, 849, m. Anm. *Grziwotz* = FamRB 2009, 209 *(Burger)*; FamRZ 2008, 1822 = NJW 2008, 3277 Dazu krit. *Leitmeier*, NJW 2010, 2006; *Moes*, FamRZ 2016, 757, 762 f.

430 FamRZ 2010, 958, 962 f., m. Anm. *Wever* S. 1047 = NJW 2010, 2202.

431 Vgl. dazu Rn. 959 sowie BGH, FamRZ 2011, 1563, 1566 = NJW 2011, 2880 (bei nichtehelicher Lebensgemeinschaft).

432 Anders *Scherpe*, JZ 2014, 659, u. *Sorge*, JZ 2011, 660 (jeweils zu gemeinschaftsbezogenen Zuwendungen in nichtehelichen Lebensgemeinschaften), die für eine ausschließliche Rückabwicklung über § 812 I S. 2 Alt. 2 BGB plädieren; ebenso *Rauscher*, NZFam 2014, 298; ähnlich *Weinreich*, FamRZ 2014, 1889, 1893 f.

Zweckverfehlung wie der Rückgewähranspruch wegen Wegfalls der Geschäftsgrundlage[433] dem „Vorrang des Zugewinnausgleichs“ unterliegt, obwohl sein Bestehen nicht von Zumutbarkeitserwägungen abhängt[434].

II. Bereicherungsanspruch nach Anfechtung

Ausnahmsweise kann § 812 I S. 1 Alt. 1 BGB allerdings dann heranzuziehen sein, wenn das einer Zuwendung zugrunde liegende schuldrechtliche Geschäft – bei der ehebezogenen Zuwendung der familienrechtliche Vertrag eigener Art, bei der Schenkung das Schenkungsversprechen – vom Zuwendenden wirksam angefochten worden ist. Das kann in Betracht kommen bei arglistigem **Verschweigen einer ehewidrigen Beziehung** des Zuwendungsempfängers, die den Fortbestand der Ehe gefährdet (Anfechtung gem. § 123 BGB). Ob allerdings die dazu erforderliche Pflicht zur ungefragten Offenbarung besteht, hängt von den Umständen des Einzelfalls ab. Ggf. kommen auch Ansprüche aus § 280 I BGB (nach früherem Recht: aus culpa in contrahendo) oder aus § 826 BGB in Betracht[435]. **1065**

Der BGH[436] hält, anders als das OLG München[437] als Berufungsgericht, eine Anfechtung des der Zuwendung zugrundeliegenden schuldrechtlichen Geschäfts wegen arglistiger Täuschung (§ 123 BGB) dann für möglich, wenn die Ehefrau (Zuwendungsempfängerin) ihrem Ehemann anlässlich von dessen Zuwendung nicht ungefragt offenbart, dass ein während der Ehe geborenes, als gemeinsam angesehenes Kind möglicherweise nicht von ihm abstammt. In den beiden entschiedenen, dieselben Ehegatten betreffenden Fällen hatte der vermögende Ehemann der vermögenslosen Frau 10 bzw. 12 Jahre nach der Eheschließung mehrere 100.000 € zum Erwerb von Immobilien zugewendet, teils möglicherweise als ehebezogene Zuwendung, teils als Schenkung. Er hatte die Zuwendungen (zumindest teilweise) wegen arglistiger Täuschung angefochten, nachdem sich herausgestellt hatte, dass der 1 ½ Jahre nach der Heirat geborene Sohn nicht von ihm abstammte. Die Ansicht des BGH, in einer solchen Situation treffe die Frau – angesichts der wesentlich von der familiären Verbundenheit der Beteiligten geprägten Zuwendungen – eine Pflicht zur ungefragten Offenbarung der Möglichkeit, dass das Kind von einem anderen Mann abstammt, also eine **Pflicht zur ungefragten Of-** **1066**

433 Vgl. Rn. 950, 964.

434 Dazu *Hoppenz*, FPR 2012, 84, 86 f.

435 Vgl. OLG Braunschweig, MDR 2001, 1242; *Schulz/Hauß*, Rn. 1882. Vgl. auch Rn. 766 u. 931 zum Fall des Erschleichens einer Schenkung durch den bereits zur Trennung Entschlossenen.

436 BGH, FamRZ 2012, 1363 = NJW 2012, 2728 = FamRB 2012, 298 *(Wever)* und FamRZ 2012, 1623 = FamRB 2012, 299 *(Wever)*. Dazu ausführlich *Wever*, FamRZ 2012, 1601; *ders.*, FamRZ 2013, 741, 746 f.

437 FamRZ 2009, 1831.

fenbarung eines Seitensprungs, der hier etwa 10 Jahre zurücklag, begegnet Bedenken. Das gilt insbesondere insoweit, als der Standpunkt des BGH auch Zuwendungen betrifft, die noch während intakter Ehe erfolgt sind[438]. Der BGH erwartet von der Frau ein Verhalten, das zum Auseinanderbrechen der Familie führen kann, die Interessen des Kindes massiv berührt und deshalb schwerlich erwartet werden kann[439]. Der Standpunkt des BGH ist auch kaum vereinbar mit seiner Rechtsprechung zur nur eingeschränkten Schadensersatzpflicht nach § 826 BGB bei „Unterschieben" eines Kindes (dazu Rn. 715 ff.).

1067 Nimmt man bei vorstehend geschilderter Fallgestaltung gleichwohl eine Pflicht zur ungefragten Offenbarung an, so liegt in dem Verschweigen der möglichen Nichtvaterschaft des zuwendenden Ehemannes durch die Ehefrau zugleich eine Verletzung der Aufklärungspflicht bei Anbahnung der Zuwendungsvereinbarung, die einen **Schadensersatzanspruch** aus culpa in contrahendo gem. §§ 280 I, 241 II i.V.m. § 311 II, III BGB ermöglicht[440].

G. Ehegattenzuwendungen bei Gütergemeinschaft

1068 Vereinbaren Ehegatten mit unterschiedlich großem Ausgangsvermögen den Güterstand der Gütergemeinschaft (§§ 1408, 1415 BGB), verschafft der vermögendere dem weniger vermögenden Ehegatten damit einen Vermögenszuwachs. Denn die vorher getrennten Vermögensmassen werden gem. § 1416 BGB zum **Gesamtgut**. Um eine Schenkung i.S. von § 516 BGB handelt es sich dabei im Allgemeinen nicht[441], denn die mit der Vereinbarung der Gütergemeinschaft eintretende Bereicherung des begünstigten Ehegatten hat ihren Rechtsgrund nicht in einer Einigung über eine unentgeltliche Zuwendung i.S. von § 516 BGB, sondern in einem familienrechtlichen Vertrag über die Errichtung der Gütergemeinschaft, mit dem die Vermögensbeziehungen der Ehepartner umfassend gestaltet werden sollen. Eine Rückabwicklung nach Schenkungsrecht beim Scheitern der Ehe scheidet damit aus, und auch Dritte wie Gläubiger und

---

438 Soweit es die Entscheidung BGH, FamRZ 2012, 1363 = NJW 2012, 2728, angeht, war die Ehe im Zeitpunkt der Zuwendung bereits gescheitert, soweit es die Entscheidung BGH, FamRZ 2012, 1623, betrifft, war sie dies (möglicherweise) noch nicht.

439 Näher dazu *Wever*, FamRZ 2012, 1601. Zustimmend *Bömelburg*, FF 2013, 244, 246 (Anm.).

440 So OLG München, FamRZ 2013, 823 = NJW 2013, 946, das nach erfolgter Zurückverweisung (in dem Verfahren BGH, FamRZ 2012, 1363) der Klage des Mannes, gestützt auf diesen Anspruch, stattgegeben und die Frage offen gelassen hat, ob alle Voraussetzungen einer Täuschungsanfechtung erfüllt sind. Vgl. auch Rn. 766.

441 BGH, FamRZ 1992, 304 = NJW 1992, 558; *Kollhosser*, NJW 1994, 2313; jeweils mit Beispielen von Ausnahmefällen.

Erbberechtigte müssen die mit der Vereinbarung der Gütergemeinschaft verbundene Vermögensverschiebung grundsätzlich hinnehmen[442].

Richtigerweise wird man in einem solchen Vorgang eine ehebezogene **1069** Zuwendung sehen müssen[443]. Beim Scheitern der Ehe kommt aber keine Rückabwicklung über Wegfall der Geschäftsgrundlage in Betracht, da die Auseinandersetzung für diesen Fall in den speziellen familienrechtlichen Bestimmungen der §§ 1471 ff. BGB geregelt ist. Sie verdrängen die allgemeinen schuldrechtlichen Vorschriften über die Rückgängigmachung von Leistungen, also insbesondere auch die des Schenkungsrechts und § 313 BGB. Bei der Auseinandersetzung des Gesamtgutes verschafft § 1478 i.V.m. § 1477 II BGB jedem Ehegatten die Möglichkeit, das zurückzuverlangen, was er in die Gütergemeinschaft eingebracht hat. Der Zuwendende kann somit ohne weiteres seine Leistung – sei es die in der Begründung der Gütergemeinschaft liegende Zuwendung, seien es spätere Zuwendungen aus seinem Vorbehaltsgut (§ 1418 BGB) in das Gesamtgut[444] – zurückerhalten[445]. Lediglich der seit Einbringung der Zuwendung entstandene Wertzuwachs verbleibt im Gesamtgut und damit hälftig beim anderen Ehegatten[446]. Zu einem schuldrechtlichen Ausgleich insoweit besteht keine Veranlassung[447].

Wendet ein Ehegatte dem anderen einen Vermögensgegenstand ehe- **1070** vertraglich (§ 1418 II Nr. 1 BGB) in der Weise zu, dass er zu **Vorbehaltsgut** des Empfängers wird, so handelt es sich im Zweifel um eine Zuwendung, die nicht vom Bestand der Ehe abhängig sein soll[448]. Zur Rückabwicklung einer solchen Zuwendung über Wegfall der Geschäftsgrundlage ist kein Raum. In Ausnahmefällen (etwa: Zuwendung zu dem Zweck, einem Gläubiger den Zugriff zu erschweren, oder Zuwendung allein zu dem Zweck, Steuervorteile zu erlangen[449]) können die zu Rn. 987 ff. (Rückabwicklung bei Gütertrennung) dargestellten Grundsätze entsprechend heranzuziehen sein[450].

Rückgewähr- oder Ausgleichsansprüche unter dem Gesichtspunkt des **1071** Wegfalls der Geschäftsgrundlage kommen auch in dem besonderen Fall in Betracht, dass vor **Vereinbarung der Gütergemeinschaft** (insbesondere im Güterstand der Gütertrennung) der eine dem anderen Ehegatten eine Zuwendung gemacht hat, die dieser später in das Gesamtgut einge-

442 BGH, FamRZ 1992, 304 = NJW 1992, 558; *Kollhosser*, NJW 1994, 2313, 2314.
443 Vgl. *Schotten*, NJW 1990, 2841, 2848.
444 Vgl. MünchKomm/*Kanzleiter*, § 1478 Rn. 7.
445 Vgl. *Holzhauer*, FuR 1995, 268, 271; *Schotten*, NJW 1990, 2841, 2848.
446 MünchKomm/*Kanzleiter*, § 1478 Rn. 8.
447 Ebenso *Kleinle*, FamRZ 1997, 1383, 1389.
448 Vgl. *Holzhauer*, FuR 1995, 268, 271.
449 OLG München, FamRZ 2006, 204.
450 Vgl. *Kleinle*, FamRZ 1997, 1383, 1389 f.

bracht hat. Ein Bedürfnis zur Korrektur über § 313 BGB kann dann entstehen, wenn der Zuwendungsempfänger bei der Auseinandersetzung des Gesamtgutes gem. § 1478 BGB zurückverlangt, was er in die Gütergemeinschaft eingebracht hat, und er damit – von dem Ausgleich des während der Dauer der Gütergemeinschaft eingetretenen Wertzuwachses abgesehen – praktisch die vermögensrechtliche Zuordnung wiederherstellt, die vor Begründung der Gütergemeinschaft bestanden hat[451].

H. Zuwendungen aus der Zeit vor der Ehe

I. Zuwendungen in Erwartung der Heirat

1072 Im Jahre 1991 hat der BGH[452] den Weg für die Anwendung der Grundsätze zur Rückgewähr ehebezogener Zuwendungen für **Zuwendungen unter Verlobten** frei gegeben[453]. Haben Verlobte einander in der Zeit vor der Eheschließung Zuwendungen gemacht, können, so der BGH, Ausgleichsansprüche nach den für ehebezogene Zuwendungen entwickelten Grundsätzen in Betracht kommen. Dienten solche Zuwendungen dazu, die Voraussetzungen für die später tatsächlich zustande gekommene, dann aber gescheiterte Ehe zu schaffen, ohne dass besondere Abreden getroffen worden sind, und kommt es beim Scheitern der Ehe nicht zu einem gesetzlichen Ausgleich dieser Leistungen (insbesondere durch den Zugewinnausgleich), so ist die Interessenlage derjenigen bei ehebezogenen Zuwendungen unter Ehegatten im Güterstand der Gütertrennung vergleichbar. Auch der Umstand, dass die Partner im Zeitpunkt der Zuwendung noch nicht verheiratet sind, steht der Anwendung der für die ehebezogenen Zuwendungen entwickelten Grundsätze nicht entgegen. Denn Verlobte stehen, so der BGH, bereits in einem rechtlich geregelten personenrechtlichen Gemeinschaftsverhältnis, das die Möglichkeit des stillschweigenden Abschlusses eines – der Zuwendung zugrundeliegenden – familienrechtlichen Vertrages eigener Art eröffnet. In solchen Fällen sind daher nach dem Scheitern Ehe (Wegfall der Geschäftsgrundlage) Ausgleichsansprüche möglich[454].

---

451 Vgl. BGH, FamRZ 1987, 43; MünchKomm/*Kanzleiter*, § 1478 Rn. 7.

452 BGH, FamRZ 1992, 160 = NJW 1992, 427 (im entschiedenen Fall waren finanzielle Beiträge zu einem Bauvorhaben des Partners teils während der Verlobungszeit, teils nach der Eheschließung erbracht worden), m. Anm. *Tiedtke*, JZ 1992, 1025, u. *Smid*, JR 1993, 62 f.

453 Vgl. auch OLG Köln, FamRZ 2002, 1404, m. Anm. *Wever* = NJW 2002, 3784; OLG Celle, FamRZ 2006, 206 (bei alleiniger Kreditaufnahme eines Ehegatten vor der Ehe zum Zwecke der Aufbringung von Eigenkapital für das gemeinsame Familienheim); OLG Celle, NJW-RR 2000, 1675 (bei Arbeitsleistungen); vgl. zur Behandlung von Arbeitsleistungen auch Rn. 1213.

454 Das OLG Oldenburg, NJW-RR 2009, 938, hält Ausgleichsansprüche gem. § 313 BGB auch dann für möglich, wenn ein Verlöbnis gelöst worden ist, ohne dass es zur Eheschließung gekommen ist. Dazu auch *Schulz*, FS Brudermüller, 2014, S. 717, 724.

Solche Ansprüche liegen schon deshalb nahe, weil – wenn die Ehe im gesetzlichen Güterstand geführt wird – die vor der Ehe erbrachten Zuwendungen das Anfangsvermögen des Empfängers erhöhen und damit dessen späteren Zugewinn schmälern, so dass ein unbefriedigendes Ergebnis des Zugewinnausgleichs angelegt ist[455]. **1073**

Beispiel: **1074**

M gehört ein unbebautes Grundstück. Die mit ihm verlobte F stellt M im Hinblick auf die geplante Eheschließung 200.000 € zur Verfügung, damit auf dem Grundstück ein Familienheim errichtet werden kann. Nach Fertigstellung des Hauses wird geheiratet. Die im gesetzlichen Güterstand geführte Ehe scheitert nach wenigen Jahren. F möchte das M zur Verfügung gestellte Geld zurück haben. Über weiteres Vermögen verfügen M und F nicht.

Einen Anspruch auf Zugewinnausgleich hat F (sofern es nicht zu einer Wertsteigerung des Grundstücks während der Ehe gekommen ist) nicht. Denn das Grundstück war schon bei der Heirat bebaut, M hatte also ein ebenso hohes Anfangs- wie Endvermögen.

Hätte F dem M das Geld nach der Eheschließung zur Verfügung gestellt (Zuwendung eines Ehegatten an den anderen aus Anfangsvermögen[456]), bekäme sie über den Zugewinnausgleich die Hälfte der durch die Bebauung herbeigeführten Wertsteigerung des Grundstücks zurück. Denn ihre Zuwendung fiele nicht ins Anfangsvermögen des M (keine Anwendung des § 1374 II BGB), sondern würde sich nur im Endvermögen auswirken.

Um diese unbefriedigende Differenz der Ergebnisse, je nachdem ob die Zuwendung vor oder nach der Heirat gemacht worden ist, zu korrigieren, billigt der BGH mit Recht dem Zuwendenden einen – den Zugewinnausgleich ergänzenden – Ausgleichsanspruch über § 313 BGB zu, allerdings im Regelfall **der Höhe nach begrenzt** auf den Betrag, den er im Zugewinnausgleich erhalten hätte, wäre die Zuwendung erst nach der Eheschließung erfolgt[457]. Erforderlich ist also eine Vergleichsberechnung des Zugewinnausgleichs einerseits auf der Basis der tatsächlich gegebenen Verhältnisse, andererseits fiktiv unter der Annahme, die Zuwendung wäre erst nach der Heirat erfolgt. Nimmt man an, dass im Beispielsfall der Wertzuwachs des Grundstücks durch die Bebauung 200.000 € betrug, könnte F über § 313 BGB 100.000 € zurückerhalten[458]. Auf einfacherem Wege zum wirtschaftlich gleichen Ergebnis käme man, wenn man – wie in der Literatur vorgeschlagen wird[459] – die Zuwendung im Anfangsvermögen des Empfängers unberücksichtigt ließe; die teilweise Rückgewähr der vorehelichen Zuwendung fände dann allein über den Zugewinnausgleich statt. **1075**

---

455 Vgl. zum Verhältnis vorehelicher Ausgleichsansprüche zum Zugewinnausgleich auch *Herr*, FuR 2014, 457, m. Beispiel.

456 Vgl. Rn. 967.

457 BGH, FamRZ 1992, 160 = NJW 1992, 427. So auch OLG Köln, FamRZ 2002, 1404 = NJW 2002, 3784.

458 Nach *Quack*, FamRZ 2003, 606, mit Berechnungsbeispiel: indexiert. Vgl. auch die Berechnung bei *Härtl*, NZFam 2016,1166.

459 *Schulz/Hauß*, Rn. 1741 ff.; *Grziwotz*, § 7 Rn. 28.

1076 Der vom BGH beschrittene Lösungsweg kommt allerdings nur für Zuwendungen in Betracht, denen die gleiche Motivation zugrunde liegt wie ehebezogenen Zuwendungen unter Verheirateten, für solche Zuwendungen also, die ehebezogenen Zuwendungen gleichgestellt werden können. Nur ihnen liegt die Erwartung zugrunde, die zu schließende Ehe werde Bestand haben, nur bei ihnen entfällt mit dem Scheitern der Ehe die Geschäftsgrundlage. Bei **vorehelichen Schenkungen** dagegen, die dadurch gekennzeichnet sind, dass sie nicht um der Ehe willen und nicht in der Erwartung ihres Fortbestandes erfolgen, können sich Rückgewährpflichten nicht aus dem Gesichtspunkt des Scheiterns der Ehe, sondern nur unter den Voraussetzungen der §§ 527 ff. BGB (insbesondere: grober Undank) ergeben[460]. Zu einer Korrektur des güterrechtlichen Ergebnisses unter Billigkeitsgesichtspunkten, wie sie § 313 BGB ermöglicht, kann es bei ihnen also nicht kommen.

1077 Der beschriebene Lösungsweg kommt unabhängig davon zum Zuge, ob die Partner zum Zeitpunkt der vorehelichen Zuwendung bereits zusammenlebten oder nicht. Erforderlich war nach der bisherigen Rechtsprechung des BGH nur, dass sie miteinander verlobt waren. Dies warf die Frage nach der praktischen Relevanz dieser Rechtsprechung auf in einer Zeit, in der offizielle Verlöbnisse selten geworden sind. Ein **Verlöbnis** i.S. des § 1297 BGB erfordert allerdings auch nicht einen offiziellen Akt, sondern nur ein ernsthaftes wechselseitiges Eheversprechen. Da es formfrei ist, kann das Verlöbnis auch durch schlüssiges Verhalten zustande kommen[461]. Als ausreichend muss angesehen werden, wenn die Partner einander ausdrücklich oder durch ihr Verhalten ihre Einigkeit darüber zum Ausdruck gebracht haben, dass sie **heiraten wollen**[462], z.B. auch durch die Bestimmung eines Heiratsdatums, die Versendung von Einladungskarten oder die Verabredung eines Traugesprächs[463].

1078 Dies sieht offenbar auch der BGH so, der in seiner Entscheidung vom 19.9.2012[464] – ohne auf seine bisherige Rechtsprechung und die geschilderte Problematik einzugehen – die Grundsätze zur Rückgewähr ehebezogener Zuwendungen auf Zuwendungen für anwendbar erklärt, die **Nichtverheiratete in Erwartung ihrer bevorstehender Eheschließung** vornehmen. Als Geschäftsgrundlage solcher Zuwendungen könne sowohl

460 Dazu Rn. 927 ff.

461 Vgl. MünchKomm/*Roth*, § 1297 Rn. 9.

462 So auch KG, NJW-RR 2007, 365 (bei Schwiegerelternzuwendung); *Kogel*, FamRB 2007, 273, 275; 17. DFGT 2007, AK 18, Brühler Schriften zum Familienrecht, Bd. 15, 2008, S. 164.

463 *Herzog*, FuR 2017, 364. Vgl. auch OLG Dresden, NZFam 2014, 90 *(Beger-Oelschlegel)*: Zuwendung nach Erhalt eines Heiratsantrags; zu dieser Entscheidung auch *Wever*, FamRZ 2014, 1669, 1675.

464 FamRZ 2012, 1789 = NJW 2012, 3374; vgl. dazu Rn. 996.

die Gründung als auch der Fortbestand der ehelichen Lebensgemeinschaft anzusehen sein. Im entschiedenen Fall hatte der (künftige) Ehemann entsprechend einem schon vor der Heirat gefassten Gesamtplan vor und nach der Eheschließung Zahlungen auf gemeinsam aufgenommene Darlehen geleistet, die der Finanzierung der im Alleineigentum der Frau stehenden Immobilie gedient hatten. Der BGH hält es für unbedenklich, die vor und die nach der Heirat erbrachten Leistungen einheitlich nach den Grundsätzen einer ehebezogenen Zuwendung (hier: bei Gütertrennung) zu behandeln.

Nachdem der BGH in seiner neueren Rechtsprechung für Ehegatten- **1079**
und Schwiegereltern einen **bereicherungsrechtlichen Ausgleich** wegen Zweckverfehlung (§ 812 I S. 2 Alt. 2 BGB) für möglich hält[465], wird ein solcher Anspruch auch für voreheliche Zuwendungen, die in Erwartung der bevorstehenden Heirat erfolgt sind, in Betracht zu ziehen sein. Die erforderliche, auf den dauerhaften Bestand der noch zu schließenden Ehe bezogene Zweckvereinbarung wird sich aber auch hier nur in seltenen Fällen feststellen lassen[466]. Allerdings hat der BGH[467] schon in einer früheren Entscheidung einen Rückgewähranspruch, gestützt auf § 812 I S. 2 Alt. 2 BGB (Zweckverfehlung), in einem Fall bejaht, in dem der Mann seiner späteren Ehefrau vor Eingehung der vom Versorgungsgedanken geprägten und nach wenigen Monaten gescheiterten Altersehe Schmuckstücke zugewendet hatte.

II. Voreheliche Zuwendungen ohne Eheerwartung

Die Grundsätze zur Rückgewähr ehebezogener Zuwendungen können **1080**
auch dann zur Anwendung kommen, wenn Partner im Zeitpunkt der Zuwendung **in nichtehelicher Lebensgemeinschaft** ohne Heiratsabsicht zusammengelebt, sich später (z.B. nach der Geburt eines Kindes) dann doch zur Heirat entschlossen haben und die Ehe gescheitert ist. Dies folgt aus der 2008 vom BGH[468] vollzogenen grundsätzlichen Gleichstellung von sog. gemeinschaftsbezogenen Zuwendungen in nichtehelichen Lebensgemeinschaften mit ehebezogenen Zuwendungen unter Ehegatten (bei Gütertrennung)[469]. Der Höhe nach dürfte der mögliche Ausgleichsanspruch wie zu Rn. 1075 geschildert zu begrenzen sein. Für mögliche Bereicherungsansprüche wegen Zweckverfehlung gilt das zu Rn. 1079 Gesagte entsprechend.

---

465 Vgl. Rn. 1063 f., 1286 f.
466 So auch *Schulz*, FS Brudermüller, 2014, S. 717, 723.
467 FamRZ 1994, 503 (Nichtannahmebeschluss vom 24.11.1993); dazu schon Rn. 1061.
468 FamRZ 2008, 1822 = NJW 2008, 3277.
469 Vgl. Rn. 951.

1081 Unverändert nicht anwendbar erscheinen die vorgenannten Grundsätze dagegen auf Fälle von Vermögenszuwendungen unter Partnern, die im Zeitpunkt der Zuwendung **weder zu heiraten beabsichtigten, noch zusammenlebten**, später aber doch die Ehe eingegangen sind[470].

I. Checkliste

1082 **Rückabwicklung von Ehegattenzuwendungen**

1. Handelt es sich um eine Vermögenszuwendung (Übertragung von Vermögenssubstanz: Vermögensminderung beim Zuwendenden, Vermögensmehrung beim Empfänger)? (→ Rn. 893 ff.)
- Falls Arbeitsleistung → Ehegatteninnengesellschaft oder Kooperationsvertrag (→ Rn. 895, 1107 ff., 1193 ff.)
- Falls Übernahme der Allein-, der Mithaftung oder der Stellung einer Sicherheit für einen Kredit im Interesse des anderen → Auftragsrecht (→ Rn. 895, 518 ff., 494 ff., 503, 842, 844)

2. Rechtliche Grundlage der Zuwendung? (→ Rn. 896 ff.)
- Treuhandabrede? → Auftragsrecht (§§ 667, 670 BGB) (→ Rn. 898, 830 ff.)
- Darlehen? → §§ 488 ff., 607 ff. BGB (→ Rn. 899 ff.)
- Ehegattengesellschaft? → §§ 731 ff. BGB (→ Rn. 903 ff., 1107 ff.)
- Schenkung? → §§ 527 ff. BGB (→ Rn. 911 ff., 927 ff.) (insbesondere § 530, grober Undank?)
- Ehebezogene Zuwendung? → § 313 BGB. (→ Rn. 911 ff.) Dazu nachfolgend 3.
- Sonderfall: Rechtliche Grundlage (schuldrechtliches Geschäft) angefochten? → § 812 I S. 1 BGB (→ Rn. 1065 f.)

3. Falls ehebezogene Zuwendung:
a) Anspruch aus § 313 BGB? (→ Rn. 948 ff.)
aa) Scheitern der Ehe (= Wegfall der Geschäftsgrundlage)? (→ Rn. 1044 ff.)
Stichtag: endgültige Trennung; bei gesetzlichem Güterstand: Geltendmachung des Anspruchs ab Rechtshängigkeit der Scheidung

470 Abzuwarten bleibt allerdings, ob der BGH seine Rspr. zur Rückabwicklung gemeinschaftsbezogener Zuwendungen auf nicht zusammenlebende Partner ausdehnen wird. Vgl. dazu die Ansätze bei BGH, FamRZ 2008, 1822, Rn. 33 u. 43 = NJW 2008, 3277.

bb) Beibehaltung des Vermögenszustandes unzumutbar? (→ Rn. 949 ff.)
Kriterien:
- Güterstand? (→ Rn. 950 ff.)
  - Bei gesetzlichem Güterstand (besonders hohe Anforderungen): Wird hinnehmbarer (Teil-) Ausgleich über den Zugewinnausgleich erreicht? (→ Rn. 964 ff.)
  - Bei Gütertrennung: wirksam vereinbart? (→ Rn. 987 ff.)
- Individueller Zweck der Zuwendung? (→ Rn. 953 ff.)
  - Unterhalts- oder Altersversorgung des Empfängers?
  - Vorweggenommener oder freiwilliger Zugewinnausgleich?
  - Sicherung des Vermögens vor Gläubigern?
  - Investition in Unternehmen des Empfängers?
- Sonstige Kriterien? (→ Rn. 958 ff.)
  - Art und Umfang der erbrachten Leistungen?
    Leistungen von erheblicher Bedeutung? Zur dauerhaften Vermögensbildung bestimmt?
  - Noch vorhandene, messbare Vermögensmehrung beim Empfänger?
  - Einkommens- und Vermögensverhältnisse?
  - Alter und Gesundheitszustand?
  - Dauer der Ehe?
  - Zeitpunkt der Zuwendung im Verlauf der Ehe?
  - Leistungen des Empfängers in der Ehe?

cc) Inhalt und Umfang des Anspruchs?
- Regel: Ausgleich in Geld (→ Rn. 1001 ff.)
  Höhe: Kriterien wie 3.a) bb); insbesondere:
  - noch vorhandene Vermögensmehrung (Obergrenze)?
  - Abschlag für teilweise Zweckerreichung?
  - Obergrenze fiktiver ungestörter Zugewinnausgleich?
- Ausnahme: dingliche Rückgewähr, wenn schützenswertes Interesse am Erhalt des Zuwendungsobjekts, (→ Rn. 1021 f.)
  ggf. Zug um Zug gegen finanziellen Ausgleich
  (Höhe: Investitionen in das Zuwendungsobjekt? Wertzuwachs? Teilweise Zweckerreichung? I.Ü. Kriterien wie 3.a) bb))

b) Anspruch aus § 812 I 2 Alt. 2 BGB (Zweckverfehlung)? (→ Rn. 1063 f.)
Dauerhafter Bestand der Ehe nicht nur Geschäftsgrundlage, sondern Gegenstand einer Zweckabrede?

c) Verfahrensrisiken?
- Darlegungs- und Beweislast? (→ Rn. 1039 ff.)
- Verjährung: (→ Rn. 1054 ff.)
  grds. 3 Jahre, ggf. 10 Jahre (Hemmung während bestehender Ehe)

12. Kapitel: Ansprüche aus Ehegattenmitarbeit

Literatur:

Neuere Literatur (ab 2000): *Arens,* Rückabwicklung ehebedingter Zuwendungen und die Rechtsfigur der „konkludent vereinbarten Innengesellschaft" – Allzweckwaffen zur Herbeiführung gerechter Vermögensausgleichsregelungen?, FamRZ 2000, 266; *Brudermüller,* Zur systematischen Einordnung des Nebengüterrechts, unde venis – quo vadis?, in: Götz/Schnitzler, 40 Jahre Familienrechtsreform, 2017, S. 205; *Christandl,* Die Ehegatteninnengesellschaft im internationalen Privatrecht mit besonderer Berücksichtigung deutsch-spanischer Sachverhalte, FamRZ 2012, 1692; *Dauner-Lieb,* Die höchstrichterliche Rechtsprechung zur Ehegatteninnengesellschaft – offene Fragen zum Verhältnis von Güterrecht und Gesellschaftsrecht, FuR 2009, 361; *Grziwotz,* Die zweite Spur – ein (neuer) Weg zur Gerechtigkeit zwischen Ehegatten, DNotZ 2000, 486; *Haas,* Ehegatteninnengesellschaft und familienrechtlicher Vertrag sui generis, FamRZ 2002, 205; *Haußleiter,* Zum Ausgleichsanspruch bei einer Ehegatteninnengesellschaft neben einem Anspruch auf Zugewinnausgleich, NJW 2006, 2741; *Henrich,* Ehegattenmitarbeit und IPR, FS Richardi, 2007, S. 1039; *Herr,* Selektiver vorzeitiger Zugewinnausgleich über die konkludente Ehegatteninnengesellschaft – ein lohnender Umweg über das Nebengüterrecht, FamRB 2011, 258; *ders.,* Konkludente Ehegatteninnengesellschaft mit einem Freiberufler?, FamRB 2011, 221; *ders.,* Weitere Aspekte zum Vergleich zwischen Ehegatteninnengesellschaft und Zugewinnausgleich, FamRB 2011, 86; *ders.,* Kritik der konkludenten Ehegatteninnengesellschaft, 2008; *Hofer,* Das Gesellschaftsrechtliche an der Ehe, FS Schwab, 2005, S. 79; *Hoppenz,* Die Ausübungskontrolle des Gütertrennungsvertrags – konkludente Ehegatteninnengesellschaft, ehebezogene Zuwendung und familienrechtlicher Kooperationsvertrag nur noch Auslaufmodelle?, FamRZ 2011, 1697; *Hutmacher,* Die konkludente Ehegatteninnengesellschaft bei landwirtschaftlichen Betrieben, ZNotP 2015, 168; *Jaeger,* Die Wiederentdeckung der stillschweigenden Ehegatteninnengesellschaft als Instrument des Vermögensausgleichs nach gescheiterter Ehe, FS Henrich, 2000, S. 323; *Kogel,* Über Risiken und Nebenwirkungen einer Ehegatteninnengesellschaft im gesetzlichen Güterstand – Blick auf ein juristisches Absurdistan der Interessenlagen, FamRB 2017, 354; *ders.,* Zugewinn oder Ehegattengesellschaft? Eine Gratwanderung in der Vermögensauseinandersetzung, FamRZ 2006, 1799; *Langenfeld,* Abgrenzung von ehebezogenen Zuwendungen und Leistungen innerhalb einer Ehegatteninnengesellschaft, ZEV 2000, 14; *Münch,* Die Ehegatteninnengesellschaft – Ein Vorschlag zu ihrer vertraglichen Gestaltung, FamRZ 2004, 233; *Roßmann,* Die Entwicklung der Rechtsprechung zum Nebengüterrecht, Teil 3: Ausgleichsansprüche aufgrund der Auflösung einer Ehegatteninnengesellschaft, FuR 2011, 670; *Röthel,* Ausgleichsordnungen unter Ehegatten: fiktive Innengesellschaft versus reale Gütergemeinschaft, FamRZ 2012, 1916; *Sanders,* Vermögensausgleich bei Solidargemeinschaften: Trust, (Ehegatten)Innengesellschaft und Bereicherungsrecht in Deutschland und England, ZEuP 2011, 65; *Schlimm,* Die Ehegatteninnengesellschaft im außergüterrechtlichen Vermögensausgleich: Rechtsprechungsentwicklung, offene Fragen und Folgeprobleme, 2010 (Diss.); *Schulz,* Ausgleichsansprüche für die Mitarbeit eines Ehegatten – Ehegatteninnengesellschaft und familienrechtlicher Kooperationsvertrag, FamRB 2005, 111 u. 142; *Wagenitz,* Vermögensrechtliche Auseinandersetzung unter Ehegatten außerhalb des Güterrechts, in: Schwab/Hahne, Familienrecht im Brennpunkt (2004), S. 161 ff.; *Wall*, Ehegatten-Innengesellschaft und Zugewinnausgleich im Vergleich, FamRB 2010, 348; *Wever*, Korrekturinstrumente in der Vermögensauseinandersetzung außerhalb des Güterrechts: Sind Ehegatteninnengesellschaft, ehebezogene Zuwendung und Kooperationsvertrag noch zeitgemäß?, FS Hahne, 2012, S. 191.

Ältere Literatur (bis 1999): *Blumenröhr*, Zum Vermögensausgleich nach gescheiterter Ehe, FS Odersky, 1996, S. 517; *Burckhardt*, Der Ausgleich für Mitarbeit eines Ehegatten im Beruf oder Geschäft des anderen (§ 1356 II BGB), 1971; *Fenn*, Die Mitarbeit in den Diensten Familienangehöriger, 1970; *Hausmann*, Ausgleichsansprüche für Ehegattenmitarbeit nach § 242 BGB, ZEV 1995, 129; *Henrich*, Schuldrechtliche Ausgleichsansprüche zwischen Ehegatten in der Rechtsprechung des BGH, FamRZ 1975, 533; *Johannsen*, Vermögensrechtliche Auseinandersetzung unter Ehegatten nach Auflösung der Ehe bei Gütertrennung bzw. beim Güterstand der Zugewinngemeinschaft, WM 1978, 502 u. 654; *Klunzinger*, Mitarbeit im Familienverband (Bericht zu den Schriften von Fenn, Lieb u. Burckhardt), FamRZ 1972, 70; *Maiberg*, Ehegatten-Innengesellschaften nach der Rechtsprechung des BGH, DB 1975, 385; *Rödl*, Ehegattenmitarbeit im deutschen und französischen Recht, 1999 (Diss.);

A. Einleitung

1083 Seit jeher hat sich die Rechtsprechung mit der Frage beschäftigt, ob und unter welchen Voraussetzungen ein Ehegatte, der ohne Entgelt im Geschäftsbetrieb oder im sonstigen Tätigkeitsbereich des anderen Ehegatten mitgearbeitet hat, beim Scheitern der Ehe einen finanziellen Ausgleich verlangen kann. Früher waren es vor allem Landwirte, selbständige Handwerker, Gewerbetreibende und Ärzte, die von der Mitarbeit ihres Ehepartners – meist der Frau – profitierten. Inzwischen ist die Ehegattenmitarbeit auch bei anderen Selbständigen wie Kaufleuten, Rechtsanwälten, Künstlern und sonstigen Freiberuflern verbreitet.

1084 Die Mitarbeit vertraglich zu regeln, halten die Ehegatten meist nicht für erforderlich. Über die rechtliche Einordnung der Mitarbeit machen sie sich normalerweise keine Gedanken. Der Ertrag der gemeinsamen Arbeit wird für den Lebensunterhalt der Familie verbraucht. Überschüsse werden in den Geschäftsbetrieb investiert. So wächst der Wert des Betriebes – zum Vorteil des Geschäftsinhabers. Leben die Ehegatten im gesetzlichen Güterstand, wird der mitarbeitende Ehegatte dadurch in der Regel nicht benachteiligt. Er nimmt beim Scheitern der Ehe über den Zugewinnausgleich an dem Wertzuwachs teil. In einer unbefriedigenden oder gar schwer erträglichen Situation kann sich dagegen beim Scheitern der Ehe der mitarbeitende Ehegatte wiederfinden, der im Güterstand der Gütertrennung gelebt hat. Er steht vielfach mit leeren Händen da, während der Ehepartner über mit seiner Hilfe geschaffene stattliche Vermögenswerte verfügt.

1085 Das Gleiche gilt für solche Fälle, in denen ein Ehegatte sich maßgeblich am Aufbau eines Immobilienvermögens beteiligt hat, das formal dem anderen Ehegatten zugeordnet ist. Aber auch außerhalb des beruflichen und gewerblichen Bereichs können durch Arbeitsleistungen eines Ehegatten beim Partner erhebliche Vermögenswerte geschaffen werden, etwa wenn der Mann durch Einsatz seiner Arbeitskraft ein Haus auf dem seiner Frau gehörenden Grundstück errichtet. Je nach Umfang des Arbeitseinsatzes und des geschaffenen Wertzuwachses kann sich das Bedürfnis nach einem gesonderten Ausgleich jedenfalls dann aufdrängen, wenn ein Zugewinnausgleich nicht stattfindet, weil Gütertrennung vereinbart war.

B. Ausdrückliche vertragliche Vereinbarungen

Die Ehegatten haben natürlich die Möglichkeit, die Mitarbeit ausdrücklich auf eine vertragliche Grundlage zu stellen, denn auch Eheleute können vom Schuldrecht vorgesehene Verträge miteinander abschließen. Ist das geschehen, ergibt sich die Ausgleichspflicht aus der vertraglichen Regelung[1]. Je nach Art der Mitarbeit kommen insbesondere zwei Vertragstypen in Betracht. **1086**

I. Gesellschaftsvertrag

Gelegentlich gehen Ehegatten ausdrücklich eine **Gesellschaft bürgerlichen Rechts** (BGB-Gesellschaft, § 705 BGB) ein[2]. Dies ist Ehegatten ebenso möglich wie Personen, die familienrechtlich nicht miteinander verbunden sind. Die Natur der Ehegemeinschaft steht dem nicht entgegen. Die ausdrückliche – aber auch die stillschweigende – Vereinbarung einer Gesellschaft, und zwar sowohl einer reinen Innengesellschaft[3] wie auch einer Gesellschaft, die auch nach außen als solche auftritt, ist bei gesetzlichem Güterstand ebenso möglich[4] wie bei Gütertrennung und bei vereinbarter Wahl-Zugewinngemeinschaft[5]. Auch bei vereinbarter Gütergemeinschaft ist sie nicht prinzipiell ausgeschlossen[6]. **1087**

Eine **ausdrücklich eingegangene Gesellschaft** kann insbesondere den Zweck einer geschäftlichen und beruflichen Zusammenarbeit haben. Sie kann grundsätzlich aber zu jedem erlaubten wirtschaftlichen oder ideellen Zweck geschlossen werden. Sie ist, anders die stillschweigend zustande kommende Ehegatteninnengesellschaft nach der Rechtsprechung des BGH, nicht auf einen Zweck beschränkt, der über die Verwirklichung der **1088**

---

1 Zur Situation bei einem Scheinvertrag vgl. Rn. 1114.

2 Formulierungsvorschläge für ausdrückliche Ehegattengesellschaftsverträge: *Bergschneider/Münch*, Formularbuch, J. III. (Innengesellschaft); *Münch,* FamRZ 2004, 233, 237 ff. (Innengesellschaft); *ders.*, Rn. 1993 u. 2007 (Innen- u. Außengesellschaft).

3 Zu den Merkmalen einer Innengesellschaft Rn. 1108.

4 BGH, FamRZ 2006, 607 = NJW 2006, 1268 (zum Fall Rn. 1151); FamRZ 1974, 592 = NJW 1974, 2045; NJW 1974, 1554.

5 Zur Wahl-Zugewinngemeinschaft Rn. 950.

6 Vgl. dazu Rn. 1139.

ehelichen Lebensgemeinschaft hinausgeht. Es ist auch unschädlich, wenn Verpflichtungen berührt werden, die sich im Prinzip bereits aus Vorschriften des Familienrechts (§§ 1353, 1360 BGB) ergeben. Durch ausdrückliche Vereinbarung können Eheleute sich daher in einer BGB-Gesellschaft auch zu dem Zweck zusammenschließen, ein Familienheim zu schaffen, zu erhalten und zu bewohnen[7], und damit Gesamthands- statt Miteigentum zu begründen, sofern sie das für sinnvoll halten[8]. Sie können auch die Form der Gesellschaft wählen, um ein Sparkonto zum Zwecke der Finanzierung einer Weltreise zu errichten oder um ein Wertpapierkonto anzulegen, mittels dessen durch Spekulation der familiäre Lebensstandard erhöht werden soll[9]. Doch ist in diesem Bereich der Ausgestaltung des ehelichen Zusammenlebens ohne ausdrückliche Vereinbarung nicht von einem Willen zu gesellschaftsrechtlicher Bindung auszugehen.

1089 Ist ein Gesellschaftsvertrag geschlossen, erfolgt die Abwicklung bei Beendigung des Gesellschaftsverhältnisses nach §§ 730 ff. BGB. Die **gerichtliche Zuständigkeit** liegt seit dem 1.9.2009 bei den Familiengerichten, den erforderlichen Zusammenhang mit Trennung oder Scheidung vorausgesetzt[10]. Zu Fällen mit Auslandsbezug vgl. Rn. 1188.

1090 Ehegatten können sich auch zu einer **Handelsgesellschaft** zusammenschließen[11]. Die Auseinandersetzung bei Beendigung der Gesellschaft richtet sich dann nach den für den entsprechenden Gesellschaftstyp maßgebenden Vorschriften[12]. Zuständig sind hier auch nach der Einführung des sog. Großen Familiengerichts am 1.9.2009 die Zivilprozessgerichte (Ausnahmetatbestand i.S. von § 266 I Hs. 2 FamFG)[13].

II. Arbeitsvertrag

1091 Ehegatten haben auch die Möglichkeit, die Mitarbeit ausdrücklich auf die Grundlage eines Arbeitsvertrages zu stellen[14]. Besonders bei mittelständischen Unternehmen und freiberuflichen Praxen machen Ehegatten

---

7 BGH, FamRZ 1982, 141 = NJW 1982, 170; abl. *Bosch*, FamRZ 1982, 267; *Johannsen/Henrich/Jaeger*, § 1414 Rn. 19. Vgl. dazu *Staudinger/v. Proff*, 2015, § 741 Rn. 208, 214 f. Mustervertrag bei *Münch*, Scheidungsimmobilie, Rn. 1307.

8 Zur Frage, wann im Zusammenhang mit dem Erwerb eines Grundstücks die Gründung einer Gesellschaft durch die Ehegatten sinnvoll sein kann: *Münch*, Rn. 2002 ff.; *Schmidt*, AcP 182 [1982], 481 ff.; warnend *Staudinger/v. Proff*, 2015, § 741 Rn. 22 f., 220 ff. Zur Möglichkeit der Teilungsversteigerung eines solchen Grundstücks Rn. 229.

9 *Staudinger/v. Proff*, 2015, § 741 Rn. 208.

10 Vgl. Rn. 37.

11 Vgl. etwa BGH, FamRZ 1967, 279 (KG, Übernahmeklage).

12 Vgl. BGH, FamRZ 2001, 1290 = NJW 2001, 3777 (im Fall einer stillen Gesellschaft).

13 Vgl. Rn. 52.

14 Vgl. BGH, FamRZ 1995, 1062 = NJW 1995, 3383; *Staudinger/Voppel*, 2012, § 1356 Rn. 48. Gestaltungsmöglichkeiten bei *Münch*, Rn. 2050 ff.

von dieser Möglichkeit gelegentlich Gebrauch, vor allem im Hinblick auf die damit verbundenen steuerlichen Vorteile[15].

Nicht nur zivil- und arbeitsrechtlich, sondern auch steuerrechtlich[16] **1092** ebenso wie sozialversicherungsrechtlich[17] sind Arbeitsverträge unter Ehegatten im Grundsatz anerkannt. Voraussetzung ist, dass der geschlossene Vertrag ernsthaft gewollt ist und praktiziert wird[18]. Grundsätzlich müssen die Bedingungen denjenigen unter Fremden entsprechen, und zwar sowohl hinsichtlich des Inhalts der getroffenen Vereinbarung, etwa hinsichtlich der Entlohnung, als auch hinsichtlich der tatsächlichen Durchführung (sog. **Fremdvergleich**). Niedrigere als branchen- bzw. betriebsübliche Vergütungen stehen der Anerkennung als Arbeitsverhältnis jedoch nicht entgegen, es sei denn, aus dem Verhältnis zwischen der Höhe der Vergütung und der Arbeitsleistung kann auf einen fehlenden Rechtsbindungswillen geschlossen werden. Das Gleiche gilt, wenn der als Arbeitnehmer beschäftigte Ehegatte unbezahlte Mehrarbeit über seine vertragliche Stundenzahl hinaus leistet[19].

So wird im Zweifel von einem Scheinarbeitsvertrag auszugehen sein, **1093** wenn einem vollschichtig mitarbeitenden Ehegatten ein Entgelt im Geringverdienerbereich gezahlt wird[20]. Atypische Vergütungsabreden wie das Stehenlassen der vereinbarten Vergütung im Geschäft des Ehepartners bei gleichzeitiger Vereinbarung eines Darlehens müssen nicht gegen ein Arbeitsverhältnis sprechen[21]. Schriftform für den Arbeitsvertrag ist zwar grundsätzlich nicht zwingend[22], fehlende Schriftform führt aber faktisch vielfach dazu, dass ein Arbeitsverhältnis nicht anerkannt wird[23]. Die nachträgliche Vereinbarung einer Vergütung für bereits geleistete Dienste ist möglich[24]. Zum stillschweigend zustande kommenden Arbeitsvertrag vgl. Rn. 1099 f.

---

15 Dazu *Göppinger/Börger/Märkle*, § 9 Rn. 162.

16 Vgl. BVerfG, FamRZ 1962, 100 = NJW 1962, 437; FamRZ 1996, 153, 599 und 1531.

17 Vgl. BVerfG, FamRZ 1965, 29; BSG, NJW 1994, 341.

18 Zu den Anforderungen im Einzelnen, jeweils m.RsprNw.: *Kulosa*, DB 2014, 972, 976; *Gemeinhardt*, BB 2012, 739; *Arens*, FamRB 2014, 313, 314, u. FamRB 2008, 155, 156; *Seier/Seier*, ZFE 2006, 164; *Palandt/Brudermüller*, § 1356 Rn. 10; MünchKomm/*Roth*, § 1356 Rn. 29. Zu arbeitsrechtlichen Problemen des Ehegattenarbeitsverhältnisses: *Menken*, DB 1993, 161. Zum Unterarbeitsvertrag, bei dem der Arbeitgeberehegatte kein Unternehmer, sondern als Arbeitnehmer bei einem Dritten beschäftigt ist: *Depping*, BB 1991, 1981.

19 BFH, FamRZ 2014, 127 [LS] (bei sonstigen Angehörigen).

20 BGH, FamRZ 1995, 1062 = NJW 1995, 3383.

21 *Menken*, DB 1993, 161, 162.

22 Vgl. etwa LAG Rheinland-Pfalz, MDR 2002, 1257.

23 *Arens*, FamRB 2008, 155, 156.

24 BGH, FamRZ 1989, 732.

1094 Liegt ein Arbeitsvertrag vor, so bestimmen sich die Rechtsbeziehungen der Ehegatten, insbesondere der Vergütungsanspruch, nach den getroffenen Vereinbarungen[25]. Zuständig sind die **Arbeitsgerichte** (Ausnahmetatbestand i.S. von § 266 I Hs. 2 FamFG)[26]. Das Bedürfnis nach einem gesonderten Ausgleichsanspruch beim Scheitern der Ehe besteht nicht. Ehegatten, die die Mitarbeit auf die Grundlage eines Arbeitsvertrages stellen, sind daher auch davor geschützt, dass die Gerichte ihnen am Ende der Ehe möglicherweise einen Rechtsbindungswillen i.S. eines – von ihnen gar nicht gewünschten – Gesellschaftsverhältnisses unterstellen[27].

C. Fehlen einer ausdrücklichen vertraglichen Vereinbarung

1095 Problematisch sind die in der Praxis weit überwiegenden Fälle, in denen es an einer ausdrücklichen vertraglichen Absprache fehlt. In Rechtsprechung und Literatur sind zahlreiche Lösungsansätze entwickelt und zum Teil wieder verworfen worden, die von dem Bemühen getragen sind, auch in diesen Fällen dem mitarbeitenden Ehegatten einen angemessenen Ausgleich zukommen zu lassen, soweit es zur Vermeidung einer unbilligen Vermögenssituation am Ende der Ehe erforderlich erscheint[28]. Die Situation aus heutiger Sicht stellt sich wie nachfolgend beschrieben dar.

I. Mögliche Anspruchsgrundlagen

1. Gesetzliche Anspruchsgrundlagen

1096 Mitarbeit im Beruf oder Geschäft des Ehepartners, die ohne vertragliche Grundlage erfolgt, löst grundsätzlich keinen Entgelt- oder sonstigen finanziellen Ausgleichsanspruch aus. Denn an einer gesetzlichen Vorschrift über eine Vergütungspflicht für Ehegattenmitarbeit fehlt es. Grundsätzlich ist weder eine Mitarbeit zu entgelten, die sich im Rahmen desjenigen bewegt, was gemäß §§ 1353, 1360 BGB unterhaltsrechtlich oder als Folge der gegenseitigen Beistands- und Unterstützungspflicht geschuldet wird (z.B. gelegentliches Aushelfen der nicht berufstätigen Ehefrau bei Engpässen in der Arztpraxis des Mannes[29]), noch eine darüber hinausgehende Mitarbeit. Der BGH ist Vorschlägen, einen Vergütungsanspruch für Ehegattenmitarbeit unmittelbar aus der **Generalklausel des**

---

25 BGH, FamRZ 1995, 1062 = NJW 1995, 3383. Zur Beendigung des Ehegattenarbeitsverhältnisses: LAG Berlin-Brandenburg, FamRZ 2009, 83 (Kündigung bei Getrenntleben); *Menken*, DB 1993, 161, 166 f.

26 Vgl. Rn. 51.

27 So mit Recht *Münch*, FamRZ 2004, 233, 237; *ders.*, Rn. 2050.

28 Vgl. etwa: *Soergel/Lipp*, § 1356 Rn. 33 ff.; MünchKomm/*Roth*, § 1356 Rn. 23 ff.

29 Vgl. Rn. 1104, 1120.

§ 1353 BGB (eheliche Lebensgemeinschaft) herzuleiten[30], mit Recht nicht gefolgt.

Auch bereicherungsrechtliche Ausgleichsansprüche (zu denken ist an Ansprüche aus § 812 I S. 2 Alt. 1 und 2 BGB, Wegfall des rechtlichen Grundes und Zweckverfehlung), auf die das Reichsgericht zur Vermeidung unbilliger Ergebnisse zurückgegriffen hatte[31], hat der BGH[32] früher – wie bei ehebezogenen Zuwendungen[33] – abgelehnt. Nach seiner neueren Rechtsprechung[34] hält er allerdings einen **Bereicherungsausgleich wegen Zweckverfehlung** nach § 812 I S. 2 Alt. 2 BGB nicht nur in Fällen von Vermögensmehrung durch Zuwendungen, sondern auch bei Vermögensmehrung durch Arbeitsleistungen eines Ehegatten grundsätzlich für möglich. Doch wird sich die dazu erforderliche Zweckabrede der Ehegatten, bezogen auf den dauerhaften Bestand der Ehe, nur in seltenen Fällen feststellen lassen[35]. **1097**

2. Stillschweigend geschlossene Verträge

Daraus folgt, dass Vergütungs- oder Ausgleichsansprüche für Ehegattenmitarbeit eine entsprechende rechtsgeschäftliche Regelung, also eine Vereinbarung, voraussetzen. Fehlt es an einem ausdrücklichen Vertrag, stellt sich die Frage, unter welchen Voraussetzungen auf eine stillschweigend geschlossene Vereinbarung zurückgegriffen werden kann. **1098**

a) Arbeitsvertrag

Nahezuliegen scheint zunächst die Heranziehung eines stillschweigend geschlossenen Arbeitsvertrages. Grundsätzlich ist auch das konkludente Zustandekommen eines Ehegattenarbeitsvertrages möglich. Da bei ehelicher Mitarbeit, anders als bei Mitarbeit außerhalb des familiären Bereichs, das Erbringen von Arbeitsleistungen ohne Vergütungserwartung nicht ungewöhnlich ist, der Arbeitseinsatz vielfach darauf beruht, dass die jeweils von den Ehegatten erbrachten Leistungen als gleichwertig empfunden werden, und im Übrigen das arbeitsrechtliche Über-/Unterordnungsverhältnis nicht der Gleichberechtigung der Ehegatten entspricht, sind in- **1099**

---

30 Vgl. *Gernhuber,* FamRZ 1958, 243 ff. u. 1959, 465, 470 f., jetzt in *Gernhuber/Coester-Waltjen,* § 20 Rn. 29 ff., aber für eine Lösung über einen „Kooperationsvertrag" eintretend; *Staudinger/Voppel,* 2012, § 1356 Rn. 64 ff.

31 Vgl. RGZ 158, 380, 383; zur Entwicklung der früheren Rspr.: *Henrich,* FamRZ 1975, 533; *Herr* (vor Rn. 1083), S. 59 ff.

32 Etwa BGH, FamRZ 1982, 910, 911 = NJW 1982, 2236, m.w.N.

33 Vgl. Rn. 1061, 1063.

34 BGH, FamRZ 2010, 958, 963 f. = NJW 2010, 2202.

35 Vgl. dazu näher Rn. 1063 f., 1286 f.

soweit jedoch **strenge Anforderungen** zu stellen[36]. Eine tatsächlich erbrachte Arbeitsleistung allein reicht nicht aus[37]. Es muss neben der Ausübung fremdbestimmter, weisungsgebundener Tätigkeit klare, objektive Anhaltspunkte für einen Rechtsbindungswillen im Sinne eines Arbeitsvertrages geben[38]. Ein gewichtiger Anhaltspunkt ist das Abführen von Lohnsteuern und Sozialversicherungsbeiträgen[39]. Sind die Arbeitsleistungen ausgeübt worden, ohne vergütet zu werden, scheidet die spätere Annahme eines konkludent zustande gekommenen Arbeitsvertrages aus, wenn es an eindeutigen Indizien für einen entsprechenden Rechtsbindungswillen fehlt. Auch der Abschluss eines freien Dienstvertrages kann regelmäßig nicht den Umständen entnommen werden.

1100 Der BGH, der zunächst den Lösungsansatz über einen stillschweigend geschlossenen Arbeitsvertrag noch in Betracht gezogen hatte[40], lehnt ihn in den hier fraglichen Fällen daher mit Recht ab. Denn regelmäßig fehlt es an Anhaltspunkten für die Annahme, dass die Ehegatten den Willen zum Abschluss eines entgeltlichen Arbeitsvertrages mit allen sich daraus ergebenden arbeitsrechtlichen Rechten und Pflichten (einschließlich der Verpflichtung zur Entrichtung von Sozialversicherungsabgaben und des Kündigungsschutzes) hatten, wenn sie nicht ausdrücklich ein Arbeitsverhältnis vereinbart haben[41]. So hat der BGH[42] auch das stillschweigende Zustandekommen eines Arbeits- oder Dienstvertrages in einem bei Rn. 1195 genauer erörterten Fall verneint, in dem der Ehemann, ein Baupolier, beim Umbau des Anwesens auf dem Grundstück seiner Frau mitgewirkt und mehrere hundert Arbeitsstunden investiert hatte.

b) Ehegatteninnengesellschaft und Kooperationsvertrag

1101 Der BGH greift stattdessen seit Anfang der 1950er Jahre auf die Rechtsfigur einer durch stillschweigenden Vertragsschluss zustande gekommenen, beim Scheitern der Ehe aufgelösten Innengesellschaft bürgerlichen Rechts zurück[43]. Eine Ehegatteninnengesellschaft zieht er immer dann in Betracht, wenn Eheleute abredegemäß durch beiderseitige Leistungen einen über den typischen Rahmen der ehelichen Lebensgemein-

36 Vgl. auch *Gernhuber/Coester-Waltjen*, § 20 Rn. 23.
37 BAG, NJW 1974, 380; *Scholz/Kleffmann/Doering-Striening/Eckebrecht*, A Rn. 48.
38 Vgl. *Menken*, DB 1993, 161, 163.
39 Vgl. OLG Bremen, FamRZ 1999, 227.
40 BGH, FamRZ 1954, 136, 137.
41 BGH, FamRZ 1982, 910, 911 = NJW 1982, 2236.
42 BGH, FamRZ 1982, 910, 911 = NJW 1982, 2236.
43 Grundlegend BGH, NJW 1953, 418. Zur Entwicklung der frühen Rspr.: *Johannsen*, WM 1978, 502, 504 ff.; *Henrich*, FamRZ 1975, 533; *Herr* (vor Rn. 1083), S. 62 ff. Zum Rückgriff der Rspr. auf Ehegattengesellschaften als Reaktion auf zeittypische Herausforderungen *Hofer*, FS Schwab, S. 79, 91 ff.

schaft hinausgehenden Zweck verfolgt haben, indem sie etwa durch den Einsatz von Vermögenswerten und Arbeitsleistungen gemeinsam ein Unternehmen oder Immobilienvermögen aufgebaut oder gemeinsam eine berufliche oder gewerbliche Tätigkeit ausgeübt haben[44].

Diese Rechtsprechung, die im Einzelnen unter Rn. 1107 ff. dargestellt **1102**
wird, hat der BGH in letzter Zeit weiterentwickelt. Zunächst hat er den Anwendungsbereich der Ehegatteninnengesellschaft dadurch eingeschränkt, dass er dem schon in früheren Entscheidungen[45] erwähnten Kriterium der gleichberechtigten Mitarbeit stärkeres Gewicht beigemessen hat[46]. Fehlte es an einer gleichberechtigten Mitarbeit, zog der BGH statt einer Innengesellschaft einen – wiederum stillschweigend zustande gekommenen – familienrechtlichen Vertrag besonderer Art in Erwägung (Kooperationsvertrag), dessen Rückabwicklung nach Scheitern der Ehe sich nach den Grundsätzen zum Wegfall der Geschäftsgrundlage richtet[47]. Den Weg über die Annahme eines familienrechtlichen Vertrages besonderer Art hat der BGH schon früher im Falle von umfangreichen Arbeitsleistungen bei der Errichtung eines Hauses auf einem dem anderen Ehegatten gehörenden Grundstück beschritten[48]. Er wird unter Rn. 1193 ff. näher dargestellt. In einer grundlegenden Entscheidung vom 30.6.1999[49] hat der BGH zuletzt den Anwendungsbereich der Ehegatteninnengesellschaft in Abgrenzung zu den zur ehebezogenen Zuwendung entwickelten Grundsätzen dadurch wiederum erweitert, dass er nun auch Fälle einbezieht, in denen nicht die Mitarbeit, sondern allein das Erbringen erheblicher finanzieller Beiträge eines Ehegatten (hier: zum Aufbau eines Immobilienvermögens) im Vordergrund steht[50]; zugleich hat er das Erfordernis der gleichberechtigten Mitwirkung wieder relativiert[51].

Die Heranziehung eines familienrechtlichen Vertrages besonderer Art **1103**
beschränkt der BGH bisher auf die zu Rn. 1102 genannten Fälle. Er wendet bei Arbeitsleistungen eines Ehegatten auch nicht die von ihm entwickelten Grundsätze zur Rückabwicklung ehebezogener Zuwendungen an, weil Arbeitsleistungen grundsätzlich keine Vermögenseinbuße zur Folge haben und daher nicht als Zuwendung angesehen werden können[52].

---

44 Vgl. BGH, FamRZ 2006, 607, 608 = NJW 2006, 1268; FamRZ 2015, 1379, Rn. 18 = NJW 2015, 2581.

45 Vgl. etwa BGH, NJW 1953, 418; FamRZ 1962, 357.

46 Vgl. BGH, FamRZ 1999, 1580, 1582 = NJW 1999, 2962, 2964.

47 BGH, FamRZ 1994, 1167 = NJW 1994, 2545.

48 BGH, FamRZ 1982, 910 = NJW 1982, 2236.

49 BGH, FamRZ 1999, 1580 = NJW 1999, 2962; vgl. dazu Rn. 1111, 1123 ff.

50 Zur Kritik an dieser Rspr. Rn. 1158 ff.

51 Vgl. dazu Rn. 1118 f.

52 BGH, FamRZ 1994, 1167. Vgl. auch Rn. 895.

1104 An einen – spätestens beim Scheitern der Ehe entstehenden – Anspruch auf finanziellen Ausgleich der geleisteten Mitarbeit auf der Grundlage einer stillschweigenden Vereinbarung der Ehegatten ist nach der Rechtsprechung des BGH grundsätzlich dann nicht zu denken, wenn die Mitarbeit nicht über eine bloße **Gefälligkeit**[53] hinausging, oder wenn sie sich im Rahmen dessen hielt, was aufgrund der sich aus §§ 1353, 1360 BGB ergebenden gegenseitigen **Beistands- und Unterhaltspflicht** ohnehin geschuldet wurde[54]. Das bis 1977 geltende Recht sah in § 1356 II BGB a.F. ausdrücklich eine Pflicht zur Mitarbeit im Beruf oder Geschäft des anderen Ehegatten insoweit vor, als die Mitarbeit üblich war. Seit der Änderung dieser Bestimmung kann eine Mitarbeitspflicht nur noch aus der allgemeinen Verpflichtung zur ehelichen Lebensgemeinschaft (§ 1353 I S. 2 BGB), die die gegenseitige Beistands- und Unterstützungspflicht beinhaltet[55], oder aus der Pflicht der Ehegatten, durch ihre Arbeit zum Unterhalt der Familie beizutragen (§ 1360 BGB), hergeleitet werden. Die Frage, ob sich dadurch der Umfang dieser Verpflichtung entscheidend verändert hat, ist in der Literatur umstritten[56]. Dies hat aber keinen Einfluss auf den Grundsatz, dass bei einer Mitarbeit, die als Gefälligkeit anzusehen ist oder die das ohnehin gesetzlich geschuldete Ausmaß nicht überschreitet, regelmäßig die Annahme eines stillschweigend geschlossenen Vertrages, der zu finanziellen Ausgleichsansprüchen führen kann, sei es eines Gesellschaftsvertrages oder eines Kooperationsvertrages, nicht gerechtfertigt ist[57].

1105 Allerdings hält der BGH das stillschweigende Zustandekommen einer Innengesellschaft dann für möglich, wenn neben Mitarbeit im ohnehin geschuldeten Umfang erhebliche finanzielle Beiträge von einem Ehegatten in den Geschäftsbetrieb des anderen[58] oder in dessen gewachsenes Im-

---

53 Vgl. etwa BGH, FamRZ 1982, 910, 912 = NJW 1982, 2236.

54 Vgl. BGH, FamRZ 1994, 1167, 1169; FamRZ 1986, 558, 559 = NJW 1986, 1870; FamRZ 1982, 910, 911 = NJW 1982, 2236; FamRZ 1968, 589; vgl. auch *Johannsen,* WM 1978, 502; MAH/*Markwardt,* § 21 Rn. 99.

55 Vgl. dazu *Palandt/Brudermüller,* § 1356 Rn. 7.

56 Vgl. MünchKomm/*Wacke,* 4. Aufl., § 1356 Rn. 20 f., der zu Recht Zurückhaltung bei der Annahme einer gesetzlichen Mitarbeitspflicht fordert und eine solche insbesondere in folgenden Fällen bejaht: Notfälle, Krankheit, Liquiditätsschwierigkeiten, Personalmangel, Phase des Aufbaus einer Arzt- oder Anwaltspraxis. Vgl. auch *Scholz/Kleffmann/Doering-Striening/Eckebrecht,* A Rn. 44.

57 Anders *Haas,* FamRZ 2002, 205, 208 f. Vgl. dazu auch *Dauner-Lieb,* FS Brudermüller, 2014, S. 99, 111: „verfassungsrechtlich bedenkliche Ungleichbehandlung von Familien- und Erwerbsarbeit".

58 Vgl. BGH, FamRZ 1967, 320 = NJW 1967, 1275 (die Frau hatte neben ihrer Arbeitskraft ihr Grundstück als Haftungssubstrat eingebracht); FamRZ 1962, 357 (die Frau hatte dem Mann neben ihrer Arbeitskraft ihren Gewerbebetrieb und den größten Teil des genutzten Bodens zur Verfügung gestellt).

mobilienvermögen[59] eingebracht worden sind, wenn also ein **geringerer Arbeitseinsatz durch erheblichen Vermögenseinsatz kompensiert** wird. Nach der Entscheidung vom 30.6.1999[60] soll nunmehr sogar gänzlich **fehlende Mitarbeit** durch bedeutsame Geld- und Sachleistungen ersetzt werden können.

II. Fazit

Hat ein Ehegatte im Beruf oder Geschäft des Ehepartners oder im Zu- **1106** sammenhang mit der Schaffung von Vermögenswerten auf der Grundlage einer ausdrücklichen vertraglichen Vereinbarung, etwa eines Gesellschafts- oder Arbeitsvertrages, mitgearbeitet, so richten sich seine Ansprüche auf eine Beteiligung oder ein Entgelt nach den vertraglichen Bestimmungen. Fehlt es an einer ausdrücklichen vertraglichen Vereinbarung, besteht grundsätzlich kein schuldrechtlicher oder arbeitsrechtlicher Beteiligungs- oder Vergütungsanspruch; der mitarbeitende Ehegatte ist auf die güterrechtlichen Möglichkeiten beschränkt. Ein schuldrechtlicher Ausgleichsanspruch kommt aber dann in Betracht, wenn die Umstände den Schluss auf einen stillschweigend geschlossenen Vertrag zulassen. Die beiden Vertragstypen, auf die die Rechtsprechung in diesem Zusammenhang zurückgreift, die Ehegatteninnengesellschaft und der familienrechtliche Kooperationsvertrag, werden nachfolgend beschrieben. Sie sind in erster Linie für Fallgestaltungen entwickelt worden, in denen besondere Umstände eine Korrektur der Vermögenssituation am Ende der Ehe aus Billigkeitsgründen erfordern, was in der Regel nur in Gütertrennungsfällen in Betracht kommt[61]. Der Anwendungsbereich der konkludent eingegangenen Ehegatteninnengesellschaft wird von der Rechtsprechung allerdings nicht auf Fälle, in denen es um die Beseitigung eines Gerechtigkeitsdefizits geht, beschränkt[62].

D. Stillschweigend geschlossene Ehegatteninnengesellschaft

Ist es zum gemeinsamen Aufbau eines einem Ehegatten allein zuzu- **1107** ordnenden Geschäftsbetriebes, Unternehmens oder Immobilienvermögens gekommen, ohne dass dem eine ausdrückliche vertragliche Regelung zugrunde liegt, sei es in Form eines Gesellschaftsvertrages oder eines sonstigen Vertrages, etwa eines Arbeitsvertrages, stellt sich die Frage, ob stillschweigend ein Gesellschaftsverhältnis, und zwar eine Gesellschaft bür-

59 BGH, FamRZ 1999, 1580 = NJW 1999, 2962.

60 BGH, FamRZ 1999, 1580 = NJW 1999, 2962; dazu Rn. 1123, 1145 ff.

61 Vgl. für die Ehegatteninnengesellschaft BGH (IV. ZS), FamRZ 2015, 1379, Rn. 16 = NJW 2015, 2581.

62 Vgl. dazu die Beispiele BGH, FamRZ 2016, 965 (näher Rn. 1155) u. FamRZ 2003, 1454 = NJW 2003, 2982 (näher Rn. 1149).

gerlichen Rechts (§ 705 BGB), eingegangen worden und damit ein wirtschaftlicher Ausgleich nach gesellschaftsrechtlichen Bestimmungen möglich ist.

1108 Dabei kommt in den fraglichen Fällen regelmäßig nur die Annahme einer **Innengesellschaft** in Betracht, da der Geschäftsbetrieb nach außen allein auf den Namen des Inhaberehegatten geführt wird und ihm das Vermögen dinglich zugeordnet ist[63]. Beides ist **kennzeichnend** für die Innengesellschaft: Sie tritt nach außen als Gesellschaft nicht in Erscheinung, nimmt also nicht als Gesellschaft am Rechtsverkehr teil, und regelmäßig fehlt es – anders als bei der Außengesellschaft, dem gesetzlichen Regelfall (§ 718 BGB) – an einem Gesamthandsvermögen[64]. Inhaber des Vermögens ist sachen- bzw. vermögensrechtlich der Hauptgesellschafter. Der Innengesellschafter ist nur mit schuldrechtlichen Ansprüchen (z.B. auf Beteiligung am laufenden Gewinn, auf Abfindung bei Beendigung der Innengesellschaft) wirtschaftlich beteiligt[65].

I. Rechtsentwicklung

1109 Der BGH, hat, wie schon erwähnt[66], seit Anfang der 1950er Jahre in Fällen, in denen Eheleute abredegemäß durch beiderseitige Leistungen in Verfolgung eines über den typischen Rahmen der ehelichen Lebensgemeinschaft hinausgehenden Zwecks gemeinsam eine berufliche oder gewerbliche Tätigkeit ausgeübt oder ein Unternehmen oder Immobilienvermögen aufgebaut haben, eine stillschweigend zustande gekommene Ehegatteninnengesellschaft in Betracht gezogen, die beim Scheitern der Ehe aufgelöst und nach §§ 738 ff. BGB auseinandergesetzt wird. Bis in die 1970er Jahre hinein hat er häufig auf diese Rechtsfigur zurückgegriffen und auf diesem Wege vor allem in solchen Fällen für einen angemessenen Vermögensausgleich gesorgt, in denen – bei vereinbarter Gütertrennung – ein Ehegatte durch Mitarbeit zu einem deutlichen Vermögenszuwachs auf der Seite des anderen Ehegatten gesorgt hatte. Es ging dabei meist um Fälle, in denen der eine Ehegatte über Jahre hinweg in der Gastwirtschaft, im Lebensmittelgeschäft, im Großhandelsbetrieb oder in einem sonstigen Unternehmen des anderen mitgearbeitet und auf diese Weise dessen Aufbau mitbewirkt hatte[67].

---

63 Zu **steuerlichen Aspekten** der Ehegatteninnengesellschaft: *Gebel,* BB 2000, 2017; *Schlünder/Geißler,* ZEV 2005, 505, 507 ff., u. FamRZ 2005, 149, 153; *Engels,* Rn. 1183 ff.; *Arens/Daumke/Spieker,* Rn. 1069 ff. Zu **erbrechtlichen Konsequenzen**: *Wall,* ZEV 2007, 249.

64 Vgl. BGH, FamRZ 1990, 1219, 1220; OLG Karlsruhe, FamRZ 1973, 649, 650.

65 *Arens,* FamRZ 2000, 266, 268.

66 Rn. 1101.

67 Vgl. dazu Rn. 1141 u. die Übersicht Rn. 1143 ff.

In den folgenden Jahren war zunächst Zurückhaltung des BGH bei der Annahme von Innengesellschaften festzustellen[68]. Entscheidungen, in denen Ausgleichsansprüche über die Rechtsfigur der Ehegatteninnengesellschaft gewährt wurden, wurden seltener. Im Vordergrund stand in den 1980er und 1990er Jahren die Entwicklung des familienrechtlichen Vertrages besonderer Art, zunächst zur Ermöglichung von Ausgleichsansprüchen bei ehebezogenen Zuwendungen, dann aber auch – in Form des Kooperationsvertrages – bei ehelicher Mitarbeit, die nicht als solche im Rahmen eines Gesellschaftsverhältnisses angesehen werden konnte, weil sie sich entweder auf einen ehetypischen Zweck beschränkte (Bau des Familienheimes) oder nicht auf der Ebene der Gleichberechtigung erfolgte[69]. **1110**

Wiederbelebt worden ist die Ehegatteninnengesellschaft durch die Entscheidung des BGH vom 30.6.1999[70]. Danach soll eine Ehegatteninnengesellschaft – anders als in der Vergangenheit – nunmehr je nach verfolgter Zielvorstellung auch dann konkludent zustande gekommen sein können, wenn der Beitrag des Innengesellschafters nicht zumindest auch in (mehr oder weniger umfangreicher) Mitarbeit, sondern allein in Geld- oder Sachleistungen bestanden hat, in Fällen also, die bisher über Wegfall der Geschäftsgrundlage ehebezogener Zuwendungen gelöst wurden. Darüber hinaus kommt in der genannten Entscheidung eine generelle Tendenz des BGH zum Ausdruck, in Zukunft verstärkt auf das Rechtsinstitut der Ehegatteninnengesellschaft zurückgreifen zu wollen. Dies ist in der Folgezeit auch geschehen[71]. Zur Kritik an dieser Tendenz und an der BGH-Rechtsprechung im Allgemeinen vgl. Rn. 1159 ff. sowie Rn. 1220 ff. **1111**

II. Konkludente Eingehung eines Gesellschaftsverhältnisses

1. Voraussetzungen

Wann ist nun auf der Grundlage der Rechtsprechung des BGH daran zu denken, dass stillschweigend, nämlich durch schlüssiges Verhalten, eine Gesellschaft bürgerlichen Rechts zustande gekommen ist? **1112**

Zunächst muss eine – schon angesprochene – Grundvoraussetzung erfüllt sein: Der von den Ehegatten verfolgte Gesellschaftszweck darf sich nicht in der Verwirklichung der ehelichen Lebensgemeinschaft erschöpfen, sondern er muss darüber hinausgehen **(eheüberschreitender Gesell-**

---

68 *Nonnenkamp/Zysk,* DRiZ 1990, 437, 441.

69 Vgl. dazu Rn. 1193 ff.

70 BGH, FamRZ 1999, 1580 = NJW 1999, 2962.

71 BGH, FamRZ 2003, 1454, m. Anm. *Wever* = NJW 2003, 2982 (vgl. dazu Rn. 1149); FamRZ 2003, 1648; FamRZ 2006, 607 = NJW 2006, 1268 (vgl. dazu Rn. 1151); FamRZ 2016, 965 (vgl. dazu Rn. 1155).

schaftszweck)[72]. Die Eheleute müssen, wie der BGH wiederholt formuliert hat, abredegemäß durch beiderseitige Leistungen einen über den typischen Rahmen der ehelichen Lebensgemeinschaft hinausgehenden Zweck verfolgt haben, indem sie etwa durch den Einsatz von Vermögenswerten und Arbeitsleistungen gemeinsam ein Unternehmen[73] oder Immobilienvermögen aufgebaut[74] oder gemeinsam eine berufliche oder gewerbliche Tätigkeit ausgeübt haben[75]. Unschädlich ist es, wenn das Betreiben des Geschäfts nur der Sicherung des Familienunterhalts diente[76], und zwar auch dann, wenn die aus dem Geschäft erwirtschafteten Erträge gerade für den Lebensunterhalt der Ehegatten reichten[77]. Ein eheüberschreitender Zweck kann etwa dann gegeben sein, wenn der Erwerb eines Hausgrundstücks nicht nur dazu gedacht war, darauf den Familienwohnsitz zu begründen und das Erwerbsgeschäft des Mannes zu betreiben, sondern wenn das Objekt (nach Ausbau von Räumlichkeiten zu Vermietungszwecken) auch als Vermögensanlage für das Alter der Eheleute vorgesehen war[78]. Auch beim Erwerb von Ferienimmobilien zu Vermietungszwecken bei gleichzeitig privater Nutzung in nur unwesentlichem Umfang steht der eheüberschreitende Zweck nicht in Frage[79].

1113 An einem über die Verwirklichung der ehelichen Lebensgemeinschaft hinausgehenden Zweck fehlt es dagegen, wenn sich die gemeinsame Tätigkeit in der Schaffung eines **Familienheims** erschöpft, wenn also die Ehegatten durch gemeinsame Arbeit und möglicherweise finanzielle Beiträge zum Erwerb oder Ausbau eines Familienheimes beitragen[80], oder wenn sie darauf gerichtet Mittel, etwa ein Bausparguthaben, ansammeln[81], oder wenn ein Ehegatte ein gemeinsames Darlehen abträgt, das der Finanzierung des im Alleineigentum des anderen stehenden Familien-

---

72 Zum Grund dieser Voraussetzung *Haas*, FamRZ 2002, 205, 213, u. BGH, FamRZ 2008, 1822, 1824 = NJW 2008, 3277.

73 Etwa OLG Hamm, Urteil v. 11.7.2012, 8 U 192/07, juris.

74 Letzteres in den Fällen KG, FamRZ 2017, 608 = NJW 2017, 3246; OLG Hamm, FamRZ 2010, 1737.

75 Vgl. schon Rn. 1101; BGH, FamRZ 1999, 1580, 1581 = NJW 1999, 2962, m.w.RsprNw.

76 BGH, FamRZ 1990, 973; FamRZ 2006, 607, 608 = NJW 2006, 1268 (zum Fall Rn. 1151); KG, FamRZ 2013, 787, 788 (Betreiben einer Zahnarztpraxis).

77 BGH, FamRZ 2006, 607, 608 = NJW 2006, 1268.

78 OLG Schleswig, FamRZ 2004, 1375, m. Anm. *Wever* = FamRB 2004, 209 *(Wever)* (bei einer Wohn-/Nutzfläche des Gesamtobjekts von 490 m^2).

79 KG, FamRZ 2017, 608, 609 = NJW 2017, 3246.

80 BGH (IV. ZS), FamRZ 2015, 1379, Rn. 18 = NJW 2015, 2581; OLG Karlsruhe, FamRZ 2009, 1670 = NJW 2009, 2750, 2753 = FamRB 2009, 169 *(Wever)*: auch wenn im Haus ein kleines Büro an eine vom Ehemann mitgeführte Buchhaltungsgesellschaft vermietet ist; OLG Schleswig, Beschl. v. 20.4.2016, 15 UF 85/15, juris Rn. 17: auch wenn das Haus über eine später zur Vermietung vorgesehene Einliegerwohnung verfügt und als zusätzliche Altersvorsorge vorgesehen ist.

81 BGH, FamRZ 1989, 147, 148; *Haas*, FamRZ 2002, 205, 214.

heims dient[82]. An einem eheüberschreitenden Zweck fehlt es auch bei der Einrichtung und Unterhaltung eines Sparkontos eines Ehegatten, auf das vom Girokonto des anderen (dem Gehaltskonto beider Ehegatten) regelmäßig Beträge überwiesen worden sind[83]. Das Gleiche gilt für den Aufbau einer privaten Rentenversicherung; sie unterfällt vielmehr dem Versorgungsausgleich[84].

Sodann darf **keine ausdrückliche Abrede** der Ehegatten vorliegen, 1114
die zu der Annahme einer durch schlüssiges Verhalten zustande gekommenen Ehegattengesellschaft in Widerspruch stünde. Ausdrücklich getroffene Vereinbarungen gehen dem nur schlüssig zum Ausdruck gebrachten Parteiwillen vor[85].

- Haben die Ehegatten z.B. einen **schriftlichen Anstellungsvertrag** geschlossen[86], scheidet die Annahme einer schlüssig zustande gekommenen Ehegattengesellschaft aus[87]. Dies wird auch durch geringfügige, über die Verpflichtungen aus dem Anstellungsvertrag hinausgehende Arbeitsleistungen nicht in Frage gestellt[88]. Handelt es sich bei dem schriftlichen Vertrag allerdings um einen Scheinvertrag – was derjenige, der sich auf einen Scheinvertrag beruft, beweisen muss[89] –, steht er der Annahme eines stillschweigend eingegangenen Vertragsverhältnisses mit anderem Inhalt nicht entgegen. Dies kann etwa der Fall sein, wenn einem mit voller Arbeitskraft mitarbeitenden Ehegatten durch schriftlichen Vertrag aus steuerlichen Erwägungen nur ein Einkommen im sozialversicherungsfreien Bereich zugesagt wird[90] oder wenn ein die Funktion eines (Mit-)Geschäftsführers ausübender Ehegatte einen Arbeitsvertrag als Lagerarbeiter erhält[91]. Ein schriftlicher Anstellungsvertrag steht der Annahme einer Innengesellschaft auch dann nicht entgegen, wenn sich die praktizierte Tätigkeit des mitar-

---

82 Vgl. BGH, FamRZ 2012, 1789, 1790 = NJW 2012, 3374.

83 BGH, FamRZ 2005, 689. Vgl. auch OLG Celle, FamRZ 2007, 826, 827: Verneinung eines eheüberschreitenden Zwecks bei Anlage eines Wertpapierdepots, das der gemeinsamen Altersversorgung dienen sollte.

84 *Herr*, FamRB 2014, 83.

85 BGH, FamRZ 2006, 607, 608 = NJW 2006, 1268; FamRZ 1990, 1219, 1220.

86 Vgl. dazu Rn. 1092 ff.

87 BGH, FamRZ 1995, 1062 = NJW 1995, 3383; OLG Brandenburg, FamRZ 2015, 1308 = NZFam 2015, 380 *(Schramm)*: Arbeitsverhältnis der Frau als Büromitarbeiterin im Unternehmen des Mannes während langjährigen nichtehelichen und kurzfristigen ehelichen Zusammenlebens; vgl. zu dieser Entscheidung auch *Wever*, FamRZ 2015, 1243, 1251.

88 OLG Brandenburg, FamRZ 2015, 1308, 1309.

89 OLG Bremen, FamRZ 1999, 227.

90 Vgl. BGH, FamRZ 1990, 973; FamRZ 1995, 1062, 1064 = NJW 1995, 3383.

91 BGH, FamRZ 2006, 607 = NJW 2006, 1268; zum Fall Rn. 1151. Vgl. auch KG, FamRZ 2017, 608, 610 = NJW 2017, 3246: Innengesellschaft bei nicht marktüblicher Vergütung.

beitenden Ehegatten anders entwickelt hat, als im Vertrag vorgesehen[92].

- Der Annahme einer konkludent geschlossenen Innengesellschaft kann auch die **Vereinbarung von Miteigentum** nach Bruchteilen an einem mit Wohnungen und gewerblichen Räumen bebauten Grundstück entgegenstehen. Die Begründung einer Miteigentümergemeinschaft führt dazu, dass mit dem Gemeinschaftsrecht (§§ 741 ff. BGB) eine gesetzliche Ordnung bereitsteht, die sachgerechte Ausgleichsergebnisse ermöglicht[93].

2. Indizien für oder gegen ein Gesellschaftsverhältnis

1115 Sind die genannten beiden Grundvoraussetzungen erfüllt, kommt die Annahme eines Gesellschaftsverhältnisses grundsätzlich in Betracht. Erforderlich ist nun aber des weiteren, dass die Eheleute bei der Verfolgung des eheüberschreitenden Zwecks die **Vorstellung** hatten, dass das gemeinsam geschaffene Vermögen wirtschaftlich betrachtet nicht nur dem formal Berechtigten, sondern auch dem anderen Ehegatten zustehen sollte[94]. Die Umstände des Einzelfalls sind daraufhin zu untersuchen, ob sie den Schluss auf eine solche Vorstellung der Ehegatten und damit auf deren Willen zulassen, zusätzlich zur ehelichen Gemeinschaft eine rechtliche Bindung gesellschaftsrechtlicher Art einzugehen, wobei die Ehegatten sich nicht dessen bewusst sein müssen, dass ihre Beziehungen als gesellschaftsrechtliche zu beurteilen sind[95]. Folgende Gesichtspunkte können dabei von Bedeutung sein[96]:

a) Arbeitseinsatz

1116 Von erheblichem Gewicht ist die Frage, ob, in welchem Umfang und auf welche Weise der mögliche Innengesellschafter seine Arbeitskraft zur Verfügung gestellt hat.

1117 – Hat er mit **voller Kraft** im Geschäftsbetrieb des anderen mitgearbeitet, spricht das für die Annahme eines Gesellschaftsverhältnisses.

1118 Die Mitarbeit muss jedoch, sofern an sie und nicht an Geld- oder Sachleistungen angeknüpft wird, von ihrer Funktion her auf der Ebe-

92 KG, FamRZ 2013, 787, 788: weit umfangreicherer Arbeitseinsatz des Mannes in der Zahnarztpraxis der Ehefrau als im vor 19 Jahren geschlossenen Arbeitsvertrag vorgesehen. Vgl. zu dieser Entscheidung auch *Wever*, FamRZ 2014, 1669, 1678.

93 BGH, FamRZ 1990, 975, 978; *Nonnenkamp/Zysk*, DRiZ 1990, 437, 441.

94 BGH, FamRZ 2016, 965, Rn. 23.

95 BGH, FamRZ 1987, 907.

96 Vgl. auch *Haas*, FamRZ 2002, 205, 215.

ne der **Gleichberechtigung** erfolgt sein[97]. Die Übernahme nur untergeordneter Tätigkeiten bei Weisungsbefugnis des Geschäftsinhabers wie die der Sprechstundenhilfe in einer Arztpraxis oder der Aushilfe in einer Gaststätte bei Engpässen lässt nicht den Schluss auf gesellschaftsrechtliche Beziehungen zu, die ja die Chance der Gewinn-, aber auch das Risiko einer Verlustbeteiligung beinhalten. Bei untergeordneten Tätigkeiten kann sich aber die Frage nach einem Ausgleich über die Annahme eines Kooperationsvertrages stellen[98]. Von der Frage der gleichen Berechtigung in der Mitarbeit ist die Frage nach dem **Umfang der Mitarbeit bzw. der geleisteten Beiträge** zu unterscheiden. Auch ein Ehegatte, dessen Einsatz vom Umfang her nicht den des Partners erreicht, kann von der Funktion her gleichberechtigt sein (Beispiel: die halbtags mitarbeitende Ehefrau). Die verschieden hohen Beiträge wirken sich dann lediglich in der Beteiligungsquote aus[99].

Allerdings kann das Erfordernis der gleichberechtigten Mitarbeit nach **1119** der Entscheidung des BGH vom 30.6.1999[100] dann entfallen, wenn der wesentliche oder gar einzige Beitrag des einen Ehegatten für den Vermögenszuwachs beim anderen nicht in der Mitarbeit, sondern darin besteht, dass er erhebliche Geld- und Sachleistungen eingebracht hat, etwa zum Aufbau eines Unternehmens oder Immobilienvermögens. Insofern dürfe, so der BGH[101], das Erfordernis der gleichgeordneten Mitarbeit wegen der unterschiedlichen Möglichkeiten der Beteiligungen nicht überbetont werden, solange nur ein Ehegatte für die Gesellschaft einen nennenswerten und für den erstrebten Erfolg bedeutsamen Beitrag geleistet habe[102].

- Ein **Arbeitseinsatz in nur begrenztem Umfang** rechtfertigt dage- **1120** gen für sich genommen grundsätzlich nicht die Annahme eines Gesellschaftsverhältnisses. Vor allem auf eine Mitarbeit, die nicht über eine bloße Gefälligkeit hinausging, oder die sich im Rahmen dessen hielt, was aufgrund der sich aus §§ 1353, 1360 BGB ergebenden gegenseitigen Beistands- und Unterstützungspflicht ohnehin geschuldet wurde[103]

---

97 BGH, FamRZ 1990, 973; FamRZ 1986, 558, 559 = NJW 1986, 1870; NJW 1953, 418; vgl. auch FamRZ 2015, 1379, Rn. 18 = NJW 2015, 2581 („gleichgeordnete Tätigkeit"); KG, FamRZ 2017, 608, 609 = NJW 2017, 3246; OLG Düsseldorf, FamRZ 1999, 228.

98 Vgl. Rn. 1193 ff.

99 BGH, FamRZ 1990, 973. Dazu Rn. 1175.

100 BGH, FamRZ 1999, 1580 = NJW 1999, 2962.

101 BGH, FamRZ 1999, 1580, 1584 = NJW 1999, 2962; FamRZ 2006, 607, 608 = NJW 2006, 1268; FamRZ 2016, 965, Rn. 23.

102 Daran anknüpfend nimmt das KG, FamRZ 2013, 787, 788, eine Innengesellschaft zwischen der eine Zahnarztpraxis betreibenden Ehefrau und ihrem als Nichtmediziner mitarbeitenden Ehemann an.

103 Vgl. dazu MünchKomm/*Roth,* § 1356 Rn. 20 f.

(Beispiel: gelegentliches Aushelfen der nicht berufstätigen Ehefrau bei Engpässen in der Arztpraxis des Mannes), kann grundsätzlich die Annahme eines Gesellschaftsverhältnisses nicht gestützt werden[104]. Doch kann ein geringer[105] – und nach der Entscheidung des BGH vom 30.6.1999[106] sogar ein gänzlich fehlender – Arbeitseinsatz kompensiert werden durch erheblichen Vermögenseinsatz (vgl. dazu Rn. 1123 ff.); ggf. steht dann auch eine anderweitige vollschichtige Erwerbstätigkeit des Mitwirkenden der Annahme einer Innengesellschaft nicht entgegen[107].

1121 – Einen Anhaltspunkt kann die **berufliche Qualifikation** des mitarbeitenden Ehegatten bieten. Erfüllt er selbst die fachlichen Voraussetzungen für das Führen des Geschäfts des Ehepartners (Beispiel: er ist wie der Geschäftsinhaber Architekt), spricht dies für die Annahme eines Gesellschaftsverhältnisses[108]. Erfüllt er sie nicht, kann dies gegen eine Innengesellschaft sprechen[109]. Grundsätzlich ist aber eine Ehegatteninnengesellschaft auch mit einem Freiberufler (etwa: Arzt, Rechtsanwalt) möglich, auch wenn der Mitarbeitende nicht dessen Berufsqualifikation besitzt[110]; berufsrechtliche Verbote stehen dem nicht entgegen[111].

b) Geld- und Sachleistungen

1122 Von Bedeutung ist sodann, ob der mögliche Innengesellschafter finanzielle Beiträge oder Sachleistungen eingebracht hat. Hat er **neben Arbeitsleistungen** auch Kapital in nennenswertem Umfang beigesteuert (Mischfälle von Mitarbeit und gegenständlicher Zuwendung), spricht das grundsätzlich für den Willen zu einer gesellschaftsvertraglichen Bindung. Dies gilt umso mehr, wenn es sich bei dem zur Verfügung gestellten Kapital um die gebildeten Rücklagen der eigenen Altersversorgung handelt[112]. Der Kapitalbeitrag ist dann als Einlage in das Vermögen des Au-

---

104 Vgl. schon Rn. 1104. Nach Ansicht des OLG Köln, NJW-RR 1995, 930, steht es der Annahme einer Ehegattengesellschaft aber nicht entgegen, wenn der eine Ehegatte die Führung der täglichen Geschäfte überwiegend dem anderen überlässt, weil er noch anderweitig beschäftigt ist, aber die Initiative zur Errichtung des Geschäftes (Kindermoden) wesentlich auf ihn zurückgeht und er der finanziell bestimmende Teil ist.

105 BGH, FamRZ 2016, 965, m. Anm. *Wever* (vgl. zum Fall Rn. 1155); FamRZ 1967, 320 = NJW 1967, 1275; FamRZ 1962, 357.

106 BGH, FamRZ 1999, 1580 = NJW 1999, 2962.

107 Vgl. BGH, FamRZ 2016, 965, Rn. 24.

108 Vgl. BGH, FamRZ 1986, 558, 559 = NJW 1986, 1870; OLG Karlsruhe, FamRZ 1973, 649.

109 OLG Hamm, Beschl. v. 7.3.2012, 12 UF 235/11, juris = FamRB 2012, 301 *(Herr)*: Mitarbeit des Mannes (Nichtmediziner) in der Arztpraxis der Frau.

110 KG, FamRZ 2013, 787 = FamRB 2014, 83 *(Herr)*; dazu Fn. 102.

111 *Herr*, Rn. 252 ff.; *ders.*, FamRB 2011, 221.

112 KG, FamRZ 2017, 608, 609 = NJW 2017, 3246.

ßengesellschafters zu behandeln[113]. Die Annahme eines Gesellschaftsverhältnisses kann in diesem Falle – wie schon erwähnt[114] – auch dann gerechtfertigt sein, wenn der Umfang der Mitarbeit sich im Rahmen des gemäß §§ 1353, 1360 BGB Geschuldeten hält.

Nach der Entscheidung des BGH vom 30.6.1999[115] soll die Annahme einer stillschweigend zustande gekommenen Ehegatteninnengesellschaft aber auch bei **bloßem Einsatz von Kapital** ohne Mitarbeit möglich sein[116] (wenngleich im entschiedenen Fall, in dem es um den Aufbau eines Immobilienvermögens ging, neben beträchtlichen Kapitalbeiträgen auch Arbeitsleistungen erbracht worden waren, so dass schon auf der Grundlage der bisherigen Rechtsprechung die Annahme eines Gesellschaftsverhältnisses grundsätzlich möglich war). Von seiner früheren Rechtsprechung, nach der die Annahme einer Innengesellschaft ausschied, wenn die Beiträge des einen Ehegatten rein finanzieller Art waren[117] (mit der Folge, dass sie gegebenenfalls nach den Grundsätzen zur Rückabwicklung ehebezogener Zuwendungen auszugleichen waren), ist der BGH abgerückt[118]. **1123**

Damit stellt sich für diese Fälle das Problem der **Abgrenzung** zwischen einem Vermögenserwerb durch eine ehebezogene Zuwendung und einem (beweisrechtlich für den Ausgleichsbegehrenden günstigeren[119]) Vermögenserwerb im Rahmen einer Ehegatteninnengesellschaft. **1124**

Der BGH führt dazu aus, entscheidend sei nicht die Art der Vermögensmehrung durch Geld- und Sachleistungen einerseits oder durch Mitarbeit andererseits. Vielmehr komme es auf die Zielvorstellungen an, die die Ehegatten mit der Vermögensbildung verfolgten. Für die Annahme einer Ehegatteninnengesellschaft spreche es, wenn nicht der für die ehebezogene Zuwendung maßgebende Gesichtspunkt des Gebens um der persönlichen Bindung der Ehepartner willen im Vordergrund stehe, sondern wenn mit der Vermögensbildung ein über die bloße Verwirklichung der ehelichen Lebensgemeinschaft hinausgehender Zweck erreicht werden solle und dem die Vorstellung zugrunde liege, dass das gemeinsam geschaffene Vermögen wirtschaftlich betrachtet nicht nur dem formal be-

113 Vgl. Rn. 1179.

114 Rn. 1120.

115 BGH, FamRZ 1999, 1580 = NJW 1999, 2962, m. Anm. *Kogel,* MDR 1999, 1269, u. *Jost,* JR 2000, 503. Zum Sachverhalt Rn. 1145. Zu dieser Entscheidung auch *Arens,* FamRZ 2000, 266; *Grziwotz,* DNotZ 2000, 486; *Langenfeld,* ZEV 2000, 14. Kritisch *Jaeger,* FS Henrich, 2000, S. 323, 329 ff.; vgl. dazu auch Rn. 1159 ff.

116 Zustimmend *Haas,* FamRZ 2002, 205, 212.

117 Vgl. *Johannsen,* WM 1978, 502, 506.

118 So auch *Dauner-Lieb,* FuR 2009, 361, 366; *Bamberger/Roth/Hahn,* § 1356 Rn. 25. Zweifelnd *Niepmann,* FF 2002, 191, 195.

119 Vgl. Rn. 1180.

rechtigten, sondern auch dem anderen Ehegatten zustehen solle[120]. Indizien für eine nach gesellschaftsrechtlichen Grundsätzen zu bewertende Zusammenarbeit ergäben sich dabei z.B. aus Planung, Umfang und Dauer der Vermögensbildung, ferner aus Absprachen über die Verwendung und Wiederanlage erzielter Erträge.

1125 Nach dieser Entscheidung ist ein wesentliches Abgrenzungskriterium darin zu sehen, dass bei der Ehegatteninnengesellschaft nicht nur ein über die Verwirklichung der ehelichen Lebensgemeinschaft hinausgehender Zweck verfolgt wird, sondern die Beteiligung bzw. Mitwirkung in erster Linie **im eigenen Interesse** erfolgt, während bei der ehebezogenen Zuwendung die Vermögensmehrung zugunsten des anderen Partners (wenn auch um der Ehe willen) im Vordergrund steht[121]. Im Übrigen wird bei richtigem Verständnis der Entscheidung des BGH vom 30.6.1999 die Annahme einer allein auf finanzielle Leistungen gestützten Innengesellschaft wohl eher in Fällen eines gemeinsamen Vermögensaufbaus über einen längeren Zeitraum (wie im entschiedenen Fall) in Betracht kommen, weniger bei einmaligen Zahlungen[122]. Zu beachten ist, dass es gegen eine Innengesellschaft spricht, wenn die Vermögenszuordnung aus Gründen der Haftung Dritten gegenüber bewusst im Sinne einer Vermögenstrennung ausgerichtet ist (vgl. dazu Rn. 1133). In einem solchen Fall sprechen die Umstände eher dafür, dass eine vorgenommene Vermögensübertragung als ehebezogene Zuwendung gedacht war.

1126 Nicht ausreichend für die Annahme einer stillschweigend zustande gekommenen Innengesellschaft ist die bloße **Besorgung von Geldmitteln** durch Bankkredit und Stellung dinglicher Sicherheiten für einen Geschäftsbetrieb des anderen Ehegatten ohne weitere gleichberechtigte Beteiligung an Aufbau und Führung des Geschäfts[123].

c) Weitere Indizien

1127 Neben den genannten Umständen können folgende weiteren Indizien Hinweise für oder gegen einen Rechtsbindungswillen der Ehegatten im Sinne einer Ehegatteninnengesellschaft geben:

---

120 In diesem Sinne schon *Blumenröhr*, S. 526 f. Vgl. auch Rn. 1115.

121 So auch *Arens*, FamRZ 2000, 266, 268.

122 Vgl. BGH, FamRZ 1999, 1580, 1583: „in Fällen der vorliegenden Art". Ähnlich *Weinreich*, FamRZ 2014, 1889, 1890: „wiederkehrende Kapitalleistungen"; *Jeep*, NZFam 2014, 293, 296: „Bündel an kleinen, jeweils für sich schwer zu bewertenden und schwer nachweisbaren Einzelleistungen".

123 BGH, FamRZ 1987, 907; FamRZ 1999, 1580, 1581 = NJW 1999, 2962; FamRZ 2015, 1379, Rn. 18 = NJW 2015, 2581; KG, FamRZ 2017, 608, 610 = NJW 2017, 3246: Abgrenzung zur Investition eigener Geldmittel.

Gemeinsamer Aufbau des Geschäfts oder Immobilienvermögens: Ist das Geschäft[124] oder Immobilienvermögen von den Ehegatten gemeinsam aufgebaut worden, spricht das für die Annahme eines Gesellschaftsverhältnisses[125]. Das Gleiche gilt, wenn der Geschäftsinhaber das Unternehmen von den Eltern des nur mitarbeitenden Ehegatten übernommen hat, der Mitarbeitende also den vom anderen Ehegatten geführten Betrieb praktisch in die Ehe eingebracht hat[126]. Hat dagegen der Inhaber das Geschäft selbst als florierendes Unternehmen in die Ehe eingebracht, spricht dies gegen ein Gesellschaftsverhältnis. **1128**

Gemeinsame Planung, Umfang und Dauer der Geschäftstätigkeit oder Vermögensbildung: Je mehr der mögliche Innengesellschafter an der gemeinsamen Planung beteiligt war, je umfangreicher die Geschäftstätigkeit oder Vermögensbildung war und je länger sie angedauert hat, desto mehr spricht für eine gesellschaftsrechtliche Beteiligung. **1129**

Verteilung von Gewinnen und Verlusten, Absprachen über die Ertragsverwendung: Gibt es Absprachen über die Ertragsverwendung, etwa im Sinne der Wiederanlage erzielter Erträge[127], oder ist die unmittelbare Beteiligung des möglichen Innengesellschafters an Gewinnen und Verlusten verabredet oder praktiziert worden, so deutet das auf ein Gesellschaftsverhältnis hin. Ist das nicht der Fall, lässt dies allerdings nicht den Schluss auf ein fehlendes Gesellschaftsverhältnis zu. **1130**

Verteilung der Aufgaben: Je bedeutsamer die vom mitwirkenden Ehegatten wahrgenommene Funktion war, desto eher ist die Annahme eines Gesellschaftsverhältnisses gerechtfertigt[128]. Für sie spricht auch, wenn der Mitwirkende zu selbständigen Entnahmen berechtigt war[129]. **1131**

Angaben und Auftreten Dritten gegenüber: Haben die Ehegatten sich Dritten, etwa dem Finanzamt, gegenüber als BGB-Gesellschaft ausgegeben, spricht dies dafür, dass sie sich tatsächlich in einer Gesellschaft verbunden haben[130]. **1132**

---

124 Auflistung von Unternehmensgegenständen, bei denen die Rspr. eine konkludent eingegangene Ehegatteninnengesellschaft für möglich gehalten hat, bei *Herr*, FF 2016, 296, 300.

125 BGH, FamRZ 2006, 607, 608 = NJW 2006, 1268; zum Fall Rn. 1151. Vgl. auch *Fenn*, Anm. FamRZ 1973, 651, 652.

126 Vgl. BGH, FamRZ 1960, 105; *Johannsen*, WM 1978, 502, 506.

127 BGH, FamRZ 1999, 1580, 1584 = NJW 1999, 2962.

128 Vgl. OLG Hamm, Urteil v. 11.7.2012, 8 U 192/07, Rn. 37 juris: Ansprechpartner für Kunden und Mitarbeiter in den entscheidenden technischen Fragen („Know-How-Träger"); OLG Hamm, FamRZ 2010, 1737: Geschäftsführung und Verwaltung einer Immobilie der Frau mit 10 Mieteinheiten durch den Ehemann; OLG Köln, FamRZ 2010, 1738: (Mit-) Geschäftsführung und handwerkliche Arbeiten des Mannes im Gewerbebetrieb der Frau.

129 *Haas*, FamRZ 2002, 205, 215.

130 OLG Hamm, FamRZ 2010, 1737; OLG Karlsruhe, FamRZ 1973, 649. Vgl. allerdings BGH, FamRZ 1994, 295 (dazu auch Rn. 1144): Dort war die Bezeichnung als GbR ge-

1133 **Haftungsgünstige Vermögensverteilung:** Lag der dinglichen Zuordnung des Geschäfts- oder Immobilienvermögens auf der Seite (nur) des einen Ehegatten die Intention zugrunde, Gläubigern des anderen Ehegatten Haftungsmasse vorzuenthalten bzw. zu entziehen, so spricht dies gegen einen Rechtsbindungswillen der Ehegatten im Sinne einer Innengesellschaft[131]. Denn dem Innengesellschafter stehen schuldrechtliche Beteiligungsansprüche zu, auf die seine Gläubiger zugreifen können. Das KG[132] stützt seine gegenteilige Ansicht darauf, dass den Gläubigern des anderen Ehegatten bei einer GbR der Zugriff auf dessen Vermögen (durch Verschleierung bzw. Geheimhaltung) jedenfalls erschwert werde[133].

1134 **Tendenz zur ausdrücklichen Regelung der Rechtsbeziehungen:** Gegen einen Rechtsbindungswillen für eine gesellschaftsrechtliche Bindung spricht es, wenn es sich um Eheleute handelt, die grundsätzlich ihre Rechtsbeziehungen in vermögensrechtlichen Fragen auf die Basis ausdrücklicher vertraglicher Regelungen gestellt haben, den Sachverhalt, an den hinsichtlich einer möglichen Innengesellschaft angeknüpft werden soll, einer solchen Regelung aber nicht unterworfen haben[134].

genüber dem Finanzamt im Ergebnis ohne Bedeutung, weil entscheidende Umstände gegen die Annahme einer GbR sprachen (das Erwerbsgeschäft fiel in das Gesamtgut der Gütergemeinschaft).

131 Vgl. BGH, FamRZ 2011, 1563, 1565 (bei nichtehelicher Lebensgemeinschaft); OLG Frankfurt, FamRZ 2004, 877, m. Anm. *Wever* (s. dazu auch Fn. 174); *Jaeger,* FS Henrich, S. 323, 332 f.; *Schulz,* FamRB 2005, 111, 114; *Münch,* Scheidungsimmobilie, Rn. 267; *Hoppenz/Hoppenz,* A I Rn. § 1372 Rn. 51; nun wohl auch *Kogel,* FamRB 2017, 354, 359 f. **Anders:** BGH, FamRZ 2006, 607, 608 = NJW 2006, 1268, ohne auf die Problematik einzugehen (zum Fall Rn. 1151); krit. dazu Anm. *Volmer,* FamRZ 2006, 844; zustimmend Anm. *Kogel,* FamRZ 2006, 1177; KG, FamRZ 2017, 608, 610 = NJW 2017, 3246. Nicht erwogen wird dieser Gesichtspunkt auch von OLG Schleswig, FamRZ 2004, 1375, m. Anm. *Wever* = FamRB 2004, 209 *(Wever).* Dazu auch: Rn. 1148; *Münch,* FamRZ 2004, 233, 236; *ders.,* Rn. 1329.

132 KG, FamRZ 2017, 608, 610 = NJW 2017, 3246, m. krit. Anm. *Röfer* (bei Erwerb von Ferienimmobilien zu Alleineigentum eines Ehegatten).

133 Ebenso OLG Hamm, Urteil v. 11.7.2012, 8 U 192/07, Rn. 39 juris.

134 AG Kehl, Beschl. v. 8.5.2016, 1 F 332/15, juris = FamRZ 2016, 2014 [LS]. Vgl. dazu auch die Kritik von *Kogel,* FF 2004, 260, u. *Wever,* FamRZ 2003, 1457, an BGH, FamRZ 2003, 1454 = NJW 2003, 2982 (zu dieser Entscheidung auch Rn. 1163). In diesem Sinne auch *Haußleiter/Schiebel,* NJW-Spezial 2004, 343, 344. – Eine Innengesellschaft hat das OLG Stuttgart, FamRZ 2004, 1577, m. Anm. *Wever,* aus eben diesem Grunde zu Recht nicht angenommen in einem Fall, in dem die Ehefrau bei gesetzlichem Güterstand Alleineigentümerin eines mit einem Wohn- und einem Bürogebäude bebauten, mit einem gemeinsamen Darlehen finanzierten Grundstücks geworden war und Teile an den Mann zum Betrieb eines Garten- und Landschaftsbauunternehmens vermietet hatte. Die Darlehensverbindlichkeiten hatte die Frau aus den Mieteinkünften bedient, den Abtrag dann aber eingestellt. Sie verlangte nach Kündigung der Mietverträge Räumung und rückständigen Mietzins.

Briefkopf: Kein Indiz gegen die Annahme eines Gesellschaftsverhältnisses ist der Umstand, dass im Briefkopf nur der Inhaberehegatte erwähnt wird. Denn es ist gerade das wesentliche Kennzeichen einer Innengesellschaft, dass sie nach außen als Gesellschaft nicht in Erscheinung tritt[135]. **1135**

d) Bedeutung des Güterstandes

1136 Schließlich ist für die Frage, ob ein konkludent geschlossener Gesellschaftsvertrag angenommen werden kann, von Bedeutung, in welchem Güterstand die Ehegatten gelebt haben. Grundsätzlich sind, wie schon erwähnt[136], in jedem Güterstand Ehegattengesellschaften möglich, und zwar auch solche, die durch schlüssiges Verhalten zustande gekommen sind[137].

1137 Haben die Ehegatten im **gesetzlichen Güterstand** gelebt, so schließt dies die Möglichkeit, dass sie durch schlüssiges Verhalten eine Innengesellschaft vereinbart haben, nicht grundsätzlich aus[138]. Doch gewährleistet der Zugewinnausgleich für den Regelfall eine güterrechtliche Beteiligung des mitwirkenden Ehegatten an den Ergebnissen der gemeinsamen Arbeit oder Vermögensbildung. Das Wissen der Ehegatten um die Teilhabe an dem gemeinsam Erarbeiteten über den Zugewinnausgleich wird in aller Regel dagegen sprechen, ihnen hinsichtlich ihrer gemeinsamen Arbeit bzw. Wertschöpfung einen Willen zum Abschluss eines Gesellschaftsvertrages zu unterstellen. Der Umstand, dass die Ehegatten im gesetzlichen Güterstand gelebt haben, ist daher als ein gewichtiges **Indiz gegen das Zustandekommen** einer Innengesellschaft durch schlüssiges Verhalten anzusehen[139]. So hat der BGH auch bei Ehegatten, die im Gü-

---

135 Vgl. Rn. 1108.

136 Vgl. Rn. 1087.

137 Dazu auch *Staudinger/Keßler,* 1991, Rn. 100 vor § 705.

138 Vgl. BGH, FamRZ 2006, 607, 608 = NJW 2006, 1268; FamRZ 1986, 558 = NJW 1986, 1870.

139 So auch BGH, FamRZ 2006, 607, 608, m. insoweit krit. Anm. *Hoppenz* = NJW 2006, 1268 (zum Fall Rn. 1151); OLG Hamm, Beschl. v. 7.3.2012, 12 UF 235/11, juris = FamRB 2012, 301 *(Herr)*. Ähnlich BGH, FamRZ 1994, 295, 297, für den Fall, dass Gütergemeinschaft vereinbart ist und das Erwerbsgeschäft in das Gesamtgut fällt. Vgl. dazu auch: *Wagenitz,* S. 179: „Wer – wie der BGH – die Ehegatteninnengesellschaft auf den Willen der Parteien stützt, wird deshalb den Vertragswillen der Eheleute bei gesetzlichem Güterstand besonders kritisch hinterfragen."; *Bamberger/Roth/Hahn,* § 1356 Rn. 27: „Die stillschweigende Begründung einer Innengesellschaft setzt voraus, dass vom Ehegüterrecht kein gerechter Vermögensausgleich zwischen den Ehegatten zu erwarten ist." **A.A.** *Roßmann,* FuR 2017, 13, 14; *Klein/Roßmann,* Kap. 2 Rn. 385 ff.; *Münch,* FamRZ 2004, 233, 235. Vgl. dazu auch OLG Karlsruhe, FamRZ 2009, 1670 = NJW 2009, 2750, 2752, sowie FamRZ 2008, 1080: gesetzlicher Güterstand ausnahmsweise nicht gegen eine Innengesellschaft sprechend, weil im Zeitpunkt der Zusammenarbeit die Scheidung schon rechtshängig war.

terstand der Zugewinngemeinschaft leben, nur in seltenen Fällen eine Innengesellschaft angenommen. Ist ausnahmsweise einmal eine Innengesellschaft bei gesetzlichem Güterstand zustande gekommen[140], so müssen die aus der Auflösung der Gesellschaft resultierenden Ausgleichsansprüche bzw. -verpflichtungen gegebenenfalls beim Zugewinnausgleich im Endvermögen berücksichtigt werden[141]. Entsprechendes muss gelten, wenn die Ehe im vereinbarten Güterstand der **Wahl-Zugewinngemeinschaft** geführt worden ist[142].

1138 Die Vereinbarung von **Gütertrennung** lässt nicht darauf schließen, dass die Ehegatten eine Teilhabe am gemeinsam erwirtschafteten Vermögen von vornherein auch insoweit ablehnen, als das Erwirtschaftete aus besonderem Einsatz beider Ehegatten bei der Verfolgung eines über die Verwirklichung der ehelichen Lebensgemeinschaft hinausgehenden Zwecks hervorgegangen ist. Sie spricht daher nicht gegen das Zustandekommen eines Gesellschaftsverhältnisses[143], allerdings auch nicht dafür. Denn es ist zu bedenken, dass mit der Annahme eines Ausgleichsanspruchs nach Gesellschaftsrecht im wirtschaftlichen Ergebnis das Gegenteil dessen erreicht werden kann, was die Vereinbarung der Gütertrennung erwarten ließ: Der Geschäftsinhaber muss die Früchte der Arbeit mit seinem Ehepartner teilen. Der Rückgriff auf die Rechtsfigur der Innengesellschaft ist daher auch bei Gütertrennung auf Fälle drohender krasser Benachteiligung eines Ehegatten zu beschränken. Es sind insgesamt an das Vorliegen einer Ehegatteninnengesellschaft strenge Anforderungen zu stellen[144]. Dem trägt die Rechtsprechung aus jüngerer Zeit nicht immer hinreichend Rechnung[145].

---

140 So angenommen von KG, FamRZ 2017, 608 = NJW 2017, 3246, mit kaum überzeugender Begründung bei Erwerb von 2 Ferienimmobilien zu Alleineigentum eines Ehegatten; dazu auch krit. *Röfer*, FamRZ 2017, 610 (Anm.), sowie *Koch*, FamRZ 2017, 1023, 1030; vgl. zu dieser Entscheidung schon Rn. 1133. Ebenso KG, FamRZ 2013, 787 (bei Mitarbeit in Zahnarztpraxis).

141 Vgl. dazu Rn. 1183.

142 Vgl. dazu Rn. 950, 14.

143 Vgl. BGH, FamRZ 1999, 1580, 1582 = NJW 1999, 2962; WM 1973, 1242; *Johannsen/Henrich/Jaeger*, § 1414 Rn. 20.

144 BGH (IV. ZS), FamRZ 2015, 1379, Rn. 19, 23 = NJW 2015, 2581, der dies aus der Regelung des § 1931 IV BGB herleitet, die – bei Gütertrennung – den Ehegatten für seine Mitarbeit am Vermögenserwerb des Erblassers entschädigen und einen Ausgleich dafür schaffen will, dass durch § 2057a BGB nur Abkömmlingen ein Ausgleichsanspruch bei besonderen Leistungen zusteht; vgl. PWW/*Zimmer*, § 1931 Rn. 20.

145 Vgl. BGH, FamRZ 2003, 1454, m. Anm. *Wever* = NJW 2003, 2982 (zu dieser Entscheidung auch Rn. 1149, 1163). Siehe dazu auch OLG Schleswig, FamRZ 2004, 1375, m. Anm. *Wever* = FamRB 2004, 209 *(Wever)*, das über die Annahme einer Innengesellschaft zu einer Ausgleichsforderung von nur 7.600 € kommt.

Haben die Ehegatten in **Gütergemeinschaft** gelebt, kommt die Annahme einer stillschweigend eingegangenen Innengesellschaft allenfalls dann in Betracht, wenn der Geschäftsbetrieb in das Vorbehaltsgut fällt. Ob die Ehegatten hinsichtlich eines ins Gesamtgut fallenden Geschäftsbetriebes überhaupt eine BGB-Gesellschaft eingehen können, ist streitig. Jedenfalls aber steht es der Annahme einer stillschweigend zustande gekommenen Innengesellschaft entgegen, wenn ein Erwerbsgeschäft zum Gesamtgut gehört; in diesem Fall gewährleistet bereits das Güterrecht einen sachgerechten Ausgleich für die Mitarbeit[146]. **1139**

3. Beispiele aus der BGH-Rechtsprechung

Der BGH hat sich in zahlreichen Entscheidungen mit der rechtlichen Bewertung von Ehegattenmitarbeit befasst. **1140**

a) Der klassische Fall

Beispiel (Entscheidung vom 14.3.1990[147]): Beide Ehegatten hatten bei Gütertrennung[148] mit voller Arbeitskraft und etwa in gleichem Umfang in einer Gaststätte mitgearbeitet. Konzessions- und Betriebsinhaberin war die Frau. Sie hatte mit dem Mann einen Arbeitsvertrag abgeschlossen, der ein monatliches Entgelt von 390 DM vorsah. Bankkredite zur Finanzierung des Gaststätteninventars hatten die Ehegatten gemeinsam aufgenommen. Die Gaststätte befand sich auf einem Grundstück, dessen Miteigentümerin (neben ihrem Bruder) die Frau war. Die Gaststättenräume hatten die Eheleute von einer Biergroßhandlung gepachtet, die ihrerseits das Grundstück von den Eigentümern, also von der Ehefrau und ihrem Bruder, gepachtet hatte. **1141**

Bei diesem Beispiel handelt es sich um den klassischen Fall der Ehegatteninnengesellschaft, nämlich den der Mitarbeit eines Ehegatten im Geschäftsbetrieb des anderen. Der BGH hat mit Recht die Auffassung des OLG Köln als Berufungsgericht gebilligt, zwischen den Eheleuten sei stillschweigend eine BGB-Gesellschaft vereinbart worden. Der Zweck des Betreibens einer Gaststätte ging über den typischen Rahmen der ehelichen Lebensgemeinschaft hinaus, auch wenn die gemeinsame Tätigkeit möglicherweise nur der Sicherung des Familienunterhalts dienen sollte. Der geschlossene Arbeitsvertrag stand der Annahme eines konkludent eingegangenen Vertrages mit anderem Inhalt nicht entgegen. Es handelte sich um einen Scheinvertrag. Schon die Höhe des vorgesehenen Entgelts von 390 DM für den Einsatz der vollen Arbeitskraft des Ehemannes (der zuvor seine Anstellung bei einer Versicherung gekündigt hatte) wies dar- **1142**

---

146 Vgl. BGH, FamRZ 1994, 295 (dazu Rn. 1144); BGH, FamRZ 1975, 572, m. Anm. *Beitzke; Bergschneider/Klüber*, FamVermR, Rn. 4.569.

147 BGH, FamRZ 1990, 973.

148 Davon soll hier ausgegangen werden. Der Sachverhalt der BGH-Entscheidung enthält keine Angaben zum Güterstand.

auf hin, dass der Vertrag nur aus steuerlichen Erwägungen geschlossen worden war. Die entscheidenden Indizien für ein Gesellschaftsverhältnis waren der Umstand, dass der Mann – und zwar mit vollem Einsatz – nicht untergeordnet, sondern gleichberechtigt mitarbeitete (Führen der Kasse, Ausschank, Erteilen von Aufträgen an Handwerker), und die Tatsache, dass der Pachtvertrag mit der Hauptpächterin sowie die Kreditverträge von den Ehegatten gemeinsam abgeschlossen worden waren. Dass die Beiträge der Ehegatten nicht gleichwertig waren, weil die Ehefrau neben ihrer Arbeitskraft auch als Miteigentümerin des Grundstücks die wesentliche Haftungsgrundlage für die benötigten Investitionskredite eingebracht hatte, stand der Annahme eines Gesellschaftsverhältnisses nicht entgegen, sondern war nur für die Beteiligungsquote von Bedeutung (dazu Rn. 1176).

b) Weitere Beispiele aus der älteren Rechtsprechung des BGH

1143 **aa) Für möglich gehalten oder bejaht** hat der BGH das Bestehen einer Innengesellschaft in folgenden weiteren Fällen:

- Die Frau arbeitete bei Gütertrennung in der zunächst vom Mann, später von beiden Ehegatten gepachteten Gastwirtschaft mit, die nach außen unter dem Namen des Mannes geführt wurde und aus deren Erträgnissen der Lebensunterhalt der Ehegatten bestritten wurde[149].
- Beide Ehegatten arbeiteten bei Gütertrennung in einem Lebensmittel- und Tabakwarengeschäft, das sich auf einem der Frau gehörenden Grundstück befand. Das Geschäft wurde zeitweise unter dem Namen der Frau, zeitweise unter dem Namen des Mannes geführt[150].
- Der Mann führte eine Metzgerei, die die Frau in die Ehe eingebracht hatte und in der sie mitarbeitete. Die Ehegatten lebten zunächst im damaligen Güterstand der Verwaltung und Nutznießung des Mannes, später in Gütertrennung[151].
- Die Frau betrieb einen Großhandel mit Metallwaren, den der Mann ihr übertragen hatte, nachdem ihm die Konzession entzogen worden war. Beide Ehegatten arbeiteten im gleichen Umfang mit[152].
- Der Mann arbeitete in dem der Frau gehörenden Lebensmittelgeschäft zunächst geringfügig, nach Aufgabe seiner früheren Berufstätigkeit aber in vollem Umfang mit. Kredite zum Aufbau des Geschäfts waren die Ehegatten gemeinsam eingegangen[153].

---

149 BGH, NJW 1953, 418 (grundlegende Entscheidung zur Ehegatteninnengesellschaft).
150 BGH, FamRZ 1954, 136.
151 BGH, FamRZ 1960, 105.
152 BGH, FamRZ 1961, 519.
153 BGH, FamRZ 1961, 522.

- Der Mann war mit voller Arbeitskraft in einem Gärtnereibetrieb tätig, den die mitarbeitende Frau in die Ehe eingebracht hatte[154].
- Der Mann betrieb eine Gastwirtschaft. Die Frau hatte ihr Grundvermögen als Haftungssubstrat zur Verfügung gestellt und in geringem Umfang, nämlich im Rahmen des gesetzlich Geschuldeten (§ 1356 II BGB a.F.), mitgearbeitet[155].
- In einem der Frau gehörenden Großunternehmen der Bekleidungsindustrie übte der Mann die kaufmännische Leitung aus, während die Frau den künstlerisch-technischen Tätigkeitsbereich übernahm[156].
- Zum Zwecke der Schaffung einer Erwerbsquelle wurden auf den Namen des Mannes Grundstücke erworben und darauf in großem Umfang Eigentums- und Mietwohnungen errichtet. Bei den Grundstücksgeschäften führte die Frau, die die Mithaftung für Finanzierungskredite übernommen hatte, die Verhandlungen. Die Ehegatten lebten in Gütertrennung[157].

bb) Verneint oder für zweifelhaft gehalten hat der BGH das Beste- 1144
hen einer Innengesellschaft in folgenden Fällen:

- Der Mann arbeitete in einem der Frau gehörenden kleinen landwirtschaftlichen Betrieb mit, dessen Erträge gerade für den Lebensunterhalt und die notwendigen Investitionen in den Betrieb reichten[158]. Die Ehegatten lebten zunächst im Güterstand der Verwaltung und Nutznießung des Mannes, später in Gütertrennung.
- Der Mann betrieb ein Bauunternehmen. Zur Sicherung eines Geschäftskredits hatte die Frau, die nicht in dem Unternehmen mitarbeitete und auch sonst daran nicht beteiligt war, auf dem ihr gehörenden Grundstück Grundschulden bestellen lassen[159].
- In einem ähnlichen Fall hatte die Frau einen Kredit zur Geschäftsgründung des Mannes zur Verfügung gestellt und den Kredit auf ihrem Grundstück dinglich gesichert. Ihre Mitarbeit im Geschäftsbetrieb des Mannes bei Gütertrennung beschränkte sich auf gelegentliche Aushilfstätigkeiten; die Frau war im Übrigen anderweitig halbtags berufstätig[160].

154 BGH, FamRZ 1962, 357.
155 BGH, FamRZ 1967, 320 = NJW 1967, 1275.
156 BGH, FamRZ 1968, 589.
157 BGH, FamRZ 1975, 35 = NJW 1974, 2278.
158 BGH, FamRZ 1966, 492.
159 BGH, FamRZ 1972, 362.
160 BGH, FamRZ 1987, 907. Vgl. zu ähnlichem Fall bei gesetzlichem Güterstand OLG Düsseldorf, FamRZ 1999, 228.

- Beide Ehegatten erbrachten Leistungen zur Beschaffung eines Familienheims[161].
- Der Mann erbrachte bei Gütertrennung umfangreiche Arbeitsleistungen und finanzielle Beiträge bei Umbauarbeiten auf einem der Frau gehörenden Hausgrundstück, das für das Familienheim vorgesehen war[162].
- Die Frau hatte dem Mann Geld zur Errichtung seiner ärztlichen Praxis zur Verfügung gestellt und beim Aufbau der Praxis als Sprechstundenhilfe mitgearbeitet[163].
- In einem ähnlichen Fall hatte die Frau als Assistentin in der Zahnarztpraxis des Mannes mitgearbeitet, zahntechnische und buchhalterische Arbeiten erledigt und ein Gehalt als Angestellte bezogen. Die Ehe wurde im Güterstand der Zugewinngemeinschaft geführt[164].
- Der Mann erwarb mehrere Grundstücke, die er an Kommanditgesellschaften verpachtete, an denen er nicht beteiligt war und deren einzige persönlich haftende Gesellschafterin jeweils seine Ehefrau war. Die Kommanditgesellschaften betrieben auf den Grundstücken Saunen. Der BGH sah in der Art, wie die Ehegatten ihre finanziellen Beiträge und Arbeitsleistungen geregelt hatten, eine bewusste vertragliche Gestaltung, die der Annahme einer stillschweigend zustande gekommenen Innengesellschaft entgegenstehen könne[165].
- Der mit seiner Frau in Gütergemeinschaft lebende Mann betrieb als selbständiger Gärtner ein landwirtschaftliches Unternehmen, in dem die Frau mitarbeitete. Der Umstand, dass das Erwerbsgeschäft in das Gesamtgut fiel, sprach nach Ansicht des BGH gegen die Annahme, die Ehegatten hätten auch noch eine rechtliche Bindung in Form eines Gesellschaftsverhältnisses eingehen wollen, und zwar obwohl die Ehegatten sich gegenüber dem Finanzamt als Gesellschaft bürgerlichen Rechts ausgegeben hatten[166].
- Die Frau hatte bei Gütertrennung jahrzehntelang in dem dem Mann gehörenden und von ihm geführten Baumschulbetrieb mitgearbeitet, allerdings – offenbar – nicht gleichberechtigte, sondern einfache und untergeordnete Tätigkeiten verrichtet[167].

161 BGH, NJW 1974, 1554.
162 BGH, FamRZ 1982, 910 = NJW 1982, 2236 (Lösung über Kooperationsvertrag, s. dazu Rn. 1195).
163 BGH, FamRZ 1974, 592 = NJW 1974, 2045 (hinsichtlich der Kapitalhilfe Lösung über Wegfall der Geschäftsgrundlage eines familienrechtlichen Vertrages sui generis).
164 BGH, FamRZ 1986, 558 = NJW 1986, 1870.
165 BGH, FamRZ 1990, 1219.
166 BGH, FamRZ 1994, 295.
167 BGH, FamRZ 1994, 1167 = NJW 1994, 2545 (Lösung über Kooperationsvertrag, s. dazu Rn. 1197).

– Die Frau war Inhaberin eines Tiefbau- und Rohrleitungsbauunternehmens. Die Leitung der Firma lag faktisch in den Händen des Mannes. Ein Anstellungsvertrag als Geschäftsführer, der ihm ein nicht unangemessen erscheinendes und auch tatsächlich gezahltes Gehalt zusagte, schloss den Rückgriff auf einen stillschweigend geschlossenen Gesellschaftsvertrag aus[168].

c) Die BGH-Rechtsprechung aus jüngerer Zeit

aa) Entscheidung vom 30.6.1999[169]

Während 35-jähriger Ehe waren bei Gütertrennung auf den Namen der nicht berufstätigen Frau nach und nach zahlreiche Grundstücke erworben worden, die bei der Trennung einen Gesamtwert von 1,8 Mio. DM hatten. Der Ehemann, der zunächst erwerbstätig war und dann eine kleine Rente bezog, hatte in der Folgezeit Kapitalbeiträge in das Immobilienvermögen geleistet, Renovierungsarbeiten erbracht und die Vermietung und Verwaltung der Häuser übernommen. **1145**

Das OLG Schleswig als Berufungsgericht hatte das Begehren des Mannes (bzw. seiner Erbin) auf etwa hälftigen Ausgleich des auf Seiten der Ehefrau entstandenen Vermögens unter dem Gesichtspunkt der Rückabwicklung (mehrerer) ehebezogener Zuwendungen nach Wegfall der Geschäftsgrundlage gewürdigt. Es hatte ihm (nur) 176.000 DM zugesprochen, nachdem es zunächst Feststellungen dazu getroffen hatte, in welchem Umfang das Immobilienvermögen der Frau durch die finanziellen Beiträge des Mannes gemehrt worden war, und nachdem es das Ergebnis dann mehreren, zum Teil fragwürdigen bzw. unzulässigen Kürzungen unterzogen hatte (u.a. analog § 1579 BGB wegen Misshandlungen und Beleidigungen der Frau). Die dem Immobilienvermögen zugute gekommenen Arbeitsleistungen des Mannes hatte es als im Rahmen der gegenseitigen Beistands- und Unterstützungspflicht geschuldet angesehen und ihnen keine weitere rechtliche Bedeutung beigemessen. **1146**

Der BGH favorisiert in seiner Revisionsentscheidung demgegenüber eine Lösung über Gesellschaftsrecht. Dazu ist zu sagen: Zweifellos ging der mit dem Aufbau des Immobilienvermögens verfolgte Zweck über die bloße Verwirklichung der ehelichen Lebensgemeinschaft hinaus. Insbesondere folgende Indizien sprachen für den Willen zu einer gesellschaftsvertraglichen Bindung: Der Ehemann hatte nicht unerhebliche Kapitalbeiträge für den Erwerb der Immobilien wie auch Arbeitsleistungen (auf die es nach Ansicht des BGH aber angesichts der beträchtlichen Kapitalbeiträge nicht ankommen soll) beigesteuert, nachdem die Ehefrau den **1147**

168 BGH, FamRZ 1995, 1062 = NJW 1995, 3383.

169 BGH, FamRZ 1999, 1580 = NJW 1999, 2962; dazu auch Rn. 1111 u. 1123 ff. Vgl. auch die ähnliche Fallgestaltung bei OLG Hamm, FamRZ 2010, 1737.

Grundstock des Vermögens durch den aufgrund verwandtschaftlicher Beziehungen günstigen Erwerb der ersten Immobilie gelegt hatte. Der Aufbau des Immobilienvermögens erstreckte sich über viele Jahre. Die Übung, Mieteinnahmen aus den zuvor erworbenen Häusern wieder in Grundbesitz zu investieren, sprach für eine Absprache über eine gemeinsame Wertschöpfung.

1148 Bei Zugrundelegung des oben geschilderten, allerdings hier nur gekürzt wiedergegebenen Sachverhalts erscheint also die Annahme einer Innengesellschaft gerechtfertigt. Bedenken bestehen hingegen, wenn man weitere Einzelheiten des Sachverhalts hinzunimmt, so wie er der Entscheidung des BGH zugrunde lag. Von Bedeutung ist insbesondere, dass der Ehemann vorgetragen hatte, die Grundstücke seien lediglich zum Schutz vor seinen Gläubigern ins Alleineigentum der Frau übertragen worden. Ein solcher Zweck spräche allerdings entscheidend gegen den Willen zur Eingehung einer BGB-Gesellschaft[170]. Dem Zugriff von Gläubigern des Mannes konnte dessen Vermögen wohl durch Übertragung auf die Frau in Form von ehebezogenen Zuwendungen entzogen werden, nicht aber durch die Begründung einer Innengesellschaft. Denn die Gläubiger des Mannes hätten auf dessen schuldrechtliche Ansprüche als Innengesellschafter gegen die Frau auf den Gewinnanteil und auf das Auseinandersetzungsguthaben zugreifen können[171]. Zur Kritik an dieser Entscheidung näher Rn. 1159 ff.

bb) Entscheidung vom 25.6.2003[172]

1149 Die Eheleute stritten um die Frage, ob bzw. unter welchen Voraussetzungen die Frau verpflichtet sei, der gemeinsamen Einkommensteuerveranlagung für das Jahr der Trennung zuzustimmen. Der klagende Mann war Wirtschaftsprüfer und Steuerberater mit einem hohen Bruttoeinkommen. Die Frau, die in der Praxis des Mannes angestellt war, hatte Verluste aus Vermietung und Verpachtung zweier Immobilien erzielt. Weitere Verluste hatte sie als Mitgesellschafterin einer Gesellschaft bürgerlichen Rechts (GbR) mit einem Dritten erwirtschaftet. Für die Aufwendungen der GbR war der Mann aufgekommen, der in dem von der GbR betriebenen Bürogebäude seine Praxis betrieb. Der Mann wollte im Wege der Zusammenveranlagung die Verluste der Frau mit seinen positiven Einkünften verrechnen können. Die Frau wollte die Verluste auf spätere Jahre vortragen lassen.

1150 Das OLG Frankfurt hatte die Frage unter Heranziehung des § 1353 I S. 2 BGB beurteilt und einen Zustimmungsanspruch verneint. Der BGH lässt die Frage offen, ob sich aus § 1353 I S. 2 BGB ein Zustimmungsanspruch auch dann ergibt, wenn – wie hier – dem anderen Ehegatten durch

---

170 So mit Recht *Jaeger*, FS Henrich, S. 323, 332. Vgl. auch Rn. 1133.

171 Vgl. dazu *Stöber*, Forderungspfändung, 16. Aufl., 2013, Rn. 1603 f.; MünchKomm/*Schäfer*, § 725 Rn. 2.

172 BGH, FamRZ 2003, 1454, m. Anm. *Wever*, S. 1457, u. Anm. *Spieker*, FamRZ 2004, 174 = NJW 2003, 2982 = FamRB 2004, 12 *(Christ)*.

die Zusammenveranlagung für den Veranlagungszeitraum keine steuerlichen Nachteile entstehen, ihm vielmehr lediglich die Chance genommen wird, die von ihm im Veranlagungszeitraum erwirtschafteten Verluste im Wege des Verlustvortrags (§ 10d II EStG) von etwaigen künftigen Einnahmen steuermindernd in Abzug zu bringen[173]. Für einen Rückgriff auf die in § 1353 BGB normierten allgemeinen, aus dem Wesen der Ehe folgenden Rechtspflichten sei dann kein Raum, wenn eine ausdrückliche oder konkludente Vereinbarung getroffen sei, aus der sich eine Regelung für die Nutzung steuerlicher Vorteile im Wege der Zusammenveranlagung herleiten ließen. Hier sei – nach Aufhebung und Zurückverweisung – der Frage nachzugehen, ob nicht von einer stillschweigenden Abrede der Parteien über ihre vermögensrechtlichen Beziehungen und über ihre Mitarbeit an der Bildung des Vermögens auszugehen sei, die sich nach den Regeln des Gesellschaftsrechts bestimme (Ehegatteninnengesellschaft). Ein Anspruch des klagenden Mannes gegen die Frau auf Zustimmung zur Zusammenveranlagung für das Jahr der Trennung ergäbe sich dann aus deren Verpflichtung, an der Erreichung des gemeinsamen Gesellschaftszwecks mitzuwirken. Die Prüfung, ob eine Innengesellschaft zustande gekommen sei, werde nicht dadurch entbehrlich, dass die Ehegatten im gesetzlichen Güterstand gelebt hätten[174]. Zur Kritik an dieser Entscheidung Rn. 1163.

cc) Entscheidung vom 28.9.2005[175]

In der 1996 geschlossenen, im gesetzlichen Güterstand geführten Ehe arbeitete der erheblich verschuldete Mann in einem auf den Namen der Frau betriebenen Unternehmen mit. **1151**
Er war gemäß dem schon ein Jahr vor der Heirat geschlossenen Arbeitsvertrag als Lagerarbeiter zu einem Bruttolohn von 1.800 DM angestellt. Tatsächlich führte er, zunächst allein, später mit der Ehefrau, die Geschäfte des Unternehmens. Im April 2000 trennten die Eheleute sich und vereinbarten Gütertrennung bei gleichzeitigem Ausschluss von Zugewinnausgleichsansprüchen für die Vergangenheit. Wenig später kündigte der Mann das Arbeitsverhältnis und beendete seine Mitarbeit. Er verlangte Auskunft über den Wert des Unternehmens und Zahlung eines Ausgleichs in Höhe der Hälfte des Unternehmenswertes aus einer Innengesellschaft.

173 Dazu Rn. 633 ff.

174 Das OLG Frankfurt, FamRZ 2004, 877, m. Anm. *Wever*, nach Zurückverweisung erneut mit der Sache befasst, sah sich nach Anhörung der Parteien nicht in der Lage, eine übereinstimmende Vorstellung der Eheleute des Inhalts festzustellen, dass der Mann an den formal der Frau zugeordneten Grundstücken wirtschaftlich als Mitgesellschafter einer Innengesellschaft beteiligt sein sollte. Dem stehe der damalige Wille der Parteien entgegen, einen Zugriff von Gläubigern des Mannes auf das Vermögen auszuschließen.

175 BGH, FamRZ 2006, 607, m. Anm. *Hoppenz* = NJW 2006, 1268 = FamRB 2006, 165 *(Wever)*.

1152 Der BGH teilt die Auffassung der Vorinstanz, dass in Bezug auf das Unternehmen konkludent eine Innengesellschaft eingegangen worden sei. Zwar sei der Umstand, dass Ehegatten im gesetzlichen Güterstand leben, im Hinblick auf deren Wissen um die Teilhabe an dem gemeinsam Erarbeiteten über den Zugewinnausgleich ein gewichtiges Indiz gegen das Zustandekommen einer Innengesellschaft[176]. Im vorliegenden Fall sei aber der Schluss auf einen Willen der Parteien, eine Bindung gesellschaftsrechtlicher Art einzugehen, gerechtfertigt. Sie hätten gemeinsam einen Betrieb aufbauen wollen und damit einen Zweck verfolgt, der über die Verwirklichung der ehelichen Lebensgemeinschaft hinausgehe. Nur im Hinblick auf die Verschuldung des Mannes und zur Vermeidung des Zugriffs seiner Gläubiger hätten sie entschieden, nach außen allein die Frau als Betriebsinhaberin auftreten zu lassen[177]. Der geschlossene Arbeitsvertrag stehe der Annahme einer Innengesellschaft nicht entgegen, da das vereinbarte Entgelt keine adäquate Vergütung für die tatsächlich ausgeübte Geschäftsführungstätigkeit dargestellt habe[178]. Zur Kritik an dieser Entscheidung Rn. 1164.

dd) Entscheidung vom 10.6.2015[179]

1153 Die Eheleute, deutsche Staatsangehörige, hatten bei vereinbarter Gütertrennung in Spanien gelebt. Der Mann hatte dort ein Immobilienvermögen aufgebaut. Nach seinem Tod stritten seine Erben, nämlich sein Sohn und die Ehefrau, darum, ob der Frau gegen den Nachlass Ansprüche aus einer Ehegatteninnengesellschaft in Bezug auf die Immobilien in Spanien zustehen.

1154 Der BGH gibt in dieser Entscheidung mit kollisionsrechtlichem Schwerpunkt[180] dem OLG, das spanisches Recht angewendet hatte, auf, nach Aufhebung und Zurückverweisung unter Anwendung deutschen Rechts zu prüfen, ob in Bezug auf den Aufbau des Immobilienvermögens (in Rede stand noch der Erwerb zweier Grundstücke) eine Ehegatteninnengesellschaft begründet worden sei. Der BGH weist dabei zu Recht darauf hin, dass insoweit strenge Anforderungen gestellt werden müssten[181] und zu berücksichtigen sei, dass die Eheleute auf dem einen Grundstück gewohnt hätten und einen gemeinsamen Umzug in das errichtete Wohnhaus auf dem anderen Grundstück geplant hätten.

176 Vgl. Rn. 1137.
177 Vgl. dazu Rn. 1133.
178 Vgl. Rn. 1114.
179 BGH (IV. ZS), FamRZ 2015, 1379 = NJW 2015, 2581.
180 Vgl. dazu Rn. 1188.
181 Vgl. schon Rn. 1138 m. Fn. 144.

ee) Entscheidung vom 3.2.2016[182]

Auf zu je hälftigem Miteigentum erworbenen, mittels gemeinsamer Kredite finanzierten Grundstücken hatten die Eheleute einen nach außen allein von der Frau geführten Tierzuchthof betrieben. Der Mann hatte seine Fachkenntnisse eingebracht, daneben aber, jedenfalls nach Darstellung der Frau, eine Vollzeittätigkeit an einer Universität ausgeübt. Die Errichtung eines Betriebsgebäudes war mit Hilfe eines allein von der Frau aufgenommenen Kredits finanziert worden; die Frau hatte dafür staatliche Fördermittel erhalten. Nach Trennung hatte der Mann den Tierzuchthof übernommen. Nun bestand Streit über die Art und Weise der vorzunehmenden Abrechnung. **1155**

Der BGH billigt zu Recht die Beurteilung des OLG, das Zusammenwirken der Eheleute in Bezug auf den Tierzuchthof sei im Rahmen einer konkludent eingegangenen Innengesellschaft erfolgt. Mit dem Betrieb des Tierzuchthofs sei ein über die Verwirklichung der ehelichen Lebensgemeinschaft hinausgehender Zweck verfolgt worden. Zur Erreichung dieses Zwecks hätten mit dem gemeinsamen Erwerb der Grundstücke, auf denen die Tierzucht betrieben worden sei, und dessen Finanzierung beide Eheleute wesentliche Beiträge erbracht. Der Mann habe den Betrieb zudem durch seine Fachkenntnisse unterstützt. Bei einer solchen Sachlage stehe eine anderweitige vollschichtige Tätigkeit des Mannes der Annahme einer konkludenten Einigung über die Zusammenarbeit im Rahmen einer Innengesellschaft nicht entgegen. Das unterschiedliche Engagement der Eheleute könne allerdings Auswirkungen auf die Beteiligungsquote haben (dazu Rn. 1177). **1156**

Die Entscheidung ist ein Beispiel dafür, dass die Annahme einer stillschweigend eingegangenen Innengesellschaft nicht nur in Betracht kommt, wenn Arbeitsleistungen des möglichen Innengesellschafters im Vordergrund stehen, sondern auch in Fällen von geringem Arbeitseinsatz bei gleichzeitig erheblichem finanziellen Engagement. Sie zeigt zugleich, dass das Rechtsinstrument der Innengesellschaft nicht nur herangezogen wird, um einem ansonsten benachteiligten Ehepartner einen Ausgleichsanspruch aus Billigkeitsgründen zu verschaffen; eine solche Benachteiligung des Ehemannes stand hier nicht zur Debatte[183]. **1157**

4. Kritik

Die BGH-Rechtsprechung zur Ehegatteninnengesellschaft aus den früheren Jahren hat sich immer starker **Kritik des Schrifttums** ausgesetzt gesehen. Die Kritik richtete sich weniger gegen die Ergebnisse. Sie sind im Großen und Ganzen als sachgerecht empfunden worden[184], wenn auch **1158**

---

182 BGH, FamRZ 2016, 965, m. Anm. *Wever* = NZFam 2016, 521 *(Jeep)* = FamRB 2016, 212 *(Wever)*; dazu auch *Herr*, FF 2016, 296.

183 Vgl. dazu auch Anm. *Wever*, FamRZ 2016, 968, 969.

184 Vgl. etwa *Henrich*, FamRZ 1975, 533; *Maiberg*, DB 1975, 385.

immer wieder bemängelt worden ist, dass gelegentlich vergleichbare Sachverhalte unterschiedlichen Lösungen zugeführt worden seien[185]. Der Kern der Kritik richtete sich auch nicht gegen den dogmatischen Ansatz, also gegen die Annahme der Möglichkeit, dass durch schlüssiges Verhalten eine (auch Ehegatten-)Innengesellschaft zustande kommen kann. Er richtete sich und richtet sich unverändert vielmehr gegen die „weitherzige Bereitschaft"[186], in der jeweiligen Lebensgestaltung der Eheleute einen Willen zum (stillschweigenden) Abschluss von Gesellschaftsverträgen zu erkennen[187]. Darüber hinaus werden in jüngerer Zeit grundsätzliche Zweifel geäußert „an der Eignung des Vertrags als Denkmuster für das vermögensmäßige Miteinander der Ehegatten"[188].

1159 Ungeachtet der Kritik hat der BGH mit der Entscheidung vom 30.6.1999 (Rn. 1145), das Rechtsinstitut der Ehegatteninnengesellschaft, auf das längere Zeit wenig zurückgegriffen worden war, **reaktiviert**[189]. Er hat dabei (in der obigen Zusammenstellung, Rn. 1115 ff., enthaltene, im entschiedenen Fall eigentlich nicht relevante) Kriterien entwickelt, die insgesamt eine **Tendenz** zum verstärkten Rückgriff auf das Rechtsinstitut der Ehegatteninnengesellschaft beinhalten und insbesondere auf eine Ausweitung des Anwendungsbereichs der Ehegatteninnengesellschaft zu Lasten der ehebezogenen Zuwendungen hinauslaufen (Einbeziehung von Fällen, in denen sich die Mitwirkung auf Kapital- und/oder Sachleistungen beschränkt hat). Dieser Tendenz gegenüber, die in der Literatur – vor allem von anwaltlicher und notarieller Seite – überwiegend begrüßt worden ist[190], erscheinen **Vorbehalte** angebracht.

1160 Zwar kann dem BGH nicht widersprochen werden, wenn er auf die problematischen Seiten des Lösungsweges über Wegfall der Geschäftsgrundlage ehebezogener Zuwendungen hinweist[191]. Sicher ist es richtig, dass die Ergebnisse einer gerichtlichen Auseinandersetzung hier oft schwer vorhersehbar sind, wenngleich sich die Unwägbarkeiten, wie zu Rn. 999 dargelegt, durch die Herausbildung präziser Kriterien durchaus begrenzen lassen. Zutreffend ist auch, dass es, jedenfalls wenn es wie im 1999 entschiedenen Fall um mehrfache Vermögenszuwendungen im Verlaufe einer

---

185 Vgl. *Götz/Schnitzler/Brudermüller*, S. 205, 206; MünchKomm/*Wacke*, 4. Aufl., § 1356 Rn. 26; *Henrich*, FamRZ 1975, 533, 534.

186 MünchKomm/*Wacke*, 4. Aufl., § 1356 Rn. 25.

187 Vgl. MünchKomm/*Ulmer/Schäfer*, 6. Aufl., Rn. 76 ff. vor § 705. Grds. abl. u.a. *Gernhuber/Coester-Waltjen*, § 20 Rn. 26 ff.; *Herr* (vor Rn. 1083), S. 273 ff., 411.

188 *Röthel*, FamRZ 2012, 1916, 1918 f. Dem Lösungsansatz über Innengesellschaft zustimmend dagegen *Schlimm*, S. 313 ff.

189 Vgl. Rn. 1111.

190 U.a. *Kogel*, MDR 1999, 1269; *Grziwotz*, DNotZ 2000, 486; *Langenfeld*, ZEV 2000, 14. Vgl. dazu auch Fn. 115.

191 BGH, FamRZ 1999, 1580, 1583 f. = NJW 1999, 2962.

Ehe geht[192], zu erheblichen Beweisschwierigkeiten des Ausgleichsbegehrenden kommen kann[193], wobei sich dazu allerdings die Frage aufdrängt, ob der in Kenntnis vereinbarter Gütertrennung Zuwendende eigentlich insoweit schutzwürdiger ist als der Zuwendungsempfänger[194]. Richtig ist schließlich und vor allem, dass es wenig befriedigen kann, wenn im Falle eines Vermögensaufbaus auf Seiten eines Ehegatten unterschiedliche Lösungswege beschritten werden, je nachdem ob die Beiträge des Ausgleichsbegehrenden in Form von Vermögensleistungen oder in Form von Mitarbeit erfolgt sind. Es mag insofern auch richtig sein, die Erforderlichkeit einer Mitarbeit des Innengesellschafters für die Annahme einer Innengesellschaft fallen zu lassen[195].

Doch muss einer darüber hinausgehenden Ausweitung des Anwen- **1161**
dungsbereichs der Ehegatteninnengesellschaft, vor allem der in der Entscheidung zum Ausdruck kommenden Tendenz, allgemein auf dieses Rechtsinstitut verstärkt zurückgreifen zu wollen, entgegengetreten werden. Eine solche Entwicklung erscheint mit den **Wertungen des Güterrechts** nicht vereinbar[196]. Es ist schon problematisch genug und nur zur Vermeidung untragbarer Ergebnisse gerechtfertigt, wenn bei ehebezogenen Zuwendungen kraft Richterrechts über Wegfall der Geschäftsgrundlage eine Korrektur des Vermögenszustandes, der das Ergebnis der vereinbarten Gütertrennung ist, hinsichtlich eines einzelnen Vermögensgegenstandes, in seltenen Fällen auch hinsichtlich mehrerer Vermögensgegenstände, herbeigeführt wird. Mit der Unterstellung des konkludenten Abschlusses eines Gesellschaftsvertrages aber wird das bei Gütertrennung von den Ehegatten eigentlich Gewollte auf noch viel breiterer Ebene richterlicher Korrektur unterworfen. Denn hier wird von der richterlichen Korrektur nicht nur ein einzelner Vermögensgegenstand, sondern ein ganzes Vermögen oder eine Vermögensmasse erfasst, worauf *Jaeger*[197] mit Recht hingewiesen hat. Zurückhaltung ist hier daher in ganz besonderem Maße geboten[198]. Großzügigkeit in der Handhabung der oben beschriebenen Kriterien für das konkludente Zustandekommen einer Innengesellschaft wäre verfehlt.

Die in der Entscheidung des BGH vom 30.6.1999 zum Ausdruck ge- **1162**
brachte Tendenz ist auch kaum zu vereinbaren mit dem hohen Stellenwert, den der BGH in seiner **Kernbereichslehre** güterrechtlichen Vereinbarungen bei der Inhaltskontrolle von Eheverträgen – bis heute unverän-

192 Vgl. dazu auch Rn. 1034 ff.
193 Vgl. auch Rn. 1039, 1180.
194 Vgl. dazu auch *Jaeger*, FS Henrich, S. 323, 334 Fn. 58.
195 Anders MünchKomm/*Ulmer/Schäfer*, 6. Aufl., Rn. 79 vor § 705.
196 Vgl. auch *Weinreich*, FamRZ 2014, 1889, 1893.
197 FS Henrich, S. 323, 334; *Johannsen/Henrich/Jaeger*, § 1414 Rn. 21.
198 In diesem Sinne auch *Röthel*, Jura 2006, 641, 650.

dert[199] – einräumt. Hier hält er den Zugewinnausgleich als vom Kernbereich des Scheidungsfolgenrechts nicht umfasst. Er stehe vielmehr vertraglicher Gestaltung in weitem Umfang offen. Die Berufung auf wirksam vereinbarte Gütertrennung werde nur unter engsten Voraussetzungen als rechtsmissbräuchlich anzusehen sein[200]. Zur Begründung verweist der BGH[201] u.a. darauf, dass das Gebot der ehelichen Solidarität keine wechselseitige Vermögensbeteiligung der Ehegatten erfordere. Aus genau diesem Grunde wäre es aber auch verfehlt, im Hinblick auf den Gedanken der Teilhabegerechtigkeit Gütertrennungsvereinbarungen durch eine Ausweitung des Anwendungsbereichs der Ehegatteninnengesellschaft in zunehmendem Maße zu unterlaufen.

1163 Bedenken begegnet insbesondere auch die Entscheidung vom 25.6.2003 (Rn. 1149), die Ausdruck einer zunehmenden Bereitschaft des BGH ist, Ehegatten den Willen zum stillschweigenden Abschluss von Gesellschaftsverträgen zu unterstellen, statt sie an den ausdrücklich getroffenen vertraglichen Regelungen oder deren Unterlassen festzuhalten, solange nicht zwingende Gründe dagegen sprechen. Gegen einen Rechtsbindungswillen der Parteien i.S. einer Ehegattengesellschaft sprach hier insbesondere[202]: Die Eheleute hatten ihre vertraglichen Beziehungen ersichtlich insoweit, als sie es für nötig hielten, ausdrücklich geregelt. Da sie im gesetzlichen Güterstand lebten, war eine gesellschaftsrechtliche Bindung aus Gründen der beiderseitigen Vermögensteilhabe auch nicht erforderlich. Eine gesellschaftsrechtliche Bindung war auch weder zum Zwecke der Korrektur einer unerträglichen Vermögenssituation am Ende der Ehe geboten (für solche Fälle ist die Rechtsfigur der stillschweigend eingegangenen Ehegatteninnengesellschaft entwickelt worden), noch zur Erreichung des konkret vom Ehemann angestrebten Ziels einer gemeinsamen Steuerveranlagung, denn zur Verfolgung dieses Ziels stand mit § 1353 I S. 2 BGB grundsätzlich bereits eine Anspruchsgrundlage zur Verfügung. Vor allem aber wurde mit der Annahme einer Gesellschaft das steuerliche Ziel, das die Parteien mit der gewählten Konstruktion verfolgten, gefährdet[203]. Schließlich erzeugt die Entscheidung Rechtsunsicherheit. Zu Recht weist *Kogel*[204] darauf hin, dass – folgt man den Maßstäben der Entscheidung – die Aufdeckung einer Vielzahl bislang unerkannter Ehegatteninnengesellschaften ansteht.

1164 Sollte sich die Tendenz zum verstärkten Rückgriff auf die Ehegatteninnengesellschaft fortsetzen, steht zu befürchten, dass von den Gerichten

199 BGH, FamRZ 2017, 884, Rn. 36 = NJW 2017, 1883. Vgl. auch Rn. 1224.
200 BGH, FamRZ 2004, 601, 605 u. 608, m. Anm. *Borth* = NJW 2004, 930.
201 FamRZ 2004, 601, 605 = NJW 2004, 930.
202 Im Einzelnen Anm. *Wever,* FamRZ 2003, 1457. Die Lösung des BGH ablehnend auch: *Arens,* FamRB 2004, 124, 127, u. FF 2005, 60, 61; *Kogel,* Anm. FF 2004, 260.
203 Dazu *Spieker,* Anm. FamRZ 2004, 174.
204 *Kogel,* Rn. 687; Anm. FF 2004, 260.

eine gesellschaftsrechtliche Bindung zunehmend auch bei solchen Ehegatten angenommen wird, die – wären sie zu Beginn ihrer Vermögensbildung gefragt worden – eine solche Bindung abgelehnt hätten[205]. So erscheint auch in dem vom BGH am 28.9.2005 entschiedenen Fall (Rn. 1151) fraglich, ob ein Gesellschaftsverhältnis den Vorstellungen der Eheleute entsprach, ging ihr Bestreben doch gerade dahin, den Gläubigern des verschuldeten Mannes keine Haftungsmasse darzubieten[206]. Bei der vorsorgenden Beratung von Ehegatten, die eine gemeinsame Vermögensbildung planen, muss diese Tendenz der Rechtsprechung bedacht werden[207].

Weist somit die Tendenz des BGH zu „mehr Innengesellschaft" in die falsche Richtung, stellt sich darüber hinaus die weitere Frage, ob nicht eine **grundsätzliche Kursänderung** der Rechtsprechung zur Ehegatteninnengesellschaft, aber auch zur ehebezogenen Zuwendung und zum Kooperationsvertrag, also zu den Ausgleichsinstrumenten, die der Korrektur grob ungerechter Vermögenslagen am Ende einer Ehe dienen sollen, angezeigt ist. Dazu Rn. 1220 ff. **1165**

III. Auseinandersetzung der Innengesellschaft

Die Auseinandersetzung der Innengesellschaft nach ihrer Auflösung erfolgt wie beim Ausscheiden eines Gesellschafters nach §§ 736 ff. BGB (vgl. auch die entsprechende Regelung für den stillen Gesellschafter in § 235 HGB): Das gemeinsam erwirtschaftete Geschäftsvermögen ist festzustellen. Da es der Innengesellschaft regelmäßig an einem Gesamthandsvermögen fehlt, das Geschäftsvermögen sich vielmehr in der Hand des Geschäftsinhabers befindet, hat der ausscheidende Ehegatte einen schuldrechtlichen Anspruch gegen seinen Ehepartner auf Abrechnung und ggf. auf Zahlung des Auseinandersetzungsguthabens. Die Höhe des Auseinandersetzungsanspruchs richtet sich nach der Beteiligungsquote. Der Geschäftsbetrieb verbleibt dem Inhaber. Die dingliche Rechtslage bleibt unberührt[208]. Mangels eines Gesamthandsvermögens kommt es also nicht zu einer mit Liquidation des Unternehmens verbundenen Auseinandersetzung gem. §§ 730–735 BGB. Die Auflösung der Gesellschaft führt vielmehr ohne weiteres zur Vollbeendigung des Gesellschaftsverhältnisses[209]. **1166**

---

205 Anders beurteilt den hypothetischen Parteiwillen *Dauner-Lieb,* FuR 2009, 361, 370.

206 Vgl. auch die krit. Anm. *Volmer,* FamRZ 2006, 844. Dass die Ehe im gesetzlichen Güterstand geführt wurde, sprach in diesem Fall nicht gegen den Willen zu einer gesellschaftsvertraglichen Bindung, denn die Zusammenarbeit wurde bereits vor der Heirat begonnen.

207 So mit Recht *Münch,* FamRZ 2004, 233, 236.

208 LG Düsseldorf, FamRZ 2004, 1035.

209 Vgl. BGH, FamRZ 2015, 1379, Rn. 24 = NJW 2015, 2581; FamRZ 2003, 1648; FamRZ 1999, 1580, 1585 = NJW 1999, 2962; NJW 1990, 573; NJW 1982, 99. Siehe zur Abwicklung auch MünchKomm/*Schäfer,* § 730 Rn. 12 ff.

1167 Das bedeutet: Der mitarbeitende Ehegatte erhält nicht etwa ein nachträgliches Entgelt für seine Dienste. Er wird vielmehr an den Ergebnissen der gemeinsamen Arbeit beteiligt, indem er an Überschüssen, Ersparnissen oder gemeinsam Erworbenem teilhat[210]. Sein schuldrechtlicher Anspruch richtet sich darauf, im Rahmen des rechtlich Möglichen so gestellt zu werden, als ob er gesamthänderisch an dem zum Gegenstand der Innengesellschaft gehörenden Vermögen des Partners beteiligt wäre. Dies beinhaltet aber nicht nur eine Beteiligung am **Gewinn**, sondern auch eine Beteiligung am eventuellen **Verlust**[211]. Die Berufung auf das Vorliegen einer Innengesellschaft kann daher im Einzelfall ein Risiko mit sich bringen.

1. Entstehung des Auseinandersetzungsanspruchs

1168 Der Auseinandersetzungsanspruch des Innengesellschafters (§ 738 BGB) – im Falle von Verlusten aber auch seine Ausgleichsverpflichtung (§ 739 BGB) – entsteht mit der Auflösung der Innengesellschaft[212]. Maßgeblicher **Stichtag** ist der Zeitpunkt, zu dem die Ehegatten ihre Zusammenarbeit bzw. gemeinsame Vermögensbildung ausdrücklich oder konkludent[213] beendet haben und der Geschäftsinhaber das Unternehmen allein weitergeführt hat[214]. Dieser Zeitpunkt kann, muss aber nicht mit der Trennung zusammenfallen[215].

2. Höhe des Auseinandersetzungsanspruchs

1169 Die Höhe des Auseinandersetzungsanspruchs hängt zum einen davon ab, was gemeinsam erwirtschaftet worden ist, zum andern von der Frage, mit welcher Quote der Innengesellschafter zu beteiligen ist.

---

210 Vgl. schon BGH, NJW 1953, 418.

211 Vgl. BGH, FamRZ 1990, 973; *Herr*, Rn. 336.

212 Vgl. BGH, FamRZ 1990, 973, 974.

213 OLG Hamm, FamRZ 2010, 1737: durch Überweisung des Geschäftsguthabens vom gemeinsamen auf ein eigenes Konto und Aufforderung der Mieter der Immobilie, deren Verwaltung Gegenstand der GbR war, die Mieten künftig auf dieses Konto zu überweisen; KG, FamRZ 2017, 608, 610 = NJW 2017, 3246: durch Mitnahme der die Immobilien betreffenden Verwaltungsunterlagen.

214 Vgl. BGH, FamRZ 2006, 607, 609 = NJW 2006, 1268; FamRZ 1999, 1580, 1584 = NJW 1999, 2962; FamRZ 1975, 35, 37 = NJW 1974, 2278.

215 Nach – nicht überzeugender – Ansicht des AG Kehl, Beschl. v. 8.5.2016, 1 F 332/15, juris = FamRZ 2016, 2014 [LS], endet die Innengesellschaft mit der Folge der Entstehung des Auseinandersetzungsanspruchs spätestens mit Rechtskraft der Scheidung.

a) Feststellung des Erwirtschafteten

Die Feststellung des gemeinsam Erwirtschafteten vollzieht sich in zwei Schritten[216]: **1170**

Zunächst ist der **Bestand** des gemeinsam erwirtschafteten Vermögens im Zeitpunkt der Auflösung der Gesellschaft festzustellen. Je nachdem, ob etwa ein Unternehmen von Anfang an gemeinsam aufgebaut worden, oder ob der mitwirkende Ehegatte erst in das laufende Unternehmen eingestiegen ist, kann das gesamte Geschäftsvermögen oder nur ein Teil davon maßgebend sein. Geschäftsverbindlichkeiten, nicht dagegen persönliche Schulden der Gesellschafter, sind abzusetzen[217]. Hat der Geschäftsinhaber Gewinne nicht in das Unternehmen investiert, sondern anderweitig angelegt, ist auch dies als Erlös der gemeinsamen Arbeit zu berücksichtigen[218]. So hat das OLG Hamm[219] als Gegenstand einer Innengesellschaft das als GmbH betriebene Unternehmen einschließlich der im Wege der Betriebsaufspaltung einzelkaufmännisch gehaltenen Betriebsmittel (Betriebsgrundstück und Maschinen, an die GmbH vermietet) wie auch die aus Erträgen der GmbH erworbenen Privatgrundstücke angesehen. **1171**

Sodann ist eine **Bewertung** des Vermögensbestandes vorzunehmen, die sich nach allgemeinen Grundsätzen richtet[220]. Sie hat ebenfalls bezogen auf den Zeitpunkt der Auflösung der Gesellschaft zu erfolgen[221]. Gegebenenfalls kommt gem. § 738 II BGB eine Schätzung in Betracht[222]. **1172**

Der Ausgleichsberechtigte kann zur Vorbereitung seines Auseinandersetzungsanspruchs vom anderen Ehegatten **Auskunft und Rechnungslegung** in Form einer Schlussabrechnung (Abfindungsbilanz)[223] verlangen (vgl. §§ 721, 716, 713 i.V.m. § 666 BGB), ggf. im Wege der Stufenklage[224]. **1173**

---

216 Instruktiv etwa KG, FamRZ 2013, 787, 788; OLG Schleswig, FamRZ 2004, 1375.

217 Vgl. BGH, FamRZ 1999, 1580, 1585 = NJW 1999, 2962; FamRZ 1990, 973, 974; WM 1973, 1242.

218 Vgl. *Johannsen,* WM 1978, 502, 507. Zum Umfang des gemeinsam Erwirtschafteten vgl. auch BGH, WM 1978, 377.

219 OLG Hamm, Urteil v. 11.7.2012, 8 U 192/07, Rn. 40 ff. juris.

220 *Schulz,* FamRB 2005, 111, 114. Zum Fall einer Unternehmensbewertung unter Berücksichtigung des Fortfalls des Innengesellschafters als „tragende Säule für die Geschäftstätigkeit“ OLG Hamm, Urteil v. 11.7.2012, 8 U 192/07, Rn. 51 ff. juris. Zur Bewertung landwirtschaftlicher Betriebe *Kuckenburg,* FuR 2016, 495.

221 BGH, FamRZ 1999, 1580, 1584 f. = NJW 1999, 2962.

222 *Roßmann,* FuR 2017, 13, 15.

223 *Schulz,* FamRB 2005, 111, 116; *Staudinger/Habermeier,* 2003, § 738 Rn. 15.

224 Vgl. BGH, FamRZ 1975, 35, 38; KG, FamRZ 2017, 608 = NJW 2017, 3246 u. FamRZ 2013, 787, 788. Muster-Antragsentwürfe bei *Kogel,* FamRB 2017, 354, 360; *Herr,* FamRB 2011, 86, 89; *ders.,* Rn. 608; MAH/*Markwardt,* § 21 Rn. 177.

b) Beteiligungsquote

1174 In welchem Umfang der mitarbeitende Ehegatte Beteiligung an dem erwirtschafteten Geschäftsvermögen verlangen kann, richtet sich in erster Linie danach, was die Gesellschafter vereinbart haben. Da es bei der stillschweigend zustande gekommenen Gesellschaft an einer ausdrücklichen Vereinbarung fehlt, sind die tatsächlichen Umstände daraufhin zu untersuchen, ob sie ausreichende Anhaltspunkte für eine von den Partnern gewünschte individuelle Beteiligungsquote bieten. Ist das nicht der Fall, kommt die gesetzliche Grundregel der **hälftigen Beteiligung** (§ 722 I BGB) zur Geltung[225].

1175 Ein Indiz dafür, dass die Gesellschafter eine vom Grundsatz gleicher Beteiligung abweichende Verteilung gewollt haben, sind **unterschiedlich hohe Beiträge** der Gesellschafter. Dabei sind nicht nur die Arbeitsleistungen, sondern auch Geld- und Sachleistungen einzubeziehen. Haben beide Ehegatten nur Arbeitsleistungen, aber solche von deutlich unterschiedlichem Umfang erbracht (z.B. Teilzeitmitarbeit der Frau, die aber von der Funktion her gleichberechtigte Mitarbeit war[226]), spricht dies gegen eine hälftige Beteiligung. Das Gleiche gilt, wenn beide Ehegatten in gleichem Umfang mitgearbeitet haben, ein Ehegatte aber zusätzlich **nennenswerte finanzielle Investitionen** erbracht hat[227]. All dies gilt im Falle von Verlusten auch für die Feststellung der Anteile an der Ausgleichsverpflichtung nach § 739 BGB.

1176 Im obigen **Beispiel** Rn. 1141 hat der BGH[228] in dem Umstand, dass bei etwa gleichem Arbeitseinsatz der Ehegatten die Frau als Miteigentümerin des Grundstücks die wesentliche Haftungsgrundlage für die benötigten Investitionskredite eingebracht hatte, ein wesentliches Indiz für einen Willen der Ehegatten zu einer vom Grundsatz der hälftigen Beteiligung abweichenden Regelung gesehen. Die Frau habe insgesamt einen erheblich höheren Beitrag zur Gesellschaft geleistet als der Mann.

In diesem Beispielsfall war kein erwirtschaftetes Geschäftsvermögen, also kein Gewinn zu verteilen. Denn bei der Trennung war die Gaststätte verkauft worden und es waren Verbindlichkeiten verblieben. Diese hatte die Frau getilgt. Sie verlangte vom Mann hälftigen Ausgleich. Es ging also um die Frage der Verlustbeteiligung. Der deutlich höhere Beitrag der Frau für die Gesellschaft führte dazu, dass sie die Verluste zu einem überwiegenden Anteil tragen musste, wie sie auch an Gewinnen zu mehr als der Hälfte zu beteiligen gewesen wäre.

---

225 Vgl. BGH, FamRZ 2016, 965, m. Anm. *Wever*; FamRZ 1999, 1580 = NJW 1999, 2962, 2967; FamRZ 1990, 973, 974; OLG Köln, FamRZ 2010, 1738; OLG Schleswig, FamRZ 2004, 1375.

226 Vgl. Rn. 1118.

227 BGH, FamRZ 2016, 965, Rn. 27. – Eine unterschiedlich hohe Beteiligungsquote ist auch in folgenden Entscheidungen angenommen oder für möglich gehalten worden: BGH, FamRZ 1968, 589 (Berücksichtigung der Einbringung eines „lebenden Unternehmens“ neben der Arbeitskraft); BGH, FamRZ 1961, 519.

228 FamRZ 1990, 973, 974.

Auch im zu Rn. 1155 geschilderten **Beispiel** weisen die Umstände auf einen vom Grundsatz hälftiger Beteiligung abweichenden Verteilungswillen der Ehegatten hin: Zwar haben beide Eheleute die durch die gemeinsamen Kredite finanzierten gemeinsamen Grundstücke zur Verfügung gestellt. Doch hat der Mann, anders als die Frau, vor dem Hintergrund einer (behaupteten) anderweitigen Vollzeittätigkeit nur geringe Arbeitsleistungen erbracht. Auch hat allein die Frau Fördermittel erhalten und den Kredit für die Errichtung des Betriebsgebäudes aufgenommen. 1177

Hat der Geschäftsinhaber die Haftung für die Geschäftsschulden nach außen allein übernommen, ist der Innengesellschafter also nicht in die Mithaftung genommen worden, so rechtfertigt dies allein noch nicht die Annahme insoweit ungleicher Beiträge. Denn mit der Haftung des Geschäftsinhabers ist auch das Vermögen des Innengesellschafters, nämlich dessen schuldrechtlicher Anspruch auf Teilhabe an den Geschäftserträgnissen, dem Zugriff der Gläubiger ausgesetzt[229]. 1178

Bringt der Innengesellschafter neben oder statt seiner Arbeitskraft Kapital ein, das er dem Geschäftsinhaber zur Verfügung stellt, ist der Kapitalbeitrag nicht etwa als ehebezogene Zuwendung zu behandeln; er ist also nicht beim Scheitern der Ehe einem eventuellen Rückausgleich nach den für ehebezogene Zuwendungen entwickelten Grundsätzen zugänglich. Es handelt sich vielmehr um eine bei der Auseinandersetzung der Gesellschaft, insbesondere bei der Bemessung der Beteiligungsquote, zu berücksichtigende **Einlage** des Innengesellschafters in das Vermögen des Außengesellschafters[230]. 1179

3. Durchsetzung des Auseinandersetzungsanspruchs

Derjenige Ehegatte, der mehr als die Hälfte des Gewinns für sich beansprucht bzw. der weniger als die Hälfte der Schulden tragen will, trägt die **Darlegungs- und Beweislast** für die Umstände, aus denen eine vom Grundsatz der hälftigen Beteiligung abweichende Regelung hergeleitet werden soll. Er muss also insbesondere einen von ihm geleisteten mehr als hälftigen Beitrag darlegen und ggf. beweisen[231]. Beweisrechtlich ist die Situation für den Ausgleichsbegehrenden, hat er einmal den Nachweis des Zustandekommens einer Innengesellschaft geführt, günstiger, als wenn er die Rückabwicklung einer ehebezogenen Zuwendung, insbesondere als wenn er die Rückabwicklung mehrerer Zuwendungen verlangt[232]. Denn er muss nicht jede einzelne Vermögensübertragung beweisen, sondern 1180

229 BGH, NJW 1953, 418.
230 Vgl. auch *Herr*, Rn. 331, sowie Rn. 1181.
231 BGH, FamRZ 2016, 965, Rn. 26; FamRZ 1999, 1580, 1585 = NJW 1999, 2962.
232 Vgl. *Kogel*, MDR 1999, 1269.

kann grundsätzlich hälftige Beteiligung an dem gemeinsam Erwirtschafteten verlangen.

1181 Die Durchsetzung des Auseinandersetzungsanspruchs erfordert grundsätzlich eine **Gesamtabrechnung**, aus der sich ergibt, dass der andere Ehegatte aus der Innengesellschaft per Saldo größere Gewinne erzielt oder geringere Verluste erlitten hat als der Anspruchsteller[233]. Dieser kann also nicht Einzelansprüche, sondern nur den ihm nach einer Gesamtabrechnung zustehenden Abfindungsanspruch geltend machen[234]. Erfasst die Ehegatteninnengesellschaft mehrere Immobilien, kann daher nicht Abrechnung bzgl. einer einzelnen Immobilie, sondern nur eine Gesamtabrechnung verlangt und am Ende ein Gesamtanspruch geltend gemacht werden[235]. Gesonderte Ansprüche des Innengesellschafters auf Rückerstattung in das Vermögen des Außengesellschafters erbrachter **Einlagen** entsprechend § 733 BGB bestehen nicht[236]. Jedoch kann er ggf. Rückgabe der der Gesellschaft zur Benutzung überlassenen Gegenstände und Befreiung von den gemeinschaftlichen Schulden verlangen (§ 738 I, 732 BGB)[237].

1182 Die entsprechende Anwendung eherechtlicher Vorschriften (§§ 1382 f., 1579 BGB) bei der Auseinandersetzung wird in der Literatur erwogen[238]. Sie ist aber jedenfalls in Bezug auf § 1579 BGB abzulehnen[239].

IV. Ausgleichsanspruch und Zugewinnausgleich

1. Rangfolge

1183 Leben die Ehegatten im gesetzlichen Güterstand, steht dies meist der Annahme einer stillschweigend zustande gekommenen Ehegatteninnengesellschaft entgegen[240]. Ist ausnahmsweise einmal ein Gesellschaftsverhältnis anzunehmen, stellt sich die Frage nach der Rangfolge des gesellschaftsrechtlichen Ausgleichsanspruchs einerseits und des Anspruchs auf Zugewinnausgleich andererseits. Die teilweise vertretene Auffassung, der Beteiligungsanspruch aus der Innengesellschaft sei gegenüber dem An-

---

233 BGH, FamRZ 2003, 1648; NJW-RR 1991, 1049.

234 OLG Hamm, FamRZ 2010, 1737; OLG Karlsruhe, FamRZ 2008, 1080; *Herr*, Rn. 314 ff.

235 *Münch*, Scheidungsimmobilie, Rn. 262.

236 *Herr*, Rn. 331. Vgl. dazu auch *Palandt/Sprau*, § 738 Rn. 4: Ansprüche auf Einlagerückerstattung gehen in dem Abfindungsanspruch auf. **A.A.** MünchKomm/*Schäfer*, § 730 Rn. 14; *Schlimm*, S. 317; *Kogel*, Rn. 708. Danach differenzierend, ob der Kapitalbeitrag anstelle eines Arbeitsbeitrags oder zusätzlich zu einem gleichwertigen Arbeitsbeitrag (nur dann erstattungsfähig) geleistet worden ist, *Wall*, FamRB 2010, 348, 353 f.

237 *Roßmann*, FuR 2011, 670, 672.

238 *Haas*, FamRZ 2002, 205, 217.

239 Vgl. Rn. 1187.

240 Vgl. Rn. 1137.

spruch auf Zugewinnausgleich als subsidiär zu behandeln, er komme nämlich nur in Betracht, wenn der Zugewinnausgleich nicht zu einem angemessenen Ergebnis führe[241], ist abzulehnen[242]. Der gesellschaftsrechtliche Ausgleichsanspruch des Innengesellschafters entsteht mit der Auflösung der Gesellschaft, die meist aus der Beendigung der Zusammenarbeit folgt. Regelmäßig ist dieser Anspruch und damit auch die entsprechende Ausgleichsverpflichtung des Geschäftsinhabers an dem für die Berechnung des Zugewinnausgleichs maßgebenden Stichtag der Rechtshängigkeit des Scheidungsverfahrens bereits entstanden. Anspruch wie Verpflichtung müssen daher als **Rechnungsposten beim Zugewinnausgleich** im Endvermögen der Ehegatten berücksichtigt werden[243]. Insoweit kann nicht anders vorgegangen werden, als etwa bei Ansprüchen der Ehegatten aus Gesamtschuldnerausgleich[244]. Wenn bei Ausgleichsansprüchen, die aus Wegfall der Geschäftsgrundlage eines familienrechtlichen Vertrages sui generis und damit aus § 313 BGB hergeleitet werden (insbesondere bei ehebezogenen Zuwendungen), der güterrechtliche Ausgleichsanspruch in dem Sinne vorrangig ist, dass für einen Anspruch aus § 313 BGB kein Raum bleibt, wenn bereits das Güterrecht zu einem hinnehmbaren Ergebnis führt[245], so beruht dies darauf, dass die Unzumutbarkeit der bisherigen Vermögenszuordnung für den Anspruchsteller dort zu den Anspruchsvoraussetzungen gehört. Dagegen setzen weder der Anspruch auf Ausgleich gem. §§ 738 ff. BGB, noch der auf Ausgleich gem. § 426 BGB voraus, dass die bisherige Vermögenszuordnung unter Einschluss des Güterrechts zu einem untragbaren Ergebnis führt[246]. Vorstehendes gilt entsprechend, wenn die Ehe im Güterstand der Wahl-Zugewinngemeinschaft geführt worden ist[247].

---

241 *Schwab/Schwab,* VII Rn. 292; wohl auch *Münch,* FamRZ 2004, 233, 234.

242 So auch BGH, FamRZ 2006, 607, m. Anm. *Hoppenz* S. 610, *Volmer* S. 844, *Kogel* S. 1177 = NJW 2006, 1268 = FamRB 2006, 165 *(Wever),* weitere Anm. *Kogel,* FF 2006, 149, *Schulz,* BGH-Report 2006, 713, u. *Münch,* MittBayNot 2006, 423; BGH, FamRZ 2003, 1454, 1456 = NJW 2003, 2982.

243 Vgl. schon BGH, FamRZ 1967, 320 = NJW 1967, 1275. So auch *Arens,* FamRZ 2000, 266, 269 f.; *Schulz/Hauß,* Rn. 1671. Berechnungsbeispiele bei *Haußleiter,* NJW 2006, 2741, auch für die Fälle einer schon vorehelich eingegangenen und einer über den Stichtag für die Berechnung des Zugewinnausgleichs hinaus fortgeführten Gesellschaft. Zum Verhältnis von Innengesellschaft und Zugewinnausgleich auch *Kogel,* FamRZ 2006, 1799.

244 Rn. 456. Siehe auch Rn. 976 ff. zu Ansprüchen auf Rückgewähr von Zuwendungen.

245 Vgl. Rn. 950 ff.

246 So auch BGH, FamRZ 2006, 607, 609 = NJW 2006, 1268.

247 Vgl. dazu Rn. 950, 14.

2. Wirtschaftliche Bedeutung des Ausgleichsanspruchs

1184 Die wirtschaftliche Bedeutung der Frage, ob die Ehegatten im Rahmen eines Gesellschaftsverhältnisses zusammengearbeitet haben, ob also der Geschäftsinhaber seinen Ehepartner nach gesellschaftsrechtlichen Grundsätzen am Ergebnis der gemeinsamen Arbeit beteiligen muss, liegt für den Fall auf der Hand, dass die Ehegatten in Gütertrennung gelebt haben. Denn eine Teilhabe über das Güterrecht ist in diesem Fall nicht möglich. Haben die Ehegatten dagegen im gesetzlichen Güterstand (oder im Güterstand der Wahl-Zugewinngemeinschaft) gelebt, so sollte der mitarbeitende Ehegatte prüfen, ob sich eventuelle gesellschaftsrechtliche Ausgleichsansprüche unter Berücksichtigung des güterrechtlich zu gewährenden Ausgleichs wirtschaftlich überhaupt auswirken, bevor er in einen Streit über das Vorliegen eines Gesellschaftsverhältnisses und den Umfang eines eventuellen Auseinandersetzungsanspruchs eintritt[248]. Meist neutralisieren sich bei gesetzlichem Güterstand der gesellschaftsrechtliche und der güterrechtliche Anspruch. Es gibt aber durchaus auch Fallgestaltungen, in denen der Vermögensausgleich bei Annahme einer Innengesellschaft zu anderen Ergebnissen führt als ein rein güterrechtlicher Ausgleich[249]. Ist der Zugewinnausgleich bei Geltendmachung des gesellschaftsrechtlichen Ausgleichsanspruchs bereits durchgeführt, gilt das zu Rn. 478 Gesagte entsprechend[250].

V. Sonstiges

1. Voreheliche Zusammenarbeit

1185 Hat die zur Mehrung des Vermögens eines Ehegatten führende Zusammenarbeit bereits vor der Eheschließung begonnen, ist die Möglichkeit zu bedenken, dass schon zu diesem Zeitpunkt, insbesondere während des Bestehens einer nichtehelichen Lebensgemeinschaft, eine gesellschaftsrechtliche Bindung der Partner eingegangen worden sein kann, die über die Heirat hinaus fortgeführt worden ist[251]. Dies ist ggf. bei der Bemessung des Auseinandersetzungsanspruchs zu berücksichtigen.

---

248 Vgl. dazu die Ausführungen zum Gesamtschuldnerausgleich bei gesetzlichem Güterstand (Rn. 469 ff.).

249 Beispiele bei *Kogel*, FamRB 2017, 354; *ders.*, Rn. 689 ff.; *Wall*, FamRB 2010, 348. Dazu auch *Herr*, FamRB 2011, 86 u. 258.

250 So auch *Roßmann*, FuR 2011, 670, 679.

251 Vgl. BGH, FamRZ 2006, 607, 609 = NJW 2006, 1268; OLG Brandenburg, FamRZ 2015, 1308.

2. Verjährung, Verwirkung

Der Auseinandersetzungs- bzw. Ausgleichsanspruch unterliegt der re- 1186
gelmäßigen **Verjährungsfrist**, die seit 1.1.2002[252] drei Jahre beträgt (§ 195 BGB)[253]. Der Verjährungsbeginn richtet sich nach § 199 I BGB; die Frist beginnt also mit Ende des Jahres zu laufen, in dem die Zusammenarbeit beendet worden ist[254]. Zu beachten ist die Verjährungshemmung während bestehender Ehe nach § 207 I S. 1 BGB (inhaltsgleich § 204 S. 1 BGB a.F.).

Eine Kürzung des Anspruchs wegen Eheverfehlungen **(Verwirkung)** 1187
scheidet ebenso aus[255] wie eine Kürzung im Hinblick darauf, dass der Anspruch nicht von dem Mitgesellschafter selbst, sondern von seinen Erben geltend gemacht wird[256].

3. Auslandsberührung

Ausgleichsansprüche aus einer Ehegatteninnengesellschaft[257] sind 1188
schuldrechtlicher Natur. Sie werden kollisionsrechtlich an das **Vertragsstatut** gem. Art. 3 bzw. 4 der Rom I-VO[258] angeknüpft; bei vor dem 17.12.2009 geschlossenen Verträgen sind Art. 27 ff. EGBGB a.F. heranzuziehen[259]. Maßgebend ist danach das von den Ehegatten – ggf. auch stillschweigend[260] – gewählte Recht. Ist keine Rechtswahl getroffen worden, ergibt sich das anwendbare Recht unter Heranziehung der Art. 4 III der Rom I-VO / Art. 28 V EGBGB a.F. aus akzessorischer Anknüpfung an das **Ehegüterstatut**[261], mit der Folge eines kollisionsrechtlichen Gleich-

252 Zuvor betrug sie 30 Jahre (§ 195 BGB a.F.). Für Übergangsfälle (Anspruch ist vor dem 1.1.2002 entstanden) ist Art. 229 § 6 EGBGB heranzuziehen.

253 AG Kehl, Beschl. v. 8.5.2016, 1 F 332/15, juris = FamRZ 2016, 2014 [LS]. *Bergschneider*, FS Schwab, S. 459, 467 ff., sieht Ansprüche aus einer Ehegatteninnengesellschaft – zu Unrecht – als familienrechtliche Ansprüche an und will sie für den Zeitraum 1.1.2002 bis 31.12.2009 der 30-jährigen Verjährungsfrist des § 197 I Nr. 2 BGB früherer Fassung unterstellen.

254 Vgl. auch *Büte*, Rn. 608.

255 Anders *Haas*, FamRZ 2002, 205, 217.

256 BGH, FamRZ 1999, 1580, 1585 = NJW 1999, 2962.

257 Ehegattengesellschaften, die auch nach außen in Erscheinung treten, unterfallen dem Gesellschaftsstatut (Bereichsausnahme gem. Art. 1 II f Rom I-VO bzw. Art. 37 Nr. 2 EGBGB a.F.).

258 Verordnung (EG) Nr. 593/2008 des Europäischen Parlaments und des Rates über das auf vertragliche Schuldverhältnisse anzuwendende Recht. *Bergschneider/Mörsdorf*, FamVermR, Rn. 12.270.

259 Näher *Hausmann*, FS Jayme, 2004, S. 305, 318 ff.

260 Für Großzügigkeit bei der Annahme einer Rechtswahl *Ludwig*, FamRB 2015, 366, 367; dagegen *Mayer*, IPRax 2016, 353, 354 f.

261 BGH (IV. ZS), FamRZ 2015, 1379, m. Anm. *Christandl* = NJW 2015, 2581 = NZFam 2015, 783 *(Mankowski)* = FamRB 2015, 366 *(Ludwig)*. Dazu auch *Mayer*, IPRax 2016,

laufs für güterrechtliche Ansprüche und solche aus einer Ehegatteninnengesellschaft. Der BGH[262] leitet dies zu Recht aus der „funktionalen Nähe" der Ehegatteninnengesellschaft zum Ehegüterrecht her, nämlich ihrer Funktion, einen gerechten Vermögensausgleich zu ermöglichen, wenn das Ehegüterrecht zu unbillig erscheinenden Ergebnissen führt[263]. Er kommt so in einem Fall deutscher Eheleute, die bei vereinbarter Gütertrennung in Spanien gelebt und dort ein – formal dem Mann zugeordnetes – Immobilienvermögen aufgebaut hatten, für die Frage des Zustandekommens und der Auseinandersetzung einer möglichen Innengesellschaft zur Anwendung deutschen Rechts (Art. 15 I, 14 I Nr. 1 EGBGB)[264].

1189 Ein – in seltenen Fällen – in Betracht kommender Bereicherungsanspruch[265] ist nach Art. 14 EGBGB zu qualifizieren[266], ein Anspruch aus einem Arbeitsvertrag nach Art. 8 Rom I-VO / Art. 30 EGBGB[267].

4. Haftung bei Beendigung der Mitarbeit

1190 Grundsätzlich sind bei einer Verletzung der Verpflichtung zur Mitarbeit aus einem Gesellschafts- oder Arbeitsvertrag Schadensersatzansprüche auch unter Ehegatten nicht ausgeschlossen[268]. Ein Schadensersatzanspruch wird aber dann nicht in Betracht kommen, wenn der mitarbeitende Ehegatte seine Tätigkeit einstellt, weil er die Trennung herbeiführen will und die Scheidung der Ehe anstrebt, sofern nicht ausnahmsweise aus besonderen Gründen eine Fortsetzung der Mitarbeit über die Trennung hinaus zumutbar ist[269].

353. Für eine unmittelbare güterrechtliche Anknüpfung (die allerdings meist zum gleichen Ergebnis führen wird) demgegenüber *Wedemann*, IPRax 2016, 252, 256; *Christandl*, FamRZ 2012, 1692, 1693 ff. (zugleich zu Ausgleichsansprüchen nach spanischem Recht für „überpflichtmäßige Dienstleistungen und Zuwendungen", u.a. durch Mitarbeit, bei Gütertrennung); *Henrich*, Rn. 259. – Rechtsvergleichend zur Situation in England *Sanders*, ZEuP 2011, 65.

262 BGH (IV. ZS), FamRZ 2015, 1379, 1381 = NJW 2015, 2581.

263 Zu den Auswirkungen der EuGüVO für nach dem 29.1.2019 geschlossene Ehen Rn. 25 sowie *Martiny*, ZfPW 2017, 1, 9; *Mayer*, IPRax 2016, 353, 355; *Wedemann*, IPRax 2016, 252, 256.

264 Eine Kurzdarstellung des in Österreich, Italien, Frankreich und der Schweiz bei Ehegattenmitarbeit maßgebenden materiellen Rechts findet sich bei *Henrich*, FS Richardi, S. 1039, 1040 f.

265 Vgl. Rn. 1097.

266 *Johannsen/Henrich*, Art. 14 EGBGB Rn. 8.

267 Vgl. *Henrich*, FS Richardi, S. 1039, 1043.

268 MünchKomm/*Roth*, § 1356 Rn. 31 f., m.w.N. Vgl. auch Rn. 765.

269 Vgl. auch *Schulz/Hauß*, Rn. 1649, u. BGH, FamRZ 1986, 40, für den Fall der sich aus der Gütergemeinschaft ergebenden Pflicht zur Mitarbeit in einem landwirtschaftlichen Betrieb.

5. Gerichtliche Geltendmachung

Für Streitigkeiten über Ansprüche aus einer Ehegatteninnengesellschaft sind seit 1.9.2009 die Familiengerichte **zuständig**, den erforderlichen Zusammenhang mit Trennung oder Scheidung vorausgesetzt (sonstige Familiensachen i.S. des § 266 I Nr. 3 FamFG)[270]. 1191

Besteht zwischen den Ehegatten Streit einerseits um einen gesellschaftsrechtlichen Auseinandersetzungsanspruch, andererseits um den Zugewinnausgleich, müssen sich widersprechende Entscheidungen vermieden werden. Das Problem hat sich durch die nunmehr einheitliche familiengerichtliche Zuständigkeit entschärft. Ggf. ist an eine **Aussetzung** des Zugewinnausgleichsverfahrens nach § 148 ZPO, § 113 I FamFG bis zur Klärung der Höhe möglicher gesellschaftsrechtlicher Ansprüche, evtl. aber auch an eine **Verfahrensverbindung** (§ 147 ZPO, § 113 I FamFG) zu denken[271]. 1192

E. Stillschweigend geschlossener Kooperationsvertrag

Gelegentlich erfolgt Ehegattenmitarbeit, die aufgrund ihres Umfangs oder aufgrund sonstiger Umstände nach der Zubilligung eines Ausgleichs verlangt, in der Weise, dass ihr weder ein ausdrücklich geschlossener Vertrag (insbesondere ein Arbeits- oder Gesellschaftsvertrag) zugrunde liegt[272], noch die Tätigkeit als solche im Rahmen einer stillschweigend zustande gekommenen Ehegatteninnengesellschaft angesehen werden kann, sei es, weil der verfolgte Zweck nicht über die Verwirklichung der ehelichen Lebensgemeinschaft hinausgeht (Beispiel: Arbeitsleistungen bei der Errichtung eines dem anderen Ehegatten gehörenden Familienheims), sei es, weil der Mitarbeitende keine gleichberechtigte Stellung inne hatte (Beispiel: Sprechstundenhilfe in der Arztpraxis des Mannes), oder sei es, weil sich aus anderen Gründen kein Rechtsbindungswille der Ehegatten im Sinne eines Gesellschaftsvertrages feststellen lässt. In diesen Fällen ist an die Annahme eines stillschweigend geschlossenen familienrechtlichen Vertrages eigener Art, eines Kooperationsvertrages, zu denken. Der Kooperationsvertrag ist eine Art **Auffanginstrument** für Mitarbeitsfälle, in denen sich eine Ehegatteninnengesellschaft nicht feststellen lässt und auch kein anderer gesetzlich geregelter Vertragstyp (insbesondere: Arbeitsvertrag) vorliegt[273]. 1193

270 Vgl. Rn. 37. Zuvor: Zivilprozessgerichte; OLG Zweibrücken, FamRZ 2001, 1011.
271 Vgl. Rn. 516, 945.
272 Zur Situation bei einem Scheinvertrag vgl. Rn. 1114.
273 Vgl. schon Rn. 1101 ff.

1194 Der BGH[274] hat diesen Vertragstyp, den er inzwischen auch bei Partnern einer nichtehelichen Lebensgemeinschaft anwendet[275], und den daraus resultierenden Lösungsansatz für Ausgleichsansprüche in Fortführung seiner Rechtsprechung zu ehebezogenen Zuwendungen entwickelt. Wie den ehebezogenen Zuwendungen liegt auch der Mitarbeit in den fraglichen Fällen ein familienrechtlicher Vertrag sui generis – hier Kooperationsvertrag genannt – zugrunde, dessen Geschäftsgrundlage der Fortbestand der Ehe ist[276]. Denn es ist bei ohne Gegenleistung erbrachten Arbeitsleistungen im beschriebenen Umfang in der Regel davon auszugehen, dass sie nach stillschweigender Übereinkunft der Ehegatten zur Ausgestaltung der ehelichen Lebensgemeinschaft erbracht wurden und darin ihre Geschäftsgrundlage hatten[277]. Scheitert die Ehe, werden Ausgleichsansprüche nach § 313 BGB möglich. Die rechtliche Konstruktion und die Kriterien für Ausgleichsansprüche sind somit die Gleichen wie bei ehebezogenen Zuwendungen. Die unmittelbare Anwendung der zu den ehebezogenen Zuwendungen entwickelten Grundsätze ist dagegen nicht möglich, weil Arbeitsleistungen grundsätzlich nicht als Vermögenszuwendungen anzusehen sind[278].

I. Der Kooperationsvertrag bei Ehegattenmitarbeit[279]

1. Entwicklung des Vertragstyps in der Rechtsprechung

1195 Der BGH[280] hat einen stillschweigend geschlossenen familienrechtlichen Vertrag dieser Art erstmals im Jahre 1982 bei folgender Fallgestaltung angenommen:

Ein Baupolier hatte seiner Ehefrau, mit der er in Gütertrennung lebte, Geld für den Erwerb eines Hausgrundstücks beigesteuert. Beim Umbau des Anwesens hatte er persönlich mitgewirkt, in seiner Freizeit mehrere hundert Arbeitsstunden aufgewendet und, nach seiner Darstellung, praktisch ein neues Haus geschaffen. Es kam zur Trennung. In das fertiggestellte Haus zog die Ehefrau mit den beiden gemeinsamen Kindern ohne den Ehemann ein. Der Ehemann verlangte Ersatz für seine finanziellen Aufwendungen und für seine Arbeitsleistungen.

Unproblematisch war die rechtliche Beurteilung des **finanziellen Beitrags** des Ehemannes zum Erwerb des Grundstücks. Er konnte als ehebezogene Zuwendung angesehen werden, die nach dem Scheitern der Ehe einem Rückausgleich wegen Wegfalls der Geschäftsgrundlage zugänglich war.

274 BGH, FamRZ 1994, 1167 = NJW 1994, 2545; FamRZ 1982, 910 = NJW 1982, 2236. Vgl. aber auch BGH, FamRZ 1992, 160 = NJW 1992, 427.
275 Vgl. BGH, FamRZ 2015, 833, Rn. 12 = NJW 2015, 1523.
276 Vgl. auch *Leszczenski*, S. 12 u. 88.
277 BGH, FamRZ 1994, 1167, 1168 = NJW 1994, 2545.
278 Vgl. Rn. 895.
279 Vgl. auch die Darstellung bei *Klein*, FS Brudermüller, 2014, S. 389, 399.
280 BGH, FamRZ 1982, 910 = NJW 1982, 2236.

Schwierigkeiten machte die Behandlung der **Arbeitsleistungen** des Ehemannes:

Da der Einsatz von Arbeitskraft keine Vermögenseinbuße zur Folge hat, können Arbeitsleistungen nicht als Zuwendungen angesehen werden[281]. Ein Ausgleich über die für die Rückabwicklung ehebezogener Zuwendungen entwickelten Grundsätze schied daher aus.

Auch die Annahme einer stillschweigend eingegangenen Ehegatteninnengesellschaft kam im vorliegenden Fall nicht in Betracht. Denn mit einem Arbeitseinsatz, der der Errichtung des Familienheims dient, wird kein über die Verwirklichung der ehelichen Lebensgemeinschaft hinausgehender Zweck verfolgt[282].

Ein stillschweigend geschlossener Arbeitsvertrag konnte ebenfalls nicht angenommen werden. Es fehlte an Anhaltspunkten für die Annahme, die Ehegatten seien davon ausgegangen, die Tätigkeit des Mannes müsse vergütet werden. Es ergab sich auch kein Ansatz für eine arbeitsvertragliche Vereinbarung des Inhalts, dass für den Fall des Scheiterns der Ehe eine Vergütung geschuldet sei.

Da der BGH einen Rückausgleich gegenseitig erbrachter Leistungen nach dem Scheitern der Ehe über Bereicherungsrecht nach seiner damaligen Rechtsprechung grundsätzlich ablehnte (aber auch nach der neueren Rechtsprechung wäre ein bereicherungsrechtlicher Anspruch im Ergebnis nicht in Betracht gekommen)[283], blieb – sollte der Mann nicht hinsichtlich seiner Arbeitsleistungen leer ausgehen – nur der bereits bei ehebezogenen Zuwendungen eingeschlagene Weg über die Annahme eines stillschweigend geschlossenen familienrechtlichen Vertrages besonderer Art, dessen Geschäftsgrundlage der Fortbestand der Ehe ist. Diesen Weg hat der BGH in der dargestellten Entscheidung in Bezug auf Arbeitsleistungen erstmals beschritten. Die Arbeitsleistungen, so der BGH, seien über bloße Gefälligkeiten wie auch über etwa im Rahmen der Unterhaltspflicht (§ 1360 BGB) oder der gegenseitigen Beistands- und Unterstützungspflicht unter Ehegatten (§ 1353 I BGB) geschuldete Dienste weit hinausgegangen. Das Verhalten der Ehegatten habe rechtsgeschäftliche Qualität gehabt. Mit dem Scheitern der Ehe sei die Geschäftsgrundlage des stillschweigend eingegangenen Vertrages entfallen. Ein Ausgleich sei in derartigen Fällen angemessen, wenn die Früchte der gemeinsamen Arbeit in Gestalt einer messbaren Vermögensmehrung beim anderen Ehegatten noch vorhanden seien. Denn es gehe nicht um die Bezahlung für geleistete Dienste, sondern um eine angemessene Beteiligung an dem gemeinsam Erarbeiteten.

Mit dieser Entscheidung war der stillschweigend eingegangene familienrechtliche Vertrag sui generis als mögliche Rechtsgrundlage für ohne Entlohnung erfolgte Ehegattenmitarbeit anerkannt, wenngleich zunächst nur für Arbeitsleistungen, durch die ein bestimmter **Vermögensgegenstand des Ehepartners geschaffen** oder in seinem Wert verbessert wurde[284]. In einer zweiten Entscheidung aus dem Jahre 1994[285] hat der BGH den Anwendungsbereich dieses Vertragstyps auf die zu einem Vermögenszuwachs des Partners führende Mitarbeit eines Ehegatten **im Betrieb des anderen** ausgedehnt. Zugrunde lag folgender Sachverhalt: **1196**

281 Vgl. Rn. 895.

282 Vgl. Rn. 1112 f.

283 Vgl. Rn. 1097.

284 Zur Möglichkeit eines Ausgleichs nach § 40 FGB/DDR für derartige, dem Alleinvermögen eines Ehegatten zugute gekommene Arbeitsleistungen aus der Zeit vor dem Beitritt bei ehemaligen DDR-Bürgern vgl. OLG Dresden, FamRZ 2001, 761.

285 BGH, FamRZ 1994, 1167 = NJW 1994, 2545.

1197 Die in Gütertrennung lebenden Ehegatten waren mehr als 30 Jahre verheiratet gewesen. Der Mann war Inhaber eines florierenden, im Laufe der Ehe ausgeweiteten Baumschulbetriebes und Alleineigentümer der dazugehörenden Grundstücke. Die Frau, die über keinen Berufsabschluss verfügte, hatte alleine den Haushalt mit drei gemeinsamen Kindern versorgt und darüber hinaus im Betrieb des Mannes mitgearbeitet, nach ihrer Darstellung annähernd wie eine volle Arbeitskraft. Sie machte nach dem Scheitern der Ehe geltend, sie habe entscheidend zum Aufbau des Betriebes und zu dessen Wertsteigerung beigetragen und verlangte eine Ausgleichszahlung von 250.000 DM. Das OLG hat die Klage abgewiesen. Die Revision der Frau führte zur Aufhebung und Zurückverweisung.

Auch hier schied die Anwendung der zur Rückabwicklung ehebezogener Zuwendungen entwickelten Grundsätze mangels einer Vermögenszuwendung seitens der Ehefrau aus. Der Annahme des Berufungsgerichts, die Voraussetzungen einer stillschweigend eingegangenen Ehegatteninnengesellschaft könnten ebenfalls nicht festgestellt werden, ist der BGH gefolgt. Einer gesellschaftsrechtlichen Verbindung stand wohl zumindest der Umstand entgegen, dass die Ehefrau nicht auf der Ebene der Gleichberechtigung mitgearbeitet hatte. Ein Arbeitsvertrag war ersichtlich auch nicht zustande gekommen.

Anders als das Berufungsgericht hielt der BGH aber einen Ausgleichsanspruch aufgrund Wegfalls der Geschäftsgrundlage eines stillschweigend zustande gekommenen familienrechtlichen Vertrages besonderer Art für möglich. Der Arbeitseinsatz der Frau sei – bei Zugrundelegung ihrer Darstellung – weit über das gesetzlich Geschuldete (§§ 1353 I, 1360 BGB) hinausgegangen. Wenn es sich um einfache und untergeordnete Dienste gehandelt habe, so stehe dies der Annahme eines familienrechtlichen Vertrages besonderer Art ebenso wenig entgegen wie der Umstand, dass die Frau keine Entlohnung habe erhalten sollen. Denn während bestehender Ehe würden Ehegatten darauf vertrauen, dass sie im Rahmen der ehelichen Lebensgemeinschaft an den gemeinsam erarbeiteten Überschüssen teilhaben und auf diese Weise in den Genuss der Früchte ihrer Arbeit gelangen. Die Annahme eines stillschweigend geschlossenen „familienrechtlichen Vertrages über die Art und Weise der Kooperation“ setze allerdings regelmäßig eine Mitarbeit von einer gewissen Dauer und Regelmäßigkeit oder gar die Ersparnis der Beschäftigung einer anderen Arbeitskraft voraus. Sie liege besonders nahe, wenn – wie im entschiedenen Fall – die Mitarbeit über Jahrzehnte hin erfolgt sei und die soziale Absicherung des mitarbeitenden Ehegatten, insbesondere seine Altersversorgung, im Wesentlichen durch den Betrieb habe gewährleistet werden sollen.

2. Zustandekommen des Kooperationsvertrages

1198 Nach den genannten beiden Entscheidungen des BGH ist an das konkludente Zustandekommen eines Kooperationsvertrages bei Vorliegen folgender **Voraussetzungen** zu denken:

- Umfang der Mitarbeit: Die Mitarbeit muss über bloße Gefälligkeiten und über das im Rahmen der Unterhaltspflicht (§ 1360 BGB) und der gegenseitigen Beistands- und Unterstützungspflicht (§ 1353 I BGB) Geschuldete hinausgehen[286]; sie darf sich nicht auf das beschränken, was das tägliche Zusammenleben erfordert[287].

286 Von OLG Hamm, Beschl. v. 11.1.2016, 4 UF 141/15, juris Rn. 59 f., verneint bei 200 Arbeitsstunden in 7 Jahren an der Immobilie der Ehefrau.

287 OLG Brandenburg, FamRZ 2015, 1308, 1309.

- Dauer der Mitarbeit: Sie muss, jedenfalls wenn sie im Geschäftsbetrieb des Ehepartners geleistet wird, eine gewisse Dauer und Regelmäßigkeit haben[288]. Gelegentliche oder kurzzeitige Hilfeleistungen genügen nicht.
- Vermögenszuwachs: Die Mitarbeit muss zu einem messbaren und noch vorhandenen Vermögenszuwachs des Partners geführt haben, sei es in dessen Betrieb oder bei einem einzelnen Vermögensgegenstand (z.B. Immobilie).
- Kein anderer Vertragstyp: Ein im Gesetz geregelter Vertragstyp, etwa ein Arbeits-[289] oder Gesellschaftsvertrag, darf nicht vorliegen. Eine mögliche Abwicklung über Gesellschaftsrecht (Ehegatteninnengesellschaft) hat also Vorrang[290].

Indizien für einen stillschweigend eingegangenen Kooperationsvertrag sind in folgenden Umständen zu sehen: 1199

- Die Beschäftigung einer anderen Arbeitskraft ist erspart worden.
- Die Mitarbeit ist über einen besonders langen Zeitraum erfolgt.
- Die soziale Absicherung des mitarbeitenden Ehegatten, insbesondere seine Altersversorgung, sollte im Wesentlichen durch den Betrieb gewährleistet werden.

II. Ausgleichsanspruch

Mit dem Scheitern der Ehe entfällt die Geschäftsgrundlage der geleisteten Mitarbeit. Ob ein Ausgleichsanspruch nach § 313 BGB[291] besteht, hängt davon ab, ob die Beibehaltung des bestehenden Vermögenszustandes für den mitarbeitenden Ehegatten unter Berücksichtigung aller Umstände **unzumutbar** ist. 1200

Hier können nun die gleichen Gesichtspunkte von Bedeutung sein, die auch bei der Rückabwicklung ehebezogener Zuwendungen eine Rolle spielen[292]. Haben die Ehegatten im **gesetzlichen Güterstand** gelebt, bedarf es in aller Regel keiner Korrektur des Vermögenszustandes über einen Anspruch nach § 313 BGB, weil mit dem Zugewinnausgleich ein gesetzliches Ausgleichsinstrument zur Verfügung steht, das grundsätzlich zu einer angemessenen Teilhabe des mitarbeitenden Ehegatten am Vermö- 1201

288 OLG Hamm, Beschl. v. 7.3.2012, 12 UF 235/11, juris = FamRB 2012, 301 *(Herr)*, im entschiedenen Fall (Unterstützungsleistungen für Arztpraxis der Frau durch den Mann) verneint.

289 OLG Brandenburg, FamRZ 2015, 1308, 1310; vgl. dazu Fn. 87.

290 Vgl. auch BGH, FamRZ 1999, 1580, 1584 = NJW 1999, 2962.

291 Bei Vertragsschluss vor dem 1.1.2002: nach § 242 BGB. Zum Übergangsrecht Rn. 22.

292 Vgl. dazu Rn. 949 ff.

genszuwachs des anderen führt; das Gleiche gilt bei vereinbarter Wahl-Zugewinngemeinschaft[293]. Ein schuldrechtlicher Ausgleichsanspruch nach § 313 BGB kommt also regelmäßig nur bei **Gütertrennung**, dann aber auch nur unter Berücksichtigung der Tatsache in Betracht, dass die Ehegatten – wie sich aus der Vereinbarung dieses Güterstandes ergibt – an sich keine Beteiligung des anderen am jeweiligen Vermögenszuwachs gewollt haben. Ob gleichwohl ein Ausgleich zur Korrektur eines für den Ehegatten, der ohne eigene Vermögensmehrung Leistungen erbracht hat, untragbaren Vermögenszustandes erforderlich erscheint, hängt jeweils von den gesamten Umständen des Einzelfalls ab. Von den zu Rn. 958 ff. genannten **Kriterien** sind vor allem bedeutsam[294]:

1202 – Die Dauer der Ehe;
– Das Alter der Ehegatten;
– Art und Umfang der erbrachten Arbeitsleistungen;
– Die Höhe der durch die Mitarbeit bedingten und noch vorhandenen Vermögensmehrung;
– Die Einkommens- und Vermögensverhältnisse der Ehegatten;
– Der Zeitpunkt der Arbeitsleistungen im Verlauf der Ehe; in der Regel ist ein Abschlag für teilweise Zweckerreichung geboten[295].

1203 Die genannten Kriterien sind aber nicht nur von Bedeutung für die Frage, **ob** ein schuldrechtlicher Ausgleich erforderlich erscheint, sondern auch für die Frage nach der **Höhe** des eventuellen Ausgleichsanspruchs. Bei der Bemessung der Höhe der Ausgleichsforderung misst der BGH darüber hinaus vor allem zwei Gesichtspunkten besondere Bedeutung bei:

– Zum einen der Frage, in welchem Umfang durch die Mitarbeit **Arbeitskosten erspart** worden sind[296]. Verfügte der mitarbeitende Ehegatte wie im Beispiel zu Rn. 1195 (Baupolier) über eine fachliche Qualifikation, werden die Kosten einer entsprechend qualifizierten Fachkraft maßgebend sein, sofern statt des mitarbeitenden Ehegatten eine Fachkraft eingesetzt worden wäre[297].
– Zum zweiten der Frage, welcher **Anteil an der Wertsteigerung** auf die Mitarbeit zurückzuführen ist. Dabei spielt eine Rolle, wie umfangreich und wie qualifiziert die Mitarbeit war und welche Bedeutung sie ggf. für das Funktionieren des Betriebes hatte. In diesem Zusammen-

---

293 Vgl. Rn. 950, 964.
294 Vgl. auch BGH, FamRZ 1994, 1167, 1168 = NJW 1994, 2545; FamRZ 1982, 910 = NJW 1982, 2236.
295 Zu dessen Bemessung vgl. Rn. 1006 ff.
296 Vgl. BGH, FamRZ 1982, 910, 912 = NJW 1982, 2236.
297 Vgl. *Schulz/Hauß*, Rn. 1705.

hang ist regelmäßig davon auszugehen, dass die Mitarbeit zu der Wertsteigerung, die der Geschäftsbetrieb während der Zeit der Mitarbeit erfahren hat, beigetragen hat. Der Ausgleichsbegehrende muss daher nicht etwa im Einzelnen darlegen und ggf. beweisen, dass das Mehreinkommen, das die Familie durch seine Mitarbeit im Betrieb erzielt hat, nicht zur Steigerung des Lebensstandards der Familie verwendet worden, sondern in den Betrieb investiert worden ist[298].

Der Ausgleichsanspruch unterliegt schließlich einer **Begrenzung** **1204** **nach oben** in zweifacher Hinsicht[299]:

- Er wird zum einen begrenzt durch die Höhe der ersparten Arbeitskosten. Der mitarbeitende Ehegatte ist also – anders als ein Gesellschafter – nicht an einem darüber hinaus gehenden Gewinn zu beteiligen. Als außerhalb eines Gesellschaftsverhältnisses mitarbeitender Ehegatte hat er genauso wenig ein Recht auf Gewinnbeteiligung, wie er befürchten muss, die Verluste mittragen zu müssen.
- Der Anspruch beschränkt sich auf eine Beteiligung an dem Betrag, um den das Vermögen des anderen Ehegatten zum Zeitpunkt des Wegfalls der Geschäftsgrundlage noch vermehrt ist. Denn der mitarbeitende Ehegatte hat, anders als ein Arbeitnehmer, keinen Anspruch auf eine nachträgliche Vergütung seiner Dienste, sondern Anspruch auf Beteiligung am gemeinsam Erarbeiteten.

Maßgeblicher **Stichtag** für die Entstehung und die Berechnung des **1205** Ausgleichsanspruchs ist, wie bei der Rückabwicklung ehebezogener Zuwendungen, grundsätzlich der Zeitpunkt der endgültigen Trennung der Ehegatten; bei gesetzlichem Güterstand kann der Anspruch erst nach Rechtshängigkeit der Scheidung geltend gemacht werden[300]. Wird die Mitarbeit ausnahmsweise über die Trennung hinaus fortgesetzt, ist der Zeitpunkt der Beendigung der Mitarbeit maßgebend.

Ein **Berechnungsbeispiel**, welches mit der Maßgabe herangezogen **1206** werden kann, dass beim Kooperationsvertrag unter Ehegatten der Güterstand von Bedeutung ist[301], findet sich bei der Erörterung des Kooperationsvertrages im Verhältnis zwischen Schwiegereltern und Schwiegerkindern[302].

---

298 BGH, FamRZ 1994, 1167, 1168 f. = NJW 1994, 2545.

299 Vgl. BGH, FamRZ 1994, 1167 = NJW 1994, 2545; FamRZ 1982, 910 = NJW 1982, 2236. Für nichteheliche Lebensgemeinschaft: BGH, FamRZ 2011, 1563, 1566.

300 Vgl. dazu Rn. 1044 ff.

301 Vgl. Rn. 1201.

302 Rn. 1331.

III. Kritik

1207 Die **Reaktion des Schrifttums** auf den beschriebenen Lösungsansatz des BGH gleicht der bei der Ehegatteninnengesellschaft: Die Ergebnisse werden weitgehend gebilligt[303], die dogmatische Begründung begegnet zum Teil Vorbehalten[304].

1208 Was die dogmatische Konstruktion eines durch schlüssiges Verhalten eingegangenen familienrechtlichen Vertrages sui generis angeht, wird kritisiert, dass es für das stillschweigende Zustandekommen eines solchen Vertrages keine hinreichenden Anhaltspunkte gebe. Es handle sich um ein gekünsteltes Gebilde, dessen Aufgabe lediglich darin bestehe, dass seine Geschäftsgrundlage entfallen und einem Ehegatten ein Anspruch gewährt werden könne, der ihm sonst nicht zustünde[305]. Der Lösungsansatz des BGH verdient trotz dieser Kritik **Zustimmung**[306]:

1209 Wenn Ehegatten sich in guten Zeiten keine Gedanken über die rechtlichen Grundlagen ihrer Zusammenarbeit machen, heißt das nicht, dass sie die Eingehung einer rechtlichen Bindung ablehnen. Erreicht, wie in den hier in Rede stehenden Fällen, der Umfang der Mitarbeit ein Ausmaß, das eine Beteiligung an den Ergebnissen auch im Falle des Scheiterns der Ehe als ein Gebot elementarer Gerechtigkeit erscheinen lässt[307], kann den Ehegatten das Bewusstsein, eine wie auch immer geartete rechtliche Bindung einzugehen, nicht abgesprochen werden. Die Einordnung dieser rechtlichen Bindung hat sich zunächst an den gesetzlich vorgesehenen Vertragstypen zu orientieren. Es spricht aber nichts dagegen, in dieser Bindung einen familienrechtlichen Vertrag sui generis, eine Art Kooperationsvertrag[308], zu sehen, wenn die Voraussetzungen der gesetzlich geregelten Vertragstypen nicht erfüllt sind, man in dem Verhalten der Ehegatten insbesondere auch nicht die Eingehung einer (Innen-) Gesellschaft sehen kann[309].

---

303 *Derleder,* FuR 1994, 303 (Anm.); *Schwab/Borth,* IX Rn. 88; *Dörr/Hansen,* NJW 1995, 2753, 2765. Kritisch *Tiedtke,* JZ 1984, 1078, 1085.

304 *Tiedtke,* JZ 1984, 1078, 1085; *Olzen,* JR 1982, 495 (Anm.); *Derleder,* FuR 1994, 303 (Anm.), 304; *Staudinger/Voppel,* 2012, § 1356 Rn. 63; *Soergel/Lipp,* § 1356 Rn. 39.

305 So *Tiedtke,* JZ 1984, 1078, 1085; *Olzen,* JR 1982, 495.

306 So auch *Jaeger,* DNotZ 1995, 674 (Anm.); *Haas,* FamRZ 2002, 205 ff.; *Johannsen/Henrich/Jaeger,* § 1414 Rn. 24, m.w.N.

307 Vgl. *Derleder,* FuR 1994, 303.

308 Vgl. die Verwendung dieses Begriffs bei *Gernhuber/Coester-Waltjen,* § 20 Rn. 29 u. § 19 Rn. 83. Der BGH (FamRZ 1994, 1167, 1168 = NJW 1994, 2545) greift den Begriff auf.

309 Zum Vorrang der Ehegatteninnengesellschaft, deren Anwendungsbereich der BGH in der Entscheidung vom 30.6.1999 erweitern will, vgl. BGH, FamRZ 1999, 1580 = NJW 1999, 2962; zur Tendenz der BGH-Rspr. Rn. 1111. Zur Abgrenzung auch *Hausmann,* ZEV 1995, 129.

Die Rechtsprechung des BGH bedeutet eine **konsequente Fortführung** der zu ehebezogenen Zuwendungen entwickelten Grundsätze. Es erscheint gerechtfertigt, Arbeitsleistungen besonderen Umfangs den Vermögenszuwendungen gleichzustellen, da sie – wirtschaftlich betrachtet – ebenfalls eine geldwerte Leistung darstellen und andernfalls vermögende und nicht vermögende Ehegatten ungleich behandelt würden[310]. Das gilt auch für Ehegattenmitarbeit in Arzt- oder Anwaltspraxen oder in sonstigen freiberuflichen Unternehmungen. Einiges spricht sogar dafür, den Anwendungsbereich des Kooperationsvertrages auszuweiten auf Fälle, die bisher über die Rechtsfigur der Ehegatteninnengesellschaft gelöst wurden (vgl. dazu Rn. 1220 ff.). 1210

Allerdings geht es nur darum, mit dem Gerechtigkeitsempfinden nicht zu vereinbarende Ergebnisse in Fällen zu verhindern, in denen Ehegatten im Vertrauen auf den Fortbestand der Ehe in besonderem Umfang ihre Arbeitskraft in den Dienst des Vermögens ihres Partners gestellt haben. Der Gefahr, die Wahl des Güterstandes wirtschaftlich bedeutungslos zu machen, muss durch eine **Beschränkung auf krasse Fälle** begegnet werden. 1211

IV. Sonstiges

Hat ein Ehegatte sowohl durch Arbeitsleistungen als auch durch Vermögenszuwendungen zum Vermögensaufbau auf Seiten des anderen Ehegatten beigetragen **(Mischfälle)** und liegt kein Fall einer Ehegatteninnengesellschaft vor[311], so richtet sich der Ausgleich für die Arbeitsleistungen nach den hier (Rn. 1198 ff.), die Rückabwicklung der Zuwendungen nach den zu Rn. 887 ff. beschriebenen Grundsätzen[312]. In beiden Fällen liegt im Zweifel ein familienrechtlicher Vertrag sui generis zugrunde, dessen Geschäftsgrundlage der Fortbestand der Ehe ist; in beiden Fällen ist dann § 313 BGB die für einen eventuellen Ausgleich maßgebende Anspruchsgrundlage. 1212

Ein Ausgleichsanspruch aufgrund eines Kooperationsvertrages kann auch bei Arbeitsleistungen bestehen, die unter Verlobten bzw. **in Erwartung der bevorstehenden Heirat** erbracht worden sind[313]. Entsprechen- 1213

310 Vgl. *Derleder*, FuR 1994, 303; *Jaeger*, DNotZ 1995, 674. Anders *Tiedtke*, JZ 1984, 1078, 1085, der den Gesichtspunkt in den Vordergrund stellt, der mitarbeitende Ehegatte erbringe kein Vermögensopfer.

311 So im zu Rn. 1195 geschilderten Fall. Dazu auch *Herr*, Rn. 426 ff.

312 So auch OLG Frankfurt, Beschl. v. 4.6.2012, 6 UF 12/12, juris = FamRB 2013, 237 *(Frank)*.

313 Vgl. insoweit Rn. 1072 ff. BGH, FamRZ 1992, 160 = NJW 1992, 427; OLG Celle, NJW-RR 2000, 1675; *Kogel*, FamRB 2007, 273, 274; *Schulz*, FS Brudermüller, 2014, S. 717, 722.

des gilt, nachdem der BGH[314] Ausgleichsansprüche wegen Wegfalls der Geschäftsgrundlage eines Kooperationsvertrages auch in Fällen gescheiterter nichtehelicher Lebensgemeinschaft für möglich erachtet, für Arbeitsleistungen, die in einer in eine Ehe gemündeten **nichtehelichen Lebensgemeinschaft ohne Heiratsabsicht** erbracht worden sind[315].

1214 Auch für Arbeitsleistungen, die die **Eltern bzw. Schwiegereltern** eines Ehegatten erbracht haben, kann ein Ausgleich in Betracht kommen (dazu Rn. 1323 ff.). Das Gleiche gilt, wenngleich mit anderem rechtlichen Ansatz, für Arbeitsleistungen des Schwiegerkindes zugunsten der Schwiegereltern (dazu Rn. 1240).

1215 Hinsichtlich der **Darlegungs- und Beweislast** wird auf die Ausführungen zur Rückabwicklung ehebezogener Zuwendungen verwiesen[316]. Soweit es den Umfang der erbrachten Arbeitsleistungen betrifft, kann das Gericht – sofern ein ausreichend konkreter Rahmen vorgegeben ist – von der Möglichkeit der Schätzung (§ 113 I FamFG, § 287 ZPO) Gebrauch machen[317], ggf. auch einen Mindestumfang der Arbeitsleistungen schätzen[318].

1216 Auch zur Frage der Auswirkungen von **Eheverfehlungen** (grundsätzlich keine Verwirkung)[319], der **Verjährung**[320] und der gerichtlichen **Zuständigkeit**[321], gelten die Ausführungen zur Rückabwicklung ehebezogener Zuwendungen entsprechend.

1217 Das Gleiche gilt für die Behandlung von Fällen mit **Auslandsberührung**. Auch hier führt bei mangelnder Rechtswahl die Heranziehung des maßgeblichen Art. 4 III Rom I-VO, in Altfällen des Art. 28 V EGBGB a.F., zur akzessorischen Anknüpfung an das Ehegüterstatut, so dass es zum kollisionsrechtlichen Gleichlauf mit güterrechtlichen Ansprüchen kommt[322].

1218 Aus der **Beendigung der Mitarbeit** im Zusammenhang mit der Trennung können regelmäßig Schadensersatzansprüche nicht hergeleitet werden[323].

1219 Zu evtl. in Betracht zu ziehenden **bereicherungsrechtlichen Ansprüchen** vgl. Rn. 1097.

---

314 FamRZ 2013, 1295, 1297; FamRZ 2008, 1822, 1827 = NJW 2008, 3277.
315 Vgl. dazu Rn. 1080.
316 Rn. 1039.
317 BGH, FamRZ 1982, 910, 912 = NJW 1982, 2236.
318 BGH, FamRZ 2013, 1295, 1298 = NJW 2013, 2187.
319 Rn. 960.
320 Rn. 1054, 1057.
321 Rn. 1059.
322 Rn. 1048. Vgl. *Wedemann*, IPRax 2016, 252, sowie *Hausmann*, FS Jayme, 2004, S. 305, 306 ff. Zu Auswirkungen der EuGüVO Rn. 25.
323 Vgl. Rn. 1190.

F. Perspektiven: Neue Lösungswege?

Die am Konstrukt der Ehegatteninnengesellschaft geäußerte **Kritik**[324] lässt sich wie folgt zusammenfassen: Den Ehegatte werde der Wille zum Abschluss eines Vertrages unterstellt, den sie nicht hätten eingehen wollen; so werde ihnen gelegentlich das Gegenteil dessen beschert, was sie sich ausweislich ihrer Gütertrennungsvereinbarung vorgestellt hätten. Auf diese Weise werde nicht nur eine punktuelle Korrektur im Vermögen vorgenommen (wie bei der Rückabwicklung einer ehebezogenen Zuwendung und auch beim Ausgleich nach einem Kooperationsvertrag), sondern ein ganzes Vermögen oder eine Vermögensmasse werde der Korrektur unterworfen. Diese Kritik ist nicht unberechtigt. Zu Recht wird darüber hinaus kritisiert, dass es durch die Heranziehung der Ehegatteninnengesellschaft (mit ihrem Ausgleichsmechanismus über §§ 736 ff. BGB) für bestimmte Fallgestaltungen auf der einen Seite und durch die Heranziehung der Rechtsfiguren der ehebezogenen Zuwendung und des Kooperationsvertrags (mit ihrem jeweiligen Lösungsansatz über § 313 BGB) für bestimmte Fallgestaltungen auf der anderen Seite zu unterschiedlichen Rechtsfolgen komme, obwohl es in allen Fällen um das gleiche Ziel gehe, nämlich grob ungerecht erscheinende Ergebnisse in der Vermögensbilanz der Ehegatten, seien sie auf Vermögenszuwendungen oder Arbeitsleistungen zurückzuführen, zu korrigieren[325]. 1220

Angesichts dessen spricht viel dafür, den Anwendungsbereich der Ehegatteninnengesellschaft künftig stark einzuschränken, ihn nämlich zu reduzieren auf die – in der Praxis seltenen – Fälle, in denen die Ehegatten ohne jeden Zweifel eine gesellschaftsrechtliche Bindung gewollt haben[326]. Erforderlich für die Annahme einer konkludent zustande gekommenen Innengesellschaft sollte ein entsprechender deutlich manifestierter Rechtsbindungswille sein[327]. Die Folge wäre, dass die bisher über die Innengesellschaft abgewickelten Fälle über Wegfall der Geschäftsgrundlage (§ 313 BGB) zu lösen wären. Denn soweit es um Arbeitsleistungen geht, wären sie als im Rahmen eines Kooperationsvertrages[328] erbracht anzusehen, und soweit es um finanzielle Beiträge geht, wären sie als ehebezogene Zuwendungen zu behandeln. Auf diese Weise wäre ein **einheitlicher Lösungsweg für alle Zuwendungs- und Mitarbeitsfälle** eröffnet, nämlich der 1221

324 Vgl. dazu schon Rn. 1158 ff. Ausführlich *Wever*, in: FS Hahne, S. 191, 198 ff.

325 *Herr*, FF 2011, 16; *Dauner-Lieb*, FuR 2009, 361 f.

326 Für „Aufgabe“ der Ehegatteninnengesellschaft „zugunsten des Vertrages sui generis (Zuwendung, Kooperation)“ mit anderer Begründung auch *Götz/Schnitzler/Brudermüller*, S. 205, 215.

327 Dies entspräche der Handhabung der Gerichte bei der Annahme eines konkludent geschlossenen Darlehensvertrages, vgl. Rn. 900. Für eine restriktive Handhabung auch 21. DFGT, AK 18, Brühler Schriften zum Familienrecht, Bd. 19, 2016, S. 176.

328 Rn. 1193 ff.

über Wegfall der Geschäftsgrundlage (§ 313 BGB) infolge des Scheiterns der Ehe – in den Zuwendungsfällen Wegfall der Geschäftsgrundlage des der ehebezogenen Zuwendung zugrunde liegenden familienrechtlichen Vertrages sui generis, in den Mitarbeitsfällen Wegfall der Geschäftsgrundlage des der Mitarbeit zugrunde liegenden Kooperationsvertrages[329]. Dabei müsste in den Mitarbeitsfällen auf der Rechtsfolgenseite die Begrenzung des Anspruchs auf die Kosten einer ersparten Arbeitkraft wohl entfallen.

1222 Es ergäbe sich so ein stimmiges Gesamtkonzept für den außergüterrechtlichen Vermögensausgleich, das auch eine Verschlankung bedeuten und damit die Arbeit der Praxis erleichtern würde. Im Übrigen wäre damit den dogmatischen Bedenken gegenüber der stillschweigend eingegangenen Ehegatteninnengesellschaft Rechnung getragen. Wünschenswert wäre, dass der Gesetzgeber eine entsprechende **gesetzliche Regelung** schaffen würde[330], wie sie das türkische ZGB bereits kennt[331]. Insoweit wird auf den überzeugenden Vorschlag von *Leszczenski*[332] verwiesen. Das gilt umso mehr, als die unbenannte Zuwendung, wie *Poelzig*[333] gezeigt hat, ein nicht nur im Familienrecht benötigtes eigenständiges Rechtsinstitut ist.

1223 Ein anderer, gegenwärtig diskutierter Lösungsansatz sieht die **Verlagerung** eines großen Teils der Problematik **ins Güterrecht** vor. Ausgangspunkt ist die Überlegung, dass die Rechtsprechung über die Rechtsfiguren der Ehegatteninnengesellschaft, der ehebezogenen Zuwendung und

---

329 Dies befürwortend auch 19. DFGT, AK 19, Brühler Schriften zum Familienrecht, Bd. 17, 2012, S. 119, 120. Ausführlich *Wever*, in: FS Hahne, S. 191, 201 ff. Im Ergebnis ebenso *Herr* (vor Rn. 1083), S. 429 ff., 518, der allerdings auch die Unterscheidung zwischen ehebezogener Zuwendung und Kooperationsvertrag aufgeben und stattdessen für den bisherigen Anwendungsbereich beider Rechtsfiguren einen einheitlichen familienrechtlichen Vertrag sui generis (ehebezogene Wertschöpfung) annehmen will, dessen Geschäftsgrundlage der Fortbestand der Ehe ist. Eine einheitliche Lösung über § 313 BGB für ehebezogene, gemeinschaftsbezogene u. schwiegerelterliche Zuwendungen sowie Arbeitsleistungen befürwortend auch *Leszczenski*, S. 96 ff. Ablehnend *Rauscher*, NZFam 2014, 298, 301, der eine schuldrechtliche Abwicklung für geboten hält, allerdings auf dem Wege des § 812 I S. 2 Alt. 2 BGB (Zweckverfehlung).

330 Dies befürwortend *Herr*, NJW 2012, 1847, 1849; *ders.*, NJW 2012, 3486, 3490. Vgl. auch 21. DFGT, AK 18, Brühler Schriften zum Familienrecht, Bd. 19, 2016, S. 176; 19. DFGT, AK 19, Brühler Schriften zum Familienrecht, Bd. 17, 2012, S. 119, 120. Eine gesetzliche Regelung in Ergänzung des Güterrechts für geboten haltend auch *Götz/Schnitzler/Brudermüller*, S. 205, 215, mit dem Argument, die Grenze zulässiger richterlicher Rechtsfortbildung sei überschritten; vgl. auch *Brudermüller*, FF 2012, 280, 289.

331 Vgl. Rn. 1049. Siehe auch zu gesetzlichen Regelungen betreffend Ansprüche aus Ehegattenmitarbeit in Österreich, Italien, Frankreich und der Schweiz *Henrich*, FS Richardi, S. 1039, 1040 f.

332 S. 150.

333 JZ 2012, 425, 428 ff.

des Kooperationsvertrages bei ehevertraglich vereinbarter Gütertrennung eine Art **richterlicher Inhaltskontrolle** ausübt[334]. Das unbillig erscheinende Ergebnis der Gütertrennung wird auf schuldrechtlichem Wege partiell korrigiert. Diese Überlegung hat zu dem Vorschlag geführt, mit der Korrektur bereits bei der Gütertrennungsvereinbarung selbst anzusetzen, sie einer weitergehenden Inhaltskontrolle zu unterwerfen, als es nach der bisherigen Rechtsprechung des BGH geschieht[335]. Anzusetzen wäre dabei weniger bei der Wirksamkeits-, als bei der Ausübungskontrolle, denn in den hier in Rede stehenden Fällen ergibt sich das Gerechtigkeitsdefizit meist nicht aus der Gütertrennungsvereinbarung zu Beginn der Ehe (immerhin sieht das BGB die Möglichkeit der Vereinbarung von Gütertrennung ausdrücklich vor), sondern dadurch, dass sich im Verlauf der Ehe durch Vermögenszuwendungen oder besondere Arbeitsleistungen eine nicht vorhergesehene, einen Ehegatten grob benachteiligende Vermögensverteilung ergeben hat. Diese könnte auf güterrechtlichem Wege korrigiert werden, indem die Berufung auf die vereinbarte Gütertrennung (teilweise) als treuwidrig angesehen würde (unzulässige Rechtsausübung i.S. von § 242 BGB). Der Anwendungsbereich der Ehegatteninnengesellschaft, der ehebezogenen Zuwendung und des Kooperationsvertrages würde dadurch deutlich eingeschränkt werden.

Der Ansatz erscheint auf den ersten Blick bedenkenswert[336]. Auch über **1224**
ihn käme es zu einem einheitlichen Lösungsweg für alle Formen der Wertschöpfung, mögen sie auf Vermögenszuwendungen oder auf Arbeitsleistungen beruhen, allerdings nur in Gütertrennungsfällen von Ehegatten. Zu seiner Umsetzung müsste der BGH seine Kernbereichslehre[337] weiterentwickeln. Zum einen müsste er seinen Standpunkt der Kernbereichsferne des güterrechtlichen Ausgleichs[338] aufgeben und sich für eine Wirksamkeits- und vor allem Ausübungskontrolle von Gütertrennungsvereinbarungen öffnen[339]. Zum zweiten müsste er seine Rechtsprechung zur In-

334 *Bergschneider*, FamRZ 2004, 1757, 1763; *ders.*, Rn. 551.

335 So *Herr* (vor Rn. 1083), S. 440 ff., 518; *ders.*, FF 2011, 16; *ders.*, FamRB 2010, 380, 381 ff.; zustimmend *Weinreich*, FamRZ 2014, 1889, 1893 f.; *Hoppenz*, FamRZ 2011, 1697; *ders.*, FPR 2012, 84, 87 f.; *Dauner-Lieb*, FF 2010, 343, 351. Für eine Verlagerung der Innengesellschaftsproblematik ins Güterrecht auch *Röthel*, FamRZ 2012, 1916. Dazu auch *Sanders*, ZEuP 2011, 65, 91 f.

336 Zu den Vor- und Nachteilen dieses Ansatzes näher *Wever*, in: FS Hahne, S. 191, 204 ff.

337 Grundlegend BGH, FamRZ 2004, 601 = NJW 2004, 930.

338 BGH, FamRZ 2004, 601, 605 = NJW 2004, 930; FamRZ 2008, 386, 388; FamRZ 2013, 269, m. Anm. *Bergschneider* = NJW 2013, 457, dazu auch Anm. *Kogel*, FF 2013, 124, sowie *Münch*, FamRB 2013, 160, 162; BGH, FamRZ 2017, 884, Rn. 36 = NJW 2017, 1883. Krit. etwa *Dauner-Lieb*, FS Brudermüller, 2014, S. 99; *dies.*, Brühler Schriften zum Familienrecht, 21. DFGT, Bd. 19, 2016, S. 25. Vgl. dazu auch Rn. 1162.

339 Ausnahmefallgestaltungen, in denen der BGH ein Greifen der Ausübungskontrolle schon jetzt für möglich hält (Fälle der „Funktionsäquivalenz" von Versorgungs- und Zugewinn-

haltskontrolle von Eheverträgen, die bisher auf den Ausgleich ehebedingter Nachteile abzielt[340], ausweiten und auf Fälle erstrecken, in denen es um die Beseitigung von Ungerechtigkeiten geht, die man nicht den sich aus der Aufgabenverteilung in der Ehe ergebenden ehebedingten Nachteilen zuordnen kann, denn um solche Nachteile geht es bei den hier diskutierten Fällen – jedenfalls ganz überwiegend – nicht[341]. Mit einer solchen Rechtsprechungsänderung ist aber nicht zu rechnen. Der BGH hat in einer Entscheidung vom 21.11.2012[342] deutlich gemacht, dass er den hier in Rede stehenden schuldrechtlichen Ausgleichsinstrumenten den Vorrang vor einer Ausübungskontrolle der Güterrechtsvereinbarung einräumt.

1225 Dies zu Recht. Denn die beschriebene güterrechtliche Lösung hätte auch gewichtige Nachteile[343]. Sie würde zu neuen Brüchen führen und unterschiedliche Lösungswege erforderlich machen. Denn anwendbar wäre sie, wie erwähnt, nur auf Fälle, in denen Eheleute Gütertrennung vereinbart haben. Die Rechtsfiguren der Ehegatteninnengesellschaft, der ehebezogenen Zuwendung und des Kooperationsvertrages müssten weiterhin herangezogen werden in den – in der Praxis auch nicht ganz seltenen[344] – Fällen, in denen sich bei gesetzlichem Güterstand ein zusätzlicher Ausgleichsbedarf zeigt. Möglicherweise müsste auf sie auch in solchen Gütertrennungsfällen zurückgegriffen werden, in denen ein hinnehmbares Ergebnis über einen (teilweisen) fiktiven Zugewinnausgleich nicht möglich ist. Ohnehin wäre die güterrechtliche Lösung nicht anwendbar bei entsprechenden Leistungstransfers in nichtehelichen Lebensgemeinschaften. Hier kämen die genannten Rechtsfiguren (in entsprechender Anwendung) in jedem Falle weiterhin zum Zuge. Es ergäben sich somit unterschiedliche Lösungswege und Ergebnisse, je nachdem, ob es sich um eine Gütertrennungsehe oder um eine im gesetzlichen Güterstand geführte Ehe bzw. eine nichteheliche Lebensgemeinschaft handelt. Demgegenüber würde der zu Rn. 1221 beschriebene Ansatz zu einem insgesamt einheitlichen Lösungsweg führen. Er wäre insbesondere auch für die nichteheliche Lebensgemeinschaft heranzuziehen.

---

ausgleich, vgl. BGH, FamRZ 2014, 1978, m. Anm *Bergschneider* = NJW 2015, 52, dazu *Münch*, NJW 2015, 288; krit. *Braeuer*, NZFam 2014, 1137; ausführlich *Götz/Schnitzler/Hoffmann*, S. 231), sind nicht solche der hier in Rede stehenden Art.

340 Vgl. *Dauner-Lieb*, FF 2010, 343, 352; NK-BGB/*Sanders*, § 1585c Rn. 22 ff.

341 So auch *Hoppenz*, FamRZ 2011, 1697, 1699; anders *Dauner-Lieb*, FF 2010, 343, 351: „ehebedingte Einbußen".

342 FamRZ 2013, 269, 273, Rn. 38 = NJW 2013, 457.

343 So auch *Falkner*, DNotZ 2013, 586. Ablehnend auch: *Braeuer*, FamRZ 2014, 77 ff. („unüberwindbare grundsätzliche u. praktische Schwierigkeiten"); *Rauscher*, NZFam 2014, 298, 300; *Kanzleiter*, FamRZ 2014, 998, 999 („wäre dem Gesetzgeber vorbehalten"); *Johannsen/Henrich/Jaeger*, § 1414 Rn. 27; *Schlimm*, S. 124 ff., 315. Gegen einen güterrechtlichen Ansatz auch *Götz/Schnitzler/Brudermüller*, S. 205, 210 f.

344 Vgl. Rn. 979 ff.; BGH, FamRZ 2006, 607 = NJW 2006, 1268 (Innengesellschaft).

Einiges spricht auch dafür, dass der Weg über § 313 BGB zu adäquateren Ergebnissen führt, ist er doch eher zugeschnitten auf die in den fraglichen Fällen meist gegebene Situation eines punktuellen, einmaligen Ereignisses im Verlauf einer Ehe. Fraglich ist auch, wie die Rechtsfolgen bei einer Lösung über Ausübungskontrolle des Gütertrennungsvertrages im Einzelnen aussehen sollen[345], ob der Weg auch gangbar ist, wenn es nicht um Geld, sondern um die gegenständliche Rückgewähr des zugewendeten Vermögensobjekts, etwa einer Immobilie, geht, und wie schließlich die Lösung aussehen soll, wenn der zuwendende Ehegatte nicht (fiktiver) Zugewinnausgleichsgläubiger, sondern Zugewinnausgleichsschuldner ist. **1226**

Zu einer Verbesserung in puncto Vorhersehbarkeit der Ergebnisse (Rechtssicherheit) würde die Lösung über Ausübungskontrolle des Gütertrennungsvertrages (§ 242 BGB) jedenfalls nicht führen. Denn auch hier käme es auf die jeweils zu bewertenden und zu gewichtenden Umstände des Einzelfalls an. Auch hier ginge es um eine nachträgliche Billigkeitskontrolle[346]. Mit *Jaeger*[347] wäre vielmehr eine weitere Herabsetzung der Rechtssicherheit zu befürchten. **1227**

G. Checklisten

I. Ansprüche aus Ehegatteninnengesellschaft **1228**

1. Konkludentes Zustandekommen einer Innengesellschaft?

a) Gesellschaftszweck: Beiderseitige Arbeitsleistungen / Vermögensinvestitionen in Verfolgung eines über die Verwirklichung der ehelichen Lebensgemeinschaft hinausgehenden Zwecks? (→ Rn. 1112)
→ Falls nein:
- bei Arbeitsleistungen → Kooperationsvertrag? (→ Rn. 1195 ff.)
- bei Vermögenseinsatz → ehebezogene Zuwendung? (→ Rn. 896 ff., 948 ff.)
- bei Arbeitsleistungen + Vermögenseinsatz (Mischfall) → Kooperationsvertrag + ehebezogene Zuwendung? (→ Rn. 1212)

345 Dazu auch *Braeuer*, FamRZ 2014, 77, 82 f.

346 Vgl. BGH, FamRZ 2013, 269, 272 f. = NJW 2013, 457: Danach ist – nach Ausübungskontrolle – ggf. „diejenige Rechtsfolge anzuordnen, die den berechtigten Belangen beider Parteien in der nunmehr eingetretenen Situation in ausgewogener Weise Rechnung trägt".

347 In: *Johannsen/Henrich*, § 1414 Rn. 27.

b) Keine entgegenstehenden ausdrücklichen Abreden? (→ Rn. 1114)

c) Indizien für den Willen zu beiderseitiger Teilhabe = gesellschaftsvertraglicher Bindung? (→ Rn. 1115 ff.)
- Umfangreicher Arbeitseinsatz des Mitarbeitenden?
  - Über Gefälligkeit und aufgrund Beistands- und Unterstützungspflicht Geschuldetes hinausgehend?
    (Falls nein: statt dessen Vermögenseinsatz?)
  - Auf der Ebene der Gleichberechtigung?
    (Falls nein: → Kooperationsvertrag?)
- Finanzielle Beiträge? Sachleistungen?
- Zusammenarbeit bei gleicher beruflicher Qualifikation?
- Gemeinsamer Aufbau eines Unternehmens oder Immobilienvermögens?
- Gemeinsame Planung? Umfang? Lange Dauer?
- Gütertrennung?
- Verteilung von Gewinn und Verlust?
  Absprache über Ertragsverwendung?
- Entnahmerecht des Mitarbeitenden?
- Bedeutsame Funktion des Mitarbeitenden?
- Bezeichnung als GbR Dritten gegenüber (z.B. Finanzamt)?
- Tendenz zur Regelung der Rechtsbeziehungen?
- Falls nur Geld- und Sachleistungen (keine Mitarbeit): Vorstellung, das gemeinsam geschaffene Vermögen solle wirtschaftlich betrachtet beiden zustehen?
  (Falls nein: → ehebezogene Zuwendungen?)

2. Auseinandersetzung → §§ 738 ff. BGB (→ Rn. 1166 ff.)
   - Feststellung des gemeinsam erwirtschafteten Geschäftsvermögens
     - Bestand?
     - Bewertung?
     - Stichtag: Einstellung der Mitarbeit/gemeinsamen Vermögensbildung
     - Ggf. Anspruch auf Auskunft und Rechnungslegung
   - Feststellung des Auseinandersetzungsguthabens
     → Beteiligungsquote?
     (Ggf. Beteiligung an Verlusten) → Gesamtabrechnung

II. Ansprüche aus Kooperationsvertrag 1229

1. Kooperationsvertrag konkludent zustande gekommen? (→ Rn. 1198 f.)
   - Umfangreiche Arbeitsleistungen?
     - Über Gefälligkeit und aufgrund Beistands- und Unterstützungspflicht Geschuldetes hinausgehend?
     - Lange Dauer und Regelmäßigkeit? (Arbeitkraft erspart?)
   - Kein ausdrücklich geschlossener anderer Vertrag? Keine Innengesellschaft?
   - Vermögenszuwachs beim Partner?

2. Ausgleichsanspruch? (→ Rn. 1200 ff.)
   - Scheitern der Ehe = Wegfall der Geschäftsgrundlage?
   - Beibehaltung der Vermögenssituation unzumutbar?
     - Gütertrennung / keine angemessene Beteiligung über Zugewinnausgleich?
     - Kriterien wie ehebezogene Zuwendungen (→ Rn. 1202, 958 ff.), insbesondere: Abschlag für teilweise Zweckerreichung?
     - Arbeitskosten erspart?
     - Anteil an der Wertsteigerung?
   - Begrenzung des Anspruchs durch:
     - Höhe der ersparten Arbeitskosten
     - Beschränkung auf Beteiligung an Vermögensmehrung

13. Kapitel: Vermögensauseinandersetzung mit Schwiegereltern

Literatur: *Büte,* Abwicklung von Zuwendungen und Arbeitsleistungen unter Schwiegereltern und Schwiegerkindern, FuR 2005, 544; *Hahne,* Rückausgleich der Schwiegerelternzuwendung, FF 2010, 271; *Heiß/Lan,* Praxiswissen für die Erstberatung: Schwiegerelternschenkungen, NZFam 2017, 446; *Herr,* Der Ausgleich schwiegerelterlicher Transferleistungen, NZFam 2014, 318; *ders.,* Die neue Schwiegerelternrechtsprechung des BGH – mehr Dogmatik im Nebengüterrecht?, FamRB 2010, 380; *Jüdt,* Das Schicksal enttäuschter (Schwieger-)Eltern, FuR 2013, 431; *Koch,* Die Bestandskraft von Zuwendungen an Schwiegerkinder beim Scheitern der Ehe, FS Schwab, 2005, S. 513; *Kogel,* Schwiegerelternzuwendung – die (juristische) Büchse der Pandora, FuR 2014, 19; *ders.,* Rechtsprechungsänderung zu den schwiegerelterlichen Zuwendungen – der vorprogrammierte Gau im Zugewinnausgleich, FamRB 2010, 309; *Krause,* Zuwendungen der Schwiegereltern bei Trennung und Scheidung – zugleich Anm. zu BGH, 3.2.2010, ZFE 2010, 284; *Mayer,* Schwiegerkinderzuwendungen: ein Dauerbrenner in der familienrechtlichen Gestaltungspraxis, ZEV 2016, 177; *v. Proff,* Der Ausgleich unentgeltlicher Leistungen an die Eltern der Lebensgefährtin, NJW 2015, 1482; *Schlecht,* Die schwiegerelterliche Zuwendung an das Schwiegerkind, FamRZ 2010, 1021; *Schulz,* Rückforderungen von Zuwendungen der Schwiegereltern und die Auswirkungen auf den Zugewinnausgleich, FPR 2012, 79; *ders.,* Rückgewährsansprüche der Schwiegereltern in Altfällen, FamRZ 2011, 12; *ders.,* Die Auswirkungen der neuen Rechtsprechung des BGH auf die Rückforderung von Zuwendungen der Schwiegereltern und den Zugewinnausgleich zwischen den Eheleuten, FF 2010, 273; *ders.,* Ansprüche von und gegen Schwiegereltern, FamRB 2006, 48 u. 84; *Schwab,* Die freigebigen Schwiegereltern – Zu Fragen des Familienvermögensrechts –, FS Werner, 2009, S. 459; *Schwolow,* Ansprüche von und gegen Schwiegereltern bei Scheitern der Ehe, FuR 2000, 456; *Stein,* Rückforderungsansprüche nach Zuwendungen – viele Fragen für die Praxis, FPR 2012, 88; *Weinreich,* In guten, aber nicht in schlechten Zeiten – die Schwiegerelternzuwendung, FF 2015, 286; *Wever,* Die Rückabwicklung der Schwiegerelternschenkung in der Praxis, FamRZ 2016, 857; *Zimmermann,* Die ehebedingte Schwiegerelternzuwendung auf dem Prüfstand, FamFR 2010, 268.

A. Leistungen des Schwiegerkindes

I. Grundsätze für einen Ausgleichsanspruch

Leistungen eines Ehegatten zugunsten des Vermögens seiner Schwiegereltern erfolgen gelegentlich in der Weise, dass der Ehegatte mit Einverständnis der Schwiegereltern deren Hausgrundstück wertverbessernd ausbaut oder auf deren unbebautem Grundstück ein Haus errichtet[1], um so- 1230

1 So in den Fällen OLG Brandenburg, FamRZ 2015, 1146; OLG Frankfurt, FamRZ 2007, 641.

dann in den geschaffenen Räumen mit seiner Familie unentgeltlich zu wohnen. Nach dem Scheitern der Ehe stellt sich die Frage nach Ausgleichsansprüchen gegen die Schwiegereltern für die Kosten des Ausbaus.

Beispiel[2]:

Die Eheleute M und F leben zusammen mit den Eltern der F in einem Haus. Das Hausgrundstück steht im Eigentum der Eltern. Nach der Geburt von Kindern werden die Räumlichkeiten zu eng. Man errichtet deshalb einen Anbau und eine Garage, die fortan von M und F mit den Kindern unentgeltlich genutzt werden. Die Kosten der Baumaßnahmen von 100.000 € trägt M. Nach einigen Jahren trennen sich die Ehegatten. M zieht aus, während F mit den Kindern in dem Anbau wohnen bleibt. Die Garage wird nicht mehr genutzt. M möchte von seinen Schwiegereltern die investierten Kosten, zumindest aber den Wertzuwachs, den das Grundstück durch die baulichen Veränderungen erfahren hat, erstattet haben.

1231 Der BGH[3] hat für Fälle dieser Art nachfolgende Grundsätze und damit ein Lösungsmodell entwickelt, das sich von dem auf die umgekehrte Fallgestaltung (Leistungen der Schwiegereltern zugunsten des Schwiegerkindes) angewandten Modell grundlegend unterscheidet[4]:

– Regelmäßig liegt dem einverständlichen unentgeltlichen Bewohnen der den Schwiegereltern gehörenden Räume durch die Ehegatten kein bloßes Gefälligkeitsverhältnis, sondern ein stillschweigend geschlossener **Leihvertrag** (§ 598 BGB) zugrunde[5]. An einem Leihvertrag fehlt es, wenn dem eigenen Kind oder beiden Eheleuten ein lebenslanges Wohnrecht eingeräumt worden[6] oder wenn ein Mietverhältnis eingegangen worden ist. Dagegen steht es der Annahme eines Leihvertrages nicht entgegen, wenn die Ehegatten die Verbrauchskosten und Grundstückslasten übernommen haben, die üblicherweise von Mietern zu tragen sind; denn auch der Entleiher hat gem. § 601 BGB die Lasten der Sache und er hat darüber hinaus die Kosten zu tragen, die aufgewendet werden müssen, damit er von der Sache Gebrauch machen kann[7].

---

2 Nach OLG Hamm, FamRZ 1995, 732.

3 FamRZ 1990, 843 = NJW 1990, 1789; FamRZ 1985, 150 = NJW 1985, 313; FamRZ 2012, 207, 209.

4 Dem folgend: OLG Brandenburg, FamRZ 2015, 1146 = NZFam 2015, 525 *(Schulz)*, mit Abweichungen in der Begründung; dazu *Wever*, FamRZ 2016, 1627, 1635; OLG Hamm, FamRZ 2013, 2014; OLG Düsseldorf, FamRZ 2013, 2016 u. FamRZ 2010, 1849, bei besonderer Fallgestaltung: Mietvertrag des Schwiegervaters mit dem Ehemann (Sohn) der Ausgleich für Investitionen fordernden Schwiegertochter; OLG Brandenburg, Urteil v. 5.8.2009, 3 U 110/08, juris; OLG Frankfurt, FamRZ 2007, 641, m. Anm. *Wever*. Prüfungsschema für den Rückgewähranspruch mit Erläuterungen bei *Wever*, FamRB 2007, 337, 340; vgl. dazu Rn. 1335.

5 Vgl. auch Rn. 1318.

6 Vgl. OLG Hamm, FamRZ 2002, 159 (im Fall einer nichtehelichen Lebensgemeinschaft).

7 OLG Rostock, FamRZ 2017, 433, 434; OLG Hamm, FamRZ 2013, 2014, 2015.

- Das Leihverhältnis – genauer: die durch das Leihverhältnis abgesicherte Möglichkeit, auf Dauer eine kostenlose Familienwohnung zu schaffen[8] – ist **Rechtsgrund** für die Investitionen und eventuelle Arbeitsleistungen[9] gewesen. Beim Scheitern der Ehe kommen daher Ausgleichsansprüche – allein – unter dem Gesichtspunkt einer **ungerechtfertigten Bereicherung**, und zwar wegen Wegfalls des rechtlichen Grundes für die finanziellen Investitionen bzw. wertverbessernden Arbeitsleistungen (§ 812 I S. 2 Alt. 1 BGB), in Betracht[10]. 1232
- Der Rechtsgrund entfällt nicht bereits infolge des Scheiterns der Ehe, sondern erst bei **Beendigung des Leihverhältnisses mit beiden Ehegatten**[11], sei es durch Auszug beider Ehegatten[12], sei es durch Begründung eines Mietverhältnisses mit einem Ehegatten, nachdem der andere ausgezogen ist[13], oder sei es durch Übertragung der Immobilie auf den investierenden Ehegatten[14]. Solange zumindest ein Ehegatte weiterhin unentgeltlich die Räume bewohnt, scheidet ein Bereicherungsausgleich aus[15]. Der Auszug nur eines Ehegatten berührt den Fortbestand des Leihvertrages nicht[16]; dieser kann nur durch beide Ehegatten im Rahmen von §§ 604 f. BGB beendet werden[17]. Im Übrigen kommen die Schwiegereltern noch nicht in den Genuss einer Bereiche- 1233

---

8 BGH, FamRZ 1990, 843, 844 = NJW 1990, 1789.

9 Vgl. Rn. 1240.

10 OLG Karlsruhe, FamRZ 2004, 1870; vgl. dazu auch die erstinstanzliche Entscheidung LG Karlsruhe, FamRZ 2005, 517. Zu dem Fall, dass Grund für die finanziellen Investitionen nicht ein bestehendes Leihverhältnis, sondern die Erwartung einer erbrechtlichen Beteiligung ist, vgl. OLG Karlsruhe, FamRZ 2002, 918; dazu *Haas/Holla,* ZEV 2002, 169.

11 Vgl. OLG Karlsruhe, FamRZ 2004, 1870, 1872: kein Bereicherungsausgleich, wenn (nur) ein Ehegatte aus dem Leihverhältnis entlassen worden ist.

12 So im Fall OLG Düsseldorf, FamRZ 2013, 2016 (nach Kündigung des Leihverhältnisses durch den Vater/Schwiegervater).

13 So im Fall BGH, FamRZ 1990, 843 = NJW 1990, 1789.

14 So im Fall BGH, FamRZ 2012, 207, 209.

15 So auch: BGH, FamRZ 2015, 833, Rn. 21 = NJW 2015, 1523 (bei nichtehelicher Lebensgemeinschaft); OLG Brandenburg, FamRZ 2015, 1146; OLG Hamm, FamRZ 2013, 2014, 2016; OLG Frankfurt, FamRZ 2007, 641, in einem Fall, in dem die Schwiegertochter noch in dem Haus lebte u. ihre Anspruchslage für den Fall ihres Auszugs klären wollte; dazu Anm. *Wever* S. 643.

16 **A.A.** OLG Rostock, FamRZ 2017, 433 = FamRB 2017, 366 *(Neumann)* (nicht rechtskräftig), unter Bezugnahme auf *v. Proff,* NJW 2015, 1482, 1483: Das OLG nimmt eine Beendigung des Leihverhältnisses (nur) mit dem aus der Wohnung ausgezogenen Ehegatten ab Auszug, spätestens ab Rechtshängigkeit der Scheidung an; dies steht mit dem Grundsatz der Einheitlichkeit des Leihvertrages, der in seinem Fortbestand nicht teilbar ist, nicht im Einklang. I.Ü. wird die Bedeutung der vom ausgezogenen Ehegatten vorgenommenen Investitionen übersehen.

17 BGH, FamRZ 1985, 150, 153 = NJW 1985, 313; OLG Brandenburg, Urteil v. 5.8.2009, 3 U 110/08, juris. Zur Problematik der Beendigung des Leihverhältnisses auch Rn. 1318.

rung, solange die Wohnung noch von einem Ehegatten unentgeltlich bewohnt wird.

1234 – Der bei Fortfall des Leihverhältnisses mit beiden Ehegatten ggf. entstehende Bereicherungsanspruch[18], richtet sich nach den Grundsätzen, die der BGH für den Ausgleich von Mieterleistungen (Baukostenzuschuss, eigene Aus- und Umbauten) bei vorzeitiger Beendigung langfristiger Miet- und Pachtverhältnisse entwickelt hat[19]. Danach ist der **Wert der Bereicherung** (§ 818 II BGB) weder nach den investierten Kosten, noch nach der geschaffenen Werterhöhung, sondern nach den Vorteilen zu bemessen, die der Eigentümer daraus hat erzielen können, dass er vorzeitig die Möglichkeit zur Nutzung der geschaffenen Räume erhält. Es kommt also auf den **durch die Investitionen geschaffenen Ertragswert** der Räume an, wobei in erster Linie ein tatsächlich vereinbarter Mietzins maßgebend ist. Unterbleibt eine Vermietung, ist der erzielbare Mietzins maßgebend, sofern die Vermietung zumutbar war[20]. Bei Ausbauten ist von dem Ertragswert im ausgebauten Zustand derjenige vor den Investitionen des Ehegatten abzusetzen. Der danach den Schwiegereltern zugewachsene Vermögensvorteil ist durch Zahlung einer **Geldrente** für die ursprünglich vorgesehene Dauer des Leihverhältnisses auszugleichen.

Wird das Leihverhältnis dadurch beendet, dass die Immobilie auf den Ehegatten übertragen wird, der die Leistungen erbracht hat, ist in der Regel davon auszugehen, dass damit auch etwaige Bereicherungsansprüche ausgeglichen sein sollen[21].

1235 Für das **Ausgangsbeispiel** ergibt sich unter Berücksichtigung dieser Grundsätze:

(1) Bei der unentgeltlichen Überlassung der geschaffenen Räume durch die Schwiegereltern des M handelt es sich um **Leihe** (§ 598 BGB). Damit scheiden Aufwendungsersatzansprüche gem. §§ 539 I, 536a II BGB aus, die ein Mietverhältnis voraussetzen würden.

(2) Von den **möglichen Anspruchsgrundlagen**[22] kommen letztlich nur Bereicherungsansprüche in Betracht:

1236 (2.1.) **Verwendungsersatzansprüche** nach der Regelung des § 601 II BGB, die auf die Vorschriften über die Geschäftsführung ohne Auftrag verweist, scheitern an § 685 BGB:

---

18 Vgl. BGH, FamRZ 2002, 88, 89 = NJW 2002, 436, mit Ausführungen zur Berücksichtigung des Anspruchs im Anfangsvermögen beim Zugewinnausgleich, soweit die wertverbessernden Leistungen vor der Heirat erbracht worden sind.

19 Vgl. dazu BGHZ 29, 289, 292 f.; BGH, WM 1959, 538, 540; WM 1960, 497, 498; NJW 1967, 2255, 2256.

20 Vgl. dazu OLG Düsseldorf, FamRZ 2013, 2016, 2018.

21 BGH, FamRZ 2012, 207, 209.

22 Zu den in Fällen dieser Art denkbaren, im Ergebnis aber abzulehnenden alternativen Anspruchsgrundlagen auch: OLG Düsseldorf, FamRZ 2010, 1849; OLG Brandenburg, Urteil v. 5.8.2009, 3 U 110/08, juris; *M. Schwab*, FamRZ 2010, 1701, 1707; MAH/*Markwardt*, § 21 Rn. 159 ff.

M hatte im maßgeblichen Zeitpunkt der Bauausführung nicht die Absicht, von den Schwiegereltern Ersatz seiner Kosten zu fordern[23].

(2.2) Ansprüche wegen **Wegfalls der Geschäftsgrundlage** (§ 313 BGB) einer evtl. in der Kostenübernahme seitens des M liegenden Schenkung und ggf. eines im Hinblick auf (angenommene) erbrachte Eigenarbeiten liegenden Kooperationsvertrages scheiden ebenfalls aus: **1237**

Da sowohl Geld- als auch (unterstellte) Arbeitsleistungen von M nicht zum Zwecke der Begünstigung seiner Schwiegereltern, sondern im Eigeninteresse, nämlich zur Schaffung einer verbesserten kostenlosen Wohnmöglichkeit für sich und seine Familie erbracht worden sind, scheidet die Annahme einer Schenkung und ggf. eines Kooperationsvertrages (wie er in der umgekehrten Fallgestaltung der Erbringung von Arbeitsleistungen des Schwiegervaters zugunsten des Vermögens des Schwiegerkindes in Betracht kommt[24]) aus[25].

Vor allem aber ist der Fortbestand der Ehe nicht Geschäftsgrundlage der den Investitionen des M zugrundeliegenden Vereinbarung zwischen ihm und seinen Schwiegereltern geworden. Selbst wenn M bei Vornahme der Investitionen die Vorstellung hatte, er werde auf Dauer mit seiner Familie das Ergebnis seines Einsatzes unentgeltlich nutzen können, konnte diese Erwartung nicht Geschäftsgrundlage werden. Denn es ist nicht davon auszugehen, dass die Schwiegereltern, wenn sie eine solche Erwartung des M bei Abgabe ihrer Zustimmung zu den baulichen Veränderungen in Rechnung gestellt haben sollten, das Risiko für ein eventuelles Fehlschlagen der Investitionen des M durch ein Scheitern der Ehe übernehmen wollten. M konnte von den Schwiegereltern auch nicht nach Treu und Glauben verlangen, dass sie nicht nur auf jegliches Nutzungsentgelt verzichteten, sondern auch noch das Verwendungsrisiko für die Investitionen übernahmen[26].

Darüber hinaus ist im Beispielsfall die Schwelle der Zumutbarkeit der gegenwärtigen Situation für M im Zweifel nicht überschritten, an deren Vorliegen ein strenger Maßstab anzulegen ist. Immerhin hat nicht nur M zusammen mit seiner Familie die baulichen Erweiterungen jahrelang unentgeltlich genutzt, sondern F und die Kinder nutzen die Wohnräume auch weiterhin ohne Gegenleistung. Etwaige Unterhaltsverpflichtungen des M verringern sich dadurch.

(3) Hinsichtlich möglicher **Bereicherungsansprüche** ist zu unterscheiden: **1238**

(3.1) Soweit es den für Wohnzwecke errichteten **Anbau** betrifft, in dem F mit den Kindern weiterhin mietfrei lebt, gilt:

Die Möglichkeit der Familie, die geschaffenen Räume fortan unentgeltlich nutzen zu können, also das zwischen den Ehegatten und den Eltern der F zustande gekommene Leihverhältnis war der Rechtsgrund für die finanziellen Investitionen des M. Dieser Rechtsgrund ist durch den Auszug des M aber nicht entfallen (**§ 812 I S. 2 Alt. 1 BGB**), weil das Leihverhältnis zumindest mit F fortgesetzt worden ist. Erst wenn das Leihverhältnis auch mit

---

23 Vgl. auch BGH, FamRZ 2015, 833, Rn. 18 f. = NJW 2015, 1523 (bei nichtehelicher Lebensgemeinschaft); anders *v. Proff*, NJW 2015, 1482, 1483 f.: mangelnde Absicht der Ersatzforderung nur unter den derzeitigen Umständen (Zusammenleben im Haus der Schwiegereltern).

24 Vgl. Rn. 1323 ff.

25 Vgl. dazu BGH, FamRZ 2015, 833, Rn. 14 u. 28 = NJW 2015, 1523 (bei nichtehelicher Lebensgemeinschaft; zum Sachverhalt Rn. 1242).

26 In diesem Sinne auch BGH, FamRZ 1985, 150, 152 = NJW 1985, 313. Anders BGH, FamRZ 2015, 833, Rn. 33 m. Anm. *Wever* = NJW 2015, 1523 (bei nichtehelicher Lebensgemeinschaft; zum Sachverhalt Rn. 1242).

F beendet – etwa wie in der Entscheidung des BGH vom 4.4.1990[27] in ein Mietverhältnis umgewandelt – würde, könnte ein Wegfall des rechtlichen Grundes angenommen werden. Darüber hinaus sind die Schwiegereltern nicht bereichert, solange das Leihverhältnis mit F fortbesteht und sie aus der Wertverbesserung keine geldwerten Gebrauchsvorteile ziehen können.

Es liegt auch keine Zweckverfehlung i.S. des **§ 812 I S. 2 Alt. 2 BGB** vor. Zweck der Investitionen war es, der Familie angemessenen Wohnraum zu schaffen. Dieser Zweck ist ungeachtet dessen, dass (nur) M später ausgezogen ist, erreicht worden[28].

Da die Vorschriften der **§§ 946, 951 BGB**, an die noch zu denken wäre, eine Rechtsgrundverweisung auf die Regelungen des Bereicherungsrechts enthalten, also keine eigenständige Anspruchsgrundlage darstellen, stehen M hinsichtlich der in den Anbau geflossenen Investitionen keine Bereicherungsansprüche zu.

(3.2) Anders verhält es sich mit den in den Bau der **Garage** geflossenen Kosten:

Da die Garage seit dem Auszug des M von den Ehegatten nicht mehr genutzt wird und das Leihverhältnis – betreffend die Garage – als beendet betrachtet werden kann, kommt insoweit ein Bereicherungsanspruch nach **§ 812 I S. 2 Alt. 1 BGB** in Betracht. Der Anspruch orientiert sich weder an dem investierten Geld, noch an der erzielten Wertsteigerung des Grundstücks, sondern an der mit der Beendigung des Leihverhältnisses entstandenen Möglichkeit der Schwiegereltern, die Garage anderweitig zu vermieten. M hat daher einen Anspruch auf Zahlung einer entsprechenden Geldrente[29].

1239 Anders als bei Zuwendungen der Ehegatten untereinander[30] und als bei ehebezogenen Schenkungen von Schwiegereltern an Schwiegerkinder[31] findet hier also der Ausgleich **nicht über Wegfall der Geschäftsgrundlage**, sondern über Bereicherungsrecht statt. Der unterschiedliche Ansatz ist dogmatisch gerechtfertigt: Der Rechtsgrund i.S. des § 812 I S. 2 Alt. 1 BGB für die Zuwendung den Schwiegereltern gegenüber entfällt zwar nicht mit dem Scheitern der Ehe, aber mit Beendigung des Leihverhältnisses, so dass hier die Lösung über Bereicherungsrecht möglich wird. Demgegenüber lässt sich bei Zuwendungen unter Ehegatten wie auch bei ehebezogenen Schenkungen von Schwiegereltern an Schwiegerkinder sagen, dass der Rechtsgrund für die Zuwendung, der ihr zugrundeliegende familienrechtliche Vertrag eigener Art bzw. Schenkungsvertrag, weder mit dem Scheitern der Ehe noch aus anderen Gründen in Fortfall gerät. Ebenso ist die Situation unterschiedlich in Bezug auf einen möglichen Wegfall der Geschäftsgrundlage. Den Schwiegereltern, die die Familie

27 FamRZ 1990, 843 = NJW 1990, 1789.

28 In diesem Sinne auch BGH, FamRZ 1985, 150, 153 = NJW 1985, 313; OLG Hamm, FamRZ 1995, 732, 733. Anders BGH, FamRZ 2015, 833, Rn. 23 = NJW 2015, 1523 (bei nichtehelicher Lebensgemeinschaft), zustimmend *v. Proff*, NJW 2015, 1482, 1485: Zweckverfehlung bei Auszug des investierenden Schwiegerkindes; der BGH verneint dann aber (zu Recht) wegen des Verbleibs der Restfamilie in der Wohnung und des fortdauernden Leihverhältnisses eine bei den Schwiegereltern eingetretene Bereicherung.

29 Ebenso OLG Hamm, FamRZ 1995, 732.

30 Vgl. Rn. 948.

31 Vgl. Rn. 1259 ff.

womöglich viele Jahre in ihren Räumen haben unentgeltlich wohnen lassen, ist nicht zuzumuten, auch noch am Risiko des Scheiterns der Ehe der Kinder beteiligt zu werden[32]. Insofern besteht auch keine Veranlassung, die Änderung der Rechtsprechung des BGH zur rechtlichen Qualifizierung von Schwiegerelternzuwendungen[33] auf Zuwendungen der Schwiegerkinder an die Schwiegereltern zu übertragen und so zu Lösungen über § 313 BGB zu gelangen.

Die geschilderten Grundsätze finden nicht nur Anwendung, soweit es um **Zuwendungen** (Übertragung von Vermögenssubstanz: Investition von Geld), sondern auch, soweit es um **Arbeitsleistungen** des Schwiegerkindes geht[34]. Wegen des anderen rechtlichen Ansatzes bei Ausgleichsansprüchen im Verhältnis Schwiegerkind zu Schwiegereltern (Anwendung von Bereicherungsrecht) ist die Differenzierung zwischen Zuwendungen und Arbeitsleistungen hier – anders als bei Ausgleichsansprüchen im Verhältnis von Ehegatten untereinander[35] und anders als bei Ausgleichsansprüchen von Schwiegereltern gegen das Schwiegerkind[36] – ohne rechtliche Bedeutung[37]. Denn maßgebend für das Vorliegen oder Nichtvorliegen einer Bereicherung ist das Ergebnis beim Leistungsempfänger; auf welche Weise es erreicht worden ist, ist irrelevant. Nicht ausgeschlossen ist bei entsprechenden Abreden aber auch das Vorliegen eines Gesellschaftsverhältnisses zwischen Schwiegerkind und Schwiegereltern; die Abwicklung erfolgt dann nach Gesellschaftsrecht[38]. 1240

Der BGH[39] wendet die genannten Grundsätze zu Recht auch dann an, wenn es um wertverbessernde Ausbauten geht, die nicht den Schwiegereltern, sondern den **eigenen Eltern** des zuwendenden Ehegatten zugute gekommen sind. 1241

In einer **Entscheidung vom 4.3.2015**[40] hat der BGH die geschilderten Grundsätze auch im Fall einer nichtehelichen Lebensgemeinschaft angewandt. Hier hatte der Mann Arbeits- und Geldleistungen (Beschaffung 1242

32 In diesem Sinne auch OLG Brandenburg, FamRZ 2015, 1146, 1147; OLG Hamm, FamRZ 2013, 2014, 2015.

33 Vgl. Rn. 1259 ff.

34 BGH, FamRZ 2002, 88, 89 = NJW 2002, 436; OLG Oldenburg, FamRZ 2008, 1440 = FamRB 2008, 65 *(Heinle)*.

35 Vgl. Rn. 895.

36 Vgl. Rn. 1249 ff., 1323.

37 So auch *Weinreich*, FF 2016, 165 (Anm.).

38 Vgl. LG Coburg, FamRZ 2009, 604 (jahrelange Mitarbeit im landwirtschaftlichen Betrieb der Schwiegereltern).

39 FamRZ 2012, 207, 209; FamRZ 2002, 88 = NJW 2002, 436. Ebenso OLG Düsseldorf, FamRZ 2013, 2016.

40 FamRZ 2015, 833, m. Anm. *Wever*, S. 836 sowie Anm. *Weinreich*, NZFam 2015, 504 u. FF 2016, 165 = NJW 2015, 1523; dazu auch *v. Proff*, NJW 2015, 1482.

von Material, zeitweise Übernahme des Abtrags eines elterlichen Kredits für die Um- und Ausbauten) zugunsten der dann von dem Paar bewohnten Immobilie der Eltern der Frau erbracht. Wenig später war er ausgezogen. Da die Frau (mit gemeinsamem Kind) in den Räumen verblieben war, konnte bei Heranziehung der o.g. Grundsätze nicht zweifelhaft sein, dass der gegen die Eltern gerichtete Anspruch auf finanziellen Ausgleich keinen Erfolg haben konnte. So hatte auch das Berufungsgericht (OLG Jena) entschieden. Der BGH bestätigt dies zwar im Ergebnis, nimmt dabei aber nicht überzeugende Differenzierungen vor. Insbesondere überzeugt nicht, dass der BGH den Kreditabtrag als Schenkung zugunsten der „Schwiegereltern" zu qualifizieren für denkbar hält (dagegen spricht: er erfolgte, wie die übrigen Leistungen auch, im Eigeninteresse des „Schwiegersohnes", nämlich zur Ermöglichung kostenlosen Wohnens seiner Familie bei verbesserten Wohnverhältnissen) und einen Ausgleichsanspruch über § 313 BGB insoweit für möglich erachtet[41].

II. Geklärte und ungeklärte Fragen

1. Kapitalzahlung statt Geldrente?

1243 Grundsätzlich hat sich, wie dargelegt, der gem. § 818 II BGB beim Bereicherungsausgleich zu leistende **Wertersatz** an der durch den Ausbau bedingten **Ertragswertsteigerung** des Grundstücks zu orientieren[42]. Bestand die Zuwendung z.B. im Ausbau eines bis dahin nicht bewohnbaren Dachbodens, der von den Schwiegereltern nach Beendigung des Leihverhältnisses mit den Kindern an Dritte vermietet wird, besteht der Wert der Bereicherung in dem Mietertrag. Er ist für die ursprünglich vorgesehene Dauer des Leihverhältnisses[43] in Form einer Geldrente auszugleichen.

1244 Allerdings sind Fallgestaltungen denkbar, in denen nicht, zumindest nicht allein, auf den Ertragswert der geschaffenen Räume abgestellt werden kann. Haben etwa die Schwiegereltern nach dem Scheitern der Ehe der Kinder das **Grundstück verkauft**, z.B. weil sie das ausgebaute Gebäude allein nicht sinnvoll nutzen können und nicht mit Dritten unter einem Dach wohnen wollen, so muss die durch den Ausbau bedingte Verkehrswertsteigerung des Grundstücks, die im Verkauf realisiert worden ist, Bedeutung gewinnen. In einem solchen Fall sollte weiter der – dann kapitalisierte, auf die eigentlich vorgesehene Dauer des Leihverhältnisses bezogene – Ertragswert herangezogen[44], der Anspruch aber unter dem Gesichtspunkt der Entreicherung (§ 818 III BGB) auf die im Verkauf

41 Dazu im Einzelnen *Wever*, FamRZ 2015, 836 (Anm.); *ders.*, FamRZ 2015, 1243, 1250.
42 Vgl. Rn. 1234; *Palandt/Sprau*, § 818 Rn. 21.
43 Dazu Rn. 1245.
44 So auch *Schulz*, FamRB 2006, 84, 87.

realisierte Verkehrswertsteigerung des Grundstücks beschränkt werden[45]. Einen Anspruch auf Erstattung der durch die Ausbauarbeiten bedingten Verkehrswertsteigerung gewährt allerdings das OLG Oldenburg[46] in einem Fall, in dem die Eheleute sich bereits wenige Monate nach Baufertigstellung getrennt hatten, nacheinander ausgezogen waren und das Haus ein Jahr später verkauft worden war[47].

2. Geldrente wie lange?

Die nach planwidrig vorzeitiger Beendigung des Leihverhältnisses in 1245
der Regel geschuldete Geldrente ist bis zum ursprünglich vorgesehenen Vertragsablauf zu zahlen. War das Leihverhältnis – wie meist – unbefristet, muss dessen ursprünglich vorgesehene Dauer unter Berücksichtigung des Zwecks der Leihe durch Auslegung ermittelt werden („für die Leihe bestimmte Zeit" i.S. des § 604 I BGB). Wenn es keine Anhaltspunkte dafür gibt, dass die Investitionen irgendwann „abgewohnt" sein sollten[48], wird im Zweifel davon auszugehen sein, dass die unentgeltliche Überlassung auf Dauer, nämlich auf Lebenszeit der Entleiher gewollt war[49]. Allerdings sind insoweit die Umstände des Einzelfalls, insbesondere auch der Umfang der getätigten Investitionen von Bedeutung[50]. Auch das Alter der Beteiligten kann eine Rolle spielen. Bei Investitionen geringeren Umfangs wird ein auf Lebenszeit eingegangenes Leihverhältnis eher nicht gewollt sein, zumal wenn es sich um junge Beteiligte handelt.

3. Nutzungsvergütung nach Auszug eines Ehegatten?

Verbleibt nach der Trennung der eine Ehegatte in der Wohnung mit 1246
der Folge, dass das Leihverhältnis fortbesteht und der ausgezogene Ehegatte, der die Investitionen vorgenommen hat, keinen Bereicherungsan-

45 Eine Kapitalisierung des Anspruchs kann auch für den Zugewinnausgleich erforderlich sein; vgl. BGH, FamRZ 2002, 88, 89 = NJW 2002, 436.

46 FamRZ 2008, 1440 = FamRB 2008, 65 *(Heinle)*.

47 Für einen Anspruch auf Zahlung der Verkehrswertsteigerung bei Verkauf der Immobilie auch MAH/*Markwardt*, § 21 Rn. 171.

48 Vgl. OLG Hamm, FamRZ 1997, 1474, das die Investitionen im entschiedenen Fall im Zeitpunkt des Auszugs für „abgewohnt" hält; nicht überzeugend ist der Ansatz des vollen Mietwerts der geschaffenen Räume, der im Zweifel nicht dem Willen der Parteien entsprach. Zum Gesichtspunkt des „Abwohnens" der Investitionen auch OLG Bremen, OLG-Report 2005, 266 (in einem Fall, in dem die Freundin der Tochter des Grundstückseigentümers Geld für den Ausbau eines dann von ihr bewohnten Dachgeschosses zur Verfügung gestellt hatte).

49 So wohl auch OLG Hamm, FamRZ 2013, 2014, 2015; OLG Brandenburg, Urteil v. 5.8.2009, 3 U 110/08, juris. Vgl. auch BGH, FamRZ 1990, 843, 844 = NJW 1990, 1789.

50 Vgl. auch MünchKomm/*Häublein*, § 604 Rn. 2.

spruch gegen die Schwiegereltern (ggf. Eltern) geltend machen kann, kommt ein Anspruch auf Nutzungsvergütung in Betracht. Als Mitinhaber des aus dem gemeinsam abgeschlossenen Leihvertrag resultierenden Nutzungsrechts (§ 741 BGB) kann er – ähnlich wie ein aus dem gemeinsamen Haus ausgezogener Miteigentümer – einen solchen Anspruch gegen den anderen Ehegatten aus §§ 745, 743 BGB bzw. während des Getrenntlebens aus § 1361b III S. 2 BGB (lex specialis) herleiten[51]. Auf diese Weise wird verhindert, dass der die Wohnung verlassende Ehegatte, der das Leihverhältnis ohne Mitwirkung des anderen nicht beenden kann[52], auf lange Sicht keinen Ausgleich für seine Investitionen erhält, weil der in der Wohnung Verbleibende deren – aufgrund des fortbestehenden Leihverhältnisses – unentgeltliche Nutzung nicht aufgeben will. Für diesen Anspruch gelten die Ausführungen zu Rn. 171 ff. entsprechend. Seine Höhe wird sich am Anteil des ausgezogenen Ehegatten an der bewirkten Ertragswertsteigerung zur orientieren haben. Ist die Nutzungsmöglichkeit bereits als Wohnvorteil bei der Berechnung des Ehegattenunterhalts berücksichtigt worden, scheidet ein solcher Anspruch allerdings aus.

4. Sonstiges

1247 Gelegentlich stellt sich die Frage nach Ausgleichsansprüchen des Schwiegerkindes, das in die Immobilie der Schwiegereltern investiert hat, wenn diese nunmehr das Grundstück unentgeltlich **auf das eigene Kind übertragen** haben mit der Folge, dass sie entreichert sind (§ 818 III BGB). Hier ist, sofern kein Ausgleich auf güterrechtlichem Wege erfolgen kann[53], an eine Lösung über § 822 BGB zu denken, die zu einem Anspruch des Schwiegerkindes gegen seinen Ehegatten führt.

1248 Der Anspruch unterliegt der regelmäßigen **Verjährungsfrist**, die seit 1.1.2002 drei Jahre beträgt (§ 195 BGB)[54]. Der Beginn der Frist richtet

51 OLG Rostock, FamRZ 2017, 433 (zur zeitlichen Begrenzung des Anspruchs in dieser Entscheidung Rn. 1233 Fn. 16); OLG Hamm, FamRZ 2013, 2014, 2016 = FamRB 2013, 274 *(Frank)*; vgl. auch OLG Brandenburg, FamRZ 2015, 1146, 1147.

52 Vgl. Rn. 1233. Auch einen Anspruch gegen den in der Wohnung verbliebenen Ehegatten auf Mitwirkung an der Beendigung des Leihverhältnisses hat er nicht. Der Heranziehung des § 1353 I S. 2 BGB als denkbarer Anspruchsgrundlage steht entgegen, dass der in der Wohnung Verbliebene nicht zur Vornahme einer Rechtshandlung verpflichtet ist, die zu seinem wirtschaftlichen Nachteil ist; vgl. Rn. 646. Anders für die nichteheliche Lebensgemeinschaft *Weinreich*, FF 2016, 165, 167.

53 Vgl. dazu BGH, FamRZ 2005, 1974, 1975 = NJW 2005, 3710 = FamRB 2006, 1 *(Kogel)*, im Anschluss an OLG München, FamRZ 2003, 312 (dazu auch Rn. 968 Fn. 237); *Morawe/Winkler*, FamRZ 2007, 1212; *Schulz/Hauß*, Rn. 2120 ff.: Ansatz des Wertes, den die Immobilie vor der investitionsbedingten Wertsteigerung hatte, im Anfangsvermögen des Kindes; anders OLG Brandenburg, FamRZ 2009, 231 = NJW 2008, 2592.

54 Zuvor 30 Jahre (§ 195 BGB in der vor dem 1.1.2002 geltenden Fassung). Vgl. dazu sowie zum Übergangsrecht Rn. 1054, 1303. – Die 3-Jahresfrist war auch während der Geltung

sich nach § 199 I BGB (Entstehung des Anspruchs mit Beendigung des Leihverhältnisses)[55]. Die Verjährungshemmung gem. § 207 I BGB greift nicht[56]. Zuständig sind seit 1.9.2009 die **Familiengerichte**, sofern der erforderliche Zusammenhang mit Trennung oder Scheidung der Ehe von Kind und Schwiegerkind besteht[57] (sonstige Familiensachen i.S. des § 266 I Nr. 3 FamFG)[58].

B. Leistungen der Schwiegereltern

I. Rückabwicklung von Schwiegerelternzuwendungen[59]

Die gerichtliche Praxis ist – insbesondere nach der noch zu bespre- **1249**
chenden Rechtsprechungsänderung des BGH aus dem Jahr 2010[60] – in erheblichem Umfang mit Fällen beschäftigt, in denen Schwiegereltern die Rückgewähr von Zuwendungen verlangen, die sie – ohne Vereinbarung einer Gegenleistung[61] – ihrem Schwiegerkind zu Zeiten gemacht haben, als dessen inzwischen gescheiterte Ehe mit dem eigenen Kind noch intakt war[62]. Meist handelt es sich um Zuschüsse zum Bau oder Erwerb eines Familienheims oder um die Übertragung eines Grundstücks, häufig je zur Hälfte an beide Eheleute.

Beispiel[63]:

F ist Alleineigentümerin eines Hausgrundstücks, das sie mit ihrem Ehemann M und den Kindern bewohnt. Ihre Schwiegermutter S überweist auf ein Gemeinschaftskonto der im gesetzlichen Güterstand lebenden Eheleute 100.000 €. Mit dem Geld werden, wie von S gewünscht, die Belastungen des Grundstücks abgelöst. Als 7 Jahre später die Ehe scheitert, verlangt S von F Rückerstattung des zur Verfügung gestellten Geldes.

---

der in § 197 I Nr. 2 BGB a.F. (1.1.2002 bis 31.12.2009) enthaltenen Sonderregelung für familienrechtliche Ansprüche maßgebend, weil es sich hier um schuldrechtliche Ansprüche handelt, die auch nicht dadurch zu familienrechtlichen Ansprüchen geworden sind, dass für sie die familiengerichtliche Zuständigkeit eingeführt worden ist; dazu 5. Aufl., Rn. 550.

55 OLG Düsseldorf, FamRZ 2013, 2016.

56 Vgl. Rn. 1057.

57 Nicht gegeben im Fall OLG Düsseldorf, FamRZ 2013, 2016 (Ausgleichsverlangen ohne Trennung von Kind und Schwiegerkind nach Kündigung des Leihverhältnisses durch Vater/Schwiegervater).

58 Vgl. Rn. 40.

59 Ausführlich mit Berechnungsbeispielen auch *Wever*, FamRZ 2016, 857; *Weinreich*, FF 2015, 286.

60 Dazu Rn. 1259 ff.

61 Für Zuwendungen, die auf der Grundlage eines Kaufvertrages erfolgt sind, gelten die nachfolgend geschilderten Grundsätze nicht, vgl. BGH, FamRZ 2003, 223 = NJW 2003, 510. Zum Fall der gemischten Schenkung Rn. 1312.

62 Den Fall einer Zuwendung der Schwiegereltern (Zahlungen auf einen Bausparvertrag) nach Trennung der Ehegatten behandelt OLG Karlsruhe, FamRZ 1991, 803.

63 Nach BGH, FamRZ 1995, 1060 = NJW 1995, 1889.

1. Bestimmung des Leistungsempfängers

1250 Mögliche Rückgewähransprüche entstehen im Verhältnis zwischen Zuwendendem und Zuwendungsempfänger. Während die Bestimmung des **Zuwendenden** (Schwiegervater? Schwiegermutter? Beide Schwiegereltern?) wie im Beispiel meist unproblematisch ist[64], kann die Frage nach dem **Zuwendungsempfänger** Probleme bereiten[65]. Besteht die Zuwendung in der Übertragung eines Grundstücks oder Grundstücksanteils, ist die Frage allerdings leicht zu beantworten: Die Person des Leistungsempfängers ergibt sich aus dem notariellen Übertragungsvertrag. Schwierigkeiten ergeben sich dagegen oft **bei finanziellen Zuwendungen**, da die Schwiegereltern vielfach nicht klar angeben, wem die Leistung zugedacht ist. Die Frage ist dann, wie auch im Beispielsfall: Sollte das eigene Kind, das Schwiegerkind oder sollten beide Eheleute bedacht werden? Nur den Empfänger im Rechtssinne kann eine Rückgabeverpflichtung treffen; sind es beide Ehegatten, besteht eine anteilige Rückgabepflicht, denn die Eheleute haften nicht gesamtschuldnerisch[66]. Der Leistungsempfänger muss ggf. im Wege der Auslegung ermittelt werden.

1251 Bei der Feststellung des Leistungsempfängers können nach der Rechtsprechung vor allem folgende **Kriterien** von Bedeutung sein[67]:

- Angaben auf dem Überweisungsträger: Enthält der Überweisungsträger Angaben zur Person oder zu Personen auf Empfängerseite, ist dies von besonderem, oft ausschlaggebendem Gewicht[68].
- Art und Zweckbestimmung des Empfängerkontos: Die Überweisung auf ein Einzelkonto spricht jedenfalls dann dafür, dass nur der Kontoinhaber bedacht werden sollte, wenn der andere Ehegatte ebenfalls über ein Konto verfügte. Anders stellt sich die Situation dar, wenn es sich um das Familienkonto handelte, auf das beide Eheleute Zugriff hatten, auf das die Gehälter beider Ehegatten flossen und von dem die gemeinsamen Ausgaben bestritten wurden[69], oder wenn bzgl. dieses Kontos nach den – den Schwiegereltern bekannten – Umständen eine Bruchteilsberechtigung bestand[70]. Die Überweisung auf ein Gemein-

64 Sind beide Schwiegereltern Zuwendende, ist ggf. von Mitgläubigerschaft auszugehen, mit der Konsequenz, dass Leistung nur an beide Mitgläubiger verlangt werden kann, § 432 BGB; vgl. *Wever*, FamRZ 2016, 857. Anders wohl OLG Köln, Beschl. v. 23.2.2015, 4 UF 8/15, juris = FamRZ 2015, 1333 (gekürzt): Gesamtgläubigerschaft.

65 Dazu auch *Jüdt*, FuR 2013, 431, 434 f.

66 *Rodloff*, FamRB 2013, 51, 55.

67 Dazu zuletzt OLG Bremen, FamRZ 2016, 504 = NJW 2016, 83.

68 Vgl. OLG Koblenz, FamRZ 2005, 898, 899.

69 OLG Koblenz, NJW 2003, 1675; OLG Celle, FamRZ 2003, 233, 234, das es im entschiedenen Fall für unerheblich hielt, dass der Nichtkontoinhaber noch über ein eigenes Konto verfügte.

70 Dazu Rn. 533 ff.

schaftskonto spricht zumindest dann dafür, dass die Kontoinhaber je zu ½ begünstigt werden sollten, wenn daneben weitere (Einzel-)Konten existierten[71]. Insgesamt ist die Bedeutung des Empfängerkontos aber zurückhaltend zu bewerten.

- Vorgesehener Verwendungszweck und Anlass der Zuwendung: Von besonderem Gewicht wiederum ist, ob das Geld für gemeinsame oder nur für Zwecke eines Ehegatten vorgesehen und was Anlass für die Zuwendung war. Ist das Geld für gemeinsame Anschaffungen oder für den Erwerb oder Ausbau einer im Miteigentum der Ehegatten stehenden Immobilie bestimmt, spricht dies dafür, dass das Geld beiden Ehegatten anteilig zukommen sollte[72]. War Anlass der Zuwendung, dass die Geschwister des eigenen Kindes von den Eltern Geldbeträge in gleicher Höhe erhalten haben, z.B. als vorweggenommene Erbfolge, spricht dies dafür, dass nur das eigene Kind bedacht sein sollte[73].

Die **Darlegungs- und Beweislast** dafür, dass das auf Rückgewähr in **1252** Anspruch genommene Schwiegerkind Leistungsempfänger ist, tragen die Schwiegereltern[74]. Einen Erfahrungssatz oder eine – widerlegliche – Vermutung des Inhalts, dass die Zuwendung nur dem Ehegatten zugedacht war, der dem Zuwendenden nahe stand oder mit ihm verwandt war, erkennt die Rechtsprechung bisher nicht an[75]. Angesichts der Interessenlage der zuwendenden Schwiegereltern wäre es sachgerechter dann, wenn sich bei einer finanziellen Zuwendung durch die Eltern bzw. Schwiegereltern der Leistungsempfänger unter Heranziehung der vorgenannten Kriterien nicht eindeutig feststellen lässt, von einer Zuwendung zugunsten des eigenen Kindes auszugehen[76].

Zu bedenken können ggf. **steuerrechtliche Gesichtspunkte** sein. Zu- **1253** gunsten des Kindes gilt gemäß § 16 ErbStG ein wesentlich höherer Steu-

---

71 *Jüdt*, FuR 2013, 431, 434.

72 Vgl. OLG Bremen, FamRZ 2016, 504 = NJW 2016, 83: beide Ehegatten Leistungsempfänger bei für die Ablösung gemeinsamer Hauskredite bestimmten Zahlungen; OLG Düsseldorf, FamRZ 2015, 173, 174; OLG Frankfurt, FamRZ 2009, 1065, 1066; OLG Köln, NJW 2009, 1005, 1007 = FamRZ 2009, 1064 [LS]; OLG Koblenz, FamRZ 2005, 898, m. Anm. *Wever.*

73 Vgl. OLG Koblenz, FamRZ 2017, 108; OLG Brandenburg, MittBayNot 2014, 535; OLG Köln, FPR 2001, 419.

74 *Schulz/Hauß*, Rn. 2081.

75 Etwa OLG Brandenburg, MittBayNot 2014, 535 = FamRB 2015, 124 *(Frank)*; OLG Celle, FamRZ 2003, 233, 234; OLG Koblenz, NJW 2003, 1675; ebenso 10. DFGT 1993, AK 18, Brühler Schriften zum Familienrecht, Bd. 8, 1994, S. 88. Vgl. aber AG Stuttgart, FamRZ 1999, 655, das im Fall einer Überweisung von 100.000 DM auf das Konto des Schwiegerkindes bei Bezeichnung beider Ehegatten als Empfänger eine Ausstattung des eigenen Kindes i.S.d. § 1624 BGB annimmt.

76 In diesem Sinne auch *Weinreich*, FF 2011, 271, 281; 17. DFGT 2007, AK 18, Brühler Schriften zum Familienrecht, Bd. 15, 2008, S. 165.

erfreibetrag (400.000 € je Elternteil) als zugunsten des Schwiegerkindes (20.000 € je Schwiegerelternteil). Steuerlich günstiger ist es also bei entsprechend hohen Beträgen, das Geld dem eigenen Kind und nicht dem Schwiegerkind zukommen zu lassen[77]. Allerdings kann die Rechtslage in steuerrechtlicher Hinsicht bei der Ermittlung des Gewollten nur dann berücksichtigt werden, wenn davon ausgegangen werden kann, dass sie von den Beteiligten auch bedacht worden ist[78].

1254 In dem dem Beispiel (Rn. 1249) zugrunde liegenden Fall hat der BGH die Annahme des OLG[79] gebilligt, das Geld sei weder allein dem Ehemann M – als demjenigen, der der Zuwendenden verwandtschaftlich verbunden war –, noch allein der F – als derjenigen, in deren Vermögen sich die Zuwendung letztlich wertsteigernd ausgewirkt hat –, sondern beiden Ehegatten gemeinsam zugewendet worden. Das OLG hatte seine Annahme darauf gestützt, dass auf dem Überweisungsauftrag beide Ehegatten als Empfänger bezeichnet worden waren. Folgt man dem, so kann es im Verhältnis zwischen F und S allenfalls um einen Ausgleich von 50.000 € gehen.

2. Rückabwicklung nach früherer Rechtsprechung des BGH[80]

1255 Die Anspruchsgrundlage für ein Rückgewährverlangen der Schwiegereltern hängt von der **rechtlichen Qualifizierung der Zuwendung** ab. Zuwendungen dieser Art im Verhältnis zwischen Schwiegereltern und Schwiegerkind sind von den Instanzgerichten in früheren Jahren meist als Schenkung angesehen worden, deren Rückgewähr nach Schenkungsrecht (insbesondere § 530 BGB), Bereicherungsrecht (Zweckschenkung: § 812 I S. 2 Alt. 2 BGB) oder über Wegfall der Geschäftsgrundlage für möglich erachtet wurde[81].

1256 Der BGH[82] hat sie seit 1995 zunächst – im Anschluss an seine Rechtsprechung zu Zuwendungen unter Ehegatten und Verlobten[83] – nicht als Schenkungen eingeordnet, sondern als Zuwendungen besonderer Art, die ihren Rechtsgrund in einem familienrechtlichen Rechtsgeschäft sui generis haben. Begründet hat er dies damit, dass solche Zuwendungen – anders als Zuwendungen zugunsten des eigenen Kindes, die der BGH[84] seit

77 Ggf. mit anteiliger Weitergabe des Geschenkten vom Kind an seinen Ehepartner im Wege einer steuerlich akzeptierten sog. Kettenschenkung; dazu Rn. 1311.

78 So auch OLG Bremen, FamRZ 2016, 504 = NJW 2016, 83.

79 OLG Düsseldorf, FamRZ 1994, 1384 (auszugsweise) = NJW-RR 1994, 1411.

80 Dazu im Einzelnen 5. Aufl. Rn. 556 ff.

81 Vgl. etwa OLG Düsseldorf, NJW-RR 1996, 517; OLG Köln, NJW-RR 1995, 584; OLG Oldenburg, FamRZ 1994, 1245 = NJW 1994, 1539; OLG Köln, FamRZ 1994, 1242, m. Anm. *Henrich* = NJW 1994, 1540; OLG Oldenburg, FamRZ 1992, 308 = NJW 1992, 1461; OLG Karlsruhe, FamRZ 1989, 978 = NJW 1989, 2136; LG Oldenburg, FamRZ 1997, 738.

82 BGH, FamRZ 1995, 1060 = NJW 1995, 1889; FamRZ 1998, 669; FamRZ 1999, 365 = NJW 1999, 353.

83 Vgl. dazu Rn. 911 ff., 948 ff., 1072 ff.

84 FamRZ 1998, 669.

jeher und bis heute unverändert im Zweifel als Schenkung ansieht[85]– regelmäßig nicht aus vom ehe- bzw. familienbedingten Hintergrund losgelöster Freigebigkeit erfolgten, sondern als Beitrag zur Ausgestaltung der ehelichen Lebensgemeinschaft des eigenen Kindes und seines Ehegatten, gelegentlich zugleich in einem an den Fortbestand der Ehe geknüpften Eigeninteresse, etwa dem des Versorgtwerdens im Haus der Eheleute[86]. Der BGH hat daher auf sie die für **ehebezogene Zuwendungen** unter Ehegatten entwickelten Grundsätze analog angewendet. Für mögliche **Rückgewähransprüche** der Schwiegereltern hatte dies zur Folge: Sie konnten sich allein unter dem Gesichtspunkt des Wegfalls der Geschäftsgrundlage (§ 313 BGB[87]) infolge des Scheiterns der Ehe ergeben, im Regelfall dagegen nicht aus Schenkungsrecht (§§ 527 ff. BGB). Die Instanzgerichte[88] und die weit überwiegende Meinung in der Literatur[89] sind diesem Ansatz gefolgt.

Im **Zugewinnausgleich** hatte er die Konsequenz, dass das eigene 1257
Kind der Schwiegereltern im Zweifel von deren Zuwendung an den Ehepartner profitierte, da diese – mangels Schenkungscharakter – nicht von § 1374 II BGB erfasst wurde, also nicht ins Anfangsvermögen fiel[90], anders als die als Schenkung qualifizierte Zuwendung an das eigene Kind. Nimmt man im obigen Beispiel (Rn. 1249) an, dass die Eheleute über kein weiteres Anfangs- und Endvermögen verfügten und der Wert der Zuwendung bei Eheende noch vorhanden war, ergab sich für den Zugewinnausgleich (zur Vereinfachung ohne Indexierung,):

M	Anfangsvermögen	50.000 €
	Endvermögen	50.000 €
	Zugewinn	0 €
F	Anfangsvermögen	0 €
	Endvermögen	50.000 €
	Zugewinn	50.000 €
Ausgleichspflicht F		25.000 €

85 Rückgewähransprüche gegenüber dem eigenen Kind können sich daher nur aus §§ 527 ff. BGB ergeben. Vgl. Rn. 1310.

86 Vgl. z.B. BGH, FamRZ 2006, 394.

87 Nach vor dem 1.1.2002 geltendem Recht: § 242 BGB.

88 OLG Brandenburg, NJW-RR 2009, 1444 = FamRB 2009, 333 *(Heinle)*; FamRZ 2009, 117; OLG Celle, FamRZ 2003, 1657, m. Anm. *Bergschneider* = FamRB 2003, 278 *(Wever)*; FamRZ 2003, 233; OLG Köln, FPR 2001, 419; OLG Dresden, FamRZ 1997, 739 (Rückgewähr einer vor dem 3.10.1990 in der damaligen DDR vorgenommenen „Schenkung").

89 Etwa: *Büte*, FuR 2005, 544; *Schwolow*, FuR 2000, 456, 457; 10; *Haußleiter/Schulz*, 4. Aufl., 7 Rn. 20; *Münch*, Scheidungsimmobilie, 2009, Rn. 402; MAH/*Kogel*, 2. Aufl., § 21 Rn. 118 f.; *Wever*, 5. Aufl., Rn. 567; 10. DFGT, 18. AK, Brühler Schriften zum Familienrecht, Bd. 8, 1994, S. 89. Vgl. auch *Heinle*, FamRZ 1992, 1256, 1257; *Schwab*, FS Werner, 2009, S. 459. Zur Entwicklung der Rspr. auch *Koch*, FS Schwab, S. 513, 514 ff.

90 BGH, FamRZ 1995, 1060 = NJW 1995, 1889.

1258 Die wegen der praktischen Auswirkungen vielleicht gewichtigere Besonderheit der bisherigen Rechtsprechung – neben der rechtlichen Qualifizierung der Schwiegerelternzuwendung als einer Art ehebezogener Zuwendung (mit der Folge der Ausschaltung schenkungsrechtlicher Ansprüche der Schwiegereltern zum einen und der Partizipation des eigenen Kindes über den Zugewinnausgleich zum anderen) – bestand nun in einer **Verknüpfung der schwiegerelterlichen Ansprüche mit den güterrechtlichen Ansprüchen** im Verhältnis zwischen dem Zuwendungsempfänger und seinem Ehepartner. Bei der Beurteilung möglicher Rückgewähransprüche der Schwiegereltern aus § 313 BGB sah der BGH[91] nämlich eine den Schwiegereltern unzumutbare Vermögenssituation i.S. des § 313 BGB regelmäßig dann nicht als gegeben an, wenn die Schwiegereltern für den Fall des Voraussehens des Scheiterns der Ehe die gesamte Zuwendung dem eigenen Kind gemacht hätten (was im Zweifel anzunehmen war[92]), dieses aber über den Zugewinnausgleich am Wert der dem Ehepartner gemachten Zuwendung beteiligt wurde[93]. Da dies, wenn die Eheleute im gesetzlichen Güterstand gelebt haben, aus den zu Rn. 1257 genannten Gründen regelmäßig der Fall war, schied ein Rückgewähranspruch der Schwiegereltern meist aus. In Betracht kam er vor allem in Gütertrennungsfällen, sowie bei zwei Fallgestaltungen besonderer Art: zum einen dann, wenn die Schwiegereltern mit der Zuwendung ein in die Zukunft gerichtetes, nun nicht mehr realisierbares Eigeninteresse verfolgt hatten, zum zweiten bei Bestehen eines vitalen, schützenswerten Interesses der Schwiegereltern an der gegenständlichen Rückgewähr des überlassenen Vermögensobjekts selbst (dazu näher Rn. 1279 ff.)[94].

Bei Zugrundelegung der bisherigen Rechtsprechung des BGH ergab sich im Beispielsfall (Rn. 1249): Die Geldzuwendung der Schwiegermutter S an F (50.000 €) war nicht als Schenkung einzuordnen, sondern wie eine ehebezogene Zuwendung zu behandeln, deren Geschäftsgrundlage mit dem Scheitern der Ehe von F und M entfallen war. Ein Rückgewähranspruch der S gem. § 313 BGB schied aber aus, da die Hälfte des der F zugewendeten Geldbetrages aufgrund des Zugewinnausgleichs an M floss (siehe Rn. 1257), und damit eine der S zumutbare Vermögenssituation gegeben war.

---

91 BGH, FamRZ 1995, 1060 = NJW 1995, 1889.

92 Anders *Staudinger/Thiele*, 2007, § 1363 Rn. 27. Vgl. dazu auch *Wagenitz*, S. 178.

93 Krit. dazu *Koch*, FS Schwab, S. 513, 519. Dem BGH folgend: OLG Brandenburg, NJW-RR 2009, 1444 = FamRB 2009, 333 *(Heinle)* (bei Ausgleich eines Viertels der Zuwendung über den Zugewinnausgleich); FamRZ 2009, 117 (bei vergleichsweisem Verzicht auf Zugewinnausgleich), vgl. dazu auch die abweichende Entscheidung der Vorinstanz, LG Frankfurt/O., FamRZ 2007, 1988, m. Anm. *Wever* S. 1990 u. *Kogel*, FF 2008, 126; OLG Celle, FamRZ 2003, 1657, m. Anm. *Bergschneider* = FamRB 2003, 278 *(Wever)*; *Schulz*, FamRB 2006, 48, 49 f.; 17. DFGT 2007, AK 18, Brühler Schriften zum Familienrecht, Bd. 15, 2008, S. 165.

94 Vgl. auch die zusammenfassende Darstellung der früheren Rspr. bei BGH, FamRZ 2016, 457, Rn. 31 = NJW 2016, 629.

3. Rückabwicklung nach neuer Rechtsprechung des BGH

Mit seiner Entscheidung vom 3.2.2010[95], inzwischen mehrfach bestätigt[96] und von den Instanzgerichten nachvollzogen[97], hat der BGH eine grundlegende Änderung seiner bisherigen Rechtsprechung mit weitreichenden und zum Teil immer noch ungeklärten Folgen vorgenommen. Er behandelt nunmehr Zuwendungen der Schwiegereltern, die mit Rücksicht auf die Ehe des Schwiegerkindes mit dem eigenen Kind und zur Begünstigung des ehelichen Zusammenlebens erfolgt sind, nicht mehr wie ehebezogene Zuwendungen, sondern ordnet sie (ebenso wie „echte" Schenkungen, also Zuwendungen, denen eine solche Motivation nicht zugrunde liegt[98]) als **Schenkungen** i.S. des § 516 BGB ein. Zur Begründung führt er an, dass (auch) derartige schwiegerelterliche Leistungen, anders als entsprechende Leistungen zwischen Ehegatten, die Tatbestandsmerkmale einer Schenkung erfüllten, weil die Vermögensübertragung – anders als bei Ehegatten – regelmäßig in dem Bewusstsein erfolge, künftig an dem zugewendeten Gegenstand nicht mehr selbst zu partizipieren[99]. 1259

Infolgedessen sind zum einen – bei Vorliegen der gesetzlichen Voraussetzungen (§§ 527 ff. BGB) – Rückgewähransprüche der Schwiegereltern **nach Schenkungsrecht** möglich. Daneben kommen beim Scheitern der Ehe von Kind und Schwiegerkind aber auch Rückgewähransprüche **wegen Wegfalls der Geschäftsgrundlage** (§ 313 BGB) in Betracht, denn ungeachtet der nunmehrigen Qualifizierung als Schenkung ist Geschäftsgrundlage derartiger Schwiegerelternzuwendungen regelmäßig, dass die eheliche Lebensgemeinschaft zwischen Kind und Schwiegerkind fortbesteht. Man kann insofern von „ehebezogenen Schenkungen" sprechen[100]. Dass eine schwiegerelterliche Schenkung ehebezogen ist, dass sie also zur Begünstigung des ehelichen Zusammenlebens des Schwiegerkindes mit dem eigenen Kind und in Erwartung von dessen Fortbestand erfolgt ist, 1260

95 FamRZ 2010, 958, m. Anm. *Wever* S. 1047 u. Anm. *Kogel*, FF 2010, 319 = NJW 2010, 2202, m. Anm. *Schmitz* = FamRB 2010, 197 *(Wever)*. Dazu auch *Kogel*, FuR 2014, 19; *Hahne*, FF 2010, 271; *Schulz*, FF 2010, 273; *Schlecht*, FamRZ 2010, 1021; *Zimmermann*, FamFR 2010, 268; *Krause*, ZFE 2010, 284. Zur Kritik näher Rn. 1297.

96 BGH, FamRZ 2010, 1626, m. Anm. *Wever* = NJW 2010, 2884 = FamRB 2010, 325 *(Wever)* = FamFR 2010, 448 *(Schmitz)*; FamRZ 2012, 273, m. Anm. *Wever* S. 276 u. *Schulz*, FF 2012, 168 = NJW 2012, 523 = FamRB 2012, 69 *(Wever)*; FamRZ 2015, 393 = NJW 2015, 1014; FamRZ 2015, 490 = NJW 2015, 690; FamRZ 2016, 457 = NJW 2016, 629.

97 OLG Bremen, FamRZ 2016, 504 = NJW 2016, 83; OLG Köln, FamRZ 2015, 1333; OLG Düsseldorf, FamRZ 2015, 173 u. FamRZ 2014, 161; OLG Frankfurt, Beschl. v. 4.6.2012, 6 UF 12/12, juris = FamRB 2013, 237 *(Frank)*; OLG Frankfurt, FamRZ 2013, 988, 990.

98 Dazu Rn. 1266.

99 Zur Frage der Auswirkung der geänderten Beurteilung auf Zuwendungen zwischen Ehegatten Rn. 920.

100 So auch BGH, FamRZ 2010, 958, 961 = NJW 2010, 2202.

wird in der Regel anzunehmen sein[101]; der BGH[102] erwartet dazu allerdings (wohl) positive Feststellungen[103].

1261 Bei der Prüfung möglicher Rückgewähransprüche der Schwiegereltern nach § 313 BGB, nämlich bei der Beurteilung der Frage, ob die Beibehaltung der bestehenden Vermögenssituation für die Schwiegereltern unzumutbar i.S. des § 313 BGB ist, ist nun aber, anders als bisher, das güterrechtliche Ergebnis im Verhältnis zwischen Kind und Schwiegerkind, also die Frage, ob das eigene Kind über den Zugewinnausgleich profitiert, ohne Bedeutung. Nach der jetzt vom BGH gewählten Konstruktion profitiert das eigene Kind von der Zuwendung an den Ehepartner, jedenfalls im Regelfall, im Zugewinnausgleich nicht mehr, da die Zuwendung als Schenkung das Anfangsvermögen des Schwiegerkindes erhöht (§ 1374 II BGB); dazu näher unten Rn. 1290.

1262 Durch die geänderte Rechtsprechung wird die Rückforderung schwiegerelterlicher Zuwendungen somit **erleichtert**, und zwar dadurch, dass zum einen nun auch Rückgewähransprüche nach Schenkungsrecht möglich sind, und dass zum anderen der bei Scheitern der Ehe in Betracht kommende Anspruch aus § 313 BGB nicht mehr durch ein mögliches Profitieren des eigenen Kindes über den Zugewinnausgleich beeinträchtigt wird.

1263 Im **Beispielsfall** (Rn. 1249) handelt es sich um eine Zuwendung, die nach der geänderten Rechtsprechung des BGH als ehebezogene Schenkung einzuordnen ist. Das Geld der Schwiegermutter war zum Abtrag der auf dem Familienheim lastenden Schuld bestimmt. Es diente damit der Ausgestaltung der Ehe und erfolgte erkennbar in Erwartung von deren Fortbestand. Wäre S nicht vom Bestand der Ehe ausgegangen, hätte sie das Geld sicherlich nicht ohne eigene Absicherung zur Verfügung gestellt.

1264 Die Einordnung einer schwiegerelterlichen Zuwendung als ehebezogene Schenkung hat nach dem Gesagten zur Folge, dass grds. sowohl schenkungsrechtliche Rückforderungsansprüche als auch solche aus § 313 BGB in Betracht kommen. Darüber hinaus ist an die Möglichkeit eines Bereicherungsanspruchs wegen Zweckverfehlung zu denken.

---

101 Vgl. dazu OLG Bremen, FamRZ 2016, 504, 506 f. = NJW 2016, 83; *Weinreich*, FF 2015, 286, 291. Zweifelnd OLG Stuttgart, FamRZ 2012, 1595, m. Anm. *Wever*, u. auch OLG Saarbrücken, Urteil v. 21.11.2013, 2 U 47/13, juris = NZFam 2014, 44 *(Höhler-Heun)*, insbesondere bei Geldzuwendungen für Renovierungsmaßnahmen u. Anschaffung von Haushaltsgegenständen.

102 FamRZ 2015, 393, Rn. 29 = NJW 2015, 1014.

103 In diesem Sinne auch OLG Düsseldorf, FamRZ 2015, 173, das die Ehebezogenheit der Schenkung und die Erwartung des Fortbestandes der Ehe aus der Höhe des Zuwendungsbetrages und der Tatsache herleitet, dass die Schenkung 3 Jahre nach der Heirat bei bestehender Schwangerschaft erfolgte und zum Erwerb einer gemeinsamen Immobilie diente.

a) Rückgewähranspruch nach Schenkungsrecht

1265 Das Schenkungsrecht sieht die Möglichkeit eines Rückforderungsanspruchs bei Nichtvollziehung einer Auflage (§ 527 BGB), bei Verarmung des Schenkers (§ 528 BGB) und bei grobem Undank des Beschenkten (§ 530 BGB) vor. Hier knüpft der Anspruch also nicht an das Scheitern der Ehe von Kind und Schwiegerkind an. Praxisrelevant ist vor allem der Schenkungswiderruf wegen **groben Undanks** (§ 530 BGB), wenn er auch selten zum Erfolg führt. Er setzt voraus, dass dem beanstandeten Verhalten des Beschenkten grober Undank gerade gegenüber dem Schenker, hier also gegenüber den Schwiegereltern, entnommen werden kann. Das ist bei ehelichen oder ehebedingten Verfehlungen regelmäßig nicht der Fall. Auch grobe verbale Entgleisungen gegenüber dem anderen Ehegatten als Folge der Zerrüttung der Ehe drücken in der Regel keinen Mangel an Dankbarkeit gegenüber den Schwiegereltern aus, seien sie auch in deren Gegenwart erfolgt[104]. Als Widerrufsgrund gem. § 530 BGB genügt nicht, dass die Ehe aufgrund ehelicher Untreue des Schwiegerkindes gescheitert ist[105]. Vgl. zum Widerruf wegen groben Undanks auch Rn. 929 ff.

1266 Rückgewähransprüche der Schwiegereltern nach Schenkungsrecht kommen nunmehr sowohl bei ehebezogenen Schenkungen (Rn. 1259 f.) als auch in den selteneren Fällen in Betracht, in denen ausnahmsweise die schwiegerelterliche Zuwendung aufgrund besonderer Fallgestaltung ihren Grund nicht in dem Bestreben hatte, die Ehe von Kind und Schwiegerkind auszugestalten und zu fördern („echte Schenkungen"). Die letztgenannten Fällen sind von der Rechtsprechungsänderung des BGH nicht betroffen; bei ihnen kommen – wie schon in der Vergangenheit[106] – allein schenkungsrechtliche Rückgewähransprüche in Betracht. Zu Rückgewährverlangen betreffend geschenkten Heiratsschmuck Rn. 868. Zur Verjährung vgl. Rn. 937.

1267 Der **Beispielsfall** (Rn. 1249) bietet keinen Anhaltspunkt für einen Rückgewähranspruch nach §§ 527 ff. BGB.

---

104 Vgl. BGH, FamRZ 1999, 705 = NJW 1999, 1623.

105 Vgl. OLG Köln, NJW-RR 1995, 584; OLG Karlsruhe, FamRZ 1989, 978 = NJW 1989, 2136; 10. DFGT, 18. AK, Brühler Schriften zum Familienrecht, Bd. 8, 1994, S. 89.

106 Beispiele, in denen die Rspr. – wenn auch nicht immer überzeugend und gelegentlich auch bei den Rechtsfolgen nicht ausreichend zwischen §§ 527 ff. u. § 313 BGB differenzierend – von solchen „echten" Schenkungen ausgegangen ist: BGH, FamRZ 1999, 705, m. Anm. *Wever* S. 1421 = NJW 1999, 1623; OLG Koblenz, FamRZ 2006, 412, m. Anm. *Wever* = FamRB 2006, 101 *(Wever)*. – Vgl. auch den Fall eines (abgelehnten) Anspruchs des Schwiegervaters wegen Aufwendungen für die Hochzeitsfeier bei Scheitern der Ehe nach wenigen Tagen bei OLG Schleswig, FamRZ 1998, 1166 [LS]; dazu Bespr. *Lipp*, JuS 1999, 847. Vgl. auch 5. Aufl. Rn. 568.

b) Rückgewähranspruch wegen Wegfalls der Geschäftsgrundlage

1268 Der in der Praxis bedeutsamste der möglichen Rückgewähransprüche ist der nach § 313 BGB. Für ihn gilt Folgendes:

Mit dem **Scheitern der Ehe** von Kind und Schwiegerkind ist die Geschäftsgrundlage der ehebezogenen Schenkung entfallen. Ob die Schwiegereltern einen Rückgewähranspruch, genauer: einen Anspruch auf Vertragsanpassung[107], haben und ggf. in welchem Umfang, hängt davon ab, ob die nun bestehende Vermögenssituation für sie unzumutbar i.S. des § 313 BGB ist. Der Anspruch auf Vertragsanpassung ist nicht etwa eine automatische Folge des Scheiterns der Ehe. Er setzt vielmehr darüber hinaus die Unzumutbarkeit der nunmehr gegebenen Vermögensverteilung für die Schwiegereltern voraus. Sie ist gesondert festzustellen[108].

aa) Die typische Fallgestaltung

1269 Bei der Beurteilung der **Frage der Unzumutbarkeit** kann auf die Kriterien zurückgegriffen werden, die der BGH schon bisher bei schwiegerelterlichen Zuwendungen herangezogen hat; nur güterrechtlichen Aspekten kommt keine Bedeutung mehr zu[109]. Alle Umstände des Einzelfalls sind zu berücksichtigen. Von Gewicht sind vor allem folgende **Gesichtspunkte**[110]:

1270 – **Art und Umfang der erbrachten Leistungen**:

- Die Schenkung muss **zur dauerhaften Vermögensbildung** beim Schwiegerkind bestimmt gewesen sein und dazu geführt haben. Für Leistungen zur Erfüllung der täglichen Bedürfnisse gibt es keinen Ausgleich über § 313 BGB[111]. Damit scheiden Ausgleichsansprüche aus, wenn es darum geht, dass die Schwiegereltern Geld für den Urlaub der Familie, zur Anschaffung von Haushaltsgegenständen oder für den Erwerb des Führerscheins gegeben haben[112]. Für die Abgrenzung wird man die Rechtsprechung zu der Frage heranziehen können, wann Vermögenserwerb i.S. des § 1374 II BGB den Einkünften zuzuordnen ist[113]. Haben die Schwiegereltern eine Kredit-

---

107 Zu dessen prozessualer Geltendmachung vgl. Rn. 963.

108 BGH, FamRZ 2015, 393, Rn. 20 = NJW 2015, 1014; FamRZ 2015, 490, Rn. 22 = NJW 2015, 690.

109 BGH, FamRZ 2010, 958, 963 = NJW 2010, 2202; FamRZ 2015, 393, Rn. 21 = NJW 2015, 1014; FamRZ 2012, 273, 275 = NJW 2012, 523.

110 Vgl. zu allem Nachfolgenden auch Rn. 959 u. 1003 ff. (Kriterien bei Rückabwicklung ehebezogener Zuwendungen unter Ehegatten).

111 Vgl. BGH, FamRZ 2015, 490, Rn. 20 = NJW 2015, 690; *Stein*, FPR 2012, 88. Dazu auch Rn. 959.

112 *Weinreich*, FF 2015, 286, 289.

113 Vgl. dazu BGH, FamRZ 2017, 191, 192 = FamRB 2017, 42 *(Kogel)* (zur Einordnung von Zuwendungen zur Anschaffung eines Pkw): Anhaltspunkte für die Beurteilung können

schuld für eine Immobilie des Schwiegerkindes abgetragen, muss nach der Rechtsprechung des BGH[114] zwischen Zins- und Tilgungsleistungen unterschieden werden: Die Zinsleistungen dienen der Befriedigung des Wohnbedarfs und erhöhen das Vermögen nicht, die Tilgungsleistungen dienen der Vermögensbildung. Nur letztere sind einem Ausgleich über § 313 BGB zugänglich.

- Die Schenkung muss, gemessen an den Verhältnissen der Beteiligten, **von wirtschaftlichem Gewicht** gewesen sein. Kleinere Geldbeträge fallen von vornherein heraus. Haben die Schwiegereltern den Abtrag eines Immobilienkredits des Schwiegerkindes übernommen, werden die allein relevanten Tilgungsleistungen häufig nicht eine Größenordnung erreichen, die einen Verbleib des bewirkten Vermögenszuwachses beim Schwiegerkind als den Schwiegereltern unzumutbar erscheinen lässt, zumal angesichts des noch erforderlichen Abschlags für teilweise Zweckerreichung (dazu nachfolgend Rn. 1272)[115].

– **Höhe der bewirkten und noch vorhandenen Vermögensmehrung:** 1271

Das Geschenkte muss nicht nur im Vermögen des Schwiegerkindes angekommen sein; es muss dort im Zeitpunkt des Wegfalls der Geschäftsgrundlage auch **noch messbar vorhanden** sein. Die noch vorhandene Vermögensmehrung des Empfängers bildet die Obergrenze des möglichen Anspruchs[116].

– **Dauer der Ehe seit Schenkung bis zu ihrem Scheitern:** 1272

Solange das eigene Kind noch von der Schenkung seiner Eltern an den Ehepartner profitiert hat (in der Regel bis zur endgültigen Trennung[117]), ist der Zuwendungszweck – Ausgestaltung der Ehe des eigenen Kindes – erreicht worden. Dies gebietet es, den Rückgewähranspruch der Schwiegereltern durch einen **Abschlag für (teilweise) Zweckerreichung** zu begrenzen[118]. Zur Bemessung dieses Abschlags

---

sich aus der Prognose gewinnen lassen, mit welcher Wahrscheinlichkeit der Zuwendungsgegenstand, wäre die Ehe in einem überschaubaren Zeitraum nach der Zuwendung gescheitert, noch mit einem nennenswerten Vermögenswert im Endvermögen des Begünstigten vorhanden gewesen wäre.

114 FamRZ 2015, 490, m. Anm. *Wever* = NJW 2015, 690 = FamRB 2015, 122 *(Wever)*.

115 Vgl. auch BGH, FamRZ 2015, 490, Rn. 33 = NJW 2015, 690.

116 BGH, FamRZ 2015, 490, Rn. 27 = NJW 2015, 690; FamRZ 2012, 273, Rn. 31 = NJW 2012, 523; OLG Düsseldorf, FamRZ 2015, 173. Das AG Rosenheim, FamRZ 2013, 822 [LSe] = FamRB 2013, 382 *(Frank)*, hält eine Rückgewährpflicht im Regelfall auch dann für nicht gegeben, wenn das Zugewendete bei Zugang des Rückgewährverlangens nicht mehr messbar im Vermögen des Schwiegerkindes vorhanden ist.

117 Vgl. Rn. 1284, 1044 ff.

118 Vgl. BGH, FamRZ 2015, 490, Rn. 28, m. Anm. *Wever* = NJW 2015, 690 = FamRB 2015, 122 *(Wever)*; FamRZ 2010, 958, 963 = NJW 2010, 2202; FamRZ 2012, 273, 275 = NJW 2012, 523.

werden verschiedene Ansätze vertreten; insoweit wird auf Rn. 1006 ff. (Rückgewähr bei Ehegattenzuwendungen) verwiesen. Die Annahme einer festen zeitlichen Grenze, nach deren Erreichen von vollständiger Zweckerreichung und damit dem Fortfall jeglichen Anspruchs auszugehen ist[119], hat der BGH[120], wie dargestellt, abgelehnt. Der Umfang des Anspruchs werde „davon beeinflusst, inwiefern sich die zur Geschäftsgrundlage gewordenen Vorstellungen der zuwendenden Schwiegereltern verwirklicht haben"; dabei sei „darauf abzustellen, was die Schwiegereltern für den Empfänger insoweit erkennbar nach Treu und Glauben erwarten durften". Auch auf den Zeitpunkt des Erreichens der Volljährigkeit der Enkel könne nicht ohne weiteres abgestellt werden. Erst recht scheide eine Orientierung an der 10-Jahresfrist des § 529 BGB aus.

Man wird davon ausgehen können, dass die Schwiegereltern jedenfalls bei werthaltigen Schenkungen wie großen Geld- oder Grundstückszuwendungen, um die es in diesen Fällen meist geht, in aller Regel erwarten, dass die Ehe von Kind und Schwiegerkind dauerhaft Bestand hat. Nur aufgrund einer solchen Annahme sehen sie sich üblicherweise zur Überlassung größeren Vermögens ohne eigene Absicherung veranlasst. Es erscheint daher naheliegend, für die Bemessung des Abschlags – sofern nicht im Einzelfall Anhaltspunkte dafür bestehen, dass die Beteiligten von einer Zweckerreichung zu einem bestimmten Zeitpunkt ausgegangen sind – auch bei Schwiegerelternschenkungen die Zeitdauer zwischen Zuwendung und Scheitern der Ehe ins Verhältnis zu setzen zur im Zeitpunkt der Zuwendung angenommenen Ehedauer (Eheerwartung), anknüpfend an die Lebenserwartung der Ehegatten[121]. Das dabei ermittelte Ergebnis ist als Anhalt für die gebotene tatrichterliche Schätzung zu verstehen. Es lässt Korrekturen im Hinblick auf die Einzelfallumstände zu. Zur konkreten Berechnung nach diesem Ansatz vgl. nachfolgende Falllösung[122]. Bei Investitionen in einen Vermögensgegenstand mit begrenzter Lebensdauer[123] wird die Ehedauer ins Verhältnis zur Lebensdauer des Vermögensgegenstandes zu setzen sein[124].

---

119 Zu deren Befürwortern Rn. 1008 m. Rspr.- u. Literaturhinweisen.

120 FamRZ 2015, 490 = NJW 2015, 690.

121 Vgl. Rn. 1009 f. m. Rspr.- u. Literaturhinweisen, sowie OLG Bremen, FamRZ 2016, 504 = NJW 2016, 83; *Herr*, NZFam 2015, 963 (Anm.); *Horndasch*, jM 2015, 458, 460; *Weinreich*, FF 2015, 286, 291 f.

122 Rn. 1276. Siehe auch das Berechnungsbeispiel bei *Wever*, FamRZ 2016, 857, 861 f.

123 Beispiel: Übernahme der Kosten einer neuen Heizung mit einer Lebensdauer von 15 Jahren.

124 So *Weinreich*, FF 2015, 286, 292.

– **Beiderseitige Einkommens- und Vermögensverhältnisse:** Eine Korrektur des ermittelten Ergebnisses bis hin zu einem Versagen jeglichen Anspruchs kann sich aus den wirtschaftlichen Verhältnissen der Beteiligten ergeben. Für eine Kürzung oder gar Kappung des Anspruchs spricht es, wenn die Schwiegereltern wohlhabend sind, während das Schwiegerkind in beengten Verhältnissen lebt. 1273

– **Sonstige Umstände des Einzelfalls:** 1274

  - Haben die Schwiegereltern dem Schwiegerkind neben der zurückverlangten Schenkung weitere finanzielle Leistungen zukommen lassen, die sie nicht zurückfordern, kann dies für einen Anspruch sprechen[125]. Als gegen einen Anspruch sprechend kann das Schwiegerkind ggf. auf frühere Vergünstigungen verweisen, die es den Schwiegereltern gewährt hat[126].
  - Die **Wertsteigerung**, die eine zugewendete Immobilie zwischen Zuwendung und Entstehung des Rückgewähranspruchs erfahren hat, verbleibt dem Empfänger; sie ist also von einem Ausgleich auszunehmen, und zwar auch, wenn sie nicht auf Leistungen des beschenkten Schwiegerkindes zurückzuführen ist; das Gleiche gilt für vom Schwiegerkind gezogene **Nutzungen**[127].
  - Unerheblich ist auch, ob zum Erwerb einer Immobilie zugewendetes Geld bestimmungsgemäß oder teilweise für sonstige Anschaffungen und Ausgaben verwendet worden ist und dadurch anderweitig vorhandenes Vermögen für den Erwerb der Immobilie verwendet werden konnte[128].
  - **Eheverfehlungen** des Schwiegerkindes sind im Rahmen des Anspruchs aus § 313 BGB irrelevant[129], können aber unter besonderen Umständen als grober Undank i.S. von § 530 BGB Bedeutung erlangen.
  - Grundsätzlich irrelevant ist schließlich, wie schon erwähnt, das **güterrechtliche Ergebnis**[130].

Bei der Prüfung der relevanten Gesichtspunkte ist eine **erschöpfende** 1275
Würdigung geboten, die Entscheidungen der Instanzgerichte gelegent-

---

125 OLG Bremen, FamRZ 2016, 504, 508 = NJW 2016, 83 (finanzielle Unterstützung des Schwiegerkindes bei der ausgeübten selbständigen Tätigkeit).

126 *Weinreich*, FF 2015, 286, 293.

127 Vgl. Rn. 1005.

128 BGH, FamRZ 2010, 958, 964 = NJW 2010, 2202.

129 BGH, FamRZ 1992, 160, 162 = NJW 1992, 427 (bei Verlobten); OLG Düsseldorf, FamRZ 2015, 173, 176.

130 Ausnahme: Altfälle, dazu Rn. 1302.

lich vermissen lassen[131]. Der BGH[132] gibt sich zu Recht nicht mit allgemeinen, pauschalisierenden Billigkeitserwägungen zufrieden. Gefragt ist eine nachvollziehbare Darstellung und Würdigung aller entscheidungsrelevanten Einzelfallumstände. So reicht es für die vollständige Ablehnung eines Rückforderungsanspruchs nicht aus, darauf zu verweisen, das eigene Kind sei Miteigentümer des durch die Geldzuwendungen der Schwiegereltern mitfinanzierten Familienheims geworden und nutze dies seit der Trennung allein, zudem sei ein erheblicher Wertverlust der Immobilie eingetreten, der die Zuwendung an das Schwiegerkind entwerte. Vielmehr bedarf es bei einer solchen Sachlage der genauen Prüfung, in welchem Umfang sich die gehegte Erwartung, die Zuwendung an das Schwiegerkind werde dem eigenen Kind auf Dauer zugute kommen, erfüllt bzw. nicht erfüllt hat, und ob bzw. in welchem Umfang beim Schwiegerkind eine durch die Zuwendung bedingte Vermögensmehrung trotz des eingetretenen Wertverlustes der Immobilie noch vorhanden ist[133].

1276 Im **Beispielsfall** (Rn. 1249) ist der Fortbestand der Ehe von F und M Geschäftsgrundlage der Schenkung gewesen, so dass – nachdem die Ehe gescheitert ist – ein Anspruch der S gegen F wegen Wegfalls der Geschäftsgrundlage (§ 313 BGB) zur Debatte steht. Ob ein solcher Anspruch gegeben ist, hängt davon ab, ob die Beibehaltung der bestehenden Vermögenslage der S unzumutbar ist. Unter Heranziehung der o.g. Kriterien könnte man zu folgendem Ergebnis gelangen:

Zunächst einmal ist festzustellen, dass die der F zugedachten 50.000 € ein Betrag von wirtschaftlichem Gewicht und zu deren Vermögensbildung bestimmt waren. Ihr Vermögen ist dadurch dauerhaft gemehrt worden. Da der Sachverhalt nichts zu einem etwaigen Wertverlust der Immobilie, für die das Geld bestimmt war, sagt, ist davon auszugehen, dass die bewirkte Vermögensmehrung bei Scheitern der Ehe noch vorhanden war. Der Betrag von 50.000 € bildet damit die Obergrenze eines möglichen Anspruchs. Eine Indexierung findet nicht statt.

Da F und M nach der Schenkung noch 7 Jahre in dem gemeinsamen Haus gewohnt haben, ist der Zuwendungszweck – Ausgestaltung der Ehe des eigenen Kindes – für diesen Zeitraum noch erreicht worden. Der gebotene Abschlag für teilweise Zweckerreichung hat also an diesen Zeitraum anzuknüpfen. Folgt man dem Berechnungsvorschlag zu Rn. 1272, ist dieser Zeitraum ins Verhältnis zu setzen zur Dauer der Ehe, wie sie von S erwartet worden war, nämlich bis zu ihrer Beendigung durch Tod eines Ehegatten unter Zugrundelegung der statistischen Lebenserwartung (Eheerwartung). Anknüpfen sollte man dabei möglichst an die im Versicherungsrecht maßgebende sog. verbundene Lebenserwartung, die dem Umstand Rechnung trägt, dass in manchen Fällen der Ehegatte mit der eigentlich größeren Lebenserwartung zuerst verstirbt[134]. Nimmt man im Beispielsfall an, dass die

131 Unzureichend etwa die Erwägungen bei OLG Stuttgart, FamRZ 2012, 1595, m. Anm. *Wever.*

132 Vgl. BGH, FamRZ 2012, 273 = NJW 2012, 523.

133 Vgl. BGH, FamRZ 2012, 273, 274 f. = NJW 2012, 523.

134 Vgl. Rn. 1010. Die verbundene Lebenserwartung von Ehegatten ist, anders als die Lebenserwartung der Einzelpersonen, in den amtlichen Sterbetafeln nicht ausgewiesen, so dass ihre Ermittlung auf praktische Schwierigkeiten stößt, wenn man keinen Zugang zu einem entsprechenden Spezialprogramm hat. In einem solchen Fall erscheint es vertretbar, an die

Schenkung 2008 erfolgt ist und M zu diesem Zeitpunkt 35 Jahre, F 32 Jahre alt war, errechnet sich der Abschlag für teilweise Zweckerreichung wie folgt:

Ehedauer ab Schenkung bis Scheitern der Ehe:	7 Jahre
Statistische Lebenserwartung M bei Schenkung:	44,08 Jahre
Statistische Lebenserwartung F bei Schenkung:	51,62 Jahre
Verbundene Lebenserwartung bei Schenkung:	40,72 Jahre[135]
Abschlag für teilweise Zweckerreichung: 7 : 40,72 =	17,19 %

Ergebnis: Der Abschlag wegen teilweiser Zweckerreichung vom möglichen Rückgewähranspruch der S von maximal 50.000 € beträgt 8.595 €, gerundet 8.600 €, so dass ein Betrag von 41.400 € verbleibt.

Anhaltspunkte dafür, dass die Einkommens- und Vermögensverhältnisse der S auf der einen und der F auf der anderen Seite eine Korrektur dieses Betrages nach unten nahelegen würden, bietet der Sachverhalt nicht. Auch sonstige Besonderheiten, die eine Korrektur gerechtfertigt erscheinen ließen, sind nicht ersichtlich. Im Ergebnis könnte man daher den Anspruch der Schwiegereltern mit 41.400 € bemessen.

Abwandlung: Wäre im Beispielsfall das der F Zugewendete wegen eines Wertverfalls der Immobilie nur noch teilweise vorhanden, so dass die zu Rn. 1271 angesprochene Obergrenze zu beachten wäre[136], würde sich die Frage stellen, in welcher Reihenfolge die Begrenzungen vorzunehmen sind. Vgl. dazu Rn. 1016 ff. **1277**

bb) Besondere Fallgestaltungen

Wie schon nach der früheren Rechtsprechung des BGH kommt die Annahme einer für die Schwiegereltern i.S. des § 313 BGB unzumutbaren Vermögenssituation auch in nachfolgenden Fallgestaltungen in Betracht. **1278**

(1) Nicht mehr realisierbares Eigeninteresse

Haben die Schwiegereltern mit ihrer Schenkung vorwiegend ein in die Zukunft gerichtetes, nach dem Scheitern der Ehe der jungen Leute nicht mehr realisierbares eigenes Interesse verfolgt, wird ihnen die Beibehaltung der bestehenden Vermögenssituation vielfach nicht zumutbar sein[137]. **1279**

Beispiel: Die Schwiegereltern haben Geld zum Erwerb des Familienheims in der dem Schwiegerkind bekannten oder erkennbaren Erwartung zur Verfügung gestellt, bei Pflegebedürftigkeit darin Aufnahme zu finden.

Lebenserwartung des Ehegatten, der die kürzere Lebenserwartung hat, anzuknüpfen (zu ermitteln etwa unter www.destatis.de/DE: Zahlen u. Fakten / Gesellschaft u. Staat / Bevölkerung / Sterbefälle, Lebenserwartung [statistisches Bundesamt]) und am Ende noch eine geschätzte Erhöhung des Abschlagsbetrages vorzunehmen.

135 Nach WinFam (2017) bei Zugrundelegung der Sterbetafel 2013/15. Zum Zugang vgl. Rn. 1010.

136 Das OLG Düsseldorf, FamRZ 2015, 173, 175 f., will die Schwiegereltern an einem Wertverfall der Immobilie allerdings offenbar nicht beteiligen.

137 Vgl. dazu BGH, FamRZ 2006, 394 (bei Schwiegergroßeltern); OLG Oldenburg, FamRZ 1992, 308; dazu BGH, FamRZ 1995, 1060, 1062 = NJW 1995, 1889.

1280 Scheitert in einem solchen Fall die Ehe der jungen Leute, lässt sich der Plan in der Regel nicht mehr verwirklichen. Die Schwiegereltern werden häufig auf das zur Verfügung gestellte Geld angewiesen sein, um nun anderweitig die eigene Versorgung im Alter sicherzustellen. Da ihr Eigeninteresse und nicht die Ausgestaltung der Ehe von Kind und Schwiegerkind im Vordergrund stand, wird hier auch von einem Abschlag wegen Zweckerreichung abgesehen werden können.

(2) Rückgewähr eines Grundstücks

1281 Ist ein Rückgewähranspruch gegeben, besteht er regelmäßig in Form eines **finanziellen Ausgleichsanspruchs**, und zwar auch dann, wenn Gegenstand der Schenkung ein Grundstück war[138]. Wie bei ehebezogenen Zuwendungen zwischen Ehegatten[139] kommt aber auch bei ehebezogenen Schenkungen der Schwiegereltern an das Schwiegerkind in Ausnahmefällen ein Anspruch auf **dingliche Rückgewähr** des zugewendeten Gegenstandes in Betracht, nämlich dann, wenn nur dessen Rückgewähr geeignet erscheint, einen untragbaren Zustand i.S. von § 313 BGB zu vermeiden[140]. Auch insoweit gelten die Grundsätze der Rechtsprechung vor 2010 fort.

1282 **Beispiele:**

(1) Die Schwiegereltern haben das seit Generationen im Familienbesitz befindliche Hausgrundstück zu gleichen Anteilen dem Kind und dem Schwiegerkind übereignet, um es dem Familienstamm zu erhalten, als sie selbst ins Seniorenheim gezogen sind. Nachdem die Ehe gescheitert ist, kündigt das Schwiegerkind die Teilungsversteigerung an.

(2) Die Schwiegereltern haben das im oberen Bereich von ihnen bewohnte Hausgrundstück Kind und Schwiegerkind übereignet und sich für das Obergeschoss ein Wohnungsrecht vorbehalten. Nach Trennung der Kinder droht die Teilungsversteigerung[141].

1283 In derartigen Fällen ist ein für die Schwiegereltern erträgliches Ergebnis vielfach nur durch dingliche Rückgewähr der dem Schwiegerkind überlassenen Grundstückhälfte selbst zu erzielen. Der Anspruch auf gegenständliche Rückgewähr besteht allerdings in der Regel nur **Zug um Zug gegen Zahlung eines finanziellen Ausgleichs**, der bewirken soll, dass das in Natur rückgewährpflichtige Schwiegerkind im wirtschaftlichen Ergebnis nicht anders steht, als es stünde, wenn ihm das zugewendete Grundstück verbliebe und es, wie im Regelfall, lediglich einem auf

138 BGH, FamRZ 1998, 669, 670.

139 Vgl. Rn. 1021 ff.

140 BGH, FamRZ 2015, 393 = NJW 2015, 1014; FamRZ 1998, 669, 670; FamRZ 2006, 394, 395.

141 So im Fall BGH, FamRZ 2015, 393 = NJW 2015, 1014. Ähnlich FamRZ 1998, 669; vgl. auch BGH, FamRZ 1999, 365 = NJW 1999, 353; FamRZ 2006, 394 = FamRB 2006, 133 *(Wever)* (bei Schwiegergroßeltern).

Geldzahlung gerichteten Anspruch ausgesetzt wäre[142]. Bei der Bemessung des Ausgleichsbetrages sind insbesondere zu berücksichtigen[143]: vom Rückgewährpflichtigen vorgenommene Investitionen in das Grundstück (auch soweit sie nicht zu einem Wertzuwachs geführt haben), eine nicht auf Leistungen des Rückgewährpflichtigen beruhende Wertsteigerung des Grundstücks (die dem Rückgewährpflichtigen verbleiben muss[144]) und schließlich der auch in einem solchen Fall vorzunehmende Abschlag für teilweise Zweckerreichung[145]. Es gelten die bei Rn. 1024 ff. dargestellten Grundsätze sowie die bei Rn. 1040 ff. beschriebenen Darlegungs- und Beweislastregeln entsprechend[146].

cc) Entstehung des Anspruchs

Für den Entstehungszeitpunkt des Rückgewähranspruchs gilt das zu **1284**
Rn. 1044 f. Gesagte entsprechend. Maßgebend ist also grundsätzlich der Zeitpunkt der **endgültigen Trennung** von Kind und Schwiegerkind, die in der Regel mit dem Auszug eines von ihnen aus der Ehewohnung verbunden ist[147]; lassen die Umstände die Annahme der Endgültigkeit der Trennung nicht zu, ist die Rechtshängigkeit der Scheidung maßgebend. Dies dürfte auch der Ansicht des BGH entsprechen, dessen Entscheidung vom 16.12.2015[148] zu entnehmen ist: Der Anspruch entsteht nicht erst mit Rechtskraft der Scheidung[149]; er entsteht vielmehr spätestens mit Rechtshängigkeit der Scheidung, im Regelfall aber – wie bei ehebezogenen Zuwendungen unter Ehegatten auch – bereits mit endgültiger Trennung. Dass auch nach Ansicht des BGH im Regelfall auf die endgültige Trennung abzustellen ist, ergibt sich aus der Bezugnahme des Gerichts auf zwei frühere Entscheidungen[150], in denen genau dies gesagt worden ist[151]. Irri-

142 BGH, FamRZ 2015, 393, Rn. 27 f. = NJW 2015, 1014.

143 Dazu im Einzelnen BGH, 2006, 394, 395 f.

144 Vgl. Rn. 1274.

145 Zur Berechnung des Abschlags bei dinglicher Rückgabepflicht vgl. *Wever*, FamRZ 2013, 1, 3.

146 Vgl. BGH, FamRZ 2006, 394, 395 f. = FamRB 2006, 133 *(Wever)*; FamRZ 1999, 365 = NJW 1999, 353, m. Anm. *Wenger*, MDR 1999, 299; FamRZ 1998, 669. Vgl. auch das Berechnungsbeispiel bei *Schulz*, FamRB 2006, 48, 50.

147 Vgl. auch OLG Bremen, FF 2017, 402 = NZFam 2017, 858 (bei Arbeitsleistungen); OLG Düsseldorf, FamRZ 2014, 161; *Herr*, FF 2017, 406, 409 (Anm.); *Weinreich*, FF 2015, 286, 289; *Henke/Keßler*, NZFam 2014, 307, 308; *Schulz/Hauß*, Rn. 2038; *Klein*, FS Brudermüller, S. 389, 403. Dazu auch *Wever*, FamRZ 2012, 276, 277 (Anm.).

148 FamRZ 2016, 457, m. Anm. *Wever* = NJW 2016, 629 = FamRB 2016, 87 *(Wever)*.

149 So aber zuletzt OLG Köln, FamRZ 2015, 1333, sowie OLG Brandenburg, FPR 2004, 708; OLG Oldenburg, FamRZ 1994, 1245, 1246 = NJW 1994, 1539.

150 BGH, FamRZ 2007, 877, Rn. 15 = NJW 2007, 1744, u. FamRZ 2010, 958, Rn. 41 = NJW 2010, 2202: Entstehung „vor dem für den Zugewinnausgleich maßgebenden Stichtag".

151 Anders *Soyka*, FuR 2016, 231.

tationen, die eine Entscheidung des BGH vom 20.7.2011[152] ausgelöst hatten[153], sind dadurch beseitigt.

c) Rückgewähranspruch nach Bereicherungsrecht

1285 In seiner früheren Rechtsprechung hat der BGH es abgelehnt, allein um der Ehe des eigenen Kindes Willen erfolgte schwiegerelterliche Zuwendungen auf der Grundlage von Bereicherungsansprüchen wegen Zweckverfehlung (§ 812 I S. 2 Alt. 2 BGB) rückabzuwickeln[154]. Er ging – ebenso wie bei ehebezogenen Zuwendungen unter Ehegatten – davon aus, dass der dauerhafte Fortbestand der Ehe von Kind und Schwiegerkind in diesen Fällen zwar Geschäftsgrundlage, nicht aber Gegenstand einer Zweckabrede i.S. des § 812 I S. 2 Alt. 2 BGB werde. Gegenstand einer Zweckabrede werde ggf. die beabsichtigte Ausgestaltung der ehelichen Lebensgemeinschaft. Dieser Zweck aber wurde, wenn die Ehegatten nach der Zuwendung jedenfalls noch eine gewisse Zeit zusammengelebt hatten, als erreicht angesehen[155]. Lediglich in besonderen Fallgestaltungen, etwa wenn der **Zweck der späteren Übertragung von Miteigentum** verfolgt worden war, zu der es dann nicht gekommen war, wurde ein Anspruch aus § 812 I S. 2 Alt. 2 BGB für möglich gehalten[156]. Die dadurch bedingte weitgehende Ausgrenzung von Bereicherungsansprüchen hatte ihren Grund wohl vor allem darin, dass die Rechtsfolgen des Bereicherungsrechts für die Vermögensauseinandersetzung unter Ehegatten und im Verhältnis zwischen Schwiegereltern und Schwiegerkindern mangels Flexibilität auf der Rechtsfolgenseite („Alles-oder-nichts-Lösungen“) für ungeeignet gehalten wurden[157].

1286 Nach der Entscheidung vom 3.2.2010[158] will der BGH sich der Möglichkeit des Zustandekommens einer Zweckabrede des Inhalts, dass der Zuwendungsgegenstand dem Empfänger auf Dauer zugute kommen solle, bei ehebezogenen Schenkungen der Schwiegereltern, aber wohl auch bei ehebezogenen Zuwendungen unter Ehegatten, nicht länger verschlie-

152 FamRZ 2012, 273, Rn. 44 = NJW 2012, 523.

153 Vgl. *Wever*, FamRZ 2012, 276 (Anm.); OLG Frankfurt, FamRZ 2013, 988, 990; OLG Düsseldorf, FamRZ 2014, 161, 164.

154 So auch BGH, FamRZ 1999, 705, 708 = NJW 1999, 1623. Dazu BGH, FamRZ 2010, 958, 962 = NJW 2010, 2202, m.w.N.

155 Vgl. etwa BGH, FamRZ 1992, 160, 161 = NJW 1992, 427; FamRZ 1982, 910, 911 = NJW 1982, 2236.

156 BGH, FamRZ 1992, 160, 161 = NJW 1992, 427. Vgl. auch Rn. 1063.

157 Vgl. BGH, FamRZ 1999, 705, 708 = NJW 1999, 1623 (für Ehegattenzuwendung); FamRZ 1995, 1060, 1061 (für Schwiegerelternzuwendung). Dazu auch *Haas*, FamRZ 2002, 205, 211 f.; *Wagenitz*, in: *Schwab/Hahne*, S. 161, 166.

158 BGH, FamRZ 2010, 958, 962 f. = NJW 2010, 2202; bestätigt durch BGH, FamRZ 2010, 1626, 1628 f. = NJW 2010, 2884.

ßen[159]. Die Frage ist, in welchen Fällen ein solcher bereicherungsrechtlicher Ausgleich in Betracht kommen soll, unter welchen Voraussetzungen der dauerhafte Bestand der Ehe nicht nur Geschäftsgrundlage, sondern Gegenstand einer Zweckabrede geworden ist. Der BGH[160] weist darauf hin, dass es sich um Einzelfälle handeln werde. Eine Zweckabrede i.S. des § 812 I S. 2 Alt. 2 BGB setze positive Kenntnis von der Zweckvorstellung des anderen Teils voraus, bloßes Kennenmüssen genüge nicht. Nicht selten würden die Beteiligten im Zeitpunkt der Zuwendung die Möglichkeit des späteren Scheiterns der Ehe nicht in ihre Überlegungen aufnehmen. In diesen Fällen möge zwar eine gemeinsame Vorstellung vom Fortbestand der ehelichen Lebensgemeinschaft vorliegen, die Geschäftsgrundlage der Zuwendung bilde; eine entsprechende Zweckvereinbarung komme jedoch „von vornherein nicht in Betracht".

Dazu ist zu sagen: Voraussetzung für einen Anspruch aus § 812 I S. 2 **1287**
Alt. 2 BGB ist, dass der dauerhafte Bestand der Ehe von Kind und Schwiegerkind nicht nur Geschäftsgrundlage, sondern Gegenstand einer rechtsgeschäftlich verankerten[161] Zweckabrede geworden ist. Während Geschäftsgrundlage eine einseitige Erwartung werden kann, die für die andere Seite erkennbar war, ist für eine rechtsgeschäftliche Zweckabrede die beiderseitige Willensübereinstimmung erforderlich[162]. An einer solchen den Vertragsinhalt prägenden Willensübereinstimmung fehlt es in den fraglichen Fällen aber regelmäßig. Sie sind dadurch gekennzeichnet, dass die Beteiligten den Fall des Scheiterns der Ehe rechtsgeschäftlich nicht bedenken; gerade aus diesem Grund entstehen die Konflikte der hier in Rede stehenden Art[163]. Die Folge ist, dass der dauerhafte Bestand der Ehe nur Geschäftsgrundlage sein kann[164]. Im Ergebnis scheidet ein Anspruch aus § 812 I S. 2 Alt. 2 BGB daher regelmäßig aus[165].

Lässt sich ganz ausnahmsweise eine entsprechende Zweckabrede ein- **1288**
mal feststellen, ist der Bereicherungsanspruch das maßgebende Ausgleichsinstrument; denn eine Zweckabrede i.S. des § 812 I S. 2 Alt. 2 BGB kann nicht zugleich Geschäftsgrundlage i.S. des § 313 BGB sein[166]. Wel-

---

159 Vgl. schon Rn. 1064.

160 BGH, FamRZ 2010, 958, 962 f. = NJW 2010, 2202.

161 So die Formulierung bei PWW/*Prütting*, § 812 Rn. 42.

162 Zu den unterschiedlichen Anforderungen an eine Geschäftsgrundlage und an das Zustandekommen einer Zweckabrede i.S.d. § 812 I S. 2 Alt. 2 BGB auch BGH, FamRZ 1999, 705, 708 = NJW 1999, 1623.

163 So zutreffend *Koch*, NZFam 2014, 311, 313; *dies.*, FamRZ 2011, 1261, 1264.

164 In diesem Sinne auch *Weinreich*, FF 2015, 286, 295; *Schulz*, FPR 2012, 79, 80.

165 Im Ergebnis so auch *Moes*, FamRZ 2016, 757, 763 (zu gemeinschaftsbezogenen Zuwendungen); *Leszczenski*, S 123 ff.

166 *Koch*, NZFam 2014, 311, 313. Zur Prüfungsreihenfolge einerseits BGH, FamRZ 2008, 1822, 1827 (§ 812 vor § 313 BGB); andererseits BGH, FamRZ 2011, 1563, 1567 (§ 313 vor § 812 BGB); dazu auch *Bergschneider/Burger*, Rn. 7.86; *Scherpe*, JZ 2014, 659, 662 (jeweils

ches ggf. die Rechtsfolgen im Einzelnen sind, bleibt vorerst ungeklärt[167]. Allen Umständen des Einzelfalls kann bereicherungsrechtlich jedenfalls nicht Rechnung getragen werden, wohl aber dem Aspekt der teilweisen Zweckerreichung bei Fortbestand der Ehe für einen gewissen Zeitraum nach der Zuwendung, nämlich durch zeitanteilige Kürzung des Anspruchs[168]. Auch ist der Anspruch ggf. gem. § 818 III BGB der Höhe nach auf den Wert begrenzt, mit dem das Zugewendete beim Schwiegerkind bei Scheitern der Ehe noch vorhanden ist[169]. Der Zeitpunkt der Entstehung des Anspruchs ist der Gleiche wie bei einem Anspruch wegen Wegfalls der Geschäftsgrundlage[170]. Die Verjährung richtet sich nach § 195 bzw. § 196 BGB[171].

1289 Im **Beispielsfall** (Rn. 1249) gibt es keinen Anhaltspunkt für die Annahme, der dauerhafte Bestand der Ehe von F und M könne Gegenstand einer zwischen S und F getroffenen Zweckabrede i.S. des § 812 I S. 2 Alt. 2 BGB geworden sein.

d) Auswirkungen im Zugewinnausgleich

1290 Da **die Zuwendung** an das Schwiegerkind nach der geänderten Rechtsprechung des BGH als Schenkung zu qualifizieren ist, fällt sie – anders als früher – in dessen Anfangsvermögen (§ 1374 II BGB)[172]. Daneben ist sie, soweit am Stichtag noch vorhanden, im Endvermögen des Schwiegerkindes zu berücksichtigen. Insoweit wird sie zugewinnausgleichsrechtlich ebenso behandelt wie die Zuwendung der Schwiegereltern an das eigene Kind[173]. Da die Schwiegerelternschenkung somit den Zugewinn des Schwiegerkindes nicht mehr erhöht, profitiert das eigene Kind auch nicht mehr im Zugewinnausgleich von der Zuwendung seiner Eltern an seinen Ehepartner.

1291 Allerdings reduziert sich der Wert der Schwiegerelternschenkung beim Schwiegerkind – anders als beim eigenen Kind – um die eventuelle Belas-

---

bei gemeinschaftsbezogenen Zuwendungen); OLG Saarbrücken, Urteil v. 21.11.2013, 2 U 47/13, juris = NZFam 2014, 44 *(Höhler-Heun)*. Näher *M. Schwab*, FamRZ 2010, 1701, 1705 f.

167 Zu den Rechtsfolgen: *Rauscher*, NZFam 2014, 298, 302; *Scherpe*, JZ 2014, 659, 666 f. (bei gemeinschaftsbezogenen Zuwendungen); *Schlecht*, FamRZ 2010, 1021, 1025 f.; *Sorge*, JZ 2011, 660, 667 ff.

168 *Schlecht*, FamRZ 2010, 1021, 1025.

169 *Schlecht*, FamRZ 2010, 1021, 1026. Dazu auch *Sorge*, JZ 2011, 660, 667 ff., der meint, ein Ausgleich über §§ 812 ff. BGB werde zu ähnlichen Ergebnissen kommen wie ein solcher über § 313 BGB.

170 Dazu Rn. 1284.

171 Dazu Rn. 937.

172 Ist die Zuwendung schon vor der Heirat erfolgt, handelt es sich um originäres Anfangsvermögen i.S.v. § 1374 I BGB.

173 Vgl. dazu Rn. 1256. Zur Behandlung der Schenkung an das eigene Kind im Zugewinnausgleich *Jüdt*, FuR 2013, 431, 433.

tung mit einer (meist nur teilweisen) **Rückgewährpflicht**[174] gegenüber den Schwiegereltern aus § 313 BGB, ggf. nach § 812 I S. 2 Alt. 2 BGB[175]. Zweifellos ist diese Belastung, die mit endgültiger Trennung, spätestens aber mit Rechtshängigkeit der Scheidung entsteht[176] und damit am für den Zugewinnausgleich maßgebenden Stichtag vorhanden ist, im Endvermögen des Schwiegerkindes zu berücksichtigen. Der BGH[177] berücksichtigt sie, obwohl ihr Entstehen zu diesem Zeitpunkt noch ungewiss ist, aber auch im Anfangsvermögen des Schwiegerkindes, und zwar in dem Umfang, in dem sie auch im Endvermögen zu berücksichtigen ist[178]. Danach ist die Schwiegerelternschenkung sowohl im Anfangs- wie auch (soweit noch vorhanden) im Endvermögen in um die Rückgewährverpflichtung verminderter Höhe zu berücksichtigen. Ein solches Vorgehen verstößt zwar gegen das Stichtagsprinzip des Zugewinnausgleichs[179]. Der BGH nimmt dies aber hin, weil es zu einem untragbaren Ergebnis führte, würde man die Belastung nur im Endvermögen des Schwiegerkindes berücksichtigen; denn dann müsste das eigene Kind die Zuwendung seiner Eltern an seinen Ehepartner über den Zugewinnausgleich teilweise finanzieren[180].

Wiederum zur Vermeidung eines untragbaren Ergebnisses systemwidrig ist die Frage der **Indexierung** zu handhaben. Nach den anerkannten Regeln des Zugewinnausgleichs muss das Anfangsvermögen, so wie es sich im Ergebnis darstellt, d.h. der Saldo, indexiert werden[181]. Das gilt auch für Hinzurechnungen gem. § 1374 II BGB. Danach wäre eigentlich der Betrag zu indexieren, der sich nach Abzug der Rückgewährpflicht vom Wert der Schenkung ergibt. Bezöge man auf diese Weise die Rückgewährpflicht in die Indexierung ein, würde das Anfangsvermögen des Schwiegerkindes aber zusätzlich belastet und auch die vom BGH angestrebte Zugewinnausgleichsneutralität[182] von Schenkung und Rückgewähranspruch wäre nicht gewahrt. Deshalb ist mit dem OLG Düsseldorf[183] die Rückge- 1292

174 Im Falle einer Verpflichtung zur dinglichen Rückgewähr des zugewendeten Gegenstandes (Rn. 1281) ist die von den Schwiegereltern Zug um Zug zu leistende Ausgleichszahlung ggf. als Aktivposten gegenzurechnen.

175 Die Auswirkung von Rückgewähransprüchen nach §§ 527 ff. BGB im Zugewinnausgleich bedarf gesonderter Betrachtung.

176 Vgl. Rn. 1284, 1288.

177 FamRZ 2010, 958, 962 = NJW 2010, 2202; FamRZ 2010, 1626, 1628 = NJW 2010, 2884.

178 Ebenso OLG Düsseldorf, NJW 2014, 2512 = FamRB 2014, 321 *(Frank)*.

179 Vgl. auch *Weinreich*, FF 2015, 286, 294.

180 Dazu auch *Wever*, FamRZ 2016, 857, 866.

181 Vgl. *Palandt/Brudermüller*, § 1376 Rn. 39.

182 Vgl. Rn. 1294.

183 NJW 2014, 2512 = FamRB 2014, 321 *(Frank)*.

währpflicht von der Indexierung auszunehmen, also nur die unbelastete Schenkung zu indexieren[184].

1293 Im **Beispiel** des Ausgangsfalls (Rn. 1249) bedeutet dies:

Geht man davon aus, dass die Zuwendung der jeweils 50.000 € an M und F 2008 erfolgt ist, dass M und F kein weiteres Anfangsvermögen (AV) hatten und dass sie bei Rechtshängigkeit der Scheidung 2016 über eine im jeweils hälftigen Miteigentum stehende lastenfreie Immobilie im Wert von 300.000 € verfügten, die ihr jeweiliges Endvermögen (EV) darstellt, ergibt sich – bei Annahme einer Rückgewährpflicht der F gem. Rn. 1276 i.H. von 41.400 € – folgende Zugewinnausgleichsberechnung:

M	AV	Schenkung (§ 1374 II BGB)	50.000 €
		Indexiert (107,4 / 98,6)	54.462 €
	EV	½ Miteigentumsanteil Immobilie	150.000 €
	Zugewinn		95.538 €
F	AV	(ehebez.) Schenkung (§ 1374 II BGB)	50.000 €
		indexiert	54.462 €
		Rückgewährpflicht bei Scheidung	– 41.400 €
			13.062 €
	EV	½ Miteigentumsanteil Immobilie	150.000 €
		Rückgewährpflicht	– 41.400 €
			108.600 €
	Zugewinn		95.538 €
Differenz			0 €

1294 Im Beispiel sind Schenkung und Rückgewähranspruch zugewinnausgleichsneutral. Würde man sie wegdenken oder würde man den Umfang der Rückgewährpflicht verändern oder eine Rückgewährpflicht verneinen, bliebe es bei dem Ergebnis: kein Zugewinnausgleich. So vertritt der BGH[185] auch die Ansicht, die Schenkung könne regelmäßig im Zugewinnausgleich unberücksichtigt bleiben. Doch ist in der Frage der **Zugewinnausgleichsneutralität** Vorsicht geboten.

1295 Hätten die Eltern des M nur ihrer Schwiegertochter F, nicht aber M 50.000 € zugewendet, würde sich das Ergebnis des Zugewinnausgleichs infolge der nur auf Seiten der Schwiegertochter zu berücksichtigenden Schenkung verändern, durch die Höhe der Rückgewährpflicht würde es dagegen nicht beeinflusst. Die schwiegerelterliche Schenkung selbst sollte daher zur Vermeidung fehlerhafter Ergebnisse stets in die Berechnung eingestellt werden.

1296 Die Rückgewährverpflichtung ist, wie Berechnungen von *Rodloff*[186] zeigen, im Regelfall in der Tat zugewinnausgleichsneutral, auch bei nega-

184 Ebenso *Rodloff*, FamRB 2013, 51, 53; *Schulz/Hauß*, Rn. 2056; **a.A.** *Kogel*, FamRB 2013, 190.

185 FamRZ 2010, 958, 962 = NJW 2010, 2202; FamRZ 2010, 1626, 1628 = NJW 2010, 2884.

186 FamRB 2013, 51. Krit. dazu *Kogel*, FamRB 2013, 190, der aber zu Unrecht annimmt, die Rückgewährpflicht sei in die Indexierung einzubeziehen.

tivem Anfangsvermögen des Schwiegerkindes und auch dann, wenn sein Endvermögen geringer ist als sein Anfangsvermögen. Im Durchschnittsfall braucht also die Frage, ob die Schwiegereltern einen Rückgewähranspruch haben, ob sie einen solchen Anspruch überhaupt geltend machen wollen und in welcher Höhe er ggf. besteht, vor Durchführung des Zugewinnausgleichs nicht geklärt zu werden. Allerdings gibt es Fallgestaltungen, in denen das Bestehen oder Nichtbestehen eines Rückgewähranspruchs sich auf das Ergebnis des Zugewinnausgleichs auswirkt. Insbesondere ist dies der Fall, wenn die Kappungsgrenze des § 1378 II BGB zum Zuge kommt[187]. Deshalb darf nicht generell der Frage nach Bestehen und Höhe eines Rückgewähranspruchs im Rahmen der Überlegungen zum Zugewinnausgleich keine Bedeutung beigemessen werden. Sofern die Verhältnisse nicht so übersichtlich sind, dass eine Relevanz des möglichen Rückgewähranspruchs auszuschließen ist, wird vor der Durchführung des Zugewinnausgleichs die Frage nach dem Rückgewähranspruch zu klären sein[188]. Dies gilt umso mehr, als noch nicht alle in diesem Zusammenhang sich stellenden Fragen geklärt sind[189], so etwa die nach den Auswirkungen der bei Zuwendungen an das Schwiegerkind von mehr als 20.000 € entstehenden Schenkungsteuerpflicht[190].

e) Kritik

Die mit der Entscheidung des BGH vom 3.2.2010 vollzogene Kehrtwende wird die Rechtsprechung bis auf weiteres bestimmen; überzeugend ist sie nicht[191]. Mit ihr ist ohne nachvollziehbaren Anlass eine gerade einmal 15 Jahre alte höchstrichterliche Rechtsprechung grundlegend verändert worden, eine Rechtsprechung, der die Instanzgerichte einhellig gefolgt waren und die in der Literatur weit überwiegend auf Zustimmung **1297**

187 Beispiele dazu bei *Jüdt*, FuR 2013, 440 ff. Auch in den – allerdings auslaufenden – Fällen, in denen der Zugewinnausgleich noch vor dem 1.9.2009 anhängig gemacht wurde und das Anfangsvermögen des Schwiegerkindes negativ war (nach § 1374 I BGB a.F. betrug das Anfangsvermögen mindestens 0), ist der Rückgewähranspruch, ebenso wie die Schenkung, von Relevanz; Beispiel bei *Schlecht*, FamRZ 2010, 1021, 1024. Vgl. auch die Zusammenstellung der möglicherweise betroffenen besonderen Fallgestaltungen bei *Leszczenski*, S. 74 ff.

188 Zu Fragen des taktischen Vorgehens *Kogel*, FamRB 2010, 309, 313 f.

189 Vgl. auch *Jüdt*, FuR 2013, 431, 438 ff.; *Hoppenz*, FamRZ 2010, 1027.

190 Vgl. Rn. 1253. Dazu *Kogel*, FamRZ 2012, 832; MAH/*Markwardt*, § 21 Rn. 155.

191 Im Einzelnen *Wever*, FamRZ 2010, 1047, 1048 ff. (Anm.). Kritisch auch: *Braeuer*, FPR 2011, 75; *Büte*, FuR 2011, 664, 665; *ders.*, Rn. 547; *Schulz*, FF 2010, 273, 278; *Schulz/Hauß*, Rn. 2061 ff.; *Kogel*, FuR 2014, 19; *ders.*, FF 2010, 319 (Anm.); *ders.*, FamRB 2010, 309, 310; *Schwab/Schwab*, VII Rn. 149. Der neuen Rspr. zustimmend: *Schmitz*, NJW 2010, 2207 (Anm.); *Herr*, FamRB 2010, 380; *Koch*, DNotZ 2010, 861, 864; *Langenfeld*, ZEV 2010, 376 (mit Hinweisen für die Vertragsgestaltung).

gestoßen war[192]. Als unbefriedigend empfunden worden sind die Ergebnisse dieser Rechtsprechung also offenbar nicht. Die Auflösung der bisherigen Verknüpfung von Zugewinnausgleich und schwiegerelterlichem Rückgewähranspruch, die zu einer auf den ersten Blick einleuchtenden Trennung von Zugewinnausgleich zwischen Kind und Schwiegerkind einerseits sowie Rückgewähranspruch im Verhältnis zwischen Schwiegereltern und Schwiegerkind anderseits führt, treibt Schwiegereltern, die den vollständigen Verbleib des Geschenkten beim Schwiegerkind nicht hinnehmen wollen, in die gerichtliche Auseinandersetzung. Sie können die Dinge nun nicht mehr dabei bewenden lassen, dass jedenfalls ein Teil des Zugewendeten über den Zugewinnausgleich an das eigene Kind zurückfließt. Der Preis für diese Rechtsprechungsänderung ist hoch, auch weil mit den sich aus ihr ergebenden güterrechtlichen Konsequenzen gegen ein Grundprinzip des Zugewinnausgleichs verstoßen wird, das der stichtagsbezogenen Bewertung[193], und auch, weil sich vielerlei nicht leicht lösbare Folgeprobleme ergeben[194].

f) Weitere Fragen betreffend den Anspruch gem. § 313 BGB

aa) Abtretbarkeit

1298 Die Frage, ob der Rückgewähranspruch der Schwiegereltern ein höchstpersönlicher und damit unpfändbarer und nicht abtretbarer Anspruch ist (§ 400 BGB)[195], hat der BGH[196] zu Recht verneint[197]. Auch sein Leistungsinhalt (§ 399 Alt. 1 BGB), so der BGH, stünde seiner Abtretbarkeit nicht entgegen. Der Anspruch kann also von den anspruchsberechtigten Schwiegereltern an das eigene Kind gem. § 398 BGB abgetreten werden[198], und zwar unabhängig davon, ob es um einen finanziellen Ausgleich oder um gegenständliche Rückgewähr geht[199]. Ebenso können die anspruchsberechtigten Schwiegereltern einander ihren Anspruch abtreten. Selbstverständlich ist dies nicht. Immerhin wird das Recht zum Widerruf einer Schenkung wegen groben Undanks (§ 530 II BGB) als höchstpersönliches, nicht abtretbares Recht angesehen[200].

---

192 Vgl. Rn. 1256.

193 Dazu *Braeuer*, FPR 2011, 75, 77 f.; *Schulz/Hauß*, Rn. 2061 ff.

194 Zusammenfassend *Kogel*, FuR 2014, 19, 20 ff.

195 Vgl. dazu die differenzierenden Positionen von *Henke/Keßler*, NZFam 2014, 307, 308; *Kogel*, FuR 2014, 19, 21.

196 FamRZ 2015, 393, Rn. 30 = NJW 2015, 1014.

197 So auch OLG Frankfurt, FamRZ 2013, 988, 989.

198 Bei der anwaltlichen Beratung sind die Auswirkungen auf den Zugewinnausgleich zu bedenken; dazu *Jüdt*, FuR 2013, 331, 442.

199 Anders für den zuletzt genannten Fall *Henke/Keßler*, NZFam 2014, 307, 308; *Stein*, FPR 2012, 88, 90.

200 Vgl. *Palandt/Weidenkaff*, § 530 Rn. 1.

Die in der Literatur aufgeworfene Frage, ob dann, wenn die Abtretung an das im gesetzlichen Güterstand lebende Kind vor Rechtskraft der Scheidung erfolgt, das Verpflichtungs- und Verfügungsverbot des § 1378 III S. 3 BGB zum Zuge kommt[201], ist zu verneinen. Die Abtretung des Rückgewähranspruchs stellt keine Verpflichtung oder Verfügung des Kindes über die Zugewinnausgleichsforderung dar. Im Übrigen ist der Schutzzweck der Vorschrift nicht berührt[202]. 1299

bb) Vererblichkeit

Als nicht höchstpersönlicher Anspruch[203] ist der Rückgewähranspruch der Schwiegereltern auch vererblich. Er geht auch dann auf die Erben über, wenn die Schwiegereltern ihn im Zeitpunkt ihres Versterbens noch nicht geltend gemacht hatten[204]. 1300

Versterben die Schwiegereltern zwischen Schenkung und Scheitern der Ehe von Kind und Schwiegerkind verbleibt das Zugewendete – anders als nach der bisherigen Rechtsprechung – dem Schwiegerkind. Infolge der Qualifizierung der Schwiegerelternzuwendung als Schenkung findet kein Ausgleich zugunsten des eigenen Kindes über den Zugewinnausgleich statt. Ein Rückgewähranspruch, den das Kind geerbt haben könnte, ist nicht entstanden, denn im Zeitpunkt des Versterbens der Schwiegereltern war die Ehe noch nicht gescheitert[205]. Die bloße Aussicht auf einen im Falle eines späteren Scheiterns der Ehe möglichen Rückgewähranspruch aus § 313 oder § 812 I S. 2 Alt. 2 BGB kann nicht vererbt werden[206]. 1301

cc) Altfälle

Ist über den Zugewinnausgleich zwischen Kind und Schwiegerkind noch auf der Grundlage der früheren Rechtsprechung entschieden worden, mit der Folge, dass das eigene Kind über den Zugewinnausgleich von der Schenkung seiner Eltern an seinen Ehepartner profitiert, dieser bereits einen Teilausgleich geleistet hat (Beispiel Rn. 1257), steht dies der Geltendmachung eines Rückgewähranspruchs der Schwiegereltern aufgrund der geänderten Rechtsprechung nicht entgegen. Um aber zu vermeiden, dass 1302

---

201 *Stein*, FPR 2012, 88, 90; *Kogel*, FuR 2014, 19, 22.

202 So zutreffend *Henke/Keßler*, NZFam 2014, 307, 308.

203 Rn. 1298.

204 So auch *Henke/Keßler*, NZFam 2014, 307, 309; **a.A.** *Rodloff*, FamRB 2013, 51, Fn. 28. Anders ist die Rechtslage beim Widerruf einer Schenkung wegen groben Undanks: Dort ist das Recht zum Widerruf grds. nicht vererblich (Ausnahme: § 530 II BGB); nur wenn der Erblasser das Widerrufsrecht noch ausgeübt hatte, geht der daraus resultierende Bereicherungsanspruch auf die Erben über; *Staudinger/Chiusi*, § 530 Rn. 54.

205 Ebenso *Henke/Keßler*, NZFam 2014, 307, 308 f.; *Schulz*, FPR 2012, 79, 83; *Büte*, Rn. 555.

206 Vgl. dazu auch *Wever*, FamRZ 2016, 857, 864; ders., FamRZ 2010, 1629 (Anm.).

das Schwiegerkind nun im Umfang des schon geleisteten Teilausgleichs ein zweites Mal belastet wird, ist dessen Belastung durch die Berücksichtigung der Schwiegerelternschenkung im Zugewinnausgleich ausnahmsweise bei der Bemessung des Rückgewähranspruchs der Schwiegereltern zu berücksichtigen[207]. Der Anspruch der Schwiegereltern ist also von vornherein um diese Belastung des Schwiegerkindes / Begünstigung des eigenen Kindes im Zugewinnausgleich zu kürzen[208].

dd) Verjährung

1303 Hinsichtlich der Verjährung gelten grundsätzlich die Ausführungen zur Verjährung bei ehebezogenen Zuwendungen unter Ehegatten (Rn. 1054 ff.) entsprechend. Das bedeutet:

1304 Grundsätzlich ist die Regelverjährungsfrist des § 195 BGB von 3 Jahren maßgebend[209]. Sie beginnt mit Schluss des Jahres, in dem der Anspruch entstanden ist und die Schwiegereltern von den den Anspruch begründenden Umständen Kenntnis erlangen oder ohne grobe Fahrlässigkeit erlangen müssten (§ 199 I BGB). Da der Anspruch im Regelfall mit der endgültigen Trennung entsteht[210], beginnt die Verjährungsfrist normalerweise mit Ende des Jahres zu laufen, in dem die Eheleute sich getrennt haben, vorausgesetzt, die Schwiegereltern haben nicht erst zu einem späteren Zeitpunkt von der Trennung erfahren[211].

1305 War Schenkungsgegenstand ein Grundstück, gilt für den Rückgewähranspruch jedoch die 10-jährige Verjährungsfrist des § 196 BGB, unabhängig davon, ob Rückgewähr des Grundstücks selbst oder ein finanzieller Ausgleich verlangt wird[212]. Diese Frist beginnt mit der Entstehung des Anspruchs (§ 200 S. 1 BGB), regelmäßig also im Zeitpunkt der endgültigen Trennung.

1306 Vorstehendes gilt nicht erst seit der letzten Reform der Verjährungsvorschriften, in Kraft seit 1.1.2010, sondern auch für den davor liegenden Zeitraum seit Inkrafttreten der Neuregelung der Verjährung durch die

---

207 So auch BGH, FamRZ 2010, 958, 962 = NJW 2010, 2202.

208 OLG Düsseldorf, FamRZ 2014, 161; Beispiel auch bei *Schulz*, FamRZ 2011, 12.

209 BGH, FamRZ 2016, 457, Rn. 17 = NJW 2016, 629.

210 Vgl. Rn. 1284.

211 So auch OLG Düsseldorf, FamRZ 2014, 161; *Jüdt*, FuR 2013, 431, Fn. 92; *Soyka*, FuR 2012, 260, 261; *Schulz*, FamRZ 2011, 12, 13. Das OLG Frankfurt, FamRZ 2013, 988, 990, stellt im Hinblick auf die irritierende BGH-Entscheidung vom 20.7.2011, FamRZ 2012, 273, 276 = NJW 2012, 523 (vgl. dazu Rn. 1284) noch auf das Ende des Jahres ab, in dem die Scheidung rechtskräftig geworden ist.

212 BGH, FamRZ 2015, 393, m. Anm. *Wever* = NJW 2015, 1014, m. Anm. *Schmitz* = FamRB 2015, 86 *(Wever)* sowie Anm. *Kogel*, FF 2015, 165 u. *Groß*, NZFam 2015, 273; bestätigt durch BGH, FamRZ 2016, 457, Rn. 17 = NJW 2016, 629. Vgl. dazu auch Rn. 1055.

Schuldrechtsreform; es gilt also für die Zeit seit 1.1.2002[213]. Der teilweise vertretenen Ansicht, der Rückgewähranspruch sei ein familienrechtlicher Anspruch i.S. des § 197 I Nr. 2 BGB früherer Fassung (die Vorschrift war vom 1.1.2002 bis 31.12.2009 in Kraft und sah für familienrechtliche Ansprüche eine 30-jährige Verjährung vor), ist der BGH[214] nicht gefolgt[215].

Keine Sonderregelung in verjährungsrechtlicher Hinsicht gilt für **Altfälle**[216], in denen Rückgewähransprüche nach der früheren Rechtsprechung des BGH nicht bestanden oder im Hinblick auf diese Rechtsprechung nicht geltend gemacht worden sind. Teile von Rechtsprechung und Literatur[217] hatten die Ansicht vertreten, in solchen Fällen sei der Beginn der Verjährung bis zur Veröffentlichung der – die Anspruchslage von Schwiegereltern verbessernden – Rechtsprechungsänderung durch die Entscheidung des BGH vom 3.2.2010[218] hinausgeschoben, weil den Anspruchstellern die Geltendmachung der Ansprüche zuvor wegen unsicherer oder zweifelhafter Rechtslage bzw. wegen nach höchstrichterlicher Rechtsprechung klarer, einem Anspruch entgegenstehender Rechtslage unzumutbar gewesen sei[219]. Diese Auffassung hat der BGH durch Beschluss vom 16.12.2015[220] abgelehnt[221]. Die Rechtslage sei vor der Rechtsprechungsänderung nicht unklar und auch seien Rückgewähransprüche nicht grds. ausgeschlossen gewesen. Es hätten sich lediglich die Erfolgschancen eines Rückgewährverlangens durch die Rechtsprechungsänderung verbessert. Dies, so der BGH zu Recht, könne einen Aufschub des Verjährungsbeginns nicht rechtfertigten. **1307**

Bei Rückgewähransprüchen der Schwiegereltern ist die Verjährung, anders als bei Ansprüchen zwischen Eheleuten, **nicht gehemmt**, solange die Ehe zwischen Kind und Schwiegerkind besteht (§ 207 I BGB)[222]. Dies kann dazu führen, dass die Schwiegereltern zu einem unnötig frühen Zeitpunkt unter Handlungsdruck geraten. Der Gesetzgeber sollte daher die Regelung des § 207 I BGB auch auf die hier behandelten Ansprüche zwischen Schwiegereltern und Schwiegerkindern ausdehnen. Immerhin **1308**

---

213 Vgl. OLG Bremen, FF 2017, 402 = NZFam 2017, 858. Zur Rechtslage betreffend Ansprüche aus der Zeit vor dem 1.1.2002 vgl. Rn. 1056.

214 FamRZ 2015, 393, m. Anm. *Wever* = NJW 2015, 1014, m. Anm. *Schmitz* = FamRB 2015, 86 *(Wever)* sowie Anm. *Kogel*, FF 2015, 165 u. *Groß*, NZFam 2015, 273.

215 Vgl. dazu auch Rn. 1056.

216 Vgl. dazu Rn. 1302.

217 OLG Düsseldorf, FamRZ 2014, 161, 164; *Schulz*, FamRZ 2011, 12, 14; *Hoppenz*, FamRZ 2013, 991, 992: „höhere Gewalt".

218 FamRZ 2010, 958 = NJW 2010, 2202.

219 Dazu BGH, NJW 2014, 3713, 3715 ff.; NJW 2005, 429, 433; NJW 1999, 2041, 2042.

220 FamRZ 2016, 457, m. Anm. *Wever* = NJW 2016, 629 = FamRB 2016, 87 *(Wever)*.

221 So auch schon OLG Köln, FamRZ 2013, 822; OLG Frankfurt, FamRZ 2013, 988, 990; *Kogel*, FuR 2014, 19, 21 f.; *Wever*, Voraufl., Rn. 571h.

222 OLG Köln, FamRZ 2015, 1333, 1335; *Bergschneider*, FS Schwab, S. 459, 463.

sind sie ja auch in der Frage der gerichtlichen Zuständigkeit den Ansprüchen zwischen Ehegatten gleichgestellt (§ 266 I Nr. 3 FamFG).

ee) Zuwendungen sonstiger Dritter

1309 Vor der Rechtsprechungsänderung des BGH haben die Gerichte den bis dahin für Schwiegerelternzuwendungen beschrittenen Weg **bei vergleichbarer Interessenlage** auch in anderen familiären Konstellationen angewandt, so bei Zuwendungen, die Großeltern des einen Ehegatten dem anderen erbracht haben („Schwiegergroßeltern" an „Schwiegerenkel")[223], bei Zuwendungen von Geschwistern eines Ehegatten an den anderen Ehegatten (Schwager)[224], bei Zuwendungen des Großonkels eines Ehegatten an den anderen Ehegatten[225] und bei Zuwendungen an ein Stiefkind[226]. Auf solche Fallgestaltungen sind nunmehr die Grundsätze der geänderten Rechtsprechung zu Schwiegerelternzuwendungen[227] entsprechend anzuwenden[228].

ff) Zuwendungen an das eigene Kind und Kettenschenkung

1310 Vermögenszuwendungen ohne Vereinbarung einer Gegenleistung **an das eigene Kind** sind, wie schon erwähnt[229], zumindest in aller Regel als „reine" Schenkung i.S. des § 516 I BGB einzuordnen, denn sie erfolgen aus vom ehe- bzw. familienbedingten Hintergrund losgelöster Freigebigkeit. Insoweit hat der BGH seine Rechtsprechung nicht geändert. Da der Fortbestand der Ehe hier nicht Geschäftsgrundlage wird, erst recht nicht Gegenstand einer Zweckvereinbarung i.S. des § 812 I S. 2 Alt. 2 BGB, kann das Scheitern der Ehe keine Rückgewähransprüche der zuwendenden Eltern aus § 313 oder § 812 I S. 2 Alt. 2 BGB auslösen[230]. Rückgewähransprüche können ggf. nur aus §§ 527 ff. BGB hergeleitet werden. In außergewöhnlichen Fällen mag bei besonderer Motivationslage auch die Annahme einer ehebezogenen Schenkung an das eigene Kind mit möglichen Ansprüchen aus § 313 BGB in Betracht kommen[231].

---

223 BGH, FamRZ 2006, 394 = FamRB 2006, 133 *(Wever).*

224 OLG Koblenz, NJW 2003, 1675 = FamRB 2003, 237 *(Wever).*

225 OLG Köln, NJW 2009, 1005 = FamRZ 2009, 1064 [LS].

226 So jedenfalls im Ergebnis LG Berlin, FF 2006, 275.

227 Rn. 1259 ff.

228 So auch *Stein*, FPR 2012, 88, 89. Zu Zuwendungen bei beabsichtigter Heirat Rn. 1313.

229 Rn. 1256.

230 Vgl. OLG Koblenz, FamRZ 2017, 108.

231 Vgl. *Jüdt*, FuR 2013, 431, 432. Das OLG Nürnberg, FamRZ 2006, 38, m. Anm. *Schröder* = FamRB 2005, 319 *(Heinle)* u. Anm. *Münch*, MittBayNot 2006, 338, hat einer unentgeltlichen Zuwendung der Eltern an den eigenen Sohn im Hinblick darauf den Charakter einer ehebezogenen Zuwendung beigemessen, dass als Zweckbestimmung die Sicherung des Bestandes der Ehe unter Beschränkung der freien Verfügbarkeit über die zu-

1311 Keine unmittelbare Rechtsbeziehung zwischen Schwiegereltern und Schwiegerkind begründet die sog. **Kettenschenkung**, die gern aus steuerlichen Gründen gewählt wird[232]. Bei ihr handelt es sich um eine zweistufige Zuwendung: Die Eltern wenden dem eigenen Kind Vermögen zu, das dieses zum Teil an den Ehepartner weitergibt[233]. Hier kommt es für eventuelle Rückgewähransprüche auf die jeweilige Rechtsbeziehung an[234]. Im Verhältnis der Eltern zum Kind handelt es sich in aller Regel um eine Schenkung[235], im Verhältnis des Kindes zu dessen Ehepartner im Zweifel um eine ehebezogene Zuwendung. Haben die Eltern nach einem wirksamen Widerruf der Schenkung gegen das eigene Kind einen Bereicherungsanspruch (§§ 531 II, 812 ff. BGB), so können sie vom Schwiegerkind das diesem vom eigenen Kind Zugewendete nach § 822 BGB herausverlangen[236].

gg) Sonstiges

1312 Die vorstehend beschriebenen Grundsätze gelten auch für Zuwendungen, die nur **teilweise unentgeltlich** sind („gemischte ehebezogene Schenkungen")[237]. Sie sind auch für Zuwendungen heranzuziehen, die unter der Geltung des DDR-Rechts erfolgt sind[238].

---

gewendeten Mittel vereinbart war; dazu auch *Wever,* FamRZ 2006, 365, 371; OLG Frankfurt, FamRZ 2009, 1065, 1066.

232 Zu den Voraussetzungen der steuerlichen Anerkennungsfähigkeit einer zweistufigen Zuwendung als echte Kettenschenkung (insbesondere: eigene Entscheidungsbefugnis des Ersterwerbers hinsichtlich der Verwendung des Zuwendungsobjekts): BFH, NJW 2014, 174 = FamRZ 2013, 1802 [LS], m. Anm. *Selbherr,* MittBayNot 2015, 82; FamRZ 2012, 548; FamRZ 2005, 1250, m. Anm. *Schlünder/Geißler*; u. *Gebel,* ZEV 2005, 263. Dazu auch *Grziwotz,* MDR 2007, 124;, *Schlünder/Geißler,* FPR 2006, 158; *Büte,* FuR 2006, 484; *Münch,* Rn. 1577 ff. Zu regress-, güter- und erbrechtlichen Risiken der Kettenschenkung *Reymann,* ZEV 2006, 55.

233 Vgl. OLG Bremen, FamRZ 2016, 504, 506 = NJW 2016, 83.

234 Vgl. OLG Köln, FPR 2001, 419.

235 Zu einem Ausnahmefall Fn. 231.

236 BGH, NJW-RR 2001, 6. Vgl. dazu Rn. 917 u. 1247.

237 BGH, FamRZ 2006, 394 (unter Hinweis darauf, dass die Verpflichtung zu einer Gegenleistung den Charakter der ehebezogenen Zuwendung nicht in Frage stelle, solange sie nach dem Willen der Vertragsparteien keine vollwertige Gegenleistung sei); BGH, FamRZ 2003, 223 = NJW 2003, 510; ebenso OLG Celle, FamRZ 2003, 1657 = FamRB 2003, 278 *(Wever).* Für die ehebezogene Schenkung gilt nichts anderes. Zu den Kriterien für die Annahme einer gemischten Schenkung zuletzt BGH, FamRZ 2016, 2004 (Berücksichtigung von vorbehaltenem Nießbrauch, übernommener Pflegeverpflichtung u. vorbehaltenem Rücktrittsrecht bei Grundstückszuwendung), m. Anm. *Müller* S. 2100; FamRZ 2014, 98 = NJW 2014, 294 = FamRB 2014, 41 *(Kogel)*; FamRZ 2012, 207 = FamRB 2012, 121 *(Sarres).* Zur Darlegungs- und Beweislast, wenn streitig ist, ob eine Zuwendung teilweise unentgeltlich in Erwartung des Fortbestandes der Ehe erfolgt ist, Rn. 1039.

238 BGH, FamRZ 1998, 669; FamRZ 2006, 394.

1313 Die Grundsätze gelten des Weiteren dann, wenn Kind und Schwiegerkind zum Zeitpunkt der Schwiegerelternschenkung nicht verheiratet waren, aber die **Heirat beabsichtigt** war[239]. Sie werden aber auch dann heranzuziehen sein, wenn Kind und „Schwiegerkind" in nichtehelicher Lebensgemeinschaft ohne Heiratsabsicht lebten, später aber geheiratet haben[240].

1314 Demgegenüber finden die Grundsätze keine Anwendung für schwiegerelterliche **Zuwendungen nach Scheitern der Ehe**, denn solche Leistungen werden nicht in der Erwartung des Fortbestandes der Ehe von Kind und Schwiegerkind erbracht, der Fortbestand der Ehe ist also nicht Geschäftsgrundlage der Zuwendung[241]. Das gilt ohnehin im Fall von **Geburtstags- und Weihnachtsgeschenken**[242].

1315 Bestand die Zuwendung der Schwiegereltern in der **Leistung auf eine Gesamtschuld** des eigenen und des Schwiegerkindes, für die diese im Innenverhältnis je hälftig einstehen mussten, so scheidet eine Haftung des Schwiegerkindes auf Rückgewähr gegenüber den Schwiegereltern über seinen Hälfteanteil hinaus aus[243].

1316 Kommt es, nachdem der Anspruch entstanden ist, zu einer **Versöhnung** der Ehegatten, so führt dies nicht zum Fortfall des Anspruchs, denn allein die Versöhnung erfüllt keinen Erlöschenstatbestand[244]. Doch stellt sich die Frage, ob den Schwiegereltern die Berufung auf den Anspruch – wie wohl Ehegatten in der entsprechenden Situation – gem. § 242 BGB verwehrt ist.

1317 Nicht übersehen werden darf, dass auch nach der geänderten Rechtsprechung des BGH die Geldhingabe von Schwiegereltern, auch wenn sie vor dem Hintergrund der Ehe von Kind und Schwiegerkind erfolgt ist, im Einzelfall auf einem **Darlehen** beruhen kann[245], mit der Konsequenz, dass Rückgewähransprüche sich dann nach Darlehensrecht richten[246]. Die Abgrenzung zur Schenkung hat danach zu erfolgen, ob das Geld nach dem Zweck der Vereinbarung endgültig beim Empfänger verbleiben oder ob dieser zur Rückzahlung verpflichtet sein sollte. Die Qualifzierung einer

239 So im Fall BGH, FamRZ 2010, 958 = NJW 2010, 2202; vgl. auch KG, NJW-RR 2007, 365.

240 Vgl. dazu Rn. 1072 ff.

241 Vgl. BGH, FamRZ 2012, 273, 275 = NJW 2012, 523.

242 AG Bensheim, FamRZ 2013, 821. Vgl. dazu Rn. 1266.

243 OLG Celle, Beschl. v. 5.11.2012, 10 UF 246/12, juris = FamRZ 2013, 823 [LS]. Vgl. zu dieser Entscheidung auch Rn. 1319.

244 Vgl. Rn. 1047. Anders *Schulz*, FPR 2012, 79, 84 („Wegfall des Wegfalls der Geschäftsgrundlage"). Indes: Der Rückgewähranspruch hat keine Geschäftsgrundlage, die entfallen sein könnte. Anders noch *Wever*, FamRZ 2016, 857, 863.

245 OLG Köln, FamRZ 2016, 1715.

246 Vgl. dazu Rn. 1322.

Zuwendung als Darlehen erfordert die Feststellung eines eindeutigen entsprechenden Rechtsbindungswillens der Beteiligten[247].

Nicht als Schenkung des Gebrauchsrechts, sondern als Leihe ist die unentgeltliche **Gebrauchsüberlassung einer Wohnung** durch die Schwiegereltern anzusehen[248]. Hier kann sich neben der Frage nach Ausgleichsansprüchen von Schwiegerkind und Kind für wertverbessernde Ausbaumaßnahmen[249] die Frage nach der Möglichkeit der Beendigung des Leihverhältnisses stellen, insbesondere wenn nach der Trennung der Ehegatten das Schwiegerkind in der Wohnung verbleibt[250]. Allein der Auszug eines Ehegatten berechtigt die Schwiegereltern nicht zur Kündigung gem. § 605 BGB[251]. **1318**

Ebenfalls nicht als Zuwendung/Schenkung anzusehen ist die **Stellung einer dinglichen Sicherheit**, z.B. einer Grundschuld, seitens der Schwiegereltern für einen Kredit des Schwiegerkindes, sofern nicht auf die Rückgriffsmöglichkeit für den Fall der Inanspruchnahme verzichtet wird. Hier erfolgt die Lösung vielmehr über Auftragsrecht: Der Stellung der Sicherheit liegt eine (konkludente) Beauftragung zugrunde; ggf. kommt ein Anspruch auf Befreiung bzw. auf Aufwendungsersatz in Betracht (§§ 670, 257 BGB)[252]. **1319**

Zu Fällen mit **Auslandsberührung** vgl. Rn. 868. **1320**

Zuständig für die hier erörterten Ansprüche – mit Ausnahme derjenigen zu Rn. 1309[253] – sind seit 1.9.2009 die Familiengerichte, sofern der erforderliche Zusammenhang mit Trennung und Scheidung besteht (§§ 23a I S. 1, 23b I GVG, §§ 111 Nr. 10, 266 I Nr. 3 FamFG)[254]. **1321**

---

247 Vgl. dazu Rn. 899 ff. Zur Abgrenzung auch: OLG Köln, FamRZ 2016, 1715; OLG Koblenz, FamRZ 2005, 898, m. Anm. *Wever*. Eine Mitverpflichtung des Schwiegersohns betreffend ein der Tochter vom Vater durch Einzahlung auf ein Gemeinschaftskonto gewährtes Darlehen verneint das OLG Saarbrücken, FamRZ 2016, 232.

248 BGH, NJW 1982, 820; FamRZ 1985, 150, 151 = NJW 1985, 313. Vgl. auch Rn. 895.

249 Dazu Rn. 1230 ff.

250 Vgl. dazu BGH, FamRZ 1985, 150, 153 = NJW 1985, 313; FamRZ 1990, 843, 845 = NJW 1990, 1789; *Schulz*, FamRB 2006, 84, 86; *Schulz/Hauß*, Rn. 2110 f.; sowie Rn. 1233.

251 JurisPK-BGB/*Colling*, § 604 Rn. 5.

252 Vgl. Rn. 895 sowie *Wever*, FamRZ 2013, 741, 749, zu OLG Celle, Beschl. v. 5.11.2012, 10 UF 246/12, juris = FamRZ 2013, 823 [LS].

253 Vgl. dazu Rn. 47.

254 Vgl. Rn. 40.

4. Sicherung eines Rückgewähranspruchs

1322 Wollen Schwiegereltern sicherstellen, dass sie im Falle eines Scheiterns der Ehe das dem Schwiegerkind Zugewendete zurückerhalten, bieten sich insbesondere folgende Möglichkeiten an:

- Es kann ein **Rückforderungsrecht** für den Fall der Scheidung vereinbart werden[255].
- Die Zuwendung kann mit der **auflösenden Bedingung** der Scheidung der Ehe verknüpft werden[256].
- Bei einer Geldzuwendung kommt die Vereinbarung eines **Darlehens** in Betracht (§ 488 BGB)[257]. Bei der Geldhingabe ist zu bedenken, dass der Zurückfordernde die Beweislast dafür trägt, dass das Geld darlehnsweise und nicht etwa als (ehebezogene) Schenkung überlassen worden ist[258]. Hinsichtlich der Fälligkeit der Rückzahlung nach dem Scheitern der Ehe können sich, wenn es an der – oft sinnvollen – Vereinbarung einer Fälligkeit für diesen Fall[259] fehlt, Besonderheiten aus dem durch die familiäre Verbundenheit geprägten Darlehenszweck und daraus ergeben, dass der Fall des Scheiterns der Ehe nicht bedacht worden ist[260]. So kann bei an sich fristgemäßer Kündigung nach Scheitern der Ehe (§ 488 III BGB) von Bedeutung sein, dass das Schwiegerkind zur Rückzahlung aktuell nicht in der Lage ist[261]. Nach zutreffender Ansicht des OLG Koblenz[262] kann ein dem Schwiegerkind gegebenes Darlehen, das ursprünglich nur im Fall eigener Not der Darlehensgeber zurückgefordert werden sollte, auch im Fall des Scheiterns der Ehe des eigenen Kindes mit dem Schwiegerkind zurückverlangt werden. Zu beachten ist auch, dass ein dem eigenen und dem Schwiegerkind gegebenes Darlehen im Zweifel eine gesamtschuldnerische Haftung der Empfänger begründet (§ 427 BGB). Das hat zur Folge, dass das Darlehen nur einheitlich gegenüber beiden Eheleuten gekündigt

---

255 Siehe dazu Rn. 948 sowie *Bergschneider/Münch,* Formularbuch, J. II. 1.; *Langenfeld,* in: Münchener Vertragshandbuch, Bd. 6, VI. 14, S. 84 ff. Geht es um ein Grundstück, sollte zugleich geregelt werden, ob und nach welchen Kriterien ggf. ein finanzieller Ausgleich i.S. von Rn. 1024 ff. zu leisten ist. Das gilt auch für den nachfolgend genannten Fall der Vereinbarung einer auflösenden Bedingung.

256 So geschehen im Fall BGH, FamRZ 1985, 48 = NJW 1985, 189.

257 Formulierungsvorschlag bei MAH/*Markwardt,* § 21 Rn. 145.

258 Zur Abgrenzung Rn. 1317.

259 Vgl. BGH, FamRZ 1995, 1056 = NJW 1995, 2282.

260 Vgl. BGH, FamRZ 1973, 252; OLG Düsseldorf, FamRZ 1989, 53 = NJW 1989, 908; *Haußleiter/Schulz,* Vermögensauseinandersetzung bei Trennung und Scheidung, 5. Aufl., 7 Rn. 75 ff.

261 Vgl. OLG Köln, FamRZ 2016, 1715.

262 OLG Koblenz, FamRZ 2005, 898, m. Anm. *Wever.*

werden kann. Eine Kündigung nur dem Schwiegerkind gegenüber ist unwirksam[263].

II. Ausgleich für Arbeitsleistungen: Kooperationsvertrag

Gelegentlich tragen Schwiegereltern zu einem Vermögenszuwachs auf **1323**
Seiten des Schwiegerkindes nicht durch finanzielle Leistungen oder durch Übertragung von Immobilien oder Sachwerten, sondern durch Arbeitsleistungen bei. Das geschieht in der Praxis meist durch **Mithilfe beim Hausbau.** Da Arbeitsleistungen im Regelfall nicht als Zuwendungen angesehen werden können[264], finden die zu Rn. 1259 ff. geschilderten Grundsätze keine unmittelbare Anwendung. Doch auch Arbeitsleistungen, sofern sie über bloße Gefälligkeiten deutlich hinausgehen und zu einem messbaren Vermögenszuwachs beim Schwiegerkind geführt haben, kann ein – stillschweigend geschlossener – familienrechtlicher Vertrag eigener Art zugrunde liegen, der bei Wegfall der Geschäftsgrundlage infolge des Scheiterns der Ehe zu einem Ausgleichsanspruch führen kann (§ 313 BGB). Dies ist bei Arbeitsleistungen, die ein Ehegatte zugunsten des anderen erbringt, ohne dass eine Ehegatteninnengesellschaft vorliegt, in der Rechtsprechung des BGH schon lange anerkannt (sog. Kooperationsvertrag)[265]. Es gilt aber bei Arbeitsleistungen von Schwiegereltern, die der Ausgestaltung der ehelichen Lebensgemeinschaft des eigenen Kindes und seines Ehegatten dienen und deren Geschäftsgrundlage der Fortbestand dieser Ehe ist, in gleicher Weise[266]. Ein Ausgleichsanspruch der Schwiegereltern nach Maßgabe der von der Rechtsprechung für den Kooperationsvertrag zwischen Ehegatten entwickelten Grundsätze[267] kann also auch hier in Betracht kommen[268]. Der BGH hat dies in seiner Entscheidung vom 3.2.2010[269] erstmals ausdrücklich bestätigt. Demgegenüber kommt bei der umgekehrten Fallgestaltung des Erbringens von Arbeitsleistungen durch das Schwiegerkind zugunsten des Vermögens der Schwiegereltern im Eigeninteresse (Schaffen einer kostenlosen Wohnmöglichkeit) die Annahme eines Kooperationsvertrages nicht in Betracht[270].

263 BGH, NJW 2002, 2866, m. Anm. *Edenfeld,* JZ 2002, 1165.

264 Vgl. Rn. 895. Dort auch zu Ausnahmen: Erlass einer entstandenen Vergütungsschuld, Verzicht auf anderweitig möglichen ertragbringenden Einsatz der Arbeitskraft. Nach OLG Karlsruhe, FuR 2009, 638, ist eine Zuwendung auch dann anzunehmen, wenn Eltern als Inhaber eines Installationsbetriebs Personal und Material zur Verfügung stellen.

265 BGH, FamRZ 1982, 910 = NJW 1982, 2236; FamRZ 1994, 1167 = NJW 1994, 2545.

266 Vgl. auch *Büte,* FuR 2005, 544, 546; *Schulz/Hauß,* Rn. 2090 f.

267 Rn. 1200 ff.

268 Vgl. OLG Bremen, FF 2017, 402, m. Anm. *Herr* = NZFam 2017, 858; LG Marburg, FamRZ 2004, 1099, m. Anm. *Wever.*

269 FamRZ 2010, 958, 963, m. Anm. *Wever* S. 1047 = NJW 2010, 2202.

270 BGH, FamRZ 2015, 833, 13 f. = NJW 2015, 1523 (bei nichtehelicher Lebensgemeinschaft). Vgl. Rn. 1235 ff. u. 1242.

1324 Das stillschweigende **Zustandekommen eines Kooperationsvertrages** zwischen Schwiegereltern und Schwiegerkind setzt Folgendes voraus:

- Die Schwiegereltern müssen Arbeitsleistungen in einem Umfang erbracht haben, der über Leistungen aus Gefälligkeit deutlich hinausgeht[271]. Für das Zustandekommen eines Kooperationsvertrages spricht es, wenn eine Arbeitskraft erspart worden ist.
- Es darf nicht ausdrücklich ein anderer Vertrag geschlossen worden sein, etwa ein Arbeitsvertrag.
- Die Arbeitsleistungen müssen zu einem messbaren Vermögenszuwachs beim Schwiegerkind geführt haben.

1325 Mit dem Scheitern der Ehe von Kind und Schwiegerkind entfällt die Geschäftsgrundlage des Kooperationsvertrages. Maßgeblicher Stichtag für die **Entstehung eines Anspruchs** der Schwiegereltern ist, wie bei ehebezogenen Schenkungen der Schwiegereltern[272], in der Regel die endgültige Trennung von Kind und Schwiegerkind, spätestens aber die Rechtshängigkeit der Scheidung[273]. Ob und ggf. in welchem Umfang ein Ausgleichsanspruch der Schwiegereltern besteht, hängt davon ab, ob und ggf. inwieweit ihnen die Beibehaltung der bestehenden **Vermögenssituation unzumutbar** i.S. des § 313 I BGB ist.

1326 Unter Zugrundelegung der früheren Rechtsprechung des BGH schied ein Anspruch regelmäßig aus, wenn es über den Zugewinnausgleich zu einer Teilhabe des eigenen Kindes an der dem Schwiegerkind mittels der Arbeitsleistungen gewährten Vermögensmehrung gekommen war. Die bestehende Vermögenssituation wurde dann in der Regel als den Schwiegereltern zumutbar angesehen. In seiner Entscheidung vom 3.2.2010[274] macht der BGH deutlich, dass er diese Verknüpfung des güterrechtlichen Ergebnisses zwischen Kind und Schwiegerkind mit dem Ausgleichsanspruch der Schwiegereltern nicht nur im Falle von Schwiegerelternschenkungen, sondern auch im Falle von Vermögensmehrung durch Arbeitsleistungen der Schwiegereltern nicht länger für gerechtfertigt hält. Das güterrechtliche Ergebnis soll für den Ausgleichsanspruch der Schwiegereltern irrelevant sein.

1327 Folgt man dem, wird das Bestehen und die Höhe eines Ausgleichsanspruchs der Schwiegereltern nicht mehr vom güterrechtlichen Ergebnis

---

271 **Bejaht**: OLG Frankfurt, Beschl. v. 4.6.2012, 6 UF 12/12, juris = FamRB 2013, 237 *(Frank)*, bei 400 Arbeitsstunden am Hausbau. **Verneint**: OLG Bremen, FF 2017, 402 = NZFam 2017, 858, bei 255 Arbeitsstunden, verteilt über mehrere Jahre; AG Bensheim, FamRZ 2013, 821, bei bloßer Überwachung von Bauhandwerkern.

272 Vgl. Rn. 1284.

273 So auch OLG Bremen, FF 2017, 402, m. Anm. *Herr* = NZFam 2017, 858.

274 FamRZ 2010, 958, 963 = NJW 2010, 2202.

zwischen Kind und Schwiegerkind beeinflusst. Das güterrechtliche Ergebnis zu ignorieren ist allerdings nur dann gerechtfertigt, wenn das eigene Kind – wie im Falle einer Schwiegerelternschenkung nach der geänderten Rechtsprechung des BGH[275] – im Zugewinnausgleich tatsächlich nicht von der seinem Ehegatten gewährten Vermögensmehrung profitiert. Denn würde es profitieren, hieße das zugleich, dass das Schwiegerkind bereits auf güterrechtlichem Wege einen Ausgleich für die erfahrene Vermögensmehrung leisten muss, was im Rahmen des Ausgleichsanspruchs der Schwiegereltern nicht unberücksichtigt bleiben dürfte. Bei der Schwiegerelternschenkung wird das Nichtprofitieren des eigenen Kindes dadurch erreicht, dass § 1374 II BGB zur Anwendung kommt und damit die Schwiegerelternschenkung (in der um die Rückgewährverpflichtung geminderten Höhe) im Anfangsvermögen des Schwiegerkindes berücksichtigt wird[276]. Nun ist allerdings bisher allgemein anerkannt, dass Vermögensmehrungen, die auf Arbeitsleistungen beruhen, nicht von dem in § 1374 II BGB gebrauchten Begriff der Schenkung erfasst werden, sie also nicht dem Anfangsvermögen hinzuzurechnen sind[277]. Zu dem Ergebnis, dass das eigene Kind von den Arbeitsleistungen seiner Eltern zugunsten seines Ehepartners im Zugewinnausgleich nicht profitiert, kommt man somit nur, wenn man sich auch an dieser Stelle[278] über einen bisher anerkannten Grundsatz des Zugewinnausgleichs hinwegsetzt, indem man die durch die Arbeitsleistungen der Schwiegereltern bewirkte Vermögensmehrung als von § 1374 II BGB erfasst ansieht und im Anfangsvermögen des Schwiegerkindes berücksichtigt.

Findet man sich dazu im Interesse eines einheitlichen Ergebnisses bei **1328**
Vermögensmehrungen durch Zuwendungen/Schenkungen einerseits und durch Arbeitsleistungen andererseits bereit[279], so verbleiben für die Frage nach dem Ob und nach der Höhe eines Ausgleichsanspruchs als **Abwägungskriterien** folgende Gesichtspunkte[280]:

- Art und Umfang der erbrachten Arbeitsleistungen[281];
- Umfang der bewirkten und beim Scheitern der Ehe noch vorhandenen Vermögensmehrung;

275 Vgl. Rn. 1290.

276 Vgl. Rn. 1290 f.

277 BGH, FamRZ 1987, 910; *Johannsen/Henrich/Jaeger*, § 1374 Rn. 31; *Palandt/Brudermüller*, § 1376 Rn. 15.

278 Zu dem Systembruch, der in der Berücksichtigung der erst beim Scheitern der Ehe entstehenden Rückgewährverpflichtung im Anfangsvermögen besteht, vgl. Rn. 1291.

279 So *Schulz/Hauß*, Rn. 2096 f.

280 Vgl. auch *Schulz/Hauß*, Rn. 2092. Siehe auch die entsprechenden Kriterien beim Ausgleich für Schwiegerelternschenkungen, Rn. 1270 ff.

281 Zur Darlegungs- und Beweislast insoweit vgl. Rn. 1215.

- Dauer der Ehe von Kind und Schwiegerkind seit Gewährung der Leistungen bis zum Scheitern der Ehe (Gesichtspunkt der teilweisen Zweckerreichung); vgl. dazu Rn. 1272;
- Einkommens- und Vermögensverhältnisse von Schwiegereltern und Schwiegerkind;
- Sonstige Umstände des Einzelfalls.

1329 Zu beachten ist, dass der Anspruch – wie beim Kooperationsvertrag zwischen Ehegatten[282] – **nach oben begrenzt** ist, zum einen durch die ersparten Kosten einer fremden Arbeitskraft, zum andern durch die beim Scheitern der Ehe noch vorhandene Vermögensmehrung (kein Anspruch auf ergebnisunabhängige nachträgliche Vergütung). Die Zubilligung eines Ausgleichs scheidet aus, wenn nach Abzug der gebotenen Kürzungen (insbesondere wegen teilweiser Zweckerreichung) nur noch ein geringer Ausgleichsbetrag zur Debatte steht[283].

1330 In Betracht kommt ein Ausgleichsanspruch – wie bei Schwiegerelternschenkungen – insbesondere auch dann, wenn die Schwiegereltern mit ihren Arbeitsleistungen ein in die Zukunft gerichtetes **Eigeninteresse verfolgt** haben, das nach dem Scheitern der Ehe von Kind und Schwiegerkind nicht mehr realisierbar ist (Beispiel: Erwartung der Aufnahme in das errichtete Familienheim bei Pflegebedürftigkeit)[284].

1331 Diese Grundsätze mag das folgende **Beispiel**[285] verdeutlichen:

Ehemann M bittet seinen Schwiegervater S, der gelernter Klempner und Installateur ist, um Mithilfe bei der Errichtung eines Hauses auf dem M gehörenden Grundstück. S kommt der Bitte nach. Über die von ihm erbrachten Arbeiten wird ein Bautagebuch geführt. Kurz nach Bezug des fertig gestellten Hauses kommt es zur Trennung der Eheleute, die im gesetzlichen Güterstand gelebt haben. S verlangt von M für 1.700 geleistete Arbeitsstunden eine Vergütung von 25.500 € (15 € pro Std.). M beruft sich darauf, dass es sich um einen Fall von Nachbarschafts- bzw. Verwandtenhilfe gehandelt habe. Der Anspruch sei im Übrigen allenfalls auf die Hälfte des geforderten Betrages zu beschränken, da S die Leistungen auch für seine Tochter F erbracht habe.

Angesichts der wirtschaftlichen Bedeutung der Angelegenheit für M und des erheblichen Arbeitsaufwandes ist davon auszugehen, dass S seine Leistungen nicht aus Gefälligkeit, sondern auf der Grundlage einer vertraglichen Beziehung mit M erbracht hat[286]. Dabei handelt es sich nicht um einen Dienstvertrag, der eine Vergütungspflicht unabhängig vom

282 Dazu Rn. 1204.

283 OLG Frankfurt, Beschl. v. 4.6.2012, 6 UF 12/12, juris = FamRB 2013, 237 *(Frank)*: kein Ausgleich von 1.200 €.

284 Vgl. Rn. 1279.

285 Nach LG Marburg, FamRZ 2004, 1099 / OLG Frankfurt, FamRZ 2005, 1833 (Berufungsgericht).

286 Anders das OLG Frankfurt, FamRZ 2005, 1833, das die Möglichkeit eines familienrechtlichen Kooperationsvertrages nicht bedenkt und die verlangte Vergütung unter Anwendung von § 812 I S. 2 Alt. 2 BGB (Zweckverfehlung) zuspricht.

Verlauf der Ehe von M und F zur Folge hätte. Der Interessenlage der Beteiligten entspricht vielmehr die Annahme eines familienrechtlichen Kooperationsvertrages, der nicht zu einer Vergütungspflicht, sondern nur im Falle des Scheiterns der Ehe zu einem Ausgleichsanspruch über § 313 BGB führt. Denn S hat seine Arbeitsleistungen ersichtlich in der Erwartung des Fortbestandes der Ehe als Geschäftsgrundlage erbracht. Die Situation ist vergleichbar dem gedachten Fall, dass S statt seiner Arbeitszeit Geld als Baukostenzuschuss zur Verfügung gestellt hätte. S hat seine Leistungen auch nicht teilweise zugunsten der F, sondern allein zugunsten des M erbracht, der nicht nur an S herangetreten, sondern auch Alleineigentümer des Grundstücks und damit Nutznießer war.

Nach Wegfall der Geschäftsgrundlage infolge des Scheiterns der Ehe stellt sich die Frage, ob die Beibehaltung der Vermögenssituation für S unzumutbar i.S. des § 313 I BGB ist. Die Frage ist unter Heranziehung der zu Rn. 1328 genannten Kriterien zu bejahen. Zu berücksichtigen ist zunächst, dass S Leistungen erheblichen Umfangs erbracht und M eine bezahlte Arbeitskraft erspart hat; die Kosten der ersparten Arbeitskraft (hier wohl 25.500 €) bilden zugleich die Obergrenze des Anspruchs. Von Bedeutung ist sodann, ob und in welchem Umfang die Arbeitsleistungen des S zu einer Wertsteigerung der Immobilie geführt haben, die im vorliegenden Fall im Zeitpunkt der kurz nach Fertigstellung des Hauses erfolgten Trennung noch vorhanden gewesen sein dürfte. Unterstellt man eine Wertsteigerung von 15.000 €, käme ein Ausgleich bis zu diesem Betrag in Betracht. Ein Abschlag für teilweise Erreichung des mit der Vermögensmehrung verfolgten Zwecks (Ausgestaltung der ehelichen Lebensgemeinschaft) scheidet hier ausnahmsweise aus, da die Tochter F bzw. die Eheleute gemeinsam infolge der alsbaldigen Trennung kaum noch in den Genuss des geschaffenen Objekts gekommen sind. Anlass für aus anderen Gründen gebotene weitere Abschläge bietet der Sachverhalt nicht. Auf die Frage, in welchem Güterstand die Eheleute gelebt haben, kommt es nach der geänderten Rechtsprechung des BGH nicht an. Dass sie hier im gesetzlichen Güterstand gelebt haben, beeinflusst den Ausgleichsanspruch also nicht. Es könnte daher ein Anspruch i.H. von 15.000 € gerechtfertigt sein. Dabei handelt es sich nicht um eine nachträgliche Vergütung, sondern um eine Beteiligung am bewirkten Wertzuwachs.

Anders als nach der bisherigen Rechtsprechung[287] sollen nach der Entscheidung des BGH vom 3.2.2010[288] auch Vermögensmehrungen des Schwiegerkindes durch Arbeitsleistungen der Schwiegereltern grundsätzlich einem **Bereicherungsausgleich wegen Zweckverfehlung** (§ 812 I S. 2 Alt. 2 BGB) zugänglich sein. Ein solcher Anspruch setzt eine Zweckabrede des Inhalts voraus, dass das Ergebnis der Arbeitsleistungen nicht nur die Ehe ausgestalten, sondern den Eheleuten dauerhaft zugute kommen soll. Dies wird – wie bei Schwiegerelternschenkungen – kaum je feststellbar sein[289]. 1332

In **Mischfällen**, in denen die Schwiegereltern sowohl durch Vermögenszuwendungen als auch durch Arbeitsleistungen zur Vermögensmehrung beim Schwiegerkind beigetragen haben, sind die jeweiligen Leistungen rechtlich getrennt zu beurteilen[290]. Zur **Verjährung** der Ansprüche 1333

287 Vgl. Rn. 1097 m.w.N., sowie *Schulz*, FamRB 2006, 84, 85.
288 FamRZ 2010, 958, 963 = NJW 2010, 2202.
289 Vgl. dazu Rn. 1286f.
290 Vgl. etwa OLG Frankfurt, Beschl. v. 4.6.2012, 6 UF 12/12, juris.

gilt das zu Rn. 1303 ff. Gesagte entsprechend. Danach ist seit 1.1.2002 die regelmäßige Verjährungsfrist von drei Jahren maßgebend (§ 195 BGB)[291]. Die Verjährung beginnt mit dem Ende des Jahres, in dem die Eheleute sich endgültig getrennt und die Schwiegereltern davon Kenntnis erlangt haben oder ohne grobe Fahrlässigkeit haben müssten (§ 199 I BGB)[292]. Die Verjährung ist nicht während des Bestehens der Ehe von Kind und Schwiegerkind gehemmt. Für die gerichtliche **Zuständigkeit** gilt das zu Rn. 1321 Gesagte.

1334 Je nach Fallgestaltung kann im Einzelfall aber auch der wirtschaftliche Wert von Arbeitsleistungen eines Elternteils, durch die das Vermögen des Schwiegerkindes gemehrt wird, unmittelbar dem eigenen Kind zuzurechnen sein mit der Folge, dass Ausgleichsansprüche allenfalls dem eigenen Kind zustehen. Der BGH[293] hat das in einem Fall angenommen, in dem der Vater während der Verlobungszeit „mit Rücksicht auf die Verheiratung seiner Tochter" an einem Bauvorhaben auf dem Grundstück seines späteren Schwiegersohnes mitgearbeitet hatte. Damit habe er, ähnlich einer **Ausstattung** (§ 1624 BGB), seine Leistungen für die Tochter erbracht.

C. Checklisten: Vermögensauseinandersetzung mit Schwiegereltern

1335

I. Leistungen des Schwiegerkindes (→ Rn. 1230 ff.)

1. Investition in Immobilie der Schwiegereltern durch Geldeinsatz oder Arbeitsleistungen?
2. Unentgeltliche Überlassung von Wohnraum an Kind und Schwiegerkind?
   → konkl. Leihvertrag (= rechtlicher Grund i.S.d. § 812 I BGB für die Investition)
3. Leihverhältnis mit beiden Ehegatten vor geplanter Laufzeit beendet = Wegfall des rechtlichen Grundes? (z.B.: Auszug beider Ehegatten? Umwandlung des Leihvertrages in Mietvertrag?)
4. → Anspruch auf mtl. Rente i.H. der investitionsbedingten Ertragswertsteigerung

291 Vgl. OLG Bremen, FF 2017, 402 = NZFam 2017, 858.
292 OLG Bremen, FF 2017, 402 = NZFam 2017, 858.
293 BGH, FamRZ 1992, 160, 162 = NJW 1992, 427.

II. Leistungen der Schwiegereltern 1336

1. Vermögenszuwendungen der Schwiegereltern (→ Rn. 1249 ff.)

a) Liegt eine Vermögenszuwendung vor?
Abgrenzung: wie bei Ehegatten (→ Rn. 893 ff.)

b) Wer ist Leistungsempfänger? (→ Rn. 1250 ff.)
(Schwiegerkind? Kind? beide Ehegatten?)
Kriterien (bei Geldzuwendungen):
- Angaben auf dem Überweisungsträger zum Empfänger
- Art und Zweckbestimmung des Empfängerkontos
- Vorgesehener Verwendungszweck u. Anlass der Zuwendung

c) Rechtliche Qualifizierung der Zuwendung? (→ Rn. 1259 f.)
- zur Ausgestaltung der Ehe u. in Erwartung von deren Fortbestand? → ehebezogene Schenkung (Regel)
- zur freien Verfügbarkeit? → reine Schenkung (Ausnahme)

d) Falls ehebezogene Schenkung:

aa) Anspruch aus §§ 527 ff. BGB (→ Rn. 1265 f.)
(insbes.: § 530 – grober Undank)?

bb) Anspruch aus § 313 BGB? (→ Rn. 1268 ff.)

(1) Scheitern der Ehe (= Wegfall der Geschäftsgrundlage)?
Stichtag: wie bei Ehegatten (→ Rn. 1044 ff.)

(2) Beibehaltung der Vermögenslage für Schwiegereltern unzumutbar?
Kriterien: (→ Rn. 1269 ff.)
- Verfolgten sie in die Zukunft gerichtetes Eigeninteresse? (z.B. Wohnrecht, Pflege) (→ Rn. 1279 f.)
- Aus besonderen Gründen dingliche Rückgewähr geboten? (z.B. Erhalt eines Grundstücks im Familienstamm) (→ Rn. 1281 ff.)
- Unzumutbarkeit aus sonstigen Gründen?
  - Art u. Umfang der erbrachten Leistungen: Dauerhafte Vermögensmehrung? Von wirtschaftlichem Gewicht?
  - Dauer der Ehe von Kind u. Schwiegerkind seit Zuwendung bis Trennung: Abschlag für teilweise Zweckerreichung?
  - Höhe der beim Schwiegerkind bewirkten u. noch vorhandenen Vermögensmehrung (Obergrenze)

- Beiderseitige Einkommens- u. Vermögensverhältnisse
- Sonstige Einzelfallumstände, wie bei Ehegatten, jedoch: das güterrechtliche Ergebnis ist irrelevant (Ausnahme: Altfälle)

(3) finanzieller Ausgleich oder dingliche Rückgewähr? (→ Rn. 1281 ff.) wie bei Ehegatten (→ Rn. 1021 ff.)

cc) Anspruch aus § 812 I 2 Alt. 2 BGB (Zweckverfehlung)? (→ Rn. 1285 ff.)
Dauerhafter Bestand der Ehe nicht nur Geschäftsgrundlage, sondern Gegenstand einer Zweckabrede?

e) Falls reine Schenkung: (→ Rn. 1265 f.)
Anspruch aus §§ 527 ff. BGB
(insbes.: § 530 – grober Undank)?

f) Verjährung? (→ Rn. 1303 ff.)

1337 **2. Arbeitsleistungen der Schwiegereltern** (→ Rn. 1323 ff.)

a) Kooperationsvertrag konkludent zustande gekommen? (→ Rn. 1324)
- Deutlich über Gefälligkeit hinausgehende Arbeitsleistungen? Arbeitskraft erspart?
- Kein ausdrücklich geschlossener anderer Vertrag?
- Vermögenszuwachs beim Schwiegerkind?

b) Ausgleichsanspruch aus § 313 BGB? (→ Rn. 1325 ff.)

aa) Scheitern der Ehe = Wegfall der Geschäftsgrundlage?

bb) Beibehaltung der Vermögenslage für Schwiegereltern unzumutbar? (→ Rn. 1326 ff.)
Kriterien:
- Verfolgten sie in die Zukunft gerichtetes Eigeninteresse?
- Sonstige Umstände? → wie bei Vermögenszuwendungen (s.o.); insbesondere: Abschlag für teilweise Zweckerreichung?

cc) Begrenzung des Anspruchs: (→ Rn. 1329)
- Höhe der ersparten Arbeitskosten
- Beschränkung auf Beteiligung an Vermögensmehrung

c) Verjährung? (→ Rn. 1333)

14. Kapitel: Vermögensauseinandersetzung bei eingetragenen Lebenspartnerschaften

Das seit 1.8.2001 in Kraft befindliche Lebenspartnerschaftsgesetz (LPartG) sieht die Begründung eingetragener Lebenspartnerschaften durch gleichgeschlechtliche Partner vor. Seit Inkrafttreten des Gesetzes zur Einführung des Rechts auf Eheschließung für Personen gleichen Geschlechts (vielfach ungenau als „Ehe für alle" bezeichnet) am 1.10.2017[1] können eingetragene Lebenspartnerschaften nicht mehr eingegangen werden (Art. 3 III des Gesetzes); Personen gleichen Geschlechts können vielmehr nur noch die Ehe schließen. Zuvor begründete eingetragene Lebenspartnerschaften können durch Abgabe einer Umwandlungserklärung vor dem Standesbeamten in eine Ehe umgewandelt werden (§ 20a LPartG). Die bisherige Rechtsgemeinschaft wird dann als Ehe fortgesetzt, wobei sich Probleme aus der in Art. 3 II des Reformgesetzes vorgesehenen Rückwirkung hinsichtlich der Rechte und Pflichten der bisherigen Lebenspartner ergeben können[2]. Wird eine solche Erklärung nicht abgegeben, wird die Partnerschaft als eingetragene Lebenspartnerschaft fortgesetzt. Das Institut der eingetragenen Lebenspartnerschaft wird daher noch für lange Zeit Bedeutung behalten[3]. **1338**

In §§ 6 ff. LPartG sind vermögensrechtliche Fragen der eingetragenen Lebenspartnerschaft geregelt. Das Gesetz in seiner ursprünglichen Fassung sah als „Vermögensstände"[4], in denen die Lebenspartnerschaft geführt werden konnte, die Ausgleichsgemeinschaft, die der Zugewinngemeinschaft, und die Vermögenstrennung, die der Gütertrennung der Ehegatten nachgebildet war, vor. Daneben waren modifizierende Regelungen möglich[5]. Mit der am 1.1.2005 in Kraft getretenen Reform des Le- **1339**

---

1 BGBl I 2017, S. 2787. Vgl. auch Rn. 24.

2 Vgl. *Löhnig*, NZFam 2017, 977; dazu *Kaiser*, FamRZ 2017, 1985 (auch zur Möglichkeit der Eheschließung ohne Umwandlungserklärung).

3 Vgl. zu allem *Schwab*, FamRZ 2017, 1284; *Kaiser*, FamRZ 2017, 1889; *Weinreich*, FF 2017, 441; *Knoop*, NJW-Spezial 2017, 580.

4 Der Gesetzgeber bezeichnete im LPartG zunächst als Vermögensstand, was bei Ehegatten Güterstand genannt wird.

5 Ausführlich zum Vermögensrecht der eingetragenen Lebenspartnerschaft nach dem bis zum 31.12.2004 geltenden Rechtszustand *Kornmacher*, FamRB 2003, 399; *Rieger*, FamRZ 2001, 1497.

benspartnerschaftsrechts[6] hat der Gesetzgeber das eheliche Güterrecht für die eingetragene Lebenspartnerschaft übernommen[7]. Für die Lebenspartner sind nun auch die für Ehegatten geltenden „Güterstände" vorgesehen. Die Lebenspartner leben im Güterstand der Zugewinngemeinschaft, sofern sie nicht Gütertrennung, Gütergemeinschaft oder den zum 1.5.2013 neu geschaffenen Güterstand der Wahl-Zugewinngemeinschaft[8] (§ 7 S. 2 LPartG i.V. mit § 1519 BGB) vereinbaren.

1340 Ebenso wie bei Ehegatten[9] kann sich auch beim Scheitern einer eingetragenen Lebenspartnerschaft die Notwendigkeit eines vermögensrechtlichen Ausgleichs nach schuld- und sachenrechtlichen Bestimmungen ergeben, und zwar nicht nur bei Gütertrennung, sondern auch bei Bestehen einer Zugewinngemeinschaft oder einer Wahl-Zugewinngemeinschaft. Die in den vorstehenden Kapiteln besprochenen Ausgleichsansprüche der Ehegatten kommen insoweit für eingetragene Lebenspartner, für die §§ 13 f., 17 LPartG im Übrigen auch die Möglichkeit einer Verteilung der Haushaltsgegenstände und einer Wohnungszuweisung bzw. -überlassung vorsehen, in entsprechender Weise in Betracht[10].

1341 Das gilt zunächst für die Bereiche, in denen es um die **Auflösung schuld- und sachenrechtlicher Verknüpfungen** geht, die die Partner miteinander eingegangen sind, wie insbesondere bei gesamtschuldnerisch eingegangenen Verbindlichkeiten[11], bei von einem Partner allein, aber auch im Interesse des anderen eingegangenen Verbindlichkeiten[12], bei gemeinsamen oder in Bruchteilsgemeinschaft geführten Einzelkonten[13], bei einer im Miteigentum beider Partner stehenden Immobilie (Nutzungsvergütung und Lastentragung[14]; Auflösung des Miteigentums[15]) und bei der Auseinandersetzung von Alleineigentum[16]. Nachdem der Gesetzgeber im Juli 2013 – in Reaktion auf die Entscheidung des BVerfG[17] zur Verfassungswidrigkeit der Ungleichbehandlung von Verheirateten und eingetra-

---

6 Gesetz zur Überarbeitung des Lebenspartnerschaftsrechts, BGBl I 2004, 3396.

7 Dazu: *Wellenhofer,* NJW 2005, 705, 706; *Kornmacher,* FamRB 2005, 22; v. *Dickhuth-Harrach,* FPR 2005, 273, 275 u. 277 f.

8 Enthalten im Abkommen zwischen der Bundesrepublik Deutschland und der Französischen Republik über den Güterstand der Wahl-Zugewinngemeinschaft, BGBl. II 2012, 178.

9 Dazu Rn. 3 ff.

10 Vgl. auch *Eder/Waruschewski,* § 6 Rn. 18 ff.

11 Vgl. dazu Rn. 343 ff.

12 Vgl. dazu Rn. 518 ff.

13 Vgl. dazu Rn. 526 ff.

14 Vgl. dazu Rn. 126 ff. § 14 III S. 2 LPartG ist die Parallelvorschrift zu § 1361b III S. 2 BGB; dazu auch *Götz/Brudermüller,* Rn. 284.

15 Vgl. dazu Rn. 226 ff.

16 Vgl. dazu Rn. 325 ff.

17 FamRZ 2013, 1103 = NJW 2013, 2257.

genen Lebenspartnern in Bezug auf das Ehegattensplitting – die Regelungen des EStG zu Ehegatten und Ehen auch auf Lebenspartner und Lebenspartnerschaften für anwendbar erklärt hat (§ 2 VIII EStG), können sich auch bei eingetragenen Lebenspartnern die im 7. Kapitel behandelten Streitigkeiten um steuerliche Fragen ergeben (insbesondere: betreffend die Aufteilung von Steuererstattungen und Steuerschulden aus der Zeit der Zusammenveranlagung, die Verpflichtung zur Mitwirkung bei der Zusammenveranlagung und zur Zustimmung zum Realsplitting). Auch hier haben die von der Rechtsprechung zu Ehegatten entwickelten Grundsätze[18] entsprechend zu gelten[19].

Die in den vorstehenden Kapiteln behandelten Ausgleichsansprüche **1342**
der Ehegatten kommen aber auch in den Bereichen in Betracht, in denen die Rechtsprechung zur **Korrektur grob ungerechter Ergebnisse** der Vermögensbilanz am Ende der Ehe auf Ansprüche aus § 313 BGB nach Wegfall der Geschäftsgrundlage familienrechtlicher Verträge sui generis und auf Ansprüche nach Gesellschaftsrecht (Innengesellschaft) zurückgreift: bei Zuwendungen besonderer Art, die bei Ehegatten[20] ehebezogene (oder unbenannte) Zuwendungen genannt und hier als lebenspartnerschaftsbezogene Zuwendungen bezeichnet werden können[21], sowie u.a. bei umfangreicher Mitarbeit[22]. Überlegungen dahingehend, dass die zuletzt genannten Rechtsinstitute bei eingetragenen Lebenspartnern sogar einen größeren Anwendungsbereich als bei Ehegatten finden könnten, weil sie in erster Linie in Gütertrennungsfällen zum Zuge kommen und das LPartG in seiner ursprünglichen Fassung erwarten ließ, dass eingetragene Lebenspartner häufiger als Ehegatten im Vermögens- bzw. Güterstand der Vermögens- bzw. Gütertrennung leben würden[23], sind nach der Reform vom 1.1.2005 gegenstandslos.

Auch in der Frage der gerichtlichen **Zuständigkeit** gilt das Gleiche **1343**
wie bei Ehegatten[24]. § 269 II FamFG enthält eine dem § 266 I FamFG entsprechende Regelung, die die vermögensrechtlichen Streitigkeiten der auseinander gegangenen Lebenspartner, soweit sie weder dem lebenspart-

18 Rn. 604 ff.

19 Vgl. auch *Christ*, FamRB 2013, 257, 260.

20 Vgl. dazu Rn. 908 ff.

21 Vgl. *Krause*, FPR 2003, 11 (auch zur Vereinbarung von Rückforderungsrechten).

22 Vgl. dazu Rn. 1083 ff.

23 3. Aufl., Rn. 738; *Rieger*, FamRZ 2001, 1497, 1506 f. Ein solcher Ausgleich war nach dem früheren Rechtszustand insbesondere auch dann in Betracht zu ziehen, wenn die Vermögenstrennung als Auffangvermögensstand nach § 6 III LPartG a.F. zum Zuge kam, etwa weil die Partner eine modifizierte Ausgleichsgemeinschaft vereinbaren wollten, die Vereinbarung aber formunwirksam war (vgl. § 7 LPartG a.F.). Für diesen Fall wies *Rieger*, a.a.O., auf die Möglichkeit einer Umdeutung der formnichtigen Vereinbarung in einen Gesellschaftsvertrag hin.

24 Vgl. Rn. 29 ff.

nerschaftlichen Güterrecht noch den Wohnungszuweisungs- und Haushaltssachen (§ 269 I Nr. 5, 6 FamFG) zugeordnet werden können, als sonstige Lebenspartnerschaftssachen der Zuständigkeit der Familiengerichte zuweist (§ 111 Nr. 11 FamFG), sofern nicht eine der in der Vorschrift genannten Ausnahmefälle vorliegt[25].

25 Vgl. auch *Burger,* FamRZ 2009, 1017, 1021.

15. Kapitel: Kritik und Reformbedarf

Die Vermögensauseinandersetzung der Ehegatten außerhalb des Güterrechts („Nebengüterrecht" im weitesten Sinne[1]) findet im Wesentlichen unter Heranziehung des Schuld- und Sachenrechts statt. Dabei werden in vielen Bereichen Rechtsfiguren nutzbar gemacht, die die Rechtsprechung des BGH entwickelt hat und die der Vermeidung grob ungerechter Ergebnisse dienen sollen. Zum Teil treten sie an die Stelle einer gesetzlichen Anspruchsgrundlage (familienrechtlicher Ausgleichsanspruch), zum Teil machen sie aber auch nur den Weg frei zur Anwendung schuldrechtlicher Bestimmungen (familienrechtlicher Vertrag eigener Art, ehebezogene Zuwendung, Ehegatteninnengesellschaft). In wesentlichen Bereichen (ehebezogene Zuwendungen, Ehegattenmitarbeit) haben sie die Aufgabe, Mängel der gesetzlichen Regelungen zum Zugewinnausgleich zu kompensieren, oder dem Ehegatten zu helfen, der durch die Vereinbarung von Gütertrennung am Ende der Ehe in krasser Weise benachteiligt ist. 1344

Dass ein Rechtsgebiet, welches in weiten Bereichen auf den Ergebnissen richterlicher Rechtsfortbildung beruht, fortwährender kritischer Betrachtung der Literatur ausgesetzt ist, kann nicht verwundern. Da sind zunächst die in mancherlei Hinsicht geäußerten **dogmatischen Bedenken** zu nennen. Sie erscheinen nicht in jeder Hinsicht, aber jedenfalls insoweit berechtigt, als sie sich auf die großzügige Anwendung der Rechtsfigur der stillschweigend zustande gekommenen Ehegatteninnengesellschaft beziehen und als sie die Unterschiedlichkeit der Lösungswege der Rechtsprechung – je nachdem, ob die bei einem Ehegatten eingetretene Vermögensmehrung auf einer Zuwendung (Vermögenstransfer) oder auf Arbeitsleistungen beruht – kritisiert. Hier bietet sich ein **modifizierter Ansatz** an, mit weitgehendem Verzicht auf die Ehegatteninnengesellschaft zugunsten einer einheitlichen Gesamtlösung über den familienrechtlichen Vertrag eigener Art, der sowohl bei ehebezogenen Zuwendungen als auch bei Arbeitsleistungen (dann als sog. Kooperationsvertrag) zustande kommen kann und dessen Geschäftsgrundlage beim Scheitern der Ehe entfällt (§ 313 BGB). In diese Richtung sollte die Rechtsprechung sich entwickeln – besser noch wäre eine gesetzliche Regelung. Insoweit wird auf die 1345

1 Vgl. Rn. 7.

Ausführungen zu Rn. 1220 ff. verwiesen. Aber auch der Ansatz, die Problematik zu einem großen Teil ins Güterrecht zu verlagern (Ausübungskontrolle des Gütertrennungsvertrages, dazu Rn. 1223 ff.) steht im Raum und bedarf noch abschließender Diskussion.

1346 Daneben sieht sich die Rechtsprechung in den Bereichen, in denen Lösungen nicht unmittelbar aus gesetzlichen Vorschriften hergeleitet werden können, wie etwa bei der Gesamtschuld, beim Kontenausgleich, bei der Auseinandersetzung von Miteigentum, sondern auf die genannten Rechtsfiguren zurückgegriffen werden muss, dem **Vorwurf mangelnder Rechtssicherheit** ausgesetzt[2] (Ausnahme: der ganz überwiegend akzeptierte familienrechtliche Ausgleichsanspruch). In der Tat ist das Ergebnis eines gerichtlichen Verfahrens in diesen Bereichen schwer kalkulierbar, wie die geschilderten Beispiele zur Ehegattenmitarbeit oder zu ehebezogenen Zuwendungen – jedenfalls bei Gütertrennung – zeigen.

1347 Doch ist dies der Preis, der grundsätzlich zu zahlen ist, wenn man eine Rechtsprechung wünscht, die bei streckenweise fehlenden gesetzlichen Regelungen Wege sucht, dem **Einzelfall gerecht zu werden.** Die mit der Rechtsprechung des BGH gegebene Chance, auf dogmatisch im Wesentlichen jedenfalls vertretbaren Wegen den Einzelfall in befriedigender Weise zu lösen, sollte nicht gering geschätzt werden. Es ist schon darauf hingewiesen worden, dass an anderer Stelle, nämlich im Bereich des Güterrechts, das Fehlen jeder Flexibilität der Rechtsprechung weithin beklagt wird[3]. Und darüber, dass die BGH-Rechtsprechung im Bereich der „neben dem Güterrecht herlaufenden zweiten Spur" der Vermögensauseinandersetzung[4], heute oft „Nebengüterrecht" im engeren Sinne genannt[5], im Großen und Ganzen zu **befriedigenden Ergebnissen** geführt hat, besteht weithin Einigkeit.

1348 Dies bedeutet allerdings nicht, dass das Streben nach einem möglichst hohen Maß an Rechtssicherheit vernachlässigt werden dürfte. In einzelnen Punkten erscheinen klarere Vorgaben durch die höchstrichterliche Rechtsprechung vorstellbar, ohne dass dies zulasten der Einzelfallgerechtigkeit geht. Das betrifft etwa die Kriterien, die für die Beurteilung der **Zumutbarkeit oder Unzumutbarkeit** der bestehenden Vermögenssituation bei Rückgewähr- oder Ausgleichsansprüchen gem. § 313 BGB eine Rolle spielen können (dazu Rn. 999). Dass präzisere Vorgaben mit der Folge eines Zuwachses an Rechtssicherheit möglich sind, zeigt die Entwicklung der Rechtsprechung des BGH zur Frage nach dem **Stichtag des Scheiterns der**

2 So u.a. *Tiedtke,* JZ 1984, 1078, 1085.
3 Vgl. Rn. 1000.
4 *Schwab,* Brühler Schriften zum Familienrecht, 11. DFGT, Bd. 9, 1996, S. 33, 50.
5 Vgl. Rn. 14.

Ehe, der für verschiedene Ausgleichsansprüche von Bedeutung ist[6]. Während der BGH zunächst alle Möglichkeiten offen hielt, indem er ausführte, das Scheitern der Ehe könne mit der endgültigen Trennung, der Zustellung des Scheidungsantrags oder mit der Rechtskraft der Scheidung zum Ausdruck kommen[7], hat er in jüngeren Entscheidungen begrüßenswerterweise regelmäßig auf den Zeitpunkt der endgültigen Trennung abgestellt[8].

Die Rahmenbedingungen für einen gerechten Vermögensausgleich sind **1349** dadurch entscheidend verbessert worden, dass der Gesetzgeber zum 1.9.2009 den jahrelangen Forderungen der Literatur[9] nachgekommen ist und mit der Einführung des sog. **Großen Familiengerichts** eine nahezu umfassende Zuständigkeit der Familiengerichte für die vermögensrechtlichen Streitigkeiten der Ehegatten geschaffen hat[10]. Bei der konkreten Ausgestaltung der neuen Zuständigkeitsregelung – zentrale Vorschrift ist der § 266 I FamFG – hat der Gesetzgeber sich gegen eine alle denkbaren Fallgestaltungen umfassende Generalklausel, aber auch gegen eine abschließende Einzelfallauflistung entschieden und stattdessen eine Kombination von ausdrücklich einbezogenen Fallgruppen einerseits und ausgeschlossenen Materien andererseits gewählt. Danach scheidet eine Zuständigkeit des Familiengerichts aus, wenn bestimmte Spezialmaterien betroffen sind[11]. Die Bearbeitung dieser Verfahren sollte den entsprechenden Spezialisten vorbehalten bleiben[12].

Die Gesetz gewordene Regelung hat allerdings zu **neuen Abgrenzungsproblemen** **1350** und daraus folgenden Zuständigkeitsstreitigkeiten geführt, vor allem im Hinblick auf das in § 266 I Nr. 3 FamFG für die Einordnung als „sonstige Familiensache“ enthaltene Erfordernis eines „Zusammenhangs mit Trennung und Scheidung“[13]. Aber auch die erwähnte Herausnahme einzelner Spezialmaterien aus der Zuständigkeit der Familiengerichte hat – wie zu erwarten war – zu Zuständigkeitsstreitigkeiten geführt[14]. Es stellt sich die Frage, ob es aus Vereinfachungsgründen nicht besser gewesen wäre, durch eine Generalklausel den Familiengerichten ausnahmslos alle vermögensrechtlichen Streitigkeiten nach gescheiterter Ehe zuzuweisen (soweit der Rechtsweg zu den ordentlichen Gerichten gegeben

6 Vgl. für den Gesamtschuldnerausgleich Rn. 480 ff.; für die Rückabwicklung ehebezogener Zuwendungen Rn. 1044 ff.; für Ansprüche aus Mitarbeit Rn. 1205, siehe aber auch Rn. 1168; für Ausgleichsansprüche bei unberechtigten Kontoverfügungen Rn. 570, 546.

7 BGH, FamRZ 1983, 797, 799.

8 Vgl. etwa BGH, FamRZ 2007, 877 = NJW 2007, 1744 (bei Rückgewähr ehebezogener Zuwendung); FamRZ 2005, 1236 = NJW 2005, 2307 (bei Gesamtschuldnerausgleich). Zur Rückgewähr schwiegerelterlicher Schenkungen siehe Rn. 1284.

9 Vgl. Rn. 28 u. 4. Aufl. Rn. 981 ff., jeweils m.w.N.

10 Dazu i.E. Rn. 29 ff.

11 Vgl. dazu Rn. 50 ff.

12 BT-Drucks. 16/6308, S. 589; *Meyer-Seitz/Kröger/Heiter,* FamRZ 2005, 1430, 1437.

13 Vgl. Rn. 41 ff.; i.E. *Wever,* FF 2012, 427, 431 ff.

14 Vgl. Rn. 51 ff., 55.

ist) und dabei in Kauf zu nehmen, dass die Familienrichterin oder der Familienrichter sich in seltenen Fällen einmal in ein Spezialgebiet einarbeiten muss[15]. Angeboten hätte sich eine Formulierung, die sich vor der Einführung des Großen Familiengerichts durch den Gesetzgeber als Geschäftsverteilungsregelung beim BGH und zahlreichen Oberlandesgerichten bewährt hat. Sie sah eine Zuständigkeit der Familiensenate für „sonstige vermögensrechtliche Auseinandersetzungen zwischen Ehegatten nach gescheiterter Ehe, auch wenn daneben Dritte am Verfahren beteiligt sind", vor[16].

1351 Mit der Verfahrensrechtsreform vom 1.9.2009 und der Einführung des FamFG sind die **Anforderungen an die Familiengerichte** gewachsen. Ihr Zuständigkeitsbereich ist deutlich erweitert worden[17]. Die jetzige Zuständigkeit umfasst mit den Themenbereichen, die im vorliegenden Buch behandelt werden, Rechtsgebiete, die in großen Teilen als schwierig und komplex eingestuft werden müssen. Die Übertragung zusätzlicher und zudem teilweise besonders anspruchsvoller Aufgaben hätte eine adäquate personelle Aufstockung der Familiengerichte geboten erscheinen lassen[18]. Dazu ist es in den meisten Bundesländern bisher nicht gekommen. Will man die mit der Zuständigkeitskonzentration bei den Familiengerichten verbundene Erwartung einer Qualitätsverbesserung der Rechtsprechung nicht aufgeben, besteht hier Handlungsbedarf[19].

1352 Den Ehegatten, vor allem den in Gütertrennung lebenden Ehegatten, kann – auch wenn sie an ein mögliches Scheitern der Ehe noch nicht denken – nur empfohlen werden, ausdrückliche vertragliche **Vereinbarungen** zumindest dann zu treffen, wenn einer dem anderen, wie etwa bei der Mitarbeit im Geschäftsbetrieb des Partners oder bei größeren Zuwendungen, in vermögensrechtlicher Hinsicht mehr zukommen lässt, als es üblich ist. Auf diese Weise wird Streitigkeiten im Falle einer späteren Vermögensauseinandersetzung mit meist ungewissem Ausgang vorgebeugt. Ist es zu einer vorsorgenden Vereinbarung nicht gekommen, empfiehlt sich wegen des oft hohen Verfahrensrisikos in dem hier behandelten Bereich regelmäßig der Abschluss jedenfalls einer Trennungs- und Scheidungsvereinbarung, die die Fragen der Vermögensauseinandersetzung umfasst[20].

15 Für eine punktuelle Korrektur durch Herausnahme der Verfahren, die eines der in § 348 I S. 2 Nr. 2 ZPO genannten Sachgebiete betreffen, aus der Liste der ausgeschlossenen Spezialmaterien *Heinemann*, FamRB 2016, 396, 397.

16 Eine ähnliche Formulierung findet sich im Regierungsentwurf eines 1. EheRG im Jahre 1976 (BT-Drucks. 7/650, S. 23, 78 f., 188), gescheitert am Widerstand des Rechtsausschusses (BT-Drucks. 7/4361, S. 59).

17 Vgl. zur Entwicklung der Zuständigkeit der Familiengerichte bis zum „Großen Familiengericht" *Schnitzler*, FamRZ 2013, 424; *Wever*, FF 2012, 427; *Löhnig*, FPR 2011, 65.

18 Dazu schon *Wever*, FF 2008, 399, 403.

19 Vgl. *Wever*, FF 2012, 427, 431.

20 Dazu Hinweise bei *Wever*, FPR 2001, 92; *Münch*, Scheidungsimmobilie, Rn. 1343 ff. (betr. Immobilien, mit Checkliste).

Stichwortverzeichnis

(Die Zahlen verweisen auf Randziffern.)

G